DIREITO ADMINISTRATIVO BRASILEIRO

HELY LOPES MEIRELLES
EURICO DE ANDRADE AZEVEDO
DÉLCIO BALESTERO ALEIXO
JOSÉ EMMANUEL BURLE FILHO

DIREITO ADMINISTRATIVO BRASILEIRO

37ª edição,
atualizada até a
Emenda Constitucional 67, de 22.12.2010

MALHEIROS
EDITORES

DIREITO ADMINISTRATIVO BRASILEIRO

1ª ed., 1964; 2ª ed., 1966; Reimpressões da 2ª ed.: 1968, 1969, 1970, 1971, 1972, 1973 (2 vezes) e 1974; 3ª ed., 1975; 4ª ed., 1976; 5ª ed., 1977; 6ª ed., 1978; 7ª ed., 1979; 8ª ed., 1981; 9ª ed., 1ª tir., 1982; 2ª tir., 1983; 10ª ed., 1984; 11ª ed., 1985; 12ª ed., 1986; 13ª ed., 1ª tir., 1987; 2ª tir., 1988; 14ª ed., 1989; 15ª ed., 1990; 16ª ed., 1ª tir., 1991; 2ª tir., 1991; 17ª ed., 1992; 18ª ed., 1ª tir., 02.1993; 2ª tir., 04.1993; 19ª ed., 1ª tir., 03.1994; 2ª tir., 06.1994; 3ª tir., 08.1994; 20ª ed., 1995; 21ª ed., 1996; 22ª ed., 1997; 23ª ed., 1ª tir., 01.1998; 2ª tir., 07.1998; 24ª ed., 02.1999; 25ª ed., 2000; 26ª ed., 2001; 27ª ed., 01.2002; 28ª ed., 01.2003; 29ª ed., 01.2004; 30ª ed., 02.2005; 31ª ed., 08.2005; 32ª ed., 02.2006; 33ª ed., 02.2007; 34ª ed., 02.2008; 35ª ed., 01.2009; 36ª ed., 01.2010.

ISBN 978-85-392-0061-0

MALHEIROS EDITORES LTDA.
Rua Paes de Araújo, 29, conjunto 171
CEP 04531-940 – São Paulo – SP
Tel.: (11) 3078-7205 – Fax: (11) 3168-5495
URL: www.malheiroseditores.com.br
e-mail: malheiroseditores@terra.com.br

Composição: PC Editorial Ltda.

Capa: Nadia Basso
Arte: PC Editorial Ltda.

Impresso no Brasil
Printed in Brazil
01.2011

HOMENAGEM

Ao meu pai, a quem prometi editar seus livros sempre atualizados. Primeiro porque acredito que isso contribuirá para o Direito Público Brasileiro; segundo porque essa é a forma de senti-lo vivo e ainda presente.

Meu pai, eterno professor.

Meu pai, amigo dos amigos, da família, dos empregados, dos vizinhos e até dos inimigos...

Meu pai, homem de caráter, homem de convicções, homem sem preço.

Meu pai, poeta na juventude, inteligente, vivo e espirituoso.

Meu pai, silencioso na dor, humilde nas homenagens.

Meu pai, apoio nos acertos e nos desacertos.

Meu pai, que adorava plantas e animais.

Meu pai, que acreditava no nosso País.

Meu pai, trabalhador até a morte.

A este homem, que sempre teve fé na vida, amor pelas pessoas, pelo trabalho e pelo Brasil,

Ao ser humano que muito lutou contra os seus defeitos e evoluiu,

A ele, que deixou um vazio enorme aos que o conheceram,

A ele, que tinha tanta luz e um sorriso tão doce...

O meu amor eterno.

São Paulo, agosto de 1990

VERALICE CELIDONIO LOPES MEIRELLES

NOTA PRÉVIA

Nesta 37ª edição revisamos o texto, adequando-o à Constituição Federal e às novas normas administrativas pertinentes, sempre considerando os posicionamentos dos tribunais, especialmente dos colendos STF e STJ – com destaque, a título de exemplo, para a Lei 12.232, de 29.4.2010 (Serviços de Publicidade e Licitação); para a Lei 12.305, de 2.8.2010 (Política Nacional de Resíduos Sólidos); para a Lei 12.349, de 15.12.2010, sobre a instituição de incentivos à pesquisa e à inovação de modo a promover o desenvolvimento econômico do País; para a ampliação do exame da teoria dos motivos determinantes – além de importantes pronunciamentos dos nossos tribunais, inclusive súmulas e os chamados "recursos repetitivos" no STJ.

Desde já pedimos escusas ao Leitor por eventuais omissões, pois a gama de matérias e sua evolução se sucede tão rapidamente que nem sempre conseguimos inserir uma ou outra na nova edição.

Particularmente, peço licença para registrar que, por ter ingressado no Ministério Público de São Paulo junto com o estimado amigo José Augusto Celidonio Meirelles, filho do mestre Hely, dele me aproximei, até porque estudávamos para o concurso na sua casa, e ali o Mestre sempre comentava algo sobre os nossos estudos. Essa aproximação persistiu no decorrer da minha vida como Promotor de Justiça, ganhando maior constância quando fui Diretor da Associação Paulista do Ministério Público e especialmente quando como representante do Ministério Público do Estado de São Paulo em Brasília, durante todos os trabalhos da Constituinte que culminou com a Carta de 1988. Assim, nesses momentos, até mesmo por necessidade, com Hely tive a felicidade e o prazer de debater questões de Direito Público e do próprio Ministério Público, que ali estavam sendo discutidas, examinadas e votadas. Ele sempre nos ajudou. Por tudo isso, aproveito esta janela para prestar ao Professor e à pessoa de Hely Lopes Meirelles meus agradecimentos, respeito e homenagens.

Sem dúvida, pelas suas obras e pelo seu papel de doutrinador, seus trabalhos e estudos tiveram, e têm, vital importância para a evolução e a consolidação do Direito Administrativo – essencial, como ele dizia, principalmente para garantir o respeito à cidadania e aos direitos dos administrados, inclusive por permitir um melhor controle da legalidade, dos princípios e da própria Administração Pública, pontos imprescindíveis para a real configuração do Estado de Direito, para a indispensável segurança jurídica e para nosso sempre desejado e perseguido desenvolvimento político e social.

Não é costume, no Brasil – diferentemente de outros países em que a tradição se consolidou –, a atualização de obras de autores falecidos, o que leva alguns a terem dúvidas em relação ao conteúdo da obra e ao trabalho dos atualizadores. No caso dos livros de HELY LOPES MEIRELLES, no entanto, seu pensamento original está inteiramente contido na obra e, é claro, a atualização reflete as mutações do Direito Administrativo em face da evolução do Brasil, das alterações na legislação ou na jurisprudência – muitas vezes sob influência direta dos ensinamentos do próprio HELY –, e com notáveis inovações em razão dos novos institutos da súmula vinculante, da repercussão geral e do recurso repetitivo. Tudo é feito sem perder de vista a estrutura do pensamento e das lições do idealizador da obra atualizada.

Assim, como constantemente exposto pelos atualizadores – e, agora, co-autores (a partir da 36ª edição) –, busca-se manter o máximo possível as lições do mestre HELY, mas sem deixar de adaptá-las e atualizá-las, com a constante preocupação de observar a atualidade do Direito Administrativo, em permanente evolução. Em suma, procura-se manter o livro rejuvenescido em seu teor e suas idéias, aqui escritos inclusive para o debate, mas considerando as palavras finais de HELY na 1ª edição: "Não é livro para Mestres, nem para os Teóricos do Direito. É um modesto compêndio para estudantes e para os que se defrontam, na prática, com problemas jurídicos de Administração Pública".

São Paulo, janeiro de 2011
JOSÉ EMMANUEL BURLE FILHO

AO LEITOR

Este livro pretende ser uma síntese do Direito Administrativo Brasileiro. Tem objetivos práticos e didáticos. Afasta-se, propositadamente, do teorismo em que vai descambando o ensino do Direito no Brasil.

O Direito – para nós – é instrumento de trabalho, e não tertúlia acadêmica. É, simultaneamente, teoria, realidade e vivência. Daí por que colocarmos ao lado da doutrina a legislação e a jurisprudência. Não compreendemos o Direito divorciado da lei e da orientação dos tribunais.

A exposição doutrinária e o Direito Comparado só são utilizados, por nós, até o limite necessário à compreensão e solução dos problemas da nossa Administração Pública. O que nos preocupa é o estudo do ordenamento jurídico-administrativo nacional.

Procuramos não ser prolixos no óbvio e no inútil. Evitamos o superado e o inaplicável ao Brasil. Não discutimos teorias obsoletas, nem polemizamos questões bizantinas. Fomos ao que ocorre cotidianamente na nossa Administração, na nossa legislação e na nossa Justiça.

Pode não ser o melhor método para o estudo do Direito Administrativo. É, porém, o mais útil e o mais consentâneo com a realidade.

Não é livro para mestres, nem para os teóricos do Direito. É um modesto compêndio para estudantes e para os que se defrontam, na prática, com problemas jurídicos de Administração Pública.

* * *

Na 3ª edição – depois de nove anos da anterior e com nove tiragens sem atualização – tivemos que reescrever quase todos os capítulos para ajustá-los ao progresso do Direito e às substanciais modificações da nossa legislação, seguidas das naturais variações da jurisprudência.

Para tanto, acrescentamos um capítulo – o XII – sobre a organização administrativa brasileira, a fim de apreciá-la em profundidade à luz da Constituição da República (Emenda 1/69) e da Reforma da Administração Federal, iniciada pelo Decreto-lei 200/67.

Ampliamos o capítulo da Administração Pública para estudarmos seus órgãos e agentes; reformulamos o dos contratos administrativos, diante da nova sistemática das licitações; demos especial tratamento ao dos servidores públicos, em face das inovações constitucionais sobre a matéria, e reunimos num só capítulo os controles da Administração.

De um modo geral, todos os textos foram revistos e ampliados na medida em que o assunto foi atingido pelas modificações da ordem jurídica interna, a partir de 1964, e pelo impacto do desenvolvimento nacional que passou a apresentar desconhecidos problemas para a Administração Pública e a pedir inéditas soluções governamentais.

Não é de estranhar, portanto, que tenhamos repudiado doutrinas superadas e inovado conceitos para sintonizá-los com a evolução de nossa era e com o progresso do País, pois o Direito não pode permanecer alheio nem retardatário na apresentação de soluções que dependam de suas normas e de seus princípios. Para uma nova realidade nacional, impõe-se um Direito Administrativo renovado e compatibilizado com as contemporâneas exigências e necessidades da Administração e dos administrados. Foi o que procuramos fazer com mais meditação e experiência.

O livro é o mesmo, apenas rejuvenescido em suas idéias.

* * *

Nesta 16ª edição revisamos o texto, adequando-o à Constituição de 1988 e às recentes normas administrativas pertinentes.

Desde já pedimos escusas ao Leitor por eventuais omissões, pois a legislação da Administração Pública se sucede tão rapidamente que nem sempre podemos indicá-la ou substituí-la na nova edição.

Por fim, queremos consignar nossos agradecimentos à colega e companheira de escritório Dra. *Izabel Camargo Lopes Monteiro*, pela inestimável colaboração que nos foi dada para esta 16ª edição.

São Paulo, julho de 1990

O Autor

À minha dedicada esposa, Consuelo,
pelas infindáveis horas de estudo
roubadas ao seu convívio.

ABREVIATURAS E SIGLAS USADAS

ACO – Ação Cível Originária
ADI – Ação Direta de Inconstitucionalidade
AI – Agravo de Instrumento
AGU – Advocacia-Geral da União
AO – Ação Originária
AP – Ação popular
ApCiv – Apelação Cível
BAASP – Boletim da Associação dos Advogados de São Paulo
BI – Boletim do Interior (SP)
CC – Código Civil
CP – Código Penal
CPC – Código de Processo Civil
CLT – Consolidação das Leis do Trabalho
DJU – Diário da Justiça da União
DOU – Diário Oficial da União
ED – Embargos de Declaração
EDiv – Embargos de Divergência
EDP – Estudos de Direito Público (SP)
EREsp – Embargos de Divergência em Recurso Especial
IF – Intervenção federal
Informativo – *Informativo de Jurisprudência* (do STF ou do STJ, conforme o caso)
JSTJ – Julgados do Superior Tribunal de Justiça
JTJ – Julgados do Tribunal de Justiça de São Paulo
Lex – Revista de Jurisprudência da Ed. Lex, do Supremo Tribunal Federal
MI – Mandado de Injunção
MP – Ministério Público ou Medida Provisória
MS – Mandado de Segurança
RDA – Revista de Direito Administrativo (RJ)
RDI – Revista de Direito Imobiliário (SP)
RDP – Revista de Direito Público (SP)
RDPG – Revista de Direito da Procuradoria-Geral (RJ)
RE – Recurso Extraordinário
REsp – Recurso Especial
RF – Revista Forense (RJ)
RIL – Revista de Informação Legislativa (DF)
RJSTJ – Revista de Jurisprudência do Superior Tribunal de Justiça
RJTJSP – Revista de Jurisprudência do Tribunal de Justiça de São Paulo (SP)
RPGE – Revista da Procuradoria-Geral do Estado de São Paulo (SP)
RT – Revista dos Tribunais (SP)
RTCU – Revista do Tribunal de Contas da União (DF)
RTDP – Revista Trimestral de Direito Público
RTFR – Revista do Tribunal Federal de Recursos (DF)
RTJ – Revista Trimestral de Jurisprudência (DF)
STF – Supremo Tribunal Federal
STJ – Superior Tribunal de Justiça
TA – Tribunal de Alçada
TFR – Tribunal Federal de Recursos
TJ – Tribunal de Justiça
TRF – Tribunal Regional Federal

NOTAS:

- O teor dos números dos julgados do STF, STJ e de outros tribunais referidos no livro consta dos endereços *www.stf.gov.br* e *www.stj.gov.br* e endereços dos tribunais dos respectivos julgados.
- Nas citações de livros e revistas, o primeiro número indica o volume, e o segundo, após a barra, a página.
- Para facilidade de consulta, repetimos a indicação de acórdãos quando publicados em diversas revistas.
- Na indicação de acórdãos da Justiça estadual, aditamos à sigla do Tribunal a do Estado a que pertence.
- Considera-se implicitamente incluído o Distrito Federal nas citações referentes à competência dos Estados e Municípios, nos termos do art. 32, § 1º, da CF.

SUMÁRIO

CAPÍTULO III – ***PODERES ADMINISTRATIVOS***

CAPÍTULO IV – ***ATOS ADMINISTRATIVOS***

---

*CAPÍTULO V – **CONTRATOS ADMINISTRATIVOS E LICITAÇÃO***

---

*CAPÍTULO VI – **SERVIÇOS PÚBLICOS***

*CAPÍTULO VII – **SERVIDORES PÚBLICOS***

CAPÍTULO VIII – ***DOMÍNIO PÚBLICO***

CAPÍTULO IX – ***INTERVENÇÃO NA PROPRIEDADE E ATUAÇÃO NO DOMÍNIO ECONÔMICO***

CAPÍTULO XI – ***CONTROLE DA ADMINISTRAÇÃO***

*CAPÍTULO XII – **ORGANIZAÇÃO ADMINISTRATIVA BRASILEIRA***

Capítulo I

NOÇÕES PRELIMINARES

1. O Direito

O Estudo do *Direito Administrativo* há de partir, necessariamente, da noção geral do Direito – tronco de onde se esgalham todos os ramos da *Ciência Jurídica*.

O *Direito*, objetivamente considerado, é o conjunto de regras de conduta coativamente impostas pelo Estado. Na clássica conceituação de Jhering, é o complexo das condições existenciais da sociedade, asseguradas pelo Poder Público. Em última análise, o Direito se traduz em princípios de conduta social, tendentes a realizar a *Justiça*.[1]

Quando esses princípios são sustentados em afirmações teóricas formam a *Ciência Jurídica*, em cuja cúpula está a *Filosofia do Direito*; quando esses mesmos princípios são concretizados em norma jurídica, temos o Direito Positivo, expresso na *Legislação*. A sistematização desses princípios, em normas legais, constitui a *Ordem Jurídica*, ou seja, o sistema legal adotado para assegurar a existência do Estado e a coexistência pacífica dos indivíduos na comunidade.

Daí a presença de duas ordens jurídicas: a *interna* e a *internacional*; aquela é formada pelos princípios jurídicos vigentes em cada Estado; esta se mantém pelas regras superiores aceitas reciprocamente pelos Estados,

1. Carlos Mouchet-Zorraquin Becu, *Introducción al Derecho*, Buenos Aires, 1959, pp. 24 e ss.

para a coexistência pacífica das Nações entre si, e dos indivíduos que as compõem, nas suas relações externas.

2. Direito Público e Direito Privado

O Direito é dividido, inicialmente, em dois grandes ramos: *Direito Público* e *Direito Privado*, consoante a sua destinação. O *Direito Público*, por sua vez, subdivide-se em *Interno* e *Externo*.

O *Direito Público Interno* visa a regular, precipuamente, os interesses estatais e sociais, cuidando só reflexamente da conduta individual. Reparte-se em *Direito Constitucional*, *Direito Administrativo*, *Direito Tributário*, *Direito Penal* ou *Criminal*, *Direito Processual* ou *Judiciário* (*Civil* e *Penal*), *Direito do Trabalho*, *Direito Eleitoral*, *Direito Municipal*. Esta subdivisão não é estanque, admitindo o despontar de outros ramos, com o evolver da Ciência Jurídica, que enseja, a cada dia, a especialização do Direito e a conseqüente formação de disciplinas autônomas, bem diversificadas de suas coirmãs.

O *Direito Público Externo* destina-se a reger as relações entre os Estados Soberanos e as atividades individuais no plano internacional.

O *Direito Privado* tutela predominantemente os interesses individuais, de modo a assegurar a coexistência das pessoas em sociedade e a fruição de seus bens, quer nas relações de indivíduo a indivíduo, quer nas relações do indivíduo com o Estado. Biparte-se o Direito Privado em *Direito Civil* e *Direito Comercial*.

O *Direito Administrativo*, como vimos, é um dos ramos do *Direito Público Interno*. Sua conceituação doutrinária, entretanto, tem ensejado acentuadas divergências entre os publicistas.

3. Direito Administrativo

A *escola francesa*, capitaneada por Ducrocq, Batbie e Gianquinto, sustenta que o Direito Administrativo se detém no estudo do sistema de leis que regem a Administração Pública.[2] Tal conceito é inaceitável, já porque reduz a missão desse ramo jurídico à de catalogar a legislação administrativa, já porque inverte a posição da Ciência do Direito, subordinando-a às normas legais existentes, quando, na realidade, os princípios doutrinários é que informam ou devem informar a legislação.

2. Ducrocq, *Cours de Droit Administratif et de Législation Française des Finances*, 1881, p. 5; Batbie, *Traité Théorique et Pratique du Droit Public et Administratif*, 1893, III/8; Gianquinto, *Corso di Diritto Pubblico Amministrativo*, 1877, I/8.

A *escola italiana* ou *subjetivista*, integrada, dentre outros, por Meucci, Ranelletti, Zanobini e Raggi, só concede ao Direito Administrativo o estudo dos atos do Poder Executivo.[3] Partem, assim, os seus adeptos, do sujeito de onde emana o ato administrativo, e não do ato em si mesmo, para conceituação da Ciência que o disciplina. Desse ponto de vista resulta que o Direito Administrativo excluiria de suas cogitações os atos administrativos praticados, embora em reduzida escala, pelo Legislativo e pelo Judiciário na organização e execução de seus serviços meramente administrativos. A escola subjetivista, portanto, não atende inteiramente à realidade.

Outros autores, não filiados a escolas, encaram o Direito Administrativo por facetas diversas, acentuando-lhe os traços predominantes. Assim, Foignet entende que o Direito Administrativo regula os *órgãos inferiores*, relegando ao Direito Constitucional a atividade dos *órgãos superiores* da Administração Pública.[4] Na opinião de Berthélemy esse ramo do Direito cuida de todos os serviços públicos que secundam a execução das leis, excluídos os da Justiça.[5] O clássico Laferrière alarga esse conceito para atribuir ao Direito Administrativo a ordenação dos serviços públicos e a regulamentação das relações entre a Administração e os administrados.[6]

4. *Conceito de Direito Administrativo*

A diversidade das definições está a indicar o desencontro doutrinário sobre o conceito de Direito Administrativo, variando o entendimento consoante a escola e o critério adotado pelos autores que procuram caracterizar seu objeto e demarcar sua área de atuação.[7]

A doutrina estrangeira não nos parece habilitada a fornecer o exato conceito do Direito Administrativo Brasileiro, porque a concepção nacional desse ramo do Direito Público Interno é, na justa observação de Barros Jr., "algo diversa, propendendo mais para uma combinação de critérios subjetivo e objetivo do conceito de Administração Pública, como matéria sujeita à regência desse ramo do Direito", o que levou o mesmo publicista a concluir que "abrangerá, pois, o Direito Administrativo, entre nós, todas as funções exercidas pelas autoridades administrativas de qualquer natureza que sejam;

3. Meucci, *Istituzioni di Diritto Amministrativo*, 1892, p. 2; Ranelletti, *Principii di Diritto Amministrativo*, 1912, p. 268; Zanobini, *Corso di Diritto Amministrativo*, 1936, pp. 21 e ss.; Raggi, *Diritto Amministrativo*, 1936, I/20.

4. Foignet, *Manuel Élémentaire de Droit Administratif*, 1901, pp. 1 e ss.

5. Berthélemy, *Traité Élémentaire de Droit Administratif*, 1923, pp. 1 e ss.

6. Laferrière (M. F.), *Cours Théorique et Pratique de Droit Public et Administratif*, 1854, p. 578.

7. Em edições anteriores transcrevemos diversos conceitos de Direito Administrativo, aos quais remetemos os interessados.

e mais: as atividades que, pela sua natureza e forma de efetivação, possam ser consideradas como tipicamente administrativas".[8]

Aplaudimos inteiramente essa orientação, porque o Direito Administrativo, como é entendido e praticado entre nós, rege efetivamente não só os atos do Executivo mas, também, os do Legislativo e do Judiciário, praticados como atividade paralela e instrumental das que lhe são específicas e predominantes, isto é, a de *legislação* e a de *jurisdição*.

O conceito de Direito Administrativo Brasileiro, para nós, sintetiza-se no *conjunto harmônico de princípios jurídicos que regem os órgãos, os agentes e as atividades públicas tendentes a realizar concreta, direta e imediatamente os fins desejados pelo Estado.*

Analisemos os elementos desse conceito.

Conjunto harmônico de princípios jurídicos... significa a sistematização de normas doutrinárias de Direito (e não de Política ou de ação social), o que indica o caráter científico da disciplina em exame, sabido que não há ciência sem princípios teóricos próprios, ordenados, e verificáveis na prática;

que regem os órgãos, os agentes... indica que ordena a estrutura e o pessoal do serviço público;

e as atividades públicas... isto é, a seriação de atos da Administração Pública, praticados nessa qualidade, e não quando atua, excepcionalmente, em condições de igualdade com o particular, sujeito às normas do Direito Privado;

tendentes a realizar concreta, direta e imediatamente os fins desejados pelo Estado. Aí estão a caracterização e a delimitação do objeto do Direito Administrativo. Os três primeiros termos – *concreta, direta e imediatamente* – afastam a ingerência desse ramo do Direito na atividade estatal *abstrata* que é a *legislativa*, na atividade *indireta* que é a *judicial*, e na atividade *mediata* que é a *ação social* do Estado. As últimas expressões da definição – *fins desejados pelo Estado* – estão a indicar que ao Direito Administrativo não compete dizer quais são os fins do Estado. Outras ciências se incumbirão disto. Cada Estado, ao se organizar, declara os fins por ele visados e institui os Poderes e órgãos necessários à sua consecução. O Direito Administrativo apenas passa a disciplinar as atividades e os órgãos estatais ou a eles assemelhados, para o eficiente funcionamento da Administração Pública. Percebe-se, pois, que o Direito Administrativo interessa-se pelo Estado, mas no seu aspecto dinâmico, funcional, relegando para o Direito

8. Carlos S. de Barros Jr., *Introdução ao Direito Administrativo*, 1954, pp. 85 e ss.

Constitucional a parte estrutural, estática. Um faz a fisiologia do Estado; o outro, a sua anatomia.

O Estado moderno, para o completo atendimento de seus fins, atua em três sentidos – *administração*, *legislação* e *jurisdição* – e em todos eles pede orientação ao Direito Administrativo, no que concerne à organização e funcionamento de seus serviços, à administração de seus bens, à regência de seu pessoal e à formalização dos seus atos de administração. Do funcionamento estatal só se afasta o Direito Administrativo quando em presença das atividades especificamente legislativas (feitura da lei) ou caracteristicamente judiciárias (decisões judiciais típicas).

A largueza do conceito que adotamos permite ao Direito Administrativo reger, como efetivamente rege, toda e qualquer atividade de administração, provenha ela do Executivo, do Legislativo ou do Judiciário. E, na realidade, assim é, porque o ato administrativo não se desnatura pelo só fato de ser praticado no âmbito do Legislativo ou do Judiciário, desde que seus órgãos estejam atuando como administradores de seus serviços, de seus bens, ou de seu pessoal. Dessas incursões necessárias do Direito Administrativo em todos os setores do Poder Público originam-se as suas relações com os demais ramos do Direito e até mesmo com as ciências não jurídicas, como passaremos a analisar.

5. *Relações com outros ramos do Direito e com as Ciências Sociais*

Com o Direito Constitucional o Direito Administrativo mantém estreita afinidade e íntimas relações, uma vez que ambos cuidam da mesma entidade: o Estado. Diversificam-se em que o Direito Constitucional se interessa pela estrutura estatal e pela instituição política do governo, ao passo que o Direito Administrativo cuida, tão-somente, da organização interna dos órgãos da Administração, de seu pessoal e do funcionamento de seus serviços, de modo a satisfazer as finalidades que lhe são constitucionalmente atribuídas. Daí termos afirmado que o Direito Constitucional faz a anatomia do Estado, cuidando de suas formas, de sua estrutura, de sua substância, no aspecto estático, enquanto o Direito Administrativo estuda-o na sua movimentação, na sua dinâmica. Encontram-se, muitas vezes, em setores comuns, o que os leva ao entrosamento de seus princípios e, sob certos aspectos, à assemelhação de suas normas. Mas é bem de ver que não se confundem: um dá os lineamentos gerais do Estado, institui os órgãos essenciais, define os direitos e garantias individuais; o outro (Direito Administrativo) disciplina os serviços públicos e regulamenta as relações entre a Administração e os administrados dentro dos princípios constitucionais previamente estabelecidos.

Com o Direito Tributário e *com o Financeiro* são sensíveis as relações do Direito Administrativo, dado que as atividades vinculadas à imposição e arrecadação de tributos, à realização da receita e efetivação das despesas públicas, são eminentemente administrativas.

Com o Direito Penal a intimidade do Direito Administrativo persiste sob muitos aspectos, a despeito de atuarem em campos bem diferentes. Certo é que o ilícito administrativo não se confunde com o ilícito penal, assentando cada qual em fundamentos e normas diversas. Mas não é menos verdade que a própria Lei Penal, em muitos casos, tais como nos crimes contra a Administração Pública (CP, arts. 312 a 327), subordina a definição do delito à conceituação de atos e fatos administrativos. Noutros casos, chega, mesmo, a relegar à Administração prerrogativas do Direito Penal, como ocorre na caracterização de infrações dependentes das chamadas *normas penais em branco*.

Com o Direito Processual (Civil e Penal) o Direito Administrativo mantém intercâmbio de princípios aplicáveis a ambas as disciplinas, na regulamentação de suas respectivas jurisdições. Se, por um lado, a Justiça Comum não dispensa algumas normas administrativas na movimentação dos feitos, por outro, a jurisdição administrativa serve-se de princípios tipicamente processuais para nortear o julgamento de seus recursos. Não raro, são as próprias leis administrativas que determinam a aplicação de normas processuais comuns e princípios gerais do Direito Judiciário aos casos análogos da Administração.

Com o *Direito do Trabalho*, e especialmente com as instituições de previdência e assistência ao assalariado, o Direito Administrativo mantém sensíveis relações, já porque tais organizações são instituídas, entre nós, como autarquias administrativas, já porque as relações entre empregadores e empregados, em boa parte, passaram do âmbito do Direito Privado para o campo do Direito Público, com o fim precípuo de mantê-las sob a regulamentação e fiscalização do Estado. Essa publicização do Direito do Trabalho muito o aproximou do Direito Administrativo, principalmente quando as autarquias e empresas estatais contratam empregados no regime da CLT, para atividades de natureza empresarial.

Com o Direito Eleitoral, ramo do Direito Público que se tem desenvolvido largamente entre nós, como atestam o Código Eleitoral e leis complementares, o Direito Administrativo tem muitos pontos de contato na organização da votação e apuração dos pleitos, no funcionamento dos partidos políticos, no ordenamento e fiscalização da propaganda partidária e em outros assuntos de caráter nitidamente administrativo, embora da competência da Justiça Eleitoral. Pode-se afirmar, mesmo, que toda a parte formal dos atos eleitorais permanece sob a regência do Direito Administrativo, uma vez que aquele Direito não dispõe de métodos próprios para a execução das atividades que lhe são reservadas. Seus princípios específicos só alcançam os aspectos materiais dos atos eleitorais e o julgamento de seus recursos, sabido que a Justiça Eleitoral é parte integrante do Poder Judiciário (CF, arts. 118 a 121).

Com o Direito Municipal o Direito Administrativo mantém intensas relações, uma vez que operam ambos no mesmo setor da organização governamental, diversificando apenas quanto às peculiaridades comunais. O crescente desenvolvimento e a especialização das funções locais deram origem à autonomia do Direito Municipal, mas nem por isso prescinde ele dos princípios gerais do Direito Administrativo. Ao revés, socorre-se com freqüência das normas administrativas na organização de seus serviços, na composição de seu funcionalismo e no exercício das atividades públicas de seu interesse local. O Município, como entidade político-administrativa, rege-se, funcionalmente, pelos cânones clássicos do Direito Administrativo, mas se organiza e se autogoverna pelos princípios do moderno Direito Municipal.[9] Daí a simbiose existente entre esses dois ramos do Direito Público.

Com o Direito Urbanístico, também muito ligado ao Direito Municipal, o Direito Administrativo tem uma conexão muito forte, já que aquele surgiu da necessidade de se ordenar o crescimento das cidades, em conseqüência da migração da população rural para as cidades. Como as normas urbanísticas municipais esbarravam sempre no conceito de propriedade privada, tornou-se indispensável que a União viesse a legislar sobre o problema, o que acabou sendo feito com o Estatuto da Cidade (Lei 10.257/2001). Paralelamente, foram outorgados aos Estados a criação e o planejamento das Regiões Metropolitanas, já que os Municípios, isoladamente, não teriam condições para tanto.

Com o Direito Ambiental ocorre praticamente o mesmo que com o Direito Urbanístico. Partindo inicialmente de normas administrativas municipais de controle da poluição urbana, o Direito Ambiental foi ampliando sua área, criando-se, inclusive, no âmbito federal, um sistema nacional de proteção ao meio ambiente (SISNAMA), para a preservação dos recursos naturais e o controle da poluição. Hoje, todo esse Sistema está subordinado ao Ministério do Meio Ambiente.[10]

Com o Direito do Consumidor o Direito Administrativo mantém íntima conexão, visto que são normas administrativas que intervêm nas re-

9. V. a conceituação do Município Brasileiro no *Direito Municipal Brasileiro*, do Autor, cap. IV.

10. V. Adilson Abreu Dallari e Daniela Campos Libório Di Sarno, *Direito Urbanístico e Ambiental*, ed. Forum, 2007.

lações de comércio entre vendedor e comprador, visando à proteção do consumidor.

Com o Direito Civil e *Comercial* as relações do Direito Administrativo são intensíssimas, principalmente no que se refere aos contratos e obrigações do Poder Público com o particular. A influência do Direito Privado sobre o Direito Público chega a tal ponto que, em alguns países, aquele absorveu durante muito tempo o próprio Direito Administrativo, impedindo sua formação e desenvolvimento, como agudamente observou Dicey no Direito Anglo-Norte-Americano.[11]

Mas é inevitável essa influência civilista, já pela antecedência da sistematização do Direito Privado, já pela generalidade de seus princípios e de suas instituições, amoldáveis, sem dúvida, a todos os ramos do Direito Público.[12] Muitos institutos e regras do Direito Privado são adotados no campo administrativo, chegando, mesmo, o nosso Código Civil a enumerar entidades públicas (art. 41), a conceituar os bens públicos (art. 99), a dispor sobre desapropriação (art. 519), a prover sobre edificações urbanas (arts. 1.299 a 1.313), afora outras disposições endereçadas diretamente à Administração Pública.

Entre nós, País carente de estudos administrativos, a aplicação de princípios civilistas ao Direito Público tem raiado pelo exagero e causado não poucos erros judiciários nas decisões em que é interessada a Administração nos conflitos com o particular, merecendo a justa crítica de Bilac Pinto contra "essa imprópria filiação doutrinária das decisões jurisdicionais em matéria administrativa".[13]

Com as Ciências Sociais o Direito Administrativo mantém estreitas relações, principalmente com a Sociologia, com a Economia Política, com a Ciência das Finanças e com a Estatística. Como disciplinas sociais, ou antropológicas, atuam no mesmo campo do Direito – a sociedade –, apenas com rumos e propósitos diversos. Enquanto as Ciências Jurídicas visam a estabelecer normas coercitivas de conduta, as Ciências Sociais (não jurídicas) preocupam-se com a formulação de princípios doutrinários, deduzidos dos fenômenos naturais que constituem o objeto de seus estudos, mas desprovidos de coação estatal. A estas Ciências o Direito Administrativo pede achegas para o aperfeiçoamento de seus institutos e de suas normas, visando a ajustá-los, cada vez mais e melhor, aos fins desejados pelo Estado, na conformidade da ordem jurídica preestabelecida.

11. Dicey, *The Law of the Constitution*, 3ª ed., pp. 304 e ss.

12. Rafael Bielsa, *Relaciones del Código Civil con el Derecho Administrativo*, 1923.

13. Bilac Pinto, *Estudos de Direito Público*, 1953, p. 2.

6. *Direito Administrativo e Ciência da Administração*

A denominada *Ciência da Administração*, que surgiu de estudos paralelos aos do Direito Administrativo, perdeu, hoje, muito da sua importância, estando suprimida das cátedras universitárias da Itália desde 1935, pelo Decreto real n. 2.044, de 28.11.1935.

Na verdade, não nos parece que tal disciplina possa subsistir como Ciência autônoma, uma vez que seu objeto se confunde ora com o do Direito Administrativo, ora com o do Direito Constitucional, e não raro com o próprio conteúdo da Teoria Geral do Estado. Essa indistinção de objetos levou Zanobini e Vitta a negarem a autonomia dessa pretensa Ciência administrativa.[14]

Entre nós, embora figure com muita freqüência nos programas das Faculdades de Direito, já decaiu também do conceito dos administrativistas contemporâneos, que passaram a considerá-la simples parte da Sociologia ou da Política,[15] ou uma disciplina auxiliar da moderna Organização Racional do Trabalho.[16] Faltando-lhe, como lhe falta, conteúdo jurídico, reputamos inadequada sua inclusão no currículo das Faculdades de Direito. Poderá ser ministrada como *técnica de administração*, nunca, porém, como ramo do Direito Público, em pé de igualdade com o Direito Administrativo.

7. *Direito Administrativo e Política*

A conceituação de *Política* tem desafiado a argúcia dos publicistas, sem colher uma definição concorde. Para uns, é ciência (Jellinek e Brunialti), para outros é arte (Burke e Schaeffle). A nosso ver, não é ciência, nem arte. É *forma de atuação* do homem público quando visa a conduzir a Administração a realizar o bem comum. A Política, como *forma de atuação* do homem público, não tem rigidez científica, nem orientação artística. Rege-se – ou deve reger-se – por princípios éticos comuns e pelas solicitações do bem coletivo. Guia-se por motivos de conveniência e oportunidade do interesse público, que há de ser o seu supremo objetivo.

Como atitude do homem público, a Política difunde-se e alcança todos os setores da Administração, quando os governantes – e aqui incluímos os dirigentes dos três Poderes – traçam normas ou praticam atos tendentes a imprimir, por todos os meios lícitos e morais, os rumos que conduzam a atividade governamental ao encontro das aspirações médias da comunidade.

14. Zanobini, *Corso di Diritto Amministrativo*, 1950, I/46; Cino Vitta, *Diritto Amministrativo*, 1948, I/23.

15. Tito Prates da Fonseca, *Direito Administrativo*, 1939, p. 65.

16. Carlos S. de Barros Jr., *Introdução ao Direito Administrativo*, 1954, p. 65.

Coerentemente com esse entender, negamos a existência de *ato político* como entidade autônoma. O que existe, a nosso ver, é sempre *ato administrativo*, *ato legislativo* ou *ato judiciário* informado de *fundamento* político. O impropriamente chamado *ato político* não passa de um ato de governo, praticado discricionariamente por qualquer dos agentes que compõem os Poderes do Estado. A lei é um ato legislativo *com fundamento político*; o veto é um ato executivo *com fundamento político*; a suspensão condicional da pena é um ato judiciário *com fundamento político*. Daí a existência de uma Política legislativa, de uma Política administrativa e de uma Política judiciária. Por idêntica razão se pode falar em Política econômica, Política militar, Política agrária etc., conforme seja o setor objetivado pela atividade governamental que o procura orientar no sentido do bem comum.

A Política não se subordina aos princípios do Direito, nem se filia a esse ramo do saber humano, embora viceje ao lado das Ciências Jurídicas e Sociais, porque estas é que lhe propiciam melhor campo de atuação.[17]

Modernamente, muito se fala em *Direito Político*, referindo-se às prerrogativas do cidadão como participante eventual da Administração Pública. Melhor diríamos *Direito Cívico* (em oposição a Direito Civil), porque, na verdade, o que se reconhece aos indivíduos nas democracias é a faculdade de atuar *como cidadão* para compor o governo e intervir na vida pública do Estado, através de atos decorrentes de sua *capacidade cívica* (candidatura, exercício do voto, ação popular, escolha plebiscitária, cassação de mandatos etc.). Nos primórdios deste século confundia-se *Direito Político* com *Direito Constitucional*, sendo corrente a idéia de que pertencia a esta disciplina toda a matéria referente ao Estado.[18] Essa noção não é exata, nem suficiente. O *Direito Público* especializou-se, repartiu-se em ramos específicos, definiu perfeitamente seus campos de estudo, relegando ao denominado *Direito Político* somente a parte que entende com a composição do governo e as prerrogativas cívicas do cidadão, erigidas em direito subjetivo público de seu titular.[19]

8. Fontes do Direito Administrativo

O Direito Administrativo abebera-se, para sua formação, em quatro fontes principais, a saber: a *lei*, a *doutrina*, a *jurisprudência* e os *costumes*.

17. Não se confunda a Política no sentido em que a conceituamos – forma de atuação do homem público visando a conduzir a Administração à realização do bem comum – com a política partidária que lamentavelmente se pratica entre nós como meio de galgar e permanecer no poder, através de prestígio eleitoral. Nesse sentido, é *carreirismo* e não atividade pública que mereça qualquer consideração doutrinária.

18. C. Gonzales Rosada, *Tratado de Derecho Político*, 1916, I/14 e ss.

19. Luís Izaga, *Elementos de Derecho Político*, 1952, I/17.

A *lei*, em sentido amplo, é a fonte primária do Direito Administrativo, abrangendo esta expressão desde a Constituição até os regulamento executivos.[20] E compreende-se que assim seja, porque tais atos, impondo o seu poder normativo aos indivíduos e ao próprio Estado, estabelecem relações de administração de interesse direto e imediato do Direito Administrativo.

A *doutrina*, formando o sistema teórico de princípios aplicáveis ao Direito Positivo, é elemento construtivo da Ciência Jurídica à qual pertence a disciplina em causa. A doutrina é que distingue as regras que convêm ao Direito Público e ao Direito Privado, e mais particularmente a cada um dos sub-ramos do saber jurídico. Influi ela não só na elaboração da lei como nas decisões contenciosas e não contenciosas, ordenando, assim, o próprio Direito Administrativo.

A *jurisprudência*, traduzindo a reiteração dos julgamentos num mesmo sentido, influencia poderosamente a construção do Direito, e especialmente a do Direito Administrativo, que se ressente de sistematização doutrinária e de codificação legal. A jurisprudência tem um caráter mais prático, mais objetivo, que a doutrina e a lei, mas nem por isso se aparta de princípios teóricos que, por sua persistência nos julgados, acabam por penetrar e integrar a própria Ciência Jurídica.

Outra característica da jurisprudência é o seu nacionalismo. Enquanto a doutrina tende a *universalizar-se*, a jurisprudência tende a *nacionalizar-se*, pela contínua adaptação da lei e dos princípios teóricos ao caso concreto. Sendo o Direito Administrativo menos geral que os demais ramos jurídicos, preocupa-se diretamente com a Administração de cada Estado, e por isso mesmo encontra, muitas vezes, mais afinidade com a jurisprudência pátria que com a doutrina estrangeira. A *jurisprudência*, entretanto, não obriga quer a Administração, quer o Judiciário, porque não vigora entre nós o princípio norte-americano do *stare decises*, segundo o qual a decisão judicial superior vincula as instâncias inferiores, para os casos idênticos.

O *costume* tem perdido muito de sua importância na construção do Direito, desde a *Lei da Boa Razão* (1769), que desautorizou seu acolhimento *quando contrário à lei*, até a promulgação do Código Civil de 1916, que declarou revogados os "usos e costumes concernentes às matérias de Direito Civil" por ele reguladas (art. 1.807). Agora, foi praticamente afastado com a revogação, feita pelo art. 2.045 do CC/2002, da Parte Primeira do Código Comercial, na qual constavam os arts. 130 e 133, que o admitia expressamente desde que *secundum legem*.

20. Atualmente, diante da evolução do Direito Administrativo, em razão dos princípios da legalidade constitucional (CF, art. 5º, II) e da legalidade administrativa (CF, art. 37, *caput*), na realidade, as únicas fontes primárias do Direito Administrativo são a Constituição e a lei em sentido estrito. Os demais atos normativos expedidos pelo Poder Público constituem fontes secundárias.

No Direito Administrativo Brasileiro o costume exerce ainda influência, em razão da deficiência da legislação. A prática administrativa vem suprindo o texto escrito, e, sedimentada na consciência dos administradores e administrados, a praxe burocrática passa a suprir a lei, ou atua como elemento informativo da doutrina.

9. A codificação do Direito Administrativo

A questão da codificação do Direito Administrativo tem colocado os doutrinadores em três posições: os que negam as suas vantagens, os que admitem a codificação parcial e os que propugnam pela codificação total. Filiamo-nos a esta última corrente, por entendermos que a reunião dos textos administrativos num só corpo de lei não só é perfeitamente exeqüível, a exemplo do que ocorre com os demais ramos do Direito, já codificados, como propiciará à Administração e aos administrados maior segurança e facilidade na observância e aplicação das normas administrativas.

As leis esparsas tornam-se de difícil conhecimento e obtenção pelos interessados, sobre não permitirem uma visão panorâmica do Direito a que pertencem. Só o código remove esses inconvenientes da legislação fragmentária, pela aproximação e coordenação dos textos que se interligam para a formação do sistema jurídico adotado. Certo é que o código representa o último estágio da condensação do Direito, sendo precedido, geralmente, de coletâneas e consolidações das leis pertinentes à matéria. Entre nós, os estágios antecedentes da codificação administrativa já foram atingidos e se nos afiguram superados pela existência de vários códigos parciais (*Código da Contabilidade Pública*; *Código de Águas*; *Código da Mineração*; *Código Florestal* etc.). De par com esses códigos floresce uma infinidade de leis, desgarradas de qualquer sistema, mas que bem mereciam integrar o futuro e necessário Código Administrativo Brasileiro, instituição que concorrerá para a unificação de princípios jurídicos já utilizados na nossa Administração Pública.

Contemporaneamente, Jures Lespès, depois de assinalar os progressos da codificação administrativa na Europa e os notáveis estudos do Instituto Belga de Ciências Administrativas, conclui que a codificação oferece, afinal, melhores possibilidades de controle e aperfeiçoamento, e remata afirmando que "as vantagens se fazem sentir ainda em outros domínios: no da jurisprudência dos tribunais, no das jurisdições administrativas, no da doutrina e no ensino do Direito".[21]

21. Jules Lespès, "A codificação dos princípios gerais do Direito Administrativo", *RDA* 22/24. No mesmo sentido são as conclusões de José Cretella Jr. em sua tese *Da Codificação do Direito Administrativo*, 1951, p. 127.

Esses argumentos respondem vantajosamente aos que temem a estagnação do Direito pela estratificação em códigos. A prática incumbiu-se de demonstrar, em contrário do que sustentavam Savigny e seus seguidores, que os códigos não impedem a evolução do Direito, nem estancam sua formação; ao revés, concorrem para a difusão ordenada dos princípios jurídicos e para seu crescente aperfeiçoamento.[22]

Como exemplo de codificação administrativa invocamos o Código Administrativo de Portugal,[23] que bem poderia servir de modelo à codificação administrativa brasileira, com as adaptações às nossas tradições e ao nosso regime político.

10. Interpretação do Direito Administrativo

O estudo da interpretação das normas, atos e contratos administrativos não tem correspondido, entre nós, ao progresso verificado nesse ramo do Direito. Adiantados como estamos em muitos aspectos da Ciência Jurídica, não cuidamos, ainda, com a profundidade devida, de fixar as regras básicas da aplicação desse novel ramo do Direito Público Interno, o que nos leva a utilizar, quase que exclusivamente, da hermenêutica civilista em matéria administrativa.

O Direito Administrativo não é refratário, em linhas gerais, à aplicação analógica e supletiva das regras do Direito Privado, mesmo porque já não se pode mais considerá-lo um Direito excepcional. Mas, sendo um ramo do Direito Público, nem todos os princípios de hermenêutica do Direito Privado lhe são adequados. A diversidade de seu objeto, a natureza específica de suas normas, os fins sociais a que elas se dirigem, o interesse público que elas visam sempre a tutelar, exigem regras próprias de interpretação e aplicação das leis, atos e contratos administrativos.

Hoje, inclusive em face de posicionamentos do STF, os princípios constitucionais, estudados ao longo desta obra, e em especial no cap. II, item 2.3, devem presidir e orientar a interpretação do Direito Administrativo, como seus fundamentos constitutivos e normativos, não podendo ocorrer contradição entre a norma e os princípios. A norma deve adequar-se aos princípios. Nesse processo interpretativo, conforme o caso, um princípio (ou mais) pode preponderar ou prevalecer sobre outro (ou outros), caso em que este será afastado, mas não "eliminado do sistema".[24] O "afastamento de um

22. Carlos S. de Barros Jr., "A codificação do Direito Administrativo", *RDA* 18/1, apoiado em Broccoli, *La Codificazione del Diritto Amministrativo*, 1933, pp. 11 e ss.

23. O *Código Administrativo de Portugal* foi posto em vigor pelo Dec.-lei 27.424, de 31.12.36, e atualizado por determinação do Dec.-lei 42.536, de 28.9.59.

24. Eros Grau, *Ensaio e Discurso sobre a Interpretação/Aplicação do Direito*, 5ª ed., Malheiros Editores, 2009, p. 195.

princípio implica perda de efetividade da regra que lhe dá concreção",[25] no caso concreto.

Sempre orientados e presididos pelos princípios, na interpretação do Direito Administrativo, também devemos considerar, necessariamente, três pressupostos: 1º) a desigualdade jurídica entre a Administração e os administrados; 2º) a presunção de legitimidade dos atos da Administração; 3º) a necessidade de poderes discricionários para a Administração atender ao interesse público.

Com efeito, enquanto o Direito Privado repousa sobre a igualdade das partes na relação jurídica, o Direito Público assenta em princípio inverso, qual seja, o da supremacia do Poder Público sobre os cidadãos, dada a prevalência dos interesses coletivos sobre os individuais. Dessa desigualdade originária entre a Administração e os particulares resultam inegáveis privilégios e prerrogativas para o Poder Público, privilégios e prerrogativas que não podem ser desconhecidos nem desconsiderados pelo intérprete ou aplicador das regras e princípios desse ramo do Direito. Sempre que entrarem em conflito o direito do indivíduo e o interesse da comunidade, há de prevalecer este, uma vez que o objetivo primacial da Administração é o *bem comum*. As leis administrativas visam, geralmente, a assegurar essa supremacia do Poder Público sobre os indivíduos, enquanto necessária à consecução dos fins da Administração. Ao aplicador da lei compete interpretá-la de modo a estabelecer o equilíbrio entre os privilégios estatais e os direitos individuais, sem perder de vista aquela supremacia.

O segundo pressuposto que há de estar sempre presente ao intérprete é o da *presunção de legitimidade dos atos administrativos*.[26] Essa presunção, embora relativa (*juris tantum*), acompanha toda a atividade pública, dispensando a Administração da prova de legitimidade de seus atos. Presumida esta, caberá ao particular provar o contrário, até demonstrar cabalmente que a Administração Pública obrou fora ou além do permitido em lei, isto é, com ilegalidade flagrante ou dissimulada sob a forma de abuso ou desvio de poder.

O terceiro pressuposto é o de que a Administração Pública precisa e se utiliza freqüentemente de *poderes discricionários* na prática rotineira de suas atividades. Esses poderes não podem ser recusados ao administrador público, embora devam ser interpretados restritivamente quando colidem com os direitos individuais dos administrados. Reconhecida a existência legal da *discricionariedade administrativa*, cumpre ao intérprete e aplicador da lei delimitar seu campo de atuação, que é o do *interesse público*. A finalidade pública, o bem comum, o interesse da comunidade, é que de-

25. Idem, p. 197.

26. V., adiante, no cap. IV, item 2.1, o conceito de *presunção de legitimidade*.

marcam o *poder discricionário* da Administração.[27] Extravasando desses lindes, o ato administrativo descamba para o arbítrio, e o próprio Direito Administrativo lhe nega validade, por excesso ou desvio de poder. Por isso mesmo, adverte Santi Romano, que as normas administrativas devem ser interpretadas com o propósito de reconhecer a outorga do poder legítimo à Administração e ajustá-lo às finalidades que condicionam a sua existência e a sua utilização.[28]

Afora estas regras privativas do Direito Público, cabe a utilização dos métodos interpretativos do Direito Brasileiro, contidos na *Lei de Introdução às Normas do Direito Brasileiro* (nova denominação dada pela Lei 12.376, de 30.12.2010, à LICC), que é a lei que estabelece princípios gerais para aplicação do Direito. Os princípios específicos do Direito Civil são trasladados para o Direito Administrativo por via analógica, ou seja, *por força de compreensão*, e não por extensão.[29] A distinção que fazemos é fundamental, e não pode ser confundida sem graves danos à interpretação, pois a utilização das regras do Direito Privado só cabe supletivamente, como, aliás, prevê o art. 54, da Lei. 8.666/1993, para os contratos administrativos.

A analogia admissível no campo do Direito Público é a que permite aplicar o texto da norma administrativa a espécie não prevista, mas compreendida no seu espírito; a interpretação extensiva, que negamos possa ser aplicada ao Direito Administrativo, é a que estende um entendimento do Direito Privado, não expresso no texto administrativo, nem compreendido no seu espírito, criando *norma administrativa nova*. A distinção é sutil, mas existente, o que levou Vanoni a advertir que "le due attività sono tanto vicine" que exigem do intérprete a máxima cautela no estabelecimento do processo lógico que o conduzirá à exata aplicação do texto interpretado.[30]

11. Evolução histórica do Direito Administrativo

O impulso decisivo para a formação do Direito Administrativo foi dado pela teoria da *separação dos Poderes* desenvolvida por Montesquieu, *L'Esprit des Lois*, 1748, e acolhida universalmente pelos Estados de Direito. Até então, o absolutismo reinante e o enfeixamento de todos os poderes

27. V., adiante, no cap. III, item 3, o conceito de *poder discricionário*.

28. Santi Romano, *Corso di Diritto Amministrativo*, 1937, p. 77.

29. Francesco Ferrara esclarece: "A analogia (ou interpretação analógica por compreensão) distingue-se da interpretação extensiva. De fato, esta aplica-se quando um caso não é contemplado por disposição de lei, enquanto a outra pressupõe que o caso já está compreendido na regulamentação jurídica, entrando no sentido de uma disposição, se bem que fuja à sua letra" (*Interpretação e Aplicação das Leis*, 1940, p. 65).

30. Ezio Vanoni, *Natura ed Interpretazione delle Leggi Tributarie*, 1932, p. 273.V. tb. sobre aplicação analógica os pareceres de Carlos Medeiros Silva in *RDA* 3/301 e 6/239.

governamentais nas mãos do Soberano não permitiam o desenvolvimento de quaisquer teorias que visassem a reconhecer direitos aos súditos, em oposição às ordens do Príncipe. Dominava a vontade onipotente do Monarca, cristalizada na máxima romana "quod principi placuit legis habet vigorem", e subseqüentemente na expressão egocentrista de Luís XIV: "L'État c'est moi".

Na França, após a Revolução (1789), a tripartição das funções do Estado em executivas, legislativas e judiciais veio ensejar a especialização das atividades do governo e dar independência aos órgãos incumbidos de realizá-las. Daí surgiu a necessidade de julgamento dos atos da Administração ativa, o que inicialmente ficou a cargo dos Parlamentos, mas posteriormente reconheceu-se a conveniência de se desligar as atribuições políticas das judiciais. Num estágio subseqüente foram criados, a par dos tribunais judiciais, os tribunais administrativos. Surgiu, assim, a Justiça Administrativa, e, como corolário lógico, se foi estruturando um Direito específico da Administração e dos administrados para as suas relações recíprocas. Era o advento do Direito Administrativo.[31]

12. O Direito Administrativo no Brasil

O Direito Administrativo no Brasil não se atrasou cronologicamente das demais nações. Em 1851 foi criada essa cadeira (Dec. 608, de 16.8.1851) nos cursos jurídicos existentes, e já em 1857 era editada a primeira obra sistematizada – *Elementos de Direito Administrativo Brasileiro* – de Vicente Pereira do Rego, então professor da Academia de Direito do Recife. A esse livro, que, no dizer de Caio Tácito, foi o primeiro a ser publicado na América Latina,[32] sucederam-se, durante o Império, as obras de Veiga Cabral, *Direito Administrativo Brasileiro*, Rio, 1859; Visconde do Uruguai, *Ensaio sobre o Direito Administrativo Brasileiro*, Rio, 1862, 2 vs.; A. J. Ribas, *Direito Administrativo Brasileiro*, Rio, 1866; Rubino de Oliveira, *Epítome do Direito Administrativo Pátrio*, São Paulo, 1884.

Com a implantação da República continuaram os estudos sistematizados de Direito Administrativo, já agora sob a influência do Direito Público Norte-Americano, onde os republicanos foram buscar o modelo para a nossa Federação. De lá para cá,[33] centenas e centenas de obras foram editadas, indicadoras de que a curva da evolução histórica do Direito Administrativo no Brasil foi extremamente profícua e se apresenta promissora de novas con-

31. Nas edições anteriores fizemos aprofundado estudo sobre a evolução histórica do Direito Administrativo, suprimido diante do objetivo de manter a obra em um único volume.

32. "O primeiro livro sobre Direito Administrativo na América Latina", *RDA* 27/428.

33. V. nota 31.

quistas, pelo reportar contínuo de substanciosos estudos, confirmatórios daquela previsão de Goodnow de que "os grandes problemas de Direito Público Moderno são de um caráter quase que exclusivamente administrativo".[34]

13. Sistemas administrativos

Por *sistema administrativo*, ou *sistema de controle jurisdicional da Administração*, como se diz modernamente, entende-se o regime adotado pelo Estado para a correção dos atos administrativos ilegais ou ilegítimos praticados pelo Poder Público em qualquer dos seus departamentos de governo.

Vigem, presentemente, dois sistemas bem diferençados: o do *contencioso administrativo*, também chamado *sistema francês*, e o *sistema judiciário* ou de *jurisdição única*, conhecido por *sistema inglês*. Não admitimos o impropriamente denominado *sistema misto*, porque, como bem pondera Seabra Fagundes, hoje em dia "nenhum país aplica um sistema de controle puro, seja através do Poder Judiciário, seja através de tribunais administrativos".[35] O que caracteriza o sistema é a predominância da jurisdição comum ou da especial, e não a exclusividade de qualquer delas, para o deslinde contencioso das questões afetas à Administração.

13.1 Sistema do contencioso administrativo

O *sistema do contencioso administrativo*[36] foi originariamente adotado na França, de onde se propagou para outras nações. Resultou da acirrada luta que se travou no ocaso da Monarquia entre o Parlamento, que então exercia funções jurisdicionais, e os Intendentes, que representavam as administrações locais.[37]

A Revolução (1789), imbuída de liberalismo e ciosa da independência dos Poderes, pregada por Montesquieu, encontrou ambiente propício para separar a Justiça Comum da Administração, com o quê atendeu não

34. F. J. Goodnow, *Derecho Administrativo Comparado*, trad. espanhola, s/d, I/2.

35. Seabra Fagundes, *O Controle dos Atos Administrativos pelo Poder Judiciário*, 1957, p. 133, nota 1.

36. Sobre *contencioso administrativo* e *jurisdição administrativa* Trotabas nos fornece os seguintes conceitos: "Entende-se por *contencioso administrativo* o conjunto de litígios que podem resultar da atividade da Administração. O *contencioso administrativo* é, pois, mais amplo que a *jurisdição administrativa*, porque, se a maior parte dos litígios suscitados pela atividade da Administração Pública são levados diante da jurisdição administrativa, apenas alguns litígios são levados diante da *jurisdição judiciária* – Entende-se por *jurisdição administrativa* o conjunto de tribunais grupados sob a autoridade do Conselho de Estado. A *jurisdição administrativa* se distingue, assim, da *jurisdição judiciária*, isto é, dos tribunais grupados sob a autoridade da *Corte de Cassação*" (*Droit Public et Administratif*, 1957, p. 140).

37. Roger Bonnard, *Le Contrôle Jurisdictionnel de l'Administration*, 1934, pp. 152 e ss.

só ao desejo de seus doutrinadores como aos anseios do povo já descrente da ingerência judiciária nos negócios do Estado. Separaram-se os Poderes. E, extremando os rigores dessa separação, a Lei 16, de 24.8.1790, dispôs: "As funções judiciárias são distintas e permanecerão separadas das funções administrativas. Não poderão os juízes, sob pena de prevaricação, perturbar, de qualquer maneira, as atividades dos corpos administrativos".

A Constituição de 3.8.1791 consignou: "Os tribunais não podem invadir as funções administrativas ou mandar citar, para perante eles comparecerem, os administradores, por atos funcionais".

Firmou-se, assim, na França o sistema do *administrador-juiz*, vedando-se à Justiça Comum conhecer de atos da Administração, os quais se sujeitam unicamente à jurisdição especial do *contencioso administrativo*, que gravita em torno da autoridade suprema do Conselho de Estado, peça fundamental do sistema francês. Essa orientação foi conservada na reforma administrativa de 1953, sendo mantida pela vigente Constituição de 4.10.58.

No sistema francês todos os tribunais administrativos sujeitam-se direta ou indiretamente ao controle do *Conselho de Estado*, que funciona como juízo de apelação (*juge d'appel*), como juízo de cassação (*juge de cassation*) e, excepcionalmente, como juízo originário e único de determinados litígios administrativos (*juge de premier et dernier ressorte*), pois que dispõe de plena jurisdição em matéria administrativa.

"Como no passado – explica Vedel, em face da reforma administrativa de 1953 –, o *Conselho de Estado* é, conforme o caso, juízo de primeira e última instâncias, corte de apelação ou corte de cassação. A esses títulos ele conhece ou pode conhecer de todo litígio administrativo. A diferença está em que como juízo ou corte de primeira e última instâncias ele perdeu a qualidade de juiz de direito comum excepcional".[38]

Na organização atual do *contencioso administrativo* francês, o *Conselho de Estado*, no ápice da pirâmide da jurisdição especial, revê o *mérito* das decisões, como corte de apelação dos *Tribunais Administrativos* (denominação atual dos antigos *Conselhos de Prefeitura*) e dos *Conselhos do Contencioso Administrativo das Colônias*; e, como instância de cassação, controla a *legalidade* das decisões do *Tribunal de Contas*, do *Conselho Superior da Educação Nacional* e da *Corte de Disciplina Orçamentária* (Lei de 25.9.48). Embora caiba à jurisdição administrativa o julgamento do contencioso administrativo – "ensemble des litiges que peut faire naître l'activité de l'Administration" –, certas demandas de interesse da Administração ficam sujeitas à Justiça Comum desde que se enquadrem numa destas três ordens: a) litígios decorrentes de atividades públicas com caráter priva-

38. Georges Vedel, *Droit Administratif*, 1961, p. 323.

do; b) litígios que envolvam questões de estado e capacidade das pessoas e de repressão penal; c) litígios que se refiram à propriedade privada.

Como a delimitação da competência das duas Justiças está a cargo da jurisprudência, freqüentes são os conflitos de jurisdição, os quais são solucionados pelo *Tribunal de Conflito*, integrado por dois ministros de Estado (*Garde des Sceaux et Ministre de la Justice*), por três conselheiros de Estado e por três membros da Corte de Cassação.

As atribuições do *Conselho de Estado* são de ordem *administrativa* e *contenciosa*, servindo ao governo na expedição de avisos e no pronunciamento sobre matéria de sua competência consultiva e atuando como órgão jurisdicional nos litígios em que é interessada a Administração, ou seus agentes.

A composição e funcionamento do *Conselho de Estado* são complexos, bastando recordar que atualmente é integrado por cerca de duzentos membros, recrutados entre funcionários de carreira (indicados pela Escola Nacional de Administração), auditores, juristas e conselheiros, e sua atividade se distribui entre as seções administrativa e contenciosa, subdividindo-se esta em nove subseções.

A jurisdição deste órgão supremo da Administração francesa é manifestada através de um desses quatro recursos: a) *contencioso de plena jurisdição*, ou *contencioso de mérito*, ou *contencioso de indenização*, pelo qual o litigante pleiteia o restabelecimento de seus direitos feridos pela Administração; b) *contencioso de anulação*, pelo qual se pleiteia a invalidação de atos administrativos ilegais, por contrários à lei, à moral, ou desviados de seus fins (*détournement de pouvoir*), que, por isso, é também chamado *recurso por excesso de poder* (*recours d'excès de pouvoir*); c) *contencioso de interpretação*, pelo qual se pleiteia a declaração do sentido do ato e de seus efeitos em relação ao litigante; d) *contencioso de repressão*, pelo qual se obtém a condenação do infrator à pena administrativa prevista em lei, como nos casos de infração de trânsito ou de atentado ao domínio público.[39]

O sistema do contencioso administrativo francês, como se vê, é complicado na sua organização e atuação, recebendo, por isso mesmo, adaptações e simplificações nos diversos países que o adotam, tais como a Suíça, a Finlândia, a Grécia, a Turquia, a Iugoslávia, a Polônia e a antiga Tcheco-Eslováquia, embora guarde, em linhas gerais, a estrutura gaulesa.

Não abonamos a excelência desse regime. Entre outros inconvenientes sobressai o do estabelecimento de dois critérios de Justiça: um da jurisdição administrativa, outro da jurisdição comum. Além disso, como bem observa Ranelletti, o Estado moderno, sendo um Estado de Direito, deve reconhecer

39. Louis Trotabas, *Manuel de Droit Public et Administratif*, 1957, pp. 157 e ss.

e garantir ao indivíduo e à Administração, por via da mesma Justiça, os seus direitos fundamentais, sem privilégios de uma jurisdição especial constituída por funcionários saídos da própria Administração e sem as garantias de independência que se reconhecem necessárias à Magistratura.[40]

Na França o contencioso administrativo explica-se pela instituição tradicional do *Conselho de Estado*, que integra o regime daquele país como uma peculiaridade indissociável de sua organização constitucional, mas não nos parece que em outras nações possa apresentar vantagens sobre o *sistema judiciário* ou de *jurisdição única*.

13.2 Sistema judiciário

O *sistema judiciário* ou de *jurisdição única*, também conhecido por *sistema inglês* e, modernamente, denominado *sistema de controle judicial*, é aquele em que todos os litígios – de natureza administrativa ou de interesses exclusivamente privados – são resolvidos judicialmente pela Justiça Comum, ou seja, pelos juízes e tribunais do Poder Judiciário. Tal sistema é originário da Inglaterra, de onde se transplantou para os Estados Unidos da América do Norte, Bélgica, Romênia, México, Brasil e outros países.

A evolução desse sistema está intimamente relacionada com as conquistas do povo contra os privilégios e desmandos da Corte inglesa. Primitivamente, todo o poder de administrar e julgar concentrava-se na Coroa. Com o correr dos tempos diferençou-se o poder de legislar (Parlamento) do poder de administrar (Rei). Mas permanecia com a Coroa o poder de julgar. O Rei era a fonte de toda justiça e o destinatário de todo recurso dos súditos. O povo sentia-se inseguro de seus direitos, dependente como permanecia da graça real na apreciação de suas reclamações. Continuaram as reivindicações populares, e em atendimento delas criou-se o *Tribunal do Rei* (*King's Bench*), que, por delegação da Coroa, passou a decidir as reclamações contra os funcionários do Reino, mas o fazia com a chancela real. Tal sistema era ainda insatisfatório, porque os julgadores dependiam do Rei, que os podia afastar do cargo e, mesmo, ditar-lhes ou reformar-lhes as decisões.[41] Logo mais, passou o *Tribunal do Rei* a expedir em nome próprio ordens (*writs*) aos funcionários contra quem se recorria e mandados de interdições de procedimentos administrativos ilegais ou arbitrários. Dessas decisões tornaram-se usuais o *writ of certiorari*, para remediar os casos de incompetência e ilegalidade graves; o *writ of injunction*, remédio preventivo destinado a impedir que a Administração modificasse determinada situação;

40. Oreste Ranelletti, *Le Guarentizie della Giustizia nella Pubblica Amministrazione*, 1934, pp. 303 e ss.

41. Gneist, *English Constitutional History*, 1884, I/391.

e o *writ of mandamus*, destinado a suspender certos procedimentos administrativos arbitrários,[42] sem se falar no *writ of habeas corpus*, já considerado garantia individual desde a Magna Carta (1215).

Do *Tribunal do Rei*, que só conhecia e decidia matéria de direito, passou-se para a *Câmara Estrela* (*Star Chamber*), com competência em matéria de direito e de fato e jurisdição superior sobre a Justiça de paz dos condados, e de cujas decisões cabia recurso para o *Conselho Privado do Rei* (*King's Council*).[43]

Restava ainda a última etapa da independência da Justiça Inglesa. Esta adveio em 1701 com o *Act of Settlement*, que desligou os juízes do Poder real e deu-lhes estabilidade no cargo, conservando-lhes a competência para questões comuns e administrativas. Era a instituição do Poder Judicial independente do Legislativo (Parlamento) e do administrativo (Rei), com jurisdição única e plena para conhecer e julgar todo procedimento da Administração em igualdade com os litígios privados.

Esse *sistema de jurisdição única* trasladou-se para as colônias norte-americanas e nelas se arraigou tão profundamente que, proclamada a Independência (1775) e fundada a Federação (1787), passou a ser cânone constitucional (Constituição dos EUA, art. III, seção 2ª).

Pode-se afirmar, sem risco de erro, que a Federação Norte-Americana é a que conserva na sua maior pureza o *sistema de jurisdição única*, ou do *judicial control*, que se afirma no *rule of law*, ou seja, na supremacia da lei. Definindo esse regime, Dicey escreve que ele se resume na *submissão de todos à jurisdição da Justiça ordinária*, cujo campo de ação coincide com o da legislação, sendo ao desta co-extensivo e equivalente.[44] Nem por isso deixaram os Estados Unidos de criar *Tribunais Administrativos* (*Court of Claims – Court of Custom Appeals – Court of Record*) e *Comissões de Controle Administrativo* de certos serviços ou atividades públicas ou de interesse público, com funções regulamentadoras e decisórias (*Interstate Commerce Commission – Federal Trade Commission – Tariff Commission – Public Service Commission* etc.), mas essas *Comissões* e *Tribunais Administrativos* não proferem decisões definitivas e conclusivas para a Justiça Comum, cabendo ao Poder Judiciário torná-las efetivas (*enforced*) quando resistidas, e para o quê pode rever a matéria de fato e de direito já apreciada administrativamente. A prática administrativa norte-americana levou Freund a afirmar,

42. O nosso mandado de segurança, erigido em garantia constitucional (CF, art. 5º, LXIX e LXX), filia-se ao *juicio de amparo*, do Direito Mexicano, instituído naquele país desde 1841, e mais remotamente aos *Extraordinary Legal Remedies* do Direito Anglo-Saxônio, conforme expõe High.

43. Goodnow, *Derecho Administrativo Comparado*, trad. espanhola, s/d, p. 189.

44. Dicey, *Introduction to the Study of Law of the Constitution*, 1885, pp. 178 e ss.

com inteiro acerto, que a existência desse duplo freio (do processo judicial e das Comissões Administrativas) visa a enfrentar e neutralizar os abusos do poder burocrático ou, pelo menos, reduzir o procedimento da Administração à condição de simples inquérito preliminar.[45]

Não existe, pois, no sistema anglo-saxônio, que é o da *jurisdição única* (da Justiça Comum), o *contencioso administrativo* do regime francês. Toda controvérsia, litígio ou questão entre particular e a Administração resolve-se perante o Poder Judiciário, que é o único competente para proferir decisões com autoridade final e conclusiva, a que o citado Freund denomina *final enforcing power* e que equivale à *coisa julgada judicial*.

14. O sistema administrativo brasileiro

O Brasil adotou, desde a instauração de sua primeira República (1891), o *sistema da jurisdição única*, ou seja, o do controle administrativo pela Justiça Comum. Daí a afirmativa peremptória de Ruy, sempre invocada como interpretação autêntica da nossa primeira Constituição Republicana: "Ante os arts. 59 e 60 da nova Carta Política, é impossível achar-se acomodação no Direito brasileiro para o *contencioso administrativo*".[46]

As Constituições posteriores (1934, 1937, 1946 e 1969) afastaram sempre a idéia de uma Justiça administrativa coexistente com a Justiça ordinária, trilhando, aliás, uma tendência já manifestada pelos mais avançados estadistas do Império, que se insurgiam contra o incipiente contencioso administrativo da época.[47] A EC 7/77 estabeleceu a possibilidade da criação de dois contenciosos administrativos (arts. 11 e 203), que não chegaram a ser instalados e que, agora, com a Constituição de 1988, ficaram definitivamente afastados.

A orientação brasileira foi haurida no Direito Público Norte-Americano, que nos forneceu o modelo para a nossa primeira Constituição Republicana, adotando todos os postulados do *rule of law* e do *judicial control* da Federação coirmã. Essa filiação histórica é de suma importância para compreendermos o Direito Público Brasileiro, especialmente o Direito Administrativo, e não invocarmos inadequadamente princípios do sistema francês como informadores do nosso regime político-administrativo e da nossa organização judiciária quando, nesses campos, só mantemos vinculação com o sistema anglo-saxônio.

45. Ernst Freund, *Historical Survey in the Growth of American Administrative Law*, 1924, pp. 9 e ss., e *Administrative Power*, 1928, p. 170.

46. Ruy Barbosa, *Comentários à Constituição Federal Brasileira*, 1933, IV/429. No mesmo sentido Pedro Lessa, *Do Poder Judiciário*, 1915, pp. 143 e 151.

47. Visconde de Ouro Preto, *Reforma Administrativa e Municipal*, 1928, cap. IV.

Tal sistema, já o conceituamos, mas convém repetir, é o da separação entre o Poder Executivo e o Poder Judiciário, vale dizer, entre o *administrador* e o *juiz*. Com essa diversificação entre a *Justiça* e a *Administração* é inconciliável o *contencioso administrativo*, porque todos os interesses, quer do particular, quer do Poder Público, se sujeitam a uma única jurisdição conclusiva: a do Poder Judiciário. Isto não significa, evidentemente, que se negue à Administração o direito de decidir. Absolutamente, não. O que se lhe nega é a possibilidade de exercer funções materialmente judiciais, ou judiciais por natureza, e de emprestar às suas decisões força e definitividade próprias dos julgamentos judiciários (*res judicata*).

Neste ponto, a doutrina é pacífica em reconhecer que o sistema de separação entre a Justiça e a Administração torna incompatível o exercício de funções *judiciais* (não confundir com *jurisdicionais*, que tanto podem ser da Administração como da Justiça) por órgãos administrativos, porque isto não seria separação, mas reunião de funções.[48]

Entre nós, como nos Estados Unidos da América do Norte, vicejam órgãos e comissões com jurisdição administrativa, parajudicial, mas suas decisões não têm caráter conclusivo para o Poder Judiciário, ficando sempre sujeitas a revisão judicial.

Para a correção judicial dos atos administrativos ou para remover a resistência dos particulares às atividades públicas a Administração e os administrados dispõem dos mesmos meios processuais admitidos pelo Direito Comum, e recorrerão ao mesmo Poder Judiciário uno e único – que decide os litígios de Direito Público e de Direito Privado (CF, art. 5º, XXXV).[49] Este é o sentido da *jurisdição única* adotada no Brasil.[50]

48. Francisco Campos, *Pareceres*, 1ª Série, 1937, pp. 253 e ss.

49. O STF, Pleno, decidiu que, ao contrário da anterior, a Constituição de 1988 esgota as situações concretas (§ 2º do art. 114 e § 1º do art. 217) que condicionam o ingresso em juízo à fase administrativa, não estando alcançados os conflitos subjetivos de interesse (ADI/MC 2.160-DF, *Informativo* 546).

50. Sobre *jurisdição única* v. o cap. XI, item 6.

Capítulo II

ADMINISTRAÇÃO PÚBLICA

1. *A estrutura administrativa*

O estudo da *Administração Pública*[1] em geral, compreendendo a sua estrutura e as suas atividades, deve partir do conceito de *Estado*,[2] sobre o qual repousa toda a concepção moderna de organização e funcionamento dos serviços públicos a serem prestados aos administrados.

1. Para evitar confusão escrevemos sempre com maiúsculas a expressão *Administração Pública* quando nos referimos a entidades e órgãos administrativos, e com minúsculas – *administração pública* – quando aludimos à função ou atividade administrativa.

2. Quando nos referimos ao *Estado Soberano* ou ao *Estado Federal*, ou ao *Estado* em sentido amplo, abrangendo todas as entidades estatais e seus prolongamentos administrativos, grafamos *Estado* sem qualquer qualificativo; quando aludimos a unidades da Federação escrevemos *Estado-membro*. Assim, evitamos confusão desses conceitos.

1.1 Conceito, elementos e poderes de Estado

1.1.1 *Conceito de Estado* – O conceito de Estado varia segundo o ângulo em que é considerado. Do ponto de vista sociológico, é corporação territorial dotada de um poder de mando originário (Jellinek); sob o aspecto político, é comunidade de homens, fixada sobre um território, com potestade superior de ação, de mando e de coerção (Malberg); sob o prisma constitucional, é pessoa jurídica territorial soberana (Biscaretti di Ruffia); na conceituação do nosso Código Civil, é pessoa jurídica de Direito Público Interno (art. 41, I). Como ente personalizado, o Estado tanto pode atuar no campo do Direito Público como no do Direito Privado, mantendo sempre sua única personalidade de Direito Público, pois a teoria da dupla personalidade do Estado acha-se definitivamente superada.[3]

Esse é o *Estado de Direito*, ou seja, o Estado juridicamente organizado e obediente às suas próprias leis.

1.1.2 *Elementos do Estado* – O *Estado* é constituído de três elementos originários e indissociáveis: *Povo*, *Território* e *Governo soberano*. *Povo* é o componente humano do Estado; *Território*, a sua base física; *Governo soberano*, o elemento condutor do Estado, que detém e exerce o poder absoluto de autodeterminação e auto-organização emanado do Povo. Não há nem pode haver Estado independente sem *Soberania*, isto é, sem esse poder absoluto, indivisível e incontrastável de organizar-se e de conduzir-se segundo a vontade livre de seu Povo e de fazer cumprir as suas decisões inclusive pela força, se necessário. A vontade estatal apresenta-se e se manifesta através dos denominados *Poderes de Estado*.

1.1.3 *Poderes de Estado* – Os *Poderes de Estado*, na clássica tripartição de Montesquieu, até hoje adotada nos Estados de Direito, são o *Legislativo*, o *Executivo* e o *Judiciário*, *independentes e harmônicos entre si* e com suas funções reciprocamente indelegáveis (CF, art. 2º). Esses *Poderes* são imanentes e estruturais do Estado (diversamente dos *poderes administrativos*, que são incidentais e instrumentais da Administração), a cada um deles correspondendo uma *função que lhe é atribuída com precipuidade*. Assim, a função precípua do Poder Legislativo é a elaboração da lei (função normativa); a função precípua do Poder Executivo é a conversão da lei em ato individual e concreto (função administrativa);[4] a função precípua do Poder Judiciário é a aplicação coativa da lei aos litigantes (função judicial).

3. Paolo Biscaretti di Ruffia, *Derecho Constitucional*, trad., Madri, Tecnos, 1965, p. 115.

4. Sobre *função administrativa*, v. o excelente estudo de Aricê Moacyr Amaral Santos in *RDP* 89/165.

Referimo-nos à função *precípua* de cada Poder de Estado porque, embora o ideal fosse a *privatividade* de cada função para cada Poder, na realidade isso não ocorre, uma vez que todos os Poderes têm necessidade de praticar *atos administrativos*, ainda que restritos à sua organização e ao seu funcionamento, e, em caráter excepcional admitido pela Constituição, desempenham funções e praticam atos que, a rigor, seriam de outro Poder. O que há, portanto, não é separação de Poderes com divisão absoluta de funções, mas, sim, distribuição das três funções estatais *precípuas* entre órgãos independentes, mas harmônicos e coordenados no seu funcionamento, mesmo porque o poder estatal é uno e indivisível.

Aliás, já se observou que Montesquieu nunca empregou em sua obra política[5] as expressões "separação de Poderes" ou "divisão de Poderes", referindo-se unicamente à necessidade do "equilíbrio entre os Poderes", do que resultou entre os ingleses e norte-americanos o sistema de *checks and balances*, que é o nosso método de *freios e contrapesos*, em que um Poder limita o outro, como sugerira o próprio autor no original: "le pouvoir arrête le pouvoir". Seus apressados seguidores é que lhe deturparam o pensamento e passaram a falar em "divisão" e "separação de Poderes",[6] como se estes fossem estanques e incomunicáveis em todas as suas manifestações, quando, na verdade, isto não ocorre, porque o Governo é a resultante da interação dos *três Poderes de Estado* – Legislativo, Executivo e Judiciário –, como a Administração o é de todos os órgãos desses *Poderes*.

1.2 Organização do Estado e da Administração

1.2.1 *Organização do Estado* – A *organização do Estado* é matéria constitucional no que concerne à divisão política do território nacional, à estruturação dos Poderes, à forma de Governo, ao modo de investidura dos governantes, aos direitos e garantias dos governados.[7] Após as disposições

5. Charles-Louis de Secondat, Baron de Montesquieu, *De l'Esprit des Lois*, Paris, 1748.

6. Paul Visscher, em profunda análise da obra de Montesquieu, chega a considerar que o atribuir-se-lhe a concepção da *separação absoluta dos Poderes* é uma verdadeira *escroquérie* intelectual, pois representa a mais completa deturpação de seu pensamento político (cf. *Les Nouvelles Tendances de la Démocratie Anglaise*, Paris, 1947, pp. 21 e 22). No mesmo sentido, v. Louis Wodon, *Considérations sur la Séparation et la Délégation des Pouvoirs*, Bruxelas, 1942, p. 19; e tb. W. Guy Debeyre, *Le Droit Public des Français*, Paris, 1956, pp. 26 e ss.

7. A organização do Estado brasileiro está assim delineada na Constituição da República de 1988:

"Art. 1º. A República Federativa do Brasil, formada pela união indissolúvel dos Estados e Municípios e do Distrito Federal, constitui-se em Estado Democrático de Direito e tem como fundamentos:

"I – a soberania;

constitucionais que moldam a *organização política* do Estado soberano, surge, através da legislação complementar e ordinária, a *organização administrativa das entidades estatais*, de suas *autarquias* e *empresas estatais* instituídas para a execução desconcentrada e descentralizada de serviços públicos e outras atividades de interesse coletivo, objeto do Direito Administrativo e das modernas técnicas de administração.

No *Estado Federal*, que é o que nos interessa, a organização política era dual, abrangendo unicamente a União (detentora da Soberania) e os Estados-membros ou Províncias (com autonomia política, além da administrativa e financeira). Agora, a nossa Federação compreende a União, os Estados-membros, o Distrito Federal e os Municípios, que também são entidades estatais, com autonomia política reconhecida pela Constituição da República (art. 18), embora em menor grau que a dos Estados-membros (art. 25). Essa outorga constitucional de autonomia política aos Municípios é uma *peculiaridade da Federação brasileira*, como já assinalamos em estudos anteriores.[8] Assim, integra a organização política da nossa Federação um Estado-membro anômalo, que é o Distrito Federal, onde se localiza a Capital da União: Brasília (art. 18 e § 1º).

Na nossa Federação, portanto, as *entidades estatais*, ou seja, *entidades com autonomia política* (além da administrativa e financeira), são unicamente a *União*, os *Estados-membros*, os *Municípios* e o *Distrito Federal*, cuja organização é estudada em capítulo próprio (cap. XII, *Organização Administrativa Brasileira*). As demais pessoas jurídicas instituídas ou autorizadas a se constituírem por lei ou são *autarquias*, ou são *fundações*, ou são empresas governamentais, ou são *entidades paraestatais*, como veremos ao cuidar dos serviços públicos (cap. VI). Esse conjunto de *entidades estatais*, *autárquicas*, *fundacionais*, *empresariais* e *paraestatais* constitui a *Administração Pública* em sentido instrumental amplo, ou seja, a *Administração centralizada* e a *descentralizada*.[9]

"II – a cidadania;

"III – a dignidade da pessoa humana;

"IV – os valores sociais do trabalho e da livre iniciativa;

"V – o pluralismo político.

"Parágrafo único. Todo o poder emana do povo, que o exerce por meio de representantes eleitos ou diretamente, nos termos desta Constituição.

"Art. 2º. São poderes da União, independentes e harmônicos entre si, o Legislativo, o Executivo e o Judiciário."

8. V., do Autor, *Direito Municipal Brasileiro*, cap. I, e o estudo "O Município na Federação Brasileira", *RT* 315/205.

9. A nomenclatura correta é *Administração centralizada e descentralizada*, mas a Constituição da República e o Dec.-lei 200/67 só usam as expressões *Administração direta e indireta*, que passamos a adotar para evitar divergências terminológicas entre a doutrina e a legislação.

A nossa atual Constituição da República, do ponto de vista formal, é mal-redigida, assistemática e detalhista; a redação é confusa, a matéria é distribuída sem sistema, encontrando-se o mesmo assunto em vários capítulos, e desce a detalhes impróprios de texto constitucional. Todavia, deve-se reconhecer que as ECs 18 e 19, de 1988, aprimoraram a técnica legislativa.

1.2.2 *Organização da Administração* – Após a organização soberana do Estado, com a instituição constitucional dos três Poderes que compõem o Governo, e a divisão política do território nacional, segue-se a *organização da Administração*, ou seja, a estruturação legal das *entidades* e *órgãos* que irão desempenhar as *funções*, através de *agentes públicos* (pessoas físicas). Essa organização faz-se normalmente por lei, e excepcionalmente por decreto e normas inferiores, quando não exige a criação de cargos nem aumenta a despesa pública.

Nesse campo estrutural e funcional do Estado atua o moderno *Direito Administrativo organizatório*,[10] auxiliado pelas contemporâneas técnicas de administração,[11] aquele estabelecendo o ordenamento jurídico dos órgãos, das funções e dos agentes que irão desempenhá-las, e estas informando sobre o modo mais eficiente e econômico de realizá-las em benefício da coletividade. O *Direito Administrativo* impõe as regras jurídicas de organização e funcionamento do complexo estatal; as *técnicas de administração* indicam os instrumentos e a conduta mais adequada ao pleno desempenho das atribuições da Administração. Assim, embora sendo disciplinas diferentes, ambas devem coexistir em toda organização estatal, autárquica, fundacional e paraestatal, a fim de bem ordenar os órgãos, distribuir as funções, fixar as competências e capacitar os agentes para a satisfatória prestação dos serviços públicos ou de interesse coletivo, objetivo final e supremo do Estado em todos os setores do Governo e da Administração.

Impõe-se, pois, estabelecermos o confronto entre *Governo* e *Administração* e, a seguir, examinarmos seus *órgãos* e *agentes* para, após, estudarmos a atividade administrativa em toda a sua extensão e efeitos.

10. Paul Meyer, *Administrative Organization*, Nova York, 1957; Giusepphino Treves, *L'Organizzazione Amministrativa*, Turim, 1967; Giorgio Berti, *La Pubblica Amministrazione comme Organizzazione*, Pádua, 1968; Ernst Forsthoff, *Tratado de Derecho Administrativo*, Madri, 1958, pp. 545 e ss.

11. Sobre técnicas de administração as edições anteriores citaram diversos trabalhos e autores, aos quais remetemos os interessados. A propósito do tema, v. o Dec. federal 93.277, de 19.9.86, que instituiu a Escola Nacional de Administração Pública (ENAP) e o Centro de Desenvolvimento da Administração Pública (CEDAM), e o Dec. Federal 2.794, de 1.10.98, que instituiu a Política Nacional de Capacitação dos Servidores Públicos Federais.

1.3 Governo e Administração

Governo e *Administração* são termos que andam juntos e muitas vezes confundidos, embora expressem conceitos diversos nos vários aspectos em que se apresentam.[12]

1.3.1 *Governo* – Em sentido formal, é o conjunto de Poderes e órgãos constitucionais; em sentido material, é o complexo de funções estatais básicas; em sentido operacional, é a condução política dos negócios públicos. Na verdade, o Governo ora se identifica com os Poderes e órgãos supremos do Estado, ora se apresenta nas funções originárias desses Poderes e órgãos como manifestação da Soberania. A constante, porém, do Governo é a sua *expressão política de comando, de iniciativa, de fixação de objetivos do Estado e de manutenção da ordem jurídica vigente.* O Governo atua mediante atos de Soberania ou, pelos menos, de autonomia política na condução dos negócios públicos.

1.3.2 *Administração Pública* – Em sentido formal, é o conjunto de órgãos instituídos para consecução dos objetivos do Governo; em sentido material, é o conjunto das funções necessárias aos serviços públicos em geral; em acepção operacional, é o desempenho perene e sistemático, legal e técnico, dos serviços próprios do Estado ou por ele assumidos em benefício da coletividade.[13] Numa visão global, a Administração é, pois, todo o

12. Vejamos algumas definições de Governo e de Administração: Governo é a Soberania posta em ação (Eismein); Governo é a direção suprema dos negócios públicos (Berthélemy e Duez); Governo é toda atividade exercida pelos representantes do Poder (Aderson de Menezes); Administração é a atividade concreta do Estado dirigida a satisfazer as necessidades coletivas em forma direta e imediata (D'Alessio); Administração é a atividade pela qual as autoridades satisfazem necessidades de interesse público utilizando prerrogativas de poder (Rivero); Administração é a atividade funcional concreta do Estado que satisfaz as necessidades coletivas em forma direta, contínua e permanente, e com sujeição ao ordenamento jurídico vigente (Duez).

13. Segundo Gulick, as funções normais da Administração expressam-se na sigla POSDCORB, formada pelas iniciais das palavras inglesas *Planing*, *Organizing*, *Staffing*, *Directing*, *Coordinating*, *Reporting* e *Budgeting*, correspondentes, respectivamente, a *Planejamento*, *Organização*, *Administração* (de pessoal), *Direção*, *Coordenação*, *Informação* e *Orçamento* (elaboração) (cf. Luther Gulick, *Notes on the Theory of Organization*, Nova York, 1937, pp. 13 e ss.).

Para o desempenho dessas funções a Administração instrumenta-se com *órgãos-linha* e *órgãos-staff*. *Órgãos-linha* são os que decidem e comandam; *órgãos-staff* são os de assessoramento, que preparam as decisões, fazendo os levantamentos e estudos necessários às soluções de chefia. O *staff* pode ser *geral*, *especial* e *técnico*. A *linha* pode ser do tipo *escalar*, *piramidal* ou *linear puro*, em que o comando desce verticalmente do chefe ao subordinado imediato, de grau em grau, ou do tipo *funcional tayloriano*, em que o fundamental é a *divisão de trabalho* por especializações concretas, atenuando o princípio da unidade de mando, para que o escalão inferior receba ordens não de um só chefe, mas de vários superiores especializados. É a base da sua teoria da "administração científica" (cf. Frederick Winslow Taylor, *The Principles of Scientific Management*, Nova York, 1911, pp. 92 e ss.), complementada mais tarde pela teo-

aparelhamento do Estado preordenado à realização de serviços, visando à satisfação das necessidades coletivas. A Administração não pratica *atos de governo*; pratica, tão-somente, *atos de execução*, com maior ou menor autonomia funcional, segundo a competência do órgão e de seus agentes. São os chamados *atos administrativos*, que, por sua variedade e importância, merecem estudo em capítulo especial (cap. IV).

Comparativamente, podemos dizer que *governo* é atividade política e discricionária; *administração* é atividade neutra, normalmente vinculada à lei ou à norma técnica. *Governo* é conduta independente; *administração* é conduta hierarquizada. O *Governo* comanda com responsabilidade constitucional e política, mas sem responsabilidade profissional pela execução; a *Administração* executa sem responsabilidade constitucional ou política, mas com responsabilidade técnica e legal pela execução. A *Administração* é o instrumental de que dispõe o *Estado* para pôr em prática as opções políticas do *Governo*. Isto não quer dizer que a Administração não tenha *poder de decisão*. Tem. Mas o tem somente na área de suas atribuições e nos limites legais de sua competência executiva, só podendo opinar e decidir sobre assuntos jurídicos, técnicos, financeiros ou de conveniência e oportunidade administrativas, sem qualquer faculdade de opção política sobre a matéria.

Daí a justa observação de Debbasch de que: "L'administration publique (...) est constituée par l'ensemble de services publics dont la bonne marche permet la réalisation des objectifs définis par le pouvoir politique". E, logo adiante, reafirma: "L'administration constitue l'instrument de réalisation de choix politiques. Sa fonction est comparable à celle d'un intermédiaire: elle assure, parallèlement au *processus* représentatif, le contact entre les gouvernements et les citoyens. A cette fin, elle informe, elle prépare, elle prévoit, elle exécute".[14]

O *Governo* e a *Administração*, como criações abstratas da Constituição e das leis, atuam por intermédio de suas *entidades* (pessoas jurídicas), de seus *órgãos* (centros de decisão) e de seus *agentes* (pessoas físicas investidas em cargos e funções). É o que veremos a seguir.

1.4 Entidades políticas e administrativas

Entidade é pessoa jurídica, pública ou privada;[15] *órgão* é elemento despersonalizado incumbido da realização das atividades da entidade a que

ria da "administração experimental", de Fayol (cf. Henri Fayol, *Administration Industrielle et Générale*, Paris, 1916).

14. Charles Debbasch, *Science Administrative*, Paris, 1970, p. 26.

15. Segundo a Lei 9.784/99, entidade é "a unidade de atuação dotada de personalidade jurídica"; órgão, "a unidade de atuação integrante da estrutura da Administração direta e da indireta"; e autoridade, "o servidor ou agente público dotado de poder de decisão".

pertence, através de seus *agentes*. Na organização política e administrativa brasileira as entidades classificam-se em *estatais*, *autárquicas*, *fundacionais*, *empresariais* e *paraestatais* (v. cap. VI, itens 2 a 6).

1.4.1 *Entidades estatais* – São pessoas jurídicas de Direito Público que integram a estrutura constitucional do Estado e têm poderes políticos e administrativos, tais como a União, os Estados-membros, os Municípios e o Distrito Federal.[16] A União é soberana; as demais entidades estatais têm apenas autonomia política, administrativa e financeira, mas não dispõem de Soberania, que é privativa da Nação e própria da Federação.

1.4.2 *Entidades autárquicas* – São pessoas jurídicas de Direito Público, de natureza meramente administrativa, criadas por lei específica, para a realização de atividades, obras ou serviços descentralizados da entidade estatal que as criou. Funcionam e operam na forma estabelecida na lei instituidora e nos termos de seu regulamento (v. tópico sobre *autarquias* no cap. VI, item 2). As autarquias podem desempenhar atividades educacionais, previdenciárias e quaisquer outras outorgadas pela entidade estatal-matriz, mas sem subordinação hierárquica, sujeitas apenas ao controle finalístico de sua administração e da conduta de seus dirigentes.

1.4.3 *Entidades fundacionais* – São pessoas jurídicas de Direito Público ou pessoas jurídicas de Direito Privado, devendo a lei definir as respectivas áreas de atuação, conforme o inc. XIX do art. 37 da CF, na redação dada pela EC 19/98. No primeiro caso elas são criadas por lei, à semelhança das autarquias, e no segundo a lei apenas autoriza sua criação, devendo o Poder Executivo tomar as providências necessárias à sua instituição.[17]

1.4.4 *Entidades empresariais* – São pessoas jurídicas de Direito Privado, instituídas sob a forma de sociedade de economia mista ou empresa pública, com a finalidade de prestar serviço público que possa ser explorado no modo empresarial, ou de exercer atividade econômica de relevante interesse coletivo. Sua criação deve ser autorizada por lei específica, cabendo ao Poder Executivo as providências complementares para sua instituição.

16. Não incluímos os Territórios Federais dentre as *entidades estatais* porque os consideramos *autarquias territoriais*, como escrevemos no cap. XII, item 10.2.

17. A Constituição Federal, quando se refere à Administração direta, autárquica e fundacional, quer se referir apenas às pessoas jurídicas de Direito Público, vale dizer, União, Estados, Municípios e Distrito Federal, e suas autarquias e fundações públicas, estas somente quando de Direito Público, porque instituídas (criadas) diretamente por lei específica. Não, portanto, às de Direito Privado, assim entendidas as fundações cujas instituições decorrem de autorização (não de criação) legal específica do Poder Público.

1.4.5 *Entidades paraestatais* – São pessoas jurídicas de Direito Privado que, por lei, são autorizadas a prestar serviços ou realizar atividades de interesse coletivo ou público, mas não exclusivos do Estado. São espécies de entidades paraestatais os serviços sociais autônomos (SESI, SESC, SENAI e outros) e, agora, as organizações sociais, cuja regulamentação foi aprovada pela Lei 9.648, de 27.5.98. As entidades paraestatais são autônomas, administrativa e financeiramente, têm patrimônio próprio e operam em regime da iniciativa particular, na forma de seus estatutos, ficando sujeitas apenas à supervisão do órgão da entidade estatal a que se encontrem vinculadas, para o controle de desempenho estatutário. São os denominados *entes de cooperação* com o Estado.

1.5 Órgãos e agentes públicos

1.5.1 *Órgãos públicos* – São centros de competência instituídos para o desempenho de funções estatais, através de seus agentes, cuja atuação é imputada à pessoa jurídica a que pertencem.[18] São unidades de ação com atribuições específicas na organização estatal. Cada órgão, como centro de

18. A *teoria do órgão* veio substituir as superadas *teorias do mandato* e *da representação*, pelas quais se pretendeu explicar como se atribuiriam ao Estado e às demais pessoas jurídicas públicas os atos das pessoas humanas que agissem em seu nome. Pela *teoria do mandato* considerava-se o agente (pessoa física) como mandatário da pessoa jurídica, mas essa teoria ruiu diante da só indagação de quem outorgaria o mandato. Pela *teoria da representação* considerava-se o agente como *representante* da pessoa, à semelhança do tutor e do curador dos incapazes. Mas como se pode conceber que o incapaz outorgue validamente a sua própria representação? Diante da imprestabilidade dessas duas concepções doutrinárias, Gierke formulou a *teoria do órgão*, segundo a qual as pessoas jurídicas expressam a sua vontade através de seus próprios órgãos, titularizados por seus agentes (pessoas humanas), na forma de sua organização interna. O órgão – sustentou Gierke – é parte do corpo da entidade e, assim, todas as suas manifestações de vontade são consideradas como da própria entidade (Otto Gierke, *Die Genossenschaftstheorie in die deutsche Rechtsprechnung*, Berlim, 1887).

Essa teoria recebeu universal aceitação dos publicistas modernos, embora com críticas de detalhes e algumas modificações pessoais de seus seguidores, ensejando variantes em torno da conceituação de "órgão". Entre os autores alienígenas que a adotaram há os que identificam o órgão com o agente (Georg Jellinek, *L'État Moderne et son Droit*, Paris, 1913; Carré de Malberg, *Contribution à la Théorie Générale de l'État*, Paris, 1922; Léon Michoud, *La Théorie de la Personnalité Morale*, Paris, 1932); há os que reúnem o órgão com a função e o aparelhamento material, formando o *ofício* (Carlo Sposito, *Organo, Uffici e Soggetività del'Ufficio*, Pádua, 1932; Francesco D'Alessio, *Istituzioni di Diritto Amministrativo*, Turim, 1932; Cino Vita, *Diritto Amministrativo*, Turim, 1937; Renato Alessi, *Sistema Istituzionale del Diritto Italiano*, Milão, 1960; Eduardo J. Burllrich, *Derecho Administrativo*, Buenos Aires, 1942); há os que unificam função e agente, formando *instituição* (Aparicio Méndez, *La Teoría del Órgano*, Montevidéu, 1949; Santi Romano, *Diritto Costituzionale Generale*, Milão, 1946); há os que distinguem o *órgão-indivíduo* do *órgão-instituição* (Benjamin Villegas Basavilbaso, *Derecho Administrativo*, Buenos Aires, II/540, 1950); e há, finalmente, os que consideram o órgão um conjunto de competências ou atribuições distinto do agente (José Antonio García-Trevijano Fos, *Tratado de Derecho Administrativo*, Madri, II-I/178 e ss., 1971; Marcello Caetano, *Manual de Direito Administrativo*, Lisboa, 1965, pp. 154 e ss.).

competência governamental ou administrativa, tem necessariamente *funções*, *cargos* e *agentes*, mas é distinto desses elementos, que podem ser modificados, substituídos ou retirados sem supressão da unidade orgânica. Isto explica por que a alteração de funções, ou a vacância dos cargos, ou a mudança de seus titulares, não acarreta a extinção do órgão. A "criação e extinção" de "órgãos da administração pública" dependem de lei, de iniciativa privativa do Chefe do Executivo (CF/88, arts. 48, XI, e 61, § 1º, "e"),[19] observadas as alíneas "a" e "b" do art. 84, VI, que lhe permite, privativamente, "dispor, mediante decreto, sobre" a "organização e funcionamento" da administração, "quando não implicar aumento de despesa nem criação ou extinção de órgãos públicos", e sobre a "extinção de funções ou cargos públicos, quando vagos" – note-se: *quando vagos*).

Os *órgãos* integram a estrutura do Estado e das demais pessoas jurídicas como partes desses corpos vivos, dotados de vontade e capazes de exercer direitos e contrair obrigações para a consecução de seus fins institucionais. Por isso mesmo, os órgãos não têm personalidade jurídica nem vontade própria, que são atributos do corpo e não das partes, mas na área de suas atribuições e nos limites de sua competência funcional expressam a vontade da entidade a que pertencem e a vinculam por seus atos, manifestados através de seus agentes (pessoas físicas). Como partes das entidades que integram, os órgãos são meros instrumentos de ação dessas pessoas jurídicas, preordenados ao desempenho das funções que lhes forem atribuídas pelas normas de sua constituição e funcionamento. Para a eficiente realização de suas funções cada órgão é investido de determinada competência, redistribuída entre seus cargos, com a correspondente parcela de poder necessária ao exercício funcional de seus agentes.

Embora despersonalizados, os órgãos mantêm relações funcionais entre si e com terceiros, das quais resultam efeitos jurídicos internos e exter-

Vê-se, pois, que a *teoria do órgão*, aqui formulada com base na doutrina citada em edições anteriores, parece-nos a mais condizente com a realidade nacional e que, em linhas gerais, coincide com a dos autores pátrios que cuidaram especificamente do assunto (cf. Celso Antônio Bandeira de Mello, *Apontamentos sobre os Agentes e Órgãos Públicos*, São Paulo, 1972, pp. 71 e ss.; Lafayette Pondé, "Peculiaridades do órgão colegiado", *Revista do Tribunal de Contas do Estado de São Paulo* 32/122; Manoel de Oliveira Franco Sobrinho, "Introdução à teoria do órgão no Direito Administrativo", *RDA* 98/17).

Como dissemos no texto, *órgão* é todo centro de competência, para desempenho de funções, através de um ou vários agentes, cuja atuação é sempre imputada à pessoa jurídica a que pertence.

19. O STF considerou que a lei em questão, ao delegar ao Chefe do Executivo poderes para, mediante decreto, dispor sobre as competências, as atribuições, as denominações das unidades setoriais e as especificações dos cargos, bem como a organização e reorganização administrativa do Estado, teria deixado em aberto a possibilidade de o Governador, a pretexto de organizar a estrutura administrativa do Estado, criar novos cargos sem edição de lei, em afronta ao disposto no art. 61, § 1º, II, "a", da CF (ADI 4.125).

nos, na forma legal ou regulamentar. E, a despeito de não terem personalidade jurídica, os órgãos podem ter prerrogativas funcionais próprias que, quando infringidas por outro órgão, admitem defesa até mesmo por *mandado de segurança.*[20]

A atuação dos *órgãos* é imputada à pessoa jurídica que eles integram, mas nenhum órgão a representa juridicamente. A representação legal da entidade é atribuição de determinados *agentes* (pessoas físicas), tais como os Procuradores judiciais e administrativos e, em alguns casos, o próprio Chefe do Executivo (CPC, art. 12, I, II e VI). Não se confunda, portanto, a *imputação* da atividade funcional do órgão à pessoa jurídica com a *representação* desta perante a Justiça ou terceiros: a imputação é da atuação do órgão à entidade a que ele pertence; a representação é perante terceiros ou em juízo, por certos agentes.

Não há entre a entidade e seus órgãos relação de representação ou de mandato, mas sim de *imputação*, porque a atividade dos órgãos identifica-se e confunde-se com a da pessoa jurídica. Daí por que os atos dos órgãos são havidos como da própria entidade que eles compõem.[21] Assim, os órgãos do Estado são o próprio Estado compartimentado em centros de competência, destinados ao melhor desempenho das funções estatais. Por sua vez, a vontade psíquica do agente (pessoa física) expressa a vontade do órgão, que é a vontade do Estado, do Governo e da Administração.

Quando o agente ultrapassa a competência do órgão surge a sua responsabilidade pessoal perante a entidade; como também, quando esta desconsidera direitos do titular do órgão, pode ser compelida judicialmente a

20. A capacidade processual de certos órgãos públicos para defesa de suas prerrogativas funcionais está hoje pacificamente sustentada pela doutrina e aceita pela jurisprudência (cf., do Autor, *Direito Municipal Brasileiro*, 16ª ed., p. 612, e *Mandado de Segurança e Ações Constitucionais*, 33ª ed., São Paulo, Malheiros Editores, 2010, p. 29). No mesmo sentido v. Víctor Nunes Leal, *Problemas de Direito Público*, Rio, 1960, p. 324; Lopes da Costa, *Direito Processual Civil*, Rio, 1941, I/286; James Goldschimidt, *Derecho Procesal Civil*, Madri, 1936, p. 192. Na jurisprudência, cf. os seguintes julgados: *RDA* 15/46, 56/166, 56/259, 72/267, 73/287, 81/309; *RT* 319/433, 321/529, 325/466, 339/370; STF, *RT* 727/81.

Essa capacidade processual, entretanto, só a têm os *órgãos independentes* e os *autônomos*, visto que os demais – superiores e subalternos –, em razão de sua hierarquização, não podem demandar judicialmente outros órgãos, uma vez que seus conflitos de atribuições serão resolvidos administrativamente pelas chefias a que estão subordinados.

O Código de Defesa do Consumidor (art. 82, III) confere legitimidade a órgãos da Administração Pública para a defesa do consumidor.

21. Como bem esclarece Marcello Caetano: "O órgão faz parte da pessoa coletiva (pessoa jurídica), pertence ao seu *ser*, exatamente como acontece com os órgãos da pessoa humana. É através dos seus órgãos que a pessoa coletiva conhece, pensa e quer. O órgão não tem existência distinta da pessoa; a pessoa não pode existir sem órgãos. Os atos dos órgãos são atos da própria pessoa e tudo quanto diz respeito às relações entre os diversos órgãos da mesma pessoa coletiva tem caráter meramente interno" (*Manual de Direito Administrativo*, Lisboa, 1965, p. 154).

respeitá-los. Há, pois, que distinguir a *atuação funcional do agente*, sempre imputável à Administração, da *atuação pessoal do agente* além da sua competência funcional ou contra a Administração, na defesa de direitos individuais de servidor público: aquela deflui de *relações orgânicas*; esta resulta de *relações de serviço*.[22]

1.5.2 *Classificação dos órgãos públicos* – Como as atividades governamentais e administrativas são múltiplas e variadas, os órgãos que irão realizá-las se apresentam diferençados na escala estatal, multiformes na sua estrutura e diversificados nas suas atribuições e funcionamento, procurando adaptar-se às especializadas funções que lhes são atribuídas. Daí a presença de órgãos legislativos, executivos e judiciários; de órgãos de direção, deliberação, planejamento, assessoramento e execução; de órgãos superiores e inferiores; de órgãos centrais, regionais e locais; de órgãos administrativos, jurídicos e técnicos; de órgãos normativos e fiscalizadores; de órgãos simples e compostos; de órgãos singulares e colegiados, e tantos outros.

Muitas classificações têm sido elaboradas para os órgãos públicos, na sua maioria sem interesse prático, pelo quê nos permitimos omiti-las, para grupá-los apenas quanto à sua *posição estatal*, *estrutura* e *atuação funcional*, porque essas divisões revelam as características próprias de cada categoria e facilitam a compreensão de seu funcionamento, suas prerrogativas e seu relacionamento interno e externo.

1.5.2.1 Órgãos independentes, autônomos, superiores e subalternos: quanto à *posição estatal*, ou seja, relativamente à posição ocupada pelos órgãos na escala governamental ou administrativa, eles se classificam em: *independentes*, *autônomos*, *superiores* e *subalternos*, como veremos a seguir.

Órgãos independentes são os originários da Constituição e representativos dos Poderes de Estado – Legislativo, Executivo e Judiciário –, colocados no ápice da pirâmide governamental, sem qualquer subordinação hierárquica ou funcional, e só sujeitos aos controles constitucionais de um Poder pelo outro. Por isso, são também chamados *órgãos primários* do Estado. Esses órgãos detêm e exercem precipuamente as funções *políticas*, *judiciais* e *quase-judiciais* outorgadas diretamente pela Constituição, para serem desempenhadas pessoalmente por seus membros (*agentes políticos*, distintos de seus servidores, que são *agentes administrativos*), segundo normas especiais e regimentais.

Nessa categoria encontram-se as *Corporações Legislativas* (Congresso Nacional, Câmara dos Deputados, Senado Federal, Assembléias Legis-

22. García-Trevijano Fos, *Tratado de Derecho Administrativo*, Madri, 1971, II-I/178 e ss.

lativas, Câmaras de Vereadores), as *Chefias de Executivo* (Presidência da República, Governadorias dos Estados e do Distrito Federal, Prefeituras Municipais), os *Tribunais Judiciários* e os *Juízos singulares* (Supremo Tribunal Federal, Tribunais Superiores Federais, Tribunais Regionais Federais, Tribunais de Justiça e de Alçada dos Estados-membros, Tribunais do Júri e Varas das Justiças Comum e Especial). De se incluir, ainda, nesta classe o *Ministério Público* federal e estadual, as defensorias públicas e os *Tribunais de Contas* da União, dos Estados-membros e Municípios, os quais são órgãos funcionalmente independentes e seus membros integram a categoria dos *agentes políticos*, inconfundíveis com os *servidores* das respectivas instituições.[23]

Órgãos autônomos são os localizados na cúpula da Administração, imediatamente abaixo dos órgãos independentes e diretamente subordinados a seus chefes. Têm ampla autonomia administrativa, financeira e técnica, caracterizando-se como órgãos diretivos, com funções precípuas de planejamento, supervisão, coordenação e controle das atividades que constituem sua área de competência. Participam das decisões governamentais e executam com autonomia as suas funções específicas, mas segundo diretrizes dos órgãos independentes, que expressam as opções políticas do Governo.[24]

São órgãos autônomos os *Ministérios*, as *Secretarias de Estado* e *de Município*, a *Advocacia-Geral da União* e todos os demais órgãos subordinados diretamente aos Chefes de Poderes, aos quais prestam assistência e auxílio imediatos. Seus dirigentes, em regra, não são funcionários, mas sim *agentes políticos* nomeados em comissão.

Órgãos superiores são os que detêm poder de direção, controle, decisão e comando dos assuntos de sua competência específica, mas sempre sujeitos à subordinação e ao controle hierárquico de uma chefia mais alta. Não gozam de autonomia administrativa nem financeira, que são atributos dos órgãos *independentes* e dos *autônomos* a que pertencem. Sua liberdade funcional restringe-se ao planejamento e soluções técnicas, dentro da sua área de competência, com responsabilidade pela execução, geralmente a cargo de seus órgãos subalternos.

Nessa categoria estão as primeiras repartições dos órgãos independentes e dos autônomos, com variadas denominações, tais como *Gabinetes*, *Secretarias-Gerais*, *Inspetorias-Gerais*, *Procuradorias Administrativas e Judiciais*, *Coordenadorias*, *Departamentos* e *Divisões*. O nome dado ao ór-

23. V., adiante, neste mesmo capítulo, a conceituação de *agentes políticos* e, no cap. VII, a de *servidores públicos*.

24. O Dec.-lei 200/67, em seu art. 172, com a redação dada pelo Dec.-lei 900/69, conceitua diversamente os *órgãos autônomos*, confundindo serviços técnicos e atividades especializadas com escalonamento orgânico do Governo e da Administração.

gão é irrelevante; o que importa para caracterizá-lo *superior* é a preeminência hierárquica na área de suas atribuições. Assim, num Ministério ou numa Secretaria de Estado poderão existir tantos *órgãos superiores* quantas forem as áreas em que o órgão autônomo se repartir para o melhor desempenho de suas atribuições.

Órgãos subalternos são todos aqueles que se acham hierarquizados a órgãos mais elevados, com reduzido poder decisório e predominância de atribuições de execução. Destinam-se à realização de serviços de rotina, tarefas de formalização de atos administrativos, cumprimento de decisões superiores e primeiras soluções em casos individuais, tais como os que, nas repartições públicas, executam as atividades-meios e atendem ao público, prestando-lhe informações e encaminhando seus requerimentos, como são as *portarias* e *seções de expediente*.

1.5.2.2 Órgãos simples ou compostos: quanto à estrutura, os órgãos podem ser *simples* ou *compostos*.

Órgãos simples ou *unitários* são os constituídos por um só centro de competência. Essa unitariedade tem levado alguns autores a identificar o *órgão simples* com o *cargo* de seu agente e com o próprio *agente*, o que é um erro; o *órgão* é a unidade de ação; o *cargo* é o lugar reservado ao agente; e o *agente* é a pessoa física que exercita as funções do órgão.[25]

O que tipifica o órgão como simples ou unitário é a inexistência de outro órgão incrustado na sua estrutura, para realizar desconcentradamente sua função principal ou para auxiliar seu desempenho. O número de seus cargos e agentes não influi na unidade orgânica se esta é mantida num único centro de competência, como ocorre numa portaria, que é órgão simples ou unitário, com diversos cargos e agentes.

Órgãos compostos[26] são os que reúnem na sua estrutura outros órgãos menores, com função principal idêntica (*atividade-fim* realizada de maneira desconcentrada) ou com funções auxiliares diversificadas (*atividades-meios* atribuídas a vários órgãos menores). Assim, uma Secretaria de Educação – órgão composto – tem na sua estrutura muitas unidades escolares – órgãos menores com atividade-fim idêntica – e órgãos de pessoal, de material, de transporte etc. – órgãos menores com atividades-meios diversificadas que

25. Sobre o conceito e classificação dos *agentes públicos* v. o que escrevemos adiante, neste mesmo capítulo, e sobre *cargo público* leia-se o tópico correspondente no capítulo dos *servidores públicos* (cap. VII).

26. Há autores que se referem a *órgãos complexos* como sinônimo de *órgãos compostos*, o que é erro, porque o *complexo* pressupõe fusão de elementos, ao passo que o *composto* mantém os elementos intactos, apenas justapostos, mas sem se confundirem. É esta, exatamente, a situação do órgão *composto*, onde os órgãos menores permanecem acostados uns aos outros dentro do órgao maior, sem se fundirem ou confundirem.

auxiliam a realização do ensino, mas todos eles integrados e hierarquizados ao órgão maior.

No órgão composto, o maior e de mais alta hierarquia envolve os menores e inferiores, formando com eles um sistema orgânico, onde as funções são desconcentradas (e não descentralizadas),[27] isto é, distribuídas a vários centros de competência, que passam a realizá-las com mais presteza e especialização, mas sempre sob a supervisão do órgão mais alto e fiscalização das chefias imediatas, que têm o poder de avocação e de revisão dos atos das unidades menores, salvo nos *órgãos independentes*.[28]

1.5.2.3 Órgãos singulares ou colegiados: quanto à *atuação funcional*, os órgãos podem ser *singulares* ou *colegiados*.

Órgãos singulares ou *unipessoais* são os que atuam e decidem através de um único agente, que é seu chefe e representante. Esses órgãos podem ter muitos outros agentes auxiliares, como normalmente os têm, mas o que caracteriza sua singularidade ou unipessoalidade é o desempenho de sua função precípua por um só agente investido como seu titular. São exemplos desses órgãos a Presidência da República, as Governadorias dos Estados, as Prefeituras Municipais, que concentram as funções executivas das respectivas entidades estatais, enfeixam-nas num só cargo de chefia suprema e atribuem seu exercício a um único titular.

A formação e manifestação de vontade desses órgãos, ou seja, sua atuação funcional, não exigem formalidades nem procedimentos especiais, bastando a autenticação do Chefe para que se tornem eficazes nos limites de sua competência legal.

Órgãos colegiados ou *pluripessoais* são todos aqueles que atuam e decidem pela manifestação conjunta e majoritária da vontade de seus *mem-*

27. A distribuição de funções ou atividades dentre os órgãos de uma mesma entidade caracteriza *desconcentração*, e não *descentralização*, de serviço, como erroneamente se diz. A nossa legislação administrativa incide freqüentemente neste equívoco, como se pode ver no Dec.-lei 200/67, que nos seus princípios fundamentais omite a *desconcentração* (art. 6º) mas, logo adiante, no capítulo da *descentralização* (art. 10), determina condutas típicas de *desconcentração*, o que é repetido em muitos outros dispositivos com a mesma impropriedade conceitual.

28. Os órgãos independentes, como já vimos, não estão sujeitos à hierarquia de qualquer outro órgão ou Poder. É o que ocorre com os órgãos do Poder Judiciário (Tribunais e juízos singulares), entre os quais não há escalonamento hierárquico, mas, apenas e unicamente, graus de jurisdição. Por isso, nem os órgãos nem seus agentes se sujeitam a qualquer controle hierárquico-funcional que permita a avocação de um ato de sua competência. Só através dos recursos processuais adequados é que as decisões *judiciais* (não confundir com os atos *administrativos* de órgãos do Poder Judiciário) são revistas por órgãos de grau de jurisdição superior (Tribunais).

Assim, também, entre as Corporações Legislativas ou entre as Chefias dos Executivos da União, dos Estados e dos Municípios – órgãos independentes – não há hierarquia, nem possibilidade de avocação ou controle de um órgão pelo outro de uma entidade estatal maior.

bros. Nos órgãos colegiados não prevalece a vontade individual de seu Chefe ou Presidente, nem a de seus integrantes isoladamente: o que se impõe e vale juridicamente é a decisão da maioria, expressa na forma legal, regimental ou estatutária.[29]

A atuação desses órgãos tem procedimento próprio, que se desenvolve nesta ordem: convocação, sessão, verificação de *quorum* e de impedimentos, discussão, votação e proclamação do resultado. Com a proclamação do resultado torna-se inalterável a deliberação colegial, só admitindo modificação ou correção através de novo pronunciamento do órgão, se cabível, por via recursal ou de ofício.[30]

Após a votação, os votos vencedores da maioria fundem-se unitariamente num ato *simples* (e não *complexo*, como erroneamente pensam alguns) e os votos vencidos da minoria ficam sem efeito jurídico na constituição do resultado, só servindo para ensejar recurso (embargos), quando legalmente admitido.

Como as deliberações e decisões dos órgãos colegiados estão sempre formalmente vinculadas a um procedimento legal para sua emissão e validade, o desrespeito a esse procedimento, tal seja a sua relevância, pode conduzir à nulidade do ato final. Essa ilegalidade é possível apresentar-se desde a convocação da sessão até a proclamação do resultado da votação. Observe-se, neste ponto, que a nulidade de um ou de alguns votos não invalida a manifestação do órgão se, excluídos aqueles, ainda remanescer a maioria necessária a favor da decisão impugnada. Mas, em caso de *impedimento*, se o impedido votar, seu voto é nulo e macula de nulidade "todo o julgamento" (STJ, RMS 14.068, *DJU* 13.10.2003, com precedentes).

Nas relações com a própria Administração e com terceiros os órgãos colegiados são representados por seus dirigentes, e não por seus membros, conjunta ou isoladamente. O ato colegial só é necessário para a manifestação da vontade do órgão no desempenho específico de suas funções. Assim, as Corporações Legislativas, os Tribunais e as Comissões deliberam e decidem por seus plenários e câmaras, mas se fazem representar juridicamente e se administram por seus Presidentes, Chefes ou Procuradores.

Apreciados os *órgãos públicos* como centros de competência, aptos à realização das funções do Estado, vejamos, agora, as pessoas físicas que atuam como seus agentes, com parcelas de seu poder.

29. Lafayette Pondé, "Peculiaridades do órgão colegiado", *Revista do Tribunal de Contas do Estado de São Paulo* 32/122. Na doutrina estrangeira, consultem-se: Ugo Gargiulo, *I Collegi Amministrativi*, Nápoles, 1962; Luigi Galateria, *Gli Organi Collegiali Amministrativi*, Milão, 1959; Stelio Valentini, *La Collegialità nella Teoria dell'Organizzazione*, Milão, 1968.

30. STF, *RT* 417/395. No mesmo sentido: Seabra Fagundes, in *RF* 138/415, comentando acórdão anterior do STF que decidira contrariamente, in *RT* 142/763.

1.5.3 *Agentes públicos* – São todas as pessoas físicas incumbidas, definitiva ou transitoriamente, do exercício de alguma função estatal. Os agentes normalmente desempenham funções do órgão, distribuídas entre os cargos de que são titulares, mas excepcionalmente podem exercer funções sem cargo. A regra é a atribuição de funções múltiplas e genéricas ao órgão, as quais são repartidas especificamente entre os cargos, ou individualmente entre os agentes de função sem cargo. Em qualquer hipótese, porém, o cargo ou a função pertence ao Estado, e não ao agente que o exerce, razão pela qual o Estado pode suprimir ou alterar cargos e funções sem nenhuma ofensa aos direitos de seus titulares, como podem desaparecer os titulares sem extinção dos cargos e funções.[31]

Os *cargos*, como já vimos, são apenas os lugares criados no *órgão* para serem providos por *agentes* que exercerão as suas *funções* na forma legal. O cargo é lotado no órgão e o agente é investido no cargo. Por aí se vê que o cargo integra o órgão, ao passo que o agente, como ser humano, unicamente titulariza o cargo para servir ao órgão. *Órgão*, *função* e *cargo* são criações abstratas da lei; agente é a pessoa humana, real, que infunde vida, vontade e ação a essas abstrações legais.

As *funções* são os encargos atribuídos aos órgãos, cargos e agentes. O órgão normalmente recebe a função *in genere* e a repassa aos seus cargos *in specie*, ou a transfere diretamente a agentes sem cargo, com a necessária parcela de poder público para o seu exercício. Toda função é atribuída e delimitada por norma legal. Essas atribuição e delimitação funcional configuram a *competência* do órgão, do cargo e do agente, ou seja, a natureza da função e o limite de poder para o seu desempenho. Daí por que, quando o agente ultrapassa esse limite, atua com *abuso* ou *excesso de poder*.

Portanto, na estrutura e organização do Estado e da Administração distinguem-se nitidamente *poder*, *órgão*, *função*, *competência*, *cargo* e *agente*. Neste tópico interessam-nos os *agentes públicos*, para conceituá-los, classificá-los e situá-los no quadro geral do Governo e da Administração.

Os *agentes públicos*, gênero que acima conceituamos, repartem-se inicialmente em cinco espécies ou categorias bem diferençadas, a saber: *agentes políticos*, *agentes administrativos*, *agentes honoríficos*, *agentes delegados* e *agentes credenciados*, que, por sua vez, se subdividem em subespécies ou subcategorias, como veremos a seu tempo. Essa classificação não corresponde exatamente à dos demais autores pátrios,[32] mas se nos afigura

31. Sobre *cargos e funções públicas* v. o cap. VII.

32. Oswaldo Aranha Bandeira de Mello e seu talentoso filho, Celso Antônio Bandeira de Mello, são, entre nós, os autores que mais se aprofundaram no estudo dos *órgãos* e *agentes públicos*, respectivamente no livro *Princípios Gerais de Direito Administrativo*, Rio, 1974, II/77 e 177; na monografia *Apontamentos sobre os Agentes e Órgãos Públicos*, São Paulo, 1972, e no livro *Curso de Direito Administrativo*, 27ª ed., São Paulo, Malheiros Editores, 2010, pp. 247 e ss.

a mais lógica e condizente com a realidade nacional, como procuraremos demonstrar a seguir.

1.5.3.1 Agentes políticos: são os componentes do Governo nos seus primeiros escalões, investidos em cargos, funções, mandatos ou comissões, por nomeação, eleição, designação ou delegação para o exercício de atribuições constitucionais. Esses agentes atuam com plena liberdade funcional, desempenhando suas atribuições com prerrogativas e responsabilidades próprias, estabelecidas na Constituição e em leis especiais. Têm normas específicas para sua escolha, investidura, conduta e processo por crimes funcionais e de responsabilidade, que lhes são privativos.[33]

Ambos classificam os agentes públicos em três categorias: *agentes políticos*, *servidores públicos* e *particulares em colaboração com o Poder Público*. Em que pese à autoridade desses eminentes Administrativistas, dissentimos de sua classificação, por entendermos que os *servidores públicos* não constituem uma espécie do gênero *agente público*, mas, apenas, uma subespécie da espécie *agente administrativo*. Esta, sim, é que deriva imediatamente do gênero *agente público*, para, ao depois, ao lado de outras espécies, se repartir em *servidores públicos*. Divergimos, também, da inclusão dos *agentes honoríficos* na mesma categoria ou espécie dos *agentes delegados*, sob a denominação comum de *particulares em colaboração com o Poder Público*, pois consideramos espécies distintas em face de suas marcantes peculiaridades, que assinalamos no texto.

33. "São da competência legislativa da União a definição dos crimes de responsabilidade e o estabelecimento das respectivas normas de processo e julgamento" (STF, Súmula 722). A respeito, envolvendo o conselheiro de Tribunal de Contas, v. ADI/MC 4.190.

Os *crimes de responsabilidade* estão previstos na Constituição da República (arts. 51, 52, I e II 85 e 102, I, "c"), definidos e com processo regulado, em parte, pela Lei 1.079, de 10.4.50, para o *Presidente da República*, *Ministros de Estado*, *Ministros do STF*, *Procurador-Geral da República*, *Advogado-Geral da União*, *Governadores* e *Secretários de Estado*.

Em 1992 ocorreu o primeiro caso de *impeachment* de Presidente da República Federativa do Brasil. O Presidente Fernando Collor de Mello impetrou mandado de segurança junto ao STF, argüindo a inaplicabilidade da Lei 1.079/50, tendo o *writ* sido negado pela Suprema Corte por oito votos contra um, com a reafirmação da vigência da Lei 1.079/50 em todos os aspectos em que não colidia com a Constituição Federal, devendo o rito procedimental previsto ser complementado pelos Regimentos Internos da Câmara dos Deputados (instância do juízo de procedibilidade) e do Senado Federal (instância do juízo de culpabilidade) (MS 21.564-DF, j. 23.9.92).

Os *Governadores do Distrito Federal* e dos *Territórios Federais* e seus *Secretários* respondem por *crimes de responsabilidade* nos termos da Lei 7.106, de 28.6.83. Nos crimes comuns (todas as infrações penais, inclusive as de caráter eleitoral ou as de natureza contravencional) é necessária a prévia autorização da Assembléia Legislativa para a instauração da persecução penal contra o Governador (STF, HC 80.511-6, *DJU* 27.10.2000, e RE 159.230, Pleno, *DJU* 10.6.1994).

Os *Prefeitos Municipais*, como agentes políticos, podem incidir em *crimes comuns* e em *infrações político-administrativas* (estas infrações é que podem, na tradição do Direito Brasileiro, ser chamadas de *crimes de responsabilidade* – nesse sentido: *RTJ* 159/694). Por aqueles, serão processados na forma do Dec.-lei 201, de 27.2.67, cujo projeto foi elaborado pelo Autor e no qual teve a preocupação de separar nitidamente os dois tipos de ilícito: o penal e o político-administrativo. Note-se que, deliberadamente, suprimido o *impeachment* do Prefeito, atribuindo o seu julgamento por crimes comuns exclusivamente ao Poder Judiciário "independentemente de pronunciamento da Câmara dos Vereadores" (art. 1º). Esse pronunciamento prévio do Legislativo, autorizando o processo criminal pelo Judiciário e afastando o Prefeito provisoriamente do cargo, até o julgamento final da Justiça, é que constituía o *impeachment*,

Os *agentes políticos* exercem funções governamentais, judiciais e quase-judiciais, elaborando normas legais, conduzindo os negócios públicos, decidindo e atuando com independência nos assuntos de sua competência. São as *autoridades públicas supremas* do Governo e da Administração na área de sua atuação, pois não estão hierarquizadas, sujeitando-se apenas aos graus e limites constitucionais e legais de jurisdição. Em doutrina, os agentes políticos têm plena liberdade funcional, equiparável à independência dos juízes nos seus julgamentos, e, para tanto, ficam a salvo de responsabilização civil por seus eventuais erros de atuação, a menos que tenham agido com culpa grosseira, má-fé ou abuso de poder.[34]

hoje suprimido, mas ainda confundido pelos intérpretes apressados do Dec.-lei 201/67. O que pode ocorrer é o afastamento prévio do cargo de Prefeito ou a sua prisão preventiva, decretados pelo próprio juiz, por conveniência da instrução criminal ou para assegurar o cumprimento futuro da pena (art. 2º). Mas isto não é *impeachment*; é medida cautelar da própria Justiça.

Todavia, nos pontos que versam a definição das infrações político-administrativas do Prefeito o Dec.-lei 201/67, art. 4º, foi recepcionado pela Constituição Federal de 1988 (STF, *RTJ* 159/632, HC 70.671-1, *DJU* 19.5.95, e SSeg 1.264-1, *DJU* 24.4.98).

Pela Constituição de 1988, a competência originária do Tribunal de Justiça para o julgamento dos Prefeitos Municipais restringe-se aos crimes de competência da Justiça Comum estadual (art. 29, X), e nos demais casos essa competência originária caberá ao respectivo Tribunal de segundo grau (STF, Súmula 702). Assim, por exemplo, nos crimes eleitorais a competência é do respectivo TRE (v. Súmula 164 do STJ), e nos crimes contra bens e interesses da União, suas autarquias e empresas públicas é do respectivo TRF. De acordo com o STF (Súmula 703), a extinção do mandato do Prefeito não impede a instauração de processo pela prática dos crimes previstos no art. 1º do Dec.-lei 201/67. O STF cancelou sua Súmula 394 (cf. Inqs. 687-SP e 862-DF, *DJU* 8.11.99). Mas, restaurando o conteúdo dessa Súmula, o § 1º do art. 84 do CPP, na redação dada pela Lei 10.628, de 24.12.2002, diz que "a competência especial por prerrogativa de função, relativa aos atos administrativos do agente, prevalece ainda que o inquérito ou ação judicial sejam iniciados após a cessação do exercício da função".

Nas infrações político-administrativas, a competência é da Câmara Municipal, de acordo com o previsto na Lei Orgânica ou em lei especial do Município (cf. Assento 143/89, do TJSP, e STF, RE 126.502-7-SP, *DJU* 5.4.91. No mesmo sentido, v.: Tito Costa, "Cassação e extinção de mandatos eletivos municipais", *RT* 669/253; José Afonso da Silva, "Inovações municipais na Constituição de 1988", *RT* 669/10; STJ, RMS 1.981-0, *DJU* 21.3.94). No processo deve-se observar o contraditório, mesmo depois de concluída a instrução, nos termos do inc. V do art. 5º do Dec.-lei 201, com abertura de vista antes do parecer final da Comissão Processante e na sessão para julgamento, a defesa será oral e antes da votação final.

Os *parlamentares federais* e *estaduais*, nos seus crimes comuns, são julgados, respectivamente, pelo STF e pelo Tribunal de Justiça do Estado, na forma do art. 53, com as alterações introduzidas pela EC 35/2001. As infrações político-administrativas, que podem acarretar perda de mandato, são decididas no próprio âmbito do Legislativo.

Os *Vereadores* não têm foro nem juízo privilegiado para qualquer processo crime. Pelas infrações político-administrativas são julgados pela própria Câmara, na forma prevista nas Leis Orgânicas municipais ou lei especial.

A CF "impôs tratamento jurídico diferenciado entre a classe dos servidores públicos em geral e o membro de Poder, detentor de mandato eletivo, os Ministros de Estado e os Secretários Estaduais e Municipais" (STF, ADI 3.491-RS).

34. Fiel a essa doutrina, o então Juiz de Direito de São Paulo, e saudoso Ministro do STF, Rodrigues de Alckmin decidiu, com integral confirmação do TJSP, que "o ato praticado por uma autoridade (Prefeito), principalmente em matéria que depende de julgamento, embora

Realmente, a situação dos que governam e decidem é bem diversa da dos que simplesmente administram e executam encargos técnicos e profissionais, sem responsabilidade de decisão e de opções políticas. Daí por que os *agentes políticos* precisam de ampla liberdade funcional e maior resguardo para o desempenho de suas funções.[35] As prerrogativas que se concedem aos agentes políticos não são privilégios pessoais; são garantias necessárias ao pleno exercício de suas altas e complexas funções governamentais e decisórias. Sem essas prerrogativas funcionais os agentes políticos ficariam tolhidos na sua liberdade de opção e de decisão, ante o temor de responsabilização pelos padrões comuns da culpa civil e do erro técnico a que ficam sujeitos os funcionários profissionalizados.

Nesta categoria encontram-se os *Chefes de Executivo* (Presidente da República, Governadores e Prefeitos) e seus *auxiliares imediatos* (Ministros e Secretários de Estado e de Município); os *membros das Corporações Legislativas* (Senadores, Deputados e Vereadores[36]); os *membros do Poder Judiciário* (Magistrados em geral); os *membros do Ministério Público* (Procuradores da República e da Justiça, Promotores e Curadores Públicos); os *membros dos Tribunais de Contas* (Ministros e Conselheiros); os *representantes diplomáticos* e demais autoridades que atuem com independência funcional no desempenho de atribuições governamentais, judiciais ou quase-judiciais, estranhas ao quadro do serviço público.

O art. 37, XI, da CF de 1988, com a redação da EC 19/98, consagra esse entendimento. De fato, essa norma, ao relacionar os agentes políticos remunerados mediante subsídio, menciona os “membros de qualquer dos Poderes”, os “detentores de mandato eletivo”, e emprega, a seguir, a expressão “e dos demais agentes políticos”, deixando, assim, entrever que outros agentes também são considerados “agentes políticos”. Nessa linha, para a Constituição Federal de 1988 são agentes políticos o “membro de Poder, o detentor de mandato eletivo, os Ministros de Estado, e os Secretários Estaduais e Municipais” (art. 39, § 4º), os Ministros e Conselheiros dos Tribunais de Contas (art. 73, § 3º – aqui, a expressão “vencimentos”, anterior à EC 19, ficou claramente com o sentido de “subsídio” –, e art. 75) e os membros do Ministério Público (art. 128, § 5º, I, “c”). Os servidores integrantes das carreiras relativas à Advocacia-Geral da União, da Procuradoria-Geral da Fazenda Nacional, das Procuradorias dos Estados e do Distrito Federal e da Defensoria Pública (art. 135) e os servidores das Polícias Federal, Ferroviária

reconhecido ilegítimo pelos Tribunais, se não se macula de má-fé, de corrupção, de culpa de maior monta, não deve acarretar a responsabilidade pessoal da autoridade” (*RT* 205/213).

35. P. Stainof, *Le Fonctionnaire*, Paris, 1933, pp. 48 e ss.; Tito Prates da Fonseca, *Direito Administrativo*, São Paulo, 1939, pp. 261 e ss. No mesmo sentido a nossa jurisprudência: *RT* 143/198, 145/165, 149/607.

36. STF, ADI 3.214-3/MC, rel. Min. Celso de Mello, *DJU* 24.6.2004.

Federal, Civil, Militares e Corpos de Bombeiros Militares (art. 144, § 9º) não são agentes políticos, uma vez que a Carta Magna, nos dispositivos citados, quando a eles se refere, chama-os de "servidores", e, por isso mesmo, determina que "serão remunerados na forma do art. 39, § 4º", ou que cada remuneração "será fixada na forma do § 4º do art. 39", sem falar em "subsídio", como o fez no art. 128, § 5º, I, "c". Como se vê, diante do art. 39, § 4º, os agentes políticos só podem receber subsídio. Os demais agentes públicos poderão ter remuneração fixada "nos termos" ou "na forma" do § 4º do art. 39, sendo que para alguns servidores a própria Carta Política já se antecipou, determinando que seria fixada na forma desse dispositivo, ou seja, exclusivamente em parcela única (arts. 135 e 144, § 9º, c/c o art. 39, §§ 8º e 4º).

1.5.3.2 Agentes administrativos: são todos aqueles que se vinculam ao Estado ou às suas entidades autárquicas e fundacionais por relações profissionais, sujeitos à hierarquia funcional e ao regime jurídico determinado pela entidade estatal a que servem. São investidos a título de emprego e com retribuição pecuniária, em regra por nomeação, e excepcionalmente por contrato de trabalho ou credenciamento. Nessa categoria incluem-se, também, os dirigentes de empresas estatais (não os seus empregados), como representantes da Administração indireta do Estado, os quais, nomeados ou eleitos, passam a ter vinculação funcional com órgãos públicos da Administração direta, controladores da entidade.

Os *agentes administrativos* não são membros de Poder de Estado, nem o representam, nem exercem atribuições políticas ou governamentais; são unicamente servidores públicos, com maior ou menor hierarquia, encargos e responsabilidades profissionais dentro do órgão ou da entidade a que servem, conforme o cargo, emprego ou a função em que estejam investidos. De acordo com a posição hierárquica que ocupam e as funções que lhes são cometidas, recebem a correspondente parcela de autoridade pública para o seu desempenho no plano administrativo, sem qualquer poder político. Suas atribuições, de chefia, planejamento, assessoramento ou execução, permanecem no âmbito das habilitações profissionais postas remuneradamente a serviço da Administração. Daí por que tais agentes respondem sempre por simples culpa pelas lesões que causem à Administração ou a terceiros no exercício de suas funções ou a pretexto de exercê-las, visto que os atos profissionais exigem perícia técnica e perfeição de ofício.

Esses *agentes administrativos* ficam em tudo e por tudo sujeitos ao regime da entidade a que servem e às normas específicas do órgão em que trabalham, e, para efeitos criminais, são considerados *funcionários públicos*, nos expressos termos do art. 327 do CP.

A categoria dos *agentes administrativos* – espécie do gênero *agente público* – constitui a imensa massa dos prestadores de serviços à Administração direta e indireta do Estado nas seguintes modalidades admitidas pela Constituição da República de 1988: a) *servidores públicos concursados* (art. 37, II); b) *servidores públicos exercentes de cargos ou empregos em comissão titulares de cargo ou emprego público* (art. 37, V); c) *servidores temporários*, contratados "por tempo determinado para atender a necessidade temporária de excepcional interesse público" (art. 37, IX).

1.5.3.3 Agentes honoríficos: são cidadãos convocados, designados ou nomeados para prestar, transitoriamente, determinados serviços ao Estado, em razão de sua condição cívica, de sua honorabilidade ou de sua notória capacidade profissional, mas sem qualquer vínculo empregatício ou estatutário e, normalmente, sem remuneração. Tais serviços constituem o chamado *múnus público*, ou *serviços públicos relevantes*, de que são exemplos a função de *jurado*, de *mesário eleitoral*, de *comissário de menores*, de *presidente* ou *membro de comissão de estudo ou de julgamento* e outros dessa natureza.

Os *agentes honoríficos* não são servidores públicos, mas momentaneamente exercem uma *função pública* e, enquanto a desempenham, sujeitam-se à hierarquia e disciplina do órgão a que estão servindo, podendo perceber um *pro labore* e contar o período de trabalho como de serviço público. Sobre estes agentes eventuais do Poder Público não incidem as proibições constitucionais de acumulação de cargos, funções ou empregos (art. 37, XVI e XVII), porque sua vinculação com o Estado é sempre transitória e a título de colaboração cívica, sem caráter empregatício. A Lei 9.608, de 18.2.98, dispondo sobre o serviço voluntário, define-o como a atividade não remunerada prestada por pessoa física a entidade pública de qualquer natureza ou instituição privada sem fins lucrativos com objetivos cívicos, culturais, educacionais, científicos, recreativos ou de assistência social, inclusive mutualidade. Tal serviço não gera vínculo empregatício, nem obrigações de natureza trabalhista, previdenciária ou afim entre prestador e tomador. A lei permite o ressarcimento das despesas comprovadamente realizadas pelo prestador, desde que estejam autorizadas pela entidade a que for prestado o serviço voluntário. Somente para fins penais é que esses agentes são equiparados a funcionários públicos quanto aos crimes relacionados com o exercício da função, nos expressos termos do art. 327 do CP.

1.5.3.4 Agentes delegados: são particulares – pessoas físicas ou jurídicas, que não se enquadram na acepção própria de agentes públicos – que recebem a incumbência da execução de determinada atividade, obra ou serviço público e o realizam em nome próprio, por sua conta e risco, mas segundo as normas do Estado e sob a permanente fiscalização do delegante. Esses agentes não são servidores públicos, nem honoríficos, nem representantes do Estado; todavia, constituem uma categoria à parte de colaboradores do Poder Público. Nessa categoria encontram-se os concessionários e permissionários de obras e serviços públicos, os serventuários de ofícios ou cartórios não estatizados,[37] os leiloeiros, os tradutores e intérpretes públicos, as demais pessoas que recebem delegação para a prática de alguma atividade estatal ou serviço de interesse coletivo.

Embora nossa legislação seja omissa a respeito, esses agentes, quando atuam no exercício da delegação ou a pretexto de exercê-la e lesam direitos alheios, devem responder civil e criminalmente sob as mesmas normas da Administração Pública de que são delegados (v. a respeito o cap. X). A lei de mandado de segurança considera "autoridade", para fins de impetração, "as pessoas naturais ou jurídicas com funções delegadas do Poder Público, somente no que entende com essas funções" (Lei 1.533/51, art. 1º, § 1º). Não se confunda, entretanto, *funções delegadas* com atividades meramente *fiscalizadas* pelo Estado: aquelas têm origem e natureza públicas; estas são e continuam sendo *particulares*, sem equiparação aos atos estatais.

Ainda sobre a conduta desses agentes, entendemos que o Estado tem responsabilidade *subsidiária*[38] pelos seus atos funcionais lesivos aos usuários ou terceiros, desde que a vítima comprove a insolvência do delegado, devedor principal. Note-se bem que a responsabilidade do delegante não é conjunta nem solidária com a do delegado; é *subsidiária*, ou seja, supletiva da do causador do dano na execução da delegação, se este se revelar incapaz de satisfazer a indenização devida. Nenhuma responsabilidade, porém, suporta o delegante pelos atos negociais do delegado para a execução da obra ou do serviço, pois quem com ele contrata o faz em termos particulares, sem qualquer vinculação com o Poder Público delegante.

1.5.3.5 Agentes credenciados: são os que recebem a incumbência da Administração para representá-la em determinado ato ou praticar certa atividade específica, mediante remuneração do Poder Público credenciante.

1.5.4 *Investidura dos agentes públicos* – Todo *agente público* vincula-se ao Estado por meio de ato ou procedimento legal a que se denomina *investidura*, variável na forma e nos efeitos, segundo a natureza do cargo, do emprego, da função ou do mandato que se atribui ao investido.

37. V. nota 2 do cap. VII.

38. Em questão sobre a anulação de compra e venda efetivada com base em instrumento de mandato falso, no AI-AgR 522.832-MS, com ampla citação de precedentes, o STF decidiu que "o Estado responde, objetivamente, pelos atos dos notários que causem dano a terceiros, assegurado o direito de regresso contra o responsável, no caso de dolo ou culpa (CF, art. 37, § 6º)". No mesmo sentido: STJ, REsp 797.463. O TJSP entendeu ser solidária a responsabilidade da Fazenda do Estado por ato de cartorário de lavratura de procuração com assinatura falsa (ApCiv 159.914-5, *BAASP* 2.298/2.513).

A investidura pode ser *administrativa* ou *política*; *originária* ou *derivada*; *vitalícia*, *efetiva* ou *em comissão*, e *outras formas temporárias*.

1.5.4.1 Investidura administrativa: é toda aquela que vincula o agente a *cargo*, *função* ou *mandato administrativo*, atendidos os requisitos de capacidade e idoneidade que a lei estabelecer. Destina-se, em geral, à composição dos quadros do serviço público, em sentido amplo, abrangendo o pessoal dos três Poderes e dos serviços autárquicos e fundacionais. A forma usual dessa investidura é a *nomeação*, por decreto ou portaria, mas admite, também, a *admissão*, a *designação*, a *contratação* e a *eleição administrativa*, nos termos regulamentares, regimentais ou estatutários.

1.5.4.2 Investidura política: realiza-se, em regra, por eleição direta ou indireta, mediante sufrágio universal, ou restrito a determinados eleitores, na forma da Constituição da República (arts. 2º e 14), para mandatos nas Corporações Legislativas (Senado Federal, Câmara dos Deputados, Assembléias Legislativas e Câmaras Municipais) ou nas Chefias dos Executivos (Presidente da República, Governadores de Estados-membros, Governadores do Distrito Federal e Prefeitos Municipais). O fundamento dessa investidura é a condição *cívica* do cidadão, razão pela qual não se exigem do candidato requisitos profissionais, mas apenas a plenitude de seus *direitos políticos*, nos termos da legislação eleitoral. Considera-se, também, investidura política a dos altos cargos do Governo, como os de Ministros e Secretários de Estado, Ministros dos Tribunais Superiores, Procurador-Geral da República e da Justiça, Governadores de Territórios, com a diferença de que os *eleitos* exercem *mandato* por tempo certo, só cassável, em princípio, pelo Plenário da respectiva corporação, e os nomeados, *cargo em comissão* (de confiança), sendo, por isso mesmo, exoneráveis *ad nutum*, a qualquer tempo.

Vale lembrar que o Procurador-Geral da República e o Procurador-Geral de cada Ministério Público não exercem cargo em comissão e têm investidura *a termo ou a prazo certo*, como apontado na nota 24 do cap. VII.

É de se distinguir, todavia, a *eleição política* da *eleição administrativa*, visto que aquela é feita diretamente pelo povo, ou indiretamente, por seus representantes, para uma investidura cívica, e esta é realizada internamente pelos próprios pares do eleito, no seio do colegiado, ou por votantes (não eleitores) da categoria profissional a que pertence o candidato ao mandato. Merece, ainda, distinção entre o eleito para integrar um colegiado ou para dirigi-lo e o que é nomeado para o mesmo órgão pelo Executivo: aquele exerce um *mandato administrativo*; este, uma *delegação administrativa* da própria Administração, e por isso mesmo pode ser destituído da função sumariamente e a qualquer tempo pelo delegante, embora a renovação do colegiado tenha prazo certo. O mesmo ocorre com algumas investiduras políticas por nomeação, dependentes de aprovação pelo Legislativo, mas que podem ser desconstituídas a qualquer tempo e sem mais formalidades pelo Executivo, como podem prosseguir além do mandato do nomeante, independentemente de nova aprovação e nomeação.

1.5.4.3 Investidura originária e derivada: *investidura originária* é a que vincula inicialmente o agente ao Estado, tal como a primeira nomeação para cargo público a que se refere a Constituição (art. 37, II); *investidura derivada* é aquela que se baseia em anterior vinculação do agente com a Administração, como a promoção, a transferência, a remoção, a reintegração etc. Para o funcionalismo em geral, a investidura originária depende de concurso público de provas, ou de provas e títulos, salvo as dispensas indicadas em lei; a *investidura derivada* normalmente se faz por seleção interna pelo sistema de mérito e tempo de serviço, na forma estatutária (v. cap. VII).

1.5.4.4 Investidura vitalícia, efetiva e em comissão: *investidura vitalícia* é a que tem caráter perpétuo, como a dos Magistrados, e cuja destituição exige processo judicial; *investidura efetiva* é a que tem presunção de definitividade, para tornar o agente estável no serviço após o estágio probatório, pelo quê a sua destituição depende de processo administrativo ou de sentença judicial; *investidura em comissão* é a de natureza transitória, para cargos ou funções de confiança, sendo o agente exonerável *ad nutum*, a qualquer tempo, e independentemente de justificativa. Nesta modalidade de investidura o agente não adquire estabilidade no cargo ou na função exercida, dada a precariedade de seu exercício.

A investidura *efetiva* é própria dos cargos do quadro permanente da Administração, ocupados pela grande massa do funcionalismo, com provimento inicial por concurso, para o desempenho de atividades técnicas e administrativas do Estado, com caráter de exercício profissional. Diversamente, a investidura *em comissão* é adequada para os agentes públicos de alta categoria ou de confiança, chamados a prestar serviços ao Estado, sem caráter profissional, e até mesmo de natureza honorífica e transitória (v. cap. VII).

2. *A atividade administrativa*

Apreciados o *Estado* e a *Administração* na sua *estrutura* e *organização*, passamos agora ao estudo da *administração como atividade jurídica*, dando seu conceito, natureza e fins; indicando seus princípios básicos; assinalando os poderes e deveres do administrador público; e, finalmente, comentando o uso e o abuso do poder administrativo. É o que veremos a seguir, a começar pelo *conceito, natureza e fins da administração pública*, como atividade tendente a realizar os objetivos do Estado.

2.1 Conceito de administração

O *conceito de administração pública* não oferece contornos bem definidos, quer pela diversidade de sentidos da própria expressão, quer pelos diferentes campos em que se desenvolve a atividade administrativa. A despeito disso, tentaremos balizar o âmbito de ação do administrador público e assinalar os princípios jurídicos básicos que devem nortear a gestão dos negócios estatais.

Em sentido lato, *administrar* é gerir interesses, segundo a *lei*, a *moral* e a *finalidade* dos bens entregues à guarda e conservação alheias. Se os bens e interesses geridos são individuais, realiza-se administração particular; se são da coletividade, realiza-se administração pública. Administração pública, portanto, é a gestão de bens e interesses qualificados da comunidade no âmbito federal, estadual ou municipal, segundo os preceitos do Direito e da Moral, visando ao bem comum.

No Direito Público – do qual o Direito Administrativo é um dos ramos – a locução *Administração Pública* tanto designa pessoas e órgãos governamentais como a atividade administrativa em si mesma. Assim sendo, pode-se falar de *administração pública* aludindo-se aos instrumentos de governo como à gestão mesma dos interesses da coletividade.[39]

Como bem acentua Alessi, subjetivamente a Administração Pública é o conjunto de órgãos e serviços do Estado e objetivamente é a expressão do Estado agindo *in concreto* para satisfação de seus fins de conservação, de bem-estar individual dos cidadãos e de progresso social.[40] Na amplitude desse conceito entram não só os órgãos pertencentes ao Poder Público como, também, as instituições e empresas particulares que colaboram com o Estado no desempenho de serviços de utilidade pública ou de interesse coletivo, ou seja, a Administração centralizada (entidades estatais) e a descentralizada (entidades autárquicas, fundacionais, empresariais e outras) e os entes de cooperação (entidades paraestatais) (v. cap. VI, item 7).

No trato jurídico, a palavra *administração* traz em si conceito oposto ao de propriedade, isto é, indica a atividade daquele que gere interesses alheios, muito embora o proprietário seja, na maioria dos casos, o próprio

39. Mais uma vez advertimos o leitor de que escrevemos sempre a expressão *Administração Pública*, com maiúsculas, quando nos referimos a pessoas e órgãos administrativos, e com minúsculas – *administração pública* – quando aludimos à atividade administrativa em si mesma.

40. Renato Alessi, *Diritto Amministrativo*, Milão, 1949, pp. 37 e ss.

gestor de seus bens e interesses. Mas o que desejamos assinalar é que os termos *administração* e *administrador* importam sempre a idéia de zelo e conservação de bens e interesses, ao passo que as expressões *propriedade* e *proprietário* trazem ínsita a idéia de disponibilidade e alienação. Por aí se vê que os poderes normais do administrador são simplesmente de *conservação* e *utilização* dos bens confiados à sua gestão, necessitando sempre de consentimento especial do titular de tais bens e interesses para os atos de *alienação*, *oneração*, *destruição* e *renúncia*. Esse consentimento, na Administração Pública, deve vir expresso em lei.

Há que distinguir ainda, na Administração Pública, os *atos de império*, os *atos de gestão* e os *atos de expediente*. *Ato de império* é todo aquele que contém uma ordem ou decisão coativa da Administração para o administrado, como o é um decreto expropriatório, um despacho de interdição de atividade ou uma requisição de bens; *ato de gestão* é todo aquele que ordena a conduta interna da Administração e de seus servidores, ou cria direitos e obrigações entre ela e os administrados, tais como os despachos que determinam a execução de serviços públicos, os atos de provimento de cargo e movimentação de funcionários, as autorizações e permissões, os contratos em geral; *ato de expediente* é todo aquele de preparo e movimentação de processos, recebimento e expedição de papéis e de despachos rotineiros, sem decisão do mérito administrativo. Para a prática desses atos, principalmente de império e de gestão, o agente deve ter investidura e competência legais.

É ilegal a realização de *atos de império* ou *de gestão* por agente simplesmente designado "para responder pelo expediente" na vaga ou ausência temporária do titular. Essas designações constituem, muitas vezes, uma burla às exigências constitucionais e legais de concurso ou de aprovação pelo Legislativo para o provimento do cargo ou da função pelo Executivo. Não se confunda, entretanto, o substituto legal do titular, como são os vices (Vice-Presidente da República, Vice-Governador, Vice-Prefeito, Vice-Diretor e outros), que têm competência plena quando na substituição, com o meramente designado "para responder pelo expediente", que só pode movimentar os processos e papéis de rotina, sem praticar atos decisórios ou contratuais.

2.2 Natureza e fins da administração

2.2.1 *Natureza* – A *natureza da administração pública* é a de um *múnus público* para quem a exerce, isto é, a de um encargo de defesa, conservação e aprimoramento dos bens, serviços e interesses da coletividade. Como tal, impõe-se ao administrador público a obrigação de cumprir fielmente os preceitos do Direito e da Moral administrativa que regem a sua atuação. Ao ser investido em função ou cargo público, todo agente do poder assume para com a coletividade o compromisso de bem servi-la, porque outro não é o desejo do povo, como legítimo destinatário dos bens, serviços e interesses administrados pelo Estado.

Na administração particular o administrador recebe do proprietário as ordens e instruções de como administrar as coisas que lhe são confiadas; na administração pública essas ordens e instruções estão concretizadas nas *leis*, *regulamentos* e *atos especiais*, dentro da *moral da instituição*. Daí o dever indeclinável de o administrador público agir segundo os preceitos do Direito e da Moral administrativa, porque tais preceitos é que expressam a vontade do titular dos interesses administrativos – o povo – e condicionam os atos a serem praticados no desempenho do *múnus público* que lhe é confiado.

2.2.2 *Fins* – Os *fins da administração pública* resumem-se num único objetivo: o *bem comum da coletividade administrada*. Toda atividade do administrador público deve ser orientada para esse objetivo. Se dele o administrador se afasta ou desvia, trai o mandato de que está investido, porque a comunidade não institui a Administração senão como meio de atingir o bem-estar social. Ilícito e imoral será todo ato administrativo que não for praticado no interesse da coletividade.

"O fim, e não a vontade do administrador – ensina o Prof. Cirne Lima –, domina todas as formas de administração". "Supõe, destarte, a atividade administrativa a preexistência de uma regra jurídica, reconhecendo-lhe uma finalidade própria. Jaz, conseqüentemente, a administração pública debaixo da legislação, que deve enunciar e determinar a regra de Direito".[41]

No desempenho dos encargos administrativos o agente do Poder Público não tem a liberdade de procurar outro objetivo, ou de dar fim diverso do prescrito em lei para a atividade. Não pode, assim, deixar de cumprir os deveres que a lei lhe impõe, nem renunciar a qualquer parcela dos poderes e prerrogativas que lhe são conferidos. Isso porque os deveres, poderes e prerrogativas não lhe são outorgados em consideração pessoal, mas sim para serem utilizados em benefício da comunidade administrada. Descumpri-los ou renunciá-los equivalerá a desconsiderar a incumbência que aceitou ao empossar-se no cargo ou função pública. Por outro lado, deixar de exercer e defender os poderes necessários à consecução dos fins sociais, que constituem a única razão de ser da autoridade pública de que é investido, importará renunciar os meios indispensáveis para atingir os objetivos da Administração.

Como mostra Celso Antônio Bandeira de Mello, com base em Renato Alessi, de longa data distingue-se *interesse primário*, ou simplesmente

41. Ruy Cirne Lima, *Princípios de Direito Administrativo*, 7ª ed., São Paulo, Malheiros Editores, 2007, pp. 39-40.

"interesse público", do *interesse secundário* do Estado, o qual, tal como os particulares, sendo pessoa jurídica, tem interesses que lhe são particulares, individuais; daí por que esses interesses secundários só podem ser buscados pelo Estado quando "*coincidentes com os interesses primários*, isto é com os interesses públicos propriamente ditos".[42]

Em última análise, os fins da Administração consubstanciam-se na defesa do *interesse público*, assim entendidas aquelas aspirações ou vantagens licitamente almejadas por toda a comunidade administrada, ou por uma parte expressiva de seus membros. O ato ou contrato administrativo realizado *sem interesse público* configura *desvio de finalidade*.

2.3 Princípios básicos da administração

Os *princípios básicos da administração pública* estão consubstanciados em doze regras de observância permanente e obrigatória para o bom administrador e na interpretação do Direito Administrativo (v. cap. I, item 10): *legalidade, moralidade, impessoalidade ou finalidade, publicidade, eficiência, razoabilidade, proporcionalidade, ampla defesa, contraditório, segurança jurídica, motivação* e *supremacia do interesse público*. Os cinco primeiros estão expressamente previstos no art. 37, *caput*, da CF de 1988; e os demais, embora não mencionados, decorrem do nosso regime político, tanto que, ao lado daqueles, foram textualmente enumerados pelo art. 2º da Lei federal 9.784, de 29.1.99. Essa mesma norma diz que a Administração Pública deve obedecer aos princípios acima referidos. Pelo que nela se contém, tal norma, muito embora de natureza federal, tem verdadeiro conteúdo de normas gerais da atividade administrativa não só da União, mas também dos Estados e Municípios. Convém observar que a Constituição de 1988 não se referiu expressamente ao *princípio da finalidade*, mas o admitiu sob a denominação de *princípio da impessoalidade* (art. 37).

Como salientado, por esses padrões é que deverão se pautar todos os atos e atividades administrativas de todo aquele que exerce o poder público.[43] Constituem, por assim dizer, os fundamentos da ação administrativa, ou, por outras palavras, os sustentáculos da atividade pública. Relegá-los é desvirtuar a gestão dos negócios públicos e olvidar o que há de mais elementar para a boa guarda e zelo dos interesses sociais. Vale notar que, na forma do art. 11 da Lei 8.429/92, que trata do enriquecimento ilícito, constitui "ato de improbidade administrativa, que atenta contra os princípios da

42. *Curso de Direito Administrativo*, 27ª ed., São Paulo, Malheiros Editores, 2010, p. 66.

43. A respeito desse dever e dos princípios examinados a seguir e o nepotismo, v. STF, ADC/MC 12, *DJU* 16.2.2006, e José Delgado, "A supremacia dos princípios informativos do Direito Administrativo. Interpretação e aplicação", *RT* 701/34-44 e "O Princípio da Moralidade Administrativa e a Constituição Federal de 1988", *RT* 680/35.

Administração Pública, qualquer ação ou omissão que viole os deveres de honestidade, imparcialidade, legalidade e lealdade às instituições". Essa norma prevê, a título exemplificativo, condutas, comissivas ou omissivas, caracterizadoras da improbidade.

2.3.1 *Legalidade* – A *legalidade*, como princípio de administração (CF, art. 37, *caput*), significa que o administrador público está, em toda a sua atividade funcional, sujeito aos mandamentos da lei e às exigências do bem comum, e deles não se pode afastar ou desviar, sob pena de praticar ato inválido e expor-se a responsabilidade disciplinar, civil e criminal, conforme o caso.

A eficácia de toda atividade administrativa está condicionada ao atendimento da Lei e do Direito. É o que diz o inc. I do parágrafo único do art. 2º da Lei 9.784/99. Com isso, fica evidente que, além da atuação conforme à lei, a legalidade significa, igualmente, a observância dos princípios administrativos.

Na Administração Pública não há liberdade nem vontade pessoal. Enquanto na administração particular é lícito fazer tudo que a lei não proíbe, na Administração Pública só é permitido fazer o que a lei autoriza. A lei para o particular significa "pode fazer assim"; para o administrador público significa "deve fazer assim".

As leis administrativas são, normalmente, de *ordem pública* e seus preceitos não podem ser descumpridos, nem mesmo por acordo ou vontade conjunta de seus aplicadores e destinatários, uma vez que contêm verdadeiros *poderes-deveres*, *irrelegáveis pelos agentes públicos*. Por outras palavras, a natureza da função pública e a finalidade do Estado impedem que seus agentes deixem de exercitar os poderes e de cumprir os deveres que a lei lhes impõe. Tais poderes, conferidos à Administração Pública para serem utilizados em benefício da coletividade, não podem ser renunciados ou descumpridos pelo administrador sem ofensa ao bem comum, que é o supremo e único objetivo de toda ação administrativa.

O *princípio da legalidade*, que até bem pouco só era sustentado pela doutrina e que passou a ser imposição legal, entre nós, pela lei reguladora da *ação popular* (que considera nulos os atos lesivos ao patrimônio público quando eivados de "ilegalidade do objeto", que a mesma norma assim conceitua: "A ilegalidade do objeto ocorre quando o resultado do ato importa em violação de lei, regulamento ou outro ato normativo" – Lei 4.717/65, art. 2º, "c", e parágrafo único, "c"). Desde a Constituição Federal de 1988 é também princípio constitucional (art. 37).

Além de atender à *legalidade*, o ato do administrador público deve conformar-se com a *moralidade* e a *finalidade* administrativas para dar plena legitimidade à sua atuação. Administração legítima só é aquela que se reveste de legalidade e probidade administrativas, no sentido de que tanto atende às exigências da lei como se conforma com os preceitos da instituição pública.

Cumprir simplesmente a lei na frieza de seu texto não é o mesmo que atendê-la na sua letra e no seu espírito. A administração, por isso, deve ser orientada pelos princípios do Direito e da Moral, para que ao *legal* se ajunte o *honesto* e o *conveniente* aos interesses sociais. Desses princípios é que o Direito Público extraiu e sistematizou a teoria da *moralidade administrativa*, que passaremos a analisar.

2.3.2 *Moralidade* – A *moralidade administrativa* constitui, hoje em dia, pressuposto de validade de todo ato da Administração Pública (CF, art. 37, *caput*). Não se trata – diz Hauriou, o sistematizador de tal conceito – da *moral comum*, mas sim de uma *moral jurídica*, entendida como "o conjunto de regras de conduta tiradas da disciplina interior da Administração".[44] Desenvolvendo sua doutrina, explica o mesmo autor que o agente administrativo, como ser humano dotado da capacidade de atuar, deve, necessariamente, distinguir o Bem do Mal, o honesto do desonesto. E, ao atuar, não poderá desprezar o elemento ético de sua conduta. Assim, não terá que decidir somente entre o legal e o ilegal, o justo e o injusto, o conveniente e o inconveniente, o oportuno e o inoportuno, mas também entre o honesto e o desonesto. Por considerações de Direito e de Moral, o ato administrativo não terá que obedecer somente à lei jurídica, mas também à lei ética da própria instituição, porque nem tudo que é legal é honesto, conforme já proclamavam os romanos: "non omne quod licet honestum est". A moral comum, remata Hauriou, é imposta ao homem para sua conduta externa; a *moral administrativa* é imposta ao agente público para sua conduta interna, segundo as exigências da instituição a que serve e a finalidade de sua ação: o bem comum.

Desenvolvendo o mesmo conceito, em estudo posterior, Welter insiste em que "a moralidade administrativa não se confunde com a moralidade comum; ela é composta por regras de boa administração, ou seja: pelo conjunto das regras finais e disciplinares suscitadas não só pela distinção entre o Bem e o Mal, mas também pela idéia geral de administração e pela idéia de função administrativa".[45] Tal conceito coincide com o de Lacharrière, segundo o qual a moral administrativa, "é o conjunto de regras que, para

44. Maurice Hauriou, *Précis Élémentaires de Droit Administratif*, Paris, 1926, pp. 197 e ss.

45. Henri Welter, *Le Contrôle Jurisdictionnel de la Moralité Administrative*, Paris, 1929, pp. 74 e ss.

disciplinar o exercício do poder discricionário da Administração, o superior hierárquico impõe aos seus subordinados".[46]

O certo é que a *moralidade* do ato administrativo juntamente com a sua *legalidade* e *finalidade*, além da sua adequação aos *demais princípios,* constituem pressupostos de validade sem os quais toda atividade pública será ilegítima. Já disse notável Jurista luso – António José Brandão – que "a atividade dos administradores, além de traduzir a vontade de obter o máximo de eficiência administrativa, terá ainda de corresponder à vontade constante de viver honestamente, de não prejudicar outrem e de dar a cada um o que lhe pertence – princípios de Direito Natural já lapidarmente formulados pelos jurisconsultos romanos. À luz dessas idéias, tanto infringe a moralidade administrativa o administrador que, para atuar, foi determinado por fins imorais ou desonestos como aquele que desprezou a ordem institucional e, embora movido por zelo profissional, invade a esfera reservada a outras funções, ou procura obter mera vantagem para o patrimônio confiado à sua guarda. Em ambos os casos, os seus atos são infiéis à idéia que tinha de servir, pois violam o equilíbrio que deve existir entre todas as funções, ou, embora mantendo ou aumentando o patrimônio gerido, desviam-no do fim institucional, que é o de concorrer para a criação do bem comum".[47]

A respeito, é relevante notar que a EC 45, de 8.12.2004 (publicada em 31.12.2004), estipula que as "decisões definitivas de mérito" nas ações diretas de inconstitucionalidade ou declaratórias de constitucionalidade (§ 2º do art. 102, acrescentado pela EC 45) e a súmula editada pelo STF, na forma do art. 103-A, tenham *efeito vinculante* em relação à Administração Pública direta e indireta, nas esferas federal, estadual, distrital e municipal. O § 3º desse art. 103-A prevê que o ato administrativo que contrariar a súmula ou que indevidamente a aplicar é ato nulo, podendo sua nulidade ser declarada até mesmo pelo STF se julgar procedente reclamação a respeito – reclamação, essa, sujeita à condição de procedibilidade consistente no esgotamento das vias administrativas, como exige o § 1º do art. 7º da Lei 11.417/2006, que regulamentou o art. 103-A da CF e tornou mais célere e rigoroso esse controle judicial. Diante desses preceitos constitucionais decorrentes da EC 45, não resta dúvida de que o administrador público que agir de forma contrária a esse efeito vinculante infringirá a moralidade administrativa e agirá contra o princípio da legalidade administrativa e, salvo erro escusável, cometerá ato de *improbidade administrativa.* Como se vê – e até para evitar que o agente público aja em sentido diverso ao do *efeito vinculante* –, essas decisões administrativas e súmulas vinculantes deverão ser amplamente di-

46. Lacharrière, *Le Contrôle Hiérarchique de l'Administration dans la Forme Jurisdictionnel*, Paris, 1938.

47. António José Brandão, "Moralidade administrativa", *RDA* 25/454.

vulgadas e esclarecidas pelas Administrações Públicas junto a todos os seus órgãos públicos, até porque, como a prática indica, a mera publicação pela Imprensa Oficial nem sempre gera o devido conhecimento da matéria e de sua exata extensão.

A moralidade administrativa está intimamente ligada ao conceito do "bom administrador", que, no dizer autorizado de Franco Sobrinho, "é aquele que, usando de sua competência legal, se determina não só pelos preceitos vigentes, mas também pela moral comum". Há que conhecer, assim, as fronteiras do lícito e do ilícito, do justo e do injusto, *nos seus efeitos*. E explica o mesmo autor: "Quando usamos da expressão *nos seus efeitos*, é para admitir a lei como regra comum e medida ajustada. Falando, contudo, de *boa administração*, referimo-nos subjetivamente a *critérios morais* que, de uma maneira ou de outra, dão valor jurídico à vontade psicológica do administrador".[48] O inegável é que a *moralidade administrativa integra o Direito* como elemento indissociável na sua aplicação e na sua finalidade, erigindo-se em fator de legalidade. Daí por que o TJSP decidiu, com inegável acerto, que "o controle jurisdicional se restringe ao exame da legalidade do ato administrativo; mas por legalidade ou legitimidade se entende não só a conformação do ato com a lei, como também com a moral administrativa e com o interesse coletivo".[49]

Com esse julgado pioneiro, a *moralidade administrativa* ficou consagrada pela Justiça como necessária à validade da conduta do administrador público.[50]

No âmbito da legislação infraconstitucional, o Dec. 6.029, de 1.2.2007, institui o Sistema de Gestão da Ética do Poder Executivo Federal e o Dec. 1.171, de 22.6.94, aprovando o Código de Ética Profissional do Servidor Público Civil Federal, trata do princípio da moralidade administrativa, dispondo textualmente que o servidor jamais poderá desprezar o elemento ético de sua conduta, devendo decidir não somente "entre o legal e o ilegal, o justo e o injusto, o conveniente e o inconveniente, o oportuno e o inoportuno, mas principalmente entre o honesto e o desonesto, consoante as regras contidas no art. 37, *caput*, e § 4º, da CF".

48. Manoel de Oliveira Franco Sobrinho, *O Controle da Moralidade Administrativa*, São Paulo, 1974, p. 11. Nessa monografia o autor sustenta a possibilidade do controle judicial da moralidade administrativa até mesmo através do *mandado de segurança* (pp. 213 e ss.), o que pressupõe a existência de um direito líquido e certo à observância desse princípio no ato impugnado. V. tb. Caio Tácito, "Moralidade administrativa", *RDA* 218/1; Sérgio de Andréa Ferreira, "A moralidade na principiologia da atuação governamental", *RDA* 220/121.

49. TJSP, *RDA* 89/134, sendo o acórdão da lavra do Des. Cardoso Rolim.

50. STF, ADI 2.661, com excelente relatoria do Min. Celso de Mello. O TJSP já decidiu que, pela só infringência do princípio da moralidade administrativa, é possível a anulação de ato administrativo (*RJTJSP* 135/31), bem como a anulação de lei de efeitos concretos (*RT* 673/61).

A Lei 9.784/99, já citada, também consagra o princípio da *moralidade administrativa*, dizendo que ele significa "atuação segundo padrões éticos de probidade, decoro e boa-fé" (cf. art. 2º, parágrafo único, IV).

De certa forma, a moralidade se compara à "boa-fé objetiva" do Direito Privado, na qual é vista como uma "norma de comportamento leal" ou um "modelo de conduta social, arquétipo ou *standard* jurídico", ao qual cada pessoa deve ajustar a própria conduta, "obrando como obraria um homem reto: com honestidade, lealdade, probidade".[51]

A boa-fé subjetiva denota estado de consciência ou convencimento individual de obrar em conformidade ao Direito. Denota a idéia de ignorância, de crença errônea, ainda que escusável, acerca da existência de uma situação regular.

2.3.3 *Impessoalidade ou finalidade* – O princípio da *impessoalidade*, referido na Constituição de 1988 (art. 37, *caput*), nada mais é que o clássico princípio da *finalidade*, o qual impõe ao administrador público que só pratique o ato para o seu *fim legal*. E o *fim legal* é unicamente aquele que a norma de Direito indica expressa ou virtualmente como objetivo do ato, *de forma impessoal*.

Esse princípio também deve ser entendido para excluir a promoção pessoal de autoridades ou servidores públicos sobre suas realizações administrativas (CF, art. 37, § 1º).[52]

E a *finalidade* terá sempre um objetivo certo e inafastável de qualquer ato administrativo: o *interesse público*. Todo ato que se apartar desse objetivo sujeitar-se-á a invalidação por *desvio de finalidade*, que a nossa lei da ação popular conceituou como o "fim diverso daquele previsto, explícita ou implicitamente, na regra de competência" do agente (Lei 4.717/65, art. 2º, parágrafo único, "e").

Desde que o *princípio da finalidade* exige que o ato seja praticado sempre com finalidade pública, o administrador fica impedido de buscar outro objetivo ou de praticá-lo no interesse próprio ou de terceiros. Pode, entretanto, o interesse público coincidir com o de particulares, como ocorre normalmente nos atos administrativos negociais e nos contratos públicos,

51. Judith Martins Costa, *A Boa-Fé no Direito Privado*, 1ª ed., 2ª tir., Ed. RT, p. 411. Sobre a boa-fé objetiva em acordo entre o Município e credor, ver interessante julgado do TJRS, ApCiv 70015169584, *BAASP* 2.570, p. 4.699.

52. Fere a moralidade administrativa a conduta do agente que se vale da publicidade oficial para realizar promoção pessoal (TJSP, *RT* 671/94, e TJSP, ApCiv 572597, rel. Des. Magalhães Coelho, com precedentes); ou que se utiliza de *slogan*, usado pelo candidato eleito durante a eleição, em bens e serviços públicos (TJSP, ApCiv 200.305.5, rel. Des. Peiretti Godoy). Sobre publicidade a título de esclarecimento, v. excelente acórdão do TJSP relatado pelo Des. Guerrieri Rezende na ApCiv 234.588-5.

casos em que é lícito conjugar a pretensão do particular com o interesse coletivo.

O que o *princípio da finalidade* veda é a prática de ato administrativo sem interesse público ou conveniência para a Administração, visando unicamente a satisfazer interesses privados, por favoritismo ou perseguição dos agentes governamentais, sob a forma de *desvio de finalidade*. Esse desvio de conduta dos agentes públicos constitui uma das mais insidiosas modalidades de *abuso de poder*, como veremos adiante, sob esta epígrafe (item 4.2).

Do exposto, constata-se que o princípio em foco está entrelaçado com o princípio da igualdade (arts. 5º, I, e 19, III, da CF), o qual impõe à Administração Pública tratar igualmente a todos os que estejam na mesma situação fática e jurídica.[53] Isso significa que os desiguais em termos genéricos e impessoais devem ser tratados desigualmente em relação àqueles que não se enquadram nessa distinção (*RTJ* 195/297).

A mencionada Lei 9.784/99 refere-se ao *princípio da finalidade*, dizendo que nos processos administrativos deve-se observar critério de "interpretação da norma administrativa da forma que melhor garanta o atendimento do fim público a que se dirige", vedada "a promoção pessoal de agentes ou autoridades" (cf. art. 2º, parágrafo único, XIII e III).

2.3.4 *Razoabilidade e proporcionalidade* – Implícito na Constituição Federal[54] e explícito, por exemplo, na Carta Paulista, art. 111, o *princípio da razoabilidade*[55] ganha, dia a dia, força e relevância no estudo do Direito Administrativo e no exame da atividade administrativa.

Sem dúvida, pode ser chamado de princípio da proibição de excesso, que, em última análise, objetiva aferir a compatibilidade entre os meios e os fins, de modo a evitar restrições desnecessárias ou abusivas por parte da Administração Pública, com lesão aos direitos fundamentais. Como se per-

53. A igualdade pode ser na lei e perante a lei. A primeira – na lei – destina-se ao legislador, no processo de formação da lei; a segunda – perante a lei – destina-se à Administração Pública, que, ao aplicar a lei, não poderá "subordiná-la a critérios que ensejam tratamento seletivo ou discriminatório" (excelente acórdão no MI 58, relatado pelo Min. Celso de Mello, *RTJ* 140/747). Sobre a igualdade, v. ADI 3.330 (sobre o PROUNI e a educação), relatada pelo Min. Carlos Britto, demonstrando que o "desfavorecido" é "o desigual por baixo".

54. A norma ou ato que se revela desarrazoado por ferir a *proporcionalidade* ofende o princípio do *devido processo legal em sentido material*, previsto pelo art. 5º, LIV, da CF (STF, ADI/MC 2.290-3, *DJU* 23.2.2001. V., ainda, o item 2.3.9 deste capítulo).

55. Sobre o *princípio da razoabilidade* v. *RDA* 202/260, 204/1, 213/82; Caio Tácito, *Temas de Direito Público*, Renovar, I/190, e *Estudos em Homenagem a Geraldo Ataliba-2 – Direito Administrativo e Constitucional*, São Paulo, Malheiros Editores, 1997, p. 142; Paulo Armínio Tavares Buechele, *O Princípio da Proporcionalidade e a Interpretação da Constituição*, Renovar, 1999; e voto do Min. Carlos Velloso na ADI 1.105 (*RTJ* 117/118).

cebe, parece-nos que a razoabilidade envolve a proporcionalidade, e vice-versa. Registre-se, ainda, que a razoabilidade não pode ser lançada como instrumento de substituição da vontade da lei pela vontade do julgador ou do intérprete, mesmo porque "cada norma tem uma razão de ser".[56]

De fácil intuição, a definição da razoabilidade revela-se quase sempre incompleta ante a rotineira ligação que dela se faz com a discricionariedade. Não se nega que, em regra, sua aplicação está mais presente na discricionariedade administrativa, servindo-lhe de instrumento de limitação, ampliando o âmbito de seu controle, especialmente pelo Judiciário ou até mesmo pelos Tribunais de Contas. Todavia, nada obsta à aplicação do princípio no exame de validade de qualquer atividade administrativa.

No aspecto da atuação discricionária convém ter presente ensino de Diogo de Figueiredo Moreira Neto demonstrando que a razoabilidade "atua como critério, finalisticamente vinculado, quando se trata de valoração dos motivos e da escolha do objeto" para a prática do ato discricionário.[57] Deve haver, pois, uma relação de pertinência entre a finalidade e os padrões de oportunidade e de conveniência.

A razoabilidade deve ser aferida segundo os "valores do homem médio", como fala Lúcia Valle Figueiredo, em congruência com as posturas normais ou já adotadas pela Administração Pública.[58] Assim, não é conforme à ordem jurídica a conduta do administrador decorrente de seus critérios personalíssimos ou de seus *standards* pessoais que, não obstante aparentar legalidade, acabe, por falta daquela razoabilidade média, contrariando a finalidade, a moralidade ou a própria razão de ser da norma em que se apoiou.

A Lei 9.784/99 também prevê os *princípios da razoabilidade* e *da proporcionalidade*. Assim, determina nos processos administrativos a observância do critério de "adequação entre os meios e fins", cerne da razoabilidade, e veda "imposição de obrigações, restrições e sanções em medida superior àquelas estritamente necessárias ao atendimento do interesse público", traduzindo aí o núcleo da noção da proporcionalidade (cf. art. 2º, parágrafo único, VI).

2.3.5 *Publicidade* – *Publicidade* é a divulgação oficial do ato para conhecimento público e início de seus efeitos externos. Daí por que as leis, atos e contratos administrativos que produzem conseqüências jurídicas fora

56. Cármen Lúcia Antunes Rocha, *Princípios Constitucionais da Administração Pública*, Belo Horizonte, Del Rey, 1994, p. 53.

57. Diogo de Figueiredo Moreira Neto, *Curso de Direito Administrativo*, 9ª ed., Rio de Janeiro, Forense, 1990.

58. Lúcia Valle Figueiredo, *Curso de Direito Administrativo*, 9ª ed., São Paulo, Malheiros Editores, 2008, p. 50.

dos órgãos que os emitem exigem publicidade para adquirirem validade universal, isto é, perante as partes e terceiros.[59]

A publicidade não é elemento formativo do ato; é requisito de eficácia e moralidade. Por isso mesmo, os atos irregulares não se convalidam com a publicação, nem os regulares a dispensam para sua exeqüibilidade, quando a lei ou o regulamento a exige.[60] Em princípio, todo ato administrativo deve ser publicado, porque pública é a Administração que o realiza, só se admitindo *sigilo* nos casos de segurança nacional, investigações policiais ou interesse superior da Administração a ser preservado em processo previamente declarado *sigiloso* nos termos da Lei 8.159, de 8.1.91, e pelo Dec. 2.134, de 24.1.97. A Lei 11.111, de 5.5.2005, estabeleceu regras para acesso a documentos públicos sigilosos de interesse particular ou coletivo. Lamentavelmente, por vício burocrático, sem apoio em lei e contra a índole dos negócios estatais, os atos e contratos administrativos vêm sendo ocultados dos interessados e do povo em geral, sob o falso argumento de que são "sigilosos", quando, na realidade, são *públicos* e devem ser divulgados e mostrados a qualquer pessoa que deseje conhecê-los e obter certidão. Coibindo tal conduta, a Lei 9.784/99, além de prever o atendimento ao princípio da publicidade, diz que nos processos administrativos é obrigatória a "divulgação oficial dos atos administrativos, ressalvadas as hipóteses de sigilo previstas na Constituição" (cf. art. 2º, parágrafo único, IV).

O princípio da publicidade dos atos e contratos administrativos, além de assegurar seus efeitos externos, visa a propiciar seu conhecimento e controle pelos interessados diretos e pelo povo em geral, através dos meios constitucionais – *mandado de segurança* (art. 5º, LXIX), *direito de petição* (art. 5º, XXXIV, "a"), *ação popular* (art. 5º, LXXIII), "*habeas data*" (art. 5º, LXXII), *suspensão dos direitos políticos por improbidade administrativa* (art. 37, § 4º) –, e para tanto a mesma Constituição impõe o *fornecimento de certidões* de atos da Administração, requeridas por qualquer pessoa, para defesa de direitos ou esclarecimento de situações (art. 5º, XXXIV, "b"), os quais devem ser indicados no requerimento. Observe-se que a Constituição

59. A publicação dos atos administrativos tornou-se obrigatória desde o Dec. 572, de 12.7.1890, e presentemente é imposta pelo Dec. 84.555, de 12.3.80. Quanto às leis, só entram em vigência após a sua publicação oficial (art. 1º da *Lei de Introdução às Normas do Direito Brasileiro*, atual denominação da LICC). No Estado de São Paulo, a Constituição de 1989 declara expressamente: "Art. 112. As leis e atos administrativos externos deverão ser publicados no órgão oficial do Estado, para que produzam os seus efeitos regulares. A publicação dos atos não normativos poderá ser resumida". Os *contratos em geral*, da União, suas autarquias, fundações e empresas estatais, devem ser publicados em resumo, como condição de sua eficácia (Lei 8.666/93, art. 61, parágrafo único). Cf., também, Wallace Paiva Martins Jr., "Publicidade oficial: moralidade e impessoalidade", *RT* 705/82.

60. Nesse sentido, o art. 79-A, § 8º, acrescentado à Lei 9.605/98 pela MP 2.163, de 23.8.2001, deixou claro que a publicidade é requisito de eficácia.

alude, genericamente, "as repartições públicas", abrangendo, obviamente, as repartições da Administração *direta* e *indireta*, porque ambas são desmembramentos do serviço público e, como tais, têm o dever legal de informar o público sobre sua atuação funcional.[61]

A publicidade, como princípio de administração pública (CF, art. 37, *caput*), abrange toda atuação estatal, não só sob o aspecto de divulgação oficial de seus atos como, também, de propiciação de conhecimento da conduta interna de seus agentes. Essa publicidade atinge, assim, os atos concluídos e em formação, os processos em andamento, os pareceres dos órgãos técnicos e jurídicos, os despachos intermediários e finais, as atas de julgamentos das licitações e os contratos com quaisquer interessados, bem como os comprovantes de despesas e as prestações de contas submetidas aos órgãos competentes. Tudo isto é papel ou documento público que pode ser examinado na repartição por qualquer interessado, e dele pode obter certidão ou fotocópia autenticada para os fins constitucionais.[62]

Quanto à publicação no órgão oficial, só é exigida a do ato concluído ou de determinadas fases de certos procedimentos administrativos, como ocorre nas concorrências e tomadas de preços, em que geralmente as normas pertinentes impõem a publicação da convocação dos interessados, da habilitação, da adjudicação e do contrato, na íntegra ou resumidamente. O essencial é que na publicação dos atos negociais constem seu objeto e nome dos interessados, não bastando apenas o número do processo.[63]

A publicação que produz efeitos jurídicos é a do órgão oficial da Administração, e não a divulgação pela imprensa particular, pela televisão ou pelo rádio, ainda que em horário oficial.[64] Por *órgão oficial* entendem-se não só o *Diário Oficial* das entidades públicas, impresso ou pela forma eletrônica pela rede mundial de computadores – *Internet*, no endereço do órgão público, como, também, os jornais contratados para essas publicações oficiais. Vale ainda como publicação oficial a afixação dos atos e leis municipais na sede da Prefeitura ou da Câmara, onde não houver órgão oficial, em conformidade com o disposto na Lei Orgânica do Município.

No tocante ao processo administrativo, a Lei 9.784/99 determina a intimação do interessado para ciência da decisão ou efetivação de diligências, podendo ser efetuada por ciência no processo, por via postal com aviso de

61. Nesse sentido já decidiu o TJSP concedendo mandado de segurança para uma empresa licitante obter fotocópia de contrato da DERSA – Desenvolvimento Rodoviário S/A (sociedade de economia mista do Estado de São Paulo), negado por esta sob a alegação de segredo comercial (AgPet 220.457, 5ª C. Civil, j. 20.9.73).

62. Guardam, ainda, relação com o princípio da publicidade as normas do art. 5º, XIV, XXXIII e LX, da CF.

63. TASP, *RT* 359/431.

64. STF, *RDP* 16/207, *RDA* 111/145.

recebimento, por telegrama ou outro meio que assegure a certeza de sua ciência, só se permitindo a publicação oficial no caso de interessado indeterminado, desconhecido ou com domicílio indefinido (art. 26 e seus §§ 3º e 4º). Preceito de ordem geral cabível em qualquer esfera administrativa, em razão do princípio da publicidade, diz: "as intimações serão nulas quando feitas sem observância das prescrições legais, mas o seu comparecimento supre a sua falta ou irregularidade" (art. 26 e seu § 5º).

Os atos e contratos administrativos que omitirem ou desatenderem à publicidade necessária não só deixam de produzir seus regulares efeitos como se expõem a invalidação por falta desse requisito de eficácia e moralidade. E sem publicação não fluem os prazos para impugnação administrativa ou anulação judicial, quer o de decadência para impetração de mandado de segurança (120 dias da publicação), quer os de prescrição da ação cabível.

Como já mencionado, sob pena de lesar os princípios da impessoalidade, finalidade e moralidade, a publicidade não poderá caracterizar promoção pessoal do agente público (CF, art. 37, § 1º). Daí a Lei 9.784/99 dizer que o administrador público deve adotar critério de "objetividade no atendimento do interesse público, vedada a promoção pessoal de agentes ou autoridades" – vale dizer, do servidor público (cf. art. 2º, parágrafo único, III).

2.3.6 *Eficiência* – O *princípio da eficiência* exige que a atividade administrativa seja exercida com presteza, perfeição e rendimento funcional. É o mais moderno princípio da função administrativa, que já não se contenta em ser desempenhada apenas com legalidade, exigindo resultados positivos para o serviço público e satisfatório atendimento das necessidades da comunidade e de seus membros.[65] Buscando essa eficiência e racionalização, a Lei 9.784, de 29.1.99, que "regula o processo administrativo no âmbito da Administração Pública Federal", permite que na "solução de vários assuntos da mesma natureza" seja "utilizado meio mecânico que reproduza os fundamentos das decisões, desde que não prejudique direito ou garantias dos interessados" (§ 2º do art. 50).

Com a EC 45/2004 a *eficiência*[66] passou a ser um direito com sede constitucional, pois, no Título II, "Dos Direitos e Garantias Fundamentais",

65. Cf. Vladimir da Rocha França, "Eficiência administrativa na Constituição Federal", *RDA* 220/165. V. Dalton Santos Morais, "Os custos da atividade administrativa e o princípio da eficiência", *RT* 837/ 79-105, e "A eficiência como princípio do direito administrativo brasileiro", *Revista AGU* 33.

66. Nesse sentido, v.: STJ, REsp 1.138.206, com natureza de recurso repetitivo, 1.091.042 e 690.819; MS 13.584 e 13.545; e AgR no RMS 25.763. Um exemplo de eficiência para a Administração Pública é a Lei 12.232/2010, que transforma o agravo de instrumento interposto contra decisão que não admite recurso extraordinário ou especial em agravo nos próprios autos – mudança singela, que acarreta economia de tempo e de espaço nos prédios públicos e

inseriu no art. 5º o inc. LXXVIII, que assegura "a todos, no âmbito judicial e *administrativo*", a "razoável duração do processo e os meios que garantam a celeridade de sua tramitação". Logo, a duração do processo que não se revelar razoável afronta esse direito constitucional, ensejando a apuração da responsabilidade do servidor que lhe deu causa. E mais: diante do fato de a norma em foco assegurar também os "meios" que garantam tal celeridade, no nosso entender, o administrado ou interessado poderá buscar a via judicial e obter ordem judicial que lhe assegure a celeridade razoável do processo. Essa mesma EC 45, ao tratar da promoção, por merecimento, do juiz e do membro do Ministério Público, determina ao órgão competente que afira a *presteza* no exercício da função e que não promova aquele que "retiver autos em seu poder além do prazo legal" (cf. art. 93, II, "c" e "e", e art. 129, § 4º). Assim, a *eficiência* passa a ser elemento objetivo de aferição de merecimento e impeditivo da promoção. Obviamente, para outras carreiras, em face do *princípio da eficiência*, essa presteza no exercício das funções e a retenção indevida de processo, ou mesmo a demora excessiva e injustificada na prolação de decisão administrativa, deverão ser consideradas para a promoção por merecimento, podendo, conforme o caso, até mesmo caracterizar *imoralidade administrativa* e – se dolosa a conduta – *improbidade administrativa*.

Sabe-se que interpretações divergentes ou colidentes geram discussões e insegurança jurídica que atrasam a atividade administrativa e a judicial (cf. STJ, REsp 592.687, rel. Min. Luiz Fux), prejudicando sua eficiência. Por isso, na forma acima, a EC 45, ao prever a edição de *súmula com efeito vinculante* para a Administração Pública direta e indireta, nas esferas federal, estadual, distrital e municipal, no § 1º do art. 103-A, diz que ela tem por "objetivo a validade, a interpretação e a eficácia de normas determinadas, acerca das quais haja controvérsia atual entre órgãos judiciários ou entre esses e a Administração Pública que acarrete grave insegurança jurídica e relevante multiplicação de processos". Vale dizer: ao afastar tais óbices ao bom desempenho da atividade administrativa, a edição da *súmula vinculante* permite que tal atividade seja eficiente. Com a mesma finalidade, na área administrativa, temos as *súmulas da Advocacia-Geral da União*, de observância obrigatória por toda a Administração Federal, nos termos dos arts. 2º e 17 da Lei Complementar 73/93, como analisado no cap. XII, item 7.2. Do *princípio da eficiência* decorre o *dever de eficiência*, analisado no item 3.2 deste capítulo.

2.3.7 *Segurança jurídica* – O *princípio da segurança jurídica* é considerado como uma das vigas mestras da ordem jurídica, sendo, segundo

benefício ao meio ambiente, pela redução do elevado número de cópias. Esse fato revela que o agente público e o legislador devem ter em mente, de forma constante, a busca da eficiência.

J. J. Gomes Canotilho, um dos subprincípios básicos do próprio conceito do Estado de Direito.[67] Para Almiro do Couto e Silva, um "dos temas mais fascinantes do Direito Público neste século é o crescimento da importância do princípio da segurança jurídica, entendido como princípio da boa-fé dos administrados ou da proteção da confiança. A ele está visceralmente ligada a exigência de maior estabilidade das situações jurídicas, mesmo daquelas que na origem apresentam vícios de ilegalidade. A segurança jurídica é geralmente caracterizada como uma das vigas mestras do Estado de Direito. É ela, ao lado da legalidade, um dos subprincípios integradores do próprio conceito de Estado de Direito".[68] A Lei 9.784, acima referida, determina a obediência ao *princípio da segurança jurídica* (art. 2º).

Como uma das conseqüências dessa determinação, ao tratar da interpretação da norma administrativa, essa lei veda textualmente a "aplicação retroativa de nova interpretação" (inc. XIII, parte final, do parágrafo único do art. 2º). Aliás, a aplicação retroativa da nova interpretação seria contrária até mesmo ao princípio da moralidade administrativa.

Estudioso desse princípio, Almiro do Couto e Silva, no artigo já citado e em outro,[69] quando trata do ato nulo frente ao princípio da segurança jurídica, ensina que, "no Direito Público, não constitui uma excrescência ou uma aberração admitir-se a sanatória ou o convalescimento do nulo. Ao contrário, em muitas hipóteses o interesse público prevalecente estará precisamente na conservação do ato que nasceu viciado mas que, após, pela omissão do Poder Público em invalidá-lo, por prolongado período de tempo, consolidou nos destinatários a crença firme na legitimidade do ato. Alterar esse estado de coisas, sob o pretexto de restabelecer a legalidade, causará mal maior do que preservar o *status quo*. Ou seja, em tais circunstâncias, no cotejo dos dois subprincípios do Estado de Direito, o da legalidade e o da segurança jurídica, este último prevalece sobre o outro, como imposição da justiça material. Pode-se dizer que é esta a solução que tem sido dada em todo mundo, com pequenas modificações de país para país".

Embora dando maior destaque ao princípio da boa-fé ou da confiança do administrado na Administração e dizendo que entre eles, no fundo, existe

67. J. J. Canotilho, *Direito Constitucional*, Coimbra, Almedina, 1991, p. 384.

68. *RDA* 204/24 e 237/271.

69. Almiro do Couto e Silva, "Os princípios da legalidade e da segurança jurídica no Estado de Direito contemporâneo", *RDP* 84/46. Sobre a *segurança jurídica*, v. o excelente acórdão, relatado pelo Min. Gilmar Mendes, nos MS 20.268-0, 22.357 e 20.268-0 (Tribunal Pleno), proclamando que ela é subprincípio do Estado de Direito, tendo assento constitucional (*DJU* 17.9.2004; idem, no RE 466.546, *Informativo STF* 416, e RE 442.683). Todavia, o "decurso de longo tempo" e o "direito adquirido" não "podem ser opostos quando se tratar de *manifesta* contrariedade à Constituição" (RE 381.204-RS, *Informativo STF* 408). Idem: excelentes acórdãos relatados pelo Min. Eros Grau, ADIs 3.685 e 3.316, sobre situação de fato consolidada e omissão do Estado.

complementação recíproca com o da segurança jurídica, Juarez Freitas, em excelente estudo, chega ao mesmo entendimento, demonstrando que os jurisconsultos Seabra Fagundes e Miguel Reale são do mesmo posicionamento. Como diz o STF, a "essencialidade do postulado da segurança jurídica e a necessidade de se respeitar situações consolidadas no tempo, amparadas pela boa-fé do cidadão (seja ele servidor público, ou não), representam fatores a que o Judiciário não pode ficar alheio".[70]

Não temos dúvidas em sufragar esses posicionamentos, valendo notar que eles encontram supedâneo no próprio princípio da moralidade administrativa e, como visto, na norma infraconstitucional do inc. XIII do parágrafo único do art. 2º da Lei 9.784, de 29.1.99.

A moralidade aqui examinada é semelhante à "boa-fé subjetiva" do Direito Privado, denotando um "estado de consciência ou convencimento individual de obrar em conformidade ao Direito" ou "a idéia de ignorância, de crença errônea, ainda que escusável, acerca da existência de uma situação regular".[71]

Outra conseqüência do referido art. 2º, *caput*, é o art. 54 da Lei 9.784, fixando o prazo decadencial de cinco anos para anulação de ato administrativo, contados da data de sua prática, salvo comprovada má-fé (o que será examinado no cap. XI, item 3.2.3.7). Ainda outra conseqüência relevante da segurança jurídica é o instituto da *modulação temporal dos efeitos* da declaração de inconstitucionalidade prevista no art. 27 da Lei 9.868/99.

2.3.8 *Motivação* – O *princípio da motivação* dos atos administrativos, após a Constituição Federal de 1988, está inserido no nosso regime político. É, assim, uma exigência do Direito Público e da legalidade governamental.[72] Do Estado absolutista, em que preponderava a vontade pessoal do monarca com força de lei – "quod principi placuit legis habet vigorem" –, evoluímos para o Estado de Direito, onde só impera a vontade das normas jurídicas. Nos Estados modernos já não existe a autoridade pessoal do governante, senão a autoridade impessoal da lei. A igualdade de todos perante a lei e a submissão de todos somente à lei constituem os dois cânones fundamentais dos Estados de Direito. A nossa Constituição consagrou tais princípios em termos inequívocos ao declarar que "todos são iguais perante a lei" (art. 5º,

70. Juarez Freitas, *Estudos de Direito Administrativo*, 2ª ed., Malheiros Editores, 1997, pp. 11-32, e MS/MC 26.200-1, *DJU* de 27.10.2006.

71. Judith Martins Costa, ob. cit., p. 411.

72. Antônio Carlos de Araújo Cintra, *Motivo e Motivação do Ato Administrativo*, 1979. V. tb. o amplo estudo efetuado por Fábio Medina Osório, "O princípio constitucional da motivação dos atos administrativos", *RDA* 218/11. Sobre *ato discricionário*, v. excelente julgado do STJ, no MS 9.944-DF, relatado pelo Min. Teori Albino Zavascki.

caput) e que "ninguém será obrigado a fazer ou deixar de fazer alguma coisa senão em virtude de lei" (art. 5º, II).

Paralelamente a esses dogmas democráticos, vigem outros direitos e garantias individuais, tendentes a salvaguardar os cidadãos da prepotência do Poder Público e do capricho dos governantes. Os Estados, ao se organizarem, autolimitam, pelas leis, os seus poderes em relação aos indivíduos e à coletividade. Essas mesmas leis passam, daí por diante, a subordinar aos seus preceitos tanto a Administração quanto os administrados. A tendência moderna é a de substituir, na medida do possível, a vontade individual pela vontade jurídica, isto é, o comando da autoridade pelo comando da lei.

No Direito Público o que há de menos relevante é a vontade do administrador. Seus desejos, suas ambições, seus programas, seus atos, não têm eficácia administrativa, nem validade jurídica, se não estiverem alicerçados no Direito e na Lei. Não é a chancela da autoridade que valida o ato e o torna respeitável e obrigatório. É a *legalidade* a pedra de toque de todo ato administrativo.

Ora, se ninguém é obrigado a fazer ou deixar de fazer alguma coisa senão em virtude de lei, claro está que todo ato do Poder Público deve trazer consigo a demonstração de sua base legal e de seu motivo. Assim como todo cidadão, para ser acolhido na sociedade, há de provar sua identidade, o ato administrativo, para ser bem recebido pelos cidadãos, deve patentear sua legalidade, vale dizer, sua identidade com a lei. Desconhecida ou ignorada sua legitimidade, o ato da autoridade provocará sempre suspeitas e resistências, facilmente arredáveis pela motivação.

Nesse sentido é a lição dos modernos publicistas, a começar por Bielsa, neste passo: "Por princípio, as decisões administrativas devem ser motivadas formalmente, vale dizer que a parte dispositiva deve vir precedida de uma explicação ou exposição dos fundamentos de *fato* (motivos-pressupostos) e de *direito* (motivos-determinantes da lei)". E, rematando, o mesmo jurista reafirma: "No Direito Administrativo a motivação – como dissemos – deverá constituir norma, não só por razões de boa administração, como porque toda autoridade ou Poder em um sistema de governo representativo deve *explicar legalmente*, ou *juridicamente*, suas decisões".[73]

O excelente Jèze já acentuava, de há muito, que, "para se ter a certeza de que os agentes públicos exercem a sua função movidos apenas por motivos de interesse público da esfera de sua competência, leis e regulamentos recentes multiplicam os casos em que os funcionários, ao executarem um ato jurídico, devem expor expressamente os motivos que o determinaram.

73. Rafael Bielsa, *Compendio de Derecho Público*, Buenos Aires, 1952, II/27. Entre nós, v. Antônio Carlos de Araújo Cintra, *Motivo e Motivação do Ato Administrativo*, 1979.

É a *obrigação de motivar*. O simples fato de não haver o agente público exposto os motivos de seu ato bastará para torná-lo irregular; o ato não motivado, quando o devia ser, presume-se não ter sido executado com toda a ponderação desejável, nem ter tido em vista um interesse público da esfera de sua competência funcional".[74]

Entre nós, Bilac Pinto, invocando a mesma passagem de Jèze, expõe que "o princípio da motivação dos atos administrativos constitui moderna tendência do Direito Administrativo dos países democráticos".[75]

Pela motivação o administrador público justifica sua ação administrativa, indicando os fatos (pressupostos de fato) que ensejam o ato e os preceitos jurídicos (pressupostos de direito) que autorizam sua prática. Claro está que em certos atos administrativos oriundos do poder discricionário a justificação será dispensável, bastando apenas evidenciar a competência para o exercício desse poder e a conformação do ato com o interesse público, que é pressuposto de toda atividade administrativa. Em outros atos administrativos, porém, que afetam o interesse individual do administrado, a motivação é obrigatória, para o exame de sua legalidade, finalidade e moralidade administrativa. A motivação é ainda obrigatória para assegurar a garantia da ampla defesa e do contraditório prevista no art. 5º, LV, da CF de 1988. Assim, sempre que for indispensável para o exercício da ampla defesa e do contraditório, a motivação será constitucionalmente obrigatória.

A motivação, portanto, deve apontar a causa e os elementos determinantes da prática do ato administrativo, bem como o dispositivo legal em que se funda. Esses motivos afetam de tal maneira a eficácia do ato que sobre eles se edificou a denominada *teoria dos motivos determinantes*, delineada pelas decisões do Conselho de Estado da França e sistematizada por Jèze (v. cap. IV, item 5).

Em conclusão, com a Constituição de 1988 consagrando o princípio da moralidade, ampliando o do acesso ao Judiciário e exigindo explicitamente que as decisões administrativas dos tribunais sejam *motivadas* (cf. inc. X do art. 93, aplicável ao Ministério Público em face do § 4º do art. 129, na redação da EC 45), a regra geral é a obrigatoriedade da motivação, para que a atuação ética do administrador fique demonstrada pela exposição dos motivos do ato e para garantir o próprio acesso ao Judiciário. Em suma, a motivação deve ser eficiente, de modo a ensejar seu controle *a posteriori*.[76]

74. Gaston Jèze, *Principes Généraux du Droit Administratif*, Paris, 1926, III/219; TJSP, *RT* 664/63; STJ, MS 2.649-2, *DJU* 7.2.94, e AI 538.048-RJ, bem fundamentado, *DJU* 16.3.2004.

75. Bilac Pinto, *Estudos de Direito Público*, Rio, 1953, p. 312.

76. STF, Pleno, MS 25.518-8, *DJU* 10.8.2006. Interessante exemplo de motivação é a Súmula Vinculante n. 11: "Só é lícito o uso de algemas em caso de resistência e de fundado

Leis infraconstitucionais têm proclamado a observância do princípio da motivação.

Assim, na esfera federal, a referida Lei 9.784, de 29.1.99, diz que a Administração Pública obedecerá, dentre outros, ao princípio da motivação (art. 2º). No processo e nos atos administrativos a motivação é atendida com a "indicação dos pressupostos de fato e de direito" que determinarem a decisão ou o ato (parágrafo único do art. 2º e art. 50). A motivação "deve ser explícita, clara e congruente" (§ 1º do art. 50). Assim, se não permitir o seu devido entendimento, a motivação não atenderá aos seus fins, podendo acarretar a nulidade do ato. Permite expressamente a chamada motivação *aliunde*, já admitida pela jurisprudência (v. STF, MS 25.5188, acima citado), que consiste em declaração de "concordância com fundamentos de anteriores pareceres, informações, decisões ou propostas, que, neste caso, serão parte integrante do ato" (§ 1º do art. 50). Diz, ainda, que a motivação é obrigatória quando os atos "neguem, limitem ou afetem direitos e interesses; imponham ou agravem deveres, encargos ou sanções; decidam processos administrativos de concurso ou de seleção pública; dispensem ou declarem a inexigibilidade de processo licitatório; decidam recursos administrativos; decorram de reexame de ofício; deixem de aplicar jurisprudência firmada sobre a questão ou discrepem de pareceres, laudos, propostas e relatórios oficiais; importem anulação, revogação, suspensão ou convalidação de ato administrativo" (art. 50, I a VIII). Quando se tratar de "decisões de órgãos colegiados ou de decisões orais" a motivação "constará da respectiva ata ou de termo escrito" (§ 3º do art. 50).

No âmbito estadual, apenas para exemplificar, merece exame o art. 9º da Lei 10.177, de 30.12.98, que regula o processo administrativo no Estado de São Paulo.

2.3.9 *Ampla defesa e contraditório* – Como ressaltado, a Lei 9.784/99, no art. 2º, prevê expressamente a observância por parte da Administração Pública dos princípios da *ampla defesa* e do *contraditório*. Regula, assim, na esfera infraconstitucional o cumprimento do disposto na Constituição Federal, em especial no seu art. 5º, LV, que assegura "aos litigantes, em processo (...) administrativo", "o contraditório e ampla defesa, com os meios e recursos a ela inerentes". Ao falar em "litigantes", ao lado dos "acusados", a atual Carta Magna acabou por jurisdicionalizar o processo administrativo. Sem dúvida, em relação aos "acusados" a garantia da ampla defesa e do contraditório já havia; porém, quanto aos "litigantes", não. Esta é, sem dúvida,

receio de fuga ou de perigo à integridade física própria ou alheia, por parte do preso ou de terceiros, justificada a excepcionalidade por escrito, sob pena de responsabilidade disciplinar civil e penal do agente ou da autoridade e de nulidade da prisão ou do ato processual a que se refere, sem prejuízo da responsabilidade civil do Estado".

uma das grandes novidades da Constituição Federal de 1988. É o fenômeno da processualidade administrativa.

Assim, segundo Ada Pellegrini Grinover, "a Constituição não mais limita o contraditório e a ampla defesa aos processos administrativos (punitivos) em que haja acusados, mas estende as garantias a todos os processos administrativos, não-punitivos e punitivos, ainda que neles não haja acusados, mas simplesmente *litigantes*". E – arremata a renomada autora – "litigantes existem sempre que, num procedimento qualquer, surja um conflito de interesses. Não é preciso que o conflito seja qualificado pela pretensão resistida, pois neste caso surgirão a lide e o processo jurisdicional. Basta que os partícipes do processo administrativo se anteponham face a face, numa posição contraposta. Litígio equivale a controvérsia, a contenda, e não a lide. Pode haver litigantes – e os há – sem acusação alguma, em qualquer lide".[77]

Por tudo isso, os incs. VII a XI do parágrafo único do art. 2º da Lei 9.784/99 determinam a "motivação" da decisão, essencial para o próprio exercício do direito de defesa e do contraditório, a "observância das formalidades essenciais à garantia dos direitos dos administrados", a "adoção de formas simples, suficientes para propiciar adequado grau de certeza, segurança e respeito aos direitos dos administrados", e a "garantia dos direitos à comunicação, à apresentação de alegações finais, à produção de provas e à interposição de recursos, nos processos de que possam resultar sanções e nas situações de litígio". Vale dizer, deve-se observar o *devido processo legal* na sua acepção processual, que é a tradicional: *processual due process*.[78] No cap. XI, itens 3.3.3.5, 3.3.4.3 e 3.3.6, o princípio também é examinado.

2.3.10 *Interesse público ou supremacia do interesse público* – Também chamado de *princípio da supremacia do interesse público* ou *da finalidade pública*, com o nome de *interesse público* a Lei 9.784/99 coloca-o como um dos princípios de observância obrigatória pela Administração Pública (cf. art. 2º, *caput*), correspondendo ao "atendimento a fins de interesse geral, vedada a renúncia total ou parcial de poderes ou competência, salvo autorização em lei" (art. 2º, parágrafo único, II).[79] O princípio do interesse público está intimamente ligado ao da finalidade. A primazia do interesse público sobre o privado é inerente à atuação estatal e domina-a, na medida

77. Ada Pellegrini Grinover, "Do direito de defesa em inquérito administrativo", *RDA* 183/13.

78. Impende notar que o STF e a doutrina entendem que, ao lado do *devido processo legal tradicional*, há o *devido processo legal em sentido material* ou *substancial*, decorrente do art. 5º, LIV, da Carta Magna (v. nota 54, acima).

79. Consultar: Floriano Peixoto de Azevedo Marques Neto, "As Crises da Noção de Interesse Público e o Direito Administrativo", capítulo da obra *Regulação Estatal e Interesses Públicos*, Sao Paulo, Malheiros Editores, 2002, pp. 144-170.

em que a existência do Estado justifica-se pela busca do interesse geral. Em razão dessa inerência, deve ser observado mesmo quando as atividades ou serviços públicos forem delegados aos particulares.

Dele decorre o *princípio da indisponibilidade do interesse público*, segundo o qual a Administração Pública não pode dispor desse interesse geral nem renunciar a poderes que a lei lhe deu para tal tutela, mesmo porque ela não é titular do interesse público, cujo titular é o Estado, que, por isso, mediante lei poderá autorizar a disponibilidade ou a renúncia.

Como bem ensina Celso Antônio Bandeira de Mello, o "princípio da supremacia do interesse público sobre o interesse privado é princípio geral de Direito inerente a qualquer sociedade. É a própria condição de sua existência. Assim, não se radica em dispositivo específico algum da Constituição, ainda que inúmeros aludam ou impliquem manifestações concretas dele, como, por exemplo, os princípios da função social da propriedade, da defesa do consumidor ou do meio ambiente (art. 170, III, V e VI), ou tantos outros. Afinal, o princípio em causa é um pressuposto lógico do convívio social".[80]

Essa supremacia do interesse público é o motivo da desigualdade jurídica entre a Administração e os administrados, que no estudo da interpretação do Direito Administrativo (item 10 do cap. I) apontamos como um de seus pressupostos. Bem por isso, a Lei 9.784/99, no inc. XIII do parágrafo único do art. 2º, diz que se deve interpretar a "norma administrativa da forma que melhor garanta o atendimento do fim público a que se dirige". Ali também indicamos que, dada a prevalência do interesse geral sobre os individuais, inúmeros privilégios e prerrogativas são reconhecidos ao Poder Público. Da mesma forma, quando abordamos a natureza e fins da Administração também demonstramos a vinculação da Administração Pública na busca e cura do interesse público (item 2.2 deste cap. II).

3. *Os poderes e deveres do administrador público*

Examinados nos tópicos anteriores os princípios básicos da Administração, vejamos, agora, os *poderes e deveres do administrador público*, ou seja, os encargos daqueles que gerem bens e interesses da comunidade. Esses *gestores da coisa pública*, investidos de competência decisória, passam a ser *autoridades*, com poderes e deveres específicos do cargo ou da função e, conseqüentemente, com responsabilidades próprias de suas atribuições, como veremos a seguir.

Os *poderes e deveres do administrador público* são os expressos em lei, os impostos pela moral administrativa e os exigidos pelo interesse da

80. Celso Antônio Bandeira de Mello, *Curso de Direito Administrativo*, 27ª ed., p. 96.

coletividade. Fora dessa generalidade não se poderá indicar o que é *poder* e o que é *dever* do gestor público, porque, estando sujeito ao ordenamento jurídico geral e às leis administrativas especiais, só essas normas poderão catalogar, para cada entidade, órgão, cargo, função, serviço ou atividade pública, os poderes e deveres de quem os exerce.

Cada agente administrativo é investido da necessária parcela de *poder público* para o desempenho de suas atribuições. Esse poder é de ser usado normalmente, como atributo do cargo ou da função, e não como privilégio da pessoa que o exerce. É esse *poder* que empresta *autoridade* ao agente público quando recebe da lei competência decisória e força para impor suas decisões aos administrados. Por isso mesmo, o agente, quando despido da função ou fora do exercício do cargo, não pode usar da autoridade pública, nem invocá-la ao talante de seu capricho para superpor-se aos demais cidadãos. Tal conduta caracterizaria *abuso de poder* e, conforme o caso, tipificaria o crime de *abuso de autoridade*, definido e punido pela Lei 4.898, de 9.12.65 (v. cap. VII, item referente à *responsabilidade dos servidores*).

O uso da autoridade só é lícito – ensina Sampaio Dória – quando vise a obstar a que um indivíduo prejudique direitos alheios, ou "obstar a que um indivíduo se escuse a cooperar pela manutenção da sociedade".[81] Isto porque os Estados de Direito e Democráticos como o nosso não reconhecem privilégios pessoais; só admitem prerrogativas funcionais. Daí o nivelador princípio do art. 5º, *caput*, da CF, que estabelece a igualdade de todos perante a lei. Ora, se o agente do poder não está no exercício de suas funções, deixa de ser *autoridade*, igualando-se aos demais cidadãos.

O poder administrativo, portanto, é atribuído à autoridade para remover os interesses particulares que se opõem ao interesse público. Nessas condições, o *poder de agir* se converte no *dever de agir*. Assim, se no Direito Privado o poder de agir é uma faculdade, no Direito Público é uma imposição, um *dever* para o agente que o detém, pois não se admite a omissão da autoridade diante de situações que exigem sua atuação. Eis por que a Administração responde civilmente pelas omissões lesivas de seus agentes.

3.1 Poder-dever de agir

O *poder-dever de agir* da autoridade pública é hoje reconhecido pacificamente pela jurisprudência e pela doutrina. O *poder* tem para o agente público o significado de *dever* para com a comunidade e para com os indivíduos, no sentido de que quem o detém está sempre na obrigação de exercitá-

81. Antônio de Sampaio Dória, *Curso de Direito Constitucional*, São Paulo, 1946, I/47.

lo. Nem se compreenderia que uma autoridade pública – um Governador, p. ex. – abrisse mão de seus poderes administrativos, deixando de praticar atos de seu dever funcional. O *poder* do administrador público, revestindo ao mesmo tempo o caráter de *dever* para a comunidade, é insuscetível de renúncia pelo seu titular. Tal atitude importaria fazer liberalidades com o direito alheio, e o Poder Público não é, nem pode ser, instrumento de cortesias administrativas.

Se para o particular o *poder de agir* é uma faculdade, para o administrador público é uma *obrigação de atuar*, desde que se apresente o ensejo de exercitá-lo em benefício da comunidade. É que o Direito Público ajunta ao *poder* do administrador o *dever* de administrar.

A propósito, já proclamou o colendo TFR que "o vocábulo *poder* significa *dever* quando se trata de atribuições de autoridades administrativas".[82] Idêntica é a doutrina exposta por Carlos Maximiliano ao sustentar que, "para a autoridade, que tem a prerrogativa de ajuizar, por alvedrio próprio, da oportunidade e dos meios adequados para exercer as suas atribuições, o *poder* se resolve em *dever*".[83]

Pouca ou nenhuma liberdade sobra ao administrador público para deixar de praticar atos de sua competência legal. Daí por que a omissão da autoridade ou o silêncio da Administração, quando deva agir ou manifestar-se, gera responsabilidade para o agente omisso e autoriza a obtenção do ato omitido por via judicial, notadamente por mandado de segurança, se lesivo de direito líquido e certo do interessado.

Feitas essas considerações gerais, vejamos os três principais deveres do administrador público: *dever de eficiência*, *dever de probidade* e *dever de prestar contas*.

3.2 Dever de eficiência

O *dever de eficiência*, ora erigido à categoria de princípio norteador da atividade administrativa, com a redação dada ao *caput* do art. 37 da CF pela EC 19, como bem lembrado por Carvalho Simas,[84] corresponde ao "dever de boa administração" da doutrina italiana, o que já se achava consagrado, entre nós, pela Reforma Administrativa Federal do Dec.-lei 200/67, ao submeter toda a atividade do Executivo ao *controle de resultado* (arts. 13 e 25, V), fortalecer o *sistema de mérito* (art. 25, VIII), sujeitar a Administração

82. TFR, *RDA* 28/187; *JTJSP*-Lex 197/79.

83. Carlos Maximiliano, *Hermenêutica e Aplicação do Direito*, São Paulo, 1925, p. 288.

84. Henrique de Carvalho Simas, *Manual Elementar de Direito Administrativo*, Rio, 1974, pp. 98 e 237.

indireta a *supervisão ministerial* quanto à *eficiência administrativa* (art. 26, III) e recomendar a *demissão* ou *dispensa* do servidor comprovadamente *ineficiente* ou *desidioso* (art. 100).

Objetivando o cumprimento desse dever, as alterações introduzidas no art. 41 da CF pela EC 19 possibilitam a dispensa de servidor público estável mediante procedimento de avaliação periódica de desempenho, na forma da lei complementar, assim como estabelecem, como condição para aquisição da estabilidade, a avaliação especial de desempenho por comissão instituída para essa finalidade.

A eficiência funcional é, pois, considerada em sentido amplo, abrangendo não só a produtividade do exercente do cargo ou da função como a perfeição do trabalho e sua adequação técnica aos fins visados pela Administração, para o quê se avaliam os resultados, confrontam-se os desempenhos e se aperfeiçoa o pessoal através de seleção e treinamento. Assim, a verificação da eficiência atinge os aspectos quantitativo e qualitativo do serviço, para aquilatar do seu rendimento efetivo, do seu custo operacional e da sua real utilidade para os administrados e para a Administração. Tal controle desenvolve-se, portanto, na tríplice linha administrativa, econômica e técnica.

Neste ponto, convém assinalar que a técnica é, hoje, inseparável da Administração e se impõe como fator vinculante em todos os serviços públicos especializadas, sem admitir discricionarismos ou opções burocráticas nos setores em que a segurança, a funcionalidade e o rendimento dependam de normas e métodos científicos de comprovada eficiência. Atento a essa realidade, conclui Marienhoff, com inteiro acerto, que: "No hay, pues, discrecionalidad técnica. Tampoco puede haber discrecionalidad para requerir o no un dictamen indispensable para resolver una cuestión administrativa. Si ésta se resolviera con prescindencia de tal dictamen técnico la Administración Pública habría procedido indebidamente, porque no habría agotado los medios de conocimiento necesarios. El acto administrativo que deba basarse en un dictamen o informe técnico o científico, de conclusiones incontrovertibles, es – en cuanto a su contenido – un *acto reglado y no discrecional*, pues las conclusiones de ese dictamen o informe constituyen los *hechos* a considerar para la emisión del acto".[85]

Realmente, não cabe à Administração decidir por critério leigo quando há critério técnico solucionando o assunto. O que pode haver é opção da

85. Miguel S. Marienhoff, *Tratado de Derecho Administrativo*, Buenos Aires, 1966, I/430. No mesmo sentido: Cino Vitta, *Diritto Amministrativo*, Turim, 1948, I/306; Renato Alessi, *Diritto Amministrativo*, Milão, 1949, p. 145; Manoel María Diez, *El Acto Administrativo*, Buenos Aires, 1956; Agustín A. Gordillo, *Tratado de Derecho Administrativo*, Buenos Aires, 1974, I-VII/22.

Administração por uma *alternativa técnica* quando várias lhe são apresentadas pelos técnicos como aptas para solucionar o caso em exame. Assim, o *princípio da eficiência*, de alto significado para o serviço público em geral, deve ser aplicado em todos os níveis da Administração brasileira.

Esse dever exsurge incontestável com a EC 45, de 8.12.2004, em razão do disposto no inc. LXXVIII do art. 5º, por ela acrescentado, e com os novos conteúdos dos arts. 93, II, "c" e "e", e 129, § 4º, da Carta. Tais normas, como exposto no item 2.3.6, acima, ao imporem, diretamente, o *dever de eficiência* e o dever de esta ser aferida pelos órgãos administrativos do Poder Judiciário e do Ministério Público em relação aos seus membros, sem dúvida, indiretamente, impõem os mesmos deveres à Administração Pública em geral, pois o referido inc. LXXVIII do art. 5º assegura "a todos, no âmbito judicial e *administrativo*", a "razoável duração do processo e os meios que garantam a celeridade de sua tramitação". Por isso, insistimos que aquele que não cumprir esse *dever de eficiência* deverá ser responsabilizado, na forma apontada no aludido item 2.3.6.

3.3 Dever de probidade

O *dever de probidade* está constitucionalmente integrado na conduta do administrador público como elemento necessário à legitimidade de seus atos. O velho e esquecido conceito romano do *probus* e do *improbus* administrador público está presente na nossa legislação administrativa, como também na Constituição da República, que pune a improbidade na Administração com sanções políticas, administrativas e penais, nos seguintes termos: "Os atos de improbidade administrativa importarão a suspensão dos direitos políticos, a perda da função pública, a indisponibilidade dos bens e o ressarcimento ao Erário, na forma e gradação previstas em lei, sem prejuízo da ação penal cabível" (art. 37, § 4º).

No Regime Jurídico dos Servidores Públicos Civis da União (Lei 8.112/90), como nas demais normas que incidem sobre a conduta dos agentes públicos em geral, são encontradiças disposições coibitivas da improbidade no trato dos bens que lhes são confiados para gestão, sujeitando-os, pelo mau emprego ou dilapidação, a responsabilização administrativa, civil ou criminal, conforme o caso e a categoria do agente.

A Lei 8.429, de 2.6.92, dispõe sobre as sanções aplicáveis aos agentes públicos nos casos de improbidade administrativa, que classifica em três espécies: a) os que importam enriquecimento ilícito (art. 9º); b) os que causam prejuízo ao Erário (art. 10); e c) os que atentam contra os princípios da Administração Pública (art. 11). As sanções estão previstas no art. 12 e a lei determina que o Judiciário deve aplicá-las levando em conta a extensão do dano e o proveito patrimonial obtido pelo agente.[86] (Ver, ainda, cap. VII, item 6.4).

Paralelamente a esses preceitos, a lei reguladora da ação popular (Lei 4.717/65), em conformidade com a instituição constitucional (art. 5º, LXXIII), explicitou os atos passíveis de anulação por esta via judicial, desde que ilegais e lesivos ao patrimônio público, assim considerados não só os das entidades estatais e autárquicas como, também, os das fundacionais, paraestatais e até os dos estabelecimentos particulares subvencionados com dinheiros públicos.

Assim, o ato administrativo praticado com lesão aos bens e interesses públicos também fica sujeito a invalidação pela própria Administração ou pelo Poder Judiciário, por *vício de improbidade*, que é uma ilegitimidade como as demais que nulificam a conduta do administrador público.

Ao lado do dever de probidade e como seu complemento natural está sempre o *dever de prestar contas*, que veremos a seguir.

3.4 Dever de prestar contas

O *dever de prestar contas* é decorrência natural da administração como encargo de gestão de bens e interesses alheios. Se o administrar corresponde ao desempenho de um mandato de zelo e conservação de bens e interesses de outrem, manifesto é que quem o exerce deverá contas ao proprietário. No caso do administrador público, esse dever ainda mais se alteia, porque a gestão se refere aos bens e interesses da coletividade e assume o caráter de um *múnus público*, isto é, de um encargo para com a comunidade. Daí o dever indeclinável de todo administrador público – agente político ou simples funcionário – de prestar contas de sua gestão administrativa, e nesse sentido é a orientação de nossos Tribunais.[87]

A prestação de contas não se refere apenas aos dinheiros públicos, à gestão financeira, mas a todos os atos de governo e de administração. Não será necessário muito perquirir nos domínios de nosso Direito Positivo para se chegar a essa conclusão. A própria Constituição Federal, quando garante a obtenção de certidões das repartições públicas "para a defesa de direitos e esclarecimento de situações" (art. 5º, XXXIV, "b"), e as leis administrativas, quando exigem a publicidade dos atos e contratos da Administração,

86. Sobre *seqüestro, perdimento de bens* e *enriquecimento ilícito*, v. o cap. VII, itens 6.6 e 6.7, e o cap. XI, item 7.7. V. tb. o trabalho de Marcelo Figueiredo, *Probidade Administrativa*, 6ª ed., São Paulo, Malheiros Editores, 2009, comentando os dispositivos da Lei 8.429/92.

87. STF, *RF* 99/969; TJSP, *RT* 237/253. O TCU entende que compete ao agente comprovar a boa e regular aplicação dos recursos públicos, cabendo-lhe o ônus da prova de que não deu causa ao prejuízo ocorrido (Proc. TC 006.450/1997-7, *DJU* 14.8.2002).

estão a indicar que o administrador público deve contas de toda sua atuação aos administrados. Esse dever de prestar contas mais se acentua na gestão financeira, onde a Carta da República o impõe expressamente (arts. 70 a 75) não só para os *administradores* como para os *demais responsáveis por bens e valores públicos*.

O dever de prestar contas alcança não só administradores de entidades e órgãos públicos como, também, os de entes paraestatais e até os particulares que recebam subvenções estatais para aplicação determinada (CF, art. 70 e parágrafo único). A regra é universal: quem gere dinheiro público ou administra bens ou interesses da comunidade deve contas ao órgão competente para a fiscalização. Essa prestação de contas, segundo os ditames constitucionais, é feita ao órgão legislativo de cada entidade estatal, através do Tribunal de Contas competente, que auxilia o controle externo da administração financeira, como explicamos no capítulo próprio (cap. XI, item 4.2.1).

4. O uso e o abuso do poder

Nos Estados de Direito como o nosso, a Administração Pública deve obediência à lei em todas as suas manifestações. Até mesmo nas chamadas atividades discricionárias o administrador público fica sujeito às prescrições legais quanto a competência, finalidade e forma, só se movendo com liberdade na estreita faixa da conveniência e oportunidade administrativas.

O poder administrativo concedido à autoridade pública tem limites certos e forma legal de utilização. Não é carta branca para arbítrios, violências, perseguições ou favoritismos governamentais. Qualquer ato de autoridade, para ser irrepreensível, deve conformar-se com a lei, com a moral da instituição e com o interesse público. Sem esses requisitos o ato administrativo expõe-se a nulidade (v. cap. IV, item 6, e cap. XI).

4.1 Uso do poder

O *uso do poder* é prerrogativa da autoridade. Mas o poder há que ser usado normalmente, *sem abuso*. Usar normalmente do poder é empregá-lo segundo as normas legais, a moral da instituição, a finalidade do ato e as exigências do interesse público. Abusar do poder é empregá-lo fora da lei, sem utilidade pública.

O poder é confiado ao administrador público para ser usado em benefício da coletividade administrada, mas usado nos justos limites que o bem-estar social exigir. A utilização desproporcional do poder, o emprego arbitrário da força, a violência contra o administrado, constituem formas abusivas do uso do poder estatal, não toleradas pelo Direito e nulificadoras dos atos que as encerram.

O uso do poder é lícito; o abuso, sempre ilícito. Daí por que todo ato abusivo é *nulo*, por excesso ou desvio de poder. É o que veremos a seguir.

4.2 Abuso do poder

O *abuso do poder* ocorre quando a autoridade, embora competente para praticar o ato, ultrapassa os limites de suas atribuições ou se desvia das finalidades administrativas.

O abuso do poder, como todo ilícito, reveste as formas mais diversas. Ora se apresenta ostensivo como a truculência, às vezes dissimulado como o estelionato, e não raro encoberto na aparência ilusória dos atos legais. Em qualquer desses aspectos – flagrante ou disfarçado – o abuso do poder é sempre uma ilegalidade invalidadora do ato que o contém. Com base nesse raciocínio, o Conselho de Estado da França passou a anular os atos abusivos das autoridades administrativas, praticados com excesso de poder ou desvio de finalidade, desde o famoso caso *Lesbats* (1864),[88] dando origem à teoria do *excès* ou do *détournement de pouvoir*, hoje aceita e consagrada pelos países democráticos, sob as mais diversas denominações (*desviación de poder*, dos espanhóis; *sviamento di potere*, dos italianos; *abuse of discretion*, dos norte-americanos), para reprimir a ilegalidade pelo mau uso do poder.[89]

"A teoria do abuso do poder – afirma Ripert – foi inteiramente inspirada na moral e a sua penetração no domínio jurídico obedeceu a propósito determinado. Trata-se, com efeito, de desarmar o pretenso titular de um direito subjetivo e, por conseguinte, de encarar de modo diverso direitos objetivamente iguais, pronunciando uma espécie de juízo de caducidade contra o direito que tiver sido imoralmente exercido. O problema não é, pois, de responsabilidade civil, mas de moralidade no exercício dos direitos".[90] Transplantando-se esses conceitos para o campo do Direito Administrativo, temos que, se o poder foi conferido ao administrador público para realizar determinado fim, por determinados motivos e por determinados meios, toda ação que se apartar dessa conduta, contrariando ou ladeando o desejo da

88. No caso *Lesbats*, o Prefeito de Fontainebleau, a pretexto de executar a lei que lhe autorizava regular o estacionamento de ônibus defronte à estação ferroviária, proibiu a recorrente de entrar e estacionar seus carros no pátio daquela estação. Conhecendo do recurso, o Conselho de Estado anulou a decisão do Prefeito, afirmando que houve *détournement de pouvoir*, porque seu ato visava a dar privilégio a outra empresa, quando a lei não lhe concedia esse poder, nem permitia discriminações entre as transportadoras de passageiros naquele local (cf. Sirey, *Refonte*, t. 9, III, p. 46, decisão de 25.2.1864).

89. Roger Vidal, *L'Évolution de Détournement de Pouvoir*, Paris, 1952.

90. Georges Ripert, *La Règle Morale dans les Obligations Civiles*, Paris, 1937, p. 163.

lei, padece do vício de *desvio de poder* ou *de finalidade* e, como todo ato abusivo ou arbitrário, é ilegítima.

O ato administrativo – vinculado ou discricionário – há que ser praticado com observância formal e ideológica da lei. Exato na forma e inexato no conteúdo, nos motivos ou nos fins, é sempre inválido. O discricionarismo da Administração não vai ao ponto de encobrir arbitrariedade, capricho, má-fé ou imoralidade administrativa. Daí a justa advertência de Hauriou de que "a Administração deve agir sempre de boa-fé, porque isto faz parte da sua moralidade".[91]

O abuso do poder tanto pode revestir a forma comissiva como a omissiva, porque ambas são capazes de afrontar a lei e causar lesão a direito individual do administrado. "A inércia da autoridade administrativa – observou Caio Tácito –, deixando de executar determinada prestação de serviço a que por lei está obrigada, lesa o patrimônio jurídico individual. É forma omissiva de abuso de poder, quer o ato seja doloso ou culposo".[92]

Entre nós, o *abuso do poder* tem merecido sistemático repúdio da doutrina e da jurisprudência, e para seu combate o constituinte armou-nos com o remédio heróico do *mandado de segurança*, cabível contra ato de qualquer autoridade (CF, art. 5º, LXIX, e Lei 1.533/51), e assegurou a toda pessoa o *direito de representação* contra abusos de autoridade (art. 5º, XXXIV, "a"), complementando esse sistema de proteção contra os excessos de poder com a Lei 4.898, de 9.12.65, que pune criminalmente esses mesmos *abusos de autoridade*.[93]

O gênero *abuso de poder* ou *abuso de autoridade* reparte-se em duas espécies bem caracterizadas: o *excesso de poder* e o *desvio de finalidade*.

4.2.1 *Excesso de poder* – O *excesso de poder* ocorre quando a autoridade, embora competente para praticar o ato, vai além do permitido e exorbita no uso de suas faculdades administrativas. Excede, portanto, sua competência legal e, com isso, invalida o ato, porque ninguém pode agir em nome da Administração fora do que a lei lhe permite. O excesso de poder torna o ato arbitrário, ilícito e nulo. É uma forma de *abuso de poder* que retira a legitimidade da conduta do administrador público, colocando-o na ilegalidade

91. Maurice Hauriou, *Droit Administratif*, Paris, 1926, p. 197.

92. Caio Tácito, "O abuso do poder administrativo no Brasil", *RDA* 56/1, e "O desvio de poder no controle dos atos administrativos, legislativos e jurisdicionais", *RDA* 188/1. Sobre o mesmo tema, v., entre os autores pátrios: José Cretella Jr., *Do Desvio de Poder*, São Paulo, 1964; Roberto Rosas, *Do Abuso de Poder*, Rio, 1968; Gilberto e Vladimir Passos de Freitas, *Abuso de Autoridade*, Ed. RT, 1991; e o clássico Seabra Fagundes, *O Controle dos Atos Administrativos pelo Poder Judiciário*, Rio, 1967, pp. 271 e ss.

93. V. no cap. VII o tópico referente ao *abuso de autoridade* (item 6.8).

e até mesmo no crime de *abuso de autoridade* quando incide nas previsões penais da Lei 4.898, de 9.12.65, que visa a melhor preservar as liberdades individuais já asseguradas na Constituição (art. 5º).

Essa conduta abusiva, através do *excesso de poder*, tanto se caracteriza pelo descumprimento frontal da lei, quando a autoridade age claramente além de sua competência, como, também, quando ela contorna dissimuladamente as limitações da lei, para arrogar-se poderes que não lhe são atribuídos legalmente. Em qualquer dos casos há *excesso de poder*, exercido com culpa ou dolo, mas sempre com violação da regra de competência, o que é o bastante para invalidar o ato assim praticado.

4.2.2 *Desvio de finalidade* – O *desvio de finalidade* ou *de poder* verifica-se quando a autoridade, embora atuando nos limites de sua competência, pratica o ato por motivos ou com fins diversos dos objetivados pela lei ou exigidos pelo interesse público. O desvio de finalidade ou de poder é, assim, a violação ideológica da lei, ou, por outras palavras, a violação moral da lei, colimando o administrador público fins não queridos pelo legislador, ou utilizando motivos e meios imorais para a prática de um ato administrativo aparentemente legal. Tais desvios ocorrem, p. ex., quando a autoridade pública decreta uma desapropriação alegando utilidade pública mas visando, na realidade, a satisfazer interesse pessoal próprio ou favorecer algum particular com a subseqüente transferência do bem expropriado; ou quando outorga uma permissão sem interesse coletivo; quando classifica um concorrente por favoritismo, sem atender aos fins objetivados pela licitação; ou, ainda, quando adquire tipo de veículo com características incompatíveis com a natureza do serviço a que se destinava.[94]

O ato praticado com desvio de finalidade – como todo ato ilícito ou imoral – ou é consumado às escondidas ou se apresenta disfarçado sob o capuz da legalidade e do interesse público. Diante disto, há que ser surpreendido e identificado por *indícios* e *circunstâncias* que revelem a distorção do fim legal, substituído habilidosamente por um fim ilegal ou imoral não desejado pelo legislador. A propósito, já decidiu o STF que: "Indícios vários e concordantes são prova".[95] Dentre os elementos indiciários do desvio de finalidade está a falta de motivo[96] ou a discordância dos motivos com o ato praticado. Tudo isto dificulta a prova do desvio de poder ou de finalidade, mas não a torna impossível se recorrermos aos antecedentes do ato e à sua destinação presente e futura por quem o praticou.

94. TCU, Processo TC-010.333/1999-1, *DJU* 4.5.2004.

95. STF, *RTJ* 52/140.

96. Constitui abuso de poder a remoção de servidor público sem justificativa das razões de ordem pública para a providência (TJSP, *RT* 664/63).

A propósito, observou Sayagués Laso, com muita agudeza, que: "La prueba de la desviación de poder se busca generalmente en la documentación que figura en el expediente administrativo o que se incorpora luego al expediente judicial. También se ha admitido la prueba testimonial, así como la prueba indiciaria, pero apreciándolas con criterio restrictivo y exigiendo que las presunciones sean graves, concordantes y precisas. No pueden establecerse reglas generales sobre cuales circunstancias o detalles dan base para afirmar que existe desviación de poder. Pero, indudablemente, uno de los más característicos es la inexactitud o discordancia de los motivos que aparentemente justifican el acto".[97]

A lei regulamentar da ação popular (Lei 4.717, de 29.6.65) já consigna o *desvio de finalidade* como vício nulificador do ato administrativo lesivo do patrimônio público e o considera caracterizado quando "o agente pratica o ato visando a fim diverso daquele previsto, explícita ou implicitamente, na regra de competência" (art. 2º, "e", e parágrafo único, "e"). Com essa conceituação legal, o *desvio de finalidade* entrou definitivamente para nosso Direito Positivo como causa de nulidade dos atos da Administração.[98]

4.2.3 *Omissão da Administração* – A *omissão da Administração* pode representar aprovação ou rejeição da pretensão do administrado, tudo dependendo do que dispuser a norma pertinente. Não há, em doutrina, um critério conclusivo sobre a conduta omissiva da autoridade.[99] Quando a norma estabelece que, ultrapassado tal prazo, o silêncio importa aprovação ou denegação do pedido do postulante, assim se deve entender, menos pela omissão administrativa do que pela determinação legal do efeito do silêncio. Quando a norma limita-se a fixar prazo para a prática do ato, sem indicar as conseqüências da omissão administrativa, há que se perquirir, em cada caso, os efeitos do silêncio.

A Lei federal 9.784/99, nos arts. 24 e 49, estabelece que, inexistindo disposição específica, os atos do órgão ou autoridade responsável pelo processo e dos administrados que dele participem devem ser praticados no

97. Enrique Sayagués Laso, *Tratado de Derecho Administrativo*, Montevidéu, 1953, I/457.

98. V., adiante, o cap. IV, item 6, e o cap. XI, item 6, que cuidam, especificamente, da *anulação do ato administrativo* pela própria Administração e pelo Poder Judiciário.

99. Jean Rivero, *Droit Administratif*, Paris, 1975; Guido Zanobini, *Corso di Diritto Amministrativo*, Milão, 1950, I/229; Enrique Sayagués Laso, *Tratado de Derecho Administrativo*, Montevidéu, 1953, I/435; Pedro Guillermo Altamira, *Curso de Derecho Administrativo*, Buenos Aires, 1971, p. 369; Themístocles Brandão Cavalcanti, *Tratado de Direito Administrativo*, Rio, 1943; José Cretella Jr., *Direito Administrativo do Brasil*, São Paulo, 1961, III/156 e ss.; Carlos S. de Barros Jr., "O silêncio como manifestação da vontade da Administração", *RPGE* 2/93. Marcelo Sciorilli, "Silêncio e Administração Pública", em *http://www.revistajustitia.com.br/artigos/4aya9z.pdf*.

prazo de cinco dias, salvo motivo de forma maior (art. 24), prazo, este, que pode ser dilatado até o dobro, justificadamente (parágrafo único); e que, concluída a instrução do processo administrativo, a Administração tem o prazo de até 30 dias para decidir, salvo prorrogação por igual período, expressamente motivada (art. 49) (v. cap. XI, item 3.3.3.2).

A Lei 10.177, de 30.12.98, do Estado de S. Paulo, diz que o prazo máximo para decisão é de 120 dias, se outro não for legalmente estabelecido, e que, ultrapassado esse prazo, o interessado poderá considerar rejeitado o requerimento, salvo previsão legal ou regulamentar em contrário – com o quê, em verdade, deu ao particular a opção de dar como rejeitado o pedido ou aguardar a decisão. O certo, entretanto, é que o administrado jamais perderá seu direito subjetivo enquanto perdurar a omissão da Administração no pronunciamento que lhe compete,[100] mesmo porque, tratando-se de ato com motivação obrigatória, ele tem interesse em saber qual o motivo da negativa.

Daí a distinção entre o *ato comissivo* e o *ato omissivo*: o primeiro contém uma manifestação de vontade da Administração; o *omissivo* resulta de um não-decidir, do silêncio da Administração. Essa distinção é relevante inclusive para fins de mandado de segurança, pois o Judiciário entende, com inteira razão, que, tratando-se de ato omissivo, o prazo de decadência não tem início (STF, MS 25.136-1, *DJU* 6.5.2005).

Quando não houver prazo legal, regulamentar ou regimental para a decisão, deve-se aguardar por um *tempo razoável* a manifestação da autoridade ou do órgão competente, ultrapassado o qual o silêncio da Administração converte-se em *abuso de poder*, corrigível pela via judicial adequada, que tanto pode ser ação ordinária, medida cautelar, mandado de injunção ou mandado de segurança.[101] Em tal hipótese não cabe ao Judiciário praticar o ato omitido pela Administração mas, sim, impor sua prática, ou desde logo suprir seus efeitos, para restaurar ou amparar o direito do postulante, violado pelo silêncio administrativo.

O silêncio não é ato administrativo; é conduta omissiva da Administração que, quando ofende direito individual ou coletivo dos administrados ou de seus servidores, sujeita-se a correção judicial e a reparação decorrente de sua inércia. No Direito Privado o silêncio é normalmente interpretado como concordância da parte silente em relação à pretensão da outra parte; no Direito Público, nem sempre, pois pode valer como aceitação ou rejei-

100. STF, *RTJ* 126/433, *RDA* 173/188.

101. A jurisprudência é pacífica no admitir mandado de segurança contra conduta omissiva: STF, Súmula 429, e mais: *RTJ* 50/154, 53/637; *RDA* 70/19; *RT* 497/247; TFR, *RDPG* 3/241, *RTFR* 31/93; TJPR, *RT* 272/670, 277/773; TJSP, *RT* 278/409, 333/120, 390/124, 447/55; *JSTJ*-Lex 5/88; TJSP, *RT* 559/67 (em mandado de segurança fixou-se o prazo de trinta dias para decisão de processo administrativo do impetrante).

ção do pedido. Sobre o dever de decidir, ou seja, de praticar o ato, a Lei 9.784/99, que dispõe sobre o processo administrativo federal, diz que *a Administração tem o dever de explicitamente* emitir decisão em matéria de sua competência e que o prazo para essa decisão é de até trinta dias a contar da *conclusão da instrução do processo*; obviamente, esse *dever* é do agente competente para o ato. Por isso, a inércia da Administração, retardando ato ou fato que deva praticar, caracteriza, também, *abuso de poder*, que enseja correção judicial e indenização ao prejudicado[102] e até mesmo, conforme o caso, responsabilidade por improbidade administrativa (v. caps. VII, item 6.4, e XI, item 6.2).

Portanto, se no Direito Privado o silêncio é normalmente interpretado como concordância da parte silente em relação à pretensão da outra parte, no Direito Público tem outro significado, e só vale como aceitação ou rejeição do pedido se a lei prever esse efeito textualmente.

Cumpre notar que o § 1º do art. 12-H da Lei 9.868, de 10.11.99, com a redação da Lei 12.063, de 27.10.2009, que regulou a ação direta de inconstitucionalidade por omissão, determina que, em casos de providências normativas de índole administrativa, deverão elas ser tomadas no prazo de trinta dias ou em prazo razoável a ser estipulado excepcionalmente pelo Tribunal, tendo em vista as circunstâncias específicas do caso e o interesse público envolvido (cap. XI, item 6.4.10).

5. O Direito Administrativo sancionador

O regime jurídico brasileiro dispõe de um conjunto de leis, que forma um sistema usualmente denominado de *Direito Administrativo sancionador*, cujas normas se aproximam do Direito Penal. Esse conjunto busca a punição de condutas lesivas ao dever de probidade e contrárias aos princípios, especialmente o da moralidade. Por isso, as sanções da Lei de Improbidade Administrativa (Lei 8.429/92) e da Lei da Ação Popular também devem ser interpretadas à luz dos princípios atinentes aos direitos fundamentais que informam o Direito Penal, destacando-se o princípio da culpabilidade, cujo teor prega que a punição ou a sanção só têm base constitucional para a conduta dolosa ou culposa.[103]

102. Cf. Caio Tácito, *O Abuso de Poder Administrativo no Brasil*, ed. DASP, 1959, p. 11; Seabra Fagundes, "Responsabilidade do Estado – Indenização por retardada decisão administrativa", *RDP* 57-58/7; Pierre Montané de la Roque, *L'Inértie des Pouvoirs Publics*, Paris, 1950, pp. 323 e ss.; e Giorghio Alessandro Tomelin, "Silêncio-inadimplemento no processo administrativo", *RDA* 226/281. A respeito, com excelente fundamentação, v. acórdão do STF relatado pelo Min. Celso de Mello no RE 410.715, com precedentes, e os julgados do STJ nos REsps 813.408 e 793.013.

103. V. Fábio Medina Osório, *Direito Administrativo Sancionador*, ed. 2005.

Aqui, no nosso entender, na esfera do Direito Administrativo sancionador, a pena com base nas leis acima citadas não pode decorrer de conduta culposa, na medida em que esse conjunto de leis tem por finalidade punir o administrador ímprobo, desonesto, ou seja, aquele que atentou contra "a probidade na administração" (CF/88, art. 85, V), não o que agiu com imprudência, negligência ou imperícia. Este pode responder por outras sanções administrativas ou por responsabilidade administrativa. De fato, se *probidade* significa "honestidade", "retidão", a conduta do ímprobo tem que estar lastreada na desonestidade ou na falta de retidão[104] (v. cap. VII, itens 6.1 e 6.4).

104. A respeito, dentre outros, v., no STJ, pioneiro acórdão relatado pelo Min. Garcia Vieira, em 1999, no REsp 213.994 e recente e excelente julgado relatado pelo Min. Mauro Campbell Marques nos ED no REsp 722.403, j. 17.11.2009, com precedentes e doutrina. Sobre o *dolo* como único elemento caracterizador do ato de improbidade, v. José Emmanuel Burle Filho, "Ação civil pública e a tutela da probidade administrativa", in *Ação Civil Pública Após 20 Anos: Efetividade e Desafios*, São Paulo, Ed. RT, 2005, pp. 297-304.

Capítulo III
PODERES ADMINISTRATIVOS

1. Considerações gerais: 1.1 Distinção entre poderes administrativos e poderes políticos. 2. Poder vinculado. 3. Poder discricionário. 4. Poder hierárquico. 5. Poder disciplinar. 6. Poder regulamentar. 7. Poder de polícia: 7.1 Conceito – 7.2 Razão e fundamento – 7.3 Objeto e finalidade – 7.4 Extensão e limites – 7.5 Atributos: 7.5.1 Discricionariedade; 7.5.2 Auto-executoriedade; 7.5.3 Coercibilidade – 7.6 Meios de atuação – 7.7 Sanções – 7.8 Condições de validade – 7.9 O poder de polícia e as microempresas e empresas de pequeno porte. 8. Polícia sanitária: 8.1 Campo de atuação – 8.2 Normas gerais de defesa e proteção da saúde: 8.2.1 Agência Nacional de Vigilância Sanitária; 8.2.2 Agência Nacional de Saúde Suplementar; 8.2.3 Códigos sanitários estaduais; 8.2.4 Regulamentos sanitários municipais.

1. Considerações gerais

1.1 Distinção entre poderes administrativos e poderes políticos

Para bem atender ao interesse público,[1] a Administração é dotada de *poderes administrativos* – distintos dos poderes políticos – consentâneos e proporcionais aos encargos que lhe são atribuídos. Tais poderes são verdadeiros instrumentos de trabalho, adequados à realização das tarefas administrativas. Daí o serem considerados *poderes instrumentais*, diversamente dos poderes políticos, que são estruturais e orgânicos, porque compõem a estrutura do Estado e integram a organização constitucional.

Os *poderes administrativos* nascem com a Administração e se apresentam diversificados segundo as exigências do serviço público, o interesse da coletividade e os objetivos a que se dirigem. Dentro dessa diversidade, são classificados, consoante a liberdade da Administração para a prática de seus atos, em *poder vinculado* e *poder discricionário*; segundo visem ao ordenamento da Administração ou à punição dos que a ela se vinculam, em *poder hierárquico* e *poder disciplinar*; diante de sua finalidade normativa, em *poder regulamentar*; e, tendo em vista seus objetivos de contenção dos direitos individuais, em *poder de polícia*.

1. *Interesse público* é a aspiração de uma coletividade para a obtenção de um bem, de uma atividade ou de um serviço de fruição geral.

Esses poderes são inerentes à Administração de todas as entidades estatais – União, Estados-membros, Distrito Federal e Municípios – na proporção e limites de suas competências institucionais, e podem ser usados isolada ou cumulativamente para a consecução do mesmo ato. Tal o que ocorre, p. ex., com o ato de polícia administrativa, que é normalmente precedido de uma regulamentação do Executivo (poder regulamentar), em que a autoridade escalona e distribui as funções dos agentes fiscalizadores (poder hierárquico), concedendo-lhes atribuições vinculadas (poder vinculado) ou discricionárias (poder discricionário), para a imposição de sanções aos infratores (poder de polícia).

Feitas estas considerações de ordem geral, vejamos, destacadamente, cada um desses poderes administrativos.

2. *Poder vinculado*

Poder vinculado ou *regrado* é aquele que o Direito Positivo – a lei – confere à Administração Pública para a prática de ato de sua competência, determinando os elementos e requisitos necessários à sua formalização.[2]

Nesses atos, a norma legal condiciona sua expedição aos dados constantes de seu texto. Daí se dizer que tais atos são *vinculados* ou *regrados*, significando que, na sua prática, o agente público fica inteiramente preso ao enunciado da lei, em todas as suas especificações. Nessa categoria de atos administrativos a liberdade de ação do administrador é mínima, pois terá que se ater à enumeração minuciosa do Direito Positivo para realizá-los eficazmente. Deixando de atender a qualquer dado expresso na lei, o ato é nulo, por desvinculado de seu tipo-padrão.

O princípio da legalidade impõe que o agente público observe, fielmente, todos os requisitos expressos na lei como da essência do ato vinculado. O seu poder administrativo restringe-se, em tais casos, ao de praticar o ato, mas de o praticar com todas as minúcias especificadas na lei. Omitindo-as ou diversificando-as na sua substância, nos motivos, na finalidade, no tempo, na forma ou no modo indicados, o ato é inválido, e assim pode ser reconhecido pela própria Administração ou pelo Judiciário, se o requerer o interessado.

Nesse sentido é firme e remansada a jurisprudência de nossos Tribunais, pautada pelos princípios expressos neste julgado do STF: "A legalidade do ato administrativo, cujo controle cabe ao Poder Judiciário, compreende

2. Sobre poder vinculado, v. Caio Tácito, "Poder vinculado e poder discricionário", *RDPG* 19/1; Fernando Henrique Mendes de Almeida, "Vinculação e discrição na teoria dos atos administrativos", *RT* 367/17; Lino di Pual, *La Compétence Liée*, Paris, 1964; Charles Debbasch, *Droit Administratif*, Paris, 1969, pp. 377 e ss.

não só a competência para a prática do ato e de suas formalidades extrínsecas, como também os seus requisitos substanciais, os seus motivos, os seus pressupostos de direito e de fato, desde que tais elementos estejam definidos em lei como vinculadores do ato administrativo".[3]

Dificilmente encontraremos um ato administrativo inteiramente vinculado, porque haverá sempre aspectos sobre os quais a Administração terá opções na sua realização. Mas o que caracteriza o ato *vinculado* é a predominância de especificações da lei sobre os elementos deixados livres para a Administração.

Elementos *vinculados* serão sempre a *competência*, a *finalidade* e a *forma*, além de outros que a norma legal indicar para a consecução do ato. Realmente, ninguém pode exercer poder administrativo sem competência legal, ou desviado de seu objetivo público, ou com preterição de requisitos ou do procedimento estabelecido em lei, regulamento ou edital. Relegado qualquer desses elementos, além de outros que a norma exigir, o ato é nulo, e assim pode ser declarado pela própria Administração ou pelo Judiciário, porque a vinculação é matéria de *legalidade* (v. cap. IV, item 6).

Diversamente do *poder vinculado*, dispõe a Administração do *poder discricionário* para praticar certos atos com maior liberdade de ação, como veremos a seguir.

3. Poder discricionário

Poder discricionário é o que o Direito concede à Administração, de modo explícito ou implícito, para a prática de atos administrativos com liberdade na escolha de sua conveniência, oportunidade e conteúdo.[4]

Convém esclarecer que *poder discricionário* não se confunde com *poder arbitrário*. Discricionariedade e arbítrio são atitudes inteiramente diversas. Discricionariedade é liberdade de ação administrativa, dentro dos

3. STF, *RDA* 42/227 e, no mesmo sentido, TJSP, *RT* 206/114, 254/247.

4. Sobre poder discricionário v. Víctor Nunes Leal, "Poder discricionário e ação arbitrária da Administração", in *Problemas de Direito Público*, Rio, 1960, p. 278; L. Lopes Rodó, "O poder discricionário da Administração", *RDA* 35/40; Afonso Rodrigues Queiró, "Limites do poder discricionário das autoridades administrativas", *RDA* 97/1; Themístocles Brandão Cavalcanti, "Do poder discricionário", *RDA* 101/1; Caio Tácito, "Poder vinculado e poder discricionário", *RDPG* 19/1; Luciano Ferreira Leite, *Discricionariedade Administrativa e Controle Judicial*, São Paulo, Ed. RT, 1981; Maria Sylvia Zanella Di Pietro, *Discricionariedade Administrativa na Constituição de 1988*, Atlas, 1991; Almiro do Couto e Silva, "O poder discricionário no Direito Administrativo Brasileiro", *RDA* 179-180/51; Veli Merikoski, *Le Pouvoir Discrétionnaire de l'Administration*, Bruxelas, 1958; Jean-Claude Venezia, *Le Pouvoir Discrétionnaire*, Paris, 1959; Bartolomé A. Fiorini, *La Discrecionalidad en la Administración Pública*, Buenos Aires, 1948; Antonio Mozo Scoane, *La Discrecionalidad de la Administración Pública en España*, Madri, 1985.

limites permitidos em lei; arbítrio é ação contrária ou excedente da lei. Ato discricionário, quando autorizado pelo Direito, é legal e válido; ato arbitrário é sempre ilegítimo e inválido. De há muito já advertia Jèze: "Il ne faut pas confondre pouvoir *discrétionnaire* et pouvoir *arbitraire*". Mais uma vez insistimos nessa distinção, para que o administrador público, nem sempre familiarizado com os conceitos jurídicos, não converta a discricionariedade em arbítrio, como também não se arreceie de usar plenamente de seu poder discricionário quando estiver autorizado e o interesse público o exigir.

A faculdade discricionária distingue-se da vinculada pela maior liberdade de ação que é conferida ao administrador. Se para a prática de um ato vinculado a autoridade pública está adstrita à lei em todos os seus elementos formadores, para praticar um ato discricionário é livre, no âmbito em que a lei lhe concede essa faculdade.

Por aí se vê que a discricionariedade é sempre relativa e parcial, porque, quanto à *competência*, à *forma* e à *finalidade* do ato, a autoridade está subordinada ao que a lei dispõe, como para qualquer ato vinculado. Com efeito, o administrador, mesmo para a prática de um ato discricionário, deverá ter *competência legal* para praticá-lo; deverá obedecer à *forma legal* para a sua realização; e deverá atender à *finalidade legal* de todo ato administrativo, que é o interesse público. O ato discricionário praticado por autoridade incompetente, ou realizado por forma diversa da prescrita em lei, ou informado de finalidade estranha ao interesse público, é ilegítimo e nulo. Em tal circunstância, deixaria de ser ato *discricionário* para ser ato *arbitrário* – ilegal, portanto.

"Até a possibilidade de agir sem competência – adverte Seabra Fagundes, em luminoso acórdão –, de negar o interesse público ou de violar as formas pré-traçadas não vai a faixa de oscilação deixada pelo legislador, sob o império das necessidades múltiplas e urgentes da vida administrativa, ao Poder Executivo". E, logo, ajunta o mesmo jurista: "A competência discricionária não se exerce acima ou além da lei, senão como toda e qualquer atividade executória, com sujeição a ela".[5]

A atividade discricionária encontra plena justificativa na impossibilidade de o legislador catalogar na lei todos os atos que a prática administrativa exige. O ideal seria que a lei regulasse minuciosamente a ação administrativa, modelando cada um dos atos a serem praticados pelo administrador; mas, como isto não é possível, dadas a multiplicidade e diversidade dos fatos que pedem pronta solução ao Poder Público, o legislador somente re-

5. Seabra Fagundes, como relator de acórdão do TJRN, *RDA* 14/54. Esse julgado mereceu comentário de Víctor Nunes Leal, em rodapé, que constitui substancioso estudo do poder discricionário e da possibilidade do controle judicial sobre os atos praticados com fundamento nesse poder.

gula a prática de alguns atos administrativos que reputa de maior relevância, deixando o cometimento dos demais ao prudente critério do administrador.

Mas, embora não cuidando de todos os aspectos dos atos relegados à faculdade discricionária, o legislador subordina-os a um mínimo legal, consistente na estrita observância, por parte de quem os vai praticar, da *competência*, da *forma*, da *finalidade* e dos princípios do *regime jurídico administrativo*, deixando o mais à livre escolha do agente administrativo.

Essa liberdade funda-se na consideração de que só o administrador, em contato com a realidade, está em condições de bem apreciar os motivos ocorrentes de oportunidade e conveniência da prática de certos atos, que seria impossível ao legislador, dispondo na regra jurídica – lei – de maneira geral e abstrata, prover com justiça e acerto. Só os órgãos executivos é que estão, em muitos casos, em condições de sentir e decidir administrativamente o que convém e o que não convém ao interesse coletivo. Em tal hipótese, executa a lei *vinculadamente*, quanto aos elementos que ela discrimina, e *discricionariamente*, quanto aos aspectos em que ela admite opção.

Mesmo quanto aos elementos discricionários do ato há limitações, impostas pelos princípios gerais do Direito e pelas regras da boa administração, que, em última análise, são preceitos de moralidade administrativa.

Daí dizer-se, com inteira propriedade, que a atividade discricionária permanece sempre sujeita a um duplo condicionamento: externo e interno. Externamente, pelo ordenamento jurídico a que fica subordinada toda atividade administrativa, como já demonstramos em tópicos anteriores; internamente, pelas exigências do bem comum e da moralidade da instituição administrativa.

O bem comum, identificado com o interesse social ou interesse coletivo, impõe que toda atividade administrativa lhe seja endereçada. Fixa, assim, o rumo que o ato administrativo deve procurar. Se o administrador se desviar desse roteiro, praticando ato que, embora discricionário, busque outro objetivo, incidirá em ilegalidade, por desvio de poder ou de finalidade, que poderá ser reconhecido e declarado pela própria Administração ou pelo Poder Judiciário.

Erro é considerar-se o ato discricionário imune à apreciação judicial, pois a Justiça poderá dizer sobre sua legitimidade e os limites de opção do agente administrativo, ou seja, a conformidade da discricionariedade com a lei e com os princípios jurídicos.

O que o Judiciário não pode é, no ato discricionário, substituir o discricionarismo do administrador pelo do juiz. Não pode, assim, "invalidar opções administrativas ou substituir critérios técnicos por outros que repute mais convenientes ou oportunos, pois essa valoração" é privativa da Administração.[6] Mas pode sempre proclamar as nulidades e coibir os abusos da Administração.

Para maiores esclarecimentos sobre este aspecto veja-se, no cap. IV, os itens 6.1.2 a 6.1.4, sobre *anulação dos atos administrativos*.

4. Poder hierárquico

Poder hierárquico é o de que dispõe o Executivo para distribuir e escalonar as funções de seus órgãos, ordenar e rever a atuação de seus agentes, estabelecendo a relação de subordinação entre os servidores do seu quadro de pessoal. Poder hierárquico e poder disciplinar não se confundem, mas andam juntos, por serem os sustentáculos de toda organização administrativa.

Hierarquia é a relação de subordinação existente entre os vários órgãos e agentes do Executivo, com a distribuição de funções e a gradação da autoridade de cada um. Dessa conceituação resulta que não há hierarquia no Judiciário e no Legislativo, nas suas funções próprias, pois ela é privativa da função executiva, como elemento típico da organização e ordenação dos serviços administrativos.[7]

Não se pode compreender as atividades do Executivo sem a existência de hierarquia entre os órgãos e agentes que as exercem, o que levou Duguit a advertir que "o princípio do poder hierárquico domina todo o Direito Administrativo e deveria ser aplicado, ainda mesmo que nenhum texto legal o consagrasse".[8]

O poder hierárquico tem por objetivo *ordenar*, *coordenar*, *controlar* e *corrigir* as atividades administrativas, no âmbito interno da Administração Pública. *Ordena* as atividades da Administração, repartindo e escalonando as funções entre os agentes do Poder, de modo que cada um possa exercer eficientemente seu encargo; *coordena*, entrosando as funções no sentido de obter o funcionamento harmônico de todos os serviços a cargo do mesmo órgão; *controla*, velando pelo cumprimento da lei e das instruções e acompanhando a conduta e o rendimento de cada servidor; *corrige* os erros administrativos, pela ação revisora dos superiores sobre os atos dos inferiores. Desse modo, a hierarquia atua como instrumento de organização e aperfeiçoamento do serviço e age como meio de responsabilização dos agentes administrativos, impondo-lhes o *dever de obediência*.

6. Hely Lopes Meirelles, *Mandado de Segurança e Ações Constitucionais*, 33ª ed., p. 174. Nesse sentido, sobre a escolha de meio eletrônico na realização das eleições, v. decisão do Min. Cézar Peluso, AO/MC 772-1, *DJU* de 3.5.2005.

7. Mário Masagão, *Curso de Direito Administrativo*, São Paulo, 1959, I/74; Aparicio Méndez, *La Jerarquía*, Montevidéu, 1973, p. 29.

8. Léon Duguit, *Traité du Droit Constitutionnel*, Paris, 1923, III/250.

Pela hierarquia se impõe ao subalterno a estrita obediência das ordens e instruções legais superiores e se define a responsabilidade de cada um. As determinações superiores devem ser cumpridas fielmente, sem ampliação ou restrição, a menos que sejam *manifestamente ilegais*. No tocante a essa questão a doutrina não é uniforme, mas o nosso sistema constitucional, com o declarar que "ninguém será obrigado a fazer ou deixar de fazer alguma coisa senão em virtude de lei" (art. 5º, II), torna claro que o subordinado não pode ser compelido, pelo superior, a praticar ato evidentemente ilegal. O respeito hierárquico não vai ao ponto de suprimir, no subalterno, o senso do legal e do ilegal, do lícito e do ilícito, do Bem e do Mal. Não o transforma em autômato executor de ordens superiores. Permite-lhe raciocinar e usar de iniciativa no tocante ao desempenho de suas atribuições, e nos restritos limites de sua competência. Daí não lhe ser lícito discutir ou deixar de cumprir ordens senão quando se apresentarem *manifestamente ilegais*.[9] Somente as que se evidenciarem, ao senso comum, contrárias ou sem base na lei é que permitem ao subalterno recusar-lhes cumprimento.

A apreciação da conveniência e da oportunidade das determinações superiores refoge das atribuições meramente administrativas e, por isso, escapa da órbita de ação dos subalternos. Descumprindo-as ou retardando-as na execução, poderá o servidor relapso incorrer não só em falta disciplinar como, também, em crime funcional (prevaricação), previsto e definido no art. 319 do CP.

A submissão hierárquica retira do inferior a atuação política, isto é, despe o subordinado da ação de *comando*, permitindo-lhe, tão-somente, agir no estrito âmbito de suas atribuições específicas. Ao chefe do órgão executivo é que incumbe tomar as resoluções políticas, no sentido da escolha do objeto, dos meios e da oportunidade mais convenientes à consecução dos fins governamentais, que devem tender sempre para o bem comum.

Do poder hierárquico decorrem faculdades implícitas para o superior, tais como a de *dar ordens* e *fiscalizar* o seu cumprimento, a de *delegar* e *avocar* atribuições e a de *rever* os atos dos inferiores.

Dar ordens é determinar, especificamente, ao subordinado os atos a praticar ou a conduta a seguir em caso concreto. Daí decorre o *dever de obediência*.

Fiscalizar é vigilar permanentemente os atos praticados pelos subordinados, com o intuito de mantê-los dentro dos padrões legais regulamentares instituídos para cada atividade administrativa.

Delegar é conferir a outrem atribuições que originariamente competiam ao delegante. As delegações dentro do mesmo Poder são, em princí-

9. A Lei 8.112/90 consagrou a lição do Autor, ao dispor que é dever do servidor "cumprir as ordens superiores, exceto quando manifestamente ilegais" (art. 116, IV).

pio, admissíveis, desde que o delegado esteja em condições de bem exercê-las. O que não se admite, no nosso sistema constitucional, é a delegação de atribuições de um Poder a outro, como também não se permite delegação de atos de natureza política, como a do poder de tributar, a sanção e o veto de lei. No âmbito administrativo as delegações são freqüentes, e, como emanam do poder hierárquico, não podem ser recusadas pelo inferior, como também não podem ser subdelegadas sem expressa autorização do delegante. Outra restrição à delegação é a de atribuição conferida pela lei especificamente a determinado órgão ou agente. Delegáveis, portanto, são as atribuições genéricas, não individualizadas nem fixadas como privativas de certo executor.

Avocar[10] é chamar a si funções originariamente atribuídas a um subordinado. Nada impede tal prática, que, porém, só deve ser adotada pelo superior hierárquico quando houver motivos relevantes para tal substituição, isto porque a avocação de um ato sempre desprestigia o inferior e, não raro, desorganiza o normal funcionamento do serviço. Pela avocação substitui-se a competência do inferior pela do superior hierárquico, com todas as conseqüências dessa substituição, notadamente a deslocação do juízo ou da instância para ajustá-lo ao da autoridade avocante em caso de demanda. Assinale-se, também, que a avocação desonera o inferior de toda responsabilidade pelo ato avocado pelo superior (TJSP, *RDA* 34/244). Não pode ser avocada atribuição que a lei expressamente confere a determinado órgão ou agente, como, p. ex., o julgamento de concorrência pela Comissão competente, ou a aprovação de um ato por autoridade superior diversa da que deveria praticá-lo originariamente por determinação legal.[11]

Rever atos de inferiores hierárquicos é apreciar tais atos em todos os seus aspectos (competência, objeto, oportunidade, conveniência, justiça, finalidade e forma), para mantê-los ou invalidá-los, de ofício ou mediante provocação do interessado. A revisão hierárquica é possível enquanto o ato não se tornou definitivo para a Administração, ou não criou direito subjetivo para o particular, isto é, não fez nascer para o destinatário um direito oponível à Administração (CF, art. 5º, XXXVI; art. 6º da LICC; Súmula 473 do STF).

Não se confunda *subordinação* com *vinculação administrativa*. A *subordinação* decorre do poder hierárquico e admite todos os meios de controle do superior sobre o inferior; a *vinculação* resulta do poder de supervisão ministerial sobre a entidade vinculada (Dec.-lei 200/67, arts. 19 a 21) e é exercida nos limites que a lei estabelecer, sem suprimir a autonomia conferida ao ente supervisionado.

10. Régis Fernandes de Oliveira, "Avocação", *RT* 663/21.
11. TJSP, *RJTJSP* 112/212.

Para maiores esclarecimentos sobre o *controle hierárquico* veja-se o cap. XI, item 3.2.1.

5. *Poder disciplinar*

Poder disciplinar é a faculdade de punir internamente as infrações funcionais dos servidores e demais pessoas sujeitas à disciplina dos órgãos e serviços da Administração. É uma supremacia especial que o Estado exerce sobre todos aqueles que se vinculam à Administração por relações de qualquer natureza, subordinando-se às normas de funcionamento do serviço ou do estabelecimento que passam a integrar definitiva ou transitoriamente.[12]

O poder disciplinar é correlato com o poder hierárquico, mas com ele não se confunde. No uso do poder hierárquico a Administração Pública distribui e escalona as suas funções executivas; no uso do poder disciplinar ela controla o desempenho dessas funções e a conduta interna de seus servidores, responsabilizando-os pelas faltas cometidas. Daí a exata afirmativa de Marcello Caetano de que "o poder disciplinar tem sua origem e razão de ser no interesse e na necessidade de aperfeiçoamento progressivo do serviço público".[13] Realmente, a Administração, como titular do poder disciplinar, só o exerce a benefício do serviço, e, perseguindo esse objetivo, é o único juiz da conveniência e oportunidade da punição do servidor, dentro das normas específicas da repartição.

Não se deve confundir o *poder disciplinar* da Administração com o *poder punitivo* do Estado, realizado através da Justiça Penal. O poder disciplinar é exercido como faculdade punitiva interna da Administração e, por isso mesmo, só abrange as infrações relacionadas com o serviço; a punição criminal é aplicada com finalidade social, visando à repressão de crimes e contravenções definidas nas leis penais, e por esse motivo é realizada fora da Administração ativa, pelo Poder Judiciário.

A punição disciplinar e a criminal têm fundamentos diversos, e diversa é a natureza das penas. A diferença não é de grau; é de substância.[14] Dessa substancial diversidade resulta a possibilidade da aplicação conjunta das

12. Sobre poder disciplinar v. Caio Tácito, "Poder disciplinar e direito de defesa", *RDA* 37/345; José Duarte, "O poder disciplinar", *RDA* 50/1; Paulo Barros de Araújo Lima, "Do exercício do poder disciplinar e seu controle", *RDA* 70/12; Carlos S. de Barros Jr., *Do Poder Disciplinar na Administração Pública*, São Paulo, 1972; Manoel de Oliveira Franco Sobrinho, *A Prova Administrativa*, São Paulo, 1973; Egberto Maia Luz, *Direito Administrativo Disciplinar*, São Paulo, 1977; Álvaro Lazzarini, "Do poder disciplinar na Administração Pública", *RJTJSP* 66/13.

13. Marcello Caetano, *Do Poder Disciplinar*, Lisboa, 1932, p. 25.

14. Guido Zanobini, *Le Sanzione Amministrative*, 1ª ed., p. III; Lúcio Bittencourt, "Direito disciplinar, princípio da legalidade", *RDA* 2/794; Gonçalves de Oliveira, "Pena disciplinar", *RDA* 46/478; Gaston Jèze, *Derecho Administrativo*, 1949, III/92; Paul Duez e Guy Debeyre,

duas penalidades sem que ocorra *bis in idem*. Por outras palavras, a mesma infração pode dar ensejo a punição administrativa (disciplinar) e a punição penal (criminal), porque aquela é sempre um *minus* em relação a esta. Daí resulta que toda condenação criminal por delito funcional acarreta a punição disciplinar, mas nem toda falta administrativa exige sanção penal.[15]

Outra característica do poder disciplinar é seu discricionarismo, no sentido de que não está vinculado a prévia definição da lei sobre a infração funcional e a respectiva sanção.[16] Não se aplica ao poder disciplinar o princípio da *pena específica* que domina inteiramente o Direito Criminal comum, ao afirmar a inexistência da infração penal sem prévia lei que a defina e apene: "nullum crimen, nulla poena sine lege". Esse princípio não vigora em matéria disciplinar. O administrador, no seu prudente critério, tendo em vista os deveres do infrator em relação ao serviço e verificando a falta, aplicará a sanção que julgar cabível, oportuna e conveniente, dentre as que estiverem enumeradas em lei ou regulamento para a generalidade das infrações administrativas.

A aplicação da pena disciplinar tem para o superior hierárquico o caráter de um *poder-dever*, uma vez que a condescendência na punição é considerada crime contra a Administração Pública. Todo chefe tem o poder e o dever de punir o subordinado quando este der ensejo, ou, se lhe faltar competência para a aplicação da pena devida, fica na obrigação de levar o fato ao conhecimento da autoridade competente. É o que determina a lei penal (CP, art. 320).

As *penas disciplinares* no nosso Direito Administrativo federal são de seis espécies, enumerando-se nesta ordem crescente de gravidade: 1) advertência; 2) suspensão; 3) demissão; 4) cassação de aposentadoria ou disponibilidade; 5) destituição de cargo em comissão; 6) destituição de função comissionada (Lei 8.112/90, art. 127).[17] A enumeração das penas em ordem crescente de gravidade não quer dizer que o superior tenha que começar sempre pela mais branda para atingir a mais rigorosa.

Conforme a gravidade do fato a ser punido, a autoridade escolherá, entre as penas legais, a que consulte ao interesse do serviço e a que mais bem reprima a falta cometida. Neste campo é que entra o discricionarismo disciplinar. Isto não significa, entretanto, que o superior hierárquico possa punir

Traité de Droit Administratif, 1952, p. 677, n. 927; André de Laubadère, *Droit Administratif*, 1953, p. 705, n. 1.362.

15. Georges Vedel, *Droit Administratif*, 1961, p. 559.

16. Caio Tácito, "Poder disciplinar e direito de defesa", *RDA* 37/345. No mesmo sentido: Roger Bonnard, *Droit Administratif*, 13ª ed., p. 77; Santi Romano, "I poteri disciplinari delle publiche amministrazioni", in *Scritti Minori*, II/91.

17. Em face do art. 5º, LXI, da CF, não mais é permitida a prisão administrativa (STF, *RTJ* 128/228).

arbitrariamente, ou sem se ater a critérios jurídicos. Não é este o significado da discricionariedade disciplinar. O que se quer dizer é que a Administração pode e deve, atendo-se aos princípios gerais do Direito e às normas administrativas específicas do serviço, conceituar a falta cometida, escolher e graduar a pena disciplinar, em face dos dados concretos apurados pelos meios regulares – *processo administrativo* ou *meios sumários* –, conforme a maior ou menor gravidade da falta, ou a natureza da pena a ser aplicada.[18]

A *apuração regular da falta disciplinar* é indispensável para a legalidade da punição interna da Administração. O discricionarismo do poder disciplinar não vai ao ponto de permitir que o superior hierárquico puna arbitrariamente o subordinado. Deverá, em primeiro lugar, apurar a falta, pelos meios legais compatíveis com a gravidade da pena a ser imposta, dando-se oportunidade de defesa ao acusado. Sem o atendimento desses dois requisitos a punição será *arbitrária* (e não *discricionária*), e, como tal, ilegítima e invalidável pelo Judiciário,[19] por não seguir o devido processo legal – *due process of law* –, de prática universal nos procedimentos punitivos e acolhido pela nossa Constituição (art. 5º, LIV e LV) e pela nossa doutrina.[20] Daí o cabimento de mandado de segurança contra ato disciplinar (Lei 1.533/51, art. 5º, III).

Como bem observa Barros Jr., "a discricionariedade da punição disciplinar se reduz também no que tange ao procedimento para aplicá-la. O processo disciplinar tende a uma jurisdicionalização acentuada, mediante adoção de um contraditório moderado no seu processamento".[21]

A *motivação da punição disciplinar* é sempre imprescindível para a validade da pena. Não se pode admitir como legal a punição desacompanhada de justificativa da autoridade que a impõe. Até aí não vai a discricionariedade do poder disciplinar. O discricionarismo disciplinar circunscreve-se à escolha da penalidade dentre as várias possíveis, à graduação da pena, à oportunidade e conveniência de sua imposição. Mas, quanto à existência da falta e aos motivos em que a Administração embasa a punição, não podem ser omitidos ou olvidados no ato punitivo. Tal motivação, é bem de ver, pode ser resumida, mas não pode ser dispensada totalmente. O que não se exige são as "formalidades" de um processo judiciário, se bem que boa parte de seu rito possa ser utilmente adotada pela Administração, para resguardo da legalidade de seu ato. A autoridade administrativa não está adstrita, como

18. TJSP, *RDA* 23/117.

19. STF, *RDA* 3/69, 24/134, 37/345.

20. José Frederico Marques, "A garantia do *due process of law* no Direito Tributário", *RDP* 5/28; Sérgio de Andréa Ferreira, "A garantia da ampla defesa no Direito Administrativo Processual Disciplinar", *RDP* 19/60.

21. Carlos S. de Barros Jr., *Do Poder Disciplinar da Administração Pública*, São Paulo, 1972, p. 207. STF, Pleno, MS 20.999-2-DF, *DJU* 25.5.91.

a judiciária, às fórmulas processuais. Pode usar de meios mais simples e consentâneos com a finalidade disciplinar para apurar a falta e impor a pena adequada. Inadmissível é que deixe de indicar claramente o motivo e os meios regulares de que usou para a verificação da falta, objeto da punição disciplinar.

A motivação destina-se a evidenciar a conformação da pena com a falta e a permitir que se confiram a todo tempo a *realidade* e a *legitimidade* dos atos ou fatos ensejadores da punição administrativa. Segundo a moderna doutrina francesa, hoje aceita pelos nossos publicistas e pela nossa jurisprudência, todo ato administrativo é inoperante quando o motivo invocado é falso ou inidôneo, vale dizer, quando ocorre *inexistência material* ou *inexistência jurídica* dos motivos. Esses motivos, na expressão de Jèze, devem ser "materialmente exatos e juridicamente fundados".[22] Tal teoria tem inteira aplicação ao ato disciplinar, que é espécie do gênero – ato administrativo.

Ao motivar a imposição da pena, o administrador não se está despojando da discricionariedade que lhe é conferida em matéria disciplinar. Está, apenas, *legalizando* essa discricionariedade, visto que a *valoração dos motivos* é matéria reservada privativamente à sua consideração, sem que outro Poder possa rever o mérito de tais motivos. O próprio Judiciário deter-se-á no exame material e jurídico dos motivos invocados, sem lhes adentrar a substância administrativa (v., no cap. XI, o item 3.3.6, sobre *processo disciplinar*).

6. *Poder regulamentar*

O *poder regulamentar* é a faculdade de que dispõem os Chefes de Executivo (Presidente da República, Governadores e Prefeitos) de explicar a lei para sua correta execução, ou de expedir decretos autônomos sobre matéria de sua competência ainda não disciplinada por lei. É um poder inerente e privativo do Chefe do Executivo (CF, art. 84, IV), e, por isso mesmo, indelegável a qualquer subordinado.[23]

22. Gaston Jèze, in *Revue du Droit Public* 54/324, 1937. No mesmo sentido: Caio Tácito, in *RDA* 36/78 e 38/350; Bilac Pinto, *Estudos de Direito Público*, 1953, p. 312; Francisco Campos, *Direito Administrativo*, 1943, p. 122. Na nossa jurisprudência acolhem os mesmos princípios os seguintes Tribunais: STF, *RDA* 38/350; TFR, *RDA* 24/143, 25/92, 46/189; TJSP, *RT* 191/691, 199/278, 217/130; e TASP, *RT* 211/449.

23. Sobre poder regulamentar v. Víctor Nunes Leal, "Lei e regulamento", in *Problemas de Direito Público*, Rio, 1960, p. 57; Carlos Medeiros Silva, "O poder regulamentar e sua extensão", *RDA* 20/1; Francisco Campos, "Lei e regulamento – Direitos individuais", *RDA* 80/373; Geraldo Ataliba, "Decreto regulamentar no sistema brasileiro", *RDA* 97/21; Clenício da Silva Duarte, "Os regulamentos independentes", *RDP* 16/89; Diógenes Gasparini, *Poder Regulamentar*, São Paulo, 1978; Fabrício Motta, *Função normativa da Administração Pública*, Editora Fórum, 2007. E excelente acórdão na ADI-MC 1.075, rel. Min. Celso de Mello, com ampla citação da doutrina e jurisprudência, destacando que o poder regulamentar e a delegação legislativa são institutos que não se confundem. Sobre Resolução do Conselho Nacional de Metrologia, Nor-

No poder de chefiar a Administração está implícito o de regulamentar a lei e suprir, com normas próprias, as omissões do Legislativo que estiverem na alçada do Executivo. Os vazios da lei e a imprevisibilidade de certos fatos e circunstâncias que surgem, a reclamar providências imediatas da Administração, impõem se reconheça ao Chefe do Executivo o poder de *regulamentar*, através de *decreto*, as normas legislativas incompletas, ou de prover situações não previstas pelo legislador, mas ocorrentes na prática administrativa. O essencial é que o Executivo, ao expedir regulamento – autônomo[24] ou de execução da lei –, não invada as chamadas "reservas da lei", ou seja, aquelas matérias só disciplináveis por lei, e tais são, em princípio, as que afetam as garantias e os direitos individuais assegurados pela Constituição (art. 5º).

A faculdade normativa, embora caiba predominantemente ao Legislativo, nele não se exaure, remanescendo boa parte para o Executivo, que expede regulamentos e outros atos de caráter geral e efeitos externos.[25] Assim, o regulamento é um complemento da lei naquilo que não é privativo da lei. Entretanto, não se pode confundir *lei* e *regulamento*.

Regulamento é ato administrativo geral e normativo, expedido privativamente pelo Chefe do Executivo (federal, estadual ou municipal), através de decreto, com o fim de explicar o modo e forma de execução da lei (*regulamento de execução*) ou prover situações não disciplinadas em lei (*regulamento autônomo* ou *independente*).[26]

malização e Qualidade Industrial – CONMETRO complementando lei em sentido estrito, ver excelente acórdão do STJ no REsp 1.102.578, relatado pela Min. Eliana Calmon.

24. Sobre *decreto autônomo* e *ausência de ofensa ao princípio da reserva legal*, v. STF, ADI 2.564 e ADC 12.

25. A propósito, escreveu Caio Tácito, em lúcido comentário a uma decisão do TFR que sufragou a mesma tese: "A capacidade ordinatória do Estado se manifesta por meio de círculos concêntricos que vão, sucessivamente, da Constituição à lei material e formal, isto é, àquela elaborada pelos órgãos legislativos; desce aos regulamentos por meio dos quais o Presidente da República complementa e particulariza as leis; e, finalmente, aos atos administrativos gerais, originários das várias escalas de competência administrativa. São constantes as *normas* de força obrigatória, equivalentes às leis e regulamentos, desde que a elas ajustadas, contidas em portarias, ordens de serviço, circulares, instruções ou em meros despachos. É, em suma, a substância, e não a forma, que exprime a distinção entre o *ato administrativo especial* (decisão específica) e o *ato administrativo geral* (ato normativo). Aquele, tal como as decisões judiciais, aplica o Direito ao caso, solvendo uma postulação concreta. Este representa a formação de uma ordem nova, complementar ao Direito existente, que esclarece e desenvolve, tendo, obviamente, conteúdo inovador, embora mínimo" ("O mandado de segurança e o poder normativo da Administração", *RDA* 46/246).

26. *Lei*, em sentido formal e material, é a norma geral e abstrata de conduta aprovada pelo Legislativo e sancionada pelo Executivo; em sentido material apenas, é toda norma editada pelo Poder Público, especialmente os decretos regulamentares expedidos pelo Executivo. Lei em sentido restrito e próprio é, portanto, unicamente, a norma legislativa, e, em sentido amplo e impróprio, é toda imposição geral do Estado, provinda de qualquer órgão de seus Poderes, sobre matéria de sua competência normativa.

O regulamento não é lei, embora a ela se assemelhe no conteúdo e poder normativo. Nem toda lei depende de regulamento para ser executada, mas toda e qualquer lei pode ser regulamentada se o Executivo julgar conveniente fazê-lo. Sendo o regulamento, na hierarquia das normas, ato inferior à lei, não a pode contrariar, nem restringir ou ampliar suas disposições. Só lhe cabe explicitar a lei, dentro dos limites por ela traçados, ou completá-la, fixando critérios técnicos e procedimentos necessários para sua aplicação.[27] Na omissão da lei, o regulamento supre a lacuna, até que o legislador complete os claros da legislação. Enquanto não o fizer, vige o regulamento, desde que não invada matéria reservada à lei.

O Congresso Nacional tem competência para sustar atos normativos do Executivo que exorbitem do poder regulamentar (CF, art. 49, V).

As leis que trazem a recomendação de serem regulamentadas não são exeqüíveis antes da expedição do decreto regulamentar, porque esse ato é *conditio juris* da atuação normativa da lei. Em tal caso, o regulamento opera como condição suspensiva da execução da norma legal, deixando seus efeitos pendentes até a expedição do ato do Executivo. Mas, quando a própria lei fixa o prazo para sua regulamentação, decorrido este sem a publicação do decreto regulamentar, os destinatários da norma legislativa podem invocar utilmente seus preceitos e auferir todas as vantagens dela decorrentes, desde que possa prescindir do regulamento, porque a omissão do Executivo não tem o condão de invalidar os mandamentos legais do Legislativo.[28] Todavia, se o regulamento for imprescindível para a execução da lei, o beneficiário poderá utilizar-se do *mandado de injunção* para obter a norma regulamentadora (CF, art. 5º, LXXI).

Para não repetir a matéria, remetemos o leitor ao capítulo seguinte, onde os atos regulamentares estão amplamente estudados, no tópico referente aos *atos administrativos normativos* (cap. IV, item 4.1).

7. *Poder de polícia*

Já dissemos, e convém repetir, que o Estado é dotado de *poderes políticos* exercidos pelo Legislativo, pelo Judiciário e pelo Executivo, no desempenho de suas funções constitucionais, e de *poderes administrativos* que surgem secundariamente com a administração e se efetivam de acordo com as exigências do serviço público e com os interesses da comunidade. Assim, enquanto os *poderes políticos* identificam-se com os Poderes de Estado e só são exercidos pelos respectivos órgãos constitucionais do Governo, os *poderes administrativos* difundem-se por toda a Administração e

27. STJ, REsp 330.103, *DJU* 25.3.2002, com citação de precedentes.

28. TJSP, *RT* 568/33.

se apresentam como meios de sua atuação. Aqueles são poderes imanentes e estruturais do Estado; estes são contingentes e instrumentais da Administração.

Dentre os *poderes administrativos* figura, com especial destaque, o *poder de polícia administrativa*, que a Administração Pública exerce sobre todas as atividades e bens que afetam ou possam afetar a coletividade. Para esse policiamento há competências exclusivas e concorrentes das três esferas estatais, dada a descentralização político-administrativa decorrente do nosso sistema constitucional.[29]

Em princípio, tem competência para policiar a entidade que dispõe do poder de regular a matéria. Assim, os assuntos de interesse nacional ficam sujeitos a regulamentação e policiamento da União; os de interesse regional sujeitam-se às normas e à polícia estadual, e os de interesse local subordinam-se aos regulamentos edilícios e ao policiamento administrativo municipal.

Todavia, como certas atividades interessam simultaneamente às três entidades estatais, pela sua extensão a todo o território nacional (*v.g.*, saúde pública, trânsito, transportes etc.), o poder de regular e de policiar se difunde entre todas as Administrações interessadas, provendo cada qual nos limites de sua competência territorial. A regra, porém, é a exclusividade do policiamento administrativo; a exceção é a concorrência desse policiamento. Em qualquer hipótese, a entidade que detém a competência não pode demitir-se desse poder, que é de natureza irrenunciável.[30]

Observamos, ainda, que o ato de polícia é um simples ato administrativo, apenas com algumas peculiaridades que serão apontadas no decorrer deste estudo. Como todo ato administrativo, o ato de polícia subordina-se ao ordenamento jurídico que rege as demais atividades da Administração, sujeitando-se, inclusive, ao *controle de legalidade* pelo Poder Judiciário.

29. Sempre, por lei, "É competente o Município para fixar o horário de funcionamento de estabelecimento comercial" (STF, Súmula 645). O STF também entende que o Município é competente para fixar, por lei, tempo máximo de permanência dos usuários de bancos em fila de espera (RE 610.221, com natureza de repercussão geral, AI 600.329 e AI 658.562, com excelente fundamentação do Min. Celso de Mello). Idem em relação ao poder, agora do Estado, de "apreender e desemplacar veículos irregulares de transporte coletivo, na forma da lei estadual" (ADI 2.751-4, *DJU* 12.9.2006). Segundo a Súmula 646 do STF: "Ofende o princípio da livre concorrência lei municipal que impede a instalação de estabelecimentos comerciais do mesmo ramo em determinada área". V., ainda, TJSP, ApCiv 15.459-1 e 125.348-1, *RJTJSP* 123/91.

30. STF, ADI/MC 2.544, *DJU* 8.11.2002. Mas poderá ser exercido por outra entidade federativa, mediante convênio, como prevê a Lei 11.473, de 10.5.2007, sobre a execução de atividades e serviços imprescindíveis à preservação da ordem pública e da incolumidade das pessoas e patrimônio.

Feitas essas considerações de ordem geral, analisemos o poder de polícia em todos os seus aspectos, a começar pelo seu conceito.[31]

7.1 Conceito

Poder de polícia é a faculdade de que dispõe a Administração Pública para condicionar e restringir o uso e gozo de bens, atividades e direitos individuais, em benefício da coletividade ou do próprio Estado.

Em linguagem menos técnica, podemos dizer que o *poder de polícia* é o mecanismo de frenagem de que dispõe a Administração Pública para conter os abusos do direito individual. Por esse mecanismo, que faz parte de toda Administração, o Estado detém a atividade dos particulares que se revelar contrária, nociva ou inconveniente ao bem-estar social, ao desenvolvimento e à segurança nacional.

Desde já convém distinguir a *polícia administrativa*, que nos interessa neste estudo, da *polícia judiciária* e da *polícia de manutenção da ordem pública*, estranhas às nossas cogitações. Advirta-se, porém, que a *polícia administrativa* incide sobre os *bens*, *direitos* e *atividades*, ao passo que as outras atuam sobre as *pessoas*, individualmente ou indiscriminadamente.

A *polícia administrativa* é inerente e se difunde por toda a Administração Pública, enquanto as demais são privativas de determinados órgãos (Polícias Civis) ou corporações (Polícias Militares).

Modernamente se tem distinguido a *polícia administrativa geral* da *polícia administrativa especial*,[32] sendo aquela a que cuida genericamente da segurança, da salubridade e da moralidade públicas, e esta de setores

31. Sobre poder de polícia v. Caio Tácito, "O poder de polícia e seus limites", *RDA* 27/1, e "Administração e poder de polícia", *RDA* 39/258; Hely Lopes Meirelles, "Poder de polícia no Município", *RDPG* 4/55, e "Poder de polícia e segurança nacional", *RT* 445/287; Celso Antônio Bandeira de Mello, "Apontamentos sobre o poder de polícia", *RDP* 9/55; Clóvis Beznos, *Poder de Polícia*, São Paulo, 1979; Álvaro Lazzarini, "Limites do poder de polícia", *Justitia* 170/73, 1995.

Sobre *polícia de manutenção da ordem pública e suas atribuições* v. estudo do Autor na monografia *Direito Administrativo da Ordem Pública*, vários autores, 1986, Forense, pp. 147 e ss. Sobre as *Forças Armadas* e a *segurança pública*, v. Parecer AGU/TH-02/2001, *DOU* 13.8.2001.

Sobre poder de polícia dos Corpos de Bombeiros, v. Álvaro Lazzarini, "Direito Administrativo e prevenção de incêndios", *RDA* 186/114. Do mesmo autor, v. "As guardas municipais na Constituição Federal de 1988", *Revista de Informação Legislativa* 113/229.

32. Georges Vedel, *Droit Administratif*, Paris, 1961, p. 595; Jean Rivero, *Droit Administratif*, Paris, 1968, p. 413; F. P. Bénoît, *Le Droit Administratif Français*, Paris, 1968, p. 764.

Entre nós, v. José Afonso da Silva, "Poder de polícia – Atribuição a entidade paraestatal", parecer, *RDA* 132/241; Cid Tomanik Pompeu, "O exercício do poder de polícia pelas empresas públicas", *RF* 258/438; Álvaro Lazzarini, *Estudos de Direito Administrativo*, São Paulo, 1995.

específicos da atividade humana que afetem bens de interesse coletivo, tais como a construção, a indústria de alimentos, o comércio de medicamentos, o uso das águas, a exploração das florestas e das minas, para os quais há restrições próprias e regime jurídico peculiar.

Por fim, deve-se distinguir o *poder de polícia originário* do *poder de polícia delegado*, pois que aquele nasce com a entidade que o exerce e este provém de outra, através de transferência legal. O poder de polícia *originário* é pleno no seu exercício e consectário, ao passo que o *delegado* é limitado aos termos da delegação e se caracteriza por atos de execução. Por isso mesmo, no *poder de polícia delegado* não se compreende a imposição de taxas, porque o poder de tributar é intransferível da entidade estatal que o recebeu constitucionalmente. Só esta pode taxar e transferir recursos para o delegado realizar o policiamento que lhe foi atribuído. Mas no *poder de polícia delegado* está implícita a faculdade de aplicar sanções aos infratores, na forma regulamentar, pois que isto é atributo de seu exercício.

No dizer de Cooley: "O poder de polícia (*police power*), em seu sentido amplo, compreende um sistema total de regulamentação interna, pelo qual o Estado busca não só preservar a ordem pública senão também estabelecer para a vida de relações dos cidadãos aquelas regras de boa conduta e de boa vizinhança que se supõem necessárias para evitar conflito de direitos e para garantir a cada um o gozo ininterrupto de seu próprio direito, até onde for razoavelmente compatível com o direito dos demais".[33]

Entre nós, Caio Tácito explica que "o poder de polícia é, em suma, o conjunto de atribuições concedidas à Administração para disciplinar e restringir, em favor do interesse público adequado, direitos e liberdades individuais".[34]

O que todos os publicistas assinalam uniformemente é a faculdade que tem a Administração Pública de ditar e executar medidas restritivas do direito individual em benefício do bem-estar da coletividade e da preservação do próprio Estado. Esse poder é inerente a toda Administração e se reparte entre todas as esferas administrativas da União, dos Estados e dos Municípios.

Essa conceituação doutrinária já passou para a nossa legislação, valendo citar o Código Tributário Nacional, que, em texto amplo e explicativo, dispõe: "Art. 78. Considera-se poder de polícia a atividade da Administração Pública que, limitando ou disciplinando direito, interesse ou liberdade, regula a prática de ato ou abstenção de fato, em razão de interesse público concernente à segurança, à higiene, à ordem, aos costumes, à disciplina da

33. Cooley, *Constitutional Limitation*, Nova York, 1903, p. 829.

34. Caio Tácito, "Poder de polícia e seus limites", *RDA* 27/1. V., tb., Clóvis Beznos, *Poder de Polícia*, São Paulo, 1979.

produção e do mercado, ao exercício de atividades econômicas dependentes de concessão ou autorização do Poder Público, à tranqüilidade pública ou ao respeito à propriedade e aos direitos individuais ou coletivos".

7.2 Razão e fundamento

A *razão* do poder de polícia é o interesse social e o seu *fundamento* está na supremacia geral que o Estado exerce em seu território sobre todas as pessoas, bens e atividades, supremacia que se revela nos mandamentos constitucionais e nas normas de ordem pública, que a cada passo opõem condicionamentos e restrições aos direitos individuais em favor da coletividade, incumbindo ao Poder Público o seu policiamento administrativo.

Sem muito pesquisar, deparamos na vigente Constituição da República claras limitações às liberdades pessoais (art. 5º, VI e VIII); ao direito de propriedade (art. 5º, XXIII e XXIV, art. 186; e CC, art. 1.228); ao exercício das profissões (art. 5º, XIII); ao direito de reunião (art. 5º, XVI);[35] aos direitos políticos (art. 15); à liberdade de comércio (arts. 170 e 173); à política urbana (art. 182 e §§); ao meio ambiente (art. 225 e §§). Por igual, o Código Civil condiciona o exercício dos direitos individuais ao seu *uso normal*, ao "exercício regular de um direito reconhecido" (art. 188) proibindo o abuso, e, no que concerne ao direito de construir, além de sua normalidade, condiciona-o ao respeito às normas administrativas e ao direito dos vizinhos (arts. 1.277 e 1.299).

Leis outras, como a Lei dos Recursos Hídricos, o Código de Mineração, o Código Florestal, o Código de Caça e Pesca, a Lei do Meio Ambiente, cominam idênticas restrições, visando sempre à proteção aos interesses gerais da comunidade contra os abusos do direito individual.

A cada restrição de direito individual – expressa ou implícita em norma legal – corresponde equivalente *poder de polícia administrativa* à Administração Pública, para torná-la efetiva e fazê-la obedecida. Isto porque esse poder se embasa, como já vimos, no interesse superior da coletividade em relação ao direito do indivíduo que a compõe.

O regime de *liberdades públicas* em que vivemos assegura o *uso normal* dos direitos individuais, mas não autoriza o *abuso*, nem permite o *exercício anti-social* desses direitos.

As liberdades admitem limitações e os direitos pedem condicionamento ao bem-estar social. Essas restrições ficam a cargo da polícia administrativa. Mas sob a invocação do *poder de polícia* não pode a autoridade anular as liberdades públicas ou aniquilar os direitos fundamentais do indivíduo,

35. A respeito, v. STF, ADI 1.969, excelente acórdão relatado pelo Min. Ricardo Lewandowski (*DJU* 31.8.2007).

assegurados na Constituição, dentre os quais se inserem o direito de propriedade e o exercício de profissão regulamentada ou de atividade lícita.

7.3 *Objeto e finalidade*

O *objeto do poder de polícia administrativa* é todo bem, direito ou atividade individual que possa afetar a coletividade ou pôr em risco a segurança nacional, exigindo, por isso mesmo, *regulamentação*, *controle* e *contenção* pelo Poder Público. Com esse propósito, a Administração pode condicionar o exercício de direitos individuais, pode delimitar a execução de atividades, como pode condicionar o uso de bens que afetem a coletividade em geral, ou contrariem a ordem jurídica estabelecida ou se oponham aos objetivos permanentes da Nação.

Desde que a conduta do indivíduo ou da empresa tenha repercussões prejudiciais à comunidade ou ao Estado, sujeita-se ao poder de polícia preventivo ou repressivo, pois já salientamos que *ninguém adquire direito contra o interesse público.*[36]

A *finalidade do poder de polícia*, como já assinalamos precedentemente, é a *proteção ao interesse público* no seu sentido mais amplo. Nesse interesse superior da comunidade entram não só os valores materiais como, também, o patrimônio moral e espiritual do povo, expresso na tradição, nas instituições e nas aspirações nacionais da maioria que sustenta o regime político adotado e consagrado na Constituição e na ordem jurídica vigente. Desde que ocorra um interesse público relevante, justifica-se o exercício do poder de polícia da Administração para a contenção de atividades particulares anti-sociais.

7.4 *Extensão e limites*

A *extensão do poder de polícia* é hoje muito ampla, abrangendo desde a proteção à moral e aos bons costumes, a preservação da saúde pública, o controle de publicações, a segurança das construções e dos transportes até a segurança nacional em particular.

Daí encontrarmos nos Estados modernos a polícia de costumes, a polícia sanitária, a polícia das construções, a polícia das águas, a polícia da atmosfera, a polícia florestal, a polícia de trânsito, a polícia dos meios de comunicação e divulgação, a polícia das profissões, a polícia ambiental, a polícia da economia popular, e tantas outras que atuam sobre atividades particulares que afetam ou possam afetar os superiores interesses da comunidade que ao Estado incumbe velar e proteger. Onde houver interesse

36. TJSP, *RJTJSP* 128/391.

relevante da coletividade ou do próprio Estado haverá, correlatamente, igual poder de polícia administrativa para a proteção desses interesses. É a regra, sem exceção.

Com a ampliação do campo de incidência do poder de polícia, que se iniciou com a necessidade de proteger os habitantes das cidades romanas – *polis*, gerando o termo *politia*, que nos deu o vernáculo *polícia* –, chegamos, hoje, a utilizar esse poder até para a preservação da *segurança nacional*, que é, em última análise, a *situação de tranqüilidade e garantia que o Estado oferece ao indivíduo e à coletividade, para a consecução dos objetivos do cidadão e da Nação em geral*.

Os *limites do poder de polícia administrativa* são demarcados pelo interesse social em conciliação com os direitos fundamentais do indivíduo assegurados na Constituição da República (art. 5º).[37] Vale dizer, esses limites decorrem da Constituição Federal, de seus princípios e da lei. Do absolutismo individual evoluímos para o relativismo social. Os Estados Democráticos, como o nosso, inspiram-se nos princípios de liberdade e nos ideais de solidariedade humana. Daí o equilíbrio a ser procurado entre a fruição dos direitos de cada um e os interesses da coletividade, em favor do bem comum. Em nossos dias predomina a idéia da relatividade dos direitos, porque, como bem adverte Ripert, "o direito do indivíduo não pode ser absoluto, visto que absolutismo é sinônimo de soberania. Não sendo o homem soberano na sociedade, o seu direito é, por conseqüência, simplesmente relativo".[38]

Essa sujeição do direito individual aos interesses coletivos ficou bem marcada desde a Constituição de 1946, que *condicionava o uso do direito de propriedade ao bem-estar social* (art. 147), e cujo princípio foi reproduzido na vigente Constituição da República, ao estabelecer que a ordem econômica, "fundada na valorização do trabalho humano e na livre iniciativa, tem por fim assegurar a todos existência digna, conforme os ditames da justiça social, observados os seguintes princípios": propriedade privada e função social da propriedade (art. 170, II e III), que é o acolhimento da afirmativa de Duguit de que "a propriedade não é mais o direito subjetivo do proprietário; é a função social do detentor da riqueza".[39]

Através de restrições impostas às atividades do indivíduo que afetem a coletividade, cada cidadão cede parcelas mínimas de seus direitos à comunidade e o Estado lhe retribui em segurança, ordem, higiene, sossego, moralidade e outros benefícios públicos, propiciadores do conforto individual

37. STF, ADI 2.213/MC, *DJU* 23.4.2004.

38. Georges Ripert, *O Regime Democrático e o Direito Civil Moderno*, trad., São Paulo, Saraiva, 1937, p. 233.

39. Léon Duguit, *Las Transformaciones Generales del Derecho Privado*, Madri, Posada, 1931, p. 37.

e do bem-estar geral. Para efetivar essas restrições individuais em favor da coletividade o Estado utiliza-se desse *poder discricionário*, que é o *poder de polícia administrativa*. Tratando-se de um poder discricionário, a norma legal que o confere não minudeia o modo e as condições da prática do *ato de polícia*. Esses aspectos são confiados ao prudente critério do administrador público. Mas, se a autoridade ultrapassar o permitido em lei, incidirá em *abuso de poder*, corrigível por via judicial. O ato de polícia, como ato administrativo que é, fica sempre sujeito a invalidação pelo Poder Judiciário, quando praticado com excesso ou desvio de poder.[40]

7.5 Atributos

O poder de polícia administrativa tem *atributos* específicos e peculiares ao seu exercício, e tais são a *discricionariedade*, a *auto-executoriedade* e a *coercibilidade*.

7.5.1 *Discricionariedade* – A *discricionariedade*, como já vimos, traduz-se na livre escolha, pela Administração, da oportunidade e conveniência de exercer o poder de polícia, bem como de aplicar as sanções e empregar os meios conducentes a atingir o fim colimado, que é a proteção de algum interesse público. Neste particular, e desde que o ato de polícia administrativa se contenha nos limites legais e a autoridade se mantenha na faixa de opção que lhe é atribuída, a discricionariedade é legítima. Por exemplo, se a lei permite a apreensão de mercadorias deterioradas e sua inutilização pela autoridade sanitária, esta pode apreender e inutilizar os gêneros imprestáveis para a alimentação, a seu juízo; mas, se a autoridade é incompetente para a prática do ato, ou se o praticou sem prévia comprovação da imprestabilidade dos gêneros para sua destinação, ou se interditou a venda fora dos casos legais, sua conduta torna-se arbitrária e poderá ser impedida ou invalidada pela Justiça. No uso da liberdade legal de valoração das atividades policiadas e na graduação das sanções aplicáveis aos infratores é que reside a discricionariedade do poder de polícia, mas mesmo assim a sanção deve guardar correspondência e proporcionalidade com a infração.

Observe-se que o ato de polícia é, em princípio, *discricionário*, mas passará a ser *vinculado* se a norma legal que o rege estabelecer o modo e forma de sua realização. Neste caso, a autoridade só poderá praticá-lo validamente atendendo a todas as exigências da lei ou regulamento pertinente.

40. STF, *RDA* 36/78; TJSP, *RDA* 39/258, 47/263; *RT* 249/283, 268/471, 284/401; 1º TACivSP, *RDA* 45/239, 65/158; *RT* 263/592, 298/601, 303/556.

Ao conceituarmos o poder de polícia como faculdade discricionária não estamos reconhecendo à Administração qualquer poder arbitrário. *Discricionariedade* não se confunde com *arbitrariedade*. Discricionariedade é liberdade de agir dentro dos limites legais; arbitrariedade é ação fora ou excedente da lei, com abuso ou desvio de poder. O ato discricionário, quando se atém aos critérios legais, é legítimo e válido; o ato arbitrário é sempre ilegítimo e inválido; nulo, portanto. Daí a justa observação de Mayer de que: "La regla de Derecho no puede ser violada por disposición de policía; ésta no puede autorizar lo que dicha regla prohíbe ni prohibir lo que ella permite".[41]

7.5.2 *Auto-executoriedade* – A *auto-executoriedade*, ou seja, a faculdade de a Administração decidir e executar diretamente sua decisão por seus próprios meios, sem intervenção do Judiciário, é outro atributo do poder de polícia. Com efeito, no uso desse poder, a Administração impõe diretamente as medidas ou sanções de polícia administrativa necessárias à contenção da atividade anti-social que ela visa a obstar. Nem seria possível condicionar os atos de polícia a aprovação prévia de qualquer outro órgão ou Poder estranho à Administração. Se o particular se sentir agravado em seus direitos, sim, poderá reclamar, pela via adequada, ao Judiciário, que intervirá oportunamente para a correção de eventual ilegalidade administrativa ou fixação da indenização que for cabível. O que o princípio da auto-executoriedade autoriza é a prática do ato de polícia administrativa pela própria Administração, independentemente de mandado judicial. Assim, p. ex., quando a Prefeitura encontra uma edificação irregular ou oferecendo perigo à coletividade, ela embarga diretamente a obra e promove sua demolição, se for o caso, por determinação própria, sem necessidade de ordem judicial para esta interdição e demolição.

Nesse sentido já decidiu o STF, concluindo que, no exercício regular da autotutela administrativa, pode a Administração executar diretamente os atos emanados de seu poder de polícia sem utilizar-se da via cominatória, que é posta à sua disposição em caráter facultativo.[42] Nem se opõe a essa conclusão o disposto nos arts. 287, 934 e 936 do CPC, uma vez que o pedido cominatório concedido ao Poder Público é simples faculdade para o acertamento judicial prévio dos atos resistidos pelo particular, se assim o desejar a Administração.[43] Na mesma linha doutrinária, deixou julgado o TJSP que: "Exigir-se prévia autorização do Poder Judiciário equivale a negar-se o próprio poder de polícia administrativa, cujo ato tem de ser sumário, di-

41. Otto Mayer, *Derecho Administrativo Alemán*, trad., Buenos Aires, Depalma, 1950, II/59.

42. STF, *RF* 124/438; no mesmo sentido: STJ, REsp 50.407-4-SP, *DJU* 31.8.94.

43. TJSP, *RJTJSP* 119/105.

reto e imediato, sem as delongas e complicações de um processo judiciário prévio".[44] Ao particular que se sentir prejudicado pelo ato de polícia da Administração é que cabe recorrer ao Judiciário, uma vez que não pode fazer justiça pelas próprias mãos.

Mas não se confunda a *auto-executoriedade* das sanções de polícia com *punição sumária e sem defesa*. A Administração só pode aplicar sanção sumariamente e sem defesa (principalmente as de interdição de atividade, apreensão[45] ou destruição de coisas) nos casos urgentes que ponham em risco a segurança, a saúde pública, em suma, quando haja possibilidade de perecimento do interesse público,[46] ou quando se tratar de infração instantânea surpreendida na sua flagrância, aquela ou esta comprovada pelo respectivo *auto de infração*, lavrado regularmente; nos demais casos exige-se o processo administrativo correspondente, com plenitude de defesa ao acusado, para validade da sanção imposta (v. cap. XI, item 3.3.5.4, sobre *processo administrativo punitivo*).

Excluem-se da auto-executoriedade as *multas*, ainda que decorrentes do poder de polícia, que só podem ser executadas por via judicial, como as demais prestações pecuniárias devidas pelos administrados à Administração.[47]

7.5.3 *Coercibilidade* – A *coercibilidade*, isto é, a imposição coativa das medidas adotadas pela Administração, constitui também atributo do poder de polícia. Realmente, todo ato de polícia é imperativo (obrigatório para seu destinatário), admitindo até o emprego da força pública para seu cumprimento, quando resistido pelo administrado. Não há ato de polícia facultativo para o particular, pois todos eles admitem a coerção estatal para torná-los efetivos, e essa coerção também independe de autorização judicial. É a própria Administração que determina e faz executar as medidas de força que se tornarem necessárias para a execução do ato ou aplicação da penalidade administrativa resultante do exercício do poder de polícia.

O atributo da coercibilidade do ato de polícia justifica o emprego da força física quando houver oposição do infrator, mas não legaliza a violência desnecessária ou desproporcional à resistência, que em tal caso pode caracterizar o excesso de poder e o abuso de autoridade nulificadores do ato

44. TJSP, Pleno, *RT* 183/823. No mesmo sentido: TJSP, *RT* 186/325, 210/161, 227/136, 386/54, 391/187.

45. Com natureza de recurso repetitivo (art. 543-C do CPC), o STJ, no REsp 1.104.775, decidiu que é legítimo condicionar a liberação de veículo apreendido ao pagamento de multas já vencidas e de despesas com a remoção e depósito do mesmo, estas limitadas aos primeiros trinta dias (art. 262 do CTB). No mesmo sentido: REsp 895.377 e REsp 925.906, destacando que a apreensão prevista no art. 262, *caput* e parágrafos do CTB é "modalidade autônoma de sanção".

46. STJ, RMS 27.440.

47. STF, *RDA* 94/61.

praticado e ensejadores das ações civis e criminais para reparação do dano e punição dos culpados.

7.6 *Meios de atuação*

Atuando a polícia administrativa de maneira preferentemente preventiva, ela age através de *ordens* e *proibições*, mas, e sobretudo, por meio de *normas limitadoras e sancionadoras* da conduta daqueles que utilizam bens ou exercem atividades que possam afetar a coletividade, estabelecendo as denominadas *limitações administrativas* (v. cap. IX, item 2.5). Para tanto, o Poder Público edita leis e os órgãos executivos expedem regulamentos e instruções fixando as condições e requisitos para o uso da propriedade e o exercício das atividades que devam ser policiadas, e após as verificações necessárias é outorgado o respectivo *alvará* de licença ou autorização, ao qual se segue a fiscalização competente.

Alvará é o instrumento da licença ou da autorização para a prática de ato, realização de atividade ou exercício de direito dependente de policiamento administrativo. É o consentimento formal da Administração à pretensão do administrado, quando manifestada em forma legal. O alvará pode ser definitivo ou precário: será definitivo e vinculante para a Administração quando expedido diante de um direito subjetivo do requerente como é a edificação, desde que o proprietário satisfaça todas as exigências das normas edilícias; será precário e discricionário se a Administração o concede por liberalidade, desde que não haja impedimento legal para sua expedição, como é o alvará de porte de arma ou de uso especial de um bem público. O alvará definitivo consubstancia uma *licença*; o alvará precário expressa uma *autorização*. Ambos são meios de atuação do poder de polícia, mas com efeitos fundamentalmente diversos, porque o *alvará de autorização* pode ser revogado sumariamente, a qualquer tempo, sem indenização, ao passo que o *alvará de licença* não pode ser invalidado discricionariamente, só admitindo *revogação* por interesse público superveniente e justificado, mediante indenização;[48] ou *cassação* por descumprimento das normas legais na sua execução; ou *anulação* por ilegalidade na sua expedição – em todas essas hipóteses através de processo administrativo com defesa do interessado.[49]

Outro meio de atuação do poder de polícia é a *fiscalização* das atividades e bens sujeitos ao controle da Administração. Essa fiscalização, como é óbvio, restringe-se à verificação da normalidade do uso do bem ou da atividade policiada, ou seja, da sua utilização ou realização em conformidade

48. Quanto à licença para construir, só gera direito adquirido depois de iniciada a obra: v. parecer in *Estudos e Pareceres de Direito Público*, X/297, e STF, *RDA* 162/215; Ag. 135.464-0-RJ, *DJU* 22.5.92; *RT* 564/236 e *RTJ* 142/944; TJSP, *RT* 670/72.

49. Sobre *processo administrativo punitivo* v. cap. XI, item 3.3.5.4.

com o alvará respectivo, com o projeto de execução e com as normas legais e regulamentares pertinentes. Deparando irregularidade ou infringência legal, o agente fiscalizador deverá advertir verbalmente o infrator ou lavrar regularmente o *auto de infração*, consignando a sanção cabível para sua oportuna execução pela própria Administração, salvo no caso de multa, que só poderá ser executada por via judicial.

7.7 *Sanções*

O poder de polícia seria inane e ineficiente se não fosse coercitivo e não estivesse aparelhado de sanções para os casos de desobediência à ordem legal da autoridade competente.[50]

As *sanções do poder de polícia*, como elemento de coação e intimidação, principiam, geralmente, com a *multa* e se escalonam em penalidades mais graves como a *interdição de atividade*, o *fechamento de estabelecimento*, a *demolição de construção*,[51] o *embargo administrativo de obra*, a *destruição de objetos*, a *inutilização de gêneros*, a *proibição de fabricação ou comércio de certos produtos*, a *vedação de localização de indústrias ou de comércio em determinadas zonas* e tudo o mais que houver de ser impedido em defesa da *moral*, da *saúde* e da *segurança pública*, bem como da *segurança nacional*, desde que estabelecido em lei ou regulamento.

Estas sanções, em virtude do princípio da *auto-executoriedade* do ato de polícia, são impostas e executadas pela própria Administração em procedimentos administrativos compatíveis com as exigências do interesse público. O que se requer é a *legalidade da sanção* e sua *proporcionalidade* à infração cometida ou ao dano que a atividade causa à coletividade ou ao próprio Estado. As sanções do poder de polícia são aplicáveis aos atos ou condutas individuais que, embora não constituam crimes, sejam inconvenientes ou nocivos à coletividade, como previstos na norma legal.

Convém observar que o mesmo fato, juridicamente, pode gerar pluralidade de ilícitos e de sanções administrativas.[52]

De acordo com a Lei 9.873, de 23.11.99, na esfera federal prescreve em cinco anos a ação punitiva da Administração Pública, direta e indireta, no exercício do poder de polícia, objetivando apurar infração, contados da data da prática do ato ou, no caso de infração permanente ou continuada, do dia em que tiver cessado. A prescrição incide no procedimento administra-

50. Sobre sanções v. Régis Fernandes de Oliveira, *Infrações e Sanções Administrativas*, Ed. RT, 1985, e STJ, REsp 4.608-SP, *DJU* 29.10.90.

51. O STJ julgou legal o exercício do poder de polícia para demolir construções irregulares decorrentes de invasão de área *non aedificandi* (REsp 626.224-RS, rel. Min. Luiz Fux, *DJU* 14.4.2004).

52. TJSP, ApCiv 125.348-1, j. 30.10.90.

tivo paralisado por mais de três anos, pendente de julgamento ou despacho. Todavia, quando o fato constituir crime a prescrição rege-se pelo prazo previsto na lei penal (art. 1º e §§). Os casos de interrupção e suspensão estão relacionados nos arts. 2º e 3º. De natureza transitória, a norma do art. 4º estabelece que as infrações ocorridas há mais de três anos, contados do dia 1º de julho de 1998, prescrevem em dois anos, a partir dessa data. Por fim, para evitar qualquer interpretação equivocada, o art. 5º esclarece que o disposto nessa lei não se aplica às infrações de natureza funcional, ou seja, àquelas praticadas pelos servidores públicos (v. cap. XI, itens 3.2.3.7 e 7.6).

7.8 Condições de validade

As *condições de validade do ato de polícia* são as mesmas do ato administrativo comum, ou seja, a *competência*, a *finalidade* e a *forma*, acrescidas da *proporcionalidade da sanção* e da *legalidade dos meios* empregados pela Administração.

A *competência*, a *finalidade* e a *forma* são condições gerais de eficácia de todo ato administrativo, a cujo gênero pertence a espécie *ato de polícia.*

A *proporcionalidade* entre a restrição imposta pela Administração e o benefício social que se tem em vista, sim, constitui requisito específico para validade do ato de polícia, como, também, a correspondência entre a infração cometida e a sanção aplicada, quando se tratar de medida punitiva. Sacrificar um direito ou uma liberdade do indivíduo sem vantagem para a coletividade invalida o fundamento social do ato de polícia, pela desproporcionalidade da medida. Desproporcional é também o ato de polícia que aniquila a propriedade ou a atividade a pretexto de condicionar o uso do bem ou de regular a profissão. O poder de polícia autoriza limitações, restrições, condicionamentos; nunca supressão total do direito individual ou da propriedade particular, o que só poderá ser feito através de desapropriação. A desproporcionalidade do ato de polícia ou seu excesso equivale a abuso de poder e, como tal, tipifica ilegalidade nulificadora da sanção.[53]

A *legalidade dos meios* empregados pela Administração é o último requisito para a validade do ato de polícia. Na escolha do modo de efetivar as medidas de polícia não se compreende o poder de utilizar meios ilegais para sua consecução, embora lícito e legal o fim pretendido. Em tema de polícia, adverte Bonnard: "la fin ne justifie pas tous les moyens".[54]

Os meios devem ser legítimos, humanos e compatíveis com a urgência e a necessidade da medida adotada. A demolição de obras, a destrui-

53. Otto Mayer, *Derecho Administrativo Alemán*, trad., Buenos Aires, Depalma, 1950, II/31.

54. Roger Bonnard, *Précis de Droit Administratif*, Paris, 1935, p. 321.

ção de bens particulares, o emprego da força física, só se justificam como expedientes extremos do Poder Público. Enquanto houver outros modos de realizar a medida de polícia e outras sanções menos violentas não se autorizam os atos destrutivos da propriedade, nem as interdições sumárias de atividades, nem a coação física para impedir o exercício de profissões regulamentadas. Só a resistência do particular a ordens e proibições legais legitima o emprego moderado da força pública para removê-la, como último recurso contra o capricho do administrado ao poder de polícia da Administração.

Em prosseguimento deste tópico caberia analisar os vários setores da *polícia administrativa especial* – polícia sanitária, polícia das construções, polícia de trânsito, polícia de costumes e outras –, mas, na impossibilidade de o fazermos, dada a extensão da matéria, limitamo-nos a apreciar a primeira – *polícia sanitária* –, que é comum a todas as entidades estatais e a mais exercitada na prática administrativa, sendo regida por uma complexa legislação federal, estadual e municipal, como veremos a seguir.

7.9 O poder de polícia e as microempresas e empresas de pequeno porte

A Lei Complementar 123, de 14.12.2006, que institui regime especial para as microempresas e empresas de pequeno porte, conceituadas no art. 3º da lei, contém capítulo específico sobre o exercício do poder de polícia no que se refere aos "aspectos trabalhista, metrológico, sanitário, ambiental e de segurança", dispondo no art. 55 e seus §§ 1º a § 4º que a "fiscalização" dessas empresas "deverá ter natureza prioritariamente orientadora, quando a atividade ou situação, por sua natureza, comportar grau de risco compatível com esse procedimento". Assim, "será observado o critério de dupla visita para lavratura de autos de infração, salvo quando for constatada infração por falta de registro de empregado ou anotação da CTPS, ou, ainda, na ocorrência de reincidência, fraude, resistência ou embaraço à fiscalização" (§ 1º), não se aplicando o disposto nesse artigo "ao processo administrativo fiscal relativo a tributos, que se dará na forma dos arts. 39 e 40" da Lei Complementar 123 (§ 4º).

Em prosseguimento deste tópico, caberia analisar os vários setores da *polícia administrativa especial* – polícia sanitária, polícia das construções, polícia de trânsito, polícia de costumes e outras. Mas, na impossibilidade de o fazermos, dada a extensão da matéria, limitamo-nos a apreciar a primeira – *polícia sanitária* –, que é comum a todas as entidades estatais e a mais exercitada na prática administrativa, sendo regida por uma complexa legislação federal, estadual e municipal, como veremos a seguir.

8. *Polícia sanitária*

8.1 *Campo de atuação*

O *campo de atuação*[55] *da polícia sanitária* é incomensurável, o que levou o eminente Cirne Lima a confessar, judiciosamente, que, "na impossibilidade de fixar limites já ao conceito de polícia sanitária, já à competência do Estado nesse assunto, devemos limitar-nos a uma classificação meramente demonstrativa".[56]

Em verdade, a polícia sanitária dispõe de um elastério muito amplo e necessário à adoção de normas e medidas específicas, requeridas por situações de perigo presente ou futuro que lesem ou ameacem lesar a saúde e a segurança dos indivíduos e da comunidade.[57] Por essa razão o Poder Público dispõe de largo discricionarismo na escolha e imposição das limitações de higiene e segurança, em defesa da população.

No nosso sistema constitucional os assuntos de saúde e assistência pública ficam sujeitos à tríplice regulamentação federal, estadual e municipal, por interessarem simultaneamente a todas as entidades estatais. É o que se infere do texto e do espírito da CF, nos termos do art. 23, II, que estabelece a competência executiva comum da União, dos Estados e dos Municípios, cabendo ressaltar que toda ação e todo serviço público de saúde deverão integrar um "Sistema Único de Saúde – SUS", a ser organizado nos termos dos arts. 198 e 200 da mesma Carta.

Ligado ao problema de polícia sanitária, a União acaba de editar a Lei 11.445, de 5.1.2007, estabelecendo as diretrizes nacionais para o saneamento básico, cujo conteúdo é comentado ao final do cap. VI, *Serviços Públicos*.

55. O estudo e a sistematização das normas sanitárias adquiriram tal importância e desenvolvimento que levaram alguns autores a falar em um *Direito Sanitário*, como ramo autônomo do Direito Administrativo, tal como sustenta Lessona em seu *Trattato di Diritto Sanitario*, 1921, especialmente às pp. 9-39 do 1º v. Opomo-nos a essa opinião, como a ela se opõe a maioria dos publicistas italianos, que continuam a entender que o ordenamento sanitário é objeto do Direito Administrativo, como matéria de polícia administrativa (cf. Cammeo, *Sanità Pubblica*, 1925; Vitta, *Sanità Pubblica e Singoli Objetti dell'Amministrazione Sanitaria*, 1933; Zanobini, *Corso di Diritto Amministrativo*, 1951, V/61). No Brasil sempre se considerou a polícia sanitária como assunto de Direito Administrativo: Alcides Cruz, *Direito Administrativo Brasileiro*, 1914, n. 172; Themístocles Cavalcanti, *Tratado de Direito Administrativo*, 1950, V/431; J. Guimarães Menegale, *Direito Administrativo e Ciência da Administração*, 1950, III/99; Ruy Cirne Lima, *Princípios de Direito Administrativo*, 7ª ed., 2007, p. 329.

56. Ruy Cirne Lima, *Princípios de Direito Administrativo*, 1954, p. 120.

57. V., sobre polícia sanitária: Alcides Greca, "Polícia sanitária", *RDA* 3/454, e, do Autor, *Direito Municipal Brasileiro*, 16ª ed., São Paulo, Malheiros Editores, 2008, e tb. o *Direito de Construir*, 9ª ed., São Paulo, Malheiros Editores, 2005.

8.2 Normas gerais de defesa e proteção da saúde

Normas gerais de defesa e proteção da saúde são aquelas regras e prescrições federais impostas tanto à União como ao Distrito Federal, aos Estados-membros e Municípios, objetivando orientar a polícia sanitária nacional, num sentido unitário e coeso, que possibilite a ação conjugada e uniforme de todas as entidades estatais em prol da salubridade pública. A *generalidade* da norma não é a do conteúdo da regra, mas a da sua extensão espacial. Nada impede, portanto, que a União, ao editar normas sanitárias gerais, especifique providências e medidas higiênicas e profiláticas, especialize métodos preventivos e curativos; imponha ou proíba o uso de determinados medicamentos ou substâncias medicinais; fiscalize a fabricação, importação e distribuição de produtos e insumos que ponham em risco a saúde da comunidade; estabeleça determinado processo de saneamento ou exija requisitos mínimos de salubridade para as edificações e demais atividades que se relacionem com a higiene e segurança das populações.

Justifica-se plenamente a competência predominante da União em assuntos de higiene e saúde pública, porque em nossos dias não há doença ou moléstia que se circunscreva unicamente a determinada região ou cidade, em face dos rápidos meios de transporte, que, se conduzem com presteza os homens, agem também como veículos de contaminação de todo o País, e até mesmo de todo o orbe terrestre. Não há falar, portanto, em interesse regional do Estado-membro, ou em interesse local do Município, em matéria sanitária, onde prevalece sempre o interesse nacional, e, não raro, o internacional.[58] Daí por que, sábia e prudentemente, a Constituição Federal vigente conferiu competência concorrente à União e aos Estados para legislar sobre tais assuntos, limitada a primeira a normas gerais (CF, art. 24, XII, e § 1º). Nos aspectos de interesse local, cabe aos Municípios legislar, suplementarmente à legislação federal e estadual (CF, art. 30, I e II). Para situações de calamidade pública, há normas federais, estaduais e municipais, de cada entidade, que devem ser consultadas.

8.2.1 *Agência Nacional de Vigilância Sanitária* – A Lei 9.782, de 26.1.99 (alterada pela MP 2.190-34, de 23.8.2001), definiu o Sistema Nacional de Vigilância Sanitária e criou a *Agência Nacional de Vigilância Sanitária* como entidade executiva do Sistema, vinculada ao Ministério da Saúde. A Agência tem como finalidade básica a proteção à saúde da população, por intermédio do controle sanitário da produção e da comercialização de produtos e serviços submetidos à vigilância sanitária, inclusive dos am-

58. V. o Código Sanitário Pan-Americano, do qual o Brasil é signatário (Dec. Legislativo 62, de 16.11.54). Este Código foi aprovado em Havana, em 24.9.54, na VI Reunião do Conselho Diretor da Organização Sanitária Pan-Americana, para viger nas três Américas.

bientes, dos processos, dos insumos e das tecnologias a eles relacionados, bem como o controle de portos, aeroportos e de fronteiras (art. 6º). Como se vê, sua competência é extensa e para seu exercício dispõe de amplo poder de polícia para autorizar ou interditar o funcionamento de empresas; anuir ou proibir a importação e exportação de produtos; fiscalizar laboratórios de serviços de apoio diagnóstico; monitorar a evolução dos preços de medicamentos e serviços de saúde; e várias outras atividades relacionadas com a proteção à saúde da população.

A Agência possui inclusive poderes normativos, especialmente nas áreas técnicas, que exigem conhecimento especializado da matéria. A ela cabe estabelecer padrões sobre limites de contaminantes, resíduos tóxicos, desinfetantes, metais pesados e outros que envolvam risco à saúde.

Criada como *autarquia sob regime especial*, a Agência dispõe de independência administrativa, estabilidade de seus dirigentes e autonomia financeira, integrando o rol de agências reguladoras que vêm sendo instituídas pela União para a regulamentação e a fiscalização de serviços públicos e atividades de interesse coletivo (v. cap. VI, item 2.5, sobre *Agências reguladoras*).

Sem dúvida, a criação da Agência Nacional de Vigilância Sanitária constituiu inegável progresso para o desempenho do poder de polícia sanitária da União. A abertura da importação de medicamentos e outros produtos destinados ao consumo da população, a introdução de novas tecnologias e produtos cujas conseqüências no futuro ainda são desconhecidas, a proliferação de serviços de saúde como negócio lucrativo, tudo isso, acompanhado de enorme pressão publicitária, estava pondo em risco a saúde da população brasileira, surgindo em boa hora uma entidade administrativa independente para regulamentar e fiscalizar essa área.

As infrações à legislação federal sanitária estão definidas na Lei 6.437, de 20.8.77, também alterada pela MP 2.190-34, de 23.8.2001.

8.2.2 *Agência Nacional de Saúde Suplementar* – Ainda que indiretamente, tem relação com a polícia sanitária a *Agência Nacional de Saúde Suplementar* – ANS, criada pela Lei 9.961, de 28.1.2000, como autarquia de regime especial, como órgão de regulamentação, normatização, controle e fiscalização das atividades que garantam a assistência suplementar à saúde. Cabe a esta autarquia, entre outras atribuições, a de fiscalizar o cumprimento da legislação referente aos aspectos sanitários e epidemiológicos relativos à prestação de serviços médicos e hospitalares no âmbito da saúde complementar.

8.2.3 *Códigos sanitários estaduais* – Os *Códigos sanitários estaduais*, visando a complementar ou suprir a legislação federal, são da competência dos Estados-membros.[59] Tais leis, como é óbvio, devem atender aos preceitos gerais e aos mínimos legais impostos pela União em tudo que se refira à defesa e proteção da saúde. Desde que a legislação federal é genérica e contém exigências mínimas, lícito é a cada Estado-membro impor condições sanitárias mais minuciosas e exigir outras omitidas pela União, em defesa da salubridade pública. Toda matéria pertinente à saúde pública cabe no respectivo Código estadual, sendo mesmo conveniente reunir num só corpo de lei as normas referentes à polícia sanitária das construções, da alimentação, da poluição do ar e da água, por serem assuntos conexos, regidos por princípios idênticos.[60]

Além de estabelecer as normas sanitárias para o território estadual, o Código sanitário impõe medidas de atuação para os particulares e para as autoridades e agentes sanitários, incumbidos da fiscalização e punição dos infratores.

Esses Códigos, em geral, impõem à propriedade particular, e especialmente às construções, uma série de limitações administrativas de ordem sanitária, relegando aos Municípios a regulamentação estrutural das obras.

8.2.4 *Regulamentos sanitários municipais* – Os *regulamentos municipais* de higiene e segurança têm por objetivo principal o controle técnico-funcional das edificações particulares e dos recintos públicos, bem como dos gêneros alimentícios destinados ao consumo local.[61]

O poder municipal de controle das edificações decorre, hoje, da Constituição Federal, que outorga competência expressa ao Município para promover o ordenamento de seu território, mediante planejamento e controle do uso, do parcelamento e da ocupação do solo urbano (art. 30, VIII). Embasa-se, ainda, no art. 1.299 do CC, que autoriza as construções, respeitando-se o direito dos vizinhos e os *regulamentos administrativos*. Tais regulamentos consubstanciam-se no Código de Obras e nas normas edilícias complementares.

Na regulamentação municipal deverão ser impostas minuciosamente as condições em que o proprietário pode construir, visando à segurança e à higiene das edificações. Dentre as exigências, são perfeitamente cabíveis as que se relacionem com a solidez da construção, com a aeração, isolação, cubagem, altura máxima e mínima etc.

59. É constitucional lei estadual dispondo sobre beneficiamento de leite de cabra, com base na competência concorrente (art. 24, §§ 1º e 2º) (STF, ADI 1.278, *DJU* 15.6.2007).

60. V., a propósito, o Código de Saúde do Estado de São Paulo, Lei Complementar 15, de 10.3.95.

61. V., a propósito, o Código Sanitário do Município da Capital de São Paulo, Dec. 25.544, de 14.3.88.

Para bem policiar as edificações as Municipalidades subordinam as construções e reformas à prévia aprovação do projeto pela seção competente da Prefeitura e exigem que tais projetos sejam elaborados e subscritos por profissional legalmente habilitado, na forma da legislação federal pertinente. Pelo mesmo motivo, a ocupação dos edifícios deve ser precedida de vistoria e expedição de alvará de utilização, conhecido por "habite-se". O poder de polícia municipal, em matéria de habitações, como se vê, é amplo,[62] possibilitando o acompanhamento da execução da obra e vistorias posteriores à sua conclusão, desde que o Poder Público suspeite de insegurança ou alteração das condições de higiene e salubridade, sempre exigíveis. Encontrando-as em desconformidade com as exigências legais e regulamentares, pode promover sua interdição e demolição, ou permitir a adaptação às condições oficiais.

Tratando-se de prédios destinados a espetáculos e reuniões sociais, a fiscalização é tanto mais necessária, em razão da freqüência coletiva, onde o risco da insegurança e da insalubridade aumenta dia a dia, com a deterioração dos materiais expostos à ação do tempo e a possibilidade de criação de ambiente de contágio público, se não houver adequada e constante higienização.

Além do controle das edificações, cabe ao Município a polícia sanitária dos gêneros alimentícios, principalmente dos perecíveis, como a carne verde, o leite, os ovos, as frutas e verduras, comumente oferecidos ao consumidor em estabelecimentos e feiras livres locais. Esses produtos, embora passíveis de fiscalização federal e estadual, sujeitam-se também ao controle da Prefeitura, pela evidente razão de que, mesmo em bom estado na sua origem, podem deteriorar-se no transporte e na exposição à venda ao consumidor. Assim sendo, desde que compete ao Município zelar pela saúde pública em seu território, cabe-lhe a fiscalização sanitária dos produtos consumíveis por sua população.

Em princípio, os produtos naturais ou industrializados para consumo humano sujeitam-se ao tríplice controle sanitário da União, do Estado e do Município em que serão consumidos, mas o STF vinha decidindo, sob a Constituição de 1969, que, havendo fiscalização federal, não pode haver fiscalização municipal,[63] contrariamente aos julgados dos Tribunais esta-

62. O STF entende que o Município tem competência para legislar sobre equipamentos de segurança (portas eletrônicas) ou para dispor sobre o tempo de atendimento às pessoas em imóveis localizados em seu território e destinados ao atendimento ao público (RE 240.406, RE 312.050 e AI 388.685; RE 312.050 e RE 432.789). Também decidiu que é constitucional a taxa de renovação de funcionamento e de localização pelo Município desde que haja demonstração da potencialidade do efetivo exercício do poder de polícia, ou seja, de proceder à fiscalização (REs 588.322, com natureza de repercussão geral, 280.441 e 396.846).

63. STF, *RTJ* 31/8, 85/1.030; *RDA* 72/216, 76/304, 77/256, 88/106, 114/124.

duais, que admitem a fiscalização no local do consumo;[64] e esta nos parece a orientação correta para os produtos facilmente perecíveis, que podem estar perfeitos na origem e chegar deteriorados aos pontos de entrega ao consumidor.

Observamos, ainda, que o policiamento sanitário se estende também aos elementos da natureza – água, ar e terra –, como veremos adiante, ao cuidarmos da *proteção ambiental* (cap. VIII, item 10).

Quanto ao direito adquirido, o STF assentou o seguinte entendimento: "(...) o disposto no art. 5º, XXXVI, da Constituição Federal se aplica a toda e qualquer lei infraconstitucional, sem qualquer distinção entre lei de Direito Público e lei de Direito Privado, ou entre lei de ordem pública e lei dispositiva".[65] Dessa forma, quando o TJSP afirma que os "princípios de polícia sanitária, sempre em evolução, na medida das exigências sociais, não conferem direito adquirido", ou que "as normas urbanísticas são de ordem pública, cogentes, sem que se possa contrapor direito adquirido", deve-se observar que esses julgados abordaram, na verdade, os efeitos futuros da lei nova, não os efeitos jurídicos produzidos no passado, pois estes, em face da garantia do direito adquirido – assim entendido aquele que "nos termos da lei sob o império da qual se verificou o fato de onde se origina, entrou imediatamente a fazer parte do patrimônio de quem o adquiriu"[66] –, devem ser respeitados. Daí por que, como acentuado em outro passo, no caso de licença para construir, se a obra já foi iniciada a lei nova não se aplica, havendo direito adquirido decorrente de efeito jurídico produzido no passado sob a égide da lei anterior.[67]

64. TJRJ, *RDA* 73/277; *RT* 319/520, 337/361; 1º TASP, *RDA* 84/138.

65. *RTJ* 143/724.

66. Francesco Gabba, *Teoria della Retroattività delle Leggi*, v. I, p. 191, e RE 451.502, *DJU* 25.5.2005.

67. TJSP, *RT* 559/130 e 670/72. Salvo se a obra licenciada já tiver sido iniciada (v. nota 48 e cap. IX, nota 2).

Capítulo IV

ATOS ADMINISTRATIVOS

1. Conceito e requisitos do ato administrativo

A Administração Pública realiza sua função executiva por meio de *atos jurídicos* que recebem a denominação especial de *atos administrativos*. Tais atos, por sua natureza, conteúdo e forma, diferenciam-se dos que emanam do Legislativo (leis) e do Judiciário (decisões judiciais), quando desempenham suas atribuições específicas de legislação e de jurisdição.

Temos, assim, na atividade pública geral, três categorias de atos inconfundíveis entre si: *atos legislativos*, *atos judiciais* e *atos administrativos*.

Neste capítulo só nos interessam os *atos administrativos*.

A prática de *atos administrativos* cabe, em princípio e normalmente, aos órgãos executivos, mas as autoridades judiciárias e as Mesas legislativas também os praticam restritamente, quando ordenam seus próprios serviços, dispõem sobre seus servidores ou expedem instruções sobre matéria de sua privativa competência. Esses atos são tipicamente administrativos, embora provindos de órgãos judiciários ou de corporações legislativas, e, como tais, se sujeitam a revogação ou a anulação no âmbito interno ou pelas vias judiciais, como os demais atos administrativos do Executivo.

Além das autoridades públicas propriamente ditas, podem os dirigentes de autarquias e das fundações, os administradores de empresas estatais e os executores de serviços delegados praticar atos que, por sua afetação pública, se equiparam aos atos administrativos típicos, tornando-se passíveis de controle judicial por mandado de segurança e ação popular, tais sejam as lesões que venham a produzir.

Feitas estas considerações gerais, veremos o conceito e requisitos do ato administrativo.

1.1 Conceito

O *conceito de ato administrativo* é fundamentalmente o mesmo do ato jurídico, do qual se diferencia como uma categoria informada pela finalidade pública. É ato jurídico todo aquele que tenha por fim imediato adquirir, resguardar, transferir, modificar ou extinguir direitos.

Partindo desta definição, podemos conceituar o ato administrativo com os mesmos elementos fornecidos pela Teoria Geral do Direito, acrescentando-se, apenas, a *finalidade pública* que é própria da espécie e distinta do gênero *ato jurídico*, como acentuam os administrativistas mais autorizados.[1]

Ato administrativo é toda manifestação unilateral de vontade da Administração Pública que, agindo nessa qualidade, tenha por fim imediato adquirir, resguardar, transferir, modificar, extinguir e declarar direitos, ou impor obrigações aos administrados ou a si própria.

Esse conceito é restrito ao *ato administrativo unilateral*, ou seja, àquele que se forma com a vontade única da Administração, e que é o ato admi-

1. V. na "Bibliografia" a doutrina nacional e estrangeira a respeito da teoria do ato administrativo.

nistrativo típico, que nos interessa neste capítulo. Os *atos bilaterais* constituem os *contratos administrativos*, estudados separadamente no capítulo seguinte.[2]

Condição primeira para o surgimento do ato administrativo é que a Administração aja nessa qualidade, usando de sua supremacia de Poder Público, visto que algumas vezes nivela-se ao particular e o ato perde a característica administrativa, igualando-se ao ato jurídico privado; a segunda é que contenha manifestação de vontade apta a produzir efeitos jurídicos para os administrados, para a própria Administração ou para seus servidores (sobre a *omissão da Administração*, v. cap. II, item 4.2.3); a terceira é que provenha de agente competente, com finalidade pública e revestindo forma legal.

Por aí se vê que o *ato administrativo* típico é sempre manifestação volitiva da Administração, no desempenho de suas funções de Poder Público, visando a produzir algum efeito jurídico, o que o distingue do *fato administrativo*, que, em si, é atividade pública material, desprovida de conteúdo de direito. Como produz efeitos jurídicos, é um ato jurídico, com características próprias.

Fato administrativo é toda realização material da Administração em cumprimento de alguma decisão administrativa, tal como a construção de uma ponte, a instalação de um serviço público etc. O fato administrativo, como materialização da vontade administrativa, é dos domínios da técnica e só reflexamente interessa ao Direito, em razão das conseqüências jurídicas que dele possam advir para a Administração e para os administrados. O que convém fixar é que o *ato administrativo* não se confunde com o *fato administrativo*, se bem que estejam intimamente relacionados, por ser este conseqüência daquele. O fato administrativo resulta sempre do ato administrativo que o determina. Mas pode ocorrer também um fato da natureza que venha a produzir conseqüências administrativas, como, por exemplo, a morte de um servidor. A esta situação denominamos *fato jurídico administrativo*, que é o evento aleatório ao qual o Direito atribui efeitos jurídicos.

2. *Contrato administrativo* é o ajuste que a Administração Pública, agindo nessa qualidade, firma com particular ou com outra entidade administrativa para a consecução de objetivos de interesse público, nas condições estabelecidas pela própria Administração (cap. V, item 1). É sempre *bilateral*, no sentido de que há *duas partes* com objetivos diversos: uma, a Administração, que pretende o objeto contratado (obra, serviço etc.); outra, que almeja receber a contraprestação (preço ou qualquer outra vantagem correspondente). Não importa que os contratantes sejam vários: o contrato é sempre *bilateral*, porque só admite duas posições para as partes, sendo uma credora da outra do encargo ou prestação que assumiu.

A teoria do *contrato administrativo* difere, portanto, fundamentalmente da teoria do *ato administrativo*.

Nem mesmo os *atos complexos* se identificam com os *contratos*, porque estes provêm sempre da conjugação de vontades de duas ou mais pessoas físicas ou jurídicas, ao passo que aqueles se formam através da manifestação de vontade de dois ou mais órgãos da mesma entidade pública.

1.2 Requisitos

O exame do ato administrativo revela nitidamente a existência de cinco *requisitos* necessários à sua formação, a saber: *competência*, *finalidade*, *forma*, *motivo* e *objeto*. Tais componentes, pode-se dizer, constituem a infraestrutura do ato administrativo, seja ele vinculado ou discricionário, simples ou complexo, de império ou de gestão.

Além destes componentes, merecem apreciação, pelas implicações com a eficácia de certos atos, o *mérito administrativo* e o *procedimento administrativo*, elementos que, embora não integrem sua contextura, concorrem para sua formação e validade.

Sem a convergência desses elementos não se aperfeiçoa o ato e, conseqüentemente, não terá condições de eficácia para produzir efeitos válidos. Bastam essas considerações para realçar a importância do conhecimento desses componentes do ato administrativo e justificar as considerações que passaremos a tecer sobre os mesmos.

1.2.1 *Competência* – Para a prática do ato administrativo a *competência* é a condição primeira de sua validade. Nenhum ato – discricionário ou vinculado – pode ser realizado validamente sem que o agente disponha de poder legal para praticá-lo.

Entende-se por *competência administrativa* o poder atribuído ao agente da Administração para o desempenho específico de suas funções. A competência resulta da lei e por ela é delimitada. Todo ato emanado de agente incompetente, ou realizado além do limite de que dispõe a autoridade incumbida de sua prática, é inválido, por lhe faltar um elemento básico de sua perfeição, qual seja, o poder jurídico para manifestar a vontade da Administração. Daí a oportuna advertência de Caio Tácito de que "não é competente quem quer, mas quem pode, segundo a norma de Direito".[3] Mas a outorga de competência expressa a determinado agente importa deferimento implícito, a esse mesmo agente, dos meios necessários à integral realização dos fins previstos pela norma.[4] São os chamados *poderes implícitos*.

A competência administrativa, sendo um requisito de ordem pública, é intransferível e improrrogável pela vontade dos interessados. Pode, entretanto, ser delegada e avocada, desde que o permitam as normas reguladoras da Administração.[5] Sem que a lei faculte essa deslocação de função não é possível a modificação discricionária da competência, porque ela é elemento vinculado de todo ato administrativo, e, pois, insuscetível de ser fixada ou alterada ao nuto do administrador e ao arrepio da lei.

3. Caio Tácito, *O Abuso de Poder Administrativo no Brasil*, Rio, 1959, p. 27.

4. Cf. STF, MS 26.547, decisão do Min. Celso de Mello, *DJU* 29.5.2007.

5. Manoel María Diez, *El Acto Administrativo*, Buenos Aires, 1956, p. 128.

1.2.2 *Finalidade* – Outro requisito necessário ao ato administrativo é a *finalidade*, ou seja, o objetivo de interesse público a atingir. Não se compreende ato administrativo sem fim público. A finalidade é, assim, elemento vinculado de todo ato administrativo – discricionário ou regrado – porque o Direito Positivo não admite ato administrativo sem finalidade pública ou desviado de sua finalidade específicas.[6] Desde que a Administração Pública só se justifica como fator de realização do interesse coletivo, seus atos hão de se dirigir sempre e sempre para um *fim público*, sendo nulos quando satisfizerem pretensões descoincidentes do interesse coletivo.

A finalidade do ato administrativo é aquela que a lei indica explícita ou implicitamente. Não cabe ao administrador escolher outra, ou substituir a indicada na norma administrativa, ainda que ambas colimem fins públicos. Neste particular, nada resta para escolha do administrador, que fica vinculado integralmente à vontade legislativa.

A alteração da finalidade expressa na norma legal ou implícita no ordenamento da Administração caracteriza o desvio de poder (*détournement de pouvoir – sviamento di potere*), que rende ensejo à invalidação do ato, por lhe faltar um elemento primacial em sua formação: o fim público desejado pelo legislador.

1.2.3 *Forma* – O revestimento exteriorizador do ato administrativo constitui requisito vinculado e imprescindível à sua perfeição. Enquanto a vontade dos particulares pode manifestar-se livremente, a da Administração exige procedimentos especiais e *forma legal* para que se expresse validamente. Daí podermos afirmar que, se, no Direito Privado, a liberdade da forma do ato jurídico é regra, no Direito Público é exceção. Todo ato administrativo é, em princípio, formal. E compreende-se essa exigência, pela necessidade que tem o ato administrativo de ser contrasteado com a lei e aferido, freqüentemente, pela própria Administração e até pelo Judiciário, para verificação de sua validade.

Outra peculiaridade, bem lembrada por Gordillo, é a de que no Direito Privado se distinguem as formas *ad substantiam* e *ad probationem*, ao passo que no Direito Administrativo não se faz essa distinção, visto que toda forma estabelecida para o ato é *substancial*.[7] Não se confunda, entretanto, simples defeito material na forma com a relegação da própria forma: aquele é corrigível e não anula o ato (como, p. ex., um erro material em um decreto expropriatório), esta é insuprível e nulificadora do ato (como, no mesmo exemplo, se a desapropriação for decretada por um ofício).

6. Caio Tácito, *Desvio de Poder em Matéria Administrativa*, Rio, 1951, p. 18.

7. Agustín A. Gordillo, *El Acto Administrativo*, Buenos Aires, 1969, p. 328.

A inexistência da forma induz a inexistência do ato administrativo. A forma normal do ato de administração é a escrita, embora atos existam consubstanciados em ordens verbais e até mesmo em sinais convencionais, como ocorre com as instruções momentâneas de superior a inferior hierárquico, com as determinações de polícia em casos de urgência e com a sinalização do trânsito. O que convém fixar é que só se admite o ato administrativo *não escrito* em casos de urgência, de transitoriedade da manifestação da vontade administrativa ou de irrelevância do assunto para a Administração. Nas demais hipóteses é de rigor o ato *escrito em forma legal*, sem o quê se exporá à invalidade.

A revogação ou a modificação do ato administrativo deve obedecer à mesma forma do ato originário, uma vez que o elemento formal é vinculado tanto para sua formação quanto para seu desfazimento ou alteração.

Impõe-se, neste caso, distinguir a *forma do ato* do *procedimento administrativo*. A *forma* é o revestimento material do ato; o *procedimento* é o conjunto de operações exigidas para sua perfeição. Assim, para uma concorrência há um *procedimento* que se inicia com o edital e se finda com a adjudicação da obra ou do serviço; e há um ato adjudicatório que se concretiza, afinal, pela *forma* estabelecida em lei. O procedimento é dinâmico; a forma é estática. Vale notar que a Lei 9.784/99, no art. 22, disciplina a forma dos atos do processo administrativo.

A inobservância da forma vicia substancialmente o ato, tornando-o passível de invalidação, desde que necessária à sua perfeição e eficácia.

1.2.4 *Motivo* – O *motivo* ou *causa*[8] é a situação de direito ou de fato que determina ou autoriza a realização do ato administrativo. O motivo, como elemento integrante da perfeição do ato, pode vir expresso em lei como pode ser deixado ao critério do administrador. No primeiro caso será um elemento vinculado; no segundo, discricionário, quanto à sua existência e valoração.[9]

Como visto no cap. II, item 2.3.8, a Lei 9.784/99 alçou a *motivação* à categoria de *princípio*. Denomina-se *motivação* a exposição ou a indicação por escrito dos fatos e dos fundamentos jurídicos do ato (cf. art. 50, *caput*, da Lei 9.784/99). Assim, *motivo* e *motivação* expressam conteúdos jurídicos diferentes. Hoje, em face da ampliação do princípio do acesso ao Judiciário (CF, art. 5º, XXXV), conjugado com o da moralidade administrativa (CF,

8. Alguns administrativistas empregam como sinônimas as palavras *motivo* e *causa* do ato administrativo. Preferimos, com a terminologia mais moderna, o vocábulo *motivo* do ato administrativo, para evitar confusão com a causa dos atos jurídicos do Direito Privado, onde essa expressão tem sentido diverso do que lhe é dado no Direito Público.

9. Antônio Carlos de Araújo Cintra, *Motivo e Motivação do Ato Administrativo*, São Paulo, 1978.

art. 37, *caput*), a motivação é, em regra, obrigatória. Só não o será quando a lei a dispensar ou se a natureza do ato for com ela incompatível. Portanto, na atuação vinculada ou na discricionária, o agente da Administração, ao praticar o ato, fica na obrigação de justificar a existência do motivo, sem o quê o ato será inválido ou, pelo menos, invalidável, por ausência da motivação. Quando, porém, o motivo não for exigido para a perfeição do ato, fica o agente com a faculdade discricionária de praticá-lo sem motivação, mas, se o fizer, vincula-se aos motivos aduzidos, sujeitando-se à obrigação de demonstrar sua efetiva ocorrência. A referida Lei 9.784/99 aponta atos cujas motivações são obrigatórias (cf. art. 50, I a VIII).

Assim, para a dispensa de um servidor exonerável *ad nutum* não há necessidade de motivação do ato exoneratório, mas, se forem dados os motivos, ficará a autoridade que os deu sujeita à comprovação de sua real existência.

1.2.5 *Objeto* – Todo ato administrativo tem por *objeto* a criação, modificação ou comprovação de situações jurídicas concernentes a pessoas, coisas ou atividades sujeitas à ação do Poder Público. Nesse sentido, o objeto identifica-se com o conteúdo do ato, através do qual a Administração manifesta seu poder e sua vontade, ou atesta simplesmente situações preexistentes.

Na lição de Zanobini, "l'oggetto dell'atto amministrativo è la cosa, l'attività, il rapporto, di cui esso si occupa e per cui dispone, giudica, attesta quanto risulta dal suo contenuto".[10] Para Diez, "es la relación jurídica que crea el contenido del acto, en forma tal que objeto y contenido aparecen identificados. Es el resultado práctico que el órgano se propone conseguir a través de su acción voluntaria".[11]

O objeto, nos atos discricionários, fica na dependência da escolha do Poder Público, constituindo essa liberdade opcional o mérito administrativo. Não se pode, pois, em tal elemento, substituir o critério da Administração pelo pronunciamento do Judiciário, porque isto importaria revisão do mérito administrativo, por uma simples mudança de juízo subjetivo – do administrador pelo do juiz – sem qualquer fundamento em lei.

1.3 Mérito do ato administrativo

O *mérito do ato administrativo*, conquanto não se possa considerar requisito de sua formação, deve ser apreciado neste tópico, dadas as suas implicações com o motivo e o objeto do ato e, conseqüentemente, com as suas condições de validade e eficácia.

10. Guido Zanobini, *Corso di Diritto Amministrativo*, Roma, 1950, I/199.

11. Manoel María Diez, *El Acto Administrativo*, Buenos Aires, 1956, p. 174.

O conceito de *mérito administrativo* é de difícil fixação, mas poderá ser assinalada sua presença toda vez que a Administração decidir ou atuar valorando internamente as conseqüências ou vantagens do ato.

O mérito administrativo consubstancia-se, portanto, na valoração dos motivos e na escolha do objeto do ato, feitas pela Administração incumbida de sua prática, quando autorizada a decidir sobre a conveniência, oportunidade e justiça do ato a realizar. Daí a exata afirmativa de Seabra Fagundes de que "o merecimento é aspecto pertinente apenas aos atos administrativos praticados no exercício de competência discricionária".[12]

Com efeito, nos atos vinculados, onde não há faculdade de opção do administrador, mas unicamente a possibilidade de verificação dos pressupostos de direito e de fato que condicionam o *processus* administrativo, não há falar em *mérito*, visto que toda a atuação do Executivo se resume no atendimento das imposições legais. Em tais casos a conduta do administrador confunde-se com a do juiz na aplicação da lei, diversamente do que ocorre nos atos discricionários, em que, além dos elementos sempre vinculados (competência, finalidade e forma), outros existem (motivo e objeto), em relação aos quais a Administração decide livremente, e sem possibilidade de correção judicial, salvo quando seu proceder caracterizar excesso ou desvio de poder.[13]

Em tais atos (discricionários), desde que a lei confia à Administração a escolha e valoração dos motivos e do objeto, não cabe ao Judiciário rever os critérios adotados pelo administrador, porque não há padrões de legalidade para aferir essa atuação.

O que convém reter é que o *mérito administrativo* tem sentido próprio e diverso do *mérito processual* e só abrange os elementos não vinculados do ato da Administração, ou seja, aqueles que admitem uma valoração da eficiência, oportunidade, conveniência e justiça. No mais, ainda que se trate de poder discricionário da Administração, o ato pode ser revisto e anulado pelo Judiciário, desde que, sob o rótulo de *mérito administrativo*, se aninhe qualquer *ilegalidade* resultante de abuso ou desvio de poder.

1.4 Atos de Direito Privado praticados pela Administração

A Administração Pública pode praticar atos ou celebrar contratos em regime de Direito Privado (Civil ou Comercial), no desempenho normal de

12. M. Seabra Fagundes, "Conceito de mérito no Direito Administrativo", *RDA* 23/1-16.

13. Caio Tácito, *Desvio de Poder em Matéria Administrativa*, 1951, p. 26; Víctor Nunes Leal, "Os atos administrativos perante o Judiciário", *RDA* 3/70; "Poder discricionário e ação arbitrária da Administração", *RDA* 14/53, e tb. in *Problemas de Direito Público*, 1960, pp. 255 e 278; Luciano Ferreira Leite, *Discricionariedade Administrativa e Controle Judicial*, São Paulo, Ed. RT, 1981.

suas atividades. Em tais casos ela se nivela ao particular, abrindo mão de sua *supremacia de poder*, desnecessária para aquele negócio jurídico. É o que ocorre, p. ex., quando emite um cheque ou assina uma escritura de compra e venda ou de doação, sujeitando-se em tudo às normas do Direito Privado. A doutrina abona essa conduta[14] e a jurisprudência já a tem consagrado em repetidas decisões, no teor deste acórdão do STF: "Quando o Estado pratica atos jurídicos regulados pelo direito civil (ou comercial), coloca-se no plano dos particulares" (*RDA* 46/192; *RTJ* 29/465, 39/462), razão pela qual não pode alterá-los, revogá-los, anulá-los ou rescindi-los por ato unilateral. Dependerá sempre da concordância do interessado, ou da via judicial cabível.

Observamos, todavia, que mesmo nesses atos ou contratos o Poder Público não se libera das exigências administrativas que devem anteceder o negócio jurídico almejado, tais como autorização legislativa, avaliação, licitação etc., e as ações correspondentes devem ser propostas no juízo privativo da Administração interessada, que é o único privilégio que lhe resta.

1.5 Procedimento administrativo

Procedimento administrativo (*procedimento amministrativo – opération administrative – Administrativverfahren*) é a sucessão ordenada de operações que propiciam a formação de um ato final objetivado pela Administração. É o *iter* legal a ser percorrido pelos agentes públicos para a obtenção dos efeitos regulares de um ato administrativo principal.[15]

Os autores estrangeiros e pátrios, a começar por Sandulli, que é o sistematizador da teoria do *procedimento administrativo*, com pequenas variantes de forma, oferecem-nos a noção acima resumida.[16]

14. Ruy Cirne Lima, "Contratos administrativos e atos de comércio", *RDA* 32/1; Lafayete Pondé, "A vontade privada na formação ou na eficácia do ato administrativo", *RDA* 63/16 e ss.; Seabra Fagundes, "Da contribuição do Código Civil para o Direito Administrativo", *RDA* 78/1; Maria Sylvia Zanella Di Pietro, *Do Direito Privado na Administração Pública*, Atlas, 1989.

No Direito estrangeiro, v.: Michel Stassinopoulos, *Traité des Actes Administratifs*, Paris, pp. 32 e ss.; Arnaldo De Valles, "I servici pubblici", in *Trattato*, de Orlando, VI/614; Miguel Marienhoff, *Tratado de Derecho Administrativo*, 1ª ed., Buenos Aires, 1966, pp. 255 e ss.; Juan Carlos Cassagne, *Derecho Administrativo*, 1ª ed., 1972, pp. 97 e ss.

15. Os autores de língua castelhana ora empregam a palavra *procedimiento* no sentido de *processo administrativo*, ora no de *procedimento administrativo*, propriamente dito, o que exige do leitor a devida atenção para fazer a distinção necessária, uma vez que, para nós, *processo* e *procedimento* têm significado jurídico diverso.

16. A. M. Sandulli, *Il Procedimento Amministrativo*, 1959, pp. 17 e ss.; Zanobini, *Curso de Derecho Administrativo*, trad. Arayú, 1954, pp. 345 e ss.; Tezner, *Administrativverfahrens*, 1896, pp. 20 e ss.

Entre os autores brasileiros, v.: Flávio Bauer Novelli, *A Eficácia do Ato Administrativo*, tese, 1960, pp. 18 e ss.; J. Guimarães Menegale, *Direito Administrativo e Ciência da Administração*, 1950, II/321, § 3º. Note-se que este autor trata da matéria sob a epígrafe "Processo administrativo", que nos parece imprópria para designar o *procedimento administrativo*.

O procedimento administrativo constitui-se de atos intermediários, preparatórios e autônomos, mas sempre interligados, que se conjugam para dar conteúdo e forma ao ato principal e final colimado pelo Poder Público. As operações intermediárias, à medida que se realizam sem oposição dos interessados, tornam-se definitivas para a Administração e para o administrado, porque ocorre, em tal caso, a preclusão administrativa dos meios invalidatórios, para que se passe à fase seguinte com a certeza da eficácia dos atos anteriores.

A preterição de atos preparatórios ou a sua realização em desconformidade com a norma legal que disciplina o procedimento administrativo podem acarretar a nulidade do ato final, desde que se trate de operações essenciais ou de requisitos de legalidade do ato principal.

Exemplo de procedimento administrativo típico é o da concorrência, visto que à adjudicação da obra ou serviço ao melhor proponente (objetivo da Administração) precedem operações intermediárias (atos procedimentais: edital, verificação de idoneidade, julgamento) necessárias à efetivado da adjudicação (ato final). Outros exemplos poderiam ser apontados, mas em todos eles encontraríamos o traço característico do procedimento administrativo, que é a existência de "uma série de atos necessariamente interligados, tendo em vista a obtenção de um final".[17]

Não se confunde, todavia, o *procedimento administrativo* com o *ato administrativo complexo*, nem com o *ato administrativo composto*. *Procedimento administrativo* é encadeamento de operações que propiciam o ato final; *ato complexo* é, diversamente, o que resulta da intervenção de dois ou mais órgãos administrativos para a obtenção do ato final;[18] e *ato composto* é o que se apresenta com um ato principal e com um ato complementar que o ratifica ou aprova. Todos esses atos têm seu procedimento formal, inconfundível com seu conteúdo material ou com suas características substanciais.

Em face dessa distinção, resultam conseqüências práticas diversas para a impugnabilidade dos atos administrativos, pois que ora é atacável o procedimento irregular em sua formação, ora é invalidável o ato final concluído, em razão de defeitos ou ausência do procedimento legal exigido para a obtenção do ato principal.[19]

17. Flávio Bauer Novelli, *A Eficácia do Ato Administrativo*, Rio, 1960, p. 18.

18. Sobre ato complexo, inclusive sobre seu ciclo de formação e sua apreciação, v. o excelente despacho do Min. Celso de Mello in *RTJ* 139/331, e na Rcl 10.707, *DJ-e* 211, de 3.11.2010.

19. Esta última hipótese ocorre, p. ex., com o contrato administrativo realizado sem concorrência, o qual, por falta desse procedimento administrativo, é considerado nulo pela lei de ação popular (Lei 4.717/65, art. 4º, II, "d").

2. *Atributos do ato administrativo*

Os atos administrativos, como emanação do Poder Público, trazem em si certos *atributos* que os distinguem dos atos jurídicos privados e lhes emprestam características próprias e condições peculiares de atuação. Referimo-nos à *presunção de legitimidade*, à *imperatividade* e à *auto-executoriedade*, que veremos a seguir.

2.1 *Presunção de legitimidade e veracidade*

Os atos administrativos, qualquer que seja sua categoria ou espécie, nascem com a *presunção de legitimidade*, independentemente de norma legal que a estabeleça. Essa presunção decorre do *princípio da legalidade da Administração* (art. 37 da CF), que, nos Estados de Direito, informa toda a atuação governamental. Daí o art. 19, II, da CF proclamar que não se pode "recusar fé aos documentos públicos".[20] Além disso, a *presunção de legitimidade e veracidade dos atos administrativos* responde a exigências de celeridade e segurança das atividades do Poder Público, que não poderiam ficar na dependência da solução de impugnação dos administrados, quanto à legitimidade de seus atos, para só após dar-lhes execução.[21] Já a *presunção de veracidade*, inerente à *de legitimidade*, refere-se aos *fatos* alegados e afirmados pela Administração para a prática do ato, os quais são tidos e havidos como verdadeiros até prova em contrário. A presunção também ocorre com os atestados, certidões, informações, atos registrais e declarações da Administração, que, por isso, gozam de fé pública.[22]

A presunção de legitimidade autoriza a imediata execução ou operatividade dos atos administrativos, mesmo que argüidos de vícios ou defeitos que os levem à invalidade. Enquanto, porém, não sobrevier o pronunciamento de nulidade os atos administrativos são tidos por válidos e operantes, quer para a Administração, quer para os particulares sujeitos ou beneficiários de seus efeitos. Admite-se, todavia, a sustação dos efeitos dos atos administrativos através de recursos internos ou de ordem judicial, em que se conceda a suspensão liminar, até o pronunciamento final de validade ou invalidade do ato impugnado.

Outra conseqüência da presunção de legitimidade e veracidade é a transferência do ônus da prova de invalidade do ato administrativo para quem a invoca. Cuide-se de argüição de nulidade do ato, por vício formal ou ideológico ou de motivo, a prova do defeito apontado ficará sempre a cargo do impugnante, e até sua anulação o ato terá plena eficácia.

20. Cf. voto do Min. Carlos Ayres Brito no MS 24.268, *DJU* 17.9.2004.

21. Manoel María Diez, *El Acto Administrativo*, Buenos Aires, 1956, p. 216.

22. STF, *RTJ* 133/1.235; Recl. 1.473, *DJU* 8.11.2002; AI/AgR 561.504, *DJU* de 20.9.2006, com precedentes; ACO 678.

A *eficácia* é a idoneidade que se reconhece ao ato administrativo para produzir seus efeitos específicos. Pressupõe, portanto, a realização de todas as fases e operações necessárias à formação do ato final, segundo o Direito Positivo vigente.

Certos autores confundem ou identificam a eficácia com a exeqüibilidade do ato. Não nos parece admissível essa confusão ou identificação, em face do nosso ordenamento jurídico, que atribui um sentido próprio e conseqüências específicas ao *ato exeqüível* ou *operativo* distintos do ato apenas *eficaz*.

Desde que se completa o procedimento formativo, o ato adquire existência legal, tornando-se eficaz e vinculativo para a Administração que o expediu, porque traduz a manifestação de vontade administrativa em forma regular. A partir da conclusão do procedimento formativo a Administração está diante de um ato eficaz, isto é, apto a produzir seus efeitos finais, enquanto não for revogado. Mas, embora *eficaz*, pode o ato administrativo não ser *exeqüível*, por lhe faltar a verificação de uma condição suspensiva, ou a chegada de um termo ou, ainda, a prática de um ato complementar (aprovação, visto, homologação, julgamento do recurso de ofício etc.) necessário ao início de sua execução ou operatividade.

Distingue-se, portanto, a *eficácia* da *exeqüibilidade* do ato administrativo, embora possam ambas surgir no mesmo momento e coexistir daí por diante, enquanto o ato tiver existência legal. Mas nem por isso se identificam ou se confundem, porque a *eficácia* é, tão-somente, aptidão para atuar, ao passo que a *exeqüibilidade* é a disponibilidade do ato para produzir imediatamente seus efeitos finais. A eficácia é apenas um consectário da existência do ato válido, enquanto a exeqüibilidade é uma condição de operatividade do ato perfeito. A eficácia é um *minus* em relação à exeqüibilidade do ato administrativo. O ato administrativo perfeito não é o que está apenas acabado (eficaz), mas sim completo (exeqüível), pela ocorrência de todas as condições de sua operatividade. A perfeição do ato só se verifica pela soma da eficácia com a exeqüibilidade, como, aliás, ocorre no Direito Processual em relação à sentença judicial, que, uma vez prolatada, é eficaz, mas só se torna exeqüível depois de passada em julgado.

A *exeqüibilidade* ou *operatividade* é a possibilidade presente no ato administrativo de ser posto imediatamente em execução. Tal atributo, como já vimos, é característico dos atos concluídos e perfeitos, pois, enquanto não se cumprir a tramitação exigida para sua formação e não se satisfizerem as condições impostas para sua operatividade (condições suspensivas e termos para início de execução), ou não se realizarem os requisitos complementares para sua perfeição (aprovação, visto, confirmação da decisão pendente de recurso de ofício etc.), o ato não é exeqüível, muito embora seja eficaz.

Essa noção se nos afigura da maior importância prática em face do nosso Direito Positivo, que impede a retroatividade da lei quanto ao "ato jurídico perfeito" (CF, art. 5º, XXXVI, e LICC, art. 6º). Este "ato jurídico perfeito" outro não é senão o ato eficaz e exeqüível, isto é, aquele que, além das condições legais de existência (eficácia), se apresenta disponível para produzir seus efeitos (exeqüibilidade). Tanto isto é exato que a própria norma civil considera "ato jurídico perfeito o já consumado segundo a lei vigente ao tempo em que se efetuou" (art. 6º, § 1º). E ato "consumado" não é o que apenas completou seu ciclo de formação, mas, sim, o que tem todos os requisitos para produzir seus efeitos finais. Somente estes é que se reputam "perfeitos", para fins de intangibilidade e subsistência em face da lei nova que venha a extinguir ou modificar situações jurídicas ainda não definitivas.

Vê-se, portanto, que a confusão ou identidade da eficácia com a exeqüibilidade do ato administrativo, ou, por outras palavras, a indistinção dos conceitos de ato formalmente acabado e ato materialmente perfeito, traria conseqüências práticas não condizentes com nosso Direito Positivo, pois chegar-se-ia à conclusão, contrária aos textos constitucional e civil, de que o ato simplesmente concluído (eficaz), mas ainda pendente de condição, termo ou formalidade necessária à sua exeqüibilidade (perfeição), seria inatingível por lei subseqüente à sua formação, quando nosso ordenamento jurídico dispõe expressamente em sentido oposto. Inaplicável, pois, se nos afigura a doutrina estrangeira em nossa Pátria quanto à conceituação da eficácia e perfeição do ato administrativo.

2.2 Imperatividade

A *imperatividade* é o atributo do ato administrativo que impõe a coercibilidade para seu cumprimento ou execução. Esse atributo não está presente em todos os atos, visto que alguns deles (*v.g.*, os atos enunciativos, os negociais) o dispensam, por desnecessário à sua operatividade, uma vez que os efeitos jurídicos do ato dependem exclusivamente do interesse do particular na sua utilização. Os atos, porém, que consubstanciam um provimento ou uma ordem administrativa (atos normativos, ordinatórios, punitivos) nascem sempre com imperatividade, ou seja, com a força impositiva própria do Poder Público, e que obriga o particular ao fiel atendimento, sob pena de se sujeitar a execução forçada pela Administração (atos *auto-executórios*) ou pelo Judiciário (atos *não auto-executórios*).

A *imperatividade* decorre da só existência do ato administrativo, não dependendo da sua declaração de validade ou invalidade. Assim sendo, todo ato dotado de imperatividade deve ser cumprido ou atendido enquanto não for retirado do mundo jurídico por revogação ou anulação, mesmo porque as manifestações de vontade do Poder Público trazem em si a *presunção de legitimidade*.

2.3 *Auto-executoriedade*

A *auto-executoriedade* consiste na possibilidade que certos atos administrativos ensejam de imediata e direta execução pela própria Administração, independentemente de ordem judicial.[23]

Os autores mais modernos não se cansam de apontar esse atributo nos atos administrativos que o possuem.[24] Entretanto, as nossas Administrações se mostram tímidas na sua utilização e a nossa Justiça, nem sempre atualizada com o Direito Público, em pronunciamentos felizmente raros, tem pretendido condicionar a execução de atos tipicamente *auto-executórios* a prévia apreciação judicial. Mas, em contraposição a esses julgados esporádicos e errôneos, firma-se cada vez mais a jurisprudência na boa doutrina, reconhecendo à Administração – especialmente quanto aos atos de polícia – o poder de executar direta e imediatamente seus atos imperativos, independentemente de pedido cominatório ou mandado judicial.[25]

Entre nós essa doutrina é corrente, como nos revela Seabra Fagundes, com sua imensa autoridade no assunto: "Tal processo executório tem cabimento quando as circunstâncias indicam a necessidade premente da obtenção do fato ou coisa. Atua pela utilização, por parte do administrador, dos chamados meios diretos de coerção administrativa, de modo a tornar possível obter, por coação absoluta, a própria prestação exigida do administrado, ou, na sua impossibilidade, outra equivalente".[26]

23. Alguns autores empregam o vocábulo *executoriedade* em lugar de *auto-executoriedade*, o que não nos parece correto, porque o prefixo "auto" é que indica a condição de o ato ser executável pela própria Administração. *Executoriedade* não tem, pois, o mesmo significado de *auto-executoriedade*, que é o atributo de certos atos administrativos.

24. Umberto Fragola, *Gli Atti Amministrativi*, 1952, p. 75; Roger Bonnard, *Précis de Droit Administratif*, 1940, p. 184; Otto Mayer, *Derecho Administrativo Alemán*, trad., Depalma, 1950, II/113 e ss.; Guido Zanobini, *Corso di Diritto Amministrativo*, 1950, I/236; Michel Stassinopoulos, *Traité des Actes Administratifs*, 1954, p. 75; Rafael Bielsa, *Compendio de Derecho Público*, 1952, II/28; Manoel María Diez, *El Acto Administrativo*, 1956, p. 200; Marcello Caetano, *Manual de Direito Administrativo*, 1936, p. 443; Hely Lopes Meirelles, *Estudos e Pareceres de Direito Público*, Ed. RT, 1984, VIII/329.

25. STF, *RF* 124/438; TJSP, *RDA* 35/293; *RT* 183/823, 186/325, 227/16; TASP, *RT* 240/493. Na doutrina pátria, v.: Machado Guimarães, *Comentários ao Código de Processo Civil*, 1942, IV/184; Caio Tácito, "O poder de polícia e seus limites", *RDA* 27/1; Darci Bessone, "Poder de polícia", *RT* 210/49; Flávio Bauer Novelli, *A Eficácia do Ato Administrativo*, 1960, p. 49; Hely Lopes Meirelles, *Direito de Construir*, 9ª ed., 2005, p. 100.

26. Seabra Fagundes, *O Controle dos Atos Administrativos pelo Poder Judiciário*, 1957, p. 246.

Realmente, não poderia a Administração bem desempenhar sua missão de autodefesa dos interesses sociais se, a todo momento, encontrando natural resistência do particular, tivesse que recorrer ao Judiciário para remover a oposição individual à atuação pública.

O que se faz necessário – como bem adverte Bielsa – é distinguir os atos próprios do poder administrativo, na execução dos quais é irrecusável a auto-executoriedade, dos que lhe são impróprios e, por isso mesmo, dependentes da intervenção de outro poder,[27] como ocorre com a cobrança contenciosa de uma multa, que em hipótese alguma poderia ficar a cargo exclusivo dos órgãos administrativos. Mas as prestações tipicamente administrativas, principalmente as decorrentes da utilização do poder de polícia, podem ser exigidas e executadas imediata e diretamente pela Administração, sem necessidade de mandado judicial.

Tal o que acontece com as interdições de atividades ilegais, com os embargos e demolições de obras clandestinas, com a inutilização de gêneros impróprios para o consumo e outros atos de polícia administrativa.

Claro está, porém, que a execução de tais determinações deve ser precedida de notificação e acompanhada do respectivo auto circunstanciado, em que se comprove a legalidade da atuação do Poder Público e se possibilitem, *a posteriori*, as medidas judiciais que o particular reputar convenientes à defesa de seus direitos e de seu patrimônio.

O reconhecimento da auto-executoriedade tornou-se mais restrito, em face do art. 5º, LV, da CF, que assegura o contraditório e a ampla defesa inclusive nos procedimentos administrativos. Não obstante, quando o interesse público correr perigo iminente, a auto-executoriedade deve ser reconhecida. Assim, a Constituição não baniu o *jus imperium* da Administração Pública, nem a possibilidade cautelar do adiantamento de eficácia de medida administrativa.[28] A auto-executoriedade é autorizada pelo art. 45 da Lei 9.784/99 e deve ser motivada.

A objeção de que a Administração deverá fazer uso do pedido cominatório, mantido no atual CPC, art. 287, se nos afigura irrelevante. Esse dispositivo processual apenas *faculta* a via cominatória ao Poder Público, sem qualquer caráter obrigatório, mesmo porque a lei federal não poderá impor ao Governo estadual ou municipal formas de procedimento administrativo, o que violaria flagrantemente a autonomia desses Governos, assegurada expressamente na Constituição da República.

27. Rafael Bielsa, *Compendio de Derecho Público*, Buenos Aires, 1952, II/28.

28. TJSP, *RT* 658/86, *RJTJSP* 116/184 e 142/139, ApCivs 138.004-1, j. 10.4.91, e 185.368-1, j. 1.6.93; e Régis Fernandes de Oliveira, "Executoriedade dos atos administrativos", *RT* 684/44.

Além do mais, aberraria do nosso sistema político, de independência e harmonia dos Poderes, submeter o Executivo à tutela do Judiciário, em exames prévios dos atos que os órgãos administrativos desejassem executar.[29]

Ao particular que se sentir ameaçado ou lesado pela execução do ato administrativo é que caberá pedir proteção judicial para obstar à atividade da Administração contrária aos seus interesses, ou para haver da Fazenda Pública os eventuais prejuízos que tenha injustamente suportado.

3. *Classificação dos atos administrativos*

A *classificação dos atos administrativos* não é uniforme entre os publicistas, dada a diversidade de critérios que podem ser adotados para seu enquadramento em espécies ou categorias afins.

Estes agrupamentos, entretanto, são úteis para metodizar o estudo e facilitar a compreensão, o que nos leva a classificar os atos administrativos, inicialmente, quanto aos seus destinatários, em *atos gerais* e *individuais*; quanto ao seu alcance, em *atos internos* e *externos*; quanto ao seu objeto, em *atos de império*, *de gestão* e *de expediente*; quanto ao seu regramento, em *atos vinculados* e *discricionários*.

Outras classificações serão apresentadas adiante, visando à completa ordenação da multifária atividade administrativa, mas, desde logo, vejamos as características dos atos acima indicados.

3.1 Atos gerais e individuais

3.1.1 *Atos gerais ou normativos* – *Atos administrativos gerais* ou *regulamentares* são aqueles expedidos sem destinatários determinados, com finalidade normativa, alcançando todos os sujeitos que se encontrem na mesma situação de fato abrangida por seus preceitos. São atos de comando abstrato e impessoal, semelhantes aos da lei, e, por isso mesmo, revogáveis a qualquer tempo pela Administração, mas inatacáveis por via judicial, a não ser pelo questionamento da constitucionalidade (art. 102, I, "a", da CF). Somente quando os preceitos abstratos dos atos gerais são convertidos pela Administração em providências concretas e específicas de execução ou quando essa conversão for iminente é que se tornam impugnáveis por quem se sentir lesado pela atuação administrativa.

Exemplos desses atos temo-los nos regulamentos, nas instruções normativas e nas circulares ordinatórias de serviços.

29. Mas a Administração pode buscar a via judicial, especialmente existindo "forte controvérsia" acerca da auto-executoriedade, como decidiu o STJ em ação do IBAMA envolvendo a aplicação do art. 72,VIII, da Lei 9.605/98 (REsp 789.640).

A característica dos *atos gerais* é que eles prevalecem sobre os *atos individuais*, ainda que provindos da mesma autoridade. Assim, um decreto individual não pode contrariar um decreto geral ou regulamentar em vigor. Isto porque o ato normativo tem preeminência sobre o ato específico.[30]

Os atos gerais, quando de efeitos externos, dependem de publicação no órgão oficial para entrar em vigor e produzir seus resultados jurídicos, pois os destinatários só ficam sujeitos às suas imposições após essa divulgação. Nos Municípios que não tenham órgão para suas publicações oficiais os atos gerais devem ser afixados na Prefeitura, em local acessível ao público, para que possam produzir seus regulares efeitos.

3.1.2 *Atos individuais – Atos administrativos individuais* ou *especiais* são todos aqueles que se dirigem a destinatários certos, criando-lhes situação jurídica particular. O mesmo ato pode abranger um ou vários sujeitos, desde que sejam individualizados. Tais atos, quando de efeitos externos, entram em vigência pela publicação no órgão oficial, e, se de efeitos internos ou restritos a seus destinatários, admitem comunicação direta para início de sua operatividade ou execução. São atos individuais os decretos de desapropriação, de nomeação, de exoneração, assim como as outorgas de licença, permissão e autorização, e outros mais que conferem um direito ou impõem um encargo a determinado administrado ou servidor.

Os atos individuais normalmente geram direitos subjetivos para seus destinatários, como também criam-lhes encargos administrativos pessoais. Quando geram *direitos adquiridos* tornam-se irrevogáveis, como já reconheceu o STF e o declarou na Súmula 473. Nos demais casos podem ser revogados ou modificados conforme exija o interesse público, desde que a Administração indenize o prejudicado, se for o caso. Esses atos, por proverem situações específicas e concretas, admitem anulação pela própria Administração, ou pelas vias judiciais comuns (ações ordinárias) ou especiais (mandado de segurança e ação popular), se praticados ilegalmente ou com lesão ao patrimônio público.

3.2 Atos internos e externos

3.2.1 *Atos internos – Atos administrativos internos* são os destinados a produzir efeitos no recesso das repartições administrativas, e por isso mesmo incidem, normalmente, sobre os órgãos e agentes da Administração que os expediram. São atos de operatividade caseira, que não produzem efeitos em relação a estranhos. Entretanto, vêm sendo utilizados distorcidamente

30. Jean-Marie Rainaud, *La Distinction de l'Acte Réglementaire et de l'Acte Individuel*, Paris, 1966.

pelas altas autoridades do Executivo para impor obrigações aos administrados, especialmente aos contribuintes. É o caso das portarias e instruções ministeriais, que só deviam dispor para seus servidores, mas contêm imposições aos cidadãos, próprias de *atos externos* (leis e decretos).

Os atos administrativos internos podem ser gerais ou especiais, normativos, ordinatórios, punitivos e de outras espécies, conforme as exigências do serviço público. Não dependem de publicação no órgão oficial para sua vigência, bastando a cientificação direta aos destinatários ou a divulgação regulamentar da repartição. Mas, se incidem sobre os administrados – como erroneamente se vem fazendo –, torna-se imprescindível sua divulgação externa.

Tais atos, quando praticados nos seus estritos limites, normalmente não geram direitos subjetivos aos destinatários, pelo quê podem ser revogados ou modificados a qualquer tempo, ao talante da Administração, principalmente se normativos ou ordinatórios do funcionamento do serviço público. Por outro lado, sujeitam-se a revisão hierárquica e ao controle do Poder Judiciário se ofensivos de direito individual ou lesivos do patrimônio público.

3.2.2 *Atos externos – Atos administrativos externos*, ou, mais propriamente, *de efeitos externos*, são todos aqueles que alcançam os administrados, os contratantes e, em certos casos, os próprios servidores, provendo sobre seus direitos, obrigações, negócios ou conduta perante a Administração. Tais atos, pela sua destinação, só entram em vigor ou execução depois de divulgados pelo órgão oficial, dado o interesse do público no seu conhecimento. Consideram-se, ainda, atos externos todas as providências administrativas que, embora não atingindo diretamente o administrado, devam produzir efeitos fora da repartição que as adotou, como também as que onerem a defesa ou o patrimônio público, porque não podem permanecer unicamente na intimidade da Administração, quando repercutem nos interesses gerais da coletividade. A publicidade de tais atos é princípio de legitimidade e moralidade administrativa que se impõe tanto à Administração direta como à indireta, porque ambas gerem bens e dinheiros públicos cuja guarda e aplicação todos devem conhecer e controlar.[31]

3.3 Atos de império, de gestão e de expediente

3.3.1 *Atos de império – Atos de império* ou *de autoridade* são todos aqueles que a Administração pratica usando de sua supremacia sobre o administrado ou servidor e lhes impõe obrigatório atendimento. É o que ocorre

31. A CF de 1988 estabelece, em seu art. 37, que: "A Administração Pública direta, indireta ou fundacional, de qualquer dos Poderes da União, dos Estados, do Distrito Federal e dos Municípios obedecerá aos princípios de legalidade, impessoalidade, moralidade, publicidade (...)".

nas desapropriações, nas interdições de atividade, nas ordens estatutárias. Tais atos podem ser gerais ou individuais, internos ou externos, mas sempre *unilaterais*, expressando a vontade onipotente do Estado e seu poder de coerção. São, normalmente, atos revogáveis e modificáveis a critério da Administração que os expediu. Com essa conceituação não se revive a vetusta e abandonada teoria da dupla personalidade do Estado, que ora atuaria como pessoa pública, expedindo *atos de império*, ora agiria como pessoa privada, praticando *atos de gestão*. Absolutamente, não. O Estado, como já vimos precedentemente (cap. II), só atua com personalidade de Direito Público, mas, se em certos atos impõe sua autoridade, tornando-os coativos para seus destinatários, noutros, seus efeitos são facultativos ou dependentes de solicitação do interessado, ou não vinculantes para a Administração e administrados. Nesse sentido, torna-se conveniente e até mesmo necessária a distinção entre *atos de império*, *atos de gestão* e *atos de expediente*, para bem diferençarmos seus efeitos jurídicos e conseqüências práticas.[32]

3.3.2 *Atos de gestão* – *Atos de gestão* são os que a Administração pratica sem usar de sua supremacia sobre os destinatários. Tal ocorre nos atos puramente de administração dos bens e serviços públicos e nos negociais com os particulares, que não exigem coerção sobre os interessados. Esses atos serão sempre *de administração*, mas nem sempre *administrativos típicos*, principalmente quando bilaterais, de alienação, oneração ou aquisição de bens, que se igualam aos do Direito Privado, apenas antecedidos de formalidades administrativas para sua realização (autorização legislativa, licitação, avaliação etc.). Tais atos, desde que praticados regularmente, tornam-se vinculantes, geram direitos subjetivos e permanecem imodificáveis pela Administração, salvo quando precários por sua própria natureza.

3.3.3 *Atos de expediente* – *Atos administrativos de expediente* são todos aqueles que se destinam a dar andamento aos processos e papéis que tramitam pelas repartições públicas, preparando-os para a decisão de mérito a ser proferida pela autoridade competente. São atos de rotina interna, sem caráter decisório, sem caráter vinculante e sem forma especial, geralmente praticados por servidores subalternos, sem competência decisória. Daí por que, como já esclarecemos anteriormente (cap. II), os agentes designados "para responder pelo expediente" só estão autorizados a dar continuidade ao serviço interno da repartição, pois não dispõem de competência legal para expedir *atos de império*, nem *atos de gestão*, e muito menos para praticar atos com fundamento político (*v.g.*, promulgação ou veto a projeto de lei), ou vincular a Administração em outorgas e contratos com administrados,

32. Sobre a distinção entre *ato de gestão* e *ato de império* na sociedade de economia mista, inclusive para fins de mandado de segurança, v. STJ, REsp 789.749.

nomear ou exonerar funcionários e demais atos que onerem o orçamento ou criem encargos ou direitos para os particulares ou servidores.

3.4 *Atos vinculados e discricionários*

3.4.1 *Atos vinculados – Atos vinculados* ou *regrados* são aqueles para os quais a lei estabelece os requisitos e condições de sua realização. Nessa categoria de atos, as imposições legais absorvem, quase que por completo, a liberdade do administrador, uma vez que sua ação fica adstrita aos pressupostos estabelecidos pela norma legal para a validade da atividade administrativa. Desatendido qualquer requisito, compromete-se a eficácia do ato praticado, tornando-se passível de anulação pela própria Administração, ou pelo Judiciário, se assim o requerer o interessado.

Na prática de tais atos o Poder Público sujeita-se às indicações legais ou regulamentares e delas não se pode afastar ou desviar sem viciar irremediavelmente a ação administrativa. Isso não significa que nessa categoria de atos o administrador se converta em cego e automático executor da lei. Absolutamente, não. Tanto nos atos vinculados como nos que resultam da faculdade discricionária do Poder Público o administrador terá de decidir sobre a conveniência de sua prática, escolhendo a melhor oportunidade e atendendo a todas as circunstâncias que conduzam a atividade administrativa ao seu verdadeiro e único objetivo – o bem comum. Poderá, assim, a Administração Pública atuar com liberdade, embora reduzida, nos claros da lei ou do regulamento. O que não lhe é lícito é desatender às imposições legais ou regulamentares que regram o ato e bitolam sua prática. Merece relembrada, aqui, a advertência de Ranelletti de que a atividade administrativa é sempre livre nos limites do Direito, e até que uma norma jurídica lhe retire ou restrinja essa liberdade.

Tratando-se de atos vinculados ou regrados, impõe-se à Administração o dever de motivá-los, no sentido de evidenciar a conformação de sua prática com as exigências e requisitos legais que constituem pressupostos necessários de sua existência e validade.

Tais atos, estando estreitamente confinados pela lei ou regulamento, permitem ao Judiciário revê-los em todos os seus aspectos, porque em qualquer deles poderá revelar-se a infringência dos preceitos legais ou regulamentares que condicionam a sua prática. Certo é que ao Poder Judiciário não é dado dizer da conveniência, oportunidade ou justiça da atividade administrativa, mas, no exame da legalidade, na aferição dos padrões jurídicos que serviram de base à realização do ato impugnado, é dever da Justiça esquadrinhar todos os ângulos em que se possa homiziar a ilegalidade, sob o tríplice aspecto formal, material e ideológico. Nesse ponto coincidem os ensinamentos da doutrina com a moderna orientação da jurisprudência pátria[33] (sobre *poder vinculado*, v. o cap. III, item 2, e sobre *controle do ato administrativo* em geral consulte-se o cap. XI).

3.4.2 *Atos discricionários – Atos discricionários* são os que a Administração pode praticar com liberdade de escolha de seu conteúdo, de seu destinatário, de sua conveniência, de sua oportunidade e do modo de sua realização.

A rigor, a discricionariedade não se manifesta no ato em si, mas sim no poder de a Administração praticá-lo pela maneira e nas condições que repute mais convenientes ao interesse público. Daí a justa observação de Nunes Leal de que só por tolerância se poderá falar em *ato discricionário*, pois o certo é falar-se em *poder discricionário* da Administração.[34] Com essa ressalva conceitual, continuaremos a nos referir a atos discricionários, porque, embora inadequada, a expressão está consagrada na doutrina e na jurisprudência.

Já temos acentuado, e insistimos mais uma vez, que *ato discricionário* não se confunde com *ato arbitrário*. Discrição e arbítrio são conceitos inteiramente diversos. Discrição é liberdade de ação dentro dos limites legais; arbítrio é ação contrária ou excedente da lei. Ato discricionário, portanto, quando permitido pelo Direito, é legal e válido; ato arbitrário é, sempre e sempre, ilegítimo e inválido.[35]

A discricionariedade administrativa encontra fundamento e justificativa na complexidade e variedade dos problemas que o Poder Público tem que solucionar a cada passo e para os quais a lei, por mais casuística que fosse, não poderia prever todas as soluções, ou, pelo menos, a mais vantajosa para cada caso ocorrente.

Por isso mesmo, disse mui acertadamente Fiorini que "a discricionariedade é a faculdade que adquire a Administração para assegurar em forma eficaz os meios realizadores do fim a que se propõe o Poder Público. A discricionariedade – prossegue o mesmo autor – adquire relevância jurídica quando a Administração quer custodiar em forma justa os interesses públicos entregues à sua tutela. É, então, a ferramenta jurídica que a ciência do Direito entrega ao administrador para que realize a gestão dos interesses sociais respondendo às necessidades de cada momento. Não é um instrumento

33. M. Seabra Fagundes, *O Controle dos Atos Administrativos pelo Poder Judiciário*, 1957, pp. 111 e ss.; Caio Tácito, "A Administração e o controle de legalidade", *RDA* 37/1. Na jurisprudência, consultem-se os seguintes julgados: STF, *RDA* 3/69, 42/227; TJSP, *RDA* 49/202; *RT* 199/178, 206/114, 217/130, 237/175, 254/247, 287/277, 291/192, 298/170; TASP, *RDA* 55/172, 58/56; *RT* 276/590 e 287/692.

34. Víctor Nunes Leal, "Poder discricionário e ação arbitrária da Administração", *RDA* 14/53.

35. A respeito, v. excelente julgado do STJ, no MS 9.944-DF, relatado pelo Min. Teori Albino Zavascki.

legal que se concede ao administrador para fazer o que imponha o seu capricho; nem tampouco para criar normas de caráter legislativo; menos ainda para que intervenha ante uma contenda normativa, como acontece com a jurisdição. É, unicamente, uma autorização limitada a um fim determinado, para que o Poder Público aprecie as condições presentes quando administre o interesse social especificado pela norma legislativa. É uma forma de atuar da Administração Pública para poder realizar uma reta administração dos diversificados interesses da coletividade".[36]

Por isso mesmo, quando se justifica a competência discricionária, a faculdade discricionária, o poder discricionário da Administração, não se está justificando qualquer ação arbitrária, realizada ao arrepio da lei. A atividade discricionária não dispensa a lei, nem se exerce sem ela, senão com observância e sujeição a ela.

Para o cometimento de um ato discricionário, indispensável é que o Direito, nos seus lineamentos gerais, ou a legislação administrativa confira explícita ou implicitamente tal poder ao administrador e lhe assinale os limites de sua liberdade de opção na escolha dos critérios postos à sua disposição para a prática do ato.

A discricionariedade está – doutrina Fleiner – em permitir o legislador que a autoridade administrativa escolha, "entre as várias possibilidades de solução, aquela que melhor corresponda, no caso concreto, ao desejo da lei".[37] Mas deverá sempre estrita observância à lei, porque a exorbitância do poder discricionário constitui ato ilícito, como toda ação voluntária carente de direito.

A esse propósito escreveu Goodnow que o poder discricionário não autoriza nem legitima "medidas arbitrárias, caprichosas, inquisitórias ou opressivas",[38] o que corresponde à afirmativa de Víctor Nunes Leal: "Se a Administração, no uso de seu poder discricionário, não atende ao *fim legal*, a que está obrigada, entende-se que *abusou* do poder" ("Comentário", *RDA* 14/66).

Qual será, entretanto, o *fim legal* a que o jurista pátrio se refere? Bielsa e Bonnard nos respondem, quase com as mesmas palavras: o fim legal é o que vem expresso ou subentendido na lei.[39] E, na realidade, assim é. A lei administrativa é sempre finalística: almeja um objetivo a ser atingido pela

36. Bartolomé A. Fiorini, *La Discrecionalidad en la Administración Pública*, Buenos Aires, 1948, p. 38.

37. Fritz Fleiner, *Instituciones de Derecho Administrativo*, 1ª ed., Madri, p. 117.

38. Frank J. Goodnow, *The Principles of Administrative Law of the United States*, 1905, p. 383.

39. Rafael Bielsa, *Derecho Administrativo*, 1938, I/122; Roger Bonnard, *Précis de Droit Administratif*, 1940, p. 34.

Administração, através de ato ou atos jurídicos que constituem meios para a consecução de tais fins. A atividade do administrador público – vinculada ou discricionária – há de estar sempre dirigida para o fim legal, que, em última análise, colima o bem comum.

Discricionários, portanto, só podem ser os meios e modos de administrar; nunca os fins a atingir. Em tema de fins – a lição é de Bonnard – *não existe jamais*, para a Administração, um *poder discricionário*. Porque não lhe é nunca deixado poder de livre apreciação quanto ao fim a alcançar. O fim é sempre imposto pelas leis e regulamentos, seja explícita, seja implicitamente.[40]

Em memorável acórdão do TJRN, o então Desembargador Seabra Fagundes resumiu lapidarmente a questão da discricionariedade administrativa, nestes termos: "A competência discricionária não se exerce acima ou além da lei, senão, como toda e qualquer atividade executória, com sujeição a ela. O que a distingue da competência vinculada é a maior mobilidade que a lei enseja ao executor no exercício, e não na liberação da lei. Enquanto ao praticar o ato administrativo vinculado a autoridade está presa à lei em todos os seus elementos (competência, motivo, objeto, finalidade e forma), no praticar o ato discricionário é livre (dentro de opções que a própria lei prevê) quanto à escolha dos motivos (oportunidade e conveniência) e do objeto (conteúdo). Entre praticar o ato ou dele se abster, entre praticá-lo com este ou aquele conteúdo (p. ex.: advertir apenas, ou proibir), ela é discricionária. Porém, no que concerne à competência, à finalidade e à forma, o ato discricionário está tão sujeito aos textos legais como qualquer outro".[41]

O que a doutrina assinala é que o ato, embora resultante de poder discricionário da Administração, não pode prescindir de certos requisitos, tais como a *competência* legal de quem o pratica, a *forma prescrita* em lei ou regulamento e o *fim* indicado no texto legal em que o administrador se apóia. Exemplifiquemos: se determinada lei prevê diversas penalidades administrativas para uma infração, o poder discricionário da Administração manifesta-se na escolha da penalidade que entender adequada ao caso ocorrente, dentre as enumeradas no texto. Mas, se a lei indica o processo de apuração dessas infrações, não pode a autoridade usar de outro meio de verificação, nem modificar o que está indicado. Na aplicação de penalidade sua faculdade é discricionária; mas deve observar "as pautas da proporcionalidade e da razoabilidade" (v. excelente acórdão no RMS 24.699-DF, relatado pelo Min. Eros Grau, in *RTJ* 195/69); no procedimento para a verificação da infração sua atividade é vinculada ou regrada.

40. Roger Bonnard, *Précis de Droit Administratif*, 1940, p. 228.

41. TJRN, *RDA* 14/52. No mesmo sentido o relator do acórdão, com mais doutrina, no seu *O Controle dos Atos Administrativos pelo Poder Judiciário*, 2ª ed., pp. 88 e ss.

Esses atos discricionários são, como já vimos, absolutamente necessários ao normal desempenho das funções administrativas. Praticados nos limites legais, e em defesa do bem-estar geral, que há de constituir, sempre e sempre, o objetivo da Administração, nada têm de arbítrio ou ilegítimo, nem deve o administrador abster-se de utilizá-los em benefício da coletividade.

A responsabilidade pelos atos discricionários não é maior nem menor que a decorrente dos atos vinculados. Ambos representam facetas da atividade administrativa, que todo homem público, que toda autoridade, há de perlustrar. A timidez da autoridade é tão prejudicial quanto o abuso do poder. Ambos são deficiências do administrador, que sempre redundam em prejuízo para a Administração. O tímido falha, no administrar os negócios públicos, por lhe falecer fortaleza de espírito para obrar com firmeza e justiça nas decisões que contrariem os interesses particulares; o prepotente não tem moderação para usar do poder nos justos limites que a lei lhe confere. Um peca por omissão; outro, por demasia no exercício do poder (sobre *poder discricionário* v. o cap. III, item 3, e sobre *controle dos atos administrativos* em geral consulte-se o cap. XI).

3.5 Outras classificações

Além das *classificações* precedentes, *outras* podem ser apresentadas, consoante os diversos critérios pelos quais os atos administrativos são selecionados, para fins de estudo, como veremos a seguir.

3.5.1 *Ato simples, complexo e composto* – *Quanto à formação do ato*, pode-se classificá-lo em *simples*, *complexo* e *composto*.

3.5.1.1 Ato simples: é o que resulta da manifestação de vontade de *um único órgão*, unipessoal ou colegiado. Não importa o número de pessoas que participam da formação do ato; o que importa é a vontade unitária que expressam para dar origem, a final, ao ato colimado pela Administração. Tanto é ato administrativo simples o despacho de um chefe de seção como a decisão de um conselho de contribuintes.

3.5.1.2 Ato complexo: é o que se forma pela conjugação de vontades de *mais de um órgão administrativo*. O essencial, nesta categoria de atos, é o concurso de vontades de órgãos diferentes para a *formação* de um ato único. Não se confunda *ato complexo* com *procedimento administrativo*. No ato complexo integram-se as vontades de vários órgãos para a obtenção de um mesmo ato; no procedimento administrativo praticam-se diversos atos intermediários e autônomos para a obtenção de um ato final e principal. Exemplos: a investidura de um funcionário é um ato complexo consubstanciado na nomeação feita pelo Chefe do Executivo e complementado pela posse e exercício dados pelo chefe da repartição em que vai servir o nomeado; a concorrência é um procedimento administrativo, porque, embora realizada por um único órgão, o ato final e principal (adjudicação da obra ou do serviço) é precedido de vários atos autônomos e intermediários (edital, verificação de idoneidade, julgamento das propostas), até chegar-se ao resultado pretendido pela Administração. Essa distinção é fundamental para saber-se em que momento o ato se torna perfeito e impugnável: o ato complexo só se aperfeiçoa com a integração da vontade final da Administração, e a partir deste momento é que se torna atacável por via administrativa ou judicial; o procedimento administrativo é impugnável em cada uma de suas fases, embora o ato final só se torne perfeito após a prática do último ato formativo. Advirta-se, ainda, que para a obtenção de um ato (simples ou complexo) pode haver necessidade de um procedimento administrativo anterior à sua prática, como ocorre nas nomeações precedidas de concurso.

3.5.1.3 Ato composto: é o que resulta da vontade única de *um órgão*, mas depende da *verificação por parte de outro*, para se tornar exeqüível. Exemplo: uma *autorização* que dependa do *visto* de uma autoridade superior. Em tal caso a *autorização* é o ato principal e o *visto* é o complementar que lhe dá exeqüibilidade. O *ato composto* distingue-se do *ato complexo* porque este só se forma com a conjugação de vontades de órgãos diversos, ao passo que aquele é formado pela vontade única de um órgão, sendo apenas ratificado por outra autoridade. Essa distinção é essencial para se fixar o momento da formação do ato e saber-se quando se torna operante e impugnável.

3.5.2 *Ato constitutivo, extintivo, declaratório, alienativo, modificativo ou abdicativo – Quanto ao conteúdo*, o ato administrativo pode ser *constitutivo*, *extintivo*, *declaratório*, *alienativo*, *modificativo* ou *abdicativo* de direitos ou de situações.

3.5.2.1 Ato constitutivo: é o que cria uma nova situação jurídica individual para seus destinatários, em relação à Administração. Suas modalidades são variadíssimas, abrangendo mesmo a maior parte das declarações de vontade do Poder Público. São atos dessas categorias as licenças, as nomeações de funcionários, as sanções administrativas e outros mais que criam direitos ou impõem obrigações aos particulares ou aos próprios servidores públicos.

3.5.2.2 Ato extintivo ou desconstitutivo: é o que põe termo a situações jurídicas individuais, *v.g.*, a cassação de autorização, a encampação de serviço de utilidade pública.

3.5.2.3 Ato declaratório: é o que visa a preservar direitos, reconhecer situações preexistentes ou, mesmo, possibilitar seu exercício. São exemplos dessa espécie a apostila de títulos de nomeação, a expedição de certidões e demais atos fundados em situações jurídicas anteriores.

3.5.2.4 Ato alienativo: é o que opera a transferência de bens ou direitos de um titular a outro. Tais atos, em geral, dependem de autorização legislativa ao Executivo, porque sua realização ultrapassa os poderes ordinários de administração.

3.5.2.5 Ato modificativo: é o que tem por fim alterar situações preexistentes, sem suprimir direitos ou obrigações, como ocorre com aqueles que alteram horários, percursos, locais de reunião e outras situações anteriores estabelecidas pela Administração.

3.5.2.6 Ato abdicativo: é aquele pelo qual o titular abre mão de um direito. A peculiaridade desse ato é seu caráter incondicionável e irretratável. Desde que consumado, o ato é irreversível e imodificável, como são as renúncias de qualquer tipo. Todo ato abdicativo a ser expedido pela Administração depende de autorização legislativa, por exceder da conduta ordinária do administrador público.

3.5.3 *Ato válido, nulo e inexistente* – *Quanto à eficácia*, o ato administrativo pode ser *válido*, *nulo* e *inexistente*.

3.5.3.1 Ato válido: é o que provém de autoridade competente para praticá-lo e contém todos os requisitos necessários à sua eficácia. O ato válido pode, porém, ainda não ser exeqüível, por pendente de condição suspensiva ou termo não verificado.

3.5.3.2 Ato nulo: é o que nasce afetado de vício insanável por ausência ou defeito substancial em seus elementos constitutivos ou no procedimento formativo. A nulidade pode ser *explícita* ou *virtual*. É *explícita* quando a lei a comina expressamente, indicando os vícios que lhe dão origem; é *virtual* quando a invalidade decorre da infringência de princípios específicos do Direito Público, reconhecidos por interpretação das normas concernentes ao ato. Em qualquer destes casos, porém, o ato é ilegítimo ou ilegal e não produz qualquer efeito válido entre as partes, pela evidente razão de que não se pode adquirir direitos contra a lei.[42] A nulidade, todavia, deve ser reconhecida e proclamada pela Administração ou pelo Judiciário (cap. XI, itens 3 e 6), não sendo permitido ao particular negar exeqüibilidade ao ato administrativo, ainda que nulo, enquanto não for regularmente declarada sua invalidade, mas essa declaração opera *ex tunc*, isto é, retroage às suas origens e alcança todos os seus efeitos passados, presentes e futuros em relação às partes, só se admitindo exceção para com os terceiros de boa-fé, sujeitos às suas conseqüências reflexas.

A Lei federal 9.784/99 admite a *convalidação* do ato administrativo, dizendo: "Em decisão na qual se evidencie não acarretarem lesão ao inte-

42. STF, *RDA* 38/259, 51/274; *RT* 227/602, 258/591; TASP, *RT* 299/518.

resse público nem prejuízo a terceiros, os atos que apresentarem defeitos sanáveis poderão ser convalidados pela própria Administração" (cf. art. 55). Essa norma, ao exigir a preservação do interesse público para a convalidação, leva-nos a rever a posição adotada em edições anteriores sobre a convalidação. Todavia, continuamos a não aceitar o chamado *ato administrativo anulável* no âmbito do Direito Administrativo, justamente pela impossibilidade de preponderar o interesse privado sobre o público e não ser admissível a manutenção de atos *ilegais*, ainda que assim o desejem as partes, porque a isto se opõe a exigência da *legalidade administrativa*. A doutrina admite ainda a chamada *conversão* ou *sanatória* de ato administrativo imprestável para um determinado negócio jurídico mas aproveitável em outro, para o qual tem os necessários requisitos legais. Exemplificando: uma licença para edificação definitiva, nula como *licença*, poderá ser aceita e validada como *autorização* para edificação provisória. Converte-se, assim, o ato nulo para um efeito, para o qual lhe faltam os requisitos legais, num ato válido para outro efeito em relação ao qual apresenta os necessários requisitos de legitimidade. Mas isto não é convalidação de ato nulo ou anulável; é, simplesmente, aproveitamento dos seus elementos válidos para outro ato de menores exigências legais.

3.5.3.3 Ato inexistente: é o que apenas tem aparência de manifestação regular da Administração, mas não chega a se aperfeiçoar como ato administrativo. É o que ocorre, p. ex., com o "ato" praticado por um usurpador de função pública. Tais atos equiparam-se, em nosso Direito, aos atos nulos, sendo, assim, irrelevante e sem interesse prático a distinção entre nulidade e inexistência, porque ambas conduzem ao mesmo resultado – a invalidade – e se subordinam às mesmas regras de invalidação. Ato inexistente ou ato nulo é ato ilegal e imprestável, desde o seu nascedouro.[43]

3.5.4 *Ato perfeito, imperfeito, pendente e consumado – Quanto à exeqüibilidade*, o ato administrativo pode ser *perfeito*, *imperfeito*, *pendente* e *consumado*.

3.5.4.1 Ato perfeito: é aquele que reúne todos os elementos necessários à sua exeqüibilidade ou operatividade, apresentando-se apto e disponível para produzir seus regulares efeitos.

3.5.4.2 Ato imperfeito: é o que se apresenta incompleto na sua formação ou carente de um ato complementar para tornar-se exeqüível e operante.

3.5.4.3 Ato pendente: é aquele que, embora perfeito, por reunir todos os elementos de sua formação, não produz seus efeitos, por não verificado o termo ou a condição de que depende sua exeqüibilidade ou operatividade.

43. V. Odete Medauar, "Prescrição e Administração Pública", *RT* 642/81.

O ato pendente pressupõe sempre um ato perfeito, visto que antes de sua perfectibilidade não pode estar com efeitos suspensos.

3.5.4.4 Ato consumado: é o que produziu todos os seus efeitos, tornando-se, por isso mesmo, irretratável ou imodificável por lhe faltar objeto.

3.5.5 *Ato irrevogável, revogável e suspensível – Quanto à retratabilidade*, o ato administrativo pode ser *irrevogável*, *revogável* e *suspensível*.

3.5.5.1 Ato irrevogável: é aquele que se tornou insuscetível de revogação (não confundir com anulação), por ter produzido seus efeitos ou gerado direito subjetivo para o beneficiário ou, ainda, por resultar de *coisa julgada administrativa*. Advirta-se, neste passo, que a *coisa julgada administrativa* só o é para a Administração, uma vez que não impede a reapreciação judicial do ato. A decisão administrativa, ainda que final, não produz coisa julgada em sentido próprio, mas opera a irretratabilidade do ato pela Administração, como o demonstramos adiante (cap. XI, item 3). A tendência moderna é considerar-se a irrevogabilidade do ato administrativo como regra e a revogabilidade como exceção, para dar-se cada vez mais estabilidade às relações entre a Administração e os administrados.[44]

3.5.5.2 Ato revogável: é aquele que a Administração, e somente ela, pode invalidar, por motivos de conveniência, oportunidade ou justiça (mérito administrativo). Nesses atos devem ser respeitados todos os efeitos já produzidos, porque decorrem de manifestação válida da Administração (se o ato for ilegal, não enseja *revogação*, mas sim *anulação*), e a revogação só atua *ex nunc*.

Em princípio, todo ato administrativo é revogável até que se torne irretratável para a Administração, quer por ter exaurido seus efeitos ou seus recursos, quer por ter gerado direito subjetivo para o beneficiário, interessado na sua manutenção.

3.5.5.3 Ato suspensível: é aquele em que a Administração pode fazer cessar os seus efeitos, em determinadas circunstâncias ou por certo tempo, embora mantendo o ato, para oportuna restauração de sua operatividade. Difere a suspensão da revogação, porque esta retira o ato do mundo jurídico, ao passo que aquela susta, apenas, a sua exeqüibilidade. Em geral, a suspensão do ato cabe à própria Administração, mas, por exceção, em mandado de segurança e em certas ações (interditos possessórios, nunciação de obra nova, vias cominatórias e ações cautelares) é admissível a suspensão liminar do ato administrativo pelo Judiciário.

44. Agustín A. Gordillo, *El Acto Administrativo*, Buenos Aires, 1969, p. 143.

3.5.6 *Ato auto-executório e não auto-executório – Quanto ao modo de execução*, o ato administrativo pode ser *auto-executório* e *não auto-executório*.

3.5.6.1 Ato auto-executório: é aquele que traz em si a possibilidade de ser executado pela própria Administração, independentemente de ordem judicial. Tais atos são, na realidade, auto-executáveis, como já assinalamos antes, ao apreciar as características gerais dos atos administrativos (item 2, retro).

3.5.6.2 Ato não auto-executório: é o que depende de pronunciamento judicial para produção de seus efeitos finais, tal como ocorre com a dívida fiscal, cuja execução é feita pelo Judiciário, quando provocado pela Administração interessada na sua efetivação.

3.5.7 *Ato principal, complementar, intermediário, ato-condição e ato de jurisdição – Quanto ao objetivo visado pela Administração*, o ato pode ser *principal*, *complementar*, *intermediário*, *ato-condição* e *ato de jurisdição*.

3.5.7.1 Ato principal: é o que encerra a manifestação de vontade final da Administração. O ato principal pode resultar de um único órgão (ato simples), ou da conjugação de vontades de mais de um órgão (ato complexo) ou, ainda, de uma sucessão de atos intermediários (procedimento administrativo).

3.5.7.2 Ato complementar: é o que aprova ou ratifica o ato principal, para dar-lhe exeqüibilidade. O ato complementar atua como requisito de operatividade do ato principal, embora este se apresente completo em sua formação desde o nascedouro.

3.5.7.3 Ato intermediário ou preparatório: é o que concorre para a formação de um ato principal e final. Assim, numa concorrência, são atos intermediários o edital, a verificação de idoneidade e o julgamento das propostas, porque desta sucessão é que resulta o ato principal e final objetivado pela Administração, que é a adjudicação da obra ou do serviço ao melhor proponente. O ato intermediário é sempre autônomo em relação aos demais e ao ato final, razão pela qual pode ser impugnado e invalidado isoladamente (o que não ocorre com o ato complementar), no decorrer do procedimento administrativo.

3.5.7.4 Ato-condição: é todo aquele que se antepõe a outro para permitir a sua realização. O ato-condição destina-se a remover um obstáculo à prática de certas atividades públicas ou particulares, para as quais se exige a satisfação prévia de determinados requisitos. Assim, o concurso é ato-condição da nomeação efetiva; a concorrência é ato-condição dos contratos administrativos. Como se vê, o ato-condição é sempre um *ato-meio* para a realização de um *ato-fim*. A ausência do *ato-condição* invalida o *ato final*, e essa nulidade pode ser declarada pela própria Administração ou pelo Judiciário, porque é matéria de *legalidade*, indissociável da prática administrativa.

3.5.7.5 Ato de jurisdição ou jurisdicional: é todo aquele que contém decisão sobre matéria controvertida. No âmbito da Administração, resulta, normalmente, da revisão de ato do inferior pelo superior hierárquico ou tribunal administrativo, mediante provocação do interessado ou de ofício. O *ato administrativo de jurisdição*, embora decisório, não se confunde com o *ato judicial* ou *judiciário* propriamente dito (despacho, sentença, acórdão em ação e recurso), nem produz *coisa julgada* no sentido processual da expressão, mas quando proferido em instância final torna-se imodificável pela Administração (v. *coisa julgada administrativa*, no cap. XI, item 3.2.3.6).

O ato jurisdicional administrativo – explica Bielsa – "constituye una especie de justicia dentro de la Administración Pública *activa*, y su objeto es, ante todo, restablecer la legalidad de la acción administrativa".[45]

3.5.8 *Ato constitutivo, desconstitutivo e de constatação – Quanto aos efeitos*, o ato administrativo pode ser *constitutivo*, *desconstitutivo* e *de constatação*.

3.5.8.1 Ato constitutivo: é aquele pelo qual a Administração cria, modifica ou suprime um direito do administrado ou de seus servidores. Tais atos, ao mesmo tempo que geram um direito para uma parte, constituem obrigação para a outra.

3.5.8.2 Ato desconstitutivo: é aquele que desfaz uma situação jurídica preexistente. Geralmente vem precedido de um processo administrativo com tramitação idêntica à do que deu origem ao ato a ser desfeito.

3.5.8.3 Ato de constatação: é aquele pelo qual a Administração verifica e proclama uma situação fática ou jurídica ocorrente. Tais atos vinculam a Administração que os expede, mas não modificam, por si sós, a situação constatada, exigindo um outro ato constitutivo ou desconstitutivo para alterá-la. Seus efeitos são meramente verificativos.[46]

4. *Espécies de atos administrativos*

Feita a apreciação geral dos atos administrativos, sob os vários aspectos com que se apresentam, será útil, agora, enquadrá-los pelos caracteres

45. Rafael Bielsa, *Compendio de Derecho Público*, Buenos Aires, 1952, II/20.

46. Michel Stassinopoulos, *Traité des Actes Administratifs*, 5ª ed., Paris, 1973, p. 84.

comuns que os assemelham e pelos traços individuais que os distinguem, nas espécies correspondentes, segundo o fim imediato a que se destinam e o objeto que encerram.

Sendo insatisfatórias, para nós, as classificações até aqui realizadas pelos administrativistas, que não acordaram, ainda, num critério comum para o enquadramento científico ou, pelo menos, didático de tais atos, permitimo-nos grupá-los em cinco espécies, a saber: atos administrativos *normativos*; atos administrativos *ordinatórios*; atos administrativos *negociais*; atos administrativos *enunciativos*; atos administrativos *punitivos*.[47] Cremos que nestas categorias cabem todos os atos administrativos propriamente ditos, excluídos os atos legislativos e os judiciais típicos, que formam dois gêneros à parte (v. cap. XI, itens 5 e 6).

4.1 Atos gerais ou normativos

Atos administrativos normativos são aqueles que contêm um comando geral do Executivo, visando à correta aplicação da lei. O objetivo imediato de tais atos é explicitar a norma legal a ser observada pela Administração e pelos administrados. Esses atos expressam em minúcia o mandamento abstrato da lei, e o fazem com a mesma normatividade da regra legislativa, embora sejam manifestações tipicamente administrativas. A essa categoria pertencem os *decretos regulamentares* e os *regimentos*, bem como as *resoluções*, *deliberações* e *portarias* de conteúdo geral.[48]

Tais atos, conquanto normalmente estabeleçam regras gerais e abstratas de conduta, não são leis em sentido formal, por isso estão necessariamente subordinados aos limites jurídicos definidos na lei formal. São leis apenas em sentido material, vale dizer, provimentos executivos com conteúdo de lei, com matéria de lei. Esses atos, por serem gerais e abstratos, têm a mesma normatividade da lei e a ela se equiparam para fins de controle judicial, mas quando, sob a aparência de norma, individualizam situações e impõem encargos específicos a administrados, são considerados de *efeitos concretos* e podem ser atacados e invalidados direta e imediatamente por via judicial comum, ou por mandado de segurança, se lesivos de direito individual líquido e certo.

Vejamos separadamente os principais *atos administrativos normativos*.

47. O Prof. Diogo de Figueiredo Moreira Neto adotou declaradamente essa classificação do Autor em seu *Curso de Direito Administrativo*, Rio, Forense, 1990, pp. 121 e ss.

48. A matéria, na esfera federal, está regulada pela Lei Complementar 95, de 26.2.98, e pelo Dec. 4.176, de 28.3.2002.

4.1.1 *Decretos* – *Decretos*, em sentido próprio e restrito, são atos administrativos da competência exclusiva dos Chefes do Executivo,[49] destinados a prover situações gerais ou individuais, abstratamente previstas de modo expresso, explícito ou implícito, pela legislação. Comumente, o decreto é *normativo* e *geral*, podendo ser *específico* ou *individual*.[50] Como ato administrativo, o decreto está sempre em situação inferior à da lei e, por isso mesmo, não a pode contrariar. O decreto geral tem, entretanto, a mesma normatividade da lei, desde que não ultrapasse a alçada regulamentar de que dispõe o Executivo.

O nosso ordenamento administrativo admite duas modalidades de *decreto geral* (normativo): o *independente* ou *autônomo* e o *regulamentar* ou *de execução*.

4.1.1.1 Decreto independente ou autônomo: é o que dispõe sobre matéria ainda não regulada especificamente em lei. A doutrina aceita esses provimentos administrativos *praeter legem* para suprir a omissão do legislador, desde que não invadam as *reservas da lei*, isto é, as matérias que só por lei podem ser reguladas.[51] A atual redação do art. 84, VI, da CF outorga ao Presidente da República baixar decreto autônomo, nas condições ali previstas (v. cap. III, item 6 e rodapé 24). E na ADC 12 o STF entendeu que a Resolução 07/2005 sobre *nepotismo* é ato normativo autônomo, fundado apenas nos princípios da Carta Magna (v. cap. VII, rodapé 17).

Advirta-se, todavia, que os decretos autônomos ou independentes não substituem definitivamente a lei: suprem, apenas, a sua ausência, naquilo

49. Impõe-se distinguir o *decreto* propriamente dito (ato do Chefe do Executivo federal, estadual ou municipal) do *decreto legislativo*. *Decreto legislativo* é ato de caráter administrativo dos corpos legislativos – Senado Federal, Câmara dos Deputados, Assembléia Legislativa, Câmara Municipal – sobre assuntos de sua competência privativa e de efeitos externos.

O antigo *decreto-lei* está extinto na Constituição de 1988, sendo substituído pela *medida provisória*, que poderá ser expedida pelo Presidente da República, em caso de relevância e urgência, devendo ser convertida em lei no prazo de 30 dias, sob pena de perder eficácia (art. 62), podendo ser renovada.

50. *Decreto individual* é aquele que provê situações particulares de um ou alguns interessados, sem estabelecer qualquer norma geral. Tais são os decretos de nomeação e exoneração de servidor, de desapropriação etc. Constituem exceção à regra da normatividade desses atos. Há, ainda, as *leis de efeitos concretos*, que se equiparam aos decretos individuais, por proverem casos especiais sem qualquer normatividade, como as leis autorizativas, as que criam Municípios, as que concedem isenções e outras dessas espécies. Tais leis podem ser atacadas diretamente pelas vias judiciais comuns (ações ordinárias) ou especiais (mandado de segurança e ação popular), porque encerram um conteúdo tipicamente administrativo.

51. Carlos Medeiros Silva, "O poder regulamentar e sua extensão", *RDA* 20/1; A. Gonçalves de Oliveira, "Poder regulamentar", *RDA* 42/470; Carlos S. de Barros Jr., "Fontes do Direito Administrativo", *RDA* 28/1; Diógenes Gasparini, *Poder Regulamentar*, São Paulo, 1978, pp. 146 e ss.; Luciano Ferreira Leite, *O Regulamento no Direito Brasileiro*, Ed. RT, 1986. Serve de exemplo o Dec. 7.053, de 23.12.2009, que institui a Política Nacional para a População em Situação de Rua e seu Comitê Intersetorial de Acompanhamento e Monitoramento.

que pode ser provido por ato do Executivo, até que a lei disponha a respeito. Promulgada a lei, fica superado o decreto.

4.1.1.2 Decreto regulamentar ou de execução: é o que visa a explicar a lei e facilitar sua execução, aclarando seus mandamentos e orientando sua aplicação. Tal decreto comumente aprova, em texto à parte, o *regulamento* a que se refere. Questiona-se se esse decreto continua em vigor quando a lei regulamentada é revogada e substituída por outra. Entendemos que sim, desde que a nova lei contenha a mesma matéria regulamentada.

4.1.2 *Regulamentos* – Os *regulamentos* são atos administrativos, postos em vigência por decreto, para especificar os mandamentos da lei ou prover situações ainda não disciplinadas por lei. Desta conceituação ressaltam os caracteres marcantes do regulamento: ato administrativo (e não legislativo); ato explicativo ou supletivo da lei; ato hierarquicamente inferior à lei; ato de eficácia externa.

Leis existem que dependem de regulamento para sua execução; outras há que são auto-executáveis (*self executing*).[52] Qualquer delas, entretanto, pode ser regulamentada, com a só diferença de que nas primeiras o regulamento é condição de sua aplicação, e nas segundas é ato facultativo do Executivo.

O regulamento, embora não possa modificar a lei, tem a missão de explicá-la e de prover sobre minúcias não abrangidas pela norma geral editada pelo Legislativo. Daí a oportuna observação de Medeiros Silva de que "a função do regulamento não é reproduzir, copiando-os literalmente, os termos da lei. Seria um ato inútil se assim fosse entendido. Deve, ao contrário, evidenciar e tornar explícito tudo aquilo que a lei encerra. Assim, se uma faculdade ou atribuição está implícita no texto legal, o regulamento não exorbitará, se lhe der forma articulada e explícita".[53]

Como ato inferior à lei, o regulamento não pode contrariá-la ou ir além do que ela permite. No que o regulamento infringir ou extravasar da lei, é írrito e nulo, por caracterizar situação de ilegalidade.[54] Quando o regulamento

52. Não se confunda *lei auto-executável* com *lei de efeito concreto*; aquela é normativa e independe de regulamento, mas depende de ato executivo para sua atuação; esta não depende de regulamento nem de ato executivo para a produção de seus efeitos, pois atua desde a sua vigência, consumando o resultado de seu mandamento. Por isso, a *lei auto-executável* só pode ser atacada judicialmente quando for aplicada e ensejar algum ato executivo, ao passo que a *lei de efeito concreto* é passível de invalidação judicial (por mandado de segurança, ação popular ou ação comum) desde sua entrada em vigência, pois que já traz em si o resultado concreto de seu objetivo. Exemplificando: uma lei autorizativa é auto-executável, mas não é de efeito concreto; diversamente, uma lei proibitiva de atividade individual é de efeito concreto, porque ela, por si só, impede o exercício da atividade proibida.

53. Carlos Medeiros Silva, in *RDA* 33/453.

54. STF, Pleno, ADI 311-9, *RT* 661/207.

visa a explicar a lei (regulamento de execução), terá que se cingir ao que a lei contém; quando se tratar de regulamento destinado a prover situações não contempladas em lei (regulamento autônomo ou independente), terá que se ater aos limites da competência do Executivo, não podendo, nunca, invadir as *reservas da lei*, isto é, suprir a lei naquilo que é da exclusiva competência da norma legislativa (lei em sentido formal e material). Assim sendo, o regulamento jamais poderá instituir ou majorar tributos, criar cargos, aumentar vencimentos, perdoar dívidas ativas, conceder isenções tributárias e o mais que depender de lei propriamente dita.

A propósito, advertiu D'Alessio que os regulamentos têm da lei apenas o conteúdo e a normatividade, mas não têm a forma e a extensão da lei, porque promanam de órgãos executivos, e não de corpos legislativos.[55]

Os regulamentos, destinando-se à atuação externa (normatividade em relação aos particulares), devem ser publicados pelo mesmo modo por que o são as leis, visto que a publicação é que fixa o início da obrigatoriedade dos atos do Poder Público a serem atendidos pelos administrados. Daí a necessidade de publicação integral do regulamento e do decreto que o aprova.

4.1.3 *Instruções normativas* – As *instruções normativas* ou *regulamentares* são atos administrativos expedidos pelos Ministros de Estado para a execução das leis, decretos e regulamentos (CF, art. 87, parágrafo único, II), mas são também utilizadas por outros órgãos superiores para o mesmo fim.

4.1.4 *Regimentos* – Os *regimentos* são atos administrativos normativos de atuação interna, dado que se destinam a reger o funcionamento de órgãos colegiados e de corporações legislativas. Como ato regulamentar interno, o regimento só se dirige aos que devem executar o serviço ou realizar a atividade funcional regimentada, sem obrigar aos particulares em geral.

Os atos regulamentares internos (regimentos) constituem modalidade diversa dos regulamentos externos (independentes ou de execução) e produzem efeitos mais restritos que estes. Os *regulamentos* independentes e de execução disciplinam situações gerais e estabelecem relações jurídicas entre a Administração e os administrados; os *regimentos* destinam-se a prover o funcionamento dos órgãos da Administração, atingindo unicamente as pessoas vinculadas à atividade regimental.

Enquanto os regulamentos externos emanam do *poder regulamentar*, os regimentos provêm do *poder hierárquico* do Executivo, ou da capacidade de auto-organização interna das corporações legislativas e judiciárias, razão pela qual só se dirigem aos que se acham sujeitos à disciplina do órgão que

55. Francesco D'Alessio, *Diritto Amministrativo*, Turim, 1932, I/88.

os expediu.[56] E sobejam razões para essa restrição, uma vez que o administrado não tem a possibilidade de penetrar na intimidade da Administração, para conhecer as disposições particulares de seus serviços e de seus agentes. Os cidadãos só são obrigados a conhecer a lei, e, por extensão, o decreto, que é lei em sentido material.

O regimento geralmente é posto em vigência por resolução do órgão diretivo do colegiado (Presidência ou Mesa) e pode dispensar publicação, desde que se dê ciência de seu texto aos que estão sujeitos às suas disposições. Mas é de toda conveniência seja publicado, para maior conhecimento de suas normas e efeitos, que reflexamente possam interessar a todos os cidadãos.

Pelo regimento, comumente, estabelece-se a tramitação interna dos recursos administrativos e se disciplina o andamento dos papéis no âmbito das repartições. Tratando-se de regimento de corporações legislativas, seu principal objetivo é regular o funcionamento do Plenário para suas deliberações e demais atos de economia interna da Câmara. Quanto às relações entre o Poder Público e os cidadãos, refogem do âmbito regimental, devendo constar de lei ou de decreto regulamentar.

Para os agentes sujeitos às normas regimentais, o regimento é a lei da casa e sua violação pode dar ensejo à invalidação do ato anti-regimental, desde que lesiva de direito individual ou de prerrogativa da função.

Os regimentos, no entender dos mais autorizados publicistas, "se destinam a disciplinar o funcionamento dos serviços públicos, acrescentando às leis e regulamentos disposições de pormenor e de natureza principalmente prática".[57]

4.1.5 *Resoluções* – *Resoluções* são atos administrativos normativos expedidos pelas altas autoridades do Executivo (mas não pelo Chefe do Executivo, que só deve expedir decretos) ou pelos presidentes de tribunais, órgãos legislativos e colegiados administrativos, para disciplinar matéria de sua competência específica. Por exceção admitem-se resoluções individuais.

As resoluções, normativas ou individuais, são sempre atos inferiores ao regulamento e ao regimento, não podendo inová-los ou contrariá-los, mas unicamente complementá-los e explicá-los. Seus efeitos podem ser internos ou externos, conforme o campo de atuação da norma ou os destinatários da providência concreta.[58]

56. STF, *RF* 107/65, 107/277, 112/202.

57. Carlos S. de Barros Jr., "Fontes do Direito Administrativo", *RDA* 28/1.

58. As *resoluções* são também usadas para os *atos administrativos internos* das corporações legislativas e tribunais em geral.

4.1.6 *Deliberações* – *Deliberações* são atos administrativos normativos ou decisórios emanados de órgãos colegiados. Quando normativas, são *atos gerais*; quando decisórias, são *atos individuais*. Aquelas são sempre superiores a estas, de modo que o órgão que as expediu não pode contrariá-las nas decisões subseqüentes: uma deliberação normativa só se revoga ou modifica por outra deliberação normativa; nunca por uma deliberação individual do mesmo órgão.

As deliberações devem sempre obediência ao regulamento e ao regimento que houver para a organização e funcionamento do colegiado. Quando expedidas em conformidade com as normas superiores são vinculantes para a Administração e podem gerar direitos subjetivos para seus beneficiários.

4.2 Atos ordinatórios

Atos administrativos ordinatórios são os que visam a disciplinar o funcionamento da Administração e a conduta funcional de seus agentes. São provimentos, determinações ou esclarecimentos que se endereçam aos servidores públicos a fim de orientá-los no desempenho de suas atribuições.

Tais atos emanam do poder hierárquico, razão pela qual podem ser expedidos por qualquer chefe de serviço aos seus subordinados, desde que o faça nos limites de sua competência.

Os atos ordinatórios da Administração só atuam no âmbito interno das repartições e só alcançam os servidores hierarquizados à chefia que os expediu. Não obrigam os particulares, nem os funcionários subordinados a outras chefias. São atos inferiores à lei, ao decreto, ao regulamento e ao regimento. Não criam, normalmente, direitos ou obrigações para os administrados, mas geram deveres e prerrogativas para os agentes administrativos a que se dirigem.[59]

Além da função ordinatória precípua, esses atos se prestam também à investidura de servidores subalternos em suas funções e à transmissão de determinações superiores gerais ou especiais, concernentes ao serviço e a seus executores.

Dentre os *atos administrativos ordinatórios* de maior freqüência e utilização na prática merecem exame as *instruções*, as *circulares*, os *avisos*, as *portarias*, as *ordens de serviço*, os *ofícios* e os *despachos*.

4.2.1 *Instruções* – *Instruções* são ordens escritas e gerais a respeito do modo e forma de execução de determinado serviço público, expedidas pelo superior hierárquico com o escopo de orientar os subalternos no desempenho das atribuições que lhes estão afetas e assegurar a unidade de

59. STF, *RF* 107/65 e 277, 112/202.

ação no organismo administrativo. Como é óbvio, as *instruções* não podem contrariar a lei, o decreto, o regulamento, o regimento ou o estatuto do serviço, uma vez que são atos inferiores, de mero ordenamento administrativo interno. Por serem internos, não alcançam os particulares nem lhes impõem conhecimento e observância, vigorando, apenas, como ordens hierárquicas de superior a subalterno.

4.2.2 *Circulares – Circulares* são ordens escritas, de caráter uniforme, expedidas a determinados funcionários ou agentes administrativos incumbidos de certo serviço, ou do desempenho de certas atribuições em circunstâncias especiais. São atos de menor generalidade que as instruções, embora colimem o mesmo objetivo: o ordenamento do serviço.

4.2.3 *Avisos – Avisos* são atos emanados dos Ministros de Estado a respeito de assuntos afetos aos seus ministérios. Os *avisos* foram largamente utilizados no Império, chegando, mesmo, a extravasar de seus limites, para conter normas endereçadas à conduta dos particulares. Os *avisos* também podem ser atos destinados a dar notícia ou conhecimento de assuntos afetos à atividade administrativa.

4.2.4 *Portarias – Portarias* são atos administrativos internos pelos quais os chefes de órgãos, repartições ou serviços expedem determinações gerais ou especiais a seus subordinados, ou designam servidores para funções e cargos secundários. Por portaria também se iniciam sindicâncias e processos administrativos. Em tais casos a portaria tem função assemelhada à da denúncia do processo penal.

As *portarias*, como os demais atos administrativos internos, não atingem nem obrigam aos particulares, pela manifesta razão de que os cidadãos não estão sujeitos ao poder hierárquico da Administração Pública. Nesse sentido vem decidindo o STF.[60]

4.2.5 *Ordens de serviço – Ordens de serviço* são determinações especiais dirigidas aos responsáveis por obras ou serviços públicos autorizando seu início, ou contendo imposições de caráter administrativo, ou especificações técnicas sobre o modo e forma de sua realização. Podem, também, conter autorização para a admissão de operários ou artífices (pessoal de obra), a título precário, desde que haja verba votada para tal fim. Tais ordens comumente são dadas em simples *memorando* da Administração para início de obra ou, mesmo, para pequenas contratações.

4.2.6 *Provimentos* – São atos administrativos internos, contendo determinações e instruções que a Corregedoria ou os tribunais expedem para

60. STF, *RF* 107/65 e 277, 112/202.

a regularização e uniformização dos serviços, especialmente os da Justiça, com o objetivo de evitar erros e omissões na observância da lei.

4.2.7 *Ofícios* – *Ofícios* são comunicações escritas que as autoridades fazem entre si, entre subalternos e superiores e entre Administração e particulares, em caráter oficial. Os ofícios tanto podem conter matéria administrativa como social. Diferem os *ofícios* dos *requerimentos* e *petições*, por conterem aqueles uma comunicação ou um convite, ao passo que estes encerram sempre uma pretensão do particular formulada à Administração.

4.2.8 *Despachos* – *Despachos administrativos* são decisões que as autoridades executivas (ou legislativas e judiciárias, em funções administrativas) proferem em papéis, requerimentos e processos sujeitos à sua apreciação. Tais despachos não se confundem com as decisões judiciais, que são as que os juízes e tribunais do Poder Judiciário proferem no exercício da jurisdição que lhes é conferida pela Soberania Nacional. O despacho administrativo, embora tenha forma e conteúdo jurisdicional, não deixa de ser um ato administrativo, como qualquer outro emanado do Executivo.

Despacho normativo é aquele que, embora proferido em caso individual, a autoridade competente determina que se aplique aos casos idênticos, passando a vigorar como norma interna da Administração para as situações análogas subseqüentes.

A publicidade dos despachos e das informações que não forem de caráter sigiloso,[61] exigida pelo interesse público ou de segurança nacional, é princípio que tem por objetivo assegurar a moralidade administrativa e, por isso, não deve ser sonegada pelo administrador público ao particular. Como garantia constitucional, pode o interessado exigir seu cumprimento, por via judicial, se a Administração se recusar a atendê-lo amigavelmente, negando-lhe conhecimento na repartição ou certidão requerida para defesa de direitos e esclarecimento de situações (CF, art. 5º, XXXIV, "b"). Essa obrigação de dar conhecimento dos atos administrativos aos interessados e de fornecer-lhes certidões ou cópias autenticadas estende-se a todos os órgãos e entidades da Administração direta e indireta.

4.3 Atos negociais

Além dos atos administrativos *normativos* e *ordinatórios*, isto é, daqueles que encerram um mandamento geral ou um provimento especial da Administração, outros são praticados contendo uma *declaração de vontade do Poder Público coincidente com a pretensão do particular*, visando à con-

61. Sobre atos e contratos sigilosos v. os Decs. 79.099/77, 73.140/73 (art. 54) e 74.382/76 (art. 2º).

cretização de negócios jurídicos públicos ou à atribuição de certos direitos ou vantagens ao interessado.

À falta de uma denominação específica em nossa Língua para essas manifestações unilaterais da Administração, e das quais se originam negócios jurídicos públicos, permitimo-nos denominá-los *atos administrativos negociais*, numa tradução livre do Castelhano – *acto administrativo, negocio jurídico*[62] – mas literal do Italiano – *atti amministrativi negoziali*[63] – e do Alemão – *rechtsgeschaeftliche Verwaltungsakte*.[64]

Estes atos, embora unilaterais, encerram um conteúdo tipicamente negocial, de interesse recíproco da Administração e do administrado, mas não adentram a esfera contratual. São e continuam sendo atos administrativos (e não contratos administrativos), mas de uma categoria diferençada dos demais, porque geram direitos e obrigações para as partes e as sujeitam aos pressupostos conceituais do ato, a que o particular se subordina incondicionalmente.

Na abalizada opinião de Diez, os chamados por ele "atos administrativos, negócios jurídicos", por nós, *atos administrativos negociais*, são declarações de vontade da autoridade administrativa destinadas a produzir efeitos específicos e individuais para o particular interessado.

O ato negocial é geralmente consubstanciado num alvará, num termo ou num simples *despacho* da autoridade competente, no qual a Administração defere a pretensão do administrado e fixa as condições de sua fruição. Assim, o ato pode ser vinculado ou discricionário, definitivo ou precário; será *vinculado* quando a lei estabelecer os requisitos para sua formação; será *discricionário* quando sua expedição ficar ao alvedrio da autoridade competente; será *definitivo* quando embasar-se num direito individual do requerente; será *precário* quando provier de uma liberalidade da Administração.

Os atos administrativos negociais produzem efeitos concretos e individuais para seu destinatário e para a Administração que os expede. Enquanto os atos administrativos normativos são genéricos, os atos negociais são específicos, só operando efeitos jurídicos entre as partes – Administração e administrado requerente –, impondo a ambos a observância de seu conteúdo e o respeito às condições de sua execução.

O que convém distinguir são os efeitos do ato negocial vinculado e definitivo dos do ato negocial discricionário e precário, principalmente quando se tratar de sua extinção por *anulação*, *cassação* ou *revogação*. *Anula-se* o

62. Manoel María Diez, *El Acto Administrativo*, 1956, pp. 92 e ss.

63. Umberto Fragola, *Gli Atti Amministrativi*, 1952, p. 89; F. P. Mastropasqua, *Efficacia dell'Atto Amministrativo*, 1950, pp. 12 e 63; Zanobini, *Corso di Diritto Amministrativo*, 1948, 1950, I/204.

64. Friedrich Giese, *Algemeines Verwaltungsrecht*, 1952, pp. 84 e ss.

ato negocial que contiver ilegalidade na sua origem ou formação; *cassa-se* o ato quando ocorrer ilegalidade na sua execução; *revoga-se* o ato quando sobrevier interesse público para a cessação de seus efeitos. Mas a invalidação do ato, por qualquer desses motivos, deve ser precedida de processo regular, com oportunidade de defesa, sob pena de nulidade do ato extintivo.

O que cumpre assinalar é que os *atos administrativos negociais* não se confundem com os de outras categorias, nem se identificam com os contratos de Direito Público. Formam eles uma espécie do gênero *ato administrativo*, mas com características e efeitos próprios, o que justifica seu estudo separadamente, a começar pela sua conceituação.[65]

Atos administrativos negociais são todos aqueles que contêm uma declaração de vontade da Administração apta a concretizar determinado negócio jurídico ou a deferir certa faculdade ao particular, nas condições impostas ou consentidas pelo Poder Público.

Neste conceito enquadram-se, dentre outros, os atos administrativos de *licença, autorização, permissão, admissão, visto, aprovação, homologação, dispensa, renúncia* e até mesmo o *protocolo administrativo*, como veremos a seguir.

4.3.1 *Licença* – *Licença* é o ato administrativo vinculado e definitivo pelo qual o Poder Público, verificando que o interessado atendeu a todas as exigências legais, faculta-lhe o desempenho de atividades ou a realização de fatos materiais antes vedados ao particular, como, p. ex., o exercício de uma profissão, a construção de um edifício em terreno próprio. A licença resulta de um direito subjetivo do interessado, razão pela qual a Administração não pode negá-la quando o requerente satisfaz todos os requisitos legais para sua obtenção, e, uma vez expedida, traz a presunção de definitividade. Sua invalidação só pode ocorrer por ilegalidade na expedição do alvará, por descumprimento do titular na execução da atividade ou por interesse público superveniente, caso em que se impõe a correspondente indenização. A *licença* não se confunde com a *autorização*, nem com a *admissão*, nem com a *permissão*.

4.3.2 *Autorização* – *Autorização* é o ato administrativo discricionário e precário pelo qual o Poder Público torna possível ao pretendente a realização de certa atividade, serviço ou utilização de determinados bens particulares ou públicos, de seu exclusivo ou predominante interesse, que a lei condiciona à aquiescência prévia da Administração, tais como o uso especial de bem público, o porte de arma, o trânsito por determinados locais etc. Na autorização, embora o pretendente satisfaça as exigências adminis-

65. Para mais esclarecimentos v., do Autor, o artigo "Formação, efeitos e extinção dos atos administrativos negociais", *RT* 592/12 e *RDA* 158/15.

trativas, o Poder Público decide discricionariamente sobre a conveniência ou não do atendimento da pretensão do interessado ou da cessação do ato autorizado, diversamente do que ocorre com a *licença* e a *admissão*, em que, satisfeitas as prescrições legais, fica a Administração obrigada a licenciar ou a admitir.[66] Sobre a autorização de uso e autorização de serviço público, v. cap. VIII, item 1.5.2.1, e cap. VI, item 8.4.

Não há qualquer direito subjetivo à obtenção ou à continuidade da autorização, daí por que a Administração pode negá-la ao seu talante, como pode cassar o alvará a qualquer momento, sem indenização alguma.

Lamentavelmente, a natureza jurídica da *autorização* não vem sendo respeitada pelo legislador, dificultando a compreensão e a sistematização do Direito Administrativo. É o que está ocorrendo com a *autorização* expedida com prazo e dependente de outros fatores. Deixa ela de ser ato administrativo unilateral, discricionário e precário, para assumir um caráter quase contratual, como aconteceu com a permissão. De autorização simples passa a ser autorização condicionada ou qualificada. É o que acontece com a *autorização* especial para o uso da água, criada pela Lei 9.984, de 17.7.2000 (*Agência Nacional de Águas*), e mais recentemente com a *autorização* de acesso ao patrimônio genético existente no País, instituída pela MP 2.186-16/2001. Sobre autorização sem a natureza de delegação e autorização como instrumento de delegação de serviço público, v. cap. VI, item 8.4.

4.3.3 *Permissão* – *Permissão* é o ato administrativo negocial, discricionário e precário, pelo qual o Poder Público faculta ao particular a *execução de serviços de interesse coletivo*, ou o *uso especial de bens públicos*, a título gratuito ou remunerado, nas condições estabelecidas pela Administração. Não se confunde com a *concessão*, nem com a *autorização*: a *concessão* é contrato administrativo bilateral; a *autorização* é ato administrativo unilateral. Pela concessão contrata-se um serviço de utilidade pública; pela autorização consente-se numa atividade ou situação de interesse exclusivo ou predominante do particular; pela permissão faculta-se a realização de uma atividade de interesse concorrente do permitente, do permissionário e do público.

É admissível a *permissão condicionada*, ou seja, aquela em que o próprio Poder Público autolimita-se na faculdade discricionária de revogá-la a qualquer tempo, fixando em norma legal o prazo de sua vigência e/ou assegurando outras vantagens ao permissionário, como incentivo para a execução do serviço. Assim, reduzem-se a discricionariedade e a precariedade da permissão às condições legais de sua outorga. Essa modalidade

66. STF, RMS 22.665, *Informativo STF* 419; STJ, *RT* 665/176; TJSP, *RT* 633/65. V. Cid Tomanik Pompeu, *Autorização Administrativa*, 2ª ed., São Paulo, Ed. RT, 2007, especialmente p. 181, sobre "Modalidades de Autorização".

é adotada nas permissões de transporte coletivo e noutras que exigem altos investimentos para a execução do serviço, tornando-se necessário garantir ao permissionário um tempo mínimo de operação em condições rentáveis. Se o interesse público exigir a revogação ou a alteração de tais permissões, a Administração poderá fazê-lo, desde que indenize o permissionário dos danos que o descumprimento do prazo ou das condições da outorga lhe causar. Mas, enquanto não for revogada a permissão, ou modificadas as condições em aditamento formal, o permissionário tem direito subjetivo ao cumprimento integral da permissão originária. Lembremos que a Constituição de 1988 tornou obrigatória a licitação para a permissão de qualquer serviço público (art. 175), entendendo-se nessa expressão também os *serviços de utilidade pública* (v. cap. VI, item 8.3, *Serviços permitidos*).

4.3.4 *Aprovação* – *Aprovação* é o ato administrativo pelo qual o Poder Público verifica a legalidade e o mérito de outro ato ou de situações e realizações materiais de seus próprios órgãos, de outras entidades ou de particulares, dependentes de seu controle, e consente na sua execução ou manutenção. Pode ser prévia ou subseqüente, vinculada ou discricionária, consoante os termos em que é instituída, pois em certos casos limita-se à confrontação de requisitos especificados na norma legal e noutros estende-se à apreciação da oportunidade e conveniência. Daí a justa observação de Diez: "Con la aprobación se aprecia la conveniencia y la legitimidad de un acto ya formado. Si se aprecia la legitimidad habrá que observar si el acto controlado es conforme al derecho. Si se aprecia la conveniencia deberá observarse se es de buena administración". Mas advertimos que não só *atos jurídicos* como, também, *fatos materiais* podem ser objeto de *aprovação* pela Administração Pública, como um projeto, uma obra, um serviço.

4.3.5 *Admissão* – *Admissão* é o ato administrativo vinculado pelo qual o Poder Público, verificando a satisfação de todos os requisitos legais pelo particular, defere-lhe determinada situação jurídica de seu exclusivo ou predominante interesse, como ocorre no ingresso aos estabelecimentos de ensino mediante concurso de habilitação. Na admissão, reunidas e satisfeitas as condições previstas em lei, a Administração é obrigada a deferir a pretensão do particular interessado. O direito à admissão nasce do atendimento dos pressupostos legais, que são vinculantes para o próprio poder que os estabelece.

A invalidação da admissão só se dará nos casos de ilegalidade no seu deferimento ou no auferimento da situação admitida ou, ainda, por interesse público superveniente, compondo-se eventuais prejuízos do prejudicado. Não se confunda a *admissão administrativa*, de que ora cuidamos, com a *admissão a emprego*, que é ato de investidura regulado por outros princípios.

4.3.6 *Visto* – *Visto* é o ato administrativo pelo qual o Poder Público controla outro ato da própria Administração ou do administrado, aferindo sua legitimidade formal para dar-lhe exeqüibilidade. Não se confunde com as espécies afins (aprovação, autorização, homologação), porque nestas há exame de mérito e em certos casos operam como ato independente, ao passo que o *visto* incide sempre sobre um ato anterior e não alcança seu conteúdo. É ato vinculado, porque há de restringir-se às exigências legais extrínsecas do ato visado, mas na prática tem sido desvirtuado para o exame discricionário, como ocorre com o visto em passaporte, que é dado ou negado ao alvedrio das autoridades consulares.

4.3.7 *Homologação* – *Homologação* é o ato administrativo de controle pelo qual a autoridade superior examina a legalidade e a conveniência de ato anterior da própria Administração, de outra entidade ou de particular, para dar-lhe eficácia. O ato dependente de homologação é inoperante enquanto não a recebe. Como ato de simples controle, a homologação não permite alterações no ato controlado pela autoridade homologante, que apenas pode confirmá-lo ou rejeitá-lo, para que a irregularidade seja corrigida por quem a praticou. O ato homologado torna-se eficaz desde o momento da homologação, mas pode ter seus efeitos contidos por cláusula ou condição suspensiva constante do próprio ato ou da natureza do negócio jurídico que ele encerra.

4.3.8 *Dispensa* – *Dispensa* é o ato administrativo que exime o particular do cumprimento de determinada obrigação até então exigida por lei, como, p. ex., a prestação do serviço militar. É, normalmente, ato discricionário, mas inconfundível com a autorização, porque esta possibilita o desempenho de certa atividade, ao passo que a dispensa libera o interessado de determinada situação ou da prática de certo ato.

4.3.9 *Renúncia* – *Renúncia administrativa* é o ato pelo qual o Poder Público extingue unilateralmente um crédito ou um direito próprio, liberando definitivamente a pessoa obrigada perante a Administração. A renúncia tem caráter abdicativo e, por isso, não admite condição e é irreversível, uma vez consumada. Tratando-se de renúncia por parte da Administração, depende sempre de lei autorizadora, porque importa o despojamento de direitos que extravasam dos poderes comuns do administrador público.

4.3.10 *Protocolo administrativo* – *Protocolo administrativo* é o ato negocial pelo qual o Poder Público acerta com o particular a realização de determinado empreendimento ou atividade ou a abstenção de certa conduta, no interesse recíproco da Administração e do administrado signatário do instrumento protocolar. Esse ato é vinculante para todos que o subscrevem, pois gera obrigações e direitos entre as partes. É sempre um ato biface, porque de um lado está a manifestação de vontade do Poder Público, sujeita ao Direito Administrativo, e, de outro, a do particular ou particulares, regida pelo Direito Privado.[67]

Nessa conceituação também se inclui o *protocolo de intenção*, que precede o ato ou contrato definitivo.

Os *atos administrativos negociais*, que acabamos de ver, são normalmente seguidos de *atos de Direito Privado* que completam o negócio jurídico pretendido pelo particular e deferido pelo Poder Público. É o que ocorre, p. ex., quando a Administração licencia uma construção, autoriza a incorporação de um banco, aprova a criação de uma escola ou emite qualquer outro ato de consentimento do Governo para a realização de uma atividade particular dependente da aquiescência do Poder Público. São atos *bifaces*.

Os dois atos são distintos e inconfundíveis, mas permanecem justapostos um ao outro de modo indissociável. Daí por que não podem as partes – Administração e particular – alterá-los ou extingui-los unilateralmente, sendo sempre necessária a conjunta manifestação de vontade dos interessados para qualquer modificação ou supressão do negócio jurídico objetivado.

Nessa conformidade, o ato administrativo que precede, acompanha ou sucede a atuação do particular só pode ser impugnado pelo *devido processo legal*, no âmbito interno da Administração ou na via judicial competente, sempre com a intervenção de ambas as partes. Quanto ao ato administrativo, traz em si a presunção de legitimidade e, por isso mesmo, opera seus efeitos enquanto não for desconstituído ou modificado regularmente.

Por sua vez, o ato do particular, arrimado no ato da Administração, há que obedecer fielmente aos preceitos deste, para sua eficácia e legitimidade. Qualquer processo judicial decorrente do negócio deferido pelo Poder Público deve ser requerido no juízo privativo da Administração interessada.

Essa interferência de atos administrativos em negócios particulares e vice-versa é corrente no Direito Público, como sustentam os mais autorizados publicistas pátrios e estrangeiros,[68] como, também, a nossa jurisprudên-

67. Não se confunda o *protocolo administrativo* com o protocolo firmado entre Estados soberanos como ato preparatório de acordo ou tratado internacional. Também não se confunda o *protocolo administrativo* com o simples *recibo* de papéis endereçados à Administração através do impropriamente denominado "protocolo" da repartição destinatária, que é mero ato de tramitação burocrática.

68. Ruy Cirne Lima, in *RDA* 62/1; Lafayete Pondé, in *RDA* 63/16; Seabra Fagundes, in *RDA* 78/1; Caio Tácito, in *RDA* 114/465; Hely Lopes Meirelles, *Estudos e Pareceres de Direito Público*, I/143; Arnoldo Wald, "Aspectos peculiares do Direito Bancário – O regime jurídico dos atos bifaces", *RDM* 48/5.

Na doutrina estrangeira, v.: Jèze, *Contrats de l'Administration*, Paris, 1934, I/3; Laubadère, *Contrats Administratifs*, Paris, 1956, I/115; Marienhoff, *Tratado de Derecho Administrativo*, Buenos Aires, 1966, III/20.

cia reconhece e admite a ingerência do Poder Público em negócios civis ou comerciais.[69]

4.4 *Atos enunciativos*

Além dos atos *normativos*, *ordinatórios* e *negociais*, que examinamos nos tópicos precedentes, merecem apreciação os *atos administrativos enunciativos*, isto é, aqueles que, embora não contenham uma norma de atuação, nem ordenem a atividade administrativa interna, nem estabeleçam uma relação negocial entre o Poder Público e o particular, enunciam, porém, uma situação existente, sem qualquer manifestação de vontade da Administração. Só são atos administrativos em sentido formal, visto que materialmente não contêm manifestação da vontade da Administração. Daí por que, à míngua de uma denominação consagrada para estes atos, classificamo-los como *enunciativos*, designação que nos parece a melhor dentre as propostas pelos administrativistas.[70]

Atos administrativos enunciativos são todos aqueles em que a Administração se limita a certificar ou a atestar um fato, ou emitir uma opinião sobre determinado assunto, sem se vincular ao seu enunciado. Dentre os atos mais comuns desta espécie merecem menção as *certidões*, os *atestados* e os *pareceres administrativos*.

4.4.1 *Certidões* – *Certidões administrativas* são cópias ou fotocópias fiéis e autenticadas de atos ou fatos constantes de processo, livro ou documento que se encontre nas repartições públicas.[71] Podem ser de inteiro teor, ou resumidas, desde que expressem fielmente o que se contém no original de onde foram extraídas. Em tais atos o Poder Público não manifesta sua vontade, limitando-se a trasladar para o documento a ser fornecido ao interessado o que consta de seus arquivos. As certidões administrativas, desde que autenticadas, têm o mesmo valor probante do original, como documentos públicos que são (CC, art. 212, II; CPC, arts. 364 e 365, III).

69. STF, *RDA* 46/192, e tb. no Ag. 74.195-0-MT, j. 4.12.78; TFR, MS 80.938-RJ, publ. 24.8.78, AI 43.784-RJ e 43.785-RJ, j. 27.5.83, *DJU* 1.9.83; TJSP, AgR 32.172-1, j 14.4.83, *RT* 574/63.

70. Alguns autores usam a denominação *atos de pronúncia*, que não nos parece adequada, porque a *pronúncia*, em sentido jurídico, expressa sempre uma manifestação de vontade do Poder Público. Daí as expressões correntes, pronúncia de nulidade e pronúncia criminal, que indicam o juízo da autoridade pública sobre determinado ato ou situação. Ora, os atos enunciativos caracterizam-se, precisamente, pela ausência de manifestação de vontade da Administração sobre seu conteúdo, vale dizer, pela omissão de qualquer pronúncia em sentido jurídico.

71. A Lei 11.111, de 5.5.2005, substituindo a MP 228, de 9.12.2004, ao regulamentar a parte final do inc. XXXIII do art. 5º da CF, prevê as hipóteses de *sigilo* dos documentos públicos.

O *fornecimento de certidões*, "independentemente do pagamento de taxas", é obrigação constitucional de toda *repartição pública*, desde que requerido pelo interessado para *defesa de direitos ou esclarecimento de situações de interesse pessoal* (CF, art. 5º, XXXIV, "b"). Por *repartição pública* entende-se qualquer das entidades estatais, autárquicas, fundacionais ou paraestatais integrantes da Administração direta ou indireta do Estado, em acepção ampla.

As certidões devem ser expedidas no prazo improrrogável de quinze dias, contados do registro do pedido, que deve conter esclarecimentos sobre as razões e os fins a que se destinam (Lei 9.051, de 18.5.95).

4.4.2 *Atestados* – *Atestados administrativos* são atos pelos quais a Administração comprova um fato ou uma situação de que tenha conhecimento por seus órgãos competentes.

Não se confunde o *atestado* com a *certidão*, porque esta reproduz atos ou fatos constantes de seus arquivos, ao passo que o atestado comprova um fato ou uma situação existente mas não constante de livros, papéis ou documentos em poder da Administração. A *certidão* destina-se a comprovar fatos ou atos permanentes; o *atestado* presta-se à comprovação de fatos ou situações transeuntes, passíveis de modificações freqüentes. Ambos são atos enunciativos, mas de conteúdo diferente.

4.4.3 *Pareceres* – *Pareceres administrativos* são manifestações de órgãos técnicos sobre assuntos submetidos à sua consideração.

O parecer tem caráter meramente opinativo, não vinculando a Administração ou os particulares à sua motivação ou conclusões, salvo se aprovado por ato subseqüente. Já, então, o que subsiste como ato administrativo não é o parecer,[72] mas, sim, o ato de sua aprovação, que poderá revestir a modalidade normativa, ordinatória, negocial ou punitiva.

72. No MS 24.073-3-DF, o STF (Pleno), adotando o entendimento acima, proclamou que o "parecer emitido por procurador ou advogado" da Administração Pública "não é ato administrativo" e que, por este fundamento, e também pelo art. 2º, § 3º, da Lei 8.906/94, seu "autor" "não pode ser responsabilizado solidariamente com o administrador", salvo culpa grave ou erro grave, inescusável, ou dolo. Mas em relação ao art. 38 da Lei 8.666/93 o STF entendeu que o procurador que aprovar a minuta do edital tem responsabilidade solidária por tal ato (MS 24.584). José Vicente de Mendonça, analisando julgados do STF, aponta quatro *standards* no exame da questão: "(1) os advogados públicos *não* são absolutamente irresponsáveis no exercício da função consultiva, porque isso, no mínimo, não se coaduna com a idéia de Estado de Direito; (2) mesmo assim, os casos de responsabilidade pessoal do advogado público parecerista limitam-se às hipóteses em que comprovadamente tenha agido com dolo ou erro inescusável; (3) tais agentes públicos podem ser chamados a apresentar explicações junto aos Tribunais de Contas desde que as imputações que se lhes façam digam respeito a esse dolo ou erro inescusável; (4) pode haver alguma relação entre a obrigatoriedade legal da prolação de parecer e a responsabilização do parecerista: nos casos em que o parecer é obrigatório ou vinculante, o

O *parecer*, embora contenha um enunciado opinativo, pode ser de existência obrigatória no procedimento administrativo e dar ensejo à nulidade do ato final se não constar do processo respectivo, como ocorre, p. ex., nos casos em que a lei exige a prévia audiência de um órgão consultivo, antes da decisão terminativa da Administração. Nesta hipótese, a presença do parecer é necessária, embora seu conteúdo não seja vinculante para a Administração,[73] salvo se a lei exigir o pronunciamento favorável do órgão consultado para a legitimidade do ato final, caso em que o parecer se torna impositivo para a Administração.[74] No julgamento do MS 24.584 o Min. Joaquim Barbosa citou interessante lição do administrativista francês René Chapus diferenciando os pareceres jurídicos em três espécies: os *facultativos*, nos quais a prolação da opinião é facultativa e o administrador a ela não se vincula; os *obrigatórios*, quando a manifestação é obrigatória e, caso dela discorde, a autoridade deve submeter a nova análise; e os *vinculantes*, quando ou a autoridade age conforme o parecer ou, simplesmente, não age.

4.4.3.1 Parecer normativo: é aquele que, ao ser aprovado pela autoridade competente, é convertido em norma de procedimento interno, tornando-se impositivo e vinculante para todos os órgãos hierarquizados à autoridade que o aprovou. Tal parecer, para o caso que o propiciou, é ato individual e concreto; para os casos futuros, é ato geral e normativo.

4.4.3.2 Parecer técnico: é o que provém de órgão ou agente especializado na matéria, não podendo ser contrariado por leigo ou, mesmo, por superior hierárquico. Nessa modalidade de parecer ou julgamento não prevalece a hierarquia administrativa, pois não há subordinação no campo da técnica.[75]

4.4.4 *Apostilas* – *Apostilas* são atos enunciativos ou declaratórios de uma situação anterior criada por lei. Ao apostilar um título a Administração não cria um direito, pois apenas reconhece a existência de um direito criado por norma legal. Equivale a uma averbação.

4.5 Atos punitivos

Atos administrativos punitivos são os que contêm uma sanção imposta pela Administração àqueles que infringem disposições legais, regulamenta-

consultor público seria co-responsável pelo ato administrativo" ("A responsabilidade pessoal do parecerista público em quatro *standards*", *Revista AGU* 100, de 2010).

73. TFR, *RF* 194/174; *RDA* 59/228; TJSP, *RDA* 18/150, 35/306; TASP, *RDA* 38/347; *RT* 263/564, 294/454.

74. Franchini, *Il Parere nel Diritto Amministrativo*, 1944, pp. 37 e ss.; Corso, *La Funzione Consultiva*, 1942, pp. 63 e ss.

75. STF, *RDA* 80/136.

res ou ordinatórias dos bens ou serviços públicos. Visam a punir e reprimir as infrações administrativas ou a conduta irregular dos servidores ou dos particulares perante a Administração.[76]

Tais atos constituem, a nosso ver, uma espécie distinta das demais, embora haja autores que os enquadrem nos atos negociais. Não aceitamos essa classificação, por se nos afigurar divorciada da realidade, uma vez que as *sanções administrativas* resultam menos do descumprimento de cláusulas contratuais dos negócios públicos que da violação frontal das leis e regulamentos normativos da atividade da Administração, de seus administrados e de seus servidores. Só poderão ter caráter negocial as penalidades previstas nos contratos administrativos, mas, já então, adquirem a natureza de sanção civil, resultante do inadimplemento de obrigação contratual. Diverso é, pois, o ato administrativo punitivo, embasado no poder de império da Administração sobre seus súditos ou no poder hierárquico e disciplinar que exerce sobre seus servidores, do que resulta de descumprimento de contrato administrativo.

Os atos administrativos punitivos, como facilmente se percebe, podem ser de atuação interna e externa. Internamente, cabe à Administração punir disciplinarmente seus servidores e corrigir os serviços defeituosos através de sanções estatutárias; externamente, incumbe-lhe velar pela correta observância das normas administrativas. Em ambos os casos as infrações ensejam punição, após a apuração da falta em processo administrativo regular ou pelos meios sumários facultados ao Poder Público.

Ressalte-se, porém, que, salvo as sanções previstas em contrato, não cabe ato punitivo sem lei que preveja a sanção (STJ, *Lex* 21/413). Na área federal, a Lei 9.784/99 diz que, em relação ao particular (atuação externa), as sanções "terão natureza pecuniária ou consistirão em obrigação de fazer ou de não fazer" (art. 68).

Diferençam-se, todavia, essas duas modalidades de punição administrativa – externa e interna – porque a externa é dirigida aos administrados e, por isso mesmo, é vinculada em todos os seus termos à forma legal que a estabelecer, ao passo que a sanção interna, sendo de caráter eminentemente disciplinar e endereçada aos servidores públicos, é discricionária quanto à oportunidade, conveniência e valoração dos motivos que a ensejam.[77]

Mais liberdade, portanto, tem a Administração para apenar seus agentes do que para punir os particulares estranhos ao ordenamento hierárquico do Executivo, porque quanto àqueles atua no amplo campo do poder dis-

76. Régis Fernandes de Oliveira, *Infrações e Sanções Administrativas*, Ed. RT, 1985.

77. Guido Zanobini, *Curso de Derecho Administrativo*, trad. espanhola, Arayú, 1954, p. 338, 5; Manoel María Diez, *El Acto Administrativo*, 1956, p. 102.

ciplinar, e quanto a estes encontra limites intransponíveis nos direitos e garantias individuais do cidadão (v. cap. XI, item 3.3, sobre *processo administrativo*).

Importa, ainda, distinguir o ato punitivo da Administração, que tem por base o *ilícito administrativo*, do ato punitivo do Estado, que apena o *ilícito criminal*. Aquele é medida de autotutela da Administração; este é medida de defesa social.

Daí por que a punição administrativa compete a todos os órgãos da Administração – federal, estadual ou municipal, suas autarquias e fundações –, ao passo que a punição criminal é da competência legislativa privativa da União e só pode ser aplicada pela Justiça Penal do Poder Judiciário.

Em face do inc. XL do art. 5º da CF, a retroatividade da norma mais favorável ao punido quanto à sanção é de ser aplicada aos atos punitivos.[78] Assim, a retroatividade não opera se ocorrer alteração em relação ao motivo da sanção, pois nesse caso a infração continua a existir e a sanção, em si mesma, não foi alterada.[79] Para a aplicação da retroação benigna é preciso que a sanção não tenha sido cumprida, como, p. ex., com o pagamento da multa, ou que o processo administrativo instaurado em razão do ato punitivo não esteja concluído na esfera administrativa, em face de defesa ou de recurso.

Dentre os atos administrativos punitivos de atuação externa, além dos referidos no cap. III, itens 7.5.2 e 7.7, merecem destaque a *multa*, a *interdição de atividades* e a *destruição de coisas*.

4.5.1 *Multa* – *Multa administrativa* é toda imposição pecuniária a que se sujeita o administrado a título de compensação do dano presumido da infração. Nesta categoria de atos punitivos entram, além das multas administrativas propriamente ditas, as multas fiscais, que são modalidades específicas do Direito Tributário. As multas administrativas não se confundem com as multas criminais e, por isso mesmo, são inconversíveis em detenção corporal, salvo disposição expressa em lei federal. A multa administrativa é de natureza objetiva e se torna devida independentemente da ocorrência de culpa ou dolo do infrator.[80]

78. Régis Fernandes de Oliveira, *Infrações e Sanções Administrativas*, 2ª ed., revista e atualizada, São Paulo, Ed. RT, 2005, pp. 64-65; Heraldo Garcia Vitta, *A Sanção no Direito Administrativo*, São Paulo, Malheiros Editores, 2003, p. 112; Edílson Pereira Nobre Jr., in *RDA* 219/145; Fábio Medina Osório, *Direito Administrativo Sancionador*, São Paulo, Ed. RT, 2000, p. 278.

79. Heraldo Garcia Vitta, ob. cit., p. 114, com apoio em ensino de Oswaldo Aranha Bandeira de Mello.

80. O STF, no RE 237.965-3, entendeu que é inconstitucional a multa administrativa vinculada ao salário mínimo (*Informativo STF* 183, de 5.4.2000).

4.5.2 *Interdição de atividade* – *Interdição administrativa de atividade* é o ato pelo qual a Administração veda a alguém a prática de atos sujeitos ao seu controle ou que incidam sobre seus bens. A interdição administrativa de atividade não se confunde com a interdição judicial de pessoas ou de direitos. Aquela funda-se no poder de polícia administrativa ou no poder disciplinar da Administração sobre seus servidores, ao passo que esta resulta do dever de proteção aos incapazes (interdição de pessoas) ou de efeitos de condenação criminal.

A interdição administrativa, como ato punitivo que é, deve ser precedida de processo regular e do respectivo auto, que possibilite defesa do interessado.

4.5.3 *Destruição de coisas* – A *destruição de coisas* é o ato sumário da Administração pelo qual se inutilizam alimentos, substâncias, objetos ou instrumentos imprestáveis ou nocivos ao consumo ou de uso proibido por lei. Como ato típico de polícia administrativa, é, em regra, urgente, dispensando processo prévio, mas exigindo sempre os autos de apreensão e de destruição em forma regular, nos quais se esclareçam os motivos da medida drástica tomada pelo Poder Público e se identifiquem as coisas destruídas, para oportuna apreciação da legalidade do ato.

4.6 Atos punitivos de atuação interna

Outros atos punitivos podem ser praticados pela Administração visando a disciplinar seus servidores, segundo o regime jurídico a que estão sujeitos.

Nestes atos o Poder Público age com larga margem discricionária, quer quanto aos meios de apuração das infrações – processo administrativo ou meios sumários –, quer quanto à escolha da penalidade e à graduação da pena, desde que conceda ao interessado a possibilidade de defesa (v. sobre este assunto o que escrevemos no cap. XI, concernente aos *processos administrativos punitivos*).

5. Teoria dos motivos determinantes

Vimos no item 1.2.4 o *motivo* como requisito do ato, sendo seus pressupostos *de fato* e *de direito* (Lei 9.784/99, art. 2º, VIII). Essa lei alçou a *motivação*, quando obrigatória, a *princípio* (cap. II, item 2.3.8).

A *teoria dos motivos determinantes* funda-se na consideração de que os atos administrativos, quando tiverem sua prática motivada, ficam vinculados aos motivos expostos, para todos os efeitos jurídicos. Tais motivos é que determinam e justificam a realização do ato, e, por isso mesmo, deve haver perfeita correspondência entre eles e a realidade. Mesmo os atos discricionários, se forem motivados, ficam vinculados a esses motivos como causa determinante de seu cometimento e se sujeitam ao confronto da existência e legitimidade dos motivos indicados. Havendo desconformidade entre os motivos determinantes e a realidade, o ato é inválido.[81]

A propósito dessa teoria, hoje corrente na prática administrativa dos povos cultos, o Prof. Francisco Campos assim se manifesta:[82] "Quando um ato administrativo se funda em motivos ou pressupostos de fato, sem a consideração dos quais, da sua existência, da sua procedência, da sua veracidade ou autenticidade, não seria o mesmo praticado, parece-me de boa razão que, uma vez verificada a inexistência dos fatos ou a improcedência dos motivos, deva deixar de subsistir o ato que neles se fundava". E, invocando a autoridade de Jèze, o publicista pátrio remata: "A teoria dos motivos determinantes me parece de irrecusável procedência quando estabelece que os atos do Governo, se a lei os legitima mediante certos motivos (atos vinculados) ou quando o próprio Governo, podendo praticá-los sem motivo declarado (atos discricionários), declara, entretanto, o motivo, não poderão, em um e outro caso, continuar a subsistir desde que o motivo, que, de acordo com a lei, é necessário para legitimá-los, ou o motivo invocado ou declarado pelo Governo não contém a realidade ou se verifica improcedente por não coincidir com a situação de fato em que consistia o seu pressuposto".

Acolhendo a mesma doutrina, Ranelletti é peremptório em negar validade ao ato que se apresenta divorciado dos motivos deteminantes de sua prática: "Se la causa dell'atto amministrativo manca, o è falsa, o illecita, l'atto è illegitimo e quindi invalido".[83]

Exemplificando, para maior compreensão, diremos que, se o superior, ao dispensar um funcionário exonerável *ad nutum*, declarar que o faz por improbidade de procedimento, essa "improbidade" passará a ser *motivo determinante* do ato e sua validade e eficácia ficarão na dependência da efetiva existência do motivo declarado. Se inexistir a declarada "improbidade" ou não estiver regularmente comprovada, o ato de exoneração será inválido, por ausência ou defeito do motivo determinante. No mesmo caso, porém, se a autoridade competente houvesse dispensado o mesmo funcionário sem motivar a exoneração (e podia fazê-lo, por se tratar de ato decorrente de faculdade discricionária), o ato seria perfeitamente válido e inatacável.

81. Caio Tácito, "A inexistência dos motivos nos atos administrativos", *RDA* 36/78. Cf. STJ, RMS 20.565 (anulação com base na teoria em exame).

82. Francisco Campos, *Direito Administrativo*, 1ª ed., Rio, p. 122.

83. Oreste Ranelletti, *Le Guarentizie della Giustizia nella Pubblica Amministrazione*, Milão, 1934, p. 94.

Por aí se conclui que, quer quando obrigatória, quer quando facultativa, se for feita, a motivação atua como elemento vinculante da Administração aos motivos declarados como determinantes do ato. Se tais motivos são falsos ou inexistentes, nulo é o ato praticado.[84]

O Código Civil diz que "só vicia a declaração de vontade o falso motivo quando expresso como razão determinante" (art. 140). Assim, é possível aplicar esse dispositivo à teoria dos motivos determinantes, pois, segundo ele, ao se integrar ao próprio ato, o motivo passa a fazer parte dele, viciando-o se for inverídico ou falso.[85]

Em razão da teoria dos motivos determinantes, o Poder Judiciário não pode dar o ato como válido por motivo ou fundamento diferente daquele nele lançado.[86]

6. Invalidação dos atos administrativos

A *invalidação dos atos administrativos* inconvenientes, inoportunos ou ilegítimos constitui tema de alto interesse tanto para a Administração como para o Judiciário, uma vez que a ambos cabe, em determinadas circunstâncias, desfazer os que se revelarem inadequados aos fins visados pelo Poder Público ou contrários às normas legais que os regem.

A Administração Pública, como instituição destinada a realizar o Direito e a propiciar o bem comum, não pode agir fora das normas jurídicas e dos princípios constitucionais explícitos e implícitos, com destaque para o da moralidade administrativa, nem relegar os fins sociais a que sua ação se dirige. A legitimidade da atividade decorre do respeito à lei e aos referidos princípios. Se, por erro, culpa, dolo ou interesses escusos de seus agentes, a atividade do Poder Público desgarra-se da lei, divorcia-se dos princípios, é dever da Administração invalidar, espontaneamente ou mediante provocação, o próprio ato, contrário à sua finalidade, por inoportuno, inconveniente, imoral ou ilegal. Se o não fizer a tempo, poderá o interessado recorrer às vias judiciárias.

Abrem-se, assim, duas oportunidades para o controle dos atos administrativos: uma, interna, da própria Administração; outra, externa, do Poder Judiciário.

A faculdade de invalidação dos atos administrativos pela própria Administração é bem mais ampla que a que se concede à Justiça Comum. A

84. STF, *RDA* 38/350; TFR, *RDA* 46/189; TASP, *RDA* 48/122.

85. Sílvio de Salvo Venosa, *Direito Civil*, 4ª ed., São Paulo, Atlas, I/446 ("Parte Geral").

86. V. Cândido Rangel Dinamarco, *Fundamentos do Processo Civil Moderno*, 6ª ed., São Paulo, Malheiros Editores, 2010, II/1.262.

Administração pode desfazer seus próprios atos por considerações de mérito e de ilegalidade, ao passo que o Judiciário só os pode invalidar quando ilegais. Donde se dizer que a Administração controla seus próprios atos em toda plenitude, isto é, sob os aspectos da oportunidade, conveniência, justiça, conteúdo, forma, finalidade, moralidade e legalidade, enquanto o controle judiciário se restringe ao exame da legalidade, ou seja, da conformação do ato com o ordenamento jurídico a que a Administração se subordina para sua prática.

A distinção dos motivos de invalidação dos atos administrativos nos conduz, desde logo, a distinguir também os modos de seu desfazimento. Daí a *revogação* e a *anulação*, que, embora constituam meios comuns de invalidação dos atos administrativos, não se confundem, nem se empregam indistintamente.[87]

A Administração *revoga* ou *anula* seu próprio ato; o Judiciário somente *anula* o ato administrativo. Isso porque a *revogação* é o desfazimento do ato por motivo de conveniência ou oportunidade da Administração, ao passo que a *anulação* é a invalidação por motivo de ilegalidade do ato administrativo. Um ato inoportuno ou inconveniente só pode ser *revogado* pela própria Administração, mas um ato ilegal pode ser *anulado*, tanto pela Administração como pelo Judiciário.

Esse assunto está hoje tão pacífico na doutrina e na jurisprudência que o STF já o sumulou nos seguintes termos: "A Administração pode anular seus próprios atos, quando eivados de vícios que os tornam ilegais, porque deles não se originam direitos; ou revogá-los, por motivo de conveniência ou oportunidade, respeitados os direitos adquiridos, e ressalvada, em todos os casos, a apreciação judicial" (STF, Súmula 473).

6.1 Revogação e anulação

6.1.1 *Revogação* – *Revogação* é a supressão de um ato discricionário legítimo e eficaz, realizada pela Administração – e somente por ela – por não mais lhe convir sua existência. Toda revogação pressupõe, portanto, um ato legal e perfeito, mas inconveniente ao interesse público. Se o ato

87. Nossos Tribunais, em alguns julgados, têm confundido *revogação* com *anulação*, como se pode verificar nos seguintes acórdãos: STF, *RDA* 35/166, 42/230, 51/277; TFR, *RDA* 54/294; TJDF, *RDA* 54/304; TJSP, *RF* 96/307. Essa confusão é imperdoável, em face da fundamental diferença das duas formas de invalidação dos atos administrativos e da diversidade de suas conseqüências de ordem prática. Felizmente, pela Súmula 473, o STF estabeleceu a nítida distinção entre as duas situações: *anulação* e *revogação*. O STJ mantém o mesmo entendimento (*RT* 659/171).

for ilegal ou ilegítimo não ensejará revogação mas, sim, *anulação*, como veremos adiante.[88]

A revogação funda-se no poder discricionário de que dispõe a Administração para rever sua atividade interna e encaminhá-la adequadamente à realização de seus fins específicos. Essa faculdade revogadora é reconhecida e atribuída ao Poder Público, como implícita na função administrativa.[89] É, a nosso ver, uma justiça interna, através da qual a Administração ajuíza da conveniência, oportunidade e razoabilidade de seus próprios atos, para mantê-los ou invalidá-los segundo as exigências do interesse público, sem necessidade do contraditório.[90]

Em princípio, todo ato administrativo discricionário é revogável, mas motivos óbvios de interesse na estabilidade das relações jurídicas e de respeito aos direitos adquiridos pelos particulares afetados pelas atividades do Poder Público impõem certos limites e restrições a essa faculdade da Administração.[91]

Neste ponto é de se relembrar que os atos administrativos podem ser *gerais* ou *regulamentares* (regulamentos e regimentos) e *especiais* ou *individuais* (nomeações, permissões, licenças etc.). Quanto aos primeiros, são, por natureza, revogáveis a qualquer tempo e em quaisquer circunstâncias, desde que a Administração respeite seus efeitos produzidos até o momento da invalidação. E compreende-se que assim o seja, porque estes atos (gerais ou regulamentares) têm missão normativa assemelhada à da lei, não objetivando situações pessoais. Por isso mesmo, não geram, normalmente, direitos subjetivos individuais à sua manutenção, razão pela qual os particulares não podem opor-se à sua revogação, desde que sejam mantidos os efeitos já produzidos pelo ato.

Quanto aos atos administrativos especiais ou individuais, são também, em tese, revogáveis, desde que seus efeitos se revelem inconvenientes ou contrários ao interesse público, mas ocorre que esses atos se podem tornar operantes e irrevogáveis desde a sua origem ou adquirir esse caráter por circunstâncias supervenientes à sua emissão. E tais são os que geram direitos subjetivos para o destinatário,[92] os que exaurem desde logo os seus efeitos e

88. José Frederico Marques, "Da revogação dos atos administrativos", *RT* 237/3; Manoel Ribeiro, "Invalidez dos atos administrativos", *RDA* 73/18.

89. Seabra Fagundes, "Revogação e anulamento do ato administrativo", *RDA* 2/487; Rubens Gomes de Souza, "Parecer", *RDA* 29/446; Bartolomé A. Fiorini, *Teoría de la Justicia Administrativa*, Buenos Aires, 1944, p. 98.

90. TJSP, *RJTJSP* 127/128.

91. Michel Stassinopoulos, *Traité des Actes Administratifs*, Paris, 1954, pp. 241e ss.; Raffaele Resta, *La Revoca degli Atti Amministrativi*, Milão, 1935, pp. 70 e ss.

92. Por *direito subjetivo* se deve entender aquela situação decorrente de ato válido e exeqüível que coloque de um lado alguém obrigado a dar, prestar, fazer ou deixar de fazer

os que transpõem os prazos dos recursos internos, levando a Administração a decair do poder de modificá-los ou revogá-los. Ocorrendo qualquer dessas hipóteses, o ato administrativo torna-se *irrevogável*, como tem entendido pacificamente a jurisprudência.[93]

Em qualquer dessas hipóteses, porém, consideram-se válidos os efeitos produzidos pelo ato revogado até o momento da revogação, quer quanto às partes, quer em relação a terceiros sujeitos aos seus efeitos reflexos.

"A revogação – ensina Seabra Fagundes – opera da data em diante (*ex nunc*). Os efeitos que a precederam, esses permanecem de pé. O ato revogado, havendo revestido todos os requisitos legais, nada justificaria negar-lhe efeitos operados ao tempo de sua vigência".[94]

Desde que o administrador possa revogar o ato inconveniente – por não ter gerado, ainda, direitos subjetivos para o destinatário ou por não ser definitivo, ou por se tratar de ato precário –, sua invalidação não obrigará o Poder Público a indenizar quaisquer prejuízos presentes ou futuros que a revogação eventualmente ocasione, porque a obrigação da Administração é apenas a de manter os efeitos passados do ato revogado.

Quid juris se um ato operante e irrevogável torna-se inconveniente ao interesse público? A nosso ver, a situação só poderá ser solucionada pela supressão do ato mediante indenização completa dos prejuízos suportados pelo seu beneficiário. Isto porque, se, de um lado, não pode o particular manter situações prejudiciais ao interesse público, de outro, não é lícito ao Poder Público suprimir direitos e vantagens individuais, adquiridos legitimamente pelo particular. Essa situação patenteia-se mui comumente na prática, quando, após a expedição de uma licença para construir, resolve a Prefeitura alargar a via pública ou realizar qualquer outra modificação no traçado urbano que impeça a construção nos moldes aprovados. Neste caso, enquanto a licença estiver dentro de seu prazo de validade e se não iniciada a obra (v. notas 48 e 67 do cap. III), para impedir a edificação, como se trata de ato vinculado, o caminho é a via expropriatória ou a via indenizatória comum, com a composição de todos os danos decorrentes desse impedimento.[95]

alguma coisa e de outro lado alguém que possa exigir essa ação ou abstenção, no seu interesse próprio, por meios judiciais. O que convém assinalar é que *direito subjetivo* não se confunde com *interesse simples* ou juridicamente desprotegido; há de ser um interesse caracterizado pela proteção jurídica, ou, mais precisamente, por proteção judicial. V., sobre o assunto, Jean Dabin, *Le Droit Subjectif*, Paris, 1952, pp. 97 e ss.

93. STF, *RDA* 20/40, 30/262, 35/247, 39/230, 48/350, 52/242, 53/166, 54/275; TFR, *RDA* 32/116; TJSP, *RDA* 38/83, 38/85, 47/72, 49/202; *RT* 205/359, 257/372, 262/149, 294/207.

94. Seabra Fagundes, in *RDA* 3/7.

95. Caio Tácito, em conferência pronunciada no I Congresso Brasileiro de Direito Administrativo, realizado em Curitiba, em fevereiro/75, sugeriu a mesma solução expropriatória para

6.1.2 *Anulação* – *Anulação* é a declaração de invalidação de um ato administrativo *ilegítimo* ou *ilegal*, feita pela própria Administração ou pelo Poder Judiciário. Baseia-se, portanto, em razões de *legitimidade* ou *legalidade*, diversamente da *revogação*, que se funda em motivos de *conveniência* ou de *oportunidade* e, por isso mesmo, é privativa da Administração.

Desde que a Administração reconheça que praticou um ato contrário ao Direito vigente, cumpre-lhe anulá-lo, e quanto antes, para restabelecer a legalidade administrativa.[96] Se o não fizer, poderá o interessado pedir ao Judiciário que verifique a ilegalidade do ato e declare sua invalidade, através da *anulação*. Mas, como já decidiu o STF: "Irregularidades formais, sanadas por outro meio, ou irrelevantes por sua natureza, não anulam o ato que já criou direito subjetivo para terceiro" e "Em direito público, só se declara nulidade de ato ou processo quando da inobservância de formalidade resulta prejuízo".[97]

Outra modalidade de *anulação* é a *cassação* do ato que, embora legítimo na sua origem e formação, torna-se ilegal na sua execução. Isto ocorre principalmente nos atos administrativos negociais, cuja execução fica a cargo do particular que o obteve regularmente mas o descumpre ao executá-lo, como, p. ex., num alvará de licença para construir, expedido legalmente mas descumprido na execução da obra licenciada.

Observamos, neste ponto, que a mudança de interpretação da norma ou da orientação administrativa não autoriza a anulação dos atos anteriores praticados, pois tal circunstância não caracteriza ilegalidade, mas simples alteração de critério da Administração, incapaz de invalidar situações jurídicas regularmente constituídas. A respeito, convém ter presente, como apontamos no estudo do princípio da *segurança jurídica* (cap. II, item 2.3.7), que a lei federal, como verdadeira norma geral, veda "a aplicação retroativa da nova interpretação" (inc. XIII do parágrafo único do art. 2º).

No entanto, tratando-se de ato derivado de erro de fato quanto à inexistência dos seus pressupostos, não cabe invocar mudança de interpretação, uma vez que esta pressupõe a identidade de situação de fato em torno do qual variam os critérios de decisão.[98]

os casos de construção licenciada, mas ainda não iniciada, que venha a conflitar com plano de urbanização posterior à expedição do alvará (cf. *Problemas Atuais da Desapropriação*, Curitiba, 1975, pp. 11 e ss.). Em edições anteriores figurou a colocação de que a licença poderia "ser revogada", tornando dúbia a questão – porque não cabe revogação em ato vinculado. O texto atual esclarece esse aspecto.

96. STJ, *RT* 665/173; TJSP, *RJTJSP* 117/377.

97. STF, *RDP* 10/159, e MS 22.050, *RDA* 203/145; no STJ, MS 1.113 e RMS 3.920; e no TJSP, MS 134841-0/0-00 (órgão especial, rel. Des. Nelson Calandra, *Lex* 322/3.488) e ApCiv 272.029-5/0, rel. Des. Urbano Ruiz.

98. STF, RMS 21.959-4-DF, *DJU* 8.11.91.

O *conceito de ilegalidade ou ilegitimidade*, para fins de anulação do ato administrativo, não se restringe somente à violação frontal da lei. Abrange não só a clara infringência do texto legal como, também, o *abuso*, por excesso ou desvio de poder, ou por relegação dos princípios gerais do Direito, especialmente os princípios do regime jurídico administrativo. Em qualquer dessas hipóteses, quer ocorra atentado flagrante à norma jurídica, quer ocorra inobservância velada dos princípios do Direito, o ato administrativo padece de *vício de ilegitimidade* e se torna passível de invalidação pela própria Administração ou pelo Judiciário, por meio de *anulação*.

A ilegitimidade, quando intencional e como toda fraude à lei, vem sempre dissimulada sob as vestes da legalidade. Em tais casos, é preciso que a Administração ou o Judiciário desça ao exame dos motivos, disseque os fatos e vasculhe as provas que deram origem à prática do ato inquinado de nulidade. Não vai nessa atitude qualquer exame do *mérito administrativo*, porque não se aprecia a conveniência, a oportunidade ou a justiça do ato impugnado, mas unicamente sua conformação, formal e ideológica, com a lei em sentido amplo, isto é, com todos os preceitos normativos que condicionam a atividade pública.

Firmado que a anulação do ato administrativo só pode ter por fundamento sua *ilegitimidade* ou *ilegalidade*, isto é, sua invalidade substancial e insanável por infringência clara ou dissimulada das normas e princípios legais que regem a atividade do Poder Público, vejamos quais são os efeitos do pronunciamento de invalidade de tais atos, quer emane da própria Administração, quer provenha do Poder Judiciário.

Atualmente, a doutrina sustenta a necessidade de haver um prazo para a anulação do ato administrativo. Pouco a pouco, a jurisprudência vem adotando entendimentos que mantêm atos ilegítimos praticados e operantes há longo tempo e que já produziram efeitos perante terceiros de boa-fé.[99] Esse entendimento jurisprudencial arrima-se na necessidade de segurança e estabilidade jurídica na atuação da Administração,[100] até porque, como desta-

99. STF, *RTJ* 45/589, 49/231, 83/921; *RDA* 114/288, 134/217; TFR, *RTFR* 26/110; TJSP, *RJTJSP* 38/318.

100. Seabra Fagundes, "Parecer", *RDP* 16/99; Paulo Celso Fortes, in *RPGE* 5/113; José Sérgio Monte Alegre, in *RDA* 139/286. Em substancioso artigo na *RDA* 204/21, Almiro do Couto e Silva sustenta que se deve adotar como prazo de preclusão ou de decadência do direito de a Administração invalidar os próprios atos aquele previsto para a prescrição da ação popular, ou seja, cinco anos (art. 21 da Lei 4.717, de 29.6.65). O Autor já defendia o prazo prescricional de cinco anos, com fundamento em que esse prazo é o da prescrição das ações pessoais contra a Fazenda: v. cap. XI, "Prescrição Administrativa". V. ainda Vital Moacir da Silveira, in *RT* 773/128, e Luís Roberto Barroso, in *RT* 779/113. A Lei 9.784/99, art. 54, prevê o prazo prescricional de cinco anos, contados da data em que foram praticados, salvo comprovada má-fé, do direito de a Administração anular atos administrativos, na esfera federal. E o § 1º desse artigo diz que, no "caso de efeitos patrimoniais contínuos, o prazo de decadência contar-se-á da data

cado no cap. II, item 2.3.7, a Lei 9.784/99 manda a Administração observar o *princípio da segurança jurídica*. Também não se justifica a anulação de atos defeituosos na sua tramitação interna, pois ao particular não se impõe a obrigação de fiscalizar a conduta do Poder Público. Aplicam-se, em tais casos, a *presunção de legitimidade* e a *doutrina da aparência*, que leva o administrado a confiar na legalidade dos atos da Administração.[101] A respeito da *prescrição administrativa*, vista logo abaixo, remetemos, também, seu exame para o cap. XI, item 3.2.3.7.

Como regra geral, os *efeitos da anulação* dos atos administrativos retroagem às suas origens, invalidando as conseqüências passadas, presentes e futuras do ato anulado. E assim é porque o ato nulo (ou o inexistente) não gera direitos ou obrigações para as partes; não cria situações jurídicas definitivas; não admite convalidação.[102] No entanto, como apontado no cap. II, item 2.3.7, por força do *princípio da segurança jurídica* e *da boa-fé* do administrado, ou do servidor público, em casos excepcionais a anulação pode ter efeitos *ex nunc*, ou seja, a partir dela.[103] Isto decorre, inclusive, dos arts. 27 e 28, parágrafo único, da Lei 9.868/99 (v. cap. XI, item 6.4.8).

Em suma, pela regra geral, reconhecida e declarada a nulidade do ato, pela Administração ou pelo Judiciário, o pronunciamento de invalidade opera *ex tunc*, desfazendo todos os vínculos entre as partes e obrigando-as à reposição das coisas ao *status quo ante*, como conseqüência natural e lógica da decisão anulatória. Essa regra, porém, é de ser atenuada e excepcionada para com os terceiros de boa-fé alcançados pelos efeitos incidentes do ato anulado, uma vez que estão amparados pela *presunção de legitimidade* que acompanha toda atividade da Administração Pública, bem como pelo *princípio da segurança jurídica*. Mas ainda aqui é necessário que se tomem os conceitos de *parte* e de *terceiro* no sentido próprio e específico do Direito Administrativo, isto é, de beneficiário direto ou partícipe do ato (parte) e de estranho ao seu objeto e à sua formação, mas sujeito aos seus efeitos reflexos (terceiro).[104] Assim, p. ex., quando anulada uma nomeação de servidor, deverá ele, se estiver de má-fé, repor os vencimentos percebidos ilegalmente, mas permanecem válidos os atos por ele praticados no desempenho de

da percepção do primeiro pagamento". A lei paulista 10.177, de 30.12.98, no art. 10, estipula prazo de dez anos para a sua invalidação.

101. Manoel María Diez, *El Acto Administrativo*, Buenos Aires, 1956, p. 295; 2º TACivSP, Ap.-sum. 88.924-SP, j. 5.6.79, rel. Juiz Lair Loureiro.

102. STF, *RDA* 51/274, RE 330.834, *Informativo* 282 (proclamando que, se o ato nulo causa prejuízo e seu beneficiário – parte – não concorreu para sua prática, tem direito à indenização); *RT* 227/602, 258/591; TASP, *RDA* 39/55; *RT* 299/518.

103. Nesse sentido, com precedentes, v. TCU, acórdão 117/2003 (Plenário), e processo TC 015.494/2002-1, *DJU* 14.6.2004.

104. Umberto Fragola, *Gli Atti Amministrativi*, 1952, p. 50.

suas atribuições funcionais, porque os destinatários de tais atos são terceiros em relação ao ato nulo. O mesmo ocorre quando um suplente é convocado ilegalmente para integrar uma corporação legislativa e posteriormente vem a ser anulada sua convocação: perde ele as vantagens pessoais do exercício da legislatura, mas permanecem válidas as leis e resoluções de cuja votação participou, ainda que seu voto tenha sido decisivo nas deliberações do plenário, além de não ter a obrigação de devolver o que recebeu indevidamente, porque desempenhou as funções e estava de boa-fé.

Duas observações ainda se impõem em tema de invalidação de ato administrativo: a primeira é a de que os efeitos do anulamento são idênticos para os atos *nulos* como para os chamados atos *inexistentes*; a segunda é a de que em Direito Público não há lugar para os atos *anuláveis*, como já assinalamos precedentemente. Isto porque a nulidade (absoluta) e a anulabilidade (relativa) assentam, respectivamente, na ocorrência do interesse público e do interesse privado na manutenção ou eliminação do ato irregular. Quando o ato é de exclusivo interesse dos particulares – o que só ocorre no Direito Privado –, embora ilegítimo ou ilegal, pode ser mantido ou invalidado segundo o desejo das partes; quando é de interesse público – e tais são todos os atos administrativos –, sua legalidade impõe-se como condição de validade e eficácia do ato, não se admitindo o arbítrio dos interessados para sua manutenção ou invalidação, porque isto ofenderia a exigência de legitimidade da atuação pública. O ato administrativo é legal ou ilegal; é válido ou inválido. Jamais poderá ser legal ou meio-legal; válido ou meio-válido, como ocorreria se se admitisse a nulidade relativa ou anulabilidade, como pretendem alguns autores que transplantam teorias do Direito Privado para o Direito Público sem meditar na sua inadequação aos princípios específicos da atividade estatal. Pode, como vimos, haver a convalidação, desde que não haja lesão ao interesse público nem prejuízos a terceiros. Pode haver também a correção de mera irregularidade que não torna o ato nem nulo nem anulável, mas simplesmente defeituoso ou ineficaz até sua retificação.

Finalmente, vejamos os efeitos da *prescrição* diante dos atos nulos. A nosso ver, a prescrição administrativa, que, tecnicamente, é uma decadência, e a judicial impedem a anulação do ato no âmbito da Administração ou pelo Poder Judiciário. E justifica-se essa conduta porque o interesse da estabilidade das relações jurídicas entre o administrado e a Administração ou entre esta e seus servidores é também *interesse público*, tão relevante quanto os demais. Diante disso, impõe-se a estabilização dos atos que superem os prazos admitidos para sua impugnação, qualquer que seja o vício que se lhes atribua. Quando se diz que os atos nulos podem ser invalidados a qualquer tempo, pressupõe-se, obviamente, que tal anulação se opere enquanto não prescritas as vias impugnativas internas e externas, pois, se os atos se tornaram inatacáveis pela Administração e pelo Judiciário, não há como pronunciar-se sua nulidade. Embora a doutrina estrangeira negue essa evidência, os autores pátrios mais atualizados com o Direito Público contemporâneo a reconhecem.[105] Como entre nós as ações pessoais *contra* a Fazenda Pública prescrevem em cinco anos e as reais em dez, nesses prazos é que podem ser invalidados os respectivos atos administrativos, por via judicial.

6.1.3 *Anulação pela própria Administração* – A *anulação* dos atos administrativos *pela própria Administração* constitui a forma normal de invalidação de atividade ilegítima do Poder Público. Essa faculdade assenta no poder de autotutela do Estado. É uma justiça interna, exercida pelas autoridades administrativas em defesa da instituição e da legalidade de seus atos. Em casos excepcionais, por força do *princípio da segurança jurídica* e respeito à *boa-fé*, o ato poderá deixar de ser anulado, o que exige motivação que demonstre a prevalência daqueles frente ao *princípio da legalidade*, como exposto no cap. II, item 2.3.7.

Pacífica é, hoje, a tese de que, se a Administração praticou ato ilegal, pode anulá-lo por seus próprios meios (STF, Súmula 473). Para a anulação do ato ilegal (não confundir com ato inconveniente ou inoportuno, que rende ensejo a *revogação*, e não a *anulação*) não se exigem formalidades especiais, nem há prazo determinado para a invalidação, salvo quando norma legal o fixar expressamente. E, realmente, a Lei 9.874/99, que regula o processo administrativo no âmbito da Administração Federal, fixou o prazo de cinco anos para que a Administração possa anular seus próprios atos, salvo comprovada má-fé (art. 53).

O essencial é que a autoridade que o invalidar demonstre, no devido processo legal, a nulidade com que foi praticado. Evidenciada a infração à lei, fica justificada a anulação administrativa.[106] Ocorrendo situação que caracterize um litígio com o destinatário do ato a ser objeto de exame para eventual anulação, a Administração Pública deve assegurar-lhe o direito de defesa e o contraditório, previsto no art. 5º, LV, da CF, como exposto no cap. II, item 2.3.9. Reitere-se que, pela regra geral, e afora os casos excepcionais, o ato nulo não vincula as partes, mas pode produzir efeitos válidos em relação a terceiros de boa-fé. Somente os efeitos que *atingem* terceiros é que devem ser respeitados pela Administração; as relações entre as partes ficam desfeitas com a anulação, retroagindo esta à data da prática do ato ilegal e, conseqüentemente, invalidando seus efeitos desde então (*ex tunc*).

105. Oswaldo Aranha Bandeira de Mello, *Princípios Gerais de Direito Administrativo*, 3ª ed., 2ª tir., São Paulo, Malheiros Editores, 2010, I/664; Diogo de Figueiredo Moreira Neto, *Curso de Direito Administrativo*, 7ª ed., Rio, 1989, p. 171.

106. TFR, *DJU* 28.11.79; TJSP, *RT* 464/76; STJ, *RT* 665/173 (erro de enquadramento de aposentadoria).

A faculdade de anular os atos ilegais é ampla para a Administração, podendo ser exercida de ofício, pelo mesmo agente que os praticou, como por autoridade superior que venha a ter conhecimento da ilegalidade através de recurso interno, ou mesmo por avocação, nos casos regulamentares. Quanto aos recursos administrativos, são os comuns da Administração.

Uma vez anulado o ato pela própria Administração, cessa imediatamente sua operatividade, não obstante possa o interessado pleitear judicialmente o restabelecimento da situação anterior, e até mesmo obter em mandado de segurança a suspensão liminar dos efeitos do ato invalidatório.

Para não repetir matéria, veja-se o que escrevemos sobre o *controle administrativo* (cap. XI, item 3).

6.1.4 *Anulação pelo Poder Judiciário* – Os atos administrativos *nulos* ficam sujeitos a invalidação não só pela própria Administração como, também, pelo *Poder Judiciário*, desde que levados à sua apreciação pelos meios processuais cabíveis que possibilitem o pronunciamento anulatório.[107] Como visto no cap. II, item 2.3.2, o § 3º do art. 103-A da CF, acrescido pela EC 45/2004, diz que o ato administrativo que contrariar a *súmula com efeito vinculante*, prevista pelo *caput* desse art. 103-A, ou que indevidamente a aplicar, poderá ser objeto de reclamação junto ao STF, a qual, se julgada procedente, implicará a anulação do ato; mas, antes, deve haver o esgotamento das vias administrativas, como exige o § 1º do art. 7º da Lei 11.417/2006, que regulamentou a súmula vinculante e inclusive tornou mais eficiente e rigoroso esse controle.

A Justiça somente *anula* atos ilegais, não podendo *revogar* atos inconvenientes ou inoportunos mas formal e substancialmente legítimos, porque isto é atribuição exclusiva da Administração. O Judiciário também não pode dar o ato como válido por motivo ou fundamento diferente daquele nele apontado, em respeito à *teoria dos motivos determinantes* (cf. item 5).

O controle judicial dos atos administrativos é unicamente de *legalidade*, mas nesse campo a revisão é ampla, em face dos preceitos constitucionais de que *a lei não poderá excluir da apreciação do Poder Judiciário lesão ou ameaça a direito* (art. 5º, XXXV); *conceder-se-á mandado de segurança para proteger direito líquido e certo, individual ou coletivo, não amparado por "habeas corpus" ou "habeas data"* (art. 5º, LXIX e LXX); e de que *qualquer cidadão é parte legítima para propor ação popular que vise a anular ato lesivo ao patrimônio público ou de entidade de que o Esta-*

107. V. Seabra Fagundes, *O Controle dos Atos Administrativos pelo Poder Judiciário*, 5ª ed., Forense, 1979; Celso Antônio Bandeira de Mello, "O controle judicial dos atos administrativos", *RDA* 152/1; Valmir Pontes, "O controle jurisdicional dos atos administrativos", *RPGE* 18/23; José Cretella Jr., *Controle Jurisdicional do Ato Administrativo*, Forense, 1984.

do partícipe (art. 5º, LXXIII). Diante desses mandamentos da Constituição, nenhum ato do Poder Público poderá ser subtraído do exame judicial, seja ele de que categoria for (vinculado ou discricionário) e provenha de qualquer agente, órgão ou Poder. A única restrição oposta é quanto ao objeto do julgamento (exame de legalidade ou da lesividade ao patrimônio público), e não quanto à origem ou natureza do ato impugnado.

Certo é que o Judiciário não poderá substituir a Administração em pronunciamentos que lhe são privativos, mas dizer se ela agiu com observância da lei, dentro de sua competência, é função específica da Justiça Comum, e por isso mesmo poderá ser exercida em relação a qualquer ato do Poder Público, ainda que praticado no uso da faculdade discricionária, ou com fundamento político, ou mesmo no recesso das câmaras legislativas como seus *interna corporis*. Quaisquer que sejam a procedência, a natureza e o objeto do ato, desde que traga em si a possibilidade de lesão a direito individual ou ao patrimônio público, ficará sujeito a apreciação judicial, exatamente para que a Justiça diga se foi ou não praticado com fidelidade à lei e se ofendeu direitos do indivíduo ou interesses da coletividade.

Para maiores esclarecimentos sobre a matéria veja-se o que escrevemos a respeito do *poder vinculado* e *poder discricionário*, e do *controle judiciário* (caps. III, itens 2 e 3, e XI, item 6).

Capítulo V

CONTRATOS ADMINISTRATIVOS[1] *E LICITAÇÃO*

1. Considerações gerais: 1.1 Idéia geral sobre contrato – 1.2 Conceito, peculiaridades e interpretação do contrato administrativo: 1.2.1 Conceito; 1.2.2 Peculiaridades do contrato administrativo; 1.2.3 Interpretação do contrato administrativo. 2. Formalização do contrato administrativo: 2.1 Normas regedoras do contrato – 2.2 Instrumento e conteúdo do contrato administrativo: 2.2.1 Instrumento; 2.2.2 Conteúdo – 2.3 Cláusulas essenciais ou necessárias – 2.4 Garantias para a execução do contrato: 2.4.1 Modalidades de garantia. 3. Execução do contrato administrativo: 3.1 Direitos e obrigações das partes: 3.1.1 Direitos; 3.1.2 Obrigações – 3.2 Acompanhamento da execução do contrato e recebimento do seu objeto: 3.2.1 Acompanhamento da execução do contrato; 3.2.2 Recebimento do objeto do contrato – 3.3 Extinção, prorrogação e renovação do contrato: 3.3.1 Extinção do contrato; 3.3.2 Prorrogação do contrato; 3.3.3 Renovação do contrato. 4. Inexecução, revisão e rescisão do contrato: 4.1 Inexecução do contrato: 4.1.1 Inexecução culposa; 4.1.2 Inexecução sem culpa – 4.2 Causas justificadoras da inexecução do contrato: 4.2.1 Aplicação da teoria da imprevisão; 4.2.2 Força maior e caso fortuito; 4.2.3 Fato do príncipe; 4.2.4 Fato da Administração; 4.2.5 Estado de perigo; 4.2.6 Lesão; 4.2.7 Interferências imprevistas – 4.3 Conseqüências da inexecução: 4.3.1 Responsabilidade civil; 4.3.2 Responsabilidade administrativa; 4.3.3 Suspensão provisória; 4.3.4 Declaração de inidoneidade – 4.4 Revisão do contrato – 4.5 Rescisão do contrato: 4.5.1 Rescisão administrativa; 4.5.2 Rescisão amigável; 4.5.3 Rescisão judicial; 4.5.4 Rescisão de pleno direito – 4.6 Suspensão do contrato – 4.7 Arbitragem nos contratos administrativos. 5. Principais contratos administrativos: 5.1 Contrato de obra pública: 5.1.1 Conceito e considerações gerais; 5.1.2 Regime de execução – 5.2 Contrato de serviço: 5.2.1 Conceito; 5.2.2 Serviços comuns; 5.2.3 Serviços técnicos profissionais; 5.2.4 Contratos de trabalhos artísticos – 5.3 Contrato de fornecimento – 5.4 Contrato de concessão: 5.4.1 Contrato de concessão de serviço público; 5.4.2 Contrato de concessão de obra pública e de concessão de serviço público precedido da execução de obra pública; 5.4.3 Contrato de concessão de uso de

1. O *contrato administrativo no Brasil* não teve um tratamento orgânico e sistemático até o advento do Dec.-lei 2.300, de 21.11.86. Sua primeira regência legislativa surgiu no *Código da Contabilidade Pública da União*, de 1922, alterado, mais de quatro décadas depois, pelo Dec.-lei 200/67. A Lei 8.666, de 21.6.93, revogou o Dec.-lei 2.300/86 e instituiu novo regime jurídico das licitações e dos contratos administrativos. Nesta edição seguiu-se de perto a atual lei, com a redação da Lei 8.883, de 8.6.94, e alterações posteriores (citadas no item 7.1), que encampou toda a doutrina contratual dominante na matéria, exposta em edições anteriores, e ora repetida com as adaptações necessárias. Para um estudo mais aprofundado da matéria remetemos o leitor para o *Licitação e Contrato Administrativo*, 15ª ed., Malheiros Editores, 2010, do Autor, e mais a doutrina nacional e estrangeira citada na "Bibliografia".

1. Considerações gerais

1.1 Idéia geral sobre contrato

Contrato é todo acordo de vontades, firmado livremente pelas partes, para criar obrigações e direitos recíprocos. Em princípio, todo contrato é negócio jurídico bilateral e comutativo, isto é, realizado entre pessoas que se obrigam a prestações mútuas e equivalentes em encargos e vantagens. Como pacto consensual, pressupõe liberdade e capacidade jurídica das partes para se obrigarem validamente; como negócio jurídico, requer objeto lícito e forma prescrita ou não vedada em lei.

Embora típica do Direito Privado, a instituição do *contrato* é utilizada pela Administração Pública na sua pureza originária (contratos privados realizados pela Administração) ou com as adaptações necessárias aos negócios públicos (contratos administrativos propriamente ditos). Daí por que a *teoria geral do contrato* é a mesma tanto para os *contratos privados* como para os *contratos públicos*, de que são espécies os *contratos administrativos* e os *acordos internacionais*. Todavia, os *contratos públicos* são regidos por normas e princípios próprios do Direito Público, atuando o Direito Privado apenas supletivamente, jamais substituindo ou derrogando as regras privativas da Administração.

Todo contrato – privado ou público – é dominado por dois princípios: o da lei entre as partes (*lex inter partes*) e o da observância do pactuado (*pacta sunt servanda*). O primeiro impede a alteração do que as partes convencionaram; o segundo obriga-as a cumprir fielmente o que avençaram e prometeram reciprocamente. O Código Civil de 2002 consignou expressamente mais dois princípios que antes já eram aceitos implicitamente, em especial nos contratos de Direito Público. O primeiro diz respeito à *boa-fé* que os contratantes são obrigados a guardar na elaboração e na execução do contrato (art. 422). Do segundo decorre que a liberdade de contratar deve ser exercida em razão e nos limites da função social do contrato (art. 421), o que é evidente nos contratos administrativos, que só têm razão de ser na medida em que atendem ao interesse público.

No Direito Privado a liberdade de contratar é ampla e informal, salvo as restrições da lei e as exigências especiais de forma para certos ajustes, ao passo que no Direito Público a Administração está sujeita a limitações de conteúdo e a requisitos formais rígidos, mas, em contrapartida, dispõe sempre dos privilégios administrativos para a fixação e alteração das cláusulas de interesse público e até mesmo para pôr fim ao contrato em meio de sua execução.

Essas peculiaridades é que caracterizam o contrato administrativo e o distinguem do contrato privado, como veremos a seguir.

1.2 Conceito, peculiaridades e interpretação do contrato administrativo[2]

1.2.1 *Conceito – Contrato administrativo* é o ajuste que a Administração Pública, agindo nessa qualidade, firma com particular ou outra entidade administrativa para a consecução de objetivos de interesse público, nas condições estabelecidas pela própria Administração.[3]

Nessa conceituação enquadram-se os ajustes da Administração direta e da indireta, porque ambas podem firmar contratos com peculiaridades administrativas que os sujeitem aos preceitos do Direito Público.

O contrato administrativo é sempre *consensual* e, em regra, *formal*, *oneroso*, *comutativo* e realizado *intuitu personae*. É *consensual* porque consubstancia um acordo de vontades, e não um ato unilateral e impositivo da Administração; é *formal* porque se expressa por escrito e com requisitos es-

2. Com diversificados e excelentes artigos sobre contrato, v. edição específica "Contratos com o Poder Público", *Revista do Advogado – AASP* 107, dezembro/2009.

3. O contrato administrativo geralmente objetiva a obtenção de uma obra ou serviço público, mas pode ter qualquer outro objeto, consubstanciando obrigação de dar ou fazer. Daí por que na sua conceituação não nos referimos especificamente a obras e serviços, mas aludimos genericamente a "objetivos de interesse público".

peciais; é *oneroso* porque remunerado na forma convencionada; é *comutativo* porque estabelece compensações recíprocas e equivalentes para as partes; é *intuitu personae* porque deve ser executado pelo próprio contratado,[4] vedadas, em princípio, a sua substituição por outrem ou a transferência do ajuste.

Além dessas características substanciais, o contrato administrativo possui uma outra que lhe é própria, embora externa, qual seja, a exigência de prévia *licitação*, só dispensável nos casos expressamente previstos em lei valendo notar que, em face da legislação ambiental, a contratação com base em projeto básico só pode ocorrer após a obtenção da licença prévia ambiental. Mas o que realmente o tipifica e o distingue do contrato privado é a participação da Administração na relação jurídica com *supremacia de poder* para fixar as condições iniciais do ajuste. Desse *privilégio administrativo* na relação contratual decorre para a Administração a faculdade de impor as chamadas *cláusulas exorbitantes do Direito Comum*.

Não é, portanto, o objeto, nem a finalidade pública, nem o interesse público, que caracterizam o contrato administrativo, pois o objeto é normalmente idêntico ao do Direito Privado (obra, serviço, compra, alienação, locação) e a finalidade e o interesse público estão sempre presentes em quaisquer contratos da Administração, sejam públicos ou privados, como *pressupostos necessários* de toda atuação administrativa. É a participação da Administração, derrogando normas de Direito Privado e agindo *publicae utilitatis causa*, sob a égide do Direito Público, que tipifica o contrato administrativo.

A Administração pode realizar contratos sob normas predominantes do Direito Privado (STF, *RTJ* 91/1.099) – e freqüentemente os realiza – em posição de igualdade com o particular contratante, como pode fazê-lo com supremacia do Poder Público. Em ambas as hipóteses haverá *interesse* e *finalidade pública* como pressupostos do contrato, mas, no primeiro caso, o ajuste será de *natureza semipública* (*contrato administrativo atípico*, como já o conceituou o extinto TFR),[5] e somente no segundo haverá *contrato administrativo típico*. Daí a necessária distinção entre *contrato semipúblico da Administração* e *contrato administrativo propriamente dito*, como já o fez a lei (art. 62, § 3º, I).

Os *contratos administrativos* podem ser de *colaboração* e de *atribuição*. *Contrato de colaboração* é todo aquele em que o particular se obriga a prestar ou realizar algo para a Administração, como ocorre nos ajustes de

4. Usamos o vocábulo *contratado* para designar o particular que contrata com o Poder Público, e este é por nós designado simplesmente *Administração* ou *contratante*. Recusamos o vocábulo *co-contratante*, usado no Direito estrangeiro e por alguns juristas pátrios, por nos parecer um neologismo inútil e rebarbativo. A Lei 8.666/93, nos arts. 6º, 54 e 84, contempla as "definições" das figuras utilizadas no texto e, assim, devem ser usadas na sua interpretação.

5. TFR, ApMS 110.574-DF, *DJU* 24.8.87.

obras, serviços ou fornecimentos; *contrato de atribuição* é o em que a Administração confere determinadas vantagens ou certos direitos ao particular, tal como o uso especial de bem público. O primeiro é firmado no interesse precípuo da Administração; o segundo é realizado no do particular, desde que não contrarie o interesse público.[6] Essa distinção é fundamental para a correta interpretação dos contratos administrativos, como veremos adiante.

Nesses conceitos e peculiaridades não se enquadram os denominados contratos de *consórcios públicos*, disciplinados pela Lei 11.107, de 6.4.2005, principalmente porque celebrados unicamente por entes da Federação, que, consorciados, não estão na relação jurídica na posição de *supremacia de poder*, inerente ao Poder Público, como ocorre na relação com o particular, mas em pé de igualdade jurídica e com objetivos de interesses comuns. Destes consórcios públicos falaremos mais adiante, no Capítulo VI.

1.2.2 *Peculiaridades do contrato administrativo* – Da sua característica essencial, consubstanciada na *participação da Administração com supremacia de poder*, resultam para o contrato administrativo certas peculiaridades que os contratos comuns, sujeitos às normas do Direito Privado, não ostentam. Tais peculiaridades constituem, genericamente, as chamadas *cláusulas exorbitantes*, explícitas ou implícitas em todo contrato administrativo.

Cláusulas exorbitantes são, pois, as que excedem do Direito Comum para consignar uma vantagem ou uma restrição à Administração ou ao contratado. A cláusula exorbitante não seria lícita num contrato privado, porque desigualaria as partes na execução do avençado, mas é absolutamente válida no contrato administrativo, desde que decorrente da lei ou dos princípios que regem a atividade administrativa, porque visa a estabelecer uma prerrogativa em favor de uma das partes para o perfeito atendimento do interesse público, que se sobrepõe sempre aos interesses particulares. É, portanto, a presença dessas cláusulas exorbitantes no contrato administrativo que lhe imprime o que os franceses denominam "la marque du Droit Public", uma vez que, como observa Laubadère: "C'est en effet la prèsence de telles clauses dans un contrat que est le critère par excellence de son caractère administratif".[7]

As *cláusulas exorbitantes* podem consignar as mais diversas prerrogativas, no interesse do serviço público, tais como a ocupação do domínio público, o poder expropriatório e a atribuição de arrecadar tributos, concedidos ao particular contratado para a cabal execução do contrato. Todavia, as principais são as que se exteriorizam na *possibilidade de alteração* e

6. Garrido Falla, *Tratado de Derecho Administrativo*, Madri, 1956, II/52; Miguel S. Marienhoff, *Tratado de Derecho Administrativo*, Buenos Aires, 1970, III/113.

7. André de Laubadère, *Contrats Administratifs*, Paris, 1956, I/85.

rescisão unilateral do contrato; no *equilíbrio econômico e financeiro*; na *revisão de preços e tarifas*; na *inoponibilidade da exceção de contrato não cumprido*; no *controle do contrato*, na *ocupação provisória* e na *aplicação de penalidades contratuais* pela Administração. Merece, ainda, referência a possibilidade de se aplicar aos contratos administrativos a *teoria da imprevisão*, que veremos adiante (item 4.2.1).

É o que examinaremos sucintamente a seguir.[8]

1.2.2.1 Alteração e rescisão unilaterais: o *poder de alteração e rescisão unilaterais do contrato administrativo* é inerente à Administração, pelo quê podem ser feitas ainda que não previstas expressamente em lei ou consignadas em cláusula contratual. Assim, nenhum particular, ao contratar com a Administração, adquire direito à imutabilidade do contrato ou à sua execução integral ou, ainda, às suas vantagens *in specie*, porque isto equivaleria a subordinar o interesse público ao interesse privado do contratado.

O *poder de modificação unilateral do contrato administrativo* constitui *preceito de ordem pública*, não podendo a Administração renunciar previamente à faculdade de exercê-lo, como, muito acertadamente, sustentam Jèze e Bonnard.[9] Seu fundamento, segundo Laubadère, é a competência exclusiva das autoridades para organizar e administrar as obras e serviços públicos como verdadeiros *donos*.[10] Por isso mesmo, a alteração, devidamente motivada, só pode atingir as denominadas *cláusulas regulamentares* ou *de serviço*, isto é, aquelas que dispõem sobre o objeto do contrato, mas sem modificar o núcleo do objeto originalmente pactuado, sob pena de nulidade, e o modo de sua execução.[11]

Do mesmo modo, o *poder de rescisão unilateral do contrato administrativo* é *preceito de ordem pública*, decorrente do princípio da *continuidade do serviço público*, que à Administração compete assegurar. A *rescisão unilateral* ou *rescisão administrativa*, que veremos com mais vagar no item 4.5.1, pode ocorrer tanto por *inadimplência do contratado* como por *interesse público na cessação da normal execução do contrato*, mas em ambos os casos exige *justa causa*, *contraditório* e *ampla defesa*, para o rompimento

8. Essa matéria é tratada detalhadamente no *Licitação e Contrato Administrativo*, 15ª ed., 2010, do Autor, cap. VI, item 3.

9. Gaston Jèze, *Derecho Administrativo*, trad., Buenos Aires, Depalma, 1950, IV/235; Roger Bonnard, *Droit Administratif*, Paris, 1943, pp. 620 e ss.

10. André de Laubadère, "Do poder da Administração para impor unilateralmente alterações nas cláusulas dos contratos administrativos", *RDA* 37/45, e tb. em seu *Contrats Administratifs*, 1956, II/329 e ss.

11. STJ, AgR no REsp 332.956. Em contrato de concessão de direito real de uso, o STJ decidiu que sendo a alteração manifestamente prejudicial ao contratado, é obrigatório o prévio contraditório (RMS 1.603) e que a alteração, em determinadas hipóteses, não é cabível com base em regulamento posterior ao contrato (RMS 14.924).

do ajuste, pois não é ato discricionário, mas vinculado aos motivos que a norma ou as cláusulas contratuais consignam como ensejadores desse excepcional distrato.

Resumindo: é a variação do interesse público que autoriza a alteração do contrato e até mesmo a sua extinção, nos casos extremos, em que sua execução se torna inútil ou prejudicial à comunidade, ainda que sem culpa do contratado; o direito deste é restrito à composição dos prejuízos que a alteração ou a rescisão unilateral do ajuste lhe acarretar.

O *contrato administrativo ilegal* pode ser extinto por *anulação* unilateral da Administração, mas sempre com oportunidade de defesa para o contratado, em cujo expediente se demonstre a ilegalidade do ajuste, como exposto no item 3.3.1.4. É de se advertir que somente o contrato tipicamente administrativo é passível de anulação unilateral, não o sendo o contrato de Direito Privado (compra e venda, doação e outros), firmado pela Administração, o qual só pode ser extinto por acordo entre as partes ou por via judicial.[12]

1.2.2.2 Equilíbrio financeiro: o *equilíbrio financeiro*, ou *equilíbrio econômico*, ou *equação econômica*, ou, ainda, *equação financeira*, do contrato administrativo é a relação estabelecida inicialmente pelas partes entre os encargos do contratado e a retribuição da Administração para a justa remuneração do objeto do ajuste. Essa relação *encargo-remuneração* deve ser mantida durante toda a execução do contrato, a fim de que o contratado não venha a sofrer indevida redução nos lucros normais do empreendimento. Assim, ao usar do seu direito de *alterar unilateralmente as cláusulas regulamentares do contrato administrativo*, a Administração não pode violar o *direito do contratado de ver mantida a equação financeira originariamente estabelecida*, cabendo-lhe operar os necessários *reajustes econômicos* para o restabelecimento do equilíbrio financeiro. Note-se que esse restabelecimento pode ser "para mais ou para menos, conforme o caso" (cf. art. 65, § 5º).[13]

Trata-se de doutrina universalmente consagrada,[14] hoje extensiva a todos os contratos administrativos (CF art. 37, XXI, e Lei 9.666/93, arts. 57, § 1º, 58, I, §§ 1º e 2º, e 65, II, "d", e §§ 5º e 6º).

12. A Lei 8.666/93 possibilita, nos contratos referidos no art. 62, § 3º, I e II, a aplicação de cláusulas exorbitantes.

13. O Pleno do STF decidiu que, "se o fator de deflação veio a preservar o equilíbrio econômico-financeiro inicial dos contratos, diante da súbita interrupção do processo inflacionário", ele reequilibra "a relação antes estabelecida" (RE 141.190 e RE 181.966-9).

14. Consultem-se, dentre outros: Caio Tácito, *O Equilíbrio Financeiro na Concessão de Serviço Público*, Rio, 1960; Arnoldo Wald, "Do direito adquirido à equação financeira nos contratos administrativos", *RT* 727/43, "Do equilíbrio econômico e financeiro no contrato de

1.2.2.3 Reajustamento de preços e tarifas: o *reajustamento contratual de preços e de tarifas* é a medida convencionada entre as partes contratantes para evitar que, em razão das elevações do mercado, da desvalorização da moeda ou do aumento geral de salários no período de execução do contrato administrativo, venha a romper-se o equilíbrio financeiro do ajuste. Para que não se altere a relação *encargo-remuneração* em prejuízo do contratado, a Administração procede à majoração do *preço*, unitário ou global, originariamente previsto para a remuneração de um contrato de obra, serviço ou fornecimento ou da *tarifa* inicialmente fixada para pagamento de serviços públicos ou de utilidade pública prestados por particulares, em ambos os casos em conformidade com os critérios expressamente estabelecidos no ajuste.

O reajuste ou reajustamento de preços ou de tarifas é conduta *contratual* autorizada por lei para corrigir os efeitos ruinosos da inflação. Não é decorrência da imprevisão das partes; ao contrário, é *previsão de uma realidade existente*, diante da qual o legislador pátrio institucionalizou o reajustamento dos valores contratuais (arts. 55, III, e 65, § 8º).

Modernamente, têm-se adotado as *tarifas indexadas* ou a *indexação de preços* nos contratos de longa duração, para se obter o reajustamento automático em função da alteração dos fatores a que se vinculam, tais como a elevação do custo de vida, o encarecimento da matéria-prima, a majoração dos transportes e outros elementos que influem nos custos de produção de bens e operação de serviços. Esses fatores constituem os *parâmetros* de variação dos preços ou tarifas e são perfeitamente aceitáveis desde que constem de cláusula contratual expressa que estabeleça o *índice* de alteração e o *coeficiente* de correção do preço-base.

1.2.2.4 Exceção de contrato não cumprido: a *exceção de contrato não cumprido – exceptio non adimpleti contractus* –, usualmente invocada nos ajustes de Direito Privado, não se aplica, em princípio, aos contratos administrativos quando a falta é da Administração. Esta, todavia, pode sempre argüir a *exceção* em seu favor, diante da inadimplência do particular contratado.

Com efeito, enquanto nos contratos entre particulares é lícito a qualquer das partes cessar a execução do avençado quando a outra não cumpre a sua obrigação (CC, art. 476), nos ajustes de Direito Público o particular não pode usar dessa faculdade contra a Administração. Impede-o o princípio maior da *continuidade do serviço público*, que veda a paralisação da

concessão", *RT* 785/117, e "Do direito da contratada à recomposição do equilíbrio econômico-financeiro do contrato administrativo, em virtude da superveniência de fatos imprevisíveis à época da contratação", *RT* 824/99; André de Laubadère, *Traité Élémentaire de Droit Administratif*, Paris, 1957; e STF, *RDA* 224/392.

execução do contrato mesmo diante da omissão ou atraso da Administração no cumprimento das prestações a seu cargo. Nos contratos administrativos a execução é substituída pela subseqüente indenização dos prejuízos suportados pelo particular ou, ainda, pela rescisão por culpa da Administração. O que não se admite é a paralisação sumária da execução, pena de inadimplência do particular, contratado, ensejadora da rescisão unilateral.

O rigor da inoponibilidade da *exceptio non adimpleti contractus* contra a Administração vinha sendo atenuado pela doutrina nos casos em que a inadimplência do Poder Público cria para o contratado um encargo *extraordinário e insuportável*, como, p. ex., o atraso prolongado dos pagamentos, obrigando-o a um verdadeiro financiamento, não previsto, do objeto do contrato.[15] Agora, a lei acolheu essa orientação no art. 78, XV.[16]

1.2.2.5 Controle do contrato: o *controle do contrato administrativo* é um dos poderes inerentes à Administração e, por isso mesmo, implícito em toda contratação pública, dispensando cláusula expressa.[17] Com efeito, desde que à Administração incumbem a realização de obras públicas e a prestação de serviços à coletividade, há de ter a correspondente prerrogativa de *controlar* os seus contratos e de adequá-los às exigências do momento, *supervisionando*, *acompanhando* e *fiscalizando* a sua execução ou nela *intervindo*.

A intervenção, como instrumento de *controle do contrato administrativo*, é cabível sempre que, por incúria da empresa ou pela ocorrência de eventos estranhos ao contratante, sobrevém retardamento ou paralisação da execução ou perigo de desvirtuamento ou perecimento do objeto do ajuste,

15. Gaston Jèze, *Derecho Administrativo*, Depalma, Buenos Aires, 1950, VI/4; Laubadère, *Contrats Administratifs*, 1956, II/113; Cianflone, *L'Appalto di Opere Pubbliche*, Roma, 1950, p. 143; Marienhoff, *Tratado de Derecho Administrativo*, Buenos Aires, 1970, II/376 e ss.

16. "(...). Como reconhecido na doutrina e na jurisprudência, a regra de não-aplicação da *exceptio non adimplenti contractus* não é absoluta, permitindo o art. 78, XV, da Lei n. 8.666/93 sua aplicação moderada após atraso de pagamento superior a noventa dias" (STJ, REsp/AgR 326.871); "(...). 4. Com o advento da Lei n. 8.666/93 não tem mais sentido a discussão doutrinária sobre o cabimento ou não da inoponibilidade da *exceptio non adimpleti contractus* contra a Administração, ante o teor do art. 78, XV (...). Por isso, despicienda a análise da questão sob o prisma do princípio da continuidade do serviço público. 5. Se a Administração Pública deixou de efetuar os pagamentos devidos por mais de noventa dias, pode o contratado, licitamente, suspender a execução do contrato, sendo desnecessária, nessa hipótese, a tutela jurisdicional, porque o art. 78, XV, da Lei n. 8.666/93 lhe garante tal direito" (STJ, REsp 910.802).

17. No mesmo sentido: Miguel S. Marienhoff, *Tratado de Derecho Administrativo*, Buenos Aires, 1970, III/394; Sayagués Laso, *Tratado de Derecho Administrativo*, Montevidéu, 1953, I/569; Garrido Falla, *Tratado de Derecho Administrativo*, Madri, 1966, II/94; André de Laubadère, *Contrats Administratifs*, Paris, 1956, II/329; André Flamme, *Les Marchés de l'Administration*, Paris, 1965, p. 91.

com prejuízos atuais ou iminentes para a programação administrativa, para os usuários ou para o empreendimento contratado. Em tais casos é lícito à Administração assumir provisória ou definitivamente a execução do objeto do contrato, com utilização dos materiais, pessoal e equipamento do contratado, a serem posteriormente indenizados (arts. 58, V, e 80, II).

Observe-se, finalmente, que o *poder de controle do contrato administrativo* não retira ao particular a autonomia da execução dentro das cláusulas avençadas, nem lhe absorve as responsabilidades técnicas e econômicas do empreendimento; apenas permite que a Administração acompanhe sua realização, velando pela exatidão dos trabalhos, orientando-os convenientemente e impondo as modificações que o interesse público exigir ou o avanço da técnica aconselhar, mantida sempre a equação financeira inicial.

1.2.2.6 Aplicação de penalidades contratuais: a *aplicação de penalidades contratuais* diretamente pela Administração é outra de suas prerrogativas, correlata à do *controle do contrato*. Realmente, seria inútil o acompanhamento da execução contratual se, verificada a infração do contratado, não pudesse a Administração puni-lo pela falta cometida. Tal poder resulta do princípio da *auto-executoriedade dos atos administrativos*, que já estudamos precedentemente (cap. IV, item 3.5.6.1), extensivo também aos contratos públicos. Destarte, ao contratar, a Administração reserva-se implicitamente a faculdade de aplicar as penalidades contratuais e as legais, ainda que não previstas expressamente no contrato, independentemente de prévia intervenção do Poder Judiciário, salvo para as cobranças resistidas pelo particular contratante.[18] Poder correlato é o de relevar penalidades, motivadamente, quando conveniente essa relevação.

Essas penalidades, que compreendem desde as *advertências* e *multas* até a *rescisão unilateral do contrato*, a *suspensão provisória* e a *declaração de inidoneidade* para licitar e contratar com a Administração (arts. 86 a 88), decorrem geralmente da inexecução do contrato e, por isso, serão melhor consideradas no item próprio, ao qual remetemos o leitor (item 4).

1.2.3 *Interpretação do contrato administrativo* – Na *interpretação do contrato administrativo* é preciso ter sempre em vista que as normas que o regem são as do *Direito Público*, *suplementadas pelos princípios da teoria geral dos contratos e do Direito Privado*, e não o contrário, como, lamentavelmente, ainda se pratica entre nós (art. 54).

Não se nega a aplicação das regras de hermenêutica comum à interpretação dos contratos administrativos, mas nessa operação não se pode olvidar que o objeto da contratação é, sempre e sempre, o *atendimento do*

18. A forma de pagamento das multas está regulada no art. 86, §§ 2º e 3º.

interesse público. Diante dessa realidade, a busca da intenção das partes há de partir da premissa de que a finalidade precípua do ajuste é a satisfação de necessidades coletivas. Daí por que já decidimos que nos contratos administrativos celebrados em prol da coletividade *não se pode interpretar suas cláusulas contra essa mesma coletividade, para só se atender aos direitos individuais do particular contratado*.[19] É este o princípio fundamental, mas existem outros que não podem ser desconhecidos ou negados pelos intérpretes e executores dos contratos administrativos. Dentre esses princípios avultam os relacionados com a *vinculação da Administração ao interesse público*; a *presunção de legitimidade das cláusulas contratuais*; a *alterabilidade das cláusulas regulamentares* e a *excepcionalidade dos contratos de atribuição*.

Enquanto nos ajustes privados a liberdade contratual é ampla, sendo permitido a qualquer dos contratantes renunciar direitos e assumir as obrigações que lhe aprouver, nos contratos administrativos uma das partes – a Administração – está sempre vinculada ao interesse público e não pode abrir mão de seus direitos e poderes por mera liberalidade para com a outra parte. Assim, qualquer cláusula que contrarie o interesse público ou consubstancie renúncia a direitos e poderes da Administração deve ser considerada como *não escrita*, salvo se autorizada por lei.

As cláusulas dos contratos de Direito Público equivalem a atos administrativos, gozando, portanto, da *presunção de legitimidade*, só elidível por prova bastante em contrário.

Como vimos acima, a *alterabilidade das cláusulas regulamentares ou de serviço* é prerrogativa implícita e impostergável da Administração nos contratos administrativos. Todavia, ao lado dessas cláusulas, estabelecidas em prol da coletividade, existem as *econômicas*, em favor do particular contratado, as quais, por esse motivo, são, em princípio, imutáveis, delas dependendo o *equilíbrio financeiro* do ajuste e a *comutatividade* dos encargos contratuais. Na interpretação do contrato administrativo não se pode negar, portanto, o direito de a Administração alterar as cláusulas regulamentares para atender ao interesse público, mas, por outro lado, não se pode também deixar de reconhecer a necessidade do equilíbrio financeiro e da reciprocidade e equivalência nos direitos e obrigações das partes, devendo-se compensar a supremacia da Administração com as vantagens econômicas estabelecidas no contrato em favor do particular contratado.

A regra, nas convenções administrativas, é o *contrato de colaboração*, firmado no interesse precípuo da Administração, constituindo o *contrato de atribuição*, em que predomina o interesse do particular, uma *exceção*. Des-

19. Sentença do Autor in *RDA* 25/263.

tarte, a interpretação das cláusulas do contrato de atribuição deverá ser sempre *restritiva* das vantagens outorgadas ao particular, para que não se erijam numa injusta discriminação entre cidadãos nem atentem contra o interesse geral da coletividade. Já, os contratos de *consórcios públicos*, regidos pela Lei 11.107/2005, acima referidos, devem ser interpretados considerando-se a sua finalidade de buscar objetivos de interesse comum dos entes consorciados, os limites constitucionais destes e a inexistência, entre eles, de supremacia.

2. *Formalização do contrato administrativo*

2.1 *Normas regedoras do contrato*

Até o advento do Dec.-lei 2.300/86 poucas eram as leis que tratavam de contrato administrativo e a matéria era regulada de modo incompleto e assistemático, propiciando errôneas aplicações da lei e hesitação da jurisprudência na interpretação de suas normas. A Lei 8.666/93 manteve a orientação do Estatuto anterior, com uma legislação orgânica e sistemática regendo toda a matéria. Assim sendo, os *contratos administrativos* regem-se pelas suas cláusulas e pelos preceitos de Direito Público, "aplicando-se-lhes, *supletivamente*, os princípios da teoria geral dos contratos e as disposições de Direito Privado" (art. 54).

2.2 *Instrumento e conteúdo do contrato administrativo*

2.2.1 *Instrumento* – O *instrumento do contrato administrativo* é, em regra, *termo*, em livro próprio da repartição contratante, ou *escritura pública*, nos casos exigidos em lei (os relativos a direitos reais sobre imóveis, p. ex.). O contrato verbal constitui exceção, pelo evidente motivo de que os negócios administrativos dependem de comprovação documental e de registro nos órgãos de controle interno (art. 20 e parágrafo único), daí a obrigatoriedade dos registros administrativos *internos* relativos a cada contrato verbal para registro e controle dos negócios públicos.[20] A Lei 8.666/93

20. O registro no Tribunal de Contas está abolido pela Constituição da República, que só admite a impugnação do contrato *a posteriori*, por deliberação do Congresso Nacional (art. 71, XI, § 1º). "(...) a Lei n. 8.666/93, na seção que trata da formalização dos contratos administrativos, prevê, no seu art. 60, parágrafo único, a regra geral de que o contrato será formalizado por escrito, qualificando como nulo e ineficaz o contrato verbal (...), ressalvadas as pequenas compras de pronto pagamento (...). 4. (...) o contrato em exame não atende às normas de Direito Financeiro previstas na Lei n. 4.320/64, especificamente a exigência de *prévio empenho* para realização de despesa pública (art. 60) e a emissão da 'nota de empenho', que indicará o nome do credor, a importância da despesa e a dedução desta do saldo da dotação própria (art. 61). A inobservância dessa forma legal gera *a nulidade* do ato (art. 59, § 4º). (...)" (STJ, REsp 545.471, *RSTJ* 196/83).

dispõe exaustivamente sobre a formalização do contrato administrativo (arts. 60-64), exigindo, inclusive, a aprovação prévia da minuta do instrumento contratual pela "assessoria jurídica da Administração" (cf. art. 38, parágrafo único).

Por outro lado, a ausência de contrato escrito, a falta de requisitos essenciais e outros defeitos de *forma* podem viciar a manifestação de vontade das partes e comprometer irremediavelmente o conteúdo obrigacional do ajuste.[21] Igualmente nulo é o contrato administrativo omisso em pontos fundamentais, ou firmado sem licitação, quando exigida, ou, ainda, resultante de licitação irregular ou fraudada no seu julgamento.[22] E assim é porque a *forma*, em Direito Administrativo, é exigência inarredável, por representar uma garantia para os administrados e para a própria Administração. Mas não se confunda a *forma necessária*, prescrita em norma legal, com os *formalismos inúteis* que só emperram as atividades públicas e afastam os que desejam contratar com a Administração.

Além do *termo de contrato*, obrigatório nos casos que exigem concorrência e tomada de preços, os ajustes administrativos podem ser formalizados mediante outros *documentos hábeis*, tais como *carta-contrato*, *nota de empenho de despesa*, *autorização de compra* e *ordem de serviço*. Todos esses são também *instrumentos de contrato administrativo*, e *instrumentos bilaterais*, porque expedidos pela Administração e aceitos pela outra parte, expressa ou tacitamente, para a formalização do ajuste (art. 62 e § 4º).[23]

A publicação resumida do contrato e de seus aditamentos é, agora, obrigatória, sendo condição indispensável de sua eficácia. Deve ser feita na imprensa oficial, no prazo do art. 61, parágrafo único. Para atender à exigência, basta a notícia resumida, com indicação das partes, objeto e valor do ajuste. A qualquer licitante é permitido o conhecimento dos termos do contrato e do respectivo processo licitatório. E qualquer interessado poderá obter cópia autenticada, mediante o pagamento dos emolumentos devidos (CF, art. 5º, XXXIV, "b"; e Lei 8.666/93, art. 63),[24] mesmo porque o contrato adminis-

21. A execução de contrato nulo ou inexistente pode gerar obrigação de indenizar as obras, serviços ou fornecimentos realizados pelo suposto contratado de boa-fé. Já, então, a causa do pagamento não é contrato nulo ou inexistente mas, sim, a vantagem auferida pela Administração com a prestação do particular, alheio à falta administrativa (STJ, REsp 545.471, *RSTJ* 196/83; TJSP, *RDA* 48/265, 54/118; *RF* 153/306). Se desse pagamento resultar prejuízo para o Poder Público, responderá o funcionário causador do dano, regressivamente, se por culpa tiver ocasionado a inexistência ou nulidade do contrato. V. item 7.4.2.1.

22. V., a propósito, a lei da ação popular (Lei 4.717, de 29.6.65, art. 4º, III, "a" a "c").

23. Os contratos administrativos, desde que devidamente formalizados e estando presentes os requisitos genéricos da certeza, exigibilidade e liquidez, têm força executiva extrajudicial, a que se refere o art. 585, II, do CPC (STJ, REsp 882.747 e REsp 700.114).

24. A obrigação de fornecer certidão ou cópia autenticada do contrato, a nosso ver, se estende a toda a Administração direta e indireta da União, dos Estados e dos Municípios, porque é

trativo é documento público.[25] Os contratos *sigilosos*, assim declarados pela autoridade competente, não podem ser publicados nem mesmo em resumo, por expressa vedação regulamentar (Lei 8.159/91 e Dec. 4.553/2002).

O contrato administrativo regularmente publicado dispensa testemunhas e registro em cartório, pois, como todo ato administrativo, traz em si a *presunção de legitimidade* e vale contra terceiros desde a sua publicação.

2.2.2 *Conteúdo* – O *conteúdo do contrato* é a vontade das partes expressa no momento de sua formalização. Daí a necessidade de cláusulas que fixem com fidelidade o objeto do ajuste e definam com precisão os direitos, obrigações, encargos e responsabilidades dos contratantes, *em conformidade com o edital e a proposta vencedora*. No caso de dispensa ou inexigibilidade de licitação, o conteúdo do contrato deve ater-se ao *despacho* que autorizou sua realização e à *proposta escolhida*, devendo, ainda, mencionar o número do processo que a autorizou (art. 61).

Embora deva normalmente conformar-se ao pedido pela Administração e ao ofertado pelo proponente, o contrato pode conter outras vantagens para o serviço público, obtidas em discussão com o vencedor da licitação. O que não se admite são cláusulas que concedam maiores vantagens ao contratado que as originariamente previstas ou que, por outro qualquer motivo, sejam prejudiciais à Administração.

Integram o contrato também o edital, o projeto com suas especificações, memoriais, cálculos, planilhas, cronogramas e demais elementos pertinentes e complementam-no, ainda que não expressas em suas cláusulas, as disposições de leis, regulamentos, caderno de encargos da repartição contratante e normas técnicas oficiais concernentes ao seu objeto.

2.3 Cláusulas essenciais ou necessárias

Todo contrato administrativo possui *cláusulas essenciais* ou *necessárias* e *cláusulas acessórias* ou *secundárias*. Aquelas fixam o objeto do ajuste e estabelecem as condições fundamentais para sua execução; estas complementam e esclarecem a vontade das partes, para melhor entendimento do

uma imposição constitucional para todos aqueles que gerem bens ou dinheiros públicos, e neste caso se encontram não só as entidades estatais, autárquicas, como, também, as sociedades de economia mista e as empresas públicas, fundacionais, bem como os serviços sociais autônomos mantidos por contribuições parafiscais.

25. Os contratos sigilosos por razões de segurança nacional não se sujeitam a publicação, nem a qualquer espécie de divulgação, inclusive fornecimento de certidão ou cópia autêntica, salvo expressa autorização da autoridade competente ou requisição judicial. Nesse último caso, depois de conhecido pelo juiz e pelas partes, o documento deverá ser lacrado, para preservar seu caráter sigiloso. A Lei 8.159/91 (art. 23), o Dec. 4.553/2002, especialmente os arts. 59 e 60, e a Lei 11.111/2005 tratam de assuntos sigilosos.

avençado. As primeiras não podem faltar no contrato, pena de nulidade, tal seja a impossibilidade de se definir seu objeto e de se conhecer, com certeza jurídica, os direitos e obrigações de cada uma das partes; as segundas, por sua irrelevância, não afetam o conteúdo negocial, podendo ser omitidas sem invalidar o ajuste.

De um modo geral, são *cláusulas essenciais* ou *necessárias* em qualquer contrato administrativo as que: *definam o objeto e seus elementos característicos*; *estabeleçam o regime de execução da obra ou do serviço ou a modalidade do fornecimento*; *fixem o preço e as condições de pagamento, os critérios de reajustamento e de atualização monetária*; *marquem os prazos de início, execução, conclusão e entrega do objeto do contrato*; *indiquem o crédito pelo qual correrá a despesa*; *apontem as garantias oferecidas*; *especifiquem os direitos e as responsabilidades das partes*; *estabeleçam os casos de rescisão do contrato*; *discriminem o reconhecimento dos direitos da Administração em caso de rescisão administrativa*; *prescrevam as condições de importação*; *fixem a vinculação ao edital ou ao termo que a dispensou ou a inexigiu, ao convite e à proposta do licitante vencedor*; *indiquem a legislação aplicável à execução do contrato e aos casos omissos*; e *estipulem a obrigação do contratado de manter, durante a execução, em compatibilidade com as obrigações por ele assumidas, todas as condições de habilitação e qualificação exigidas na licitação* (art. 55, I a XIII). É indispensável, igualmente, cláusula declarando competente o foro da sede da Administração, ressalvada a hipótese de licitação internacional, nos casos previstos no art. 32, § 6º, da Lei 8.666/93.

Todavia, outras cláusulas poderão erigir-se em *essenciais* em face da peculiaridade de cada ajuste e do interesse dominante em cada negócio público. *Essencial*, portanto, será toda cláusula cuja omissão impeça ou dificulte a execução do contrato, quer pela indefinição de seu objeto, quer pela incerteza de seu preço, quer pela falta de outras condições necessárias e não esclarecidas.

Observe-se, finalmente, que em todo contrato administrativo estão presentes também as denominadas *cláusulas implícitas*, que, por serem da própria natureza dos ajustes públicos, consideram-se existentes mesmo que não escritas, tais como a que permite a *rescisão unilateral por interesse público*, com a conseqüente indenização; a que autoriza a *alteração unilateral por conveniência do serviço*, desde que mantido o equilíbrio financeiro; a que possibilita a *redução ou ampliação do objeto do contrato*, dentro dos limites regulamentares; a que faculta a *assunção dos trabalhos paralisados*, para evitar a descontinuidade do serviço público, e outras dessa espécie, reconhecidas à Administração como privilégios irrenunciáveis em suas contratações.

2.4 Garantias para a execução do contrato

As leis administrativas facultam à Administração a exigência de garantia a fim de assegurar a execução do contrato. Por isso mesmo, só pode ser pedida ao *licitante vencedor*. A escolha da garantia fica a critério do contratado, dentre as modalidades enumeradas na lei. Quando pretendida pela Administração, deverá constar do edital ou convite e ser liberada após execução integral do contrato e, quando em dinheiro, atualizada monetariamente (art. 56 e §§).

A *perda da garantia* se dá toda vez que seu ofertante faltar com o prometido à Administração, nos termos do edital ou do contrato, ou em conseqüência do desconto de débitos ou de multas em que o contratado incidir e não recolher no devido tempo. Nesses casos, a Administração poderá incorporar ao seu patrimônio a caução em dinheiro ou em títulos, até o limite devido pelo contratado, ou cobrar do fiador ou do segurador as respectivas garantias por eles prestadas. Reduzida ou perdida a garantia inicial, é lícito à Administração exigir sua recomposição para prosseguimento do contrato, sob pena de rescisão unilateral por inadimplência do contratado.

2.4.1 *Modalidades de garantia* – As principais garantias usualmente exigidas pela Administração para assegurar o cumprimento de seus contratos são a *caução* (em dinheiro ou títulos da dívida pública) e a *fiança bancária*. Essas garantias são alternativas, isto é, a exigência de uma exclui as outras, mas podem ser pedidos concomitantemente com elas o *seguro de pessoas e bens* e o *compromisso de entrega de material ou equipamento*. Vejamos em que consiste cada uma dessas modalidades.

2.4.1.1 Caução: é toda garantia em *dinheiro* ou em *títulos da dívida pública* (caução real). É uma reserva de numerário ou de valores que a Administração pode utilizar sempre que o contratado faltar a seus compromissos, o que o torna contratualmente em débito.

2.4.1.2 Seguro-garantia: conhecido na linguagem empresarial por *performance bond*, é a garantia oferecida por uma companhia seguradora para assegurar a plena execução do contrato. Na apólice de *seguro-garantia* a seguradora obriga-se a completar à sua custa o objeto do contrato ou a pagar à Administração o necessário para que esta o transfira a terceiro ou o realize diretamente. O *seguro-garantia* é de uso generalizado na América do Norte, com diferentes denominações e variantes,[26] mas já se difundiu na América

26. O gênero seguro-garantia (*bond insurance* ou *surety bonds*) passou a ser conhecido e denominado na prática contratual e securitária pela espécie *seguro-garantia de execução de contrato* (*performance bond*), que é a mais usada, embora outras existam, de menor utilização,

do Sul com resultados satisfatórios, como nos informam os estudiosos do assunto.[27] No Brasil iniciou-se sua utilização nos grandes contratos de construção do "Metrô" de São Paulo.

2.4.1.3 Fiança bancária: é a garantia fidejussória fornecida por um banco que se responsabiliza perante a Administração pelo cumprimento das obrigações do contratado. É de natureza comercial e onerosa, pelo quê obriga o banco solidariamente até o limite da responsabilidade afiançada, sem lhe permitir o *benefício de ordem*, que é privativo da fiança civil.[28]

2.4.1.4 Seguro de pessoas e bens: pode ser exigido nos contratos administrativos cuja execução seja particularmente perigosa. Não se confunde com o seguro por acidentes no trabalho (encargo normal do contratado), porque sua finalidade é a garantia de terceiros contra danos materiais ou pessoais, de responsabilidade conjunta e solidária da Administração e do empreiteiro, nas obras e serviços públicos, indenizáveis independentemente de culpa do executor.[29] Essa *responsabilidade objetiva* não pode ser reduzida ou excluída de qualquer dos contratantes, em prejuízo das vítimas. Daí a possibilidade de *seguro de pessoas e bens* para garantir à Administração o reembolso do que despender com indenizações de danos a vizinhos e terceiros.

2.4.1.5 Compromisso de entrega de material, produto ou equipamento de fabricação ou produção de terceiros estranhos ao contrato: é medida cautelar tomada pela Administração nos ajustes que exigem grandes e contínuos fornecimentos, no sentido de que o contratado apresente documento firmado pelo fabricante, produtor ou fornecedor autorizado obrigando-se a fornecer e manter o fornecimento durante a execução do ajuste. A obrigação é entre este e o contratado, não se erigindo em título executório da Administração, pois o compromissário não participa da relação contratual administrativa.

a saber: *garantia para participar de licitação* (*bid bond*); *garantia de fornecimento de material* (*supply bond*); *garantia de adiantamento de crédito* (*retention money bond*); *garantia de qualidade ou funcionamento de obra, serviço ou fornecimento* (*maintenance bond*); *garantia de adiantamentos por conta de pagamentos* (*advance payment bond*). Todos esses seguros podem ser feitos em garantia do contrato, como acessórios do *performance bond* ou em apólices autônomas (cf. Wilson Jenks, *Administration Public Works*, Nova York, 1971). O seguro-garantia prestado por ocasião da licitação não é título executivo extrajudicial (STJ, REsp 476.450, STJ-*Lex* 176/138; REsp 813.662).

27. José María Ávila, *El Seguro de Caución en las Obras Públicas*, Buenos Aires, 1964; Fernando F. Mó, *La Licitación de Obras Públicas*, San Juan, 1963.

28. Waldemar Ferreira, *Instituições de Direito Comercial*, São Paulo, 1944, II/595.

29. V., do Autor, no *Direito de Construir*, 9ª ed., Malheiros Editores, 2005, o cap. 8, sobre *responsabilidades decorrentes da construção particular e pública*.

3. *Execução do contrato administrativo*

Executar o contrato é cumprir suas cláusulas segundo a comum intenção das partes no momento de sua celebração. A execução refere-se não só à realização do objeto do contrato como, também, à perfeição técnica dos trabalhos, aos prazos contratuais, às condições de pagamento e a tudo o mais que for estabelecido no ajuste ou constar das normas legais como encargo de qualquer das partes.

Executar o contrato é, pois, cumpri-lo no seu objeto, nos seus prazos e nas suas condições. É o que veremos a seguir.

3.1 Direitos e obrigações das partes

O contrato administrativo, como, de resto, qualquer contrato, deve ser executado fielmente, exercendo cada parte seus *direitos* e cumprindo suas *obrigações*. Na execução do contrato administrativo a Administração nivela-se ao particular, de modo que a cada obrigação deste corresponde um direito daquela, e vice-versa, segundo as cláusulas contratuais e as normas pertinentes.

3.1.1 *Direitos* – O principal direito da Administração, além dos consubstanciados nas cláusulas contratuais e nos regulamentos próprios da espécie, visando à obtenção do objeto do contrato, é o de exercer suas prerrogativas (item 1.2.2, *Peculiaridades do contrato administrativo*) diretamente, isto é, sem a intervenção do Judiciário, ao qual cabe ao contratado recorrer sempre que não concordar com as pretensões da Administração e não lograr compor-se amigavelmente com ela.

O principal direito do contratado é o de receber o preço,[30] nos *contratos de colaboração* (execução de obras, serviços e fornecimentos), na forma e no prazo convencionados, ou, do mesmo modo, a prestação devida pela Administração, nos *contratos de atribuição* (concessão de uso de bens públicos e outros dessa espécie). A esse seguem-se o direito à manutenção do *equilíbrio financeiro*, no caso de alteração unilateral, e o de exigir da Administração o cumprimento de suas próprias obrigações, ainda que não consignadas expressamente, como a de entregar o local da obra ou serviço livre e desembaraçado, a de não criar obstáculos ao normal andamento dos trabalhos e a de expedir as necessárias ordens de serviço, dentro dos prazos estabelecidos, se for o caso. O descumprimento dessas obrigações dá ao particular o direito de pedir a rescisão judicial do contrato, com a devida indenização por perdas e danos.

30. A retenção do pagamento pela não comprovação da regularidade fiscal afronta os princípios da moralidade administrativa e da legalidade (STJ, REsp 730.800).

3.1.2 *Obrigações* – As *obrigações* da Administração reduzem-se, geralmente, ao pagamento do preço ajustado, ao passo que as do contratado se expressam no cumprimento da prestação prometida. Isso nos *contratos de colaboração*, porquanto nos de *atribuição* invertem-se as posições, ficando a cargo da Administração a prestação do objeto contratual e ao particular o pagamento da remuneração convencionada.

Outra obrigação da Administração é a entrega do local da obra ou do serviço na espécie e nas condições que permitam ao contratado a regular execução do contrato. Nesse encargo da Administração compreendem-se as desapropriações necessárias, as servidões administrativas, as interdições de trânsito e demais atos de autoridade que só o Poder Público pode praticar. A não entrega do local nas condições e prazos avençados ou a alteração do projeto rende ensejo à ampliação dos cronogramas, à revisão de preços e até mesmo à rescisão do contrato, tais sejam os gravames ou a impossibilidade da execução.

Quanto ao particular, ao lado da prestação do objeto do contrato, que é a principal, existem outras obrigações exigíveis, ainda que não consignadas expressamente no instrumento contratual, por decorrerem dos princípios e normas que regem os ajustes do Direito Público, tais como a *observância das normas técnicas adequadas*; o *emprego do material apropriado*, quantitativa e qualitativamente; a *sujeição aos acréscimos ou supressões legais*; *execução pessoal do objeto do contrato*; *atendimento dos encargos trabalhistas, previdenciários, fiscais e comerciais decorrentes da execução*; *manutenção no local da obra ou serviço de preposto em condições de tratar com a Administração e dela receber a orientação cabível*.

3.1.2.1 Normas técnicas e material apropriado: a *observância das normas técnicas adequadas* e o *emprego do material apropriado* em quantidade e qualidade compatíveis com o objeto do contrato constituem deveres ético-profissionais do contratado, presumidos nos ajustes administrativos, que visam sempre ao melhor atendimento do serviço público. Daí por que o contratado é obrigado a reparar, corrigir, remover, reconstruir ou substituir, às suas expensas, no todo ou em parte, o objeto do contrato em que se verifiquem vícios, defeitos ou incorreções resultantes da execução ou dos materiais empregados. Entre nós, as normas técnicas oficiais são as da Associação Brasileira de Normas Técnicas – ABNT, por resolução do Conselho Nacional de Metrologia – CONMETRO, órgão superior do Sistema Nacional de Metrologia, Normalização e Qualidade Industrial (Res. 1, de 8.1.92) (para maiores informações, v. nota 102).

3.1.2.2 Variações de quantidade: *variações de quantidade* são acréscimos ou supressões legais, admissíveis nos ajustes administrativos, nos limites regulamentares,[31] sem modificação dos preços unitários e sem necessidade de nova licitação, bastando o respectivo *aditamento*, quando se verificar aumento, ou a simples *ordem escrita de supressão*, havendo redução. Nesses casos, que, por isso mesmo, não configuram hipóteses de *alteração unilateral*, o contratado tem direito a executar os acréscimos nas mesmas condições do contrato inicial e a Administração não fica obrigada a compor perdas e danos quando determina as reduções permitidas, sujeitando-se apenas ao pagamento do que houver sido realizado antes da ordem de supressão. Além dos *limites de variação*, é *obrigatória a licitação do acréscimo*, salvo se houver motivo para a sua dispensa, e, tratando-se de supressão superior ao permitido, o contrato poderá ser rescindido, com as indenizações devidas.

3.1.2.3 Execução pessoal: todo contrato administrativo é firmado *intuitu personae*, isto é, tendo em vista a pessoa física ou jurídica que, através do procedimento da licitação ou de outros meios, nos casos de dispensa, demonstrou possuir idoneidade para executar plenamente seu objeto, sob o tríplice aspecto *jurídico*, *técnico* e *financeiro* (v., adiante, item 7.4.1.6, *Habilitação dos licitantes*). Assim sendo, compete-lhe *executar pessoalmente o objeto do contrato*, ou seja, sem transferência de responsabilidades ou subcontratações não autorizadas pela Administração (art. 72).

Todavia, se a execução é *pessoal*, nem sempre é *personalíssima*, podendo exigir a participação de diferentes técnicos e especialistas. Quando essa participação é mínima e usual, fica subentendida no contrato a possibilidade de o contratado deferir a realização desses serviços técnicos e especializados a terceiros, sob sua inteira responsabilidade. Tratando-se de objeto complexo e diversificado, cuja realização é considerada indivisível pela Administração, o correto é atribuí-lo a um *consórcio* de empresas ou pessoas físicas, em que cada consorciado executa a parte que lhe competir, sob a responsabilidade direta e imediata da *empresa-líder* (ou *pessoa física-líder*), embora possam os participantes ser solidariamente responsáveis pelas partes que realizaram, na forma contratada.

3.1.2.4 Encargos da execução: independentemente de cláusula contratual, *o contratado é responsável pelos encargos trabalhistas, previdenciários, fiscais e comerciais decorrentes da execução do contrato*. Esta é a regra. A inadimplência do contratado, com referência a esses encargos, não transfere a responsabilidade à Administração e nem onera o objeto do contrato ou restringe a regularização e o uso das obras, salvo os previdenciários

31. A Lei 8.666/93 estabelece o limite de até 25% do valor atualizado do contrato para compras, serviços e obras, e de até 50% para as reformas de edificação ou de equipamentos (art. 65, § 1º).

(art. 71, §§ 1º e 2º, de acordo com a redação dada pela Lei 9.032/95). No entanto, os Tribunais têm fixado a responsabilidade subsidiária da Administração contratante pelos encargos trabalhistas relativas a férias, 13º salário e multa do FGTS por dispensa sem justa causa no caso de inadimplemento das obrigações trabalhistas pela empresa por ela contratada para prestar serviços terceirizados, de forma contínua, mediante locação de mão-de-obra.[32]

Outros encargos poderão ser atribuídos ao contratado, mas, nesse caso, deverão constar do edital de licitação, como a exigência de seguro de pessoas e bens, de que já falamos (item 2.4, *Garantias para a execução do contrato*).

3.1.2.5 Manutenção de preposto: é obrigação impostergável do contratado a *manutenção, no local da obra ou serviço, de preposto credenciado* para dirigir os trabalhos, informar a fiscalização e atender às recomendações da Administração na execução do contrato.

3.2 *Acompanhamento da execução do contrato e recebimento do seu objeto*

3.2.1 *Acompanhamento da execução do contrato* – O *acompanhamento da execução do contrato* é direito e dever da Administração e nele se compreendem a *fiscalização*, a *orientação*, a *interdição*, a *intervenção* e a *aplicação de penalidades contratuais*. Esse acompanhamento deverá ser feito necessariamente por um representante da Administração especialmente designado, sendo permitida a contratação de terceiros para assisti-lo e subsidiá-lo (art. 67).

3.2.1.1 Fiscalização: a *fiscalização da execução do contrato* abrange a verificação do material e do trabalho, admitindo testes, provas de carga, experiências de funcionamento e de produção e tudo o mais que se relacionar com a perfeição da obra, do serviço ou do fornecimento. A sua finalidade é assegurar a perfeita execução do contrato, ou seja, a exata correspondência dos trabalhos com o projeto ou com as exigências previamente estabelecidas pela Administração, tanto nos seus aspectos técnicos quanto nos prazos de

32. Por isso, em boa hora, com base nos princípios da racionalidade e da economicidade, o CNJ baixou a Resolução 98, de 10.11.2009, dispondo sobre esses encargos trabalhistas a serem pagos pelos Tribunais às empresas contratadas para prestar serviços de forma contínua. Essa resolução determina que os valores referentes a tais encargos deixam de compor o valor do pagamento mensal à empresa contratada (art. 8º) e serão depositados exclusivamente em banco público oficial. Determina, ainda, que o disposto nesse art. 8º e a obrigatoriedade de observância de todos os termos da resolução constem expressamente dos editais de licitação dessas contratações. Diante dos aludidos princípios, obrigatórios para qualquer Administração, no nosso entender, essa determinação deve ser seguida pelas Administrações dos demais Poderes.

realização, e, por isso mesmo, há de pautar-se pelas cláusulas contratuais, pelas normas regulamentares do serviço e pelas disposições do caderno de obrigações, se existente.[33]

O resultado da fiscalização deve ser consignado em livro próprio, para comprovação das inspeções periódicas e do atendimento às recomendações feitas pela Administração. No livro devem ser anotadas também as faltas na execução do contrato, que inclusive poderão ensejar sua rescisão (arts. 67, § 1º, e 78, VIII).

Consigne-se, por derradeiro, que a fiscalização não atenua nem retira as responsabilidades técnicas e os encargos próprios do contratado, salvo se expressamente ressalvados pela Administração, quando emite ordem diversa do contrato ou determina a execução de trabalho em oposição a norma técnica ou a preceito ético-profissional, em circunstâncias excepcionais criadas por interesse público superior.

3.2.1.2 Orientação: a *orientação da execução do contrato* é também direito-dever da Administração, que se exterioriza pelo fornecimento de normas e diretrizes sobre seus objetivos, para que o particular possa colaborar eficientemente com o Poder Público no empreendimento em que ambos estão empenhados. Não se confunde com a *direção do contrato*, que é sempre do contratado, principalmente na empreitada, caracterizada pela autonomia técnica, operacional e econômica do empreiteiro na execução do ajuste, por sua conta e risco, na forma avençada.[34]

A *orientação da execução do contrato* limita-se à imposição das normas administrativas que condicionam a execução de seu objeto. Daí por que não exclui nem reduz as responsabilidades contratuais e extracontratuais do contratado. Por outro lado, se essa orientação é ilegal ou tecnicamente inaceitável, pode o executor opor-se a ela e até mesmo pleitear a rescisão do contrato, por sua inexeqüibilidade diante das exigências administrativas incabíveis.

33. Nos grandes empreendimentos é conveniente o estabelecimento da rede PERT-CPM, que possibilita a verificação do desenvolvimento da execução do projeto em todas as suas fases. PERT significa *Program Evaluation and Review Technique*, cuja tradução é *Técnica de Avaliação e Controle de Programas*. CPM é *Critical Path Method*, ou seja, *Método de Percurso Crítico*. O método PERT baseia-se em aspectos probabilísticos; o método CPM funda-se em cálculos determinísticos. A partir de 1962 combinaram-se os dois métodos na denominada "rede PERT-CPM" (cf. Henrique Hirschfeld, *Planejamento com PERT-CPM*, São Paulo, Atlas, 1969).

34. Alguns autores estrangeiros (Laubadère, Marienhoff, Garrido Falla e outros) atribuem à Administração a "direção da execução do contrato", do que discordamos, porque a "direção da execução" deve ser sempre do particular contratado, dentro da autonomia contratual que se reconhece às partes no cumprimento de seus encargos. O que admitimos à Administração é a faculdade de "orientar a execução do contrato", nos termos acima expostos.

3.2.1.3 Interdição: a *interdição da execução do contrato* é o ato escrito pelo qual a Administração determina a paralisação da obra, do serviço ou do fornecimento que venha sendo feito em desconformidade com o avençado. É a aplicação dos princípios da autotutela e da auto-executoriedade, que regem a atividade administrativa, de modo que ao contratado inconformado com a decisão só cabe usar dos recursos hierárquicos ou das vias judiciais cabíveis para a defesa de seus direitos.

A *interdição* não se confunde com a intervenção, pela qual, como veremos a seguir, a Administração se substitui ao contratado para dar continuidade à execução.

3.2.1.4 Intervenção: a *intervenção na execução do contrato* é providência extrema que se justifica quando o contratado se revela incapaz de dar fiel cumprimento ao avençado, ou há iminência ou efetiva paralisação dos trabalhos, com prejuízos potenciais ou reais para o serviço público. Por isso mesmo, e por ser medida auto-executável pela Administração, exige *justa causa*, caracterizada pelo grave descumprimento do contrato ou pela ocorrência de fatos estranhos à conduta do contratado que ponham em risco a execução, sem o quê será ilegítima.

Determinada a intervenção mediante ordem escrita da autoridade competente, a Administração assume a *direção* da execução, controlando o pessoal, material, equipamento e operações até sua normalização ou subseqüente rescisão do contrato, com o correspondente acerto de contas. Não se confunde com a *ocupação provisória*, porque *se dá durante a execução do contrato* e esta última ocorre *no momento da rescisão contratual*, para evitar descontinuidade na execução (cf. item 4.5.1, *Rescisão administrativa*).

3.2.1.5 Aplicação de penalidades: a *aplicação de penalidades contratuais*, garantida a prévia defesa, é medida auto-executória de que se vale a Administração quando verifica a inadimplência do contratado na realização do objeto do contrato, no atendimento dos prazos ou no cumprimento de qualquer outra obrigação a seu cargo. A única exceção ao princípio da auto-executoriedade desse poder-dever da Administração ocorre quando o punido resiste e há necessidade de cobrança de quantia em dinheiro ou apreensão de seus bens, caso em que se impõe a utilização do procedimento judicial adequado. Nos demais casos, inclusive nos de retenção de caução, desconto de multas e outros débitos para os quais haja garantia contratual, pode a Administração pagar-se independentemente de ordem judicial (arts. 86 a 88).

Por outro lado, a omissão na aplicação das penalidades contratuais acarreta responsabilidade para a autoridade omissa, pois ao administrador público não é lícito renunciar, *sem justificativa*, os direitos do Estado. A relevação de penalidade deve ser sempre motivada e baseada em conveniência administrativa.[35]

3.2.2 *Recebimento do objeto do contrato* – A *entrega e recebimento do objeto do contrato* constitui a etapa final da execução de todo ajuste administrativo para a liberação do contratado. O *recebimento do objeto do contrato* pode ser *provisório* ou *definitivo* (arts. 73 a 76).

3.2.2.1 Recebimento provisório: é o que se efetua em caráter experimental, dentro de um período determinado, para a verificação da perfeição do objeto do contrato, que, para tanto, deverá ser submetido às provas ou testes necessários à comprovação de sua qualidade, resistência, operatividade e conformidade com o projeto e especificações. As falhas e imperfeições verificadas no período do *recebimento provisório*, durante o qual ficam retidas as garantias oferecidas à execução, correm todas por conta do contratado. Transcorrido o prazo do *recebimento provisório* sem impugnação da Administração, entende-se o objeto do contrato recebido definitivamente.

A regra é o *recebimento definitivo*, de modo que o *provisório* deve ser expressamente previsto no edital ou no contrato, em conformidade com as normas regulamentares, e ressalvado no *termo próprio* (art. 73, I, "a", e II, "a").

3.2.2.2 Recebimento definitivo: é o que a Administração faz em caráter permanente, incorporando o objeto do contrato ao seu patrimônio e considerando o ajuste regularmente executado pelo contratado.

O *recebimento definitivo* exonera o contratado dos encargos contratuais, mas não da responsabilidade pela solidez e segurança da obra, por cinco anos, nos termos do art. 618 do CC, nem das faltas ético-profissionais e muito menos das sanções penais cabíveis em razão de morte ou lesão corporal causada a terceiro e a ele imputável por dolo ou culpa na execução imperfeita do objeto do contrato.

O *recebimento definitivo*, quando não resultante do transcurso *in albis* do prazo de recebimento provisório, deve constar de *termo*, que faz prova *absoluta* da entrega e recebimento definitivo do objeto do contrato. Em qualquer caso, porém, não pode mais a Administração impugnar a execução, continuar retendo as garantias contratuais ou aplicar multas retroativa-

35. A Lei 8.666/93 prevê a responsabilização dos agentes administrativos que praticarem atos em desacordo com seus preceitos, sem prejuízo das responsabilidades civil e criminal que o ato ensejar (art. 84).

mente ao contratante.[36] Se assim o fizer, cometerá abuso de poder, corrigível por via judicial.

Normalmente, são sempre recebidos em caráter *definitivo* os gêneros perecíveis, pela impossibilidade de serem conservados para verificações ulteriores; as obras de reduzido valor e as compras de tradição imediata, cujo exame é feito no momento da entrega; e os serviços técnicos prestados por profissional ou empresa de notória especialização, que, certamente, não se sujeitaria ao confronto subseqüente para a aceitação do trabalho. Em tais casos, o recebimento se faz independentemente de *termo*, por simples *recibo*, com os mesmos efeitos.

Se a obra, o serviço ou o objeto da compra estiver com defeito pode a Administração rejeitá-lo ou exigir abatimento no preço (Lei 8.666, art. 76).

3.3 Extinção, prorrogação e renovação do contrato

3.3.1 *Extinção do contrato – Extinção do contrato* é a cessação do vínculo obrigacional entre as partes pelo integral cumprimento de suas cláusulas ou pelo seu rompimento, através da rescisão ou da anulação. Todas estas são *formas de extinção do contrato*, normais ou excepcionais, que fazem desaparecer as relações negociais entre os contratantes, deixando apenas as conseqüências da execução ou da inexecução contratual.

3.3.1.1 Conclusão do objeto: a *extinção do contrato pela conclusão de seu objeto* é a regra, ocorrendo de pleno direito quando as partes cumprem integralmente suas prestações contratuais, ou seja, a realização do objeto do ajuste por uma delas e o pagamento do preço pela outra. Concluído o objeto do contrato, segue-se sua entrega, pelo contratado, e recebimento, pela Administração, mediante *termo* ou simples *recibo*, como vimos acima. O recebimento definitivo importa o reconhecimento da conclusão do objeto do contrato, operando sua extinção.

3.3.1.2 Término do prazo: a *extinção do contrato pelo término de seu prazo* é a regra nos ajustes por tempo determinado, nos quais o prazo é de eficácia do negócio jurídico contratado, de modo que, uma vez expirado, extingue-se o contrato, qualquer que seja a fase de execução de seu objeto, como ocorre na concessão de serviço público.

O prazo máximo de vigência dos contratos administrativos deve ficar adstrito à vigência dos respectivos créditos orçamentários, exceto quanto

36. O TJSP decidiu que constitui rompimento da equação econômico-financeira a não-devolução corrigida da caução, porque o contratante estará recebendo menos do que caucionou (*BAASP* 2.094/882). Nesse sentido também decidiu o STJ no REsp 35.991.

aos relativos aos projetos cujos produtos estejam contemplados nas metas de Plano Plurianual e desde que haja previsão no ato convocatório; aos referentes à prestação de serviços continuados, cuja duração é limitada a sessenta meses; e aos de aluguel de equipamentos e de utilização de programas de Informática, podendo a duração estender-se pelo prazo de até quarenta e oito meses após o início da vigência do contrato (art. 57 da Lei 8.666/93). Pelo inciso V, acrescido a esse artigo pela Lei 12.349/2010, nas hipóteses previstas nos incisos IX, XIX, XXVIII e XXXI do art. 24 os contratos poderão ter vigência por até 120 meses caso haja interesse da Administração, o qual deverá ter justa causa devidamente motivada.

A expiração do prazo de vigência, sem prorrogação, opera de pleno direito a extinção do contrato. O contrato extinto não se prorroga nem se renova, exigindo novo ajuste para a continuação das obras, serviços ou fornecimentos anteriormente contratados. O que pode ocorrer é a conveniência, para o serviço público, da manutenção das atividades, materiais, equipamentos e pessoal do contratado anterior até a recontratação. Nesse caso, a Administração pode atribuir no edital o encargo das indenizações ao futuro contratado, indicando desde logo o seu valor, para orientação dos proponentes.

3.3.1.3 Rescisão: a *extinção do contrato pela rescisão* (administrativa, judicial, amigável ou de pleno direito) é forma excepcional, por importar a prematura cessação do ajuste, em meio à sua execução. A diversidade dos motivos que a ensejam e suas graves conseqüências para as partes levam-nos a um estudo mais aprofundado, no item seguinte, ao qual remetemos o leitor, para não repetir a matéria.

3.3.1.4 Anulação: a *extinção do contrato pela anulação* é também forma excepcional e só pode ser declarada quando se verificar *ilegalidade* na sua formalização ou em cláusula essencial. Assim, tem-se considerado nulo o contrato realizado sem concorrência, quando a lei a exige, ou mediante concorrência fraudada no seu procedimento ou julgamento ou, ainda, quando o ajuste contraria normas legais em pontos fundamentais de seu conteúdo negocial.[37] A nulidade da licitação induz à do contrato.

A anulação unilateral do contrato ilegal, sempre precedida de procedimento regular e com oportunidade de defesa, só é admissível nos ajustes tipicamente administrativos, não o sendo nos de Direito Privado celebrados pela Administração (compra e venda, doação e outros), cuja nulidade só pode ser declarada por via judicial em que se demonstre o vício que os invalida.

37. STJ, REsp 876.140; TFR, *RTFR* 8/49; TJSP, *RDA* 54/116, 54/118; TJGB, *RT* 378/843; *RDPG* 2/254, 3/275.

O contrato administrativo *nulo* em regra não gera direitos e obrigações entre as partes, porque a nulidade original impede a formação de qualquer vínculo eficaz entre os contratantes, só subsistindo suas conseqüências em relação a terceiros de boa-fé. Todavia, mesmo no caso de contrato nulo ou de inexistência de contrato é devido o pagamento dos trabalhos realizados para a Administração ou dos fornecimentos a ela feitos, não com fundamento em *obrigação contratual*, ausente na espécie, mas, sim, no dever moral e legal (art. 59, parágrafo único) de indenizar o benefício auferido pelo Estado, que não pode tirar proveito da atividade do particular sem o correspondente pagamento, sob pena de lesão à vedação de enriquecimento ilícito, e, com base na responsabilidade civil (art. 37, § 6º, da CF), o contratado também deve ser indenizado pelas perdas e danos sofridos em razão da anulação.[38]

A anulação do contrato é *ato declaratório* de invalidade preexistente, pelo quê opera efeitos *ex tunc*, retroagindo às suas origens, estando, como é natural, sujeita à decadência ou à prescrição.[39]

Quando feita pela Administração, deve formalizar-se por *decreto*, *despacho* ou *termo circunstanciado*, em que se apontem os motivos da invalidade e o dispositivo legal ou regulamentar infringido, pois só a *ilegalidade* autoriza a extinção do contrato pela via anulatória.[40] Sem a indicação da *ilegalidade* em processo regular *faltará justa causa* para a declaração da nulidade do contrato, sabido que esta não se presume (o que se presume é, ao revés, a *legitimidade* do contrato administrativo), pelo quê deverá ser cabalmente demonstrada.[41]

38. STF, RE 460.881; STJ, EREsp 575.551, relatado pela Min. Nancy Andrighi, com vários precedentes, e REsp 327.314 (com precedentes), e REsp 547.196. "(...). Art. 59 da Lei n. 8.666/93. A existência de nulidade contratual, em face da alteração de contrato, que no mesmo campo de atuação, ou seja, obras em vias públicas, modifica o objeto originalmente pactuado, não mitiga a necessidade de pagamento pelas obras efetivamente realizadas. A devolução da diferença havida entre o valor da obra licitada e da obra realizada daria causa ao enriquecimento ilícito da Administração, porquanto restariam serviços realizados sem a devida contraprestação financeira, máxime ao se frisar que o recorrente não deu causa à nulidade" (STJ, REsp/AgR 332.956); REsp 876.140; TJRJ, *RF* 153/305; TJSP, *RT* 141/686, 185/720, 188/631, 242/184; 1º TACivSP, *RF* 272/513. Sobre essa matéria, v. parecer do Autor in *Estudos e Pareceres de Direito Público*, VIII/112 e ss., São Paulo, Ed. RT. Se do pagamento resultar prejuízo para a Administração, responderá, regressivamente, o funcionário que tiver agido com culpa ou dolo (CF, art. 37, § 6º).

39. Sobre prazo na decadência administrativa e na prescrição, v. excelente acórdão no REsp 658.130, relatado pelo Min. Luiz Fux. Em caso de prorrogação do contrato de concessão de serviço público de transporte rodoviário interestadual sem prévia licitação o STJ decidiu que, na hipótese, o prazo prescricional é contado depois de cessados seus efeitos, destacando que se trata de entendimento pacificado no Tribunal, uma vez que a prorrogação se equipara à obrigação de trato sucessivo (REsp 1.095.323-RS, j. 17.3.2009, citando precedentes: REsp 764.278 e REsp 912.612).

40. Se a extinção do contrato for imposta por *conveniência administrativa* ou *interesse público*, o caso será de *rescisão do contrato* (v. item 4.5), e não de *anulação*.

41. STF, *RDP* 9/183; *RDA* 37/315, 98/166; *RT* 231/661; TJSP, *RDA* 100/49.

Do mesmo modo, só a *ilegalidade* autoriza a anulação do contrato administrativo pelo Poder Judiciário, através das vias judiciais comuns (ações ordinárias anulatórias) ou especiais (mandado de segurança, ação civil pública ou ação popular), conforme o caso e o direito subjetivo a ser protegido.

Assinale-se, finalmente, que inexiste *revogação* de contrato, como lamentavelmente ainda se entende entre nós, porque o instituto é privativo dos atos unilaterais. Todavia, os mesmos motivos que ensejam a revogação dos atos admininstrativos (conveniência da Administração ou interesse público) podem autorizar a extinção do contrato, o que se faz através da *rescisão unilateral* ou *administrativa*, com a composição dos prejuízos suportados pelo contratado.

3.3.2 *Prorrogação do contrato* – *Prorrogação do contrato* é o prolongamento de sua vigência além do prazo inicial, *com o mesmo contratado e nas mesmas condições anteriores*. Assim sendo, a prorrogação, que é feita mediante *termo aditivo*, independe de nova licitação, podendo seu prazo ser igual, inferior ou superior ao do contrato original, nos casos já referidos no tópico *Término do prazo*.

Advirta-se que prorrogação do contrato não se confunde com prorrogação dos prazos para a execução de seu objeto. Na primeira o contrato é prorrogado, enquanto na segunda há somente a prorrogação dos prazos de início, de etapas de execução, de conclusão ou de entrega. Nestes casos, a prorrogação é condicionada aos requisitos constantes dos parágrafos do art. 57.

No caso de delegação do serviço público, o STF considerou inconstitucional norma estadual que prorrogava outorgas vencidas ou concedidas em caráter precário, ou que estiveram em vigor por prazo indeterminado, além do prazo razoável para a realização do devido procedimento licitatório (ADI 3.521-5, rel. Min. Eros Grau, *RT* 861/95). O mesmo STF, em Sessão Plenária, no AgR 89-9-PI, rel. Min. Ellen Gracie, concedeu tutela antecipatória para invalidar medida que prorrogou contrato de concessão de transporte coletivo sem o devido procedimento licitatório (*RT* 871/137).

3.3.3 *Renovação do contrato* – *Renovação do contrato* é a *inovação* no todo ou em parte do ajuste, *mantido, porém, seu objeto inicial*. A sua finalidade é a manutenção da continuidade do serviço público, pelo quê admite a *recontratação direta* do atual contratado, desde que as circunstâncias a justifiquem e permitam seu enquadramento numa das hipóteses legais de dispensa ou inexigibilidade de licitação, como ocorre, p. ex., quando o contrato original se extingue faltando pequena parte da obra, serviço ou fornecimento para concluir, ou quando surge durante a execução a necessidade de uma ampliação não prevista, mas facilmente executável com o pessoal e equipamento já em atividade.

Normalmente, entretanto, a *renovação do contrato* é feita através de nova licitação, com observância de todas as formalidades legais. Nesse caso é vedado o estabelecimento no edital de cláusulas que favoreçam o atual contratado em detrimento dos demais concorrentes, salvo as que prevejam sua indenização por equipamentos ou benfeitorias a serem usados pelo futuro contratado.

4. *Inexecução, revisão e rescisão do contrato*

4.1 Inexecução do contrato

Inexecução ou *inadimplência* do contrato é o descumprimento de suas cláusulas, no todo ou em parte. Pode ocorrer por ação ou omissão, culposa ou sem culpa, de qualquer das partes, caracterizando o retardamento (mora) ou o descumprimento integral do ajustado. Qualquer dessas situações pode ensejar responsabilidades para o inadimplente e até mesmo propiciar a rescisão do contrato, como previsto na lei (arts. 77 a 80).

4.1.1 *Inexecução culposa* – A *inexecução* ou *inadimplência culposa* é a que resulta de ação ou omissão da parte, decorrente de negligência, imprudência, imprevidência ou imperícia no atendimento das cláusulas contratuais. O conceito de culpa no Direito Administrativo é o mesmo do Direito Civil, consistindo na violação de um dever preexistente: dever de diligência para o cumprimento de prestação prometida no contrato.

Essa inexecução ou inadimplência tanto pode referir-se aos prazos contratuais (mora), como ao modo de realização do objeto do ajuste, como à sua própria consecução, ensejando, em qualquer caso, a aplicação das sanções legais ou contratuais proporcionalmente à gravidade da falta cometida pelo inadimplente. Essas sanções variam desde as multas até a rescisão do contrato, com a cobrança de perdas e danos, e, finalmente, a suspensão provisória e a declaração de inidoneidade para contratar com a Administração.

4.1.2 *Inexecução sem culpa* – A *inexecução* ou *inadimplência sem culpa* é a que decorre de atos ou fatos estranhos à conduta da parte, retardando ou impedindo totalmente a execução do contrato. Nesse caso, embora ocorra a inadimplência e possa haver rescisão do contrato, *não haverá responsabilidade alguma para os contratantes*, porque aqueles eventos atuam como *causas justificadoras da inexecução do contrato*.

4.2 Causas justificadoras da inexecução do contrato

Quando sobrevêm eventos extraordinários, imprevistos e imprevisíveis, onerosos, retardadores ou impeditivos da execução do contrato, a parte atingida fica liberada dos encargos originários e o ajuste há que ser revisto ou rescindido, pela aplicação da *teoria da imprevisão*, provinda da cláusula *rebus sic stantibus*, nos seus desdobramentos de *força maior*, *caso fortuito*, *fato do príncipe*, *fato da Administração*, *estado de perigo*, *lesão* e *interferências imprevistas*, que examinaremos a seguir.

4.2.1 *Aplicação da teoria da imprevisão* – A *teoria da imprevisão* consiste no reconhecimento de que eventos novos, imprevistos e imprevisíveis pelas partes e a elas não imputáveis, refletindo sobre a economia ou a execução do contrato, autorizam sua revisão, para ajustá-lo às circunstâncias supervenientes. É a aplicação da velha cláusula *rebus sic stantibus* aos contratos administrativos, a exemplo do que ocorre nos ajustes privados, a fim de que sua execução se realize sem a ruína do contratado, na superveniência de fatos não cogitados pelas partes, criando ônus excessivo para uma delas, com vantagem desmedida para a outra.

A aplicação dessa teoria, entre nós, assentava-se mais na eqüidade que no Direito, visto que nenhuma lei a consagrava para os contratos administrativos. Foi a jurisprudência pátria que, seguindo os rumos do Conselho de Estado da França[42] e estimulada pela doutrina,[43] acabou admitindo a revisão de ajustes administrativos em razão de fatos supervenientes e altamente onerosos para o particular contratado.[44]

Todavia, somente a *álea econômica extraordinária e extracontratual*, desequilibrando totalmente a equação financeira estabelecida pelas partes, autoriza a aplicação da cláusula *rebus sic stantibus*. Daí a justa e ponderada observação do Des. Ferreira de Oliveira de que no campo do Direito Administrativo é admissível a revisão dos contratos, "embora excepcionalmente e com boa dose de prudência".[45]

42. A teoria da imprevisão é construção jurisprudencial do Conselho de Estado da França, ao julgar os sucessivos pedidos de revisão de contratos administrativos, durante a Primeira Guerra Mundial, que criou uma situação insustentável para os concessionários do serviço público. Posteriormente, a teoria foi consagrada na Lei Failliot, de 21.1.18, que inspirou a Lei Belga de 11.10.19; antes, porém, na Itália, o Dec. Real de 27.5.15 já admitia a guerra como causa de revisão dos contratos cuja execução se tornasse ruinosa para uma das partes. No Brasil a teoria da imprevisão foi claramente admitida para certos contratos privados, tais como nos de locação comercial, ao tempo do Dec. 24.150, de 20.4.34 ("Lei de Luvas").

43. A doutrina pátria é uniforme no admitir a teoria da imprevisão tanto para os contratos de Direito Privado quanto os de Direito Público, bastando citar: Arnoldo Medeiros da Fonseca, *Caso Fortuito e Teoria da Imprevisão*, 1943, ns. 208 e ss.; Themístocles Brandão Cavalcanti, in *Pareceres do Consultor-Geral da República*, pp. 199 e ss.; Oscar Saraiva, in *RDA* I/32; Lúcio Bittencourt, in *RDA* 2/812; Guimarães Menegale, in *RDA* 23/312; Alcindo Salazar, in *RDA* 31/301; Caio Tácito, in *Pareceres do Consultor Jurídico do DASP*, 1957, pp. 150 e ss.; José Carlos Ferreira de Oliveira, "A teoria da imprevisão e os contratos administrativos", *RT* 320/21.

44. TFR, *RTFR* 5/79, 7/11; *RDA* 37/302; TJSP, *RDA* 53/202, 82/217; *RT* 343/193. Não aplicação com base na inflação (STJ, REsp 744.446).

45. José Carlos Ferreira de Oliveira, "A teoria da imprevisão e os contratos administrativos", *RT* 320/21. Para os contratos civis, v. Tito de Oliveira Hesketh, "Da cláusula *rebus sic stantibus* – Seu desempenho na esfera das obrigações civis", *RT* 302/2.

A *revisão do contrato e de seus preços*, pela aplicação da teoria da imprevisão, pode ser determinada por norma legal para todos os contratos de uma certa época e para certos empreendimentos, como pode ser concedida pelo Judiciário ou pela própria Administração em cada caso específico submetido à sua apreciação. Por isso mesmo, não deve ser confundida com o *reajustamento contratual de preços*, que se faz em atendimento a condição do próprio contrato.

4.2.2 *Força maior e caso fortuito – Força maior* e *caso fortuito* são eventos que, por sua *imprevisibilidade e inevitabilidade*, criam para o contratado *impossibilidade intransponível* de normal execução do contrato (art. 78, XVII).

4.2.2.1 Força maior: é o evento humano que, por sua imprevisibilidade e inevitabilidade, cria para o contratado impossibilidade intransponível de regular execução do contrato. Assim, uma greve que paralise os transportes ou a fabricação de um produto de que dependa a execução do contrato é *força maior*, mas poderá deixar de sê-lo se não afetar totalmente o cumprimento do ajuste, ou se o contratado contar com outros meios para contornar a incidência de seus efeitos no contrato.

4.2.2.2 Caso fortuito: é o evento da natureza que, por sua imprevisibilidade e inevitabilidade, cria para o contratado impossibilidade intransponível de regular execução do contrato. *Caso fortuito* é, p. ex., um tufão destruidor em regiões não sujeitas a esse fenômeno; ou uma inundação imprevisível que cubra o local da obra; ou outro qualquer fato, com as mesmas características de imprevisibilidade e inevitabilidade, que venha a impossibilitar totalmente a execução do contrato ou retardar seu andamento, sem culpa de qualquer das partes.

O que caracteriza determinado evento como *força maior* ou *caso fortuito* são, pois, a *imprevisibilidade* (e não a imprevisão das partes), a *inevitabilidade* de sua ocorrência e o *impedimento absoluto* que veda a regular execução do contrato. Evento imprevisível mas evitável, ou imprevisível e inevitável mas superável quanto aos efeitos incidentes sobre a execução do contrato, não constitui *caso fortuito* nem *força maior*, cujos conceitos, no Direito Público, são os mesmos do Direito Privado.[46]

46. Laubadère assinala que a jurisprudência francesa, a partir do célebre caso dos *Tramways de Cherbourg* (1932), passou a construir um conceito de "força maior administrativa", diverso da noção clássica do Direito Privado "dans laquelle la condition d'irresistibilité n'est plus exigée" (*Contrats Administratifs*, Paris, 1956, II/47). Entre nós, entretanto, a noção de força maior ou de caso fortuito continua sendo a mesma do Direito Civil, e não vemos razão para diversificá-la no Direito Administrativo.

Como é corrente na doutrina, o impedimento resultante de *força maior* ou do *caso fortuito* não é apenas o obstáculo físico, mas todo e qualquer óbice *intransponível* à realização do ajuste, dentro dos esforços exigíveis das partes. O essencial é, portanto, que possua um *caráter impeditivo absoluto* do cumprimento das obrigações assumidas, o que não ocorre, p. ex., com a simples dificuldade, facilmente superável, ou com a maior onerosidade de que não resulte prejuízo extraordinário, pois em todo negócio são de esperar-se áleas e riscos próprios do empreendimento. Mas, na presença de comprovada *força maior* ou de *caso fortuito*, não se há de pedir o impossível ou a ruína da empresa para dar cumprimento a um ajuste que se tornou parcial ou totalmente inexeqüível; seria quebrar a comutatividade do contrato administrativo, criando encargo insuportável para uma das partes, com vantagem desmedida para a outra.

Ocorrendo o evento retardador ou impeditivo do contrato enquadrável no conceito legal de *força maior* ou de *caso fortuito* (CC, art. 393, parágrafo único), a parte pode invocá-lo para eximir-se das conseqüências da mora ou para obter a rescisão do ajuste, sem qualquer indenização, cabendo-lhe sempre o ônus da prova. Todavia, a fortuidade e a força maior só são invocáveis como causas justificadoras da inexecução quando não tiver havido culpa da parte, isto é, quando não tiver contribuído para colocar-se em situação de ser colhida pelo evento. Assim, se, quando este sobrevém, a parte já está em mora, a escusa não lhe aproveita, salvo se provar também que o dano ocorreria mesmo que tivesse suas obrigações em dia.

Essas são as características e as conseqüências comuns à *força maior* e ao *caso fortuito*, que só se distinguem quanto à origem do evento, permitindo-nos conceituá-los como o fizemos.

4.2.3 *Fato do príncipe – Fato do príncipe* é toda determinação estatal, positiva ou negativa, geral, imprevista e imprevisível, que onera substancialmente a execução do contrato administrativo. Essa oneração, constituindo uma *álea administrativa extraordinária e extracontratual*, desde que *intolerável* e *impeditiva da execução do ajuste*, obriga o Poder Público contratante a compensar integralmente os prejuízos suportados pela outra parte, a fim de possibilitar o prosseguimento da execução, e, se esta for impossível, rende ensejo à rescisão do contrato, com as indenizações cabíveis.[47]

O fundamento da *teoria do fato do príncipe* é o mesmo que justifica a indenização do expropriado por utilidade pública ou interesse social, isto é, a Administração não pode causar danos ou prejuízos aos administrados,

47. Sobre *fato do príncipe*, v. Caio Tácito, "Fato do príncipe e teoria da imprevisão", *Pareceres do Consultor Jurídico do DASP*, 1957, pp. 150 e ss.; José Cretella Jr., "Teoria do fato do príncipe", *RDA* 75/23; Saraoit Badaoui, *Le Fait du Prince dans les Contrats Administratifs*, Paris, 1955; Alfonse Fortuna, *Le Fait du Prince*, Paris, 1924.

e muito menos a seus contratados, ainda que em benefício da coletividade. Quando isso ocorre, surge a obrigação de indenizar.

O *fato do príncipe*, caracterizado por um *ato geral* do Poder Público, tal como a proibição de importar determinado produto, só reflexamente desequilibra a economia do contrato ou impede sua plena execução. Por isso não se confunde com o *fato da Administração*, que incide *direta e especificamente* sobre o contrato, como veremos a seguir (a Lei 8.666/93 prevê o fato do príncipe no art. 65, § 5º).[48]

4.2.4 *Fato da Administração* – *Fato da Administração* é toda ação ou omissão do Poder Público que, incidindo direta e especificamente sobre o contrato, retarda ou impede sua execução. O *fato da Administração* equipara-se à *força maior* e produz os mesmos efeitos excludentes da responsabilidade do particular pela inexecução do ajuste.[49] É o que ocorre, p. ex., quando a Administração deixa de entregar o local da obra ou serviço, ou não providencia as desapropriações necessárias, ou atrasa os pagamentos por longo tempo, ou pratica qualquer ato impeditivo dos trabalhos a cargo da outra parte (art. 78, XIV a XVI). Em todos esses casos o contratado pode pleitear a rescisão do contrato, amigável ou judicialmente, por culpa do Poder Público; o que não se lhe permite é a paralisação sumária dos trabalhos pela invocação da exceção de contrato não cumprido, inaplicável aos ajustes administrativos, salvo se o atraso for superior a noventa dias (art. 78, XV), como já expusemos precedentemente (item 1).

Como vimos acima, dadas as suas características, o *fato da Administração* e o *fato do príncipe* são inconfundíveis. Mas a superveniência de qualquer desses *fatos* permitirá a rescisão do contrato, ou sua revisão para a continuidade dos trabalhos ou, mesmo, a cobrança final da indenização devida pela eventual paralisação ou retardamento da obra ou do serviço, com desequilíbrio da equação econômico-financeira inicial, que obrigará

48. "(...). 6. O fato do príncipe é argüível *intra muros* entre os particulares e extraterritorialmente pelo Estado, desde que o suposto fato imprevisível e danoso dependa de conjunturas internacionais, imprevisíveis, *ad substantia*. 7. A ciência jurídico-econômica não é mutável [*sic*] e eterna, como não são os ordenamentos voltados à regulação das atividades econômicas, sujeitas estas às mais diversas espécies de injunções internas e internacionais, como guerras, estratégias de proteção de produtos alienígenas, rompimento de relações diplomáticas etc. 8. O Estado responde objetivamente pelos seus atos e de seus agentes que nessa qualidade causem [*danos*] a terceiros e, por omissão, quando manifesto o dever legal de impedir o ato danoso, hipótese em que a sua responsabilidade é subjetiva, decorrente de imperícia ou dolo. 9. A ingerência de fatores exteriores, aliada à possibilidade de o particular prevenir-se contra esses fatores alheios à vontade estatal, acrescido da mera natureza indicativa da política econômica, revela a ausência de responsabilização do Estado" (STJ, REsp 549.873).

49. No mesmo sentido: Miguel S. Marienhoff, *Tratado de Derecho Administrativo*, Buenos Aires, 1970, III/639; André de Laubadère, *Contrats Administratifs*, Paris, 1956, II/55 e ss.; Gaston Jèze, *Tratado de Derecho Administrativo*, Buenos Aires, 1950, IV/286.

a nova composição de preços, para compensar os prejuízos acarretados ao contratado, sem culpa de sua parte.

4.2.5 *Estado de perigo* – De acordo com o novo Código Civil, "configura-se o estado de perigo quando alguém, premido da necessidade de salvar-se, ou a pessoa de sua família, de grave dano conhecido pela outra parte, assume obrigação excessivamente onerosa. Tratando-se de pessoa não pertencente à família do declarante, o juiz decidirá segundo as circunstâncias" (art. 156, *caput* e parágrafo único).

4.2.6 *Lesão* – Ainda conforme o Código Civil de 2002 (art. 157, *caput* e §§ 1º e 2º), "ocorre a lesão quando uma pessoa, sob premente necessidade, ou por inexperiência, se obriga a prestação manifestamente desproporcional ao valor da prestação oposta. Aprecia-se a desproporção das prestações segundo os valores vigentes ao tempo em que foi celebrado o negócio jurídico". Mas "não se decretará a anulação do negócio, se for oferecido suplemento suficiente, ou se a parte favorecida concordar com a redução do proveito".

4.2.7 *Interferências imprevistas* – *Interferências imprevistas* (*sujétions imprévues*, dos franceses – *changed conditions*, dos norte-americanos) são ocorrências materiais não cogitadas pelas partes na celebração do contrato mas que surgem na sua execução de modo surpreendente e excepcional, dificultando e onerando extraordinariamente o prosseguimento e a conclusão dos trabalhos.

As interferências imprevistas não se confundem com outras eventuais superveniências (*caso fortuito*, *força maior*, *fato do príncipe*, *fato da Administração*), porque estas sobrevêm ao contrato, ao passo que aquelas o antecedem, mas se mantêm desconhecidas até serem reveladas através das obras e serviços em andamento, dada sua omissão nas sondagens ou sua imprevisibilidade para o local, em circunstâncias comuns de trabalho. Além disso, as interferências imprevistas não são impeditivas da execução do contrato, mas sim criadoras de maiores dificuldades e onerosidades para a conclusão dos trabalhos, o que enseja a adequação dos preços e dos prazos à nova realidade encontrada *in loco*, como, p. ex., numa obra pública, o encontro de um terreno rochoso, e não arenoso como indicado pela Administração, ou mesmo a passagem subterrânea de canalização ou dutos não revelados no projeto em execução.

O fundamento jurídico para a recomposição de preços e dilação de prazos é o de que na comum intenção das partes, na celebração do contrato, não foram cogitadas as dificuldades, nem computados os custos extraordinários que a nova situação impõe.

4.3 Conseqüências da inexecução

A inexecução do contrato administrativo propicia sua rescisão e pode acarretar, para o inadimplente, conseqüências de ordem civil e administrativa, inclusive a suspensão provisória e a declaração de inidoneidade para contratar com a Administração. Veremos neste tópico a *responsabilidade civil*, a *responsabilidade administrativa*, a *suspensão provisória* e a *declaração de inidoneidade*, deixando para o seguinte a *revisão* e a *rescisão do contrato*, dadas sua importância e complexidade nas relações contratuais.

4.3.1 *Responsabilidade civil – Responsabilidade civil* é a que impõe a obrigação de reparar o dano patrimonial.[50] Pode provir da lei (*responsabilidade legal*), do ato ilícito (*responsabilidade por ato ilícito*) e da inexecução do contrato (*responsabilidade contratual*), que é a que nos interessa nesta exposição.

Na inexecução do contrato administrativo a responsabilidade civil surge como uma de suas primeiras conseqüências, pois, toda vez que o descumprimento do ajustado causar prejuízo à outra parte, o inadimplente fica obrigado a indenizá-la. Essa é a regra, só excepcionada pela ocorrência de *causa justificadora da inexecução*, porquanto o fundamento normal da responsabilidade civil é a *culpa*, em sentido amplo.[51]

A responsabilidade civil decorrente do contrato administrativo rege-se pelas normas pertinentes do Direito Privado, observado o que as partes pactuaram para o caso de inexecução e atendidas previamente as especificidades do Direito Administrativo no que concerne ao objeto do ajuste, cuja contratação tem regência própria em cada entidade estatal (União, Estados e Municípios) e seus desmembramentos autárquicos.[52]

A responsabilidade civil é independente de qualquer outra e abrange não só as efetivas perdas e danos (lucros cessantes e dano emergente) como

50. A reparação do dano abrange não só o que o credor efetivamente perdeu, mas também o que razoavelmente deixou de lucrar, por ela respondendo todos os bens do devedor, e transmite-se com a herança (CC, arts. 389 e ss., e 943). Se o dano resulta de ato ilícito, solidariza todos os co-autores, pessoas físicas ou jurídicas, solidariedade, essa, que ocorre também, nos danos a vizinhos, entre o proprietário da obra ou serviço (a Administração, no caso de obra ou serviço público) e o construtor, mesmo que o contrato não estabeleça essa solidariedade (cf., do Autor, *Direito de Construir*, 9ª ed., São Paulo, Malheiros Editores, 2005, cap. 8).

51. A *culpa*, em sentido amplo, compreende a *culpa em sentido estrito* e o *dolo*. Todavia, há casos de responsabilidade civil sem culpa, a que se denomina *responsabilidade objetiva*, por resultar da só ocorrência do ato lesivo, independentemente de culpa do agente, como, p. ex., nos danos de construção a vizinhos (cf., do Autor, *Direito de Construir*, 9ª ed., São Paulo, Malheiros Editores, 2005, cap. 8).

52. A Administração Pública "comete ilícito contratual, cuja reparação reclama ampla correção monetária, a partir da verificação do agravo patrimonial", quando se recusa a pagar obra pública que recebeu como boa (STF, *RTJ* 112/929 e 129/389).

as multas moratórias ou compensatórias prefixadas em cláusula penal do contrato. Nela podem incidir tanto o particular contratado como a própria Administração.[53]

4.3.2 *Responsabilidade administrativa* – *Responsabilidade administrativa* é a que resulta da infringência de norma da Administração estabelecida em lei (em sentido geral, compreendendo também o regulamento, os cadernos de encargos etc.) ou no próprio contrato, impondo um ônus ao contratado para com qualquer órgão público. É independente das demais responsabilidades e pessoal, mas a sanção nem sempre é de execução personalíssima, caso em que pode transmitir-se aos sucessores do contratado pessoa física ou jurídica, como ocorre com as multas e encargos tributários.

As sanções administrativas – *advertência, multa, interdição de atividade, suspensão provisória* e *declaração de inidoneidade* – são aplicáveis diretamente pela Administração, mediante procedimento interno em que se faculte defesa ao infrator (TJSP, *RJTJSP* 110/337) e sempre tendo presente o princípio da proporcionalidade. Se a responsabilização for ilegal, abusiva ou arbitrária, o interessado poderá opor-se a ela pelo recurso hierárquico ou pela via judicial adequada.

No que tange aos contratos, a *responsabilidade administrativa* surge normalmente perante os órgãos públicos fiscalizadores das atividades contratadas ou do exercício profissional (*responsabilidades tributárias* ou *fiscais* e *ético-profissionais*). A inexecução do contrato ou sua imperfeita execução pode gerar responsabilidade dessa natureza, paralelamente à civil, à criminal e às demais que resultarem das obrigações assumidas pelas partes, tais como as *trabalhistas*, nestas incluídas as de natureza *previdenciária* e *acidentária*.

4.3.3 *Suspensão provisória* – *Suspensão provisória* ou *temporária* do direito de participar de licitação e impedimento de contratar com a Administração é sanção administrativa com que se punem os contratados que culposamente prejudicarem a licitação ou a execução do contrato, embora por fatos ou atos de menor gravidade. Se o infrator age com dolo ou se a infração é grave, a sanção adequada será a *declaração de inidoneidade*, que veremos a seguir (art. 87, III e IV). Essa norma não obsta a que o Tribunal de Contas declare a idoneidade de licitante fraudador de licitação, com base no art. 46 da Lei 8.443/92 (Pet. 3.606/AgR, *Informativo STF* 441).

53. É da Administração; não, p. ex., do prefeito, pois o contrato é com ela, e não com ele (STJ, REsp 440.720, *DJU* 7.11.2006). V. nota 34 do cap. II.

Observe-se que a *suspensão provisória* pode restringir-se ao órgão que a decretou ou até mesmo a uma determinada licitação ou a um tipo de contrato, conforme a extensão da falta que a ensejou.[54]

4.3.4 *Declaração de inidoneidade* – *Declaração de inidoneidade* é penalidade aplicável por faltas graves do contratado inadimplente, *para impedir que continue contratando com a Administração*. Não é, a rigor, uma *penalidade contratual*, mas uma *sanção administrativa genérica*, que só pode ser aplicada pela autoridade indicada na norma legal que a consigna, na forma e nos casos expressamente estabelecidos.

O que caracteriza a *inidoneidade* é o dolo ou a reiteração de falhas do profissional ou da empresa.[55] O erro é uma contingência humana e, quando não há má-fé ou reincidência decorrente de culpa grave, deve ser punido com penalidade mais branda que a *declaração de inidoneidade*, que pode acarretar a ruína do infrator. Por isso, normalmente, em regra, atribui-se competência para a aplicação dessa grave sanção administrativa exclusivamente aos Ministros de Estado e aos Chefes de Executivo Estadual e Municipal.

Constituindo a declaração de inidoneidade uma restrição a direito, só opera efeitos relativamente à Administração que a impõe.[56]

A derradeira observação é a de que a *declaração de inidoneidade* exige oportunidade de defesa e admite *cancelamento*, desde que afastada a diretoria, a equipe técnica ou o profissional responsável pelas falhas contratuais e técnicas, pois, cessada a causa, devem cessar os efeitos da sanção. Mesmo a pessoa física atingida pela sanção poderá reabilitar-se demonstrando seu bom desempenho posterior perante outras Administrações, porque são contra a índole do Direito as interdições administrativas perpétuas. A rea-

54. Como se verá no item 4.3.4, abaixo, essa posição do Autor não tem sido acolhida pelo Judiciário.

55. Ato ilícito doloso do empregado, praticado sem conivência ou co-autoria da empresa, não justifica por si a declaração de inidoneidade desta (STJ, MS 7.311-DF, *DJU* 2.6.2003).

56. Esse entendimento do Autor não tem prevalecido. Assim, no STJ: "A punição prevista no inciso III do art. 87 da Lei n. 8666/93 não produz efeitos somente em relação ao órgão ou ente federado que determinou a punição, mas a toda Administração Pública, pois caso contrário permitir-se-ia que a empresa suspensa contratasse novamente durante o período de suspensão, tirando desta a eficácia necessária" (ementa do REsp 174.274). Esse julgado funda-se no REsp 151.567: "É irrelevante a distinção entre os termos 'Administração Pública' e 'Administração', por isso que ambas as figuras (suspensão temporária de participar em licitação – inciso III – e declaração de inidoneidade – inciso IV) acarretam ao licitante a não-participação em licitações e contratações *futuras*" na Administração de qualquer ente federado. No mesmo sentido: RMS 9.707 (*RSTJ* 157/165). O STJ, no MS 13.101, deixou patente que a pena é para o futuro, com efeitos *ex nunc*; e no MS 14.002 acentuou que esse efeito não restringe a promoção de medidas administrativas específicas para rescindir contratos em curso, respeitadas as formalidades legais.

bilitação pode ser requerida após dois anos de sua aplicação (art. 87, § 3º). A lei considera crime a contratação de empresa ou profissional considerado inidôneo (art. 97).

4.4 Revisão do contrato

A *revisão do contrato*, ou seja, a modificação das condições de sua execução, pode ocorrer por interesse da própria Administração ou pela superveniência de fatos novos que tornem inexeqüível o ajuste inicial. A primeira hipótese surge quando o interesse público exige a alteração do projeto ou dos processos técnicos de sua execução, com aumento dos encargos ajustados; a segunda, quando sobrevêm atos do Governo ou fatos materiais imprevistos e imprevisíveis pelas partes que dificultam ou agravam, de modo excepcional, o prosseguimento e a conclusão do objeto do contrato, por obstáculos intransponíveis em condições normais de trabalho ou por encarecimento extraordinário das obras e serviços a cargo do particular contratado, que impõem uma *recomposição dos preços ajustados*, além do reajuste prefixado.[57]

Em qualquer desses casos o contrato é passível de revisão, para adequação à nova realidade e *recomposição dos preços*, em face da situação emergente. Não se trata, aqui, do reajustamento de preço constante do contrato, mas sim de revisão do próprio ajuste diante de circunstâncias e fatos imprevistos, imprevisíveis e estranhos ao acordo inicial das partes.[58] Nesta categoria de atos e fatos ensejadores da revisão do contrato entram as chamadas *interferências imprevistas*, além do *caso fortuito*, da *força maior*, do *fato do príncipe* e do *fato da Administração*. Todas essas causas são decorrência da teoria da imprevisão, assentada na consideração de que o contrato só é executável nas condições previstas e previsíveis normalmente pelas partes, isto é, enquanto a situação permanecer como cogitada no momento do ajuste (*rebus sic stantibus*); se houver modificação *anormal* na situação fática em que se embasou o contrato, impõe-se sua revisão, e até mesmo sua rescisão.

É obrigatória a *recomposição dos preços* quando as alterações do projeto ou do cronograma de sua execução, impostas pela Administração, aumentam os custos ou agravam os encargos do particular contratado, ou quando atos gerais do Governo ou dificuldades materiais específicas passam a onerar extraordinariamente o cumprimento do contrato, desequilibrando a

57. V., do Autor, o artigo "Reajustamento e recomposição de preços em contrato administrativo", *RDA* 139/11 e *RT* 540/11.

58. No caso de reajustamento de preço previsto no contrato, assim como atualizações, compensações ou penalizações financeiras decorrentes das condições de pagamento, não há necessidade de aditamento, podendo ser feitas por simples apostila, por não caracterizarem alteração contratual, conforme dispõe a Lei 8.666/93, no art. 65, § 8º.

equação financeira estabelecida inicialmente entre as partes. Em tais casos impõe-se a revisão do contrato para cobertura dos novos encargos e restabelecimento do equilíbrio econômico do ajuste originário (art. 65, § 6º).

A recomposição de preços por fatos supervenientes, que antes só se fazia por via judicial, é, modernamente, admitida por aditamento ao contrato, desde que a Administração reconheça e indique a justa causa ensejadora da revisão do ajuste inicial. Mas, mesmo que não se faça o aditamento revisional durante a execução do contrato, permanece com o particular contratado o direito à indenização, a ser cobrada, administrativa ou judicialmente, após a entrega do objeto contratado, desde que reclamada durante a execução. E assim é porque o contrato administrativo não admite paralisação pelo particular contratado, mas isto não impede os ressarcimentos futuros devidos pela Administração beneficiária de sua execução, pelos maiores gravames acarretados ao executor.

4.5 Rescisão do contrato

Rescisão[59] é o desfazimento do contrato durante sua execução por inadimplência de uma das partes, pela superveniência de eventos que impeçam ou tornem inconveniente o prosseguimento do ajuste ou pela ocorrência de fatos que acarretem seu rompimento de pleno direito.

As leis de contratações administrativas geralmente apresentam uma relação de motivos ensejadores da rescisão do contrato,[60] mas essa enumeração não é exaustiva, visto que o regulamento do serviço, o caderno de encargos do órgão interessado e o próprio contrato podem acrescentar outros ao elenco legal. O essencial é que, ressalvada a hipótese de *rescisão por interesse público*, que é implícita, a lei, as normas regulamentares ou o próprio contrato indiquem expressamente os casos permissivos de rompimento do ajuste, fora dos quais este não se justifica.

A rescisão pode efetivar-se por diversas formas, a saber: por *ato unilateral da Administração* (*rescisão administrativa*), por *acordo entre as partes* (*rescisão amigável*), por *decisão judicial* (*rescisão judicial*), por *declaração da ocorrência de fato previsto como extintivo do contrato* (*rescisão de pleno direito*). Vejamos cada uma dessas formas de rescisão.

4.5.1 *Rescisão administrativa* – *Rescisão administrativa* é a efetivada por ato próprio e unilateral da Administração, por *inadimplência do con-*

59. O termo vernáculo correto é *rescisão*, embora alguns autores brasileiros empreguem como sinônimo *resilição*, tradução errônea do Francês *résiliation*, que corresponde à nossa rescisão contratual (cf. Laubadère, *Contrats*, 1956, III/143 e ss.). Também é incorreto usar-se o vocábulo *revogação* por *rescisão* ou por *anulação*, que são institutos jurídicos diferentes, como já esclarecemos precedentemente.

60. V. os arts. 77, 78, I a XVII, e 79, I a III, da Lei 8.666/93.

tratado ou por *interesse do serviço público*. No primeiro caso pode ou não haver culpa do contratado, mas no segundo essa é sempre inexistente, como veremos oportunamente, ao tratar dessas espécies. Em qualquer caso, porém, a Administração, pela *rescisão administrativa*, põe termo à execução do ajuste e assume seu objeto, independentemente de ordem ou decisão judicial, pois essa é uma de suas prerrogativas nos contratos tipicamente administrativos, salvo os de empréstimos públicos, dado seu caráter eminentemente financeiro.[61]

Por outro lado, em qualquer desses casos exige-se procedimento regular, com oportunidade de defesa e *justa causa*, pois a *rescisão administrativa* não é discricionária, mas vinculada aos motivos ensejadores desse excepcional distrato. Assim sendo, o particular contratado, não se conformando com a decisão administrativa final, poderá recorrer às vias judiciais em defesa de seus direitos. O Judiciário não poderá valorar o *mérito* da *rescisão*, mas deverá sempre verificar a *existência dos motivos* e a sua *adequação* às normas legais e às cláusulas contratuais pertinentes, para coibir o arbítrio e o abuso de poder. Se a rescisão for lesiva ao patrimônio público, poderá ser invalidada por ação popular, de iniciativa de qualquer cidadão, como ocorre com todo ato administrativo prejudicial aos interesses protegidos pela Constituição da República (art. 5º, LXXIII) e Lei federal 4.717, de 29.6.65.

O ato rescisório, expresso em *decreto* ou *despacho*, deverá ser consubstanciado em *termo*, no qual se descreva o estado em que se encontra o objeto do contrato e se indiquem os motivos e disposições, normativas ou contratuais, que embasaram a rescisão, para que a qualquer tempo se possa evidenciar sua legitimidade e fixar a indenização, se devida. Esse *termo* é o ato formalizador da *rescisão administrativa*, operando seus efeitos a partir da data de sua publicação ou ciência oficial ao interessado (*ex nunc*).

Feitas essas considerações de caráter geral, vejamos no que se diferenciam as duas espécies de *rescisão administrativa*.

A *rescisão administrativa por inadimplência do contratado* ocorre quando este descumpre cláusula essencial do contrato e, em conseqüência, retarda ou paralisa sua execução ou desvirtua seu objeto. A inadimplência pode ser *culposa*, quando resultante de *negligência*, *imprudência*, *imprevidência* ou *imperícia* do contratado, ou *sem culpa*, quando atribuível a *força maior*, *caso fortuito*, *fato do príncipe* ou *fato da Administração*, que constituem *causas justificadoras da inexecução*, como vimos precedentemente.

No primeiro caso – *inadimplência culposa* – a rescisão, além de visar à continuidade do serviço público, constitui uma *sanção*, obrigando o

61. Saraoit Badaoui, *Le Fait du Prince dans les Contrats Administratifs*, Paris, 1955, p. 120.

contratado à reparação do dano e autorizando a Administração a utilizar as garantias e a reter os créditos do inadimplente para pagar-se dos prejuízos decorrentes da inexecução, bem como a lhe aplicar outras sanções administrativas, inclusive a suspensão provisória e até mesmo a declaração de inidoneidade para novas contratações, tal seja o grau de sua culpa.

No segundo caso – *inadimplência sem culpa* – nenhuma indenização será devida pelo contratado, nem é lícito à Administração reter as garantias oferecidas ou os pagamentos a que tem direito pelas obras, serviços ou fornecimentos já realizados. Observe-se, porém, que, se, na ocorrência de *fato da Administração*, o contratado, ao invés de pleitear, administrativa ou judicialmente, a rescisão do contrato, paralisar sua execução, coloca-se na posição de *inadimplente culposo*, sujeitando-se a todas as suas conseqüências.

Em qualquer caso, como a finalidade precípua da *rescisão administrativa* é *assegurar a continuidade do serviço público*, uma vez efetivada, a Administração pode assumir o objeto do contrato, no local e no estado em que se encontre, e prosseguir na sua execução, direta ou indiretamente. Pela mesma razão lhe é permitido recorrer ao instituto da *ocupação provisória*.

A *ocupação provisória* é o meio eficaz de evitar a prolongada paralisação de obras e serviços públicos, nos casos de rescisão do contrato por inadimplência do contratado; consiste na assunção imediata da obra ou do serviço pela Administração, com posse e utilização do local, instalações, equipamentos, material e pessoal empregados nos trabalhos e necessários à sua continuidade, os quais serão devolvidos e ressarcidos posteriormente, mediante avaliação.[62]

A *rescisão administrativa por interesse público* ou *conveniência da Administração* tem por fundamento a *variação do interesse público*, que autoriza a cessação do ajuste quando este se torna inútil ou prejudicial à coletividade. Ao efetivar a rescisão por interesse público, a Administração poderá fixar o valor da indenização cabível, verificado através de operações contábeis. O contratado não poderá opor-se à medida, mas, não concordando com o valor da indenização, deverá recorrer às vias judiciais adequadas, pleiteando unicamente a justa reparação dos danos sofridos com a antecipada extinção do contrato.

4.5.2 *Rescisão amigável* – *Rescisão amigável* é a que se realiza por mútuo acordo das partes, para a extinção do contrato e acerto dos direitos dos distratantes. É feita, normalmente, nos casos de inadimplência sem culpa e nos que autorizam a rescisão por interesse público. Como todo distrato,

62. O instituto da *ocupação provisória* foi pioneiramente perfilhado pela legislação paulista (cf. Lei 89/73, art. 63, II) e está reproduzido na Lei 8.666/93 (arts. 58, V, e 80).

deve atender à mesma forma e aos demais requisitos legais e regulamentares exigidos para a contratação. Assim, se o ajuste foi celebrado por escritura pública, por escritura pública será formalizada a rescisão; a autoridade signatária deverá ser a mesma ou de competência igual ou superior àquela que firmou o contrato original; se este dependeu de autorização legislativa ou de autoridade superior, para a *rescisão amigável* será necessária idêntica autorização ou ordem.

A *rescisão amigável* opera efeitos a partir da data em que foi firmada (*ex nunc*), embora possam ser fixados direitos e obrigações dos distratantes com eficácia retroativa ou posterior, como, p. ex., a fluência de juros sobre débitos anteriores, o pagamento futuro de créditos e outras relações negociais decorrentes do contrato que se vai extinguir.

4.5.3 *Rescisão judicial* – A *rescisão judicial* é a decretada pelo Poder Judiciário em ação proposta pela parte que tiver direito à extinção do contrato. Essa rescisão tanto pode ser obtida pelo particular como pela Administração, sendo obrigatória para aquele e opcional para esta, que dispõe de poder para operar a *rescisão administrativa*, por ato próprio. A lei admite cinco casos para o pedido de rescisão pelo contratado: a) a supressão de obras, serviços ou compras, além dos limites legais; b) suspensão da execução do contrato, por ordem escrita da Administração, por prazo superior a cento e vinte dias; c) atraso superior a noventa dias dos pagamentos devidos pela Administração; d) a não liberação, por parte da Administração, de área, local ou objeto para execução do contrato, nos prazos ajustados; e) ocorrência de caso fortuito ou de força maior, regularmente comprovada (art. 78, XIII a XVII).

A *ação* para rescindir o contrato é de rito ordinário e admite pedidos cumulados de indenização, retenção, compensação e demais efeitos decorrentes das relações contratuais em discussão, processando-se sempre no juízo privativo da Administração interessada, que é improrrogável.

A *ação popular* é também meio de *rescisão judicial indireta*, posto que cabível para a invalidação de contrato firmado com a Administração, autarquia e empresa estatal ou subvencionada com dinheiros públicos, desde que lesivo de seu patrimônio, conforme dispõem a Constituição da República (art. 5º, LXXIII) e a Lei federal 4.717, de 29.6.65. De fato, essa invalidação importa a extinção do ajuste, com todos os consectários da anulação e da condenação judicial, nos termos em que for acolhido o pedido inicial do autor popular.[63]

63. Sobre ação popular consulte-se, do Autor, *Mandado de Segurança e Ações Constitucionais*, 33ª ed., atualizada por Arnoldo Wald e Gilmar Ferreira Mendes, São Paulo, Malheiros Editores, 2010.

O *mandado de segurança* poderá ser impetrado adequadamente para anulação de ato ilegal ou abusivo da autoridade, conduzindo obliquamente à cessação dos efeitos do contrato, o que equivale à sua rescisão. Tal ocorre, p. ex., quando um licitante preterido ilegalmente na habilitação ou no julgamento obtém, por mandado de segurança, a anulação do ato e, conseqüentemente, a invalidação do contrato respectivo. Até mesmo a formalização ilegal do contrato poderá ferir direito líquido e certo da parte ou de terceiros, autorizando a utilização do *mandamus* para invalidar o ajuste ilegítimo, que é, sem dúvida, ato de autoridade passível de correção judicial pelo remédio heróico (CF, art. 5º, LXIX e LXX).[64]

4.5.4 *Rescisão de pleno direito* – *Rescisão de pleno direito* é a que se verifica independentemente de manifestação de vontade de qualquer das partes, diante da só ocorrência de fato extintivo do contrato previsto na lei, no regulamento ou no próprio texto do ajuste, tais como o falecimento do contratado, a dissolução da sociedade, a falência da empresa, a insolvência civil, o perecimento do objeto contratado e demais eventos de efeitos semelhantes.

Ocorrendo o fato extintivo, rompe-se automaticamente o contrato, devendo ambas as partes cessar sua execução. Não há, portanto, necessidade de ato formal de rescisão, nem de decretação judicial: a *rescisão de pleno direito* resulta do *próprio fato extintivo*, sendo meramente declaratório qualquer reconhecimento dessa situação, cujos efeitos, por isso mesmo, retroagem à data do evento rescisório (*ex tunc*).

A *rescisão de pleno direito* pode dar-se com ou sem indenização, conforme previsto em norma legal ou regulamentar ou convencionado no contrato. Essa rescisão é bem diferente da *administrativa*, em que a Administração tem a liberdade de, unilateralmente, efetivá-la ou não, diante da ocorrência do ato ou fato que a enseja. Diversamente, na *rescisão de pleno direito* não lhe cabe opção alguma: apresentando-se o evento previsto, *o ajuste fica automaticamente rescindido*, cumprindo às partes tão-somente paralisar sua execução e liquidar as contas contratuais, como de direito. Se houver divergência entre elas, só o Judiciário poderá dirimi-la, pois, na hipótese, seria ilegítima qualquer decisão unilateral e impositiva da Administração.

Novo caso de rescisão de pleno direito foi introduzido pela Lei 9.854, de 27.10.99, ao acrescentar mais um inciso (inc. XVIII) ao art. 78 da Lei de Licitações. Se o contratado descumprir a proibição de trabalho noturno, perigoso ou insalubre de menores de dezoito e de qualquer trabalho de menores de dezesseis anos, salvo na condição de aprendiz a partir de catorze

64. TFR, *RTFR* 4/49; TJSP, *RDA* 54/118.

anos, o ajuste deverá ser rescindido, por violação do art. 7º, XXXIII, da CF. O Dec. 4.358, de 5.9.2002, regulamentou aquele preceito, estabelecendo que a prova da inexistência de menores trabalhando em condições irregulares será feita por declaração do interessado, conforme modelo anexo ao mesmo decreto.

4.6 Suspensão do contrato

A *suspensão* do contrato administrativo também está incluída entre as prerrogativas da Administração. Se *razões de interesse público* dão ensejo à *rescisão* do contrato por parte da Administração (art. 78, XII), é evidente que a *suspensão* pode ser determinada pelos mesmos motivos, já que representa um *minus* em relação àquela. Podem ocorrer situações que não exigem desde logo a rescisão do contrato, bastando a sua suspensão. Nem sempre se fará necessário o desfazimento do contrato, porque os motivos que aconselham a paralisação dos trabalhos podem ser transitórios, e será suficiente sua suspensão. Basta lembrar a falta de recursos financeiros, tão comum na nossa prática administrativa. Por outro lado, a celebração do contrato é sempre dispendiosa, demandando tempo e dinheiro, o que basta para justificar sua manutenção na medida do possível, até a conclusão final do objeto. O que importa é que a Administração justifique o seu ato, demonstrando as razões de interesse público e as vantagens decorrentes da suspensão.

4.7 Arbitragem nos contratos administrativos[65]

As discussões doutrinárias sobre a arbitragem nos contratos administrativos voltaram à tona com Lei 9.307, de 23.9.96, sobre o instituto da arbitragem no Direito Brasileiro. A Lei 9.472, de 16.7.97, prevê que o "contrato de concessão" de telecomunicações "indicará" o "foro e o modo para solução extrajudicial das divergências contratuais" (art. 93, XV). A Lei 9.478, de 6.8.97, diz que o contrato de concessão de atividades relativas ao petróleo "terá" como cláusula essencial "as regras sobre solução de controvérsias, relacionadas com o contrato e sua execução, inclusive a conciliação

65. Consulte-se, a respeito: Diogo de Figueiredo Moreira Neto, "Arbitragem nos contratos administrativos", *RDA* 209/81; Leon Frejda Szklarowsky, "Arbitragem e os contratos administrativos", *RDA* 209/105; Júlia Raquela de Quiroz Dinamarco, "Arbitragem e Administração Pública", *Revista do Advogado*, tema dedicado à *Arbitragem*, outubro/97; Mauro Roberto Gomes de Matos, "Contrato administrativo e a Lei da Arbitragem", *RDA* 223/115; Carlos Teles Ferreira Netto, "Arbitragem: uma solução jurídica", artigo inédito, a ser publicado. Érico Ferrari Nogueira, "A arbitragem e sua utilização na Administração Pública", excelente estudo do Advogado da União e Coordenador de Licitação e Contratos da Consultoria Jurídica do TEM, *Revista AGU* 91, agosto/2009 (disponível em *http://www.agu.gov.br*). No âmbito da AGU, o Ato Regimental 5/2007 prevê que "compete à Câmara de Conciliação e Arbitragem da Administração Federal – CCAF".

e a arbitragem internacional" (art. 43, X). A Lei 10.233, de 5.6.2001, sobre concessão de transporte aquaviário e terrestre, prevê que o contrato "terá", entre suas "cláusulas essenciais", "regras sobre solução de controvérsias relacionadas com o contrato e sua execução, inclusive conciliação e arbitragem" (art. 35, XVI). A Lei 11.079, de 30.12.2004, que institui normas gerais para licitação e contratação de parceria público-privada, estabelece que o contrato pode prever o "emprego dos mecanismos privados de resolução de disputas, inclusive a arbitragem, a ser realizada no Brasil e em língua portuguesa", nos termos da Lei 9.307/96, para dirimir conflitos decorrentes ou relacionados ao contrato (art. 11, III). A Lei 8.987, de 13.2.95, sobre concessão e permissão de serviços públicos, dispõe que o contrato "poderá prever o emprego de mecanismos privados para resolução de disputas decorrentes ou relacionadas ao contrato, inclusive a arbitragem, a ser realizada no Brasil e em língua portuguesa, nos termos da Lei n. 9.307/96" (art. 23-A, com a redação dada pela Lei 11.196/2005). E a Lei 11.909, de 4.3.2009, que institui normas para a exploração das atividades econômicas de transporte de gás natural por meio de condutos e a importação e exportação de gás natural, de que tratam os incisos III e IV do art. 177 da CF, bem como para a exploração das atividades de tratamento, processamento, estocagem, liquefação, regaseificação e comercialização de gás natural, ao disciplinar as autorizações e concessões e os contratos para algumas dessas atividades, prevê a arbitragem e a conciliação como meios de solução de conflitos.

Esses diplomas legais revelam uma aceitação do instituto da arbitragem e de outros meios de solução de litígios nos contratos administrativos, inclusive naqueles sobre concessão de serviços públicos, atividades próprias do Estado.

O caso mais famoso sobre a aplicação do juízo arbitral em demanda de que tenha participado o Poder Público foi o referente ao Espólio de Henrique Lage, cujos bens haviam sido incorporados ao patrimônio nacional, em decorrência da II Guerra Mundial. Acertada a arbitragem para fixar o valor da indenização, o laudo foi impugnado pela Procuradoria da Fazenda sob a alegação de inconstitucionalidade do decreto-lei que a autorizara. O então TFR, em acórdão relatado pelo Min. Godoy Ilha, confirmou a sentença de primeira instância admitindo o emprego da arbitragem pelo Estado. O STF referendou a decisão anterior, sendo relator o Min. Bilac Pinto (*RTJ* 68/383).

Mais recentemente, o TCU firmou entendimento no sentido da inadmissibilidade de juízo arbitral nos contratos administrativos,[66] por contrariar os princípios básicos de Direito Público, na falta de autorização legal. Nessa oportunidade invocou-se julgado do TFR que negou pedido de homologação de laudo arbitral relativo à liquidação de dívida entre uma empreiteira

66. *Boletim de Licitações e Contratos* 9/93.

e uma autarquia federal. Caio Tácito, em nome da postulante, sustentou que o princípio da indisponibilidade não alcançava "relações segundo as quais a autarquia assumia a obrigação do reajuste de preços contratualmente pactuado em função de obras realizadas, adequadamente, pela empresa privada".[67]

Posteriormente a Corte de Contas passou a aceitar a inclusão da cláusula de arbitragem, desde que a mesma observe o princípio da indisponibilidade do interesse público e "notadamente quando a Administração se iguala ao particular".[68]

Como salientado, a Lei 9.307/96 instituiu a arbitragem no Direito Brasileiro, estabelecendo quais as pessoas que dela poderiam se utilizar e quais os direitos que poderiam ser objeto de suas normas. Ao mesmo tempo, dispensou a homologação judicial, antes exigida, e que desestimulava a escolha dessa via. O art. 1º da lei deixa claro que as *pessoas capazes de contratar* poderão valer-se da arbitragem para dirimir litígios relativos a *direitos patrimoniais disponíveis* – o que abrange as pessoas jurídicas de Direito Público. Nas controvérsias internacionais a decisão arbitral deve ser homologada pelo STJ (art. 105, I, "i", da CF, com a redação da EC 45/2004) para ser reconhecida ou executada (art. 35). O STF julgou essa lei constitucional.[69]

É possível conciliar a indisponibilidade do interesse público com as matérias que podem ser objeto da arbitragem, ou seja, os direitos patrimoniais disponíveis?

Diga-se, desde logo, que a própria Lei 9.307/96 dispõe que, sobrevindo no curso da arbitragem controvérsia acerca de direitos indisponíveis e verificando-se que de sua existência, ou não, dependerá o julgamento, o árbitro remeterá as partes à autoridade competente do Poder Judiciário, suspendendo-se o procedimento arbitral (art. 25).

Para dirimir a questão é importante distinguir o *interesse público primário* do *interesse público secundário*. O primeiro é a meta, o objetivo a ser atingido pela Administração no atendimento das necessidades sociais. O segundo é instrumental, ou seja, é a utilização de meios capazes de permitir a consecução do primeiro. Ao alugar uma casa para instalar um centro de saúde, o interesse público primário está na implantação daquela unidade, consistindo a locação um interesse público secundário, ou derivado do primeiro, já que não existiria sem aquele.

67. Caio Tácito, "Arbitragem nos litígios administrativos", *RDA* 210/111.

68. Decisão 188/95, mencionada na Decisão 394/95 (publ. *DOU* 28.8.95) e no acórdão 391/2008 (Plenário, publ. 14.3.2008); *RDA* 205/65, *apud* Maria Aparecida Fagundes, "Pontos polêmicos da legislação sobre concessões e permissões de prestação de serviços públicos", *RDA* 205/72-73.

69. SE/AgR 5.206, j. 12.12.2001.

A satisfação dos interesses públicos secundários concretiza-se geralmente sob a égide do Direito Privado e se resolve em relações patrimoniais. Relações patrimoniais que, por estarem no campo da liberdade contratual da Administração, são direitos disponíveis. Cáio Tácito, com sua clareza habitual, diz que: "Na medida em que é permitido à Administração Pública, em seus diversos órgãos e organizações, pactuar relações com terceiros, especialmente mediante estipulação de cláusulas financeiras, a solução amigável é fórmula substitutiva do dever primário de cumprimento da obrigação assumida. Assim como é lícita, nos termos do contrato, a execução espontânea da obrigação, a negociação – e, por via de conseqüência, a convenção da arbitragem – será o meio adequado de tornar efetivo o cumprimento obrigacional quando compatível com a disponibilidade de bens".[70]

Não há dúvida, portanto, de que nos contratos celebrados pela Administração há sempre um campo de interesses patrimoniais disponíveis, que podem ser objeto de arbitragem. Se é verdade que "na Administração Pública só é permitido fazer o que a lei autoriza", "enquanto na administração particular é lícito fazer tudo o que a lei não proíbe",[71] a Lei 9.307/96 permitiu expressamente a *todas pessoas capazes de contratar* (aí incluindo-se a Administração Pública direta e indireta) a possibilidade de se valerem da arbitragem para dirimir litígios relativos a direitos patrimoniais disponíveis. Autorização legal, portanto, existe. Pela Lei 9.307, facultativa é sua utilização. Todavia, é cláusula essencial e, assim, obrigatória nos contratos previstos nas Leis 9.472/97, 9.478/97 e 10.233/2001.

Essas leis e as acima mencionadas, em interpretação autêntica, indicam que nos contratos administrativos é possível conciliar a indisponibilidade do interesse público com as matérias que podem ser objeto da arbitragem, permitindo uma melhor visão dos direitos patrimoniais disponíveis, sempre lembrando que em vários contratos administrativos predomina o aspecto patrimonial.

Cláudio Vianna de Lima sintetiza com enorme felicidade as vantagens da arbitragem na solução de controvérsias jurídicas: a) possibilita a intervenção de especialistas na matéria em litígio; b) desafoga o Poder Judiciário, resguardando-o para atuar nas demandas que lhe são próprias; c) tende ao ideal de pronta justiça do caso; d) promove uma justiça coexistencial, pois leva à obtenção de um consenso, antes do que uma condenação.[72]

70. Caio Tácito, "Arbitragem nos litígios administrativos", *RDA* 210/111. V. também: Eros Roberto Grau, *O Direito Posto e o Direito Pressuposto*, 7ª ed., São Paulo, Malheiros Editores, 2008, pp. 303-314, e José dos Santos Carvalho Filho, *Manual de Direito Administrativo*, 17ª ed, Rio, Lumen Juris, 2007, p. 855.

71. V. cap. II, item 2.3.1, sobre *legalidade*.

72. Cláudio Vianna de Lima, "A Lei da Arbitragem e o art. 23, XV, da Lei de Concessões", *RDA* 209/91.

Em 2002 o Governo Federal fez publicar, para receber sugestões, Anteprojeto de Lei Geral de Contratações Administrativas no qual contempla a admissibilidade do juízo arbitral nas pendências contratuais: "Os contratos da Administração podem prever meios para solução extrajudicial de conflitos, inclusive por juízo arbitral" (art. 136, § 2º) – o que está a indicar a tendência de se admitir expressamente esse modo amigável de solução de conflitos, provavelmente para fugir da enorme morosidade do processo judicial comum, que, se, por um lado, pode beneficiar o Poder Público, por outro, o prejudica bastante com relação às previsões orçamentárias, criando débitos assombrosos em virtude da correção monetária e da incidência de juros moratórios e compensatórios.

5. *Principais contratos administrativos*

Neste item veremos os principais contratos administrativos, a saber: *contrato de obra pública*; *contrato de serviço, aí incluído o contrato de trabalhos artísticos*; *contrato de fornecimento*; *contrato de concessão*; *contrato de gerenciamento; contrato de gestão; contrato de programa*; *termo de parceria*; e *contrato de consórcio público*.

5.1 Contrato de obra pública

5.1.1 *Conceito e considerações gerais – Contrato de obra pública* é todo ajuste administrativo que tem por objeto uma *construção*, uma *reforma* ou uma *ampliação* de imóvel destinado ao público ou ao serviço público. Qualquer desses casos configura *obra pública*, que, em sentido administrativo, é toda realização *material* a cargo da Administração ou de seus delegados (art. 6º, I). Diante da legislação ambiental, o início de obras deve ser precedido de licença ambiental de instalação e o início da operação do empreendimento resultante da obra, da licença de operação.

A *obra pública* pode ser classificada em quatro modalidades de empreendimento, a saber: *equipamento urbano* (ruas, praças, estádios, monumentos; calçamentos e canalizações; redes de energia elétrica e de comunicação; viadutos, túneis, "metrôs" e demais melhoramentos próprios das cidades); *equipamento administrativo* (instalações e aparelhamentos para o serviço administrativo em geral); *empreendimentos de utilidade pública* (ferrovias, rodovias, pontes, portos, aeroportos, canais, obras de saneamento, represas, usinas hidrelétricas ou atômicas e demais construções de interesse coletivo); *edifícios públicos* (sedes de governo, repartições públicas, escolas, hospitais, presídios etc.). A obra pública e seu projeto devem observar a legislação federal, estadual e municipal, âmbito da competência constitucional de cada uma. Os *edifícios públicos* ficam sujeitos aos mesmos preceitos da edificação particular, devendo respeitar as normas estaduais sanitárias, as normas edilícias locais, bem como as restrições de zoneamento e loteamento urbanos.

Feitas essas necessárias considerações sobre o amplo conceito de *obra pública*, esclarecemos que, embora tratando de *equipamento urbano*, *equipamento administrativo*, *empreendimento de utilidade pública* ou *edifício público*, o contrato administrativo só será de *obra pública* se, como dissemos acima, objetivar uma *construção*, *reforma* ou *ampliação de imóvel*, porque o que caracteriza *obra*, para fins de contratação administrativa, e a distingue do *serviço* é a predominância do *material* sobre a *atividade* operativa. É exatamente o que ocorre com a construção, reforma ou ampliação de imóvel, cujos conceitos examinaremos a seguir. Ademais, a obra é limitada no tempo e o serviço público tem caráter de continuidade.[73]

5.1.1.1 Construção: no sentido técnico usado pelas normas administrativas, é a conjugação de materiais e de atividades empregados na execução de um projeto de Engenharia. *Construção* é gênero de que a *edificação* – obra destinada especificamente a habitação, trabalho, culto ou, enfim, a uma utilização humana pessoal – é espécie (exemplificando: uma ponte ou um estábulo é uma construção, mas não uma edificação; uma casa é, genericamente, uma construção e, especificamente, uma edificação). Modernamente, denomina-se *construção civil* toda obra – particular ou pública – destinada a fins pacíficos, em oposição à *construção militar*, que abrange toda obra bélica.

5.1.1.2 Reforma: é obra de melhoramento nas construções, sem aumentar sua área ou capacidade. Caracteriza-se pela colocação de seu objeto em condições normais de utilização ou funcionamento, sem ampliação das medidas originais de seus elementos.

5.1.1.3 Ampliação: é obra de aumento da área ou capacidade da construção. Na ampliação mantém-se a orientação do projeto originário, mas se acresce a área ou a capacidade da construção.

Todas essas realizações são consideradas *obras de Engenharia ou Arquitetura*, de modo que o contrato para sua execução só poderá ser firmado com profissional habilitado ou com empresa construtora regularmente registrados no Conselho Regional de Engenharia e Arquitetura – CREA e que satisfaçam as demais exigências da Lei federal 5.194, de 24.12.66, e das resoluções pertinentes do Conselho Federal de Engenharia e Arquitetura –

73. STF, RE 115.561-SP, rel. Min. Carlos Madeira, e RE 112.339-7-SP, rel. Min. Sydney Sanches (*RT* 646/220 e 223).

CONFEA, sem o quê será *nulo* de pleno direito, consoante dispõe expressamente o art. 15 daquela lei.

5.1.2 *Regime de execução* – *Regime de execução* é o modo pelo qual nos contratos de colaboração, isto é, naqueles em que o particular se propõe a realizar algo para o Poder Público, se estabelecem as relações negociais entre as partes, tendo em vista a realização de seu objeto pelo contratado e a respectiva contraprestação pecuniária pela Administração, como dispõe a lei (art. 6º, VIII).

O *contrato de obra pública* admite duas modalidades de *regime de execução*, a saber: *empreitada* e *tarefa*, as quais podem ser combinadas entre si, formando um contrato *misto*. Para os grandes e complexos empreendimentos de Engenharia tem-se adotado o *contrato de gerenciamento*, que veremos adiante.

5.1.2.1 Empreitada: pelo contrato de *empreitada*, que é o mais usado, a Administração comete ao particular a execução da obra por sua conta e risco, mediante remuneração previamente ajustada, tal como acontece na empreitada civil (CC, arts. 610 a 626, e Lei 8.666/93, art. 6º, VIII, "a", "b" e "e"). A principal diferença entre aquela e esta decorre da aplicação dos princípios que regem os contratos administrativos, vistos nos itens anteriores. Assim, o empreiteiro de obra pública não goza de inteira liberdade na execução do contrato, sujeitando-se a supervisão e fiscalização da Administração, de que podem resultar multas por inobservância do cronograma inicial, substituição de pessoas por exigência administrativa e outras conseqüências que não se coadunam com a empreitada do Direito Privado, em que a única obrigação contratual do empreiteiro é, geralmente, a entrega da obra no prazo e nas condições avençadas.

Quanto ao modo de remuneração, o *regime de empreitada* pode ser *por preço global*, *por preço unitário* ou *integral*.

Empreitada por preço global é aquela em que se ajusta a execução por preço certo, embora reajustável, previamente estabelecido para a totalidade da obra. O pagamento, entretanto, pode efetuar-se parceladamente, nas datas prefixadas ou na conclusão da obra ou de cada etapa, consoante o ajustado pelas partes. É comum nos contratos de *empreitada por preço global* a especificação de preços unitários, tendo em vista a obrigação do contratante de aceitar os acréscimos e supressões legais aos preços originariamente ofertados, como vimos no item 3, retro. Havendo novos elementos ou mais quantidades do que os constantes no projeto, serão pagos além do preço global ajustado.

Empreitada por preço unitário é a em que se contrata a execução por preço certo de unidades determinadas. É a mais adequada aos casos em que, nos termos do Código Civil (art. 614), a obra "constar de partes distintas" ou for daquelas que "se determinam por medida". Nessa modalidade de empreitada o preço é ajustado por unidades, que tanto podem ser metros quadrados de muro levantado, como pisos distintos de um edifício, como metros cúbicos de concreto fundido, e o pagamento é devido após o recebimento de cada unidade pela Administração.

Empreitada integral ocorre quando se contrata o empreendimento em sua integralidade, compreendendo todas as etapas das obras, serviços e instalações necessárias, sob inteira responsabilidade do contratado até a sua entrega ao contratante em condições de entrada em operação, atendidos os requisitos técnicos e legais para sua utilização em condições de segurança estrutural e operacional e com as características adequadas às finalidades para que foi contratada (art. 6º, VIII, "e"), o que é chamado, na linguagem empresarial, de *turn key*.

5.1.2.2 Tarefa: o *regime de tarefa* é aquele em que a execução de pequenas obras ou de parte de uma obra maior é ajustada por preço certo, global ou unitário, com pagamento efetuado periodicamente, após a verificação ou a medição pelo fiscal do órgão contratante. Comumente, o tarefeiro só concorre com a mão-de-obra e os instrumentos de trabalho, mas nada impede que forneça também os materiais.

O *regime de tarefa* é admitido nos casos em que o valor da obra, ou de parte dela, quando legítima a execução parcelada, é inferior ao limite máximo legal para a contratação de obras independentemente de licitação. É o que ocorre, normalmente, com as reformas e ampliações de pequeno vulto (art. 6º, VIII, "d").

5.1.2.3 Administração contratada: modalidade prevista anteriormente, não mais pode ser adotada, por ter sido vetado o dispositivo que a contemplava.

5.2 Contrato de serviço[74]

5.2.1 *Conceito* – *Contrato de serviço* é todo ajuste administrativo que tem por objeto uma atividade prestada à Administração, para atendimento de suas necessidades ou de seus administrados. O que distingue, pois, o *serviço* da *obra* é a predominância da *atividade* sobre o *material* empregado. A atividade operativa é que define e diversifica o serviço, abrangendo desde o trabalho braçal do operário até o labor intelectual do artista ou a técnica

74. Em relação aos contratos de prestação de serviço com os órgãos do Poder Judiciário, a Resolução 9/2005, do Conselho Nacional de Justiça, impõe restrições, relacionadas com nepotismo, que, inclusive, devem constar expressamente dos editais de licitação.

do profissional mais especializado. Daí por que a gama de serviços é infindável, o que leva as leis administrativas, em geral, a enumerá-los exemplificativamente, mencionando apenas os mais freqüentes, tais como *demolição, locação de bens, conserto, instalação, montagem, desmontagem, operação, conservação, reparação, manutenção, transporte, publicidade, seguro, adaptação* e *trabalhos técnico-profissionais* (art. 6º, II).

É relevante notar que o contrato é de *serviço*, não de *mão-de-obra*, pois esta caracterizaria contratação indireta de pessoal, vedada pelo art. 37, II, da CF/1988.[75]

Para fins de contratação administrativa é necessário distinguir os *serviços comuns*, os *serviços técnicos profissionais* e os *trabalhos artísticos*, que, por suas características, influem diversamente na formação e no conteúdo do contrato.

5.2.2 *Serviços comuns* – *Serviços comuns* são todos aqueles que não exigem habilitação especial para sua execução, podendo ser realizados por qualquer pessoa ou empresa, por não serem privativos de nenhuma profissão ou categoria profissional.

Os *serviços comuns* devem ser contratados mediante prévia licitação, para que a Administração possa obtê-los nas melhores condições de execução e preço, uma vez que é geralmente grande o número de pessoas e firmas com as mesmas possibilidades de realizá-los satisfatoriamente.

A contratação desses serviços, de que são exemplos a pintura de edifícios, a limpeza e conservação de prédios ou de máquinas simples, admite as duas modalidades de regime de execução já estudadas, ou seja, *empreitada* e *tarefa*.

5.2.3 *Serviços técnicos profissionais* – *Serviços técnicos profissionais* são os que exigem habilitação legal para sua execução. Essa habilitação varia desde o simples registro do profissional ou firma na repartição competente até o diploma de curso superior oficialmente reconhecido. O que caracteriza o *serviço técnico* é a privatividade de sua execução por *profissional habilitado*, seja ele um mero artífice, um técnico de grau médio ou um diplomado em escola superior. É serviço que requer capacitação profissional e habilitação legal para seu desempenho dentro das normas técnicas adequadas, como ocorre com os trabalhos de Engenharia, Eletricidade, Hidráulica, Mecânica, Comunicações, Computação, Transportes e outros que exigem conhecimentos especiais para sua realização.

75. TCU, Decisão 567/1995, Plenário, Acórdão 062/1995 e Medida Cautelar no TC 009545/2004-3, *DJU* 2.6.2004.

Os serviços técnicos profissionais podem ser *generalizados* e *especializados*, como veremos a seguir.

5.2.3.1 Serviços técnicos profissionais generalizados: são os que não demandam maiores conhecimentos, teóricos ou práticos, que os normalmente exigidos do profissional. Sua contratação, conforme o caso, pode ser feita sob qualquer dos dois regimes já estudados e, de regra, exige licitação, porque há sempre a possibilidade de competição entre os que os executam em igualdade de condições e em caráter profissional.

5.2.3.2 Serviços técnicos profissionais especializados: constituem um aprimoramento em relação aos comuns, por exigirem de quem os realiza acurados conhecimentos, teóricos ou práticos, obtidos através de estudos, do exercício da profissão, da pesquisa científica, de cursos de pós-graduação ou de estágios de aperfeiçoamento, os quais situam o especialista num nível superior ao dos demais profissionais da mesma categoria. Os *serviços técnicos profissionais especializados* – tais como estudos, planejamentos e projetos em geral; perícias, pareceres e avaliações em geral; assessorias, consultorias e auditorias; fiscalização e gerenciamento; supervisão de obras e serviços; patrocínio ou defesa de causas judiciais ou administrativas; treinamento e aperfeiçoamento de pessoal – autorizam a inexigibilidade de licitação sempre que contratados com profissionais, pessoas físicas ou jurídicas, de *notória especialização*, consoante faculta a lei, art. 13, c/c art. 25, II, e § 1º.

Notória especialização,[76] para fins de contratação administrativa, é o reconhecimento público de alta capacidade do profissional. *Notoriedade profissional* é, pois, algo mais que *habilitação profissional*. Esta é a autorização legal para o exercício da profissão; aquela é a proclamação da clientela e dos colegas sobre o indiscutível valor do profissional na sua especialidade. *Notoriedade* é, em última análise, a *fama consagradora do profissional*, justificando a dispensa de licitação, porque seria inviável e ilógico admitir que renomados especialistas se sujeitassem a disputar administrativamente a preferência por seus serviços.

5.2.4 *Contratos de trabalhos artísticos – Trabalhos artísticos* são os que visam à realização de "obras de arte", em qualquer dos campos das chamadas "belas-artes" ou "artes-maiores", em contraposição às "artes-menores" ou "artes-aplicadas", ou, ainda, "artes-utilitárias".[77]

76. Sobre *notória especialização* v. pareceres do Autor in *Estudos e Pareceres de Direito Público*, II/21 e VIII/81, e tb. in *RT* 488/11.

77. A distinção entre as *belas-artes* e as *artes-menores*, *artes-aplicadas* ou *artes-utilitárias* é de grande importância para o Direito, não só para fins de contratação administrativa mas, também, por serem diferentemente tutelados os direitos relativos a umas e outras. Como observa

O *trabalho artístico* é *serviço profissional*, embora possa ser realizado por simples diletantismo, e *serviço técnico*, porque pressupõe conhecimentos teóricos e práticos de quem o executa, havidos ou não através de cursos regulares de formação artística.

Por isso mesmo, o *trabalho artístico*, ainda que essa expressão não se lhe aplique com muita propriedade, é *serviço técnico profissional*, com a única diferença de que nem sempre é exigida a habilitação legal. Assim, se a Administração necessita de um mural ou uma estátua, *sob encomenda* (o que não é a mesma coisa que a *aquisição de obra de arte*), deverá contratar um pintor ou um escultor, respectivamente, cujas qualidades sejam conhecidas, pouco importando tenha ou não diploma de escola oficial e seja registrado em sua entidade de classe, porque, na espécie, a lei não inclui essas atividades como privativas de profissional habilitado. Todavia, se o objeto do contrato é execução musical por músico ou grupo de músicos profissionais brasileiros, estes deverão ser habilitados, ou seja, registrados em sua entidade de classe, nos termos da lei.

Como serviços técnicos profissionais, a contratação de *trabalhos artísticos* pela Administração deverá atender aos mesmos requisitos expostos acima, inclusive a exigência de licitação (geralmente o concurso), quando não lhe interessarem os atributos pessoais do contratado, e sua inexigibilidade, quando este for um artista renomado (art. 25, III).

5.3 Contrato de fornecimento

Contrato de fornecimento[78] é o ajuste administrativo pelo qual a Administração adquire coisas móveis (materiais, produtos industrializados,

Hermano Duval, "enquanto as belas-artes (Desenho, Pintura, Escultura, Música e Arquitetura) são tuteladas pelo Direito de Autor (Convenção de Berna), já certas 'artes-utilitárias' são protegíveis pelo Instituto da Propriedade Industrial, sob a modalidade de 'patente de desenho ou de modelo industrial' (Convenção de Paris)" (cf. "A proteção dos caracteres tipográficos", *RT* 412/47).

Todavia, inexiste um conceito unânime sobre arte, e muito menos sobre *belas-artes*. Os gregos e os romanos, p. ex., consideravam belas-artes apenas a Pintura, a Escultura e a Música, segundo assinala Almir de Andrade, citado pelo mesmo Hermano Duval, mas aplicavam o termo *arte* tanto a estas "como às artes-menores, profissões e misteres industriais, à arte do pedreiro, do padeiro, do cozinheiro" (Almir de Andrade, *Repertório Enciclopédico do Direito Brasileiro*, 4/207). Para Taine, "las cinco grandes artes" ou belas-artes são a Poesia, a Escultura, a Pintura, a Arquitetura e a Música (*Filosofía del Arte*, Buenos Aires, 1945, p. 30). Além dessas, Morales de los Ríos arrola, ainda, a Gravura, a Eloqüência e a Dança (*Teoria e Filosofia da Arquitetura*, 1955, I/38 e ss.). Como se vê, os autores modernos são unânimes em incluir a *Arquitetura* entre as belas-artes. Advertimos, entretanto, que, para fins de contratação administrativa, a Arquitetura não é trabalho artístico, pois ora configura *obra*, quando o ajuste compreende o projeto e sua execução, ora *serviço técnico profissional* propriamente dito, quando o que se contrata é apenas o projeto.

78. Alguns autores incluem o *contrato de transporte* na categoria dos *contratos de fornecimento* (*contratos de suministro*, dos espanhóis – *marchés de fournitures*, dos franceses),

gêneros alimentícios etc.) necessárias à realização de suas obras ou à manutenção de seus serviços (arts. 6º, III, e 14 a 16).

Os *contratos de fornecimento* admitem três modalidades: *fornecimento integral*, *fornecimento parcelado* e *fornecimento contínuo*. No primeiro caso, que é o que mais se aproxima do contrato de compra e venda do Direito Privado (Civil ou Comercial), a entrega da coisa deve ser feita de uma só vez e na sua totalidade; no segundo, a prestação exaure-se com a entrega final da quantidade contratada; e, no terceiro, a entrega é sucessiva e perene, devendo ser realizada nas datas avençadas e pelo tempo que durar o contrato.

Conquanto a *compra* seja um negócio de Direito Privado, caracterizado pela transferência do domínio de certa coisa por um dos contratantes e pagamento de preço certo e em dinheiro pelo outro, conforme a conceituação do Código Civil (art. 481) o *contrato de fornecimento* à Administração sujeita-se aos mesmos princípios gerais que disciplinam a formação e execução dos demais contratos administrativos, tais como a obrigatoriedade do procedimento licitatório prévio, a alterabilidade das cláusulas contratuais, a admissibilidade da rescisão unilateral, a exigibilidade de garantias contratuais e aplicação de penalidades (mormente tratando-se de fornecimento parcelado ou contínuo), a precariedade do recebimento provisório e outros que tenham pertinência com o objeto e a modalidade do fornecimento.

5.4 Contrato de concessão

Contrato de concessão[79] é o ajuste pelo qual a Administração delega ao particular a execução remunerada de serviço ou de obra pública ou lhe cede o uso de um bem público, para que o explore por sua conta e risco, pelo prazo e nas condições regulamentares e contratuais.[80] Daí a tripar-

equiparando a atividade contratada a bem móvel (Álvares Gendin, *Los Contractos Públicos*, 1934, p. 152; Georges Vedel, *Droit Administratif*, 1961, p. 661). Preferimos, entretanto, incluir o contrato de transporte na classe dos *contratos de serviços especializados*, mais adequada ao seu objeto.

79. Sobre *concessão de serviço público* v. o que escrevemos no cap. VI, item 8.1.

80. Embora combatida a natureza contratual da concessão de serviço público por alguns autores pátrios (cf. Oswaldo Aranha Bandeira de Mello, "Natureza jurídica da concessão de serviço público", *Revista da Faculdade de Direito*, Porto Alegre, v. I, 1951, e Celso Antônio, *Prestação de Serviços Públicos e Administração Indireta*, São Paulo, 1973), ficamos com os que a admitem, dentre eles Mário Masagão, o pioneiro da tese contratualista entre nós (cf. *Natureza Jurídica da Concessão de Serviço Público*, São Paulo, 1933). O que ocorre é que o contrato de concessão contém cláusulas de interesse do serviço (cláusulas regulamentares) e cláusulas de interesse privado do concessionário (cláusulas econômicas). Aquelas são fixadas e alteradas pela Administração segundo as exigências da coletividade; estas são imodificáveis por qualquer das partes, salvo por mútuo consenso e para manter-se o equilíbrio econômico-financeiro quando houver modificação nas cláusulas regulamentares, para melhor atendimento

tição da concessão em *concessão de serviço público*, *concessão de obra pública* e *concessão de uso de bem público*, consubstanciadas em contrato administrativo bilateral, comutativo, remunerado e realizado *intuitu personae*.[81]

Por sua importância, as concessões de obra e serviço públicos serão objeto de item próprio, no capítulo seguinte (cap. VI, item 8), e as de uso de bem público serão vistas no capítulo do domínio público (cap. VIII, item 1.1), para os quais remetemos o leitor, a fim de evitar repetições, limitando-nos, neste tópico, a considerações gerais sobre os respectivos contratos.

5.4.1 *Contrato de concessão de serviço público* – *Contrato de concessão de serviço público*, ou, simplesmente, *concessão de serviço público*, é o que tem por objeto a transferência da execução de um serviço do Poder Público ao particular, que se remunerará dos gastos com o empreendimento, aí incluídos os ganhos normais do negócio, através de uma *tarifa* cobrada aos usuários. É comum, ainda, nos *contratos de concessão de serviço público* a fixação de um preço, devido pelo concessionário ao concedente a título de remuneração dos serviços de supervisão, fiscalização e controle da execução do ajuste, a cargo deste último.

A *concessão de serviço público* está prevista na Constituição Federal (art. 175), tendo a União editado a Lei 8.987, de 13.2.95, dispondo sobre a matéria, com base no art. 22, XXVII, do texto constitucional. Apesar de suas falhas e omissões, essa lei veio preencher uma lacuna em nosso sistema jurídico, visto que o instituto das concessões se ressentia da sistematização da matéria, apoiando-se quase que inteiramente nos ensinamentos doutrinários e jurisprudenciais existentes. Posteriormente, nova lei federal foi promulgada, modificando alguns aspectos da norma anterior e regulando as concessões e permissões dos serviços de energia elétrica, de competência federal (Lei 9.074, de 7.7.95).

A Lei 8.987/95 é uma *lei nacional*, no que diz respeito às *normas gerais*, que se aplicam indistintamente a todos os entes federados: Estados,

do serviço. Esta é, hoje, a doutrina dominante nos nossos Tribunais, como se pode ver dos seguintes julgados: STF, *RT* 203/636; *RDA* 79/229; TFR, *RDA* 46/196, 54/102; TJMG, *RT* 312/634, 324/577; TJPR, *RDA* 93/199; *RT* 342/461; TASP, *RDA* 46/136.

81. Não se confundam as três modalidades de concessão contratual com a impropriamente denominada *concessão de jazida*, a que se referem a Constituição da República (art. 176), o Código de Mineração (Dec.-lei 227/67, alterado pela Lei 6.567, de 25.9.78) e seu Regulamento (Dec. 62.934/68). A concessão de jazida ou de lavra não é ajuste bilateral sujeito a concorrência; é ato administrativo unilateral do Presidente da República, consubstanciado em decreto, nos termos dos arts. 43 do Código de Mineração e 53 de seu Regulamento.

A razão dessa impropriedade é a confusão que se faz entre *concessão*, de um lado, e *permissão* e *autorização*, de outro; a primeira é contrato e os dois últimos são simples *atos administrativos unilaterais*, como esclarecemos ao tratar das *espécies de atos administrativos* (cap. IV, item 4).

Distrito Federal e Municípios. Tal circunstância, contudo, não os exime de aprovar sua própria lei, como dispõe o citado art. 175 da CF.

Assinale-se, ainda, que o *contrato de concessão de serviço público* ou de obra pública é *de colaboração* (v. itens 1 deste capítulo e 8.1 do cap. VI).

Convém ressaltar neste capítulo que a Lei 11.079, de 30.12.2004, introduziu em nosso sistema jurídico as chamadas *parcerias público-privadas* como novas modalidades de concessão de serviço público. São elas a *concessão patrocinada*, quando a concessão de serviço ou de obra pública envolver uma contraprestação do Poder Público adicionalmente à tarifa cobrada dos usuários; e a *concessão administrativa*, quando a remuneração do serviço é feita integralmente pela Administração, ainda que ele envolva execução de obra ou fornecimento de bens. Delas cuidamos no cap. VI, item 8.2, ao qual remetemos o leitor.

5.4.2 *Contrato de concessão de obra pública e de concessão de serviço público precedido da execução de obra pública* – *Contrato de concessão de obra pública*, ou, simplesmente, *concessão de obra pública*, é o ajuste administrativo que tem por objeto a delegação a um particular da execução e exploração de uma obra pública ou de interesse público, para uso da coletividade, mediante remuneração ao concessionário, por *tarifa* (Lei 8.987/95).[82]

Essa concessão, que obedece aos mesmos princípios da concessão de serviço público, é comumente usada nos Estados Unidos para a construção de pontes, viadutos, estradas e demais obras necessárias à coletividade, constituindo empreendimento rentável para o construtor, que as explora durante o tempo da concessão, entregando-as ao seu término sem ônus para a Administração. Infelizmente, é de pouco uso entre nós, pois, devidamente regulamentada e realizada com critério, muito contribuiria para a execução de obras públicas sem maiores encargos para a Administração.

O art. 1º da Lei 8.987, de 13.2.95, refere-se à *concessão de obra pública*, mas em seus demais dispositivos, inclusive no art. 2º, que define os conceitos, não há referência a essa concessão. Todo o texto da lei regulamenta a "concessão de serviço público precedida da execução de obra pública".

Atualmente o instituto da *concessão de serviço público, precedido ou não da execução de obra pública*, é regulado inteiramente pela Lei 8.987/95, posteriormente complementada pela Lei 9.074, de 7.7.95 (com normas des-

82. A Lei 8.987, de 13.2.95, aplica-se também às concessões de obra pública (art. 1º). Por conseguinte, o Dec. 94.002, de 4.2.87, que dispõe sobre a concessão de obra pública para construção, conservação e exploração de rodovias e obras rodoviárias federais, só se aplica naquilo em que for compatível com a lei geral de concessões. V. também Torquato Jardim, "A concessão de obra pública no sistema constitucional", *RTDP* 1/224, embora seja anterior à Lei 8.987/95, referida.

tinadas ao setor elétrico) e por alguns dispositivos esparsos da Lei 9.468, de 27.5.98. Essa legislação federal regula o art. 175 da CF, com natureza de "normas gerais", pelo quê os Estados e Municípios podem suplementar suas regras nos aspectos de seu peculiar interesse, desde que não a contrarie.

O art. 2º, III, da Lei 8.987/95 define a *concessão de serviço público precedida da execução de obra pública* como "a construção, total ou parcial, conservação, reforma, ampliação ou melhoramento de quaisquer obras de interesse público, delegada pelo poder concedente, mediante licitação, na modalidade de concorrência, à pessoa jurídica ou consórcio de empresas que demonstre capacidade para seu desempenho, por sua conta e risco, de forma que o investimento da concessionária seja remunerado e amortizado mediante a exploração do serviço ou da obra por prazo determinado".

5.4.3 *Contrato de concessão de uso de bem público* – *Contrato de concessão de uso de bem público*, *concessão de uso de bem público*, ou, simplesmente, *concessão de uso*, é o destinado a outorgar ao particular a faculdade de utilizar um bem da Administração segundo a sua *destinação específica*, tal como um hotel, um restaurante, um logradouro turístico ou uma área de mercado pertencente ao Poder Público concedente. É um típico *contrato de atribuição*, pois visa mais ao interesse do concessionário que ao da coletividade (item 1, acima), mas, como todo contrato administrativo, não pode contrapor-se às exigências do serviço público, o que permite à Administração alterá-lo unilateralmente e até mesmo rescindi-lo,[83] e isto o distingue visceralmente das locações civis ou comerciais.[84] Como contrato administrativo, sujeita-se também ao procedimento licitatório prévio.[85]

A *concessão de uso*, que pode ser remunerada ou não, apresenta duas modalidades, a saber: a *concessão administrativa de uso* e a *concessão de direito real de uso*. A primeira, também denominada *concessão comum de uso*, apenas confere ao concessionário um direito pessoal, intransferível a terceiros. Já, a *concessão de direito real de uso*, instituída pelo Dec.-lei 271,

83. TJSP, *RT* 220/273, 307/237, 318/172; TASP, *RT* 209/352, 240/408.

84. Erroneamente, as Administrações têm feito *locação* de bens públicos em lugar de *concessão remunerada de uso* desses mesmos bens, o que, a nosso ver, não retira essas impróprias "locações" do Direito Administrativo, nem as submete ao regime do Código Civil ou das denominadas leis do inquilinato. A *concessão de uso* pode ser também a título gratuito, mas nem por isso se confunde com o *comodato*, continuando regida pelos preceitos do Direito Público.

85. A antiga Lei Orgânica dos Municípios do Estado de São Paulo (Dec.-lei Complementar 9/69), em cujo projeto colaboramos, estabelecia, corretamente, que o uso de bens municipais por terceiros poderia ser feito mediante *concessão*, *permissão* ou *autorização*, a primeira por *contrato*, a segunda por *decreto* e a terceira por *portaria* (art. 65, §§ 1º a 4º), distinguindo bem a modalidade contratual (concessão) das modalidades unilaterais (permissão e autorização) e só exigindo concorrência e autorização legislativa para a concessão.

de 28.2.67 (arts. 7º e 8º), como o próprio nome indica, atribui o uso do bem público como *direito real*, transferível a terceiros por ato *inter vivos* ou por sucessão legítima ou testamentária. E é isso que a distingue da concessão administrativa de uso, tornando-a um instrumento de grande utilidade para os empreendimentos de interesse social, em que o Poder Público fomenta determinado uso do bem público.[86]

5.5 *Contrato de gerenciamento*

Contrato de gerenciamento (*contract of management*, dos norte-americanos) é aquele em que o contratante, no caso, o Governo, comete ao gerenciador a condução de um empreendimento, reservando para si a competência decisória final e responsabilizando-se pelos encargos financeiros da execução das obras e serviços projetados, com os respectivos equipamentos para sua implantação e operação. Nessa moderna modalidade contratual – já escrevemos em estudo anterior[87] – todas as atividades necessárias à implantação do empreendimento são transferidas ao gerenciador (empresa ou profissional habilitado) pela entidade ou órgão interessado, que apenas retém o poder de decisão sobre os trabalhos e propostas apresentados, e, uma vez aprovados, passa a responsabilizar-se pelo seu custo, nas condições ajustadas com seus elaboradores e executores.

O gerenciamento é, pois, atividade técnica de mediação entre o patrocinador da obra e seus executores, visto que o profissional ou a empresa gerenciadora não executa materialmente o empreendimento, mas propicia sua execução, indicando os meios mais eficientes e econômicos para sua realização. E, após a celebração dos contratos necessários com os respectivos executores, firmados diretamente pelo dono da obra, o gerenciador passa a programar, supervisionar, controlar e fiscalizar todos os serviços contratados.

No gerenciamento, o gerenciador não representa a entidade ou órgão que o contratou, nem age em nome dele, mas atua para ele. Realmente, o gerenciador presta um serviço técnico especializado, em seu próprio nome e sob sua inteira responsabilidade, nos termos do ajustado com o dono da

86. A mesma antiga Lei Orgânica recomendava que: "O Município, preferentemente à venda ou doação de seus bens imóveis, outorgará *concessão de direito real de uso*, mediante prévia autorização legislativa e concorrência" (art. 62, § 1º). Vê-se que a lei paulista distinguia perfeitamente as duas modalidades de concessão, mas exigia para ambas a concorrência e a autorização legislativa, cautelas que se justificam pela relevância desses contratos. Em nenhum dispositivo a lei paulista confundia ou admitia a "locação" ou o "comodato" de bens municipais: esses institutos civis são vantajosamente substituídos pela concessão (administrativa ou como direito real) de uso, remunerada ou gratuita, conforme o interesse da Administração.

87. V., do Autor, o artigo "Contrato de gerenciamento – Novo sistema para realização de obras públicas", *RDA* 135/1, *RT* 533/11, e no *Estudos e Pareceres de Direito Público*, III/1.

obra e sempre sujeito ao seu controle. Não representando o dono da obra, o prestador do serviço de gerenciamento (que denominamos o *gerenciador* para diferençá-lo do *gerente comercial*) não dispõe de poderes para firmar contratos com terceiros, nem para desfazer ajustes celebrados entre estes e o dono da obra, nem para impor penalidades aos contratados inadimplentes.

No que concerne aos serviços de Engenharia, o *gerenciamento* encontra respaldo jurídico na Lei 5.194/66, que defere aos profissionais e empresas de Engenharia, Arquitetura e Agronomia os trabalhos pertinentes a essas profissões em todas as suas modalidades e em todos os campos de sua atuação, atribuindo-lhes expressamente "a fiscalização de obras e serviços técnicos" e "a direção de obras ou serviços técnicos" (art. 7º, alíneas "e" e "f"). Observe-se que o termo *direção*, tal como o emprega a citada lei, engloba as atividades de *programação*, *supervisão*, *consultoria*, *controle* e *fiscalização*, ou seja, o planejamento da progressão da obra (programação), a orientação dos trabalhos em plano superior e a sua coordenação (supervisão), o assessoramento técnico (consultoria) e o poder de correção dos serviços (controle), que se realiza através de permanente vigilância de sua execução (fiscalização). Daí por que consideramos atribuições do gerenciador as atividades de *programação*, *supervisão*, *consultoria*, *controle* e *fiscalização* de todo o empreendimento gerenciado, ficando com a entidade ou órgão patrocinador da obra o poder supremo e geral de acompanhamento e decisão sobre sua conduta e seus trabalhos, de modo a coibir qualquer inadimplemento de suas obrigações e a assumir suas funções em caso de inexecução do contrato de gerenciamento, revelada pela incapacidade técnica para o correto desempenho dos serviços ajustados.

O *contrato de gerenciamento* objetiva a realização de uma obra de Engenharia na sua expressão global. Isto não significa que o gerenciador deva executar diretamente todos os elementos e serviços do empreendimento. Absolutamente, não. Suas atribuições são globais, no sentido de que lhe incumbe preparar todos os documentos necessários, programar e coordenar todo o desenvolvimento da obra, supervisionar, assessorar, controlar e fiscalizar todos os trabalhos requeridos para a implantação do empreendimento, indicando os meios e os agentes aptos a realizá-los eficiente e economicamente nas condições e prazos fixados pela entidade ou órgão interessado. Para tanto, deverá equacionar os problemas técnicos, administrativos, jurídicos e financeiros que se apresentarem à execução do empreendimento, consubstanciando-os num programa integral e conduzindo todas as atividades necessárias à implantação dos projetos aprovados pelo patrocinador da construção. O gerenciador é, assim, o condutor do empreendimento na sua globalidade.

Para finalizar, é de se esclarecer que o *gerenciador* tanto pode ser o autor do projeto (art. 9º, § 1º) como qualquer outro profissional ou empresa com capacitação técnica para bem desempenhar as complexas e múltiplas funções do gerenciamento objetivado, como, também, pode executar uma parte da obra e gerenciar o restante a cargo de terceiros. Sendo profissional ou empresa de notória especialização, admite contratação direta, com dispensa de licitação. Quanto ao modo e forma de remuneração do gerenciamento, é livre o ajuste entre as partes, podendo ser num montante fixo, num percentual sobre o custo do empreendimento ou em regime de *cost-plus*. Quanto às condições e prazos de execução, serão aqueles estabelecidos no próprio instrumento contratual.

A lei inclui o gerenciamento dentre os serviços técnicos profissionais especializadas, pelo quê admite dispensa de licitação para o seu contrato, desde que com profissional ou empresa de notória especialização (arts. 13, IV, e 25, II).

5.6 Contrato de gestão

O *contrato de gestão* tem sido considerado como elemento estratégico para a reforma do aparelho administrativo do Estado. Ele não apresenta uniformidade de tratamento nas várias leis que o contemplam, mas sua finalidade básica é possibilitar à Administração Superior fixar metas e prazos de execução a serem cumpridos pela entidade privada ou pelo ente da Administração indireta, a fim de permitir melhor controle de resultados.

Na verdade, não se trata de um *contrato* propriamente dito, porque não há interesses contraditórios. Trata-se mais de um *acordo operacional* – acordo de Direito Público – pelo qual o órgão superior da Administração direta estabelece, em conjunto com os dirigentes da entidade contratada, o programa de trabalho, com a fixação de objetivos a alcançar, prazos de execução, critérios de avaliação de desempenho, limites para despesas, assim como o cronograma da liberação dos recursos financeiros previstos.

O *contrato de gestão* havia sido previsto como o instrumento formador da parceria entre o Poder Público e as organizações sociais para a prestação de serviços não exclusivos do Estado; foi também contemplado como forma de permitir maior autonomia às fundações e autarquias que realizassem um plano estratégico de reestruturação e desenvolvimento institucional, qualificando-as como agências executivas (Lei 9.649, de 27.5.98, art. 51).

A EC 19/98, contudo, acresceu um parágrafo ao art. 37 da Carta, dispondo que "a autonomia gerencial, orçamentária e financeira dos órgãos e entidades da Administração direta e indireta poderá ser ampliada mediante contrato a ser firmado entre seus administradores e o Poder Público, que tenha por objeto a fixação de metas de desempenho para o órgão ou entidade, cabendo à lei dispor sobre: I – o prazo de duração do contrato; II – os controles e critérios de avaliação de desempenho, direitos, obrigações e responsabilidade dos dirigentes; III – a remuneração do pessoal".

O preceito é de difícil aplicação à Administração direta. Os órgãos públicos não têm personalidade jurídica e nem vontade própria, constituindo-se em centros de competência para o desempenho de funções estatais, através de seus agentes, cuja atuação é imputada à pessoa jurídica a que pertencem (v. cap. II). De igual modo, não parece viável também a contratação dos *administradores* do órgão (como consta do citado preceito constitucional), visto que tais agentes já são servidores públicos e estão submetidos ao respectivo regime de trabalho. O que se poderia admitir, *na forma que dispuser a lei*, é a existência de um *acordo de programas* que viesse a permitir certa autonomia do órgão, maiormente para o fim de determinar a aplicação de recursos orçamentários decorrentes da economia com despesas correntes, conforme prevê o § 7º do art. 39 da CF, com a redação da EC 19/98.

Só é possível contrato com as entidades da Administração indireta, dotadas de personalidade jurídica própria. A rigor, nem seria caso de se falar em contrato, pois, tratando-se de entidades da Administração indireta (autarquias e fundações), seus dirigentes são escolhidos pela Administração Superior, que pode desde logo fixar as metas, prazos e demais condições impostas ao desempenho dos escolhidos. Não obstante, adotou-se a formalização do contrato como forma de mobilizar aqueles administradores para os objetivos de Governo, que lhes concede maior autonomia de gestão, ao mesmo tempo em que assegura maior eficiência do controle de resultados.

Como na Administração Pública domina o princípio da legalidade, o *contrato de gestão* não é fonte de direitos. Ele é simplesmente um fato jurídico que permite a aplicação de determinados benefícios previstos em lei. A ampliação da autonomia e outras vantagens a serem concedidas às entidades devem estar previstas em lei. É o que ocorre, p. ex., com o aumento dos percentuais de dispensa de licitação para as autarquias e fundações qualificadas como agências executivas (Lei 8.666/93, art. 24, parágrafo único, com a redação dada pela Lei 9.648/98 – v. tb. Lei 10.881, de 9.7.2004).

Importante anotar que o *contrato de gestão* aqui referido, cujo fundamento constitucional é o § 8º do art. 37 da CF, na redação dada pela EC 19/98, não se confunde com o *contrato de gestão* previsto na Lei federal 9.637, de 15.5.98, como sendo o "instrumento a ser firmado entre o Poder Público e a entidade qualificada como organização social, com vistas à formação de parceria entre as partes para fomento e execução de atividades relativas às áreas relacionadas no art. 1º".[88] Trata-se do instrumento jurídi-

88. O art. 1º da Lei 9.637, de 15.5.98, dispõe que: "O Poder Executivo poderá qualificar como organizações sociais pessoas jurídicas de direito privado, sem fins lucrativos, cujas

co apto a reger a relação entre o Poder Público e entidades privadas, sem fins lucrativos, que cumprem os requisitos especificados na lei, qualificadas como *organizações sociais*, para fomento e execução de atividade de interesse público.[89]

5.7 *Contrato de programa*

A Lei 11.107, de 6.4.2005, sobre normas gerais para a contratação de consórcios públicos, prevê que as obrigações que um ente da Federação constituir para com outro ente da Federação ou para com consórcio público no âmbito de gestão associada em que haja a prestação de serviços públicos ou a transferência total ou parcial de encargos, serviços, pessoal ou de bens necessários à continuidade dos serviços transferidos, deverão ser constituídas e reguladas por *contrato de programa*, como condição de sua validade (art. 13). Portanto, é um contrato que regra obrigações decorrentes do consórcio público. Sobre os requisitos do *contrato de programa*, suas cláusulas, inclusive as obrigatórias, e sua extinção, remetemos o leitor para o Capítulo VI.

5.8 *Termo de parceria*[90]

A Lei federal 9.790, de 23.3.99, instituiu o que denominou *termo de parceria*, definindo-o como o "instrumento passível de ser *firmado entre o Poder Público e as entidades qualificadas como Organizações da Sociedade Civil de Interesse Público* destinado à formação de *vínculo de cooperação* entre as partes, para o fomento e a execução das atividades de interesse público previstas no art. 3º" (art. 9º) do diploma legal em exame. Essa definição, embora tecnicamente imperfeita, indica o *vínculo de cooperação*

atividades sejam dirigidas ao ensino, à pesquisa científica, ao desenvolvimento tecnológico, à proteção e preservação do meio ambiente, à cultura e à saúde, atendidos os requisitos previstos nesta Lei".

89. No Estado de São Paulo as *organizações sociais* receberam regime especial na Lei Complementar estadual 846, de 4.6.98, regulamentada pelo Dec. estadual 43.493, de 29.9.98, sendo que o *contrato de gestão*, naquela esfera federativa, é o instrumento firmado entre o Poder Público e a organização social com vistas à formação de parceria entre as partes para fomento e execução de atividades relativas exclusivamente à área da saúde ou da cultura.

90. Não confundir esta parceria com a *parceria público-privada*, modalidade de concessão de serviço público instituída pela Lei 11.079, de 30.12.2004, cujo tema é comentado no item 8.2 do cap. VI. Cf. Diogo de Figueiredo Moreira Neto, "Coordenação gerencial na Administração Pública", *RDA* 214/35; Paulo Modesto, "Reforma do marco legal do Terceiro Setor no Brasil", *RDA* 214/55; Roberto Ribeiro Bazilli, "Organizações da sociedade civil de interesse público: nova modalidade de parceria", *RT* 779/79. Orientação Normativa AGU-29/2010: "A Administração Pública pode firmar termo de parceria ou convênio com as organizações sociais de interesse público/OSCIPs. Há necessidade da devida motivação e justificação da escolha efetuada. Após a celebração do instrumento não é possível alterar o respectivo regime jurídico, vinculando os partícipes".

como sua característica e nos leva à conclusão de que a lei se refere a um *termo de cooperação*.

Realmente, o art. 241 da CF, na redação que lhe deu a EC 19/98, voltou a estabelecer que: "A União, os Estados, o Distrito Federal e os Municípios disciplinarão por meio de lei os consórcios públicos e os convênios de cooperação entre os entes federados, autorizando a gestão associada de serviços" – complementando o que a respeito dispunha o parágrafo único do art. 23 da CF. Com base nessa disposição constitucional o Autor já entendia ser possível a sua celebração não só entre as entidades públicas de qualquer espécie mas, também, entre estas e organizações particulares, para realização de objetivos de interesse comum dos partícipes.[91]

A Lei 9.790/99 estabelece que "o termo de parceria firmado de comum acordo entre o Poder Público e as Organizações da Sociedade Civil de Interesse Público discriminará direitos, responsabilidades e obrigações das partes signatárias" (art. 10), assemelhando-o, em muitos aspectos, ao *contrato de gestão* (art. 6º da Lei federal 9.637, de 15.5.98), que a lei define como o "instrumento a ser firmado entre o Poder Público e a entidade qualificada como organização social, com vistas à formação de parceria entre as partes para fomento e execução de atividades relativas às áreas relacionadas no art. 1º" (Lei 9.637/98, art. 5º).

Essas figuras jurídicas introduzidas pela chamada *Reforma Administrativa do Estado*, bastante semelhantes em alguns pontos, não são contratos propriamente ditos, pois neles não há interesses contraditórios, mas convergentes, como acima dissemos.

São cláusulas essenciais do *termo de parceria*: a do objeto, que conterá a especificação do programa de trabalho proposto pela Organização da Sociedade Civil de Interesse Público; a de estipulação das metas e dos resultados a serem atingidos e os respectivos prazos de execução ou cronograma; a de previsão expressa dos critérios objetivos de avaliação de desempenho a serem utilizados, mediante indicadores de resultado; a de previsão de receitas e despesas a serem realizadas em seu cumprimento, estipulando item por item as categorias contábeis usadas pela Organização e o detalhamento das remunerações e benefícios de pessoal a serem pagos, com recursos oriundos ou vinculados ao termo de parceria, a seus diretores, empregados e consultores; a que estabelece as obrigações da Sociedade Civil de Interesse Público, entre as quais a de apresentar ao Poder Público, ao término de cada exercício, relatório sobre a execução do objeto do termo de parceria, contendo comparativo específico das metas propostas com os resultados alcançados (Lei 9.790/99, art. 9º).

91. Cf. edições anteriores deste *Direito Administrativo Brasileiro* (na 24ª ed., 1999, pp. 360 e ss.).

Como visto, ambos objetivam o estabelecimento de um programa de trabalho, com a fixação dos objetivos a alcançar, prazos de execução, critérios de avaliação de desempenho, limites para despesas, assim como o cronograma da liberação dos recursos financeiros previstos. Em ambos há previsão legal de responsabilização de eventual malversação do dinheiro público envolvido nos acordos, com denúncia ao Tribunal de Contas respectivo e ao Ministério Público, sob pena de responsabilidade solidária.

Contudo, enquanto no *contrato de gestão* às entidades qualificadas como organizações sociais poderão ser destinados recursos orçamentários e bens públicos necessários ao cumprimento das metas previstas naquele *ajuste* (Lei 9.637/98, art. 12 e §§), na Lei 9.790/99 não há essa previsão expressa de recursos orçamentários, embora a lei mencione recursos públicos provenientes da celebração do *termo de parceria*, cuja liberação será feita em conta bancária específica, conforme o decreto regulamentador (Dec. 3.100, de 30.6.99), de acordo com o respectivo cronograma. Outra diferença entre esses dois acordos é que no *contrato de gestão* a lei que o disciplina faculta ao Poder Executivo a cessão especial de servidor e de bens públicos para as organizações sociais, enquanto que no *termo de parceria* não há essa previsão.

O Regulamento da lei estabelece que a escolha da Organização da Sociedade Civil de Interesse Público para a celebração do termo de parceria poderá ser feita por meio de concurso de projetos a ser efetuado pelo órgão estadual parceiro, cujos termos constam dos arts. 23 e ss.

5.9 Contrato de parceria público-privada/PPP

Nos termos do art. 2º da Lei federal 11.079, de 30.12.2004, que instituiu normas gerais para sua contratação no âmbito da Administração Pública: "Parceria público-privada é o contrato administrativo de concessão, na modalidade patrocinada ou administrativa", sendo que *concessão patrocinada* é "concessão de serviços públicos ou de obras públicas de que trata a Lei n. 8.987, de 13 de fevereiro de 1995, quando envolver, adicionalmente à tarifa cobrada dos usuários, contraprestação pecuniária do parceiro público ao parceiro privado" (§ 1º); e *concessão administrativa* "o contrato de prestação de serviços de que a Administração Pública seja a usuária direta ou indireta, ainda que envolva execução de obra ou fornecimento e instalação de bens" (§ 2º).

É condição para a celebração de contrato de parceria público-privada que ao particular seja atribuído o encargo de realizar investimento inicial mínimo de R$ 20.000.000,00. O prazo do contrato deve estar entre cinco e trinta e cinco anos, e o objeto do contrato não pode envolver apenas o fornecimento de mão-de-obra, o fornecimento e instalação de equipamentos ou a execução de obra pública. O particular, em contrato dessa natureza, deve, necessariamente, assumir a prestação de serviços relacionados à manutenção da infra-estrutura construída ou recuperada no bojo da contratação.

As cláusulas dos contratos de PPP devem atender ao disposto no art. 23 da Lei 8.987/95, devendo também prever (art. 5º): o prazo de vigência do contrato, compatível com a amortização dos investimentos realizados, não inferior a cinco nem superior a trinta e cinco anos, incluindo eventual prorrogação; as penalidades aplicáveis à Administração Pública e ao parceiro privado em caso de inadimplemento contratual, fixadas sempre de forma proporcional à gravidade da falta cometida e às obrigações assumidas; a repartição de risco entre as partes, inclusive os referentes a caso fortuito, força maior, fato do príncipe e álea econômica extraordinária; as formas de remuneração e de atualização dos valores contratuais; os mecanismos para a preservação da atualidade da prestação dos serviços; os fatos que caracterizem a inadimplência pecuniária do parceiro público, os modos e o prazo de regularização e, quando houver, a forma de acionamento da garantia; os critérios objetivos de avaliação do desempenho do parceiro privado; a prestação, pelo parceiro privado, de garantias de execução suficientes e compatíveis com os ônus e riscos envolvidos, observados os limites dos §§ 3º e 5º do art. 56 da Lei 8.666/93 e, no que se refere às concessões patrocinadas, o disposto no inciso XV do art. 18 da Lei 8.987/95; o compartilhamento com a Administração Pública de ganhos econômicos do parceiro privado decorrentes da redução do risco de crédito dos financiamentos utilizados pelo parceiro privado; e a realização de vistoria dos bens reversíveis, podendo o parceiro público reter os pagamentos ao parceiro privado, no valor necessário para reparar as irregularidades eventualmente detectadas.

Os contratos ainda podem prever a possibilidade de transferência do controle da concessionária para seus financiadores, com o objetivo de promover sua reestruturação financeira e assegurar a continuidade da prestação dos serviços; a possibilidade de emissão de empenho em nome dos financiadores do projeto; e a legitimidade dos financiadores do projeto para receber indenizações por extinção antecipada do contrato, bem como pagamentos efetuados por fundos e empresas estatais garantidoras das PPPs (v. cap. VI, item 8.2).

5.10 Contrato de franquia postal

O contrato de franquia postal é firmado entre pessoas jurídicas de Direito Privado e a ECT (Empresa Brasileira de Correios e Telégrafos), tendo por objeto a exploração de atividades auxiliares do serviço postal. A norma de regência é a Lei 11.668, de 2.5.2008, com aplicação subsidiária das Leis 10.406/2002, 8.955/94 e 8.666/93, devendo ser utilizada como critério de julgamento a melhor proposta técnica, com preço fixado no edital (art. 15, IV, da Lei 8.987/95).

Por meio dessa modalidade contratual objetiva-se: "I – proporcionar maior comodidade aos usuários; II – a democratização do acesso ao exercício da atividade de franquia postal, assim definida no art. 1º desta Lei, sem prejuízo das atribuições da ECT previstas na Lei n. 6.538, de 22 de junho de 1978; III – a manutenção e expansão da rede de Agências dos Correios Franqueadas, respeitando-se os princípios da legalidade, impessoalidade, moralidade, publicidade e eficiência; e IV – a melhoria do atendimento prestado à população" (art. 6º, I-IV, da Lei 11.668/2008). O instrumento contratual de franquia postal deverá incluir as cláusulas essenciais listadas no art. 4º da Lei 11.668/2008.

6. *Contrato de consórcio público*

Contrato de consórcio público é o ajuste que entes federados celebram, precedido de protocolo de intenções e aprovação legislativa, no qual delegam a gestão associada de serviços públicos e a realização de objetivos de interesses comuns, de conformidade com as normas legais, as cláusulas do protocolo e as do próprio contrato, inclusive as cláusulas que definem a sua personalidade jurídica, como associação pública de direito público ou como pessoa jurídica de direito privado, sem fins econômicos. Os consórcios públicos e suas normas gerais, inclusive as pertinentes ao seu contrato, serão examinados em item próprio, no cap. VI, item 6.

7. *Licitação*[92]

7.1 *Considerações gerais*

Vimos anteriormente que o contrato administrativo exige *licitação prévia*, só dispensada, dispensável ou inexigível nos casos expressamente previstos em lei, e que constitui uma de suas peculiaridades, de caráter externo (cf. item 1 deste capítulo). Assim, a *licitação* é o antecedente necessário do

92. Nesse item resumimos a matéria contida no *Licitação e Contrato Administrativo*, do Autor. Sobre licitação, v., ainda, os autores pátrios citados na "Bibliografia".

Deixamos de indicar autores estrangeiros porque a sistemática da licitação no Brasil não corresponde à de outros países. Até mesmo a terminologia é diferente. Na França, p. ex., licitação é *adjudication*, adjudicação é *attribution* e *concurrence* não é a nossa concorrência, mas sim a participação em qualquer licitação. A mesma divergência ocorre no Direito Alemão, no Belga e no Italiano. Os que mais se assemelham ao nosso são o Português, o Espanhol, o Argentino e o Uruguaio, mas com sensíveis diferenças de sistema. Fica a advertência para evitar-se a indevida invocação da doutrina estrangeira em tema de licitação. Quanto aos *contratos administrativos*, que vimos nos itens anteriores, já a doutrina é bastante assemelhada e uniforme no Direito pátrio e estrangeiro.

contrato administrativo; o contrato é o conseqüente lógico da licitação. Mas esta, observa-se, é apenas um procedimento administrativo preparatório do futuro ajuste, de modo que não confere ao vencedor nenhum direito ao *contrato*, apenas uma *expectativa de direito*. Realmente, concluída a licitação, não fica a Administração obrigada a celebrar o contrato, mas, se o fizer, há de ser com o proponente vencedor.

A sistemática da licitação sofreu fundamental modificação no Direito brasileiro desde o seu incipiente tratamento no Código da Contabilidade Pública da União, de 1922, até o Dec.-lei 200/67, Lei 5.456/68, Lei 6.946/81 e Dec.-lei 2.300/86, todos revogados e substituídos pela Lei 8.666, de 21.6.93 (alterada pelas Leis 8.883/94, 9.648/98, 10.973/2004, 11.079/2004, 11.107/2005, 11.196/2005, 11.445/2007, 11.481/2007, 11.484/2007, 11.763/2008 e 12.349/2010), que, embora diga regulamentar o art. 37, XXI, da CF, na verdade estabelece as *normas gerais* sobre licitações e contratos previstas no art. 22, XXVII, da mesma CF, aplicáveis à Administração direta, indireta e fundacional da União, Estados e Municípios. Além da Lei 8.666/93, a Lei 8.987/95 (disciplina as concessões e permissões de serviços e obras públicas), a Lei 10.520/2002 (sobre a modalidade "pregão" para aquisição de bens e serviços comuns, regulamentada pelos Decs. 3.555/2000 e 5.450/2005), a Lei 11.079/2004 (sobre parcerias público-privadas) e a Lei 12.232/2010 (normas gerais sobre licitações e contratações de serviços de publicidade), constituem a espinha dorsal das normas gerais sobre licitações e contratos administrativos. O consórcio público, quando associação pública, é autarquia especial integrante da administração indireta, estando, assim, sujeito à licitação. Deve-se notar que mesmo o consórcio público revestido de personalidade jurídica de direito privado, embora não integrando a administração indireta, deverá observar as normas de direito público no que concerne à realização de licitação e celebração de contratos (art. 6º, § 2º, da Lei 11.107, de 2005).

As empresas públicas, sociedades de economia mista e suas subsidiárias que explorem atividade econômica ficam sujeitas a uma legislação especial, nos termos da redação dada ao art. 173 pela EC 19/98, o que não é exigido "para as entidades privadas que atuam em colaboração com a Administração Pública" (STF, ADI 1.864).

Por *normas gerais* devem entender-se todas as disposições da lei aplicáveis indistintamente às licitações e contratos da União, Estados, Municípios, Distrito Federal e Territórios, bem como de seus desmembramentos autárquicos e paraestatais. Como já vimos precedentemente, continua com os Estados, Municípios, Distrito Federal e Territórios a faculdade de editar *normas peculiares* para suas licitações e contratos administrativos de obras, serviços, compras e alienações, como o fizeram na vigência do Dec.-lei

200/67, da Lei 5.456/68 e do Dec.-lei 2.300/86, em tudo que não contrariar as *normas gerais*,[93] notadamente no procedimento da licitação, na formalização e execução dos contratos, nos prazos e nos recursos admissíveis.

Feitas essas considerações gerais, vejamos os aspectos doutrinários da matéria por ela regida, a começar pelo *conceito*, *finalidades*, *princípios* e *objeto da licitação*.

7.2 Conceito e finalidades, princípios e objeto da licitação

7.2.1 *Conceito e finalidades da licitação* – *Licitação* é o procedimento administrativo mediante o qual a Administração Pública seleciona a proposta mais vantajosa para o contrato de seu interesse, inclusive o da promoção do desenvolvimento econômico sustentável e fortalecimento de cadeias produtivas de bens e serviços domésticos. Como procedimento, desenvolve-se através de uma sucessão ordenada de atos vinculantes para a Administração e para os licitantes, o que propicia igual oportunidade a todos os interessados e atua como fator de eficiência e moralidade nos negócios administrativos. Tem como pressuposto a competição.[94]

Com poucas divergências, a doutrina é acorde na acentuação desses traços essenciais e de duas tradicionais finalidades da licitação – obtenção do contrato mais vantajoso e resguardo dos direitos de possíveis contratados.[95] É preocupação que vem desde a Idade Média,[96] e leva os Estados Modernos a aprimorarem cada vez mais o procedimento licitatório, hoje sujeito a determinados *princípios*, cujo descumprimento descaracteriza o instituto e invalida seu resultado seletivo.

A Lei 12.349, de 15.12.2010, conversão da MP 495/2010, dando nova redação ao art. 3º da Lei 8.666, agregou como terceira finalidade a "promo-

93. Sobre o conceito de *normas gerais*, v. STF, ADI 927, que suspendeu liminarmente, em relação aos Estados, Distrito Federal e Municípios, o art. 17, I, "b", o art. 17, II, "b", e o art. 17, § 1º, da Lei 8.666-93 (in *RDA* 200/193).

94. Eros Roberto Grau, *Licitação e Contrato Administrativo*, São Paulo, Malheiros Editores, 1995, p. 15.

95. Confrontem-se os conceitos de Antônio Marcello da Silva, "O princípio e os princípios da licitação", *RT* 532/26 e *RDA* 136/35; Miguel Seabra Fagundes, "Parecer", *RT* 236/429; Carlos Medeiros Silva, "Parecer", *RDA* 79/465; Carlos S. de Barros Jr., *Concorrência Pública*, São Paulo, 1969, p. 9; Enrique Sayagués Laso, *La Licitación Pública*, Montevidéu, 1945, p. 53; Alcides Greca, *Régimen Legal de la Construcción*, Buenos Aires, 1956, p. 212; Bartolomé A. Fiorini, *Licitación Pública*, Buenos Aires, 1972, p. 59; André de Laubadère, *Contrats Administratifs*, Paris, 1956, I/263.

96. Nos Estados medievais da Europa usou-se o sistema denominado "vela e pregão", que consistia em apregoar-se a obra desejada e, enquanto ardia uma vela, os construtores interessados faziam suas ofertas. Quando se extinguia a chama, adjudicava-se a obra a quem houvesse oferecido o melhor preço.

ção do desenvolvimento nacional sustentável",[97] entendida como a busca do desenvolvimento econômico e do fortalecimento de cadeias produtivas de bens e serviços domésticos, usando-se para esse fim o poder de compra governamental, mediante novas normas que asseguram "atuação privilegiada do setor público com vistas à instituição de incentivos à pesquisa e à inovação que, reconhecidamente, consubstanciam poderoso efeito indutor ao desenvolvimento do País".[98] Essa terceira finalidade, segundo a "Exposição de Motivos" da medida provisória, fundamenta-se nos seguintes comandos da Constituição Federal: "(i) inciso II do art. 3º, que inclui o desenvolvimento nacional como um dos objetivos fundamentais da República Federativa do Brasil; (ii) incisos I e VIII do art. 170, atinentes às organização da ordem econômica nacional, que deve observar, entre outros princípios, a soberania nacional e a busca do pleno emprego; (iii) art. 174, que dispõe sobre as funções a serem exercidas pelo Estado, como agente normativo e regulador da atividade econômica; e (iv) art. 219, que trata de incentivos ao mercado interno, de forma a viabilizar o desenvolvimento cultural e socioeconômico, o bem-estar da população e a autonomia tecnológica do País".

Para essa finalidade, "poderá" estabelecer "margem de preferência para produtos manufaturados e serviços nacionais que atendam a normas técnicas brasileiras", que pode envolver grupo de produtos ou grupo de serviços, a ser definida pelo Poder Executivo Federal, limitada a até "25% acima do preço dos produtos manufaturados e serviços estrangeiros", "com base em estudos que levem em consideração: I – geração de emprego e renda; II – efeito na arrecadação de tributos federais, estaduais e municipais; e III – desenvolvimento e inovação tecnológica realizados no País". Respeitado esse limite, pode "ser estabelecida margem de preferência adicional para os produtos manufaturados e para os serviços nacionais resultantes de desenvolvimento e inovação tecnológica realizados no País" (cf. §§ 5º, 6º, 7º e 8º do art. 3º, na redação dada pela MP 495). Essa preferência não se aplica quando não houver produção suficiente de bens manufaturados ou capacidade de prestação dos serviços no País (§ 9º). Mas será estendida aos bens e serviços originários dos Estados-Partes do Mercosul, após a ratificação do Protocolo de Contratações Públicas do Mercosul, celebrado em 20.7.2006, e poderá ser estendida, total ou parcialmente, aos bens e serviços originários de outros Países com os quais o Brasil venha a assinar acordos sobre compras governamentais (§ 10 do art. 3º).

97. O "sustentável" não constava da MP 495. Foi acrescido com a finalidade de reiterar o que já consta dos arts. 170,VI, e 225 e seus §§ da CF e 2º e 4º da Lei 6.938/81, examinados no cap. VIII, item 10.

98. Cf .Exposição de Motivos da Medida Provisória 495/2010, que, ainda, menciona dispositivos com o mesmo objeto editados pelos Estados Unidos da América, atos *Buy American Act*, de 1933, e *American Recovery and Reinvestment Act*, de 2009; pela China, Lei 68/2002; na Colômbia, a Lei 816/2003; e na Argentina, a Lei 25.551/2001.

Em razão dessa terceira finalidade, a nova redação diz que os editais de licitação para a contratação de bens, serviços e obras poderão exigir que o contratado promova, em favor da Administração Pública ou daqueles por ela indicados, medidas de compensação comercial, industrial, tecnológica ou acesso a condições vantajosas de financiamento, cumulativamente ou não, na forma estabelecida pelo Executivo Federal, e que nas contratações destinadas à implantação, manutenção e ao aperfeiçoamento dos sistemas de tecnologia de informação e comunicação, considerados estratégicos em ato do Executivo Federal, a licitação poderá ser restrita a bens e serviços com tecnologia desenvolvida no País e produzidos de acordo com o processo produtivo básico de que trata a Lei 10.176/2001 (§§ 11 e 12 do art. 3º).

Por fim, segundo a nova redação do § 2º do art. 3º, no julgamento, havendo igualdade de condições, como critério de desempate será assegurada preferência, sucessivamente, aos bens e serviços: "I – produzidos no País; II – produzidos ou prestados por empresas brasileiras; e III – produzidos ou prestados por empresas que invistam em pesquisa e no desenvolvimento de tecnologia no País". Essa redação também buscou adequar a lei ao disposto na EC 6/95, que revogou o art. 171 da CF. Os incisos XVII, XVIII e XIX do art. 6º, acrescidos pela MP 495, para efeitos da Lei 8.666, definem "produtos manufaturados nacionais", os "serviços nacionais" e os "sistemas de tecnologia de informação e comunicação estratégicos".

A respeito da interpretação da MP 495/2010 e sua constitucionalidade, devemos considerar premissa fundamental de Eros Roberto Grau, assim colocada: "Afirmar a *soberania econômica nacional* como instrumento para a realização do fim de assegurar a todos existência digna e como objetivo particular a ser alcançado é definir políticas públicas voltadas – repito – não ao isolamento econômico, mas à viabilização da participação da sociedade nacional, em condições de igualdade, no mercado internacional".[99]

A margem de preferência não fere os princípios da isonomia e da competitividade, na medida em que as situações de preferências previstas pela lei caracterizam situações distintas em relação àqueles que nelas não estejam enquadrados. Em relação a estes – os enquadrados nas preferências –, sim, aqueles princípios incidem. De mais a mais, com base em observação de Celso Antônio Bandeira de Mello[100] no sentido de que "o

99. Eros Grau, *A Ordem Econômica na Constituição de 1988*, 14ª ed., São Paulo, Malheiros Editores, 2010, p. 232. A Exposição de Motivos da Medida Provisória 495/2010 destaca que "(...) tecnologia é, cada vez mais, o fator determinante da competitividade internacional das empresas e da prosperidade das Nações".

100. Celso Antônio Bandeira de Mello, "Preferências em licitação para bens e serviços fabricados no Brasil e para empresas brasileiras de capital nacional", *RTDP* 27/5-10. Em sentido oposto, cf. José Santos Carvalho Filho, *Manual de Direito Administrativo*, 21ª ed., Rio de Janeiro, Lumen Juris, 2009, p. 238.

fato de ser cancelada uma determinação impondo dada conduta não predica logicamente proibição alguma de que a conduta em causa seja praticada", a revogação do art. 171 e seus §§, operada pela EC 6/1995, não pode ser vista como uma vedação àquelas preferências. A revogação atingiu apenas um comando que *induzia* o legislador infraconstitucional à concessão de incentivos e à realização de uma diferenciação de tratamento. Todavia, a falta de indução operada pela revogação em comento não impede que a lei conceda incentivos, como as preferências em comento, de modo a atender principalmente aos arts. 3º, II, 170, I e VIII, 174, 218 e 219 da Carta,[101] exatamente como destacou a "Exposição de Motivos" da MP 495/2010, acima referida. Tais normas exigem que o legislador, em nome da soberania econômica nacional,[102] confira o tratamento diferenciado, como o aqui examinado. Contudo, na aplicação de preferência a Administração Pública deverá velar para que a fixação das margens de preferência seja feita com razoabilidade, de modo a não promover gastos desnecessários em face da finalidade prevista pela lei, descaracterizando a natureza e a finalidade do processo licitatório.[103]

As disposições da MP 495/2010 aplicam-se ao *pregão* (art. 2º).

7.2.2 *Princípios da licitação* – Segundo o art. 3º da Lei de Licitação, os *princípios* que regem a licitação, qualquer que seja a sua modalidade, resumem-se nos seguintes preceitos: *procedimento formal*; *publicidade de seus atos*; *igualdade entre os licitantes*; *sigilo na apresentação das propostas*; *vinculação ao edital ou convite*; *julgamento objetivo*; *adjudicação compulsória ao vencedor* e *probidade administrativa*.[104] A lei destaca aqueles princípios mais específicos da licitação; mas, obviamente, como o próprio

101. Nesse sentido – ou seja, pela constitucionalidade –, cf. excelentes ensinos de Eros Grau, na obra citada acima (*A Ordem Econômica na Constituição de 1988*, 14ª ed.), itens 114-117, pp. 263-281.

102. Já decidiu o STF que "a importação de produtos estrangeiros sujeita-se ao controle governamental – Inocorrência de ofensa ao princípio isonômico no fato de não ter sido autorizada a importação de veículos usados, não obstante permitida a importação de veículos novos" (RE 202.313-CE). Ora, *a fortiori*, a preferência ao equivalente nacional é um *minus* em relação à proibição da importação de determinado produto.

103. Destaca-se trecho do voto do Min. Cezar Peluso, relator da ADI 3.583-PR: "(...) escusaria advertir que se não pode desvirtuar o instituto da licitação para o converter em instrumento de incentivo vinculado a política industrial, fiscal ou social do Estado-membro. Sua finalidade constitucional é outra, como se vê nítido no art. 37, XXI". Acrescente-se que "a lei não autoriza o administrador público a atuar, no exercício de sua gestão, com espírito aventureiro (...)" (STJ, EREsp 14.868; *RDR* 33/200). Nesse sentido, Marçal Justen Filho (*Comentários...*, 13ª ed., p. 88) adverte que "viola a Constituição a invocação do interesse nacional para produzir contratações desastrosas para os cofres públicos".

104. V., no mesmo sentido, Antônio Marcello da Silva, "O princípio e os princípios da licitação", *RDA* 136/35 e tb. *RT* 532/26.

art. 3º revela, os demais princípios constitucionais também são aplicáveis no estudo desse instituto.

7.2.2.1 Procedimento formal: o *princípio do procedimento formal* é o que impõe a vinculação da licitação às prescrições legais que a regem em todos os seus atos e fases. Essas prescrições decorrem não só da lei mas, também, do *regulamento*, do *caderno de obrigações* e até do próprio *edital* ou *convite*, que complementa as normas superiores, tendo em vista a licitação a que se refere (Lei 8.666/93, art. 4º).[105]

Procedimento formal, entretanto, não se confunde com "formalismo", que se caracteriza por exigências inúteis e desnecessárias. Por isso mesmo, não se anula o procedimento diante de meras omissões ou irregularidades formais na documentação ou nas propostas desde que, por sua irrelevância, não causem prejuízo à Administração ou aos licitantes. A regra é a dominante nos processos judiciais: não se decreta a nulidade onde não houver dano para qualquer das partes – *pas de nullité sans grief*, como dizem os franceses.

A Lei 8.666/93, procurando dar maior transparência ao procedimento licitatório, permite a qualquer cidadão acompanhar o seu desenvolvimento, desde que não interfira de modo a perturbar ou impedir a realização dos trabalhos (art. 4º). Recentemente, a Lei federal 11.079, de 30.12.2004, que institui normas gerais para licitação e contratação de parceria público-privada/PPP, incorporou tendência que vem sendo verificada em nossos Tribunais[106] e admitiu a possibilidade de saneamento de falhas nas licitações para celebração de contratos de PPPs.[107] Também as Cortes de Contas têm firmado entendimento no sentido de que o excesso de rigor no processo licitatório tende a limitar o número de concorrentes, prejudicando a celebração do melhor contrato para a Administração.[108]

105. Em questão sobre licitação o STJ decidiu: "O devido processo legal se traduz na obediência à ordenação e à sucessão das fases procedimentais consignadas na lei e no edital de convocação, sendo este inalterável através de mera comunicação interna aos licitantes (art. 21, § 4º, da Lei n. 8.666/93)" (MS 5.755, STJ-*Lex* 116/80; *RDA* 215/203; *RJADCOAS* 1/155). V. Antônio Marcello da Silva, "O princípio e os princípios da licitação", *RDA* 136/35 e *RT* 532/26.

106. Nesse sentido, v. excelentes acórdãos no STF, MS 22.050 (*RDA* 203/145); no STJ, MS 1.113 e RMS 3.920; e no TJSP, MS 134.841-0/0-00 (órgão especial, rel. Des. Nelson Calandra, *Lex* 322/3.488) e ApCiv 272.029-5/0, rel. Des. Urbano Ruiz.

107. Trata-se do inc. IV do art. 12 da Lei 11.079/2004: "O edital poderá prever a possibilidade de saneamento de falhas, de complementação de insuficiências ou ainda de correções de caráter formal no curso do procedimento, desde que o licitante possa satisfazer as exigências dentro do prazo fixado no instrumento convocatório". Nesta mesma linha, a Lei Estadual Baiana 9.433/2005, em seu art. 78 e §§ 6º e 7º.

108. Neste sentido, o TCU já decidiu que "o formalismo exagerado da Comissão de Licitação configura uma violação a princípio básico das licitações, que se destinam a selecionar a proposta mais vantajosa para a Administração. (...). O ex-Ministro Extraordinário da Desburocratização, Hélio Beltrão, costumava dizer que a burocracia nasce e se alimenta da

7.2.2.2 Publicidade de seus atos: a *publicidade dos atos da licitação* é princípio que abrange desde os avisos de sua abertura até o conhecimento do edital e seus anexos, o exame da documentação e das propostas pelos interessados e o fornecimento de certidões de quaisquer peças, pareceres ou decisões com ela relacionadas. É em razão desse princípio que se impõem a abertura dos envelopes da documentação e proposta *em público* e a publicação oficial das decisões dos órgãos julgadores e do respectivo contrato, ainda que resumidamente (arts. 3º, § 3º, e 43, § 1º).

Não há confundir, entretanto, a abertura da documentação e das propostas com seu julgamento. Aquela será sempre em *ato público*; este poderá ser realizado em *recinto fechado* e sem a presença dos interessados, para que os julgadores tenham a necessária tranqüilidade na apreciação dos elementos em exame e possam discutir livremente as questões a decidir. O essencial é a divulgação do *resultado do julgamento*, de modo a propiciar aos interessados os recursos administrativos e as vias judiciais cabíveis.

7.2.2.3 Igualdade entre os licitantes: a *igualdade entre os licitantes* é princípio impeditivo da discriminação entre os participantes do certame, quer através de cláusulas que, no edital ou convite, favoreçam uns em detrimento de outros, quer mediante julgamento faccioso, que desiguale os iguais ou iguale os desiguais (art. 3º, § 1º).[109] Desse princípio decorrem os demais princípios da licitação, pois estes existem para assegurar a igualdade. O inciso I do art. 3º foi alterado pela Lei 12.349/2010, para adequá-lo à *margem de preferência* prevista nos §§ 5º e 12 desse mesmo art. 3º, examinados acima.

O desatendimento a esse princípio constitui a forma mais insidiosa de desvio de poder, com que a Administração quebra a isonomia entre os lici-

desconfiança no cidadão, na crença de que suas declarações são sempre falsas e que válidas são as certidões, de preferência expedidas por cartórios, com os importantíssimos carimbos e os agora insubstituíveis 'selos holográficos de autenticidade', sem os quais nada é verdadeiro" (Processo 004.809/1999-8, Decisão 695/99, Plenário). Quanto à jurisprudência sobre este aspecto, consulte-se, do Autor, o livro *Licitação e Contrato Administrativo* (15ª ed., atualizada por José Emmanuel Burle Filho, Carla Rosado Burle e Luís Fernando Pereira Franchini, São Paulo, Malheiros Editores, 2010).

109. A lei deve garantir a igualdade material dos licitantes, como no caso das microempresas e empresas de pequeno porte, que receberam tratamento diferenciado pela Lei Complementar 123/2006 (arts. 42-49), regulamentada pelo Dec. 6.204, de 5.9.2009. Com efeito: "(...). 6. A lei pode, sem violação do princípio da igualdade, distinguir situações, a fim de conferir a uma tratamento diverso do que atribui a outra. Para que possa fazê-lo, contudo, sem que tal violação se manifeste, é necessário que a discriminação guarde compatibilidade com o conteúdo do princípio. 7. A Constituição do Brasil exclui quaisquer exigências de qualificação técnica e econômica que não sejam indispensáveis à garantia do cumprimento das obrigações. A discriminação, no julgamento da concorrência, que exceda essa limitação é inadmissível. (...)" (STF, ADI 2.716, rel. Min. Eros Grau, j. 29.11.2007).

tantes, razão pela qual o Judiciário tem anulado editais e julgamentos em que se descobre a perseguição ou o favoritismo administrativo, sem nenhum objetivo ou vantagem de interesse público. Todavia, não configura atentado ao *princípio da igualdade entre os licitantes* o estabelecimento de *requisitos mínimos de participação* no edital ou convite, porque a Administração pode e deve fixá-los sempre que necessários à garantia da execução do contrato, à segurança e perfeição da obra ou serviço, à regularidade do fornecimento ou ao atendimento de qualquer outro interesse público.

No pertinente à igualdade, as cooperativas e as microempresas e empresas de pequeno porte têm causado polêmicas, como veremos a seguir.

Sobre a participação das cooperativas em licitações a polêmica ficou superada com a Lei 11.488, de 15.6.2007, pois, de acordo com seu art. 34, "aplica-se às sociedades cooperativas que tenham auferido, no ano-calendário anterior, receita bruta até o limite definido no inciso II do *caput* do art. 3º da Lei Complementar n. 123, de 14 de dezembro de 2006, nela incluídos os atos cooperados e não-cooperados, o disposto nos Capítulos V a X, na Seção IV do Capítulo XI e no Capítulo XII da referida Lei Complementar". O cap. V do Estatuto Nacional da Microempresa e da Empresa de Pequeno Porte ordena, justamente, o tratamento diferenciado para acesso das microempresas, empresas de pequeno porte e, por força da Lei 11.488/2007, das cooperativas que atendam aos critérios de receita bruta definidores daquelas ao mercado de aquisições públicas.

O STJ tem confirmado a legalidade das restrições impostas às cooperativas de trabalho nos casos em que o objeto licitado envolve a prestação de serviços com pessoalidade e subordinação direta, devido ao risco de se caracterizar o fornecimento de mão-de-obra – a terceirização ilícita, geradora da responsabilidade subsidiária da Administração pelos encargos trabalhistas (cf. Súmula 331 do TST), a concorrência desleal, pelo descumprimento de normas fiscais e previdenciárias, e, conseqüentemente, a quebra da isonomia entre os participantes. Acrescente-se que o Ministério Público do Trabalho/MPT e a União Federal firmaram termo de ajustamento de conduta para impedir a contratação de cooperativas nessa situação, com efeito vinculante para a Administração Federal.

As microempresas e empresas de pequeno porte têm seu Estatuto na Lei Complementar 123/2006, que as conceitua e lhes outorga tratamento diferenciado e favorecido no âmbito dos *Poderes da União, dos Estados, do Distrito Federal e dos Municípios* (art. 1º, *caput*), com a especial preocupação de facilitar sua inclusão e participação isonômica nos processos licitatórios (art. 1º, III). Seu art. 49, I, determina que esse tratamento diferenciado e simplificado deve constar expressamente do instrumento convocatório. Os incisos desse art. 49 prevêem as hipóteses de afastamento desse tratamento.

Referida Lei Complementar 123 institui regime especial de recebimento dos créditos das microempresas e empresas de pequeno porte titulares de direitos creditórios decorrentes de empenhos liquidados por órgãos e entidades da União, Estados, Distrito Federal e Municípios não pagos em até 30 dias contados da data de liquidação, que poderão emitir, para tanto, cédulas de crédito microempresarial, na forma prevista nos arts. 46 a 49.

7.2.2.4 Sigilo na apresentação das propostas: o *sigilo na apresentação das propostas* é consectário da igualdade entre os licitantes, pois ficaria em posição vantajosa o proponente que viesse a conhecer a proposta de seu concorrente antes da apresentação da sua. Daí o necessário sigilo, que há de ser guardado relativamente a *todas as propostas*, até a data designada para a abertura dos envelopes ou invólucros que as contenham, *após a habilitação dos proponentes* (arts. 3º, § 3º, e 43, § 1º).

A abertura da documentação ou das propostas ou a revelação de seu conteúdo antecipadamente, além de ensejar a anulação do procedimento, constitui também ilícito penal, com pena de detenção e multa (art. 94).

7.2.2.5 Vinculação ao edital: a *vinculação ao edital* é princípio básico de toda licitação. Nem se compreenderia que a Administração fixasse no edital a forma e o modo de participação dos licitantes e no decorrer do procedimento ou na realização do julgamento se afastasse do estabelecido, ou admitisse documentação e propostas em desacordo com o solicitado. O *edital é a lei interna da licitação*, e, como tal, vincula aos seus termos tanto os licitantes como a Administração que o expediu (art. 41).

Assim, estabelecidas as regras do certame, tornam-se inalteráveis para aquela licitação, durante todo o procedimento. Se no decorrer da licitação a Administração verificar sua inviabilidade, deverá invalidá-la e reabri-la em novos moldes, mas, enquanto vigente o edital ou convite, não poderá desviar-se de suas prescrições, quer quanto à tramitação, quer quanto ao julgamento.

Isso não significa que o princípio de vinculação ao edital seja "absoluto" a ponto de obstar à Administração ou ao próprio Judiciário interpretá-lo, inclusive à luz do princípio da razoabilidade, para melhor aferir seu sentido e compreendê-lo, impedindo que o rigor excessivo venha a afastar da licitação possíveis proponentes e prejudicar uma das suas finalidades, mas tomando-se o cuidado para não haver quebra de princípios legais ou constitucionais, como o da legalidade estrita. O importante é que o formalismo no procedimento não desclassifique propostas "eivadas de simples omissões ou defeitos irrelevantes" (STJ, 1ª Seção, MS 5.418).

Por outro lado, revelando-se falho ou inadequado aos propósitos da Administração, o edital ou convite poderá ser corrigido a tempo através de aditamento ou expedição de um novo, sempre com republicação e reabertura de prazo, desde que a alteração afete a elaboração das propostas.

7.2.2.6 Julgamento objetivo: *julgamento objetivo* é o que se baseia no critério indicado no edital e nos termos específicos das propostas. É princípio de toda licitação que seu julgamento se apóie em fatores *concretos* pedidos pela Administração, em confronto com o ofertado pelos proponentes dentro do permitido no edital ou convite. Visa a afastar o discricionarismo na escolha das propostas, obrigando os julgadores a aterem-se ao critério prefixado pela Administração, com o quê se reduz e se delimita a margem de valoração subjetiva, sempre presente em qualquer julgamento (arts. 44 e 45).

7.2.2.7 Probidade administrativa: a *probidade administrativa* é dever de todo administrador público, mas a lei a incluiu dentre os princípios específicos da licitação (art. 3º), naturalmente como uma advertência às autoridades que a promovem ou a julgam. A probidade na Administração é mandamento constitucional (art. 37, § 4º), que pode conduzir a "suspensão dos direitos políticos, a perda da função pública, a indisponibilidade dos bens e o ressarcimento ao erário, na forma e gradação previstas em lei, sem prejuízo da ação penal cabível".

7.2.2.8 Adjudicação compulsória: o princípio da *adjudicação compulsória ao vencedor* impede que a Administração, concluído o procedimento licitatório, atribua seu objeto a outrem que não o legítimo vencedor (arts. 50 e 64).

A adjudicação ao vencedor é obrigatória, salvo se este desistir expressamente do contrato ou não o firmar no prazo prefixado, a menos que comprove *justo motivo*. A compulsoriedade veda também que se abra nova licitação enquanto válida a adjudicação anterior.

Advirta-se, porém, que o direito do vencedor limita-se à *adjudicação*, ou seja, à atribuição a ele do objeto da licitação, e não ao *contrato imediato*. E assim é porque a Administração pode, licitamente, revogar ou anular o procedimento ou, ainda, adiar o contrato, quando ocorram motivos para essas condutas. O que não se lhe permite é contratar com outrem enquanto válida a adjudicação, nem revogar o procedimento ou protelar indefinidamente a adjudicação ou a assinatura do contrato sem justa causa. Agindo com abuso ou desvio de poder na invalidação ou no adiamento, a Administração ficará sujeita a correção judicial de seu ato e a reparação dos prejuízos causados ao vencedor lesado em seus direitos, quando cabível.

Com a homologação e a adjudicação encerra-se o procedimento licitatório, passando-se ao contrato.

7.2.3 *Objeto da licitação – Objeto da licitação* é a *obra*, o *serviço*, a *compra*, a *alienação*, a *concessão*, a *permissão* e a *locação* que, afinal, será contratada com o particular.

Como vimos acima, a finalidade precípua da licitação será sempre a obtenção de seu *objeto* nas melhores condições para a Administração, e, para tanto, esse *objeto* deverá ser convenientemente definido no edital ou no convite, a fim de que os licitantes possam atender fielmente ao desejo do Poder Público. Licitação sem caracterização de seu objeto é nula, porque dificulta a apresentação das propostas e compromete a lisura do julgamento e a execução do contrato subseqüente. Daí por que a lei declarou expressamente que as obras e serviços somente poderão ser licitados quando houver projeto básico aprovado pela autoridade competente e disponível para exame dos interessados; existir orçamento detalhado em planilhas que expressem a composição de todos os custos unitários; houver previsão de recursos orçamentários para o pagamento no exercício financeiro em curso; e estiver contemplado no Plano Plurianual de investimentos, quando for o caso (art. 7º, § 2º).

A *definição do objeto*, ou seja, sua descrição com todos os dados necessários ao seu perfeito entendimento, tais como o anteprojeto e as respectivas especificações, no caso de obra, é *condição de legitimidade* da licitação, salvo quanto aos objetos *padronizados* por *normas técnicas*,[110] para os quais basta sua indicação oficial, porque nela se compreendem todas as características definidoras.

O objeto da licitação é, em regra, *uno e indivisível*, constituindo um todo para cada proposta. Mas as "obras, serviços e compras serão divididas em tantas parcelas quantas se comprovarem técnica e economicamente viáveis, procedendo-se à licitação com vistas ao melhor aproveitamento dos

110. Até o advento do Código do Consumidor (1990) a obrigatoriedade das normas técnicas definitivas para as obras e serviços públicos era imposta pela Lei 4.150, de 21.11.62, cuja inobservância dava ensejo à rescisão do contrato pela Administração. O art. 39, VIII, do Código do Consumidor vedou ao fornecedor de produtos ou serviços "colocar, no mercado de consumo, qualquer produto ou serviço em desacordo com as normas expedidas pelos órgãos oficiais competentes, ou, se normas específicas não existirem, pela Associação Brasileira de Normas Técnicas ou outra entidade credenciada pelo Conselho Nacional de Metrologia, Normalização e Qualidade Industrial – CONMETRO". O CONMETRO foi criado pela Lei 5.966, de 11.12.73, como órgão normativo do Sistema Nacional de Metrologia, Normalização e Qualidade Industrial, cujo órgão executivo é o INMETRO, instituído pela mesma lei como autarquia federal. Toda e qualquer decisão normativa tomada no âmbito do Foro Nacional de Normalização é uma Norma Brasileira Registrada (NBR), cuja numeração foi alterada, para se tornar seqüencial a partir do número seguinte da última Norma Técnica Brasileira registrada pelo INMETRO (Res. CONMETRO-7, de 24.8.92). No âmbito internacional a normalização está a cargo da ISO (*International Organization for Standartization*), da COPANT (*Comissão Pan-Americana de Nórmas Técnicas*) e da IEC (*Comissão Eletrotécnica Internacional*). Dentre as entidades normatizadoras estrangeiras destacam-se a ASA (*American Standard Association, dos EUA*) e a DIN (*Das Ist Norm*, da Alemanha).

recursos disponíveis no mercado e à ampliação da competitividade, sem perda da economia de escala" (art. 23, § 1º); ou seja, o objeto será *licitado em partes autônomas* ou por itens,[111] desde que física e tecnicamente essa divisão seja possível e o edital a admita expressamente, indicando as unidades ou quantidades em que se podem fracionar as ofertas. Essa imposição do art. 23, § 1º, de natureza geral, pressupõe que a licitação por itens ou em partes autônomas atende, em regra, à eficiência e à economicidade. Todavia, não impede que em determinados casos, em lugar da licitação por itens, a Administração adote a chamada *licitação por lote único*, desde que, comprovadamente, seja mais vantajosa, com base na eficiência e/ou na economicidade – fato que deverá ser demonstrado e motivado nos autos do procedimento que antecede a abertura da licitação.[112] No silêncio do edital entende-se indivisível o objeto da licitação, e as propostas parciais devem ser desclassificadas.

Do exposto resulta que o *objeto da licitação* confunde-se sempre com o *objeto do contrato*, que pode ser uma *obra*, um *serviço*, uma *compra* ou uma *concessão* como, também, uma *alienação* ou uma *locação*, estudados nos tópicos próprios (item 5 deste capítulo e item 1 do cap. VIII).

7.3 Obrigatoriedade, dispensa e inexigibilidade de licitação

7.3.1 *Obrigatoriedade de licitação* – A licitação de obras, serviços, compras e alienações passou a ser uma exigência constitucional para toda a Administração Pública, direta, indireta e fundacional, ressalvados os casos especificados na legislação pertinente (CF, art. 37, XXI).[113] Admite-se que

111. A respeito, v. TCU, Súmulas 247 e 253, e Decisão 393/94.

112. Nesse sentido decisões do TCU: "A questão da viabilidade do fracionamento deve ser decidida com base em cada caso, pois cada obra tem as suas especificidades, devendo o gestor decidir analisando qual a solução mais adequada no caso concreto" (acórdão 732/2008); " (...) o modelo para a contratação parcelada adotado nesse parecer utilizou uma excessiva pulverização dos serviços. Para cada um de cinco prédios, previram-se vários contratos (ar-condicionado, instalações elétricas e eletrônicas, instalações hidrossanitárias, civil). Esta exagerada divisão de objeto pode maximizar a influência de fatores que contribuem para tornar mais dispendiosa a contratação (...) embora as estimativas numéricas não mostrem consistência, não há nos autos nenhuma evidência no sentido oposto, de que o parcelamento seria mais vantajoso para a Administração. Ao contrário, os indícios são coincidentes em considerar a licitação global mais econômica" (acórdão 3.140/2006). Ainda no TCU, decisão "obrigando o Ministério (...) para que, nas licitações cujo objeto fosse divisível, previamente à definição da forma de adjudicação a ser adotada, realizasse estudos que comprovassem as vantagens técnicas e econômicas da compra em lote único, comparativamente à parcelada, a fim de atender ao disposto no art. 23, § 1º, da Lei n. 8.666/93 e na Súmula/TCU n. 247" (acórdão 3.140/2006, 1ª C.).

113. O STF entendeu inconstitucional dispositivo que previa a extinção de crédito tributário mediante dação em pagamento de materiais, por ferir a obrigatoriedade de licitação (ADI 1.917, *DJU* 24.8.2007).

as empresas estatais que possuem personalidade jurídica de Direito Privado (sociedades de economia mista, empresas públicas e outras entidades controladas direta ou indiretamente pelo Poder Público) possam ter regulamento próprio, mas ficam sujeitas às normas gerais da Lei 8.666/93 (art. 119).

Justifica-se essa diversidade de tratamento porque as pessoas jurídicas de Direito Público estão submetidas a normas de operatividade mais rígidas que as pessoas jurídicas de Direito Privado que colaboram com o Poder Público. Estas, embora prestando serviços públicos ou realizando atividades econômicas de interesse público, operam em regime de Direito Privado (Civil ou Comercial), conforme reconheceu a própria Constituição da República ao dispor que "a empresa pública, a sociedade de economia mista e outras entidades que explorem atividade econômica sujeitam-se ao regime jurídico próprio das empresas privadas, inclusive quanto às obrigações trabalhistas e tributárias" (art. 173, § 2º).

A expressão *obrigatoriedade de licitação* tem um duplo sentido, significando não só a compulsoriedade da licitação em geral como, também, a da *modalidade prevista em lei para a espécie*, pois atenta contra os princípios de moralidade e eficiência da Administração o uso da modalidade mais singela quando se exige a mais complexa, ou o emprego desta, normalmente mais onerosa, quando o objeto do procedimento licitatório não a comporta. Somente a lei pode desobrigar a Administração, quer autorizando a dispensa de licitação, quando exigível, quer permitindo a substituição de uma modalidade por outra (art. 23, §§ 3º e 4º). Vejamos, a seguir, quais os casos legais de dispensa de licitação e aqueles em que esta é inexigível.

7.3.2 *Dispensa de licitação* – A lei diversificou os casos em que a Administração pode ou deve deixar de realizar licitação, tornando-a *dispensada*, *dispensável* e *inexigível*. Os casos de dispensa (previstos nos §§ 2º e 4º do art. 17 e nos incisos III e ss. do art. 24), de retardamento da execução de obra e serviço (previstos no final do parágrafo único do art. 8º) e de situações de inexigibilidade (referidas no art. 25, todos da Lei 8.666/93), além de justificados, como ocorre com as dispensas em geral, devem ser comunicados, dentro de três dias, à autoridade superior, de cuja ratificação, em igual prazo, depende sua eficácia (art. 26, com a redação da Lei 11.107/2005). Em suma, nessas hipóteses, enquanto não houver a ratificação (ou homologação) do ato pela autoridade competente o contrato não poderá ser celebrado, sob pena de responsabilização do servidor que o fizer.

7.3.2.1 Licitação dispensada: é aquela que a própria lei declarou-a como tal (art. 17, I e II, com as alterações introduzidas pela Lei 11.481, de 31.5.2007 (conversão da MP 335, de 23.12.2006), e art. 2º, § 1º, III, da Lei dos Consórcios Públicos – Lei 11.107/2005). Com relação a imóveis: nos casos de dação em pagamento; investidura; venda ou doação a outro órgão público; alienação, concessão de direito real de uso, locação ou permissão de uso de habitações de interesse social. A Lei 11.196, de 21.11.2005, incluiu nova hipótese de licitação dispensada no art. 17, I. São os casos de procedimentos de legitimação de posse de que trata o art. 29 da Lei 6.383, de 7.12.76, mediante iniciativa e deliberação dos órgãos da Administração Pública em cuja competência legal inclua-se tal atribuição (alínea "g").

As Leis 11.196/2005 e 11.763/2008 modificaram o § 2º do art. 17, para dar a seguinte redação ao dispositivo: "§ 2º. A Administração também poderá conceder título de propriedade ou de direito real de uso de imóveis, dispensada licitação, quando o uso destinar-se: I – a outro órgão ou entidade da Administração Pública, qualquer que seja a localização do imóvel; II – a pessoa física que, nos termos de lei, regulamento ou ato normativo do órgão competente, haja implementado os requisitos mínimos de cultura e moradia sobre área rural situada na região da Amazônia Legal, definida no art. 2º da Lei n. 5.173, de 27 de outubro de 1966, superior à legalmente passível de legitimação de posse referida na alínea 'g' do inciso I do *caput* deste artigo, atendidos os limites de área definidos por ato normativo do Poder Executivo". Ainda acresceu os §§ 2º-A e 2º-B, nos seguintes termos:

"§ 2º-A. As hipóteses da alínea 'g' do inciso I do *caput* e do inciso II do § 2º deste artigo ficam dispensadas de autorização legislativa, porém submetem-se aos seguintes condicionamentos: I – aplicação exclusivamente às áreas em que a detenção por particular seja comprovadamente anterior a 1º de dezembro de 2004; II – submissão aos demais requisitos e impedimentos do regime legal e administrativo da destinação e da regularização fundiária de terras públicas; III – vedação de concessões para hipóteses de exploração não contempladas na lei agrária, nas leis de destinação de terras públicas, ou nas normas legais ou administrativas de zoneamento ecológico-econômico; e IV – previsão de rescisão automática da concessão, dispensada notificação, em caso de declaração de utilidade, ou necessidade pública ou interesse social.

"§ 2º-B. A hipótese do inciso II do § 2º deste artigo: I – só se aplica a imóvel situado em zona rural, não sujeito a vedação, impedimento ou inconveniente a sua exploração mediante atividades agropecuárias; II – fica limitada a áreas de até quinze módulos fiscais, desde que não excedam mil e quinhentos hectares, vedada a dispensa de licitação para áreas superiores a esse limite; e III – pode ser cumulada com o quantitativo de área decorrente da figura prevista na alínea 'g' do inciso I do *caput* deste artigo, até o limite previsto no inciso II deste parágrafo."

Com relação a móveis: nos casos de doação, permuta, venda de ações e títulos, venda de bens produzidos ou comercializados por órgãos ou entidades da Administração e venda de materiais e equipamentos inservíveis, atendidos os requisitos e condições previstas nas alíneas do inciso II do citado art. 17. A doação com encargo, salvo no caso de interesse público, é passível de licitação (art. 17, § 4º).

A Lei 12.304/2010,[114] que autoriza a criação da empresa pública denominada Empresa Brasileira de Administração de Petróleo e Gás Natural S/A – Pré-Sal Petróleo S/A (PPSA), em seu art. 5º, dispõe que "é dispensada a licitação para a contratação da PPSA pela Administração Pública para realizar atividades relacionadas ao seu objeto".

7.3.2.2 Licitação dispensável: é toda aquela que a Administração pode dispensar se assim lhe convier. A lei enumerou vinte e nove casos (art. 24, I a XXIX), na seguinte ordem:

I – *Obras e serviços de Engenharia* de valor até 10% (dez por cento) do limite previsto para a execução dessas atividades na modalidade de convite (art. 23, I).

II – *Outros serviços e compras* de valor até 10% (dez por cento) do limite previsto para a sua aquisição na modalidade de convite (art. 23, II) e para as alienações nos casos estabelecidos na lei (art. 23, II).[115]

III – *Guerra ou grave perturbação da ordem* são situações que admitem dispensa de licitação para os contratos relacionados com o evento.

Guerra é o estado de beligerância entre duas ou mais nações, devendo ser declarada, no Brasil, por ato do Presidente da República, na forma constitucional (CF, art. 84, XIX).

Grave perturbação da ordem é a comoção interna generalizada ou circunscrita a determinada região, provocada por atos humanos, tais como revolução, motim, greve que atinja atividades ou serviços essenciais à comunidade.

IV – *Emergência ou calamidade pública* também admitem a dispensa de licitação, mas somente para os bens necessários ao atendimento da situação emergencial ou calamitosa, ou para as parcelas de obras e serviços que possam ser concluídas no prazo máximo de cento e oitenta dias. A *emergência* caracteriza-se pela urgência de atendimento de situação que possa ocasionar prejuízos ou comprometer a incolumidade ou a segurança de pessoas, obras, serviços, equipamentos e outros bens, públicos ou particulares, exigindo rápidas providências da Administração para debelar ou minorar suas conseqüências lesivas à coletividade. Advirta-se que não se admite emergência ficta, ou fabricada, como já decidiu o TJSP (*JTJ* 223/11).

114. Daniel Almeida de Oliveira, "Pré-Sal. O novo marco regulatório das atividades de exploração e produção de petróleo e gás natural no Brasil", *Revista AGU* 99.

115. Esses percentuais são ampliados para 20% (vinte por cento) quando a contratação é feita por sociedade de economia mista ou empresa pública, bem assim por autarquia e fundação qualificadas, na forma da lei, como *agências executivas* (art. 24, parágrafo único). Sobre o conceito de *agência executiva* v. cap. VI.

Calamidade pública é a situação de perigo e de anormalidade social decorrente de fatos da natureza, tais como inundações devastadoras, vendavais destruidores, epidemias letais, secas assoladoras e outros eventos físicos flagelantes que afetem profundamente a segurança ou a saúde públicas, os bens particulares, o transporte coletivo, a habitação ou o trabalho em geral. De acordo com o Dec. federal 67.347, de 5.10.70, que estabelece diretrizes e normas de ação para a defesa permanente contra essas situações, *calamidade pública* é "a situação de emergência provocada por fatores anormais e adversos que afetam gravemente a comunidade, privando-a, total ou parcialmente, do atendimento de suas necessidades ou ameaçando a existência ou integridade de seus elementos componentes" (art. 1º). Deve ser declarada por decreto do Executivo, delimitando a área flagelada e indicando as medidas a serem adotadas, bem como as autoridades incumbidas das diversas providências que a situação impuser, para que fiquem habilitadas a realizar obras, serviços e compras com dispensa de licitação.

V – *Desinteresse pela licitação anterior* é também motivo para a contratação direta, mantidas as condições preestabelecidas no edital ou no convite. Caracteriza-se o desinteresse quando não acode ao chamamento anterior nenhum licitante, ou todos são desqualificados ou nenhuma proposta classificada.

VI – *Intervenção no domínio econômico* também autoriza a União – e somente a União – a dispensar licitação, para regular preços ou normalizar o abastecimento. Em tais casos não se fará licitação mas, sim, aquisição amigável ou mediante desapropriação, bem como requisição de serviços para atendimento público.

VII – *Propostas com preços excessivos* podem ser rejeitadas na licitação, para contratação direta do mesmo objeto, produto ou serviço com quem os venda por preço inferior. Essa disposição legal é altamente moralizadora das aquisições da Administração, pois evita conchavos de fornecedores para elevar, acima do mercado ou do preço tabelado, suas ofertas em licitação.

VIII – *Aquisição, por pessoa jurídica de Direito Público interno, de bens produzidos ou serviços prestados por órgão ou entidade que integre a Administração Pública e que tenha sido criado para esse fim específico em data anterior à vigência da Lei 8.666/93, desde que o preço contratado seja compatível com o praticado no mercado*. O dispositivo visa a evitar o abuso de preços por parte das entidades estatais produtoras de bens e serviços.

IX – *Comprometimento da segurança nacional*, nos casos estabelecidos em decreto do Presidente da República, ouvido o Conselho de Defesa Nacional. Era hipótese de inexigibilidade no Estatuto anterior. O Dec. 2.295, de 4.8.97, listou especialmente três casos: a) aquisição de recursos bélicos navais, terrestres e aeroespaciais; b) contratação de serviços técnicos especializados a área de projetos, pesquisas e desenvolvimento científico e tecnológico; c) aquisição de equipamentos e contratação de serviços técnicos especializados para a área de inteligência. A dispensa deverá ser devidamente justificada, notadamente quanto ao preço e escolha do fornecedor e ratificada pelo titular do Ministério contratante.

X – *Compra ou locação de imóvel para atividades precípuas da Administração* também é caso de dispensa, desde que as necessidades de instalação e localização condicionem a escolha e o preço seja compatível com o valor de mercado, segundo avaliação prévia.

XI – *Remanescente de obra, serviço ou fornecimento*, em conseqüência de rescisão contratual. Neste caso, em vez de proceder a nova licitação, a Administração poderá contratar diretamente, desde que atendida a ordem de classificação anterior e nas mesmas condições oferecidas pelo licitante vencedor. O novo contratado assume o lugar do anterior, cabendo-lhe executar o objeto do contrato nas condições estabelecidas, inclusive com relação aos acréscimos e supressões.

XII – *Compras de gêneros alimentícios perecíveis*, realizadas diretamente com base no preço do dia, durante o período necessário para a realização dos processos licitatórios correspondentes. A dispensa, portanto, só é justificável enquanto são tomadas as providências administrativas indispensáveis para a licitação dos produtos desejados pela Administração.

XIII – *Contratação de instituição brasileira de pesquisa, ensino ou desenvolvimento institucional, ou dedicada à recuperação social do preso*, desde que a instituição detenha inquestionável reputação ético-profissional e não possua fins lucrativos, requisitos que devem ficar comprovados no procedimento administrativo. Havendo mais de uma instituição em condição de ser contratada, em respeito à isonomia, impõe-se à Administração "a necessidade de motivação de seu ato decisório de opção" por uma delas.[116]

XIV – *Aquisição de bens ou serviços nos termos de acordo internacional* e quando as condições ofertadas forem manifestamente vantajosas para o Poder Público.

116. TCU, acórdão 1.731/2003, 1ª T.; TC do Estado de São Paulo, Pleno, processo TC-016130/026/04. A Medida Provisória 495/2010 alterou dispositivos da Lei 8.958/94, de modo a permitir que as Instituições Federais de Ensino Superior/IFES e as Instituições Científicas e Tecnológicas/ICTs (Lei 10.973/2004) e Financiadora de Estudos e Projetos/FINEP, o CNPq e as Agências Financeiras de Fomento realizem convênios e contratos, nos termos do inciso XIII do art. 24 da Lei 8.666, por prazo determinado, com fundações instituídas com a finalidade de dar apoio a projetos de ensino, pesquisa e extensão e de desenvolvimento institucional, científico e tecnológico, e na gestão administrativa e financeira estritamente necessária à execução desses projetos, inclusive com as próprias IFES e ICTs, observando-se as demais disposições das Leis 8.958/94, 10.973/2004 e 11.273/2006, com a redação dada pele mesma Medida Provisória 495.

XV – *Aquisição ou restauração de obras de arte e objetos históricos,* quando contratadas por órgão ou entidade cujas atividades se relacionem com o setor artístico ou histórico (museus, escolas de belas-artes, fundações culturais ou artísticas). Justifica-se a dispensa por se tratar de objetos certos e determinados, valiosos por sua originalidade e, por isso mesmo, não sujeitos a substituição por cópias ou similares. Daí por que se exige o certificado de autenticidade para legitimar a aquisição direta.

XVI – *Serviços de impressão e de informática a pessoa jurídica de Direito Público interno, prestados por órgão ou entidade da Administração criados para esse fim específico.* Este caso de dispensa de licitação foi incluído com o objetivo de permitir a impressão dos *Diários Oficiais*, de edições técnicas e de formulários padronizados de uso das repartições, bem como a prestação de serviços de informática, por órgãos ou entidades da Administração criados para esse fim específico. Realmente, a União e muitos Estados e Municípios possuem órgãos e entidades especialmente instituídos para a confecção de impressos padronizados, publicação do *Diário Oficial*, prestação de serviços de informática etc. Seria um contra-senso que se devesse efetuar licitação para serviços que a própria Administração realiza. O Estatuto anterior previa este caso quando a operação envolvia exclusivamente pessoas jurídicas estatais, autárquicas e paraestatais (art. 22, X).

XVII – *Aquisição de componentes ou peças necessários à manutenção de equipamentos, durante o período de garantia técnica.* A dispensa só pode ocorrer quando a compra for feita junto ao fornecedor original desses equipamentos, quando tal condição de exclusividade for indispensável para a manutenção da garantia.

XVIII – *Serviços e compras indispensáveis ao abastecimento de embarcações, aeronaves e tropas, quando fora de suas sedes e os prazos legais puderem comprometer a operação.* A lei condiciona, ainda, a que o valor dessas compras não seja superior àquele fixado para a modalidade de *convite.*

XIX – *Compras de materiais para as Forças Armadas, cuja padronização seja requerida pela estrutura de apoio logístico, não se aplicando aos materiais de uso pessoal e administrativo.*

XX – *Serviços prestados por associações de portadores de deficiência física, sem fins lucrativos e de comprovada idoneidade, desde que os preços seja compatíveis com o mercado.*

XXI – *Aquisição de bens e insumos destinados exclusivamente à pesquisa científica e tecnológica com recursos concedidos pela Capes, pela Finep, pelo CNPq ou por outras instituições de fomento à pesquisa credenciadas pelo CNPq para esse fim específico* (redação dada pela Lei 12.349/2010).

XXI – *Aquisição de bens destinados exclusivamente à investigação científica e tecnológica, com recursos concedidos por instituições oficiais de fomento à pesquisa.*

XXII – *Aquisição de energia elétrica* fornecida por concessionário, permissionário ou autorizado, de acordo com a legislação específica.

XXIII – *Aquisição ou alienação de bens, ou prestação de serviços realizados por empresa pública ou sociedade de economia mista e suas subsidiárias e controladas*, desde que o preço seja compatível com o mercado.

XXIV – *Contratação de serviços com as organizações sociais, qualificadas no âmbito das respectivas esferas de governo, para atividades contempladas no contrato de gestão.* As *organizações sociais* são pessoas jurídicas de Direito Privado sem fins lucrativos, assim qualificadas pelo Poder Executivo, cujas atividades sejam dirigidas ao ensino, à pesquisa científica, ao desenvolvimento tecnológico, à proteção e preservação do meio ambiente, à cultura e à saúde (Lei 9.637, de 15.5.98). O Poder Público pode efetuar com essas entidades *contrato de gestão* para a formação de parceria visando à realização daquelas atividades antes mencionadas, para o quê se dispensa a licitação (incs. XXI a XXIV acrescidos pela Lei 9.648/98, que converteu em lei a MP 1.531, de 2.12.96. Sobre as *organizações sociais* v. cap. VI).

XXV – *Contratação realizada por instituição científica e tecnológica ou por agência de fomento para a transferência de tecnologia e para o licenciamento de direito de uso ou de exploração de criação protegida.*

XXVI – *Celebração de contrato de programa com ente da Federação ou com entidade de sua administração indireta, para a prestação de serviços públicos de forma associada* nos termos do autorizado em contrato de consórcio público ou em convênio de cooperação (v. item 5.8).

XXVII – *Contratação da coleta, processamento e comercialização de resíduos sólidos urbanos recicláveis ou utilizáveis em áreas com sistema de coleta seletiva de lixo, efetuados por associações ou cooperativas formadas exclusivamente por pessoas físicas de baixa renda reconhecidas pelo Poder Público como catadores de materiais recicláveis, com o uso de equipamentos compatíveis com as normas técnicas, ambientais e de saúde pública* (hipótese incluída pela Lei 11.445, de 5.1.2007). O § 2º do art. 36 da Lei 12.305/2010 (Política Nacional de Resíduos Sólidos) diz que é dispensável de licitação nos termos desse inciso XXVII a contratação *prioritária*, prevista no seu § 1º, "de cooperativas ou de outras formas de associação de catadores de materiais reutilizáveis e recicláveis formadas por pessoas físicas de baixa renda" para o cumprimento do disposto nos incisos I a IV do *caput* desse art. 36.

XXVIII – *Fornecimento de bens e serviços, produzidos ou prestados no País, que envolvam, cumulativamente, alta complexidade tecnológica e defesa nacional*, mediante parecer de comissão especialmente designada pela autoridade máxima do órgão (hipótese incluída pela Lei 11.484, de 17.9.2007).

XXIX – *Aquisição de bens e contratação de serviços para atender aos contingentes militares das Forças Singulares brasileiras empregadas em operações de paz no exterior*, necessariamente justificadas quanto ao preço e à escolha do fornecedor ou executante e ratificadas pelo Comandante da Força (hipótese incluída pela Lei 11.783/2008).

XXX – *Contratação de instituição ou organização, pública ou privada, com ou sem fins lucrativos, para a prestação de serviços de assistência técnica e extensão rural no âmbito do Programa Nacional de Assistência Técnica e Extensão Rural na Agricultura Familiar e na Reforma Agrária*, instituído por lei federal. (hipótese incluída pela Lei 12.188, de 11.1.2010).

XXXI – *Contratações visando ao cumprimento do disposto nos arts. 3º, 4º, 5º e 20 da Lei 10.973/2004, observados os princípios gerais de contratação dela constantes* (hipótese incluída pela Lei 12.349/2010).

7.3.3 *Inexigibilidade de licitação* – Ocorre a *inexigibilidade de licitação* quando há impossibilidade jurídica de competição entre contratantes, quer pela natureza específica do negócio, quer pelos objetivos sociais visados pela Administração.[117]

A atual lei, depois de considerar dispensada a licitação para doações, permutas, dações em pagamento e investiduras de bens públicos (art. 17, I e II) e de enumerar os casos em que esta é *dispensável* (art. 24), cuida separadamente da *inexigibilidade de licitação*. Assim, no art. 25 refere-se genericamente à *inviabilidade de competição* (em que se enquadram as vendas de sementes, reprodutores, adubos, inseticidas, vacinas e de outros produtos pela Administração) e, em especial, aos casos em que o fornecedor é *exclusivo* (inc. I), e em que o contratado é *o único que reúne as condições necessárias à plena satisfação do objeto do contrato* (incs. II e III).

Em todos esses casos a licitação é *inexigível* em razão da impossibilidade jurídica de se instaurar competição entre eventuais interessados, pois

117. Ao examinar o art. 3º e seus §§ da Lei 9.262/96, o STF entendeu que a venda de lote com a finalidade de regularizar o loteamento àquele que o estiver ocupando caracteriza inviabilidade de competição e, assim, inexigibilidade de licitação (ADI 2.990-8-DF, *DJU* 24.8.2007). O Min. Eros Grau chama-a, com acerto, de "competição-disputa", para diferenciá-la da "competição-pressuposto", que corresponde à "concreção da garantia da igualdade" (ADI 2.716, e seu livro *Licitação e Contrato Administrativo*, Malheiros Editores, 1995, p. 14).

não se pode pretender melhor proposta quando apenas um é proprietário do bem desejado pelo Poder Público ou reconhecidamente capaz de atender às exigências da Administração no que concerne à realização do objeto do contrato. Falta o pressuposto da licitação, que é a competição.

7.3.3.1 Produtor ou vendedor exclusivo: a lei considera inexigível a licitação para a aquisição de materiais, equipamentos ou gêneros que só possam ser fornecidos por *produtor ou vendedor exclusivo*, porque seria inútil licitar o que não é passível de competição de preço ou de qualidade.

Há que distinguir, todavia, a exclusividade *industrial* da exclusividade *comercial*. Aquela é a do produtor privativo no País; esta é a dos vendedores e representantes na praça. Quando se trata de *produtor* não há dúvida possível: se só ele produz um determinado material, equipamento ou gênero, só dele a Administração pode adquirir tais coisas. Quando se trata de *vendedor* ou *representante comercial* já ocorre a possibilidade de existirem vários no País, e, neste caso, considera-se a *exclusividade na praça de comércio* que abranja a localidade da licitação. O conceito de exclusividade comercial está, pois, relacionado com a área privativa do vendedor ou do representante do produtor.

Para a Administração, a *exclusividade do produtor* é absoluta e afasta sumariamente a licitação em qualquer de suas modalidades, mas a do *vendedor* e do *representante comercial* é *na praça*, tratando-se de *convite*; no *registro cadastral*, no caso de *tomada de preços*; *no País*, na hipótese de *concorrência*. Considera-se, portanto, vendedor ou representante comercial exclusivo, para efeito de *convite*, o que é único na localidade; para *tomada de preços*, o que é único no registro cadastral; para *concorrência*, o que é único no País.[118]

Ao cuidar da exclusividade do produtor ou vendedor, a lei veda a *preferência de marca*. Nas edições anteriores, o Autor defendia a possibilidade de escolha de marca desde que, em processo regular de padronização ou uniformização, a Administração demonstrasse cabalmente as vantagens econômicas, técnicas ou administrativas do uso de produto de determinada marca. Neste caso, a *continuidade de marca* poderia ser conveniente, justificando a *inexigibilidade da licitação*. Todavia, a lei não mais permite a dispensa de licitação para a aquisição de produtos padronizados, salvo quando destinados ao apoio logístico das Forças Armadas, excluídos os materiais de uso pessoal e administrativo. Nestas condições, o raciocínio do Autor só pode prevalecer quando a escolha da marca, devidamente justificada, visa a

118. Observe-se que, tratando-se de concorrência internacional, só se configura a exclusividade, para dispensa da licitação, se o produtor, vendedor ou representante comercial for único na área do comércio exterior no Brasil.

garantir a uniformização de produtos estratégicos destinados ao apoio logístico dos meios navais, aéreos e terrestres.

7.3.3.2 Serviços técnicos profissionais especializados: *serviços técnicos profissionais especializados*, no consenso doutrinário, são os prestados por quem, além da habilitação técnica e profissional – exigida para os serviços técnicos profissionais em geral –, aprofundou-se nos estudos, no exercício da profissão, na pesquisa científica, ou através de cursos de pós-graduação ou de estágios de aperfeiçoamento. Bem por isso, Celso Antônio considera-os *singulares*, posto que *marcados por características individualizadoras*, que os distinguem dos oferecidos por outros profissionais do mesmo ramo.[119]

A contratação direta desses serviços com profissionais ou empresas de *notória especialização*, tal como a conceitua, agora, o § 1º do art. 25, enquadra-se, genericamente, no *caput* do mesmo artigo, que declara *inexigível a licitação* quando houver *inviabilidade de competição*. Essa inviabilidade, no que concerne aos serviços técnicos profissionais especializados em geral, decorre da impossibilidade lógica de a Administração pretender "o mais adequado à plena satisfação do objeto do contrato", pelo menor preço, ou que renomados especialistas se sujeitem a disputar administrativamente a preferência por seus trabalhos.

Todavia, a lei apresenta um rol de serviços técnicos profissionais especializados que podem ser contratados diretamente com profissionais ou empresas de notória especialização, sem maiores indagações sobre a viabilidade ou não de competição, desde que comprovada a sua *natureza singular*, como resulta do confronto dos arts. 13 e 25, II.[120]

Quando houver possibilidade de competição, os serviços técnicos profissionais especializados deverão ser contratados mediante a realização de concurso, com estipulação prévia de prêmio ou remuneração (art. 13, § 1º). Inexigível é a licitação somente para a contratação de serviços técnicos profissionais especializados de natureza singular, prestados por empresas ou profissionais de notória especialização. A lei acolheu, assim,

119. Celso Antônio Bandeira de Mello, *Licitação*, São Paulo, 1980, pp. 17-21. Sobre a contratação de serviços de advocacia, o STF, Pleno, por unanimidade, fixou o entendimento de que, presentes a singularidade do serviço e a notória especialização, há inexigibilidade de licitação, podendo a Administração escolher "o contratado de acordo, em última instância, com o grau de confiança" que ela "deposite na especialização desse contratado" (APenal 348-5-SC, *DJU* 3.8.2007; HC 86.198-9-PR, *DJU* 29.6.2007; e RE 466.705-3-SP, *DJU* 28.4.2006. No TJSP, v. acórdão no HC 1032.132.3-5/000).

120. "A inviabilidade de competição para a contratação de serviços técnicos, a que alude o inciso II do art. 25 da Lei n. 8.666/93, decorre da presença simultânea de três requisitos: serviço técnico especializado, entre os mencionados no art. 13 da referida lei, natureza singular do serviço e notória especialização do contratado" (TCU, Súmula 252/2010).

as teses correntes na doutrina no sentido de que a notória especialização traz, em seu bojo, uma singularidade subjetiva[121] e de que "o caso da notória especialização diz respeito a *trabalho marcado por características individualizadoras*".[122]

Havendo impossibilidade jurídica de competição e não sendo o serviço de natureza singular, de modo a permitir a execução por mais de um profissional, em respeito ao princípio da igualdade, o administrador deve proceder à pré-qualificação dos interessados (art. 114) e implantar sistemática objetiva e imparcial na distribuição dos serviços.[123]

7.3.3.3 Contratação de artistas: a lei, endossando a doutrina, que equipara os trabalhos artísticos aos *serviços técnicos profissionais especializados*, prescreve a inexigibilidade de licitação para a contratação de profissional de qualquer setor artístico, diretamente ou através de seu empresário. O essencial para legitimar a dispensa do procedimento licitatório é que o artista seja consagrado pela crítica especializada ou pela opinião pública.

7.3.3.4 Motivação: a dispensa e a inexigibilidade de licitação devem ser necessariamente *justificadas* e o respectivo processo deve ser instruído com elementos que demonstrem a caracterização da situação emergencial ou calamitosa que justifique a dispensa, quando for o caso; a razão da escolha do fornecedor do bem ou executante da obra ou do serviço; e a justificativa do preço. Com esses elementos, nos casos de dispensa de licitação para concessão de direito real de uso de bens imóveis para uso de outro órgão ou entidade da Administração Pública ou doação com encargo (art. 17, §§ 2º e 4º), assim como nas hipóteses dos incisos III e ss. do art. 24, as inexigibilidades referidas no art. 25, e o retardamento previsto no final do parágrafo único do art. 8º, todos da Lei 8.666/1993, a comunicação à autoridade superior deverá ser feita em três dias para ratificação, e publicação na imprensa oficial no prazo de cinco dias, como condição de eficácia do ato, conforme dispõe o art. 26 da mesma lei, com as modificações introduzidas pela Lei 11.107, de 6.4.2005.

Em qualquer dos casos de dispensa ou de inexigibilidade de licitação, comprovado superfaturamento, respondem solidariamente pelo dano causado à Fazenda Pública o fornecedor ou o prestador de serviço e o agente público responsável, sem prejuízo de outras sanções legais cabíveis (art. 25, § 2º).

121. Lúcia Valle Figueiredo e Sérgio Ferraz, *Dispensa e Inexigibilidade de Licitação*, 3ª ed., 1994, p. 66.

122. Celso Antônio Bandeira de Mello, *Licitação*, São Paulo, 1980, p. 19.

123. TCU, Decisão 69/93, *DOU* 22.6.93, p. 8.321, e Parecer GQ-77/95, da AGU, *DOU* 11.7.95.

7.4 Procedimento, anulação e revogação da licitação

7.4.1 *Procedimento* – O *procedimento* da licitação inicia-se na repartição interessada com a abertura de processo em que a autoridade competente determina sua realização, define seu objeto e indica os recursos hábeis para a despesa. Essa é a *fase interna da licitação*, à qual se segue a *fase externa*, que se desenvolve através dos seguintes atos, nesta seqüência: *audiência pública*; *edital ou convite de convocação dos interessados*; *recebimento da documentação e propostas*; *habilitação dos licitantes*; *julgamento das propostas*; *adjudicação e homologação*.

A Lei 11.196/2005 introduziu o art. 18-A na Lei 8.987/95 (Lei de Concessões), permitindo que o edital da licitação na modalidade de concorrência preveja a *inversão* das fases de habilitação e julgamento, bem como o oferecimento de lances pelos licitantes, promovendo aí, portanto, uma equiparação com o procedimento do pregão. Reformulando o que foi dito na edição anterior, entendemos que essa inversão só se aplica nas licitações regidas por essa Lei 8.987, que, sendo lei especial, não pode alterar lei geral, como a Lei 8.666/93.

7.4.1.1 Audiência pública: a Administração deverá efetuar *audiência pública*, antes da publicação do edital, toda vez que o valor estimado para uma licitação ou para um conjunto de licitações simultâneas ou sucessivas for superior a cem vezes o *quantum* previsto para a concorrência de obras e serviços de engenharia (art. 23, I, "c"). O art. 11, IV, da Lei 11.445/2007 exige prévia audiência e consulta públicas sobre o edital de licitação, no caso de concessão, e sobre a minuta do contrato que tenham por objeto a prestação de serviços públicos de saneamento básico.

A Administração deve preparar para a audiência todo o material disponível relacionado com o objeto a ser licitado, a começar pela demonstração da existência de interesse público na realização da obra, serviço ou compra. Quando for o caso, deve apresentar projeto básico, orçamento, demonstração da verba disponível, estudos referentes ao tratamento adequado do impacto ambiental, minuta do edital e tudo o mais de que dispuser para bem informar aos participantes. As minutas de editais, de contratos, de acordos, de convênios ou ajustes devem ser previamente aprovadas pela assessoria jurídica da Administração (parágrafo único do art. 38).

Esta audiência destina-se a divulgar a licitação pretendida, com o objetivo, inclusive, de tornar mais clara para a população interessada a conveniência da obra ou do serviço. Todos terão direito de se manifestar e acesso às informações existentes, devendo a autoridade licitante estar preparada para responder às questões que lhe forem propostas. A audiência deverá ser divulgada pelos mesmos meios previstos para a publicidade do edital e realizada com a antecedência mínima de quinze dias antes da publicação daquele (art. 39). As minutas de editais, de contratos, de acordos, de convênios ou ajustes devem ser previamente aprovadas pela assessoria jurídica da Administração (parágrafo único do art. 38). Essa determinação legal indica que essa aprovação não é uma simples opinião.[124]

Ao referir-se a licitações *sucessivas* e *simultâneas*, pretende a lei impedir seja frustrado o objetivo da audiência pública, com o fracionamento de determinada licitação pela diminuição de seu valor, mas é indispensável que elas tenham objeto similar e proximidade no tempo, conforme esclarece o parágrafo único do art. 39.

7.4.1.2 Edital: *edital* é o instrumento pelo qual a Administração leva ao conhecimento público a abertura de licitação, fixa as condições de sua realização e convoca os interessados para a apresentação de suas propostas. Como lei interna da licitação, vincula inteiramente a Administração e os proponentes (art. 41). Todavia, o edital não é exaustivo, porque normas superiores e anteriores do órgão licitante o complementam, embora não reproduzidas em seu texto.

Nulo é o edital omisso em pontos essenciais, ou que contenha disposições discricionárias ou preferenciais,[125] o que ocorre quando a descrição do objeto da licitação é tendenciosa, conduzindo a licitante certo, sob a falsa aparência de uma convocação igualitária.[126]

124. Sobre parecer de advogado de empresa estatal sugerindo contratação sem licitação, v. julgado do STF entendendo que ele somente será civilmente responsável pelos danos causados a seus clientes ou a terceiros se decorrentes de erro grave, inescusável, ou de ato ou omissão praticados com culpa, em sentido largo: CC, art. 159; Lei 8.906/94, art. 32, III (MS 24.073-DF). Mas, recentemente, o mesmo STF examinou essa questão em magnífico acórdão, e assentou: "Prevendo o art. 38 da Lei n. 8.666/93 que a manifestação da assessoria jurídica quanto a editais de licitação, contratos, acordos, convênios e ajustes não se limita a simples opinião, alcançando a aprovação, ou não, descabe a recusa à convocação do TCU para serem prestados esclarecimentos" (Pleno, MS 24.584, rel. Min. Marco Aurélio, m.v.) Nesse v. acórdão, dos excelentes fundamentos lançados pelos eminentes Ministros, como estudo, é importante a distinção doutrinária desenvolvida no voto do Min. Joaquim Barbosa, com apoio na doutrina do administrativista francês René Chapus.

125. STF, *RDA* 57/306; TFR, *RT* 228/549; *RDA* 37/298; TJDF, *RDA* 26/235, 32/224. Observamos que os tribunais ora anulam todo o edital, e, conseqüentemente, a licitação, ora somente a cláusula defeituosa do edital, mantendo válida a licitação, sem a cláusula invalidada. Tudo depende da possibilidade ou não de aproveitar-se o edital e a licitação, com a supressão da cláusula ilegal.

126. Já obtivemos anulação de edital que discriminava concorrentes e os desclassificava pelo tipo de embalagem do medicamento licitado, quando isso era absolutamente irrelevante para a Administração e visava, tendenciosamente, a favorecer determinado laboratório, cujo produto era o único que apresentava o acondicionamento pedido. O que cumpre verificar é se a condição imposta atende a uma necessidade ou conveniência do serviço público, ou se objetiva apenas proteger certo ou certos licitantes em detrimento dos demais. Mesmo porque, se a Administração tem motivos de interesse público para contratar com determinado profissional ou

A *divulgação do edital* é obrigatória pela imprensa oficial e particular. O que a lei exige é a *notícia* da abertura da licitação, isto é, do *aviso resumido* do edital, e não de seu texto completo, pois este os interessados obterão no local indicado na comunicação.[127] Nada impede, entretanto, que a Administração, em face da importância da licitação, promova a publicação na íntegra e em maior número de vezes que o legalmente exigido.

O *prazo mínimo para convocação dos licitantes* está agora fixado em trinta dias para concorrência; quarenta e cinco dias para concurso; quinze dias para tomada de preços e leilão; cinco dias *úteis* para o convite. Quando, porém, a licitação for do tipo de *melhor técnica* ou de *técnica e preço*, o prazo mínimo será de quarenta e cinco dias para a concorrência e trinta dias para a tomada de preços. Quando a modalidade empregada for a *empreitada integral*, o prazo mínimo da concorrência também será de quarenta e cinco dias (art. 21, § 2º). Esses prazos constituem o mínimo, não sendo admissível qualquer redução. O conveniente é que o edital aumente esses prazos quando o objeto da licitação for de grande vulto e complexidade. A exigüidade do prazo pode ensejar a invalidação do edital, desde que se prove a impossibilidade da elaboração da proposta no tempo estabelecido pela Administração.

A *alteração do edital* exigirá sua divulgação pela mesma forma em que o foi o texto original, reabrindo-se o prazo inicialmente estabelecido, salvo se, inquestionavelmente, a modificação não afetar a formulação das propostas (art. 21, § 4º). *Proposta*, no texto, há de ser entendida como toda a documentação apresentada pelo licitante, e não apenas as que se referem à parte técnica ou à oferta de preços. Os Tribunais de Contas têm sido cautelosos a respeito do tema, determinando nova publicação das modificações, restabelecendo-se o prazo inicial.[128]

Feitas essas considerações gerais sobre o edital, vejamos seu *conteúdo* e *requisitos*.

O edital, à semelhança da lei, tem *preâmbulo*, *texto* e *fecho*. O *preâmbulo* é a parte introdutória, destinada a apresentar a licitação e a identificar

empresa, ou adquirir produto de determinada marca, deverá dispensar a licitação e realizar, sem disfarce, a contratação direta, como a lei permite (v. o que dissemos sobre *dispensa de licitação*).

Sobre anulação de edital com cláusulas discriminatórias em relação a empresas de outros Estados: STJ-*Lex* 22/301.

127. Sobre a publicidade em jornal de grande circulação e o art. 21, III, da Lei 8.666/93, v. TCU, Plenário, acórdão 189/2002, rel. Min. Adylson Motta (*BLC* janeiro/2003, pp. 37-43); STJ: "(...) Publicidade somente no jornal de grande circulação local – Ausência de prejuízo – Prevalência do interesse público – Lei n. 8.666/93 (art. 49). Demonstrada a suficiente abrangência publicitária da licitação e ausente alegação objetiva de prejuízo, prevalece o interesse público, como chancelador da legalidade do ato, perdendo significado a irregularidade ocorrida – Recurso sem provimento" (REsp 287.727-CE, *DJU* 14.10.2002).

128. TCU-001.027/93-0, *DOU* 26.6.1995; TCESP-167.026/95, *DOE* 6.2.1996.

o órgão que a promove, devendo conter o nome da repartição interessada; o número do edital; a finalidade da licitação; o processo em que foi autorizada; a indicação da legislação que a rege; o local, dia e hora para o recebimento das propostas e abertura dos envelopes com a documentação. O *texto* é o corpo e a parte fundamental do edital, por definir o objeto da licitação e estabelecer as condições de participação, o critério para o julgamento das propostas e os requisitos para a formalização do contrato. O *fecho* é o encerramento do edital, com as determinações finais sobre sua divulgação, data e assinatura da autoridade responsável pela licitação.

O *texto*, que é a parte mais importante do edital, deve ser articulado, contendo todos os elementos que o constituem, na forma exigida pelo art. 40, que examinaremos a seguir, nesta ordem.[129]

O *objeto da licitação* deve ser descrito sucinta e claramente, de modo que os interessados possam entender de imediato o que a Administração deseja contratar.[130] As minúcias constarão do projeto ou anteprojeto, memoriais, especificações, plantas, planilhas e demais elementos complementares, conforme o caso. O edital completo e esses elementos definidores são geralmente reunidos e fornecidos em pastas próprias, mediante pagamento do seu custo, não podendo ser dificultados ou sonegados a nenhum interessado.

O *prazo e as condições* de execução, de entrega e de recebimento do objeto da licitação devem ser estabelecidos com clareza e precisão técnica e jurídica, para orientação dos interessados na formulação de suas propostas e na formalização do contrato com o vencedor. Sendo o edital um instrumento vinculante para as partes, não se pode, a seu arrepio, ampliar ou reduzir prazos, nem inovar condições ou termos contratuais.

As *garantias* para a execução do contrato (já estudadas no item 2.4) hão de constar do edital, pena de se tornarem inexigíveis do vencedor da licitação.

Ao contrário do Estatuto anterior, a lei permite a exigência de garantia para participar da licitação, nas mesmas modalidades previstas para a execução do contrato, mas limitada a 1% (um por cento) do valor estimado do objeto licitado (art. 31, III).

129. "(...). O art. 40 da Lei n. 8.666/93 não é exauriente no tocante aos requisitos do edital, podendo-se incluir outras exigências de acordo com a necessidade do certame, desde que respeitados os princípios que regem a Administração Pública" (STJ, REsp 1.019.503).

130. TCU, Súmula 177: "A definição precisa e suficiente do objeto licitado constitui regra indispensável da competição, até mesmo como pressuposto do postulado de igualdade entre os licitantes, do qual é subsidiário o princípio da publicidade, que envolve o conhecimento, pelos concorrentes potenciais, das condições básicas da licitação, constituindo, na hipótese particular da licitação para compra, a quantidade demandada uma das especificações mínimas e essenciais à definição do objeto do pregão".

O *projeto básico*, sem o qual nenhuma obra ou serviço pode ser licitado (art. 7º, § 2º, I), deve ficar disponível para aquisição ou consulta dos interessados, o mesmo ocorrendo com o *projeto executivo*, se existente (art. 40, V).

São *condições para participar da licitação* as que a Administração, tendo em vista a natureza, o vulto e a complexidade do objeto do certame, estabelecer como mínimos necessários à habilitação dos proponentes. Equipara-se às condições de participação a *forma de apresentação das propostas*, porque, embora as ofertas só sejam conhecidas após a fase de habilitação, sua desconformidade formal com o exigido no edital pode impedir a apreciação de seu conteúdo, ensejando desclassificação. Assim, o edital deve especificar com clareza os documentos necessários à comprovação das condições de participação e a forma de apresentação das propostas, p. ex.: em duas vias; datilografadas etc.

O edital deve trazer em seu texto a indicação do local, horário e códigos de acesso dos meios de comunicação, para obtenção de *informações e elementos esclarecedores da licitação*. Essa indicação precisa constar também – e principalmente – dos avisos e comunicações sobre a instauração do certame, a fim de não se restringir a divulgação, dificultando a procura dos dados necessários pelos interessados.

O *critério de julgamento das propostas* deve estar indicado necessariamente no edital, com os fatores que serão considerados na avaliação das vantagens para a Administração, tais como qualidade, rendimento, preço, condições de pagamento, prazos e outros pertinentes, de interesse do serviço público. O essencial é que aponte fatores que irão predominar no julgamento, para que a Comissão Julgadora os considere.

O julgamento das propostas é ato vinculado às normas legais e ao estabelecido no edital, pelo quê não pode a Comissão desviar-se do critério fixado, desconsiderar os fatores indicados ou considerar outros não admitidos, sob pena de invalidar o julgamento, como adiante veremos, ao examinarmos o *julgamento das propostas*.

O *critério de aceitabilidade dos preços unitário e global* também deve estar indicado no edital, sendo vedada a fixação de preços mínimos, critérios estatísticos ou faixas de variação em relação a preços de referência (art. 40, X). Este elemento destina-se a solucionar o problema da exeqüibilidade das propostas.[131] Como a regra geral, agora, é a da licitação pelo menor preço, é necessário que o edital aponte qual o critério de aceitabilidade dos preços unitário e global, uma vez que estes não podem ser irrisórios ou de

131. É legal a desclassificação de licitante que descumpre "exigência editalícia, quanto ao preço máximo unitário" (STJ, REsp 651.395, *DJU* 30.5.2006).

valor zero, incompatíveis com os preços dos insumos e salários de mercado (art. 44, § 3º). O *demonstrativo do orçamento estimado* do objeto da licitação, que deve acompanhar o edital (art. 40, § 2º, II), deve ser o referencial para a fixação do critério de aceitabilidade do preço.

De igual modo, o edital deve conter, também, o *critério de reajuste do preço*, que deverá retratar a variação efetiva do custo de produção, admitida a adoção de índices específicos ou setoriais, desde a data da proposta até a data do adimplemento de cada parcela. Este reajuste não se confunde com a atualização financeira dos valores a serem pagos, que deve estar contida nas *condições de pagamento*. O primeiro diz respeito ao reajustamento de preços decorrente do aumento geral de custos de mercado ou de desvalorização da moeda, durante o prazo de execução do contrato; a atualização financeira destina-se a sanar os prejuízos decorrentes do atraso de pagamentos.

As *condições de pagamento* devem constar necessariamente do edital, para serem reproduzidas no contrato, contemplando os prazos, o cronograma de desembolso, o critério de atualização financeira dos valores, as compensações financeiras por eventuais atrasos ou antecipações e a exigência de seguros, quando for o caso.

Os *recursos cabíveis* na licitação, na celebração e execução do contrato estão relacionados na lei (art. 109), que dispõe minuciosamente sobre seu processamento, seus efeitos e seus prazos,[132] dispensando, assim, qualquer regulamentação. Mesmo que o edital ou o convite silenciem a respeito, podem ser interpostos todos os recursos mencionados na lei. Nula será a proibição de recurso, como abusivamente pretende, algumas vezes, a Administração. Embora não se trate de recurso propriamente dito, poderá ainda o licitante representar ao Tribunal de Contas sobre irregularidade na licitação ou no contrato (art. 113, § 1º).

As *condições de recebimento do objeto da licitação*, que se confunde com o objeto do contrato, devem também ser estabelecidas no edital para valerem no ajuste. A matéria já foi por nós examinada no item 3.2.2 deste capítulo, ao qual remetemos o leitor, para evitar repetição.

Além das mencionadas nos itens precedentes, que são genéricas, o edital deve conter as *indicações específicas ou peculiares da licitação* a que se refere.

Com todos esses esclarecimentos do edital, a Administração fixará corretamente seu desejo e ampliará o número de competidores, possibilitando a seleção da melhor proposta, que é a finalidade precípua da licitação. Sem essas indicações a Administração poderá sujeitar-se a invalidação do procedimento licitatório, por falta de elementos essenciais ao texto do edital ou do convite.

132. Em regra esse prazo recursal é em dias, "sempre úteis" (STF, RMS 23.546).

7.4.1.3 Impugnação administrativa do edital: o edital discriminatório ou omisso em pontos essenciais pode ser impugnado por qualquer cidadão e, com maior razão, por qualquer interessado em participar do certame.

A *impugnação* deve ser apresentada até cinco dias *úteis* antes da data fixada para a abertura dos envelopes de habilitação, quando efetuada por qualquer cidadão, e até dois dias *úteis*, quando apresentada por licitante, que não ficará impedido de participar do processo, até a decisão definitiva a ela pertinente. O que não se admite é a impugnação do edital pelo licitante que, tendo-o aceito sem objeção, vem, após o julgamento desfavorável, argüir a sua invalidade (Lei 8.666/93, art. 41).[133] A impugnação administrativa deve ser feita em petição autônoma ao subscritor do edital, e não inserida no envelope da documentação ou da proposta, admitindo-se, entretanto, o protesto na ata de recebimento dos envelopes, reportando-se à impugnação já apresentada.

7.4.1.4 Carta-convite: a *carta-convite* é o instrumento convocatório dos interessados na modalidade de licitação denominada *convite*. É uma forma simplificada de edital que, por lei, dispensa a publicidade deste, pois é enviado diretamente aos possíveis proponentes, escolhidos pela própria repartição interessada.

À *carta-convite* aplicam-se, no que for cabível, as regras do edital, dentro da singeleza que caracteriza o procedimento do *convite*. O essencial é que identifique o objeto da licitação, expresse com clareza as condições estabelecidas pela Administração, fixe o critério de julgamento e indique os recursos cabíveis, aplicando-se, no que couber, o que escrevemos acima sobre o edital.

7.4.1.5 Recebimento da documentação e propostas: o *recebimento da documentação e propostas* é o segundo ato externo da licitação, com que se inicia a fase de habilitação dos licitantes. Esse ato, que é sempre público, caracteriza-se pela abertura dos envelopes que contêm a documentação e pelo exame da regularidade formal dos documentos de habilitação, lavrando-se as atas e os termos respectivos.

Documentação é o conjunto dos comprovantes da *personalidade jurídica*, da *capacidade técnica*, da *idoneidade financeira* e da *regularidade fiscal* que se exigem dos interessados para habilitarem-se na licitação. Deve ser apresentada em envelope fechado, distinto do das propostas e sem qualquer referência a estas, cuja abertura há de anteceder, *necessariamente*, o

133. Não obstante o preceito do art. 41, § 2º, da Lei 8.666/93, o TJSP entendeu que é possível ao licitante opor-se judicialmente ao edital, mesmo sem sua impugnação administrativa, quando a exigência feita naquela peça é ilegal (7ª C. Dir. Públ., ApCiv 244.688-1/2, de São Paulo, rel. Des. Sérgio Pitombo, j. 20.5.96, *BAASP* 1.976/355, de 6-12.11.96).

conhecimento das ofertas. Se houver inversão ou concomitância na abertura dos *envelopes-documentação* e *envelopes-propostas*, a licitação torna-se passível de invalidação.[134]

Os documentos e papéis pedidos no edital ou convite podem ser apresentados em original, publicação de imprensa oficial ou cópia autenticada, que têm o mesmo valor perante a Administração ou a Justiça (CPC, arts. 365, 384 e 385). O Dec. federal 6.932, de 11.8.2009, prevê que a autenticação poderá ser feita pelo próprio servidor destinatário do documento (art. 10, § 1º) e dispensa o reconhecimento de firma em qualquer documento produzido no Brasil quando assinado perante o servidor destinatário do documento (art. 9º).[135] O documento produzido em outro país deverá ser autenticado pelo Consulado e traduzido em Português por tradutor juramentado. Observe-se que é crime induzir a repartição licitadora em erro por informação falsa na apresentação dos documentos (Lei 7.492/86, art. 6º).

A Administração não pode tomar conhecimento de papel ou documento não solicitado, exigir mais do que foi solicitado, considerar completa a documentação falha, nem conceder prazo para a apresentação dos faltantes, porque isso criaria desigualdade entre os licitantes, invalidando o procedimento licitatório.

A orientação correta nas licitações é a dispensa de rigorismos inúteis e de formalidades e documentos desnecessários à qualificação dos interessados, até mesmo em respeito ao princípio da eficiência. O agente público deve ter sempre presente que o formalismo inútil e as exigências de uma documentação custosa, além de afrontarem o princípio da eficiência, afastam muitos licitantes, frustrando a obtenção de proposta mais vantajosa. Daí por que a lei (art. 27) limitou a documentação, *exclusivamente*, aos comprovantes de *capacidade jurídica*, *regularidade fiscal*, *capacidade técnica* e *idoneidade econômico-financeira*. Nada mais se pode exigir dos licitantes na fase de habilitação. Reconhecimentos de firmas, certidões negativas, regularidade eleitoral, são exigências impertinentes que a lei federal dispensou nessa fase, mas que a burocracia ainda vem fazendo ilegalmente, no seu vezo de criar embaraço aos licitantes. É um verdadeiro estrabismo público, que as autoridades superiores precisam corrigir, para que os burocratas não persistam nas suas distorções rotineiras de complicar aquilo que a legislação já simplificou.[136] Os bons contratos, observe-se, não resultam das exi-

134. TJSP, *RT* 332/269; *RDA* 43/302; TASP, *RT* 236/429; *BI* 23/34.

135. O Dec. federal 6.932/2009 busca afastar a burocracia e dar eficiência ao atendimento do administrado. Atendendo a um princípio, entendemos que deve ser adotado pelas outras entidades da Federação.

136. "Rigorismos formais extremos e exigências inúteis não podem conduzir a interpretação contrária à finalidade da lei, notadamente em se tratando de concorrência pública, do tipo menor preço, na qual a existência de vários interessados é benéfica, na exata medida em

gências burocráticas, mas, sim, da capacitação dos licitantes e do criterioso julgamento das propostas.

A Constituição de 1988 contém dispositivo expresso a respeito, determinando que, "ressalvados os casos especificados na legislação, as obras, serviços, compras e alienações serão contratados mediante processo de licitação pública que assegure igualdade de condições a todos os concorrentes, com cláusulas que estabeleçam obrigações de pagamento, mantidas as condições efetivas da proposta, nos termos da lei, o qual somente permitirá as exigências de qualificação técnica e econômica indispensáveis à garantia do cumprimento das obrigações" (art. 37, XXI). E, em outra disposição, § 3º do art. 195, a mesma CF dispõe que "a pessoa jurídica em débito com o sistema da seguridade social, como estabelecido em lei, não poderá contratar com o Poder Público (...)". Esses mandamentos constitucionais são reiterados na Lei 8.666/93 como requisitos para habilitação dos licitantes e assinatura do contrato com o vencedor.

Propostas são as ofertas feitas pelos licitantes para a execução do objeto da licitação, indicando cada qual seu modo de realização e preço, na forma e condições pedidas no edital ou convite. A *proposta* é, em licitação, oferta de contrato, identificando-se com a *proposta de contrato* de que cuida o Código Civil (arts. 427 e ss.), porque obriga o proponente, quanto a seus termos, desde o momento em que é conhecida pela Administração até a expiração do prazo de sua validade. A sua peculiaridade está em que vincula o proponente mas não obriga a Administração a contratar, mesmo que aceita a oferta.

O proponente não pode modificar sua proposta desde que entregue à Administração, mas pode retirá-la, ainda que antes da abertura do respectivo envelope. A Lei 8.666/93 só autoriza a desistência da proposta por motivo justo, decorrente de fato superveniente e aceito pela Comissão (art. 43, § 6º). Depois de conhecido o conteúdo da proposta, ou após o julgamento, sendo o

que facilita a escolha da proposta efetivamente mais vantajosa (Lei n. 8.666/93, art. 3º)" (STJ, REsp 797.179); "Não é irregular, para fins de habilitação em processo de licitação, o balanço que contém a assinatura do contador, ao qual a lei comete atribuições para produzir e firmar documento de tal natureza, como técnico especializado" (STJ, MS 5.601, *JSTJ* 02/1992, *RSTJ* 119/57). Mas a apresentação de proposta financeira sem assinatura ou rubrica caracteriza apocrifia e inexistência do documento, impondo a desclassificação pelos "princípios da vinculação ao instrumento convocatório e do julgamento objetivo", inclusive por ser "imprescindível a assinatura ou rubrica do licitante na sua proposta financeira, sob pena de a Administração não poder exigir-lhe o cumprimento da obrigação a que se sujeitou" (STF, RMS 23.640). Com muita propriedade, decidiu o TJRS que: "Visa a concorrência a fazer com que o maior número de licitantes se habilitem para o objetivo de facilitar aos órgãos públicos a obtenção de coisas e serviços mais convenientes a seus interesses. Em razão desse escopo, exigências demasiadas e rigorismos inconsentâneos com a boa exegese da lei devem ser arredados. Não deve haver nos trabalhos nenhum rigorismo e na primeira fase da habilitação deve ser de absoluta singeleza o procedimento licitatório" (*RDP* 14/240).

vencedor, sujeitar-se-á às sanções administrativas e responderá por eventuais perdas e danos; não sendo o vencedor, ficará liberado da proposta desde a homologação, salvo se houver compromisso de manutenção da oferta por prazo determinado, para substituição de vencedor desistente.

Na elaboração das propostas os licitantes deverão obedecer, tanto na forma quanto no conteúdo, ao que a Administração pede ou faculta que se lhe ofereça. Em tema de proposta, em razão do princípio da igualdade entre os licitantes, nada se pode oferecer, considerar, aceitar ou exigir além ou aquém do edital ou do convite.

As propostas hão de ser apresentadas em envelope ou invólucro diverso do da documentação, opaco, fechado e rubricado pelo apresentante, para assegurar a indevassabilidade das ofertas. É de boa cautela pedir-se no edital a apresentação das propostas em duas vias, a fim de que uma delas fique sempre à disposição dos interessados, para exame e fornecimento de certidões, sem prejudicar os trabalhos de julgamento, que se realizam com a original.

Tanto a apreciação da documentação quanto o julgamento das propostas poderão ser feitos imediatamente após a abertura dos respectivos envelopes, mas nem sempre isso é possível, diante do volume de papéis e demonstrações técnicas e financeiras a examinar e, muitas vezes, em razão das impugnações e recursos a serem decididos previamente. Em tal situação, encerra-se o recebimento com a lavratura da respectiva ata que consigne todas as ocorrências, impugnações, recursos e decisões relativas ao ato, marcando-se dia, hora e local em que se dará conhecimento do julgamento adiado.

Atas e *termos*, sempre necessários no procedimento licitatório e nos contratos, são instrumentos para o registro das ocorrências e consignação formal das decisões e ajustes da Administração.

Ata é o registro escrito e formal que se faz de reuniões, atos, decisões ou ocorrências, em livro próprio ou folhas avulsas autenticadas. Nas licitações é *obrigatório* consignar-se em ata o recebimento, abertura e apreciação da documentação, a abertura e julgamento das propostas. A ata deve registrar fielmente o ocorrido, notadamente as impugnações dos licitantes, os recursos oferecidos no momento, as deliberações da Comissão e os votos divergentes de seus membros, sendo subscrita pelo presidente e por quem a lavrou, facultando-se a sua assinatura a todos os presentes. Os licitantes não são obrigados a assinar a ata, mas, se, presentes, recusarem-se a fazê-lo, essa circunstância deve ser, em tempo, consignada na mesma.

As atas assim lavradas passam a constituir peças integrantes do processo da licitação, para livre exame dos licitantes e fornecimento de certidão a qualquer interessado (CF, art. 5º, XXXIV, "b"), e são *documentos públicos*, porque a licitação é, por natureza, procedimento administrativo público.

Termo é o instrumento de atos, contratos e declarações que devam ser formalizados por escrito. *Termo administrativo* é o que se lavra nas repartições da Administração, centralizada ou descentralizada, em livro próprio, em processo ou em folhas avulsas autenticadas pela autoridade competente. Nas licitações os *termos* são usuais para o contrato, seus aditamentos e rescisões, sendo de rigor nos contratos decorrentes de concorrência e nos que importem transferência de domínio de bem imóvel (muitas vezes substituídos pela *escritura pública*), constituindo documentos públicos que devem constar do processo licitatório, como as atas.

7.4.1.6 Habilitação dos licitantes: *habilitação* ou *qualificação* é o ato pelo qual o órgão competente (geralmente o julgador da licitação, mas pode ser também a Comissão de Julgamento do registro cadastral, quando existente na repartição interessada), examinada a documentação, manifesta-se sobre os requisitos pessoais dos licitantes, habilitando-os ou inabilitando-os. *Habilitado* ou *qualificado* é o proponente que demonstrou possuir os requisitos mínimos de *capacidade jurídica*, *capacidade técnica*, *idoneidade econômico-financeira*, *regularidade fiscal* e *regularidade trabalhista*, pedidos no edital; *inabilitado* ou *desqualificado* é o que, ao contrário, não logrou fazê-lo.[137]

A fase de habilitação é distinta e estanque da de julgamento. Naquela, visa-se, *exclusivamente*, à pessoa do proponente; nesta, ao aspecto formal e ao conteúdo da proposta. Proferida a decisão com que se encerra a fase de habilitação, somente passarão à seguinte os licitantes *habilitados*; os *inabilitados*, excluídos do certame, receberão de volta, intactos, os seus envelopes "proposta". Daí por que o recurso cabível dessa decisão deve ter efeito suspensivo, conforme acertadamente estabeleceu a Lei 8.666/93 (art. 109, § 2º).

O licitante inabilitado não poderá participar dos atos subseqüentes da licitação, pois a inabilitação o exclui do certame (art. 41, § 4º).

Muito se discutiu em doutrina sobre a possibilidade de reexame da habilitação pelo conhecimento de fatos supervenientes ao julgamento dessa fase, e aceitamos, com Antônio Marcello da Silva, a tese da viabilidade des-

137. Não se confunda, pois, *desqualificação* com *desclassificação*. *Desqualificação* ou *inabilitação* é a rejeição do *proponente* que não apresenta os requisitos exigidos no *edital*; *desclassificação* é a rejeição da *proposta* de licitante já qualificado ou habilitado, por defeito formal ou inexeqüibilidade manifesta da oferta. A primeira ocorre na *fase de habilitação dos licitantes*, e a segunda na de *julgamento das propostas*, através de decisões distintas, consignadas em atas diversas (ata de habilitação e ata de julgamento).

se reexame (v. "Qualificação dos licitantes na concorrência", tese aprovada por unanimidade no I Congresso Estadual do MP, realizado em São Paulo, em dezembro/1971, na *RT* 435/25). A lei consagrou essa possibilidade, pondo fim à discussão (art. 43, § 5º). O que se admite é a reapreciação da documentação, para qualquer fim, no julgamento das propostas.

A habilitação é realizada em oportunidades diversas e por sistemas diferentes para cada modalidade de licitação: na *concorrência* faz-se após a abertura da licitação, em fase preliminar à do julgamento; na *tomada de preços* é anterior à instauração do procedimento licitatório e genérica, porque depende da inscrição do interessado no registro cadastral; no *convite* é feita *a priori* pelo próprio órgão licitante, que escolhe e convoca aqueles que julga capacitados e idôneos para executar o objeto da licitação; no *concurso* é facultativa; no *leilão* é desnecessária, por se tratar de alienação de bens de entrega imediata e pagamento à vista, salvo nas hipóteses de leilão para a privatização de empresas, em decorrência do Plano Nacional de Desestatização. Mas em todas as modalidades de licitação a habilitação consistirá na verificação e reconhecimento da *habilitação jurídica*, da *regularidade fiscal*, da *qualificação técnica* e da *qualificação econômico-financeira*, levando-se em consideração, ainda, em casos especiais, a *real disponibilidade financeira* e a *real capacidade operativa* dos proponentes. Mais ainda, a Lei 9.854, de 27.10.99, passou a exigir, para a habilitação, que o interessado demonstre o cumprimento do art. 7º, XXXIII, da CF, que proíbe o trabalho noturno, perigoso ou insalubre aos menores de dezoito e de qualquer trabalho aos menores de dezesseis anos, salvo na condição de aprendiz a partir de catorze anos, ao incluir o inc. V no art. 27 da Lei 8.666/93. A prova da regularidade dessa exigência será feita por declaração do habilitante, conforme modelo fornecido pelo Dec. 4.358, de 6.9.2002, que regulamentou a matéria.

Habilitação jurídica, antes denominada *capacidade jurídica*, é a *aptidão efetiva* para exercer direitos e contrair obrigações, com responsabilidade absoluta ou relativa por seus atos. A *capacidade jurídica* é decorrência da *personalidade jurídica*, que é a qualidade inerente a todo ser humano (pessoa física) e atribuída a certas criaturas da lei (pessoas jurídicas) para exercer direitos e contrair obrigações. Assim, toda pessoa, física ou jurídica, tem personalidade jurídica, mas pode não ter *capacidade jurídica*, ou tê-la limitada, como ocorre com os menores e os interditos. Essa capacidade, para fins de habilitação em licitação pública, "deverá ser plena, do ponto de vista administrativo, isto é, ainda que regulada por normas do Direito Privado, há que atender também às do Direito Público", consoante esclarece Marcello da Silva no artigo acima citado, observando que "o declarado inidôneo por punição administrativa, embora possa regularmente exercer os atos da vida civil, considera-se incapacitado para contratar com a Administração".

Como corolário da personalidade, a capacidade jurídica prova-se, em princípio, pela *cédula de identidade* ou *carteira profissional* (pessoa física), pela lei que a instituiu (pessoa jurídica de Direito Público, *estatal* ou *autárquica*, também denominada pessoa *administrativa*) ou pelo registro na repartição competente (pessoa jurídica de Direito Privado), a saber: Junta Comercial (sociedades comerciais e firmas individuais) e Registro Civil das Pessoas Jurídicas (sociedades e associações civis), ou, onde este não exista, Cartório de Registro de Títulos e Documentos. Todavia, para a comprovação da capacidade jurídica plena a Administração poderá exigir outros documentos, tais como atas de constituição e alteração das pessoas jurídicas, seus estatutos e modificações subseqüentes, bem como autorizações especiais, quando for o caso, e outros documentos assemelhados e pertinentes.

Regularidade fiscal, como indica o próprio nome, é o atendimento das exigências do Fisco (quitação ou discussão dos tributos pelo contribuinte). Essa *regularidade* refere-se não só à inscrição no cadastro de contribuintes federal (CPF ou CNPJ), como, também, nos cadastros estadual e municipal, se houver, relativos ao domicílio ou sede do licitante. No caso de cadastro municipal, a inscrição refere-se ao imposto sobre serviços, motivo pelo qual a lei exige que deve ser pertinente ao ramo de atividade do licitante e *compatível com o objeto contratual* (art. 29, II). A lei exige, ainda, em cumprimento à determinação constitucional, prova de regularidade com o sistema de Seguridade Social e o Fundo de Garantia do Tempo de Serviço (FGTS), demonstrando o cumprimento dos encargos sociais instituídos por lei (CF, art. 195, § 3º, e Lei 8.666/93, art. 29, IV).[138]

Qualificação técnica é o conjunto de requisitos profissionais que o licitante apresenta para executar o objeto da licitação. Pode ser *genérica*, *específica* e *operativa*.

Comprova-se a capacidade técnica *genérica* pelo registro profissional; a *específica*, por atestado de desempenho anterior e pela existência de aparelhamento e pessoal *adequados* para a execução do objeto da licitação; e a *operativa* pela demonstração da *disponibilidade* desses recursos materiais e humanos adequados, necessários à execução. E assim é porque o licitante pode ser profissional habilitado e não ter pessoal e aparelhamento próprios para a realização do objeto do contrato; pode ser habilitado e possuir o aparelhamento e pessoal adequados, mas indisponíveis para a execução do objeto do contrato, por estar exaurida sua capacidade operativa real. Isso ocorre freqüentemente, quando as empresas comprometem esses recursos acima de suas possibilidades efetivas de desempenho, já estando absorvidos por outros contratos de obras, serviços ou fornecimentos.

138. Não basta a comprovação da regularidade fiscal da matriz se a filial é que vai executar o contrato (STJ, REsp 900.604).

Diante dessa realidade, é lícito à Administração verificar não só a capacidade técnica *teórica* do licitante como a sua capacidade técnica *efetiva* de execução, que se convencionou chamar *capacidade operativa real*. Grande parte dos insucessos na execução dos contratos administrativos decorre da falta de *capacidade operativa real*, não verificada pela Administração na fase de habilitação dos proponentes.

Não se justifica, contudo, a exigência da disponibilidade de equipamentos no momento da apresentação das propostas. As máquinas e equipamentos devem estar disponíveis para a realização do objeto da licitação (Lei 8.666/93, art. 30, II), que é o momento em que eles se tornam necessários. Exigir essa disponibilidade antes do tempo é afastar pretendentes, que não teriam condições de manter equipamentos ociosos, devido ao seu alto custo. Para a comprovação da disponibilidade basta que o licitante apresente relação explícita do maquinário exigido e declaração formal de sua disponibilidade, com os elementos que a justifiquem. São vedadas as exigências de propriedade e localização prévia e o proponente fica sujeito às penas cabíveis, que podem chegar até a declaração de inidoneidade (Lei 8.666/93, arts. 30, § 6º, e 87, IV).[139]

A comprovação da *capacidade técnico-profissional*, nas licitações pertinentes a obras e serviços, deve ser feita com a demonstração de possuir o licitante, em seu quadro permanente, na data da licitação, profissional de nível superior detentor de atestado de responsabilidade técnica (ART) expedido pela entidade profissional competente, vedadas as exigências de quantidades mínimas ou prazos máximos.

A comprovação da *capacidade técnico-operacional* continua sendo exigível, não obstante o veto aposto à letra "b" do § 1º do art. 30. Na verdade, o dispositivo vetado impunha limitações a essa exigência, e a sua retirada do texto legal deixou a critério da entidade licitante estabelecer, em cada caso, as exigências indispensáveis à garantia do cumprimento das obrigações, exigências, essas, que devem ser *pertinentes* e *compatíveis* com o objeto da licitação.[140]

Além de outras inovações de menor relevância, no campo da *qualificação técnica* (*v.g.*, a comprovação, fornecida pelo órgão licitante, de que

139. O TJSP, em acórdão pioneiro da 4ª C. Cível, relatado pelo eminente Des. Olavo Silveira, deixou claro que a disponibilidade de bens e equipamentos destina-se à realização do objeto da licitação, com vistas à futura execução do contrato, sendo ilegal sua exigência antes daquele momento. Fundamentou seu entendimento inclusive no art. 37, XXI, da CF, ao dispor que, no processo licitatório, "somente serão permitidas as exigências de qualificação técnica e econômica *indispensáveis à garantia do cumprimento das obrigações*" (ApCiv 247.960-1/6, São Paulo, j. 8.6.95, *RDA* 204/271). No mesmo sentido, do TCESP, Súmulas 14 e 15.

140. Antônio Carlos Cintra do Amaral, *Ato Administrativo, Licitações e Contratos Administrativos*, 1ª ed., 2ª tir., São Paulo, Malheiros Editores, 1996, pp. 77 e ss.

o proponente recebeu os documentos e tomou conhecimento de todas as informações e das condições locais para o cumprimento das obrigações, art. 30, III), a Lei 8.666/93 introduziu a possibilidade de exigência da *metodologia de execução* no caso de obras, serviços e compras *de grande vulto* e de *alta complexidade técnica*, cuja avaliação, para efeito de sua aceitação, antecederá sempre a análise dos preços e será efetuada exclusivamente por critérios objetivos (art. 30, § 8º).

Por *alta complexidade técnica* a lei considera a licitação que envolva alta especialização, como fator de extrema relevância para garantir a execução do objeto a ser contratado, ou que possa comprometer a continuidade da prestação de serviços públicos essenciais (art. 30, § 9º).

A lei criou, com essa possibilidade, uma forma de habilitação peculiar, uma vez que, antes da abertura das propostas de preços, será avaliada a *metodologia de execução* apresentada pelos licitantes, avaliação, essa, que deverá ater-se exclusivamente a critérios objetivos, os quais deverão estar fixados no edital. Em certas circunstâncias, o *plano de trabalho* solicitado pode ser equiparado a uma *proposta técnica* (trata-se de obras ou serviços de grande complexidade técnica, envolvendo alta especialização), devendo a Administração ampliar o prazo para a apresentação das propostas, sob pena de inviabilizar a concorrência e ensejar a invalidação do edital.

Lembre-se que as obras e serviços, para serem licitados, deverão ter *projeto básico*, aprovado pela autoridade competente e disponível para exame dos interessados (art. 7º, § 2º, I). A *metodologia de execução* deverá apoiar-se no projeto básico e sua aceitação será aferida por critérios objetivos dele decorrentes. Não se cogita, nesse momento, de classificar os planos de trabalho (metodologia de execução), mas simplesmente de sua aprovação ou rejeição, como elemento da *qualificação técnica* do licitante. Aquele cuja metodologia for recusada pela Comissão será considerado inabilitado.

Qualificação econômico-financeira é a capacidade para satisfazer os encargos econômicos decorrentes do contrato.

Comprova-se a capacidade econômico-financeira pelo balanço patrimonial e demonstrações contábeis do último exercício, por certidão negativa de falência ou concordata e por prestação de garantia real ou fidejussória, desde que limitada a 1% (um por cento) do valor estimado da contratação (art. 31).

A Administração pode, ainda, fixar o capital mínimo para os interessados participarem da licitação, desde que não exceda a 10% (dez por cento) do valor estimado da contratação, assim como exigir outros elementos comprobatórios da capacidade financeira, tais como atestados de idoneidade de estabelecimentos bancários com os quais a empresa transacione e relação dos compromissos assumidos pelo licitante que possam comprometer a sua saúde econômico-financeira.

O essencial é que a Administração não estabeleça exigências descabidas na espécie, nem fixe mínimos de idoneidade financeira desproporcionais ao objeto do certame, a fim de não afastar os interessados de reduzida capacidade financeira, que não é absoluta, mas *relativa a cada licitação*. Desde que o interessado tenha *capacidade financeira real* para a execução do objeto daquela licitação, pode concorrer em igualdade de condições com os de maior capital ou faturamento, circunstância que será aferida por critérios objetivos previstos no edital (art. 31, §§ 1º e 5º).

Regularidade trabalhista é a demonstração pelo licitante de que não se utiliza de trabalho de menor de dezoito anos em atividades noturnas, perigosas ou insalubres, e de qualquer trabalho de menor de dezesseis anos, salvo na condição de aprendiz a partir de catorze anos – ou seja, de que atende ao disposto no art. 7º, XXXIII, da CF. A prova do cumprimento desta exigência far-se-á por meio de declaração firmada pelo licitante, nos termos dos modelos anexos ao Dec. 4.358, de 6.9.2002, que regulamentou a matéria, como fora sugerido na edição anterior. Não obstante, comprovada a infração, o contrato poderá ser rescindido, de acordo com a redação dada ao art. 78 da Lei 8.666/93. Para esse fim, o Ministério do Trabalho e o de Planejamento deverão adotar providências no sentido de disponibilizar aos órgãos e entidades da Administração Pública informações relativas às autuações efetuadas em função do uso de mão-de-obra infantil, conforme dispõe o mesmo decreto.

7.4.1.7 Julgamento das propostas: o *julgamento das propostas* é o ato pelo qual se confrontam as ofertas, classificam-se as propostas e escolhe-se o vencedor a que deverá ser adjudicado o objeto da licitação. O julgamento regular das propostas gera para o vencedor o direito subjetivo à adjudicação e o coloca em condições de firmar o contrato com a Administração. *Julgamento regular* é o que se faz em estrita consonância com as normas legais pertinentes e os termos do edital, pois não é ato discricionário, mas *vinculado*.

Abertas, rubricadas e lidas as propostas em *ato público*, passa-se ao seu exame, que pode ser feito em seguida, mas normalmente é realizado reservadamente em outro local e data, para que os julgadores tenham a tranqüilidade necessária à análise de todos os seus aspectos e à apreciação de todos os fatores a serem considerados no julgamento.

Desclassificação das propostas é sua eliminação pela desconformidade com o pedido no edital ou no convite, ou por sua manifesta inexeqüibilidade. Realmente, como já vimos acima, as propostas deverão satisfazer na *forma* e no *conteúdo* às exigências do edital, de modo que sua *desconformidade com o edital* enseja a rejeição liminar na fase de julgamento.

A *desconformidade com o edital* é de fácil verificação, pois basta o confronto da proposta com o pedido pela Administração para se evidenciarem as divergências, tanto na *forma de apresentação*, que deve atender aos requisitos estabelecidos, como no *conteúdo da oferta*, que deve conter-se nos limites fixados.

Modernamente, as Administrações vêm consignando no edital uma faixa de admissibilidade de erro de cálculo dentro da qual não se desclassifica a proposta, devendo a Comissão de Julgamento retificá-la e considerar o valor exato. Essa faixa tem sido fixada em até 0,1% da estimativa oficial, evitando-se, assim, injustas desclassificações por insignificantes erros de cálculo.

A *inexeqüibilidade manifesta da proposta*, evidenciada, comumente, nos preços excessivamente baixos, nos prazos impraticáveis de entrega, na inviabilidade técnica da oferta e nas condições irrealizáveis de execução diante da realidade do mercado, da situação efetiva do proponente e de outros fatores, preexistentes, mas até então desconhecidos, ou supervenientes, verificados pela Administração, é outro caso de sua desclassificação. A proposta deve estar acompanhada de documentação comprobatória de que os custos dos insumos são coerentes com os de mercado e de que os coeficientes de produtividade são compatíveis com a execução do objeto do contrato, pois, caso contrário, com base no inciso II do art. 48, a Comissão poderá considerar os preços inexeqüíveis, já que a Administração não deseja o impossível, mas o exeqüível, nas condições mais vantajosas para o serviço público.[141]

Para os efeitos desse inciso II, a lei fixa critérios estatísticos para as licitações de menor preço *para obras e serviços de engenharia* e considera manifestamente inexeqüíveis as propostas cujos valores sejam inferiores a 70% do menor dos seguintes valores: o orçado pela Administração ou o resultante da média aritmética dos valores das propostas superiores a 50% daquele valor. Ao mesmo tempo, passa a exigir garantia adicional de execução do contrato quando a proposta vencedora for inferior a 80% do menor valor daquelas alternativas (cf. §§ 1º e 2º).

Classificação das propostas é a ordenação das ofertas pelas conveniências que apresentam para o serviço público, colocando-se em primeiro lugar a mais vantajosa, segundo os termos do edital.

Proposta mais vantajosa é a que melhor atende ao interesse da Administração, aquela que melhor servir aos objetivos da licitação, dentro do critério de julgamento estabelecido no edital ou convite.

As vantagens da proposta serão aferidas em cada licitação segundo o fator ou fatores predominantes indicados no edital, de acordo com os fins

141. V. Eduardo Rocha Dias, "Proposta de menor preço e tutela da livre concorrência nas licitações", *RDA* 208/139.

almejados pela Administração. Em certas licitações prepondera o interesse econômico, noutras o técnico, e noutras, ainda, conjugam-se a técnica e o preço. Daí resultam quatro tipos básicos de licitação: de *menor preço*, de *melhor técnica*, de *técnica e preço* e de *maior lance ou oferta*, nos casos de alienação de bens ou concessão de direito real de uso (art. 45, § 1º).

A *licitação de menor preço* é a comum; os demais tipos atendem a casos especiais da Administração. É usual na contratação de obras singelas, de serviços que dispensam especialização, na compra de materiais ou gêneros padronizados, porque, nesses casos, o que a Administração procura é simplesmente a vantagem econômica. Daí por que, nesse tipo, o fator decisivo é o menor preço, por mínima que seja a diferença. Anote-se que o art. 15, II, da Lei, diz que as compras, sempre que possível, deverão ser processadas pelo sistema de registro de preços.[142]

Na *licitação de melhor técnica* o que a Administração pretende é a obra, o serviço, o equipamento ou o material mais eficiente, mais durável, mais aperfeiçoado, mais rápido, mais rentável, mais adequado, enfim, aos objetivos de determinado empreendimento ou programa administrativo. Em face desses objetivos, é lícito à Administração dar prevalência a outros fatores sobre o preço, porque nem sempre se pode obter a *melhor técnica* pelo *menor preço*. O vencedor será, portanto, o proponente que apresentar a *melhor técnica*, dentro das especificações e do *preço* negociado pela Administração.

Para facilidade de julgamento nesse tipo de licitação, são utilizados três envelopes: um para a documentação, outro para a proposta técnica e o terceiro para a proposta de preço e condições de pagamento. Uma vez examinadas as propostas técnicas, abrem-se os envelopes dos preços dos licitantes classificados, passando a Administração a *negociar* o preço com o primeiro colocado, tendo em vista o menor preço oferecido. Não havendo acordo, a negociação passa para o segundo classificado, e assim sucessivamente, até a consecução do acordo.

Na *licitação de técnica e preço* combinam-se estes dois fatores para a escolha final da proposta que apresente *técnica satisfatória* e *preço mais vantajoso*. Por isso mesmo, devem ser usados também três envelopes, para a documentação, proposta técnica e preço, respectivamente. Selecionadas as propostas que apresentem *técnicas satisfatórias*, são abertos os envelopes de *preços*. De acordo com a lei anterior, vencia o proponente que ofertasse o *menor preço*. A lei atual determinou que a classificação seja feita de acordo com a média ponderada das valorizações das propostas técnicas e de preço,

142. Excelente acórdão relatado pelo douto Des. Toledo Silva, entendeu aplicável o registro de preços também aos serviços e obras, citando precedente do STJ, no ROMS 15.647, Rel. Min. Eliana Calmon.

segundo os critérios objetivos estabelecidos no edital (art. 46, § 2º). É lamentável a mudança de critério. Se, na *licitação de melhor técnica*, a lei determina que se negocie com o primeiro colocado com base no menor preço oferecido pelas demais classificadas, não se compreende que, na licitação de *técnica e preço*, não vença o proponente do menor preço, já que todos os licitantes que passaram para esta terceira fase são considerados capazes de atender ao objeto do certame. O critério de média ponderada nas notas de técnica e preço pode dar margem a distorções indesejáveis.

Os tipos de licitação de *melhor técnica* e *técnica e preço* ficaram reservados, atualmente, para serviços de natureza predominantemente intelectual (projetos, cálculos, fiscalização, gerenciamento e outros ligados à engenharia consultiva em geral). Só em caráter excepcional poderão ser adotados para fornecimento de bens, execução de obras ou prestação de serviços de grande vulto, dependentes de tecnologia sofisticada. Para isso, é necessário autorização expressa da autoridade de maior nível hierárquico da Administração promotora da licitação (art. 46 e § 3º).

Em qualquer modalidade ou tipo de licitação, salvo na de menor preço, a *classificação das propostas* deve ser claramente justificada na ata de julgamento, indicando-se os fatores considerados e as vantagens de cada oferta, apontadas objetivamente, de modo a permitir a verificação da legitimidade e da exatidão do julgamento, que não é ato discricionário, mas vinculado ao critério estabelecido no edital. Além do mais, nenhuma escolha se justifica sem que haja real interesse para a Administração, traduzido na *proposta mais vantajosa*. É o que compete ao órgão julgador demonstrar, porque a escolha de proposta sem interesse ou contra o interesse público é ato apartado de sua finalidade e, como tal, nulo, por desvio de poder.

A fixação prévia de um *critério para o julgamento da licitação* constitui imposição legal (art. 40, VII) que visa a atender ao *princípio do julgamento objetivo*.

Não se pode fixar em doutrina um critério único para o julgamento das propostas, visto que os interesses predominantes da Administração variam em cada licitação. Numa, poderá ser a qualidade, noutra, o rendimento, noutra, a combinação de dois ou mais fatores, e noutra, ainda, simplesmente o menor prazo ou o menor preço. A escolha desse critério fica, portanto, ao juízo da Administração. O essencial é que se estabeleçam as bases do julgamento, apontando qual o fator ou fatores preponderantes, e, quando possível, se lhes atribuam valores ou pesos que permitam a quantificação matemática das vantagens ofertadas, de modo a afastar ao máximo o subjetivismo da decisão. O que não se permite são as condições discriminatórias ou de favoritismo, ou a ausência de critério, a ensejar um julgamento inteiramente subjetivo.

O que a norma federal impõe quanto ao julgamento é: 1º) a *obrigatoriedade da indicação de um critério de julgamento*; 2º) o *atendimento do interesse público*; 3º) a *existência de fator ou fatores a serem necessariamente considerados e justificados no julgamento das propostas*.

Os fatores que, na fixação do *critério de julgamento* das propostas, podem ser levados em conta, no *interesse do serviço público*, são: *qualidade*, *rendimento*, *preços*, *condições de pagamento*, *prazos* e *outros pertinentes, estabelecidos no edital*.

A lei atual não contém dispositivo semelhante ao Estatuto anterior (art. 36), que explicitava os fatores que a Comissão Julgadora deveria levar em consideração. Diz apenas que os critérios devem estar definidos no edital ou convite e não podem contrariar as normas e princípios estabelecidos na lei, sendo vedada a utilização de qualquer critério ou fator sigiloso, secreto, subjetivo ou reservado (art. 44 e § 1º). Não obstante, mantemos o texto do Autor a respeito dos *fatores* que podem ser utilizados no edital, pelo seu valor doutrinário e didático.

Qualidade é a aptidão do objeto para a satisfação de seus fins. Pode ser superior, média ou inferior, mas o que interessa na licitação é a aptidão do objeto para sua destinação específica, ou seja, para realizar a finalidade pretendida pela Administração. É desse ponto de vista que se há de considerar o *fator qualidade* em cada licitação, pois em certos casos é imprescindível a qualidade superior (equipamento de alta precisão, p. ex.), noutros, a qualidade média é satisfatória (tijolos para uma construção comum), e em determinadas hipóteses a qualidade inferior atende plenamente aos objetivos do serviço público (madeira para a construção de um cercado temporário). Diante dessa realidade, pode a Administração pedir a *qualidade* desejada e dar a esse fator, para critério de julgamento, o *peso* que reputar conveniente. O que se deve ter sempre em vista é que, como bem observou o Eng. Palhano Pedroso, "no campo industrial a qualidade é indispensável para garantir uma função ou um uso determinado, mas não se deve excedê-la, pois o nível de qualidade elevado para o uso requerido nos leva a pagar inutilmente maior preço pelo mesmo objeto".[143]

Observe-se, ainda, que, para fins de licitação, a *qualidade* compreende a *segurança*, a *confiabilidade* e a *durabilidade* do objeto solicitado. Como vemos, o conceito de *qualidade* é amplo, abrangendo as características e virtualidades intrínsecas e extrínsecas, formais ou substanciais, da obra, do serviço ou do material ou gênero a ser adquirido. Daí por que a lei (art. 12) determinou que nos projetos de obras e serviços sejam considerados principalmente os seguintes requisitos: I – segurança; II – funcionalidade

143. A. Palhano Pedroso, *O Papel da Normalização no Desenvolvimento Brasileiro*, Rio, 1970, p. 83.

e adequação ao interesse público; III – economia na execução, conservação e operação; IV – possibilidade de emprego de mão-de-obra, materiais e matérias-primas existentes no local para execução, conservação e operação; V – facilidade na execução, conservação e operação, sem prejuízo da obra ou do serviço; VI – adoção das normas técnicas de saúde e de segurança do trabalho adequadas; VII – impacto ambiental. Essas indicações servem também para o julgamento das propostas, em busca da mais vantajosa para a Administração.

Sobre a solicitação de amostras durante a fase de julgamento da licitação, embora a Lei 8.666/93 não a tenha expressamente previsto, é inegável que, havendo motivação e demonstração de que tal medida é pertinente e necessária para a garantia de uma boa contratação e, assim, para a finalidade da licitação, ela é legal e conforme com o Direito. O edital deve descrever de forma minuciosa essa exigência e especificar os critérios objetivos a serem seguidos na avaliação da amostra. Todavia, na esteira do TCU, entendemos que essa exigência deva ser feita ao licitante que esteja provisoriamente em primeiro lugar e, se este desistir, àquele que o seguir.[144]

Na apreciação da *qualidade* o julgador pode utilizar-se de todos os métodos e processos para sua verificação, principalmente ensaios não destrutivos.[145] Para tanto, pode recorrer a peritos, pareceres técnicos e outros meios que permitam a justa apuração da *qualidade* e escolha da melhor proposta, dentro do pedido no edital.

Rendimento, para fins de licitação, é *produtividade*. O seu conceito é o mais amplo possível, abrangendo a capacidade, a potência, a dimensão, a operatividade, a manutenção, a eficiência e demais elementos de que depende a *produtividade*. Na realização das licitações o que se procura, em última análise, é *essa produtividade*, que se traduz na *utilidade*. Daí por que não se admite que, em qualquer licitação, se despreze o *fator rendimento*, que é sempre relevante, pois a *produtividade* ou *utilidade* é essencial em todo negócio administrativo.

Preço é a contraprestação pecuniária do objeto da licitação. Pode ser global ou unitário, fixo ou reajustável, único ou com aditamento de parcelas variáveis, tudo dependendo do que constar do instrumento convocatório da licitação.

144. TCU: acórdãos 1.113/2008, 1.237/2002, 808/2003, 99/2005 e 526/2005, todos do Plenário. Já, para o TCE de São Paulo: "Em procedimento licitatório, o prazo para apresentação das amostras deve coincidir com a data da entrega das propostas" (Súmula 19). E no Município de São Paulo: *http://www.pregao.sp.gov.br/perguntas/PergMostra.asp?par=55*.

145. Os ensaios não destrutivos constituem "técnica de aplicação de princípios físicos que permitem detectar a falta de homogeneidade de um material ou de uma peça, sem prejudicar sua forma e usabilidade" (Manoel Varela, "Os ensaios não destrutivos", *Revista Engenheiro Moderno*, IV, n. 10, São Paulo, julho/68).

A regra é a aceitação do *menor preço*; a exceção é a escolha de proposta de *preço mais elevado*. Portanto, quando se aceita a proposta mais barata não há necessidade de justificação da escolha; quando se prefere outra proposta que não a de menor preço torna-se *obrigatória* a justificação escrita dessa preferência, como vimos acima.

Resumindo, é lícito à Administração solicitar prazo para pagamento, carência e outras vantagens relacionadas com o preço, as quais serão consideradas no julgamento, desde que o edital ou convite as tenham admitido expressamente ou estejam implícitas nas suas condições.[146] Em muitos casos o "caderno de encargos" ou regulamento geral das licitações de determinada unidade administrativa já consigna as condições para licitar e indica as vantagens admissíveis nas propostas, o que evita sua reprodução no instrumento convocatório. Mas é necessário que este mencione claramente que a licitação se processará com observância daqueles textos normativos, para evitar dúvidas prejudiciais aos licitantes, que poderão ensejar a nulidade do edital, do julgamento ou de todo o procedimento.

O que não se pode é considerar vantagem não pedida nem admitida na licitação, pois isso, constituindo surpresa para os demais licitantes, tiraria o caráter igualitário do certame. É também inaceitável a vantagem ou preço baseado nas propostas dos demais licitantes.

Na *apreciação do preço* deverão ser considerados todos os fatores e circunstâncias que acarretem sua redução ou aumento, tais como modo e prazos de pagamento, financiamento, descontos, carências, juros, impostos e outros de repercussões econômicas efetivas e mensuráveis, pois é do confronto dessas vantagens e desvantagens que se extrai o *menor preço* e se conhece a *proposta mais barata*. O essencial é a previsão, explícita ou implícita, desses fatores e a possibilidade de sua quantificação para a demonstração matemática das vantagens ou desvantagens por eles traduzidas.

Condições de pagamento são as que se referem a prazos, descontos, parcelamentos, financiamento, carência e outras vantagens correntes no comércio. São, pois, fatores altamente influenciáveis no preço e, conseqüentemente, ponderáveis no julgamento das propostas.

O *adiantamento de parte do preço* nos contratos de longa e dispendiosa execução parece-nos perfeitamente admissível desde que o edital consigne essa condição de pagamento. Aliás, essa condição é freqüente nos contratos internacionais de aquisição de equipamentos fabricados no Exterior, mas

146. A Lei 8.666/93, no art. 7º, § 3º, proibiu à Administração incluir no objeto da licitação a obtenção de recursos financeiros para sua execução, visto como exige a previsão de recursos orçamentários para esse fim (art. 7º, § 2º, III). Conseqüentemente, a afirmação do Autor, em edições anteriores, de que seria possível incluir o financiamento entre as vantagens relacionadas com o preço, para sua consideração no julgamento, perdeu sua razão de ser.

nada impede que tal praxe seja adotada nos ajustes internos realizados pela Administração.

Os *prazos* que podem constituir fatores ponderáveis no julgamento das propostas, consoante especificar o edital, são os de *execução*, de *pagamento*, de *financiamento*, de *adiantamento*, de *carência* e *outros pertinentes ao objeto da licitação*, cuja valoração é da exclusiva alçada da Administração, em face do interesse do serviço público. Por exemplo: normalmente, o menor prazo de entrega constitui vantagem econômica, mas para uma determinada contratação o prazo de pagamento pode representar vantagem maior, e assim por diante.

Outras vantagens, além dos fatores acima considerados, podem ser levadas em conta no julgamento. Tais vantagens são as peculiares a cada licitação e *pertinentes* ao seu objeto, podendo ser de natureza técnica, econômica e administrativa. Como geralmente refogem da rotina, devem ser claramente estabelecidas no edital ou convite, salvo se já constarem de normas superiores.

7.4.1.8 Considerações finais sobre o julgamento: o *julgamento*, nas concorrências e tomadas de preços, é *privativo* de uma *Comissão de Julgamento* de pelo menos três membros (art. 51), de modo que as autoridades superiores poderão apenas anulá-lo se irregular ou ilegal, determinando sua renovação pelo órgão competente. Já, nos convites, o julgamento compete ao *responsável pelo convite*, o que permite à autoridade superior, através de recurso ou *ex officio*, conhecer do mérito da decisão e, se for o caso, reformá-la.

A *divisibilidade do julgamento* é possível desde que o pedido no edital conste de itens ou subitens distintos e a proposta possa ser aceita por partes, caracterizando *objeto divisível*. Nesse caso, a adjudicação ou a homologação e a anulação do julgamento podem ser parciais, mantendo-se o que está correto e invalidando-se apenas o que está irregular ou ilegal.

O *empate de propostas* será decidido por *sorteio*, vedado qualquer outro processo, salvo a preferência assegurada pelo art. 3º, § 2º, incisos II, III e IV (na redação dada pela Lei 12.349/2010, observando que esta revogou o inciso I), c/c o § 2º do art. 45, todos da Lei 8.666/93 (v. item 7.2.1). Sobre as cooperativas e as microempresas e empresas de pequeno ver item 7.2.2.3, *retro*; e sobre a capacitação e a competitividade do setor de tecnologia de informação ver art. 3º da Lei 8.428/91, na redação dada pela Lei 10.716/2001. Do julgamento das propostas caberá o recurso previsto no art. 109, I, "b", da mesma lei.

7.4.1.9 Homologação e adjudicação: a lei, mudando a sistemática anterior do julgamento, estabeleceu que a Comissão, após a classificação das propostas, deve enviar o resultado à autoridade superior, para homologação e adjudicação do objeto da licitação ao vencedor, convocando-o para assinar o contrato (art. 43, V e VI, e art. 64).[147] Assim, não há homologação da adjudicação, como antes se dizia; a homologação se faz do julgamento e de todo o procedimento licitatório. Estando ele de acordo com a lei e o edital, a autoridade superior determinará a adjudicação do objeto licitado ao proponente classificado em primeiro lugar, mas se verificar qualquer ilegalidade deixará de homologar o julgamento e invalidará o ato irregular, ou todo o procedimento, conforme o caso, *justificando sempre* o despacho anulatório, como veremos adiante.

Homologação é o ato de controle pelo qual a autoridade competente a quem incumbir a deliberação final sobre o julgamento confirma a classificação das propostas e adjudica o objeto da licitação ao proponente vencedor (art. 43, VI). Essa autoridade competente deverá ser, hierarquicamente, superior à Comissão de Julgamento e, em regra, é aquela que determinou a abertura da licitação, mas poderá ser qualquer outra indicada no edital, no regulamento ou na lei.

A autoridade terá diante de si três alternativas: confirmar o julgamento, homologando-o; ordenar a retificação da classificação no todo ou em parte, se verificar irregularidade corrigível no julgamento, ou anular o julgamento, ou todo o procedimento licitatório, se deparar irregularidade insanável e prejudicial ao certame em qualquer fase da licitação.

Feita a homologação e determinada a adjudicação, a respectiva autoridade passa a responder por todos os efeitos e conseqüências da licitação, notadamente o mandado de segurança contra o julgamento. Isto porque, com a homologação, ocorre a superação da decisão inferior pela superior e, conseqüentemente, a elevação da instância administrativa.

A decisão da autoridade competente, que concluir pela anulação do julgamento, ou do procedimento licitatório, deverá ser publicada para propiciar a interposição do recurso cabível (art. 109, I, "c", e § 1º). E, ainda que a lei não o diga, o despacho homologatório e adjudicatório,[148] sendo de efeito externo como é, deve ser obrigatoriamente publicado na imprensa oficial e, se possível, com a convocação do adjudicatário para firmar o contrato nas condições e prazos estabelecidos. Com este ato, encerra-se o procedimento

147. TCU, Súmula 247: "É obrigatória a admissão da adjudicação por item, e não por preço global, nos editais das licitações para a contratação de obras, serviços, compras e alienações cujo objeto seja divisível, desde que não haja prejuízo para o conjunto ou complexo ou perda de economia de escala, tendo em vista o objetivo de propiciar a ampla participação de licitantes que, embora não dispondo de capacidade para a execução, fornecimento ou aquisição da totalidade do objeto, possam fazê-lo com relação a itens ou unidades autônomas, devendo as exigências de habilitação adequar-se a essa divisibilidade".

148. Dentre os efeitos externos da homologação e adjudicação, podemos mencionar a fluência dos prazos para assinatura do contrato e impetração de mandado de segurança contra o julgamento.

da licitação, passando-se ao contrato com o vencedor e, na sua recusa ou impedimento, com o segundo classificado e assim por diante, se a Administração o desejar.

Adjudicação é o ato pelo qual se atribui ao vencedor o objeto da licitação para a subseqüente efetivação do contrato.[149] São efeitos jurídicos da adjudicação: a) a aquisição do direito de contratar com a Administração nos termos em que o adjudicatário venceu a licitação; b) a vinculação do adjudicatário a todos os encargos estabelecidos no edital e aos prometidos na proposta; c) a sujeição do adjudicatário às penalidades previstas no edital e normas legais pertinentes se não assinar o contrato no prazo e condições estabelecidas; d) o impedimento de a Administração contratar o objeto licitado com outrem; e) a liberação dos licitantes vencidos de todos os encargos da licitação e o direito de retirarem os documentos e levantarem as garantias oferecidas, salvo se obrigados a aguardar a efetivação do contrato por disposição do edital ou norma legal.

7.4.2 *Anulação e revogação da licitação* – A licitação, como todo ato administrativo, é suscetível de *anulação* e de *revogação* (art. 49).

7.4.2.1 Anulação: é a invalidação da licitação ou do julgamento por motivo de ilegalidade; *revogação* é a invalidação da licitação por interesse público. Anula-se o que é ilegítimo; revoga-se o que é legítimo mas inoportuno e inconveniente à Administração. Em ambos os casos a decisão deve ser justificada, para demonstrar a ocorrência do motivo e a lisura do Poder Público, sem o quê o ato anulatório ou revocatório será inoperante.[150]

A competência para anular ou revogar é, em princípio, da autoridade superior que autorizou ou determinou a licitação, mas, tratando-se de ilegalidade no julgamento, a Comissão que o proferiu poderá anulá-lo no recurso próprio, ao reexaminar sua decisão.

A *anulação* da licitação, por basear-se em *ilegalidade* no seu procedimento, pode ser feita em qualquer fase e a qualquer tempo, antes da assinatura do contrato, desde que a Administração ou o Judiciário verifique e aponte a infringência à lei ou ao edital. O essencial é que seja claramente demonstrada a ilegalidade, pois anulação sem justa causa é absolutamente

149. Chamamos a atenção do leitor para o fato de que no Direito Francês o termo *adjudication* significa *licitação* e a *adjudicação* propriamente dita denomina-se *attribution* (atribuição). As contratações com dispensa de licitação recebem a denominação genérica de *marchés de gré à gré*, as quais se subdividem, conforme o sistema de escolha do contratante, em *marchés sur appel d'offres* e *marchés par entente directe* (cf. André de Laubadère, *Traité Élémentaire de Droit Administratif*, 1957, pp. 413 e ss., e especialmente o seu *Traité Théorique et Pratique des Contrats Administratifs*, 1956, I/263 e ss.).

150. Sobre *anulação e revogação dos atos administrativos* v. o cap. IV, item 6.

inválida. Mas o princípio da instrumentalidade das formas impede que se anule licitação quando não comprovado que a forma causou prejuízo (cf. item 7.2.2.1 deste Capítulo).[151] Todavia, na esfera administrativa, antes da decisão sobre a anulação ou não da licitação deve-se assegurar o direito de defesa, com o contraditório.[152]

A anulação da licitação opera efeitos *ex tunc*, isto é, retroage às origens do ato anulado, porque, se este era ilegal, não produziu conseqüências jurídicas válidas, nem gerou direitos e obrigações entre as partes. Por isso mesmo, não sujeita a Administração a qualquer indenização, pois o Poder Público tem o dever de velar pela legitimidade de seus atos e de corrigir as ilegalidades deparadas, invalidando o ato ilegítimo, para que outro se pratique regularmente.[153] Ressalvam-se apenas os direitos de terceiros de boa-fé, que deverão ser indenizados dos eventuais prejuízos decorrentes da anulação. Observamos que a anulação da licitação acarreta a nulidade do contrato (art. 49, § 2º), mas os efeitos dessa nulidade são distintos, como exposto no item 3.3.1.4 deste capítulo.

Entretanto, se o despacho anulatório é nulo por falta de *justa causa*, caracteriza-se o desvio ou o abuso de poder, o que autoriza a parte prejudicada a obter, administrativa ou judicialmente, a declaração de sua nulidade, restabelecendo-se o ato ou o procedimento anulado. Nessa hipótese, o prejudicado terá o direito de receber o objeto da licitação ou ser indenizado dos prejuízos sofridos em conseqüência da ilegal anulação da licitação ou de seu julgamento.[154] Essa invalidação do ato anulatório tem sido admitida até mesmo em mandado de segurança, porque fere direito líquido e certo do impetrante, qual seja, o de receber o objeto da licitação em que foi vencedor.[155] Se, porém, o prejudicado preferir a indenização, deverá utilizar-se das vias ordinárias, visto que o *mandamus* não é adequado à reparação de danos.

7.4.2.2 Revogação: a *revogação* da licitação, como já vimos, assenta em motivos de oportunidade e conveniência administrativa.[156] Por essa razão, ao contrário da anulação, que pode ser decretada pelo Judiciário, a revogação é *privativa da Administração*. São as conveniências do serviço que comandam a revogação e constituem a *justa causa* da *decisão revocatória*,

151. STF, *RDA* 37/315, 48/258, 98/166; *RDP* 9/183; *RT* 231/661; TFR, *RDA* 25/203; TJSP, *RDA* 100/149; TASP, *RT* 350/521.

152. STJ, REsp 300.116; TJSP, ApCiv 67.185-5.

153. TJSP, *RDA* 40/324; *RT* 212/164, 219/119; TJDF, *RDA* 52/248.

154. TASP, *RDA* 104/233; *RT* 350/521, 428/248, 415/187.

155. TFR, *RDA* 42/251; *RF* 203/115; TASP, *RT* 363/371.

156. V. o excelente trabalho de Sérgio de Andréa Ferreira, "Anotações sobre a revogação em sede licitatória", *RDA* 229/45.

que, por isso mesmo, precisa ser *motivada*, sob pena de se converter em *ato arbitrário*. E o arbitrário é incompatível com o Direito.

A revogação da licitação opera efeitos *ex nunc*, isto é, a partir da decisão revocatória, porque até então o ato ou procedimento revogado era *eficaz* e *válido*. Daí por que da revogação resulta para o Poder Público a obrigação de indenizar o adjudicatário prejudicado.

Diversamente do que ocorre com a anulação, que pode ser total ou parcial, não é possível a revogação de um simples ato do procedimento licitatório, como o julgamento, por exemplo. Ocorrendo motivo de interesse público que desaconselhe a contratação do objeto da licitação, é todo o procedimento que se revoga.

O licitante vencedor não pode impedir a *revogação da licitação*, mas pode exigir a indicação dos motivos pela Administração, e, não os havendo, poderá obter judicialmente a *anulação* do ato revocatório, com o restabelecimento de seus direitos na licitação, quer recebendo o objeto que lhe fora adjudicado, quer obtendo a indenização correspondente.

A derradeira observação é a de que a revogação da licitação só pode ser feita pela Administração interessada, e não pelo órgão julgador das propostas.

A lei consagrou a exigência do contraditório e da ampla defesa no caso de desfazimento do processo licitatório (art. 49, § 3º). Assim, não basta que a Administração indique os motivos da revogação ou da anulação; é indispensável que dê oportunidade aos licitantes de se manifestarem e de produzirem as provas que entenderem convenientes à sua defesa. Evidente, contudo, que o interesse público deve prevalecer sobre o particular.

Releva notar, ainda, que o juízo de conveniência para a revogação deve basear-se em *fato superveniente* devidamente comprovado, pertinente e suficiente para justificar aquele ato (art. 49, *caput*). A discricionariedade administrativa sofreu séria restrição legal, pois a revogação há de fundamentar-se necessariamente em fatos novos, não mais se admitindo a mudança do critério de oportunidade expendido anteriormente, para a abertura do procedimento licitatório.

8. Serviços de publicidade

8.1 Considerações gerais

Como destacado nas edições anteriores, pondo fim a dúvidas então existentes, a Lei 8.666/93 vedou expressamente a inexigibilidade de licitação para serviços de publicidade e divulgação (art. 25, II), obstando, assim, à invocação do caráter singular do serviço e aos abusos cometidos de forma geral pela Administração com base nessa pretensa singularidade. E sua preocupação foi de tal ordem que, logo no art. 2º, ao determinar a incidência da lei na contratação de serviços, fez constar expressamente "inclusive os de publicidade".

Em razão das peculiaridades dos serviços de publicidade foi editada a Lei 12.232, de 29.4.2010, que "estabelece normas gerais sobre licitações e contratações pela Administração Pública de serviços de publicidade prestados necessariamente por intermédio de agências de propaganda, no âmbito da União, dos Estados, do Distrito Federal e dos Municípios" (art. 1º). Afastando dúvidas, o § 1º do art. 1º estabelece que suas normas subordinam os órgãos do Executivo, Legislativo e Judiciário, as pessoas da Administração indireta e todas as entidades controladas direta ou indiretamente pelos entes acima referidos. Subsidiariamente suas normas aplicam-se às empresas que têm regulamento próprio de contratação (art. 20). Já, as Leis 4.680/65 e 8.666/93 são aplicadas de forma complementar (§ 2º do art. 1º), salvo quando não aplicadas diretamente pela Lei 12.232.

8.2 Conceito legal de "serviços de publicidade"

Em interpretação autêntica, a lei considera *serviços de publicidade* "o conjunto de atividades realizadas integradamente que tenham por objetivo o estudo, o planejamento, a conceituação, a concepção, a criação, a execução interna, a intermediação e a supervisão da execução externa e a distribuição de publicidade aos veículos e demais meios de divulgação, com o objetivo de promover a venda de bens ou serviços de qualquer natureza, difundir idéias ou informar o público em geral" (art. 2º).

Nas contratações poderão ser incluídos como *atividades complementares* os serviços especializados pertinentes: "I – ao planejamento e à execução de pesquisas e de outros instrumentos de avaliação e de geração de conhecimento sobre o mercado, o público-alvo, os meios de divulgação nos quais serão difundidas as peças e ações publicitárias ou sobre os resultados das campanhas realizadas, respeitado o disposto no art. 3º desta Lei; II – à produção e à execução técnica das peças e projetos publicitários criados; III – à criação e ao desenvolvimento de formas inovadoras de comunicação publicitária, em consonância com novas tecnologias, visando à expansão dos efeitos das mensagens e das ações publicitárias" (§ 1º do art. 1º). As pesquisas e avaliações previstas no inciso I, acima, terão a finalidade específica de aferir o desenvolvimento estratégico, a criação e a veiculação e de possibilitar a mensuração dos resultados das campanhas publicitárias realizadas em decorrência da execução do contrato, sendo nelas vedada a inclusão de matéria estranha ou que não guarde pertinência temática com a ação publicitária ou com o objeto do contrato de prestação de serviços de publicidade (art. 3º e seu parágrafo único).

8.3 Contratação só de agência de propaganda detentora de certificado de qualificação técnica de funcionamento

Os serviços de publicidade só poderão ser contratados em agências de propaganda cujas atividades sejam disciplinadas pela Lei 4.680/65 e que tenham certificado de qualificação técnica de funcionamento, o qual poderá ser obtido perante o Conselho Executivo das Normas-Padrão/CENP[157] ou por entidade equivalente, legalmente reconhecida como fiscalizadora e certificadora das condições técnicas de agências de propaganda. A agência contratada só poderá reservar e comprar espaço ou tempo publicitário de veículos de divulgação, por conta e por ordem dos seus clientes, se previamente os identificar e tiver sido por eles expressamente autorizada (art. 4º e §§ 1º e 2º).

8.4 Extensão do objeto da licitação e do respectivo contrato

Somente os serviços de publicidade e as atividades acima especificadas poderão constituir o objeto da licitação e do respectivo contrato, sendo vedada a inclusão de quaisquer outras atividades, em especial as de assessoria de imprensa, comunicação e relações públicas ou as que tenham por finalidade a realização de eventos festivos de qualquer natureza, as quais serão contratadas por meio de procedimentos licitatórios próprios, respeitado o disposto na legislação em vigor (§ 2º do art. 2º). Em regra típica, na contratação desses serviços é facultada a adjudicação do objeto da licitação a mais de uma agência de propaganda, sem a segregação em itens ou contas publicitárias, mediante justificativa; no processo de licitação e na execução desses contratos, o órgão ou a entidade deverá, obrigatoriamente, instituir procedimento de seleção interna entre as contratadas, cuja metodologia será aprovada pela Administração e publicada na Imprensa Oficial (§§ 3º e 4º do art. 2º).

8.5 Modalidades de licitação dos serviços de publicidade

As licitações deverão respeitar as modalidades definidas no art. 22 da Lei 8.666/93, adotando-se como obrigatórios os tipos "melhor técnica" ou "técnica e preço" (art. 5º).

157. É entidade sem fins lucrativos, integrado e gerido por entidades nacionais que representam veículos, anunciantes e agências.

8.6 Instrumento convocatório

O instrumento convocatório deve atender às exigências do art. 40 da Lei 8.666/93, exceto as dos incisos I e II do seu § 2º e as previstas nos incisos I a XIV do art. 6º e seus §§ da Lei 12.232, cujo exame deve ser conjugado especialmente com os arts. 7º e 8º, que especificam os "quesitos" do "plano de comunicação publicitária" e do "conjunto de informações" referidos pelo inciso III do art. 6º.

É relevante notar que a Lei 12.232 *inverteu* a regra da Lei 8.666, ao prever que somente serão convocados para apresentação dos documentos de habilitação os licitantes classificados no *julgamento final* das propostas (art. 6º, I, e art. 11, XI); ou seja, o julgamento das propostas antecede a fase de habilitação.

8.7 Comissão de Julgamento e Subcomissão Técnica, propostas de preços e propostas técnicas e procedimento da licitação e seu julgamento

As licitações serão processadas e julgadas por Comissão Permanente ou Especial, com exceção da análise e julgamento das propostas técnicas, cuja competência é de uma Subcomissão Técnica.

Essa Subcomissão Técnica é constituída por pelo menos três membros que sejam formados em Comunicação, Publicidade ou *Marketing* ou que atuem em uma dessas áreas, sendo que pelo menos um terço deles não poderão manter qualquer vínculo funcional ou contratual, direto ou indireto, com o órgão ou a entidade responsável pela licitação (art. 10 e § 1º). A composição, a escolha por sorteio dos membros dessa Subcomissão Técnica, os impedimentos, a publicidade, a forma e o procedimento para essa escolha, inclusive a impugnação por qualquer interessado, seguem as normas do art. 10, §§ 2º a 9º.

Quando processada sob a modalidade de convite, excepcionalmente, nas pequenas unidades administrativas e sempre que for comprovadamente impossível o cumprimento do disposto no art. 10, § 1º, a Subcomissão Técnica "será substituída pela Comissão Permanente de Licitação ou, inexistindo esta, por servidor formalmente designado pela autoridade competente, que deverá possuir conhecimentos na área de Comunicação, Publicidade ou *Marketing*" (§ 10 do art. 10).

Sempre respeitando os parâmetros dos incisos I a XIV do art. 6º e dos arts. 7º e 8º, (a) as propostas de preços serão apresentadas em um invólucro e (b) as propostas técnicas em três invólucros distintos, destinados (b1) um para a via não identificada do plano de comunicação publicitária, (b2) um para a via identificada do plano de comunicação publicitária e (b3) outro para as demais informações integrantes da proposta técnica (art.

9º). O invólucro destinado à apresentação da via não identificada do plano de comunicação publicitária (letra "b1", acima) será padronizado e fornecido previamente pelo órgão ou entidade responsável pela licitação, sem qualquer tipo de identificação, e a via identificada do plano de comunicação publicitária (letra "b2") terá o mesmo teor da via não identificada, sem os exemplos de peças referentes à idéia criativa (art. 9º e §§ 1º e 2º).

Os invólucros com as propostas técnicas e de preços serão entregues à Comissão Permanente ou Especial na data, local e horário determinados no instrumento convocatório, sendo vedado aos integrantes da Subcomissão Técnica participar da sessão de recebimento e abertura dos invólucros com as propostas técnicas e de preços. Os invólucros padronizados com a via não identificada do plano de comunicação publicitária só serão recebidos pela Comissão Permanente ou Especial se não apresentarem marca, sinal, etiqueta ou qualquer outro elemento capaz de identificar a licitante. Com a mesma finalidade, à Comissão Permanente ou Especial é vedado lançar nesses invólucros padronizados ou nos documentos que compõem a via não identificada do plano de comunicação publicitária qualquer código, sinal ou marca (art. 11, §§ 1º e 2º, c/c o art. 6º, XII e XIII).

8.7.1 *Julgamento das propostas técnicas e das propostas de preços* – O julgamento da licitação tem procedimentos distintos para as propostas técnicas e para as propostas de preços, traçados pelos incisos I a XIV do § 4º do art. 11, os quais devem ser conjugados com os incisos VI, VII e XIV, e §§ 1º e 2º, do art. 6º da Lei 12.232, resumidos a seguir.

8.7.1.1 Julgamento das propostas técnicas: tem o seguinte procedimento: (a) abertura dos dois invólucros da via não identificada do plano de comunicação e das demais informações integrantes da proposta técnica em sessão pública, pela Comissão Permanente ou Especial; (b) encaminhamento das propostas técnicas à Subcomissão Técnica, para análise e julgamento do plano de comunicação publicitária, com elaboração de ata e posterior encaminhamento à Comissão Permanente ou Especial, juntamente com as propostas, as planilhas com as pontuações e a justificativa escrita das razões que as fundamentaram em cada caso; (c) análise individualizada e julgamento dos quesitos referentes às informações de que trata o art. 8º da lei, com elaboração de ata, que será encaminhada à Comissão Permanente ou Especial, juntamente com as propostas, as planilhas com as pontuações e a justificativa escrita das razões que as fundamentaram em cada caso; (d) realização de sessão pública para apuração do resultado geral das propostas técnicas, com a seqüência: (d1) abertura dos invólucros com a via identificada do plano de comunicação publicitária e seu cotejo com as vias não identificadas do plano de comunicação publicitária, para identificação de sua autoria; (d2) elaboração de planilha geral com as pontuações atribuídas a cada um dos quesitos de cada proposta técnica; e (d3) proclamação do resultado do julgamento geral da proposta técnica, registrando-se em ata as propostas desclassificadas e a ordem de classificação; (e) publicação do resultado do julgamento da proposta técnica, com a indicação dos proponentes desclassificados e da ordem de classificação, organizada pelo nome dos licitantes, abrindo-se prazo para interposição de recurso, conforme disposto na alínea "b" do inciso I do art. 109 da Lei 8.666/93; e (f) julgamento dos recursos e encerramento dessa fase.

8.7.1.2 Julgamento das propostas de preços: seu procedimento é o seguinte: (a) abertura dos invólucros com as propostas de preços, em sessão pública, obedecendo-se nas licitações do tipo "melhor técnica" ao disposto ns incisos I, III e IV do § 1º do art. 46 da Lei 8.666 e nas licitações do tipo "técnica e preço" ao disposto no § 2º desse art. 46; (b) publicação do resultado do julgamento final das propostas, abrindo-se prazo para recurso, conforme disposto na alínea "b" do inciso I do art. 109 da Lei 8.666; (c) julgamento dos recursos; e (d) julgamento *final* das propostas de preços e sua publicação.

8.7.1.3 Apresentação e decisão sobre documentos de habilitação: com o julgamento final das propostas de *preços* abre-se o procedimento relativo à habilitação somente dos licitantes classificados, assim resumido: (a) convocação dos licitantes para apresentação dos documentos de habilitação; (b) recebimento e abertura do invólucro com os documentos de habilitação desses licitantes, em sessão pública, para análise da sua conformidade com as condições estabelecidas na legislação em vigor e no instrumento convocatório; (c) decisão habilitando ou inabilitando os licitantes e abertura do prazo para recurso, nos termos da alínea "a" do inciso I do art. 109 da Lei 8.666; (d) reconhecida a habilitação dos licitantes, será homologado o procedimento e adjudicado o objeto licitado ao vencedor, podendo essa adjudicação abranger mais de uma agência de propaganda, na forma do § 3º do art. 2º da lei.

8.7.1.4 Os princípios do sigilo na apresentação das propostas, da vinculação ao instrumento convocatório e do julgamento objetivo: de modo claro e merecedor de elogios, em diversos dispositivos a Lei 12.232/2010 busca preservar esses princípios, prevendo-os textualmente e cominando a anulação do certame em caso de violação de algum deles ou a desclassificação do licitante que os violar.

É o caso: (a) do art. 12, cominando a anulação do certame, sem prejuízo da apuração de eventual responsabilidade administrativa, civil ou criminal dos envolvidos na irregularidade; (b) do inciso XIV e do § 2º do art. 6º e dos incisos III e IV do § 4º do art. 11, prevendo a desclassificação; (c) do inciso VI do art. 6º, estipulando que o julgamento das propostas técnicas e de preços e o julgamento final do certame serão realizados exclusivamente com base nos critérios especificados no instrumento convocatório; (d) dos incisos VI, VII e VIII do art. 6º, determinando julgamento exclusivamente com base nos critérios especificados no instrumento convocatório ou que a Subcomissão Técnica reavalie a pontuação atribuída a um quesito sempre que a diferença entre a maior e a menor pontuação for superior a 20% da pontuação máxima do quesito, com o fim de restabelecer o equilíbrio das pontuações atribuídas, de conformidade com os critérios objetivos postos no instrumento convocatório, ou, ainda, que sejam fixados critérios objetivos e automáticos de identificação da proposta mais vantajosa para a Administração no caso de empate na soma de pontos das propostas técnicas, nas licitações do tipo "melhor técnica"; e (e) do art. 13 e parágrafo único, relativos ao objeto e à execução dos contratos de serviços de publicidade.

Embora algumas dessas normas possam ser consideradas tecnicamente como desnecessárias, por traduzirem mera observância de princípios básicos da licitação, previstos no art. 3º da Lei 8.666/93 e até mesmo na Carta Magna, reputamo-las acertadas justamente porque, além de deixarem patente a necessidade da observância dos princípios, alertam, de forma constante, o agente público e os licitantes para que os observem. Por isso, no exame da legalidade da licitação e/ou do contrato tais normas ganham destaque.

Em comando salutar, por buscar preservar o direito do licitante no caso de desclassificação de alguma proposta técnica por descumprimento do instrumento convocatório, o art. 6º, § 2º, determina que ainda assim seja atribuída pontuação aos seus quesitos, a ser lançada em planilhas que ficarão acondicionadas em invólucro fechado e rubricado no fecho pelos membros da Subcomissão Técnica até que expirem os prazos para interposição de recursos relativos a essa fase da licitação, exceto nos casos em que o descumprimento resulte na identificação do proponente antes da abertura do invólucro com a proposta. A exceção justifica-se porque se a identificação do proponente ocorrer antes da abertura do invólucro tal fato impossibilita a atribuição de pontuação, pois a desclassificação ocorrerá antes da abertura do invólucro.

8.8 Dos contratos de publicidade e da sua execução

A definição do objeto do contrato de serviços previstos na Lei 12.232 e das cláusulas que o integram dar-se-á em estrita vinculação ao estabelecido no instrumento convocatório da licitação e aos termos da lei; e sua execução dar-se-á em total conformidade com os termos e condições estabelecidos na licitação e no respectivo instrumento contratual (art. 13 e parágrafo único). E mais: objetivando a publicidade e o controle desses comandos e da legislação, a lei determina que as informações sobre tal execução, com os nomes dos fornecedores de serviços especializados e veículos, sejam divulgadas em sítio próprio aberto para cada contrato na rede mundial de computadores, garantido o livre acesso às informações por quaisquer interessados; esclarecendo que as informações sobre valores pagos correspondam aos totais de cada tipo de serviço de fornecedores e de cada meio de divulgação (art. 16 e parágrafo único). Por essa razão, também obriga a agência contratada a manter acervo comprobatório da totalidade dos serviços prestados e das peças publicitárias produzidas durante o período de, no mínimo, cinco anos após a extinção do contrato (art. 17). Essas regras devem constar do instrumento convocatório e do contrato, sob pena de nulidade de um ou de outro, para deixar patente que o licitante as aceita quando entra na licitação e que, se contratado, deve cumpri-las.

A lei estipula que somente pessoas físicas ou jurídicas previamente cadastradas pelo contratante poderão fornecer ao contratado bens ou serviços especializados relacionados com as atividades complementares da execução do objeto do contrato referidas no § 1º do art. 2º, e sempre que esse fornecimento tiver valor superior a 0,5% do valor global do contrato e não for de valor igual ou inferior a 20% do limite previsto para a modalidade de convite para compras e serviços (art. 23, II, "a", da Lei 8.666) é obrigatória a apresentação pelo contratado, ao contratante (órgão ou entidade signatária do instrumento contratual), de três orçamentos obtidos entre pessoas que atuem no mercado do ramo do fornecimento pretendido, em envelopes fechados, que serão abertos em sessão pública, convocada e realizada sob fiscalização do contratante (art. 14, §§ 1º, 2º e 3º).

A lei ainda prevê que os custos e as despesas de veiculação apresentados ao contratante para pagamento sejam acompanhados da demonstração do valor devido ao veículo, de sua tabela de preços, da descrição dos descontos negociados e dos pedidos de inserção correspondentes, bem como de relatório de checagem de veiculação, a cargo de empresa independente, sempre que possível, e que pertencem ao contratante as vantagens obtidas em negociação de compra de mídia diretamente ou por intermédio de agência de propaganda, incluídos os eventuais descontos e as bonificações na forma de tempo, espaço ou reaplicações que tenham sido concedidos pelo veículo de divulgação (art. 15 e parágrafo único). No entanto, a facultativa concessão de planos de incentivo por veículo de divulgação e sua aceitação por agência de propaganda, e os frutos deles resultantes, constituem, para todos os fins de direito, receita própria da agência, não estando, assim, compreendidos nas vantagens acima pertencentes ao contratante. E essa receita da agência não pode alterar a equação econômico-financeira definida na licitação e no contrato; ou seja, os frutos relativos a essa vantagem estão expressamente excluídos do cálculo da referida equação (art. 16 e § 1º).

Outra regra de execução do contrato dispõe que as agências de propaganda não poderão, em nenhum caso, sobrepor os planos de incentivo aos interesses dos contratantes, preterindo veículos de divulgação que não os concedam ou priorizando os que os ofereçam, devendo sempre conduzir-se na orientação da escolha desses veículos de acordo com pesquisas e dados técnicos comprovados, constituindo o desrespeito dessa norma grave violação aos deveres contratuais por parte da agência contratada, ensejando, se comprovada em processo administrativo com observância do contraditório, a aplicação de sanções previstas no art. 87 da Lei 8.666/93 (§§ 2º e 3º do art. 18).

Para evitar controvérsias, o art. 19 dispõe que, para fins de interpretação da legislação de regência, os "valores correspondentes ao desconto-padrão de agência pela concepção, execução e distribuição de propaganda, por ordem e conta de clientes anunciantes, constituem receita da agência de publicidade e, em conseqüência, o veículo de divulgação não pode, para quaisquer fins, faturar e contabilizar tais valores como receita própria, inclusive quando o repasse do desconto-padrão à agência de publicidade for efetivado por meio de veículo de divulgação".

É obrigatória a discriminação em categorias de programação específicas no projeto e na lei orçamentária anual das dotações orçamentárias destinadas às despesas com publicidade institucional e com publicidade de utilidade pública, inclusive quando for produzida ou veiculada por órgão ou entidade integrante da Administração Pública (art. 21).

Além da aplicação subsidiária às empresas que têm regulamento próprio de contratação, como já visto, o art. 20 determina que subsidiariamente as disposições da Lei 12.232/2010 aplicam-se às licitações já abertas, aos contratos em fase de execução e aos efeitos pendentes dos contratos já encerrados na data de sua publicação. Entendemos que, em relação às "licitações já abertas", se a aplicação subsidiária acarretar alteração do edital, este deverá ser republicado; e, quanto aos contratos em fase de execução e aos efeitos pendentes dos contratos já encerrados, nos dois casos deverá haver a adequação às normas passíveis de aplicação subsidiária, e desde que essa adequação não altere a equação econômico-financeira definida na licitação, cujo cálculo deve considerar as novas normas com a natureza de interpretação autêntica. Em quaisquer dessas hipóteses há que se respeitar o direito adquirido e o princípio da segurança jurídica.

9. *Modalidades de licitação*

A licitação compreende as seguintes modalidades: *concorrência*, *tomada de preços*, *convite*, *concurso*, *leilão* e *pregão*.[158] Licitação, portanto, é o *gênero*, do qual as modalidades são espécies. Por isso mesmo, os preceitos genéricos acima estudados aplicam-se a todas as modalidades e os específicos regem cada uma delas em particular. As nossas espécies de licitação têm características próprias e se destinam a determinados tipos de contratação, como veremos a seguir.

9.1 Concorrência

Concorrência[159] é a modalidade de licitação própria para contratos de grande valor, em que se admite a participação de quaisquer interessados, cadastrados ou não, que satisfaçam as condições do edital, convocados com

158. Advertimos o leitor sobre a diversidade de terminologia, de conceituação e de modalidades de licitação nos vários países, a fim de evitar-se a indevida aplicação da doutrina estrangeira na licitação brasileira, que tem características próprias, nem sempre coincidentes com as de outras nações.

O Direito Francês chama a licitação de *adjudication*, repartindo-a em *adjudication publique ouverte*, correspondente à nossa *concorrência*, e *adjudication restreinte*, sob duas modalidades, a saber: com *réglementation des conditions d'admission*, assemelhada à nossa *tomada de preços*, e com *procédure des admissions individuelles*, que equivale ao *convite*. Nossa *adjudicação* é *attribution*; *homologação* é *approbation* e *concorrência* é *concurrence*, mas com o significado de participação em qualquer modalidade de licitação (*adjudication*).

O Direito Alemão admite três modalidades de licitação (*Ausschreibung*), a saber: concorrência pública (*öffentliches Ausschreibungsverfahren*), concorrência restrita (*beschränktes Ausschreibungsverfahren*) e convite (*Ausschreibung*).

O Direito Italiano utiliza-se da *asta pubblica*, equivalente à nossa *concorrência*; da *licitazione privata*, correspondente à nossa *tomada de preços*; da *trattativa privata*, que é *escolha direta* do contratante; e do *appalto concorso*, assemelhado ao nosso *concurso de projetos*.

O Direito Hispânico oferece uma diversidade de tipos de licitação conforme o país. Na Espanha, a licitação (*licitación*) compreende a *subasta*, o *concurso* e o *concurso subasta*, sem equivalência com as nossas modalidades, salvo a *subasta*, que se assemelha à *concorrência*. Na Argentina praticam-se a *subasta*, a *licitación pública*, a *licitación privada*, o *concurso público*, o *concurso público-subasta*, o *concurso de precios* e a *cotización de precios*. No Uruguai realizam-se a *licitación pública*, equivalente à nossa *concorrência*, e a *licitación restringida*, assemelhada à *tomada de preços*, havendo, ainda, a *licitación de precios*, a *licitación sobre muestras* e a *licitación-concurso*, sem símile no nosso Direito.

O Direito Português só admite duas modalidades de licitação: *ajuste direto* e *concurso*. O concurso pode ser *público* ou *limitado*, o primeiro equivalendo à *concorrência* e o segundo assemelhado à *tomada de preços*. Para compras existe a *licitação sobre amostras*, na qual os licitantes devem apresentar as amostras juntamente com as propostas e, escolhida a amostra, sobre ela é que se disputa o preço de todos os ofertantes.

159. O legislador mudou a antiga denominação *concorrência pública* para, simplesmente, *concorrência*, substituindo, ainda, *concorrência administrativa* por *tomada de preços*. É necessário, pois, que as Administrações adotem a terminologia legal certa em suas licitações.

a antecedência mínima prevista na lei, com ampla publicidade pelo órgão oficial e pela imprensa particular.

A *concorrência* é obrigatória nas contratações de obras, serviços e compras, dentro dos limites de valor fixados pelo ato competente, que são diversos para *obras e serviços de Engenharia* e *para outros serviços e compras*.

É também obrigatória a *concorrência*, independentemente do valor do contrato, na compra ou alienação de bens imóveis e na concessão de direito real de uso, justificando-se tal exigência pelo interesse em convocar o maior número possível de interessados. O mesmo ocorre nas licitações internacionais, quando se procura atrair interessados de outros países. Neste último caso, admite-se a *tomada de preços* quando a entidade interessada disponha de cadastro internacional de fornecedores, situação em que devem ser observados os limites financeiros para a escolha da modalidade licitatória (art. 23, § 3º). A concorrência é obrigatória para o Sistema de Registro de Preços (art. 15, § 3º, I), mas convém observar que a Lei 10.520/2002 também autoriza o Registro de Preços por pregão (art. 11).

9.1.1 *Requisitos da concorrência* – Os *requisitos* peculiares da concorrência são a *universalidade*, a *ampla publicidade*, *os prazos para apresentação das propostas* (art. 21, § 2º, I e II), a *habilitação preliminar* e o *julgamento por Comissão*. Admite a *participação internacional de concorrentes*, o *consórcio de firmas* e a *pré-qualificação dos licitantes* (arts. 42, 33 e 114, respectivamente).

9.1.1.1 Universalidade:[160] é a possibilidade que se oferece à participação de *quaisquer interessados* na concorrência, independentemente de registro cadastral na Administração que a realiza ou em qualquer outro órgão público. A lei nacional é clara no conceituar a *concorrência* como a modalidade de licitação em que se admite a participação de qualquer licitante através de convocação da maior amplitude, diversificando-a da *tomada de preços*, restrita aos interessados previamente cadastrados, observada a necessária habilitação.

Assim sendo, além dos comprovantes da capacitação jurídica, técnica e financeira, bem como da regularidade fiscal, é inadmissível a exigência de quaisquer outros requisitos para participar da concorrência, tais como os registros especiais, porque isso infringiria o princípio da *universalidade*, que é inerente a essa modalidade de licitação.

9.1.1.2 Ampla publicidade: a *ampla publicidade* da convocação para a concorrência é requisito essencial, por relacionar-se com o princípio da *uni-*

160. O princípio a que denominamos *universalidade da concorrência* é designado na doutrina francesa *principe de la libre concurrence*.

versalidade. O que a lei exige é a divulgação da *abertura da concorrência* com a maior amplitude possível e desejável, tendo em vista o vulto e a complexidade do seu objeto. Para tanto, a Administração poderá usar de todos os meios de informação ao seu alcance para essa divulgação, por tantas vezes quantas julgar necessárias. O que não se lhe permite é desatender ao mínimo de publicidade, consistente na convocação dos interessados pela imprensa oficial e particular, nem sonegar o edital e seus anexos aos interessados. Se o fizer, a Administração exporá o procedimento licitatório e o contrato subseqüente a invalidação.

9.1.1.3 Prazos para apresentação das propostas: o art. 21, § 2º, I e II, fixa o prazo para a apresentação das propostas na concorrência. Tratando-se de licitação do tipo melhor técnica ou de técnica e preço, o prazo será de quarenta e cinco dias, o mesmo sucedendo quando o contrato a ser firmado for sob o regime de empreitada integral. Nos demais casos (licitação por menor preço ou maior lance ou oferta nos casos de alienação de bens ou concessão de direito real de uso) o prazo será de trinta dias.Advirta-se que este é o *prazo mínimo*, sendo de toda conveniência que o Poder Público contemple prazos maiores quando se tratar de obras ou serviços de grande vulto ou que envolvam alta complexidade técnica e que, por isso, exigem propostas com maior grau de dificuldade na sua elaboração, com apresentação de metodologias complexas e projetos detalhados. O prazo exíguo pode representar uma agressão ao princípio da universalidade da concorrência, uma vez que poderá limitar o número de proponentes. O edital poderá ser invalidado se ficar comprovado que o prazo não era suficiente para a elaboração da proposta.

9.1.1.4 Habilitação preliminar: a *habilitação preliminar*, na concorrência, constitui fase inicial do procedimento licitatório, realizada após sua abertura, enquanto na tomada de preços e no convite é anterior.

9.1.1.5 Julgamento por Comissão: por outro lado, o *julgamento dos requisitos pessoais* dos interessados, sob o aspecto da *capacidade jurídica*, da *regularidade fiscal*, da *qualificação técnica* e da *idoneidade ecônomico-financeira*, compete sempre a uma Comissão de pelo menos três membros, que pode ser a mesma que irá julgar as propostas, como ocorre comumente. Nada impede, entretanto, a designação de Comissão Especial para essa fase ou que a habilitação seja deferida à Comissão Julgadora do Registro Cadastral, como veremos a seguir.

A *Comissão de Julgamento* é necessária em qualquer tipo de concorrência, formada, no mínimo, por três membros. Essa Comissão deve ser integrada, ao menos, por dois servidores qualificados da entidade licitante, podendo o terceiro ser estranho à Administração. Pode também ser composta por membros dos colegiados dirigentes das autarquias e empresas estatais, sendo recomendável a constituição mista. Pode ser *permanente*, para o julgamento de todas as concorrências da repartição, ou *especial* para cada caso.

A Comissão é o *órgão julgador* da concorrência e, por isso mesmo, nenhuma autoridade pode substituí-la na sua função decisória, estabelecida por lei federal. Se ocorrer irregularidade ou erro no julgamento, a autoridade competente poderá apenas *anular* a decisão, através de recurso ou *ex officio*, determinando que a Comissão corrija o erro ou proceda a novo julgamento em forma regular. Assim, a decisão final será sempre da Comissão Julgadora, o que não impede seja assessorada por técnicos e até mesmo por outra ou outras comissões de especialistas, notadamente nos aspectos jurídicos, científicos, tecnológicos, econômicos e financeiros, freqüentes nas concorrências de grande vulto e complexidade, bem como fundamente o julgamento em laudos e pareceres esclarecedores das propostas em exame.[161]

A Comissão de Julgamento é geralmente incumbida de apreciar a qualificação dos concorrentes, na *fase de habilitação preliminar*, e de julgar as propostas, na *fase de julgamento*. A lei não impede, contudo, que a fase de habilitação seja apreciada pela Comissão do Registro Cadastral, se a entidade possuir tal registro. Esta possibilidade é de grande alcance prático, porque o exame da documentação exige experiência e conhecimentos especializados de Direito, Contabilidade e Finanças, nem sempre ao alcance da Comissão de Julgamento da concorrência, constituída por técnicos de outras especialidades. Aliás, a atual lei determina que a Comissão Julgadora dos pedidos de inscrição no cadastro seja constituída por profissionais legalmente habilitados, no caso de obras, serviços e aquisições de equipamentos (art. 51, § 2º), o que leva a concluir que, nas mesmas hipóteses, a Comissão de Julgamento também deva ser integrada por profissionais habilitados nos respectivos setores tecnológicos ou científicos.

O membro da Comissão responde solidariamente por todos os atos praticados pela mesma, salvo se fez constar de ata sua posição divergente, devidamente fundamentada (art. 51, § 3º).

161. Nascimento Franco e Nisske Gondo advertem que: "Para informar-se completamente sobre os aspectos mais especializadas das propostas, pode a Administração consultar departamentos credenciados de seus próprios serviços, embora à Comissão e finalmente ao Chefe da repartição competente se resguarde sempre amplo poder decisório, uma vez que o pronunciamento isolado de qualquer órgão assessor não vincula o julgamento final da concorrência, resultante de uma média na apreciação de todos os aspectos abordados" (*Concorrência Pública*, 1969, p. 69). Concordamos com estes ilustrados Autores, salvo quando sustentam o "amplo poder decisório" e final do Chefe da repartição competente. *Data venia*, o Chefe da repartição não tem o poder de julgar a concorrência, pois esta, por lei, só pode ser "julgada" pela Comissão de Julgamento. A autoridade superior poderá, apenas, não homologar a decisão da Comissão, mas jamais substituir o seu julgamento por outro, como explicamos no texto.

9.1.2 *Concorrência internacional* – *Concorrência internacional* é aquela em que se permite a participação de firmas nacionais e estrangeiras, isoladamente ou em consórcio com empresas nacionais. O seu procedimento é o mesmo de qualquer concorrência, apenas com sujeição às diretrizes estabelecidas pelos órgãos federais responsáveis pela política monetária e de comércio exterior, ou seja, às normas expedidas pelo Banco Central do Brasil e pelo Ministério da Fazenda.[162] Quando o contrato versar sobre importações, empréstimos, financiamentos e quaisquer outras operações externas de interesse dos Estados, do Distrito Federal ou dos Municípios, dependerá de autorização do Senado Federal, ouvido o Presidente da República (CF, art. 52, V).

Nas concorrências internacionais, cujo objeto será pago com recursos provenientes de financiamento ou doação de agência oficial de cooperação estrangeira ou organismo financeiro multilateral, poderão ser admitidas as condições decorrentes de tratados internacionais, bem como as normas e procedimentos daquelas entidades, inclusive quanto ao critério de seleção da proposta mais vantajosa, o qual poderá contemplar, além do preço, outros fatores de avaliação, desde que por elas exigidos para a obtenção do financiamento ou da doação e não conflitem com o *princípio do julgamento objetivo*. Isto quer dizer que os preceitos da Lei 8.666/93 podem ser momentaneamente afastados, para aplicação das normas da entidade emprestadora ou doadora. Tal circunstância, contudo, deve ser cumpridamente justificada pelo órgão executor do contrato, com aprovação da autoridade superior (art. 42, § 5º).

Para participar de *concorrência internacional* as firmas estrangeiras deverão comprovar que estão autorizadas a funcionar ou operar no Brasil e demonstrar a regularidade de sua constituição no país de origem e a plenitude de sua capacidade jurídica como empresas técnicas, industriais ou comerciais, sem prejuízo do atendimento aos requisitos de capacitação técnica e financeira exigidos no edital. A documentação deverá vir legalizada pelas respectivas Embaixadas ou Consulados e traduzida em Português por tradutor juramentado. As propostas deverão ser também traduzidas, mas

162. V. a Portaria GB-6, de 14.1.69, do Ministério da Fazenda, e a Resolução 153, de 27.8.70, do Banco Central. Sobre licitação internacional, consulte-se o art. 3º, §§ 1º, 3º e 5º, da Lei 11.732/2008, regulamentado pelo Dec. 6.702/2008, que institui normas e procedimentos aplicáveis às licitações internacionais promovidas por pessoas jurídicas de Direito Privado do setor privado. Interpretando o art. 42, § 2º, da Lei 8.666/93, o STJ decidiu que: "Em se tratando de concorrência pública internacional com recursos provenientes de agência estrangeira, a legislação pátria admite a inserção de exigências diversas daquelas previstas na Lei Geral das Licitações. Dessa forma, não constitui ilegalidade nem fere o princípio da isonomia entre os concorrentes a necessidade de comprovação de requisitos de capacitação técnica e financeira estabelecidos por instituição internacional como condição para a aprovação do financiamento" (RMS 14.579-MG).

nada impede sejam acompanhadas de catálogos na língua original, se isso facilitar o entendimento e o julgamento das ofertas (art. 32, § 4º).

A lei, no resguardo do princípio da isonomia, determina, que todas as propostas sejam cotadas na mesma moeda e as garantias de pagamento oferecidas aos licitantes sejam equivalentes (art. 42, §§ 1º a 3º). Com o mesmo objetivo, determina que os gravames tributários, que oneram exclusivamente os licitantes brasileiros, sejam acrescidos às propostas apresentadas pelos estrangeiros (art. 42, § 4º). Este dispositivo há de ser interpretado com cautela, pois, caso contrário, conduziria a resultado não desejado pela norma. A regra é a igualdade entre empresas brasileiras e estrangeiras. O art. 3º, § 1º, II, proíbe qualquer tratamento diferenciado, de natureza comercial, legal, trabalhista, previdenciária, ou qualquer outra, entre empresas brasileiras e estrangeiras. Ora, as empresas estrangeiras recolhem tributos em seus próprios países e, assim, somente no caso de incidência efetiva sobre a operação final de venda seria admissível o acréscimo desse gravame nas propostas dos licitantes estrangeiros.

9.1.3 *Consórcio de empresas* – *Consórcio de empresas* ou *firmas* é a associação de dois ou mais interessados na concorrência (empresas ou profissionais), de modo que, somando técnica, capital, trabalho e *know-how*, possam executar um empreendimento que, isoladamente, não teriam condições de realizar. Não é, portanto, uma *pessoa jurídica*, mas uma simples *reunião operativa de firmas*, contratualmente comprometidas a colaborar no empreendimento para o qual se consorciaram, mas mantendo cada qual sua personalidade própria, sob a liderança de uma delas, que, no caso dos consórcios internacionais, será sempre brasileira. Não obstante, esta assertiva, agora, somente é válida nas concorrências nacionais. Nas internacionais, admitindo-se a participação de firma estrangeira que tenha representante legal no Brasil, não há por que impedir a participação de consórcios constituídos apenas por empresas estrangeiras, desde que a empresa-líder aqui possua representação legal para receber citação e responder administrativa e judicialmente.[163]

A *firma-líder* apenas representa o consórcio no trato com o Poder Público, responsabilizando-se pelas demais sob o tríplice aspecto técnico, econômico e administrativo, inclusive quanto a multas e eventuais indenizações, exigindo a legislação atual (art. 33, V) a responsabilidade solidária das consorciadas. A *firma-líder* não representa juridicamente as demais integrantes do consórcio, porque este não possui personalidade própria; se a tivesse, deixaria de ser *consórcio* para apresentar-se como nova entidade jurídica.

163. Cf., do Autor, *Licitação e Contrato Administrativo*, 15ª ed., São Paulo, Malheiros Editores, 2010.

A lei de sociedades por ações (Lei 6.404/76) passou a regular indevidamente o consórcio operativo das sociedades (arts. 278 e 279) e tornou obrigatório o arquivamento do instrumento consorcial e de suas alterações "no registro do comércio do lugar da sua sede, devendo a certidão do arquivamento ser publicada" (parágrafo único do art. 279). Providência inútil, onerosa e burocrática, porque o consórcio não é pessoa jurídica e tem existência transitória, vinculada ao empreendimento a que se destina.

Não obstante, para participar de licitação, basta a apresentação do *compromisso de consórcio*, por instrumento público ou particular, subscrito pelos interessados e independente de qualquer registro. Somente o licitante vencedor é obrigado a promover o registro do consórcio para a assinatura do contrato (art. 33, I, e § 2º).

Sendo uma soma dos recursos dos consorciados, o consórcio demonstra sua *habilitação jurídica* e sua *regularidade fiscal* mediante documentação apresentada pelos consorciados individualmente, nos termos do pedido no edital, não se admitindo que a *firma-líder* o faça por todos. Não obstante, para a *qualificação técnica* e *qualificação econômico-financeira*, a lei admite o somatório dos quantitativos e dos valores de cada consorciado, na proporção de sua cota consorcial (art. 33, III), ampliando-se, assim, a possibilidade de participação de pequenas e médias empresas em concorrências de maior vulto.[164]

Assinale-se, finalmente, que é vedada a participação da empresa ou profissional, na mesma licitação, em mais de um consórcio, ou isoladamente (art. 33, IV).

9.1.4 *Pré-qualificação* – *Pré-qualificação* é a verificação prévia da idoneidade jurídica, técnica e financeira de firmas ou consórcios para participarem de determinadas e futuras concorrências de um mesmo empreendimento. Não se confunde com a *habilitação preliminar*, porque esta se faz *em cada concorrência* e aquela se realiza para *todas as concorrências* de uma repartição ou de um empreendimento certo (art. 114).

164. O mesmo art. 33, III, da Lei 8.666/93 permite que a Administração estabeleça para o consórcio um acréscimo de até 30% dos valores exigidos para o licitante individual, salvo para as micro e pequenas empresas. Tal faculdade parece-nos inconstitucional, por afrontar o princípio da isonomia, que é básico nas licitações (CF, art. 37, XXI). Realmente, se a lei admitiu a participação de consórcio na licitação – facultando o somatório dos quantitativos e valores de cada consorciado para a qualificação técnica e financeira –, a participação há de se dar em igualdade de condições com os demais licitantes, não se justificando exigência maior para o consórcio. O consórcio figura, no certame, como partícipe igual aos demais concorrentes, tanto que nenhum consorciado pode participar da mesma licitação, em outro consórcio ou isoladamente. Assim, não há possibilidade jurídica de se lhe exigir qualquer acréscimo de quantitativos e valores para sua habilitação técnica ou financeira, sob pena de inconstitucionalidade.

O procedimento para a *pré-qualificação* é assemelhado ao da própria concorrência, iniciando-se com a definição de seu objeto, edital com ampla publicidade e especificação dos requisitos desejados pela Administração, abertura dos envelopes-documentação em ato público e julgamento dos participantes por Comissão, com a subseqüente homologação da decisão por autoridade competente. Na *pré-qualificação* não se apresentam propostas, mas apenas a *documentação* comprobatória dos requisitos de capacitação solicitados pela Administração.

Os pré-qualificados consideram-se habilitados a participar das concorrências previstas na pré-qualificação, para as quais serão convidados pessoalmente, dispensada a publicidade. Nessas concorrências, principalmente se distanciadas da pré-qualificação, poderá haver, ainda, a *habilitação preliminar*, mas limitada à verificação de que os concorrentes permanecem nas condições já comprovadas e de que possuem, no momento, a *real capacidade financeira e operativa*. Assim sendo, embora pré-qualificados, os concorrentes poderão ser *inabilitados* numa determinada concorrência, o que não impede participem de outra do mesmo empreendimento para o qual se fez a pré-qualificação.

9.2 *Tomada de preços*

Tomada de preços é a licitação realizada entre interessados previamente registrados, observada a necessária habilitação, convocados com a antecedência mínima prevista na lei, por aviso publicado na imprensa oficial e em jornal particular, contendo as informações essenciais da licitação e o local onde pode ser obtido o edital. A lei aproximou a *tomada de preços* da concorrência, exigindo a publicação do aviso e permitindo o cadastramento até o terceiro dia anterior à data do recebimento das propostas (arts. 21 e 22, § 2º).

A *tomada de preços* é admissível nas contratações de obras, serviços e compras dentro dos limites de valor estabelecidos na lei e corrigidos por ato administrativo competente.

O procedimento da *tomada de preços*, inclusive quanto ao julgamento por Comissão de três membros no mínimo, é o mesmo da concorrência. O que a caracteriza e distingue da concorrência é a existência da *habilitação prévia* dos licitantes através dos *registros cadastrais*, de modo que a *habilitação preliminar* se resume na verificação dos dados constantes dos *certificados de registro* dos interessados e, se for o caso, se estes possuem a *real capacidade operativa e financeira* exigida no edital.

9.2.1 *Registros cadastrais* – *Registros cadastrais* são assentamentos que se fazem nas repartições administrativas que realizam licitações, para fins de qualificação dos interessados em contratar com a Administração, no ramo de suas atividades (arts. 34 a 37 e 51).

A função precípua do certificado de registro cadastral (CRC) era a de substituir os documentos exigidos para a habilitação, como ocorria na vigência do Estatuto anterior (art. 25, § 8º), dispensando as empresas e profissionais da apresentação daquela volumosa e custosa papelada em cada licitação. A Lei 9.648, de 27.5.98, veio dar nova redação ao § 2º do art. 32 da Lei 8.666/93, de forma a permitir uma interpretação mais consentânea com seus objetivos: agora, o CRC substitui todos os documentos enumerados nos arts. 28 a 31, *desde que tais informações estejam disponibilizadas em sistema informativo de consulta direta indicado no edital*, obrigando-se a parte a declarar, sob as penas da lei, a superveniência de fato impeditivo da habilitação.

Em regra, o cadastro informatizado está apto a fornecer os dados necessários à chamada *habilitação genérica*, referente à capacidade jurídica e à regularidade fiscal, mas dificilmente teria condições de informar os dados relativos à *habilitação específica*, que diz respeito à capacidade técnica e qualificação econômico-financeira, porque esta varia de acordo com o objeto da licitação efetuada. Neste caso, os documentos a ela referentes deverão ser apresentados no momento oportuno.

Com a nova redação do § 2º do art. 32, o § 3º perdeu sua eficácia, visto que a matéria foi regulada inteiramente pelo parágrafo anterior.

O *certificado de registro cadastral*, por sua vez, deve refletir fielmente a situação do inscrito, trazendo, além dos dados identificadores do profissional ou empresa e do prazo de validade do registro, a categoria ou grupo a que pertence; a quantidade e qualidade do aparelhamento técnico; o nível da equipe técnica e administrativa; o montante do capital realizado; o faturamento do exercício anterior e o lucro líquido; a indicação do desempenho em contratos anteriores; e demais elementos esclarecedores que propiciem o pleno conhecimento do pretendente à contratação licitada.

9.3 Convite

Convite é a modalidade de licitação mais simples, destinada às contratações de pequeno valor, consistindo na solicitação escrita a pelo menos três interessados do ramo, registrados ou não, para que apresentem suas propostas no prazo mínimo de cinco dias úteis (art. 21, § 2º, IV).

O *convite* não exige publicação, porque é feito diretamente aos escolhidos pela Administração através de *carta-convite*. A lei, porém, determina que cópia do instrumento convocatório seja afixada em local apropriado, estendendo-se automaticamente aos demais cadastrados na mesma categoria, desde que manifestem seu interesse até vinte e quatro horas antes da apresentação das propostas (art. 22, § 3º). Por outro lado, a cada novo convite, realizado para objeto idêntico ou assemelhado, deverá ser convidado pelo menos outro fornecedor que não participou da licitação imediatamente anterior, enquanto existirem cadastrados não convidados (art. 22, § 6º).

Dada sua singeleza, dispensa a apresentação de documentos, mas, quando estes forem exigidos, a documentação, como nas demais modalidades de licitação, deverá ser apresentada em envelope distinto do da proposta.

O *convite* deve ser julgado pela Comissão de Julgamento das licitações, mas é admissível a sua substituição por servidor formalmente designado para esse fim (art. 51, § 1º). Uma vez julgadas as propostas, adjudica-se o objeto do convite ao vencedor, formalizando-se o ajuste por simples *ordem de execução de serviço, nota de empenho da despesa, autorização de compra* ou *carta-contrato*, e fazendo-se as publicações devidas no órgão oficial, em resumo ou na íntegra, para possibilitar os recursos cabíveis e tornar os ajustes exeqüíveis.[165]

O *convite* é admissível nas contratações de obras, serviços e compras dentro dos limites de valor fixados pelo ato competente.

9.4 Concurso

Concurso é a modalidade de licitação destinada à escolha de trabalho técnico ou artístico, predominantemente de criação intelectual. Normalmente, há atribuição de prêmio aos classificados, mas a lei admite também a oferta de remuneração (art. 22, § 4º).[166]

É modalidade especial de licitação que, embora sujeita aos princípios da publicidade e da igualdade entre os participantes, objetivando a escolha do melhor trabalho, dispensa as formalidades específicas da concorrência.

De acordo com a lei (arts. 22, § 4º, 51, § 5º, e 52), que admite essa modalidade de licitação para a elaboração de projetos, as condições devem ser fixadas no regulamento do concurso. O regulamento, pois, é que indicará a qualificação exigida; estabelecerá as diretrizes e a forma de apresentação

165. O TCU entende que a adjudicação não deve ser feita quando não existirem pelo menos três propostas válidas por item licitado, devendo repetir-se o certame sempre que tal quantitativo não for atingido, exceto nos casos de limitação de mercado ou manifesto desinteresse dos convidados – circunstâncias que deverão ser justificadas no processo de licitação (Decisões 472/99 e 1.102/2001, do Plenário, e Acórdão 3.068/2005, *DOU* 15.12.2005).

166. A Lei federal 5.194/66, ao disciplinar o exercício das profissões de engenheiro, arquiteto e agrônomo, vedava a concorrência de preços para a elaboração de projetos, indicando o concurso (art. 83). Este artigo, contudo, foi revogado expressamente pela Lei 8.883/94 (art. 125).

do trabalho; fixará as condições de sua realização e os prêmios a serem concedidos; designará a Comissão Julgadora e disporá sobre o critério de julgamento. Deve ser anunciado através de edital, com ampla divulgação pela imprensa oficial e particular, com prazo mínimo de quarenta e cinco dias.

O *concurso* exaure-se com a classificação dos trabalhos e o pagamento dos prêmios, não conferindo qualquer direito a contrato com a Administração. A execução do projeto escolhido será objeto de nova licitação, já agora sob a modalidade de concorrência, tomada de preços ou convite, para realização da obra ou execução do serviço.

9.5 Leilão

Leilão é espécie de licitação utilizável na venda de bens móveis e semoventes (arts. 22, § 5º, e 53) e, em casos especiais, também de imóveis (art. 19, III).

A Administração poderá valer-se de dois tipos de leilão: o *comum*, privativo de leiloeiro oficial, onde houver; e o *administrativo* propriamente dito. O *leilão comum* é regido pela legislação federal pertinente,[167] mas as condições de sua realização poderão ser estabelecidas pela Administração interessada; o *leilão administrativo* é o instituído para a venda de mercadorias apreendidas como contrabando, ou abandonadas nas alfândegas,[168] nos armazéns ferroviários[169] ou nas repartições públicas em geral,[170] observadas as normas regulamentares da Administração interessada.

A legislação federal permite o leilão de semoventes pela própria Administração, onde não houver leiloeiro oficial,[171] pelo quê se conclui, analogicamente, que ela também poderá utilizar o leilão administrativo para a venda de bens desnecessários, inservíveis ou imprestáveis para o serviço público, sempre que não houver leiloeiro oficial na localidade.

Sendo o leilão um ato negocial instantâneo, não se presta às alienações que dependam de contrato formal. Realmente, no *leilão*, o bem é *apregoado*, os lances são *verbais*, a venda é feita *à vista* ou *a curto prazo* e a entrega se processa de imediato.

No leilão não se torna necessária qualquer habilitação prévia do licitante, em face das características acima apontadas. O essencial é que os bens a serem leiloados sejam previamente avaliados e postos à disposição dos

167. Decs. 21.981, de 19.10.32, que aprova o regulamento da profissão de leiloeiro, e 22.427, de 1.2.33, que modifica o anterior.

168. Dec.-lei 37, de 18.11.66, arts. 63 a 70.

169. Dec. 2.089, de 18.1.63, arts. 145, 146 e 148, § 2º.

170. Dec. 21.981, de 19.10.32, art. 45, parágrafo único.

171. Dec.-lei 9.588, de 16.8.46, e Lei 4.021, de 20.12.61.

interessados para exame e que o leilão seja precedido de ampla publicidade, mediante edital que indique seu objeto e o local, dia e hora em que será apregoado, para atrair o maior número de licitantes e evitar favoritismo na arrematação.[172]

O *Programa Nacional de Desestatização*, aprovado inicialmente pela Lei 8.031, de 12.4.90, e reformulado pela Lei 9.491, de 9.9.97, cujo objetivo básico é reordenar a posição estratégica do Estado na economia, transferindo à iniciativa privada atividades antes exploradas pelo setor público, passou a admitir o *leilão* como forma de licitação em várias modalidades operacionais de privatização, entre elas a alienação de ações, inclusive de controle acionário, a dissolução de sociedades com a alienação de seus ativos; a alienação, arrendamento, locação, comodato ou cessão de bens e instalações; e a concessão, permissão ou autorização de serviços públicos (art. 4º, § 3º). Para esse fim, contudo, é necessário que essa transferência de bens, ativos, ou encargos para o setor privado seja aprovada pelo Conselho Nacional de Desestatização, que deverá indicar inclusive a modalidade operacional a ser aplicada (art. 6º, II).

O *leilão*, portanto, assumiu uma outra dimensão como procedimento licitatório. Nestes casos, deverá ser exigida qualificação de todos os interessados e os demais elementos considerados indispensáveis para o êxito da operação, inclusive a prestação de garantia. Os leilões ocorridos dentro do Programa Nacional de Desestatização têm sido realizados nas Bolsas de Valores, com habilitação prévia dos interessados e garantia da proposta, variando os requisitos técnicos, financeiros e operacionais exigidos, conforme o objeto licitado.

9.6 Pregão[173]

A MP 2.182-18, de 23.8.2001, havia instituído, no âmbito da União, nova modalidade de licitação, denominada *pregão*, para aquisição de bens

172. Quando Juiz da 1ª Vara da Fazenda Nacional em São Paulo o Autor teve a oportunidade de anular leilões alfandegários realizados com tais formalismos e exigências burocráticas que evidenciavam o intuito de afastar licitantes. Além disso, as mercadorias só eram apresentadas globalmente ou em lotes tão grandes que desestimulavam os pequenos arrematantes e criavam uma espécie de exclusividade para grandes firmas do ramo, e até mesmo para os próprios contrabandistas, que deixavam apreender e leiloar seus contrabandos para que eles mesmos os arrematassem, legalizando, assim, a mercadoria contrabandeada. Essa experiência leva-nos a sugerir simplificação dos leilões, com a dispensa de exigências inúteis que afugentem os interessados e com a venda individual dos objetos em reduzidos lotes ou quantidades, que possibilitem a aquisição tanto pelos grandes quanto pelos pequenos arrematantes.

173. Sobre a matéria, consultem-se: Marçal Justen Filho, *Pregão*, São Paulo, Dialética, 2001; Carlos Pinto Coelho Motta, *Pregão – Teoria e Prática*, São Paulo, NDJ, 2001; Vera Scarpinella (Vera Monteiro), *Licitação na Modalidade de Pregão*, 2ª ed., São Paulo, Malheiros Editores, 2010.

e serviços comuns. Como não se tratava de *norma geral*, porque restrita ao âmbito da Administração Federal, surgiram dúvidas quanto à sua constitucionalidade, uma vez que o art. 22, § 8º, da Lei 8.666/93 veda a criação de outras modalidades de licitação, salvo, é claro, se introduzidas por outra *norma geral*.[174]

A Lei 10.520, de 17.7.2002, converteu a referida medida provisória em *norma geral*, determinando sua aplicação também aos Estados, Distrito Federal e Municípios, dispensando estas entidades federadas de editarem leis próprias sobre a matéria; mas, se editarem, devem observar as normas gerais da lei federal. Devem, entretanto, aprovar regulamentos específicos se quiserem utilizar-se dos serviços técnicos de apoio operacional das Bolsas de Mercadorias, com a utilização de recursos de tecnologia da informação (art. 2º, § 2º).[175] As disposições da Lei 12.349/2010 examinadas ao longo da obra, e em especial no item 7.2, acima, aplicam-se ao pregão (cf. seu art. 2º).

9.6.1 *Bens e serviços comuns* – Diferentemente das outras espécies de licitação, em que a modalidade é estabelecida em função do valor do objeto licitado, o pregão destina-se à aquisição de *bens e serviços comuns*. Nos termos do citado diploma, consideram-se bens e serviços comuns aqueles cujos padrões de desempenho e qualidade possam ser objetivamente definidos pelo edital, por meio de especificações usuais no mercado (art. 1º, § 1º). O conceito legal é insuficiente, visto que, a rigor, todos os bens licitados devem ser objetivamente definidos, em descrição sucinta e clara (Lei 8.666/93, art. 40, I). O que caracteriza os bens e serviços comuns é sua *padronização*, ou seja, a possibilidade de substituição de uns por outros com o mesmo padrão de qualidade e eficiência. Isto afasta desde logo os serviços de Engenharia que não sejam *comuns*, os quais permitem o pregão,[176] bem como todos aqueles que devam ser objeto de licitação nas modalidades de melhor técnica ou de técnica e preço. No pregão o fator técnico não é levado em consideração, mas apenas o fator preço. O Dec. 3.555, de 8.8.2000 (alterado pelo Dec. 3.693, de 20.12.2000), regulamenta a matéria, contendo o Anexo II, que relaciona os bens e serviços comuns. A lista é apenas exemplificativa e serve para orientar o administrador na caracterização do bem ou do serviço comum. O essencial é que o objeto licitado possa ser definido por

174. Cf. Marçal Justen Filho, *Comentários à Lei de Licitações e Contratos Administrativos*, 8ª ed., Dialética, p. 208; Jessé Torres Pereira Filho, *Comentários à Nova Lei de Licitações Públicas*, Rio, Renovar, 1993, p. 114.

175. Sobre a matéria, consultem-se: Marçal Justen Filho, *Pregão*, Dialética, 2001; Carlos Pinto Coelho Motta, *Pregão – Teoria e Prática*, NDJ, 2001.

176. Nesse sentido a Súmula 257 do TCU: "O uso do pregão nas contratações de serviços comuns de engenharia encontra amparo na Lei n. 10.520/2002". *Comuns* são os serviços de engenharia especificados em normas técnicas, com seus padrões de desempenho e qualidade objetivamente definidos.

meio de especificações usuais no mercado, o que não impede a exigência de requisitos mínimos de qualidade, como acontece, por exemplo, com o denominado *material de escritório*.

É preciso verificar, nos casos concretos, a utilidade da contratação de certo objeto por pregão. Considerando que o procedimento do pregão é abreviado, que o critério de julgamento é objetivo (sempre pelo menor preço) e que a inversão das fases de habilitação e julgamento impossibilita aferição especial a respeito do fornecedor ou do objeto licitado, somente serão compatíveis com esta modalidade as aquisições de bens e serviços comuns que garantam a celebração de contratos em total consonância com as necessidades da Administração Pública. Assim é que o objeto *comum* para fins de cabimento da licitação por pregão não é mero sinônimo de simples, padronizado e de aquisição rotineira.[177] Bens e serviços com tais características estão incluídos na categoria de *comuns* da Lei 10.520/2002, mas não só. Bens e serviços com complexidade técnica, seja na sua definição ou na sua execução, também são passíveis de ser contratados por meio de pregão. O que se exige é que a técnica neles envolvida seja conhecida no mercado do objeto ofertado, possibilitando, por isso, sua descrição de forma objetiva no edital.[178]

Por outro lado, não está a Administração obrigada a realizar o *pregão* toda vez que desejar obter um bem ou serviço de interesse comum. Poderá optar por qualquer outra das modalidades, desde que o interesse público assim aconselhe. O pregão é mais uma opção que a lei lhe concede – o que se deduz da leitura do art. 1º da Lei 10.520/2002: "Para a aquisição de bens e serviços comuns, *poderá* ser adotada a licitação na modalidade de pregão, que será regida por esta Lei".

O Dec. federal 5.450, 31.5.2005, que regulamenta o *pregão eletrônico*, trouxe a obrigatoriedade de a Administração Federal realizar o pregão nas aquisições de bens e serviços comuns (art. 4º), sendo preferencial a utilização da sua forma eletrônica; além de considerar expressamente in-

177. A respeito, esclarecedor acórdão do TRF-1ª Região: "Cartuchos remanufaturados e originais não podem compor o objeto de uma mesma licitação, sob pena de quebra do princípio da isonomia, daí por que a realização do pregão eletrônico deve observar a Decisão n. 1.622 do TCU, licitando-se separadamente os cartuchos em questão" (Ag. 200601000135816, j. 11.12.2006, *DJU* 26.2.2007).

178. Cf. Vera Scarpinella, *Licitação na Modalidade de Pregão*, 2ª ed., São Paulo, Malheiros Editores, 2010, pp. 88-89. A autora ainda acrescenta que "bens e serviços que exigem alta complexidade técnica e também os que são produzidos ou executados sob encomenda não são, *a priori*, incompatíveis com o pregão. O fato de determinado item não estar pronto no mercado para ser consumido pode não mudar sua natureza *comum*. Necessariamente, para fins de aferição da aplicabilidade desta modalidade no caso concreto, o objeto pretendido pela Administração Pública deve envolver tecnologia ou solução conhecida pelo mercado, ainda que complexo e o número de possíveis ofertantes seja reduzido e o bem ou serviço seja produzido ou executado sob encomenda" (p. 88).

compatível com o pregão os serviços de engenharia que não sejam comuns, conforme mencionado acima (art. 6º).

9.6.2 *Fase interna do pregão* – Como em todas as modalidades de licitação, o pregão possui também uma *fase preparatória*, que se passa no âmbito interno do órgão ou entidade responsável pela aquisição dos bens ou serviços desejados. Esta fase interna inicia-se com o ato da autoridade competente pelo qual justifica a necessidade da contratação, define seu objeto, as exigências de habilitação, os critérios de aceitação das propostas, as sanções por inadimplemento e as cláusulas do contrato, com fixação dos prazos para o fornecimento (art. 3º, I).

Trata-se da *motivação* do ato administrativo inicial do procedimento licitatório, a qual, diante dos requisitos impostos pela lei, transforma-se em elemento vinculante do mesmo, cuja ausência dá lugar à nulidade de todo o procedimento. *Autoridade competente* é aquela que dispõe de poderes legais para determinar a aquisição de bens e serviços indispensáveis à Administração, porque sem competência o ato será inválido.

A definição do objeto deverá ser precisa, suficiente e clara, afastadas as especificações irrelevantes e desnecessárias Os elementos indispensáveis a essa definição deverão constar de um *termo de referência*, bem como o respectivo orçamento, considerando os preços praticados no mercado, a descrição dos métodos, a estratégia de suprimento e o prazo de execução do contrato, conforme determina o Dec. 3.555/2000.

Finalmente, a mesma autoridade competente designará, dentre os servidores do órgão ou entidade, o *pregoeiro* – que será o responsável pela condução do pregão – e a respectiva *equipe de apoio*, que o auxiliará no recebimento das propostas, na análise de sua aceitabilidade, bem como no exame dos documentos da habilitação. A lei preferiu substituir a tradicional Comissão de Julgamento por apenas um servidor, já que o pregão, devendo realizar-se numa sessão oral, pressupõe decisões rápidas e terminativas, dele exigindo experiência e capacidade. Daí por que o Regulamento aprovado pelo Dec. 3.555/2000 determina que "somente poderá atuar como pregoeiro o servidor que tenha realizado capacitação específica para a função".

9.6.3 *Fase externa do pregão* – A *fase externa* do pregão inicia-se com a convocação dos interessados por meio de *aviso* no *Diário Oficial da União* e, facultativamente, por meios eletrônicos (*Internet*) e em jornais de grande circulação. Do aviso deverão constar a definição do objeto e a indicação do local, dias e horários em que poderá ser lida ou obtida a íntegra do *edital* e poderão ser recebidas as propostas. Esse prazo não poderá ser inferior a oito dias úteis.

O julgamento é realizado em uma única sessão, que será conduzida pelo *pregoeiro*, com o auxílio da *equipe de apoio*. A ele caberá receber o envelope com as propostas de preços, sua abertura e classificação, os lances, a análise de sua aceitabilidade e classificação final, bem como a adjudicação do objeto do certame ao vencedor.[179]

O pregão é dominado especialmente pelos princípios da celeridade, concentração e oralidade. Todavia, isso não impede que em caráter excepcional nele seja exigida amostra, mediante fundamentada motivação que justifique a exigência, devendo o edital detalhar o prazo e as condições de apresentação e do julgamento da amostra, sempre considerando que tais regras devem permitir que haja definição na sessão pública do pregão. Como exposto no item 7.4.1.7, parece-nos que a exigência deve ser feita àquele que esteja provisoriamente em primeiro lugar justamente para assegurar a celeridade e a eficiência do certame.[180]

O pregão é uma modalidade de *licitação de menor preço*. Assim, entregues as propostas, proceder-se-á à sua imediata abertura e à verificação da conformidade das propostas com os requisitos estabelecidos no instrumento convocatório. Aquelas que não preencherem essa condição serão automaticamente desclassificadas. Em seguida o pregoeiro classificará as demais propostas em ordem crescente do preço ofertado. No curso da sessão o autor da oferta de valor mais baixo e os das ofertas com preços até 10% superiores àquela poderão fazer novos lances verbais. Não havendo pelo menos três ofertas nesse sentido, poderão os autores das três melhores ofertas oferecer novos lances verbais e sucessivos, até o anúncio daquele que apresentou o preço mais baixo.

Encerrada essa etapa passa-se à fase da *habilitação*, com a abertura do envelope contendo a documentação do autor da proposta classificada em primeiro lugar. Esta é uma das maiores vantagens do pregão. Inverte-se a ordem procedimental: procura-se verificar primeiro quem venceu a etapa comercial, para depois conferir os documentos de habilitação do vencedor. Suprime-se, assim, tempo precioso despendido no exame da documentação de concorrentes que foram eliminados no julgamento das propostas. Se o vencedor não for habilitado, de acordo com as exigências constantes do edital, será verificada a documentação do classificado em segundo lugar, e assim subseqüentemente.

Proclamado o vencedor da licitação pelo pregoeiro, contra essa decisão só poderá ser interposto recurso se o licitante interessado manifestar sua

179. Mas nessa fase também cabem a anulação ou a revogação do pregão, nos termos do art. 49 da Lei 8.666/93. Cf. v. acórdão do TRF-1ª Região sobre revogação antes da homologação do procedimento, em razão de a proposta vencedora se apresentar superior à média do mercado, citando precedentes do STJ (AMS 200339000073087, *DJU* 23.4.2007, p. 68).

180. TCU, acórdãos 2.739/2009 e 1.182-26/2007.

intenção de imediato, sendo-lhe concedido o prazo de três dias para apresentação de suas razões, ficando os demais licitantes intimados para apresentar suas contra-razões em igual prazo. Decididos os apelos, o objeto da licitação será adjudicado ao vencedor, cabendo à autoridade superior homologar o julgamento e convocar o adjudicatário para assinar o contrato. Para participar do pregão é vedada a exigência de garantia da proposta, de aquisição do edital e do pagamento de quaisquer taxas ou emolumentos, salvo o custo da reprodução gráfica do edital solicitado pelo interessado.

Lembre-se, finalmente, que as normas da Lei 8.666/93 são aplicáveis ao pregão em todos os aspectos em que a Lei 10.520/2002 não dispõe de modo diverso.[181]

9.6.4 *Pregão eletrônico* – *Pregão eletrônico* é aquele efetuado por meio da utilização de recursos de tecnologia da informação, ou seja, por meio de comunicação pela *Internet*. Está previsto no § 1º do art. 2º da Lei 10.520/2002. No âmbito da União, seu regulamento foi aprovado pelo Dec. 5.450, de 31.5.2005, que revogou expressamente o Dec. 3.697, de 21.12.2000. Seu art. 4º dispõe que o pregão é a modalidade obrigatória para a aquisição de bens e serviços comuns, sendo preferencial a forma eletrônica. Seu procedimento segue as regras básicas do pregão comum, mas, como é evidente, deixa de ocorrer a presença física do pregoeiro e dos participantes, já que todas as comunicações são feitas por via eletrônica.

O Dec. 5.504, de 5.8.2005, determinou que o mesmo procedimento deve ser seguido por entes públicos e privados, quando tais contratações forem realizadas com recursos da União, decorrentes de convênios ou instrumentos congêneres, ou ainda consórcios públicos. Esta determinação alcança também as Organizações Sociais (Lei 9.637/1998) e as entidades qualificadas como Organizações da Sociedade Civil de Interesse Público (Lei 9.790/1999). Tais entidades poderão utilizar sistemas de pregão eletrônico próprios ou de terceiros e a sua inviabilidade deverá ser devidamente justificada pelo dirigente ou autoridade competente. Novos recursos da União relativos ao mesmo ajuste ficam condicionados à comprovação dos preceitos desse decreto.

9.6.5 *Compras parceladas* – Não era raro o uso pela Administração, principalmente em nível municipal, do parcelamento da compra de bens ou da contratação de serviços comuns para fugir da licitação. Isto se tornou praticamente impossível com a nova figura do pregão. O Poder Público, neste caso, deve agir de acordo com seu planejamento orçamentário, efetuando

181. O TRF-1ª Região, no Ag. 200401000449595, decidiu que a Lei 8.666/93 se aplica subsidiariamente ao pregão (*DJU* 10.3.2005, p. 68).

os pregões de acordo com os recursos disponíveis. A tentativa de fuga da licitação, em qualquer de suas modalidades, pode até constituir o crime do art. 89 da Lei 8.666/93: "Dispensar ou inexigir licitação fora das hipóteses previstas em lei, ou deixar de observar as formalidades pertinentes à dispensa ou à inexigibilidade".

9.6.6 *Sistema de Registro de Preços*/SRP – É o conjunto de procedimentos para registro e assinatura em Ata de Preços que os interessados se comprometem a manter por determinado período de tempo, para contratações futuras de compras ou de serviços freqüentes, a serem realizadas nas quantidades solicitadas pela Administração e de conformidade com o instrumento convocatório da licitação. Registre-se que não é modalidade de licitação; é um sistema. O art. 15, II, diz que as compras, sempre que possível, deverão ser processadas através do SRP. Por isso, a não-escolha do SRP deve ser motivada. A norma busca racionalizar e simplificar o processo de contratação, dando-lhe eficiência. Como o art. 11 da Lei 10.520/2002 prevê que bens e serviços comuns podem ser contratados pelo SRP, entendemos que ele também deve ser adotado sempre que possível. Não se confunda o SRP com os registros cadastrais, explicitados no item 9.2.1, acima.

A lei exige que o SRP seja precedido de "ampla pesquisa de mercado" (art. 15, § 1º), permitindo inferir que, pelo atual sistema, a Administração pode, unilateralmente, registrar os preços e estabelecer as condições para a formalização das compras e serviços, convocando os interessados, que concordem com aqueles, a integrar seu cadastro de fornecedores, depois de devidamente selecionados mediante concorrência (art. 15, § 3º, I) ou pregão (Lei 10.520/2002, art. 11). Os preços devem ser periodicamente publicados no órgão oficial, "para orientação da Administração" (art. 15, § 2º).

O art. 15, § 3º, dispõe que o SRP será regulamentado por decreto, com o objetivo de atender às peculiaridades regionais, observadas as seguintes condições: "I – seleção feita mediante concorrência [*lembrar que é o pregão também é cabível*]; II – estipulação prévia do sistema de controle e atualização dos preços registrados; III – validade do registro não superior a 1 (um) ano" (incisos I, II e III do § 3º do art. 15).

A ausência da norma do Executivo não impede a adoção do SRP, em razão de a Lei 10.520/2002 ser auto-aplicável;[182] e a entidade licitante pode regulamentar seu uso no próprio edital, evidentemente dentro dos balizamentos legais. Os valores resultantes do Registro de Preços não podem ser

182. O STJ já decidiu que o art. 15 da Lei 8.666/93 é auto-aplicável e que o decreto regulamentar pode afastar a incidência do Registro de Preços para a execução de obras (RMS 15647-SP, rela. Min. Eliana Calmon).

superiores aos do mercado; se forem, a Administração deve revogar a licitação.

O art. 4º, § 2º, do Dec. federal 3.931/2001 diz que "é admitida a prorrogação da vigência da Ata, nos termos do art. 57, § 4º, da Lei n. 8.666, de 1993, quando a proposta continuar se mostrando mais vantajosa, satisfeitos os demais requisitos desta norma".

Para nós essa prorrogação é possível desde que não ultrapasse o prazo de validade de um ano previsto no inciso III do § 3º do art. 15 da Lei 8.666/93; ou seja, a prorrogação não pode ir além do prazo de um ano de validade da Ata de Registro de Preços, estipulado pela lei formal. De fato, se a prorrogação permitir que se supere o prazo de um ano de validade da Ata de Registro haverá lesão ao princípio da legalidade, na medida em que o § 3º do art. 15 textualmente determina que o regulamento observe condições, e uma dessas, como visto, é a validade do registro não superior a um ano – sendo certo que "registro", aí, corresponde à Ata de Registro. Logo, se, pela lei em sentido estrito, a Ata de Registro não pode ter validade superior a um ano, para ser conforme com a lei, o regulamento, quando admite a prorrogação da vigência da Ata, só a admite até o termo final de seu prazo de validade, que é de um ano.[183] Registre-se, por fim, que a prorrogação da validade da Ata deve ser motivada com base em prova demonstrando que, objetivamente, a proposta continua sendo mais vantajosa.

Há inúmeras vantagens na utilização do SRP pela Administração, uma vez que propícia redução de gastos e de burocracia, além de diminuir o

183. No sentido do texto, cf. Orientação Normativa 19/2009 da AGU, de caráter obrigatório a todos os órgãos jurídicos federais enumerados nos arts. 2º e 17 da Lei Complementar 73/93: "O prazo de validade da Ata de Registro de Preços é de no máximo 1 (um) ano, nos termos do art. 15, § 3º, III, da Lei n. 8.666, de 1993, razão por que eventual prorrogação da sua vigência, com fundamento no § 2º do art. 4º do Dec. n. 3.931, de 2001, somente será admitida até o referido limite, e desde que devidamente justificada, mediante autorização da autoridade superior, e que a proposta continue se mostrando mais vantajosa". Excelente acórdão relatado pelo douto Cons. Cláudio Ferraz Alvarenga, do TCESP, sobre edital prevendo a prorrogação: "Ajustando ao caso concreto a célebre lição de Holmes, no Estado Democrático não cabe ao Executivo substituir pelas suas as convicções de justiça do legislador. A previsão de possibilidade de prorrogação da Ata fere a literalidade do art. 15, § 3º, da Lei n. 8.666/93" (TC-027987/026/09, j. 2.9.2009). E excelente artigo de Luiz Antônio Miranda Amorim Silva, "O efeito 'carona' no Sistema de Registros de Preços", *Revista da AGU* 89, junho/2009, no qual, inclusive, transcreve manifestação do Procurador da República Sérgio Ricardo Costa Caribe, nos autos do acórdão TCU-AC-1.487-32/07-P, ali acolhida. Esse acórdão vale-se de excelente julgado do TCU determinando ao Ministério do Planejamento "providências com vistas à reavaliação das regras atualmente estabelecidas para o Registro de Preços no Dec. n. 3.931/2001, de forma a estabelecer limites para a adesão a Registros de Preços realizados por outros órgãos e entidades, visando a preservar os princípios da competição, da igualdade de condições entre os licitantes e da busca da maior vantagem para a Administração Pública, tendo em vista que as regras atuais permitem a indesejável situação de adesão ilimitada a Atas em vigor, desvirtuando as finalidades buscadas por essa sistemática" (processo TC-008.840/2007-3).

número de licitações, por causa da validade de um ano do Registro de Preços (art. 15, § 3º, III), enquanto nas licitações comuns o proponente tem que manter as condições da proposta por apenas dois meses (art. 64, § 3º); no Registro de Preços não há necessidade de serem definidas com rigidez quantidades e qualidades, pois o Poder Público deve fazer uma estimativa máxima e mínima dos produtos que pretende utilizar, vinculando os proponentes com preços registrados na Ata. Mas a lei dispõe que o Registro de Preços não obriga a Administração a contratar com base nele, podendo utilizar-se de outros meios, ressalvando, porém, que o beneficiário do Registro terá preferência em igualdade de condições (art. 15, § 4º), a qual, para ser afastada, exige motivação.

É preciso não confundir o prazo da Ata de Registro de Preços com o prazo do contrato ou contratos realizados com base nessa Ata, como deixa claro o § 1º do art. 4º do Dec. federal 3.391/2001. Assim, o contrato ou os contratos podem ser firmados dentro da vigência da Ata e perdurar por além de um ano. Contudo, somente após um ano do registro o preço poderá ser reajustado; hipótese excepcionada apenas pela ocorrência das chamadas *áleas extraordinárias*, a fim de manter o equilíbrio financeiro no contrato ou nos sucessivos contratos realizados com a Administração.

O art. 7º, § 2º, III, da Lei 8.666/93 condiciona a instauração da licitação à previsão de recursos na lei orçamentária do exercício; e o inciso IV trata dos casos de contratações cuja execução ultrapasse os limites do exercício. A Lei Complementar 101/LRF insere outros mecanismos de controle, limites e condicionantes para a assunção de despesas (arts. 37, IV, 12, 15, 16 e 17).

Pelas suas peculiaridades, nesse aspecto o SRP ganha contornos distintos, uma vez que sua licitação não gera necessariamente um contrato. Assim, a verificação de existência de recursos disponíveis e o atendimento às normas da LRF somente se darão no momento da contratação. Esse quadro torna possível a realização da licitação pelo SRP mesmo quando os recursos financeiros não estão disponíveis – o que permite uma melhor programação e eficiência administrativa. Mas deverá haver consonância e submissão da estimativa de despesas aos limites das respectivas rubricas existentes no orçamento. Somente assim existirá a previsão orçamentária para as subseqüentes contratações.

Algumas cautelas devem ser observadas antes do contrato, notadamente nos casos de decurso de tempo entre o registro e a efetiva contratação, tais como verificação sobre a manutenção dos preços de mercado e se o produto, gênero ou serviço pretendido ainda atende à finalidade da contratação, pois pode estar obsoleto. Nestas situações a contratação não deve ocorrer, e sim realizar-se nova licitação.

A Ata de Registro de Preços é peça que merece atenção especial, em razão da complexidade de conteúdos, obrigações e direitos que ela encerra. De fato, o Dec. federal 3.931/2001 diz que ela é documento vinculativo, obrigacional, com características de compromisso para futura contratação, onde se registram os preços, fornecedores, órgãos participantes e condições a serem praticadas, conforme as disposições contidas no instrumento convocatório e propostas apresentadas (art. 1º, parágrafo único, II). Isso tudo é reforçado pelo art. 10, prevendo que, uma vez assinada, a Ata terá efeito de compromisso de fornecimento nas condições estabelecidas. O decreto ainda prevê a aplicação de penalidades, previstas na Lei 8.666/93, por descumprimento do pactuado na Ata ou das cláusulas contratuais (art. 3º, §§ 2º, VIII, e 3º, III).

O Dec. 3.391 contém exigências, condições, formalidades e efeitos atinentes ao edital (art. 9º), à Ata de Registro de Preços, suas alterações e cancelamento do registro (arts. 1º, parágrafo único, II, 10, 12 e 13), à contratação, à simplificação da contratação (art. 11), ao órgão gerenciador e suas competências (art. 3º, § 2º) ou à subdivisão da quantidade total em lotes sempre que comprovado ser técnica e economicamente viável (art. 5º).

O SRP para serviços foi previsto pelo Dec. federal 4.342, de 23.8.2002, dando nova redação ao art. 1º, parágrafo único, I, do Dec. 3.931/2001, e posteriormente veio previsto no art. 11 da Lei 10.520/2002, com a natureza de norma geral, acabando com as dúvidas e discussões a respeito de seu cabimento para a contratação de serviços. Registre-se que o SRP não se presta à contratação de serviços continuados, mas para serviços freqüentes e comuns cujos quantitativos são impossíveis de serem predeterminados.

Quanto à aquisição de bens com previsão de entregas parceladas (art. 2º, II, do Dec. 3.931), o fato de os bens serem adquiridos parceladamente não significa que tal se fará por meio de um único contrato, sendo possível a contratação com diversos fornecedores, cada qual com seu preço registrado. É o caso de fornecimento de combustível, como lembra Marçal Justen Filho.[184]

O Dec. federal 3.931/2001, no art. 8º, diz que, durante a sua vigência, a Ata de Registro de Preços poderá ser utilizada por qualquer órgão ou entidade da Administração que não tenha participado da licitação, mediante prévia consulta ao órgão gerenciador e desde que devidamente comprovada a vantagem. Note-se que não basta apenas demonstrar; deve-se *comprovar*. Há que haver fato que demonstre a vantagem. A exigência de prévia consul-

184. "A Administração Pública recorrerá aos fornecedores constantes do Registro de Preços sempre que necessitar de um produto ou serviço selecionado por ocasião da licitação. Será aperfeiçoado um contrato correspondente a cada fornecimento, sem que isso signifique a impossibilidade de novas contratações sucessivas" (Marçal Justen Filho, *Comentários à Lei de Licitações e Contratos Administrativos*, 13ª ed., São Paulo, Dialética, 2009, p. 183).

ta ao órgão gerenciador, além de revelar uma preocupação e cautela do decreto com essa possibilidade – que na prática é conhecida como "carona" –, dá a esse órgão clara responsabilidade legal e administrativa à sua resposta. Na "carona" o beneficiário do Registro pode optar pela aceitação ou não do fornecimento a outro órgão ou entidade, independentemente dos quantitativos registrados, desde que este fornecimento adicional não prejudique as obrigações anteriormente assumidas e não exceda, por órgão ou entidade, a 100% dos quantitativos registrados (art. 8º, §§ 2º e 3º). O dispositivo não impõe um limite ao número de "caronas". Assim sendo, cada caso de "carona" deve ser examinado no contexto da respectiva Ata e, principalmente, à luz da razoabilidade e da economicidade e dos demais princípios que regem a licitação.

Respeitando os defensores da figura "carona", para nós ela é manifestamente ilegal e inconstitucional, desde já colocando que o fato de dar maior celeridade e eficiência não é bastante para se contrapor à Lei 8.666/93 e à Constituição Federal de 1988. Sobre a ilegalidade, o exame do art. 15 e seus §§ da Lei 8.666 revela que ali não se prevê de modo expresso, implícito ou explícito a possibilidade de a Ata de Registro de Preços ser utilizada por qualquer órgão ou entidade da Administração – quadro a indicar que o decreto extrapolou, exorbitou, foi além da lei que regulamentou, permitindo o que ela não permite; ferindo, portanto, o princípio da legalidade. E, na medida em que qualquer outro órgão ou entidade da Administração que não participou da licitação e, por isso, não figura na Ata de Registro de Preços realize contratações usando aquelas licitação e Ata, obviamente, o que se tem aí é contratação não precedida de licitação, como exige o art. 2º da Lei 8.666/93, e colidente, de um lado, com o princípio da licitação ou da obrigatoriedade da licitação (art. 37, XXI, da CF) e, de outro, com o princípio da vinculação ao edital ou instrumento convocatório (art. 37, XXI, da CF e art. 3º da Lei 8.666/93). Lembre-se que na "carona" o edital, como lei interna de cada licitação, não prevê e não nomeia os outros órgãos ou entidades que viriam a usar aquela licitação ou que seriam os futuros contratantes. Vale dizer, teríamos órgão ou entidade contratando sem licitação e sem que tal contratação esteja prevista no edital. De mais a mais, pela regras de experiência comum, subministradas pela observação do que normalmente acontece (art. 335 do CPC), é possível perceber, com facilidade, que a "carona" pode ser meio propício à fraude e ao conchavo. Basta supor, p. ex., que Municípios do Rio Grande do Sul, do Paraná, de São Paulo, venham a pegar "carona" em Ata de Registro de Preços oriunda de licitação realizada por pequeno Município, situado no outro extremo do nosso país, que é continental, para constatar que a "carona" também não condiz com o princípio da razoabilidade. Em suma, justamente pela sua inconstitucionalidade e ilegalidade, a "carona" é campo fértil para lesão à probidade administrativa e para o administrador desonesto.[185] Aliás, nos diversos significados da palavra "carona" preponderam aqueles com sentido de "calote", de "preterição", de "indivíduo caloteiro", de "velhacada", de "penetra" – a revelar que o próprio nome dado à figura já indica um comportamento indevido.

Querendo o controle, a Lei 8.666/93 deixou claro, ainda, que qualquer cidadão é parte legítima para impugnar preço constante do quadro geral, se não for compatível com aqueles vigentes no mercado (art. 15, § 6º).

10. Sanções penais[186]

Uma inovação importante da Lei 8.666/93 diz respeito aos *crimes* e às *penas* relacionados com a licitação e o contrato administrativo. Os arts. 89 a 98 tipificam as condutas criminosas e as respectivas penas, que sempre são as de detenção e de multa. A primeira varia de seis meses a dois anos e a segunda consiste no pagamento de quantia fixada entre dois a cinco por cento do valor do contrato, revertendo à Fazenda da entidade licitante.

Os crimes definidos na lei, ainda que tentados, sujeitam seus autores, quando servidores públicos (art. 84), à perda do cargo, emprego ou mandato eletivo (art. 83).

Os crimes são de ação penal pública incondicionada, cabendo ao Ministério Público promovê-la, mas podendo qualquer pessoa provocar a iniciativa do Ministério Público, fornecendo-lhe os dados necessários para tanto. Será admitida ação penal privada subsidiária da pública, se esta não for ajuizada no prazo legal. No mais, aplicam-se, subsidiariamente, os dispositivos do Código de Processo Penal (arts. 100 a 108).

185. Sobre a figura do "carona", consultar v. acórdão do TCESP, com excelente fundamentação e ampla citação doutrinária, no Processo TC-038240/026/08, rel. Cons. Cláudio Ferraz Alvarenga, j. 3.12.2008; Toshio Mukai, "Registro de preços: inconstitucionalidade do art. 8º do Decreto federal 3.931/2001 e do art. 15-A, § 3º, do Decreto estadual 51.809/2007 (figura do carona). Possibilidade de cometimento do crime previsto no art. 89 da Lei 8.666/93", *Revista do TCEMG* 1/2008 (disponível em *http://200.198.41.151:8081/tribunal_contas/2008/01/-relink?folder=2&grupo=2*, acesso em 16.9.2009).

186. Para maiores detalhes a respeito do tema, consulte-se, do Autor, *Licitação e Contrato Administrativo*, 15ª ed., Malheiros Editores, 2010, onde foi realizada a análise de cada figura penal.

Capítulo VI

SERVIÇOS PÚBLICOS

1. Considerações gerais: 1.1 Conceito e classificação dos serviços públicos: 1.1.1 Conceito; 1.1.2 Classificação – 1.2 Regulamentação e controle – 1.3 Requisitos ou condições do serviço e direitos do usuário: 1.3.1 Greve nos serviços essenciais – 1.4 Competência para prestação de serviço: 1.4.1 Competência da União; 1.4.2 Competência do Estado-membro; 1.4.3 Competência do Município; 1.4.4 Competência do Distrito Federal – 1.5 Formas e meios de prestação do serviço: 1.5.1 Serviço centralizado; 1.5.2 Serviço descentralizado; 1.5.3 Serviço desconcentrado; 1.5.4 Execução direta do serviço; 1.5.5 Execução indireta do serviço. 2. Autarquias: 2.1 Conceito e caracteres: 2.1.1 Conceito; 2.1.2 Caracteres – 2.2 Privilégios – 2.3 Controle – 2.4 Autarquias de regime especial – 2.5 Agências reguladoras. 3. Fundações: 3.1 Considerações gerais – 3.2 Caracteres. 4. Agências executivas. 5. Empresas estatais ou governamentais: 5.1 Explicação preliminar – 5.2 Conceito e caracteres: 5.2.1 Distinção quanto ao objeto da empresa; 5.2.2 Competência para instituir empresas estatais; 5.2.3 Lei específica; 5.2.4 Patrimônio; 5.2.5 Falência; 5.2.6 Licitação e contratos; 5.2.7 Administração; 5.2.8 Dirigentes; 5.2.9 Regime de pessoal – 5.3 Controle – 5.4 Espécies e forma jurídica: 5.4.1 Empresas públicas; 5.4.2 Sociedades de economia mista. 6. Consórcios públicos. 7. Entes de cooperação: entidades paraestatais: 7.1 Conceito e espécies: 7.1.1 Serviços sociais autônomos; 7.1.2 Organizações sociais. 8. Serviços delegados a particulares: 8.1 Serviços concedidos: 8.1.1 Concessão; 8.1.2 Regulamentação; 8.1.3 Licitação; 8.1.4 Contrato; 8.1.5 Alteração unilateral do contrato; 8.1.6 Fiscalização do serviço; 8.1.7 Intervenção; 8.1.8 Prestação do serviço; 8.1.9 Remuneração do concessionário; 8.1.10 Direitos do usuário; 8.1.11 Extinção da concessão; 8.1.12 Proteção ao patrimônio do concessionário – 8.2 Parcerias público-privadas: 8.2.1 Conceito; 8.2.2 Cláusulas do contrato; 8.2.3 Constituição de sociedade de propósito específico; 8.2.4 Contratação; 8.2.5 Despesas com os contratos; 8.2.6 Parcerias federais – 8.3 Serviços permitidos – 8.4 Serviços autorizados: 8.4.1 Autorização para atender a serviços instáveis ou emergenciais; 8.4.2 Autorização para os serviços previstos no art. 21, XI e XII, da CF; 8.4.3 Autorização sem a natureza de delegação. 9. Convênios administrativos: 9.1 Organização; 9.2 Execução. 10. Saneamento básico: a Lei 11.445, de 5.1.2007. 11. Política Nacional de Resíduos Sólidos: a Lei 12.305, de 2.8.2010.

1. Considerações gerais

A Constituição Federal dispõe expressamente que incumbe ao Poder Público, na forma da lei, a prestação de serviços públicos. Dessa forma, a lei disporá sobre o regime de delegação, os direitos dos usuários, a política tarifária, a obrigação de manter serviço adequado e as reclamações relativas à prestação (arts. 175, parágrafo único, e 37, § 3º). A Constituição insere, ainda, o conceito de serviço relevante, como o de saúde (art. 197). Atendendo a essa orientação, o Código de Defesa do Consumidor (Lei 8.078/90) considera como direito básico do usuário a adequada e eficaz prestação dos serviços públicos em geral (art. 6º) e, em complemento, obriga o Poder Público ou seus delegados a fornecer serviços adequados, eficientes, seguros e contínuos, dispondo sobre os meios para o cumprimento daquelas obrigações e a reparação dos danos (art. 22 e parágrafo único).

A atribuição primordial da Administração Pública é oferecer utilidades aos administrados, não se justificando sua presença senão para prestar *serviços* à coletividade.[1] Esses serviços podem ser *essenciais* ou apenas *úteis* à comunidade, daí a necessária distinção entre *serviços públicos* e *serviços de utilidade pública*; mas, em sentido amplo e genérico, quando aludimos a *serviço público* abrangemos ambas as categorias.

1.1 Conceito e classificação dos serviços públicos

1.1.1 *Conceito* – O conceito de *serviço público* não é uniforme na doutrina, que ora nos oferece uma noção *orgânica*, só considerando como tal o que é prestado por órgãos públicos; ora nos apresenta uma conceituação *formal*, tendente a identificá-lo por características extrínsecas; ora nos expõe um conceito *material*, visando a defini-lo por seu objeto. Realmente, o conceito de serviço público é variável e flutua ao sabor das necessidades e contingências políticas, econômicas, sociais e culturais de cada comunidade, em cada momento histórico, como acentuam os modernos publicistas.[2] Eis o nosso conceito:

Serviço público é todo aquele prestado pela Administração ou por seus delegados, sob normas e controles estatais, para satisfazer necessida-

1. Léon Duguit, *Manuel de Droit Constitutionnel*, Paris, 1923, p. 71.

2. Rafael Bielsa, *Ciencia de la Administración*, Buenos Aires, 1955, pp. 81 e ss.; Fernando Garrido Falla, "La crisis de la noción de servicio público", in *Las Transformaciones del Régimen Administrativo*, Madri, 1962, pp. 141 e ss.; Agustín A. Gordillo, "Reestructuración del concepto y régimen jurídico de los servicios públicos", in *Estudios de Derecho Administrativo*, Buenos Aires, 1963, pp. 33 e ss.; Auby e Ader, "La notion actuelle de service public", in *Grands Services Publics*, Paris, 1969, pp. 23 e ss.

Entre nós, v.: Odilon de Andrade, *Serviços Públicos e de Utilidade Pública*, São Paulo, 1937; Luiz de Anhaia Mello, *O Problema Econômico dos Serviços de Utilidade Pública*, São Paulo, 1940; J. H. Meirelles Teixeira, *Os Serviços Públicos de Eletricidade*, São Paulo, 1950; Oswaldo Aranha Bandeira de Mello, "Do serviço público", *RDA* 21/1; Rui de Souza, "Serviços do Estado e seu regime jurídico", *RDA* 28/10; Carlos Roberto Martins Rodrigues, "A crise e a evolução do conceito de serviço público", *RDP* 57-58/130; Celso Antônio Bandeira de Mello, *Prestação de Serviços Públicos e Administração Indireta*, 2ª ed., Ed. RT, 1979; Odete Medauar, "Serviço público", *RDA* 189/100.

des essenciais ou secundárias da coletividade ou simples conveniências do Estado.[3]

Fora dessa generalidade não se pode, em doutrina, indicar as atividades que constituem *serviço público*, porque variam segundo as exigências de cada povo e de cada época. Nem se pode dizer que são as atividades coletivas *vitais* que caracterizam os serviços públicos, porque ao lado destas existem outras, sabidamente dispensáveis pela comunidade, que são realizadas pelo Estado como *serviço público*.[4]

Também não é a atividade em si que tipifica o *serviço público*, visto que algumas podem ser exercidas pelos cidadãos, como objeto da iniciativa privada, independentemente de delegação estatal, dos serviços gerais de assistência técnica de televisores, de veículos, de entrega de mercadorias, que são prestados ao público em geral e a quem deles necessita mas, embora satisfaçam a interesses da coletividade, não se caracterizam como serviços públicos exatamente porque não submetidas (as atividades) a um regime jurídico de direito público, ainda que possam estar sujeitas a fiscalização, controle ou, mesmo, autorização, que, no caso, não tem natureza de delegação justamente por não se tratar de serviço público, constituindo, sim, emanação do poder de polícia. Então, o que prevalece é a vontade soberana do Estado,[5] qualificando o serviço como *público* ou *de utilidade pública*, para sua prestação direta ou indireta. Serviços públicos há que, por natureza, são privativos ou exclusivos do Poder Público e só por seus órgãos devem ser executados, enquanto outros são não-privativos ou não-exclusivos. Por isso, estes são prestados pelo Estado, direta ou indiretamente (delegação), e tam-

3. As restrições do art. 173, § 1º, da CF não se aplicam às empresas públicas, às sociedades de economia mista e a outras entidades estatais ou paraestatais que explorem serviços públicos (STF, Pleno, RE 220.906).

4. São exemplos de serviços públicos dispensáveis pela coletividade, mas em alguns casos prestados pelo próprio Estado, os jogos em cassino, como o de Monte Carlo, no Principado de Mônaco, e, entre nós, a Loteria Federal e a Loteria Esportiva.

5. Essa vontade advém da lei ou da própria Constituição Federal. Nesse sentido, como ensina Eros Grau, "a definição constitucional de determinada *atividade econômica em sentido amplo* como *serviço público* afasta qualquer dúvida que se pudesse opor à sua caracterização como tal", e "ao texto do art. 21 da Constituição de 1988 extraímos a conclusão de que há serviço público, de titularidade da União, na prestação dos serviços referidos nos seus incisos X, XI e XII; ao texto do § 2º do art. 25, a conclusão de que há serviço público na prestação de serviços locais de gás canalizado; ao texto do art. 30, V, a conclusão de que há serviço público na prestação de transporte coletivo local" (*A Ordem Econômica na Constituição de 1988 (Interpretação e Crítica)*, 14ª ed., São Paulo, Malheiros Editores, 2010, pp. 123-124). No mesmo sentido, em recente e excelente obra, Celso Antônio Bandeira de Mello acentua que "o elemento formal", ou seja, "*estar submetido a uma específica disciplina de Direito Público*", é que confere a determinado serviço "caráter jurídico". E são "obrigatoriamente públicos os serviços que a Lei Magna declarou competirem ao Poder Público", como os dos incisos X, XI e XII, "a", "b", "c", "d", "e" e "f", do. art. 21 (*Grandes Temas de Direito Administrativo*, 1ª ed., 2ª tir., São Paulo, Malheiros Editores, 2010, pp. 275 e 286).

bém por particulares, mediante autorização, controle e fiscalização do Poder Público, mas sem caracterizar delegação, como ocorre com os serviços de previdência social, de assistência social, de educação e de saúde.[6] Daí essa gama infindável de serviços que ora estão exclusivamente com o Estado (direta ou indiretamente), ora com o Estado e particulares.

Essa distribuição de serviços não é arbitrária, pois atende a critérios jurídicos, técnicos e econômicos, que respondem pela legitimidade, eficiência e economicidade na sua prestação. Sendo serviço público, "o princípio da livre iniciativa (art. 170, *caput*, da CF) não se expressa como faculdade de criar e explorar atividade econômica a título privado",[7] embora possa ser delegado.

Diante dessa realidade, impõe-se classificar os serviços públicos pelos caracteres comuns do gênero e traços distintivos das espécies em que se diversificam.

1.1.2 *Classificação* – Levando-se em conta a essencialidade, a adequação, a finalidade e os destinatários dos serviços, podemos classificá-los em: *públicos* e *de utilidade pública*; *próprios* e *impróprios do Estado*; *administrativos* e *industriais*; *"uti universi"* e *"uti singuli"*, como veremos a seguir.

1.1.2.1 Serviços públicos: propriamente ditos, são os que a Administração presta diretamente à comunidade, por reconhecer sua essencialidade e necessidade para a sobrevivência do grupo social e do próprio Estado. Por isso mesmo, tais serviços são considerados privativos do Poder Público, no sentido de que só a Administração deve prestá-los, sem delegação a terceiros, mesmo porque geralmente exigem atos de império e medidas compulsórias em relação aos administrados. Exemplos desses serviços são os de defesa nacional, os de polícia, os de preservação da saúde pública.

1.1.2.2 Serviços de utilidade pública: são os que a Administração, reconhecendo sua conveniência (não essencialidade, nem necessidade) para os

6. Atualmente não mais cabe o entendimento de Hely Lopes Meireles, colocando, p. ex., "o ensino", quando prestado pelo "particular", como desprovido da natureza jurídica de serviço público (cf. item 1.1 deste cap. VI das edições anteriores – esp. p. 333 da 35ª ed.). A evolução do tema também levou o insigne Eros Grau a rever semelhante posição adotada na obra *A Ordem Econômica na Constituição de 1988 (Interpretação e Crítica)*, São Paulo, Ed. RT, 1990, p. 149, item 57, reconhecendo, na última edição dessa obra, que tal "raciocínio" era "errôneo, visto ter partido de premissa equivocada, qual seja, a de que a mesma atividade caracteriza ou deixa de caracterizar serviço público conforme esteja empreendia pelo Estado ou pelo setor privado. Isso, como se vê, é inteiramente insustentável" (ob. cit., 14ª ed., p. 123). Sobre o tema, cf. Celso Antônio Bandeira de Mello, adotando a terminologia "titularidade exclusiva" e "titularidade não-exclusiva" para os serviços "privativos" e "não-privativos" (*Grandes Temas de Direito Administrativo*, cit., p. 284).

7. STF, ADI 845-AP, rel. Min. Eros Grau.

membros da coletividade, presta-os diretamente ou aquiesce em que sejam prestados por terceiros (concessionários, permissionários ou autorizatários), nas condições regulamentadas e sob seu controle, mas por conta e risco dos prestadores, mediante remuneração dos usuários. São exemplos dessa modalidade os serviços de transporte coletivo, energia elétrica, gás, telefone.

No primeiro caso (*serviço público*), o serviço visa a satisfazer necessidades gerais e essenciais da sociedade, para que ela possa subsistir e desenvolver-se como tal; na segunda hipótese (*serviço de utilidade pública*), o serviço objetiva *facilitar a vida do indivíduo na coletividade*, pondo à sua disposição utilidades que lhe proporcionarão mais conforto e bem-estar. Daí se denominarem, os primeiros, serviços *pró-comunidade* e, os segundos, serviços *pró-cidadão*, fundados na consideração de que aqueles (*serviços públicos*) se dirigem ao bem comum e estes (*serviços de utilidade pública*), embora reflexamente interessem a toda a comunidade, atendem precipuamente às conveniências de seus membros individualmente considerados.

1.1.2.3 Serviços próprios do Estado: são aqueles que se relacionam intimamente com as atribuições do Poder Público (segurança, polícia, higiene e saúde públicas etc.) e para a execução dos quais a Administração usa da sua supremacia sobre os administrados. Por esta razão, só devem ser prestados por órgãos ou entidades públicas, sem delegação a particulares.

Tais serviços, por sua essencialidade, geralmente são gratuitos ou de baixa remuneração, para que fiquem ao alcance de todos os membros da coletividade.

1.1.2.4 Serviços impróprios do Estado: são os que não afetam substancialmente as necessidades da comunidade, mas satisfazem interesses comuns de seus membros, e, por isso, a Administração os presta remuneradamente, por seus órgãos ou entidades descentralizadas (autarquias, empresas públicas, sociedades de economia mista, fundações governamentais), ou delega sua prestação a concessionários, permissionários ou autorizatários. Esses serviços, normalmente, são rentáveis e podem ser realizados com ou sem privilégio (não confundir com monopólio), mas sempre sob regulamentação e controle do Poder Público competente.

1.1.2.5 Serviços administrativos: são os que a Administração executa para atender a suas necessidades internas ou preparar outros serviços que serão prestados ao público, tais como os da imprensa oficial, das estações experimentais e outros dessa natureza.

1.1.2.6 Serviços industriais: são os que produzem renda para quem os presta, mediante a remuneração da utilidade usada ou consumida, remuneração, esta, que, tecnicamente, se denomina *tarifa* ou *preço público*, por ser sempre fixada pelo Poder Público, quer quando o serviço é prestado por seus órgãos ou entidades, quer quando por concessionários, permissionários ou autorizatários. Os serviços industriais são *impróprios do Estado*, por consubstanciarem atividade econômica que só poderá ser explorada diretamente pelo Poder Público quando "necessária aos imperativos da segurança nacional ou a relevante interesse coletivo, conforme definidos em lei" (CF, art. 173).

1.1.2.7 Serviços *uti universi* ou gerais: são aqueles que a Administração presta sem ter usuários determinados, para atender à coletividade no seu todo, como os de polícia, iluminação pública,[8] calçamento e outros dessa espécie. Esses serviços satisfazem indiscriminadamente a população, sem que se erijam em direito subjetivo de qualquer administrado à sua obtenção para seu domicílio, para sua rua ou para seu bairro. Estes serviços são indivisíveis, isto é, não mensuráveis na sua utilização. Daí por que, normalmente, os serviços *uti universi* devem ser mantidos por *imposto* (tributo geral), e não por taxa ou tarifa, que é remuneração mensurável e proporcional ao uso individual do serviço.

1.1.2.8 Serviços *uti singuli* ou individuais: são os que têm usuários determinados e utilização particular e mensurável para cada destinatário, como ocorre com o telefone, a água e a energia elétrica domiciliares. Esses serviços, desde que implantados, geram direito subjetivo à sua obtenção para todos os administrados que se encontrem na área de sua prestação ou fornecimento e satisfaçam as exigências regulamentares. São sempre serviços de utilização individual, facultativa e mensurável, pelo quê devem ser remunerados por *taxa* (tributo) ou *tarifa* (preço público),[9] e não por imposto.[10]

8. O STF decidiu, com repercussão geral, que a contribuição para o custeio do serviço municipal de iluminação pública é constitucional, por entender que ela, embora apresente afinidade com a taxa, não se confunde com ela, pois, conforme o art. 145, II, da CF, as taxas decorrem do exercício do poder de polícia ou da utilização efetiva ou potencial dos serviços públicos específicos e divisíveis prestados ao contribuinte ou postos à sua disposição, e a contribuição em exame "constitui um novo tipo de contribuição que refoge aos padrões estabelecidos na Constituição Federal", sendo "uma exação subordinada a disciplina própria, qual seja, a do art. 149-A da Carta Magna, sujeita, contudo, aos princípios constitucionais tributários, visto enquadrar-se, inequivocamente, no gênero tributo" (RE 573.675).

9. Na ADC/MC 9-DF (*DJU* 23.4.2004), com base no art.175, parágrafo único, III, o STF decidiu que a Carta de 1988 introduziu considerável mudança no tratamento conferido à tarifa, que passou a ser objeto de uma política tarifária, deixando de equivaler a um simples preço público, de modo a permitir tarifa especial ou sobretarifa com finalidade específica, desde que observados os princípios da isonomia, da moralidade, da razoabilidade e da proporcionalidade. Nos REs 576.189 e 541.511 esse entendimento foi reafirmado, com natureza de repercussão geral.

10. Flávio Bauer Novelli, "Apontamentos sobre o conceito jurídico de taxa", *RDA* 189/1.

O não pagamento desses serviços por parte do usuário tem suscitado hesitações da jurisprudência sobre a legitimidade da suspensão de seu fornecimento. Há que distinguir entre o serviço obrigatório e o facultativo. Naquele, a suspensão do fornecimento é ilegal, pois, se a Administração o considera essencial, impondo-o coercitivamente ao usuário (como é a ligação domiciliar à rede de esgoto e da água e a limpeza urbana),[11] não pode suprimi-lo por falta de pagamento; neste, é legítima, porque, sendo livre sua fruição, entende-se não essencial, e, portanto, suprimível quando o usuário deixar de remunerá-lo, sendo, entretanto, indispensável aviso prévio. Ocorre, ainda, que, se o serviço é obrigatório, sua remuneração é por taxa (tributo), e não por tarifa (preço), e a falta de pagamento de tributo não autoriza outras sanções além de sua cobrança executiva com os gravames legais (correção monetária, multa, juros, despesas judiciais).[12]

1.2 Regulamentação e controle

A *regulamentação e controle* do serviço público e de utilidade pública caberão sempre e sempre ao Poder Público, qualquer que seja a modalidade de sua prestação aos usuários.

O fato de tais serviços serem delegados a terceiros, estranhos à Administração Pública, não retira do Estado seu poder indeclinável de regulamentá-los e controlá-los, exigindo sempre sua atualização e eficiência, de par com o exato cumprimento das condições impostas para sua prestação ao

11. Segundo o STF: o serviço de água e esgoto é remunerado por tarifa (REs 54.194, 77.162 e 207.609 e Ag. 225.143); é constitucional a cobrança de taxa de limpeza baseada na metragem ou tamanho do imóvel (Pleno, RE 576.321); "A taxa cobrada exclusivamente em razão dos serviços públicos de coleta, remoção e tratamento ou destinação de lixo ou resíduos *provenientes* de imóveis não viola o art. 145, II, da CF" (Súmula Vinculante 19); é inconstitucional a taxa cobrada em razão de serviços de conservação e limpeza de logradouros e bens públicos (RE 576.321, com natureza de repercussão geral); a taxa que, na apuração do montante devido, adote um ou mais dos elementos que compõem a base de cálculo própria de determinado imposto, desde que não se verifique identidade integral entre uma base e a outra, não ofende o § 2º do art. 145 da CF (no mesmo RE 576.321); "o abastecimento de água é serviço indispensável à coletividade e não pode estar sujeito a cortes por falta de pagamento" (RE 96.055). No STJ, todavia, tem sido admitido o corte (REsps 123.444 e 363.943, 1ª Seção, e EREsp 337.965, 2ª Seção). Quanto à energia elétrica, o STJ passou a admitir a suspensão em caso de inadimplência (REsps 628.833-RS, 460.271-SP e 715.074-RS). Mas se houver irregularidade na medição do consumo não cabe o corte (REsp 721.108). Com base no Código do Consumidor, a tarifa de esgoto sanitário cobrada indevidamente onde o serviço não é prestado deve ser devolvida em dobro ao contribuinte (STJ, REsp 821.634). Com natureza de recurso repetitivo, o STJ decidiu que a remuneração do serviço de água e esgoto tem natureza jurídica de tarifa ou preço público, sendo sua prescrição regida pelo Código Civil (REsp 117.903 e Súmula 412). Súmula 407 do STJ: "É legítima a cobrança da tarifa de água fixada de acordo com as categorias de usuários e as faixas de consumo".

12. Tratando-se de serviço concedido, v. art. 6º, § 3º, da Lei 8.987/95.

público.[13] Qualquer deficiência do serviço que revele inaptidão de quem o presta ou descumprimento de obrigações impostas pela Administração ensejará a intervenção imediata do Poder Público delegante para regularizar seu funcionamento ou retirar-lhe a prestação.

Em todos os atos ou contratos administrativos, como são os que cometem a exploração de serviços públicos a particulares, está sempre presente a possibilidade de modificação unilateral de suas cláusulas pelo Poder Público ou de revogação da delegação, desde que o interesse coletivo assim o exija. Esse poder discricionário da Administração é, hoje, ponto pacífico na doutrina e na jurisprudência.[14]

O Estado deve ter sempre em vista que serviço *público* e *de utilidade pública* são serviços *para o público* e que os concessionários ou quaisquer outros prestadores de tais serviços são, na feliz expressão de Brandeis, *public servants*, isto é, *criados*, *servidores do público*. O fim precípuo do serviço público ou de utilidade pública, como o próprio nome está a indicar, é *servir ao público* e, secundariamente, produzir renda a quem o explora. Daí decorre o dever indeclinável de o concedente regulamentar, fiscalizar e intervir no serviço concedido sempre que não estiver sendo prestado a contento do público a que é destinado.

"Deve o Estado – são palavras de Anhaia Mello –, no exercício do poder inerente à sua soberania, fixar tarifas, determinar *standards* de serviço, fiscalizar a estrutura financeira de todas as empresas de serviços de utilidade pública".[15]

13. A Lei 11.975, de 7.7.2009, prevê e regula direitos dos usuários dos serviços de transporte coletivo rodoviário de passageiros intermunicipal, interestadual e internacional, estabelecendo, além de outras regras, o tempo de validade dos bilhetes de passagens adquiridos, o reembolso do bilhete, os efeitos do atraso da partida do ponto inicial ou em uma das paradas previstas durante o percurso, o direito à continuidade da viagem em caso de defeito, falha ou outro motivo de responsabilidade do transportador, bem como direito à alimentação ou hospedagem. É restrita à área federal, mas serve de excelente exemplo, a ser seguido pelos Estados e Municípios, de analogia em questões de transporte coletivo. Igualmente, a Lei 12.007, de 29.7.2009, obriga as pessoas jurídicas prestadoras de serviços públicos ou privados a emitir e a encaminhar ao consumidor declaração de quitação anual de débitos, compreendendo os meses de janeiro a dezembro de cada ano, tendo como referência a data do vencimento da respectiva fatura e desde que todos os débitos relativos ao ano em referência estejam quitados.

14. Bilac Pinto, *Regulamentação Efetiva dos Serviços de Utilidade Pública*, 1941; Luiz de Anhaia Mello, *O Problema Econômico dos Serviços de Utilidade Pública*, 1940; Plínio A. Branco, *Diretrizes Modernas para a Concessão de Serviços de Utilidade Pública*, 1949; J. H. Meirelles Teixeira, *A Competência Municipal na Regulamentação dos Serviços Públicos Concedidos*, 1948; Góes de Andrade, "Regulamentação dos serviços de utilidade pública", *RDPDF* I/370.

15. Luiz de Anhaia Mello, *O Problema Econômico dos Serviços de Utilidade Pública*, São Paulo, 1940, p. 19; STF, *RDA* 37/307, 30/289, 22/222.

1.3 Requisitos ou condições do serviço e direitos do usuário

Os *requisitos do serviço público* ou *de utilidade pública* são sintetizados, modernamente, em cinco princípios que a Administração deve ter sempre presentes, para exigi-los de quem os preste: o princípio da *permanência* impõe continuidade no serviço;[16] o da *generalidade* impõe serviço igual para todos; o da *eficiência* exige atualização do serviço; o da *modicidade* exige tarifas razoáveis; e o da *cortesia* traduz-se em bom tratamento para com o público. O art. 6º e seus §§ da Lei 8.987/95 dizem que *serviço adequado ao pleno atendimento dos usuários* é o que "satisfaz as condições de regularidade, continuidade, eficiência, segurança, atualidade, generalidade, cortesia na sua prestação e modicidade das tarifas",[17] explicitando como se deve entender cada uma dessa condições e como elas se caracterizam. Faltando qualquer desses requisitos ou condições em um serviço público ou de utilidade pública, é dever da Administração intervir para restabelecer seu regular funcionamento ou retomar sua prestação.[18]

Os *direitos do usuário* são, hoje, reconhecidos em qualquer serviço público ou de utilidade pública como fundamento para a exigibilidade de sua prestação nas condições regulamentares e em igualdade com os demais utentes. São *direitos cívicos*, de conteúdo positivo, consistentes no poder de exigir da Administração ou de seu delegado o serviço que um ou outro se obrigou a prestar individualmente aos usuários.[19] São direitos públicos subjetivos de exercício pessoal quando se tratar de serviço *uti singuli* e o usuário estiver na área de sua prestação. Tais direitos rendem ensejo às ações correspondentes, inclusive mandado de segurança, conforme seja a prestação a exigir ou a lesão a reparar judicialmente. Quando se tratar de serviço *uti universis*, os interesses coletivos ou difusos serão defendidos pelo Ministério Público ou por entidades, públicas ou privadas, voltadas à proteção ao consumidor, na forma do respectivo Código (arts. 81 e 82).

16. O STJ decidiu que a interrupção do serviço em situação de emergência e quando motivada por razões de ordem técnica ou de segurança das instalações não caracteriza a descontinuidade, por expressa previsão legal; e que, nos termos do art. 6º, § 3º, I, da Lei 8.987/95, o fornecimento de energia elétrica é passível de interrupção por parte da concessionária em benefício da própria coletividade (REsp 935.468).

17. Mas a lei pode prever a gratuidade (cf. STF, ADI 3.768, sobre o art. 39 da Lei 10.741/2003 – Estatuto do Idoso –, que prevê a gratuidade dos transportes coletivos públicos urbanos e semi-urbanos para os maiores de 65 anos; e ADC 5-DF, sobre a constitucionalidade da Lei 9.534/97, que prevê isenção para os "reconhecidamente pobres" do pagamento dos emolumentos devidos pela expedição de registro civil de nascimento e de óbito, bem como a primeira certidão respectiva).

18. Magalhães Colaço, *Concessões de Serviços Públicos*, Lisboa, 1928, pp. 61 e ss.

19. Gabino Fraga, *Derecho Administrativo*, México, 1948, p. 543.

Antes pairavam dúvidas sobre a viabilidade da ação do particular para obter em juízo o serviço concedido que lhe fosse recusado ou retardado pelo concessionário. Imaginava-se, erroneamente, que só o poder concedente era titular da ação contra o concessionário, incumbindo, portanto, unicamente à Administração Pública, como fiadora da regularidade do serviço delegado, regulamentar, fiscalizar e impor sua prestação aos usuários. Devemos ao Conselho de Estado Francês a modificação de tal ponto de vista, ao decidir que o usuário pode exigir diretamente do delegado a prestação que lhe é devida individualmente, em razão da delegação recebida do delegante.[20]

Fiel a essa orientação e com base na melhor doutrina, o Autor decidiu, pioneiramente, que o usuário, como legítimo destinatário do serviço concedido, dispõe da via cominatória contra o concessionário para exigir-lhe a prestação pessoal a que se comprometeu perante a Administração Pública, tese que vem merecendo o apoio de nossos Tribunais.[21]

A esse propósito, já acentuamos alhures que seriam inanes todos os direitos do usuário à obtenção do serviço se não dispusesse o interessado de ação judicial para os fazer valer, quando relegados. Recusar-se a via judicial para o particular demandar o relapso prestador de serviço público ou de utilidade pública seria a negação do preceito constitucional que assegura a qualquer pessoa o acesso ao Poder Judiciário por lesão ou ameaça a direito (CF, art. 5º, XXXV).

A via adequada para o usuário exigir o serviço que lhe for negado pelo Poder Público ou por seus delegados, sob qualquer modalidade, é a cominatória, com base no art. 287 do CPC. O essencial é que a prestação objetivada se consubstancie num direito de fruição individual do serviço pelo autor, ainda que extensivo a toda uma categoria de beneficiários. Assim, um serviço de interesse geral e de utilização coletiva *uti universi*, como a pavimentação e a iluminação das *vias públicas*, não é suscetível de ser exigido por via cominatória;[22] mas os serviços domiciliares, como água encanada, telefone, eletricidade e demais utilidades de prestação *uti singuli*, podem ser exigidos judicialmente pelo interessado que esteja na área de sua prestação e atenda às exigências regulamentares para sua obtenção.[23]

Mas não só a obtenção do serviço como, também, sua regular prestação constituem direito do usuário. Desde que instalado o equipamento necessá-

20. Pierre Souty, *Recueil de Jurisprudence en Matière Administrative*, 1946, p. 118.

21. Sentenças do Autor in *RDA* 25/263, *RT* 232/196; e, no mesmo sentido, TJDF, *RDA* 55/144; *RT* 304/764; TASP, *RT* 290/425, 302/506.

22. TASP, *RT* 235/492.

23. TJDF, *RDA* 29/248, 55/144; *RT* 304/764; TJSP, *RT* 232/196; TASP, *RT* 290/425, 302/506.

rio, responde o prestador pela normalidade do serviço e se sujeita às indenizações de danos ocasionados ao usuário pela suspensão da prestação devida ou pelo mau funcionamento.[24]

Além da via cominatória, o Código de Defesa do Consumidor[25] prevê, em título próprio, outros instrumentos para a tutela dos interesses individuais, coletivos ou difusos em juízo, tratando, inclusive, da legitimação ordinária e extraordinária para a propositura da ação (arts. 81 a 104).

Ampliando ainda mais os direitos dos usuários, a EC 19/98 deu nova redação ao § 3º do art. 37 da CF, para determinar que a lei – lei, essa, de cada entidade estatal, pois se trata de matéria de organização administrativa – discipline as formas (princípios)[26] de participação do usuário na Administração Pública direta e indireta, regulando especialmente as reclamações relativas à prestação dos serviços públicos em geral, o acesso a informações sobre atos de governo e a disciplina da representação contra a negligência ou abuso no exercício de cargo, emprego ou função na administração pública.

No âmbito federal, o Dec. 6.932, de 11.8.2009, dispõe sobre a simplificação do atendimento público, ratifica a dispensa do reconhecimento de firma em documentos produzidos no Brasil, institui a "Carta de Serviços ao Cidadão", fixa "diretrizes" nas relações entre os órgãos e com o cidadão, destacando-se a "presunção de boa-fé" e a "articulação com Estados, Distrito Federal, Municípios e outros Poderes para a integração, racionalização, disponibilização e simplificação de serviços públicos". Permite que a autenticação seja feita pelo próprio servidor destinatário do documento (art. 10, § 1º) e dispensa o reconhecimento de firma em qualquer documento produzido no Brasil quando assinado perante o servidor destinatário do documento (art. 9º). Assegura a gratuidade dos atos necessários ao exercício da cidadania, nos termos da Lei 9.265/96, e veda a recusa de recebimento de requerimento pelos serviços de protocolo, salvo quando o órgão ou entidade for manifestamente incompetente. E ao cidadão que tiver desrespeitados os direitos garantidos pelo decreto o caminho poderá ser representar junto à Controladoria-Geral da União. Em suma, esse decreto busca afastar a burocracia e dar eficiência ao atendimento ao cidadão. Assim, até mesmo por visar ao princípio da eficiência, deve ser seguido pelas demais entidades da Federação. O Dec. 6.931 revogou o Dec. 3.507, de 13.6.2000. A respeito, menciona-se, ainda, o Dec. 6.523, de 31.7.2008, que regulamenta a Lei

24. O STJ reconheceu a legitimidade ativa do usuário para impugnar ato do Prefeito que alterou itinerário de linha de ônibus (*RT* 739/207). E não havendo interesse jurídico da União a competência é estadual (STF, AI/AGR 388.982).

25. No REsp 467.883, o STJ entendeu que a relação entre o usuário da estrada e o concessionário subordina-se ao Código de Defesa do Consumidor.

26. José Afonso da Silva (*Curso de Direito Constitucional Positivo*, 33ª ed., São Paulo, Malheiros Editores, 2010, p. 675) chama de "princípio da participação do usuário".

8.078/90 e fixa normas gerais para o Serviço de Atendimento ao Consumidor/SAC no âmbito dos fornecedores de serviços regulados pelo Poder Público Federal.

Tratando-se de serviço prestado diretamente pelo Poder Público, responde a entidade prestadora pelos prejuízos comprovados, independentemente de culpa de seus agentes, visto que a Constituição vigente estabelece a responsabilidade objetiva pelos danos causados pela Administração aos administrados (art. 37, § 6º), ficando-lhe ressalvada, apenas, a ação regressiva contra os agentes causadores do dano, quando tiverem agido culposamente.

Quanto aos que realizam serviços por delegação do Poder Público, incumbem-lhes também as mesmas obrigações de prestação regular aos usuários e, conseqüentemente, os mesmos encargos indenizatórios que teria o Estado se os prestasse diretamente, inclusive a responsabilidade objetiva pelos danos causados a terceiros (CF, art. 37, § 6º). Essa responsabilidade é sempre da entidade (autárquica ou paraestatal), da empresa ou da pessoa física que recebeu a delegação para executar o serviço (concessionário, permissionário ou autorizatário), sem alcançar o Poder Público, que transfere a execução com todos os seus ônus e vantagens (v. cap. X, item 2).

No entanto, responde subsidiariamente pelos danos resultantes pelo só fato do serviço delegado, ou seja, os danos relacionados com o serviço em si mesmo considerado. Por exemplo, em um serviço de travessia delegado, se a embarcação afundar em decorrência de falha do serviço, a responsabilidade do Poder Público pelos danos aos usuários será subsidiária (não solidária), mas, se a embarcação abalroar outra, os prejuízos desta serão suportados apenas pelo delegado. Nesse aspecto, a atual Carta manteve a orientação do art. 107 da CF anterior, piorando sua redação.

1.3.1 *Greve nos serviços essenciais* – A Constituição Federal, ao assegurar o direito de *greve*, estabeleceu que a lei definirá os serviços essenciais e disporá sobre o atendimento das necessidades inadiáveis da comunidade (art. 9º). A Lei 7.783, de 28.6.89, define como serviços essenciais: o de água, de energia elétrica, gás e combustíveis; o de saúde; o de distribuição e comercialização de medicamentos e alimentos; o funerário; o de transporte coletivo; o de captação e tratamento de esgoto e lixo; o de telecomunicações; o relacionado com substâncias radioativas; o de tráfego aéreo; o de compensação bancária e o de processamento de dados ligados a esses serviços (art. 10). Os sindicatos, os empregados e os trabalhadores ficam obrigados, de comum acordo, a garantir, durante a greve, a prestação desses serviços, desde que a greve coloque em perigo iminente a sobrevivência, a saúde ou a segurança da população (art. 11 e parágrafo único). Caso a greve seja declarada ilegal, o sindicato poderá ser condenado a indenizar o prejuízo causado à população.[27]

A greve nos serviços públicos propriamente ditos – ou seja, aqueles prestados pelos funcionários de sua Administração direta ou indireta (autárquica, fundacional e empresarial) – também é assegurada, nos termos do art. 37, VII, da CF: "o direito de greve será exercido nos termos e nos limites definidos em lei específica". Ocorre que, embora aprovada em 1988, até hoje tal lei não foi elaborada pelo Congresso Nacional. O STF, que antes só consignava a mora do Congresso, alterou sua jurisprudência e, na persistência da omissão, determinou a aplicação da Lei 7.783/89, ponderando que todos os serviços públicos são considerados essenciais, e assim devem ser tratados (MI 670; v. cap. VII, item 5.3 e nota de rodapé 143).

1.4 Competência para prestação de serviço

A *repartição das competências* para a prestação de serviço público ou de utilidade pública pelas entidades estatais – União, Estado, Distrito Federal, Município – opera-se segundo critérios técnicos e jurídicos, tendo-se em vista sempre os interesses próprios de cada esfera administrativa, a natureza e extensão dos serviços, bem como a capacidade para executá-los vantajosamente para a Administração e para os administrados.

A Constituição de 1988 manteve a mesma linha básica de repartição de competências advinda das Constituições anteriores: poderes reservados ou enumerados da União (arts. 21 e 22), poderes remanescentes para os Estados (art. 25, § 1º)[28] e poderes indicativos para o Município (art. 30). Não obstante, procurou distinguir a *competência executiva* da *competência legislativa*. A primeira é a competência material para a execução dos serviços, que pode ser *privativa* (art. 21) ou *comum* (art. 23). A segunda refere-se à capacidade de editar leis e pode ser também *privativa* (art. 22), *concorrente* (art. 24) e *suplementar* (arts. 22, § 2º, e 30, II).

No âmbito da *competência legislativa concorrente*, a Constituição reservou-a apenas à União, aos Estados e ao Distrito Federal (art. 24). E nos parágrafos desse artigo procurou sistematizar a concorrência legislativa, que sempre foi campo fértil de discussões judiciais. Assim, nessa área, a competência da União limita-se a estabelecer normas gerais (§ 1º); estas, porém, não excluem a legislação complementar dos Estados (§ 2º); inexistindo lei federal sobre normas gerais, os Estados exercerão competência legislativa plena, para atender a suas peculiaridades (§ 3º); mas a superveniência de lei

27. TJSP, ApCiv 188.695-1, de 17.8.94.

28. O STF, com base na competência concorrente, julgou constitucional lei do Distrito Federal sobre o ensino do Espanhol na rede pública (ADI 3.669).

federal sobre normas gerais suspende a eficácia da lei estadual, no que lhe for contrário (§ 4º).

A *competência legislativa suplementar* foi deferida aos Estados (art. 24, § 2º), mas estendida também aos Municípios, aos quais compete "suplementar a legislação federal e estadual no que couber" (art. 30, II).

1.4.1 *Competência da União* – A *competência da União* em matéria de serviços públicos abrange os que lhe são *privativos*, enumerados no art. 21, e os que são *comuns*, relacionados no art. 23, que permitem atuação paralela dos Estados-membros e Municípios. Dentre os primeiros cabe destacar a defesa nacional (inc. III); a polícia marítima, aeroportuária e de fronteiras (inc. XXII); a emissão de moeda (inc. VII); o serviço postal (inc. X); os serviços de telecomunicações em geral (incs. XI e XII); de energia elétrica (inc. XII, "b"); de navegação aérea, aeroespacial e de infra-estrutura portuária (inc. XII, "c"); os de transporte interestadual e internacional (inc. XII, "d" e "e"); de instalação e produção de energia nuclear (inc. XXIII); e a defesa contra calamidades públicas (inc. XVIII). Alguns desses serviços só podem ser prestados pela União; outros admitem execução indireta, através de delegação a pessoas de Direito Público ou Privado e a pessoas físicas.

Quanto aos serviços *comuns*, relacionados no art. 23, lei complementar deverá fixar normas para a cooperação entre as três entidades estatais, tendo em vista o equilíbrio do desenvolvimento e do bem-estar em âmbito nacional (parágrafo único). Para alguns desses serviços, porém, como o de saúde, a Constituição já determinou que sua prestação seja feita através de um *sistema único*, envolvendo todas as entidades estatais (art. 198).

1.4.2 *Competência do Estado-membro* – A *competência do Estado-membro* para a prestação de serviços públicos não está discriminada constitucionalmente, pela razão de que, no nosso sistema federativo, o constituinte enunciou as matérias reservadas à União e as de competência comum entre as entidades estatais (arts. 21 e 23), deixando as remanescentes para os Estados (art. 25, § 1º). A única exceção feita diz respeito à exploração e distribuição dos serviços de gás canalizado, que afasta inclusive a competência do Município para sua distribuição local (art. 25, § 2º).

Não se pode relacionar exaustivamente os serviços da alçada estadual, porque variam segundo as possibilidades do Governo e as necessidades de suas populações. Por exclusão, pertencem ao Estado-membro todos os serviços públicos não reservados à União nem atribuídos ao Município pelo critério de interesse local. Nesse sentido, cabem ao Estado os serviços e obras que ultrapassam as divisas de um Município ou afetam interesses regionais. Pela mesma razão, compete ao Estado-membro a realização de serviços de interesse geral, ou de grupos ou categorias de habitantes disseminados pelo seu território, e em relação aos quais não haja predominância do interesse local sobre o estadual.

1.4.3 *Competência do Município* – A *competência do Município* para organizar e manter serviços públicos locais está reconhecida constitucionalmente como um dos princípios asseguradores de sua autonomia administrativa (art. 30). A única restrição é a de que tais serviços sejam *de seu interesse local*. O interesse local, já definimos, não é o interesse exclusivo do Município, porque não há interesse municipal que o não seja, reflexamente, do Estado-membro e da União. O que caracteriza o interesse local é a *predominância* desse interesse *para o Município* em relação ao eventual interesse estadual ou federal acerca do mesmo assunto.[29]

O critério do *interesse local* é sempre relativo ao das demais entidades estatais. Se predomina sobre determinada matéria o interesse do Município em relação ao do Estado-membro e ao da Federação, tal matéria é da competência do Município; se seu interesse é secundário comparativamente ao das demais pessoas político-administrativas, a matéria refoge de sua competência privativa, passando para a que tiver interesse predominante a respeito do assunto. A aferição, portanto, da competência municipal sobre serviços públicos locais há de ser feita em cada caso concreto, tomando-se como elemento aferidor o critério da *predominância do interesse*, e não o da *exclusividade*, em face das circunstâncias de lugar, natureza e finalidades do serviço.

Não obstante, a Constituição de 1988 inovou em alguns aspectos ao eleger determinados serviços de interesse local em dever expresso do Município. É o que ocorre com o transporte coletivo, com caráter de essencialidade (art. 30, V);[30] com a obrigação de manter programas de educação pré-escolar e de ensino fundamental (inc. VI); com os serviços de atendimento à saúde da população (inc. VII); com o ordenamento territorial e o controle do uso, parcelamento e ocupação do solo urbano (inc. VIII); e com a proteção ao patrimônio histórico-cultural local (inc. IX). A indicação expressa de tais serviços pelo texto constitucional torna-os prioritários em relação aos demais, constituindo sua falta grave omissão dos governantes municipais (Prefeito e Vereadores).

A Constituição outorga, ainda, ao Município a competência expressa para "criar, organizar e suprimir distritos, observada a legislação estadual" (art. 30, IV). Este poder, que antes era conferido ao Estado, reforça a autonomia do Município e diz mais com a forma de prestação dos serviços,

29. V., do Autor, *Direito Municipal Brasileiro*, 16ª ed., São Paulo, 2008, cap. VII, sobre *serviços e obras municipais*.

30. Nessa competência estão incluídas as questões relativas a circulação, estacionamento, pontos de parada, horário, itinerário e a delegação do serviço (STJ, *RDA* 191/177).

permitindo a desconcentração de atividades para melhor atendimento da população.

Concluindo, podemos afirmar que serviços da competência municipal são todos aqueles que se enquadrem na atividade social reconhecida ao Município, segundo o critério da *predominância* de seu interesse em relação às outras entidades estatais. Salvo os antes mencionados, inútil será qualquer tentativa de enumeração exaustiva dos serviços locais, uma vez que a constante ampliação das funções municipais exige, dia a dia, novos serviços.

1.4.4 *Competência do Distrito Federal* – Ao *Distrito Federal* são atribuídas as competências legislativas reservadas aos Estados e Municípios, nos termos do art. 32, § 1º, da CF.

1.5 Formas e meios de prestação do serviço

A prestação do serviço público ou de utilidade pública pode ser *centralizada*, *descentralizada* e *desconcentrada*, e sua execução, *direta* e *indireta* (não se confunda com Administração direta e indireta).

1.5.1 *Serviço centralizado* – É o que o Poder Público presta por seus próprios órgãos em seu nome e sob sua exclusiva responsabilidade. Em tais casos o Estado é, ao mesmo tempo, titular e prestador do serviço, que permanece integrado na agora denominada Administração direta (Dec.-lei 200/67, art. 4º, I).

1.5.2 *Serviço descentralizado* – É todo aquele em que o Poder Público transfere sua titularidade ou, simplesmente, sua execução, por *outorga* ou *delegação*, a autarquias, fundações, empresas estatais, empresas privadas ou particulares individualmente e, agora, aos *consórcios públicos* (Lei 11.107, de 6.4.2005).

Há *outorga* quando o Estado cria uma entidade e a ela transfere, *por lei*, determinado serviço público ou de utilidade pública.

Há *delegação* quando o Estado transfere, *por contrato* (concessão ou consórcio público) ou *ato unilateral* (permissão ou autorização), unicamente a execução do serviço, para que o delegado o preste ao público em seu nome e por sua conta e risco, nas condições regulamentares e sob controle estatal.

A distinção entre *serviço outorgado* e *serviço delegado* é fundamental, porque aquele é transferido *por lei* e só *por lei* pode ser retirado ou modificado, e este tem apenas sua execução traspassada a terceiro, por *ato administrativo* (bilateral ou unilateral), pelo quê pode ser revogado, modificado e anulado, como o são os atos dessa natureza.

A *delegação* é menos que *outorga*, porque esta traz uma presunção de definitividade e aquela de transitoriedade, razão pela qual os serviços *outorgados* o são, normalmente, por tempo indeterminado e os *delegados* por prazo certo, para que ao seu término retornem ao delegante. Mas em ambas as hipóteses o serviço continua sendo público ou de utilidade pública, apenas *descentralizado*, contudo sempre sujeito aos requisitos originários e sob regulamentação e controle do Poder Público que os descentralizou.

A descentralização pode ser *territorial* ou *geográfica* (*v.g.*, da União aos Estados-membros e destes aos Municípios) ou *institucional*, que é a que se opera com a transferência do serviço ou simplesmente de sua execução da *entidade estatal* para *suas autarquias*, *fundações*, *empresas*, *entes paraestatais* e *delegados particulares*.

1.5.3 *Serviço desconcentrado* – É todo aquele que a Administração executa centralizadamente, mas o distribui entre vários *órgãos* da mesma entidade, para facilitar sua realização e obtenção pelos usuários. A desconcentração é uma técnica administrativa de *simplificação* e *aceleração* do serviço dentro da mesma entidade, diversamente da descentralização, que é uma técnica de *especialização*, consistente na retirada do serviço dentro de uma entidade e transferência a outra para que o execute com mais perfeição e autonomia. Não obstante essa nítida distinção conceitual, nossa legislação confunde freqüentemente *desconcentração* com *descentralização*, a exemplo do Dec.-lei 200/67, que, tendo erigido a *descentralização* num dos princípios fundamentais da Reforma Administrativa Federal (art. 6º, III), indica providências que caracterizam *desconcentração*, e não *descentralização* (art. 10, § 1º, "a", e outros).

Os serviços *centralizados*, *descentralizados* ou *desconcentrados* admitem *execução direta* ou *indireta*, porque isto diz respeito à sua implantação e operação, e não a quem tem a responsabilidade pela sua prestação ao usuário. Impõe-se, portanto, distinguir *prestação centralizada*, *descentralizada* ou *desconcentrada* do serviço, de *execução direta* ou *indireta* desse mesmo serviço.

1.5.4 *Execução direta do serviço* – É a realizada pelos próprios meios da pessoa responsável pela sua prestação ao público, seja esta pessoa estatal, autárquica, fundacional, empresarial, paraestatal, ou particular. Considera-se serviço em *execução direta* sempre que o encarregado de seu oferecimento ao público o realiza pessoalmente, ou por seus órgãos, ou por seus prepostos (não por terceiros contratados). Para essa execução não há normas especiais, senão aquelas mesmas constantes da lei instituidora do serviço, ou consubstanciadora da outorga, ou autorizadora da delegação a quem vai prestá-lo aos usuários.

1.5.5 *Execução indireta do serviço* – É a que o responsável pela sua prestação aos usuários comete a terceiros para realizá-lo nas condições regulamentares. Serviço próprio ou delegado, feito por outrem, é *execução indireta*. Portanto, quer a Administração direta, quer a Administração indireta (autarquias, fundações, empresas públicas e sociedades de economia mista) como, também, os entes de cooperação (serviços sociais autônomos, organizações sociais etc.), ou as empresas privadas e particulares que receberem serviços públicos para prestar aos destinatários, podem, em certos casos, *executar indiretamente o serviço*, contratando-o (não delegando) com terceiros.

A possibilidade de execução indireta depende, entretanto, da natureza do serviço, pois alguns existem que não admitem substituição do executor, como, p. ex., os de polícia, e para outros a própria outorga ou delegação proíbe o traspasse da execução. Mas o que se deseja acentuar é que a *execução indireta* é *meio de realização do serviço*, que tanto pode ser empregado pelo Estado como por aqueles a quem ele transferiu o serviço ou sua prestação aos usuários, observando-se, ainda, que *execução indireta* não se confunde com *prestação descentralizada*, *desconcentrada* e *centralizada* de serviço, que se referem à forma de prestação desse mesmo serviço, e não ao *meio* de sua execução.

Feitas essas considerações de ordem geral, vejamos, agora, as *formas descentralizadas* de prestação de serviços públicos e de utilidade pública, que se outorgam às *autarquias*, *fundações*, *empresas estatais* e *entidades paraestatais*, ou se delegam aos *consórcios públicos* previstos pela Lei 11.107/2005, aos *concessionários*, *permissionários* e *autorizatários*, ou se executam por acordos sob a modalidade de *convênios*.

2. *Autarquias*[31]

2.1 *Conceito e caracteres*

2.1.1 *Conceito* – *Autarquias* são entes administrativos autônomos, criados por lei específica, com personalidade jurídica de Direito Público interno, patrimônio próprio e atribuições estatais específicas. São *entes autônomos*, mas não são *autonomias*. Inconfundível é *autonomia* com *autarquia*: aquela legisla para si; esta administra-se a si própria, segundo as leis editadas pela entidade que a criou.

O conceito de *autarquia* é meramente *administrativo*; o de *autonomia* é precipuamente *político*. Daí estarem as *autarquias* sujeitas ao controle da

31. Sobre autarquias no Direito Brasileiro, consultem-se: Tito Prates da Fonseca, *Autarquias Administrativas*, São Paulo, 1935; Celso Antônio Bandeira de Mello, *Natureza e Regime Jurídico das Autarquias*, São Paulo, 1968; Caio Tácito, "Conceito de autarquia", *RDP* 4/24; José Martins Rodrigues, "Autarquia", *RDA* 33/500; Antão de Moraes, "Autarquia", *RDA*

entidade estatal a que pertencem, enquanto as autonomias permanecem livres desse controle e só adstritas à atuação política das entidades maiores a que se vinculam, como ocorre com os Municípios brasileiros (autonomias), em relação aos Estados-membros e à União.[32]

A autarquia é forma de descentralização administrativa, através da personificação de um *serviço* retirado da Administração centralizada. Por essa razão, à autarquia só deve ser outorgado *serviço público típico*, e não atividades industriais ou econômicas, ainda que de interesse coletivo. Para estas, a solução correta é a outorga às empresas governamentais criadas para esse fim, ou sua delegação a empresas privadas, mediante concessão ou permissão. Serviços de interesse coletivo, mas não exclusivos do Estado, principalmente nas áreas de saúde, ensino, cultura, meio ambiente e pesquisa científica e tecnológica, podem ser delegados a entidades particulares, para esse fim qualificadas como *organizações sociais* (Lei 9.637, de 15.5.98).

Autarquia é pessoa jurídica de Direito Público, com função pública própria e típica, outorgada pelo Estado, não se confundindo com as fundações de Direito Privado, nem com as empresas governamentais, e menos ainda com os entes de cooperação (serviços sociais autônomos e organizações sociais). Todas estas entidades são pessoas jurídicas de Direito Privado, como veremos adiante, motivo pelo qual os privilégios administrativos (não os políticos) do Estado se transmitem natural e institucionalmente às autarquias, sem beneficiar aqueloutras entidades, senão quando lhes são atribuídos por *lei especial*. E, por fim, assinale-se esta diferença: a personalidade da autarquia, por ser de Direito Público, nasce com a lei que a institui, independentemente de registro; a personalidade das fundações, empresas governamentais e dos entes de cooperação, por ser de Direito Privado, nasce com o registro de seu estatuto, elaborado segundo a lei que *autoriza* a sua criação.

A doutrina moderna é concorde no assinalar as características das entidades autárquicas, ou seja, a sua *criação por lei específica com personalidade de Direito Público, patrimônio próprio, capacidade de auto-administra-*

59/497; Manoel de Oliveira Franco Sobrinho, "Noção jurídica de autarquia", *RT* 131/3; Odete Medauar, *Controle Administrativo das Autarquias*, São Paulo, 1976.

32. Advertimos que as denominadas *autarquias territoriais* do Direito Italiano contemporâneo diferem fundamentalmente das nossas *autarquias administrativas* ou *institucionais*, de que cuidamos neste estudo. As chamadas *autarquias territoriais* equivalem às nossas *autonomias políticas*, pois nelas se enquadram as Regiões, as Províncias e as Comunas italianas, sem símile perfeito no Direito Público Brasileiro, porque o Brasil é uma República Federativa e a Itália é uma República Regional. V., a propósito, a excelente monografia de Alberto Ronchey, *Le Autonomie Regionali e la Costituzione*, Roma, 1952, pp. 53 e ss.

Advertimos, ainda, que mesmo as autarquias administrativas estrangeiras não coincidem com as nossas, pelo quê a doutrina alienígena nessa matéria só pode ser invocada com reservas e adaptações ao sistema administrativo brasileiro.

ção sob controle estatal e desempenho de atribuições públicas típicas. Sem a conjunção desses elementos não há *autarquia*.

A autarquia não age por *delegação*; age por *direito próprio* e com autoridade pública, na medida do *jus imperii* que lhe foi *outorgado* pela lei que a criou.[33] Como pessoa jurídica de Direito Público interno, a autarquia traz ínsita, para a consecução de seus fins, uma parcela do poder estatal que lhe deu vida. Sendo um ente autônomo, não há *subordinação hierárquica* da autarquia para com a entidade estatal a que pertence, porque, se isto ocorresse, anularia seu caráter autárquico.[34] Há mera *vinculação* à entidade-matriz, que, por isso, passa a exercer um controle legal, expresso no poder de correção finalística do serviço autárquico.

"A autarquia – explica Lentini – não é outra coisa senão uma forma específica de capacidade de Direito Público, própria daqueles sujeitos auxiliares do Estado, que exercem função pública por um interesse próprio que seja igualmente público, e não daqueles que exercem funções públicas na qualidade de privados (entes paraestatais), com ou sem interesse próprio".[35]

Aproximando-se da boa doutrina, mas com defeitos de redação e omitindo a personalidade de Direito Público, que é essencial, o Dec.-lei 200/67 assim conceitua: "*Autarquia* – o serviço autônomo, criado por lei, com personalidade jurídica, patrimônio e receita próprios para executar atividades típicas da Administração Pública, que requeiram, para seu melhor funcionamento, gestão administrativa e financeira descentralizada" (art. 5º, I).

Essa conceituação legal, só cogente para a Administração federal, tem o mérito de impedir que a União outorgue às suas autarquias serviços impróprios do Poder Público, ou seja, atividades econômicas específicas da iniciativa privada, que só podem ser exploradas, suplementarmente, por empresas públicas e sociedades de economia mista, na forma estabelecida pela Constituição da República (art. 173 e §§). Com essa limitação obviam-se, no âmbito federal, as freqüentes distorções que se vinham observando, de atribuir-se atividades empresariais a autarquias, e serviços públicos a empresas estatais, gerando insolúveis problemas jurídicos, administrativos e tributários na sua organização e operação.

Finalizando as considerações gerais, resta-nos esclarecer que, sendo a autarquia um instrumento de descentralização de serviço público, pode ser

33. Francesco D'Alessio, *Istituzioni di Diritto Amministrativo*, Turim, 1939, I/199; Guido Zanobini, *Corso di Diritto Amministrativo*, Milão, 1936-1959, I/139; Tito Prates da Fonseca, *Autarquias Administrativas*, São Paulo, 1935, p. 79; Celso Antônio Bandeira de Mello, *Natureza e Regime Jurídico das Autarquias*, São Paulo, 1968, pp. 276 e ss.

34. Umberto Fragola, *Diritto Amministrativo*, Roma, 1949, p. 109; Miguel Reale, "Da recorribilidade dos atos dos administradores das autarquias", *RDA* 23/4.

35. Arturo Lentini, *Istituzioni di Diritto Amministrativo*, Milão, 1939, p. 77.

criada por qualquer entidade estatal – União, Estado-membro, Município –, desde que atenda aos requisitos formais e materiais de sua instituição, organização e funcionamento. Na autonomia político-administrativa das entidades estatais para prover os serviços públicos de sua competência está implícito o poder de descentralizá-los em autarquias, para que sejam realizados com maior eficiência e adequação ao interesse coletivo.[36]

2.1.2 *Caracteres* – A autarquia, sendo um prolongamento do Poder Público, uma *longa manus* do Estado, deve executar serviços próprios do Estado, em condições idênticas às do Estado, com os mesmos privilégios da Administração-matriz e passíveis dos mesmos controles dos atos administrativos. O que diversifica a autarquia do Estado são os métodos operacionais de seus serviços, mais especializados e mais flexíveis que os da Administração centralizada.

Embora identificada com o Estado, a autarquia não é entidade estatal; é simples desmembramento administrativo do Poder Público. E, assim sendo, pode diversificar-se das repartições públicas para adaptar-se às exigências específicas dos serviços que lhe são cometidos. Para tanto, assume as mais variadas formas e rege-se por estatutos peculiares à sua destinação. Essa necessidade de adaptação dos meios aos fins é que justifica a criação de autarquias, com estrutura adequada à prestação de determinados serviços públicos especializados.

Como se vê, as autarquias prestam-se à realização de quaisquer serviços públicos típicos, próprios do Estado, mas são indicadas especificamente para aqueles que requeiram maior especialização ou imposição estatal e que, conseqüentemente, exijam organização adequada, autonomia de gestão e pessoal especializado, liberto da burocracia comum das repartições centralizadas.

2.1.2.1 Instituição: a *instituição das autarquias*, ou seja, sua criação, faz-se por lei específica (art. 37, XIX), mas a organização se opera por *decreto*, que aprova o *regulamento* ou *estatuto* da entidade, e daí por diante sua implantação se completa por atos da diretoria, na forma regulamentar ou estatutária, independentemente de quaisquer registros públicos.

2.1.2.2 Patrimônio inicial: o *patrimônio inicial das autarquias* é formado com a transferência de bens móveis e imóveis da entidade-matriz, os quais se incorporam ao ativo da nova pessoa jurídica. A transferência de imóveis ou é feita diretamente pela lei instituidora, caso em que dispensa o registro, ou a lei apenas autoriza a incorporação, a qual se efetivará por

36. O STF entende que a autarquia interestadual é inviável (*RTJ* 141/273; *Informativo STF* 247, ACO 503-RS, rel. Min. Moreira Alves, j. 25.10.2001).

termo administrativo ou por *escritura pública*, para a necessária transcrição no registro imobiliário competente. O que não se admite é a transferência de bens imóveis por *decreto* ou qualquer outro ato administrativo unilateral.

2.1.2.3 Bens e rendas: os *bens e rendas das autarquias* são considerados patrimônio público, mas com destinação especial e administração própria da entidade a que foram incorporados, para realização dos objetivos legais e estatutários. Daí por que podem ser utilizados, onerados e alienados, para os fins da instituição, na forma regulamentar ou estatutária, independentemente de autorização legislativa especial, salvo para os bens imóveis (Lei 8.666/93, art. 17, I), porque essa autorização está implícita na lei que a criou e outorgou-lhe os serviços com os conseqüentes poderes para bem executá-los. Por essa razão, os atos lesivos ao patrimônio autárquico são passíveis de anulação por *ação popular* (Lei 4.717/65, art. 1º). Por idêntico motivo, extinguindo-se a autarquia, todo o seu patrimônio reincorpora-se no da entidade estatal que a criou.

A jurisprudência dominante tem sustentado que as autarquias, dispondo de patrimônio próprio, respondem individualmente por suas obrigações e sujeitam-se aos pagamentos a que forem condenadas, sem responsabilidade das entidades estatais a que pertencem,[37] mas o rigor dessa orientação nos parece excessivo, pois, exaurindo-se os recursos autárquicos – que são também patrimônio público –, não vemos como possa a Fazenda Pública eximir-se da responsabilidade subsidiária para o resgate dos débitos restantes.[38]

2.1.2.4 Orçamento: o *orçamento das autarquias* é formalmente idêntico ao das entidades estatais, com as peculiaridades indicadas nos arts. 107 a 110 da Lei 4.320/64 e adequação ao disposto no art. 165, § 5º, da CF.

2.1.2.5 Dirigentes: os *dirigentes das autarquias* são investidos nos respectivos cargos na forma que a lei ou seu estatuto estabelecer.[39]

2.1.2.6 Atos dos dirigentes: os *atos dos dirigentes das autarquias* equiparam-se aos atos administrativos e, por isso, devem observar os mesmos

37. STF, *RF* 194/163, *RT* 153/301, *RDA* 59/333. Contra: STF, *RT* 141/789.

38. Nesse sentido, v.: Tito Prates da Fonseca, *Autarquias Administrativas*, São Paulo, 1938, pp. 111 e ss.; Celso Antônio Bandeira de Mello, *Natureza e Regime Jurídico das Autarquias*, São Paulo, 1968, pp. 465 e ss.

39. O STF entendeu que, "à vista da cláusula final de abertura do art. 52, II", da CF de 1988, é válida a norma legal, federal, estadual ou municipal, que subordina a nomeação de dirigentes de autarquias ou fundações pública a prévia aprovação do Legislativo (ADI /MC 1.949-0, *DJU* 25.11.2005, v.u.).

requisitos para sua expedição, com atendimento específico das normas regulamentares e estatutárias da instituição, sujeitando-se aos controles internos e ao exame de legalidade pelo Judiciário, pelas vias comuns (ações ordinárias) ou especiais (mandado de segurança e ação popular).

2.1.2.7 Contratos: os *contratos das autarquias* estão sujeitos a licitação por expressa determinação do art. 1º, parágrafo único, da Lei 8.666/93 e do art. 37, XXI, da CF, sendo nulos quando não a realizarem ou fraudarem o procedimento licitatório (Lei 4.717/65, arts. 1º e 4º, III, IV e V).

2.1.2.8 Pessoal: o *pessoal das autarquias* ou *de cada autarquia* está sujeito ao *regime jurídico* previsto pela lei da entidade-matriz. Assim, após a EC/19, que suprimiu a obrigatoriedade de um regime jurídico único, a lei federal, estadual, distrital ou municipal poderá estabelecer o mesmo regime dos servidores da Administração direta ou regime próprio, para todas ou para determinada autarquia. As proibições de acumulação remunerada de cargos, empregos e funções atingem também os servidores das autarquias, nos expressos termos dos incs. XVI e XVII do art. 37 da CF. Por outro lado, para efeitos criminais (CP, art. 327), os servidores e dirigentes de autarquias igualam-se a funcionários públicos, na terminologia dessa norma, que ainda se refere a "funcionários públicos" quando, hoje, são todos "servidores públicos". Para as sanções decorrentes de atos de improbidade administrativa, são *agentes públicos* (Lei 8.429/92, art. 21).

Se, não obstante, a autarquia dedicar-se à exploração de atividade econômica, impõe-se-lhe, por força do art. 173, § 1º, da CF, nas relações de trabalho com os seus empregados, o mesmo regime das empresas privadas.[40]

2.2 *Privilégios*

As autarquias brasileiras nascem com os *privilégios administrativos* (não políticos) da entidade estatal que as institui, auferindo também as vantagens tributárias e as prerrogativas processuais da Fazenda Pública, além dos que lhes forem outorgados por lei especial, como necessários ao bom desempenho das atribuições da instituição.[41]

Presentemente, salvo omissão de nossa parte, os privilégios das autarquias em geral são os seguintes: imunidade de impostos sobre seu patrimônio, renda e serviços vinculados às suas finalidades essenciais ou delas decorrentes (CF, art. 150, § 2º); prescrição qüinqüenal de suas dívidas pas-

40. Cf. STF, Pleno, ADI 83-7-DF, *DJU* 18.10.92.

41. O art. 8º da Lei 8.620, de 5.1.93, assegura ao INSS as mesmas prerrogativas e privilégios da Fazenda Pública.

sivas (Dec.-lei 4.597, de 19.8.42); execução fiscal de seus créditos inscritos (CPC, art. 578); ação regressiva contra seus servidores culpados por danos a terceiros (CF, art. 37, § 6º); impenhorabilidade de seus bens e rendas (CF, art. 100 e §§); impossibilidade de usucapião de seus bens imóveis (Dec.-lei 9.760, de 5.9.46, art. 200); recurso de ofício nas sentenças que julgarem improcedente a execução de seus créditos fiscais (CPC, art. 475, II – STF, Súmula 620); prazo em quádruplo para contestar e em dobro para recorrer (CPC, art. 188, e Lei 9.469, de 10.7.97); pagamento de custas só a final, quando vencidas (CPC, art. 27); juízo privativo da entidade estatal a que pertencem (CF, art. 109, I); ampliação do prazo para desocupação de prédio locado para seus serviços, quando decretado o despejo (Lei 8.245, de 18.10.91, art. 63, § 3º); não sujeição a concurso de credores ou a habilitação de crédito em falência, concordata ou inventário, para cobrança de seus créditos; retomada dos bens havidos ilicitamente por seus servidores (Lei 8.429/92); impedimento de acumulação de cargos, empregos e funções para seus servidores (CF, art. 37, XVI e XVII); dispensa de exibição de instrumento de mandato em juízo, pelos procuradores de seu quadro, para os atos *ad judicia*. O art. 962 do CC não mais prevê preferências entre as três Fazendas Públicas.

Além desses privilégios, expressos ou implícitos nas leis vigentes, reputamos extensíveis às autarquias – federais, estaduais ou municipais – quaisquer outros de caráter administrativo (não político) que sejam concedidos às entidades estatais, tendo em vista facilitar o desempenho da função pública. Advertimos, entretanto, que os privilégios específicos de determinadas entidades ou órgãos estatais centralizados (*v.g.*, justiça, polícia, serviços sanitários etc.) não se estendem às autarquias, como a elas não se transferem as prerrogativas políticas e o poder normativo das autonomias territoriais: Estados-membros, Municípios e Distrito Federal. Daí por que as autarquias não se igualam às entidades estatais, nem se sobrepõem a qualquer delas em direitos ou poderes públicos, ainda que pertençam a uma entidade político-administrativa de grau superior.

Entre as autarquias deve ser observada a mesma precedência federal, estadual ou municipal caso concorram seus interesses sobre o mesmo objeto, mas entre autarquias e entidades estatais hão de prevalecer sempre as prerrogativas destas sobre as daquelas, por superior na ordem constitucional a posição das entidades político-administrativas (União, Estados-membros e Municípios) em relação à das entidades meramente administrativas (autarquias). Essa realidade jurídica impede que qualquer autarquia dispute preferência com as entidades estatais ou a elas se sobreponha em direitos e vantagens, ainda que o ente autárquico pertença a uma esfera estatal de grau superior.

2.3 *Controle*

Controle autárquico[42] é a vigilância, orientação e correção que a entidade estatal exerce sobre os atos e a conduta dos dirigentes de suas autarquias. Mas esse controle não é pleno, nem ilimitado. É restrito aos atos da administração superior e limitado aos termos da lei que o estabelece, para não suprimir a autonomia administrativa dessas entidades (v. cap. XI, item 3, *Controle administrativo*). Observamos, todavia, que os desmandos administrativos e o excesso de despesas das autarquias levaram o Governo federal a estabelecer rígidos controles financeiros.

Sendo as autarquias serviços públicos descentralizados, personalizados e autônomos, não se acham integradas na estrutura orgânica do Executivo, nem hierarquizadas a qualquer chefia, mas tão-somente *vinculadas à Administração direta*, compondo, separadamente, a *Administração indireta* do Estado com outras entidades autônomas (fundações, empresas públicas e sociedades de economia mista). Por esse motivo não se sujeitam ao controle hierárquico mas, sim, a um controle diverso, finalístico, atenuado, normalmente de legalidade e excepcionalmente de mérito, visando unicamente a mantê-las dentro de suas finalidades institucionais, enquadradas no plano global da Administração a que se vinculam e fiéis às suas normas regulamentares. É um controle de orientação e correção superiores, só apreciando os atos internos e a conduta funcional de seus dirigentes em condições especialíssimas, autorizadas por lei.[43]

Daí a oportuna advertência de Maspétiol e Laroque: "Não há, portanto, poderes gerais de tutela; há medidas particulares de tutela, que a lei concede a certas autoridades com o escopo de salvaguardar o interesse geral contra os interesses particulares das coletividades descentralizadas e de assegurar a unidade de conduta de todas as pessoas morais administrativas".[44] Tal dou-

42. Alguns autores ainda usam as expressões *tutela administrativa* ou *tutela autárquica*, mas o correto é dizer-se *controle administrativo* ou *controle autárquico*, como acentuam os modernos administrativistas (cf. Marcel Walline, *Traité de Droit Administratif*, Paris, 1963, p. 424; Georges Vedel, *Droit Administratif*, Paris, 1959, II/418; Duez e Debeyre, *Traité de Droit Administratif*, Paris, 1952, p. 69; Jean Rivero, *Droit Administratif*, Paris, 1962, pp. 272 e ss.; André de Laubadère, *Traité de Droit Administratif*, Paris, 1963, II/90).

43. A. Nogueira de Sá, *Do Controle Administrativo sobre as Autarquias*, São Paulo, 1952, pp. 83 e ss.; Afonso Almiro, *Controle Financeiro das Autarquias*, Rio, 1953, pp. 11 e ss.; Tito Prates da Fonseca, *Autarquias Administrativas*, São Paulo, 1935, pp. 93 e ss.; Celso Antônio Bandeira de Mello, *Natureza e Regime Jurídico das Autarquias*, São Paulo, 1968, pp. 426 e ss.; Odete Medauar, *Controle Administrativo das Autarquias*, São Paulo, 1976, pp. 65 e ss.

44. Maspétiol e Laroque, *La Tutelle Administrative*, Paris, 1936, p. 276. No mesmo sentido: Horacio Heredía, *Control Administrativo sobre los Entes Autárquicos*, Buenos Aires, 1942, pp. 26 e ss.; Léon Michoud, *Théorie de la Personnalité Morale*, Paris, 1960, II/297 e ss.

trina está sumulada nesta máxima do Direito Francês: "Pas de tutelle sans texte; pas de tutelle au delà des textes".

O inegável é que a autonomia administrativa da autarquia é um *direito subjetivo público*, oponível ao próprio Estado quando o infrinja. Diante disto, o controle autárquico só é admissível nos estritos limites e para os fins que a lei o estabelecer.[45]

Entre nós, o controle das autarquias realiza-se na tríplice linha política, administrativa e financeira, mas todos esses controles adstritos aos termos da lei que os estabelece. O *controle político* normalmente se faz pela nomeação de seus dirigentes pelo Executivo; o *controle administrativo* se exerce através da supervisão ministerial (Dec.-lei 200/67, art. 26) ou de órgão equivalente no âmbito estadual e municipal, bem como por meio de recursos administrativos internos e externos, na forma regulamentar; o *controle financeiro* opera nos moldes da Administração direta, inclusive prestação de contas ao Tribunal competente, por expressa determinação constitucional (art. 71, II).[46] Neste ponto é oportuno lembrar que o orçamento das autarquias é aprovado por decreto, salvo se lei especial determinar que o seja pelo Poder Legislativo (Lei 4.320/64, art. 107).

O afastamento dos dirigentes de autarquia é admissível nos casos regulamentares ou, na omissão, quando sua conduta configurar infração penal, ilícito administrativo previsto para os servidores públicos ou desmandos na Administração; mas, ainda aqui, a intervenção estatal deve ser acompanhada de processo adequado à apuração das responsabilidades funcionais. A destituição sumária dos administradores autárquicos, quando investidos por prazo determinado, ou representantes de determinada classe, se nos antolha injurídica e ofensiva da autonomia administrativa de tais entidades como, também, lesiva de direito subjetivo de seus dirigentes. O poder de intervenção não é discricionário, mas vinculado aos pressupostos finalísticos do serviço autárquico. Daí por que não se pode admitir o controle substitutivo ao talante da entidade estatal a que pertence a autarquia, sem que o ato interventivo se conforme com as normas institucionais ou regulamentares do serviço descentralizado.

Pelas Leis 8.429, de 2.6.92, e 8.730, de 10.11.93, a posse e o exercício de agente público autárquico, de fundação e de empresas governamentais

45. Cino Vitta, *Diritto Amministrativo*, Turim, 1948, I/140. No mesmo sentido: Celso Antônio Bandeira de Mello, *Natureza e Regime Jurídico das Autarquias*, São Paulo, 1968, p. 436.

46. O TCU está reorganizado pela Lei 8.443, de 16.7.92, que lhe atribui competência genérica para "o julgamento da regularidade das contas dos administradores e demais responsáveis pelos bens e valores públicos" (art. 5º), dentre os quais se encontram os administradores de autarquias, expressamente sujeitas às mesmas normas de fiscalização financeira e orçamentária da Administração direta (CF, art. 71, II).

ficam condicionados à apresentação de declaração de bens, a fim de ser arquivada no Serviço de Pessoal competente (art. 13).

2.4 *Autarquias de regime especial*

Algumas leis referem-se a *autarquias de regime especial*, sem definir seu conteúdo. Diante dessa imprecisão conceitual, é de se dizer que *autarquia de regime especial* é toda aquela a que a lei instituidora conferir privilégios específicos e aumentar sua autonomia comparativamente com as autarquias comuns, sem infringir os preceitos constitucionais pertinentes a essas entidades de personalidade pública.

Bem por isso, Caio Tácito, referindo-se ao conceito de autarquia dado pelo art. 5º do Dec.-lei 200/67, advertiu que: "Não se qualificou, porém, nessa lei orgânica da Administração Pública Federal, ou em qualquer outra, diferenciação entre autarquias comuns e autarquias de regime especial".[47]

O que posiciona a autarquia como de *regime especial* são as regalias que a lei criadora lhe confere para o pleno desempenho de suas finalidades específicas, observadas as restrições constitucionais. Assim, são consideradas *autarquias de regime especial* o Banco Central do Brasil (Lei 4.595/64), a Comissão Nacional de Energia Nuclear (Lei 4.118/62), a Superintendência Nacional de Previdência Complementar/PREVIC (Lei 12.154/2009), a Universidade de São Paulo (Dec.-lei 13.855/44 e Decs. 52.326/69 e 52.906/72), bem como as entidades encarregadas, por lei, dos serviços de fiscalização de profissões regulamentadas (CONFEA e congêneres),[48] dentre outras que ostentam características próprias na sua organização, direção, operacionalidade e gestão de seus bens e serviços.

Sob a forma de *autarquias de regime especial*, o Estado criou as *agências reguladoras*, examinadas no item seguinte, e, pela Lei 11.107, de 6.4.2005, *as associações públicas* resultantes de consórcios públicos entre os entes federativos e cujas características examinaremos mais abaixo.

47. Caio Tácito, *Ensino Superior Oficial*, parecer dado ao Conselho Federal Educação em 3.6.81 e publicado pela UFRJ, Rio, 1981, p. 6. V. tb. Eurípedes Carvalho Pimenta, "Autarquias de regime especial – Limites de tutela", *RDPG* 16/475, e Ana Cândida da Cunha Ferraz, "O regime especial das autarquias educacionais", *RDPG* 17/201.

48. O STF, na ADI 1.171, examinando a Lei 9.649, de 27.5.98, na parte em que estabelece que os serviços de fiscalização de profissões regulamentadas serão exercidos em caráter privado (art. 58), entendeu que os conselhos profissionais são autarquias federais, porque exercitam poder de polícia (*DJU* 28.3.2003). No entanto, com relação à OAB, na ADI 3.026-4 (*DJU* 29.9.2006) o mesmo STF entendeu que ela não é autarquia especial e "não é entidade" da Administração indireta, sendo "um *serviço público independente*, categoria ímpar no elenco das personalidades jurídicas existentes no Direito Brasileiro"; não está "sujeita a controle da Administração e não submetida à exigência de concurso público para admissão de seus empregados" (rel. Min. Eros Grau).

2.5 *Agências reguladoras*[49]

Com a política governamental de transferir para o setor privado a execução de serviços públicos, reservando ao Estado a regulamentação, o controle e a fiscalização desses serviços, houve a necessidade de criar, na Administração, agências especiais destinadas a esse fim, no interesse dos usuários e da sociedade. Tais agências têm sido denominadas de *agências reguladoras* e foram instituídas como *autarquias sob regime especial*, com o propósito de assegurar sua autoridade e autonomia administrativa. Com essa finalidade, a Lei 9.427, de 26.12.96, instituiu a *Agência Nacional de Energia Elétrica* – ANEEL, para regular e fiscalizar o setor de geração, transmissão e distribuição de energia elétrica; e a Lei 9.472, de 16.7.97, criou a *Agência Nacional de Telecomunicações* – ANATEL, com o mesmo objetivo em relação ao setor de telecomunicações, porque ambas as áreas estão sendo privatizadas.

Paralelamente, com a quebra do monopólio da Petrobrás, entendeu-se conveniente criar a *Agência Nacional do Petróleo* – ANP (Lei 9.478, de 8.8.97), para regular e fiscalizar as atividades econômicas antes realizadas por aquela companhia e agora podendo ser exercidas também por outras empresas, mediante concessão ou autorização (v. cap. VIII, item 4.2, *Petróleo e gás*).

No âmbito do Ministério da Saúde, com a instituição do Sistema Nacional de Vigilância Sanitária, criou-se a *Agência Nacional de Vigilância Sanitária* – ANVISA (Lei 9.782, de 26.1.99), que atuará como entidade administrativa independente com a finalidade de proteger a saúde da população, por intermédio do controle sanitário da produção e comercialização de produtos e serviços submetidos à vigilância sanitária (medicamentos, alimentos, cosméticos, laboratórios, planos de saúde etc.). Um ano depois foi também criada a *Agência Nacional de Saúde Suplementar* – ANS (Lei 9.961, de 28.1.2000), como órgão de regulamentação, normatização, controle e fiscalização das atividades que garantam a assistência suplementar à saúde. Cabe a esta autarquia, entre outras atribuições, a de zelar pelo cumprimento dos contratos das operadoras dos planos privados de assistência à saúde, que tantos aborrecimentos têm causado à população brasileira.

49. Eurico de Andrade Azevedo, "Agências reguladoras", *RDA* 213/141; Mauro Roberto Gomes de Mattos, "Agências reguladoras e suas características", *RDA* 21871. 218/71; Caio Tácito, "Agências reguladoras da Administração", *RDA* 221/1; Sérgio Varella Bruna, *Agências Reguladoras*, São Paulo, Ed. RT, 2003; Dalton Roberto Tibúrcio, "Interpretação dos atos normativos das agências reguladoras", *Revista AGU* 100, 2010; Alexandre Santos Aragão, *Agências Reguladoras, a Evolução do Direito Administrativo Econômico*, 2ª ed., Rio de Janeiro, Forense, 2009.

Vinculada ao *Ministério do Meio Ambiente*, foi instituída a *Agência Nacional de Águas* – ANA (Lei 9.984, de 17.7.2000), com a competência para supervisionar, controlar e avaliar as atividades decorrentes do aproveitamento dos recursos hídricos, bem como outorgar, mediante autorização, o direito de uso da água em rios de domínio da União (v. cap. VIII, item 3).

A Lei 10.233, de 5.6.2001, criou o *Conselho Nacional de Integração de Políticas de Transportes* e instituiu duas agências reguladoras: a *Agência Nacional de Transportes Terrestres* e a *Agência Nacional de Transportes Aquaviários*, cujos objetivos estão implícitos nos próprios nomes: regular e supervisionar, em suas respectivas áreas, as atividades de prestação de serviços e exploração da infra-estrutura exercidas por terceiros. Tal diploma já foi modificado pela MP 2.217-3, de 4.9.2001, que nele introduziu diversas alterações, como tem sido costume do Poder Executivo Federal – felizmente limitado, agora, pela EC 32, de 12.9.2001.

Como se disse, todas essas agências foram criadas como *autarquias sob regime especial*, considerando-se o *regime especial* como o conjunto de privilégios específicos que a lei outorga à entidade para a consecução de seus fins. No caso das *agências reguladoras* até agora criadas no âmbito da Administração Federal esses privilégios caracterizam-se basicamente pela *independência administrativa*, fundamentada na estabilidade de seus dirigentes (mandato fixo), *autonomia financeira* (renda própria e liberdade de sua aplicação) e *poder normativo* (regulamentação das matérias de sua competência). Entendeu-se indispensável a outorga de amplos poderes a essas autarquias, tendo em vista a enorme relevância dos serviços por elas regulados e fiscalizados, como também o envolvimento de poderosos grupos econômicos (nacionais e estrangeiros) nessas atividades.

A Lei 9.986, de 18.7.2000, dispõe sobre a gestão de recursos humanos das agências reguladoras, estabelecendo que elas terão relações de trabalho regidas pela CLT e legislação trabalhista correlata, em regime de emprego público. E para resguardar sua independência proíbe aos empregados, requisitados, ocupantes de cargos comissionados e dirigentes o exercício de qualquer outra atividade profissional, inclusive gestão operacional de empresa, ou direção político-partidária, excetuados os casos admitidos em lei. A Lei 10.871, de 20.5.2004, dispõe sobre a criação de carreiras e a organização dos cargos efetivos nas agências reguladoras.

Com relação a compras e contratação de serviços, estende a todas as agências reguladoras o regime especial de licitação antes somente concedido à ANATEL, possibilitando que elas se utilizem das modalidades de *consulta* e *pregão*, nos termos de regulamento próprio. Excetuam-se apenas as contratações referentes a obras e serviços de engenharia, que ficam subordinados às normas gerais de licitação e contratação da Administração Pública.

Essas *agências reguladoras* possuem aspectos comuns e alguns específicos, em face da natureza dos serviços por elas controlados, podendo ser destacados os seguintes:

– os administradores possuem mandato, só podendo ser destituídos por condenação judicial transitada em julgado, improbidade administrativa ou descumprimento injustificado das políticas estabelecidas para o setor ou pelo contrato de gestão;

– nomeação dos dirigentes pelo Presidente da República, com prévia aprovação dos nomes pelo Senado Federal, nos termos do art. 52, III, "f", da CF;

– edição de normas sobre matérias de sua competência;

– vedação ao ex-dirigente, até um ano depois de deixar o cargo, de representar qualquer interesse perante a agência, ou de prestar serviços a empresas sob sua regulamentação;

– recursos próprios oriundos de taxa de fiscalização ou de autorizações específicas relativas às suas atividades;

– declaração de utilidade pública, para fins de desapropriação ou servidão administrativa, das áreas necessárias aos concessionários, permissionários e autorizados de energia elétrica (ANEEL).

Como está dito no capítulo próprio, a autarquia, sendo um prolongamento do Poder Público, uma *longa manus* do Estado, executa serviços próprios do Estado, em condições idênticas às do Estado, com os mesmos privilégios da Administração-matriz e passíveis dos mesmos controles dos atos constitucionais. O que diversifica a autarquia do Estado são os métodos operacionais, que permitem maior flexibilidade de atuação, com possibilidade de decisões rápidas e ações imediatas.

Tem-se debatido sobre o poder normativo conferido às *agências*. Esse poder normativo há de se cingir aos termos de suas leis instituidoras, aos preceitos legais e decretos regulamentares expedidos pelo Executivo. Suas funções normativas estão absolutamente subordinadas à lei formal e aos referidos decretos regulamentares. Assim, o poder outorgado às agências, neste campo, visa a atender à necessidade de uma normatividade essencialmente técnica, com um mínimo de influência política.[50]

50. Nesse sentido, o STF, na ADI 1.668, sobre a Lei 9.472/1997, em interpretação conforme, decidiu que esse poder normativo "subordina-se aos preceitos legais e regulamentares que regem a outorga, prestação e fruição dos serviços". V. ainda: Diogo de Figueiredo Moreira Neto, "Agências reguladoras – Natureza jurídica, competência normativa, limites de atuação", *RDA* 215/71; Pedro Dutra, "O poder regulamentar dos órgãos reguladores", *RDA* 221/239. V. também Eduardo Krause, *Agências de Regulação*, Porto Alegre/RS, Mercado Aberto, 2001 –

O controle externo dessas agências pelos Tribunais de Contas e pelo Judiciário deve ser realizado de forma ponderada, considerando a especialíssima discricionariedade técnica inerente às suas atividades-fim e os princípios da isonomia, da eficiência, da razoabilidade e da proporcionalidade, de modo a não prejudicar a razão de sua criação. É uma espécie de *deferência* especial em relação ao entendimento técnico dessas agências. Respeitáveis estudiosos do tema falam em um *princípio da deferência*, quando, no nosso entender, não se trata propriamente de um princípio, mas apenas de uma técnica e regra especial de interpretação da atividade-fim administrativa das agências, objetivando a preservação de suas finalidades.[51]

3. *Fundações*

3.1 *Considerações gerais*

As *fundações*, como "universalidade de bens personalizada, em atenção ao fim, que lhe dá unidade", ou como "um patrimônio transfigurado pela idéia, que o põe ao serviço de um fim determinado",[52] sempre estiveram nos domínios do Direito Civil, sendo consideradas pessoas jurídicas de Direito Privado (Dec.-lei 200, art. 5º, IV, acrescentado pela Lei 7.596/87).

Nos últimos tempos, porém, pelo fato de o Poder Público vir instituindo fundações para prossecução de objetivos de interesse coletivo – educação, ensino, pesquisa, assistência social etc. –, com a personificação de bens públicos e fornecendo subsídios orçamentários para sua manutenção, passou-se a atribuir personalidade pública a essas entidades, a ponto de a própria Cons-

em que o Autor, além da parte doutrinária, reúne a legislação de todas as agências reguladoras nacionais, bem como de diversas estaduais. Fabrício Motta, *Função normativa da Administração Pública*, Fórum, 2007; Giovana Andréa Gomes Ferreira, "O Poder Normativo das Agências Reguladoras e o Princípio da Legalidade", *Revista Virtual da AGU*, n. 80, set./2008. V., também, Parecer LA-10, aprovando Parecer CGU/AGU 01/2008-RVJ, de 3.9.2008, do Consultor-Geral da União, Ronaldo Jorge Araujo Vieira Junior, também aprovado pelo Presidente da República, em 19.8.2010, com a seguinte ementa: "Aquisição de terras por estrangeiros. Revisão do Parecer GQ-181, de 1998, publicado no *Diário Oficial* em 22.1.99, e GQ-22, de 1994. Recepção do § 1º do art. 1º da Lei n. 5.709, de 1971, à luz da Constituição Federal de 1988. Equiparação de empresa brasileira cuja maioria do capital social esteja nas mãos de estrangeiros não-residentes ou de pessoas jurídicas estrangeiras não autorizadas a funcionar no Brasil a empresas estrangeiras".

51. V. palestra do Procurador Marcos Juruena Villela Souto no seminário "Controle Externo e Agências Reguladoras de Serviços Públicos" realizado pelo TCE/RJ, por meio da Escola de Contas e Gestão – ECG (fonte: TCE/RJ, *Notícias*, 21.5.2010, "Saiba o que aconteceu no seminário, realizado no TCE/RJ", in *http://www.tce.rj.gov.br*). No REsp 1.171.688, seu relator, Min. Mauro Campbell, valeu-se da "deferência" e da ponderação de princípios acima referida, ao consignar: "5.5 Parece que, tendo em conta o alto grau de discricionariedade técnica que permeia o assunto e também os princípios da deferência técnico-administrativa, da isonomia e da eficiência (...)".

52. Clóvis Beviláqua, *Código Civil Comentado*, São Paulo, 1936, I/233.

tituição da República de 1988, encampando a doutrina existente,[53] ter instituído as denominadas *fundações públicas*, ora chamando-as de "fundações instituídas e mantidas pelo Poder Público" (arts. 71, II, III e IV; 169, parágrafo único; 150, § 2º; 22, XXVII), ora de "fundação pública" (arts. 37, XIX, e 19 das "Disposições Transitórias"), ora de "fundações mantidas pelo Poder Público" (art. 37, XVII), ora, simplesmente, de "fundação" (art. 163, II).

Com esse tratamento, a Carta da República transformou essas fundações em *entidades de Direito Público*, integrantes da Administração indireta, ao lado das autarquias e das empresas governamentais. Nesse sentido, já decidiu o STF, embora na vigência da Constituição anterior, que "tais fundações são espécie do gênero autarquia".[54] Não entendemos como uma entidade (fundação) possa ser espécie de outra (autarquia) sem se confundirem nos seus conceitos. Todavia, a prevalecer essa orientação jurisprudencial, aplicam-se às fundações de direito público todas as normas, direitos e restrições pertinentes às autarquias.

A EC 19/98 deu nova redação ao inc. XIX do art. 37 da CF, deixando transparecer ter voltado ao entendimento anterior de que a fundação é entidade com personalidade jurídica de Direito Privado: "somente por lei específica poderá ser criada autarquia e autorizada a instituição de empresa pública, de sociedade de economia mista e de fundação, cabendo à lei complementar, neste último caso, definir as áreas de sua atuação". A fundação foi colocada ao lado das empresas governamentais (entidades de Direito Privado): a lei não cria, apenas autoriza a sua criação, devendo o Executivo tomar as providências necessárias para o registro determinante do nascimento da pessoa jurídica de Direito Privado. E mais: lei complementar deverá definir as áreas em que poderá atuar a *fundação*, não podendo essa figura jurídica servir de panacéia para qualquer atividade que a Administração pretenda efetuar com relativa autonomia.[55]

53. Miguel Reale, *Direito Administrativo*, Forense, p. 17; Celso Antônio Bandeira de Mello, "Personalidade de Direito Público", *RDP* I/115; Geraldo Ataliba, "Fundação pública", *RT* 478/43; Maria Sylvia Zanella Di Pietro, "Fundações públicas", *BDA* 11/674, 1988.

54. STF, *RDA* 160/85, 161/50, 171/124.

55. Na verdade, o Autor sempre entendeu que a fundação, mesmo quando criada e mantida pelo Poder Público, não perdia a sua personalidade de Direito Privado, nem se transformava em entidade pública, ficando, simultaneamente, sujeita à tutela do Ministério Público, à supervisão administrativa da entidade estatal que a instituiu e ao dever de prestar contas ao Tribunal de Contas. Esse seu entendimento foi mantido até o advento da Constituição de 1988, quando modificou a redação para o texto atual, que foi alterado com a EC 19/98.

A doutrina mais recente parece voltar ao magistério antigo do Autor. A doutrina sustenta que o Poder Público pode criar, por lei, fundação com personalidade de Direito Público – *fundação pública* –, e, neste caso, ela é uma espécie de autarquia; mas pode também autorizar a instituição de fundação com personalidade de Direito Privado – *fundação privada*. É evidente que o Poder Público pode aplicar às fundações de Direito Privado, por ele instituídas, regras especiais, exorbitantes do Código Civil, desde que assim entenda conveniente (Maria Sylvia Zanella Di Pietro, *Direito Administrativo*, São Paulo, Atlas, 1990, pp. 273 e ss.; Adilson

Tinha razão, portanto, o Autor ao profligar aquela inovação constitucional, com a mudança da personalidade jurídica da fundação. Não obstante, como já existem fundações instituídas por lei com personalidade jurídica de Direito Público, hão de coexistir as duas espécies até que venha a norma regulamentadora da matéria, ou até que aquelas sejam extintas.

3.2 Caracteres

As *fundações* prestam-se, principalmente, à realização de atividades não lucrativas e atípicas do Poder Público, mas de interesse coletivo, como a educação, cultura, pesquisa, sempre merecedoras do amparo estatal. Sua instituição depende de autorização de *lei específica* (CF, art. 37, XIX) da entidade-matriz, cabendo ao Executivo providenciar os demais atos necessários à sua formação, visto que só terão existência legal após sua inscrição no Registro competente.

Os *contratos celebrados pelas fundações públicas*, de Direito Público ou de Direito Privado, devem ser precedidos de licitação, nos termos do art. 37, XXI, da CF de 1988.

O *orçamento* é formalmente idêntico ao das entidades estatais (Lei 4.320/64), devendo-se atender ao disposto no art. 165, § 5º, da CF.

Os *dirigentes das fundações*, de Direito Público ou de Direito Privado, são investidos nos respectivos cargos ou empregos públicos na forma que a lei ou o estatuto estabelecer e seu *pessoal* fica sujeito ao regime estatutário ou celetista, bem como aos planos de carreira instituídos pela entidade-matriz (CF, art. 39).

As *proibições de acumulação remunerada de cargo, emprego ou função* atingem os servidores das fundações, quer públicas quer privadas, nos expressos termos dos incs. XVI e XVII do art. 37 da CF. Também para fins *criminais*, *mandado de segurança* e *ação popular*, são eles considerados, respectivamente, "funcionários públicos" (CP, art. 327) e seus dirigentes, "autoridades", no que concerne ao desempenho das funções delegadas (Lei 1.533/51, art. 1º, § 1º, e Lei 4.717/65, art. 1º).

4. Agências executivas

A lei que dispõe sobre a organização administrativa federal – Lei 9.649, de 27.5.98 (art. 51) – estabelece que o Poder Executivo poderá qualificar

Abreu Dallari, "Fundação privada", *RDP* 98/8l; Eros Roberto Grau, "Fundações privadas", *RDP* 98/75; Carlos Ari Sundfeld, "Fundações governamentais", *RDP* 97/86).V., a respeito, e no sentido indicado, o parecer de Flávio Giron, como Subprocurador-Geral da República, no RE 219.900, adotado como razão de decidir (*DJU* 28.9.2001). Sobre a fiscalização pelo Ministério Público, o STF decidiu que as fundações públicas *federais* cabem ao Ministério Público Federal (ADI 2.794).

como *agência executiva* autarquia ou fundação que tenha em andamento um *plano estratégico* de reestruturação e desenvolvimento institucional e celebre com o Ministério supervisor um *contrato de gestão*. O referido *plano estratégico* definirá as diretrizes, políticas e medidas voltadas para o fortalecimento institucional da entidade e ampliação de sua autonomia, cujos aspectos básicos deverão constar do *contrato de gestão*, que terá o prazo mínimo de um ano.

A qualificação da autarquia ou fundação como *agência executiva* – efetuada por ato específico do Presidente da República – permitirá que ela ingresse em um regime especial, usufruindo de determinadas vantagens previstas em leis ou decretos.

Na verdade, o objetivo daquele preceito é aumentar a eficiência da autarquia ou fundação, mediante a ampliação de sua autonomia paralelamente à responsabilidade de seus administradores. O controle far-se-á através do *contrato de gestão*, que deverá prever a fixação de metas de desempenho para a entidade, estabelecendo os prazos de sua realização e os critérios de avaliação de desempenho, conforme previsto no § 8º do art. 37 da CF.

Note-se, contudo, que não será *o contrato de gestão* que concederá as vantagens adicionais à autarquia ou fundação qualificada como *agência executiva*. Como na Administração Pública domina o princípio da legalidade, o *contrato de gestão* não é fonte de direitos. Ele é simplesmente um fato jurídico que permite a aplicação de determinados benefícios previstos em lei. A ampliação da autonomia e outras vantagens a serem concedidas às agências executivas devem estar previstas em lei. É o que ocorre, por exemplo, com o aumento dos percentuais de dispensa de licitação prevista art. 24, parágrafo único, da Lei 8.666/93 (com a redação dada pela Lei 9.648/98).

5. *Empresas estatais ou governamentais*

5.1 *Explicação preliminar*

Neste tópico, nas edições anteriores, o Autor tratava das *entidades paraestatais*, pessoas jurídicas de Direito Privado, cuja criação era autorizada por lei, com patrimônio público ou misto, para realização de atividades, obras ou serviços de interesse coletivo, sob normas e controle do Estado. Em seguida, como espécies de entidades paraestatais, cuidava especificamente das empresas públicas, sociedades de economia mista e serviços sociais autônomos. Nas primeiras edições de sua obra também inseria as fundações instituídas pelo Poder Público mas com personalidade de Direito Privado.

Em meados da década de 60, quando o Autor lançou a 1ª edição desta obra, justificava-se essa sistematização, já que – como ele próprio afirmava – a doutrina e a legislação brasileira confundiam com freqüência o ente autárquico com o paraestatal. Ao longo de todos esses anos, contudo, houve acentuada evolução da matéria, embora ainda persistam muitas incongruências nos textos legislativos. Embora se tenha difundido a expressão *entidade paraestatal* com o conceito que lhe dera o Autor,[56] está hoje assentado, inclusive em decorrência das normas constitucionais, que as fundações, empresas públicas e sociedades de economia mista fazem parte da Administração indireta do Estado. Ora, se fazem parte da Administração indireta do Estado, não podem estar ao lado deste, como *entes paraestatais*.

Assim, julgamos conveniente substituir este tópico, para cuidar diretamente das *empresas estatais ou governamentais*, mesmo porque, em face da EC 19/98, passaram a ter tratamento diferençado, conforme seu objeto de atuação. E no tópico seguinte versaremos sobre os *entes de cooperação* – estes, sim, pessoas jurídicas de Direito Privado que prestam serviços de interesse coletivo, utilizando-se de recursos públicos, mas que não integram a Administração, permanecendo ao lado do Estado, como verdadeiras *entidades paraestatais*.

Neste gênero incluímos os *serviços sociais autônomos* e as *organizações sociais*, figura jurídica criada para a prestação de serviços de interesse público, mas não exclusivos do Estado.

Alertamos o leitor, contudo, para o fato de que muitas leis em vigor continuam a referir-se a *entidades paraestatais* com o conceito dado em edições anteriores, abrangendo, portanto, as empresas públicas e as sociedades de economia mista.

5.2 Conceito e caracteres

Na denominação genérica de *empresas estatais* ou *governamentais* incluem-se as empresas públicas, as sociedades de economia mista e as empresas que, não tendo as características destas, estão submetidas ao controle do Governo. Estas últimas, na verdade, surgiram no mundo jurídico nacional em momento expansionista do Estado Brasileiro, em que empresas estatais foram adquirindo outras, cujos objetos sociais eram depois adaptados aos interesses do Poder Executivo. Surgiram, assim, novas sociedades sem que tivesse havido qualquer autorização legal, motivo pelo qual não poderiam ser reconhecidas como empresas públicas ou sociedades de economia mista. A elas a Constituição se refere ao estabelecer a proibição de acumular cargos, empregos e funções (art. 37, XVII) e ao exigir prestação de contas (art. 71, II), e agora também no § 1º do art. 173 com a redação dada pela EC 19/98.

56. Maria Sylvia Zanella Di Pietro, *Direito Administrativo*, 10ª ed., Atlas, p. 306.

As empresas estatais são pessoas jurídicas de Direito Privado cuja criação é autorizada por lei específica (salvo a exceção mencionada acima), com patrimônio público ou misto, para a prestação de serviço público ou para a execução de atividade econômica de natureza privada. Serviço público, no caso, entendido no seu sentido genérico, abrangendo também a realização de obras (estradas, edifícios, casas populares etc.).

Na verdade, as empresas estatais são instrumentos do Estado para a consecução de seus fins, seja para atendimento das necessidades mais imediatas da população (serviços públicos), seja por motivos de segurança nacional ou por relevante interesse coletivo (atividade econômica). A personalidade jurídica de Direito Privado é apenas a forma adotada para lhes assegurar melhores condições de eficiência, mas em tudo e por tudo ficam sujeitas aos princípios básicos da Administração Pública. Bem por isso, são consideradas como integrantes da *Administração indireta* do Estado.

5.2.1 *Distinção quanto ao objeto da empresa* – É importante distinguir as empresas estatais conforme o tipo de atividade que exerçam, ou seja, *prestação de serviço público*[57] ou *execução de atividade econômica*. Essa distinção já vinha sendo apontada por boa parte da doutrina, por determinar diferenciação significativa no seu regime jurídico. Porém, a EC 19/98 deu nova redação ao § 1º do art. 173 da CF, ao dispor que "a lei estabelecerá o estatuto jurídico da empresa pública, da sociedade de economia mista e de suas subsidiárias que explorem atividade econômica de produção ou comercialização de bens ou de prestação de serviços" – estatuto, esse, que deve prever: a) a função social da empresa e as formas de fiscalização pelo Estado e pela sociedade; b) sujeição ao regime jurídico próprio das empresas privadas, inclusive quanto aos direitos e obrigações civis, comerciais, trabalhistas e tributários; c) licitação e contratação de obras, serviços, compras e alienações, observados os princípios da administração pública; d) constituição e funcionamento dos conselhos de administração e fiscal, com a participação de acionistas minoritários; e) mandato, avaliação de desempenho e responsabilidade dos administradores.

Um dos fundamentos da ordem econômica brasileira é a *livre concorrência*, motivo pelo qual o exercício de qualquer atividade econômica independe de autorização do Poder Público, salvo os casos previstos em lei (CF, art. 170). A exploração direta de atividade econômica pelo Estado, ressalvadas as hipóteses consignadas na própria Constituição, só é admitida em caráter suplementar, quando necessária aos imperativos da segurança nacional ou a relevante interesse coletivo (CF, art. 173). Isto significa que,

57. V., inclusive sobre imunidade, decisão do Min. Celso de Mello a respeito da Infraero como *empresa pública delegatária de serviço público e atos de poder de polícia* (RE 363.412, *DJU* 28.3.2007).

mesmo quando instituída para a execução de uma atividade econômica, a empresa governamental deverá atender a um interesse público, pois caso contrário há vedação constitucional expressa a essa interferência na esfera que é reservada ao setor privado.

No que diz respeito às empresas estatais prestadoras de serviço público, não existe entre elas e a entidade estatal a que pertencem a relação jurídica de *concessão de serviço público*. A lei que autoriza a instituição da empresa pública já estabelece as suas finalidades, sendo impertinente a existência de contrato entre a entidade estatal criadora e sua empresa. A respeito, tem razão Celso Antônio Bandeira de Mello ao dizer que "não faria sentido considerar presente, na relação entre a criatura e seu sujeito criador (que pode até mesmo extingui-la, a seu talante), o específico plexo de direitos oponíveis pelo concessionário ao concedente".[58] Só há concessão quando a empresa governamental presta serviço público de competência de outra entidade estatal que não aquela a que pertence. É o caso, *v.g.*, das empresas estaduais de energia elétrica, serviço público de competência da União; ou de empresa de saneamento do Estado-membro, concessionária dos serviços públicos de água e esgoto de Municípios. Quando a empresa governamental presta serviço público de competência da própria entidade que a criou não há concessão, há simplesmente outorga legal.

5.2.2 *Competência para instituir empresas estatais* – No plano jurídico, tanto a União como Estados-membros e Municípios têm *competência* para instituir empresas estatais. Como, porém, a exploração de atividade econômica pelo Estado é suplementar à iniciativa privada, só podendo ocorrer quando for indispensável à segurança nacional ou a relevante interesse público, como definidos em lei, a esfera de competência do Município fica muito limitada, mas não impossível, já que sua atuação nessa área é muito restrita. Entretanto, para a prestação de serviços públicos de interesse local a competência do Município é ampla para criar sua empresa.

5.2.3 *Lei específica* – A criação de empresa pública ou sociedade de economia mista depende de *lei específica autorizadora*. Diferentemente da autarquia, que é criada diretamente pela lei, no caso das empresas estatais e suas subsidiárias a autorização é dada por lei, cabendo ao Executivo tomar as providências necessárias para a instituição. A redação dada pela EC 19/98 ao inc. XIX e a manutenção do inc. XX do art. 37 deixam isso muito claro. Conseqüentemente, as sociedades em que o Estado tenha participação acionária mas cuja instituição não tenha sido autorizada por lei não constituem sociedades de economia mista e a elas não se aplicam as normas cons-

58. Celso Antônio Bandeira de Mello, *Curso de Direito Administrativo*, 27ª ed., São Paulo, Malheiros Editores, 2010, p. 200.

titucionais e legais referentes a estas, salvo quando expressamente assim consignado.

5.2.4 *Patrimônio* – O *patrimônio* dessas empresas é constituído com recursos públicos (na empresa pública) ou públicos e particulares (no caso da sociedade de economia mista). Tais empreendimentos, ainda quando voltados à prestação de serviço público, admitem lucro, e devem mesmo produzi-lo, para seu desenvolvimento e atrativo do capital privado. O lucro, porém, não é o objetivo principal da empresa, nem mesmo quando explore atividade econômica, pois a atuação do Estado nesta área só se justifica quando haja relevante interesse coletivo ou seja imprescindível à segurança nacional (CF, art. 173).

Quanto aos bens públicos recebidos para formação de seu patrimônio e os adquiridos no desempenho de suas atividades, passam a formar uma outra categoria de *bens públicos, com destinação especial, sob administração particular da empresa a que foram incorporados, para a consecução de seus fins estatutários*. Com essa qualificação, tais bens podem ser utilizados, onerados ou alienados, sempre na forma estatutária e independentemente de autorização legislativa especial, porque tal autorização está implícita na lei que autorizou a criação da empresa e lhe outorgou os poderes necessários para realizar as atividades, obras ou serviços que constituem os objetivos da organização. Daí decorre que todo o seu patrimônio – bens e rendas – serve para garantir empréstimos e obrigações resultantes de suas atividades, sujeitando-se a execução pelos débitos da empresa, no mesmo plano dos negócios da iniciativa privada, pois sem essa igualdade obrigacional e executiva seus contratos e títulos de crédito não teriam aceitação e liquidez na área empresarial.[59] As empresas prestadoras de serviços públicos, contudo, apresentam situação diferente, pois os bens vinculados ao serviço não podem ser onerados, nem penhorados, nem alienados (salvo autorização de lei específica), em face do princípio da continuidade do serviço.

A transferência inicial de bens públicos imóveis, para formação do patrimônio da empresa e subseqüentes aumentos de seu capital, tem sido feita por decreto, com avaliação prévia e posterior recebimento pela diretoria, a título de integralização, transcrevendo-se, após, a respectiva ata no Registro Imobiliário competente.[60] Parece-nos, entretanto, que mais adequada é a

59. A prescrição qüinqüenal do Dec. 20.910/32 não se aplica às empresas públicas e sociedades de economia mista, incidindo o art. 177 do CC (o artigo referido é do Código Civil de 1916, prescrição vintenária; v. art. 205 do CC de 2002, prescrição decenária – STJ, REsp 325.730, com diversos precedentes).

60. Assim têm sido feitas as transferências de imóveis do Município da Capital de São Paulo para a Empresa Municipal de Urbanização – EMURB, que é *empresa pública*, cuja criação foi autorizada pela Lei Municipal 7.670, de 24.11.71, para "execução de programas de obras

transferência desses bens por ato bilateral – termo administrativo ou escritura pública – após a autorização legislativa especial ou geral da lei instituidora da empresa e respectiva avaliação dos imóveis a serem incorporados ao patrimônio da empresa pública, transcrevendo-se oportunamente o título translativo da propriedade.

Na extinção, seu patrimônio – deduzida a parte dos particulares nas empresas de capital misto – reincorpora-se à entidade estatal-matriz, como conseqüência natural da dominialidade pública de tais bens (v. cap. VIII, item 1). Por essa mesma razão, os atos lesivos do patrimônio da empresa estatal sujeitam-se a anulação por ação popular (Lei 4.717/65, art. 1º), nos termos do art. 5º, LXXIII, da CF.

5.2.5 *Falência* – A rigor, sendo a criação de empresa governamental expressamente autorizada por lei, somente outra lei poderia autorizar a sua extinção, o que de fato tem ocorrido com a implantação do Programa Nacional de Desestatização. Coloca-se, porém, a indagação: possuindo forma mercantil, pode a empresa estatal desaparecer em virtude de falência?

Hão de ser distinguidas, aqui, as empresas exploradoras de atividade econômica das que prestam serviço público. As primeiras, quer sejam empresas públicas, quer sociedades de economia mista, ficam sujeitas a falência, pois é preceito constitucional sua submissão ao regime jurídico próprio das empresas privadas, inclusive quanto aos *direitos e obrigações civis e comerciais* (CF, art. 173, § 1º, II). De igual modo, não responde a entidade criadora, nem mesmo subsidiariamente, pelas obrigações da sociedade falida. A elas, portanto, não se aplicava o antigo preceito do art. 242 da Lei das Sociedades Anônimas, que vedava a falência das *sociedades de economia mista*, mas sujeitava seus bens à penhora e execução, determinando, ainda, que a entidade pública que a instituiu deveria responder subsidiariamente pelas suas obrigações. Não fosse assim, a empresa estatal exploradora de atividade econômica apresentar-se-ia ao mercado em grande vantagem sobre a empresa privada, o que o dispositivo constitucional pretendeu coibir.

Com relação às empresas prestadoras de serviço público, aplica-se o citado art. 242, mas seus bens vinculados ao serviço não podem sofrer penhora, em virtude do princípio da continuidade do serviço público. O STF firmou entendimento nesse sentido, proclamando que se a empresa estatal

de desenvolvimento de áreas urbanas", e que está constituída "sob a forma de sociedade civil de fins econômicos", como consta do art. 1º de seu Estatuto, aprovado pelo Dec. 9.836, de 7.2.72.

No âmbito federal, as transferências de bens públicos têm sido feitas confusamente por leis e decretos, sendo que as transcrições de bens imóveis incorporados às sociedades por ações da Administração indireta da União passaram a ser reguladas pelo Dec.-lei 807, de 4.9.69.

presta serviço público, a execução dever ser feita via precatório.[61] O art. 242 da Lei das Sociedades Anônimas foi revogado pela Lei 10.303, de 31.10.2001, que nada dispôs sobre as sociedades de economia mista ou empresas públicas. A rigor, portanto, ficam sujeitas à falência; mas como os bens aplicados ao serviço público são intangíveis, a situação continua a mesma: só podem ser penhorados e excutidos as rendas da empresa para pagamento de suas dívidas. O que ficou afastada é a responsabilidade subsidiária da entidade pública criadora da empresa. Esta responderá apenas com suas rendas. Na realidade, verifica-se que a situação não muda muito, pois, tratando-se de serviço público indispensável, certamente a entidade estatal intervirá para manter o serviço funcionando.

A nova Lei de Falências (Lei 11.101, de 9.2.2005, que "regula a recuperação judicial, extrajudicial e a falência do empresário e da sociedade empresária") dispõe expressamente, no art. 2º, I, que ela não se aplica às empresas públicas e sociedades de economia mista. Não obstante, a situação continuará a mesma. Tal dispositivo só incidirá sobre as empresas governamentais que prestam serviço público; as que exploram atividade econômica ficam sujeitas às mesmas regras do setor privado, nos termos do art. 173, § 1º, II, da CF, como argumentamos acima. A mesma lei dispõe no art. 195 que a falência de uma empresa concessionária de serviço público extingue o contrato de concessão. Todavia, disposição a respeito já existe na Lei 8.987/95, art. 35, VI, razão pela qual nada muda sobre este tema.

5.2.6 *Licitação e contratos* – Quanto à contratação de obras, serviços e compras, assim como à alienação de seus bens, as empresas estatais *prestadoras de serviços públicos* ficam sujeitas a *licitação*, nos termos da Lei 8.666/93, podendo ter regulamentos próprios, aprovados pela autoridade superior e publicados, que estabeleçam um procedimento licitatório adequado às suas finalidades, com observância dos preceitos básicos da lei (art. 119).[62] De igual forma, os contratos por elas celebrados são *contratos administrativos*, em tudo semelhantes aos efetuados pelos órgãos da Administração direta. Com relação às empresas que *exploram atividade econômica* a licitação e a contratação ficarão sujeitas aos *princípios* da Administração Pública, nos termos de seu futuro estatuto jurídico (CF, art. 173, § 1º, III, com a redação da EC 19/98), que, evidentemente não deve impor as mesmas restrições previstas para as suas congêneres prestadoras de serviços públicos, sob pena de contrariar o preceito constitucional de que o regime jurídico de tais en-

61. STF, RE 220.906, RE 229.696 e RE 230.072. STJ, REsp 36.535-0-SP.

62. Súmula 333 do STJ: "Cabe mandado de segurança contra ato praticado em licitação promovida por sociedade de economia mista ou empresa pública". Sobre a Petrobrás e diversas questões sobre licitação, ver Parecer AC-15, da AGU, aprovado pelo Presidente da República e publicado no *DOU* de 19.7.2004. V., ainda, art. 67 da Lei 9.478/97.

tidades deve ser assemelhado ao das empresas privadas, inclusive quanto aos direitos e obrigações civis, comerciais, trabalhistas e tributárias (CF, art. 173, § 1º, II).

5.2.7 *Administração* – A *administração* de tais empresas varia segundo o tipo e modalidade que a lei determinar, sendo admissíveis desde a direção unipessoal até a gerência colegiada, com elementos do Estado, representantes da sociedade e dos acionistas minoritários, se for o caso. Igualmente variável é a forma de controle que a entidade-matriz se reserva para exercer sobre a empresa, podendo ser utilizado, inclusive, o *contrato de gestão*. Mas o controle será sempre necessário.

5.2.8 *Dirigentes* – Os *dirigentes das empresas estatais* são investidos em seus cargos na forma que a lei ou seus estatutos estabelecerem. Eles ficam sujeitos ao mandado de segurança quando exerçam funções delegadas do Poder Público (CF art. 5º, LXIX), à ação popular por lesão ao patrimônio público (CF, art. 5º, LXXIII), à ação por improbidade administrativa (Lei 8.429/92, arts. 1º e 2º) e à ação penal por crimes praticados contra a Administração Pública (CP, art. 327, parágrafo único).

5.2.9 *Regime de pessoal* – O *regime de pessoal das empresas estatais* é o previsto na legislação trabalhista e nas normas acidentárias. Os dissídios decorrentes da relação de trabalho são julgados pela Justiça do Trabalho (art. 114 da CF). Os empregados das empresas prestadoras de serviço público ficam sujeitos a concurso público, salvo para os cargos ou funções de confiança (art. 37, II). A admissão dos empregados das empresas que explorem atividade econômica, as quais devem ter regime jurídico similar ao das empresas privadas, dependerá do estatuto a ser aprovado, na forma da redação do § 1º do art. 173 da CF. De qualquer maneira, porém, deverá ser assegurado o amplo acesso dos cidadãos ao emprego público, qualificados por algum tipo de processo seletivo adequado. Os salários serão sempre fixados e alterados pela diretoria da entidade, na forma do contrato de trabalho e das normas salariais comuns, embora condicionados às restrições orçamentárias e financeiras impostas pela redação dada ao art. 169, § 1º, da CF.

Quanto à proibição constitucional de acumulação de cargos, funções ou empregos, atinge também os dirigentes e empregados das empresas públicas e sociedades de economia mista (art. 37, XVII).

5.3 Controle

Em princípio, as empresas estatais (sociedades de economia mista e empresas públicas) têm autonomia administrativa e financeira, sendo apenas *supervisionadas* pelo Ministério a que estiverem *vinculadas* (não *subordinadas*), mas os desmandos e abusos na administração dessas entidades criaram tal endividamento e tantos gastos supérfluos, que a União viu-se forçada a instituir rigorosos controles administrativos e financeiros, através de normas legais e regulamentares, em complementação às disposições do Dec.-lei 200/67. A EC 19/98 ampliou o rigor no controle das despesas com pessoal, determinando a aplicação do teto salarial a essas empresas, desde que recebam recursos do Poder Público (CF, art. 37, XI, e § 9º). Por outro lado, estimulou a celebração de contratos de gestão com seus administradores, de forma a poder estabelecer critérios de remuneração do pessoal e também o controle de desempenho de seus dirigentes (CF, art. 37, § 8º).

5.4 *Espécies e forma jurídica*

Duas são as espécies de empresas estatais: a *sociedade de economia mista* e a *empresa pública*. A forma de organização jurídica varia de acordo com a espécie. A *sociedade de economia mista* deve ser estruturada sob a forma de sociedade anônima, porque fica sujeita aos preceitos da Lei 6.404, de 15.12.76. A *empresa pública* pode ser instituída sob qualquer das formas admitidas em Direito, como veremos em seguida.

5.4.1 *Empresas públicas* – *Empresas públicas* são pessoas jurídicas de Direito Privado, instituídas pelo Poder Público mediante autorização de lei específica, com capital exclusivamente público, para a prestação de serviço público ou a realização de atividade econômica de relevante interesse coletivo, nos moldes da iniciativa particular, podendo revestir qualquer forma e organização empresarial.

As *empresas públicas* são geralmente destinadas à prestação de serviços públicos industriais ou atividades econômicas em que o Estado tenha interesse próprio ou considere convenientes à coletividade. Começaram a ser adotadas entre nós com os contornos imprecisos dos institutos novos, mas já estavam bem desenvolvidas nos Estados Unidos, Inglaterra e Canadá (*public corporation* ou *government corporation*), na Itália (*imprese pubbliche, società commerciale pubbliche* ou *enti pubblichi economici*), na França (*établissements nationaux* ou *sociétés nationales*) e na Alemanha (*öffentliche Anstalt*), como informam as publicações estrangeiras e, já agora, os estudos nacionais.[63]

63. Doutrina estrangeira: John MacDiarmid, *Government Corporation and Federal Funds*, Nova York, 1938; A. H. Hanson, *Public Enterprise and Economic Development*, Londres, 1954; Jean Rivero, "O regime das empresas nacionalizadas e a evolução do Direito Administrativo", *RDA* 49/44; Roger Pinto, "A empresa pública autônoma de caráter econômico, em Direito Comparado", *RDA* 47/483; Raul Bernardo Garrido Valenzuela, *Las Empresas*

O que caracteriza a *empresa pública* é seu capital exclusivamente público, de uma só ou de várias entidades, mas sempre capital público. Sua personalidade é de Direito Privado e suas atividades se regem pelos preceitos comerciais. É uma *empresa*, mas uma *empresa estatal* por excelência, constituída, organizada e controlada pelo Poder Público.

Diante dessa realidade, os alemães a consideram como o Estado na qualidade de empresário: *Der Staat Unternehmer*. Difere da autarquia e da fundação pública por ser de personalidade privada e não ostentar qualquer parcela de poder público; distingue-se da sociedade de economia mista por não admitir a participação do capital particular. É de natureza ambivalente, como assinala Francesco Vito, porque "pertence ao mesmo tempo ao domínio público e ao domínio privado, sem se identificar completamente com um ou com outro".[64]

O relatório da Conferência promovida pela Associação Internacional de Ciências Jurídicas realizada em Praga, em outubro/58, para estudo da empresa pública, consubstanciou, na conclusão XXIV, os seguintes dados: "A empresa pública autônoma é uma criação do Estado. Submete-se, portanto, a estatuto definido pelo Estado. Sua existência depende do Estado, que a instituiu. Precisamente, porém, em virtude dessa instituição, o Estado introduz no setor de economia pública uma estrutura descentralizada. A conservação dessa descentralização supõe o respeito à autonomia da empresa pública. Exige que não seja colocada sob a autoridade hierárquica de órgãos ou agentes do Estado (Ministros, p. ex.). Dentro dos limites de sua carta constitutiva a empresa age livremente. A autonomia da empresa subsiste se o Estado definir as obrigações das unidades do setor econômico sob a forma de planos gerais. Não é incompatível com uma participação do Estado, limitada e fixada pelo estatuto da empresa, na gestão. Atrai a si diferentes formas de controle pelo Estado, administrativo, financeiro, jurisdicional, parlamentar. Esses controles têm como finalidade verificar se a empresa

Estatales, Chile, 1966; Agustín A. Gordillo, *Empresas del Estado*, Buenos Aires, 1966; Juan José Perulles Bassas, *La Empresa Pública y su Normativa*, Barcelona, 1970; Serge Passeron, *L'Autonomie de Géstion des Établissements Publics Nationaux*, Paris, 1968.

Doutrina nacional: Bilac Pinto, "O declínio das sociedades de economia mista e o advento das modernas empresas públicas", *RDA* 32/1; Alfredo de Almeida Paiva, "As sociedades de economia mista e as empresas públicas", *RDA* 60/1; Manoel de Oliveira Franco Sobrinho, "Organização administrativa das empresas públicas", *RDP* 15/24; Oscar Barreto Filho, "A forma jurídica das empresas públicas do Estado e do Município", *Revista da Procuradoria do Estado de São Paulo* 2/193; Caio Tácito, "As empresas públicas no Brasil", *RDA* 84/432; Themístocles Brandão Cavalcanti, "A empresa pública no Direito Brasileiro", *RDA* 91/1; José Cretella Jr., "Regime jurídico das empresas públicas", *RDA* 106/62; José Nabantino Ramos, "Empresas públicas", *RDA* 107/14; Lúcia Valle Figueiredo, *Empresas Públicas e Sociedades de Economia Mista*, São Paulo, 1978; Toshio Mukai, *Direito Administrativo e Empresas do Estado*, Forense, 1984.

64. Francesco Vito, "Controle da empresa pública", *RDA* 60/14.

está sendo gerida convenientemente. Permitem corrigir uma administração infeliz ou irregular".[65]

Ante as características apontadas, a *empresa pública* situa-se na zona de transição entre os instrumentos de ação administrativa do Poder Público e as entidades privadas de fins industriais. Sujeita-se ao controle do Estado, na dupla linha administrativa e política, já que seu patrimônio, sua direção e seus fins são estatais. Vale-se tão-somente dos *meios* da iniciativa privada para atingir seus *fins* de interesse público.

As empresas que explorem atividade econômica deverão ter, agora, seu estatuto jurídico, do qual deverão constar: a) sua função social e as formas de sua fiscalização pelo Estado e pela sociedade; b) submissão ao regime próprio das empresas privadas, inclusive quanto aos direitos e obrigações civis, comerciais, trabalhistas e tributários; c) sujeição aos princípios da administração pública para a licitação e contratação de obras, serviços e compras; d) existência de conselhos de administração e fiscal; e) mandatos, avaliação de desempenho e responsabilidade dos administradores (CF, art. 173, § 1º).

Essa regra constitucional, dirigida a todas as entidades estatais – União, Estados-membros, Municípios e Distrito Federal –, deixa claro que qualquer delas pode criar estabelecimentos empresariais de personalidade privada para exploração de atividade econômica, desde que o faça em caráter *supletivo* da iniciativa particular, nivele-se às empresas privadas congêneres, em direitos e obrigações, e se sujeite ao regime trabalhista e aos tributos devidos em suas operações.

Diante da permissão constitucional, a União legislou para as suas empresas públicas no Dec.-lei 200/67, incluindo-as na sua Administração indireta com essa conceituação: "Empresa pública – a entidade dotada de personalidade jurídica de Direito Privado, com patrimônio próprio e capital exclusivo da União, criada por lei para a exploração de atividade econômica que o Governo seja levado a exercer por força de contingência ou de conveniência administrativa, podendo revestir-se de qualquer das formas admitidas em Direito" (art. 5º, II). Subseqüentemente, o Dec.-lei 900/69 excepcionou a exigência da exclusividade do capital da União, para permitir a participação de outras pessoas jurídicas de Direito Público Interno, bem como de entidades da Administração indireta da própria União, dos Estados-membros, do Distrito Federal e dos Municípios, desde que a maioria do capital votante permaneça com a União (art. 5º).

Tal conceituação é, evidentemente, de caráter administrativo e só impositiva para a União, sabido que provém de diplomas norteadores da administração federal. Livres, pois, continuam os Estados-membros e Muni-

65. *RDA* 57/492.

cípios para criar, organizar e operar suas empresas públicas desvinculadas dessas disposições federais, de alcance restrito aos serviços da União. E tanto é assim que estas empresas vêm sendo instituídas a cada dia pelos Estados-membros e Municípios, sem que se tenha levantado dúvida aceitável de inconstitucionalidade.

A razão desse poder de criação de tais empresas pelas entidades políticas menores está em que sua instituição é *ato de Direito Administrativo*, e não de *Direito Privado*. De fato, desde que a Constituição da República outorga competência aos Estados-membros e Municípios para organizar seus próprios serviços (arts. 25, § 2º, e 30, V), confere-lhes, conseqüentemente, o poder administrativo de criar os instrumentos necessários à sua execução, por meios centralizados e descentralizados – estatais, autárquicos, fundacionais, ou empresariais –, desde que respeitem as normas e princípios pertinentes da mesma Constituição. Inexistindo limitações, no setor dos serviços públicos, todas as entidades estatais igualam-se em poderes e atribuições para o exercício de sua competência constitucional. Podem, assim, as entidades políticas menores usar dos mesmos instrumentos administrativos de que se utiliza a União para realizar obras, serviços e atividades de sua competência constitucional.

Bem por isso, Nabantino Ramos, em aprofundado estudo, refutou vantajosamente o entender daqueles que, além de negar aos Estados-membros e Municípios o poder de instituir *empresas públicas*, pretendem confiná-las aos tipos societários existentes, o que de modo algum se compadece com a origem e finalidade governamental dessas empresas.[66]

Concluímos, assim, que qualquer das entidades políticas pode criar empresa pública, desde que o faça mediante autorização de lei específica (CF, art. 37, IX); que a empresa pública pode ter forma societária econômica convencional ou especial; que tanto é apta para realizar atividade econômica como qualquer outra da competência da entidade estatal instituidora; que, *quando explorar atividade econômica*, deverá operar sob as normas aplicáveis às empresas privadas, sem privilégios estatais; que, em qualquer hipótese, o regime de seu pessoal é o da legislação do trabalho.

É de se lembrar, ainda, que as empresas públicas não possuem, por natureza, qualquer privilégio administrativo, tributário[67] ou processual, só auferindo aqueles que a lei autorizadora ou norma especial expressamente lhes conceder. Todavia, a Constituição da República já indicou a Justiça Federal como competente para as causas em que as empresas públicas da

66. Nabantino Ramos, "Empresas públicas", *RDA* 107/14 e *RDP* 17/99.

67. O STF decidiu que empresas públicas prestadoras de serviço público, como a Empresa Brasileira de Correios e Telégrafos/ECT, têm direito à imunidade recíproca do art. 150, VI, "a", da CF (ACO 765).

União forem interessadas (art. 109, I), e a Justiça do Trabalho para os litígios trabalhistas (art. 114).

5.4.2 *Sociedades de economia mista* – As *sociedades de economia mista* são pessoas jurídicas de Direito Privado, com participação do Poder Público e de particulares no seu capital e na sua administração, para a realização de atividade econômica ou serviço público outorgado pelo Estado. Revestem a forma das empresas particulares, admitem lucro e regem-se pelas normas das sociedades mercantis, com as adaptações impostas pelas leis que autorizarem sua criação e funcionamento. São entidades que integram a Administração indireta do Estado, como instrumentos de descentralização de seus serviços (em sentido amplo: serviços, obras, atividades) (v., a respeito, a doutrina nacional e estrangeira citada na "Bibliografia").

Como pessoa jurídica privada, a *sociedade de economia mista* deve realizar, em seu nome, por sua conta e risco, serviços públicos de natureza industrial, ou atividade econômica de produção ou comercialização de bens, suscetíveis de produzir renda e lucro, que o Estado reputa de relevante interesse coletivo ou indispensável à segurança nacional. O objetivo dessa descentralização administrativa é o de utilizar o modelo empresarial privado, seja para melhor atendimento aos usuários do serviço público, ou para maior rendimento na exploração da atividade econômica. Além disso, a *sociedade de economia mista* permite a captação de capitais privados, assim como a colaboração desse setor na direção da empresa.

Conciliam-se, deste modo, a estrutura das empresas privadas com os objetivos de interesse público. Vivem, portanto, em simbiose o empreendimento particular com o amparo estatal. Esse amálgama da Administração com o administrado levou Raymond Racine a proclamar que, embora reguladas pelo Direito Privado, as sociedades de economia mista adentram também o domínio do Direito Público.[68] Esta interpretação, entretanto, não as confunde com as entidades estatais, nem com os entes autárquicos ou fundacionais, visto que cada uma destas instituições tem características próprias, privilégios distintos e objetivos diversos, como já salientamos em itens precedentes.

Embora pertencendo à Administração indireta, a *sociedade de economia mista* ostenta estrutura e funcionamento da empresa particular, porque isto constitui, precisamente, sua própria razão de ser. Nem se compreenderia que se burocratizasse tal sociedade a ponto de emperrar-lhe os movimentos e a flexibilidade mercantil, com os métodos estatais. O que se visa com essa organização mista é, no dizer abalizado de Ascarelli, a "utilizar-se

68. Raymond Racine, *Au Service des Nationalisations – L'Entreprise Privée*, Paris, 1935, p. 23.

da agilidade dos instrumentos de técnica jurídica elaborados pelo Direito Privado".[69]

A expressão "economia mista" tem sido entendida, restritamente, no sentido de conjugação de capitais públicos e privados para a consecução de fins de interesse coletivo, mas se nos afigura possível a constituição desse tipo de sociedade com participação estatal e particular de outra natureza que não a financeira. O essencial parece-nos ser a associação dos elementos do Estado com os do indivíduo, elementos, estes, que se podem traduzir tanto em participação pecuniária como técnica, administrativa, científica ou cultural.

Sociedade de economia mista será toda aquela que contar com a participação ativa do Estado e do particular no seu capital ou na sua direção, vale dizer, na sua *economia* interna, na mais ampla acepção do vocábulo. Nem sempre é o capital o elemento propulsor das atividades societárias. O fomento estatal, através de incentivos oficiais ou ajuda técnica, poderá ser tão eficiente e decisivo para o sucesso de determinadas empresas como a ajuda financeira na constituição de seu capital.

Não se infira, porém, que toda participação estatal converte o empreendimento particular em *sociedade de economia mista*. Absolutamente, não. Pode o Estado subscrever parte do capital de uma sociedade sem lhe atribuir o caráter de empresa governamental. O que define a sociedade de economia mista é a *participação ativa* do Poder Público na vida e realização da empresa. Não importa seja o Estado sócio majoritário ou minoritário; o que importa é que se lhe reserve, por lei ou convenção, o *poder de atuar* nos negócios sociais.

O Dec.-lei 200/67, ao estabelecer os princípios da reforma administrativa federal, colocou-a na administração indireta (art. 4º, II, "c") e assim a conceituou: "*Sociedade de economia mista* – a entidade dotada de personalidade jurídica de direito privado, criada por lei para a exploração de atividade econômica, sob a forma de sociedade anônima, cujas ações com direito a voto pertençam em sua maioria à União ou a entidade da Administração indireta" (art. 5º, III, com a redação dada pelo Dec.-lei 900/69).

Com esse conceito, restritivo e incorreto, a União autolimitou-se ao impor-lhe a *forma de sociedade anônima*, quando poderia revestir forma de outra sociedade; ao confinar seu objeto no campo da *atividade econômica*, quando poderia realizar outras atividades ou serviços de interesse público; ao obrigar que o capital público votante seja *majoritário*, quando seria admissível fosse minoritário, desde que o Governo viesse a conduzir,

69. Tullio Ascarelli, *Problemas das Sociedades Anônimas e Direito Comparado*, São Paulo, 1946, p. 155.

por outros meios, a atuação estatutária da sociedade. Agora, a Constituição de 1988 só permite a criação dessa sociedade mediante autorização por *lei específica*, o mesmo ocorrendo com suas subsidiárias e sua participação em outras companhias (art. 37, XIX e XX).

A Lei das Sociedades Anônimas (Lei 6.404, de 15.12.76) estabelece que as sociedades de economia mista ficam sujeitas aos seus preceitos, sem prejuízo de disposições especiais de lei federal (art. 235). Conseqüentemente, Estados e Municípios também deverão obedecer a essa forma de organização, já que não têm competência para legislar sobre Direito Civil e Comercial. Mais ainda: tais sociedades deverão submeter-se às disposições que forem expedidas no âmbito federal. Para as empresas que explorem atividade econômica a EC 19/98 já previu a edição do respectivo estatuto jurídico, com as condicionantes previstas no art. 173, § 1º, da CF.

Mas nem por isso fica a entidade estatal instituidora impedida de estabelecer *normas administrativas* para a consecução dos objetivos estatutários e para o controle finalístico da sociedade, que é empresa estatal, integrante da Administração indireta ou descentralizada do Estado. Esses *preceitos administrativos* devem ser estabelecidos na lei que autoriza a criação da sociedade, para sua reprodução no *estatuto*, a ser aprovado nos moldes societários próprios e arquivado no Registro competente. Só após esse registro é que a sociedade de economia mista adquire personalidade, como as demais pessoas jurídicas de Direito Privado (CC, 44, II, e 45).

Como instrumento de descentralização de atividades ou serviços públicos ou de interesse coletivo, a *sociedade de economia mista* tanto pode ser instituída pela União como pelos Estados-membros e Municípios, o que realmente vem acontecendo em todos os níveis governamentais.

O objeto da *sociedade de economia mista* tanto pode ser um serviço público como uma atividade econômica empresarial. Quando for serviço público, sua liberdade operacional é ampla e irrestrita; quando for atividade econômica, fica limitada aos preceitos constitucionais da subsidiariedade e da não competitividade com a iniciativa privada, sujeitando-se às normas aplicáveis às empresas congêneres particulares e ao regime tributário comum, pois é dever do Estado dar preferência, estímulo e apoio à iniciativa privada para o desempenho da atividade econômica (CF, art. 173 e §§). Entretanto, a realidade vem demonstrando que as empresas estatais vêm sendo criadas com desrespeito aos mandamentos constitucionais, invadindo a área reservada ao empresariado particular e fazendo-lhe aberta concorrência. Com o início do *Programa Nacional De Desestatização* foi posto um paradeiro a essa situação, devolvendo-se à iniciativa privada várias empresas que vinham explorando atividades econômicas.

Ao concluir, permitimo-nos relembrar que as sociedades de economia mista, como as empresas públicas, não têm, por natureza, qualquer privilégio estatal, só auferindo as prerrogativas administrativas, tributárias e processuais que lhes forem concedidas especificamente na lei criadora ou em dispositivos especiais pertinentes, conforme a doutrina exposta precedentemente e a firme orientação da jurisprudência.[70]

6. *Consórcios públicos*

A ampliação das funções estatais, a complexidade e o custo das obras públicas vêm abalando, dia a dia, os fundamentos da Administração clássica, exigindo novas formas e meios de prestação de serviços afetos ao Estado.

E assim se faz porque, em muitos casos, já não basta a só modificação instrumental da prestação do serviço na área de responsabilidade de um ente federativo. Necessárias se tornam a sua ampliação territorial e a colaboração e a conjugação de recursos técnicos e financeiros de outros entes ou de particulares interessados na sua realização. Desse modo conseguem-se executar serviços de alto custo que jamais estariam ao alcance de uma Administração menos abastada. Daí o surgimento dos *convênios públicos, dos consórcios administrativos*, e, ultimamente, das *parcerias público-privadas* e dos *consórcios públicos*, como solução para tais situações. Como os *consórcios públicos* substituíram os chamados *consórcios administrativos*, estes não mais serão examinados nesta obra.

Cronologicamente, dos *serviços públicos centralizados* passamos para os *serviços delegados a particulares;* destes para os *serviços outorgados a autarquias*; daqui defletimos para os *serviços traspassados a fundações e empresas estatais;* chegamos aos serviços de interesse recíproco de entidades públicas e organizações particulares realizados em mútua cooperação, sob as formas de *convênios* e dos antigos, então denominados *consórcios administrativos*; veio, depois, a concessão na forma das *parcerias público-privadas* e, finalmente, chega-se à gestão associada de serviços públicos por meio dos *consórcios públicos*, personalizados como de direito público ou de direito privado, na forma prevista pela Lei 11.107, de 6.4.2005, que afasta a tradicional doutrina sobre consórcios. Essa lei foi regulamentada pelo Dec. 6.017/2007.

Consórcios públicos são pessoas de direito público, quando associação pública, ou de direito privado, decorrentes de contratos firmados entre entes federados, após autorização legislativa de cada um, para a gestão associada

70. STF, *RTJ* 6/357; *RDA* 47/165, 51/298, 53/195, 56/255; TFR, *RDA* 40/335; TJGB, *RDA* 51/301; TJSP, *RDA* 37/208, 55/219.

de serviços públicos e de objetivos de interesse comum dos consorciados, através de delegação e sem fins econômicos. Trata-se de gestão associada ou cooperação associativa de entes federativos, para a reunião de recursos financeiros, técnicos e administrativos – que cada um deles, isoladamente, não teria –, para executar o empreendimento desejado e de utilidade geral para todos.

A Lei 11.107, de 2005, tem base nos artigos 22, XXVI, e 241, da CF. Este art. 241 dispõe que os entes federativos disciplinarão por meio de lei os consórcios e os convênios de cooperação entre si, autorizando a *gestão associada* de serviços públicos, bem como a transferência total ou parcial de encargos, serviços, pessoal e bens essenciais à continuidade dos serviços *transferidos*. Trata-se, portanto, de modalidade de delegação de serviços públicos *distinta* da autorização, permissão ou concessão, por meio de *contrato*. Assim, por ser contratual, a União tem competência legislativa para editar suas *normas gerais* (art. 22, XXVII, da CF).

Nessa linha, a Lei 11.107 dispõe sobre *normas gerais* para a União, os Estados, o Distrito Federal e os Municípios *contratarem* consórcios públicos para a realização de objetivos de interesse comum (art. 1º). Cada entidade política ao legislar a respeito da matéria deverá observar as normas gerais dessa Lei. A Lei veda a celebração de contrato ou outro instrumento, como o acordo, que tenha por objeto a prestação de serviços públicos por meio da gestão associada sem observar as formalidades nela previstas. O descumprimento dessa proibição poderá caracterizar ato de improbidade administrativa, previsto no inciso XIV do art. 10 da Lei 8.429/1992, introduzido pelo art. 18 da Lei 11.107, que também acrescentou o inciso XV, que definiu como ato de improbidade "celebrar contrato de rateio de consórcio público sem suficiente e prévia dotação orçamentária, ou sem observar as formalidades previstas na lei".

Com o intuito de respeitar os princípios federativos, a Lei determina que a União somente participe de consórcios públicos do qual, também, façam parte todos os Estados em cujos territórios estejam situados os Municípios consorciados (§ 2º do art. 1º); exige que cada ente federado somente participe mediante autorização legislativa (art. 5º, *caput*); e manda observar, de forma textual, os limites constitucionais de cada ente federado na determinação dos objetivos dos consórcios (art. 2º, *caput*).

Sempre destacamos que o fato de os antigos consórcios administrativos não terem personalidade jurídica impedia o exato alcance das finalidades do instituto, especialmente em razão da instabilidade institucional. Para evitar esse mal, o art. 6º da Lei, pelos incisos I e II, estabelece que o consórcio público adquirirá personalidade jurídica de *direito público*, – mediante a vigência das *leis de ratificação* do respectivo protocolo de intenção –, ou de *direito privado*, mediante *registro do contrato de consórcio* firmado pelas entidades estatais, após *autorização legislativa de cada uma*, atendidos os requisitos da legislação civil. Com isso, os consórcios públicos têm capacidade para exercer direitos e assumir obrigações em nome próprio, com administração própria. Como a norma fala em *leis de ratificação* ou de *autorização legislativa*, conforme o caso, enquanto pelo menos dois entes não ratificarem o protocolo de intenção não é possível cogitar da existência da pessoa jurídica de direito público ou da constituição da de direito privado, bem como da celebração do contrato de consórcio público.

O § 1º do art. 1º da Lei prevê que sendo de direito público o consórcio público constituirá "associação pública". Por isso, seu art. 16 deu nova redação ao inciso IV do art. 41 do Código Civil – que diz: "são pessoas jurídicas de direito público interno: (...) IV – as autarquias, *inclusive as associações públicas*". Dessa forma, quando de direito público, o consórcio público constitui *associação pública autárquica*, regendo-se pelas disposições das autarquias, já examinadas, e pelas normas especiais da Lei 11.107, integrando a *administração indireta* de *todos* os entes da Federação consorciados (§ 1º do art. 6º). É, digamos, uma *autarquia interfederativa*, de dois ou mais entes federados.

Caso seja pessoa de direito privado, o consórcio público observará as normas de direito público no que concerne à realização de licitação, celebração de contratos, prestação de contas e admissão de pessoal, que será regido pela CLT (§ 2º do art. 6º), mas a Lei não o inseriu na administração indireta, fato que deve ser levado em conta na fixação das competências a serem transferidas ao consórcio (cf. art. 4º, XI, "a").

Como ocorre com as pessoas jurídicas, os estatutos disporão sobre a organização e o funcionamento de cada um dos órgãos constitutivos do consórcio público (art. 7º), observando-se ainda o que disciplina a legislação que rege as associações civis, naquilo que não contrariar a Lei 11.107 (art. 15).

Para o cumprimento de seus objetivos, o consórcio público poderá firmar convênios, contratos, acordos de qualquer natureza, receber auxílios, contribuições e subvenções sociais ou econômicas de outras entidades e órgãos do governo; sendo pessoa de direito público, nos termos do contrato de consórcio, poderá promover desapropriações e instituir servidões nos termos de declaração de utilidade ou necessidade pública, ou interesse social, realizada pelo Poder Público; e ser contratado pela administração direta ou indireta dos entes da Federação consorciados, dispensada a licitação (art. 2º, § 1º, incisos I a III).

Poderá, ainda, emitir documentos de cobrança e exercer atividades de arrecadação de tarifas e outros preços públicos pela prestação de serviços ou pelo uso ou outorga de uso de bens públicos por eles administrados ou, mediante autorização específica, pelo ente da Federação consorciado; e outorgar concessão, permissão ou autorização de obras ou serviços públicos, mediante autorização prevista no contrato de consórcio público, que deverá indicar de forma específica o objeto da concessão, permissão ou autorização e as condições a que deverá atender, observada a legislação de normas gerais em vigor (art. 2º, § 2º). E, mais, os entes federados consorciados, ou conveniados com o consórcio, poderão ceder-lhe servidores, na forma e condições da legislação de cada um (art. 4º, § 4º).

Os consórcios públicos poderão realizar licitação da qual, nos termos do edital, decorram contratos administrativos celebrados por órgãos ou entidades dos entes da Federação consorciados, sendo facultado à entidade interessada acompanhar a licitação e a execução do contrato (cf. §§ 1º e 2º do art. 112 da Lei 8.666/1993, sobre licitações, na redação dada pelo art. 17 da Lei 11.107/2005).

A constituição do consórcio público será por *contrato* cuja celebração dependerá da prévia subscrição de *protocolo de intenções*, devidamente *publicado* na imprensa oficial e *ratificado*, mediante *lei* de cada um dos entes contratantes. Esse contrato, caso assim preveja cláusula, pode ser celebrado por apenas 1 (uma) parcela dos entes da Federação que subscreverem o protocolo de intenções (art. 5º e § 1º).

Sem a ratificação acima, que equivale à *autorização*, é *nula* a participação do ente federado. Ela pode, porém, ser realizada com *reserva* que, aceita pelos demais entes subscritores, implicará consorciamento parcial ou condicional. Se tal ratificação for realizada após dois anos da subscrição do protocolo de intenções, dependerá de homologação da assembléia geral do consórcio público. Essa ratificação é *dispensada* caso o ente da Federação tenha, antes de subscrever o protocolo de intenções, disciplinado por lei a sua participação no consórcio público, pois, então, a lei já autorizou a participação e sua forma; daí porque essa lei deverá conter dispositivos que prevejam as *cláusulas necessárias* a seguir examinadas (art. 5º, §§ 3º e 4º).

Segundo o art. 4º da Lei, são cláusulas *necessárias* do *protocolo de intenções* as que estabeleçam: I – a denominação, a finalidade, o prazo de duração e a sede do consórcio; II – a identificação dos entes da Federação consorciados; III – a indicação da área de atuação do consórcio; IV – a previsão de que o consórcio público é associação pública ou pessoa jurídica de direito privado sem fins econômicos; V – os critérios para, em assuntos de interesse comum, autorizar o consórcio público a representar os entes da Federação consorciados perante outras esferas de governo; VI – as normas de convocação e funcionamento da assembléia geral, inclusive para a elaboração, aprovação e modificação dos estatutos do consórcio público; VII – a previsão de que a assembléia geral é a instância máxima do consórcio público e o número de votos para as suas deliberações; VIII – a forma de eleição e a duração do mandato do representante legal do consórcio público que, obrigatoriamente, deverá ser Chefe do Poder Executivo de ente da Federação consorciado; IX – o número, as formas de provimento e a remuneração dos empregados públicos, bem como os casos de contratação por tempo determinado para atender a necessidade temporária de excepcional interesse público; X – as condições para que o consórcio público celebre contrato de gestão ou termo de parceria; XI – a autorização para a gestão associada de serviços públicos, explicitando: a) as competências cujo exercício se transferiu ao consórcio público; b) os serviços públicos objeto da gestão associada e a área em que serão prestados; c) a autorização para licitar ou outorgar concessão, permissão ou autorização da prestação dos serviços; d) as condições a que deve obedecer o contrato de programa, no caso de a gestão associada envolver também a prestação de serviços por órgão ou entidade de um dos entes da Federação consorciados; e) os critérios técnicos para cálculo do valor das tarifas e de outros preços públicos, bem como para seu reajuste ou revisão; e XII – o direito de qualquer dos contratantes, quando adimplente com suas obrigações, de exigir o pleno cumprimento das cláusulas do contrato de consórcio público.

Esse protocolo de intenções deve definir o número de votos que cada ente da Federação consorciado possui na assembléia geral, sendo assegurado 1 (um) voto a cada um, pelo menos (§ 2º do art. 4º).

O inciso IX, acima, merece atenção especial. Assim, ao se referir a "empregados públicos" indica que, salvo os servidores oriundos dos entes federados, como permite o § 4º do art. 4º, o consórcio poderá contratar outros, *mas pela CLT*, como, aliás, deixa claro o § 2º do art. 6º, na hipótese de ele ser de direito privado. É preciso, aqui, fazer distinção importante: se o consórcio não for autárquico, seus empregados não serão servidores públicos. Serão empregados, mas não empregados públicos. E os "casos de contratação por tempo determinado" só poderão ser os já previstos pela lei exigida pelo art. 37, IX, da CF (Lei 8.745, de 9.12.1993, com as alterações introduzidas pelas Leis 9.849/de 1999 e 10.973/2004; v., a respeito, o item 3.3 do cap. VII).

Considera-se como *área de atuação* do consórcio público, para os fins do inciso III do art. 4º, e independentemente de figurar a União como consorciada, a que corresponde à soma dos territórios: I – dos Municípios, quando o consórcio público for constituído somente por Municípios ou por um Estado e Municípios com territórios nele contidos; II – dos Estados ou dos Estados e do Distrito Federal, quando o consórcio público for, respectivamente, constituído por mais de um Estado ou por um ou mais Estados e o Distrito Federal; e III – dos Municípios e do Distrito Federal, quando o consórcio for constituído pelo Distrito Federal e os Municípios (cf. § 1º desse art. 4º, sem os incisos III e V, vetados).

Sobre a participação dos entes federados, o § 3º do art. 4º diz que é nula a cláusula do contrato de consórcio que preveja determinadas contribuições financeiras ou econômicas de ente da Federação ao consórcio público, salvo a doação, destinação ou cessão do uso de bens móveis ou imóveis e as transferências ou cessões de direitos operadas por força de gestão associada de serviços públicos.

Os entes consorciados somente entregarão recursos ao consórcio público mediante *contrato de rateio*, o qual será formalizado em cada exercício financeiro, e seu prazo de vigência não será superior ao das dotações que o suportam, com exceção dos contratos que tenham por objeto exclusivamente projetos consistentes em programas e ações contemplados em plano plurianual ou a gestão associada de serviços públicos custeados por tarifas ou outros preços públicos, sendo vedada a aplicação dos recursos entregues por meio desse contrato de rateio para o atendimento de despesas genéricas, inclusive transferências ou operações de crédito. (art. 8º e §§ 1º e 2º).

Como é natural nos contratos, a Lei prevê que os entes consorciados, isolados ou em conjunto, bem como o consórcio público, são partes legítimas para exigir o cumprimento das obrigações previstas no contrato de rateio (§ 3º do art. 8º).

Para o atendimento dos dispositivos da Lei Complementar 101, de 4.5.2000 (Lei de Responsabilidade Fiscal), o consórcio público deve fornecer as informações necessárias para que sejam consolidadas, nas contas de cada ente consorciado, todas as despesas realizadas com os recursos entregues em virtude desse contrato de rateio, de forma que possam ser contabilizadas nas respectivas contas, na conformidade dos elementos econômicos e das atividades ou projetos atendidos (art. 8º, § 4º).

Visando a assegurar a consecução dos objetivos do consórcio, dele poderá ser excluído, após prévia suspensão, o ente consorciado que não consignar, em sua lei orçamentária ou em créditos adicionais, as dotações suficientes para suportar as despesas assumidas por meio de contrato de rateio (art. 8º, § 5º).

Obviamente, a execução das receitas e despesas do consórcio público deverá obedecer às normas de direito financeiro aplicáveis às entidades públicas, estando o consórcio público sujeito à fiscalização contábil, operacional e patrimonial pelo Tribunal de Contas competente para apreciar as contas do chefe do Poder Executivo representante legal do consórcio, inclusive quanto à legalidade, legitimidade e economicidade das despesas, atos, contratos e renúncia de receitas, sem prejuízo do controle externo a ser exercido em razão de cada um dos contratos de rateio (cf. art. 9º e seu parágrafo único).

O *caput* do art. 10 da Lei 11.107 foi corretamente vetado, porque previa uma responsabilidade solidária dos consorciados, quando, em verdade, ordinariamente essa responsabilidade do ente consorciado deve ser subsidiária. Assim, com o veto, o regime da responsabilidade nos consórcios é o *subsidiário.* Com nítido objetivo de afastar entendimentos não condizentes com a razoabilidade, e de dar segurança jurídica ao gestor, o parágrafo único desse art. 10, dispõe que os agentes públicos incumbidos da *gestão de consórcio* não responderão pessoalmente pelas obrigações contraídas pelo consórcio público, porém, responderão pelos atos praticados em desconformidade com a lei ou com as disposições dos respectivos estatutos.

O art. 13 prevê que as obrigações que um ente da Federação constituir para com outro ente ou para com o consórcio público, no âmbito de gestão associada em que haja a prestação de serviços públicos ou a transferência total ou parcial de encargos, serviços, pessoal ou de bens necessários à continuidade dos serviços transferidos como condição de sua validade, deverão ser constituídas e reguladas por *contrato de programa*, o qual deverá: I – atender à legislação de concessões e permissões de serviços públicos e, especialmente no que se refere ao cálculo de tarifas e de outros preços públicos, à de regulação dos serviços a serem prestados; e II – prever procedimentos que garantam a transparência da gestão econômica e financeira de cada serviço em relação a cada um de seus titulares (art. 13, § 1º). Dessas prescrições estão excluídas as obrigações cujo descumprimento não acarrete qualquer ônus, inclusive financeiro, a ente da Federação ou a consórcio público (art. 13, § 7º). Buscando eficiência e efetivo controle, o contrato de programa não pode atribuir ao contratado, sob pena de nulidade, o exercício dos poderes de planejamento, regulação e fiscalização dos serviços por ele próprio prestados (art. 13, § 3º).

No caso de a gestão associada originar a transferência total ou parcial de encargos, serviços, pessoal e bens essenciais à continuidade dos serviços transferidos, o contrato de programa, sob pena de nulidade, deverá conter cláusulas que estabeleçam: I – os encargos transferidos e a responsabilidade subsidiária da entidade que os transferiu; II – as penalidades, no caso de inadimplência em relação aos encargos transferidos; III – o momento de transferência dos serviços e os deveres relativos a sua continuidade; IV – a indicação de quem arcará com o ônus e os passivos do pessoal transferido; V – a identificação dos bens que terão apenas a sua gestão e administração transferidas e o preço dos que sejam efetivamente alienados ao contratado; e VI – o procedimento para o levantamento, cadastro e avaliação dos bens reversíveis que vierem a ser amortizados mediante receitas de tarifas ou outras emergentes da prestação dos serviços (art. 13, § 2º).

Para evitar dúvidas sobre a persistência das disposições desse contrato de programa, a Lei estipula que ele continuará vigente mesmo quando extinto o consórcio público ou o convênio de cooperação que autorizou a gestão associada de serviços públicos (art. 13, § 4º).

Desde que haja previsão no contrato de consórcio público, ou em convênio de cooperação, o contrato de programa poderá ser celebrado por entidades de direito público ou privado que integrem a administração indireta de qualquer dos entes da Federação consorciados ou conveniados, o qual será automaticamente extinto caso o contratado deixe de integrar essa administração indireta (§§ 5º e 6º do art. 13).

Com a finalidade de dar estabilidade e segurança jurídica ao consórcio e aos consorciados, a *alteração*, a *retirada* e a *extinção* do contrato de consórcio dependem de lei. Assim, o art. 11 determina que a *retirada* do ente da Federação do consórcio público dependerá de ato formal de seu representante na assembléia geral, na forma previamente disciplinada por lei. E os bens destinados ao consórcio público pelo consorciado que se retira somente serão revertidos ou retrocedidos no caso de expressa previsão no contrato de consórcio público ou no instrumento de transferência ou de alienação (§ 1º). O art. 12 prevê que a *alteração* ou a *extinção* do contrato de consórcio público depende de instrumento aprovado pela assembléia geral, ratificado mediante lei por *todos* os entes consorciados. Nesses casos, os bens, direitos, encargos e obrigações decorrentes da gestão associada de serviços públicos custeados por tarifas ou outra espécie de preço público serão atribuídos aos titulares dos respectivos serviços (§ 1º). E, até que haja decisão que indique os responsáveis por cada obrigação, os entes consorciados responderão solidariamente pelas obrigações remanescentes, garantindo o direito de regresso em face dos entes beneficiados ou dos que deram causa à obrigação (§ 2º).

Buscando a segurança jurídica acima referida, a Lei deixa expresso que a retirada ou a extinção do consórcio público não prejudicará as obrigações já constituídas, inclusive os contratos de programa, cuja extinção dependerá do *prévio* pagamento das indenizações eventualmente devidas (art. 11, § 2º).

Como disposições gerais, a Lei determina que os consórcios públicos, na área de saúde, obedeçam aos princípios, diretrizes e normas que regulam o Sistema Único de Saúde – SUS (art. 1º, § 3º); que suas disposições não se aplicam aos convênios de cooperação, contratos de programa para gestão associada de serviços públicos, ou instrumentos congêneres, que tenham sido celebrados anteriormente a sua vigência (art. 19); ou que o Poder Executivo da União a regulamentará, inclusive as normas gerais de contabilidade pública que serão observadas pelos consórcios públicos, para que sua gestão financeira e orçamentária se realize na conformidade dos pressupostos da responsabilidade fiscal (art. 20), o que também poderá ser feitos pelos demais entes federados.

Adaptando a normas gerais de licitação às suas disposições, o art. 17 da Lei 11.107, *alterou* os arts. 23, 24, 26 e 112 da Lei 8.666, de 1993. Assim, acrescentou ao art. 23, o § 8º, e ao art. 24, o inciso XXVI e parágrafo único; e deu nova redação ao art. 26 e ao art. 112, suprimiu seu parágrafo único e acrescentou-lhe os §§ 1º e 2º. Ademais, como visto, pelo art. 18, acrescentou os incisos XIV e XV ao art. 10 da Lei de Improbidade Administrativa.

O Dec. 5.507, de 5.8.2005, determinou que os consórcios públicos que utilizem recursos repassados pela União deverão utilizar, obrigatoriamente, o *pregão*, preferencialmente na forma eletrônica, como modalidade de licitação para a aquisição de bens e serviços comuns (v. cap. V, item 9.6.4).

Por fim, o consórcio público distingue-se do *convênio* em razão de este não possuir personalidade jurídica, e da *região metropolitana* prevista no art. 25, § 3º, da CF (examinada no cap. XII), porque, além de esta não ser pessoa jurídica, a integração da organização, planejamento e execução de funções públicas de interesse comum são objetivos *genéricos*, o que não ocorre com o consórcio público, que tem objetivos concretos e especificados no respectivo contrato, o qual pode, inclusive, prever a execução dos objetivos da própria região metropolitana.[71]

7. Entes de cooperação: entidades paraestatais

7.1 Conceito e espécies

Pode-se dizer, hoje, que os *entes de cooperação* são as verdadeiras *entidades paraestatais*, como o Autor as conceituava: pessoas jurídicas de Direito Privado *dispostas paralelamente* ao Estado, *ao lado* do Estado, para executar cometimentos de interesse do Estado, mas não privativos do Estado.

Entre as espécies de entes de cooperação – que podem ser compreendidas na expressão *entidade paraestatal* – estão os *serviços sociais autônomos*, já existentes há muito tempo, e as *organizações sociais*, figura jurídica recentemente criada pela Lei 9.637, de 15.5.98.

71. Os *consórcios públicos,* sendo personalizados, assemelham-se aos *consorzi intercomunali* italianos, personalizados pela Lei 383, de 3.3.1934 (*Legge Comunale e Provinciale*), com as modificações subseqüentes (cf. Giuseppe Stancanelli, *I Consorzi nel Diritto Amministrativo*, Milão, 1963, pp. 70 e ss.). É necessário distinguir os *consórcios públicos*, que estamos apreciando, dos *consórcios de empresas* para participação em licitação, e dos *consórcios comerciais* para a venda de bens.

7.1.1 *Serviços sociais autônomos* – *Serviços sociais autônomos* são todos aqueles instituídos por lei, com personalidade de Direito Privado, para ministrar assistência ou ensino a certas categorias sociais ou grupos profissionais, sem fins lucrativos, sendo mantidos por dotações orçamentárias ou por contribuições parafiscais. São *entes paraestatais, de cooperação com o Poder Público*, com administração e patrimônio próprios, revestindo a forma de instituições particulares convencionais (fundações, sociedades civis ou associações) ou peculiares ao desempenho de suas incumbências estatutárias. São exemplos desses entes os diversos serviços sociais da indústria e do comércio (SENAI, SENAC, SESC, SESI), com estrutura e organização especiais, genuinamente brasileiras.

Essas instituições, embora oficializadas pelo Estado, não integram a Administração direta nem a indireta, mas trabalham ao lado do Estado, sob seu amparo, cooperando nos setores, atividades e serviços que lhes são atribuídos, por considerados de interesse específico de determinados beneficiários. Recebem, por isso, oficialização do Poder Público e autorização legal para arrecadarem e utilizarem na sua manutenção *contribuições parafiscais*, quando não são subsidiadas diretamente por recursos orçamentários da entidade que as criou.

Assim, os *serviços sociais autônomos*, como *entes de cooperação*, vicejam ao lado do Estado e sob seu amparo, mas sem subordinação hierárquica a qualquer autoridade pública, ficando apenas *vinculados* ao órgão estatal mais relacionado com suas atividades, para fins de controle finalístico e prestação de contas dos dinheiros públicos recebidos para sua manutenção (Lei 2.613/55, arts. 11 e 13; Dec.-lei 200/67, art. 183; Decs. 74.000/74 e 74.296/74; CF, art. 70, parágrafo único).

Os *serviços sociais autônomos* regem-se pelas normas do Direito Privado, com as adaptações expressas nas leis administrativas de sua instituição e organização. Seus empregados estão sujeitos à legislação do trabalho em toda sua plenitude, só sendo equiparados a funcionários públicos para responsabilização criminal dos delitos funcionais (CP, art. 327, parágrafo único).

Os dirigentes de *serviços sociais autônomos*, no desempenho de suas funções, podem ser passíveis de mandado de segurança (Lei 1.533/51, art. 1º, § 1º), e se o ato ou contrato for lesivo do patrimônio da entidade enseja ação popular com responsabilização pessoal de quem o praticou ou ordenou sua prática (Lei 4.717/65, arts. 1º e 6º). De igual forma, pela Lei 8.492/92 os dirigentes dos *serviços sociais autônomos* são reputados, para fins de sanção por atos de improbidade administrativa, agentes públicos (art. 2º), devendo, ademais, apresentar declaração de bens antes da posse e do exercício (art. 13).

Os *serviços sociais autônomos* não gozam de privilégios administrativos, nem fiscais, nem processuais, além daqueles que a lei especial expressamente lhes conceder. A propósito, é de se recordar que o STF já sumulou que o Serviço Social da Indústria – SESI está sujeito à Justiça Estadual (Súmula 516), regra que se aplica aos demais *serviços* congêneres.

7.1.2 *Organizações sociais* – A Lei federal 9.637, de 18.5.98, autorizou o Poder Executivo a qualificar como *organizações sociais* pessoas jurídicas de Direito Privado, sem fins lucrativos, cujas atividades estatutárias sejam dirigidas ao ensino, à pesquisa científica, ao desenvolvimento tecnológico, à proteção e preservação do meio ambiente, à cultura e à saúde, atendidos os requisitos previstos naquele diploma.

A *organização social*, portanto, não é um novo ente administrativo, é uma qualificação, um título, que a Administração outorga a uma entidade privada, sem fins lucrativos, para que ela possa receber determinados benefícios do Poder Público (dotações orçamentárias, isenções fiscais etc.) para a realização de atividades necessariamente de interesse coletivo.

O objetivo declarado pelos autores da reforma administrativa[72] com a criação da figura das *organizações sociais* foi encontrar instrumento que permitisse a transferência para elas de certas atividades exercidas pelo Poder Público e que melhor o seriam pelo setor privado, sem necessidade de concessão ou permissão. Trata-se de nova forma de *parceria*, com a valorização do chamado *terceiro setor*, ou seja, serviços de interesse público mas que não necessitam ser prestados pelos órgãos e entidades governamentais. Além dessa, existe outra intenção subjacente, que é a de exercer maior controle sobre as entidades privadas que recebem verbas orçamentárias para a consecução de fins assistenciais, mas que não ficam submetidas a qualquer controle de resultados.

Essas pessoas jurídicas de Direito Privado são aquelas previstas no Código Civil (art. 44, I e II). Podem já existir ou ser criadas para o fim específico de receber o título de *organizações sociais* e prestar os serviços desejados pelo Poder Público. O que importa é que se ajustem aos requisitos da lei. Quais são esses requisitos? São os seguintes: a) não podem ter finalidade lucrativa e os eventuais excedentes financeiros devem ser reaplicados em suas atividades; b) fim social de interesse coletivo, em qualquer das áreas previstas na lei: ensino, saúde, cultura etc.; c) possuir órgãos diretivos colegiados, com a participação de representantes do Poder Público e da comunidade; d) publicidade de seus atos; f) submissão ao controle do Tribunal

72. *Plano Diretor da Reforma do Aparelho do Estado*, Brasília, Ministério da Administração e Reforma do Estado – MARE, 1995. Na ADI 1.923 contra a Lei 9.637/98 e o inciso XXIV do art. 24 da Lei 8.666/93 (na redação dada pela Lei 9.648/98), por maioria, o STF negou a medida cautelar. Nesse julgamento o Min. Gilmar Mendes fez interessante estudo das "Organizações Sociais no contexto da Reforma do Estado no Brasil" e sobre o referido Plano Diretor.

de Contas dos recursos oficiais recebidos (o que já existe); g) celebração de um *contrato de gestão* com o Poder Público, para a formação da *parceria* e a fixação das metas a serem atingidas e o controle dos resultados.

Submetendo-se a essas exigências e obtendo a qualificação de *organização social*, a entidade poderá contar com os recursos orçamentários e os bens públicos (móveis e imóveis) necessários ao cumprimento do contrato de gestão. Os bens ser-lhe-ão transferidos mediante permissão de uso e os recursos serão liberados de acordo com o cronograma de desembolso estabelecido no contrato de gestão. O Dec. 5.504, de 5.8.2005, obriga as organizações sociais a se utilizarem da modalidade licitatória do pregão, de preferência na sua forma eletrônica, na aquisição de bens ou serviços de interesse comum, adquiridos em decorrência de recursos repassados pela União (v. cap. V, item 9.6.4).

Convém alertar que o conselho de administração da entidade deverá exercer papel fundamental na sua administração. Em sua composição, os representantes da comunidade e do Poder Público devem constituir maioria absoluta, controlando os atos da diretoria executiva, cujos membros serão pelo conselho designados e dispensados.

De certa forma, o Poder Público assenhoreia-se do controle da entidade privada – com a colaboração da comunidade – para que ela possa vir a exercer as atividades sociais desejadas, utilizando-se de recursos oficiais.

A qualificação da entidade privada como *organização social* é *ato administrativo discricionário* do Poder Público. No âmbito federal o exame da conveniência e oportunidade da medida cabe ao Ministro ou titular do órgão supervisor ou regulador da área de atividade correspondente ao objeto social da entidade pretendente, assim como ao Ministro da Administração. Mas, evidentemente, a Administração há de justificar devidamente o porquê da outorga, ou não, do título jurídico de *organização social* à entidade que o pleiteia. Todo e qualquer *ato administrativo deve ser motivado*, principalmente aqueles resultantes do poder discricionário, pois são precisamente estes que precisam estar embasados na clara demonstração do interesse público que os fundamenta.

O Poder Executivo também poderá *desqualificar a entidade privada*, retirando-lhe o título de *organização social*, mas esta providência há de estar baseada no descumprimento das disposições contidas no *contrato de gestão* e devidamente apurada em processo administrativo, assegurado o direito de defesa aos dirigentes da organização.

O *contrato de gestão*, portanto, é o instrumento jurídico básico dessa forma de *parceria* entre o setor público e o privado. Embora a lei denomine este instrumento de *contrato*, na verdade trata-se de um *acordo operacional* entre a Administração e a entidade privada (v. cap. V).

Estados e Municípios, se quiserem se utilizar dessa nova forma de parceria na sua administração, deverão aprovar suas próprias leis. Trata-se de matéria de prestação de serviços, e, por conseguinte, de competência da respectiva entidade estatal. A Lei 9.637/98 não é uma lei nacional, cujas normas gerais seriam aplicáveis aos Estados e Municípios. Ela pode servir de *modelo*, devendo ser adaptada às peculiaridades regionais ou locais, de acordo com os setores considerados prioritários pela entidade: cultura, meio ambiente, saúde, ensino, desenvolvimento tecnológico, pesquisa científica etc.[73]

8. Serviços delegados a particulares

Já vimos que o Poder Público pode realizar centralizadamente seus próprios serviços, por meio dos *órgãos da Administração direta*, ou prestá-los descentralizadamente, através das *entidades autárquicas, fundacionais e empresas estatais que integram a Administração indireta* (autarquias, empresas públicas, sociedades de economia mista e fundações instituídas e mantidas pelo Poder Público), ou, ainda, por meio de *entes paraestatais de cooperação* que não compõem a Administração direta nem a indireta (serviços sociais autônomos e outros) e, finalmente, por empresas privadas e particulares individualmente (concessionários, permissionários e autorizatários; CF, arts. 21, XII, e 175).[74]

Quando a Administração Pública executa seus próprios serviços, o faz como titular dos mesmos; quando os comete a outrem, pode transferir-lhes a titularidade ou simplesmente a *execução*. A *transferência* da *titularidade do serviço é outorgada por lei* e só por lei pode ser retirada ou modificada; a *transferência* da *prestação do serviço é delegada por ato administrativo* (bilateral ou unilateral) e pela mesma forma pode ser retirada ou alterada, exigindo apenas, em certos casos, autorização legislativa. Entre nós, a *outorga* de serviço público ou de utilidade pública é feita às *autarquias*, *fundações públicas* e às *empresas estatais*, pois que a lei, quando as cria, já lhes transfere a *titularidade* dos respectivos serviços, e a *delegação* é utilizada para o traspasse da *execução de serviços* a particulares, mediante regulamentação e controle do Poder Público. A delegação é essencial para a legalidade da prestação do serviço por parte do particular, sob pena de se tornar "clandestina", isto é, sem a indispensável regulamentação e controle público. De certa forma, algumas Administrações têm tolerado o serviço

73. A Lei 9.790, de 23.3.99, disciplina a qualificação das Organizações da Sociedade Civil de Interesse Público, possibilitando-lhes a transferência de recursos financeiros. V. *Termo de parceria*, cap. V, item 5.8.

74. A propósito, v. Maria Sylvia Zanella Di Pietro, *Do Direito Privado na Administração Pública*, Atlas, 1989.

de transporte coletivo sem delegação formal e, assim, sem regulamentação e controle – especialmente por meio das chamadas "lotações" – em regra, alegando-se o direito da livre iniciativa. Todavia, como bem decidiu o Supremo Tribunal Federal, em boa hora, "não pode ser dispensada, a título de proteção da livre iniciativa, a regular autorização, concessão ou permissão" do serviço público.[75] Pela Constituição vigente, os prestadores de serviços públicos respondem *diretamente* pelos danos que vierem a causar a terceiros (CF, art. 37, § 6º). A *delegação* pode ser feita sob as modalidades de: a) *concessão*; b) *permissão*; ou c) *autorização* – resultando daí os *serviços concedidos*, *permitidos* e *autorizados*, que veremos a seguir.

8.1 Serviços concedidos

Serviços concedidos são todos aqueles que o particular executa em seu nome, por sua conta e risco, remunerados por tarifa, na forma regulamentar, mediante delegação contratual ou legal do Poder Público concedente. Serviço concedido é serviço do Poder Público, apenas executado por particular em razão da concessão.

8.1.1 *Concessão* – *Concessão* é a delegação contratual da *execução do serviço*, na forma autorizada e regulamentada pelo Executivo. O contrato de concessão é ajuste de Direito Administrativo, bilateral, oneroso, comutativo e realizado *intuitu personae*.[76] Com isto se afirma que é um acordo administrativo (e não um ato unilateral da Administração), com vantagens e encargos recíprocos, no qual se fixam as condições de prestação do serviço, levando-se em consideração o interesse coletivo na sua obtenção e as condições pessoais de quem se propõe a executá-lo por delegação do poder concedente.[77] Sendo um contrato administrativo, como é, fica sujeito a todas

75. STF, RE 214.382-1, sobre transporte interestadual de passageiros (*Boletim Informativo* 171/3). A Lei 12.009, de 29.7.2009, regulamenta o exercício das atividades dos profissionais em transportes de passageiros, "mototaxista", em entrega de mercadorias e em serviço comunitário de rua, e "motoboy", com o uso de motocicleta, dispõe sobre regras de segurança dos serviços de transporte remunerado de mercadorias em motocicletas e motonetas – motofrete – e estabelece regras gerais para a regulação desse serviço.

76. A Lei 8.987/95 conceitua a concessão de serviço público como a sua delegação a *pessoa jurídica ou consórcio de empresas* que demonstre capacidade para seu desempenho, por sua conta e risco e por prazo determinado. Sua formalização far-se-á mediante contrato administrativo, precedido de licitação, na modalidade de concorrência. Destarte, a *pessoa física* não mais poderá obter concessão de serviço público; somente permissão, que terá sempre caráter precário e será formalizada mediante contrato de adesão.

77. O STJ tem entendido que é ilegal cobrar da concessionária de serviço público o uso do solo, subsolo ou espaço aéreo (instalação de postes, dutos, linhas de transmissão etc.), visto que a utilização, nesses casos, reverte em favor da sociedade (daí não se poder falar em preço público) e que não há serviço público prestado ou poder de polícia (o que afasta a natureza de taxa) (REsp 863.577, com precedentes).

as imposições da Administração necessárias à formalização do ajuste, dentre as quais a autorização governamental, a regulamentação e a licitação.[78]

Pela concessão o poder concedente não transfere propriedade alguma ao concessionário, nem se despoja de qualquer direito ou prerrogativa pública. Delega apenas a *execução do serviço*, nos limites e condições legais ou contratuais, sempre sujeita a regulamentação e fiscalização do concedente.

Como o serviço, apesar de concedido, continua sendo *público*, o poder concedente – União, Estado-membro, Município – nunca se despoja do direito de explorá-lo direta ou indiretamente, por seus órgãos, suas autarquias e empresas estatais, desde que o interesse coletivo assim o exija. Nessas condições, permanece com o poder concedente a faculdade de, a qualquer tempo, no curso da concessão, retomar o serviço concedido, mediante indenização, ao concessionário, dos lucros cessantes e danos emergentes resultantes da encampação. As indenizações, em tal hipótese, serão as previstas no contrato, ou, se omitidas, as que foram apuradas amigável ou judicialmente.

A concessão, em regra, deve ser conferida sem exclusividade, para que seja possível sempre a competição entre os interessados, favorecendo, assim, os usuários com serviços melhores e tarifas mais baratas. Apenas quando houver inviabilidade técnica ou econômica de concorrência na prestação do serviço, devidamente justificada, admite-se a concessão com exclusividade (Lei 8.987/95, art. 16). A atividade do concessionário é atividade privada, e assim será exercida, quer no tocante à prestação do serviço, quer no que entende com o seu pessoal (TJRS, *RDA* 16/94). Somente para os fins expressamente consignados em lei ou no contrato é que se equiparam os concessionários a autoridades públicas, sujeitando-se seus atos a mandado de segurança (Lei 1.533/51, art. 1º, § 1º) e demais ações cabíveis.[79]

Nas relações com o público o concessionário fica adstrito à observância do regulamento e do contrato, que podem estabelecer direitos e deveres também para os usuários, além dos já estabelecidos em lei, para defesa dos quais dispõe o particular de todos os meios judiciais comuns, notadamente a via cominatória, para exigir a prestação do serviço nas condições em que o concessionário se comprometeu a prestá-lo aos interessados em geral.[80]

78. A Constituição Federal obriga à licitação (art. 175), assim como a Lei 8.666/93 (art. 2º) e a Lei 8.987/95 (art. 14). V. STF, ADI 3.521, *Informativo* 459.

79. Por isso, o ato de autoridade de empresa privada no exercício de função delegada federal sujeita-se à Justiça Federal, desde que *não seja de simples gestão*, mas, efetivamente, decorrente da delegação (STJ, CC 48.785, com precedentes, *DJU* 11.5.2005).

80. Sentença do Autor in *RDA* 25/263 e, no mesmo sentido, TJDF, *RDA* 39/248. O Código de Defesa do Consumidor (Lei 8.078, de 11.9.90) reconheceu expressamente os direitos dos

Findo o prazo da concessão, devem reverter ao poder concedente os direitos e bens vinculados à prestação do serviço, nas condições estabelecidas no contrato.[81]

8.1.2 *Regulamentação* – A *regulamentação* dos serviços concedidos compete inegavelmente ao Poder Público, por determinação constitucional (art. 175, parágrafo único) e legal (Lei 8.987/95, art. 29, I).[82] Isto porque a concessão é sempre feita no interesse da coletividade, e, assim sendo, o concessionário fica no dever de prestar o serviço em condições adequadas para o público. Não o prestando eficientemente, pode e deve a Administração Pública retomá-lo, por insatisfatório. Nessa conformidade, entende-se sempre reservado ao concedente o poder de regulamentar e controlar a atuação do concessionário, desde a organização da empresa até sua situação econômica e financeira, seus lucros, o modo e a técnica da execução dos serviços, bem como fixar as tarifas em limites razoáveis e eqüitativos para a empresa e para os usuários.

Diante dessa realidade, nossas Constituições, desde a de 1934, consignaram o dever de regulamentação das concessões, por lei, e a vigente repete a determinação, nestes termos:

"Art. 175. Incumbe ao Poder Público, na forma da lei, diretamente ou sob regime de concessão ou permissão, sempre através de licitação, a prestação de serviços públicos.

"Parágrafo único. A lei disporá sobre:

usuários dos serviços públicos (arts. 6º, X, e 22), estabelecendo os meios processuais indispensáveis de defesa (arts. 81 a 104).

81. Cf. "Parecer" do Autor in *RDA* 102/462.

82. Sobre a matéria, *após a Lei 8.987/95*: Eurico de Andrade Azevedo e Maria Lúcia Mazzei de Alencar, *Concessão de Serviços Públicos*, Malheiros Editores, 1998; Benedicto Porto Neto, *Concessão de Serviço Público no Regime da Lei n. 8.987/95 – Conceitos e Princípios*, Malheiros Editores, 1998; Toshio Mukai, *Concessões e Permissões de Serviços Públicos*, São Paulo, 1996; Marçal Justen Filho, *Concessões de Serviços Públicos*, São Paulo, 1997; Antônio Carlos Cintra do Amaral, *Licitação para Concessão de Serviço Público*, Malheiros Editores, 1995; Arnoldo Wald, Luíza Rangel de Moraes e Alexandre Wald, *O Direito de Parceria e a Nova Lei de Concessões*, São Paulo, 1996; Maria Sylvia Zanella Di Pietro, *Parcerias na Administração Pública*, São Paulo, 1996; Antônio Carlos Cintra do Amaral, *Concessão de Serviço Público*, 2ª ed., Malheiros Editores, 2002; *antes da Lei 8.987/95*, v.: Bilac Pinto, *Regulamentação Efetiva dos Serviços de Utilidade Pública*, Rio, 1941, pp. 36 e ss.; Odilon C. de Andrade, *Serviços Públicos e de Utilidade Pública*, São Paulo, 1937, pp. 102 e ss.; Luiz de Anhaia Mello, *O Problema Econômico dos Serviços de Utilidade Pública*, São Paulo, 1940, pp. 97 e ss.; Plínio A. Branco, *Diretrizes Modernas para a Concessão de Serviços de Utilidade Pública*, São Paulo, 1949, pp. 43 e ss.; John Bauer, *Effective Regulation of the Public Utilities*, Nova York, 1925, pp. 74 e ss., e tb. in *Transforming Public Utility Regulation*, Nova York, 1950, pp. 4 e ss.; Jones e Bigham, *Principles of Public Utilities*, Nova York, 1937, pp. 649 e ss.

"I – o regime das empresas concessionárias e permissionárias de serviços públicos, o caráter especial de seu contrato e de sua prorrogação, bem como as condições de caducidade, fiscalização e rescisão da concessão ou permissão;

"II – os direitos dos usuários;

"III – política tarifária;

"IV – a obrigação de manter serviço adequado."

Pela Constituição de 1988 cabe à entidade concedente editar a lei regulamentar de suas concessões, o que não impede sobrevenha norma federal-nacional com preceitos gerais para todas as concessões (CF, art. 22, XXVII), o que ocorreu com a Lei 8.987, de 13.2.95, que estabeleceu as normas gerais sobre o regime de concessão e permissão de serviços públicos. Esta lei procurou sistematizar a matéria, cuidando dos vários aspectos básicos do instituto em capítulos próprios, estabelecendo as definições, conceituando o serviço adequado, explicitando os direitos e obrigações dos usuários, fixando as regras da política tarifária, da licitação e do contrato, relacionando os encargos do poder concedente e do concessionário, arrolando os casos de intervenção no serviço e de extinção da concessão. Posteriormente, nova lei federal alterou alguns dispositivos da primeira e regulou a concessão dos serviços de energia elétrica, de competência federal (Lei 9.074, de 7.7.95).

Os Estados e Municípios, contudo, devem aprovar suas próprias leis sobre concessões e permissões para atender ao disposto no art. 175 da CF, respeitando os preceitos que constituem *normas gerais*, contidos na Lei 8.987/95.[83] Se preferirem, podem adotar a lei federal em todos os seus termos, mas hão de fazê-lo mediante lei. Caso contrário, haverá necessidade de uma lei específica para cada concessão, estabelecendo as suas diretrizes, como sempre se entendeu anteriormente.

A Lei federal 9.074, de 7.7.95, resultante de conversão da MP 890, editada no mesmo dia da Lei 8.979, de 13.12.95, veda à União, aos Estados, ao Distrito Federal e aos Municípios executarem obras e serviços públicos por meio de concessão ou permissão, sem lei que os autorize e fixe os respectivos termos.[84] Ao mesmo tempo, já autoriza a concessão ou, quando couber,

83. Sobre o conceito de *normas gerais*, v. acórdão do STF, *RDA* 200/193.

84. O Estado de São Paulo editou a Lei 7.835, de 8.5.92, e o Estado do Rio a Lei 1.481, de 21.6.89, fixando as regras das concessões de serviços e obras públicas estaduais. A propósito do tema, convém observar que a Lei federal 9.074, de 7.7.95, ao aprovar medida provisória que regulava a concessão dos serviços de energia elétrica, inseriu dispositivo vedando "à União, aos Estados, ao Distrito Federal e aos Municípios executar obras e serviços públicos por meio de concessão e permissão de serviço público, sem lei que lhes autorize e lhes fixe os termos, dispensada a lei autorizativa nos casos de saneamento básico e limpeza urbana e nos já refe-

a permissão, de determinados serviços e obras públicas de competência da União, listados no art. 1º (vias federais, barragens, eclusas, estações aduaneiras etc.). Isto quer dizer que o ato do Executivo previsto no art. 5º da Lei 8.987/85 não substitui a lei autorizadora da concessão; tal ato será sempre necessário, para complementação da norma legal, justificando o traspasse do serviço ou da obra ao concessionário.

Toda concessão, portanto, fica submetida a duas categorias de normas: as de natureza *regulamentar* e as de ordem *contratual*. As primeiras disciplinam o modo e forma de prestação do serviço; as segundas fixam as condições de remuneração do concessionário; por isso, aquelas são denominadas *leis do serviço*, e estas, *cláusulas econômicas ou financeiras*. Como as leis, aquelas são alteráveis unilateralmente pelo Poder Público segundo as exigências da comunidade; como *cláusulas contratuais*, estas são *fixas*, só podendo ser modificadas por acordo entre as partes.

Consideram-se normas *regulamentares* ou *de serviço* todas aquelas estabelecidas em lei, regulamento ou no próprio contrato visando à prestação de *serviço adequado*; consideram-se *cláusulas econômicas ou financeiras* as que entendem com a retribuição pecuniária do serviço e demais vantagens ou encargos patrimoniais do concessionário e que mantêm o "equilíbrio econômico e financeiro do contrato", na boa expressão de Caio Tácito.[85]

A esse propósito, o Tribunal de Justiça do antigo Distrito Federal deixou julgado que "as cláusulas regulamentares, consideradas como *lei de serviço*, são alteráveis unilateralmente pela Administração, porque não se compreende haja lei ou regra social imutável. As leis são feitas para atenderem às necessidades sociais, de modo que, sendo estas variáveis, aquelas também o devem ser. Eis por que o Poder Público pode mudar à vontade as cláusulas regulamentares, sem audiência do concessionário" (*RDA* 38/332).

ridos na Constituição Federal, nas Constituições Estaduais e nas Leis Orgânicas do Distrito Federal e Municípios, observados, em qualquer caso, os termos da Lei 8.987, de 1995".

Este dispositivo não tem conteúdo de *norma geral*, e, por conseguinte, não se aplica aos Estados e Municípios. Segundo o eminente Min. Carlos Velloso, "legislar sobre normas gerais significa dispor 'com generalidade' (= sem detalhamento, estabelecendo os grandes parâmetros, a 'moldura', dentro dos quais as normas locais, específicas, e com detalhamento, deverão se acomodar), o que, à evidência, supondo a existência de normas não-gerais, específicas, até mesmo briga com a idéia de simplesmente ... *vedar*" (do voto do Relator na decisão liminar na ADI 927-3-RS, *RDA* 200/197). Não cabe à lei federal, portanto, definir os serviços estaduais e municipais que dependem de lei para ser objeto de concessão ou permissão. Isto é matéria de norma do poder concedente, que melhor disporá sobre as conveniências de sua administração.

85. Caio Tácito, *O Equilíbrio Financeiro na Concessão de Serviço Público* (tese), Rio, 1960, p. 6.

Essa é a orientação pacífica de nossos Tribunais, capitaneada pelo Supremo, desde 1908, em memorável acórdão que resumiu toda a doutrina dominante no assunto, com inexcedível clareza e precisão conceitual.[86]

86. Eis a ementa do referido acórdão, publicado na antiga *Revista de Direito* 10/70 e reproduzido na *RDA* 9/30:

"Na concessão de uma obra ou serviço público, o Governo não transfere propriedade alguma ao concessionário; este obtém, apenas, o uso ou gozo da coisa durante o prazo da exploração concedida.

"Os direitos do Poder Público de que o concessionário é investido, como de desapropriar ou arrecadar tarifas do público, não os exerce *jure proprio*, mas como mero delegado ou mandatário do poder concedente, e nos precisos limites da delegação recebida.

"Quaisquer que sejam os favores e direitos reconhecidos ao concessionário, todos eles são outorgados em vista do bem público; conseqüentemente, se entendem sempre regulados e fiscalizados pelo poder concedente.

"O concessionário, mesmo quando a concessão assenta em um verdadeiro contrato, nada pode pretender que não se ache expressamente concedido nas cláusulas do instrumento; nada pode obrigar ao poder concedente, que não se ache aceito expressamente pelo dito poder nas cláusulas referidas; tudo que não estiver expressamente concedido, se entende negado, e subsistente no poder concedente, porque todo direito do concessionário nasce da concessão e com a concessão, ao contrário do poder concedente, que se entende sempre na posse e gozo de toda faculdade, sobre a qual não se tenha livremente coarctado.

"O poder concedente nada pode fazer que afete ou diminua os favores e direitos concedidos quanto à substância dos mesmos; mas a não ser nos casos nomeadamente declarados no contrato, tudo pode ordenar quanto ao regulamento dos modos da execução da obra ou serviço, que é seu, e assim continua, como também em relação à mais completa fiscalização, em bem do público.

"Embora reduzida a contrato, uma concessão para exploração de serviço público, propriamente dito, e na qual se delega ao concessionário direito desse Poder Público, isto é, o exercício de poder sobre uma parte da administração ou do domínio público, não pode ser somente regida pelos preceitos do Direito Civil ou Privado; esse direito seria incapaz de criar uma concessão da espécie e ditar-lhe o seu objeto e fim.

"Toda concessão desta natureza é, antes de tudo, ato do Direito Administrativo, e, como tal, explorada pelo concessionário, sempre sob as vistas imediatas do Governo concedente.

"A existência do concessionário, os seus direitos e o exercício destes não foram e não são atos seus exclusivos, mas atos derivados e dependentes do poder que os outorgou ou delegou, e ao qual, por isso mesmo, tem o concessionário de prestar contas.

"Qualquer que seja a forma posteriormente tomada pelo concessionário, isto é, de empresa ou associação, aos olhos do poder concedente, ele é e continua sempre simples concessionário, qualidade única, em que foi reconhecido por esse poder, e daí a comunhão de interesses e direitos, já relativamente à exploração ou gestão dos serviços, já resultante do uso que o concessionário faz dos direitos que exerce por mera delegação do poder concedente: ele não pode invocar outra qualidade para opor-se à ação do Governo, nem declarar-se um estranho ao Governo, ou ao interesse público, representado por este.

"O concessionário, como qualquer outro agente ou delegado do Poder Público, desde que arrecada tarifas, se constitui no dever de mostrar ao poder, em cujo nome age, e quando o mesmo exigir, que não saiu da esfera dos poderes recebidos, no modo, na aplicação e na importância das tarifas arrecadadas: trata-se do exercício de um poder soberano, que não é lícito transferir a ninguém mediante contrato e apenas suscetível de delegação dentro de limites e condições postos, os quais cumpre ao delegante, sem exceção, fiscalizar e verificar em nome do bem público, razão e fundamento único de semelhante delegação ao indivíduo ou empresa privada.

O poder de regulamentar as concessões é inerente e indespojável do concedente. Cabe ao Executivo aprovar o regulamento do serviço e determinar a fiscalização de sua execução, pela forma conveniente. A fixação e a alteração de tarifas são também atos administrativos, do âmbito regulamentar do Executivo, não dependendo de lei para sua expedição.

Convém se advirta que a *regulamentação* a que estamos nos referindo é apenas a da *execução do serviço*, e não a normativa das concessões em geral, a ser feita por lei, como já vimos precedentemente.

Nos poderes de regulamentação e controle se compreende a faculdade de o Poder Público modificar a qualquer tempo o funcionamento do serviço concedido, visando à sua melhoria e aperfeiçoamento técnico, assim como a de aplicar penalidades corretivas ao concessionário (multas, intervenção no serviço) e afastá-lo definitivamente da execução (cassação da concessão e rescisão do contrato), uma vez comprovada sua incapacidade moral, financeira ou técnica para executá-lo em condições satisfatórias.[87]

Todavia, a União ou o Estado ou o Município não podem interferir por lei ou ato administrativo nas relações jurídico-contratuais estabelecidas por outra pessoa de direito público interno com seus concessionários ou permissionários de serviço público.[88]

8.1.3 *Licitação* – A *licitação* para a outorga de concessão será efetuada sempre na modalidade de concorrência, aplicando-se, no que couber, a legislação específica da matéria (Lei 8.666/93), com as modificações determinadas pela Lei 8.987/95 (alterada pela Lei 9.648, de 27.5.98). O julgamento será feito segundo um dos seguintes critérios: a) menor valor da tarifa do serviço a ser prestado; b) maior oferta pela outorga da concessão; c) melhor proposta técnica com preço fixado no edital; d) combinação de proposta técnica com o valor da tarifa; e) combinação de proposta técnica com o preço da concessão; f) melhor preço da concessão, após aprovação da proposta técnica; g) menor valor da tarifa, após aprovação da proposta técnica. Procurou-se, destarte, combinar a avaliação da proposta técnica com o pagamento a ser efetuado pela outorga da concessão, devendo o edital conter todos os parâmetros e exigências para a formulação das propostas técnicas. Quando se fala em *preço*, a lei está a referir-se tanto ao valor da tarifa como ao valor a ser pago pela concessão.

"As dúvidas do contrato devem ser decididas contra o concessionário e em favor do público ou do interesse público, tal é a regra universalmente ensinada em matéria de concessão, que alguém explora, sobre coisa ou serviço público."

87. STF, *RDA* 33/209, 37/307; TJDF, *RDA* 38/332.

88. Nesse sentido o STF proclamou a "impossibilidade de interferência do Estado nas relações jurídicas contratuais entre o Poder concedente federal e o concessionário" (ADI 3.729, j. 17.9.2007, rel. Min. Gilmar Mendes, *DJU* 9.11.2007).

O procedimento normal para a outorga da concessão é a *concorrência pública*, como foi dito acima. Não obstante, a legislação que aprovou o Programa Nacional de Desestatização (Lei 9.491, de 9.9.97) admite também a modalidade de *leilão*. A referida lei considera também desestatização "a transferência, para a iniciativa privada, de serviços públicos explorados pela União, diretamente ou através de entidades controladas, bem como daqueles de sua responsabilidade" (art. 2º, § 2º, "b"). Esta desestatização poderá ser efetuada segundo várias modalidades operacionais, entre as quais se incluem a concessão, a permissão e a autorização de serviços públicos, admitindo-se, nestes casos, que a licitação seja procedida mediante *leilão* (art. 4º, VI, e § 3º), como tem ocorrido em vários casos concretos. Para esse fim, contudo, é necessário que a concessão seja aprovada pelo Conselho Nacional de Desestatização, ao qual caberá a indicação da modalidade operacional a ser aplicada (art. 6º, II, "a").

8.1.4 *Contrato* – O *contrato de concessão* é o documento escrito que encerra a delegação do poder concedente, define o objeto da concessão, delimita a área, forma e tempo da exploração, estabelece os direitos e deveres das partes e dos usuários do serviço.

Documento da maior relevância, o *contrato de concessão* não tem merecido dos Poderes Públicos a necessária atenção na sua feitura, ficando quase sempre entregue sua redação aos próprios pretendentes à concessão, que, assim, a amoldam às suas conveniências, sem atender ao interesse público e aos direitos dos usuários. As concessões vigentes são, em geral, e paradoxalmente, instrumentos em que o Poder Público e os usuários é que se submetem à vontade despótica das empresas, tais são as cláusulas a seu favor e a nenhuma reserva de direitos para o particular a que o serviço se destina. Já é tempo de os concedentes reagirem contra esta inversão de poderes, defendendo melhor o público e exigindo dos seus concessionários, na feitura dos contratos novos ou na fiscalização dos já existentes, a prestação eficiente e regular dos serviços que lhes são concedidos.

As *cláusulas principais* a serem insertas no contrato de concessão, além de outras peculiares ao caso, são as que indiquem e delimitem o *objeto, modo e forma da prestação do serviço*; que assegurem o serviço adequado; que disponham sobre a fiscalização, reversão e encampação, fixando os critérios de indenização; que estabeleçam o início, termo ou condições de prorrogação do contrato; que delimitem as áreas de prestação do serviço, os poderes e regalias para sua execução; que estabeleçam o valor do investimento e o modo de integralização do capital; que forneçam os critérios para a determinação do custo do serviço e conseqüente fixação e revisão das tarifas, na base de uma justa e razoável retribuição do capital; que determinem a constituição de reservas para eventuais depreciações e fundo de renovação; que assegurem a expansão do serviço pela justa fixação de tarifas; que prevejam a forma de fiscalização da contabilidade e dos métodos e práticas da execução do serviço; que precisem a responsabilidade do concessionário pela inexecução ou deficiente execução do serviço e estabeleçam as sanções respectivas (advertências, multas, intervenção etc.); que estabeleçam os casos de cassação da concessão e conseqüente rescisão do contrato; que fixem o critério de indenização para o caso de encampação; que disponham sobre os direitos e deveres dos usuários para a obtenção e remuneração do serviço (prazo para a prestação dos serviços domiciliares, modo de pagamento da tarifa e adiantamentos para a instalação, forma de atendimento dos pedidos etc.); que indiquem o foro e o modo amigável de solução das divergências contratuais; que esclareçam o modo e forma de aplicação das penalidades contratuais e administrativas e a autoridade competente para impô-las.[89]

As cláusulas lembradas acima estão relacionadas no art. 23 da Lei 8.987/95 e não oferecem, na sua maioria, dificuldade de entendimento e redação, por se referirem a conceitos e precauções de rotina dos *contratos administrativos*, estudados no capítulo anterior (cap. V).

8.1.5 *Alteração unilateral do contrato* – Já vimos precedentemente que o *contrato de concessão*, como os demais *contratos administrativos*, pode ser alterado unilateralmente pela Administração (cap. V, item 1.2.2). Mas essa alteração restringe-se às *cláusulas regulamentares* ou *de serviço*, sempre para melhor atendimento do público. Além disso, toda vez que, ao modificar a prestação do serviço, o concedente alterar o *equilíbrio econômico e financeiro* do contrato, terá que reajustar as cláusulas remuneratórias da concessão, adequando as tarifas aos novos encargos acarretados ao concessionário (Lei 8.987/95, art. 9º, § 4º).

Essa orientação tornou-se pacífica entre nós desde a tese pioneira de Caio Tácito, que concluiu afirmando: "Ao Estado é lícito alterar as condições objetivas do serviço, mas não poderá deslocar a relação entre os termos da equação econômica e financeira, nem agravar os encargos ou as obrigações do concessionário, sem reajustar a remuneração estipulada".[90]

E assim é porque a *remuneração do serviço* nas bases inicialmente ajustadas constitui *direito fundamental e adquirido* do concessionário, imu-

89. Todos esses aspectos do contrato de concessão acham-se bem analisados por Plínio A. Branco em sua monografia *Diretrizes Modernas para a Concessão de Serviços de Utilidade Pública*, editada pela Prefeitura da Capital de São Paulo, em 1949, a propósito dos serviços de transporte coletivo do Município.

90. Caio Tácito, *O Equilíbrio Financeiro na Concessão de Serviço Público*, Rio, 1960, p. 78.

tável ao nuto da outra parte; *direito adquirido*, reconhecido tanto pela doutrina como pela nossa jurisprudência e atualmente pela Constituição Federal (art. 37, XXI).

Inegável é, portanto, que o contrato de concessão cria direitos e obrigações individuais para as partes. Dentre os direitos encontra-se o de o concessionário auferir as vantagens de ordem pecuniária que o contrato lhe garantiu. Satisfeitas as condições contratuais pelo concessionário, a rentabilidade assegurada à empresa erige-se em *direito adquirido*, exigível do concedente na forma avençada. Qualquer modificação unilateral, posterior, da norma legal ou regulamentar ou de cláusula contratual pertinente ao serviço não invalida as vantagens contratuais asseguradas ao concessionário, porque tais modificações não podem ter efeito retroativo prejudicial ao direito adquirido, preservado por disposição constitucional (art. 5º, XXXVI).[91]

A alteração unilateral do contrato de concessão é admissível sempre, mas unicamente no tocante aos requisitos do serviço e com correlata revisão das cláusulas econômicas e financeiras afetadas pela alteração, para manter-se o equilíbrio econômico e financeiro inicial.

8.1.6 *Fiscalização do serviço* – A *fiscalização do serviço concedido* cabe ao Poder Público concedente, que é o fiador de sua regularidade e boa execução perante os usuários. Já vimos que serviços públicos e serviços de utilidade pública são sempre *serviços para o público*. Assim sendo, é dever do concedente exigir sua prestação em *caráter geral*, *permanente*, *regular*, *eficiente* e com *tarifas módicas* (art. 6º, § 1º). Para assegurar esses requisitos, indispensáveis em todo serviço concedido, reconhece-se à Administração Pública o direito de fiscalizar as empresas, com amplos poderes de verificação de sua administração, contabilidade, recursos técnicos, econômicos e financeiros, principalmente para conhecer a rentabilidade do serviço, fixar as tarifas justas e punir as infrações regulamentares e contratuais.

A fiscalização será feita por órgão técnico da Administração concedente ou por entidade com ela conveniada. Paralelamente, o regulamento do serviço deverá prever a constituição de comissão integrada por representantes do poder concedente, do concessionário e dos usuários, a fim de que colabore na fiscalização (art. 30, parágrafo único) (v., abaixo, o tópico sobre *Agências reguladoras*).

91. O STF, por maioria de votos, deferiu pedido de suspensão cautelar de lei do Rio Grande do Sul que concedia isenção a trabalhadores desempregados do pagamento de fornecimento de luz e de água pelas respectivas concessionárias, por entender que o Estado não poderia interferir na relação contratual entre o poder concedente e os concessionários, nem poderia alterar as condições previstas na licitação (ADI/MC 2.299-RS, rel. Min. Moreira Alves, *DJU* 30.3.2001).

8.1.7 *Intervenção* – No poder de fiscalização está implícito o de *intervenção* para regularizar o serviço, quando estiver sendo prestado deficientemente aos usuários ou ocorrer sua indevida paralisação.[92] O ato interventivo, expedido previamente pelo concedente, deverá indicar os motivos da medida e o prazo de sua duração, e no início e no fim da intervenção lavrar-se-á o termo respectivo com todas as indicações necessárias à sua regularidade. A intervenção há que ser provisória, pois, se definitiva, importaria encampação do serviço ou rescisão do contrato (arts. 29, III, e 32 a 34).

8.1.8 *Prestação do serviço* – A *prestação do serviço concedido* deve atender fielmente ao respectivo *regulamento* e às *cláusulas contratuais* específicas, para plena satisfação dos usuários, que são seus legítimos destinatários. Mas, independentemente das normas pertinentes, há cinco princípios regedores de todo serviço público ou de utilidade pública de presença obrigatória na sua prestação: *generalidade*, *permanência*, *eficiência*, *modicidade* e *cortesia*.

O princípio ou requisito da *generalidade* significa serviço para todos os usuários, indiscriminadamente; o da *permanência* ou *continuidade* impõe serviço constante, na área e período de sua prestação; o da *eficiência* quer dizer serviço satisfatório, qualitativa e quantitativamente; o da *modicidade* indica preços razoáveis, ao alcance de seus destinatários; o da *cortesia* significa bom tratamento ao público.

Esse conjunto de requisitos ou princípios é, modernamente, sintetizado na expressão *serviço adequado*, que a nossa Constituição adotou, com propriedade técnica, ao estabelecê-lo como uma das diretrizes para a lei normativa das concessões (art. 175, parágrafo único, IV), que o definiu no art. 6º (Lei 8.987/95).

Desatendendo a qualquer desses requisitos, o concessionário expõe-se às sanções regulamentares ou contratuais da concessão, por execução inadequada do serviço.

8.1.9 *Remuneração do concessionário* – O serviço concedido deve ser *remunerado por tarifa* (preço público), e não por taxa (tributo). E a tarifa deve permitir a justa remuneração do capital, o melhoramento e a expansão do serviço, assegurando o equilíbrio econômico e financeiro do contrato. Daí por que impõe-se a revisão periódica das tarifas, de modo a adequá-las ao custo operacional e ao preço dos equipamentos necessários à manutenção e expansão do serviço, a fim de propiciar a justa remuneração do concessionário, na forma contratada (art. 23, IV).

92. O TJSP admitiu a intervenção preventiva diante de uma situação de perigo iminente para o serviço de transporte coletivo urbano, na cidade de São Paulo (MS 45.953-1, rel. Des. Freitas Camargo).

A revisão das tarifas é ato privativo do poder concedente, em negociação com o concessionário, que deverá demonstrar a renda da empresa, as despesas do serviço e a remuneração do capital investido ou a ser investido nas ampliações necessárias.

8.1.10 *Direitos do usuário* – Os *direitos do usuário* devem ser claramente assegurados no contrato de concessão, por ser ele o destinatário do serviço concedido. A ausência de cláusulas em favor do público tem ensejado o maior descaso das empresas concessionárias pelos direitos do usuário, o que não aconteceria se o próprio interessado no serviço dispusesse de reconhecimento expresso em seu favor, para exigir a prestação que lhe é mui comumente denegada ou retardada, sem qualquer providência punitiva do Poder Público. A atual Constituição consagrou expressamente a proteção a esses direitos em seu art. 175, parágrafo único, II, os quais foram contemplados no art. 7º da Lei 8.987/95. Mais recentemente, a Lei 9.791, de 24.3.99, passou a obrigar os concessionários a oferecer ao consumidor ou usuário o mínimo de seis datas opcionais para o vencimento de seus débitos.

É certo e inegável que o princípio da *generalidade*, que informa todo serviço público, por si só permitiria a qualquer particular utilizar-se da prestação prometida pelo concessionário ao público em geral; mas, se o contrato não estipula prazo para o atendimento do pedido, se não prevê sanções pelo não atendimento, se não dispõe sobre a maneira de o interessado fazer valer seus direitos, todo fundamento doutrinário será inútil e sem conseqüências práticas para a obtenção do serviço.

Sendo princípio incontroverso que os serviços públicos e de utilidade pública não admitem discriminações ou privilégios entre os pretendentes à sua utilização, por se tratar de um "direito cívico", como o denomina apropriadamente Gabino Fraga,[93] chegamos à exata conclusão de que qualquer interessado terá ação contra o concessionário, que o desatender.

Além disso, injustas discriminações têm sido observadas na execução dos serviços concedidos, por favoritismo ou interesses escusos, sem que os preteridos tenham meios de coagir o concessionário à estrita observância contratual e regulamentar. Assim, a presença de cláusulas asseguradoras dos direitos do usuário e das obrigações correlatas do concessionário, com as sanções respectivas, ensejará o chamamento do faltoso a juízo, no momento em que descumprir o estipulado.[94] A esse propósito o Autor teve oportunidade de decidir que o usuário, desatendido na obtenção de qual-

93. Gabino Fraga, *Derecho Administrativo*, México, 1947, p. 543.

94. A Súmula Vinculante n. 27 estabelece que: "Compete à Justiça Estadual julgar causas entre consumidor e concessionária de serviço público de telefonia quando a ANATEL não seja litisconsorte passiva necessária, assistente nem opoente".

quer serviço concedido, tem pedido cominatório (CPC, art. 287) para haver judicialmente a prestação que lhe é assegurada, com todos os consectários da condenação. Naquela oportunidade sustentou, com base na doutrina e na jurisprudência estrangeira – porquanto, até então, não se admitia entre nós a ação do usuário contra o concessionário –, que "o usuário de serviço público concedido tem ação para fazer valer os seus direitos quando relegados".[95] Em ação subseqüente reiterou esse ponto de vista, confirmado pelo TACivSP e posteriormente seguido pelo TJGB e STF, com os mesmos argumentos de decisões anteriores.[96] Firmada está, hoje, a jurisprudência no sentido de que o pretendente à utilização de serviço concedido pode demandar diretamente o concessionário para constrangê-lo a prestar o serviço, sob pena de lhe pagar perdas e danos ou a multa correspondente, cominada na sentença (v. item 1.3 deste capítulo, onde fazemos referência ao Código de Defesa do Consumidor).

8.1.11 *Extinção da concessão – A extinção da concessão* representa a retomada do serviço concedido pelo Poder Público e pode ocorrer por diversos motivos e formas. O primeiro é o *término do prazo da concessão*, também conhecido como *reversão*, porque representa o retorno do serviço ao poder concedente; o segundo motivo é o *interesse público superveniente* à concessão, denominado de *encampação* ou *resgate*; a *inadimplência do concessionário* pode conduzir à rescisão unilateral do contrato por parte do poder concedente, designada por *caducidade*; o *descumprimento de cláusula contratual pelo poder concedente* dá ensejo a que o concessionário demande a *rescisão* do contrato; e, finalmente, a *ilegalidade da concessão ou do contrato* pode impor sua *anulação*. Em cada uma dessas hipóteses a extinção da concessão ocorre por circunstâncias e atos diferentes e produz conseqüências distintas entre as partes, como veremos a seguir.

8.1.11.1 Advento do termo contratual, ou reversão: é o término do prazo da concessão, com o retorno do serviço ao poder concedente; daí por que também é conhecida por *reversão*. Segundo a doutrina dominante, acolhida pelos nossos Tribunais, a *reversão* só abrange os bens, de qualquer natureza, vinculados à prestação do serviço. Os demais, não utilizados no objeto da concessão, constituem patrimônio privado do concessionário, que deles pode dispor livremente e, ao final do contrato, não está obrigado a entregá-los, sem pagamento, ao concedente. Assim é porque a reversão só atinge o serviço concedido e os bens que asseguram sua adequada prestação.

95. Sentença do Autor in *RT* 202/408 e *RDA* 25/263, reformada pelo TJSP, *RT* 202/408.

96. Sentença do Autor in *RT* 232/196, confirmada pelo 1º TACivSP, *RT* 232/196, e, no mesmo sentido: TJGB, *RDA* 39/248, 55/144; 1º TACivSP, *RT* 302/506, 347/405; STF, *RTJ* 63/128.

Se o concessionário, durante a vigência do contrato, formou um acervo à parte, embora provindo da empresa, mas desvinculado do serviço e sem emprego na sua execução, tais bens não lhe são acessórios e, por isso, não o seguem, necessariamente, na reversão.[97]

As cláusulas de reversão é que devem prever e tornar certo quais os bens que, ao término do contrato, serão transferidos ao concedente e em que condições. A reversão gratuita é a regra, por se presumir que, durante a exploração do serviço concedido, o concessionário retira não só a renda do capital como, também, o próprio capital investido no empreendimento.

Embora seja cláusula essencial do contrato (art. 23, X), se nada for estipulado a respeito, entende-se que o concedente terá o direito de receber de volta o serviço com todo o acervo aplicado na sua prestação, sem qualquer pagamento. Mas casos há de concessão de curto prazo, ou de investimentos especiais e de alto custo, que justificam se convencione a indenização total ou parcial dos bens da empresa quando da reversão do serviço.

A Lei 8.987/95 determina que o poder concedente indenize o concessionário de todas as parcelas de investimentos vinculados aos bens reversíveis, ainda não amortizados ou depreciados, que tenham sido realizados com o objetivo de garantir a continuidade e atualidade do serviço (art. 36). Pretende-se evitar, com essa determinação, que a prestação do serviço se deteriore nos últimos anos do prazo da concessão, por falta de investimentos do concessionário. Ao garantir, legalmente, a indenização desses investimentos, torna-se mais fácil ao poder concedente exigir o cumprimento do dever de *atualidade* do serviço, correspondente à manutenção e melhoria dos equipamentos, instalações e demais exigências do serviço.

A Lei 11.445, de 5.1.2007, modificou alguns parágrafos do art. 42 da Lei 8.987/95, regulando o término da concessão e o pagamento de eventual indenização.

8.1.11.2 Encampação ou resgate: é a retomada coativa do serviço, pelo poder concedente, durante o prazo da concessão, por motivo de interesse público. Não pode o concessionário, em caso algum, opor-se à encampação. Seu direito limita-se à indenização dos prejuízos que, efetivamente, o ato de império do Poder Público lhe acarretar, calculada na forma do art.

97. Castro Nunes, "Parecer", *RDA* 42/444; Antão de Moraes, "Parecer", *RDA* 42/458; Carlos Medeiros Silva, "Parecer", *RDA* 43/454; Alcino Pinto Falcão, "A cláusula de reversão na concessão de serviço público", *RDP* 15/127; Themístocles Cavalcanti, "Parecer", *RDA* 102/453; Hely Lopes Meirelles, "Parecer", *RDA* 102/462 – estes dois últimos pareceres anexados à ApCiv 63.405, da Guanabara, por Caio Tácito, que obteve acolhimento da tese, por unanimidade, pelo TJGB, *RDP* 15/227. No mesmo sentido: TJGB, *RDA* 45/218, confirmado pelo STF no RE 32.865.

36 da Lei 8.987/95. A encampação depende de lei autorizadora específica e pagamento prévio da indenização apurada (art. 37). Com isso pretendeu-se dar maiores garantias ao concessionário, ao transferir para o Legislativo a decisão de encampar, uma vez que o reconhecimento da existência de interesse público passa a depender de uma decisão colegiada e não individual do Chefe do Executivo. Justifica-se que assim seja, uma vez que a retomada do serviço pode importar indenização vultosa, dependente, talvez, de dotação específica.

Não se deve confundir *encampação* com *rescisão*, nem com *anulação*, ou com *reversão*, visto serem institutos diversos, embora todos façam volver o serviço ao concedente.

8.1.11.3 Caducidade: a rescisão por inadimplência do concessionário é, entre nós, também denominada *caducidade*, que corresponde à *decadenza* do Direito Italiano e à *déchéance* da doutrina francesa. A Lei 8.987/95 dispõe que o poder concedente poderá declarar a caducidade da concessão quando: a) o serviço estiver sendo prestado de forma inadequada; b) o concessionário descumprir cláusulas contratuais ou disposições legais ou regulamentares; c) o concessionário paralisar o serviço; d) perder as condições econômicas, técnicas ou operacionais; e) não cumprir as penalidades impostas por infrações anteriores; f) não atender à intimação para regularizar a prestação do serviço; e g) for condenado, em sentença transitada em julgado, por sonegação de tributos, inclusive contribuições sociais. A caducidade será declarada por decreto do poder concedente, depois de comprovada a inadimplência do concessionário em processo administrativo, observado o princípio do contraditório. A indenização será apurada no decurso do processo, dela devendo ser descontado o valor das multas contratuais e dos danos causados ao poder concedente (art. 38 e §§).

8.1.11.4 Rescisão: *rescisão* é o desfazimento do contrato, durante o prazo de sua execução. Rescisão é termo genérico, que comporta várias espécies, mas a Lei 8.987/95 reservou-o para a extinção da concessão promovida pelo concessionário junto ao Poder Judiciário (art. 39). A rescisão unilateral imposta pelo poder concedente foi denominada de *encampação*, quando motivada por interesse público (art. 37), ou de *caducidade*, quando decorrente de inadimplência do concessionário. A *rescisão judicial* é aquela determinada pelo Poder Judiciário, mediante provocação do concessionário em face de descumprimento do contrato pelo poder concedente. Para obtê-la, o concessionário deve: a) promover ação específica para esse fim; b) comprovar o descumprimento de cláusulas contratuais pelo poder concedente; c) manter a prestação do serviço sem solução de continuidade até a decisão judicial transitar em julgado, salvo se essa continuidade significar exigir o impossível do concessionário e comprometer sua própria existência.[98] Embora a lei não o diga, haverá sempre lugar para a *rescisão amigável*, que decorre de acordo das partes, no qual elas convencionam o modo e forma de devolução do serviço e eventuais pagamentos devidos.

8.1.11.5 Anulação: é a invalidação do contrato por ilegalidade na concessão ou na formalização do ajuste. A *anulação* não se confunde as formas de extinção antes examinadas, porque todas elas pressupõem um contrato *válido*, mas mal-executado (inadimplência) ou cuja execução pelo concessionário se tenha tornado inconveniente ao interesse público, ao passo que a anulação pressupõe um contrato *ilegal*, embora esteja sendo regularmente executado. Daí por que a anulação não impõe indenização alguma e produz efeitos *ex tunc*, retroagindo às origens da concessão, e as demais formas de extinção podem eventualmente obrigar o concedente a indenizar e só atuam dali para diante, *ex nunc*. É oportuno observar-se que a lei de ação popular considera *nulo*, dentre outros contratos, o de concessão de serviço público quando celebrado sem concorrência não dispensada por lei ou com concorrência fraudada (Lei 4.717/65, art. 4º, III, "a", "b" e "c").

8.1.11.6 Outras formas de extinção: a Lei 8.987/95 prevê, ainda, que a concessão se extingue pela falência ou extinção da empresa concessionária, ou pelo falecimento ou incapacidade do titular, no caso de empresa individual (art. 35, VI). Esta última hipótese só se aplica às permissões, uma vez que somente pessoa jurídica pode ser concessionária (art. 2º, II), e jurídicas são apenas aquelas enumeradas no art. 44 do CC, as associações, as sociedades e as fundações sem contar as pessoas jurídicas de Direito Público. *Empresa individual*, ou *firma individual*, não é pessoa jurídica, mas sim o nome adotado pela pessoa física para uso em seu comércio. Opõe-se à *firma social* ou *razão social*, própria aos nomes comerciais das sociedades mercantis.

8.1.12 *Proteção ao patrimônio do concessionário* – O patrimônio do concessionário, por vinculado a um serviço de utilidade pública que não pode sofrer paralisação ou retardamento na sua prestação, está protegido pelo Código Penal (Lei 2.848/40), que considera *crime de dano qualificado* (art. 163, III, com a redação dada pela Lei 5.346/67) qualquer lesão aos bens da empresa.

98. Cf. excelente acórdão relatado pelo Des. Thales do Amaral, em questão pioneira, no TJSP, AI 299.799-5, j. 24.11.2005).

8.2 Parcerias público-privadas[99]

8.2.1 *Conceito* – É uma nova forma de participação do setor privado na implantação, melhoria e gestão da infra-estrutura pública, principalmente nos setores de rodovias, ferrovias, hidrovias, portos, energia etc., como alternativa à falta de recursos estatais para investimentos nessas áreas.

A Lei 11.079, de 30.12.2004, define a *parceria público-privada* como contrato administrativo de concessão, mas uma concessão especial, diversa da que estudamos anteriormente, porque o particular presta o serviço em seu nome, mas não assume todo o risco do empreendimento, uma vez que o Poder Público contribui financeiramente para sua realização e manutenção.

Duas são as modalidades de parceria público-privada instituídas pela referida lei: *concessão patrocinada* – quando a concessão de serviços ou de obras públicas envolver uma contraprestação do Poder Público adicionalmente à tarifa cobrada dos usuários; e *concessão administrativa* – quando a remuneração do serviço é feita integralmente pela Administração, ainda que ele envolva execução de obra ou fornecimento de bens.

Na verdade, são duas formas de concessão que refogem ao conceito tradicional desse contrato administrativo, porque envolvem contraprestação pecuniária do Poder Público. Não obstante, a elas se aplicam os princípios básicos da concessão comum, com as alterações especificadas pela nova lei. Passamos, assim, a contar com *três tipos de concessão de serviços*: a *comum*, que continua regulada pela Lei 8.987/95; a *patrocinada* e a *administrativa*, que se regem pela nova lei, com aplicação subsidiária da lei de 1995.

Com relação a esta última, é preciso não confundi-la com a *concessão de uso de bem público*, também chamada de *concessão administrativa de uso*, para diferençá-la da concessão do direito real de uso, por nós mencionadas no cap. VIII. Esta concessão administrativa é um contrato de prestação de serviços de que a Administração é a usuária direta ou indireta, conforme a define a lei. Daí por que a remuneração é paga integralmente pela própria Administração. Destina-se, ao que parece, a permitir a inserção do setor privado em serviços até agora pouco atrativos, como a construção e administração de presídios, hospitais, escolas e outros setores.

A celebração do contrato de *parceria público-privada* é vedada quando seu valor seja inferior a R$ 20.000.000,00 (vinte milhões de Reais), ou quando o período de sua prestação seja inferior a cinco anos, ou, ainda, quando tenha como objeto único o fornecimento de mão-de-obra, o fornecimento e a instalação de equipamentos ou a execução de obra pública.

99. Sobre o tema, consulte-se: Luiz Tarcísio Teixeira Ferreira, *Parcerias Público-Privadas – Aspectos Constitucionais*, com "Prefácio" de Celso Antônio Bandeira de Mello; Maurício Portugal Ribeiro e Lucas Navarro Prado, *Comentários à Lei de PPP – Parceria Público-Privada*, Malheiros Editores, 2007 e 2009.

8.2.2 *Cláusulas do contrato* – As *cláusulas do contrato de parceria público-privada* devem obedecer ao disposto no art. 23 da Lei 8.987/95 e mais às condições constantes do art. 5º da nova lei, dentre as quais convém destacar a previsão dos fatos que venham a caracterizar a inadimplência pecuniária do parceiro público, os modos e o prazo de regularização e, quando houver, a forma de acionamento da garantia – pois esta participação financeira da Administração é a característica principal desta nova modalidade de parceria. Por isso, a lei procura especificar as formas de contraprestação do Poder Público, listando as garantias que podem ser oferecidas (art. 8º), admitindo até mesmo a vinculação de receitas, desde que observado o disposto no inc. IV do art. 167 da CF.

Outro aspecto relevante a ser mencionado (art. 11, III) é o de que o contrato deverá prever mecanismos privados de resolução de disputas, inclusive a *arbitragem*, a ser realizada no Brasil, nos termos da Lei 9.307, de 23.9.96 – por nós comentada no item 4.7 do cap. V –, o que evidencia a tendência de se admitir o uso da *arbitragem* nos contratos administrativos.

8.2.3 *Constituição de sociedade de propósito específico* – *Sociedade de propósito específico* deve ser constituída para implantar e gerir o objeto da parceria, sendo vedado à Administração ser titular da maioria do seu capital votante. Essa sociedade deverá obedecer aos padrões de governança corporativa e poderá assumir a forma de companhia aberta, com valores mobiliários admitidos a negociação no mercado (art. 9º e seus §§).

8.2.4 *Contratação* – A *contratação da parceria público-privada* deve ser precedida de licitação, na modalidade de *concorrência*; mas uma concorrência especial, que admite – se assim previsto no edital – um leilão a viva voz, depois da abertura das propostas escritas. Os lances a viva voz serão sempre oferecidos na ordem inversa da classificação das propostas escritas, sendo vedada a limitação de lances. Não obstante, o edital poderá restringir a apresentação de lances aos licitantes cuja proposta escrita for no máximo 20% maior que o valor da melhor proposta.

Os *critérios de julgamento* são: *menor tarifa* a ser cobrada pelo serviço; *menor valor da contraprestação* a ser paga pelo Poder Público; ou a *combinação* de um ou outro desses critérios *com o de melhor técnica* apresentada (art. 12, II). Admite-se, portanto, a etapa prévia de qualificação de propostas técnicas, desclassificando-se os licitantes que não alcançaram a pontuação mínima exigida.

Outra característica desta concorrência é a possibilidade da *inversão da ordem das fases de habilitação e julgamento* – o que o edital deverá prever expressamente. Encerrada a fase de classificação das propostas ou oferecimento de lances, será aberto o invólucro com os documentos de habilitação do primeiro classificado; se atendidas as exigências do edital, o licitante será declarado vencedor; não atendidas, o mesmo procedimento será feito com o segundo colocado, e assim sucessivamente, até que um licitante classificado atenda às condições fixadas no edital (art. 13).

8.2.5 *Despesas com os contratos* – Como as parcerias público-privadas envolvem o comprometimento das receitas das entidades estatais, a lei determina que as *despesas com tais contratos* não podem exceder a 1% da receita corrente líquida de cada exercício. Isto vale também para Estados e Municípios, que, se violarem tal proibição, não poderão receber da União garantia para seus empréstimos ou transferências voluntárias (arts. 23 e 28). De igual modo, não podem investir mais de 70% de seus recursos próprios em tais empreendimentos – limite, este, elevado para 80% quando participarem fundos de previdência privada complementar. Estas restrições foram impostas tendo em vista a *Lei de Responsabilidade Fiscal*, mas alcançam também as empresas estatais não-dependentes, como é o caso da Petrobrás, Sabesp etc., não sujeitas à citada *Lei de Responsabilidade Fiscal*.

8.2.6 *Parcerias federais* – A Lei 11.079/2004 contempla, ainda, um capítulo com normas aplicáveis somente às *parcerias federais*. Para esse fim, determina a instituição de um *órgão gestor*, com a participação de representantes dos Ministérios do Planejamento, da Casa Civil e da Fazenda, ao qual caberá o estudo prévio do mérito do projeto e da viabilidade da concessão da garantia financeira (art. 14). Prevê também a criação de um *Fundo Garantidor de Parcerias* – FGP, que será administrado, gerido e representado por instituição financeira controlada pela União (arts. 16 a 21).

8.3 Serviços permitidos

Além dos *serviços concedidos*, que vimos precedentemente, há, ainda, os *serviços permitidos*, que veremos agora, e os *serviços autorizados*, que serão vistos ao depois. Todos são modalidades de *serviços delegados* ao particular, apenas por formas e com garantias diferentes: a concessão é delegação contratual e, modernamente, legal; a permissão e a autorização constituem delegações por ato unilateral da Administração; aquela com maior formalidade e estabilidade para o serviço; esta com mais simplicidade e precariedade na execução.

Serviços permitidos são todos aqueles em que a Administração estabelece os requisitos para sua prestação ao público e, por ato unilateral (termo de permissão), comete a execução aos particulares que demonstrarem capacidade para seu desempenho (sobre o conceito de *permissão* e suas modalidades v. o cap. IV, item 4.3, *Atos negociais*).

A *permissão* é, em princípio, discricionária e precária, mas admite condições e prazos para exploração do serviço, a fim de garantir rentabilidade e assegurar a recuperação do investimento do permissionário visando a atrair a iniciativa privada. O que se afirma é que a *unilateralidade*, a *discricionariedade* e a *precariedade* são atributos da permissão, embora possam ser excepcionados em certos casos, diante do interesse administrativo ocorrente. Esses condicionamentos e adequações do instituto para delegação de serviços de utilidade pública ao particular – empresa ou pessoa física – não invalidam a faculdade de o Poder Público, unilateralmente e a qualquer momento, modificar as condições iniciais do termo ou, mesmo, revogar a permissão sem possibilidade de oposição do permissionário, salvo se ocorrer abuso de poder ou desvio de finalidade da Administração ou se tratar de *permissão condicionada*, caso em que as condições e prazos devem ser respeitados pela Administração que os instituiu.[100]

Enquanto, porém, o Poder Público não modificar as condições ou cassar a permissão, prevalece o estabelecido e poderá o permissionário defender seus direitos perante a Administração ou terceiros. Cessará, repetimos, qualquer direito anteriormente reconhecido desde o momento em que o permitente, unilateral e discricionariamente, cassar a permissão ou impuser novas condições ao permissionário. E assim é porque, como bem esclarece Basavilbaso, "toda permissão traz implícita a condição de ser, em todo momento, compatível com o interesse público, e, por conseguinte, revogável ou modificável pela Administração, sem recurso algum por parte do permissionário".[101]

O serviço permitido é executado em nome do permissionário, por sua conta e risco, mas sempre nas condições e com os requisitos preestabelecidos pela Administração permitente, que o controla em toda sua execução, podendo nele intervir quando prestado inadequadamente aos usuários. O início e o fim da intervenção devem ser precedidos dos respectivos termos circunstanciados.

A *permissão*, por sua natureza precária, presta-se à execução de serviços ou atividades transitórias, ou mesmo permanentes, mas que exijam freqüentes modificações para acompanhar a evolução da técnica ou as variações do interesse público, tais como o transporte coletivo, o abastecimento da população e demais atividades cometidas a particulares, mas dependentes do controle estatal.

100. TJSP, *RJTJSP* 125/196.

101. Benjamin Villegas Basavilbaso, *Derecho Administrativo*, Buenos Aires, 1952, IV/218.

Em geral, a *permissão* não gera privilégio, nem assegura exclusividade ao permissionário, salvo no caso de inviabilidade técnica ou econômica justificada (art. 16).[102] A *permissão* para a *prestação de serviço público ou de utilidade pública*, agora, pela Constituição de 1988, exige licitação, nos termos do seu art. 175, do art. 2º da Lei 8.666/93, e dos arts. 2º, IV, e 40, e da Lei 8.987/95. Observe-se, ainda, que aos permissionários não se estendem automaticamente as prerrogativas dos concessionários, só se beneficiando das que lhes forem expressamente atribuídas.

Embora ato unilateral e precário, a *permissão* é deferida *intuitu personae* e, como tal, não admite a substituição do permissionário, nem possibilita o traspasse do serviço ou do uso permitido a terceiros sem prévio assentimento do permitente.[103]

Quanto aos atos dos permissionários praticados em decorrência da permissão, podem revestir-se de certa autoridade pela delegação recebida do Poder Público, e, nessas condições, tornam-se passíveis de mandado de segurança, desde que lesivos de direito líquido e certo (Lei 1.533/51, art. 1º, § 1º).

Outra observação que se impõe é a de que os atos dos permissionários são de sua exclusiva responsabilidade, sem afetar a Administração permitente. Embora praticados por delegação do Poder Público e sob sua fiscalização, por eles respondem os próprios permissionários, mas, subseqüentemente, poderá ser responsabilizada a Administração permitente, por culpa na escolha ou na fiscalização do executor do serviço.

A *permissão* vem sendo a modalidade preferida pelas Administrações federal, estaduais e municipais para delegação de serviços de transporte coletivo a empresas de ônibus nas respectivas áreas de sua competência.

Observe-se, finalmente, que *serviço permitido* é *serviço de utilidade pública* e, como tal, sempre sujeito às normas do Direito Público. Não se pode, assim, realizar permissão ou traspassar a prestação de serviço permitido em forma de avença privada, em que predomina o interesse particular. Nem sempre as normas do Direito Privado servirão para regular satisfatoriamente o funcionamento do serviço de interesse público.

A Lei 8.987/95 conceitua *permissão de serviço público*: a delegação, a título precário, mediante licitação, da prestação de serviços públicos, feita pelo poder concedente, a pessoa física ou jurídica que demonstre capacidade para seu desempenho, por sua conta e risco (art. 2º, IV). Ao contrário do que recomenda o Autor, contudo, o art. 40 da Lei 8.987/95 determina

102. STF, *RDA* 54/114; TJSP, *RDA* 41/225; *RT* 258/142; 1º TACivSP, *RT* 236/496 (anteriores à Lei 8.987/95).

103. Otto Mayer, *Derecho Administrativo Alemán*, trad., Depalma, Buenos Aires, 1951, III/238, 4.

que a permissão seja formalizada mediante *contrato de adesão*, ajuste de Direito Privado, que tem características próprias e que não deveria ser utilizado para fins de prestação de serviço público. Basta considerar que, embora formalizada mediante contrato, a permissão não perde seu caráter de precariedade e de revogabilidade por ato unilateral do poder concedente, idéias incompatíveis com a noção de contrato privado. Acresce, ainda, que a mesma lei estabelece sejam aplicados às permissões os preceitos referentes às concessões (art. 40, parágrafo único). Claro está que esta aplicação far-se-á apenas no que couber, visto que são figuras administrativas assemelhadas mas distintas, não podendo ser totalmente equiparadas, como deixou bem claro o Autor.

8.4 Serviços autorizados

Serviços autorizados[104] são aqueles que o Poder Público, normalmente por ato unilateral,[105] em regra precário e discricionário, delega sua execução a particular. Esses serviços (a) podem ser instáveis, ainda que contínuos, ou em caráter emergencial e transitório, ou (b) podem ser os serviços previstos no art. 21, XI e XII, da CF. Temos ainda a autorização sem a natureza jurídica de delegação de serviço público.

8.4.1 *Autorização para atender a serviços instáveis ou emergenciais* – Essa autorização compreende serviços delegados e controlados pela Administração autorizante, com ou sem regulamentação específica, sujeitos normalmente a constantes modificações no modo de sua prestação ao público e a supressão a qualquer momento, mediante revogação, o que agrava sua precariedade. É a autorização tradicional, ou seja, tipicamente discricionária e precária. A remuneração dos serviços é tarifada pela Administração, como os demais de prestação ao público, dentro das possibilidades de medida para oferecimento aos usuários. A execução normalmente deve ser pessoal e intransferível a terceiros. Sendo uma modalidade de delegação discricionária, em princípio não exige licitação; mas para escolha do melhor autorizatário poderá ser adotado qualquer tipo de seleção – caso em que a Administração ficará vinculada aos termos do edital de convocação. Fora destes casos, para não fraudar o princípio constitucional da licitação, a delegação deve ser feita mediante permissão ou concessão.

104. V. Cid Tomanik Pompeu, *Autorização Administrativa* (tese), São Paulo, Ed. RT, 1979, e "Natureza jurídica da autorização", *RDA* 142/11; e José Cretella Jr., "Definição da autorização legislativa", *RT* 813/753.

105. Pode ser por contrato de adesão, como prevê o Dec. 2.521/98, que dispõe sobre transporte coletivo interestadual e internacional, ou sob o regime de permissão, na forma do inciso XXIII, "b" e "c", do art. 21 da CF.

8.4.2 *Autorização para os serviços previstos no art. 21, XI e XII, da CF* – Essa modalidade de delegação é expressamente prevista nos incisos XI e XII do art. 21 da CF. Essa norma "é de distribuição de competência federativa. Não é uma regra que crie dever ou obrigação".[106] Assim, se, mediante lei, a União resolver prestar algum desses serviços, a Carta permite que essa lei preveja a autorização como modalidade de delegação. Logo, no estudo da autorização em foco, o art. 21 e seus incisos devem ser considerados na interpretação do art. 175 da CF. Nessa linha, sob pena de negar o núcleo dos incisos acima referidos, não há como negar que a Constituição prevê três modalidades de delegação: *concessão*, *permissão* e *autorização*. Por isso, na autorização prevista nos incisos XI e XII do art. 21, se a competição[107] for possível e a lei não a dispensar, a licitação também é obrigatória, por força do art. 37, XXI, da CF, a exemplo da concessão e permissão. Essa autorização é regulamentada na forma das leis que disciplinam cada serviço delegado, e cada uma delas dirá se a autorização é precária, ou não, e se a licitação é dispensável.

8.4.3 *Autorização sem a natureza de delegação* – Nem sempre a autorização significa delegação de serviço público. Assim, quando o Poder Público permite o uso privativo de bem público não há delegação, mas a chamada *autorização de uso*. O Poder Público, para certas atividades ou para a prática de certos atos previstos em lei, dá autorização ao particular para exercê-las ou praticar os atos. É o que ocorre com os serviços de táxi, de despachantes, de pavimentação de ruas por conta dos moradores, de guarda particular de estabelecimentos ou residências, nos quais, embora não caracterizem atividade pública típica, convém que o Poder Público conheça e credencie seus executores e sobre eles exerça o necessário controle no seu relacionamento com o público e com os órgãos administrativos a que se vinculam em razão das respectivas atividades. Nesse sentido, ainda a título de exemplo, pode-

106. STF, 2ª T., RE 220.099, m.v. Esse julgado também examinou a responsabilidade civil da União em face da paralisação de transporte fluvial por parte da FRANAVE, sociedade de economia mista criada pela Lei 2.599/55.

107. Nesse sentido, o art. 91 e seu § 1º da Lei 9.472/97 – Lei Geral das Telecomunicações – dispõem:

"Art. 91. A licitação será inexigível quando, mediante processo administrativo conduzido pela Agência, a disputa for considerada inviável (...).

"§ 1º. Considera-se inviável a disputa quando apenas um interessado puder realizar o serviço, nas condições estipuladas" (o STF julgou essas normas constitucionais no exame da liminar na ADI 1.668).

Igualmente, o art. 4º, II, da Lei 8.630/93 prevê a autorização "quando o interessado for titular de domínio útil do terreno", o que caracteriza impossibilidade de competição e, assim, inexigibilidade de licitação. A Lei 11.909, de 4.3.2009, que dispõe sobre as atividades relativas ao transporte de gás natural (art. 177 da CF) e as de tratamento, processamento, estocagem, liquefação, regaseificação e comercialização de gás natural, também prevê a autorização.

mos citar a autorização para pesquisa e lavra (art. 176 da CF); para porte de arma; para supressão de vegetação; para venda ambulante; para produção e/ou comércio de material bélico (art. 21, VI, da CF); para a exploração de material genético; e para a exploração das atividades de tratamento, processamento, estocagem, liquefação, regaseificação e comercialização de gás natural, previstas no art. 1º da Lei 11.909/2009, cujo § 2º diz que, quando decorrente de autorização (ou de concessão) prevista nessa lei, a atividade "correrá por conta e risco do empreendedor, não se constituindo, em qualquer hipótese, prestação de serviço público". Essas autorizações podem não ser precárias, mas condicionadas ou qualificadas, dependendo sempre da lei respectiva (v. cap. IV, item 4.3.2, e cap. VIII, item 9.2).

As atividades autorizadas não se beneficiam das prerrogativas das atividades públicas, só auferindo as vantagens que lhes forem expressamente deferidas no ato da autorização, e sempre sujeitas a modificação ou supressão sumária, dada a precariedade ínsita a esse ato. Seus executores não são agentes públicos, nem praticam atos administrativos; prestam, apenas, uma atividade de interesse da comunidade, por isso mesmo controlada pela Administração e sujeita à sua autorização. A relação, inclusive contratual, com o usuário dessas atividades é sempre uma relação de Direito Privado, sem participação ou responsabilidade do Poder Público. Qualquer irregularidade deve ser comunicada à Administração autorizante, mas unicamente para que ela conheça a falta do autorizatário e, se for o caso, lhe aplique a sanção cabível, inclusive a cassação da autorização.

9. *Convênios administrativos*

Convênios administrativos são acordos firmados por entidades públicas de qualquer espécie, ou entre estas e organizações particulares, para realização de objetivos de interesse comum dos partícipes.[108]

Convênio é acordo, mas não é contrato.[109] No contrato as partes têm interesses diversos e opostos; no convênio os partícipes têm interesses comuns e coincidentes. Por outras palavras: no *contrato* há sempre duas partes (podendo ter mais de dois signatários), uma que pretende o objeto do ajuste

108. Sobre convênios, v.: Fernando Santana, in *RPGE* 4/83; Aran Hatchikian Neto, in *RDP* 49-50/198; Ada Pellegrini Grinover, in *RDP* 6/19; Fábio Fanucchi, in *RDA* 120/507; Hely Lopes Meirelles, "Parecer", in *Estudos e Pareceres de Direito Público*, IX/101, 1986; Leon Frejda Szklarowsky, "Convênios administrativos", *RT* 669/39. Flávia Danielle Santiago Lima, "Da celebração de convênios administrativos: uma análise a partir das decisões do Tribunal de Contas da União", *Revista Virtual da AGU* 77, jun./2008; Orientação Normativa AGU-31/2010: "A celebração de convênio com entidade privada sem fins lucrativos poderá ser precedida de chamamento público. Nos casos em que não for realizado tal procedimento deverá haver a devida fundamentação".

109. STF, *RTJ* 141/619.

(a obra, o serviço etc.), outra que pretende a contraprestação correspondente (o preço, ou qualquer outra vantagem), diversamente do que ocorre no *convênio*, em que não há partes, mas unicamente *partícipes* com as mesmas pretensões. Por essa razão, no convênio a posição jurídica dos signatários é uma só, idêntica para todos, podendo haver apenas diversificação na cooperação de cada um, segundo suas possibilidades, para a consecução do objetivo comum, desejado por todos.

Diante dessa igualdade jurídica de todos os signatários do convênio e da ausência de vinculação contratual[110] entre eles, qualquer partícipe pode denunciá-lo e retirar sua cooperação quando o desejar, só ficando responsável pelas obrigações e auferindo as vantagens do tempo em que participou voluntariamente do acordo. A liberdade de ingresso e retirada dos partícipes do convênio é traço característico dessa *cooperação associativa*, e, por isso mesmo, não admite cláusula obrigatória da permanência ou sancionadora dos denunciantes.[111] Nossas Administrações, entretanto, têm confundido, em muitos casos, o *convênio* com o *contrato administrativo*, realizando este em lugar e com a denominação daquele, o que dificulta sua interpretação e execução.

Os *convênios*, entre nós, não adquirem personalidade jurídica, permanecendo como simples aquiescência dos partícipes para a persecução de objetivos comuns, o que nos leva a considerá-los, tão-somente, uma *cooperação associativa*, livre de vínculos contratuais. Essa instabilidade institucional, aliada à precariedade de sua administração, vem criando dificuldades insuperáveis para sua operatividade, principalmente no campo empresarial, que exige pessoas e órgãos responsáveis para as contratações de grande vulto.

A Constituição de 1988 não se referia nominadamente a convênios, mas nada impedia a sua realização como instrumento de cooperação associativa, quer entre os entes federados, quer entre estes e entidades privadas que disponham de meios para realizar os objetivos comuns, de interesse recíproco dos partícipes. A EC 19, de 4.6.1998, deu nova redação ao art. 241, ao dispor que "A União, os Estados, o Distrito Federal e os Municípios disciplinarão por meio de lei os consórcios públicos e os convênios de cooperação entre os entes federados, autorizando a gestão associada de serviços públicos, bem como a transferência total ou parcial de encargos, serviços, pessoal e bens essenciais à continuidade dos serviços transferidos". Os consórcios públicos foram regulados pela Lei 11.105, de 6.4.2005, e objeto de nosso estudo no item 6 deste Capítulo. A Lei 11.473, de 10.5.2007, autoriza

110. A verba derivada de convênios é de natureza essencialmente vinculada ao seu fim, e aplicá-la de forma diversa da respectiva programação, mesmo com finalidade pública, caracteriza crime de responsabilidade do governante e de mera conduta (STF, AP 409).

111. Nesse sentido já decidiu o TJSP, in *RJTJSP* 95/61.

convênios especificamente para executar atividades e serviços imprescindíveis à preservação da ordem pública e da incolumidade das pessoas e do patrimônio.

Em face da gravidade do problema da segurança pública, a União criou uma Força Nacional de Segurança, para auxiliar os Estados nessa tarefa, assumindo as operações conjuntas e o desenvolvimento de atividades e qualificação dos profissionais dessa área. A Lei 11.530, de 24.10.2007, instituiu o Programa Nacional de Segurança Pública e Cidadania – PRONACI –, destinado à prevenção, controle e repressão da criminalidade.

9.1 Organização

A *organização dos convênios* não tem forma própria, mas sempre se fez com autorização legislativa e recursos financeiros para atendimento dos encargos assumidos no termo de cooperação. Entretanto, o STF vem decidindo que é inconstitucional a norma que exige autorização legislativa, por ferir a independência dos Poderes.[112] *Data venia*, não nos parece que ocorra essa inconstitucionalidade, porque o convênio e o consórcio são sempre atos gravosos que extravasam dos poderes normais do administrador público e, por isso, dependem da aquiescência do Legislativo.

9.2 Execução

A *execução dos convênios* tem ficado, comumente, a cargo de uma das entidades participantes, ou de comissão diretora. De qualquer forma, o convênio permanece despersonalizado e sem órgão diretivo adequado. Diante desses inconvenientes, recomenda-se a organização de uma entidade civil ou comercial com a finalidade específica de dar execução aos termos do convênio, a qual receberá e aplicará seus recursos nos fins estatutários, realizando diretamente as obras e serviços desejados pelos partícipes ou contratando-os com terceiros. Assim, o convênio manter-se-á como simples pacto de cooperação, mas disporá de uma pessoa jurídica que lhe dará execução, exercendo direitos e contraindo obrigações em nome próprio e oferecendo as garantias peculiares de uma empresa. As entidades convenentes, sejam públicas ou privadas, são obrigadas a realizar licitação, na sua modalidade de *pregão*, de preferência na forma eletrônica, para a aquisição de bens ou serviços comuns, quando o fizerem com recursos repassados pela União (cf. o Dec. 5.504/2005; v. cap. V, item 9.6.4).

A Lei 8.666/93 considera contrato, para seus fins, todo e qualquer ajuste entre órgãos e entidades da Administração Pública e particulares, desde

112. STF, ADI 1.166-9, *DJU* 13.11.2002; *RTJ* 94/995, 115/597; *RDA* 140/63, 161/169; *RT* 599/222.

que haja acordo de vontades para a formação de vínculo e a estipulação de obrigações recíprocas, seja qual for a denominação utilizada (art. 2º, parágrafo único). No art. 116, determina a incidência de seus dispositivos, no que couber, a todos os *convênios*, acordos, ajustes e outros instrumentos congêneres celebrados por órgãos ou entidades da Administração. Nos seus parágrafos, estabelece uma série de formalidades que devem ser cumpridas quando da celebração de *convênio*, principalmente quando houver repasse de recursos da entidade pública à organização privada interessada.[113]

10. Saneamento básico: a Lei 11.445, de 5.1.2007

Seria inviável, neste capítulo, tratar dos serviços públicos em espécie, dadas sua extrema variedade e as restrições que nos impusemos para não ampliar demasiadamente esta obra. Abrimos exceção para breves considerações sobre a Lei 11.445/2007, ansiosamente aguardada pelos interessados, em face das dúvidas quanto à competência estatal para sua prestação, principalmente nas Regiões Metropolitanas e Municípios que se localizam na mesma bacia hidrográfica.

A lei considera como saneamento básico: a) o abastecimento de água potável, desde a sua captação e tratamento até as ligações prediais; b) a coleta, transporte, tratamento e disposição final dos esgotos sanitários; c) a limpeza urbana de manejo dos resíduos sólidos, com tratamento e destino final do lixo; e d) a drenagem e manejo das águas pluviais urbanas.

Assim considerado o saneamento básico, a competência para sua execução seria, naturalmente, do Município. Ocorre que nas Regiões Metropolitanas isto não seria possível, dada a interligação das redes de água e esgoto de várias cidades. Semelhante dificuldade ocorre com os Municípios situados na mesma bacia hidrográfica. Ainda mais quando a própria lei determina que a utilização de recursos hídricos na prestação de serviços públicos de saneamento básico, inclusive para disposição ou diluição de esgotos e outros resíduos líquidos, está sujeita a outorga de direito de uso, nos termos da Lei 9.433, de 8.1.97, de seus regulamentos e das legislações estaduais. Por isso mesmo a lei determina que "os planos de saneamento básico deverão ser compatíveis com os planos das bacias hidrográficas em que estiverem inseridos" (art. 19, § 3º).

Tendo em vista essa realidade, a Lei 11.445/2007 abre um capítulo para regular a prestação regionalizada dos serviços de saneamento básico (arts.

113. Esses dispositivos foram inseridos na lei em decorrência de abusos praticados no âmbito do Governo Federal, com repasse de recursos para muitas entidades privadas pretensamente assistenciais. Não são aplicáveis aos convênios em que não haja entidade ou órgão repassador.

14 e ss.), que pode ser feita por órgãos ou entidades de ente da Federação ou por consórcio público, nos termos do art. 241 da CF. As Leis 11.478, de 29.5.2007, e 11.488, de 15.6.2007, instituíram o Fundo de Investimento em Participações em Infra-Estruturas e o Regime Especial de Incentivos para Desenvolvimento da Infra-Estrutura.

A Lei 11.445 foi regulamentada pelo Dec. 7.217/2010, que, além de dizer que "os serviços públicos de saneamento básico possuem natureza essencial", contém "definições" e os "princípios" regedores da sua prestação (arts. 2º e 3º).

11. Política Nacional de Resíduos Sólidos: a Lei 12.305, de 2.8.2010

Como dito acima, é inviável tratar nesta obra das espécies de serviços públicos. Mas, pelas mesmas razões, abrimos outra exceção para algumas considerações sobre a Lei 12.305/2010 (regulamentada pelo Dec. 7.404, de 23.12.2010), que institui a *Política Nacional de Resíduos Sólidos*, também ansiosamente aguardada, devido à urgente necessidade da normatização de uma política ao nível nacional sobre os resíduos sólidos, "dispondo sobre seus princípios, objetivos e instrumentos, bem como sobre as diretrizes relativas à gestão integrada e ao gerenciamento de resíduos sólidos, incluídos os perigosos, às responsabilidades dos geradores e do Poder Público e aos instrumentos econômicos aplicáveis" (art. 1º) (v. cap. VIII, item 10.2).

Capítulo VII
SERVIDORES PÚBLICOS

1. Considerações gerais: 1.1 Servidores públicos – 1.2 Classificação na Constituição – 1.3 Regime jurídico. 2. Organização do serviço público: 2.1 Organização legal – 2.2 Conselhos de política de administração e remuneração de pessoal. Escolas de governo – 2.3 Cargos e funções: 2.3.1 Classe; 2.3.2 Carreira; 2.3.3 Quadro; 2.3.4 Cargo de carreira; 2.3.5 Cargo isolado; 2.3.6 Cargo técnico; 2.3.7 Cargo em comissão; 2.3.8 Cargo de chefia; 2.3.9 Lotação – 2.4 Criação, transformação e extinção de cargos, funções ou empregos públicos – 2.5 Provimento de cargos – 2.6 Direitos do titular do cargo – 2.7 Acesso a informações privilegiadas – 2.8 Competência para organizar o serviço público: 2.8.1 Competência da União; 2.8.2 Competência do Estado-membro; 2.8.3 Competência do Município; 2.8.4 Competência do Distrito Federal – 2.9 Observância das normas constitucionais. 3. Normas constitucionais pertinentes aos servidores: 3.1 Acessibilidade aos cargos, funções e empregos públicos – 3.2 Concurso – 3.3 Contratação por tempo determinado – 3.4 Desinvestidura de cargo ou emprego público – 3.5 Paridade de vencimentos – 3.6 Vedação de equiparações e vinculações – 3.7 Acumulação de cargos, empregos e funções públicas – 3.8 Estabilidade – 3.9 Previdência social – 3.10 Sistema de previdência social do servidor – 3.11 Regime jurídico peculiar: 3.11.1 Regras específicas; 3.11.2 Aposentadoria; 3.11.3 Aposentadoria pelo regime peculiar; 3.11.4 Reajustamento dos proventos e da pensão; 3.11.5 Requisitos e critérios para a aposentadoria; 3.11.6 Direito à aposentadoria; 3.11.7 Reversão, cassação e anulação da aposentadoria; 3.11.8 Pensão por morte; 3.11.9 Cômputo do tempo de contribuição – 3.12 Regras previdenciárias de transição – 3.13 Exercício de mandatos eletivos – 3.14 Demissão de vitalícios e estáveis – 3.15 Reintegração, recondução, reversão, readmissão e aproveitamento – 3.16 Responsabilização civil de servidores – 3.17 Abrangência das normas constitucionais – 3.18 Competência da Justiça Comum. 4. Lei de Responsabilidade Fiscal. 5. Deveres e direitos dos servidores: 5.1 Deveres: 5.1.1 Dever de lealdade; 5.1.2 Dever de obediência; 5.1.3 Dever de conduta ética; 5.1.4 Dever de eficiência; 5.1.5 Outros deveres – 5.2 Restrições funcionais – 5.3 Direitos – 5.4 Sistema remuneratório. Remuneração. Subsídio. Vencimentos. Vantagens pecuniárias. Indenizações: 5.4.1 Sistema remuneratório; 5.4.2 Subsídio; 5.4.3 Vencimentos; 5.4.4 Vantagens pecuniárias; 5.4.5 Indenizações. 6. Responsabilidades dos servidores: 6.1 Responsabilidade administrativa – 6.2 Responsabilidade civil – 6.3 Responsabilidade criminal – 6.4 Responsabilidade por improbidade administrativa – 6.5 Meios de punição – 6.6 Seqüestro e perdimento de bens – 6.7 Enriquecimento ilícito – 6.8 Abuso de autoridade. 7. Militares. 8. Direito adquirido.

1. Considerações gerais

1.1 Servidores públicos

Como já vimos (cap. II, item 1.5.3.2), os *servidores públicos* constituem subespécies dos *agentes públicos administrativos*, categoria que abrange a grande massa de prestadores de serviços à Administração e a ela vinculados por relações profissionais, em razão de investidura em cargos e funções, a título de emprego e com retribuição pecuniária.[1]

A Constituição de 1988, corrigindo a anterior, abriu a seç. II do seu cap. VII com a epígrafe "Dos servidores públicos civis", no que andou bem, porque seus dispositivos englobam todos os que prestam serviços à Administração em geral. Nesta seção a Constituição reformulou o tratamento do pessoal do serviço público civil, separando-o dos militares (seç. III). Estas seçs. II e III e outras normas da Constituição de 1988 concernentes aos servidores públicos civis e militares foram profundamente modificadas pelas EC 18, 19 e 20, publicadas, respectivamente, em 6.2.98, 5.6.98 e 16.12.98, e, agora, pela EC 41, de 19.12.2003, publicada em 31.12.2003.

Assim, pela EC 18, a seç. II passou a denominar-se "Dos servidores públicos", e a seç. III, "Dos militares dos Estados, do Distrito Federal e dos Territórios", passando os militares das Forças Armadas a ser disciplinados exclusivamente no cap. II, "Das Forças Armadas", do tít. V, mediante o acréscimo do § 3º ao art. 142 da CF. O regime jurídico *único* previsto pela Carta de 1988, que tanta polêmica causou, também foi abolido pela EC 19.

A Carta de 1988 estendeu diversos direitos dos trabalhadores urbanos e rurais aos servidores públicos civis (art. 39, § 3º). Como o Autor havia advertido, essa extensão, pelas dificuldades impostas aos Estados e Municípios, provocou reações que culminaram com as modificações determinadas pela EC 19, que suprimiu as vantagens previstas nos incs. VI e XXIII do art. 7º, além de estabelecer que a lei poderá estabelecer requisitos diferenciados de admissão, de acordo com a natureza ou a complexidade do cargo ou emprego.

A EC 20 também modificou profundamente a previdência social concernente aos servidores, efetuando nítida distinção entre o servidor titular de cargo vitalício e efetivo e os demais servidores, titulares de outros cargos

1. Sobre servidores públicos na Constituição v.: Toshio Mukai, *Administração Pública na Constituição de 1988*, Saraiva, São Paulo, 1989; José Afonso da Silva, *Curso de Direito Constitucional Positivo*, 33ª ed., Malheiros Editores, 2010; Ivan Barbosa Rigolin, *O Servidor Público na Constituição de 1988*, Saraiva, São Paulo, 1989; Adilson Dallari, *Regime Constitucional dos Servidores Públicos*, 2ª ed., Ed. RT, São Paulo, 1990; Celso Antônio Bandeira de Mello, *Regime dos Servidores da Administração Direta e Indireta*, 3ª ed., Malheiros Editores, 1995; Carlos Pinto Motta, "Servidor na Constituição Federal", *RDP* 94/67; Jessé Torres Pereira Jr., *Da Reforma Administrativa Constitucional*, Rio, Renovar, 1999.

ou de empregos públicos. Na seqüência, a EC 41/2003 trouxe novas e significativas alterações na parte relativa ao *teto remuneratório* e ao *sistema de previdência social*. Por sua vez, a EC 47, que entrou em vigor em 6.7.2005, data da sua publicação, mas com efeitos retroativos à data de vigência da EC 41/2003, modificou esses dois pontos.

Por fim, ante tantas e profundas alterações, a inevitável questão pertinente ao *direito adquirido* será tratada no fim deste capítulo.

1.2 Classificação na Constituição

Servidores públicos em sentido amplo, no nosso entender, são todos os agentes públicos que se vinculam à Administração Pública, direta e indireta, do Estado, sob regime jurídico (a) estatutário regular, geral ou peculiar, ou (b) administrativo especial, ou (c) celetista (regido pela Consolidação das Leis do Trabalho – CLT), de natureza profissional e empregatícia.[2]

A *classificação* dos servidores públicos em sentido amplo é campo propício para divergências doutrinárias. De acordo com a Constituição Federal, na redação resultante da EC 19, chamada de "Emenda da Reforma Administrativa", bem como da EC 20, classificam-se em quatro espécies: *agentes políticos*, *servidores públicos em sentido estrito* ou *estatutários*, *empregados públicos* e os *contratados por tempo determinado*.

Reitere-se que a classificação ora proposta procura espelhar a sistemática da Carta Política, com a ressalva de que esta, nas seçs. I e II do cap. VII ("Da Administração Pública"), embora trate de forma preponderante dos servidores públicos em sentido estrito, também contém vários dispositivos aplicáveis às demais espécies.

Os *agentes políticos* constituem, na realidade, categoria própria de agente público. Porém, sem dúvida, no título e seções referidas, a Carta Magna, para fins de tratamento jurídico, coloca-os como se fossem servidores públicos, sem embargo de os ter como agentes políticos, como se verá

2. Por estarem sujeitos a concurso público para provimento e remoção e pela cobrança de emolumentos que são taxas, o STF entende que os titulares das serventias de notas e registros públicos são agentes públicos em sentido amplo (Pleno, RE 178.236). Todavia, como não são titulares de cargos efetivos, e considerando que o art. 40, § 1º, II, da CF/88 só se aplica aos servidores titulares de cargos efetivos, o STF (Pleno) julgou inconstitucional norma que previa aposentadoria compulsória para os notários e registradores (ADI 2.602-0, *DJU* 31.3.2006, e *Informativo STF* 410). É, assim, como proclamou o STF, um serviço público de "atividades jurídicas próprias do Estado", cuja prestação não é transferida na forma do art. 175 da CF, recaindo somente "sobre pessoa natural e não sobre uma *empresa ou pessoa mercantil*"; e, para se tornar delegatária, tal pessoa há de ganhar habilitação em concurso público, ficando sua atividade "sob exclusiva fiscalização do Poder Judiciário" (ADI 3.151, *DJU* 26.6.2006, com excelente fundamentação e alcance, rel. Min. Carlos Britto). A respeito, v. Walter Ceneviva, *Direito Constitucional Brasileiro*, São Paulo, Saraiva, 1989, p. 312.

mais adiante. Todos os cargos vitalícios são ocupados por agentes políticos, porém estes também ocupam cargos em comissão, como os Ministros de Estado. Normalmente deverão ser regidos pelo regime estatutário, contudo alguns estão obrigatoriamente submetidos a um regime estatutário de natureza peculiar, a exemplo da Magistratura e do Ministério Público.

Os *servidores públicos em sentido estrito* ou *estatutário*s são os titulares de cargo público efetivo e em comissão, com regime jurídico estatutário geral ou peculiar e integrantes da Administração direta, das autarquias e das fundações públicas com personalidade de Direito Público. Tratando-se de cargo efetivo, seus titulares podem adquirir estabilidade e estarão sujeitos a regime peculiar de previdência social.

Os *empregados públicos* são todos os titulares de emprego público (não de cargo público) da Administração direta e indireta, sujeitos ao regime jurídico da CLT;[3] daí serem chamados também de "celetistas". Não ocupando cargo público e sendo celetistas, não têm condição de adquirir a estabilidade constitucional (CF, art. 41),[4] nem podem ser submetidos ao regime de previdência peculiar, como os titulares de cargo efetivo e os agentes políticos, sendo obrigatoriamente enquadrados no regime geral de previdência social, a exemplo dos titulares de cargo em comissão ou temporário. Salvo para as funções de confiança e de direção, chefia e assessoramento, a serem previstas à luz dos princípios de eficiência e razoabilidade nos respectivos quadros de pessoal das pessoas jurídicas da Administração indireta (na Administração direta, autárquica e fundacional as funções de confiança só podem ser exercidas por ocupantes de cargo efetivo – art. 37, V), os empregados públicos devem ser admitidos mediante concurso ou processo seletivo público, de modo a assegurar a todos a possibilidade de participação.[5]

Os *contratados por tempo determinado* são os servidores públicos submetidos ao regime jurídico administrativo especial da lei prevista no art.

3. Na esfera federal, a Lei 9.962, de 22.2.2000, estabelece que o pessoal admitido por emprego público na Administração direta, autárquica e fundacional terá sua relação de trabalho regida pela CLT e "legislação correlata, naquilo que a lei não dispuser em sentido contrário", vedando a submissão dos cargos públicos em comissão ao seu regime (art. 1º e seu § 2º). Além de reafirmar a obrigatoriedade do concurso público (expressamente excluído para a contratação de pessoal pelas agências executivas de que trata o § 8º do art. 37 da CF), prevê as hipóteses em que o contrato de trabalho por prazo indeterminado poderá ser rescindido por ato unilateral da Administração. Dessa forma, embora a lei não a mencione, a motivação é obrigatória nesse ato de rescisão unilateral.

4. O STF entende que *antes* da redação dada ao art. 41 da CF pela EC 19/98 o empregado público fazia jus à estabilidade; *depois*, não. Isso porque a redação anterior do art. 41 era genérica (falava em "servidor"), enquanto a atual fala em "servidores nomeados para cargo de provimento efetivo" (MS 21.236, Pleno; RE 247.678; e AI 421.896-7, *DJU* 3.12.2004).

5. Sobre a matéria, v. excelente artigo de Carlos Ari Sundfeld e Rodrigo Pagani de Souza, "As empresas estatais, o concurso público e os cargos em comissão", *RDA* 243/29, 2006.

37, IX, da Carta Magna, bem como ao regime geral de previdência social.[6] A contratação só pode ser por tempo determinado e com a finalidade de atender a necessidade temporária de excepcional interesse público. Ademais, a lei deve prever os casos de contratação temporária de forma específica, não se admitindo hipóteses abrangentes ou genéricas. O inc. IX não se refere exclusivamente às atividades de natureza eventual, temporária ou excepcional. Assim, não veda a contratação para atividades de natureza regular e permanentes. O que importa é o atendimento da finalidade prevista pela Norma. Assim, "desde que indispensáveis ao atendimento de necessidade temporária de excepcional interesse público, quer para o desempenho das atividades de caráter eventual, temporário ou excepcional, quer para o desempenho das atividades de caráter regular ou permanente", a contratação é permitida.[7] Desta forma, embora não possa envolver cargos típicos de carreira,[8] a contratação pode envolver o desempenho da atividade ou função da carreira, desde que atendidos os requisitos acima. Fora daí, tal contratação tende a contornar a exigência de concurso público, caracterizando fraude à Constituição.

1.3 Regime jurídico

O *regime jurídico* dos servidores civis consubstancia os preceitos legais sobre a acessibilidade aos cargos públicos, a investidura em cargo efetivo (por concurso público) e em comissão, as nomeações para funções de confiança; os deveres e direitos dos servidores; a promoção e respectivos critérios; o sistema remuneratório (subsídios ou remuneração, envolvendo os vencimentos, com as especificações das vantagens de ordem pecuniária, os salários e as reposições pecuniárias); as penalidades e sua aplicação; o processo administrativo; e a aposentadoria.

Por inconstitucionalidade formal (lesão ao § 2º do art. 60 da CF), o STF suspendeu a vigência do art. 39 na redação dada pela EC 19/98, restabelecendo, com efeito *ex nunc*, a redação original do art. 39 da CF/88 (ADI

6. A controvérsia relacionada com a contratação temporária prevista por essa lei não é da competência da Justiça do Trabalho (STF, RE 573.202 e Recl. 5.264; STJ, CComp 39.637, *DJU* 1.7.2004), mesmo se na ação seja suscitada a descaracterização da contratação temporária ou do provimento comissionado para o regime trabalhista, pois, antes, "terá o juiz que decidir se teria havido vício na relação administrativa a descaracterizá-la" (STF, Recl./Ag 4.489, *DJe* 20.11.2008). Há julgado do STJ entendendo que se a contratação "passar indevidamente a ter cunho de permanência, o regime especial estará desnaturado", passando o vínculo a ter "natureza trabalhista comum e eventuais litígios" passam a ser de competência da Justiça do Trabalho (CComp 89.910).

7. STF, ADI 3.210-PR, rel. Min. Carlos Veloso, *Informativo STF* 372, de 8.12.2004; e ADI 3.068-DF, rel. Min. Eros Grau (*DJU* 23.9.2005 e 13.3.2006).

8. STF, ADI 2.125-DF (Medida Liminar), em causa relativa a cargos da área jurídica (*DJU* 29.9.2000), que, todavia, deve ser examinada em face do entendimento posterior do mesmo STF na ADI 3.068, acima referida, e como exposto no texto.

2.135, *Informativo* 474), obrigando, assim, à adoção de um regime jurídico *único* para todos os servidores públicos.

Esse regime jurídico pode ser estatutário, celetista (o da CLT)[9] e administrativo especial.

Fundados em suas autonomias políticas, a União, os Estados, o Distrito Federal e os Municípios podem estabelecer regime jurídico não contratual para os titulares de cargo público, sempre através de lei geral ou de leis específicas para determinadas categorias profissionais, as quais consubstanciam o chamado regime *estatutário regular, geral ou peculiar.*[10] Por fim, devem adotar um de natureza administrativa especial, na forma da lei de cada pessoa política, prevista pelo art. 37, IX, da CF, para a contratação por tempo determinado para atender a necessidade temporária de excepcional interesse público.

Mister, no entretanto, ter presente que alguns servidores públicos, por exercerem atribuições exclusivas de Estado, submetem-se, obrigatoriamente, a regime jurídico estatutário, pois, como se depreende do art. 247 da CF, com a redação da EC 19, devem ter cargo efetivo, sendo certo que alguns, como os membros da Magistratura e do Ministério Público e os Conselheiros dos Tribunais de Contas, têm, também por força da própria Carta Magna, cargo vitalício. Depreende-se do exposto que certas categorias de servidores públicos têm necessariamente regimes jurídicos peculiares, de natureza estatutária.

Não há direito adquirido a um regime jurídico, o qual pode ser alterado na forma da Constituição Federal. Mas, quando o servidor preencher todas as exigências previstas no ordenamento jurídico vigente para a aquisição de um direito, este se converte em direito adquirido e há de ser respeitado pela lei nova. Como exposto no item 5.4.3, a alteração de regime jurídico não pode acarretar redução de remuneração.[11]

Querendo atender ao princípio da publicidade e assegurar um controle sobre os valores percebidos pelos servidores públicos em geral, o art. 39, § 6º, da CF, na redação da EC 19, determina que os Poderes Executivo, Legislativo e Judiciário publiquem "anualmente os valores do subsídio e da remuneração dos cargos e empregos públicos" – obrigação que, obvia-

9. Não podem, todavia, adotar a Consolidação das Leis do Trabalho e alterá-la em alguns pontos, pois tal competência é da União (CF, art. 22, I). E a fixação de vencimentos de servidores públicos regidos pela Consolidação das Leis do Trabalho não pode ser objeto de convenção coletiva (Súmula 679 do STF).

10. O regime jurídico dos servidores públicos civis da União e de suas autarquias e fundações públicas é a Lei federal 8.112/90.

11. Ao regime jurídico e ao novo plano de carreira, instituídos por lei, não pode o servidor estatutário invocar direito adquirido para reivindicar enquadramento diverso (STF, RE 116.683-RJ, *DJU* 13.3.92, e ADI 3.104, com precedentes).

mente, se estende ao Ministério Público e aos Tribunais de Contas, órgãos constitucionais autônomos e independentes. É importante esclarecer que a norma não obriga à publicação de quanto percebe cada servidor, mas dos valores dos cargos e dos empregos públicos.

2. *Organização do serviço público*

As entidades estatais são livres para organizar seu pessoal para o melhor atendimento dos serviços a seu cargo, mas há três regras fundamentais que não podem postergar: a que exige que a organização se faça por lei; a que prevê a competência exclusiva da entidade ou Poder interessado; e a que impõe a observância das normas constitucionais federais pertinentes aos servidores públicos e das leis federais, de caráter nacional. Vejamos separadamente cada uma dessas regras.

2.1 *Organização legal*

A *organização legal do serviço público* é exigida pela Constituição ao permitir a acessibilidade dos "cargos, empregos e funções públicas" a todos os brasileiros "que preencham os requisitos estabelecidos em lei", assim como aos estrangeiros, na forma da lei (art. 37, I). A parte final do dispositivo refere-se expressamente à *lei*. Isto significa que todo *cargo público* só pode ser criado e modificado por *norma legal* aprovada pelo Legislativo. Todavia, o Executivo pode, por ato próprio, extinguir cargos públicos, na forma da lei (CF, art. 84, XXV),[12] competindo-lhe, ainda, provê-los e regulamentar seu exercício, bem como praticar todos os atos relativos aos servidores (nomeação, demissão, remoção, promoção, punição, lotação, concessão de férias, assistência à saúde,[13] licença médica,[14] aposentadoria etc.).

Na *organização do serviço público* a Administração cria cargos e funções, institui classes e carreiras, faz provimentos e lotações, estabelece vencimentos e vantagens e delimita os deveres e direitos de seus servidores, como veremos no decorrer deste capítulo.

2.2 *Conselhos de política de administração e remuneração de pessoal. Escolas de governo*

Como acentuado, a EC 19 deu ao art. 39, *caput*, da CF conteúdo totalmente diverso, afastando, de um lado, a exigência de um regime jurídico *úni-*

12. STF, Pleno, *RT* 722/947.

13. O Dec. 4.978, de 3.2.2004, regulamenta, no plano federal, a assistência à saúde do servidor.

14. O fato de o servidor estar em gozo de licença médica não é óbice para sua demissão (STF, MS 24.963-3, *DJU* 10.9.2004).

co para os servidores e acrescentando, de outro, a obrigatoriedade de a União, os Estados, o Distrito Federal e os Municípios instituírem, no âmbito de suas Administrações, *conselho de política de administração e remuneração de pessoal*, integrado por *servidores designados pelos respectivos Poderes*.

A composição entre os Poderes deverá ser paritária e é recomendável que seus integrantes tenham investidura a termo certo, para terem maior independência na formulação da política pretendida pela norma constitucional. Desse conselho também deverão participar integrantes do Tribunal de Contas e do Ministério Público, uma vez que estes órgãos constitucionais autônomos e independentes têm competência para a iniciativa de leis a respeito de sua Administração e da remuneração de seus membros e pessoal. Aliás, quanto ao último, a redação do § 2º do art. 127 da CF assegura-lhe autonomia na formulação de sua *política remuneratória e planos de carreira*. Assim, se, de um lado, estes órgãos têm competência para a formulação de suas políticas, não podem, de outro, estar divorciados da política geral pretendida pela EC 19, e que deve decorrer justamente das diretrizes desse conselho. Não podem também deixar de considerar os comandos do art. 169 e §§ da CF.

Obrigou, ainda, pelo § 2º do art. 39, a União, os Estados e o Distrito Federal – *não os Municípios* – a instituir e manter *escolas de governo* para a formação e o aperfeiçoamento dos servidores públicos, facultada a celebração de convênios ou contratos entre os entes federados. Tal ressalva era desnecessária, pois, de regra, os entes federados podem celebrar convênios e contratos. Parece-nos que a ressalva objetiva estimular a celebração de convênios e contratos, como meio de racionalização desse encargo para aquelas pessoas políticas, que, dessa forma, poderão manter suas *escolas de governo* sem que, para tanto, tenham que construí-las ou admitir servidores. É, portanto, instrumento de eficiência e economia, mesmo porque o objetivo maior da reforma é propiciar redução de gastos. Os Municípios, embora não obrigados, poderão instituir suas escolas; contudo, pelo que se expôs, é-lhes muito mais conveniente a celebração de convênios e contratos para esse fim. Convém observar que alguns órgãos constitucionais, em razão de suas atribuições, poderão ter escolas próprias, como, a título de exemplo, ocorre com a Magistratura, o Ministério Público, a Advocacia Pública e os órgãos de fiscalização tributária.

2.3 Cargos e funções

Cargo público é o lugar instituído na organização do serviço público, com denominação própria, atribuições e responsabilidades específicas e estipêndio correspondente, para ser provido e exercido por um titular, na forma estabelecida em lei. *Função* é a atribuição ou o conjunto de atribuições que a Administração confere a cada categoria profissional ou comete individualmente a determinados servidores para a execução de serviços eventuais, sendo comumente remunerada através de *pro labore*. Diferencia-se, basicamente, do cargo em comissão pelo fato de não titularizar cargo público.

Em face da EC 19, as *funções de confiança*, que só podem ser exercidas por servidores ocupantes de cargo efetivo, destinam-se, obrigatoriamente, apenas às atribuições de direção, chefia e assessoramento (CF, art. 37, V), que são de natureza permanente.[15] Tal comando independe de lei, uma vez que o exame desse art. 37, V, revela que para as funções de confiança ele é de eficácia plena, ao reverso do que ocorre em relação aos cargos em comissão, a serem preenchidos por servidores de carreira nos casos, condições e percentuais mínimos previstos em lei, como ali está dito. Essas funções, por serem de confiança, a exemplo dos cargos em comissão, são de livre nomeação e exoneração. E têm sido chamadas de *funções comissionadas* ou de *funções gratificadas*.

Todo cargo tem função, mas pode haver função sem cargo. As funções do cargo são definitivas; as funções autônomas são, por índole, provisórias, dada a transitoriedade do serviço que visam a atender, como ocorre nos casos de contratação por prazo determinado (CF, art. 37, IX). Daí por que as *funções permanentes* da Administração só podem ser desempenhadas pelos titulares de *cargos efetivos*, e as *transitórias*, por servidores designados, admitidos ou contratados precariamente. Os servidores podem estabilizar-se nos cargos, mas não nas funções. Como visto, a EC 19 restringe o exercício das funções de confiança apenas para o titular de cargo *efetivo*, vale dizer, o *concursado*. Dessa forma, o fator *confiança* fica restrito ao âmbito interno da Administração.

Os cargos distribuem-se em *classes* e *carreiras*, e excepcionalmente criam-se *isolados*.

2.3.1 *Classe* – É o agrupamento de cargos da mesma profissão, e com idênticas atribuições, responsabilidades e vencimentos. As *classes* constituem os degraus de acesso na *carreira*.

2.3.2 *Carreira* – É o agrupamento de classes da mesma profissão ou atividade, escalonadas segundo a hierarquia do serviço, para acesso privativo dos titulares dos cargos que a integram, mediante provimento originário. O conjunto de carreiras e de cargos isolados constitui o *quadro permanente do serviço* dos diversos Poderes e órgãos da Administração Pública. As carreiras iniciam-se e terminam nos respectivos *quadros*.

15. De acordo com a Lei 8.112/90, art. 9º, parágrafo único, as funções de direção, chefia e assessoramento têm natureza permanente.

2.3.3 *Quadro* – É o conjunto de carreiras, cargos isolados e funções gratificadas de um mesmo serviço, órgão ou Poder. O *quadro* pode ser permanente ou provisório, mas sempre estanque, não admitindo promoção ou acesso de um para outro.

2.3.4 *Cargo de carreira* – É o que se escalona em classes, para acesso privativo de seus titulares, até o da mais alta hierarquia profissional.

2.3.5 *Cargo isolado* – É o que não se escalona em classes, por ser o único na sua categoria. Os *cargos isolados* constituem exceção no funcionalismo, porque a hierarquia administrativa exige escalonamento das funções para aprimoramento do serviço e estímulo aos servidores, através da promoção vertical. Não é o arbítrio do legislador que deve predominar na criação de cargos isolados, mas sim a natureza da função e as exigências do serviço.

2.3.6 *Cargo técnico* – É o que exige conhecimentos profissionais especializados para seu desempenho, dada a natureza científica ou artística das funções que encerra. Nesta acepção é que o art. 37, XVI, "b", da CF o emprega, sinonimizando-o com *cargo científico*, para efeito de acumulação.

2.3.7 *Cargo em comissão* – É o que só admite provimento em caráter provisório. São declarados em lei de livre nomeação (sem concurso público) e exoneração (art. 37, II), destinando-se apenas às atribuições de direção, chefia e assessoramento (CF, art. 37, V).[16] Todavia, pela EC 19, o preenchimento de uma parcela dos *cargos em comissão* dar-se-á unicamente por servidores de carreira, nos casos, condições e percentuais mínimos previstos em lei (art. 37, V). Portanto, nestas hipóteses o provimento não será totalmente livre, como ocorre com os não servidores, isto é, os sem vínculo efetivo anterior à nomeação. A lei ali referida será de cada entidade política, mas, especialmente na fixação dos percentuais mínimos, deverá observar o *princípio da razoabilidade*, sob pena de fraudar a determinação constitucional, no sentido de uma parte dos cargos em comissão ser provida de forma totalmente livre e outra, parcialmente, diante das limitações e condições previstas nessa lei. A instituição de tais cargos é permanente, mas seu desempenho é sempre precário, pois quem os exerce não adquire direito à continuidade na função, mesmo porque a exerce por confiança do superior hierárquico; daí a livre nomeação e exoneração.[17]

16. STF: os cargos com "atribuições meramente técnicas" não têm "o caráter de assessoramento, chefia ou direção", como exige o art. 37, V, da CF (ADI 3.706). Na ADI 4.261 julgou-se inconstitucional a criação de cargos em comissão de assessor jurídico (com vários precedentes).

17. Sobre nepotismo, a Súmula Vinculante 13 dispõe: "A nomeação de cônjuge, companheiro ou parente em linha reta, colateral ou por afinidade, até o terceiro grau, inclusive, da autoridade nomeante ou de servidor da mesma pessoa jurídica investido em cargo de direção,

2.3.8 *Cargo de chefia* – É o que se destina à direção de serviços. Pode ser de carreira ou isolado, de provimento efetivo ou em comissão, tudo dependendo da lei que o instituir.

2.3.9 *Lotação* – É o número de servidores que devem ter exercício em cada repartição ou serviço. A *lotação* pode ser *numérica* ou básica e *nominal* ou supletiva: a primeira corresponde aos cargos e funções atribuídos às várias unidades administrativas; a segunda importa a distribuição nominal dos servidores para cada repartição, a fim de preencher os claros do quadro numérico. Ambas são atos administrativos típicos e, como tais, da competência privativa do Executivo, no que concerne aos serviços. Por lei se instituem os cargos e funções; por decreto se movimentam os servidores, segundo as necessidades do serviço. A *lotação* e a *relotação* constituem prerrogativas do Executivo, contra as quais não se podem opor os servidores, desde que feitas na forma estatutária. Na omissão da lei, entende-se amplo e discricionário o poder de movimentação dos servidores, por ato do Executivo, no interesse do serviço, dentro do quadro a que pertencem.

2.4 Criação, transformação e extinção de cargos, funções ou empregos públicos

A *criação, transformação e extinção de cargos, empregos e funções públicas* do Poder Executivo exige lei de iniciativa privativa do Presidente da República, dos Governadores dos Estados e do Distrito Federal e dos Prefeitos Municipais, conforme seja federal, estadual ou municipal a Administração interessada, abrangendo a Administração direta, autárquica e fundacional (CF, art. 48, X, c/c o art. 61, § 1º, II, "d"). Com a EC 32/2001, ao Chefe do Executivo compete privativamente dispor sobre a "extinção de

chefia ou assessoramento, para o exercício de cargo em comissão ou de confiança ou, ainda, de função gratificada na administração pública direta e indireta em qualquer dos Poderes da União, dos Estados, do Distrito Federal e dos Municípios, compreendido o ajuste mediante designações recíprocas, viola a Constituição Federal" (*DJe* 162, de 29.8.2008). No RE 579.951, o STF fez uma diferenciação entre cargo estritamente administrativo e cargo político (exercido por agente político), de forma a entender como legítima a nomeação de parente para cargos de Ministros de Estado, Secretários Estaduais, Municipais e do DF. Antes, em outro acórdão com doutos e didáticos ensinamentos para a Nação, o STF julgou constitucional a Resolução 07/2005 do CNJ, que veda, no âmbito do Judiciário, o nepotismo nos moldes acima, dando-o como incompatível com os princípios da impessoalidade, da igualdade, da moralidade e da eficiência. O Enunciado 1 do mesmo CNJ contém interpretações sobre a aplicação da aludida Resolução. A Resolução 20/2006 do CNJ veda o nepotismo em relação aos membros do Judiciário que atuam no âmbito da corregedoria dos serviços de notas e registros. O Dec. 6.906/2009 obriga à apresentação de informações sobre vínculos familiares pelos agentes públicos que especifica. O Dec. 7.203/2010 dispõe sobre a vedação do nepotismo no âmbito federal, definindo "órgão", "Ministérios", "entidade" e "familiar", sua apuração e outras regras. Esses atos e julgados seguem precedentes do STF na ADI 1.521 e no RE 183.952.

funções ou cargos quando vagos" (CF, art. 84, VI, "b"). Assim, não estando vago, a extinção depende de lei, também de sua iniciativa privativa.

A privatividade de iniciativa do Executivo torna inconstitucional o projeto oriundo do Legislativo, ainda que sancionado e promulgado pelo Chefe do Executivo, porque as prerrogativas constitucionais são irrenunciáveis por seus titulares. Trata-se do princípio constitucional da reserva de administração, que impede a ingerência do Poder Legislativo em matéria administrativa de competência exclusiva do Poder Executivo ou, mesmo, do Judiciário.[18]

A *transformação de cargos, funções ou empregos* do Executivo é admissível desde que realizada por lei de sua iniciativa. Pela transformação extinguem-se os cargos anteriores e se criam os novos, que serão providos por concurso ou por simples enquadramento dos servidores já integrantes da Administração, mediante apostila de seus títulos de nomeação. Assim, a investidura nos novos cargos poderá ser *originária* (para os estranhos ao serviço público) ou *derivada* (para os servidores que forem enquadrados), desde que preencham os requisitos da lei. Também podem ser transformadas *funções* em *cargos*, observados o procedimento legal e a investidura originária ou derivada, na forma da lei.[19] Todavia, se a transformação "implicar em alteração do título e das atribuições do cargo, configura novo provimento", que exige o concurso público.[20]

No *Poder Executivo* a *extinção de cargos, funções ou empregos* só pode ser feita por lei de sua iniciativa ou por ato próprio (CF, art. 84, XXV), removendo-se seus titulares para cargos, funções ou empregos equivalentes. Se se tratar de servidor estável, extinto o cargo, será ele colocado em disponibilidade com remuneração proporcional ao tempo de serviço, até seu adequado aproveitamento em outro cargo (CF, art. 41, § 3º).[21] Antes da EC 19 a remuneração era integral.

As leis de criação, transformação e extinção de cargos, funções ou empregos, ainda que dependam de iniciativa do Poder competente, podem

18. Cf. STF, ADI 2.285, *Informativo* 254, e as excelentes decisões no AI 348.800, rel. Min. Celso de Mello, *Informativo* 566; na ADI 3.930, rel. Min. Ricardo Lewandowski; e na ADI 2.904, com o relator, Min. Menezes Direito, destacando que a jurisprudência do STF "é firme no sentido de que as normas que regem a aposentadoria dos servidores civis estaduais são de iniciativa privativa do governador do Estado (...). Precedentes: ADI n. 872, ADI n. 2.115 e ADI n. 700".

19. Cf. "Parecer" de Clenício da Silva Duarte, *RDP* 18/140.

20. STF, Pleno, ADI 266-0-RJ, *DJU* 6.8.93; ADI 1.267-AP, *Informativo STF* 363, de 6.10.2004.

21. Na redação anterior o STF entendeu inconstitucional, por ferir a irredutibilidade, a fixação de vencimentos proporcionais ao tempo de serviço ao servidor em disponibilidade (ADI 313-3-DF, *RTJ* 137/984).

sofrer emendas do Legislativo, desde que não ultrapassem os limites qualitativos (natureza ou espécie, ou seja, estreita pertinência com o objeto do projeto[22]) e quantitativos da proposta, nem desfigurem o projeto original. Negar totalmente o poder de emenda é suprimir uma prerrogativa institucional do Legislativo, mas permiti-lo sem limites é invalidar o controle de um Poder sobre seus serviços e seu orçamento, cuja competência lhe é dada pela própria Constituição da República. Daí por que a Carta Magna veda expressamente emendas que aumentem a despesa prevista na proposta de iniciativa exclusiva do Chefe do Executivo (art. 63, I) e do Legislativo ou do Judiciário (art. 63, II). Essas colocações são também aplicáveis à Constituição Estadual e suas Emendas, bem como à Lei Orgânica Municipal, como tem proclamado o STF.

Em que pese à Constituição proibir somente emendas que aumentem a despesa prevista, entendemos também inadmissíveis as que alterem, em qualidade (natureza ou espécie) ou quantidade, o cargo, função ou emprego proposto pelo Poder competente.

No *Poder Legislativo* a *criação, transformação ou extinção de cargos, empregos ou funções* cabe à Câmara dos Deputados e ao Senado Federal, às Assembléias Legislativas e às Câmaras de Vereadores, respectivamente, que podem, no âmbito de sua competência privativa, "dispor sobre sua organização, funcionamento, polícia, criação, transformação ou extinção de cargos, empregos e funções de seus serviços, e a iniciativa de lei para a fixação da respectiva remuneração, observados os parâmetros estabelecidos na lei de diretrizes orçamentárias" (CF, arts. 51, IV, e 52, XIII). Esses atos de criação, transformação ou extinção de cargos, funções ou empregos devem ser efetuados por resolução, como se infere da interpretação do art. 48, c/c os arts. 51 e 52, da CF. Todavia, a fixação ou a alteração de vencimentos só pode ser efetuada mediante lei específica, sujeita, evidentemente, a sanção (CF, art. 37, X). Não, porém, a fixação dos subsídios dos Deputados Federais e Senadores, do Presidente e do Vice-Presidente e dos Ministros de Estado, uma vez que tal matéria, por força do art. 49, VII e VIII, está entre aquelas de "competência exclusiva do Congresso Nacional", para as quais não se exige sanção, o que constitui exceção à regra introduzida pela Reforma Administrativa, de que a fixação ou majoração de subsídio e vencimentos está sujeita ao *princípio da reserva legal específica*.

No *Poder Judiciário* a *criação* e a *extinção* de cargos e a *remuneração* dos seus serviços auxiliares e dos juízos que lhes forem vinculados, bem como a *fixação do subsídio* de seus membros e dos juízes, inclusive dos tribunais inferiores, observado o disposto no art. 169 da CF, dependem de lei de iniciativa privativa do STF, dos Tribunais Superiores e dos Tribunais de

22. STF, ADI 546-4-DF, *DJU* 16.5.2000.

Justiça (CF, art. 96, II, "b"), salvo no tocante aos subsídios dos Ministros do STF, cuja fixação deve observar o disposto no art. 48, XV, da Carta.

Os *Tribunais de Contas*, embora órgãos auxiliares do Poder Legislativo, por serem órgãos constitucionais autônomos e independentes, têm *quadro próprio de pessoal* e exercem, "no que couber, as atribuições previstas no art. 96" (CF, art. 73), acima examinadas.

Quanto ao *Ministério Público*, a Constituição de 1988 estendeu-lhe a faculdade de propor a criação e extinção de seus cargos e serviços auxiliares. Agora, com a EC 19 também ficou assente sua competência para propor ao Poder Legislativo a sua *política remuneratória* (CF, art. 127, § 2º), o que o STF já havia proclamado.[23]

2.5 Provimento de cargos

Provimento é o ato pelo qual se efetua o preenchimento do cargo público, com a designação de seu titular. O *provimento* pode ser *originário* ou *inicial* e *derivado*. *Provimento inicial* é o que se faz através de *nomeação*,[24] que pressupõe a inexistência de vinculação entre a situação de serviço anterior do nomeado e o preenchimento do cargo. Assim, tanto é *provimento inicial* a nomeação de pessoa estranha aos quadros do serviço público quanto a de outra que já exercia função pública como ocupante de cargo não vinculado àquele para o qual foi nomeada. Já, o *provimento derivado*, que se faz por transferência, promoção, remoção, acesso, reintegração, readmissão, enquadramento, aproveitamento ou reversão, é sempre uma alteração na situação de serviço do provido.

23. *RDA* 188/255.

24. A nomeação a que se refere a Constituição da República (art. 37, II), e consoante a natureza do cargo, pode ser *efetiva, em comissão* e *vitalícia*. A par destas, existe ainda a nomeação para o exercício de funções por prazo determinado, constituindo uma *investidura a termo*, impropriamente denominada *mandato*. A *investidura a termo* ou *a prazo certo*, entretanto, não se confunde com o *mandato* do Direito Privado, nem com o *mandato legislativo*, e muito menos com a *nomeação em comissão* e com a *delegação de competência* (espécie de mandato administrativo), porque todos esses atos decorrem de uma *relação de confiança* entre o mandante e o mandatário, o nomeante e o nomeado ou o delegante e o delegado, e, salvo quanto ao *mandato legislativo*, caracterizam-se pela precariedade. No campo do Direito Público verifica-se que *mandato* só possui o exercente de função eletiva. Muito ao contrário, a *investidura a termo* "é apenas uma, dentre várias técnicas admissíveis, para proteger o serviço público das demissões arbitrárias, ou imotivadas, e visa a um objetivo que transcende dessa conseqüência imediata, o de garantir a continuidade de orientação e a independência dos órgãos administrativos que o legislador dotou com autonomia", como já observou o Min. Nunes Leal, acrescentando que "o objetivo do legislador, com a investidura a prazo certo, é justamente tornar o titular do cargo independente das injunções do Chefe do Poder Executivo" (voto in *RDA* 71/218 e ss.). Têm investiduras a termo, por exemplo, o Procurador-Geral da República e o Procurador-Geral de Justiça.

Em razão do art. 37, II, da CF, qualquer investidura em carreira diversa daquela em que o servidor ingressou por concurso é, hoje, vedada. Acrescente-se que a única reinvestidura permitida sem concurso é a reintegração, decorrente da ilegalidade do ato de demissão.[25]

Em qualquer hipótese, porém, o *provimento de cargos do Executivo* é da competência exclusiva do Chefe deste Poder (CF, art. 84, XXV), uma vez que a investidura é ato tipicamente administrativo.[26] Por idêntica razão, a desinvestidura dos cargos e os exercícios dos poderes hierárquico e disciplinar são da alçada privativa do Executivo no que concerne a seus servidores. A lei só poderá estabelecer a forma e as condições de provimento e desprovimento; não poderá, entretanto, concretizar investiduras ou indicar pessoas a serem nomeadas, porque isto é missão do Executivo, indelegável ao Legislativo. O provimento feito por lei é nulo, como nula é a criação ou modificação de cargo por decreto ou qualquer outro ato administrativo.[27]

Como exposto no cap. IV, item 6.1.2, são válidos os atos praticados pelo chamado *servidor de fato*, ou seja, por aquele que teve sua nomeação declarada insubsistente por anulação ou inconstitucionalidade da norma que a amparou. Isso se dá em razão da presunção de legitimidade daqueles atos e do princípio da segurança jurídica, conjugados com a teoria da investidura aparente.[28]

No âmbito do *Legislativo*, do *Judiciário*, do *Tribunal de Contas* e do *Ministério Público* o provimento e demais atos atinentes aos cargos e seus servidores devem ser da competência do respectivo Presidente ou do Procurador-Geral, conforme o caso.

2.6 Direitos do titular do cargo

Os *direitos do titular do cargo* restringem-se ao seu exercício, às prerrogativas da função e ao subsídio ou aos vencimentos e vantagens decorren-

25. É inconstitucional toda modalidade de provimento que propicie ao servidor investir-se, sem prévia aprovação em concurso público destinado ao seu provimento, em cargo que não integra a carreira na qual anteriormente investido (Súmula 685 do STF). Veda-se, pois, a "ascensão" e a "transferência" ou a "transformação" ou novo enquadramento por reciclagem, sem concurso (*RT* 734/216; *RTJ* 143/391, 144/24, ADI 248-1 e ADI 388). O STF entendeu inconstitucional a readmissão de magistrado exonerado (ADI 2.983-5, *DJU* 15.4.2005). No Estado de São Paulo, no mesmo sentido, despacho normativo do Governador quanto à *readmissão*, à *reversão a pedido* e à *transposição* (*DOE* 14.3.90, p. 2). Todavia, o mesmo STF dá como constitucional a unificação de carreiras de cargos com requisitos iguais para a investidura, com as mesmas atribuições e vencimentos (ADI 11.591-RS e 2.713-DF).

26. TJSP, Pleno, *RT* 667/79.

27. STF, *RSTF* 87/81; TJDF, *RDA* 45/90, 49/110; TJSP, *RDA* 18/53; *RT* 190/405, 193/958, 242/330.

28. STF, *RDA* 126/216, HC 71.834-RR e MS 26.856-5, *DJU* 23.8.2007.

tes da investidura, sem que o servidor tenha propriedade do lugar que ocupa, visto que o cargo é inapropriável pelo servidor. Daí por que a Administração pode suprimir, transformar e alterar os cargos públicos ou serviços independentemente da aquiescência de seu titular, uma vez que o servidor não tem direito adquirido à imutabilidade de suas atribuições, nem à continuidade de suas funções originárias. Mas relembre-se: não se tratando de cargo vago, somente mediante lei é possível extinguir ou alterar cargos e funções de quaisquer titulares – vitalícios, estáveis e instáveis.[29]

O servidor poderá adquirir direito à permanência no serviço público, mas não adquirirá nunca direito ao exercício da mesma função, no mesmo lugar e nas mesmas condições, salvo os vitalícios, que constituem uma exceção constitucional à regra estatutária. O poder de organizar e reorganizar os serviços públicos, de lotar e relotar servidores, de criar e extinguir cargos, é indespojável da Administração, por inerente à soberania interna do próprio Estado.

Enquanto subsistir o cargo, como foi provido, seu titular terá direito ao exercício nas condições estabelecidas pelo estatuto; mas, se se modificarem a estrutura, as atribuições, os requisitos para seu desempenho, lícitas são a exoneração, a disponibilidade, a remoção ou a transferência de seu ocupante, para que outro o desempenhe na forma da lei. O que não se admite é o afastamento arbitrário ou abusivo do titular, por ato do Executivo, sem lei que o autorize.

2.7 Acesso a informações privilegiadas

O *acesso a informações privilegiadas* em razão do exercício de cargo ou emprego público é questão que sempre preocupou o Governo e os estudiosos, por envolver, inclusive, a *moralidade administrativa*. Agora, segundo o art. 37, § 7º, da CF, com a redação da EC 19, "a lei disporá sobre os requisitos e as restrições ao ocupante de cargo ou emprego da Administração direta e indireta que possibilite" aquele acesso. Essa lei será de caráter nacional.

O objetivo é estatuir um verdadeiro *código de conduta* para aqueles agentes públicos que pelo só exercício de suas funções tenham acesso a informações privilegiadas sobre programas e atividades do Governo relativas a qualquer campo, como o tecnológico, o industrial, o das finanças públicas, inclusive câmbio, o comercial e societário, o da segurança nacional ou qualquer outro que o possibilite.

29. STF, MS 26.955 (Pleno: alteração de função só por lei), *RDA* 34/170, 48/144 e 187/127; TFR, *RDA* 45/103; TJSP, *RDA* 42/152.

As restrições devem ocorrer quer durante, quer após o exercício da função, durante o tempo a ser fixado de acordo com as nuanças de cada cargo ou emprego público. A restrição ao exercício de determinadas atividades ou empregos após os da atividade pública deverá ser estabelecida com razoabilidade, para que não se contrariem outros dispositivos constitucionais, como o que assegura o livre exercício de "qualquer trabalho, ofício ou profissão" (CF, art. 5º, XIII).

2.8 Competência para organizar o serviço público

A *competência para organizar o serviço público* é da entidade estatal a que pertence o respectivo serviço. Sobre esta matéria as competências são estanques e incomunicáveis. As normas estatutárias federais não se aplicam aos servidores estaduais ou municipais, nem as do Estado-membro se estendem aos servidores dos Municípios.

Cada entidade estatal é autônoma para organizar seus serviços e compor seu pessoal.[30] Atendidos os princípios constitucionais e os preceitos das leis nacionais de caráter complementar, a União, os Estados-membros, o Distrito Federal e os Municípios instituirão seus regimes jurídicos, segundo suas conveniências administrativas e as forças de seus erários (CF, arts. 39 e 169).

2.8.1 *Competência da União* – A *competência da União* para organizar seu serviço público só encontra limites na Constituição da República e não enseja conflito de normas, porque suas leis ordinárias jamais poderão colidir, nesse campo, com a legislação dos Estados-membros, do Distrito Federal e dos Municípios. A questão, porém, complica-se no âmbito estadual e municipal, em face da superposição de normas de entidades diferentes e das diversas áreas de competência, nem sempre bem delimitadas e muitas vezes confundidas pelo administrador e pelo legislador das três entidades estatais.

A legislação federal, fora os casos expressamente previstos no texto constitucional, só atinge os servidores estaduais – do Distrito Federal e municipais – quando tem natureza jurídica de lei nacional. São dessa natureza, exemplificativamente, as que dispõem sobre *crimes funcionais* (CP, arts. 312 a 327; CPP, arts. 513 a 518); *inviolabilidade no exercício da função pública* (CP, art. 142, III); *perda da função pública e interdição de direitos* (CP, arts. 92, I, e 47, I); *facilitação culposa de conhecimento de segredo concernente à segurança nacional, revelação de segredo funcional relacionado com operações anti-subversivas* (Lei 6.620/78, arts. 29 e 37); *sanções espe-*

30. Nesse sentido pronunciou-se o TJSP, Pleno, no MS 10.072-0, j. 20.9.89.

cíficas, seqüestro e perdimento de bens, pela prática de atos de improbidade administrativa (Lei 8.429/92); *coação eleitoral* (Código Eleitoral, art. 300); *requisição para o serviço eleitoral* (Código Eleitoral, arts. 30, XIV, e 344); *retardamento ou recusa de publicação em órgão oficial de atos da Justiça Eleitoral* (Código Eleitoral, art. 341); *proibição de uso de serviços ou dependências públicas em benefício de partido político* (Código Eleitoral, arts. 346 e 377); *proibição de nomeação e de remoção no período pré e pós-eleitoral* (Lei 6.091, de 15.8.74, art. 13); *requisições e afastamentos de servidores públicos pela Justiça Eleitoral* (Lei 6.999, de 7.6.82); *impedimentos e prazos de desincompatibilização* (Lei Complementar 64, de 18.5.90 – Lei das Inelegibilidades); *requisição de veículos e embarcações oficiais para o transporte gratuito de eleitores* (Lei 6.091/74, art. 1º); *acidente do trabalho* (Lei 6.367, de 19.10.76); *seguridade social* (Lei 8.212, de 24.7.91); *Programa de Formação do Patrimônio do Servidor Público* – PASEP (Lei Complementar 8, de 3.12.70); *obrigatoriedade de declaração de bens* (Leis 8.429/92 e 8.730/93); *conduta do servidor nas eleições* (Lei 9.424/97).

Essa legislação federal bem como outras que tenham a mesma natureza de leis nacionais são aplicáveis às entidades estatais – União, Estados, Distrito Federal e Municípios –, obrigatoriamente, sem que se possa falar em quebra das suas respectivas autonomias administrativas, porque tais leis nacionais são hierarquicamente superiores, por força da própria Carta Magna. Aliás, o mesmo ocorre, por exemplo, com a lei nacional sobre normas gerais de licitação e contratos administrativos (Lei 8.666/93).

2.8.2 *Competência do Estado-membro* – A *competência do Estado-membro* é ampla, mas fica adstrita não só às normas pertinentes da Constituição da República e aos preceitos das leis de caráter nacional, bem como aos ditames especiais da Constituição Estadual, no que concerne ao seu pessoal. O estatuto dos servidores federais e demais normas complementares e regulamentares não se aplicam aos servidores estaduais pela óbvia razão de que o Estado-membro é autônomo para organizar seus serviços e compor seu pessoal.

2.8.3 *Competência do Município* – A *competência do Município* para organizar seu funcionalismo é consectário da autonomia administrativa de que dispõe (CF, art. 30, I). Assim, a exemplo dos Estados, atendidas as normas constitucionais aplicáveis ao servidor público, os preceitos das leis de caráter nacional e de sua Lei Orgânica, pode o Município elaborar o regime jurídico de seus servidores, segundo as conveniências locais. Nesse campo é inadmissível a extensão das normas estatutárias federais ou estaduais aos servidores municipais. Só será possível a aplicação do estatuto da União ou do Estado-membro se a lei municipal assim o determinar expressamente.

Nem mesmo a Constituição Estadual poderá estabelecer direitos, encargos ou vantagens para o servidor municipal, porque isto atenta contra a autonomia local. Desde que o Município é livre para aplicar suas rendas e organizar seus serviços (CF, art. 30, III e V), nenhuma interferência pode ter o Estado-membro nesse campo da privativa competência local.

Só o Município poderá estabelecer o regime de trabalho e de pagamento de seus servidores, tendo em vista as peculiaridades locais e as possibilidades de seu orçamento. Nenhuma vantagem ou encargo do funcionalismo federal ou estadual se estende automaticamente aos servidores municipais, porque isto importaria hierarquização do Município à União e ao Estado-membro.[31] As Constituições Estaduais e leis ordinárias que estabelecem essa extensão de vantagens do servidor público estadual ao municipal tiveram as respectivas disposições invalidadas, por inconstitucionais.[32]

2.8.4 *Competência do Distrito Federal* – A *competência do Distrito Federal* corresponde à prevista para os Estados e para os Municípios, por força do art. 32, § 1º, da CF. Assim, o que foi dito para essas duas entidades vale para o Distrito Federal.

2.9 Observância das normas constitucionais

Como já vimos, em razão de sua autonomia constitucional, as entidades estatais são competentes para organizar e manter seus servidores, criando e extinguindo cargos, funções e empregos públicos, instituindo carreiras e classes, fazendo provimentos e lotações, estabelecendo a remuneração, delimitando os seus deveres e direitos e fixando regras disciplinares. Os preceitos reguladores das relações jurídicas entre a Administração e o servidor constituem o regime jurídico, explicitados nos decretos e regulamentos expedidos para sua fiel execução pelo Poder Executivo ou pelos demais Poderes, pelo Tribunal de Contas e pelo Ministério Público, no exercício das suas respectivas administrações.

As disposições estatutárias ou de outra natureza, se outro for o regime jurídico, todavia, não podem contrariar o estabelecido na Constituição da República como *normas gerais de observância obrigatória* pela Administração direta e indireta, conforme o caso, na organização do seu pessoal e dos respectivos regimes jurídicos. Sempre entendemos, com a melhor doutrina,[33] que essas normas, mesmo no período anterior à Constituição de

31. STF, ADI 512-PB, *Informativo STF* 232.

32. STF, *RDA* 56/260; TASP, *RT* 286/703, 291/784, 304/647.

33. Para Themístocles Cavalcanti os princípios constitucionais relativos ao funcionalismo público constituem "um código de direitos e obrigações fundamentais que devem ser respeitados pelos Estados e Municípios em suas leis ordinárias. A desobediência ao que ali se

1988, eram impositivas para toda a Administração, em face do seu duplo objetivo. Realmente, ao instituí-las, a Constituição não visa unicamente ao resguardo dos interesses dos servidores, como erroneamente se pensa. Não é assim. Juntamente com as garantias outorgadas aos servidores, o texto constitucional assegura ao Estado os meios para realizar uma boa administração, dentre os quais o poder-dever de zelar pela eficiência, moralidade e aprimoramento do pessoal administrativo. É o que ocorre, p. ex., com o instituto da *estabilidade*, que, a par de um direito, para o servidor titular de cargo efetivo, de permanência no serviço público enquanto bem servir, representa para a Administração a garantia de que nenhum servidor *nomeado para cargo de provimento efetivo em virtude de concurso* poderá subtrair-se ao *estágio probatório* de três anos e a de que nenhum outro servidor titular de cargo em comissão poderá adquirir igual direito. Assim, não pode a Administração – federal, estadual, municipal ou do Distrito Federal – ampliar o prazo do art. 41 da CF, pois estaria restringindo direito do servidor público; mas também não pode diminuí-lo ou estendê-lo a outros servidores que não os efetivos *nomeados por concurso*, porque estaria renunciando a prerrogativas constitucionais consideradas essenciais na relação Estado-agente administrativo. Não sendo lícito ao Estado renunciar a essas prerrogativas, seria nula e de nenhum efeito, portanto, a disposição estatutária em desacordo com o preceito constitucional.

O exame dessas normas constitucionais deu ensejo a que o TJSP, em sessão plenária, nos legasse esta magnífica lição de Direito Público: "Tais dispositivos não contêm somente garantia, benefícios aos funcionários; têm uma acepção mais ampla, pois são as normas primordiais que regem as relações entre o Poder Público e seus agentes. Nessas relações há sempre duas pessoas: uma de Direito Público – o Estado –, outra, a individual do funcionário. Não se pode considerar que os princípios preceituados na Constituição visaram apenas a favorecer uma dessas pessoas, o funcionário. Ao contrário, dizem respeito também ao Estado, para garantia de sua boa administração". E por esse raciocínio, de inegável lógica, a E. Corte Estadual concluiu que "os Estados (e, por extensão, os Municípios) podem dar aos funcionários outras garantias, outros benefícios além dos conferidos pela Constituição Federal. É certo, mas, se essas garantias, esses benefícios estão previstos na Constituição, não é possível ampliá-los e nem estendê-los a outros funcionários que não os por ela favorecidos".[34]

Se até a Constituição de 1967 os dispositivos constitucionais pertinentes ao servidor público eram vistos apenas como mínimos de garantia dos servidores públicos e só se impunham integralmente por recomendação da

dispõe importa, assim, em violação da Constituição, que não pode ser restringida quanto aos direitos, nem ampliada contra as limitações ali impostas" (*RF* 125/93).

34. TJSP, *RT* 191/321.

boa doutrina e pela moralizadora orientação jurisprudencial, a partir de então passaram a ser *normas de observância obrigatória* em todas as esferas administrativas, situação mantida pela atual Constituição da República (arts. 37 a 41). Com isso, fica prejudicada qualquer discussão sobre a possibilidade de sua restrição ou ampliação, uma vez que, atualmente, constituem, mesmo, "um código de direitos e obrigações fundamentais que devem ser respeitados pelo Distrito Federal, pelos Estados e Municípios (e, também, pela União, acrescentamos) em suas leis ordinárias", como ensina Themístocles Cavalcanti (Repr. 96, *RF* 125/93).

Sobejam razões justificadoras desse entendimento, mas a principal delas é que a organização legal dos servidores públicos é tarefa do Legislativo, e este, muitas vezes, desconhecendo particularidades administrativas e peculiaridades dos serviços afetos ao Executivo e para atender a pretensões classistas, confere aos servidores vantagens e prerrogativas que vão dificultar substancialmente o manejo e a execução do serviço público.[35] Ora, o servidor é apenas *meio* e não *fim* da Administração, e toda vez que esta lhe confere uma vantagem deve fazê-lo na exata medida do interesse público. Vale dizer, as prerrogativas, garantias e demais vantagens do servidor só se legitimam quando reclamadas pelo serviço público e não anulem seus requisitos de eficiência, moralidade e aperfeiçoamento. Na concessão desses benefícios por via constitucional existe uma presunção de imprescindibilidade, diante da qual devem curvar-se as entidades estatais; mas, ao concedê-los, a Constituição subtrai de cada uma delas o poder de disposição sobre a mesma matéria, de modo que lhes é defeso postergá-los, restringi-los ou ampliá-los, salvo quando expressamente autorizadas, e nos estritos limites da autorização. Assim, se o constituinte entendeu que somente os servidores públicos *nomeados para cargo de provimento efetivo em virtude de concurso* têm direito à permanência no serviço após três *anos de exercício* – o que, em princípio, constitui um entrave para a Administração –, não é lícito ao Estado abdicar da sua prerrogativa de livre disposição do seu pessoal para estender a *estabilidade* a outros servidores, nem para reduzir o lapso do *estágio probatório*. Pelas mesmas razões, não pode conceder a outras as prerrogativas de vitaliciedade, de inamovibilidade ou de irredutibilidade de vencimentos que a Carta Magna outorgou a determinadas categorias de agentes públicos e que não são exigidas pelos interesses administrativos.

Não quer isso dizer que a Administração esteja impedida de conceder outros direitos e vantagens a seus servidores, através de normas legais.

35. Embora a iniciativa das leis relativas aos servidores, no âmbito do Poder Executivo, seja da alçada exclusiva do seu Chefe (CF, art. 61, § 1º, II, "a" e "c"), o Legislativo, como vimos precedentemente, detém um poder secundário de iniciativa, que exerce através de emendas, só vedadas quando aumentem a despesa originariamente prevista (CF, art. 63, I).

Absolutamente, não. Além de o texto constitucional não exaurir a matéria, deixando, portanto, muita coisa à discrição das entidades estatais, estas se vêem, comumente, obrigadas a assegurar outros benefícios a seus servidores, pois os recrutam em competição com o mercado empresarial. Daí por que os regimes jurídicos, além de encampar as garantias outorgadas constitucionalmente aos servidores (art. 39, § 3º), costumam dispor sobre outros direitos e vantagens de que esses muitas vezes não desfrutam (licença para tratamento de interesses particulares,[36] licença-prêmio, adicional por tempo de serviço etc.). Todas essas concessões são legítimas desde que, como já salientamos, se conformem aos interesses do serviço público, pois, no que concerne aos direitos e vantagens de seus servidores, cada entidade estatal pode estabelecê-los livremente, com observância das normas constitucionais e das leis de caráter nacional. O que não se permite é dispensar ou alterar o que a Constituição já estabeleceu como *condições de eficiência, moralidade e aprimoramento do serviço* (requisitos de investidura, estágio probatório, limite para a aposentadoria, processo demissório, inacumulabilidade de cargos, responsabilização funcional) e como *garantias dos servidores públicos* (estabilidade, aposentadoria remunerada, contagem do tempo de serviço prestado às três esferas administrativas, disponibilidade).

Feitas estas considerações de ordem geral, vejamos, a seguir, em espécie, as normas constitucionais pertinentes ao servidor público para, ao depois, examinarmos os deveres e direitos dos servidores que poderão constar de disposições estatutárias ou de outro regime jurídico.

3. Normas constitucionais pertinentes aos servidores

As *normas constitucionais pertinentes aos servidores* são, principalmente, as dos arts. 37 a 41. Dizemos *principalmente* porque outras existem, esparsas no texto constitucional, que, embora não reunidas na seção própria (CF, tít. III, cap. VII, seçs. I e II – "Dos servidores públicos"), são também de observância obrigatória, dentre outras as que estabelecem a privatividade da iniciativa das leis que criam cargos públicos (arts. 51, IV, 52, XIII, 61, § 1º, II, "a", 96, II, "b", e 127, § 3º) e a competência para seu provimento (arts. 96, I, "c" e "e", 84, XXV, e 127, § 2º). Como se verá, algumas são pertinentes a todos os servidores públicos enquanto que outras, não, dependendo do regime jurídico adotado.

Todavia, o que nos propomos examinar neste tópico são as normas constantes dos referidos arts. 37 a 41 da CF. Destas, pelo menos uma tem

36. É impossível a contagem de tempo de "afastamento decorrente de licença para interesse particular", mesmo que nesse período o servidor tenha recolhido a contribuição previdenciária (STF, Pleno, RE 227.158).

um caráter nitidamente organizatório (art. 37, I, do qual deriva o princípio já visto da *organização legal do serviço público*). As demais, como advertimos precedentemente, exercem uma dupla função – de proteção ao serviço e de proteção ao servidor –, pois visam a estabelecer o equilíbrio entre o Poder Público e seu pessoal, para que este não se arme de vantagens prejudiciais ao serviço público, nem o Estado amesquinhe os que o servem.

Essas normas dispõem sobre: *acessibilidade aos cargos públicos, funções e empregos públicos* (art. 37, I); *obrigatoriedade de concurso público* (art. 37, II); *contratação por prazo determinado* (art. 37, IX); *paridade de vencimentos* (arts. 37, XII, e 39, § 1º); *vedações de equiparações e vinculações* (art. 37, XIII); *tetos de remuneração, subsídio, proventos e pensões* (art. 37, XI); *inacumulabilidade de cargos, empregos e funções* (art. 37, XVI e XVII); *estabilidade* (art. 41, *caput*); *aposentadoria* (art. 40); *cômputo do tempo de serviço prestado a todas as entidades da Administração direta, autárquica e fundacional* (art. 40, § 3º); *exercício de funções eletivas por servidor* (art. 38); *demissão de estáveis* (art. 41, § 1º); *reintegração* (art. 41, § 2º); *responsabilização civil dos servidores* (art. 37, § 6º); *sujeição às normas constitucionais quanto à forma e às condições de provimento dos cargos públicos* (art. 37, I e II); *greve* (art. 37, VII). Analisemos, sumariamente, a razão de ser e a extensão dessas imposições.

3.1 Acessibilidade aos cargos, funções e empregos públicos

Ao estabelecer a *acessibilidade aos cargos, empregos e funções públicas a todos os brasileiros* (art. 37, I) a Constituição assegura aos brasileiros natos e naturalizados, salvo as exceções constitucionais previstas no seu art. 12, § 3º, o direito de acesso aos cargos, empregos e funções públicas. Pela EC 11, de 30.4.96, que acrescentou parágrafos ao art. 207 da CF de 1988, as universidades e as instituições de pesquisa científica e tecnológica podem admitir *estrangeiros* como professores, técnicos e cientistas, *na forma da lei* federal e de caráter nacional. Agora, pela redação dada pela EC 19, os cargos, empregos e funções públicas são também acessíveis aos *estrangeiros, na forma da lei*, também federal e de natureza nacional. Por outro lado, o mesmo art. 37, I, condiciona a *acessibilidade aos cargos públicos, funções e empregos públicos* ao preenchimento dos requisitos estabelecidos em lei.[37]

37. A Carta de 1937, no art. 122, outorgou expressamente ao Executivo competência para estabelecer requisitos de acessibilidade mediante ato próprio. Essa orientação foi rejeitada na CF/1946. Na vigência da CF/1988 e dando inteira aplicação ao seu art. 37, I, o colendo STF, Pleno, decidiu, com acerto, que, "em linha de princípio, impende entender que a Constituição reserva à lei estipular requisitos e condições de provimento de cargos públicos, por via de concurso, também no que concerne à qualificação profissional e inclusive idade" (ADI 10.040-9, *RTJ* 135/528 e 958 e *RDA* 189/222), ou exame psicotécnico ou psicológico (*RT* 678/243 e *RDA* 189/261; Súmula 686). Concurso público e necessidade de lei para a imposição de

Com isso, ficam as Administrações autorizadas a prescrever em lei exigências quanto à capacidade física, moral, técnica, científica e profissional que entenderem convenientes, como condições de eficiência, moralidade e aperfeiçoamento do serviço público.[38] Mas à lei específica, de caráter local, é vedado dispensar condições estabelecidas em lei nacional para a investidura em cargos públicos, como, p. ex., as exigidas pelas leis eleitoral e do serviço militar, ou para o exercício de determinadas profissões (CF, art. 22, XVI). E tanto uma como outra deverão respeitar as garantias asseguradas no art. 5º da CF, que veda distinções baseadas em sexo, idade,[39] raça, trabalho, credo religioso e convicções políticas. E, tratando-se de concurso público, este será realizado de acordo com a natureza e a complexidade do cargo ou emprego, na forma da lei (CF, art. 37, II).

Assim sendo, desde que a lei genérica, de cunho nacional, condicione o exercício de determinada atividade à habilitação profissional na forma que prescrever, como ocorre com a Medicina e a Engenharia, não é permitido à lei específica dispensar ou inexigir a mesma habilitação para a investidura em cargo cuja função precípua se confunda com aquela atividade.

Quanto ao *princípio da isonomia* (CF, art. 5º), é preciso ver que, além das distinções acima referidas, a igualdade de todos os brasileiros perante a lei veda as exigências meramente discriminatórias, como as relativas ao lugar de nascimento, condições pessoais de fortuna, família, privilégios de classe ou qualquer outra qualificação social. E assim é porque os *requisitos*

experiência profissional como requisito ao provimento do cargo (MS 26.587). Dessa forma, embora revogada pelo STF (*RTJ* 68/463), hoje, em face da Constituição de 1988, a Súmula 14 tem plena aplicação.

As ECs 51.2006 e 63/2010, acrescentaram parágrafos ao art. 198, da CF, prevendo que os gestores locais do SUS "poderão admitir agentes comunitários de saúde e agentes de combate a endemias por meio de processo seletivo público, de acordo com a natureza e complexidade de suas atribuições e requisitos específicos para sua atuação" (§ 4º) e que lei disporá sobre regime jurídico, piso salarial profissional nacional, diretrizes para Planos de Carreira e regulamentação de suas atividades, competindo à União prestar assistência financeira complementar aos Estados, Municípios e DF, para o cumprimento do referido piso salarial (§ 5º). A Lei 11.350, de 5.10.2006, regulamentou a matéria.

38. STJ, Súmula 266: "O diploma ou habilitação legal para o exercício do cargo deve ser exigido na posse e não na inscrição para o concurso público" (*DJU* 3.6.2002), mas se entendeu que a idade do candidato deve ser aferida no momento da inscrição (MS 2.038).

39. O Estatuto do Idoso (Lei 10.741, de 1.10.2003) veda a discriminação e a fixação de limite máximo de idade nos concursos públicos, salvo quando a natureza do cargo o exigir, devendo o primeiro critério de desempate ser a idade (art. 27). Seu art. 100, I, tipifica como crime obstar ao acesso de alguém a qualquer cargo público por motivo de idade. O STF já entendia que o limite de idade para inscrição em concurso público só se legitima em face do art. 7º, XXX, da CF quando possa ser justificado pela natureza das atribuições do cargo a ser preenchido (Súmula 683). Por isto, é inconstitucional o edital que exige um limite de idade mas o dispensa para os que já forem servidores, pois tal fato revela que a idade não se justifica pela natureza da função (*RTJ* 152/292; e STF, AI 478.076-1, *DJU* 1.12.2005).

a que se refere a CF (art. 37) hão de ser apenas os que, objetivamente considerados, se mostrem necessários e razoáveis ao cabal desempenho da função pública. Se determinado cargo de datilógrafo, por ex., pode ser exercido indiferentemente por pessoas do sexo feminino ou masculino, a discriminação fundada nesse atributo pessoal do candidato será indevida; entretanto, se o que a Administração deseja é *uma pessoa do sexo feminino* para ocupar o cargo de datilógrafo numa *penitenciária de mulheres*, o estabelecimento desse requisito não constituirá discriminação ilegal, uma vez que visa a atender a uma legítima conduta administrativa. Daí por que a jurisprudência tem admitido como válidas, com base no princípio da razoabilidade, exigências que, à primeira vista, pareceriam atentatórias ao princípio da isonomia, tais como as que limitam a acessibilidade a certos cargos em razão da idade, sexo, categoria profissional, condições mínimas de capacidade física e mental e outros requisitos de adequação ao cargo.[40]

Apreciando a matéria, o TFR (hoje, substituído pelo STJ) assentou lição antiga, mas de conteúdo atual: "A desigualdade física, moral e intelectual é um fato que a lei reconhece e por vezes aprecia e apura, como sucede na seleção do pessoal para as funções públicas, acessíveis a qualquer que dê prova da capacidade exigida".[41] O STF, em suas decisões, tem deixado claro que as limitações impostas por lei só podem ser admitidas quando forem razoáveis, ou seja, a razoabilidade deverá ser aferida em razão da natureza das atribuições do cargo a preencher.[42]

Dessa forma, a EC 19, ao inserir dispositivo permitindo que a lei estabeleça *requisitos diferenciados de admissão* quando a natureza ou a complexidade do cargo os exigirem (CF, art. 37, II), nada mais fez do que consagrar o que o Judiciário já vinha entendendo. Portanto, esses requisitos só serão constitucionais se forem razoáveis.

3.2 Concurso

A *obrigatoriedade de concurso público*,[43] ressalvados os cargos em comissão e empregos com essa natureza, refere-se à investidura em cargo ou emprego público, isto é, ao ingresso em cargo ou emprego isolado ou

40. STF, Súmula 683; *RDA* 77/136, 77/148, 93/103, 96/80, 107/119; *RDP* 17/147; TJSP, *RDA* 67/144, 114/214; *RT* 412/137; TASP, *RDA* 67/94, 67/99, 68/123, 68/129, 68/139; *RT* 309/631, 314/484.

41. TFR, *RT* 236/571.

42. STF, *RT* 726/145.

43. O art. 37, II, da CF, ao abolir a expressão "primeira", constante da Constituição anterior, tornou obrigatório o concurso para o ingresso em carreira diversa daquela para a qual o servidor ingressou por concurso. Dentro da carreira, o acesso a seus vários degraus se faz por critérios internos de seleção, constantes do estatuto. Nesse sentido: STF, *RTJ* 144/24 e nota 24.

em cargo ou emprego público inicial da carreira na Administração direta e indireta. O *concurso* é o meio técnico posto à disposição da Administração Pública para obter-se moralidade, eficiência e aperfeiçoamento do serviço público e, ao mesmo tempo, propiciar igual oportunidade a todos os interessados que atendam aos requisitos da lei, fixados de acordo com a natureza e a complexidade do cargo ou emprego, consoante determina o art. 37, II, da CF. Pelo concurso afastam-se, pois, os ineptos e os apaniguados que costumam abarrotar as repartições, num espetáculo degradante de protecionismo e falta de escrúpulos de políticos que se alçam e se mantêm no poder leiloando cargos e empregos públicos.

Desde a Constituição de 1967 para os cargos públicos efetivos e a quase-totalidade dos vitalícios os *concursos públicos* só podem ser *de provas* ou *de provas e títulos*, ficando, assim, afastada a possibilidade de seleção com base unicamente em títulos, como ocorria na vigência da Constituição de 1946, que fazia igual exigência para a primeira investidura em *cargos de carreira*, silenciando, entretanto, quanto à modalidade do concurso (art. 186; cf. art. 37, II, da atual CF). Com o objetivo de evitar interferências eleitorais, a Lei 9.507/97 proíbe a realização de concurso público no período por ela especificado, salvo as exceções por ela previstas (art. 73, V). A respeito, ver Consulta 1.065, TSE, Pleno, *DJU* 12.7.2004. Tratando-se de pessoa jurídica de Direito Privado integrante da Administração indireta admite-se que o certame seja feito sem essa complexidade, porém é essencial que assegure o atendimento do princípio da isonomia, possibilitando àquele que queira participar uma efetiva participação.[44]

Os *concursos* não têm forma ou procedimento estabelecido na Constituição, mas é de toda conveniência que sejam precedidos de uma regulamentação legal ou administrativa, amplamente divulgada, para que os candidatos se inteirem de suas bases e matérias exigidas. Suas normas ou seu edital, desde que conformes com a Constituição Federal e a lei, obrigam tanto os

44. O "concurso público" aí referido tem o significado de "processo seletivo", na forma dos respectivos regulamentos internos de cada empresa estatal. Porém, deve haver competição e igualdade. Nesse sentido, o STF, Pleno, entendeu que mesmo as empresas estatais previstas no art. 173, § 1º, da CF estão sujeitas a processo seletivo, que "há de ser público" (*DJU* 23.4.93), e em outro caso julgou ser o concurso público pressuposto de validade da admissão pelas empresas públicas e sociedades de economia mista – mesmo que o art. 173 da CF diga que seus empregados se submetem ao Direito do Trabalho (Pleno, MS 21.322). Igualmente o TCU (*RDA* 181-182/351). Ao julgar inconstitucional o § 1º do art. 453 da CLT, o STF decidiu pela obrigatoriedade do concurso mesmo quando o aposentado vai ser novamente contratado, ainda que na mesma empresa em que se aposentou, por ver, aí, readmissão (ADI 1.770). Mas, considerando que a aposentadoria espontânea em si mesma não extingue o contrato de trabalho, o STF decidiu que *só há readmissão* quando a aposentadoria encerrar a relação de trabalho e, assim, a continuidade do trabalho (ADI 1.721, *RTJ* 186/3; e ADI 1.770, *RTJ* 168/128). Idem TST: RR 57100-26.2006.5.02.0064. (V. Dec. 6.944/2009, sobre normas gerais relativas a concursos públicos federais).

candidatos quanto a Administração.[45] Como atos administrativos, devem ser realizados através de bancas ou comissões examinadoras, regularmente constituídas com elementos capazes e idôneos dos quadros do funcionalismo ou não, e com recurso para órgãos superiores, visto que o regime democrático é contrário a decisões únicas, soberanas e irrecorríveis. De qualquer forma, caberá sempre reapreciação judicial do resultado dos concursos, limitada ao aspecto da legalidade da constituição das bancas ou comissões examinadoras, dos critérios adotados para o julgamento[46] e classificação dos candidatos. Isso porque nenhuma lesão ou ameaça a direito individual poderá ser excluída da apreciação do Poder Judiciário (CF, art. 5º, XXXV).

É conveniente, ainda, que as bancas ou comissões examinadoras, se constituídas por servidores, o sejam somente com os efetivos, para se assegurar a independência no julgamento e afastar as influências estranhas. Outra cautela recomendável é a de não se colocar examinadores de hierarquia inferior à do cargo em concurso ou que tenham menos títulos científicos ou técnicos que os eventuais candidatos, sem o quê ficará prejudicada a eficiência das provas, além de constituir uma *capitis deminutio* para os concorrentes mais categorizados que os integrantes da banca.

Desde que o concurso visa a selecionar os candidatos mais capazes, é inadmissível e tem sido julgada inconstitucional a concessão inicial de vantagens ou privilégios a determinadas pessoas ou categorias de servidores, porque isto cria desigualdade entre os concorrentes.[47] Os concursados remanescentes, enquanto não esgotado o prazo de validade do concurso realizado, têm prioridade sobre os novos concursados (CF, art. 37, IV). A reserva de percentual de cargos para as pessoas portadoras de deficiência, prevista no art. 37, VIII, da CF, não afasta a exigência de caráter geral relativa ao concurso público.[48]

A Administração é livre para estabelecer as bases do concurso e os critérios de julgamento, desde que o faça com igualdade para todos os can-

45. RE 480.129-DF, rel. Min. Marco Aurélio, j. 30.6.2009 (*Informativo* 553).

46. "É inconstitucional o veto não-motivado à participação de candidato a concurso público" (STF, Súmula 684). Não compete ao Poder Judiciário "examinar o conteúdo de questões de concurso público para aferir a avaliação ou correção dos gabaritos" (STF, AI/AgR 608.639, com precedentes).

47. STF, ADI 89-6-MG, 402-6-DF, 483-2-PR, 507-6-AM (*RTJ* 143/49) ADI 3.443-0 (sobre lei que estabelecia como título o exercício de função pública – *DJU* 13.10.2005) e ADI 3.580 (lei que previa uma série de vantagens a determinados candidatos – *Informativo STF* 418); TJSP, ADI 073.213-0/1, j. 20.2.2002.

48. STF, Pleno, MI 153-7-DF, *DJU* 30.3.90. Mas, se forem apenas duas vagas, a reserva não se aplica, em respeito à regra geral do tratamento igualitário do art. 37, II, da CF (STF, MS 26.310, 20.9.2007). V., ainda, STF, RMS 25.666; STJ, MS 8.411. Enunciado 45/2009 da AGU: "Os benefícios inerentes à Política Nacional para a Integração da Pessoa Portadora de Deficiência devem ser estendidos ao portador de visão monocular, que possui direito de concorrer, em concurso público, à vaga reservada aos deficientes".

didatos, tendo, ainda, o poder de, a todo tempo, alterar as condições e requisitos de admissão dos concorrentes, para melhor atendimento do interesse público. Não obstante, é ilegal a exclusão ou reprovação com base em critério subjetivo, como a realização de exame psicotécnico sem critérios objetivos ou a avaliação sigilosa de conduta do candidato, sem motivação.[49] Ante a presunção de não culpabilidade, é também ilegal reprovar ou excluir do concurso candidato com ação penal em curso ou cumprindo pena em regime semi-aberto, sob a alegação de falta de capacitação moral ou por atos infracionais na adolescência; mas, havendo previsão na lei, e constando do edital, é possível levantamento ético-social, o qual dispensa o contraditório.[50]

Os candidatos, mesmo que inscritos, não adquirem direito à realização do concurso na época e condições inicialmente estabelecidas pela Administração; esses elementos podem ser modificados pelo Poder Público, como pode ser cancelado ou invalidado o concurso, antes, durante ou após sua realização. E assim é porque os concorrentes têm apenas uma expectativa de direito, que não obriga a Administração a realizar as provas prometidas.[51] O entendimento do Judiciário[52] no sentido de que a aprovação não gerava direito absoluto à nomeação mesmo dentro das vagas previstas no edital está superado por recente e firme jurisprudência que reconhece o direito subjetivo dessa nomeação.[53] No entanto, excepcionalmente, parece-nos que, se fatos supervenientes à abertura do concurso comprovadamente demonstrem quadro indicativo de que a nomeação não atende ao interesse público, a Administração poderá deixar de efetuá-la, mediante ato devidamente motivado. Portanto, a discricionariedade ficou restrita à nomeação

49. STF, *RDA* 50/113; *RTJ* 124/770; AI 350.813-8; AI 441.851-2; STJ, ROMS 10.374; AI 389.592; AI 257.049; TJDF, *RDA* 39/119, 49/122; TJSP, *RT* 183/832; *RDA* 26/60. E só a lei pode sujeitar o candidato ao exame psicotécnico (STF, Súmula 686). Súmula 35 da AGU: "O exame psicotécnico a ser aplicado em concurso público deverá observar critérios objetivos, previstos no edital, e estará sujeito a recurso administrativo". O Dec. 6.944/2009 regula, no âmbito federal, a avaliação psicológica. Sobre a dispensa de contraditório: STF, REs 156.400 e 233.303.

50. STF, RE 194.872, *Informativo STF* 215, 7.2.2001; RE 356.282-7, (*DJU* 18.5.2006, sobre concurso na área *militar*); MS 26.103-0 (*DJU* 6.10.2006), *Lex-JTJ* 240/115; parecer da PGESP, *DOE* 30.9.99, Seção I; e TJSP, ApCiv 402.730.5.

51. STF, *RDA* 35/186, 50/108, 54/192, 75/140, 90/91, 98/114; TJDF, *RDA* 57/171; TJSP, *RDA* 26/60, 26/63; *RT* 267/387. O STJ tem entendido que os candidatos aprovados em determinada fase do concurso público *sem se classificarem dentro do limite* de vagas previsto no edital têm mera expectativa de direito de participar da etapa subseqüente do certame (RMS 21.528, citando precedentes).

52. STF, *RDA* 26/68, 32/107, 44/170, ADI 2.931, REs 192.568 e 273.065, MS 24.660, RE/AgR 419.013, RE 442.210 e RMS 23.657.

53. Para o STJ o aprovado em concurso público tem direito subjetivo à nomeação dentro do número de vagas, computando-se as desistências: MS 13.575, RMS 25.575, RMS 27.311 e RMS 32.105. Idem STF: RMS 23.657 e RE 227.480.

dos aprovados *além* do número de vagas do edital. Estes, sim, têm mera *expectativa de direito*.

Vencido o concurso, o primeiro colocado adquire direito subjetivo à nomeação com preferência sobre qualquer outro, desde que a Administração se disponha a prover o cargo ou o emprego público, mas não se admite a nomeação de outro candidato que não o vencedor do concurso, pois, nesse caso, haverá preterição do seu direito,[54] salvo a exceção do art. 37, IV.

O concurso tem validade[55] de até dois anos, contados da homologação prorrogável uma vez,[56] por igual período, conforme dispõe o art. 37, III, da CF. Em razão de o aprovado dentro do número de vagas do edital ter direito subjetivo à nomeação, se ele não tiver sido nomeado até os dois anos de validade a prorrogação é obrigatória como regra geral – podendo, como exposto acima, mediante ato motivado e de forma excepcional, não ocorrer. Tratando-se de cargo público, após o concurso segue-se o *provimento* do cargo, através da *nomeação* do candidato aprovado. A *nomeação*[57] é o ato de provimento de cargo, que se completa com a *posse* e o *exercício*.

A investidura do servidor no cargo ocorre com a *posse*.[58] A *posse* é a *conditio juris* da função pública. Por ela se conferem ao servidor ou ao agente político as prerrogativas, os direitos e os deveres do cargo ou do mandato. Sem a posse o *provimento* não se completa, nem pode haver *exercício* da função pública. É a posse que marca o início dos direitos e deveres funcionais, como, também, gera as restrições, impedimentos e incompatibilidades para o desempenho de outros cargos, funções ou mandatos. Por isso mesmo, a nomeação regular só pode ser desfeita pela Administração antes da posse

54. STF, *RTJ* 67/226. Súmula 15: "Dentro do prazo de validade do concurso, o candidato aprovado tem direito à nomeação, quando o cargo for preenchido sem observância da classificação". O STF decidiu que se a vaga é preenchida, ainda que transitoriamente, fica caracterizada a preterição do aprovado e surge seu direito à nomeação (RE 273.605, AI 454.882 e AI 381.529), e no RE 227.480 reconheceu o direito à nomeação porque ficou patente a necessidade da nomeação. V., ainda, RE 192.568. O TRT-15ª Região, Pleno, decidiu pela preterição quando servidor *ad hoc* é nomeado para a mesma função do cargo em que o candidato foi aprovado em concurso (MS 02.036/2003).

55. A anulação ou revogação da homologação de concurso não pode estar fundada somente em conclusão preliminar e, assim, precária, com base apenas em *indícios* de irregularidades. Mas é cabível a suspensão dos efeitos da homologação (STJ, RMS 18.990, com precedentes).

56. Essa prorrogação deve ocorrer antes do término do biênio, sob pena de ofensa ao art. 37, III, da CF (STF, RE 352.258, *Informativo STF* 347).

57. O STJ garantiu à candidata aprovada em concurso o direito a novo prazo para posse porque considerou nula sua convocação somente pelo *Diário Oficial*, três anos após sua aprovação no concurso (RMS 27.495 e 22.508).

58. No MS 22.947-BA o STF, Pleno, por maioria, entendeu que o estágio probatório sujeita a investidura a uma condição suspensiva, e só com ele é que se encerra o processo seletivo; e com esse entendimento negou aposentadoria pedida por servidor durante o estágio probatório (*RTJ* 181/593).

do nomeado.[59] No entanto, a anulação do concurso, com a exoneração do nomeado, após a posse, só pode ser feita com observância do devido processo legal e a garantia de ampla defesa.[60]

O *exercício do cargo* é decorrência natural da *posse*. Normalmente, a posse e o exercício são dados em momentos sucessivos e por autoridades diversas, mas casos há em que se reúnem num só ato, perante a mesma autoridade. É o exercício que marca o momento em que o funcionário passa a desempenhar legalmente suas funções e adquire direito às vantagens do cargo e à contraprestação pecuniária devida pelo Poder Público. Sem exercício, já decidiu o TJSP, não há direito ao recebimento de vencimentos.[61]

Com a posse o cargo fica provido e não poderá ser ocupado por outrem, mas o provimento só se completa com a entrada em exercício do nomeado. Se este não o faz na data prevista, a nomeação e, conseqüentemente, a posse tornam-se ineficazes, o que, juntamente com a vacância do cargo, deve ser declarado pela autoridade competente.[62]

Em face do art. 13 da Lei 8.429/92, que trata do enriquecimento ilícito, a posse e o exercício de agente público ficam condicionados à apresentação de declaração de bens e valores, a fim de ser arquivada no Serviço de Pessoal. O conteúdo da declaração, sua atualização e as conseqüências da não apresentação estão prescritos nos §§ 1º a 3º do art. 13. No âmbito federal, o Dec. 5.483, de 30.6.2005, regulamentou esse art. 13 e instituiu a *sindicância patrimonial*.

Observe-se, por fim, que a exigência de prévia aprovação em concurso é para os cargos de provimento efetivo, ou seja, não temporário, não condicionado a uma relação de confiança entre o nomeado e seus superiores hierárquicos. Daí por que é dispensada para o preenchimento dos cargos declarados em lei de provimento em comissão, cuja principal característica é a confiabilidade que devem merecer seus ocupantes, por isso mesmo nomeáveis e exoneráveis livremente (CF, art. 37, II), e destinados apenas às atribuições de direção, chefia e assessoramento (CF, art. 37, V). Como vimos, um parcela desses cargos em comissão será preenchida por servidores de carreira nos casos, condições e percentuais mínimos previstos em lei (CF, art. 37, V). Nestas hipóteses, a nomeação, embora livre, fica

59. STF, *RDA* 74/147, 100/83; MS 11.805, *DJSP* 11.6.64; TJSP, *RDA* 101/120; *RT* 237/379; e ApCiv 168.698-5, com precedentes.

60. STJ, *Lex* 12/46, 15/90, 25/53. V., ainda, excelente acórdão relatado pelo Des. Toledo Silva, na ApCiv 304.456-5 do TJSP, sobre demissão de servidor por ato embasado em anulação de concurso em ação de improbidade administrativa.

61. *RDA* 52/137.

62. De acordo com a Lei federal 8.112/90, se a posse não ocorrer no prazo legal, o ato de provimento será tornado sem efeito, e, se o servidor empossado não entrar em exercício, será exonerado (arts. 13, § 6º, e 15, § 2º).

condicionada à observância dos requisitos previstos na lei federal, estadual, distrital ou municipal.[63]

Neste campo, o legislador deve ter presente, sempre, advertência e alerta do STF no sentido de que "a criação de cargo em comissão, em moldes artificiais e não condizentes com as praxes de nosso ordenamento jurídico e administrativo, só pode ser encarada como inaceitável esvaziamento da exigência constitucional do concurso",[64] ou, por extensão, agora, da exigência de um percentual mínimo para os servidores de carreira, isto é, concursados.

3.3 Contratação por tempo determinado

Além dos servidores públicos concursados ou nomeados em comissão, a Constituição Federal permite que a União, os Estados e os Municípios editem leis que estabeleçam "os casos de contratação por tempo determinado para atender a necessidade temporária de excepcional interesse público" (art. 37, IX). É imprescindível que o serviço se revista do caráter da temporariedade, o que afasta aqueles que devem ser destinados aos cargos efetivos. O STF entende não cabível a contratação temporária para a execução de serviços meramente burocráticos, por ausência de relevância e interesse social. Por tudo, essas leis deverão atender aos princípios da razoabilidade e da moralidade. Não podem prever hipóteses abrangentes e genéricas, nem deixar sem definição, ou em aberto, os casos de contratação. Dessa forma, só podem prever casos que efetivamente justifiquem a contratação,[65] mesmo porque essa contratação sem concurso público é exceção. E, à evidência, somente poderá ser feita sem processo seletivo quando o interesse público assim o permitir.

No âmbito federal essa contratação encontra-se regulada pela Lei 8.745/93, alterada pelas Leis 9.849/99, 10.973/2004, 11.204/2005 e 12.314/2010. Essa legislação federal deve servir de norte para Estados e Municípios disporem sobre a matéria. O art. 2º dessa lei relaciona os casos considerados de necessidade temporária de excepcional interesse público, em seus incisos: I – assistência a situações de calamidade pública; II – assis-

63. O STF entende que a contratação de pessoal por meio de ajuste civil de locação de serviços é "escapismo" à exigência constitucional de concurso público e afronta o art. 37, II, da CF (ADI 890-1, *DJU* 26.2.2004).

64. STF, Pleno, Repr. 1.282-4-SP, ADIs 2.427, 3.233 (esta julgou inconstitucional a criação de cargo em comissão para assessor de segurança ou agente de segurança) e 3.819 (servidores investidos na função de defensor público e nos cargos de assistente jurídico de penitenciária e de analista de justiça mediante transposição para recém-criada carreira de defensor público estadual, sem prévio concurso público, com modulação de efeitos).

65. STF, *RDA* 239/457, e ADI 3.430-ES, rel. Min.Ricardo Lewandowski.

tência a emergências em saúde pública; III – realização de recenseamentos e outras pesquisas de natureza estatística efetuadas pela Fundação Instituto Brasileiro de Geografia e Estatística/IBGE; IV – admissão de professor substituto e professor visitante; V – admissão de professor e pesquisador visitante estrangeiro; VI – as atividades relacionadas nas alíneas desse inciso; VII – admissão de professor, pesquisador e tecnólogo substitutos para suprir a falta de professor, pesquisador ou tecnólogo ocupante de cargo efetivo, decorrente de licença para exercer atividade empresarial relativa à inovação; VIII – admissão de pesquisador, nacional ou estrangeiro, para projeto de pesquisa com prazo determinado, em instituição destinada à pesquisa; e IX – combate a emergências ambientais, na hipótese de declaração, pelo Ministro de Estado do Meio Ambiente, da existência de emergência ambiental na região específica. O seu art. 3º estabelece como regra geral o recrutamento mediante processo seletivo[66] simplificado, prescindindo, portanto, de concurso público. Todavia, a contratação para atender a situação de calamidade pública dispensa o processo seletivo e a prevista nas letras "e" e "f", acima, poderá ser efetivada à vista de notória capacidade técnica ou científica do profissional, mediante análise do *curriculum vitae* (cf. §§ 1º e 2º do art. 3º). Com a finalidade de evitar fraude à regra do tempo determinado, a lei veda a prorrogação dos contratos,[67] só a admitindo nos casos e nos prazos ali estabelecidos (art. 4º e §§ 1º e 2º). A extinção do contrato dar-se-á pelo término do prazo contratual, por iniciativa do contratado ou por iniciativa do contratante, decorrente de conveniência administrativa. Nas duas primeiras hipóteses a extinção opera sem direito a indenização, e na última o contratado será indenizado por valor correspondente à metade do que lhe caberia até o restante do contrato (art. 12 e § 2º).

A Lei 12.304/2010, que autoriza a criação da empresa pública denominada Empresa Brasileira de Administração de Petróleo e Gás Natural S/A – Pré-Sal Petróleo S/A (PPSA), nos arts. 14 e 15 permite a contratação de pessoal técnico e administrativo por tempo determinado, nas condições ali estabelecidas. Igualmente a MP 489/2010, que autoriza a União a integrar consórcio público de regime especial, denominado Autoridade Pública Olímpica/APO, em seu art. 7º.

3.4 Desinvestidura de cargo ou emprego público

A *desinvestidura de cargo* pode ocorrer por *demissão*, *exoneração* ou *dispensa*. *Demissão* é punição por falta grave. *Exoneração* é desinvestidura: a) a pedido do interessado – neste caso, desde que não esteja sendo proces-

66. O processo seletivo foi regulamentado pelo Dec. federal 4.748, de 16.6.2003.

67. A vedação não incide se a nova contratação é feita por "outra entidade diversa da anterior" (STJ, REsp 503.823; ADI 3.430-ES). (V. *Revista AGU* 95, de 2009).

sado judicial ou administrativamente; b) de ofício, livremente (*ad nutum*), nos cargos em comissão; e c) motivada, nas seguintes hipóteses: c1) do servidor não estável no conceito do art. 33 da EC 19, para os fins previstos pelo art. 169, § 3º, II, da CF; c2) durante o estágio probatório (CF, art. 41, § 4º); c3) do servidor estável, por insuficiência de desempenho (CF, art. 41, § 1º, III) ou para observar o limite máximo de despesa com pessoal ativo e inativo (CF, art. 169, § 4º).[68] A *dispensa* ocorre em relação ao admitido pelo regime da CLT quando não há a justa causa por esta prevista. Embora a CLT fale em *demissão* sem justa causa, preferimos o termo *dispensa*, porque não tem natureza punitiva. Quando se tratar de empregado público de empresa estatal prestadora de serviço público, o ato de dispensa, no nosso entender, deve ser motivado, expondo-se por escrito o seu motivo ou a sua causa.[69] Não, portanto, quando ela exerce atividade econômica (v. cap. VI, item 5.2.1). A motivação decorre dos princípios da legalidade, da eficiência, da moralidade e da razoabilidade, pois só com ela é que poderão ser afastados os desligamentos de celetistas motivados por perseguição política ou por outro desvio de finalidade. Se o particular pode, em tese, desligar o empregado que queira, o mesmo raciocínio não cabe tratando-se de empregado público.[70] De fato, em razão dos princípios citados e como acentuado em outro tópico, a relação de administração é distinta da relação de propriedade. Nesta, a propriedade e a vontade prevalecem; naquela, o dever ao influxo de uma finalidade cogente.[71] Assim, sem motivação que demonstre finalidade pública a dispensa é ilegal.

3.5 Paridade de vencimentos

No atual sistema os vencimentos pagos pelo Poder Executivo constituem o *limite máximo* para a remuneração dos servidores que exerçam funções iguais ou assemelhadas no Legislativo e no Judiciário (CF, art. 37, XII). Sendo assim, estes Poderes, tendo em vista suas disponibilidades orçamentárias, podem estabelecer a retribuição a seus servidores em bases idênticas às do Executivo, ou lhes atribuir menor remuneração, mas nunca pagar-lhes mais, de modo a criar uma injusta disparidade, daí resultando um *teto* para esse Poderes. A liberdade dos Poderes Legislativo e Judiciário reduz-se, quanto a esse aspecto, à possibilidade de criar ou não seus cargos

68. A Lei 8.112/90 denomina *destituição* a desinvestidura do servidor não efetivo ocupante de cargo em comissão (art. 135).

69. Em caso sobre sociedade de economia mista, o STF entende que a dispensa "pode ser imotivada" (RE 363.328, *DJU* 19.12.2003); e no AI 585.479-7 (*DJU* 28.8.2006) o STF manteve acórdão do TST nesse sentido. V. TST, Orientação Jurisprudencial 247.

70. Ruy Cirne Lima, *Princípios de Direito Administrativo*, São Paulo, 7ª ed., Malheiros Editores, 2007, § 20.

71. Nesse sentido, Parecer AGU GQ 64/95.

e à de fixar-lhes um estipêndio igual ou inferior ao estabelecido em lei para os mesmos servidores, isto é, os que tenham atribuições iguais ou assemelhadas, no âmbito do Executivo. Todavia, por lei, os demais Poderes podem instituir limites diversos do Executivo, desde que os cargos e suas funções sejam diferenciados.[72] Esse limite não corresponde aos *tetos remuneratórios* para todos os servidores ativos e inativos, previstos pelo art. 37, XI, da CF (v., adiante, neste capítulo, o item *Sistema remuneratório. Remuneração. Subsídio. Vencimentos. Vantagens pecuniárias. Indenizações*).

3.6 Vedação de equiparações e vinculações

A *vedação de equiparações e vinculações* de quaisquer espécies remuneratórias para o efeito de remuneração do pessoal do serviço público (CF, art. 37, XIII) é outra norma moralizadora que figura no texto constitucional desde 1967 (art. 96). A Constituição proíbe o tratamento jurídico paralelo de cargos com funções desiguais (*equiparação*) e a subordinação de um cargo a outro, dentro ou fora do mesmo Poder, ou a qualquer fator que funcione como índice de reajustamento automático, que retire a iniciativa do Poder competente para a fixação da remuneração, como o *salário* mínimo (salvo os casos previstos na CF, cf. Súmula Vinculante n. 4),[73] inclusive o profissional,[74] ou a *arrecadação orçamentária* (*vinculação*), *para fins de remuneração do pessoal administrativo*.[75] *Equiparar* significa a previsão, em lei, de remuneração *igual* à de determinada carreira ou cargo. Assim, não significa equiparação a existência de duas ou mais leis estabelecendo, cada uma, valores iguais para os servidores por elas abrangidos. *Vincular* não significa remuneração igual, mas atrelada a outra, de sorte que a alteração da remuneração do cargo vinculante provoca, automaticamente, a alteração da prevista para o cargo vinculado.[76]

Como norma de eficácia plena, o dispositivo em exame é de incidência direta, dispensando outras normas reguladoras e revogando desde logo as que disponham diversamente, de modo que "os beneficiários de equiparação de vencimentos ou proventos estabelecidos antes da Constituição não podem reivindicá-la após a vigência desta" (STF, *RDA* 98/133).

72. STF, ADI 48-9, *DJU* 18.10.2002.

73. STF, *RDA* 99/130; *RTJ* 45/1, 141/77, 144/112; RE 145.018-5, *DJU* 10.9.93; AO 285-1-SC, *DJU* 24.10.97; ADI 3.096-DF, rela. Min. Cármen Lúcia, j. 19.8.2009. Súmula Vinculante n. 4: "Salvo nos casos previstos na constituição, o salário mínimo não pode ser usado como indexador de base de cálculo de vantagem de servidor público ou de empregado, nem ser substituído por decisão judicial".

74. STF, AI 182.803, *DJU* 26.10.2004.

75. STF, RE 433.270-1, com precedentes, *DJU* 25.10.2004.

76. "É inconstitucional a vinculação do reajuste de servidores estaduais ou municipais a índices federais de correção monetária" (STF, Súmula 681).

A própria Constituição em alguns casos prevê a equiparação ou a vinculação, como ocorre com os Ministros dos Tribunais de Contas sendo equiparados aos Ministros do STJ (CF, art. 73, § 3º), com a vinculação entre os subsídios dos Ministros do STF com os do STJ e demais magistrados, prevista pelo art. 93, V, da CF,[77] e com o direito à percepção de salário-base em valor não inferior ao salário mínimo.[78]

3.7 *Acumulação de cargos, empregos e funções públicas*

A *proibição de acumulação remunerada de cargos, empregos e funções*, tanto na Administração direta como nas autarquias, fundações, empresas públicas, sociedades de economia mista, suas subsidiárias e sociedades controladas direta ou indiretamente pelo Poder Público (CF, art. 37, XVI e XVII), visa a impedir que um mesmo cidadão passe a ocupar vários lugares ou a exercer várias funções sem que as possa desempenhar proficientemente, embora percebendo integralmente os respectivos vencimentos. As origens dessa vedação vêm de longe, ou seja, do Decreto da Regência, de 18.6.1822, da lavra de José Bonifácio, cuja justificativa tem ainda plena atualidade quando esclarece que por ele "se proíbe que seja reunido em uma só pessoa mais de um ofício ou emprego, e vença mais de um ordenado, resultando manifesto dano e prejuízo à Administração Pública e às partes interessadas, por não poder de modo ordinário um tal empregado público ou funcionário cumprir as funções e as incumbências de que duplicadamente encarregado, muito principalmente sendo incompatíveis esses ofícios e empregos; e, acontecendo, ao mesmo tempo, que alguns desses empregados e funcionários públicos, ocupando os ditos empregos e ofícios, recebam ordenados por aqueles mesmo que não exercitam, ou por serem incompatíveis, ou por concorrer o seu expediente nas mesmas horas em que se acham ocupados em outras repartições".

A própria Constituição, entretanto, reconhecendo a conveniência de melhor aproveitamento da capacidade técnica e científica de determinados profissionais, abriu algumas exceções à regra da não acumulação, para permiti-la expressamente quanto a *cargo da Magistratura e do Magistério* (art. 95, parágrafo único, I), a *dois cargos de Magistério* (art. 37, XVI, "a"), a de *um destes com outro, técnico ou científico* (art. 37, XVI, "b"), e a de *dois cargos ou empregos privativos de profissionais de saúde*, *com profissões regulamentadas* (art. 37, XVI, "c", red. da EC 34/01), contanto que haja

77. A Lei 9.655, de 2.6.98, regula a vinculação no âmbito da Justiça Federal e do Distrito Federal.

78. STF, AI 259.728, com vários precedentes, mas, "o vencimento-base" pode ser inferior ao salário mínimo, desde que não o seja a remuneração (STF, RE 199.098 e AI 218.184-0, *DJU* 28.6.2006).

compatibilidade de horários[79] (art. 37, XVI). Todavia, mesmo nesses casos aplica-se o teto remuneratório previsto no art. 37, XI, da CF. A vedação é genérica e, ressalvadas as mencionadas exceções, prevalece entre quaisquer cargos – de nomeação ou eletivos –, ocupados a qualquer título, de quaisquer entidades estatais, autarquias, fundações públicas, empresas públicas e sociedades de economia mista, bem como, por força da EC 19, suas subsidiárias e sociedades controladas, direta ou indiretamente, pelo Poder Público (CF, art. 37, XVII).

O entendimento exposto em edições anteriores a respeito da acumulação por parte do aposentado está superado pelo STF. Este entende, mesmo em relação aos aposentados, que a acumulação de proventos e vencimentos só é cabível quando tais cargos, empregos ou funções são acumuláveis na atividade.[80] Quanto ao servidor *aposentado compulsoriamente* (setenta anos de idade), entendemos que, salvo quanto aos eletivos, não poderá ocupar qualquer outro cargo, emprego ou função pública, porque a própria Constituição da República estabelece uma *presunção de incapacidade absoluta* para o desempenho de serviço público.

A proibição de acumular, sendo uma restrição de direito, não pode ser interpretada ampliativamente. Assim, como veda a acumulação *remunerada*, inexistem óbices constitucionais à acumulação de cargos, funções ou empregos do serviço público desde que o servidor seja remunerado apenas pelo exercício de uma das atividades acumuladas.[81] Trata-se, todavia, de uma exceção, e não de uma regra, que as Administrações devem usar com cautela, pois, como observa Castro Aguiar, cujo pensamento, neste ponto, coincide com o nosso, "em geral, as acumulações são nocivas, inclusive porque cargos acumulados são cargos mal-desempenhados".[82]

3.8 Estabilidade

Estabilidade[83] é a garantia constitucional de permanência no serviço público outorgada ao servidor que, nomeado para cargo de provimento efe-

79. Parecer da CGU, aprovado pelo Parecer AC-054, do Advogado-Geral da União, demonstra que a compatibilidade de horários não se aplica quando se trata de servidor aposentado em um dos dois cargos (*DOU* 25.12.2006).

80. *RT* 721/307. A Lei 9.635, de 15.5.98 (*DOU* 11.11.97), deu nova redação ao § 3º do art. 118 da Lei federal 8.112/90, adotando o entendimento do STF.

81. A designação de funcionário para acumular funções de outro cargo por falta ou impedimento de seu titular, com a faculdade de opção pela maior remuneração, é expediente corriqueiro nas Administrações.

82. Joaquim Castro Aguiar, *O Servidor Municipal*, Rio, 1970, p. 57.

83. A Constituição de 1988, de forma excepcional, declarou estáveis "os servidores públicos civis da União, dos Estados, do Distrito Federal e dos Municípios, da Administração direta, autárquica e das fundações públicas, em exercício na data da promulgação da Cons-

tivo, em virtude de concurso público, tenha transposto o estágio probatório de três anos, após ser submetido a *avaliação especial de desempenho por comissão instituída para essa finalidade* (CF, art. 41).[84]

O instituto da *estabilidade* sofreu profundas alterações com a EC 19, ditadas por dois objetivos básicos: atender ao princípio da eficiência e reduzir os gastos com os servidores públicos. Essas alterações não podem e não devem gerar uma volta ao passado. Com efeito, vale lembrar que, criada pela Carta de 1938, a *estabilidade* tinha por fim garantir o servidor público contra exonerações, de sorte a assegurar a continuidade do serviço, a propiciar um melhor exercício de suas funções e, também, a obstar aos efeitos decorrentes da mudança do Governo. De fato, quase como regra, a cada alternância do poder partidário o partido que assumia o Governo dispensava os servidores do outro, quer para admitir outros do respectivo partido, quer por perseguição política. Por isso – e felizmente –, a EC 19 exige a motivação e assegura a ampla defesa em cada caso de exoneração por avaliação de desempenho (art. 41, § 1º), ou só a motivação, tratando-se de atendimento aos limites das despesas com pessoal (art. 169), permitindo, assim, que haja um melhor controle sobre elas.

A *nomeação para cargo de provimento efetivo* é a condição *primeira* para a aquisição da *estabilidade*. A efetividade, embora se refira ao servidor, é apenas um atributo do cargo, concernente à sua forma de provimento, que deve ser por concurso público, e, como tal, deve ser declarada no decreto de nomeação e no título respectivo, porque um servidor pode ocupar transitoriamente um cargo de provimento efetivo (casos de substituição, p. ex.), sem que essa qualidade se transmita ao seu ocupante eventual. Esta condição – cargo efetivo – afasta a aquisição da estabilidade por parte do servidor empregado público regido pela CLT.

É importante frisar que essa nomeação deve ocorrer em virtude *de concurso público*, sendo esta a *segunda* condição para a aquisição da estabilidade. Note-se que agora ficou claro que o provimento originário do cargo efetivo deve ter como causa a aprovação em concurso público prestado especificamente para tal fim, não para qualquer outro cargo.

É por isso que os nomeados em comissão e os admitidos na forma do art. 37, IX, da CF, cujos vínculos empregatícios têm sempre um caráter provisório, jamais adquirem estabilidade. Não podem pretender a permanência no serviço público, porque essa garantia, repetimos, é exclusiva dos *servi-*

tituição, há pelo menos cinco anos continuados, e que não tenham sido admitidos na forma regulada no art. 37 da Constituição" (art. 19 do ADCT). Esses limites ou condições não podem ser restringidos ou ampliados (STF, ADI 289, *DJU* 30.3.2007).

84. Como visto na nota de rodapé 4 (item 1.2), o STF decidiu que *antes* da redação dada ao art. 41 pela EC 19/98 o empregado público faz jus à estabilidade; *depois*, não (MS 21.236, Pleno).

dores regularmente investidos em cargos públicos de provimento efetivo em virtude de concurso público.

Não há confundir *efetividade* com *estabilidade*, porque aquela é uma característica da nomeação e esta é um atributo pessoal do ocupante do cargo, adquirido após a satisfação de certas condições de seu exercício. A efetividade é um pressuposto necessário da estabilidade. Sem efetividade não pode ser adquirida a estabilidade.

Estágio probatório[85] *de três anos, terceira* condição para a estabilidade, é o período de exercício do servidor durante o qual é observado e apurada pela Administração a conveniência ou não de sua permanência no serviço público, mediante a verificação dos requisitos estabelecidos em lei para a aquisição da estabilidade (idoneidade moral, aptidão, disciplina, assiduidade, dedicação ao serviço, eficiência etc.). O prazo era de dois anos[86] antes da EC 19. Para esse estágio só se conta o tempo de nomeação *efetiva* na mesma Administração, não sendo computável o tempo de serviço prestado em outra entidade estatal, nem o período de exercício de função pública a título provisório.[87]

A *quarta* condição para a aquisição da estabilidade, durante o estágio probatório, é *obrigatoriedade de avaliação especial de desempenho por comissão instituída para essa finalidade* (CF, art. 41, § 4º). É novidade da EC 19. O acompanhamento do desempenho do servidor durante o estágio probatório, ínsito na exigência deste, como em grande parte não era realizado, passou a ser condição para a aquisição da estabilidade. É decorrência do princípio da eficiência. Ficou clara, assim, a importância do desempenho na apuração da estabilidade. Se aquele for insuficiente, a estabilidade não deve ser declarada. O ideal é que cada categoria profissional tenha sua comissão de avaliação especial do servidor em estágio probatório e que haja um relatório circunstanciado para o servidor em estágio. Essa direção foi apontada

85. A Instrução Normativa 10, de 14.9.94, da Secretaria da Administração Federal, disciplina e orienta a respeito do estágio probatório (*DOU* 15.9.94).

86. O STJ chegou a fazer distinção entre o prazo de estágio probatório e o prazo de aquisição da estabilidade com base no art. 20 da Lei 8.112/90, que prevê dois anos para o primeiro (cf. MS 9.373-DF), o que, como dissemos em edições anteriores, respeitosamente, era incompatível com a finalidade do art. 41, *caput*, da Carta, não sendo, assim, por ela recepcionado. Por isso, o mesmo STJ reformulou seu entendimento no MS 12.523, da 3ª Seção, rel. Min. Félix Fischer, *DJe* 18.8.2009.

87. Quanto à exigência de tempo de serviço perante a mesma entidade estatal: STF, *RDA* 16/43, 44/190. Quanto à mesma função: STF, *RTJ* 106/1.021; STJ, *RDA* 191/135. Quanto à efetividade, o STF decidiu que a estabilidade é absolutamente incompatível com os cargos em comissão ou função de confiança: STF, MS 21.101-6, *DJU* 15.3.91. O § 5º do art. 20 da Lei 8.112/1990 determina a suspensão do estágio durante as licenças e os afastamentos previstos nos seus arts. 83, 84, §1º, 86 e 96, e na participação em curso de formação, e será retomado a partir do término do afastamento. O TJSP já decidiu que o afastamento por motivo de doença não é computado para o estágio: TJSP, *RJTJSP* 129/373.

pela EC 19 ao prever que para os Procuradores do Estado e do Distrito Federal em estágio probatório essa avaliação especial seja feita perante os respectivos *órgãos próprios* após relatório circunstanciado das Corregedorias (parágrafo único do art. 132 da CF).

Fatalmente haverá caso envolvendo o decurso do prazo de três anos sem que essa avaliação especial tenha sido feita nos moldes determinados pelo dispositivo constitucional. Como esse dever cabe à Administração Pública, o servidor não poderá ser prejudicado e adquirirá a estabilidade caso preencha as demais condições, apurando-se e responsabilizando-se o servidor que tinha o dever funcional de instituir a comissão especial ou o da própria comissão que, embora instituída, não exerceu sua atribuição.

Comprovado durante o estágio probatório que o servidor público não satisfaz as exigências legais da Administração ou que seu desempenho é ineficaz, pode ser exonerado justificadamente pelos dados colhidos no serviço, na forma legal, independentemente de inquérito administrativo, isto é, de processo administrativo disciplinar, mesmo porque não se trata de punição.

Por isso, essa *exoneração* não é penalidade, não é *demissão*; é simples dispensa do servidor, por não convir à Administração sua permanência, uma vez que seu desempenho funcional não foi satisfatório nessa fase experimental, sabiamente instituída pela Constituição para os que almejam a estabilidade no serviço público.

O que os tribunais têm sustentado – e com inteira razão – é que a exoneração na fase probatória não é arbitrária, nem imotivada. Deve basear-se em motivos e fatos reais que revelem insuficiência de desempenho, inaptidão ou desídia do servidor em observação, defeitos, esses, apuráveis e comprováveis pelos meios administrativos consentâneos (ficha de ponto, anotações na folha de serviço, investigações regulares sobre a conduta e o desempenho no trabalho etc.), sem o formalismo de um processo disciplinar. O necessário é que a Administração justifique, com base em fatos reais, a exoneração, como, a final, sumulou o STF, nestes termos: "Funcionário em estágio probatório não pode ser exonerado nem demitido sem inquérito ou sem as formalidades legais de apuração de sua capacidade" (Súmula 21). Entre essas formalidades estão, sem dúvida, a observância do contraditório e a oportunidade de defesa.[88]

Se a Administração não pudesse exonerar o servidor em fase de observação nenhuma utilidade teria o *estágio probatório*, criado precisamente para se verificar, na prática, se o candidato à estabilidade confirma aquelas condições teóricas de capacidade que demonstrou no concurso. Somente quando se conjugam os requisitos teóricos de eficiência com as condições

88. STJ, RMS 20.934. TJSP, *RT* 734/929 e ApCiv 768.317-5/6, na qual foi anulada exoneração fundada somente em dados de Boletim de Ocorrência/BO (*Boletim AASP* 2.694).

concretas de aptidão prática para o serviço público, nesta incluída o desempenho no estágio experimental, é que "se titulariza o funcionário para o cargo", na feliz expressão de Waline.[89] Daí por que, em razão do estágio probatório, a *exoneração* do servidor *fica sujeita à comprovação administrativa da sua incapacidade ou inadequação para o serviço público ou de insuficiência de seu desempenho*, e, superada essa fase, consolida-se sua posição no serviço público, tornando-se *estável*.

O regime jurídico dos servidores públicos da União assegura ao estável nomeado para novo cargo efetivo o direito de ser reconduzido ao cargo anterior se exonerado por não lograr aprovação no estágio probatório desse novo cargo (Lei federal 8.112/90, art. 20, § 2º). Tal garantia merece elogios, mas só pode ser reconhecida se prevista em lei, como ocorre na área federal.

A *estabilidade* é um atributo pessoal do servidor, enquanto a *efetividade* é uma característica do provimento de certos cargos. Daí decorre que a estabilidade não é *no cargo*, mas *no serviço público*,[90] em qualquer cargo equivalente ao da nomeação efetiva. O servidor estável pode ser removido ou transferido pela Administração, segundo as conveniências do serviço, sem qualquer ofensa à sua efetividade e estabilidade. O estável não é inamovível. É conservado no cargo enquanto bem servir e convier à Administração.[91] Nisso se distingue do vitalício, que tem direito ao exercício do cargo, enquanto existir, conservando as vantagens respectivas, no caso de extinção.

Extinguindo-se o cargo em que se encontrava o servidor estável ou declarada sua desnecessidade, ficará ele em disponibilidade remunerada proporcional ao tempo de serviço, até seu adequado aproveitamento em outro de natureza e vencimentos compatíveis com o que ocupava (CF, art. 41, § 3º), diversamente do que ocorre com o vitalício inamovível, que não é obrigado a aceitar outro cargo, embora idêntico ao seu que fora extinto. Se a extinção do cargo ou a declaração de desnecessidade se der no estágio probatório, poderá o estagiário ser exonerado de ofício, uma vez que ainda não tem estabilidade e, portanto, não desfruta da prerrogativa constitucional da disponibilidade, consoante reiterada jurisprudência, ora cristalizada na Súmula 22 do STF, *in verbis*: "O estágio probatório não protege o funcionário contra a extinção do cargo".

Note-se que a declaração de desnecessidade decorre de juízo de conveniência e oportunidade da Administração Pública, descabendo, assim, cuidar de lei que discipline a matéria, na medida em que o dispositivo constitucional acima é auto-aplicável.[92]

89. Marcel Waline, *Droit Administratif*, 8ª ed., 1958.

90. TFR, *RDA* 47/89; TJSP, *RDA* 76/45; *RDP* 9/232; *RT* 426/51.

91. STF, *RT* 197/490; TJSP, *RT* 175/573, 176/546, 204/218, 320/120.

92. STF, *RTJ* 149/796 e RE 141.571-1, 2ª T.

A *alteração da denominação do cargo ou de suas atribuições* não afeta seu ocupante estável, que tem direito à continuação de seu exercício, salvo se a remoção se der por interesse do serviço público. O que não se admite é a transferência do servidor estável para cargo inferior ou incompatível com suas aptidões reveladas em concurso ou decorrentes de títulos profissionais que serviram de base para o ingresso no serviço público, ou com atribuições não coincidentes com o cargo extinto.[93]

O afastamento de servidor estável para dar lugar a apadrinhado, ficando aquele em disfarçada disponibilidade remunerada, sob o eufemismo de "comissionamento", ou, ainda, o não-preenchimento do cargo para que outro, sem ter prestado concurso para tal cargo, venha a exercê-lo, conquanto aparentemente legais, se nos afiguram substancialmente ilegítimos e imorais, por encobrirem um *abuso de poder* e caracterizarem o chamado *desvio de função*, na primeira hipótese, além de lesivo aos cofres públicos, pela dupla retribuição a dois ocupantes de um mesmo cargo: o titular e o substituto; e, na segunda hipótese, por prejudicar a eficiência administrativa e burla à obrigatoriedade do concurso público. Além disso, o afastamento do servidor estável sem finalidade administrativa é um desvio de poder tão ilegal quanto os demais atos administrativos praticados arbitrariamente, por favoritismo ou perseguição, sem qualquer interesse público. Tais afastamentos podem ser invalidados por via judicial pelo titular do cargo, prejudicado no direito subjetivo ao seu exercício, na forma da nomeação, desde que se comprove a *ausência de finalidade pública* do comissionamento, caracterizadora do abuso de poder administrativo. Ademais, caracterizando improbidade administrativa, esses afastamentos podem ser impugnados via ação civil pública. Sendo ilegal, esse desvio de função não pode dar ensejo a reenquadramento.[94] Não se nega à Administração o poder de movimentar seus servidores, ainda que estáveis; nega-se, sim, o abuso desse poder quando exercido arbitrariamente, sem justificativa e sem interesse público, sabido que todo ato administrativo está sujeito aos princípios da legalidade (conformidade com a lei) e da finalidade (objetivo público).

O *servidor estável* – melhor diríamos, *estabilizado* –, por ter satisfeito as quatro condições constitucionais para a aquisição dessa situação funcional – nomeação para cargo efetivo, em virtude de concurso publico, estágio probatório e avaliação especial de desempenho por comissão específica –, não pode ser *exonerado "ad nutum"*, nem demitido sem se apurar a infração em processo administrativo ou judicial, que sirva de base à aplicação da pena demissória (CF, art. 41, § 1º). Observe-se, desde logo, que *demissão*

93. STF, ADI 2.335, *Informativo STF* 239; TASP, *RT* 306/614, 308/516.

94. STF, RE 421.897-6 e AgReg nos AI 594.942, e STJ, REsp 582.058, *DJU* 14.2.2006 (os dois com precedentes). Nesses julgados, o STF e o STJ reconhecem o direito do servidor de receber a diferença entre os cargos, para evitar enriquecimento sem causa do Estado.

e *exoneração* constituem institutos diversos no Direito Administrativo: *demissão* é dispensa a título de penalidade funcional; *exoneração* é dispensa a pedido ou por motivo previsto em lei ou, ainda, por conveniência da Administração (*ad nutum*), nos casos em que o servidor assim pode ser dispensado. Lamentavelmente, os administradores e o próprio Judiciário vêm confundindo *demissão* com *exoneração*, ambos considerando, erroneamente, em alguns casos, que no estágio probatório não cabe *demissão sumária do servidor*.[95] Ora, *demissão sumária* não cabe em caso algum, para nenhum servidor, quer estável, quer em estágio probatório, porque nenhum servidor pode ser punido com a *pena máxima* de dispensa do serviço sem comprovação da falta que deu causa à *punição* e sem *ampla defesa*. O que pode ocorrer no estágio probatório é a *exoneração* (não demissão) do servidor, por inadaptação para o serviço ou por insuficiência de desempenho, como já vimos precedentemente. Só poderá haver demissão quando houver infração disciplinar punida com essa pena.

Ao servidor estável garante, ainda, a Constituição o direito de se reintegrar no *mesmo cargo* quando invalidada por sentença judicial a demissão, e o eventual ocupante da vaga, *se estável*, será reconduzido ao cargo de origem, sem direito a indenização, aproveitado em outro cargo ou posto em disponibilidade, com remuneração proporcional (CF, art. 41, § 2º). Nesse caso, verifica-se que a *estabilidade* do servidor nomeado para ocupar o lugar do demitido não mais depende da decisão judicial favorável à Administração. Realmente, decorrido o prazo do estágio probatório, mesmo na pendência de ação anulatória da demissão, esse funcionário será estável para todos os efeitos. Se o ocupante da vaga *não for estável* ele não tem as garantias acima, ficando a critério da Administração a definição de sua situação.

Hoje, por força da EC 19, o estável pode perder o cargo por demissão ou por exoneração (CF, arts. 41, § 1º e incisos, e 169, § 4º).

Como vimos, a *demissão* do estável é motivada por falta funcional e pode ocorrer em virtude de sentença judicial transitada em julgado ou em virtude de ato punitivo resultante de processo administrativo em que ao servidor tenha sido assegurada ampla defesa (art. 41, § 1º, I e II).

A *demissão*, entretanto, como pena administrativa que é, pode ser aplicada em qualquer fase – ao estável e ao instável –, desde que o servidor cometa infração disciplinar ou crime funcional regularmente apurado em processo administrativo ou judicial. Não há demissão *ad nutum*, como não há exoneração *disciplinar*.

A *exoneração* do estável pode ser por iniciativa do próprio servidor (a pedido) ou por iniciativa da Administração Pública motivada por in-

95. STF, *RDA* 50/118; TFR, *RDA* 31/154; TJSP, *RDA* 51/155, 56/166; *RT* 253/343, 273/308, 280/296; TASP, *RDA* 63/108, 66/126; *RT* 203/427, 302/589, 308/566, 317/421.

suficiência de desempenho do servidor ou para observância do limite de despesa com pessoal previsto no art. 169 da CF. Estas duas foram instituídas pela EC 19.

A por insuficiência ocorre *mediante procedimento de avaliação periódica de desempenho, na forma de lei complementar, assegurada ampla defesa* (CF, art. 41, § 1º, III). *Não tem natureza punitiva e busca atender ao princípio da eficiência.* Essa exoneração quebra uma longa tradição do Direito Constitucional Brasileiro, que previa a perda da estabilidade, por iniciativa da Administração, apenas como medida punitiva (demissão). De qualquer forma, só poderá ocorrer com base no desempenho funcional do servidor, apurado em procedimento de avaliação, no qual se assegure, *previamente*, a ampla defesa, sob pena de nulidade do ato de exoneração.

A lei complementar aí prevista é de natureza nacional e, assim, obrigatória para União, Estados, Distrito Federal e Municípios. Essa mesma lei estabelecerá *critérios e garantias especiais para a perda do cargo por insuficiência de desempenho pelo servidor público estável que, em decorrência das atribuições de seu cargo efetivo, desenvolva atividades exclusivas de Estado, sendo que a perda somente ocorrerá mediante processo administrativo em que sejam assegurados o contraditório e a ampla defesa* (cf. art. 247 e seu parágrafo único, acrescentado pela EC 19). Nitidamente, ao exigir processo administrativo, com contraditório e ampla defesa, a Constituição assegura a estes servidores uma garantia de estabilidade de natureza especial, pois para os demais não exige processo administrativo e só menciona a ampla defesa. Na prática, o efeito é praticamente o mesmo. A diferença reside na *forma.* Para o exercente de atividade exclusiva de Estado exige-se o processo administrativo; e para os outros, simples procedimento de avaliação.

Algumas dessas atividades exclusivas são desempenhadas por servidores vitalícios, como os membros da Magistratura, do Ministério Público e do Tribunal de Contas. Portanto, somente outras atividades exclusivas de Estado é que deverão ser indicadas pela lei; dentre elas, por certo, as dos policiais, dos advogados públicos, dos diplomatas, dos pesquisadores científicos, dos agentes de saneamento básico, dos agentes fiscais de tributos, de previdência, do sistema bancário e financeiro, de normas sanitárias e de outras funções peculiares ao exercício do poder de polícia. Portanto, as atividades exclusivas de Estado são aquelas inerentes ao chamado *poder extroverso* do Estado, consistentes em regulamentar, fiscalizar e fomentar. Nessa linha, o inc. XXII do art. 37, na redação dada pela EC 42, de 19.12.2003, diz que as administrações tributárias são atividades essenciais ao funcionamento do Estado e terão recursos prioritários para a realização de suas atividades, atuando de forma integrada, inclusive com o compartilhamento de seus cadastros e informações, na forma da lei ou convênio.

A segunda hipótese excepcional de perda de cargo pelo estável, também de natureza *não punitiva*, ocorre, como prevê o § 4º do art. 169 da CF, quando a União, os Estados, o Distrito Federal e os Municípios – mesmo após adotarem as medidas de contenção de despesas com pessoal ativo e inativo consistentes na (a) redução em pelo menos 20% das despesas com cargos em comissão e funções de confiança e (b) exoneração dos não estáveis (cf. § 3º do mesmo artigo) – não assegurarem o cumprimento dos limites de despesa com pessoal ativo e inativo estabelecidos pela lei complementar prevista pelo *caput* desse art. 169. Essa lei é de caráter nacional.

Somente após a adoção dessas medidas, e se elas não forem suficientes para assegurar a observância do limite legal de despesa com pessoal, é que a exoneração poderá ser efetuada, "desde que ato normativo *motivado* de cada um dos Poderes especifique a atividade funcional, o órgão ou unidade administrativa objeto da redução de pessoal" (CF, art. 169, § 4º). Note-se que tal ato é ato administrativo normativo, sendo lei apenas em sentido *material*; daí por que não deve ser individual, mas geral e abstrato. Tanto não é lei em sentido *formal* que será expedido no âmbito da competência de cada Poder.

Ao exigir que esse ato normativo seja *motivado* a norma constitucional deixa claro que somente a causa ali prevista é que poderá ensejar a prática de cada ato individual de exoneração, a qual só poderá ocorrer na exata necessidade da observância dos limites fixados pela lei complementar e dos motivos constantes daquele ato normativo. Dessa forma, e dada a relevância do controle de tais exonerações, inclusive pelas razões já apontadas, cada uma deve ser *motivada*, de sorte a ensejar efetiva averiguação da finalidade, moralidade e razoabilidade desses atos.

A título de indenização, o servidor *estável* exonerado em razão da redução de despesa fará jus a indenização correspondente a um mês de remuneração por ano de serviço (art. 169, § 5º). Essa indenização deve se equiparar à da Justiça do Trabalho, pelo quê a remuneração aí referida compreende também o décimo-terceiro salário, férias proporcionais e não gozadas e outras parcelas consectárias. Ademais, o cargo do servidor estável e exonerado será considerado extinto, vedada a criação de cargo, emprego ou função com atribuições iguais ou assemelhadas pelo prazo de quatro anos (cf. art. 169, § 6º). Este dispositivo é de cunho moralizador. Com efeito, ao prever a vedação acima pelo prazo de quatro anos – idêntico ao dos mandatos dos Chefes dos Executivos –, quer evitar que o mesmo Governo que exonerou possa, em seguida, ainda na sua gestão, nomear outro servidor para aquela função, com desvio de finalidade e quebra da moralidade administrativa. Bem por isso, os órgãos participantes do controle externo da Administração Pública não devem interpretar a expressão "com atribuições assemelhadas" de forma restritiva.

Para evitar lides e insegurança jurídica, a EC 19, em seu art. 33, diz que, para os fins do aludido art. 169, § 3º, da CF, consideram-se servidores não estáveis aqueles admitidos na Administração direta, autárquica e fundacional sem concurso de provas ou de provas e títulos após o dia 5 de outubro de 1983. Tal data decorre do art. 19 do ADCT da Carta de 1988, que declarou estáveis os servidores em exercício na data da promulgação da Constituição há pelo menos cinco anos continuados,[96] mas que só serão *efetivados* mediante concurso público.

O art. 169, § 7º, da CF estabelece que lei federal disporá sobre as normas gerais a serem obedecidas na efetivação das exonerações de servidor estável. Essa lei é de caráter nacional.

A exigência foi atendida com a edição da Lei 9.801, de 14.6.99. O seu art. 2º determina que a exoneração deverá ser precedida de "ato normativo motivado dos Chefes de cada um dos Poderes da União, dos Estados, dos Municípios e do Distrito Federal". Esse ato deverá especificar, obrigatoriamente, o que determina o § 1º desse art. 1º. Dentre essas especificações, avulta "o critério geral impessoal escolhido para a identificação dos servidores estáveis a serem desligados", a ser fixado, necessariamente, entre o menor tempo de serviço público, maior remuneração e menor idade, podendo qualquer um deles "ser combinado com critério complementar do menor número de dependentes" (cf. §§ 2º e 3º).

Essa lei determina que "os critérios e garantias especiais para a identificação dos servidores estáveis que, em decorrência das atribuições do cargo efetivo, desenvolvam atividades exclusivas de Estado", para os fins do art. 247 da CF, sejam também especificados no referido "ato normativo motivado" (cf. art. 2º, § 1º, IV). Só que, por força do art. 3º dessa Lei 9.801/99, a atividade exclusiva de Estado será definida em lei e sua exoneração observará as condições estabelecidas pelos incs. I e II dessa norma legal.

Tudo isso confirma o que dissemos na edição anterior, no sentido de acreditarmos que uma nova fase está surgindo na organização administrativa brasileira em relação aos servidores públicos, com forte tendência para as funções correspondentes às atividades exclusivas de Estado serem exercidas

96. A respeito desses servidores, inclusive quanto ao regime de previdência social, v. Parecer GM-030, da AGU, aprovado pelo Presidente da República (*DOU* 3.4.2003) e RE 208.046, do STF, proclamando que esse art. 19 não se aplica aos empregados de sociedade de economia mista e empresa pública (*DJU* 24.8.1998). O STF entende que a dispensa de servidor contratado sem concurso que à época da promulgação da Constituição de 1988 não tinha cinco anos de serviços exige *processo administrativo*, com direito de defesa (RE 223.904, com precedentes, *Informativo STF* 351), além, na forma acima, da indispensável *motivação*. Em interessante questão a respeito de interpretação, o STF entendeu que "breves intervalos", decorrentes da própria natureza da atividade prestada (no caso, magistério), não descaracterizam a continuidade prevista pelo art. 19 do ADCT, porque esta norma não menciona que aquela seja ininterrupta (RE 361.020, *Informativo STF* 363, de 6.10.2004).

por titulares de cargos públicos vitalícios ou efetivos e as demais atividades, não compreendidas naquelas, pelo menos em grande parte, desempenhadas por titulares de emprego público. Aqueles estarão sujeitos a vínculo estatutário e a regime de previdência peculiar, enquanto que os últimos, como os trabalhadores do setor privado, submetidos ao regime da CLT e ao regime geral de previdência social, como se verá melhor nos itens seguintes.

3.9 Previdência social

Como acentuado nas edições anteriores, a EC 20 modificou profundamente o sistema de previdência social do servidor advindo com a Constituição Federal de 1988, estabelecendo regras de transição. Por sua vez, a EC 41, publicada em 31.12.2003, introduziu novas e significativas alterações nesse sistema, bem como novas regras de transição.[97] Agora, a EC 47, de 2005 – reitere-se, com efeitos retroativos à data de vigência da EC 41, de 2003 –, trouxe novas mudanças, inclusive nas normas de transição. Diante desse quadro, como plano geral desta obra, faremos um estudo do regime jurídico aplicável aos servidores públicos que ingressaram após a publicação da EC 41 para, em seguida, examinarmos, de forma destacada e com títulos próprios, as normas de transição para aqueles que ingressaram antes dela, ou mesmo antes da EC 20, e que tenham ou não direito adquirido.

3.10 Sistema de previdência social do servidor

Nos passos da EC 20/98, a EC 41/2003 manteve regras de previdência social diferenciadas para os servidores titulares de cargo vitalício, de cargo efetivo, cargo em comissão ou de outro cargo temporário e de emprego público da União, dos Estados, do Distrito Federal e dos Municípios, incluídas suas autarquias e fundações públicas de Direito Público. Para os dois primeiros – servidor vitalício e servidor efetivo – assegura *regime de previdência peculiar* (arts. 40, *caput*, 73, § 3º, 93, VI, e 129, § 4º), enquanto que para os três últimos – servidor em comissão ou em outro cargo temporário e servidor empregado público – determina a aplicação do *regime geral* (art. 40, § 13) de previdência social previsto pelo art. 201 da CF, que é o regime dos trabalhadores regidos pela CLT. Assim, a norma não atinge o servidor vitalício ou efetivo que, sem perder a titularidade do cargo, venha a ocupar cargo em comissão, cargo temporário ou emprego público. Ele continuará enquadrado no regime peculiar (RE 154.945, *DJU* 7.6.1996).

97. A Lei 10.887, de 18.7.2004, dispõe sobre a aplicação da EC 41. O STF proclamou que o custeio da seguridade social dos Estados e dos Municípios "recai sobre os titulares de cargo efetivo da Administração Direta, Autárquica e Fundacional" e sobre "as pensões" e "os proventos de aposentadoria que detenham o mesmo caráter de estatutários" (ADI 3.188, *DJU* 17.11.2006).

Como observado nas edições anteriores, trata-se de alteração profunda e significativa da política administrativa adotada até a EC 20, em termos de previdência social, na medida em que o servidor titular, *exclusivamente*, de cargo em comissão ou de outro cargo temporário ou de emprego público só poderá estar sujeito ao *regime geral*, não se permitindo ao Estado adotar o outro, chamado de regime peculiar, ou mesmo um regime especial ou misto.

Os dois regimes – o *peculiar* e o *geral* – são de caráter contributivo[98] e solidário, e devem observar critérios que preservem o equilíbrio financeiro e atuarial dos benefícios (CF, arts. 40 e 201). Como a EC 20 adotou o *tempo de contribuição* e aboliu o *tempo de serviço* para obtenção de aposentadoria ou cálculo da pensão, em qualquer esfera,[99] a lei não poderá estabelecer qualquer forma de contagem de tempo de contribuição *fictício* (art. 40, § 10).[100] Veda-se, outrossim, a percepção simultânea de proventos de aposentadoria concedidos aos titulares de cargo vitalício ou efetivo e também aos militares com a remuneração de outro cargo, emprego ou função pública, ressalvados os cargos acumuláveis na forma da Constituição, os cargos eletivos e os cargos em comissão declarados em lei de livre nomeação e exoneração (art. 37, § 10).

Veda-se, ademais, a adoção de requisitos e critérios diferenciados para a concessão de aposentadoria e pensão aos abrangidos pelo regime peculiar, ressalvados, nos termos definidos em leis complementares,[101] os casos de servidores portadores de deficiência ou que exerçam atividades de risco ou cujas atividades sejam exercidas sob condições especiais que prejudiquem a saúde ou a integridade física (art. 40, § 4º, redação da EC 47). A mesma vedação alcança os servidores submetidos ao regime geral, mas as ressalvas são para os casos de atividades exercidas sob condições

98. Nas ADIs 3.105-8 e 3.128-7 (*DJU* 19.9.2006), o STF, adotando voto do Min. Cézar Peluso, deu pela inconstitucionalidade das expressões "cinqüenta por cento do" e "sessenta por cento do", constantes do parágrafo único, I e II, do art. 4º da EC 41, e julgou constitucional a contribuição previdenciária dos servidores inativos e dos pensionistas de servidores, prevista pelo referido art. 4º, *caput*, da EC 41, quando superar o valor de R$ 2.400,00, com seus reajustes. E servidor que se afasta do cargo, com licença sem vencimentos, por interesse próprio, está obrigado a contribuir para a previdência. (STF, RE 227.158, e STJ, RMS 21.167).

99. Na atual Constituição da República a competência para legislar sobre previdência social, proteção e defesa da saúde é concorrente entre a União, os Estados e o Distrito Federal, cabendo à União, nesse setor, apenas editar as normas gerais (art. 24, XII, e § 1º).

100. É inconstitucional norma infraconstitucional prever ou fixar tempo ficto de serviço (STF, ADI 404-2, *DJU* 2.6.2004).

101. O STF, em razão da ausência de lei complementar definindo as condições para o implemento da aposentadoria especial prevista no art. 40, § 4º, da CF, determinou a aplicação, no que couber, do art. 57 da Lei 8.213/91 (MI 795); na ADI 3.817 decidiu que o art. 1º da Lei Complementar federal 51/85, que dispõe sobre aposentadoria voluntária de policial "em cargo de natureza estritamente policial", foi recepcionado pelo art. 40, § 4º, da CF, o que foi reafirmado no RE 567.110, com natureza de repercussão geral.

especiais que prejudiquem a saúde ou a integridade física e quando se tratar de segurados portadores de deficiência, nos termos definidos em lei complementar (art. 201, § 1º, redação da EC 47). Portanto, a proibição de tratamento desigual a integrantes de um mesmo regime de previdência é expressa e de ordem geral.

Os *tetos* para qualquer dos Poderes da União, Estados, Distrito Federal e Municípios são os estabelecidos pelo § 11 do art. 40, que determina a aplicação dos limites fixados no art. 37, XI, ou na forma do § 12 desse art. 37, na redação da EC 47, à soma total dos proventos de inatividade,[102] inclusive quando decorrentes da acumulação de cargos ou empregos públicos, bem como de outras atividades sujeitas a contribuição para o regime geral de previdência social e ao montante resultante da adição de proventos de inatividade com remuneração de cargo acumulável, cargo em comissão declarado em lei de livre nomeação e exoneração e cargo eletivo. No Regime Geral de Previdência Social – RGPS, o valor da nova renda mensal inicial dos benefícios fica restrito ao limite máximo (teto) do salário de contribuição.[103]

3.11 Regime jurídico peculiar

3.11.1 *Regras específicas* – Além das *regras gerais* comuns aos *dois regimes*, acima especificadas, a EC 41 e a EC 47, ao darem nova redação a artigos da Constituição Federal, determinaram regras específicas[104] para o regime peculiar, examinadas a seguir.

Assim, foi estabelecido um *limite* ou *teto individual* para os proventos e a pensão. Estes benefícios, por ocasião de sua concessão, não poderão exceder a remuneração do respectivo servidor no cargo efetivo ou vitalício em que se deu a aposentadoria ou que serviu de referência para a concessão da pensão (art. 40, § 2º, da CF). Não é permitida a *dupla percepção* de aposentadoria e de pensão à conta do regime peculiar previsto pelo art. 40 da CF, salvo aquelas decorrentes dos cargos acumuláveis (art. 40, § 6º). Vale dizer, se a Carta permitir a acumulação remunerada será possível a dupla percepção de benefício; caso contrário, não.

O regime de previdência peculiar, além, é claro, das normas que lhe são pertinentes, observará, no que couber, os requisitos e critérios fixados para o regime geral (art. 40, § 12).

102. O teto da aposentadoria é o mesmo teto do servidor quando em atividade (STF, no RE/AgR 266.725, *RT* 875/81, com precedentes).

103. Cf. STJ, REsp 1.112.574 (com natureza de recurso repetitivo – art. 543-C do CPC).

104. Confirmando, o STF decidiu que a pensão prevista no art. 40, *caput*, da CF, só alcança o estatutário, não o servidor regido por relação trabalhista (RE 223.732 e RE 448.854, *DJU* 24.5.2005, com precedentes).

A União, os Estados, o Distrito Federal e os Municípios desde que instituam regime de previdência complementar para os servidores submetidos ao regime peculiar, poderão fixar o valor dos proventos e da pensão no limite máximo previsto pelo regime geral de previdência (art. 40, § 14, c/c o art. 201, da CF). O art. 5º da EC 41/2003 determina que esse limite seja reajustado de forma a preservar, em caráter permanente, seu valor real, e atualizado pelos mesmos índices aplicados aos benefícios desse regime geral. Esse regime complementar será instituído por lei de iniciativa do Poder Executivo de cada entidade política e deverá observar o disposto no art. 202 e seus §§ da CF, no que couber (art. 40, § 15). Todavia, o sistema de previdência complementar que vier a ser instituído somente poderá ser aplicado ao servidor que tiver ingressado no serviço público até a data da publicação da lei que o instituir, mediante sua prévia e expressa opção (art. 40, § 16).[105]

O § 20 do art. 40, acrescentado pelo art. 1º da EC 41, veda a existência de mais de um regime próprio de previdência social para os servidores titulares de cargos efetivos, e de mais de uma unidade gestora do respectivo regime em cada ente estatal, ressalvado o disposto no art. 142, § 3º, X, da CF. E o § 21 art. 40, na redação da EC 47, determina que, quando o beneficiário, na forma da lei, for portador de doença incapacitante, a contribuição prevista no seu § 18 incidirá apenas sobre as parcelas de proventos e de pensão que superem o dobro do limite máximo estabelecido para os benefícios do regime geral de que trata o art. 201.

3.11.2 *Aposentadoria* – A *aposentadoria* é a garantia de inatividade remunerada reconhecida aos servidores que já prestaram longos anos de serviço, ou se tornaram incapacitados para suas funções. Pode dar-se pelo regime *peculiar*, a ser examinado a seguir, ou pelo *geral*, regido pelo regime geral da Previdência. Sendo um ato complexo, ela só se aperfeiçoa com o ato de seu registro pelo Tribunal de Contas; daí estar o ato inicial que a concede submetido a essa condição resolutiva.[106] A renúncia à aposentadoria

105. A Lei Complementar 108/2001 dispõe sobre a relação entre a União, os Estados, o Distrito Federal e os Municípios, suas autarquias, fundações, sociedades de economia mista e outras entidades públicas, e suas respectivas entidades fechadas de previdência complementar. A Lei Complementar 109/2001 dispõe sobre o regime de previdência complementar, e a MP 233/2004 criou a *Superintendência Nacional de Previdência Complementar* – PREVIC, autarquia de natureza especial, que atuará como entidade de fiscalização e supervisão das atividades das entidades fechadas de previdência complementar e da execução dessas atividades.

106. Na ausência de norma a respeito, o STF fixou o prazo de cinco anos para tal homologação, findo o qual o benefício só pode ser cassado com observância da ampla defesa (MS 2.543 e MS 25.116). Sendo ato complexo, com a sua homologação pelo Tribunal de Contas, a aposentadoria é definitiva (MS 25.090 e MS 25.552) e sua anulação se sujeita ao prazo decadencial de cinco anos (STF, MS 26.353 e MS 26.790).

por tempo de serviço é ato voluntário e admitido pelo regime jurídico.[107] Desde que o servidor comprove que contribuiu para os dois regimes, é admissível a cumulação de duas aposentadorias em regimes distintos, sendo, inclusive, permitido o cômputo do excedente do serviço estatutário para nova aposentadoria ou vice-versa.[108]

3.11.3 *Aposentadoria pelo regime peculiar* – A Constituição Federal, com as redações das EC 20/98 e 41/2003, estabelece para os servidores de cargos efetivos[109] da Administração direta, autárquica e fundacional (fundação pública de Direito Público) três espécies de aposentadoria: a) por *invalidez permanente*, com *proventos proporcionais* ao tempo de contribuição, exceto se decorrente de acidente em serviço, moléstia profissional ou doença grave, contagiosa ou incurável, na forma da lei (art. 40, § 1º, I); b) *compulsória*, aos setenta anos de idade, com proventos proporcionais ao tempo de contribuição (art. 40, § 1º, II); c) *voluntária*, quando requerida pelo servidor que tenha cumprido tempo mínimo de dez anos de efetivo exercício no serviço público e cinco anos no cargo efetivo em que se dará a aposentadoria, nas seguintes condições: c1) com *proventos integrais* – sessenta anos de idade e trinta e cinco anos de contribuição, se homem, e cinqüenta e cinco anos de idade e trinta anos de contribuição, se mulher; e c2) com *proventos proporcionais* ao tempo de contribuição – sessenta e cinco anos de idade, se homem, e sessenta anos de idade, se mulher (art. 40, § 1º, III, "a" e "b").

Esses proventos serão calculados a partir de valores fixados na forma dos §§ 3º e 17 do art. 40. Vale dizer: serão consideradas as remunerações utilizadas como base as contribuições do servidor aos regimes de previdência peculiar e geral, tratados pelos arts. 40 e 201 da CF, na forma da lei. Essas remunerações serão atualizadas, também na forma da lei.

Dessa forma, a EC 41/2003 extinguiu a integralidade dos proventos para os servidores que ingressarem no serviço após sua publicação, pois para os que já haviam ingressado, antes da EC 20/98 e depois dela, prevêem-se *regras de transição*, a serem examinadas mais adiante.

A *aposentadoria voluntária* do servidor com mais de dez anos de serviço e que não tenha tempo mínimo de cinco anos em determinado cargo efetivo ou vitalício dar-se-á com base no cargo anterior, desde que nele tenha aquele tempo mínimo; caso contrário, o cargo inicial servirá de cálculo para

107. STJ, REsp 663.336, com vários precedentes.

108. STJ, REsp 924.423.

109. Como visto na nota 2, na ADI 2.602-2, com base no art. 40, § 1º, II, da CF/88, o STF decidiu que a aposentadoria compulsória só se aplica aos servidores titulares de cargos efetivos (*DJU* 6.6.2003).

o benefício. Só dessa forma é que não se chegará ao absurdo de se impedir a aposentadoria do servidor que, mesmo tendo mais de dez anos de efetivo serviço, não tenha mais de cinco no seu último cargo, embora o tenha em outro ou na soma dos efetivos exercícios em outros cargos. A promoção do servidor não pode obstar à sua aposentadoria. Daí a única solução cabível: se no cargo anterior o tempo mínimo de cinco anos foi atingido, com base nele serão calculados os proventos; e se não tiver em nenhum deles mais de cinco anos, muito embora tenha mais de dez na soma total, o cálculo deve ser feito com base no cargo inicial.

Para a aposentadoria voluntária do *professor* que comprove *exclusivamente* tempo de efetivo exercício das funções de Magistério na educação infantil e no ensino fundamental e médio os requisitos de idade e de tempo de contribuição acima especificados serão reduzidos em cinco anos (art. 40, § 5º).[110]

Cabe aos Tribunais de Contas apreciar a legalidade dos atos de aposentadoria e determinar ao órgão concedente a exclusão ou redução das vantagens que reputar indevidas.[111] Na esfera administrativa essa determinação deve ser acatada, restando ao interessado a via judicial.[112]

3.11.4 *Reajustamento dos proventos e da pensão* – O *reajustamento* desses benefícios é assegurado pelo § 8º do art. 40, na redação da EC 41/2003, para preservar-lhes, em caráter permanente, o valor real, conforme critérios estabelecidos em lei. A EC 41, assim, deu, para os servidores que ingressarem após sua publicação, tratamento diverso do constante do sistema anterior, que previa, na antiga redação desse mesmo § 8º, uma revisão na mesma proporção e na mesma data em que se modificasse a remuneração dos servidores em atividade, sendo estendidos aos aposentados e pensionistas quaisquer benefícios ou vantagens, de natureza geral. A nova regra, ao dizer "em caráter permanente"[113] e "valor real", no nosso entender, impõe o dever do reajustamento, pelo menos anualmente, e, assim, dá ao beneficiá-

110. "Para efeito de aposentadoria especial de professores, não se computa o tempo de serviço prestado fora da sala de aula" (STF, Súmula 726). O STF na ADI 3.772, sobre o art. 1º da Lei federal 11.301/2006, que prevê aposentadoria especial para especialistas em educação que exerçam direção de unidade escolar, coordenação e assessoramento pedagógico, julgou-o constitucional, desde que tais atividades sejam exercidas por professores. O STF entende não ser lícito aos segurados mesclar as vantagens de dois regimes distintos de aposentadoria, beneficiando-se das vantagens decorrentes de um sistema híbrido (RE 575.089, com repercussão geral).

111. Súmula Vinculante 3: "Nos processos perante o Tribunal de Contas da União asseguram-se o contraditório e a ampla defesa quando da decisão puder resultar anulação ou revogação de ato administrativo que beneficie o interessado, excetuada a apreciação da legalidade do ato de concessão inicial de aposentadoria, reforma e pensão" (STF).

112. STF, decisão administrativa no Proc. 310.520, *DJU* 24.10.2002.

113. A respeito, v. acórdão do STF no MS 25.871.

rio um direito subjetivo de buscá-lo judicialmente. Portanto, para observar a Constituição Federal e até mesmo o princípio da razoabilidade, os critérios da lei aí prevista não podem deixar de atender àquelas duas balizas. De qualquer forma, é certo que a isonomia entre os inativos e pensionistas em face dos servidores da ativa não mais é garantida pela Carta. Todavia, insistindo com o princípio da razoabilidade, não se pode aceitar que Governos insensíveis, aproveitando-se da nova norma, venham a descaracterizar o valor real dos benefícios ou deixar de revê-los por período superior a um ano, pois, aí, não terão o caráter permanente, acima referido.

3.11.5 *Requisitos e critérios para a aposentadoria* – Os *requisitos e critérios* para a aposentadoria e para a pensão, tais como estabelecidos na Constituição, não podem ser alterados pela legislação ordinária, sendo também vedada a adoção de outros por ela não previstos, ressalvados os casos de atividades exercidas exclusivamente sob condições especiais que prejudiquem a saúde ou a integridade física, definidos em lei complementar (art. 40, § 4º). Esta lei complementar é de natureza nacional, tendo, assim, caráter impositivo para todas as esferas administrativas, federal, estadual, distrital e municipal.

3.11.6 *Direito à aposentadoria* – Consoante vem decidindo reiteradamente o STF, o direito à aposentadoria, a aquisição e os benefícios previdenciários devem regular-se pela lei vigente ao tempo em que preenchidos os requisitos necessários à sua concessão,[114] de modo que, se o servidor não a requereu na vigência desta, sua situação não se alterará pela edição de lei modificadora.[115] A EC 20, no art. 3º e seus §§, consagrou tal entendimento, e a EC 41 também o fez, no art. 3º, como se verá mais adiante.

3.11.7 *Reversão, cassação e anulação da aposentadoria* – A *aposentadoria* admite *reversão* e *cassação*. *Reversão* é o retorno do inativo ao serviço, em face da cessação dos motivos que autorizaram a aposentadoria por invalidez. *Cassação da aposentadoria* é penalidade assemelhada à demissão, por acarretar a exclusão do infrator do quadro dos inativos e, conseqüentemente, a cessação do pagamento de seus proventos. Sendo penalidade, deve observar a garantia da ampla defesa e do contraditório; porém, por ter natureza punitiva e por ser ato privativo do Poder que a concedeu, não depende de prévio assentimento do Tribunal de Contas, mesmo que este tenha registrado o ato de aposentadoria (STF, *RDA* 108/226, MS 23.299, *DJU* 12.4.2002, e *RTJ* 195/40). A *anulação da aposentadoria* é o desfa-

114. O STJ decidiu que é legítimo "o pagamento de indenização, em razão da injustificada demora na concessão da aposentadoria" (REsp 687947 e REsp 1.035.656).

115. STF, *RTJ* 111/1.373, 119/895, 135/792 , 182/809 e 184/1179; e AI 615.312 e RE 565.154. STJ, Súmula 340.

zimento do ato administrativo que a concedeu, por motivo de ilegalidade (na contagem do tempo de serviço, p. ex.); mas, em face das atribuições outorgadas constitucionalmente ao Tribunal de Contas (art. 71, III), somente com a aprovação deste a anulação produzirá efeitos, ressalvado o controle judicial (STF, Súmula 6 e *RDA* 77/192).

3.11.8 *Pensão por morte* – A Constituição Federal estabelece que a lei disporá sobre a concessão do benefício da pensão ao cônjuge ou companheiro e dependentes, por morte do segurado, homem ou mulher (art. 201, V),[116] que será *igual* ao valor da totalidade dos proventos do servidor falecido e aposentado à data do óbito, ou ao valor da totalidade da remuneração do cargo efetivo em que se deu o falecimento – nas duas hipótese, até o limite máximo estabelecido para os benefícios do regime geral da previdência social de que trata o art. 201, acrescido de setenta por cento da parcela excedente a este limite (art. 40, § 7º, na redação da EC 41/2003). Dessa forma, a paridade da pensão com a remuneração do falecido ou com seus proventos foi suprimida, salvo, é bom destacar, em relação às pensões concedidas antes da publicação da EC 41.[117]

3.11.9 *Cômputo do tempo de contribuição* – O *tempo de contribuição* federal, estadual ou municipal será contado apenas para efeito de aposentadoria e tempo de serviço para efeito de disponibilidade (art. 40, § 9º). Dessa forma, em termos de previdência social o tempo de contribuição havido em uma esfera será contado na outra para fins de aposentadoria. Mas, em termos administrativos, esse tempo de contribuição será computado para o cálculo da remuneração proporcional do servidor titular de cargo vitalício ou efetivo posto em disponibilidade.

Como ressalvado, na sistemática atual não há mais *tempo de serviço*, porém *de contribuição*, sendo vedada qualquer forma de contagem de tempo de contribuição fictício (art. 40, § 10). Disso resulta que nenhum outro tempo que não seja o de contribuição poderá ser contado para fins de aposentadoria. Segundo o art. 4º da EC 20, c/c o art. 40, § 10, da CF, o tempo de serviço considerado cumprido pela legislação vigente para efeito de aposentadoria será contado como tempo de contribuição até que a lei

116. Na ADI 762-9, *DJU* 2.6.2004, o STF entendeu que é inconstitucional a norma que permite a extensão da pensão a pessoa não inserida no rol do inciso V do art. 201. Enunciado AGU n. 51/2010: "A falta de prévia designação da(o) companheira(o) como beneficiária(o) da pensão vitalícia de que trata o art. 217, inciso I, alínea 'c', da Lei n. 8.112, de 11 de dezembro de 1990, não impede a concessão desse benefício, se a união estável restar devidamente comprovada por meios idôneos de prova".

117. STJ, Súmula n. 416: "É devida a pensão por morte aos dependentes do segurado que, apesar de ter perdido essa qualidade, preencheu os requisitos legais para a obtenção da aposentadoria até a data do seu óbito".

nacional discipline a matéria. A partir da vigência dessa lei, a legislação que prevê contagem de tempo fictício deixa de ser recepcionada, posto que revogada.

Assim, o *tempo de serviço gratuito* só será computável se houver a correspondente contribuição.[118] A Constituição Federal, no entanto, ainda assegura, para efeito de aposentadoria e cálculo da pensão, a contagem recíproca[119] do tempo de contribuição na Administração Pública e na atividade privada, rural e urbana, segundo critérios estabelecidos em lei (art. 201, § 9º, e arts. 94 a 99 da Lei 8.213/93). A norma do art. 201, § 9º, da CF, na redação da EC 20/98, não permite que a legislação infraconstitucional preveja qualquer *limite* quanto ao número de anos de contribuição na esfera pública e na atividade privada, para os efeitos de compensação financeira entre os sistemas (STF, ADI 1.798-6, Pleno, *DJU* 29.10.1999).

No caso de *acumulação* é inadmissível a contagem do tempo de serviço para a aposentadoria em cargo de uma entidade estatal quando já computado em outra para o mesmo fim, como vem entendendo o STF.[120]

3.12 Regras previdenciárias de transição

A EC 20 contém *regras de transição* para o servidor que tenha ingressado em cargo vitalício ou efetivo da Administração Pública, direta, autárquica e fundacional, até a data de sua publicação e ainda não tinha cumprido os requisitos para a obtenção dos benefícios com base nos critérios da legislação então vigente (EC 20, art. 8º). A EC 41 também contém tais *regras*, inclusive em face da EC 20 (arts 2º e seus §§ 6º e 8º). O mesmo ocorre com a EC 47, em seus arts. 2º a 5º.

Assim, o art. 2º da EC 41/2003, mandando observar o disposto no art. 4º da EC 20/98, acima referido, assegura ao servidor que tenha ingressado regularmente em cargo efetivo na Administração Pública direta, autárquica e fundacional (fundação pública de Direito Público) até a data

118. O atual regime jurídico dos servidores da União (Lei 8.112/90) dispõe sobre esse direito do servidor em seus arts. 100 e 103.

No sistema anterior, sobre a contagem de tempo de serviço gratuito e militar, v. *RDA* 97/90; STF, Súmula 10; e, com referência ao CPOR, STF, *RDA* 74/164.

119. A Lei 9.796, de 5.5.99, dispõe sobre a compensação entre o Regime Geral de Previdência Social e os regimes de previdência dos servidores da União, Estados, Distrito Federal e Municípios. Segundo o STF, o servidor tem direito à emissão de certidão de tempo de serviço (RE 433.305, *Informativo STF* 418).

120. STF, *RDA* 98/150, 108/207. "O tempo de serviço que exceder o necessário para aposentadoria de servidor público pode ser computado para efeito de aposentadoria em outro cargo, desde que não haja acumulação ilícita" (STJ, MS 174-PR, rel. Min. Gomes de Barros, *DJU* 20.4.92).

de publicação da EC 20, o direito de opção pela aposentadoria voluntária com proventos calculados de acordo com o art. 40, §§ 3º e 17, na redação anterior a essa EC 41, se, *cumulativamente*: I – tiver cinqüenta e três anos de idade, se homem, e quarenta e oito anos de idade, se mulher; II – tiver cinco anos de efetivo exercício no cargo em que se dará a aposentadoria; III – contar tempo de contribuição igual, no mínimo, à soma de: a) trinta e cinco anos, se homem, e trinta anos, se mulher; b) e um período adicional de contribuição equivalente a vinte por cento do tempo que, na data da publicação da EC 20, faltaria para atingir o limite de tempo constante da letra anterior. O § 1º desse art. 2º da EC 41 estatui que o servidor que cumprir as exigências previstas no *caput* terá seus proventos de inatividade reduzidos[121] para cada ano antecipado em relação aos limites de idade estabelecidos pelo art. 40, §§ 1º, III, "a", e 5º, da CF, na seguinte proporção: I – três inteiros e cinco décimos por cento, para aquele que completar as exigências para aposentadoria na forma do *caput* até 31.12.2005; II – cinco por cento, para aquele que completar as exigências para aposentadoria na forma do *caput* até 31.12.2006.

Tais regras são aplicáveis ao magistrado e ao membro do Ministério Público e do Tribunal de Contas, mas o tempo de serviço anterior será contado com o acréscimo de dezessete por cento, até a data da publicação da EC 20. O mesmo ocorre com o professor titular de cargo efetivo de Magistério que opte por se aposentar com proventos integrais e conte exclusivamente tempo de efetivo exercício das funções de Magistério, só que para a mulher aquele acréscimo passa a ser de vinte por cento (EC 41, §§ 2º e 3º do art. 2º e art. 4º). *Com mencionado nas edições anteriores, n*ão se cuida de tratamento privilegiado. É que no sistema anterior à EC 20 os integrantes dessas categorias aposentavam-se com trinta anos de serviço, daí o acréscimo para que ficassem, como ficaram, na mesma situação de tempo que os demais servidores.

É importante atentar a que as aposentadorias concedidas de acordo com esse art. 2º da EC 41 serão reajustadas na forma do art. 40, § 8º, da CF, por força do § 6º desse mesmo art. 2º.

Como estímulo à permanência na atividade, qualquer desses servidores que, após completar as exigências para a aposentadoria estabelecidas nesse art. 2º da EC 41, optar por permanecer em atividade fará jus a um abono de permanência equivalente ao valor da sua contribuição até completar as exigências para aposentadoria compulsória. (art. 2º, § 5º, da EC 41).

A vedação contida no art. 37, § 10, da CF, na redação dada pela EC 20, já mencionada como regra geral ao sistema de previdência, não se apli-

121. Tratando-se de professor, v. STF, RE 459.188 (*Informativo STF* 416), com base no RE 214.852 (*DJU* 26.5.2000).

ca aos membros de poder e aos inativos, servidores e militares, que até a publicação dessa emenda tenham ingressado novamente no serviço público por concurso público de provas ou de provas e títulos e pelas demais formas previstas na Constituição, sendo-lhes, no entanto, proibida a percepção de mais de uma aposentadoria pelo regime peculiar, aplicando-se-lhes, em qualquer hipótese, o teto geral previsto pelo art. 40, § 11 (cf. art. 11 da EC 20).

O servidor que tenha ingressado no serviço público até a data de publicação da EC 41 poderá aposentar-se optando pelas normas estabelecidas pelo art. 40 da CF ou optando pelas regras estabelecidas pelo art. 2º dessa EC 41. Caso não haja a opção, para que tenha *proventos integrais*, que corresponderão à totalidade da remuneração no cargo efetivo em que se der a aposentadoria, na forma da lei e desde que observadas as reduções de idade e tempo de contribuição contidas no § 5º do art. 40 da CF, o servidor deverá preencher, *cumulativamente*, as seguintes condições: I – sessenta anos de idade, se homem, e cinqüenta e cinco anos de idade, se mulher; II – trinta e cinco anos de contribuição, se homem, e trinta anos de contribuição, se mulher; III – vinte anos de efetivo exercício no serviço público; e IV – dez anos de carreira e cinco anos de efetivo exercício no cargo em que se dará a aposentadoria (art. 6º da EC 41). O art. 2º da EC 47 manda aplicar aos proventos de aposentadoria dos servidores públicos que se aposentarem na forma do *caput* do art. 6º da EC 41, de 2003, o disposto no art. 7º da mesma EC 41, examinado abaixo; e para evitar dúvidas, a EC 47 revogou o parágrafo único do art. 6º da EC 41 (art. 5º).

Em outra norma de transição, o art. 3º, dessa EC 47, sem prejuízo do direito de opção pelas normas estabelecidas pelo art. 40 da CF ou pelas regras estabelecidas pelos arts. 2º e 6º da EC 41, permite ao servidor da União, dos Estados, do Distrito Federal e dos Municípios, incluídas suas autarquias e fundações (que devem ser as de direito público), que tenha ingressado no serviço público até 16.12.1998 (EC 20/1998), aposentar-se com proventos integrais, desde que preencha, cumulativamente, as seguintes condições: I – trinta e cinco anos de contribuição, se homem, e trinta anos de contribuição, se mulher; II – vinte e cinco anos de efetivo exercício no serviço público, quinze anos de carreira e cinco anos no cargo em que se der a aposentadoria; III – idade mínima resultante da redução, relativamente aos limites do art. 40, § 1º, inciso III, "a", da CF, de um ano de idade para cada ano de contribuição que exceder a condição prevista no inciso I do *caput* desse artigo (redução de um ano na idade mínima de 60 anos, se homem, e de 55, se mulher). Assegurando a paridade e a integralidade, o parágrafo único desse art. 3º, manda aplicar ao valor dos proventos de aposentadorias concedidas com base nesse art. 3º, o disposto no art. 7º da EC 41/2003, e observar-se igual critério de revisão às pensões derivadas dos proventos de servidores falecidos que tenham se aposentado em conformidade com o mesmo art. 3º.[122]

Como ocorreu com a EC 20 (art. 3º e §§), o art. 3º da EC 41 assegura a concessão, a qualquer tempo, de aposentadoria ao servidor, bem como pensão aos seus dependentes, que, até a data de sua publicação, tenha cumprido todos os requisitos para obtenção desses benefícios, com base nos critérios da legislação então vigente. Este servidor que opte por permanecer em atividade e que conte com, no mínimo, vinte e cinco anos de contribuição, se mulher, ou trinta anos, se homem, fará jus a um abono de permanência equivalente ao valor da contribuição previdenciária, até completar as exigências para aposentadoria compulsória.

Quanto aos *benefícios* (a1) em fruição na data de publicação da EC 41 e aos (a2) que forem pagos aos dependentes dos servidores abrangidos pelo seu art. 3º, o art. 7º da mesma EC 41, determina que, obedecido o disposto no art. 37, XI, da CF, serão revistos na mesma proporção e na mesma data, sempre que se modificar a remuneração dos servidores em atividade, sendo também estendidos aos aposentados e pensionistas quaisquer benefícios ou vantagens, de natureza geral,[123] posteriormente concedidos aos servidores em atividade, inclusive decorrentes da transformação ou reclassificação do cargo ou função em que se deu a aposentaria ou serviu de referência para concessão da pensão, na forma da lei (deixou de ter aplicação a Súmula 38 do STF, por contrariar o atual texto constitucional). O mesmo art. 7º, nos termos acima, aplica-se aos proventos de aposentadoria dos servidores que se aposentarem na forma do *caput* do art. 6º da EC 41 (cf. art. 2º, da EC 47). Assegura-se aí o que a Carta e a EC 20 já estabeleciam em termos de revisão de proventos e pensão. A locução "na forma da lei", inserida na parte final desse art. 7º, apenas submete a situação dos inativos às balizas impostas na outorga do direito aos servidores da ativa, como consignou o Min. Marco Aurélio, do STF. No mesmo julgado ficou assente que a norma do art. 40, § 8º, da CF, na sua redação original, e, portanto, na atual, porque de igual teor, é de eficácia imediata e não depende de lei específica para sua aplicação.[124]

Note-se que esse art. 7º da EC 41 reafirma o direito adquirido, ao estender tal direito à revisão dos proventos de aposentadoria e às pensões dos

122. O STF, com repercussão geral, decidiu que os servidores que ingressaram antes da EC 41/2003 e que se aposentaram após "possuem direito à paridade e integralidade no cálculo de seus proventos, desde que observadas as regras de transição dos arts. 2º e 3º da EC 47/2005" (RE 590.260).

123. STF, RE 259.258-SP (*Informativo STF* 208, de 8.11.2000) e RE 191.018-DF (*DJU* 13.2.91). "O direito ao auxílio-alimentação não se estende aos servidores inativos" (STF, Súmula 680).

124. STF, *RTJ* 142/966 e *RDA* 191/140.

dependentes dos servidores abrangidos pelo seu art. 3º, e agora, também, pelo seu art. 6º.

O dispositivo constitucional em tela apenas esclarece o que já é conseqüência do princípio da isonomia. Sua *mens* é a de evitar que Governos insensíveis venham a estabelecer tratamento desigual e injusto entre os inativos e pensionistas em face dos servidores da ativa. Cabe lembrar antiga lição do TJSP, nestes termos: "A majoração de vencimentos decorrente das modificações ou alterações do poder aquisitivo da moeda há de aproveitar, nas mesmas bases, aos inativos, sob pena de não se cumprir o preceito constitucional atinente".[125]

A questão da irredutibilidade do *quantum* percebido pelo servidor, aposentado ou pensionista frente ao disposto no art. 9º da EC 41 será estudada no último item deste capítulo, com o nome de *Direito adquirido*.

3.13 Exercício de mandatos eletivos

O *exercício de mandatos eletivos por servidor público* não é vedado na Constituição Federal, cujo art. 38 regula a situação dos servidores da Administração direta, autárquica e fundacional investidos em mandatos eletivos.

As duas principais regras que defluem da norma constitucional são: 1ª) o servidor público pode exercer mandato eletivo federal, estadual ou municipal *sem perder o cargo, emprego ou função*, devendo apenas afastar-se, com prejuízo da remuneração; 2ª) o tempo de serviço do servidor afastado para exercer mandato eletivo será contado para todos os efeitos legais, exceto para promoção por merecimento.

O afastamento do cargo, emprego ou função com prejuízo da correspondente remuneração é decorrência do princípio geral da inacumulabilidade de cargos, empregos e funções públicas, constante do art. 37, XVI e XVII, da CF. A essa regra, entretanto, o texto constitucional admite duas exceções, relativamente aos mandatos de Prefeito e Vereador. Com efeito, o servidor que se afastar do cargo, emprego ou função para exercer o mandato de Prefeito *poderá optar entre a remuneração e os subsídios* (art. 38, II); se o mandato for de Vereador *e houver compatibilidade de horários*, não se afastará, passando a perceber cumulativamente a remuneração e os subsídios (art. 38, III), podendo ser promovido até por merecimento, pois a vedação constitucional atinge apenas os servidores afastados (art. 38, IV). A fim de evitar quaisquer dúvidas, o texto constitucional esclarece que para o exercício de mandato de Vereador, *se não houver compatibilidade de horários*, aplicar-se-á a regra geral do art. 38, IV, isto é, o servidor deverá afastar-se, podendo optar pela sua remuneração ou a do cargo eletivo.

125. TJSP, *RT* 454/68; STJ, MS 40.092-DF, *DJU* 4.9.95.

Por outro lado, é expressamente vedado ao Vereador o exercício de cargo em comissão ou exonerável *ad nutum* nos casos já previstos na Constituição da República para os Deputados Federais e Senadores (art. 54, I, "b", e II, "b"), conforme o disposto no art. 29, IX, da mesma CF.[126]

De acordo com o STF, ao servidor público investido no mandato de Vice-Prefeito é aplicável, por analogia, o disposto no inc. II do art. 38 da CF/88, enquanto que ao suplente de Vereador não se pode validamente estabelecer restrição alguma, por não ser titular de mandato eletivo, sendo-lhe, assim, inaplicável o inc. III do mesmo artigo (ADI 199-PE, *DJU* 7.8.98).

3.14 Demissão de vitalícios e estáveis

A *demissão de vitalícios* – servidores investidos em caráter perpétuo no cargo[127] – e dos estáveis – servidores que adquiriram o direito de permanência no serviço público – depende, em qualquer caso, de sentença judicial ou, tratando-se de *estável*, de processo administrativo em que se lhe assegure ampla defesa (CF, arts. 41, § 1º, 95, I, e 128, § 5º, I).

Os vitalícios não podem ser exonerados *ex officio* e somente perdem os respectivos cargos quando se exonerarem a pedido ou forem punidos com a pena de demissão, ficando em disponibilidade com remuneração proporcional na hipótese de extinção.[128] Como vimos acima, ao tratar da estabilidade, o estável, com a EC 19, além da *demissão* judicial ou administrativa, pode ser *exonerado* em razão de seu desempenho funcional, mediante procedimento de avaliação periódica, na forma a ser regulamentada por lei complementar nacional, assegurada sempre a ampla defesa. Excepcionalmente, pode, ainda, ser *exonerado* com base no art. 169, § 4º, da CF, com a redação da EC 19. Vale acentuar, como fizemos no momento adequado, que *demissão* é ato punitivo, e *exoneração*, não.

Para a demissão do vitalício o único meio é o processo judicial, geralmente o penal, pois "a perda de cargo, função pública ou mandato eletivo" é efeito da condenação, devendo "ser motivadamente declarado na sentença" em que incorre o infrator, "condenado a pena privativa de liberdade por crime cometido com abuso de poder ou violação de dever para com a Admi-

126. Esclarecemos que, mesmo que haja acumulação do exercício do mandato com o de cargo, emprego ou função pública, o tempo de serviço será contado singelamente para o servidor.

127. A *vitaliciedade*, por ser, em princípio, desnecessária ao serviço público, vem sendo vedada nos textos constitucionais. A Constituição vigente só a concede aos Magistrados (art. 95, I), aos membros do Tribunais de Contas (art. 73, § 3º) e aos membros do Ministério Público (art. 128, § 5º, I, "a").

128. Quanto aos vitalícios, o STF já sumulou: "11. A vitaliciedade não impede a extinção do cargo, ficando o funcionário em disponibilidade, com todos os vencimentos".

nistração Pública", quando a pena aplicada for igual ou superior a um ano, ou quando for superior a quatro anos nos demais casos (CP, art. 92, I, "a" e "b"; Lei 9.455, de 7.4.97 – lei penal especial –, art. 1º, § 5º). No processo, administrativo ou judicial, a Constituição assegura o contraditório e a ampla defesa, com os meios e recursos a ela inerentes (art. 5º, LV). Nada impede, porém, que, através de processo judicial diverso do penal, mas, como este, com contraditório e defesa ampla, se peça o reconhecimento da culpa do vitalício por fatos que, embora não consubstanciando crime definido em lei, constituam falta grave, ensejadora da penalidade máxima. Na primeira hipótese a perda do cargo é efeito da aplicação da pena principal pelo Judiciário, enquanto na segunda a Justiça faculta à Administração a aplicação da pena demissória, reconhecendo a materialidade e a autoria do fato.

Para a *demissão do estável* a Administração não precisa recorrer à Justiça, ainda que o fato sujeito a punição configure crime, nem aguardar a solução do processo penal pelo mesmo fato,[129] uma vez que a Constituição lhe permite fazê-lo mediante processo administrativo ou, mais precisamente, *processo administrativo disciplinar*, em que assegure *ampla defesa ao infrator*. Por *ampla defesa*, no caso, deve-se entender a vista do processo, com a faculdade de resposta e de produção de provas contrárias à acusação. O processo administrativo disciplinar não é tão formal quanto o judicial, penal ou não, nem tão rigoroso no contraditório. O essencial é que se conceda ao acusado a oportunidade de ilidir a acusação, com observância do devido processo legal, sem o quê a punição administrativa é nula, por afrontar a garantia constitucional da ampla defesa (art. 41, § 1º),[130] como demonstramos no capítulo próprio, ao qual remetemos o leitor (cap. XI, item 3, *Controle administrativo*).

Tanto para o *vitalício* como para o *estável* pode ocorrer, ainda, a perda da função pública como pena resultante de condenação judicial civil por improbidade administrativa, nos termos do art. 12, I, II e II, da Lei 8.429/92, que só será efetivada com o trânsito em julgado da sentença condenatória, como determina o seu art. 20.

Apenas para registro, o regime jurídico dos servidores federais relaciona entre as penalidades disciplinares a *destituição de cargo em comissão* e a *destituição de função comissionada* (art. 127, V e VI). Assim, para o cargo em comissão e para a função comissionada a Lei 8.112/90 emprega terminologia diversa da utilizada para *cargo efetivo*. Este é punido com demissão; aqueles, com destituição. Nas duas penas é obrigatório o devido processo administrativo.

129. STF, *RTJ* 134/1.105, 143/848.

130. STF, *RDA* 47/108; TFR, *RDA* 38/254; TJSP, *RDA* 45/123, 54/364; *RT* 261/365; TASP, *RT* 215/297, 270/632.

3.15 Reintegração, recondução, reversão, readmissão e aproveitamento

A *reintegração* é a recondução do servidor ao mesmo cargo de que fora demitido, com o pagamento integral dos vencimentos e vantagens do tempo em que esteve afastado, uma vez reconhecida a ilegalidade da demissão em decisão judicial ou administrativa. Como a reabilitação funcional, a reintegração acarreta, necessariamente, a restauração de todos os direitos de que foi privado o servidor com a ilegal demissão. Nessa reparação, entretanto, só entram as vantagens decorrentes do cargo, auferidas no âmbito administrativo. Com a volta do reintegrando ao cargo, quem o ocupava perde o lugar, sem direito a qualquer indenização. Todavia, se for estável, será reconduzido ao cargo de origem, aproveitado em outro cargo ou posto em disponibilidade com remuneração proporcional ao tempo de serviço. Não sendo estável, como vimos, a solução de sua situação funcional fica a critério da Administração. De qualquer forma, dará sempre o lugar ao reintegrado (CF, art. 41, § 2º, com a redação da EC 19).[131]

Não se confunda a *reintegração* com a *recondução* ou com a *reversão.* Na *reintegração* reconhece-se que a pena de demissão foi ilegal e, em razão desse reconhecimento, restauram-se todos os direitos do demitido, com seu retorno ao cargo e pagamento das indenizações devidas; na *recondução* o servidor estável retorna ao cargo anteriormente ocupado em decorrência de inabilitação em estágio probatório relativo a outro cargo ou de reintegração do anterior ocupante (cf. art. 29 da Lei 8.112/90); na *reversão* ocorre o retorno à atividade do aposentado por invalidez quando junta médica oficial declarar insubsistentes os seus motivos, ou no interesse da Administração, no caso de aposentadoria voluntária, desde que atendidas as seguintes condições: solicitação do inativo (estável quando na atividade), haja cargo vago e a aposentadoria tenha ocorrido nos cinco anos anteriores à solicitação. Nas duas espécies o retorno dar-se-á no mesmo cargo ou ao cargo resultante de sua transformação, ou simplesmente ao serviço, como excedente (na terminologia da lei), se o antigo cargo estiver provido. Em ambas as hipóteses perceberá, em substituição aos proventos de aposentadoria, a remuneração do cargo que voltar a exercer, inclusive com as vantagens de natureza pessoal que percebia anteriormente à aposentadoria (cf. art. 25 da Lei 8.112/90, na redação dada pela MP 2.225-45, de 4.9.2001).

Aproveitamento é o retorno obrigatório à atividade do servidor em disponibilidade, em cargo de atribuições e remuneração compatíveis com o anteriormente ocupado (cf. art. 30 da Lei 8.112/90).

Alguns Estados e Municípios denominam de *readmissão* a *reintegração* decorrente de ato administrativo. Nessa hipótese, a *readmissão* seria

131. Na Lei 8.112/90, art. 29, I, esse retorno é denominado de *recondução.*

o retorno do funcionário ao serviço público quando anulada administrativamente sua desinvestidura. Como visto, em face da sistemática constitucional, fora dessas hipóteses a readmissão e a reversão não são mais permitidas.[132]

3.16 *Responsabilização civil de servidores*

A *responsabilização civil de servidores* por danos causados a terceiros no exercício de suas atividades funcionais depende da comprovação da existência de dolo ou culpa de sua parte em ação regressiva proposta pela pessoa jurídica de Direito Público obrigada, objetivamente, à reparação do dano, nos termos do art. 37, § 6º, da CF.

De fato, o § 6º do art. 37 estabelece a *responsabilidade sem culpa*, por isso denominada *objetiva*, das entidades de Direito Público (União, Estados, Distrito Federal, Municípios, suas autarquias e fundações públicas de Direito Público) e de Direito Privado prestadoras de serviços públicos pelos prejuízos causados por seus agentes a terceiros em decorrência da atividade administrativa. Todavia, o dispositivo constitucional veda a transferência dessa responsabilidade ao servidor imputável, impondo seu chamamento a juízo não pelo lesado, mas pela entidade interessada em ressarcir-se, a qual, para tanto, deverá demonstrar a *culpa* do referido servidor, em ação autônoma.

A responsabilidade civil do servidor por danos que, nessa qualidade, causar a terceiros constitui, portanto, apenas um aspecto da *responsabilidade por danos à Administração*, matéria que veremos com mais vagar no tópico pertinente (item 6, adiante), consignando desde já que a expressão *agente*, no texto em exame (art. 37, § 6º), está empregada em sentido amplo, abrangendo toda gama dos servidores públicos.

3.17 *Abrangência das normas constitucionais*

As *normas constitucionais* sobre os servidores, por expressa disposição do art. 37, *caput*, aplicam-se à Administração direta e indireta dos três Poderes da União, dos Estados-membros, do Distrito Federal e dos Municípios.

Finalmente, quanto aos demais aspectos da abrangência das normas constitucionais sobre o serviço público, remetemos o leitor ao que já escrevemos no item 2 deste capítulo, para evitar repetições.

3.18 *Competência da Justiça Comum*

De acordo com o art. 114, I, da CF, na redação dada pela EC 45/2004, compete à Justiça do Trabalho processar e julgar "as ações oriundas da rela-

132. STF, *RTJ* 115/99. No Estado de São Paulo, v. nota 25 deste capítulo.

ção de trabalho, abrangidos os entes de Direito externo e da Administração Pública direta e indireta da União, dos Estados, do Distrito Federal e dos Municípios, exceto os servidores ocupantes de cargos criados por lei, de provimento efetivo ou em comissão, incluídas as autarquias e fundações públicas dos referidos entes da Federação". A leitura do referido dispositivo revela a ocorrência de uma ampliação da competência da Justiça do Trabalho, a qual passa a julgar todos os conflitos oriundos da relação de trabalho, seja de emprego ou não, em sentido amplo. Em face da exceção contida na norma quanto aos cargos criados por lei, de provimento efetivo ou em comissão, tratando-se de servidor público titular desses cargos, sob regime jurídico estatutário regular ou administrativo especial, não submetido à CLT, entendemos que as reivindicações são de competência da Justiça Comum, Federal ou Estadual.[133] Assim, toda e qualquer reivindicação de empregado público regido pela CLT deve ser julgada pela Justiça do Trabalho, inclusive a contratação ilegal, ainda que sob o regime estatutário.[134] Os que não tiverem cargos criados por lei e mantiverem, por qualquer motivo, relação de trabalho com "Administração Pública direta e indireta", referida pelo texto, terão seus conflitos julgados pela Justiça do Trabalho. Em decorrência dos demais incisos do referido art. 114, como novas competência da Justiça do Trabalho temos as que tratam dos litígios sindicais, dos atos decorrentes da greve, do *habeas corpus*, do *habeas data*, da ação de indenização por dano moral ou patrimonial, e as relativas às penalidades administrativas impostas aos empregadores pelos órgãos de fiscalização das relações de trabalho.

4. Lei de Responsabilidade Fiscal

A Lei Complementar 101, de 4.5.2000,[135] estabelece que a despesa total com pessoal não poderá exceder os percentuais da receita líquida de 50% para a União e 60% para os Estados, Distrito Federal e Municípios, e que a

133. V. item 1.2 deste capítulo. Os Tribunais têm entendido dessa forma, salientando que "a causa de pedir e o pedido" definem a competência. Assim, se aqueles estão fundamentados na CLT, a competência é da Justiça do Trabalho; caso contrário, da Justiça Comum (STF, Pleno, *RT* 694/215; STJ, CComp 4.101 e Súmula 97). Nesse sentido, o STF, Pleno, na ADI 3.395, decidiu que o inciso I do art. 114 da CF (redação da EC 45/2004) "não abrange as causas instauradas entre o Poder Público e o servidor que lhe seja vinculado por relação jurídico-estatutária"; e a Súmula 736: "Compete à Justiça do Trabalho julgar as ações que tenham como causa de pedir o descumprimento de normas trabalhistas relativas a segurança, higiene e saúde dos trabalhadores", como os empregados públicos. O mesmo STF decidiu que o exame de greve de policial civil compete à Justiça Comum – no caso, a Estadual –, e não à do Trabalho (Recl. 6.568).

134. STJ, CComp 35.564-PA, *DJU* 11.5.2004.

135. Reinaldo Moreira Bruno, *Lei de Responsabilidade Fiscal & Orçamento Público Municipal*, 1ª ed., Juruá Editora, 2003; e João Carlos Macruz, Jorge Ulisses Jacoby Fernandes, Marcelo de Miranda Ribeiro Quintiere e Renato Jorge Brown Ribeiro, *Responsabilidade Fiscal*, 1ª ed., América Jurídica, 2002.

repartição desses limites não poderá exceder os seguintes percentuais: I – *na esfera federal*: 2,5% para o Legislativo (inclusive TCU); 6% para o Judiciário; 40,9% para o Executivo (inclusive despesas com o Distrito Federal e outras, previstas no incs. XIII e XIV do art. 21 da CF e no art. 31 da EC 19, fixadas em 3%); e 0,6% para o Ministério Público da União; II – *na esfera estadual*, na ordem acima, para cada poder ou órgão, 3%, 6%, 49% e 2%, respectivamente; e III – *na esfera municipal*, na ordem acima de cada poder (não há Ministério Público), 6% e 54% (cf. art. 19, c/c art. 20, que estabelecem, em seus parágrafos, outras regras e exclusões para efeito de cálculos).

Essa lei estabelece que "despesa total com pessoal" compreende somatório de gastos com ativos, inativos e pensionistas, de quaisquer espécies, inclusive os "encargos sociais e contribuições recolhidas pelo ente às entidades de previdência" (art. 18). Contém normas estipulando formas e períodos de cálculos, bem como sobre o "Controle da Despesa Total com Pessoal", prevendo inclusive nulidade "de pleno direito" do ato que "provoque aumento de despesa com pessoal e não atenda: I – as exigências dos seus arts. 16 e 17" e "o disposto no inciso XIII do art. 37 e no § 1º do art. 169 da Constituição; II – o limite legal de comprometimento aplicado às despesas com pessoal inativo"; ou que, "expedido nos cento e oitenta dias anteriores ao final do mandato do titular do respectivo poder ou órgão referido no art. 20", provoque aumento de despesa com pessoal (cf. art. 21, I, II e III, e seu parágrafo único).

Diz ainda que a verificação do cumprimento dos limites estabelecidos em seus arts. 19 e 20 será realizada ao final de cada quadrimestre e, aí, se a despesa total com pessoal exceder a 95% do limite, "são vedados ao poder ou órgão" ali referido, e que houver incorrido no excesso: "I – concessão de vantagem, aumento, reajuste ou adequação de remuneração a qualquer título, salvo os derivados de sentença judicial ou de determinação legal ou contratual, ressalvada a revisão prevista no inciso X do art. 37 da Constituição; II – criação de cargo, emprego ou função; III – alteração de estrutura de carreira que implique aumento de despesa; IV – provimento de cargo público, admissão ou contratação de pessoal a qualquer título, ressalvada a reposição decorrente de aposentadoria ou falecimento de servidores das áreas de educação, saúde e segurança; V – contratação de hora extra, salvo no caso do disposto no inciso II do § 6º do art. 57 da Constituição e as situações previstas na lei de diretrizes orçamentárias". Agora, como prevê o seu art. 23, se a despesa acima ultrapassar os referidos limites, sem prejuízo das medidas supra-indicadas, "o percentual excedente terá de ser eliminado nos dois quadrimestres seguintes, sendo pelo menos um terço no primeiro, adotando-se, entre outras, as providências previstas nos §§ 3º e 4º do art. 169 da Constituição", podendo, no caso do inc. I do § 3º desse art. 169, ser alcançado o objetivo "tanto pela extinção de cargos e funções quanto pela redução dos valores a eles atribuídos", sendo "facultada a redução temporária da jornada com adequação dos vencimentos à nova carga horária" (cf. art. 23 e §§ 1º e 2º).[136] Se essa redução não for alcançada com essas medidas no "prazo estabelecido e enquanto perdurar o excesso, o ente não poderá: (...) receber transferências voluntárias", "obter garantia, direta ou indireta, de outro ente" ou "contratar operações de crédito, ressalvadas as destinadas ao refinanciamento da dívida mobiliária e as que visem à redução das despesas com pessoal", sendo certo que tais restrições "aplicam-se imediatamente se a despesa total exceder o limite máximo no primeiro quadrimestre do último ano do mandato dos titulares de poder ou órgão referidos no art. 20" (cf. art. 23, §§ 3º e 4º).

5. *Deveres e direitos dos servidores*

Os *deveres e direitos dos servidores* estão detalhadamente estabelecidos na Constituição da República, a serem observados pelos respectivos regimes jurídicos ditados segundo as regras de iniciativa de lei previstas naquela Carta. Na imposição desses *deveres*[137] e na concessão desses *direitos* a Administração deverá ter sempre presente o interesse coletivo na obtenção dos *serviços públicos*, lembrando-se de que – como o nome está indicando – são *serviços para o público* e de que seus agentes são *servidores públicos*, vale dizer, *servidores do público*: *public servants*, na expressão inglesa consagrada por Brandeis.

Neste item estudaremos esses direitos e deveres e, separadamente, o sistema remuneratório ou a remuneração em sentido amplo, que destacamos do tópico *Direitos*, pela importância e complexidade do seu estudo.

5.1 Deveres

Os regimes jurídicos modernos impõem uma série de *deveres* aos servidores públicos como requisitos para o bom desempenho de seus encargos e regular funcionamento dos serviços públicos. A Lei de Improbidade Administrativa, de natureza nacional, diz que constitui ato de improbidade administrativa que atenta contra os princípios da administração pública qualquer ação ou omissão que viole os *deveres* de honestidade, imparciali-

136. O STF suspendeu, por aparente ofensa à garantia da irredutibilidade de vencimentos, a redução dos valores e da jornada de trabalho, com adequação dos vencimentos, prevista nesse dispositivo da LRF (ADI/MC 2.238, *Informativo* 267).

137. Preferimos o vocábulo *dever*, em vez de *obrigação*, porque, como bem acentua Basavilbaso, a relação de serviço que se estabelece entre o servidor e a Administração tem um acentuado caráter ético, mais próprio do *dever* que da *obrigação* (*Derecho Administrativo*, 1951, III/425, nota "a"). A Lei federal 8.027, de 12.4.90, que dispõe sobre normas de conduta dos servidores federais, consagra esse entendimento.

dade, legalidade e lealdade às instituições (cf. Lei 8.429/92, art. 10, *caput*), as quais, para serem punidas, pressupõem que o agente as pratique com a consciência da ilicitude, isto é, dolosamente.

Dentre esses deveres salientam-se, por sua constância na legislação dos povos cultos, o de *lealdade* à Administração, o de *obediência* às ordens superiores e, agora, o de *conduta ética*.

5.1.1 *Dever de lealdade* – O *dever de lealdade*, também denominado *dever de fidelidade*, exige de todo servidor a maior dedicação ao serviço e o integral respeito às leis e às instituições constitucionais, identificando-o com os superiores interesses do Estado. Tal dever impede que o servidor atue contra os fins e os objetivos legítimos da Administração, pois que, se assim agisse, incorreria em infidelidade funcional, ensejadora da mais grave penalidade, que é a demissão, vale dizer, o desligamento compulsório do serviço público.

5.1.2 *Dever de obediência* – O *dever de obediência* impõe ao servidor o acatamento às ordens legais de seus superiores e sua fiel execução. Tal dever resulta da subordinação hierárquica e assenta no princípio disciplinar que informa toda organização administrativa.

Por esse dever não está o servidor obrigado a cumprir mecanicamente toda e qualquer ordem superior, mas, unicamente, as *ordens legais*. E por *ordens legais* entendem-se aquelas emanadas de autoridade competente, em forma adequada e com objetivos lícitos. Tanto o cumprimento de ordem manifestamente *ilegal* como o descumprimento de ordem *legal* acarretam para o servidor responsabilidade disciplinar e criminal (CP, art. 22), conforme seja a lesão causada à Administração ou a terceiros.[138] A matéria foi examinada no cap. III, item 4.

5.1.3 *Dever de conduta ética* – O *dever de conduta ética* decorre do princípio constitucional da moralidade administrativa e impõe ao servidor público a obrigação de jamais desprezar o elemento ético de sua conduta. De acordo com o Código de Ética Profissional do Servidor Público Civil

138. Em tema de obediência do servidor há três sistemas clássicos: o inglês, o francês e o germânico. Pelo sistema inglês – que é o seguido no Brasil –, o servidor só é obrigado a cumprir as ordens legais. Pelo sistema francês, o servidor deve cumprir toda ordem superior sem indagar da sua legalidade. E pelo sistema germânico, também denominado "da reiteração" (*Remonstrationstheorie*), o servidor deverá, quando suspeitar da legalidade da ordem, provocar novo pronunciamento da autoridade que a expediu; se for confirmada, cumprirá sem qualquer responsabilidade. Entendemos que o sistema inglês, por nós acolhido, é o que melhor se coaduna com os princípios de liberdade e responsabilidade adotados pelos Estados de Direito. O sistema francês converte o subalterno num autômato cumpridor de ordens superiores e o sistema germânico institui um procedimento inútil de consulta, visto que a confirmação da ordem ilegal não a converte em legal.

Federal (Dec. 1.171, de 22.6.94), "a dignidade, o decoro, o zelo, a eficácia e a consciência dos princípios morais são primados maiores que devem nortear o servidor público".[139] O dever de honestidade está incluído na conduta ética.

5.1.4 *Dever de eficiência* – O *dever de eficiência* do servidor público decorre do inc. LXXVIII do art. 5º da CF, acrescentado pela EC 45/2004 (v. cap. II, itens 2.3.6 e 3.2).

5.1.5 *Outros deveres* – *Outros deveres* são comumente especificados nos estatutos, procurando adequar a conduta do servidor ao serviço que lhe é cometido; mas, como bem observa Masagão, já se acham compreendidos nos deveres de fidelidade e obediência.[140] Realmente, os deveres de lealdade e obediência constituem a matriz dos demais, porque neles se contêm as imposições e proibições exigidas para o exato desempenho da função pública, sendo redundantes e ociosas quaisquer outras especificações.

Muitas vezes o dever não resulta diretamente das normas estatutárias, mas de outras, hierarquicamente superiores, que exigem dos servidores em geral determinada conduta, positiva ou negativa, decorrente das chamadas *restrições funcionais*, a seguir examinadas.

A Lei de Improbidade Administrativa, ao tratar dos atos que atentam contra os princípios da administração pública, diz constituir ato dessa natureza "qualquer ação ou omissão que viole os *deveres* de honestidade, legalidade e lealdade às instituições" (art. 11, *caput*, da Lei 8.429/92).

5.2 Restrições funcionais

Dentre as *restrições* que a função pública impõe aos seus exercentes destacam-se a de se *sujeitarem aos impedimentos* estabelecidos para o desempenho do cargo.

139. Sobre a conduta ética do servidor e a própria moralidade administrativa: Dec. 6.029/2007 (institui o Sistema de Gestão da Ética do Poder Executivo Federal); Código de Ética Profissional do Servidor Público Federal (Decs. 4.081/2002 e 1.171/94) e Res. n. 2/2000, da Comissão de Ética Pública; MP 2.225-45/2001 (arts. 6º e 7º); Dec. 4.187/2002 (trata da chamada "quarentena" ou impedimentos de autoridades, após o afastamento, para o exercício de atividades, durante certo período); Dec. 4.232/2002 (sobre audiências e reuniões públicas dos agentes públicos com representantes de interesses particulares); e as Leis 9.472/97 (art. 30 e parágrafo único), 9.782/99 (art. 14 e parágrafo único) e 10.233/2001 (art. 59 e parágrafo único), sobre vedações de representação e uso de informações por servidor de agências reguladoras, com previsão de incorrer em improbidade administrativa. Como fonte de consulta: relatório sobre "Normas de Conduta para a Vida Pública" apresentado ao Parlamento do Reino Unido em 1995, *Cadernos ENAP – Fundação Escola Nacional de Administração Pública* 12, de 1997.

140. Mário Masagão, *Curso de Direito Administrativo*, 1960, II/257.

Os *impedimentos* ou *incompatibilidades* para o desempenho de função pública constituem restrições perfeitamente admissíveis ao direito dos servidores estatais, autárquicos e paraestatais, porque é lícito à Administração estabelecer condições para a realização de seus serviços. Assim sendo, permitido é ao Poder Público impedir contratos de seus servidores com a Administração, estabelecer incompatibilidades entre o exercício do cargo ou da função e certas atividades públicas ou particulares, impor exigências de residência no local do trabalho e quaisquer outros requisitos de eficiência e moralidade do serviço público, desde que não afronte os direitos fundamentais do servidor, resguardados pela Constituição da República. Nessa linha serão os requisitos e restrições da lei prevista pela Carta Magna em seu art. 37, § 7º, comentado em outra passagem.

A Lei nacional 9.504, de 30.9.97, que dispõe sobre normas gerais de eleições para cargos no Executivo e no Legislativo, estabelece as condutas de agentes públicos que podem afetar a igualdade de oportunidades entre os candidatos, vedando-as, sob as penas ali previstas e sem prejuízo da aplicação da Lei 8.429/92 (Lei de Improbidade Administrativa).

5.3 Direitos

A Constituição da República, ao cuidar do servidor público (arts. 37 a 41), detalhou seus *direitos*, indicando especificamente os que lhe são extensivos dentre os reconhecidos aos trabalhadores urbanos e rurais (CF, art. 7º).

De um modo geral, pode dizer-se que os servidores públicos têm os mesmos direitos reconhecidos aos cidadãos, porque cidadãos também o são, apenas com certas restrições exigidas para o desempenho da função pública. Com a Constituição de 1988 gozam dos seguintes direitos assegurados aos trabalhadores do setor privado: salário mínimo;[141] garantia de salário, nunca inferior ao mínimo, para os que percebem remuneração variável; décimo-terceiro salário; remuneração do trabalho noturno superior à do diurno; salário-família para os seus dependentes; jornada de trabalho não superior a oito horas diárias e quarenta e quatro semanais; repouso semanal remunerado; remuneração do serviço extraordinário superior, no mínimo, em cinqüenta por cento à do normal; gozo de férias anuais remuneradas com, pelo menos, um terço a mais do que o salário normal;[142] licença à gestante, sem pre-

141. V. a respeito a ADI 751-GO e a ADI 1.458-DF, do STF (*RTJ* 142/86 e *DJU* 20.9.96). "Súmula Vinculante n. 15. O cálculo de gratificação e outras vantagens do servidor não incide sobre o abono utilizado para se atingir o salário mínimo"; "Súmula Vinculante n. 16. Os arts. 7º, IV, e 39, § 3º (redação da EC 19/98), da Constituição referem-se ao total da remuneração percebida pelo servidor público".

142. O ocupante de cargo comissionado tem direito de receber, quando exonerado, o valor referente às férias não usufruídas, acrescido de um terço (STF, RE 570.908, com repercussão geral).

juízo do emprego e do salário, com a duração de cento e vinte dias; licença-paternidade, nos termos fixados em lei; proteção do mercado de trabalho da mulher; redução dos riscos inerentes ao trabalho; proibição de diferença de salários, de exercício de funções e de critério de admissão por motivo de sexo, idade, cor ou estado civil. A Constituição admitiu, agora, o direito de greve ao servidor público,[143] que será exercido nos termos e nos limites definidos em lei agora específica, e não mais em lei complementar (art. 37, VII, com a redação da EC 19), e garantiu seu direito à sindicalização (art. 37, VI).[144]

Os *direitos decorrentes da função pública* consubstanciam-se no *exercício do cargo*, na *remuneração*, nas *férias*, na *aposentadoria* e *demais vantagens* concedidas expressamente pela Constituição e respectivas leis da União, dos Estados, do Distrito Federal e dos Municípios. São direitos dos servidores públicos que vicejam ao lado dos direitos gerais e fundamentais do cidadão, e, por isso mesmo, sua extensão e seus limites só podem ser apreciados em face das normas legais que os concedem, segundo as conveniências do serviço. Dentre os direitos dos servidores veremos especificamente, a seguir, o sistema remuneratório, o subsídio e a remuneração, envolvendo os vencimentos, com as vantagens pecuniárias, e os salários.

5.4 Sistema remuneratório. Remuneração. Subsídio. Vencimentos. Vantagens pecuniárias. Indenizações[145]

No campo funcional a matéria de maior interesse, pelos constantes atritos entre o servidor e a Administração, é a concernente ao *sistema remuneratório* ou à *remuneração em sentido amplo*. Esses atritos decorrem das posições diametralmente opostas em que se colocam o servidor e o Poder Público na interpretação das leis pertinentes, pressionado aquele pelas exigências financeiras do seu *status*; interessado este em realizar o máximo de serviço com o mínimo de despesas de custeio, dentre as quais se incluem as

143. Reconhecendo que o Congresso está em mora, o STF determinou a aplicação da Lei 7.783/89, "no que couber" (MIs 670, 708 e 712). Diante desse entendimento e do fato de os vencimentos caracterizarem verba alimentar, o Poder Público não tem o direito de cortar a remuneração (STJ, AgR na MC 16.774). No julgamento da Recl 6.568 (STF) o Min. Eros Grau posicionou-se pela proibição do exercício do direito de greve para os servidores "que exerçam funções públicas essenciais, relacionadas à manutenção da ordem pública e à segurança pública, à administração da justiça e à saúde pública", mas esse ponto não foi objeto de decisão. Essa Lei 7.783/89 foi examinada no cap. VI, item 1.3.1, *Greve nos serviços essenciais*.

144. O STJ considerou razoável o "parâmetro" de "compensação dos dias não trabalhados em greves" de servidores e entendeu que o não recebimento dos dias de paralisação só é possível com prévia previsão normativa (REsp 21.360-SP, *DJU* 10.9.2007). Note-se que o STF entendeu inconstitucionais o direito de negociação coletiva e a ação coletiva previstos no art. 240 da Lei 8.112/90 (STF, *RT* 694/215).

145. Wallace Paiva Martins Jr., *Remuneração dos Agentes Públicos*, Saraiva, 2009.

de pessoal. Daí a nossa preocupação em destacar o assunto do tópico relativo aos direitos dos servidores, para esta apreciação mais detida e aprofundada.

5.4.1 *Sistema remuneratório* – O exame da Constituição Federal, com as alterações das ECs 19/98 e 41/2003, demonstra que há um *sistema remuneratório* para os ocupantes de cargos, funções e empregos públicos da Administração direta, autárquica e fundacional, para os membros de qualquer dos Poderes da União, dos Estados, do Distrito Federal e dos Municípios, para os detentores de mandato eletivo e para os demais agentes políticos, bem como para os empregados públicos das chamadas pessoas governamentais, com personalidade de Direito Privado.

Assim, o *sistema remuneratório* ou a *remuneração em sentido amplo* da Administração direta e indireta para os servidores da ativa compreende as seguintes modalidades: a) *subsídio*, constituído de parcela única e pertinente, como regra geral, aos agentes políticos; b) *remuneração*, dividida em (b1) *vencimentos*, que corresponde ao *vencimento* (no singular, como está claro no art. 39, § 1º, da CF, quando fala em " fixação dos padrões de *vencimento*") e às *vantagens pessoais* (que, como diz o mesmo art. 39, § 1º, são os *demais componentes* do sistema remuneratório do servidor público titular de cargo público na Administração direta, autárquica e fundacional),[146] e em (b2) *salário*, pago aos empregados públicos da Administração direta e indireta regidos pela CLT, titulares de empregos públicos, e não de cargos públicos.

Nesse sentido, dentre outros, o conteúdo dos arts. 37, XI (com a redação da EC 41), 61, § 1º, II, "a" e "f", e 96, "b", da CF. No entanto, a Constituição e as Emendas referidas em alguns pontos empregam terminologia equivocada e não sistematizada. Assim, a título de exemplo, no art. 37, o inc. XV, quando fala em *vencimentos*, quer se referir a remuneração, e no inc. X desse artigo *remuneração* significa *vencimentos*.

Outra inovação é que o subsídio (salvo o dos Deputados Federais, dos Senadores, do Presidente e Vice-Presidente e dos Ministros, por força do art. 49, VII e VIII, da CF) e os vencimentos, por expresso mandamento constitucional, estão sujeitos ao princípio da *reserva legal específica*, pelo quê somente poderão ser fixados e alterados por *lei específica*, isto é, para cada hipótese de fixação ou modificação, observada a iniciativa privativa em cada caso.

É assegurada revisão geral anual dos subsídios e vencimentos, sempre na mesma data e sem distinção de índices (CF, art. 37, X).[147] Como veremos

146. Como acentuado em outro ponto, a expressão "fundacional" abrange o servidor da fundação pública de Direito Público, isto é, com personalidade jurídica de Direito Público, pois a fundação pública de Direito Privado só pode ter "emprego e empregado público".

147. V. Lei 10.331, de 18.12.2001: "Regulamenta o inciso X do art. 37 da Constituição, que dispõe sobre a revisão geral e anual das remunerações e subsídios dos servidores públicos

no item 5.4.3, adiante, parece-nos que essa regra, a par de consagrar o princípio da periodicidade da reposição da remuneração do servidor, culminou por assegurar a irredutibilidade *real*, e não apenas *nominal*, do subsídio e dos vencimentos, mas não obriga a que a revisão seja feita numa data-base.[148] Essa revisão não se equipara à chamada *reestruturação*, significando, na realidade, um aumento geral, por nós denominado de *impróprio*, como veremos mais adiante.

O art. 37, XI, na redação da EC 41, institui *tetos* para a União, para os Estados, para o Distrito Federal e para os Municípios, no âmbito de seus Poderes e das suas Administrações diretas, autárquicas e fundacionais. Alguns falam em *subtetos* – o que, a nosso ver, não é adequado, pois o que se tem é um teto para a União e tetos para os entes federados. Assim, a remuneração, o subsídio dos ocupantes de cargos, funções e empregos públicos, dos detentores de mandato eletivo e dos demais agentes políticos, bem como os proventos, pensões ou outra espécie remuneratória, percebidos cumulativamente ou não, incluídas as vantagens pessoais[149] ou de qualquer natureza, não poderão exceder: a) na União, o subsídio mensal, em espécie, dos Ministros do STF; b) nos Estados e no Distrito Federal: b1) no Poder Executivo, o subsídio mensal do Governador; b2) no Poder Legislativo, o subsídio dos Deputados Estaduais e Distritais; b3) no Poder Judiciário, o subsídio dos Desembargadores do Tribunal de Justiça, limitado a noventa inteiros e vinte e cinco centésimos por cento do subsídio mensal, em espécie, dos Ministros do STF; b4) o teto previsto em "b3" aplica-se também aos membros do Ministério Público, aos Procuradores e aos Defensores Públicos; e c) nos Municípios, o subsídio do Prefeito. Registre-se, todavia, que em nenhuma hipótese os Estados, o Distrito Federal e os Municípios poderão fixar seus tetos acima daquele previsto para a União. Nas ADIs 112, 120-5 e 1.434, considerando que o art. 132 da Carta só abrangeu os procuradores do Estado (este como pessoa jurídica distinta da autarquia), o STF entendeu que ela não se refere aos procuradores autárquicos. Daí por que o teto acima referido para os procuradores só abarca os procuradores dos Estados ou do Distrito Federal.

federais dos Poderes Executivo, Legislativo e Judiciário da União, das autarquias e fundações públicas federais".

148. STF, ADIs 2.061-7, *DJU* 29.6.2001, 2.046, *DJU* 22.3.2002, 2.511-2, *DJU* 15.3.2002, 2.481-7, *DJU* 22.3.2002. No RE 424.584 o STF entendeu não cabível a indenização por omissão legislativa relativa a aumento anual de servidor fundada na ofensa ao art. 37, X, da CF, com a redação dada pela EC 19/98, por reputar razoável a omissão.

149. Na sua antiga redação, a parte final do § 1º do art. 39 da CF, ao assegurar a isonomia de vencimentos para os cargos de atribuições iguais ou assemelhados do mesmo Poder ou entre servidores dos três Poderes, ressalvava, expressamente, "as vantagens de caráter individual e as relativas à natureza ou ao local de trabalho", o que levou o STF a entender que tais vantagens deveriam ser excluídas no cálculo do teto de vencimentos previsto no art. 37, II (ADI 14-4-DF). Assim, nitidamente, a EC 19 contornou tal entendimento.

Para os fins do disposto nesse referido inciso XI, a EC 47 acrescentou o § 12 ao art. 37 da CF, facultando aos Estados e ao Distrito Federal fixar, em seu âmbito, mediante emenda às respectivas Constituições e Lei Orgânica, como limite único, o subsídio mensal dos Desembargadores do respectivo Tribunal de Justiça, limitado a noventa inteiros e vinte e cinco centésimos por cento do subsídio mensal dos Ministros do Supremo Tribunal Federal. O disposto nesse § 12 não se aplica aos subsídios dos Deputados Estaduais e dos Vereadores.[150]

Nas edições anteriores, quando tratamos do subsídio, como parcela única, com base na própria Constituição, dissemos que as indenizações não integram tal parcela. Agora, explicitando a questão a EC 47 inseriu o § 11 ao art. 37, da CF, dispondo que *não serão computados*, para efeito dos limites remuneratórios de que trata o inciso XI desse artigo, *as parcelas de caráter indenizatório "previstas em lei"*. Segundo o art. 4º da EC 47, enquanto não editada essa lei, não será computada, para efeito dos limites remuneratórios de que trata o inciso XI do art. 37, qualquer parcela de caráter indenizatório, assim definida pela legislação em vigor na data da publicação da EC 41, de 2003.

O inc. XV do art. 48, *caput*, na redação da EC 19/98, determinava que a fixação do subsídio dos Ministros do STF, previstos no inc. XI do art. 37, fosse feita por lei de iniciativa conjunta dos Presidentes da República, da Câmara dos Deputados, do Senado Federal e do STF. Como o STF entendeu que esse inc. XI não era auto-aplicável,[151] para contornar esse entendimento e assegurar a auto-aplicabilidade do teto previsto pelo art. 37, XI, na redação dada pela EC 41, o art. 8º dessa Emenda 41, em *regra de transição*, estatui que, até que o valor desse subsídio seja fixado, será considerado como limite para a aplicação do art. 37, XI, na sua nova redação: a) no âmbito da União, o valor da maior remuneração atribuída por lei a Ministro do STF, a título de vencimento, de representação mensal e da parcela recebida em razão de tempo de serviço; b) nos Estados e no Distrito Federal: b1) no Poder Executivo, o subsídio mensal do Governador; b2) no Poder Legislativo, o subsídio dos Deputados Estaduais e Distritais; b3) no Poder Judiciário, o subsídio dos Desembargadores do Tribunal de Justiça, limitado a noventa inteiros e vinte e cinco centésimos por cento da maior

150. O STF julgou inconstitucional emenda constitucional de iniciativa de Assembléia fixando o subsídio mensal dos desembargadores como limite único no âmbito de *qualquer* dos Poderes locais, por usurpar a competência reservada ao Chefe do Executivo para instauração do processo legislativo em tema concernente ao regime jurídico dos servidores públicos – CF, art. 61, § 1º, II, "c" –, inclusive porque esse parágrafo não ressalvou os subsídios dos parlamentares, conforme determina o art. 37, § 12, da CF (ADI 4.154).

151. O entendimento do STF de que os arts. 37, XI, e 39, § 4º, da CF, com a redação da EC 19/98, não são auto-aplicáveis foi adotado na ADI/MC 1.898-DF e na Decisão Administrativa de 24.6.98.

remuneração mensal de Ministro do STF, prevista pela letra "a", acima; b4) o teto previsto em "b3" aplica-se também aos membros do Ministério Público, aos Procuradores e aos Defensores Públicos; e c) nos Municípios, o subsídio do Prefeito.

Ao lado dessa regra, especificamente quanto aos *vencimentos*, temos a do inc. XII do mesmo art. 37, estabelecendo que os dos cargos do Legislativo e do Judiciário não poderão ser superiores aos pagos pelo Poder Executivo. Portanto, temos os *tetos* acima referidos e há um *teto* entre os vencimentos dos cargos pertencentes aos Poderes, que corresponde àqueles pagos pelo Executivo.

Registre-se, por relevante, que os salários dos empregados públicos das empresas públicas e das sociedades de economia mista, e suas subsidiárias, só estarão submetidos ao teto geral se essas pessoas jurídicas receberem recursos da União, dos Estados, do Distrito Federal ou dos Municípios para pagamento de despesas de pessoal ou de custeio em geral (CF, art. 37, § 9º). Assim, se tiverem vida financeira própria no que diz respeito às despesas de custeio em geral e de pessoal, excluídos, pois, os investimentos, não estarão submetidas ao comando do art. 37, XI. A exceção é altamente salutar e moralizadora, servindo de estímulo à eficiência. A lei nacional prevista no art. 173, § 1º, da CF, por ela chamada de "estatuto jurídico", deverá dispor a respeito da aplicação dessa matéria.

Vale ainda observar que o art. 37, XI, da CF, ao falar em "outras espécies remuneratórias" após cuidar de proventos e pensões por morte, deixa patente que aqueles e estas constituem espécies remuneratórias, pelo quê também se enquadram no conceito geral de remuneração, para fins de observância dos tetos gerais.

Faculta-se à União, aos Estados, ao Distrito Federal e aos Municípios estabelecer por lei a relação entre a maior e a menor remuneração dos servidores públicos (art. 39, § 5º, da CF, na redação da EC 19),[152] observando-se, como diz a parte final desse § 5º, "em qualquer caso, o disposto no art. 37, XI". Vale dizer, a "relação" terá de respeitar os tetos constitucionais aí previstos.

Embora evidente, por força da sistematização, convém consignar que os direitos assegurados pelo § 3º do art. 39 – como, por exemplo, o décimo-terceiro salário e o terço de férias – não estão incluídos nos tetos remuneratórios.

152. Na redação anterior à EC 41/2003 e na posterior, o STF entende ser possível que as entidades estatais estabeleçam, por lei, teto inferior ao teto geral previsto pelo art. 37, XI, da CF, "com exceção apenas das hipóteses de teto diverso estabelecidas na própria Constituição Federal" (RE 192.364-4, *DJU* 23.6.2006, e ADI/MC 2.075-RJ, *DJU* 27.6.2003; RE 246.265-SP, *DJU* 15.10.2001, e RE 417.360, *DJU* 13.10.2004; e AI 465.680-9, *DJU* 26.6.2006).

Cada uma dessas modalidades ou formas de remuneração, como contraprestação devida pelo exercício de função pública, será objeto de exame a seguir.

5.4.2 *Subsídio* – É outra grande novidade da chamada "Emenda da Reforma Administrativa" (EC 19). Como visto, *subsídio* é uma modalidade de remuneração, fixada em parcela única, paga obrigatoriamente aos detentores de mandato eletivo (Senadores, Deputados Federais e Estaduais, Vereadores, Presidente e Vice-Presidente, Governador e Vice-Governador e Prefeito e Vice-Prefeito) e aos demais agentes políticos, assim compreendidos os Ministros de Estado, Secretários Estaduais e Municipais, os membros da Magistratura e do Ministério Público e os Ministros e Conselheiros dos Tribunais de Contas (CF, arts. 39, § 4º, 49, VII e VIII , e 73, § 3º, c/c os arts. 75, 95, III, e 128, § 5º, I, "c").

Dessa forma, para os que a Carta Magna considera *agentes políticos* – os membros de Poder, os detentores de mandato eletivo, os Ministros de Estado, os Secretários Estaduais e Municipais, os Ministros dos Tribunais de Contas e os membros do Ministério Público – o *subsídio* é a única modalidade de remuneração cabível.

Como demonstrado no cap. II, os servidores integrantes das carreiras relativas à Advocacia-Geral da União, da Procuradoria-Geral da Fazenda Nacional, das Procuradorias dos Estados e do Distrito Federal e da Defensoria Pública, bem como os servidores policiais das Polícias Federal, Ferroviária Federal, Civil, Militares (não os das Forças Armadas) e Corpos de Bombeiros Militares, por força dos arts. 135 e 144, § 9º, da CF, embora não sejam agentes políticos, também serão obrigatoriamente remunerados "na forma do art. 39, § 4º". Outrossim, como prevê o art. 39, § 8º, da CF, outros servidores públicos, desde que organizados em carreira, também poderão, por lei federal, estadual, municipal ou do Distrito Federal, ter remuneração "fixada nos termos do § 4º", acima referido.

Como se vê, na sistemática constitucional os *agentes políticos* só podem perceber subsídio, enquanto que os demais *agentes públicos* poderão ter remuneração fixada "nos termos" ou "na forma" do § 4º do art. 39, porém para alguns servidores a própria Carta Política já se antecipou, determinando que seria fixada na forma desse dispositivo, ou seja, exclusivamente em parcela única (arts. 135 e 144, § 9º, c/c o art. 39, §§ 8º e 4º).

Em razão da natureza jurídica que lhe foi imposta constitucionalmente, o *subsídio* é constituído de parcela única. Por isso, o art. 39, § 4º, veda expressamente que tal parcela seja acrescida de "qualquer gratificação, adicional, abono, prêmio, verba de representação ou outra espécie remuneratória". Obviamente, como a Carta Política deve ser interpretada de forma sistematizada, deve-se concluir que os valores correspondentes aos direitos por ela assegurados no § 3º do art. 39 – como, para ilustrar, do décimo-terceiro salário e do terço de férias – não são atingidos pela proibição de qualquer acréscimo. Aliás, como visto, o mesmo ocorre em relação ao teto geral.

Como vimos antes, o § 11 do art. 37, da Constituição, acrescentado pela EC 47, dispõe que não serão computadas, para efeito dos limites remuneratórios de que trata o inciso XI, as parcelas de caráter indenizatório previstas em lei.

Os aspectos acima apontados deverão, por certo, servir de norte para a estipulação, pela lei ali referida, das parcelas remuneratórias que não serão computadas nos limites do inciso XI do art. 37, da CF, e, também no subsídio – como as relativas a gastos de transporte, diárias, ajuda de custo, presença em sessão extraordinária. O mesmo aplica-se às férias e licenças-prêmios não gozadas e indenizadas. Todas deverão, obviamente, observar os princípios constitucionais, especialmente os da legalidade, razoabilidade e moralidade, sob pena de caracterizarem inaceitável fraude aos limites remuneratórios e ao conceito constitucional de subsídio, a ser repelida pelo Poder Judiciário no exame de constitucionalidade, direto (concentrado) ou incidental (difuso), da lei que as instituírem.

5.4.3 *Vencimentos* – *Vencimentos* (no plural) é espécie de remuneração e corresponde à soma do vencimento e das vantagens pecuniárias, constituindo a retribuição pecuniária devida ao servidor pelo exercício do cargo público. Assim, o *vencimento* (no singular) correspondente ao padrão do cargo público fixado em lei, e os *vencimentos* são representados pelo padrão do cargo (vencimento) acrescido dos demais componentes do sistema remuneratório do servidor público da Administração direta, autárquica e fundacional. Esses conceitos resultam, hoje, da própria Carta Magna, como se depreende do art. 39, § 1º, I, c/c o art. 37, X, XI, XII e XV.

Quando o legislador pretender restringir o conceito ao padrão do cargo do servidor, deverá empregar o vocábulo no singular – *vencimento*; quando quiser abranger também as vantagens conferidas ao servidor, deverá usar o termo no plural – *vencimentos*.

Os *vencimentos* – padrão e vantagens – só por lei específica (*reserva legal específica*) podem ser fixados ou alterados (art. 37, X), segundo as conveniências e possibilidades da Administração. A EC 19 manteve a irredutibilidade assegurada pela Constituição de 1988 e esclareceu que ela só se aplica ao subsídio e aos vencimentos (aqui empregado com o significado de remuneração) dos ocupantes de cargos públicos e empregos públicos. Todavia, restringindo a Constituição Federal de 1988, ressalvou que ela não se aplica nos casos previstos nos incs. XI e XIV do art. 37 e nos arts. 39,

§ 4º, 150, II, 153, III, e 153, § 2º, I (art. 37, XV), o que também é previsto para os magistrados, conselheiros dos Tribunais de Contas e membros do Ministério Público.

Vantagens irretiráveis do servidor só são as que já foram adquiridas pelo desempenho efetivo da função (*pro labore facto*) ou pelo transcurso do tempo de serviço (*ex facto temporis*); nunca, porém, as que dependem de um trabalho a ser feito (*pro labore faciendo*), ou de um serviço a ser prestado em determinadas condições (*ex facto officii*), ou em razão da anormalidade do serviço (*proper laborem*), ou, finalmente, em razão de condições individuais do servidor (*propter personam*).

Desde que sob o regime estatutário o Estado não firma contrato com seus servidores, mas para eles estabelece unilateralmente um regime de trabalho e de retribuição por via estatutária, lícito lhe é, a todo tempo, alterar esse regime jurídico e, assim, as condições de serviço e de pagamento, desde que o faça por lei, sem discriminações pessoais, visando às conveniências da Administração. Todavia, da alteração do regime jurídico não pode advir redução de remuneração, pois a garantia da irredutibilidade, acima referida, protege o montante dos ganhos.[153]

A *percepção de vencimentos* pelo exercício do cargo é a regra da Administração Brasileira, que desconhece cargo sem retribuição pecuniária. Pode haver *função gratuita*, como são as honoríficas e as de suplência, mas *cargo gratuito* é inadmissível na nossa organização administrativa. Diante deste princípio, resulta que todo aquele que for investido num cargo e o exercer como titular ou substituto tem direito ao vencimento respectivo, salvo, obviamente, quando a função do cargo for a de substituição. Daí por que a jurisprudência é uniforme e pacífica no reconhecer ao suplente que substitui o titular a retribuição correspondente ao exercício do cargo.[154] A mesma razão de direito impõe o pagamento da diferença[155] de vencimento entre a do cargo do substituído e a do substituto, mas a lei pode condicionar este pagamento a um período mínimo de substituição e a outros requisitos de eficiência.

O *aumento de subsídio e de vencimentos* – padrão e vantagens – dos servidores públicos depende de lei específica, observada a competência constitucional para a iniciativa privativa em cada caso (CF, art. 37, X). As-

153. STF, *RTJ* 138/324; RE 183.700, *DJU* 17.6.96; RE 205.481, *DJU* 13.4.99. No RE 255.792 decidiu-se que o aumento da jornada de trabalho de servidores públicos com a manutenção da remuneração configura violação ao princípio da irredutibilidade dos vencimentos. E no RE 414.014 o STF manteve adicional de inatividade já adquirido e extinto por lei posterior.

154. STF, *AJ* 109/374; TJSP, *RT* 235/241, 263/376, 264/229, 286/212, 289/256; TASP, *RT* 202/136, 234/282, 235/241, 247/447, 263/507.

155. STF, RE 419.737, *DJU* 10.8.2004.

sim, para os do Executivo a iniciativa é exclusiva de seu Chefe (CF, art. 61, § 1º, II, "a"). É uma restrição fundada na harmonia dos Poderes e no reconhecimento de que só o Executivo está em condições de saber quando e em que limites pode majorar a retribuição de seus servidores. Para não repetir a matéria, remetemos o leitor ao item 2.8 deste mesmo capítulo, onde, sob a epígrafe *Competência para organizar o serviço público*, já analisamos a privatividade da iniciativa do Executivo para os seus servidores e os limites do poder de emenda do Legislativo nessa matéria.

O *princípio da isonomia*, mesmo antes da Carta de 1988 – que, pelo § 1º do art. 39, modificado inteiramente pela EC 19, o havia determinado especificamente para os servidores civis –, já vinha sendo freqüentemente invocado para a equiparação de servidores não contemplados nas leis majoradoras de vencimentos ou concessivas de vantagens. Hoje, com a redação do § 1º do art. 39 dada pela EC 19, suprimindo o princípio da isonomia da seç. II – "Dos servidores civis" –, a questão é regulada pelo princípio geral da igualdade previsto no art. 5º da Carta. Dessa forma, mesmo com a EC 19 sua aplicação não pode ser afastada. Mas há de ser entendido e aplicado nos justos limites do mandamento igualitário.[156]

O que a Constituição assegura é a *igualdade jurídica*, ou seja, tratamento igual, aos especificamente iguais perante a lei. A igualdade genérica dos servidores públicos não os equipara em direitos e deveres e, por isso mesmo, não os iguala em vencimentos e vantagens. Genericamente, todos os servidores são iguais, mas pode haver diferenças específicas de função, de tempo de serviço, de condições de trabalho, de habilitação profissional e outras mais, que desigualem os genericamente iguais. Se assim não fosse, ficaria a Administração obrigada a dar os mesmos vencimentos e vantagens aos portadores de iguais títulos de habilitação, aos que desempenham o mesmo ofício, aos que realizam o mesmo serviço embora em cargos diferentes ou em circunstâncias diversas. Todavia, não é assim, porque cada servidor ou classe de servidor pode exercer as mesmas funções (*v.g.*, de médico, engenheiro, escriturário, porteiro etc.) em condições funcionais ou pessoais distintas, fazendo jus a retribuições diferentes, sem ofensa ao princípio isonômico. Até mesmo a organização da carreira, com escalonamento de classes para acesso sucessivo, com gradação crescente dos vencimentos, importa diferençar os servidores sem os desigualar perante a lei. É uma contingência da hierarquia e da seleção de valores humanos na escala dos servidores públicos.

O que o princípio da isonomia impõe é tratamento igual aos realmente iguais. A igualdade *nominal* não se confunde com a igualdade *real*. Cargos de igual denominação podem ser funcionalmente desiguais, em razão

156. Paulino Jacques, *Da Igualdade perante a Lei*, 1957, pp. 220 e ss.

das condições de trabalho de um e de outro; funções equivalentes podem diversificar-se pela qualidade ou pela intensidade do serviço ou, ainda, pela habilitação profissional dos que as realizam. A situação de fato é que dirá da identidade ou não entre cargos e funções nominalmente iguais.[157]

Há duas espécies de *aumento de vencimentos*: uma *genérica*, provocada pela alteração do poder aquisitivo da moeda, à qual poderíamos denominar *aumento impróprio*, por se tratar, na verdade, de um reajustamento destinado a manter o equilíbrio da situação financeira dos servidores públicos; e outra *específica*,[158] geralmente feita à margem da lei que concede o aumento geral, abrangendo determinados cargos ou classes funcionais e representando realmente uma elevação de vencimentos, por se fazer em índices não proporcionais ao do decréscimo do poder aquisitivo.

No tocante à primeira espécie, a parte final do inc. X do art. 37, na redação da EC 19, assegura "revisão geral anual, sempre na mesma data e sem distinção de índices", dos vencimentos e dos subsídios. A revisão já era prevista pela mesma norma na sua antiga redação, que, todavia, não a assegurava. Agora, no entanto, na medida em que o dispositivo diz que a revisão é "assegurada", trata-se de verdadeiro direito subjetivo do servidor e do agente político, a ser anualmente respeitado e atendido pelo emprego do índice que for adotado, o qual, à evidência, sob pena de fraude à Constituição e imoralidade, não pode deixar de assegurar a revisão. Tais considerações é que nos levaram a entender que, agora, a Constituição assegura a irredutibilidade *real*,[159] e não apenas *nominal*, da remuneração. Este aumento não obsta, como se verá a seguir, ao aumento impróprio.

A segunda espécie ocorre através das chamadas *reestruturações*, pelas quais se corrigem as distorções existentes no serviço público, tendo em vista a valorização profissional observada no setor empresarial, para que a Administração não fique impossibilitada de satisfazer suas necessidades de pessoal. A fim de facilitar a ação do Poder Público e evitar a descaracterização das reestruturações, anteriormente transformadas em verdadeiros aumentos gerais, pela reação em cadeia que provocavam relativamente aos vencimentos de cargos não abrangidos diretamente pela lei reestruturadora, foi que as Constituições, desde 1967, passaram a proibir a "vinculação ou equiparação de vencimentos, para o efeito de remuneração de pessoal do serviço público" (CF, art. 37, XIII).

157. STF, *RDA* 49/143; *RT* 97/811; TJDF, *RDA* 49/142, 56/173; TJSP, *RDA* 45/105; *RT* 242/193, 258/188, 284/278, 329/587.

158. O TJSP entendeu que índice diferenciado para os militares é "aumento específico" (*RJTJSP* 135/336). O STJ tem entendido da mesma forma (RMS 1.924-0-SP, *DJU* 24.5.93, e 2.873-1-DF, *DJU* 18.4.94).

159. O STF, Pleno, na ADI 2.061-7, consagrou esse entendimento (*DJU* 7.5.2001). Sobre "vale-refeição" e direito à reposição do poder aquisitivo, v. STF, RE 428.991.

Em qualquer das hipóteses – *aumento impróprio* e *reestruturação* – podem ocorrer injustiças, pela inobservância do *princípio da isonomia*, tal como explicado acima. Nesse caso, porém, somente a lei poderá corrigi-las, pois qualquer interferência do Judiciário nesta matéria constituiria usurpação de atribuições do Legislativo, consoante vêm decidindo reiteradamente nossos Tribunais e, finalmente, sumulou o STF, nestes termos: "Não cabe ao Poder Judiciário, que não tem função legislativa, aumentar vencimentos de servidores públicos sob fundamento de isonomia" (Súmula 339).[160]

A *natureza alimentar dos vencimentos* não permite sejam eles retidos pela Administração, nem admite arresto, seqüestro ou penhora, consoante dispõe o art. 649, IV, do CPC, a que fazem remissão os arts. 821 e 823 do mesmo diploma legal, relativamente ao arresto e ao seqüestro.[161] Todavia, as prestações alimentícias devidas pelo servidor público são descontáveis em folha (CPC, art. 734).

O *desconto em folha de pagamento* é forma administrativa usual para a retenção de contribuições de previdência, de imposto de renda, de quantias pagas indevidamente aos servidores,[162] de empréstimos contraídos no serviço, de aquisições ou consumações feitas na própria repartição ou por seu intermédio.[163] Essa modalidade de desconto é legítima quando realizada na forma e limites previstos no estatuto respectivo e não houver dúvida sobre a quantia a ser reposta. Se, porém, ocorrer divergência sobre o *quantum* a descontar ou sobre a legalidade do ato que determinou a restituição, já não poderá a Administração efetivar os descontos a que se opõe o servidor.[164] Em tal hipótese, somente após a solução definitiva da controvérsia é que se

160. V. STF, *RT* 669/227.

161. Como os vencimentos têm natureza alimentar, ficam sujeitos a correção monetária quando pagos com atraso, mesmo na esfera administrativa (STF, *RTJ* 117/1.336; RE 134.230, *DJU* 16.8.91, Ag. 137.517-5-DF, *DJU* 4.9.91, e RE 148.472-SP, *DJU* 31.8.92; STJ, REsp 190-PR e 7.967-SP; *RJTJSP* 118/110). "Não ofende a Constituição Federal a correção monetária no pagamento com atraso dos vencimentos dos servidores" (STF, Súmula 682).

162. No STF é pacífico o entendimento de que não cabe restituir os valores recebidos de boa-fé e por causa de errônea interpretação ou má aplicação da lei pela Administração ou mesmo pelo Judiciário (Pleno, MS 26.085). No STJ também: REsp 651.081, AI 737.930, com precedentes, e REsp 824.617. Idem AGU, Súmula 34: "Não estão sujeitos à repetição os valores recebidos de boa-fé pelo servidor público, em decorrência de errônea ou inadequada interpretação da lei por parte da Administração Pública". Mas o STJ deu como cabível o desconto de valores indevidamente recebidos por força de decisão liminar, desde que observados o contraditório e o limite máximo de descontos previsto na lei do servidor (REsp 467.599).

163. A Lei 10.820, de 17.12.2003, art. 1º, permitiu aos empregados sob o regime da CLT autorizar, de forma irrevogável, o desconto em folha de pagamento, e até em verbas rescisórias, dos valores referentes aos pagamentos de prestações de empréstimos, financiamentos e operações de arrendamento mercantil concedidos por instituições financeiras e sociedades de arrendamento mercantil, quando previsto nos respectivos contratos. Igual medida pode ser tomada pelos beneficiários de aposentadorias e pensões perante o INSS (art. 6º).

164. TJSP, *RT* 317/309; TASP, *RDA* 61/122; *RT* 304/639.

iniciará o desconto em folha, nas condições constantes do estatuto ou de leis especiais, assegurado o direito de defesa.[165] Os vencimentos ou vantagens percebidos em virtude de medida liminar obtida em mandado de segurança ficam sujeitos a reposição, mediante desconto em folha, caso a liminar seja cassada ou a segurança denegada.[166]

Em julgado exemplar, o TSE entendeu que o desconto em folha de contribuição para partido político discrepa do arcabouço normativo em vigor.[167]

A *prescrição de vencimentos e vantagens* consuma-se em cinco anos (Dec. federal 20.910, de 6.1.32) e sua interrupção só poderá ser feita uma vez, recomeçando o prazo a correr pela metade (Dec.-lei 4.597, de 19.8.42). Suspende-se, entretanto, a prescrição durante o tempo em que a Administração permanecer estudando o recurso ou a reclamação do servidor (Lei 5.761, de 25.6.30). Como se trata de débito vencível mês a mês, a prescrição só atinge os vencimentos e vantagens anteriores ao qüinqüênio.[168] Observe-se que a irredutibilidade dos vencimentos dos servidores públicos não tem o condão de torná-los imprescritíveis, uma vez que a perda da ação pela inércia do seu titular não se confunde com a garantia constitucional que os tornou irredutíveis.[169]

5.4.4 *Vantagens pecuniárias* – Já vimos que os servidores públicos, quando não remunerados por subsídio, podem ser estipendiados por meio de *vencimento*. Além dessa retribuição estipendiária podem, ainda, receber outras parcelas em dinheiro, constituídas pelas *vantagens pecuniárias* a que fizerem jus, na conformidade das leis que as estabelecem. Neste tópico veremos a natureza e efeitos das *vantagens pecuniárias*, bem como as espécies e modalidades em que geralmente se repartem.[170]

Vantagens pecuniárias são acréscimos ao *vencimento* do servidor, concedidas a título definitivo ou transitório, pela decorrência do tempo de ser-

165. STF, *RTJ* 173/1.003.

166. Devidamente corrigidas (STF, *RDA* 68/164, e Parecer GQ-161, da AGU, *DOU* 9.11.1998). Segundo o Parecer AGU/LS-03/2000, tal desconto não pode exceder a 10% da remuneração.

167. Consulta 1.135-DF, *DJU* de 25.7.2005.

168. V. Antônio Cézar Peluso, "Prescrição e funcionalismo público", *RT* 664/22; STF, *RTJ* 8/162, 56/167; TJSP, *RT* 299/286. STJ, REsp 1.112.114 (com natureza de recurso repetitivo – art. 543 do CPC): ".O ato administrativo que reconhece a existência de dívida interrompe a contagem do prazo prescricional, recomeçando este a fluir apenas a partir do último ato do processo que causou a interrupção". Na Pet. 7.154, sobre prescrição de ações relativas a diferenças em proventos de servidores públicos, a 3ª Seção reafirmou entendimento no sentido de que a prescrição qüinqüenal abrange apenas as parcelas anteriores a tal prazo.

169. TJSP, *RT* 168/299, 286/271.

170. O regime jurídico único dos servidores federais prevê as seguintes vantagens pecuniárias: indenizações (ajuda de custo, diárias e transporte), gratificações e adicionais (Lei 8.112/90, arts. 49, 51 e 61).

viço (*ex facto temporis*), ou pelo desempenho de funções especiais (*ex facto officii*), ou em razão das condições anormais em que se realiza o serviço (*propter laborem*), ou, finalmente, em razão de condições pessoais do servidor (*propter personam*). As duas primeiras espécies constituem os *adicionais* (*adicionais de vencimento* e *adicionais de função*), as duas últimas formam a categoria das *gratificações* (*gratificações de serviço* e *gratificações pessoais*). Todas elas são espécies do gênero *retribuição pecuniária*, mas se apresentam com características próprias e efeitos peculiares em relação ao beneficiário e à Administração, constituindo os "demais componentes do sistema remuneratório" referidos pelo art. 39, § 1º, da CF. Somadas ao *vencimento* (padrão do cargo), resultam nos *vencimentos*, modalidade de remuneração.

Certas vantagens pecuniárias incorporam-se automaticamente ao vencimento (*v.g.*, por tempo de serviço) e o acompanham em todas as suas mutações, inclusive quando se converte em proventos da inatividade (vantagens pessoais subjetivas); outras apenas são pagas com o vencimento, mas dele se desprendem quando cessa a atividade do servidor (vantagens de função ou de serviço); outras independem do exercício do cargo ou da função, bastando a existência da relação funcional entre o servidor e a Administração (*v.g.*, salário-família), e, por isso, podem ser auferidas mesmo na disponibilidade e na aposentadoria, desde que subsista o fato ou a situação que as gera (vantagens pessoais objetivas).

Em razão do art. 37, XIV, da CF, com a redação da EC 19, os acréscimos pecuniários percebidos pelo servidor não serão computados nem acumulados para fim de concessão de acréscimos posteriores. Não podem, pois, incidir um sobre o outro. Não há confundir *acumulação de cargos* com *acumulação de vantagens* de um mesmo cargo, ou de cargos diversos constitucionalmente acumuláveis. Desde que ocorra o motivo gerador da vantagem, nada impede sua acumulação, se duplicadas forem as situações que a ensejam. Outra observação que se impõe é a de que a concessão das *vantagens pecuniárias* só por lei pode ser feita, e por lei cuja iniciativa deve observar os preceitos constitucionais dos arts. 61, § 1º, II, "a", e 63, I.

As vantagens pecuniárias podem ser concedidas tendo-se em vista unicamente o tempo de serviço, como podem ficar condicionadas a determinados requisitos de duração, modo e forma da prestação de serviço (vantagens modais ou condicionais). As primeiras tornam-se devidas *desde logo e para sempre* com o só exercício do cargo pelo tempo fixado em lei; as últimas (modais ou condicionais) exigem, além do exercício do cargo, a ocorrência de certas situações, ou o preenchimento de determinadas condições ou encargos estabelecidos pela Administração. Exemplo típico de vantagens dependentes apenas do tempo de serviço são os adicionais por biênio, triênio, qüinqüênio etc.; exemplos de vantagens condicionais ou modais temo-los nos adicionais de tempo integral, de dedicação plena e de nível universitário, como, também, nas gratificações por risco de vida e saúde, no salário-família, na licença-prêmio conversível em pecúnia e outras dessa espécie.

O que convém fixar é que as vantagens por tempo de serviço integram-se automaticamente no padrão de vencimento, desde que consumado o tempo estabelecido em lei, ao passo que as vantagens condicionais ou modais, mesmo que auferidas por longo tempo em razão do preenchimento dos requisitos exigidos para sua percepção, não se incorporam ao vencimento, a não ser quando essa integração for determinada por lei.[171] E a razão dessa diferença de tratamento está em que as primeiras (por tempo de serviço) são vantagens pelo trabalho já feito (*pro labore facto*), ao passo que as outras (condicionais ou modais) são vantagens pelo trabalho que está sendo feito (*pro labore faciendo*), ou, por outras palavras, são *adicionais de função* (*ex facto officii*), ou são *gratificações de serviço* (*propter laborem*),[172] ou, finalmente, são *gratificações em razão de condições pessoais do servidor* (*propter personam*). Daí por que quando cessa o trabalho, ou quando desaparece o fato ou a situação que lhes dá causa, deve cessar o pagamento de tais vantagens, sejam elas *adicionais de função*, *gratificações de serviço* ou *gratificações em razão das condições pessoais do servidor*.

Além dessas vantagens, que encontram justificativa em fatos ou situações de interesse administrativo, por relacionadas direta ou indiretamente com a prestação do serviço ou com a situação do servidor, as Administrações têm concedido *vantagens anômalas*, que refogem completamente dos princípios jurídicos e da orientação técnica que devem nortear a retribuição do servidor. Estas *vantagens anômalas* não se enquadram quer como *adicionais*, quer como *gratificações*, pois não têm a natureza administrativa de nenhum destes acréscimos estipendiários, apresentando-se como *liberalidades ilegítimas* que o legislador faz à custa do erário, com o só propósito de cortejar o servidor público.

A legislação federal, estadual e municipal apresenta-se com lamentável falta de técnica e sistematização na denominação das *vantagens pecuniárias* de seus servidores, confundindo e baralhando *adicionais* com *gratificações*, o que vem dificultando ao Executivo e ao Judiciário o reconhecimento dos

171. "Dada a garantia de irredutibilidade da alteração do regime legal de cálculo" da vantagem incorporada, não poderá "jamais ocorrer diminuição do quanto já percebido conforme o regime anterior, não obstante a ausência de direito adquirido à sua preservação" (*RTJ* 177/72). Constitui o instituto denominado de "estabilidade financeira", que não caracteriza a vinculação vetada pela Constituição Federal (STF, RE 141.788 e AI 228.388-7, *DJU* 11.11.98).

172. V., precedentemente, a distinção entre *cargo* e *função*, e não se confunda, também, *função* e *serviço*. Enquanto a *função* é o conjunto de atribuições decorrentes de um cargo, ou estabelecidas independentemente de cargo, o *serviço* é a atividade realizada pelo servidor. Dessa distinção entre função e serviço é que surge a diferença entre vantagens de função (adicionais) e vantagens de serviço (gratificações).

direitos de seus beneficiários. Essa imprecisão conceitual é que responde pela hesitação da jurisprudência, pois que em cada estatuto, em cada lei, em cada decreto, a nomenclatura é diversa e, não raro, errônea, designando uma vantagem com o *nomen juris* da outra.[173] Urge, portanto, a adoção da terminologia certa e própria do Direito Administrativo, para unidade de doutrina e exata compreensão da natureza, extensão e efeitos das diferentes vantagens pecuniárias que a Administração concede aos seus servidores.

Feitas essas considerações de ordem geral sobre o gênero *vantagens pecuniárias*, vejamos as suas espécies, isto é, os *adicionais* e as *gratificações* e suas várias modalidades.

5.4.4.1 Adicionais: são vantagens pecuniárias que a Administração concede aos servidores em razão do tempo de exercício (*adicional de tempo de serviço*) ou em face da natureza peculiar da função, que exige conhecimentos especializados ou um regime próprio de trabalho (*adicionais de função*). Os adicionais destinam-se a melhor retribuir os exercentes de funções técnicas, científicas e didáticas, ou a recompensar os que se mantiveram por longo tempo no exercício do cargo. O que caracteriza o *adicional* e o distingue da *gratificação* é o ser aquele uma recompensa ao tempo de serviço do servidor, ou uma retribuição pelo desempenho de *funções* especiais que refogem da rotina burocrática, e esta, uma compensação por *serviços* comuns executados em condições anormais para o servidor, ou uma ajuda pessoal em face de certas situações que agravam o orçamento do servidor. O *adicional* relaciona-se com o *tempo* ou com a *função*; a *gratificação* relaciona-se com o *serviço* ou com o *servidor*. O *adicional*, em princípio, adere ao vencimento e, por isso, tem caráter permanente; a *gratificação* é autônoma e contingente. Ambos, porém, podem ser suprimidos para o futuro.

Fixada a distinção conceitual entre *adicional* e *gratificação*, vejamos as modalidades ou subespécies de *adicionais* (*de tempo de serviço* e *de função*) para, após, examinarmos as *gratificações* e suas variantes, encontradiças na prática administrativa.

Adicional por tempo de serviço é o acréscimo pecuniário que se adita definitivamente ao padrão do cargo em razão exclusiva do tempo de exer-

173. Os estatutos e as leis especiais freqüentemente confundem *gratificações* com *adicionais*. Sempre que se cria um *adicional* o legislador o coloca no rol das *gratificações*, sem atentar para sua verdadeira natureza jurídica, como está ocorrendo com os *adicionais de tempo de serviço*, *de dedicação plena* e *de nível universitário*, mal-rotulados como *gratificações*. Por outro lado, algumas *gratificações verdadeiras* são consideradas como *vantagens autônomas* (*v.g.*, as *diárias* e a *ajuda de custo*), ou são colocadas como *adicionais de função* (*v.g.*, a denominada *função gratificada*). Dessa confusão conceitual entre *gratificação* e *adicional* resulta o caos administrativo que se observa no capítulo das vantagens pecuniárias. O regime jurídico dos servidores federais prevê as seguintes vantagens: indenizações (ajuda de custo, diárias e transportes), gratificações e adicionais (Lei 8.112/90, arts. 49, 51 e 61).

cício estabelecido em lei para o auferimento da vantagem. É um adicional *ex facto temporis*, resultante de serviço já prestado – *pro labore facto*. Daí por que se incorpora automaticamente ao vencimento e o acompanha na disponibilidade e na aposentadoria.

Este adicional adere[174] ao vencimento para todos os efeitos legais, salvo "para fins de concessão de acréscimos ulteriores" (CF, art. 37, XIV), pois a regra é sua vinculação ao padrão de vencimento do beneficiário. E é irretirável do funcionário precisamente porque representa uma contraprestação de serviço já feito. É uma vantagem pessoal, um direito adquirido para o futuro. Sua *conditio juris* é apenas e tão-somente o tempo de serviço já prestado, sem se exigir qualquer outro requisito da função ou do servidor.

O adicional por tempo de serviço tem origem remota em nossa Administração, pois vem da Lei de 14.10.1827, interpretada pelo Aviso Imperial 35, de 10.2.1854, onde se lê que tal vantagem "tem em vista remunerar serviços já prestados; sendo de natureza mui diversa das gratificações que se concedem em vista de serviços prestados na atualidade".[175] De lá para cá esse adicional generalizou-se nas Administrações e se estendeu a quase todas as categorias de servidores das repartições centralizadas e das entidades autárquicas. E é louvável sua adoção, pelo sentido de justiça que tal acréscimo apresenta para aqueles que há mais tempo se dedicam ao serviço público, e nos quais se presume maior experiência e mais eficiência no desempenho de suas funções, o que justifica o acréscimo estipendiário, sem correr os azares de uma eventual promoção.

O adicional em exame tanto pode ser calculado percentualmente sobre o padrão de vencimento atual do servidor como pode a lei indicar outro índice ou, mesmo, instituí-lo em quantia fixa, igual para todos, ou progressiva em relação aos estipêndios. Sua adoção fica inteiramente a critério e escolha da Administração, que poderá concedê-lo, modificá-lo ou extingui-lo a qualquer tempo, desde que o faça por lei e respeite as situações jurídicas anteriores, definitivamente constituídas em favor dos servidores que já completaram o tempo necessário para a obtenção da vantagem.

O *adicional de função* apresenta-se como vantagem pecuniária *ex facto officii*, ligada a determinados cargos ou funções que, para serem bem desempenhados, exigem um regime especial de trabalho, uma particular dedicação ou uma especial habilitação de seus titulares. Ocorrendo qualquer dessas hipóteses, em que o serviço refoge da rotina burocrática, por seu caráter técnico, didático ou científico, passando a exigir maior jornada de

174. O STF, com base no art. 37, XIV, da CF, decidiu ser impossível o acúmulo do adicional bienal com o qüinqüenal (*RTJ* 181/605).

175. *Coleção de Leis do Império*, v. de 1854, p. 33.

trabalho, maior atenção do servidor ou maior especialização profissional, a Administração recompensa pecuniariamente os funcionários que o realizam, pagando-lhes um *adicional de função* enquanto desempenham o cargo nas condições estabelecidas pelo Poder Público.

Nesta categoria entram os adicionais de *tempo integral*, de *dedicação plena* e *nível universitário*.

Todo *adicional de função* é, por natureza, vantagem pecuniária *pro labore faciendo*, de auferimento condicionado à efetiva prestação do serviço nas condições estabelecidas pela Administração. Daí por que não se incorpora automaticamente ao vencimento, mas deve integrá-lo para efeitos de disponibilidade ou aposentadoria se no momento da passagem para a inatividade remunerada o funcionário estava exercendo o cargo ou a função com o período de carência consumado. Nem seria justo e jurídico que a Administração se beneficiasse durante todo o tempo de atividade do servidor com as vantagens da exclusividade de seu trabalho e de sua profissão e ao pô-lo em disponibilidade, ou ao conceder-lhe a aposentadoria, passasse a desconhecer o regime especial em que trabalhou e o diploma universitário que apresentou para ter acesso ao cargo ou à função.

Comumente, o estatuto estabelece um período de carência para que o *adicional de função* se incorpore ao vencimento, cautela muito conveniente, a fim de que a Administração obtenha uma relativa continuidade nos trabalhos empreendidos por seus técnicos, professores e pesquisadores e, por outro lado, para que o acréscimo estipendiário não venha a integrar o vencimento dos inconstantes no serviço, nem se preste à majoração de proventos daqueles que às vésperas da aposentadoria ingressem no regime de tempo integral ou no de dedicação plena ou passem a exercer cargos ou funções de nível universitário.

O *adicional de tempo integral* advém do regime de *full-time* norte-americano[176] e só recentemente foi adotado pela Administração Brasileira. O estatuto federal facultava o estabelecimento deste regime de trabalho "para os cargos ou funções indicados em lei" (Lei 1.711/52, art. 244). A subseqüente Lei 3.780, de 12.7.60, permitia sua adoção pelo servidor que exercesse atividades técnico-científicas, de magistério ou pesquisa, satisfeitas as exigências regulamentares, declarando-o incompatível com o exercício cumulativo de cargos, empregos ou funções, bem como de qualquer outra atividade pública ou privada (art. 49 e §§).

176. O regime de *full-time*, correspondente ao nosso *tempo integral*, surgiu nos EUA em 1914, na Universidade de Princeton, diante da necessidade de serviços prolongados e contínuos nas pesquisas científicas, e dali se propagou a toda a Administração Pública. Entre nós, o *regime de tempo integral* também se iniciou nas Universidades e se estendeu a todo o serviço público. Atualmente há uma diversificação de regimes de trabalho, tais como *regime de tempo completo*, *regime de jornada completa*, *regime de dedicação exclusiva*, *regime de tempo parcial*.

Posteriormente, as Leis 4.345, de 26.6.64, e 3.863, de 29.11.65, estabeleceram novas regras para esse adicional, especificando os casos em que poderia ser adotado. Atualmente, o regime jurídico dos servidores públicos civis da União[177] não prevê esse adicional.

As esferas públicas estaduais e municipais podem ou não adotar esse regime, variando na percentagem do adicional e em minúcias para sua concessão. O adicional de tempo integral é, assim, uma vantagem pecuniária *ex facto officii*, privativo de certas atividades (comumente de Magistério e Pesquisa) e condicionado a determinados requisitos regulamentares. Não é um acréscimo por tempo de serviço, como à primeira vista pode parecer; é um *típico adicional de função*, auferível em razão do serviço técnico ou científico a ser prestado (*pro labore faciendo*) nas condições estabelecidas pela Administração. A ampliação da jornada de trabalho entra, tão-somente, como pressuposto do regime, e não como causa da vantagem pecuniária, a qual assenta, precipuamente, na realização de certas atividades que exigem maior assistência do funcionário, que há de ficar integralmente à disposição da Administração, e somente dela. O que caracteriza o regime de tempo integral é o fato de o servidor só poder exercer uma função ou um cargo público, sendo-lhe vedado realizar qualquer outra atividade profissional particular ou pública. Nesse regime a regra é *um emprego e um só empregador*, diversamente do que ocorre no regime de dedicação plena, em que o servidor pode ter mais de um emprego e mais de um empregador, desde que diversos da função pública a que se dedica precipuamente.

Como *adicional de função*, o acréscimo de tempo integral não deve ser estendido, indiscriminadamente, a cargos e funções de atividades meramente burocráticas, porque isto importa desvirtuar o regime e anular sua finalidade, convertendo-o num simples meio de majoração de vencimento, quando seu objetivo institucional é o de aprimorar o trabalho técnico e incrementar a investigação científica e a formação de pesquisadores, necessários ao desenvolvimento do País. Por idêntica razão, este adicional não deve ser instituído como vantagem pessoal pura, sem condições de melhoria do serviço e sem prazo de carência para se incorporar ao vencimento.

O *adicional de dedicação plena* tem natureza similar à do de *tempo integral*, visto que ambos resultam de regimes especiais de trabalho, exigidos por determinadas atividades do Magistério e Pesquisa, próprias das Universidades e Institutos científicos.

A diferença entre o regime de *tempo integral* e o de *dedicação plena* está em que naquele o servidor só pode trabalhar no cargo ou na função que exerce para a Administração, sendo-lhe vedado o desempenho de qual-

177. Lei federal 8.112, de 11.12.90, arts. 49 a 75.

quer outra atividade profissional pública ou particular, ao passo que neste (regime de dedicação plena) o servidor trabalhará na atividade profissional de seu cargo ou de sua função exclusivamente para a Administração, mas poderá desempenhar atividade diversa da de seu cargo ou de sua função em qualquer outro emprego particular ou público, desde que compatível com o da dedicação plena. No regime de tempo integral o servidor só poderá ter um emprego; no de dedicação plena poderá ter mais de um, desde que não desempenhe a atividade correspondente à sua função pública exercida neste regime. Exemplificando: o professor em regime de tempo integral só poderá exercer as atividades do cargo e nenhuma outra atividade profissional pública ou particular; o advogado em regime de dedicação plena só poderá exercer a Advocacia para a Administração da qual é servidor, mas poderá desempenhar a atividade de Magistério ou qualquer outra para a Administração (acumulação de cargos) ou para particulares.

Trabalhando em *regime de dedicação plena* o servidor fará jus ao *adicional de função* estabelecido em lei, como compensação pelas restrições do cargo. Este regime só se justifica para aqueles serviços que exigem demorados estudos e pacientes trabalhos técnicos que nem sempre podem ser feitos nas repartições, requerendo do funcionário a preparação ou a complementação em casa ou, mesmo, em biblioteca e locais diversos do da sede do serviço. O adicional de dedicação plena não se incorpora imediatamente ao vencimento, dependendo do transcurso de período de carência que a Administração estabelecer.

O *adicional de nível universitário* é um típico *adicional de função* (*ex facto officii*), decorrente do caráter técnico de certas atividades da Administração, que exigem conhecimentos especializadas para serem bem realizadas. Por sua natureza, deve incorporar-se ao vencimento, mas essa integração tem sido evitada pela legislação pertinente das três esferas administrativas, que o classificam, equivocadamente, como "gratificação".

Desde que a finalidade institucional deste adicional é propiciar melhor remuneração aos profissionais diplomados em curso superior, de cuja habilitação se presume a maior perfeição técnica de seu trabalho, não se justifica sua extensão a servidores leigos, embora exercendo funções especializadas ou ocupando cargos reservados a titulares de nível universitário. A ampliação dessa vantagem aos *não diplomados*, sobre ser um contra-senso, prejudicaria os objetivos que a Administração teve em vista quando a destinou unicamente aos *diplomados em curso superior*, excluindo de seus benefícios até mesmo os habilitados em cursos de grau médio.

Finalmente, é de se observar que não basta seja o servidor titular de diploma de curso superior para o auferimento da vantagem de nível universitário; é necessário que esteja desempenhando função ou exercendo cargo para o qual se exige o diploma de que é portador. O que a Administração remunera não é a habilitação universitária em si mesma; é o trabalho profissional realizado em decorrência dessa habilitação, e da qual se presume maior perfeição técnica e melhor rendimento administrativo.

5.4.4.2 Gratificações: são vantagens pecuniárias atribuídas precariamente aos servidores que estão prestando serviços comuns da função em condições anormais de segurança, salubridade ou onerosidade (*gratificações de serviço*), ou concedidas como ajuda aos servidores que reúnam as condições pessoais que a lei especifica (*gratificações especiais*). As gratificações – de serviço ou pessoais – não são liberalidades puras da Administração; são vantagens pecuniárias concedidas por recíproco interesse do serviço e do servidor, mas sempre vantagens transitórias, que não se incorporam automaticamente ao vencimento, nem geram direito subjetivo à continuidade de sua percepção. Na feliz expressão de Mendes de Almeida, "são partes contingentes, isto é, partes que jamais se incorporam aos proventos, porque pagas episodicamente ou em razão de circunstâncias momentâneas".[178]

Como já vimos precedentemente, as *gratificações* distinguem-se dos *adicionais* porque estes se destinam a compensar encargos decorrentes de funções especiais, que se apartam da atividade administrativa ordinária, e aquelas – as gratificações – visam a compensar riscos ou ônus de serviços comuns realizados em condições extraordinárias, tais como os trabalhos executados em perigo de vida e saúde, ou no período noturno, ou além do expediente normal da repartição, ou fora da sede etc. As *gratificações* são concedidas em razão das condições excepcionais em que está sendo prestado um serviço comum (*propter laborem*) ou em face de situações individuais do servidor (*propter personam*), diversamente dos *adicionais*, que são atribuídos em face do tempo de serviço (*ex facto officii*). Não há confundir, portanto, *gratificação* com *adicional*, pois são vantagens pecuniárias distintas, com finalidades diversas, concedidas por motivos diferentes. A gratificação é retribuição de um serviço comum prestado em condições especiais; o adicional é retribuição de uma função especial exercida em condições comuns. Daí por que a gratificação é, por índole, vantagem transitória e contingente e o adicional é, por natureza, permanente e perene.[179]

Em última análise, a gratificação não é vantagem inerente ao cargo ou à função, sendo concedida em face das condições excepcionais do serviço ou do servidor.[180]

178. Fernando Henrique Mendes de Almeida, *Noções de Direito Administrativo*, 1956, p. 183.

179. Na Lei federal 8.112/90 algumas gratificações são chamadas de adicionais, como, p. ex., os adicionais previstos no art. 61, IV e V. E a ajuda de custo e as diárias, como já mencionado, são consideradas indenizações (art. 51).

180. TASP, *RT* 302/525.

Feitas essas considerações preliminares sobre as *gratificações*, vejamos as duas modalidades em que se apresentam na Administração Pública: *gratificação de serviço* e *gratificação pessoal*.

Gratificação de serviço (*propter laborem*) é aquela que a Administração institui para recompensar riscos ou ônus decorrentes de trabalhos normais executados em condições anormais de perigo ou de encargos para o servidor, tais como os serviços realizados com risco de vida e saúde ou prestados fora do expediente, da sede ou das atribuições ordinárias do cargo. O que caracteriza essa modalidade de gratificação é sua vinculação a um serviço comum, executado em condições excepcionais para o funcionário, ou a uma situação normal do serviço mas que acarreta despesas extraordinárias para o servidor. Nessa categoria de gratificações entram, dentre outras, as que a Administração paga pelos trabalhos realizados com risco de vida e saúde; pelos serviços extraordinários; pelo exercício do Magistério; pela representação de gabinete; pelo exercício em determinadas zonas ou locais; pela execução de trabalho técnico ou científico não decorrente do cargo; pela participação em banca examinadora ou comissão de estudo ou de concurso; pela transferência de sede[181] (*ajuda de custo*); pela prestação de serviço fora da sede (*diárias*).

Essas gratificações só devem ser percebidas enquanto o servidor está prestando o serviço que as enseja, porque são retribuições pecuniárias *pro labore faciendo* e *propter laborem*. Cessado o trabalho que lhes dá causa ou desaparecidos os motivos excepcionais e transitórios que as justificam, extingue-se a razão de seu pagamento. Daí por que não se incorporam automaticamente ao vencimento, nem são auferidas na disponibilidade e na aposentadoria, salvo quando a lei expressamente o determina, por liberalidade do legislador.

Dentre as *gratificações de serviço* merece algumas considerações, por sua novidade e generalidade no serviço público, a que se paga aos servidores que executam trabalho com *risco de vida ou saúde*.

A *gratificação por risco de vida ou saúde* é uma vantagem pecuniária vinculada diretamente às condições especiais de execução do serviço. Não é uma retribuição genérica pela função desempenhada pelo servidor; é uma compensação específica pelo trabalho realizado em condições potencialmente nocivas para o servidor. O que se compensa com esta gratificação é o *risco*, ou seja, a possibilidade de dano à vida ou à saúde daqueles que executam determinados trabalhos classificados pela Administração como

181. Com a interpretação conforme dada pelo STF na ADI 3.324 (*Informativo STF* 374), em razão de remoção ou transferência de ofício, o art. 1º da Lei 9.536/97 assegura o direito do servidor, ou seus dependentes, de se matricular em instituição pública, se pública for a de origem, e em instituição privada, se for egresso de instituição privada.

perigosos. Daí por que tal gratificação só é auferível enquanto o servidor estiver executando o trabalho beneficiado com essa vantagem.

Essa gratificação só pode ser instituída por lei, mas cabe ao Executivo especificar, por decreto, quais os serviços e os servidores que irão auferi-la. Não será o servidor, nem o Judiciário, que dirá se ocorre o risco gratificável, porque o conceito de *risco*, para fins de vantagem pecuniária, não é técnico, nem jurídico: é meramente administrativo. O risco só existe, para efeito de gratificação, onde a Administração o admitir, e cessará quando ela o considerar inexistente. Por esse motivo, a gratificação por risco de vida ou saúde pode ser suprimida, ampliada ou restringida a todo tempo, sem ofensa a direito dos que a estavam percebendo.[182]

Por outro lado, o Executivo não pode estender essa vantagem a serviços e servidores que não satisfaçam os pressupostos legais para seu auferimento, porque, como bem decidiu o STF, isto importaria majoração de vencimentos por decreto, o que é inadmissível para o serviço público de qualquer das entidades estatais.[183]

Observe-se, finalmente, que a gratificação por risco de vida ou saúde não cobre o dano efetivo que o servidor venha a suportar no serviço. Esta gratificação visa a compensar, apenas, a *possibilidade de dano*, vale dizer, o risco em si mesmo, e não a morte, a doença ou a lesão ocasionada pelo trabalho. Se nada ocorrer ao servidor durante o serviço, cessado este, deve cessar a gratificação, por afastada a potencialidade do dano, que é o risco.[184] Assim, todavia, não tem sido entendido pela jurisprudência, que vem considerando a gratificação incorporada ao vencimento e integrante dos proventos da aposentadoria.[185] Não podemos abonar esse entender, contrário à natureza e à finalidade da vantagem em exame, que é uma *gratificação de serviço*, e não um componente do padrão de vencimento, que deva acompanhá-lo na inatividade.

Gratificação pessoal, ou, mais precisamente, *gratificação em razão de condições pessoais do servidor* (*propter personam*), é toda aquela que se concede em face de fatos ou situações individuais do servidor, tais como a existência de filhos menores ou dependentes incapacitados para o trabalho (*salário-família*) e outras circunstâncias peculiares do benefício. Tais gratificações não decorrem de tempo de serviço, nem do desempenho de determinada função, nem da execução de trabalhos especiais, mas, sim, da ocorrência de fatos ou situações individuais ou familiares previstas em lei.

182. STF, *RTJ* 6/628; *RDA* 54/209; TASP, *RDA* 58/106; *RT* 325/449.

183. STF, *RDA* 52/158.

184. TASP, *RT* 302/525.

185. TASP, *RDA* 63/104, 65/114, 69/149; *RT* 317/492. Contra: STF, *RTJ* 6/628; TJSC, *RT* 415/340.

Daí por que podem ser auferidas independentemente do exercício do cargo, bastando que persista a relação de emprego entre o beneficiário e a Administração, como ocorre com os que se encontram em disponibilidade ou na aposentadoria.

O *salário-família* é uma típica *gratificação pessoal*, pois é concedido aos servidores em exercício ou em inatividade, desde que apresentem as condições familiares estabelecidas na lei respectiva. Essa gratificação não deflui do serviço público, nem lhe é privativa, mas encontra justificativa no interesse do Estado em amparar os servidores que tenham maiores encargos pessoais para a manutenção de filhos menores ou de dependentes incapacitados para o trabalho. É assegurado aos servidores de baixa renda nos termos da lei (arts. 7º, 39, § 3º, e 142, § 3º, VIII, da CF, com as redações das EC 18, 19 e 20). Essa lei é de caráter nacional. Enquanto não editada, o salário-família assim como o auxílio-reclusão somente serão concedidos àqueles que tenham renda bruta mensal igual ou inferior a R$ 360,00 (na data da promulgação da EC 20, de 15.12.1998), corrigidos, até a publicação da referida lei, pelos mesmos índices aplicados aos benefícios do regime geral de previdência social), consoante determinado pelo art. 13 da referida EC 20.

Com essas vantagens pecuniárias a Administração atende à recomendação constitucional para que se dê à família especial proteção do Estado (CF, art. 226). Não se incorporam à remuneração, mas devem ser auferidas também na disponibilidade, na aposentadoria e na pensão enquanto subsistirem as condições legais para sua percepção.

Desde que o *salário-família* não integra o vencimento, sobre esta gratificação não devem incidir os adicionais de tempo de serviço ou de função, nem as gratificações de serviço, os quais terão para base de cálculo o padrão do cargo, se de outra forma não dispuser a lei.

A Constituição de 1988 acrescentou dentre os direitos dos servidores públicos e aos militares, a *licença-gestante* e a *licença-paternidade* (arts. 39, § 3º, e 142, § 3º, VIII), as quais, embora não sejam tipicamente vantagens pecuniárias, assumem esse caráter, por serem remunerados os períodos de afastamento do trabalho.

5.4.5 *Indenizações* – São previstas em lei e destinam-se a indenizar o servidor por gastos em razão da função. Seus valores podem ser fixados em lei ou em decreto, se aquela permitir. Tendo natureza jurídica indenizatória, não se incorporam à remuneração,[186] não repercutem no cálculo dos benefícios previdenciários e não estão sujeitas ao imposto de renda. Normalmente, recebem as seguintes denominações: *ajuda de custo* – destina-se a

186. Nesse sentido: STF, RE 228.083-RS e RE 277.766-8, sobre *vale-alimentação*.

compensar as despesas de instalação em nova sede de serviço, pressupondo mudança de domicílio em caráter permanente; *diárias* – indenizam as despesas com passagem e/ou estadia em razão de prestação de serviço em outra sede e em caráter eventual; *auxílio-transporte* – destina-se ao custeio total ou parcial das despesas realizadas pelo servidor com transporte coletivo nos deslocamentos de sua residência para o trabalho e vice-versa.

Outras podem ser previstas pela lei, desde que tenham natureza indenizatória. Seus valores não podem ultrapassar os limites ditados por essa finalidade, não podem se converter em remuneração indireta. Há de imperar, como sempre, a razoabilidade.

6. Responsabilidades dos servidores

Os servidores públicos, no desempenho de suas funções ou a pretexto de exercê-las, podem cometer infrações de quatro ordens: *administrativa, civil, criminal*[187] e *improbidade administrativa*. Por essas infrações deverão ser responsabilizados no âmbito interno da Administração e/ou judicialmente.

A *responsabilização dos servidores públicos* é dever genérico da Administração e específico de todo chefe, em relação a seus subordinados.

No campo do Direito Administrativo esse *dever de responsabilização* foi erigido em *obrigação legal*, e, mais que isso, em *crime funcional*, quando relegado pelo superior hierárquico, assumindo a forma de condescendência criminosa (CP, art. 320). E sobejam razões para esse rigor, uma vez que tanto lesa a Administração a infração do subordinado como a tolerância do chefe pela falta cometida, o que é um estímulo para o cometimento de novas infrações.

6.1 Responsabilidade administrativa

Responsabilidade administrativa é a que resulta da violação de normas internas da Administração pelo servidor sujeito ao estatuto e disposições complementares estabelecidas em lei, decreto ou qualquer outro provimento regulamentar da função pública. A falta funcional gera o *ilícito administrativo* e dá ensejo à aplicação de pena disciplinar, pelo superior hierárquico, no *devido processo legal* (v. cap. XI, item 3).[188]

187. Cf. Lei federal 8.027, de 12.4.90, art. 8º.

188. O STJ tem entendido que para a aplicação de qualquer punição deve-se assegurar ampla defesa ao servidor (CF, art. 5º, LV), não se exigindo, porém, obediência exata às regras típicas do processo penal (STJ, 1ª T., RMS 484, *DJU* 10.6.91). No mesmo sentido: STF, MS 21.721-RJ, *DJU* 10.6.94. Mas, não é essencial a defesa por meio de advogado, diante da Súmula Vinculante n. 5: "A falta de defesa técnica por advogado no processo administrativo disciplinar não ofende a Constituição".

A *punição administrativa* ou *disciplinar* não depende de processo civil ou criminal a que se sujeite também o servidor pela mesma falta, nem obriga a Administração a aguardar o desfecho dos demais processos, nem mesmo em face da presunção constitucional de não culpabilidade.[189] Apurada a falta funcional, pelos meios adequados (processo administrativo, sindicância ou meio sumário), o servidor fica sujeito, desde logo, à penalidade administrativa correspondente.

A punição interna, autônoma que é, pode ser aplicada ao servidor antes do julgamento judicial do mesmo fato.[190] E assim é porque, como já vimos, o *ilícito administrativo* independe do *ilícito penal*. A absolvição criminal só afastará o ato punitivo se ficar provada, na ação penal, a inexistência do fato ou que o acusado não foi seu autor.[191] Mas, se a punição estiver fundamentada na "prática de crime contra a Administração Pública, este há que estar afirmado em sentença transitada em julgado".[192]

O que a Administração não pode é aplicar punições arbitrárias, isto é, que não estejam legalmente previstas. Desde já deixamos esclarecido que tais atos exigem fiel observância da lei para sua prática e impõem à Administração o dever de motivá-los, isto é, de demonstrar sua conformidade com os dispositivos em que se baseiam. Aliás, a tendência moderna, como observa mui agudamente Jèze, é a da motivação de todo ato administrativo que não decorra do poder discricionário da Administração e da sua vinculação aos motivos determinantes do seu cometimento.[193] Na motivação da penalidade, a autoridade administrativa competente para sua aplicação deve justificar a punição imposta, alinhando os atos irregulares praticados pelo servidor, analisando sua repercussão danosa para o Poder Público, apontando os dispositivos legais ou regulamentares violados e a cominação prevista. O necessário é que a Administração Pública, ao punir seu servidor, demonstre a *legalidade* da punição. Feito isso, ficará justificado o ato, e resguardado de revisão judicial, visto que ao Judiciário só é permitido examinar o aspecto da legalidade do ato administrativo,[194] não podendo adentrar os motivos de conveniência, oportunidade ou justiça das medidas da competência específica do Executivo[195] (cap. XI, item 3.3, *Processo administrativo*).

189. STF, *RDA* 35/148, e MS 21.294, *Informativo STF* 242; TFR, *RDA* 35/146.

190. STF, *RT* 227/586, 302/747 e MS 21.294 (*Informativo STF* 242).

191. STF, Pleno, *RTJ* 135/955.

192. STF, Pleno, MS 21.310-DF e STJ, MS 6.478.

193. Gaston Jèze, *Droit Administratif*, 1926, III/219. No mesmo sentido: Bilac Pinto, *Estudos de Direito Público*, 1953, p. 312; Francisco Campos, *Direito Administrativo*, 1ª ed., p. 122.

194. No exame da legalidade está incluída a verificação da existência ou não de causa legítima que autorize a imposição da sanção administrativa (STF, Pleno, MS 20.999-2, *DJU* 25.5.90).

195. Seabra Fagundes, *O Controle dos Atos Administrativos pelo Poder Judiciário*, 1950, pp. 173 e ss.; TASP, *RT* 211/449. V. tb. a monografia de Régis Fernandes de Oliveira, *Infrações e Sanções Administrativas*, Ed. RT, 1985, *passim*.

A *extinção da pena administrativa* dá-se normalmente pelo seu cumprimento, e excepcionalmente pela prescrição e pelo perdão por parte da Administração. O *cumprimento da pena* exaure a sanção; a *prescrição* extingue a punibilidade, com a fluência do prazo fixado em lei, ou, na sua omissão, pelo da norma criminal correspondente; o *perdão da pena* é ato de clemência da Administração e só por ela pode ser concedido em caráter geral (a que se denomina, impropriamente, "anistia administrativa"), ou em cada caso, sempre por atuação do Executivo que aplicou a sanção. Não pode o Legislativo conceder "anistia administrativa" por lei de sua iniciativa, porque isto importaria cancelamento de ato do Executivo por norma legislativa, o que é vedado pelo nosso sistema constitucional (art. 2º) (STF, *RDA* 86/142). Observamos que a pena expulsiva (demissão) é insuscetível de extinção, porque todos os seus efeitos se consumam no ato de sua imposição, fazendo cessar o vínculo funcional com a Administração.[196]

6.2 Responsabilidade civil

A *responsabilidade civil* é a obrigação que se impõe ao servidor de reparar o dano causado à Administração por culpa ou dolo no desempenho de suas funções. Não há, para o servidor, responsabilidade objetiva ou sem culpa. A sua responsabilidade nasce com o ato culposo e lesivo e se exaure com a indenização. Essa responsabilidade (*civil*) é independente das demais (*administrativa* e *criminal*) e se apura na forma do Direito Privado, perante a Justiça Comum.[197]

A Administração não pode isentar de responsabilidade civil seus servidores, porque não possui disponibilidade sobre o patrimônio público. Muito ao contrário, é *seu dever zelar pela integridade* desse patrimônio, adotando todas as providências legais cabíveis para a reparação dos danos a ele causados, qualquer que seja o autor. Daí por que a parte final do § 6º do art. 37 da

196. Em fundamentado despacho, como Corregedor-Geral da Justiça do Estado de São Paulo, o Des. Adriano Marrey deferiu o cancelamento de pena de suspensão aplicada há vários anos a serventuário de justiça que completou seu tempo de serviço sem ter qualquer outra punição administrativa. Na justificativa dessa decisão ficou dito que: "Não há, no campo do direito disciplinar brasileiro, nenhuma norma positiva que acolha o instituto da reabilitação da sanção disciplinar. Mas isto não significa que tal instituto não possa ser admitido; a omissão do legislador não obsta à atuação abrangente do aplicador da lei" (despacho no proc. CG-36.106/71, proferido em 8.2.80). Concordamos com esse entender apenas quanto às penalidades *corretivas* (advertência, censura, suspensão, multa), pois não nos parece admissível o cancelamento de sanções *expulsivas* (demissão, destituição de função, cassação de aposentadoria), porque nestas ocorre a quebra do vínculo funcional com a Administração, e este só poderá ser restabelecido na forma e condições que a lei fixar.

197. Advertimos o leitor de que a responsabilidade civil aqui tratada é a do funcionário para com a Administração, e não do Estado para com o particular lesado por ato da Administração, a qual está examinada no capítulo próprio (cap. X).

CF impõe a responsabilização do agente causador do dano somente quando agir com culpa ou dolo, excluindo, portanto, a responsabilidade objetiva, que é unicamente da Administração perante a vítima.

A responsabilização de que cuida a Constituição é a *civil*, visto que a *administrativa* decorre da situação estatutária e a *penal* está prevista no respectivo Código, em capítulo dedicado aos crimes funcionais (arts. 312 a 327). Essas três responsabilidades são independentes e podem ser apuradas conjunta ou separadamente. A condenação criminal implica, entretanto, o reconhecimento automático das duas outras, porque o *ilícito penal* é mais que o *ilícito administrativo* e o *ilícito civil*. Assim sendo, a condenação criminal por um delito funcional importa o reconhecimento, também, de culpa administrativa e civil, mas a absolvição no crime nem sempre isenta o servidor destas responsabilidades, porque pode não haver *ilícito penal* e existir *ilícitos administrativo* e *civil*.

A absolvição criminal só afasta a responsabilidade administrativa e civil quando ficar decidida a inexistência do fato ou a não autoria imputada ao servidor, dada a independência das três jurisdições.[198] A absolvição na ação penal, por falta de provas ou ausência de dolo, não exclui a culpa administrativa e civil do servidor público, que pode, assim, ser punido administrativamente e responsabilizado civilmente.

Culpa e *dolo* são conceitos diversos. A *culpa* verifica-se na ação ou omissão lesiva, resultante de imprudência, negligência ou imperícia do agente; o *dolo* ocorre quando o agente deseja a ação ou omissão lesiva ou assume o risco de produzi-la. Um exemplo distinguirá bem as duas situações: se um motorista *propositadamente atropelar* um transeunte, desejando matar ou ferir, cometerá um *crime doloso*; se o mesmo motorista atropelar um mesmo transeunte *sem o querer*, mas com imprudência, imperícia ou negligência, terá cometido um *crime culposo*. A diferença entre os dois ilícitos é subjetiva: varia segundo a conduta do agente. Assim, se o servidor causar prejuízo à Administração por negligência, imperícia ou imprudência na sua conduta, ficará sujeito à responsabilização civil e administrativa, mas pode não ficar sujeito à responsabilização penal, se não cometeu nenhum ilícito criminal. A culpa é menos que o dolo, como os ilícitos administrativo e civil são menos que o ilícito penal, e, por isso, pode haver responsabilidade civil e administrativa sem haver responsabilidade criminal, mas não pode haver responsabilidade penal sem responsabilidade administrativa e civil.

Essencial para existência da responsabilidade civil é que o ato culposo do servidor cause dano *patrimonial* à Administração. Sem a ocorrência

198. STF, *RDA* 30/101, 36/112, 51/179, 52/182, 54/253; TFR, *RDA* 26/125, 48/153; TJSP, *RDA* 51/183, 51/187, 57/201.

de dano patrimonial não há fundamento para a responsabilização civil, que visa, unicamente, à reparação material, pecuniária, da Administração.

A comprovação do dano e da culpa do servidor é comumente feita através do processo administrativo, findo o qual a autoridade competente lhe impõe a obrigação de repará-lo, através de indenização em dinheiro, indicando a forma de pagamento. Os estatutos costumam exigir a reposição de uma só vez quando o prejuízo decorrer de alcance, desfalque, remissão ou omissão de recolhimento ou entrada no prazo devido, admitindo para os demais casos o desconto em folha, em bases módicas, geralmente não mais de dez por cento do vencimento do responsável.

Esse procedimento é válido inclusive na hipótese prevista no § 6º do art. 37 da CF, mas, em qualquer caso, é necessária a concordância do responsável, porque a Administração não pode lançar mão dos bens de seus servidores, nem gravar unilateralmente seus vencimentos, para ressarcir-se de eventuais prejuízos.[199] Faltando-lhe esta aquiescência, deverá recorrer às vias judiciais, quer propondo ação de indenização contra o servidor, quer executando a sentença condenatória do juízo criminal ou a certidão da dívida ativa (no caso de alcances e reposições de recebimentos indevidos).[200]

Consoante vimos anteriormente (item 3.16), a *responsabilização civil de servidor* por danos causados a terceiros no exercício de suas atividades funcionais depende da *comprovação de sua culpa em ação regressiva* proposta pela pessoa jurídica de Direito Público depois de condenada à reparação (CF, art. 37, § 6º). É óbvio que o servidor pode ter interesse em intervir na ação, principalmente para assegurar o justo valor da indenização, devendo fazê-lo na qualidade de *assistente* voluntário, e nunca como *litisconsorte* necessário (CPC, art. 75, I), situação que lhe permite, entre outras coisas, confessar os fatos alegados pelo autor (art. 75, III), prejudicando a defesa da Administração e obrigando-a a uma indenização nem sempre devida, sem possibilidade, na maioria das vezes, de ressarcir-se.[201]

6.3 Responsabilidade criminal

A *responsabilidade criminal* é a que resulta do cometimento de *crimes funcionais*. O ilícito penal sujeita o servidor a responder a processo crime e a suportar os efeitos legais da condenação (CP, arts. 91 e 92). O Estado-

199. Nesse sentido: STF, MS 24.182-9, *DJU* 3.9.2004.

200. V. Lei 6.830, de 22.9.80, que dispõe sobre execução da dívida ativa.

201. O STF tem entendido que o caso é de denunciação à lide, que deve ser efetuada no curso da ação (STF, *RT* 544/260; Ag. 12.876-6-RS, *DJU* 17.11.88). Mais recentemente, o STJ, pela 1ª Turma, no REsp 584.701-RJ (*RT* 827/220), sentenciou ser incabível a denunciação da lide em caso de ação de indenização decorrente de responsabilidade objetiva.

membro e o Município não podem legislar sobre crimes funcionais, porque tal matéria é de Direito Penal e constitui reserva constitucional da União (CF, art. 22, I).[202]

A maioria dos crimes contra a Administração Pública está definida no tít. XI, caps. I (arts. 312 a 326) e II (arts. 359-A a 359-H), do Código Penal; este último com o nome de "Crimes Contra as Finanças Públicas", foi acrescentado pela Lei 10.028, de 19.10.2000, que instituiu novos crimes em decorrência da Lei de Responsabilidade Fiscal, mas nada impede que lei especial federal estabeleça outras infrações, visando a proteger determinados interesses administrativos.[203]

Considera-se *servidor público*, para *efeitos penais*, quem, embora transitoriamente ou sem remuneração, exerce cargo, emprego ou função pública (art. 327 do CP). O parágrafo único desse art. 327, na redação dada pela Lei 9.983, de 14.7.2000, equipara a "funcionário público quem exerce cargo, emprego ou função em entidade paraestatal e quem trabalha para empresa prestadora de serviço contratada ou conveniada para a execução de atividade típica da Administração Pública". Convém observar que a legislação penal continua a empregar a terminologia "funcionário público" mesmo diante da Constituição Federal de 1988, que só utiliza o *nomen juris* "servidor público".

202. Pelo Decreto 5.687, de 31.1.06, *DOU* de 1.2.06, foi promulgada a "Convenção das Nações Unidas contra a Corrupção", com a "finalidade" de: "a) promover e fortalecer as medidas para prevenir e combater mais eficaz e eficientemente a corrupção; b) promover, facilitar e apoiar a cooperação internacional e a assistência técnica na prevenção e na luta contra a corrupção, incluída a recuperação de ativos; c) promover a integridade, a obrigação de render contas e a devida gestão dos assuntos e dos bens públicos" (art. 1º). Para os efeitos nela previstos, seu art. 2º dá o conceito de "funcionário público", de "bens", de "produto de delito", de "embargo preventivo", de "confisco", de "delito permanente" e de "entrega vigiada". No "Preâmbulo", os "Estados-Partes" afirmam que estão "convencidos" de que a corrupção converteu-se "em um fenômeno transnacional que afeta todas as sociedades e economias" e que "o enriquecimento pessoal ilícito pode ser particularmente nocivo para as instituições democráticas, as economias nacionais e o Estado de Direito"; e têm "presentes também os princípios de devida gestão dos assuntos e dos bens públicos, equidade, responsabilidade e igualdade perante a lei, assim como a necessidade de salvaguardar a integridade e fomentar uma cultura de rechaço à corrupção". Reconhecem, também, "os princípios fundamentais do devido processo nos processos penais e nos procedimentos civis ou administrativos sobre direitos de propriedade", relativos à corrupção. V. também o Dec. 4.410, de 7.10.2002, que promulga a *Convenção Interamericana Contra a Corrupção* (*DOU* 8.10.2002).

203. É também crime funcional o *abuso de autoridade*, previsto na Lei 4.898/65, porque o agente, "autoridade", é sempre "quem exerce cargo, emprego ou função pública, de natureza civil, ou militar, ainda que transitoriamente e sem remuneração" (art. 5º), e pratica o fato nessa qualidade. O *abuso de poder* – em tese, qualquer atentado aos direitos enumerados no art. 3º da lei ou qualquer fato que se enquadre num dos tipos do seu art. 4º – é punido com multa, detenção e perda do cargo e inabilitação para o exercício de função pública até três anos, penas que poderão ser aplicadas isolada ou cumulativamente (art. 6º, §§ 3º e 4º). A Lei 8.137, de 22.12.90, também define outros crimes funcionais.

O processo dos crimes funcionais previstos no Código Penal e em leis esparsas obedece ao rito estabelecido nos arts. 513 a 518 do CPP, ficando o réu, desde o indiciamento, sujeito ao seqüestro de bens, a requerimento do Ministério Público, quando houver prejuízo para a Fazenda Pública (Dec.-lei 3.240/41). Para os crimes de abuso de autoridade o processo é o previsto nos arts. 12 a 28 da Lei 4.898/65.

Além dos *crimes funcionais comuns*, nos quais pode incidir qualquer servidor público, há, ainda, os *crimes de responsabilidade dos agentes políticos* (Chefes do Executivo federal, estadual e municipal, Ministros do Estado e do STF, Procurador-Geral da República e Secretários de Estado), capitulados na Lei 1.079, de 10.4.50,[204] que regula o *impeachment* a ser aplicado como penalidade político-administrativa, sem prejuízo da ação penal, e no Dec.-lei 201, de 27.2.67 (para os Prefeitos).

Todos os *crimes funcionais* e os *de responsabilidade* são delitos de *ação pública*, o que permite a instauração do processo respectivo mediante comunicação de qualquer pessoa à autoridade competente e denúncia do Ministério Público. Para os crimes de abuso de autoridade a Lei 4.898/65 condicionava a denúncia do Ministério Público a representação do ofendido (art. 12), mas a Lei 5.249, de 9.2.67, praticamente dispensou este requisito ao dispor que a falta de representação "não obsta a iniciativa ou o curso da ação" (art. 1º).

6.4 Responsabilidade por improbidade administrativa

O art. 12, *caput*, da Lei 8.429/92[205] (na redação dada pela Lei 12.120, de 15.12.2009) diz que, *independentemente das sanções penais, civis e administrativas, o responsável pelo ato de improbidade administrativa* fica sujeito às cominações previstas nos seus incs. I, II e III,[206] que podem ser

204. A Constituição da República contém algumas disposições sobre os crimes de responsabilidade do Presidente da República (art. 85) e dos Ministros de Estado (art. 50), estabelecendo a competência privativa do Senado para processar e julgar esses agentes políticos (art. 52, I), desde que autorizada a instauração do processo pela Câmara dos Deputados (art. 51, I). Também compete ao Senado Federal processar e julgar os crimes de responsabilidade dos Ministros do STF, do Procurador-Geral da República e do Advogado-Geral da União (art. 52, II), independentemente de autorização da Câmara dos Deputados. A respeito, v. nota 33 do cap. II.

205. Sobre *improbidade administrativa*, v.: Marino Pazzaglini Filho e outro, *Improbidade Administrativa*, 4ª ed., Atlas, 1998; Marcelo Figueiredo, *Probidade Administrativa*, 6ª ed., Malheiros Editores, 2009; Wallace Paiva Martins Jr., *Probidade Administrativa*, Saraiva, 2001; Francisco Otávio de Almeida Prado, *Improbidade Administrativa*, Malheiros Editores, 2001; e Fábio Medina Osório, *Direito Administrativo Sancionador*, 2005. V. também o Dec. 4.410, de 7.10.2002, que promulga a *Convenção Interamericana Contra a Corrupção*, *DOU* 8.10.2002.

206. Em questão envolvendo Ministro de Estado, na Recl. 2.138, sob o fundamento de que o sistema constitucional distingue o regime de responsabilidade dos agentes políticos sujeitos "a regime de responsabilidade especial" (crime de responsabilidade disciplinado na

aplicadas isolada ou cumulativamente, de acordo com a gravidade do fato. Logo, *ex vi legis*, a punição por improbidade administrativa decorre de responsabilidade distinta e independente das responsabilidades penal, civil e administrativa previstas na legislação específica, analisadas acima. Por essa razão, "a aplicação das penalidades previstas na Lei 8.429/92 não incumbe à Administração", sendo "privativa do Poder Judiciário" (STF, *RTJ* 195/73).

A Lei 8.429/92 classifica e define os atos de improbidade administrativa[207] em três espécies: a) os que importam enriquecimento ilícito (art. 9º); b) os que causam prejuízo ao erário (art. 10);[208] e c) os que atentam contra os princípios da Administração Pública (art. 11). Para cada espécie há uma previsão de punições, descritas nos incs. I a III do art. 12. Conforme o caso, as cominações podem ser: perda dos bens ou valores acrescidos ilicitamente; ressarcimento integral do dano;[209] perda da função pública; suspensão dos direitos políticos; multa civil; proibição de contratar com o Poder Público ou receber benefícios ou incentivos fiscais ou creditícios – cabendo ao Judiciário aplicá-las, levando em conta a extensão do dano e o proveito patrimonial obtido pelo agente, dentre outros fatores inerentes e inafastáveis na aplicação da lei (art. 12, parágrafo único).[210] Segundo o art. 21 (na redação da Lei 12.120/2009), a aplicação das sanções por improbidade independe da efetiva ocorrência de dano ao patrimônio público, salvo quanto à pena de ressarcimento, ou da aprovação ou rejeição das contas pelo Tribunal de Contas. Aqui, cabe observar que em alguns casos, como os do art. 10 da lei, o pre-

CF e pela Lei 1.079/50) "dos demais agentes públicos", o STF entendeu que os primeiros "não se submetem à Lei de Improbidade Administrativa" (Lei 8.429). Idem em relação a desembargador (RE/AgR 79.799). Mas o ex-prefeito não está no rol das autoridades submetidas à Lei 1.079/50, que versa sobre os crimes de responsabilidade; logo, poderá responder por seus atos na via da ação civil pública de improbidade administrativa (STJ, REsp 949.452).

207. O ato de improbidade é do agente público, não da entidade estatal. Por isso, na ação por improbidade, a União, o Estado, o Município ou o Distrito Federal figuram no pólo ativo como *litisconsortes facultativos*, não sendo hipótese de litisconsórcio necessário (STJ, REsp 319.009 e 408.219).

208. Sobre o dolo como único elemento caracterizador do ato de improbidade, mesmo na hipótese do art. 10 da Lei 8.429, v. José Emmanuel Burle Filho, "Ação civil pública e a tutela da probidade administrativa", *in Ação Civil Pública Após 20 Anos: Efetividade e Desafios*, Ed. RT, 2005, pp. 297-304. O STJ pacificou o entendimento no sentido de que os atos dos arts. 9º e 11 só se configuram com o dolo, não se admitindo a culpa nessa tipificação. A culpa só cabe no ato do art. 10 da Lei 8.429/92, que prevê conduta "dolosa ou culposa" (EREsp 479.812 e EREsp 875.163).

209. No nosso entender, com inteiro acerto, o STJ tem proclamado que, "caracterizado o prejuízo ao erário, o ressarcimento não pode ser considerado propriamente uma sanção, senão uma conseqüência imediata e necessária do ato combatido, razão pela qual não se pode excluí-lo a pretexto de cumprimento do paradigma da proporcionalidade das penas estampado no art. 12 da Lei n. 8.429" (REsp 622.234, rel. Min Mauro Campbell Marques, muito bem fundamentado e com precedentes).

210. Como proclamou o STJ, na Lei de Improbidade o conceito de *agente público* supera o do art. 327 do CP (REsp 495.933, rel. Min. Luiz Fux).

juízo ao erário é essencial para a tipificação do ato de improbidade. Sobre a Lei de Improbidade e o Direito Administrativo sancionador v. cap. II, item 5.

Mas a ação para o ressarcimento do dano ao erário é imprescritível, por força do art. 37, § 5º, da CF.

Dentre os diversos atos de improbidade administrativa, exemplificados nessa lei, o de "adquirir, para si ou para outrem, no exercício de mandato, cargo, emprego ou função pública, bens de qualquer natureza cujo valor seja desproporcional à evolução do patrimônio ou renda do agente público" (art. 9º, VII) merece destaque, dado seu notável alcance, pois inverte o ônus da prova, sempre difícil para o autor da ação em casos como o descrito pela norma. Nessa hipótese, quando desproporcional, o enriquecimento é presumido como ilícito, cabendo ao agente público a prova de que ele foi lícito, apontando a origem dos recursos necessários à aquisição.

Para os fins previstos na Lei 8.429/92, reputa-se *agente público* todo aquele que exerce, ainda que transitoriamente ou sem remuneração, por eleição, nomeação, designação, contratação ou qualquer outra forma de investidura ou vínculo, mandato, cargo, emprego ou função em entidades da Administração direta, indireta ou fundacional ou de empresa incorporada ao patrimônio público ou de entidade para cuja criação ou custeio o erário haja concorrido ou concorra com mais de cinqüenta por cento do patrimônio ou da receita anual (art. 2º, c/c o art. 1º).

Os responsáveis por atos de improbidade praticados contra o patrimônio de entidade que receba subvenção ou qualquer benefício do Poder Público ou para cuja criação ou custeio o erário haja concorrido ou concorra com menos de cinqüenta por cento também estão sujeitos às penalidades dessa lei (art. 1º, parágrafo único). O art. 52 da Lei 10.527/2001 (*Estatuto da Cidade*) diz que, pelas condutas ali relacionadas, o "Prefeito" pode incorrer em improbidade administrativa, nos termos da Lei 8.429/92. Embora essa norma mencione apenas o "Prefeito", é claro que outros agentes públicos que também participarem ou concorrerem para aquelas condutas poderão cometer improbidade administrativa, só que esta deverá se enquadrar nas espécies previstas pela Lei 8.429/92.

O § 2º do art. 84 do CPP, na redação que lhe dava a Lei 10.268/2003, foi julgado inconstitucional pelo STF na ADI 2.797-DF. Assim, quer se cuide de ocupante de cargo público, quer se cuide de titular de mandato eletivo, a ação de improbidade de que trata a Lei 8.429/92 será proposta em primeiro grau.

6.5 Meios de punição

A responsabilização e a punição dos servidores públicos fazem-se por meios internos e externos. Aqueles abrangem o *processo administrativo disciplinar* e os *meios sumários, com a garantia do contraditório e da ampla defesa*; estes compreendem os *processos judiciais*, *civis* e *criminais*. Os meios internos, como o nome está indicando, desenvolvem-se e se exaurem no âmbito da própria Administração; os meios externos ficam a cargo exclusivo do Poder Judiciário e se realizam como prestações jurisdicionais comuns, quando requeridas pela própria Administração (ações civis) ou pelo Ministério Público (ações criminais e ação civil pública). Ao Direito Administrativo só interessam os meios internos como formas específicas de proteção ao serviço público e de repressão às infrações funcionais dos servidores.

Conforme a gravidade da infração a apurar e da pena a aplicar,[211] a Administração disporá do meio de responsabilização adequado, que vai desde o *processo administrativo disciplinar* até a *apuração sumária da falta*, através de simples *sindicância*, ou mesmo pela verdade sabida, mas, em qualquer hipótese, com a garantia de ampla defesa (CF, art. 5º, LV).

Para a demissão dos *vitalícios*, entretanto, o meio único é o *processo judicial* (CF, arts. 95, I, e 128, § 5º, I, "a"); para os *estáveis* poderá ser utilizado o *processo administrativo disciplinar* (CF, art. 41, § 1º) e para os *não-estáveis* bastará a sindicância, despida de maiores formalidades, desde que por ela se demonstre a falta ensejadora da pena demissória. Em qualquer caso, porém, é necessário que se faculte ao processado ou ao sindicado a possibilidade de *ampla defesa*.

Por *ampla defesa* deve-se entender a *vista* do processo ou da sindicância ao servidor acusado, com a faculdade de resposta e de produção de provas contrárias à acusação. Essa defesa poderá ser feita pessoalmente pelo servidor ou por advogado regularmente constituído, sem que os autos saiam da repartição em que tramitam. Não se exigem para a punição disciplinar os rigores do processo criminal, nem do contraditório da ação penal, mas é necessário que se conceda ao acusado oportunidade de ilidir a acusação. Sem esta possibilidade de defesa a punição administrativa é nula, por afrontar uma garantia constitucional (CF, art. 5º, LV).[212]

Dada sua importância como meio de punição interno, o *processo administrativo disciplinar*, espécie do gênero *processo administrativo*, está examinado exaustivamente no item 3.3.6 do cap. XI, a que remetemos o leitor, para evitar repetições.

211. O regime jurídico dos servidores públicos civis da União estabelece as seguintes penas disciplinares: I – *advertência*; II – *suspensão*; III – *demissão*; IV – *cassação de aposentadoria ou disponibilidade*; V – *destituição de cargo em comissão*; VI – *destituição de função comissionada* (art. 127). Os estatutos estaduais e municipais podem divergir nessa enumeração de sanções, visando a melhor adaptar as penas disciplinares às peculiaridades do serviço.

212. STF, *RDA* 47/108; TFR, *RDA* 38/254; TJSP, *RDA* 45/123, 54/364; *RT* 261/365; TASP, *RT* 215/297, 270/632.

6.6 *Seqüestro e perdimento de bens*

O *seqüestro* e o *perdimento de bens* são cabíveis contra os servidores que enriqueceram ilicitamente com o produto de crime contra a Administração, ou por influência ou com abuso de cargo, função ou emprego público. O *seqüestro* é providência cautelar, enquanto o *perdimento* é medida definitiva, respaldada no art. 5º, XLV, da CF, que resulta do reconhecimento da ilicitude do enriquecimento do servidor. O *perdimento*, quando não decorre de sentença criminal condenatória (CP, art. 74, II), pode ser declarado judicialmente, através de procedimento próprio.

O *seqüestro* dos bens adquiridos pelo indiciado com o produto da infração penal está genericamente disciplinado no CPP, arts. 125 a 144. Todavia, quando a vítima é a Fazenda Pública, o procedimento é o previsto no Dec.-lei 3.240, de 8.5.41, expressamente revigorado pelo Dec.-lei 359/68 (art. 11). Nesse caso, é requerido pelo Ministério Público, por representação da autoridade policial ou da administrativa, dependendo sua subsistência da instauração da ação penal no prazo de noventa dias (arts. 6º, I, e 2º, § 1º).

O seqüestro é cabível, também, como medida preliminar, nos processos de perdimento, a requerimento do Ministério Público ou da pessoa jurídica interessada (art. 16 da Lei 8.429/92). O pedido pode incluir, ainda, a investigação, o exame e o bloqueio de bens, contas bancárias e aplicações financeiras mantidas pelo indiciado no Exterior, nos termos da lei e dos tratados internacionais (art. 16, § 2º). É evidente que tais medidas podem envolver contas e aplicações existentes no território nacional.

O *perdimento* dos bens que constituem produto de crime ou proveito auferido pelo agente com a prática do fato criminoso, em favor da União, é um dos efeitos da condenação, nos termos do art. 91, II, "b", do CP. Por isso mesmo, na hipótese de crime comum, a Administração interessada deverá promover o seqüestro, na forma do Dec.-lei 3.240/41, a fim de garantir o ressarcimento com os referidos bens.

Em qualquer hipótese, porém, é cabível ação autônoma visando à decretação da perda dos bens, a qual, caso tenha havido medida cautelar, deve ser proposta dentro de trinta dias, contados da efetivação da medida (Lei 8.429/92, art. 17).

6.7 *Enriquecimento ilícito*

Enriquecimento ilícito, no que tange a servidores públicos, é o que decorre da prática de crime contra a Administração definido no CP, arts. 312 a 327.

6.8 Abuso de autoridade

O *abuso de autoridade*, definido na Lei 4.898, de 9.12.65, alterada pela Lei 6.657, de 5.6.79, sujeita o agente público federal, estadual ou municipal à tríplice *responsabilidade civil, administrativa* e *penal*.

A apuração da *responsabilidade civil* faz-se por ação ordinária, perante a Justiça Comum federal ou estadual, conforme seja a autoridade. A *responsabilidade administrativa* e a *penal* apuram-se através dos processos especiais estabelecidos pela própria lei, mediante representação da vítima à autoridade superior ou ao Ministério Público competente para a ação criminal.[213]

Os abusos de autoridade puníveis nos termos dessa lei são somente os indicados em seus arts. 3º e 4º, relativos à liberdade individual, à inviolabilidade do domicílio e da correspondência e aos direitos de locomoção, de culto, de crença, de consciência, de voto e de reunião, bem como os concernentes à incolumidade física do indivíduo.

Para os efeitos dessa lei, considera-se autoridade todo aquele que exerce cargo, emprego ou função pública, de natureza civil ou militar, ainda que transitoriamente ou sem remuneração.

As penas por abuso de autoridade vão desde a advertência administrativa até a demissão, e no processo penal escalonam-se em multa, detenção, perda do cargo e inabilitação para função pública, aplicadas isolada ou cumulativamente.

Os procedimentos decorrentes dessa lei são autônomos em relação à responsabilização civil e administrativa da própria Administração, visto que o legislador deu legitimidade às vítimas para chamarem a juízo diretamente seus ofensores. Isto não impede, entretanto, que a Administração tome a iniciativa da ação regressiva prevista no art. 37, § 6º, da CF, independentemente de qualquer representação do ofendido (Lei 4.619, de 28.4.65).[214]

*7. **Militares***

Como acentuado, a EC 18 alterou a denominação da seç. III do cap. VII do tít. III da Constituição para "Dos militares dos Estados, do Distrito Federal e dos Territórios" e deslocou o tratamento dos militares das Forças Armadas para o cap. II do tít. V. De servidores públicos, passaram a ser denominados exclusivamente de *militares*, quando membros das Forças Ar-

213. A Lei 5.249, de 9.2.67, praticamente aboliu a exigência de representação, constante do art. 12 da Lei 4.898/65, ao dizer que sua falta não obsta à iniciativa ou ao curso da ação penal pública.

214. Cf. Gilberto Passos de Freitas e Vladimir Passos de Freitas, *Abuso de Autoridade*, 3ª ed., São Paulo, Ed. RT, 1991.

madas; e de *servidores policiais* ou, ainda, de *militares*, quando integrantes das Polícias Militares e Corpos de Bombeiros (cf. art. 42, c/c art. 144, § 9º, e art. 142, § 3º).

Os não integrantes das Forças Armadas estão tratados no tít. III, cap. VII, que cuida "Da Administração Pública", apenas separados dos servidores civis, em seção diversa. Já os membros das Forças Armadas estão tratados no cap. II ("Das Forças Armadas") do tít. V, que cuida "Da defesa do Estado e das instituições democráticas".

O ingresso no serviço público militar dá-se, normalmente, por *recrutamento* e, excepcionalmente, por *concurso*, na forma regulamentar da respectiva Arma ou serviço. Os militares têm por base a hierarquia e a disciplina, no que diferem dos servidores civis. A estrutura do serviço militar consiste em *patentes* (para os oficiais) e *graduação* (para os praças).[215]

Os direitos e deveres dos militares constam dos respectivos regulamentos, atendidos os preceitos constitucionais pertinentes (art. 42, §§ 1º e 2º, para os Estados; e art. 142, § 3º, para as Forças Armadas), ressaltando-se que "ao militar são proibidas a sindicalização e a greve", aplicando-se-lhes o disposto no art. 7º, VIII, XII, XVII, XVIII, XIX e XXV, e no art. 37, XI, XIII, XIV e XV, bem como no art. 40, §§ 4º, 5º e 6º, da CF (art. 142, § 3º, IV e VIII). Vale destacar que para as punições disciplinares militares[216] não é cabível *habeas corpus* (CF, art. 142, § 2º).

Os militares em atividade, como ocorre com os servidores civis, podem passar para a inatividade remunerada, mediante *reforma*, nos termos da Constituição Federal e da legislação ordinária correspondente, ou, ainda, manter-se na reserva não remunerada, como ocorre com os oficiais provenientes do Centro e Núcleos de Preparação de Oficiais da Reserva – CPOR e NPOR, os quais, em tempo de guerra, podem ser convocados para a ativa de sua patente.

O art. 42, § 1º, da CF, na redação dada pela EC 20/98, manda aplicar aos militares dos Estados, do Distrito Federal e dos Territórios, além do que vier a ser fixado em lei, as disposições do art. 14, § 8º (militar alistável e elegível), do art. 40, § 9º (contagem de tempo de contribuição), e do art. 142, §§ 2º e 3º, cabendo à lei estadual específica dispor sobre as matérias do art. 142, § 3º, X, sendo as patentes dos oficiais conferidas pelos respectivos Governadores. Esse inc. X do § 3º do art. 142, na redação dada pela EC 18, prevê um regime jurídico peculiar para os militares, inclusive sobre a

215. A Lei 10.029, de 20.10.2000, disciplina a prestação voluntária de serviços administrativos e de serviços auxiliares de saúde e defesa civil nas Polícias Militares e Corpos de Bombeiros, mediante pagamento, a título de indenização, de auxílio mensal.

216. Também no processo disciplinar do militar a garantia do contraditório e da ampla defesa não pode ser excluída (STF, RE 199.260, *DJU* 24.9.99, e AI 493.993-5, *DJU* 23.5.2005).

remuneração,[217] as prerrogativas e outras situações especiais, "consideradas as peculiaridades de suas atividades". Quanto aos pensionistas, o § 2º do art. 42, na redação da EC 41, determina a aplicação do que for fixado em lei específica de cada Estado, do Distrito Federal e dos Territórios. Registre-se que a aplicação do disposto no art. 40, §§ 7º e 8º, da CF, prevista pelo inc. IX do § 3º do art. 142 da CF, foi excluída, por força de sua revogação pelo art. 10 da EC 41/2003.

8. Direito adquirido

A EC 19 determina, pelo seu art. 29, que os "subsídios, vencimentos, remuneração, proventos de aposentadoria e pensões e quaisquer outras espécies remuneratórias adequar-se-ão", a partir da sua publicação, "aos *limites* decorrentes da Constituição Federal, *não se admitindo a percepção de excesso a qualquer título*". Já a EC 20, no art. 3º, *caput* e seus §§ 2º, 3º e 4º, após assegurar o *direito adquirido* quanto ao regime jurídico anterior para os já aposentados ou os pensionistas dos já falecidos ou para os que já tenham cumprido os requisitos para a aposentadoria e/ou para a concessão da pensão com base na legislação então vigente, determina que seja observado o disposto no art. 37, XI (cf. parte final do referido § 4º). Por seu turno, o art. 9º da EC 41 determina a aplicação do disposto no art. 17 do ADCT da CF/88, aos vencimentos, remunerações e subsídios, bem como aos proventos, pensões e outra espécie remuneratória percebidos cumulativamente ou não, incluídas as vantagens pessoais ou de qualquer natureza.

Em razão dessas normas, pode-se pensar que a EC 41 teria imposto uma redução do valor percebido quando este for superior ao resultante da aplicação do art. 37, XI, na redação por ela dada, mesmo nos casos em que esse *quantum* decorra de ato legítimo, ou seja, conforme aos princípios constitucionais e à lei. Assim seria porque, como aquele valor estaria sendo percebido *em desacordo com a Constituição*, haveria a incidência do disposto no art. 17 do ADCT da Carta de 1988. Como veremos, esse raciocínio não é admitido pela ordem jurídica, mesmo porque recentemente o colendo STF voltou a proclamar que a garantia constitucional de *irredutibilidade de vencimentos* ou *do valor dos benefícios* (arts. 37, XV, e 194, parágrafo único, IV, da CF) é "modalidade qualificada da proteção ao direito adquirido".[218]

217. Súmula Vinculante n. 6: "Não viola a Constituição o estabelecimento de remuneração inferior ao salário mínimo para os praças prestadores de serviço militar inicial".

218. *Irredutibilidade de vencimentos* ou *de proventos* é modalidade qualificada de proteção ao direito adquirido, mas pressupõe a licitude da aquisição do direito a determinada remuneração, ou seja, são irredutíveis somente quando constitucionais e legais (STF, Pleno, RE 298.695-SP e 299.799-SP, rel. Min. Sepúlveda Pertence, e MS 21.659-0, Min. Eros Grau).

Por isso, a exemplo do que dissemos nas edições anteriores a respeito das EC 19 e 20, para evitar numerosos conflitos entre servidores e a Administração Pública, cremos que o art. 9º da EC 41, na sua parte final, deveria ter o acréscimo da locução "salvo os direitos adquiridos", em especial o da garantia da irredutibilidade do *quantum* percebido. Note-se que essa proteção decorre também do *princípio da segurança jurídica*. Isso sem falar que somente dessa forma é que se assegura a preservação da dignidade dos servidores, aposentados ou pensionistas. Aqui, desde logo, deve-se frisar que a garantia da irredutibilidade refere-se ao montante global de remuneração, obstando à diminuição do quanto já percebido.[219] Assim sendo, desde que não haja redução, não é vedada a alteração de critérios legais de fixação do valor da remuneração ou do regime legal de cálculo ou reajuste de vencimentos ou vantagens funcionais.[220]

Na aplicação de norma constitucional que tem por objetivo fixar um valor máximo e ideal para a remuneração e os proventos dos servidores públicos, do naipe, por exemplo, do art. 37, XI, haverá sempre uma postura voltada para o *ideal* e outra para o *cumprimento dos mandamentos constitucionais*, ainda que isto não corresponda ao ideal. Preferimos, como se verá, ficar com a segunda hipótese, única cabível no Estado de Direito, mesmo porque, acreditamos, o sistema constitucional instituído pela Carta de 1988 contém mecanismos que podem levar àquele ideal, como, a título de exemplo, a correta aplicação dos princípios da razoabilidade e da moralidade administrativo, mesmo porque, no mesmo precedente acima referido, o STF consignou que a *incidência* da garantia da irredutibilidade, como direito adquirido, *pressupõe a licitude da aquisição do direito a determinada remuneração*.

Perfilhando o entendimento dominante entre os publicistas, o STF[221] assentou a possibilidade de emenda constitucional ser submetida ao controle concentrado ou difuso de constitucionalidade. Assim, qualquer emenda constitucional pode ser objeto de controle de constitucionalidade no pertinente às limitações decorrentes da própria Carta Magna. Segundo Michel Temer, essas limitações são de três espécies: procedimentais, materiais (explícitas e implícitas) e circunstanciais.[222] No caso, o exame do *direito adquirido à irredutibilidade* envolve limitação de natureza *material explícita*, uma vez que advém do art. 60, § 4º, da CF.

Com efeito, ali está consignado *que não será objeto de deliberação a proposta de emenda tendente a abolir*, dentre outros, *os direitos e garan-*

219. STF, MS 602-9-SC e RE 238.239.

220. STF, *RTJ* 147/96 e RE 226.462.

221. ADI 829-3-DF, j. 14.4.93, relativa à EC 2/92; ADI 939-7-DF, referente à EC 3/93 (*RTJ* 150/68 e *Ementário do STF* 1.730/10); e ADI 1.805-DF, pertinente à EC 16/97 (*Informativo STF* 104).

222. Cf. *Elementos de Direito Constitucional*, 23ª ed., Malheiros Editores, 2010, p. 37.

tias individuais. Como ensina o acatado constitucionalista José Afonso da Silva, é "claro que o texto não proíbe apenas emendas que expressamente declarem: 'fica abolida a Federação ou a forma federativa de Estado', 'fica abolido o voto direto (...)', 'passa a vigorar a concentração de Poderes', ou ainda 'fica extinta a liberdade religiosa, ou de comunicação (...), ou o *habeas corpus*, o mandado de segurança (...)'. A vedação atinge a pretensão de modificar qualquer *elemento conceitual* (...) ou *indiretamente restringir* a liberdade religiosa, ou de comunicação ou outro direito e garantia individual; basta que a proposta de emenda se encaminhe, ainda que *remotamente*, 'tenda' (emendas *tendentes*, diz o texto) para sua abolição".[223]

Nessa linha, por força dessa *cláusula pétrea*, a garantia do *direito adquirido* há de ser respeitada e preservada mesmo pelo chamado *poder constituinte derivado*. Vale dizer, nenhum pessoa – e, portanto, nenhum servidor – poderá ter seu *direito adquirido* desrespeitado ou afrontado, ainda que remotamente, por qualquer emenda constitucional. Nas palavras do STF – nosso maior guardião e intérprete da Constituição –, as "limitações constitucionais explícitas, definidas no § 4º do art. 60 da Constituição da República, incidem diretamente sobre o poder de reforma conferido ao Poder Legislativo da União, inibindo-lhe o exercício quanto às categorias temáticas ali referidas".[224]

Não se afirma, aqui, que há *direito adquirido* ao regime jurídico;[225] o que se sustenta é o *direito adquirido* de ordem individual, isto é, os efeitos jurídicos produzidos no passado (*facta praeterita*) e já incorporados ao patrimônio jurídico do servidor, ativo e inativo, e de seus pensionistas. Portanto, os limites remuneratórios decorrentes da EC 19 da EC 20 e, agora, da EC 41 aplicam-se a partir da entrada em vigor de cada uma, e, quanto à última, para o futuro, não podendo retroagir para colher efeitos que ocorreram em momento anterior ao da respectiva publicação. Registre-se: os *efeitos jurídicos já produzidos*, não as meras expectativas de direito, na medida em que estas não caracterizam *direito adquirido*, justamente porque, por serem expectativas, ainda não se concretizaram e, por não terem se concretizado, não produziram efeitos anteriormente à norma nova.

Comensurando o exposto, temos que o servidor, o inativo ou o pensionista que percebia quando da publicação da EC 41 remuneração, proventos

223. Cf. *Curso de Direito Constitucional Positivo*, 33ª ed., Malheiros Editores, 2010, p. 67.

224. MS 23.087-5-SP, rel. Min. Celso de Mello, *DJU* 3.8.98. O STF assegurou direito adquirido de militar a manter recebimento de adicional de inatividade que teria sido suprimido por lei (RE 414.014).

225. STF, *RTJ* 162/902. Ao examinar a coisa julgada sobre relação jurídica de trato sucessivo em face de novo regime jurídico, o STF, Pleno, considerando que não há direito adquirido a regime jurídico, deu pela auto-aplicabilidade do art. 17 do ADCT e, assim, pela redução do excesso, após o início de sua vigência (RE/ED 146.331-SP, *DJU* 20.4.2007).

ou pensão superior ao teto geral previsto no art. 37, XI, da CF, na sua nova redação, não poderá ter redução desse valor. A diferença entre esse valor e o do teto geral deverá ser absorvida por alterações futuras do subsídio, da remuneração ou do benefício.[226]

É manifesto que somente o que foi adquirido de conformidade com a ordem jurídica constitucional e legal então vigente é que tem a garantia do *direito adquirido*.[227] Nessa linha, no nosso entender, remunerações que estejam em valores notoriamente desproporcionais aos limites máximos estabelecidos pelo art. 37, XI, da CF, inclusive com as vantagens pessoais incorporadas, não guardam razoabilidade[228] e moralidade. Vale dizer, revelam-se destituídas do necessário coeficiente de razoabilidade e, assim, lesivas à cláusula do *substantive due process of law*, objeto de expressa proclamação pelo art. 5º, LIV, da CF (cf. Ministro Celso de Melo, *RTJ* 160/143, STF, Pleno). Portanto – e considerando que, como visto, o douto Plenário do STF proclamou que a *incidência* da garantia da irredutibilidade *pressupõe a licitude da aquisição da remuneração* –, as remunerações ilegítimas, ou seja, não conformes com a lei e os princípios constitucionais, podem e devem ser revistas. Dessa forma, o caminho está no exame da razoabilidade e da moralidade entre as vantagens pessoais, antes não sujeitas ao cálculo do teto, e os valores computados nesse cálculo. É, pois, possível alcançar a aplicação da ordem jurídica sem ofensa às garantias individuais e, portanto, aos mandamentos constitucionais e ao real e legítimo *direito adquirido*.

Obviamente, cada situação individual ou cada carreira poderão ser objeto dessa revisão. Porém, quando o exame do caso indicar a ilicitude da remuneração, a Administração Pública deverá instaurar processo administrativo e observar o devido processo legal, com o direito de defesa e contraditório, devendo a decisão pela redução ou pela manutenção ser amplamente motivada e comunicada ao respectivo Tribunal de Contas.

226. No entanto, não há direito adquirido aos critérios legais de fixação do valor da remuneração, pois o que importa é que não haja diminuição do valor da remuneração na sua totalidade. O princípio da irredutibilidade entende com a totalidade da remuneração, não com os seus componentes.

227. Perfilhando essa colocação, no MS 24.875, considerando que as vantagens pessoais incorporadas pelos impetrantes, embora estejam acima do teto na redação prevista pela EC 41, foram legítimas, porque conformes com os princípios da razoabilidade e moralidade e a lei vigente à época, o STF assegurou-lhes o direito de continuar recebendo o acréscimo sobre o teto, "até que seu montante seja absorvido" pelos aumentos desse teto (rel. Min. Sepúlveda Pertence, m.v., *DJU* 6.10.2006).

228. Se até lei pode ser declarada inconstitucional com fulcro no princípio da razoabilidade, é claro que as leis que concederam vantagens pessoais não razoáveis e imorais também podem ser declaradas inconstitucionais, o que ensejaria uma redução de remuneração a níveis razoáveis e morais. V. as ADIs 1.047, 1.063 e 1.158; e, sobre a moralidade, voto do Min. Ricardo Lewandowski no RE/ED 146.331.

Capítulo VIII

DOMÍNIO PÚBLICO

1. Considerações gerais: 1.1 Domínio público – 1.2 Terras rurais e terrenos urbanos – 1.3 Conceito e classificação dos bens públicos: 1.3.1 Conceito; 1.3.2 Classificação – 1.4 Administração dos bens públicos – 1.5 Utilização dos bens públicos: 1.5.1 Uso comum do povo; 1.5.2 Uso especial – 1.6 Alienação dos bens públicos: 1.6.1 Alienação – 1.7 Imprescritibilidade, impenhorabilidade e não oneração dos bens públicos: 1.7.1 Imprescritibilidade; 1.7.2 Impenhorabilidade; 1.7.3 Não oneração – 1.8 Aquisição de bens pela Administração. 2. Terras públicas: 2.1 Origens – 2.2 Terras devolutas – 2.3 Plataforma continental – 2.4 Terras tradicionalmente ocupadas pelos índios – 2.5 Terrenos de marinha – 2.6 Terrenos acrescidos – 2.7 Terrenos reservados ou marginais – 2.8 Ilhas – 2.9 Álveos abandonados – 2.10 Faixa de fronteira – 2.11 Vias e logradouros públicos. 3. Águas públicas: 3.1 Águas internas: 3.1.1 Regime jurídico; 3.1.2 Rios públicos; 3.1.3 Águas minerais; 3.1.4 Quedas d'água – 3.2 Águas externas: 3.2.1 Mar territorial; 3.2.2 Zona contígua; 3.2.3 Zona econômica exclusiva; 3.2.4 Alto-mar. 4. Jazidas: 4.1 Regime jurídico – 4.2 Petróleo e gás – 4.3 Minérios nucleares. 5. Florestas: 5.1 Regime jurídico – 5.2 Exploração de florestas – 5.3 Concessão de florestas. 6. Fauna: 6.1 Regime jurídico. 7. Espaço aéreo: 7.1 Regime jurídico. 8. Patrimônio histórico: tombamento: 8.1 Patrimônio histórico – 8.2 Tombamento: 8.2.1 Processo; 8.2.2 Indenização; 8.2.3 Omissão. 9. Patrimônio genético: 9.1 Conceito – 9.2 Regime jurídico. 10. Proteção ambiental: 10.1 Controle da poluição – 10.2 Preservação dos recursos naturais – 10.3 Restauração dos elementos destruídos – 10.4 Ação civil pública para proteção ambiental – 10.5 Infrações penais e administrativas contra o meio ambiente.

1. Considerações gerais

O Estado, como Nação politicamente organizada, exerce poderes de Soberania sobre todas as coisas que se encontram em seu território. Alguns bens pertencem ao próprio Estado; outros, embora pertencentes a particulares, ficam sujeitos às limitações administrativas impostas pelo Estado; outros, finalmente, não pertencem a ninguém, por inapropriáveis, mas sua utilização subordina-se às normas estabelecidas pelo Estado.

Este conjunto de bens sujeitos ou pertencentes ao Estado constitui o *domínio público*, em seus vários desdobramentos, como veremos a seguir.

1.1 Domínio público

O conceito de *domínio público* não é uniforme na doutrina,[1] mas os administrativistas concordam em que tal domínio, como direito de propriedade, só é exercido sobre os bens pertencentes às entidades públicas e, como poder de Soberania interna, alcança tanto os bens públicos como as coisas particulares de interesse coletivo.

A expressão *domínio público* ora significa o poder que o Estado exerce sobre os bens próprios e alheios, ora designa a condição desses bens. A mesma expressão pode ainda ser tomada como o conjunto de bens destinados ao uso público (direto ou indireto – geral ou especial – *uti singuli* ou *uti universi*), como pode designar o regime a que se subordina esse complexo de coisas afetadas de interesse público.

A equivocidade da expressão obriga-nos a conceituar o *domínio público* em *sentido amplo* e em seus desdobramentos político (*domínio eminente*) e jurídico (*domínio patrimonial*).

O *domínio público* em sentido amplo é o poder de dominação ou de regulamentação que o Estado exerce sobre os bens do seu patrimônio (bens públicos), ou sobre os bens do patrimônio privado (bens particulares de interesse público), ou sobre as coisas inapropriáveis individualmente, mas de fruição geral da coletividade (*res nullius*). Neste sentido amplo e genérico o domínio público abrange não só os bens das pessoas jurídicas de Direito Público Interno como as demais coisas que, por sua utilidade coletiva, merecem a proteção do Poder Público, tais como as águas, as jazidas, as florestas, a fauna, o espaço aéreo e as que interessam ao patrimônio histórico e artístico nacional.

Exterioriza-se, assim, o *domínio público* em poderes de Soberania e em direitos de propriedade. Aqueles se exercem sobre todas as coisas de interesse público, sob a forma de *domínio eminente*; estes só incidem sobre os bens pertencentes às entidades públicas, sob a forma de *domínio patrimonial*.

O *domínio eminente* é o poder político pelo qual o Estado submete à sua vontade todas as coisas de seu território. É uma das manifestações da Soberania interna; não é direito de propriedade. Como expressão da Soberania Nacional, não encontra limites senão no ordenamento jurídico-consti-

1. Dentre as várias teorias que procuram conceituar o domínio público, assinalem-se a *da afetação ao serviço público*, de Duguit; a *do uso público*, de Berthélemy; a *da submissão ao Poder Público*, de Jèze; a *da propriedade administrativa*, de Hauriou; a *da propriedade de Direito Público*, de Mayer; a *do patrimônio fiscal*, de Fleiner; a *da propriedade jurídico-pública*, de Cammeo; a *dos bens vinculados aos serviços administrativos*, de Presutti; a *da finalidade pública*, de D'Alessio; a *do uso direto da coletividade*, de Bielsa; a *da utilidade ou comodidade comum*, de Spota; a *da propriedade "sui generis"*, de Sarría; a *do regime jurídico especial*, de Basavilbaso.

tucional estabelecido pelo próprio Estado. Esse domínio alcança não só os bens pertencentes às entidades públicas como a propriedade privada e as coisas inapropriáveis, de interesse público.

"Em suma, o *domínio eminente* – disse Basavilbaso – não constitui um direito de propriedade; é o poder que o Estado exerce potencialmente sobre as pessoas e os bens que se encontram no seu território. Tem-se dito que esse poder não admite restrições. Todavia, o absoluto dessa *potestas* está condicionado à ordem jurídico-constitucional e aos princípios, direitos e garantias da Lei Fundamental. O *domínio eminente* é um poder sujeito ao Direito; não é um poder arbitrário".[2]

Em nome do *domínio eminente* é que são estabelecidas as limitações ao uso da propriedade privada, as servidões administrativas, a desapropriação, as medidas de polícia e o regime jurídico especial de certos bens particulares de interesse público.

Esse poder superior (eminente) que o Estado mantém sobre todas as coisas existentes em seu território não se confunde com o direito de propriedade que o mesmo Estado exerce sobre as coisas que lhe pertencem, por aquisição civil ou administrativa. Aquele é um domínio geral e potencial sobre bens alheios; este é um domínio específico e efetivo sobre bens próprios do Estado, o que o caracteriza como um *domínio patrimonial*, no sentido de incidir sobre os bens que lhe pertencem.

O *domínio patrimonial* do Estado sobre seus bens é direito de propriedade, mas direito de propriedade pública, sujeito a um regime administrativo especial. A esse regime subordinam-se todos os bens das pessoas administrativas, assim considerados *bens públicos* e, como tais, regidos pelo Direito Público, embora supletivamente se lhes apliquem algumas regras da propriedade privada. Mas advirta-se que as normas civis não regem o domínio público; suprem, apenas, as omissões das leis administrativas.

1.2 Terras rurais e terrenos urbanos

As *terras rurais* e os *terrenos urbanos* têm finalidades diversas e se sujeitam a jurisdições diferentes para a regulamentação de seus usos. As *terras rurais*, públicas ou particulares, destinam-se originariamente à agricultura e à pecuária, podendo servir a outros usos ou manter-se intocadas para preservação da flora, da fauna e de outros recursos naturais. Os *terrenos urbanos* destinam-se precipuamente à edificação residencial ou a construções comerciais e industriais, e só excepcionalmente podem ter essas utilizações

2. Benjamin Villegas Basavilbaso, *Derecho Administrativo*, Buenos Aires, 1952, IV/13. No mesmo sentido, no Direito pátrio: Rodrigo Octávio, *Do Domínio da União e dos Estados*, 1924, p. 32; Themístocles Brandão Cavalcanti, *Tratado de Direito Administrativo*, 1959, V/15.

vedadas por lei, mediante indenização aos proprietários. A jurisdição sobre as *terras rurais* é da União, através do INCRA (Dec. 97.886, de 28.6.89), e sobre os *terrenos urbanos* ou *urbanizáveis* é do Município (CF, art. 30, VIII), que pode transformar, por lei, áreas rurais em urbanas, desde que atenda aos requisitos mínimos estabelecidos no art. 32 do CTN – que é lei complementar e não pode ser contrariada por lei ordinária – e cumpra as exigências urbanísticas das normas pertinentes.

Para a fixação do *perímetro urbano* o Município não depende de concordância da União, bastando que satisfaça os requisitos legais para urbanização da área, promulgue a lei local e comunique ao INCRA e aos Registros Imobiliários, para as competentes averbações.[3]

Ao cuidar da "Política Urbana" a Constituição de 1988 facultou "ao Poder Público Municipal, mediante lei específica para área incluída no Plano Diretor, exigir, nos termos da lei federal, do proprietário do solo urbano não edificado, subutilizado ou não utilizado, que promova seu adequado aproveitamento, sob pena, sucessivamente, de: I – parcelamento ou edificação compulsórios; II – imposto sobre a propriedade predial e territorial urbana progressivo no tempo; III – desapropriação com pagamento mediante títulos da dívida pública de emissão previamente aprovada pelo Senado Federal, com prazo de resgate de até dez anos, em parcelas anuais, iguais e sucessivas, assegurados o valor real da indenização e os juros legais" (art. 182, § 4º).

A Lei 10.257, de 10.7.2001, aprovou o *Estatuto da Cidade*, regulamentando os arts. 182 e 183 da CF, estabelecendo os lineamentos básicos dos vários instrumentos previstos naqueles dispositivos. Em seguida, a MP 2.220, de 4.9.2001, estabeleceu as regras para a *concessão de uso especial* para aquele que, até 30.6.2001, possuir como seu, por cinco anos, ininterruptamente e sem oposição, até duzentos e cinqüenta metros quadrados de imóvel público situado em *área urbana*, utilizando-o para sua moradia ou de sua família, desde que não seja proprietário ou concessionário de outro imóvel urbano ou rural. Foi uma forma de regularizar a situação de moradores de favelas e outras áreas pertencentes ao Poder Público e ocupadas pelos "sem-teto". Daí por que o texto limita a posse até 30 de junho de 2001, a fim de desestimular essa invasão ilegal de terrenos públicos.[4]

1.3 Conceito e classificação dos bens públicos

O patrimônio público é formado por bens de toda natureza e espécie que tenham interesse para a Administração e para a comunidade administra-

3. Nesse sentido decidiu o Corregedor-Geral da Justiça de São Paulo, Des. Adriano Marrey, em fundamentado despacho no proc. 55.841/80, publicado no *DJE* 29.7.80. Ainda sobre "Urbanismo e plano urbanístico", José Afonso da Silva, *RT* 669/11.

4. Para maiores detalhes, v., do Autor, *Direito de Construir*, 9ª ed.

da. Esses bens recebem conceituação, classificação e destinação legal para sua correta administração, utilização e alienação, como veremos no decorrer deste item, em que, a final, trataremos da aquisição de bens que passarão a integrar o patrimônio público.

1.3.1 *Conceito – Bens públicos*, em sentido amplo, são todas as coisas, corpóreas ou incorpóreas, imóveis, móveis e semoventes, créditos, direitos e ações, que pertençam, a qualquer título, às entidades estatais, autárquicas, fundacionais e empresas governamentais.

Conceituando os bens em geral, o Código Civil os reparte inicialmente em *públicos* e *particulares*, esclarecendo que são *públicos* os do domínio nacional, das pessoas jurídicas de Direito Público interno, e *particulares* todos os outros, seja qual for a pessoa a que pertencerem (art. 98). O conceito adotado não deixa dúvidas quanto ao fato de que também são bens públicos os pertencentes às autarquias e fundações públicas.

Quanto aos bens das *empresas estatais* (empresas públicas e sociedades de economia mista), entendemos que são, também, *bens públicos com destinação especial e administração particular* das instituições a que foram transferidos para consecução dos fins estatutários. A origem e a natureza total ou predominante desses bens continuam públicas; sua destinação é de interesse público; apenas sua administração é confiada a uma entidade de personalidade privada, que os utilizará na forma da lei instituidora e do estatuto regedor da instituição. A *destinação especial* desses bens sujeita-os aos preceitos da lei que autorizou a transferência do patrimônio *estatal* ao *paraestatal*, a fim de atender aos objetivos visados pelo Poder Público criador da entidade. Esse patrimônio, embora incorporado a uma instituição de personalidade privada, continua vinculado ao serviço público, apenas prestado de forma descentralizada ou indireta por uma empresa estatal, de estrutura comercial, civil ou, mesmo, especial. Mas, *lato sensu*, é *patrimônio público*, tanto assim que na extinção da entidade reverte ao ente estatal que o criou, e qualquer ato que o lese poderá ser invalidado por ação popular (Lei federal 4.717/65, art. 1º).

A despeito de serem bens públicos, dada sua destinação especial as organizações de personalidade privada e sua administração em moldes particulares, os bens das empresas estatais prestam-se a oneração como garantia real e sujeitam-se a penhora por dívidas da entidade, como, também, podem ser alienados na forma estatutária, independentemente de lei autorizativa, se móveis. Os bens imóveis dependem de lei para sua alienação (Lei 8.666/93, art. 17, I). No mais, regem-se pelas normas do Direito Público, inclusive quanto à imprescritibilidade por usucapião, uma vez que, se desviados dos *fins especiais* a que foram destinados, retornam à sua condição originária do patrimônio de que se destacaram.

Não há outro raciocínio a seguir, porque, se tais bens pertenciam ao Estado e foram transferidos com *destinação especial* a uma empresa do Estado, desde o momento em que esta os abandona, ao ponto de serem apossados por terceiros, tais bens, que já permaneciam na órbita estatal, apenas utilizados pela Administração descentralizada, reincorporam-se no patrimônio da entidade centralizada que os cedera tão-somente para o fim estabelecido na lei autorizadora da instituição estatal.

1.3.2 *Classificação* – No nosso sistema administrativo os bens públicos podem ser *federais*, *estaduais* ou *municipais*, conforme a entidade política a que pertençam ou o serviço autárquico, fundacional ou paraestatal a que se vinculem.

Todos os bens públicos são bens *nacionais*, por integrantes do patrimônio da Nação, na sua unicidade estatal, mas, embora politicamente componham o acervo nacional, civil e administrativamente pertencem a cada uma das entidades públicas que os adquiriram.

Segundo o art. 99 do CC, os bens públicos são classificados em três categorias: I – os *de uso comum do povo* (mares, rios, estradas, ruas e praças); II – os *de uso especial*, tais como os edifícios ou terrenos destinados a serviço ou estabelecimento da Administração federal, estadual, territorial ou municipal, inclusive os de suas autarquias; III – os *dominicais*, que constituem o patrimônio das pessoas jurídicas de Direito Público, como objeto de direito pessoal, ou real, de cada uma dessas entidades. Quanto a estes, estipula que, não dispondo a lei em contrário, consideram-se dominicais os bens pertencentes às pessoas jurídicas de Direito Público a que se tenha dado estrutura de Direito Privado.

Todos os bens vinculados ao Poder Público por relações de domínio ou de serviço ficam sujeitos à sua administração. Daí o dizer-se que uns são bens do *domínio público*, e outros, bens do *patrimônio administrativo*. Com mais rigor técnico, tais bens são reclassificados, para efeitos administrativos, em *bens do domínio público* (os da primeira categoria: de uso comum do povo), *bens patrimoniais indisponíveis* (os da segunda categoria: de uso especial) e *bens patrimoniais disponíveis* (os da terceira e última categoria: dominiais), segundo se lê no Regulamento da Contabilidade Pública.

Convém se assinale que a enumeração dos bens públicos feita no art. 99 do CC não é exaustiva, e nem poderia ter esse caráter, dada a crescente ampliação das atividades públicas, que a todo momento exigem outros bens para o patrimônio administrativo. E não rareiam exemplos nesse sentido, como se depara na incorporação do álveo de rio público mudado de curso (CC, art. 1.252; Código de Águas, arts. 26 e 27); na incorporação da propriedade privada ao patrimônio administrativo, no caso de abandono de imóvel urbano (CC, art. 1.276); e na passagem à categoria de bens públicos das vias de comunicação e dos espaços livres constantes do memorial e planta de loteamento de terrenos, como decorrência do registro (Lei 6.766, de 19.12.79, art. 22).

Esses bens, por isso mesmo que vinculados a um fim administrativo, sofrem restrições à sua alienação, oneração e utilização.

1.3.2.1 Bens de uso comum do povo ou do domínio público: como exemplifica a própria lei, são os mares, praias, rios, estradas, ruas e praças. Enfim, todos os locais abertos à utilização pública adquirem esse caráter de comunidade, de uso coletivo, de fruição própria do povo. "Sob esse aspecto – acentua Cirne Lima – pode o domínio público definir-se como a forma mais completa da participação de um bem na atividade de Administração Pública. São os bens de uso comum, ou do domínio público, o serviço mesmo prestado pela Administração ao público, assim como as estradas, as ruas e praças".[5]

1.3.2.2 Bens de uso especial ou do patrimônio administrativo: são os que se destinam especialmente à execução dos serviços públicos e, por isso mesmo, são considerados instrumentos desses serviços; não integram propriamente a Administração, mas constituem o aparelhamento administrativo, tais como os edifícios das repartições públicas, os terrenos aplicados aos serviços públicos, os veículos da Administração, os matadouros, os mercados e outras serventias que o Estado põe à disposição do público, mas com *destinação especial*. Tais bens, como têm uma finalidade pública permanente, são também chamados *bens patrimoniais indisponíveis*.

1.3.2.3 Bens dominiais ou do patrimônio disponível: são aqueles que, embora integrando o domínio público como os demais, deles diferem pela possibilidade sempre presente de serem utilizados em qualquer fim ou, mesmo, alienados pela Administração, se assim o desejar.[6] Daí por que recebem também a denominação de *bens patrimoniais disponíveis*[7] ou de *bens do patrimônio fiscal*.[8] Tais bens integram o patrimônio do Estado como objeto de direito pessoal ou real, isto é, sobre eles a Administração exerce "poderes de proprietário, segundo os preceitos de Direitos Constitucional e Administrativo", na autorizada expressão de Clóvis Beviláqua.[9]

5. Ruy Cirne Lima, *Princípios de Direito Administrativo*, 7ª ed., Malheiros Editores, 2007, p. 189.

6. Sobre a *alienação de bem público* e a diferença entre *bem de uso especial* e *bem dominical*, v. TJSP, Ap. cível 206.571-5, rel. Des. José Cardinale.

7. Ruy Cirne Lima, *Princípios de Direito Administrativo*, 7ª ed., Malheiros Editores, 2007, p. 179.

8. Veiga Filho, *Manual de Ciências das Finanças*, 1923, pp. 162 e ss.

9. Clóvis Beviláqua, *Código Civil Comentado*, 1936, I/294.

Além desses bens originariamente integrantes do *patrimônio disponível* da Administração, por não terem uma destinação pública determinada, nem um fim administrativo específico, outros poderão ser transferidos, por lei, para esta categoria, ficando desafetados de sua primitiva finalidade pública, para subseqüente alienação.

Todas as entidades públicas podem ter *bens patrimoniais disponíveis*, isto é, bens não destinados ao povo em geral, nem empregados no serviço público, os quais permanecem à disposição da Administração para qualquer uso ou alienação, na forma que a lei autorizar.

1.4 Administração dos bens públicos

No conceito de *administração de bens* compreende-se, normalmente, o poder de *utilização* e *conservação* das coisas administradas, diversamente da idéia de propriedade, que contém, além desse, o poder de *oneração* e *disponibilidade* e a faculdade de *aquisição*. Daí por que os atos triviais de *administração*, ou seja, de *utilização* e *conservação* do patrimônio público, independem de autorização especial, ao passo que os de *alienação*, *oneração* e *aquisição* exigem, em regra, lei autorizadora e licitação para o contrato respectivo.

Em sentido estrito, a administração dos bens públicos admite unicamente sua *utilização* e *conservação* segundo a destinação natural ou legal de cada coisa, e em sentido amplo abrange também a *alienação* dos bens que se revelarem inúteis ou inconvenientes ao domínio público e a *aquisição* de novos bens, necessários ao serviço público. Quanto à *oneração*, não admitimos que possa incidir sobre bem público, salvo quando incorporado a empresa estatal.

A administração dos bens públicos rege-se pelas normas do Direito Público, aplicando-se supletivamente os preceitos do Direito Privado no que aquelas forem falhas ou omissas. Observe-se, desde logo, que a transferência da propriedade dos bens imóveis se opera segundo as normas e instrumentos civis (escritura e registro), sendo os atos e procedimentos administrativos que a antecedem meras formalidades internas que não afetam a substância negocial do contrato civil realizado entre a Administração e o particular. Por essa razão é que, uma vez feito o registro, ou simplesmente assinada a escritura, tornam-se irretratáveis os atos ou procedimentos administrativos precedentes e a transferência do domínio só poderá ser modificada ou invalidada por via judicial ou por acordo entre as partes.

Todo bem público fica sujeito ao regime administrativo pertinente ao seu uso, conservação ou alienação. Embora utilizados coletivamente pelo povo ou individualmente por alguns usuários, cabem sempre ao Poder Público a administração e a proteção de seus bens, podendo valer-se dos meios judiciais comuns e especiais para a garantia da propriedade e defesa da posse. É admissível até mesmo o mandado de segurança para a proteção de direito líquido e certo concernente ao domínio público, desde que a ofensa provenha de ato de outra autoridade pública.

Observamos que a utilização indevida de bens públicos por particulares, notadamente a ocupação de imóveis, pode – e deve – ser repelida por meios administrativos, independentemente de ordem judicial, pois o ato de defesa do patrimônio público, pela Administração, é auto-executável, como o são, em regra, os atos de polícia administrativa, que exigem execução imediata, amparada pela força pública, quando isto for necessário.

Na administração dos bens da União compreende-se a denominação das vias, logradouros e monumentos públicos, conforme dispõe a Lei 6.454, de 24.10.77.

1.5 Utilização dos bens públicos

Os bens públicos ou se destinam ao *uso comum* do povo ou a *uso especial*. Em qualquer desses casos o Estado interfere como poder administrador, disciplinando e policiando a conduta do público e dos usuários especiais, a fim de assegurar a conservação dos bens e possibilitar sua normal utilização, tanto pela coletividade, quanto pelos indivíduos como, ainda, pelas repartições administrativas.

No decorrer deste tópico veremos as duas modalidades de uso dos bens públicos e os instrumentos hábeis ao deferimento de usos especiais, assim como o relacionamento dos usuários com a Administração e com terceiros.

1.5.1 *Uso comum do povo* – *Uso comum do povo* é todo aquele que se reconhece à coletividade em geral sobre os bens públicos, sem discriminação de usuários ou ordem especial para sua fruição. É o uso que o povo faz das ruas e logradouros públicos, dos rios navegáveis, do mar e das praias naturais. Esse *uso comum* não exige qualquer qualificação ou consentimento especial, nem admite freqüência limitada ou remunerada, pois isto importaria atentado ao direito subjetivo público do indivíduo de fruir os bens de *uso comum do povo* sem qualquer limitação individual. Para esse uso só se admitem regulamentações gerais de ordem pública, preservadoras da segurança, da higiene, da saúde, da moral e dos bons costumes, sem particularizações de pessoas ou categorias sociais. Qualquer restrição ao direito subjetivo de livre fruição, como a cobrança de pedágio nas rodovias, acarreta a especialização do uso e, quando se tratar de bem realmente necessário à coletividade, só pode ser feita em caráter excepcional.

A propósito, o moderno publicista argentino Miguel Marienhoff indaga e responde: "¿Que se entiende por *usos comunes* del dominio público? Son los que pueden realizar todos los hombres por su sola condición de tales, sin más requisitos que la observancia de las disposiciones reglamentarias de carácter general dictadas por la autoridad".[10]

No uso comum do povo os usuários são anônimos, indeterminados, e os bens utilizados o são por todos os membros da coletividade – *uti universi* –, razão pela qual ninguém tem direito ao uso exclusivo ou a privilégios na utilização do bem: o direito de cada indivíduo limita-se à igualdade com os demais na fruição do bem ou no suportar os ônus dele resultantes. Pode-se dizer que todos são iguais perante os bens de uso comum do povo. Mas, por relações de vizinhança e outras situações especiais, o indivíduo pode adquirir determinados direitos de utilização desses bens e se sujeitar a encargos específicos. É o que ocorre, p. ex., com os moradores de duas ruas diversas da mesma cidade. O morador da rua "A" está em situação diferente do morador da rua "B", embora ambos tenham a mesma possibilidade de trânsito por essas vias públicas. Assim sendo, se a Prefeitura interdita a rua "A", seu morador pode ter direitos a reclamar, ao passo que o morador da rua "B" não os terá, ainda que seja de seu interesse o trânsito por aquela via pública. É que o morador da rua interditada tem *direito subjetivo público ao seu uso*, enquanto o da outra rua poderá ter apenas *simples interesse* na sua utilização. Por este exemplo percebe-se que a diversidade de situação fática das pessoas em relação aos bens públicos de uso comum do povo pode acarretar-lhes direitos e encargos diversos, embora, em princípio, todos tenham indiscriminadamente a mesma faculdade de utilização.

O que convém fixar é que os bens públicos de uso comum do povo, não obstante estejam à disposição da coletividade, permanecem sob a administração e vigilância do Poder Público, que tem o dever de mantê-los em normais condições de utilização pelo público em geral. Todo dano ao usuário, imputável a falta de conservação ou a obras e serviços públicos que envolvam esses bens, é da responsabilidade do Estado, desde que a vítima não tenha agido com culpa.

1.5.2 *Uso especial* – *Uso especial* é todo aquele que, por um título individual, a Administração atribui a determinada pessoa para fruir de um bem público com exclusividade, nas condições convencionadas. É também *uso especial* aquele a que a Administração impõe restrições ou para o qual exige pagamento, bem como o que ela mesma faz de seus bens para a execução dos serviços públicos, como é o caso dos edifícios, veículos e equipamentos utilizados por suas repartições, mas aqui só nos interessa a utilização do domínio público por *particulares* com *privatividade*.

10. Miguel S. Marienhoff, *Dominio Público*, Buenos Aires, 1955, p. 45.

Todos os bens públicos, qualquer que seja sua natureza, são passíveis de *uso especial* por particulares, desde que a utilização consentida pela Administração não os leve a inutilização ou destruição, caso em que se converteria em alienação. O Dec.-lei 1.561, de 13.7.77, dispõe sobre a ocupação de terrenos da União e a Lei 9.636, de 15.5.98, dispõe sobre a regularização, administração, aforamento e alienação de bens imóveis de domínio da União, altera dispositivos dos Decs.-leis 9.760, de 5.9.46, e 2.398, de 21.12.87, e regulamenta o § 2º do art. 49 do ADCT.

A Lei 11.481, de 31.5.2007, alterou a Lei 9.636/98, dispondo sobre a demarcação, cadastramento, registro e fiscalização dos bens imóveis da União, bem como a regularização das ocupações nesses imóveis, inclusive assentamentos informais de baixa renda, autorizando convênios com Estados, Distrito Federal e Municípios em que eles se localizem e – observados procedimentos licitatórios – celebrar contratos com a iniciativa privada. Tal lei permitiu a concessão de uso especial para fins de moradia em áreas de propriedade da União, inclusive terrenos de marinha e acrescidos, regulando também questões relativas a aforamento, concessões de uso de terrenos públicos e modificou o Código Civil, arts. 1.225 e 1.473, considerando direito real, sujeito à hipoteca, a concessão de uso especial para fins de moradia, a concessão de direito real de uso e a propriedade superficiária. Ainda a respeito de regularização fundiária de ocupações, a Lei 11.952, de 25.6.2009, estipulou normas sobre áreas rurais e urbanas de bens da União no âmbito da Amazônia Legal; e a Lei 11.977, de 7.7.2009 (arts. 46-68), dispôs sobre a regularização de assentamentos urbanos e titulação de seus ocupantes em áreas públicas ou privadas utilizadas predominantemente para fins de moradia.

Ninguém tem direito natural a uso especial de bem público, mas qualquer indivíduo ou empresa pode obtê-lo mediante contrato ou ato unilateral da Administração, na forma autorizada por lei ou regulamento ou simplesmente consentida pela autoridade competente. Assim sendo, o uso especial do bem público será sempre uma utilização individual – *uti singuli* – a ser exercida privativamente pelo adquirente desse direito. O que tipifica o uso especial é a privatividade da utilização de um bem público, ou de parcela desse bem, pelo beneficiário do ato ou contrato, afastando a fruição geral e indiscriminada da coletividade ou do próprio Poder Público.[11] Esse uso pode ser consentido gratuita ou remuneradamente, por tempo certo ou indeterminado, consoante o ato ou contrato administrativo que o autorizar, permitir ou conceder.

11. Diogo Freitas do Amaral, *A Utilização do Domínio Público pelos Particulares*, Lisboa, 1956, pp. 206 e ss.; Louis Trotabas, *De l'Utilisation du Domaine Public par les Particulières*, Paris, 1924, pp. 79 e ss. Cid Tomanik Pompeu, *Autorização Administrativa*, 2ª ed., São Paulo, Ed. RT, 2007.

Uma vez titulado regularmente o uso especial, o particular passa a ter um direito subjetivo público ao seu exercício, oponível a terceiros e à própria Administração, nas condições estabelecidas ou convencionadas. A estabilidade ou precariedade desse uso assim como a retomada do bem público, com ou sem indenização ao particular, dependerão do título atributivo que o legitimar.

As *formas administrativas para o uso especial* de bem público por particulares variam desde as simples e unilaterais *autorização de uso* e *permissão de uso* até os formais contratos de *concessão de uso* e *concessão de uso como direito real solúvel*, além da imprópria e obsoleta adoção dos institutos civis do *comodato*, da *locação* e da *enfiteuse*, como veremos a seguir.

1.5.2.1 Autorização de uso: *autorização de uso* é o ato unilateral, discricionário e precário pelo qual a Administração consente na prática de determinada atividade individual incidente sobre um bem público. Não tem forma nem requisitos especiais para sua efetivação, pois visa apenas a atividades transitórias e irrelevantes para o Poder Público, bastando que se consubstancie em ato escrito, revogável sumariamente a qualquer tempo e sem ônus para a Administração. Essas autorizações são comuns para a ocupação de terrenos baldios, para a retirada de água em fontes não abertas ao uso comum do povo e para outras utilizações de interesse de certos particulares, desde que não prejudiquem a comunidade nem embaracem o serviço público. Tais autorizações não geram privilégios contra a Administração ainda que remuneradas e fruídas por muito tempo, e, por isso mesmo, dispensam lei autorizativa e licitação para seu deferimento.

Em complementação ao *Estatuto da Cidade*, a MP 2.220, de 4.9.2001, introduziu em nossa legislação uma *autorização de uso especial* (art. 9º), destinada ao ocupante que até 30 de junho de 2001 possuir como seu, sem interrupção e oposição, até duzentos e cinqüenta metros quadrados de imóvel público situado em área urbana, utilizando-o para *fins comerciais*. É uma figura jurídica paralela à *concessão especial de uso*, criada pela mesma norma para o possuidor de imóvel nas mesmas condições que o utiliza para *fins de moradia*. Mas, enquanto esta é um *direito* do possuidor, a autorização mencionada é apenas uma *faculdade* do Poder Público. A autorização será gratuita e conferida mediante termo administrativo.

1.5.2.2 Permissão de uso: *permissão de uso* é o ato negocial, unilateral, discricionário e precário através do qual a Administração faculta ao particular a utilização individual de determinado bem público. Como ato negocial,[12] pode ser com ou sem condições, gratuito ou remunerado, por

12. A 2ª Turma do STJ decidiu que a utilização de espaços públicos para o serviço de distribuição de sinais de TV a cabo não afasta a possibilidade de cobrança para a permissão

tempo certo ou indeterminado, conforme estabelecido no termo próprio, mas sempre modificável e revogável unilateralmente pela Administração, quando o interesse público o exigir, dados sua natureza precária e o poder discricionário do permitente para consentir e retirar o uso especial do bem público. A revogação faz-se, em geral, sem indenização, salvo se em contrário se dispuser, pois a regra é a revogabilidade sem ônus para a Administração. O ato da revogação deve ser idêntico ao do deferimento da permissão e atender às condições nele previstas.

A permissão, enquanto vigente, assegura ao permissionário o uso especial e individual do bem público, conforme fixado pela Administração, e gera direitos subjetivos defensáveis pelas vias judiciais, inclusive ações possessórias para proteger a utilização na forma permitida. Via de regra, a permissão não confere exclusividade de uso, que é apanágio da concessão, mas, excepcionalmente, pode ser deferida com privatividade sobre outros interessados, desde que tal privilégio conste de cláusula expressa e encontre justificativa legal.

Qualquer bem público admite permissão de uso especial a particular, desde que a utilização seja também de interesse da coletividade que irá fruir certas vantagens desse uso, que se assemelha a um serviço de utilidade pública, tal como ocorre com as bancas de jornais, os vestiários em praias e outras instalações particulares convenientes em logradouros públicos. Se não houver interesse para a comunidade, mas tão-somente para o particular, o uso especial não deve ser *permitido* nem *concedido*, mas simplesmente *autorizado*, em caráter precaríssimo. Vê-se, portanto, que a *permissão de uso* é um meio-termo entre a informal *autorização* e a contratual *concessão*, pois é menos precária que aquela, sem atingir a estabilidade desta. A diferença é de grau na atribuição do uso especial e na vinculação do usuário com a Administração.

A Lei 9.636, de 15.5.98 (art. 22) cuida da *permissão de uso*, conceituando-a como a utilização, a título precário, de bens da União para a realização de eventos de curta duração, de natureza recreativa, esportiva, cultural, religiosa ou educacional.

A permissão de uso especial de bem público, como ato unilateral, é normalmente deferida independentemente de lei autorizativa, mas depende de licitação (Lei 8.666/93, art. 2º), podendo, ainda, a legislação da entidade competente impor requisitos e condições para sua formalização e revogação.

de uso do solo, destacando que os arts 73 e 74 da Lei 9.472/97 se destinam às empresas de telecomunicações e possibilitam expressamente a cobrança de preços justos e razoáveis, além de determinarem que se observem as leis municipais relativas à instalação de cabos e equipamentos em lugares públicos (REsp 1.042.714); TJSP, *RJTJSP* 124/202.

1.5.2.3 Cessão de uso: *cessão de uso* é a transferência gratuita da posse de um bem público de uma entidade ou órgão para outro, a fim de que o cessionário o utilize nas condições estabelecidas no respectivo termo, por tempo certo ou indeterminado. É ato de colaboração entre repartições públicas, em que aquela que tem bens desnecessários aos seus serviços cede o uso a outra que deles está precisando.

Como bem ponderou Caio Tácito,[13] esta cessão se inclui entre as modalidades de *utilização* de bens públicos não aplicados ao serviço direto do cedente e não se confunde com nenhuma das formas de *alienação*. Trata-se, apenas, de transferência de posse do cedente para o cessionário, mas ficando sempre a Administração-proprietária com o domínio do bem cedido, para retomá-lo a qualquer momento ou recebê-lo ao término do prazo da cessão. Assemelha-se ao comodato do Direito Privado, mas é instituto próprio do Direito Administrativo, já previsto na legislação federal concernente aos bens imóveis da União (Dec.-lei 9.760/46, arts. 64, § 3º, 125 e 216, e Lei 9.636/98, arts. 18 a 21). Também não se confunde com qualquer das modalidades pelas quais se outorga ao particular o uso especial de bem público (*autorização de uso, permissão de uso, concessão de uso, concessão de direito real de uso*), nem, tampouco, se identifica com a velha *concessão de domínio* dos tempos coloniais, espécie obsoleta de alienação. Realmente, a *cessão de uso* é uma categoria específica e própria para o traspasse da posse de um bem público para outra entidade, ou órgão da mesma entidade, que dele tenha necessidade e se proponha a empregá-lo nas condições convencionadas com a Administração cedente. Entretanto, vem sendo desvirtuada para a transferência de bens públicos a entes não administrativos e até para particulares.

A cessão de uso entre órgãos da mesma entidade não exige autorização legislativa e se faz por simples termo e anotação cadastral, pois é ato ordinário de administração através do qual o Executivo distribui seus bens entre suas repartições para melhor atendimento do serviço. Quando, porém, a cessão é para outra entidade, necessário se torna autorização legal para essa transferência de posse, nas condições ajustadas entre as Administrações interessadas. Em qualquer hipótese, a cessão de uso é ato de administração interna que não opera a transferência da propriedade e, por isso, dispensa registros externos.

1.5.2.4 Concessão de uso: *concessão de uso* é o contrato administrativo pelo qual o Poder Público atribui a utilização exclusiva de um bem de seu domínio a particular, para que o explore segundo sua destinação específica. O que caracteriza a *concessão de uso* e a distingue dos demais institutos

13. "Bens públicos – Cessão de uso", *RDA* 32/482.

assemelhados – *autorização* e *permissão de uso* – é o caráter contratual e estável da outorga do uso do bem público ao particular, para que o utilize com exclusividade e nas condições convencionadas com a Administração.

A *concessão* pode ser remunerada ou gratuita, por tempo certo ou indeterminado, mas deverá ser sempre precedida de autorização legal e, normalmente, de licitação para o contrato. Sua outorga não é nem discricionária nem precária, pois obedece a normas regulamentares e tem a estabilidade relativa dos contratos administrativos, gerando direitos individuais e subjetivos para o concessionário, nos termos do ajuste. Tal contrato confere ao titular da *concessão de uso* um direito pessoal de uso especial sobre o bem público, privativo e intransferível sem prévio consentimento da Administração, pois é realizado *intuitu personae*, embora admita fins lucrativos. É o que ocorre com a concessão de uso remunerado de um hotel municipal, de áreas em mercado ou de locais para bares e restaurantes em edifícios ou logradouros públicos.

Na concessão de uso, como, de resto, em todo contrato administrativo, prevalece o interesse público sobre o particular, razão pela qual é admitida a alteração de cláusulas regulamentares do ajuste e até mesmo sua rescisão antecipada, mediante composição dos prejuízos, quando houver motivo relevante para tanto. Essas características o distinguem do contrato de locação, regido pelo Direito Privado, uma vez que a concessão de uso é um ajuste administrativo típico, sujeito unicamente às normas do Direito Público. Erroneamente, as Administrações têm feito *concessões remuneradas de uso* de seus bens sob a imprópria denominação de *locação*, pretendendo submetê-las ao Código Civil ou às leis do inquilinato e até mesmo à lei de locações para fins comerciais, o que é inadmissível tratando-se de uso especial de bem público.[14] Também não se deve confundir a *concessão*

14. Embora o Dec.-lei federal 9.760, de 5.9.46, se refira a *locação* de imóveis da União, não nos parece que os bens públicos possam ser alugados nos moldes do Direito Privado.

A *locação* é contrato típico do Direito Privado, onde as partes devem manter equivalência de situações nos direitos e obrigações que reciprocamente assumirem. Por isso se conceitua a locação como um contrato bilateral perfeito, oneroso, comutativo e consensual. Ora, no Direito Administrativo jamais se poderá traspassar o uso e gozo do bem público com as características da locação civil, porque implicaria renúncia de poderes *irrenunciáveis* da Administração, para que ela viesse a se colocar em igualdade com o particular, como é da essência desse contrato no campo do Direito Privado. O só fato de uma lei administrativa, primando pela falta de técnica, referir-se erroneamente a um instituto civil não é o bastante para implantá-lo em nosso Direito Público. Aliás, o mesmo diploma federal desvirtua o que ele denomina de "locação dos próprios nacionais" quando declara que ela "se fará mediante contrato, não ficando sujeita a disposições de outras leis concernentes à locação" (art. 87). Como se poderá entender uma *locação* que não se subordina às normas da *locação*? Além dessa *contradictio in terminis*, o mesmo decreto-lei ainda ressalva que essa "locação" poderá ser rescindida "quando o imóvel for necessário a serviço público" (art. 88, III). Locação por tempo certo, rescindível a juízo de uma das partes, aberra dos mais elementares princípios desse instituto.

gratuita de uso com o *comodato*, pois são institutos diferentes e sujeitos a normas diversas. A *locação* e o *comodato* são contratos de Direito Privado, impróprios e inadequados para a atribuição de uso especial de bem público a particular; em seu lugar deve ser sempre adotada a *concessão de uso*, remunerada ou gratuita, conforme o caso.

1.5.2.5 Concessão especial de uso: a *concessão especial de uso* é a figura jurídica criada pela MP 2.220, de 4.9.2001, para regularizar a ocupação ilegal de terrenos públicos pela população de baixa renda sem moradia. A Constituição Federal havia instituído o usucapião especial urbano, ao determinar que "aquele que possuir como sua área urbana de até duzentos e cinqüenta metros quadrados, ininterruptamente e sem oposição, utilizando-a para sua moradia ou de sua família, adquirir-lhe-á o domínio, desde que não seja proprietário de outro imóvel urbano ou rural" (art. 183). O preceito só resolvia em parte o problema, porque alcançava apenas os imóveis de propriedade privada, visto que o § 3º do citado art. 183 proibia o usucapião dos imóveis públicos. Para contornar a dificuldade criou-se a *concessão especial de uso*, que era referida no *Estatuto da Cidade* (Lei 10.257, de 10.7.2001) de forma mais ampla, mas cujos dispositivos foram vetados pelo Poder Executivo.

Na medida provisória a *concessão especial de uso* é outorgada a todo aquele que, até 30 de junho de 2001, possuir como seu, por cinco anos consecutivos e sem oposição, até duzentos e cinqüenta metros quadrados de imóvel público situado em área urbana, utilizando-o para sua moradia ou de sua família, desde que não seja proprietário ou concessionário de outro imóvel urbano ou rural (art. 1º). Com esta limitação da posse ao tempo já decorrido pretende-se coibir novas ocupações irregulares de vias e logradouros públicos.

O que a lei federal denominou impropriamente de "locação" nada mais é que *concessão remunerada de uso* dos bens do domínio público patrimonial, instituto, esse, perfeitamente conhecido e praticado pela Administração Pública dos povos cultos e regido por normas próprias do Direito Administrativo.

Concessão de uso, onerosa ou gratuita, será sempre um contrato administrativo, que traz em si mesmo a possibilidade ínsita de a Administração desfazê-lo a qualquer tempo, desde que ocorram motivos de interesse público. Sustentar-se que o Poder Público realiza *locação* de seus bens aos particulares seria tão aberrante dos modernos princípios do Direito Administrativo como afirmar-se que o funcionário público faz com a Administração um contrato de locação de serviços, quando hoje ninguém desconhece a natureza estatutária das relações que se estabelecem entre as entidades estatais e seus servidores.

Nesse sentido: STJ, *RT* 752/132.

A atual Lei das Locações insiste no erro, dizendo que as locações de imóveis de propriedade da União, dos Estados e dos Municípios continuam reguladas pelo Código Civil (Lei 8.245, de 18.10.91, art. 1º, parágrafo único, I).

A Lei 11.481, de 31.5.2007, autorizou o Poder Executivo da União a regularizar as ocupações no seus imóveis, inclusive de assentamentos informais de baixa renda, dispondo sobre a concessão de uso especial para fins de moradia, mesmo em terrenos de marinha e acrescidos, aos possuidores e ocupantes que preencham os requisitos estabelecidos pela Medida Provisória 2.220/2001.

Esta *concessão especial de uso* aproxima-se da *concessão do direito real de uso*, que veremos a seguir, mas dela se distingue porque se restringe à finalidade de moradia do possuidor. Demais, não se trata de uma faculdade do Poder Público concedente, mas sim de um direito do possuidor, desde que provadas as condições previstas na lei. Assemelha-se ao usucapião, mas inexiste a transferência do domínio. Trata-se de um direito real sobre coisa alheia, mas direito real resolúvel. É transferível por ato *inter vivos* ou *causa mortis*, mas se extingue se o concessionário der ao imóvel destinação diversa de moradia, ou adquirir a propriedade de outro imóvel urbano ou rural. Ela será outorgada por termo administrativo ou, em caso de recusa da Administração, por sentença judicial, valendo o respectivo título para inscrição no cartório de registro de imóveis.

Nos imóveis onde não for possível identificar os terrenos ocupados pelos possuidores (favelas e assemelhados) a *concessão especial de uso* será conferida de forma coletiva, sendo atribuída a cada morador igual fração ideal de terreno, independentemente da área ocupada pelo mesmo, salvo acordo escrito entre os mesmos.

1.5.2.6 Concessão de direito real de uso: a *concessão de direito real de uso* é o contrato pelo qual a Administração transfere o uso remunerado ou gratuito de terreno público a particular, como direito real resolúvel, para que dele se utilize em fins específicos de urbanização, industrialização, edificação, cultivo ou qualquer outra exploração de interesse social. É o conceito que se extrai do art. 7º do Dec.-lei federal 271, de 28.2.67, que criou o instituto, entre nós. A Lei 11.481/07 ampliou este conceito para estendê-lo também ao "aproveitamento sustentável das várzeas, preservação das comunidades tradicionais e seus meios de subsistência ou outras modalidades de interesse social em áreas urbanas". Mais ainda, tratando-se de terras públicas, admitiu a sua doação, alterando o art. 17, I, "b", "f" e "g", da Lei de Licitações (Lei 8.666/93), como vimos no cap. V.

A concessão de uso, como direito real, é transferível por ato *inter vivos* ou por sucessão legítima ou testamentária, a título gratuito ou remunerado, como os demais direitos reais sobre coisas alheias, com a só diferença de que o imóvel reverterá à Administração concedente se o concessionário ou seus sucessores não lhe derem o uso prometido ou o desviarem de sua finalidade contratual. Desse modo, o Poder Público garante-se quanto à fiel execução do contrato, assegurando o uso a que o terreno é destinado e evitando prejudiciais especulações imobiliárias dos que adquirem imóveis públicos para aguardar valorização vegetativa, em detrimento da coletividade.

A concessão de direito real de uso pode ser outorgada por escritura pública ou termo administrativo, cujo instrumento ficará sujeito a inscrição no livro próprio do registro imobiliário competente. Desde a inscrição o concessionário fruirá plenamente o terreno para os fins estabelecidos no contrato e responderá por todos os encargos civis, administrativos e tributários que venham a incidir sobre o imóvel e suas rendas.

A concessão assim concebida substitui vantajosamente a maioria das alienações de terrenos públicos, razão pela qual deverá ser sempre preferida, principalmente nos casos de venda ou doação. A concessão de direito real de uso, tal como ocorre com a concessão comum, depende de autorização legal e de concorrência prévia, admitindo-se a dispensa desta nos termos do art. 17, já referido acima.

Outra alteração importante promovida pela Lei 11.481/2007 é a que inclui a "concessão de uso especial para fins de moradia" e "a concessão de direito real de uso" entre os direitos reais previstos pelo Código Civil de 2002 (art. 1.225). Por iguais razões, alterou o art. 1.473 para admitir que aquelas figuras jurídicas e mais a propriedade superficiária possam ser objeto de hipoteca, situações que constituíam falhas gritantes da nova lei civil.

A Lei 11.481/2007 passa a admitir que a alienação fiduciária possa ser contratada por pessoa física ou jurídica, não sendo privativa das entidades que operam no Sistema Financeiro Imobiliário, podendo ter como objeto, além da propriedade plena, o direito de uso especial para fins de moradia, o direito real de uso, a propriedade superficiária e os bens enfitêuticos (art. 11). Por outro lado, concede isenção de custas ao primeiro registro do direito real constituído em favor de beneficiário de regularização fundiária de interesse social e à primeira averbação de construção residencial de até 50 m^2 (art.12).[15]

Essa *concessão*, embora erigida em direito real, não se confunde com a *enfiteuse* ou *aforamento*, que é instituição civil bem diversa e menos adequada ao uso especial de bem público por particulares, como veremos a seguir.[16]

1.5.2.7 Enfiteuse ou aforamento: atendendo à manifestação de vários juristas (Orozimbo Nonato, Philadelpho Azevedo e Hahnemann Guima-

15. Para maiores detalhes, v., do Autor, *Direito de Construir*, 9ª ed., Malheiros Editores.

16. Sobre essa concessão, v. o artigo de Caio Tácito, "Concessão real de uso de terras públicas", *RDA* 150/209; Ricardo Pereira Lira, "Concessão do direito real de uso", *RDA* 163/16.

rães, entre outros – inclusive o Autor), o novo Código Civil (Lei 10.406, de 10.1.2002), em vigor desde 11.1.2003, proibiu, no art. 2.038, a constituição de novas enfiteuses e subenfiteuses, determinando que as existentes fiquem subordinadas à legislação anterior (Código Civil de 1916 e leis subseqüentes), até sua extinção, razão pela qual mantivemos o texto. Não obstante, vedou a instituição de novas subenfiteuses e a cobrança de laudêmio, nas transmissões de bens aforados, sobre o valor das construções ou plantações.

Enfiteuse ou *aforamento* é o instituto civil que permite ao proprietário atribuir a outrem o domínio útil de imóvel, pagando a pessoa que o adquire (enfiteuta) ao senhorio direto uma pensão ou foro, anual, certo e invariável (CC de 1916, art. 678). Consiste, pois, na transferência do domínio útil de imóvel público a posse, uso e gozo perpétuos da pessoa que irá utilizá-lo daí por diante.

Em linguagem técnica, aforamento ou enfiteuse é o direito real de posse, uso e gozo pleno da coisa alheia que o titular (foreiro ou enfiteuta) pode alienar e transmitir hereditariamente, porém com a obrigação de pagar perpetuamente uma pensão anual (foro) ao senhorio direto.

Característico do aforamento ou enfiteuse é, pois, o exercício simultâneo de direitos dominiais sobre o mesmo imóvel por duas pessoas: uma, sobre o domínio direto – o Estado; outra, sobre o domínio útil – o particular foreiro, no caso de bens públicos.

Conceituemos os termos desse instituto, tão discutido em doutrina quanto desnecessário na nossa legislação positiva, que bem poderia substituí-lo por outros instrumentos mais simples e eficazes, postos à disposição da Administração Pública para a consecução de seus fins.

Domínio útil consiste no direito de usufruir o imóvel do modo mais completo possível e de transmiti-lo a outrem, por ato entre vivos ou de última vontade (testamento).

Domínio direto, também chamado *domínio eminente*, é o direito à substância mesma do imóvel, sem as suas utilidades.

Foro, *cânon* ou *pensão* é a contribuição anual e fixa que o foreiro ou enfiteuta paga ao senhorio direto, em caráter perpétuo, para o exercício de seus direitos sobre o domínio útil do imóvel.

Laudêmio é a importância que o foreiro ou enfiteuta paga ao senhorio direto quando ele, senhorio, renuncia seu direito de reaver esse domínio útil, nas mesmas condições em que o terceiro o adquire. Sempre que houver pretendente à aquisição do domínio útil, o foreiro é obrigado a comunicar a existência desse pretendente e as condições da alienação, para que o senhorio direto – no caso, o Estado – exerça seu direito de opção dentro de trinta dias, ou renuncie a ele, concordando com a transferência a outrem, caso em que terá direito ao *laudêmio* (CC de 1916, art. 683) na base legal ou contratual (CC de 1916, art. 686).

O Código Civil de 1916 minudenciava as condições de fruição do aforamento, os direitos e obrigações entre as partes (arts. 679 a 691 do CC de 1916) e as causas de sua extinção e resgate (arts. 692 e 693 do CC de 1916), o que dispensa maiores considerações sobre o instituto relativamente à sua parte legal. É de acrescentar-se, ainda, que leis administrativas existem, principalmente no plano federal, visando a acentuar-lhe mais nitidamente os contornos e dar mais segurança às relações entre o enfiteuta e o senhorio direto, sabido que os aforamentos constituem fonte inesgotável de divergências e demandas.[17]

A extinção do aforamento pode dar-se segundo a lei civil, pelo perecimento de seu objeto, pelo *comisso* e pelo falecimento do enfiteuta, se não tiver herdeiros, e ressalvado o direito dos credores (CC de 1916, art. 692), podendo, ainda, as leis administrativas e o contrato estabelecer outras modalidades extintivas da enfiteuse, desde que não desnaturem o instituto.

Comisso é, portanto, uma pena legal, prevista como forma extintiva do aforamento para o caso de o foreiro deixar de pagar o foro ou pensão por três anos consecutivos, caso em que o senhorio direto reaverá o domínio útil, pagando ao enfiteuta o valor das benfeitorias necessárias (CC de 1916, art. 692, II). Essa cominação da lei civil, a nosso ver, não impede seja modificado o período de mora necessário para se considerar o foreiro em *comisso*, podendo ser alargada ou restringida pelas leis administrativas ou por cláusula contratual. A fixação do Código Civil se nos afigura supletiva da vontade das partes ou das leis especiais a propósito, respeitando-se sempre, é claro, os direitos adquiridos, o ato jurídico perfeito e a coisa julgada que se tenha estabelecido relativamente a enfiteuses anteriores (CF, art. 5º, XXXVI).

Sempre acentuamos a inutilidade do regime enfitêutico e sua inconveniência mesmo na prática administrativa. Muitos Estados já o tinham excluído de suas leis, e os que o conservavam não tinham razões ponderáveis para sua subsistência, quando a Administração dispõe de tantos outros meios de tornar produtivo seu patrimônio e de ajudar os desfavorecidos que desejam cultivar suas terras. Se o intuito é obter rendas, as Administrações têm à mão o sistema das *concessões remuneradas de uso*; se desejam propiciar aos modestos agricultores ou industriais a obtenção de terras para o desenvolvimento de suas atividades, poderão concedê-las com os encargos que julgarem convenientes à sua exploração.

17. Só para manter o registro acerca de enfiteuse: v. Dec. federal 4.956/43; Dec. federal 22.785/33; Dec.-lei 3.437/41; Dec.-lei 5.666/43; Dec.-lei 9.760/46; Dec.-lei 1.876/81; e a Lei 9.638/98. O STJ decidiu que o registro paroquial carece de força oponível à determinação do legislador e não tem o poder de atribuir o domínio ao ocupante da terra, pois não confere a publicidade inerente aos Registros Imobiliários (REsp 389.372).

O aforamento é uma velharia que bem merecia desaparecer de nossa legislação e, principalmente, da prática administrativa. Teve ele sua justificativa nos tempos coloniais, quando, pelo Alvará de 5 de outubro de 1795, as Municipalidades receberam terras com o fim precípuo de as administrar e cultivar por si ou por seus foreiros. Destas terras, parte as Câmaras e Conselhos da época aforaram e parte atribuíram às fábricas das Igrejas locais, ficando, em alguns casos, as Municipalidades com o encargo do recebimento do foro para entregar aos párocos. Com a reorganização municipal operada com o advento da República, e subseqüente fortalecimento das rendas locais, com a discriminação atual, nenhum interesse subsiste para os Municípios, hoje, em auferir quantias irrisórias de seus terrenos foreiros. Por outro lado, a separação entre a Igreja e o Estado cortou as relações administrativas entre o Município e a Paróquia, ficando cada qual com seus bens próprios, sem qualquer interesse das Municipalidades na arrecadação de foros para a Igreja.

Inexistindo, assim, as primitivas razões que justificaram os infindáveis aforamentos que emperravam a Administração local com obsoletas limitações ao domínio pleno dos bens municipais, bem andou o novo Código Civil ao proibir a constituição de enfiteuse (art. 2.038), fazendo a velharia desaparecer de nossa legislação.

1.6 Alienação dos bens públicos

A administração dos bens públicos compreende normalmente a *utilização* e *conservação* do patrimônio público, mas, excepcionalmente, pode a Administração ter necessidade ou interesse na *alienação* de alguns de seus bens, caso em que deverá atender às exigências especiais impostas por normas superiores. É o que veremos a seguir.

1.6.1 *Alienação* – *Alienação* é toda transferência de propriedade, remunerada ou gratuita, sob a forma de *venda*, *permuta*, *doação*, *dação em pagamento*, *investidura*, *legitimação de posse* ou *concessão de domínio*. Qualquer dessas formas de alienação pode ser utilizada pela Administração, desde que satisfaça as exigências administrativas para o contrato alienador e atenda aos requisitos do instituto específico. Em princípio, toda alienação de bem público depende de *lei autorizadora*, de *licitação* e de *avaliação* da coisa a ser alienada, mas casos há de inexigibilidade dessas formalidades, por incompatíveis com a própria natureza do contrato. Há, ainda, uma forma excepcional de alienação de bem público, restrita a terras devolutas, que é a denominada *legitimação de posse*, que conceituamos adiante.

O CC de 2002, em seu art. 100, estabeleceu como regra a *inalienabilidade dos bens públicos*, nestes termos: "Os bens públicos de uso comum do povo e os de uso especial são inalienáveis, enquanto conservarem a sua qualificação, na forma que a lei determinar". No art. 101 deixou claro que os *bens públicos dominicais* podem ser alienados, observadas as exigências da lei.

A nova redação dada ao texto demonstra o acerto do entendimento anterior do Autor, que criticava a defeituosa redação do art. 67 do CC de 1916. Assim, dúvida não mais existe no sentido de que os bens públicos podem passar do domínio público para o particular, resultando claro que os bens públicos são *inalienáveis enquanto destinados ao uso comum do povo* ou a *fins especiais*, isto é, enquanto tiverem *afetação pública* – ou seja, *destinação pública*. Exemplificando, uma praça ou um edifício público não podem ser alienados enquanto tiverem essa destinação; mas qualquer deles poderá ser vendido, doado ou permutado desde o momento em que seja, por lei, desafetado da destinação originária e traspassado para a categoria de *bens dominicais*, isto é, do *patrimônio disponível* da Administração. Os bens públicos, quaisquer que sejam, podem ser alienados, desde que a Administração satisfaça certas condições prévias para sua transferência ao domínio privado ou a outra entidade pública. Quanto a estes, o art. 101 do CC deixa claro que podem ser alienados, observadas as exigências da lei.

A *alienação de bens imóveis* está disciplinada, em geral, na legislação própria das entidades estatais,[18] a qual, comumente, exige *autorização legislativa*,[19] *avaliação prévia* e *concorrência*, inexigível esta nos casos de *doação*, *permuta*, *legitimação de posse* e *investidura*, cujos contratos, por visarem a pessoas ou imóvel certo, são incompatíveis com o procedimento licitatório. Cumpridas as exigências legais e administrativas, a alienação de imóvel público a particular formaliza-se pelos instrumentos e com os requisitos da legislação civil (escritura pública e transcrição no registro imobiliário), e qualquer modificação ou invalidação do contrato translativo da propriedade só poderá ser feita por acordo entre as partes ou por via judicial. Ilegal é a anulação ou revogação unilateral dos atos administrativos que precederam a alienação, com pretensos efeitos modificativos ou invalidatórios do contrato de transferência do domínio imobiliário, que é *contrato civil* em que, apenas, uma das partes é a Administração.[20]

18. Sobre as várias formas de alienação de bens imóveis da União, v. Lei 9.636/98, arts. 23 a 30, e seu Regulamento (Dec. 3.725, de 10.1.2001), que tratam da *venda*, da *permuta* e da *doação*.

19. Os bens imóveis cuja aquisição haja derivado de procedimentos judiciais ou de dação em pagamento poderão ser alienados por ato da autoridade competente, mediante comprovação da necessidade ou utilidade da alienação, observadas a licitação e a avaliação prévia (Lei 8.666/93, art. 19).

20. STF, *RTJ* 32/352; *RDA* 46/192; Arnaldo de Valles, in *Trattato*, de Orlando, VI/614, parte I; Rafael Bielsa, *Derecho Administrativo*, Buenos Aires, I/80; André de Laubadère, *Con-*

A *alienação de bens móveis* e *semoventes* não tem normas rígidas para sua realização, salvo, em princípio, a exigência de avaliação prévia, autorização legal e licitação, como veremos adiante, podendo a Administração interessada dispor a esse respeito como melhor lhe convier. As vendas são geralmente feitas em *leilão administrativo*, sem maiores formalidades, e entregando-se no ato a coisa ao licitante que oferecer o melhor preço acima da avaliação, em lance verbal, para pagamento à vista.

Feitas essas considerações gerais, vejamos as várias formas de alienação.

1.6.1.1 Venda: *venda*, ou, mais propriamente, *venda e compra*, é o contrato pelo qual uma das partes (vendedor) transfere à outra (comprador) o domínio de certa coisa, mediante preço certo em dinheiro (CC, art. 481). Toda venda, ainda que de bem público, é contrato de Direito Privado. Não há venda administrativa; há, tão-somente, venda e compra civil ou comercial em que o vendedor é a Administração, mas isto não transforma a operação em contrato administrativo.[21] É, e será sempre, contrato de Direito Privado, apenas realizado pelo Poder Público com formalidades administrativas prévias, exigidas para a regularidade da alienação do bem público.

As *formalidades administrativas* para a venda de bem público imóvel são, como já vimos, a *autorização competente*, a *avaliação prévia* e a *licitação*, nos termos da legislação pertinente. Tratando-se de *bem de uso comum do povo* ou de *uso especial*, haverá necessidade de *desafetação legal*, que poderá constar da mesma norma que autorize a alienação.[22] A avaliação deverá ser feita por perito habilitado ou órgão competente da entidade estatal, responsável por seu patrimônio. A licitação obedecerá às normas gerais da Lei 8.666/93, no que couber, e às especiais do Estado ou do Município, se as tiver, aplicáveis à espécie.

Quanto à *venda de bens móveis* e *semoventes*, exigem-se também, em princípio, *autorização legal*, *avaliação* e *licitação prévia*. A autorização, entretanto, poderá ser genérica, isto é, dirigir-se a bens indiscriminados, como ocorre com os materiais inservíveis. O procedimento licitatório poderá ser qualquer um dos legalmente previstos, inclusive o *leilão administrativo*, que é o mais simples e recomendável, como vimos precedentemente (cap. V, item 9.5). Casos há de venda de bens móveis ou semoventes com *destinação especial* que não exige licitação. É o que ocorre, p. ex., com a venda

trats Administratifs, Paris, 1956, I/263; Luís Antônio de Andrade, in *RDA* 49/470; Carlos Medeiros Silva, in *RDA* 79/465.

21. Ruy Cirne Lima, in *RDA* 32/16.

22. Mesmo no âmbito da União é necessária a *desafetação por lei*, pois é óbvio que a autorização de venda por decreto, prevista no art. 195 do Dec.-lei 200/67, não a dispensa.

de sementes, adubos, inseticidas e reprodutores a agricultores e criadores, quando há interesse público em fomentar suas atividades. Para essas vendas basta autorização competente, com as condições para sua efetivação (v. cap. V, item 7.3.3, *Inexigibilidade de licitação*).

1.6.1.2 Doação: *doação* é o contrato pelo qual uma pessoa (doador), por liberalidade, transfere de seu patrimônio bens ou vantagens para outra (donatária), que os aceita (CC, arts. 538 e 539). É contrato civil, e não administrativo, fundado na liberalidade do doador, embora possa ser com encargos para o donatário.

A Administração pode fazer doações de bens móveis ou imóveis desafetados do uso público, e comumente o faz para incentivar construções e atividades particulares de interesse coletivo. Essas doações podem ser com ou sem encargos e em qualquer caso dependem de *lei autorizadora*, que estabeleça as condições para sua efetivação, de *prévia avaliação* do bem a ser doado e de *licitação*. Só excepcionalmente poder-se-á promover concorrência para doações com encargos, a fim de escolher-se o donatário que proponha cumpri-los em melhores condições para a Administração ou para a comunidade. Em toda doação *com encargo* é necessária a cláusula de *reversão* para a eventualidade do seu descumprimento.

Modernamente, a *doação de terrenos públicos* vem sendo substituída – e com vantagens – pela *concessão de direito real de uso*, que examinamos precedentemente, neste mesmo item.

1.6.1.3 Dação em pagamento: *dação em pagamento* é a entrega de um bem que não seja dinheiro para solver dívida anterior. A coisa dada em pagamento pode ser de qualquer espécie e natureza, desde que o credor consinta no recebimento em substituição da prestação que lhe era devida (CC, art. 356).

A Administração pode utilizar-se da dação em pagamento, com prévia autorização legislativa e avaliação do bem a ser empregado no resgate da dívida. Fixado o valor da coisa dada em pagamento, as relações entre as partes reger-se-ão pelas normas da compra e venda, e, se aquela for título de crédito, a transferência importará cessão, sujeitando-se, então, aos preceitos deste instituto (CC, arts. 286 e ss.).

A dação em pagamento, embora consubstancie uma alienação de bem público, não exige licitação, por se tratar de um contrato com destinatário certo, que é o credor que consente no pagamento por essa forma.

1.6.1.4 Permuta: *permuta, troca* ou *escambo* é o contrato pelo qual as partes transferem e recebem um bem, uma da outra, bens, esses, que se substituem reciprocamente no patrimônio dos permutantes. Há sempre na permuta uma alienação e uma aquisição de coisa, da mesma espécie ou não. A permuta pressupõe igualdade de valor entre os bens permutáveis, mas é admissível a troca de coisas de valores desiguais com *reposição* ou *torna* em dinheiro do faltante. Essa complementação em pecúnia, para igualarem-se os valores das coisas trocadas, não desnatura a permuta, desde que a intenção precípua de cada parte é obter o bem da outra.

A permuta de bem público, como as demais alienações, exige *autorização legal* e *avaliação prévia* das coisas a serem trocadas, mas não exige licitação, pela impossibilidade mesma de sua realização, uma vez que a determinação dos objetos da troca não admite substituição ou competição licitatória.

Qualquer bem público, desde que desafetado do uso comum do povo ou de destinação pública especial, pode ser permutado com outro bem público ou particular, da mesma espécie ou de outra. O essencial é que a lei autorizadora da permuta identifique os bens a serem permutados e a avaliação prévia atribua-lhes corretamente os valores, para a efetivação da troca sem lesão ao patrimônio público.

Aplicam-se à permuta as disposições da compra e venda (CC, art. 533) e, tratando-se de troca de imóveis, fica sujeita às formas e registros competentes para a transferência do domínio.

1.6.1.5 Investidura: *investidura* é a incorporação de uma área pública, isoladamente inconstruível, ao terreno particular confinante que ficou afastado do novo alinhamento em razão de alteração do traçado urbano.[23] Esse clássico conceito doutrinário merece, atualmente, ampliação, no sentido de abranger qualquer *área inaproveitável isoladamente*, remanescente ou resultante de obra pública (art. 17, § 3º, da Lei 8.666/93), uma vez que esta pode afetar também os terrenos rurais. Assim sendo, *área inaproveitável isoladamente* "é aquela que não se enquadra nos módulos estabelecidos por lei para edificação urbana ou aproveitamento para fins agropecuários", consoante a lição de Antônio Marcello da Silva, concluindo que "a inaproveitabilidade da área, isoladamente, é justificativa suficiente para a alienação e também para a dispensa de licitação, pois não poderia ser usada por outrem que não o proprietário do imóvel lindeiro".[24]

23. Sobre *investidura* consultem-se os excelentes pareceres dos Procuradores do Estado da Guanabara José de Miranda Valverde, in *RDPG* 1/13; Gustavo Philadelpho Azevedo, in *RDPG* 3/476; Luiz de Macedo Soares Machado Guimarães, in *RDPG* 14/232; e Rocha Lagoa, in *RDPG* 14/238.

24. Antônio Marcello da Silva, *Contratações Administrativas*, São Paulo, 1971, p. 47.

Realmente, essa situação cria para o proprietário confinante o direito de adquirir por *investidura* a área pública remanescente e inaproveitável segundo sua destinação natural, visto que só ele pode incorporá-la ao seu lote e utilizá-la com o todo a que ficou integrada. Por isso mesmo, a investidura, embora seja forma de alienação e aquisição de imóvel público, exige autorização legislativa, dispensando a concorrência, uma vez que a transferência de propriedade só se pode fazer ao particular lindeiro e pelo preço apurado em avaliação prévia, segundo os valores correntes no local. Esse caráter de incorporação compulsória permite aos beneficiários da investidura a plena utilização da área a ser investida, desde o momento da retração do alinhamento ou da conclusão das obras, de que resultaram sobras inaproveitáveis de terrenos públicos na divisa ou no meio das propriedades particulares.

Todavia, do mesmo modo que o proprietário lindeiro pode compelir o Poder Público a incorporar ao seu terreno, por investidura, a área pública inaproveitável isoladamente, pagando o justo valor, pode também a Administração desapropriar o imóvel confinante cujo proprietário se recusar a investir, para, após a incorporação, vender o todo a terceiro (STF, *RTJ* 100/694). É a solução do Direito Francês,[25] perfeitamente aplicável ao nosso, uma vez que o instituto da investidura, tanto lá como aqui, tem a mesma finalidade, ou seja, permitir a normal utilização dos exíguos terrenos públicos, isoladamente inaproveitáveis segundo as exigências legais.

A Lei 9.648, de 27.5.98, que introduziu várias modificações na Lei 8.666/93, acrescentou novo inciso ao § 3º do art. 17, para considerar *investidura* também "a alienação aos legítimos possuidores diretos ou, na falta destes, ao Poder Público, de imóveis para fins residenciais construídos em núcleos urbanos anexos a usinas hidrelétricas, desde que considerados dispensáveis na fase de operação dessas unidades e não integrem a categoria de bens reversíveis ao final da concessão". Esta hipótese foge completamente ao conceito tradicional de investidura. A área é remanescente de obra pública mas pode ser aproveitada isoladamente, motivo pelo qual se tornou necessário explicitá-la, a fim de que pudesse ser considerada como um caso de *investidura*. Este dispositivo destina-se, sem dúvida, a solucionar problemas concretos defrontados pela Administração: empresas governamentais que depois da construção de usina não mais necessitavam das casas edificadas para os operários, convindo repassá-las aos seus ocupantes diretos, assim como ao Poder Público, nos casos de áreas de uso comum (ruas e praças) ou de uso público (escolas, postos de saúde etc.).

A formalização da investidura se faz por escritura pública ou termo administrativo, sempre sujeitos a registro imobiliário.

25. Duez e Debeyre, *Traité de Droit Administratif*, Paris, 1952, p. 787; Berthélemy, *Droit Administratif*, Paris, 1933, p. 539; Morin, *De l'Alignement*, Paris, 1926, pp. 68 e ss.

1.6.1.6 Concessão de domínio: *concessão de domínio* é forma de alienação de terras públicas que teve sua origem nas *concessões de sesmarias* da Coroa e foi largamente usada nas *concessões de datas* das Municipalidades da Colônia e do Império. Atualmente, só é utilizada nas *concessões de terras devolutas* da União, dos Estados e dos Municípios,[26] consoante prevê a Constituição da República (art. 188, § 1º). Tais concessões não passam de vendas ou doações dessas terras públicas, sempre precedidas de lei autorizadora e avaliação das glebas a serem concedidas a título oneroso ou gratuito, além da aprovação do Congresso Nacional quando excedentes de dois mil e quinhentos hectares. Quando feita por uma entidade estatal a outra, a concessão de domínio formaliza-se por *lei* e independe de registro; quando feita a particulares exige *termo administrativo* ou *escritura pública* e o título deve ser *transcrito* no registro imobiliário competente, para a transferência do domínio.

A *concessão de domínio* de terras públicas não deve ser confundida com a *concessão administrativa* de uso de bem público, nem com a *concessão de direito real de uso* de terrenos públicos, que já estudamos precedentemente, porque importa *alienação do imóvel*, enquanto estas – concessões de uso como direito pessoal ou real – possibilitam apenas a utilização do bem concedido, sem a transferência de sua propriedade.

1.6.1.7 Legitimação de posse: *legitimação de posse* é modo excepcional de transferência de domínio de terra devoluta ou área pública sem utilização, ocupada por longo tempo por particular que nela se instala, cultivando-a ou levantando edificação para seu uso. A legitimação da posse há que ser feita na forma da legislação pertinente, sendo que, para as terras da União, o Estatuto da Terra (Lei 4.504/64) já disciplina seu procedimento e a expedição do título (arts. 11 e 97 a 102), para o devido registro do imóvel em nome do legitimado. Quanto às terras estaduais e municipais, são igualmente passíveis de legitimação de posse para transferência do domínio público ao particular ocupante, na forma administrativa estabelecida na legislação pertinente.

Expedido o título de legitimação de posse – que, na verdade, é título de transferência de domínio –, seu destinatário, ou sucessor, deverá levá-lo a registro. No registro de imóveis podem apresentar-se quatro situações distintas: a) o imóvel não estar registrado; b) o imóvel estar registrado em

26. Sobre *terras devolutas*, v., adiante, o item 2.2. Advirta-se que, atualmente, as terras rurais de qualquer das entidades estatais ficam sujeitas, para concessão de domínio ou de uso a particulares, às limitações constitucionais (art. 188 e §§), às restrições de faixa de fronteira (Lei 6.634, de 2.5.79), às de aquisição por estrangeiro (Ato Complementar 45/69; Dec.-lei 494, de 10.3.69; Dec.-lei 924, de 10.10.69; Lei 5.079, de 7.10.71); às do Estatuto da Terra e Reforma Agrária (Lei 4.504, de 30.11.64; Dec.-lei 582, de 15.5.69; Dec.-lei 1.110, de 9.7.70, regulamentado pelo Dec. 68.153, de 1.2.71; Lei 5.868, de 12.12.72, regulamentada pelo Dec. 72.106, de 16.4.73).

nome do próprio legitimado; c) o imóvel estar registrado em nome do antecessor do legitimado; d) o imóvel estar registrado em nome de terceiro estranho ao legitimado. No primeiro caso ("a"), registra-se normalmente o título de legitimação; no segundo e no terceiro casos ("b" e "c"), o registro do título de legitimação de posse substituirá os registros anteriores; no quarto caso ("d"), registra-se o título de legitimação de posse, ficando sem efeito o registro existente. Em qualquer dos casos prevalecerão as metragens e a descrição do imóvel constantes do título de legitimação de posse, pois a finalidade precípua deste ato é a regularização da propriedade pública e das aquisições particulares por essa forma anômala, mas de alto sentido social.

Não há usucapião de bem público como direito do posseiro mas, sim, reconhecimento do Poder Público da conveniência de legitimar determinadas ocupações, convertendo-as em propriedade em favor dos ocupantes que atendam às condições estabelecidas na legislação da entidade legitimante. Essa providência harmoniza-se com o preceito constitucional da função social da propriedade (art. 170, III) e resolve as tão freqüentes tensões resultantes da indefinição da ocupação, por particulares, de terras devolutas e de áreas públicas não utilizadas pela Administração.

1.7 Imprescritibilidade, impenhorabilidade e não oneração dos bens públicos

Os bens públicos são, em regra, *imprescritíveis*, *impenhoráveis* e *não sujeitos a oneração*. Vejamos a razão de ser desses atributos, que têm fundamentos constitucionais e legais, além de encontrarem plena justificação na prática administrativa.

1.7.1 *Imprescritibilidade* – A *imprescritibilidade dos bens públicos* decorre como conseqüência lógica de sua *inalienabilidade* originária. E é fácil demonstrar a assertiva: se os bens públicos são originariamente inalienáveis, segue-se que ninguém os pode adquirir enquanto guardarem essa condição. Daí não ser possível a invocação de usucapião sobre eles. É princípio jurídico, de aceitação universal, que não há direito contra Direito, ou, por outras palavras, não se adquire direito em desconformidade com o Direito.

A despeito disso, por longo tempo lavrou fundo a divergência jurisprudencial, até que os Decs. federais 19.924, 22.785 e 710, respectivamente de 27.4.31, 31.5.33 e 17.9.38, cortaram a dúvida, reiterando a imprescritibilidade dos bens públicos, " seja qual for a sua natureza" (art. 2º do Dec. 22.785). Hoje é remansosa a jurisprudência nesse sentido, quer do STF (Súmula 340), quer das Cortes Estaduais.[27]

27. STF, *RDA* 1/159, 4/203, 28/222; *RF* 109/104, 113/392, 131/415, 132/120; TJSP, *RT* 120/222, 121/684. O STJ, no REsp 945.055, decidiu que, mesmo de boa-fé, a ocupação de área

1.7.2 *Impenhorabilidade* – A *impenhorabilidade dos bens públicos* decorre de preceito constitucional que dispõe sobre a forma pela qual serão executadas as sentenças judiciárias contra a Fazenda Pública, *sem permitir a penhora de seus bens*. Admite, entretanto, o seqüestro da quantia necessária à satisfação do débito, desde que ocorram certas condições processuais (CF, art. 100).[28]

O Código de Processo Civil (Lei 5.869, de 11.1.73, retificada pela Lei 5.925, de 1.10.73) contém seção especial para a execução contra a Fazenda Pública (arts. 730 e 731), estabelecendo as regras para o pagamento das requisições judiciais, na ordem de apresentação do precatório e à conta do respectivo crédito. Isto significa que caberá ao Poder Público providenciar os recursos necessários à execução, que se realiza sem penhora de qualquer bem público.[29]

1.7.3 *Não oneração* – A *impossibilidade de oneração dos bens públicos* (das entidades estatais, autárquicas e fundacionais) parece-nos questão indiscutível, diante da sua inalienabilidade e impenhorabilidade.

Penhor, anticrese e hipoteca são, por definição legal, direitos reais de garantia sobre coisa alheia (CC, art. 1.419). Como tais, tipificam-se pelo poder de seqüela, isto é, de acompanhar a coisa em todas as suas mutações, mantendo-a como garantia da execução. No dizer de Clóvis, "o que caracteriza esta classe de direitos reais é a íntima conexão em que se acham com as obrigações cujo cumprimento asseguram. É por vincularem a coisa, diretamente, à ação do credor, para a satisfação de seu crédito, que lhes cabe, adequadamente, a denominação de direitos reais de garantia".[30]

O mesmo diz a lei civil: "Nas dívidas garantidas por penhor, anticrese ou hipoteca, o bem dado em garantia fica sujeito, por vínculo real, ao cumprimento da obrigação" (CC, art. 1.419). E no artigo seguinte a lei esclarece: "Só aquele que pode alienar poderá empenhar, hipotecar ou dar em anticrese; só os bens que se podem alienar poderão ser dados em penhor, anticrese ou hipoteca" (CC, art. 1.420).

Por essa conceituação, ficam afastados, desde logo, os bens de uso comum do povo e os de uso especial, que são, por natureza, inalienáveis.

pública não gera direito a indenização por benfeitorias. V. tb. o artigo de Jônatas Milhomens, "Da intangibilidade dos bens públicos", *RDPDF* 2/71.

28. Em relação aos pagamentos dos precatórios parcelados, admite-se também o seqüestro de verbas públicas (STJ, MC 12.363).

29. A emenda da Reforma Previdenciária eliminou a necessidade de expedição de precatórios contra a Fazenda Pública para pagamentos de obrigações definidas em lei como de pequeno valor devidas em virtude de sentença judicial transitada em julgado.

30. Clóvis Beviláqua, *Código Civil Comentado*, São Paulo, 1938, III/327.

Restam, portanto, os dominiais e as rendas públicas. Mas quanto a estes há o obstáculo constitucional da impenhorabilidade em execução judicial. Se tais bens, embora alienáveis, são impenhoráveis por lei, não se prestam a execução direta, que é consectário lógico do vínculo real, que se estabelece entre a coisa e a ação do credor hipotecário, pignoratício ou anticrético.

Desde que a Constituição da República retirou a possibilidade de penhora de bens da Fazenda Pública federal, estadual e municipal, retirou, também, a possibilidade de oneração de tais bens, uma vez que a execução de toda garantia real principia pela penhora, na ação executiva correspondente, para a subseqüente satisfação da dívida, mediante praceamento ou adjudicação do bem dado em garantia. Uma garantia real que não contasse com a execução direta da coisa onerada deixaria de satisfazer seus fins, desgarantindo o direito do credor. Não seria, de modo algum, garantia real.

Neste ponto lamentamos divergir do eminente publicista Martins da Silva, que, em seus magníficos comentários à lei orgânica mineira, sustenta a possibilidade de servirem os bens patrimoniais e as rendas públicas de garantia real, principalmente para a obtenção de empréstimos externos ou internos.[31] Com a devida vênia, dissentimos de tão douta opinião. A nosso ver, a proibição constitucional abrange todo e qualquer bem da Fazenda Pública, móveis, imóveis, rendas e direitos creditórios, isentando-os de penhora. Não importa, por igual, o fim a que se destine a garantia real. Desde que os bens públicos são insuscetíveis de penhora, e sendo a penhora consectário legal da execução para a satisfação do crédito objeto de garantia real, ressalta a impossibilidade de se constituir penhor ou hipoteca sobre os mesmos.

Para a garantia de empréstimo há o recurso à emissão de títulos e outros mais, postos à disposição das Administrações pelo Direito Financeiro, sem necessidade de o Estado recorrer a institutos de Direito Civil, que impliquem execução direta sobre os bens vinculados à dívida.

Aliás, até do ponto de vista político seria desaconselhável, por vexatória e embaraçosa para a Administração, a execução pignoratícia ou hipotecária de bens do seu patrimônio.

Exige o interesse público – e, por isso mesmo, a Constituição da República o resguardou – que o patrimônio das pessoas públicas fique a salvo de apreensões judiciais por créditos de particulares. Para a execução de sentenças condenatórias da Fazenda Pública, a Lei Magna e o Código de Processo Civil instituíram modalidade menos drástica que a penhora, porém não menos eficaz que esta, ou seja, a da requisição de pagamentos, à conta dos

31. Martins da Silva, *Direito Público Municipal e Administração dos Municípios*, 1952, p. 355, ns. 3 e 4.

créditos respectivos, e o subseqüente pedido de intervenção, se desatendida a requisição. Ressalvaram-se, assim, os interesses da Administração, sem se descuidar dos direitos de seus credores.

1.8 Aquisição de bens pela Administração

O Estado, no desempenho normal de sua administração, adquire bens de toda espécie e os incorpora ao patrimônio público para a realização de seus fins. Essas aquisições ou são feitas contratualmente, pelos instrumentos comuns do Direito Privado, sob a forma de *compra*, *permuta*, *doação*, *dação em pagamento*, ou se realizam compulsoriamente, por *desapropriação* ou *adjudicação em execução de sentença*, ou, ainda, se efetivam por força da lei, na *destinação de áreas públicas nos loteamentos* e na *concessão de domínio de terras devolutas*. Essas modalidades de aquisição e alienação já foram vistas nos tópicos anteriores, restando apenas advertir que cada modalidade de aquisição tem forma e requisitos específicos para sua efetivação, segundo se trate de móvel ou imóvel e de acordo com o valor do bem a ser adquirido.

O Código Civil de 2002, ao regular a perda da propriedade particular, dispõe que o imóvel abandonado, que não se encontra na posse de ninguém, poderá ser arrecadado como bem vago e incorporado ao patrimônio público depois de três anos. Se for imóvel urbano, passará à propriedade do Município, ou do Distrito Federal, se se achar nas respectivas circunscrições. Se for rural, passará à propriedade da União, onde quer que se encontre. Presume-se de modo absoluto a intenção de abandono quando, cessados os atos de posse, deixar o proprietário de satisfazer os ônus fiscais (art. 1.276 e §§). A arrecadação far-se-á por procedimento judicial ordinário, com publicação de editais convocando o proprietário e demais interessados. A sentença final será o título a ser registrado no Registro de Imóveis. A novidade introduzida pelo Código de 2002 é a presunção de abandono estabelecida pela falta de pagamento dos tributos devidos e relativos ao imóvel.

Entendemos também possível a aquisição de bens por *usucapião* em favor do Poder Público, segundo os preceitos civis desse instituto e o processo especial de seu reconhecimento. Será este o meio adequado para a Administração obter o título de propriedade de imóvel que ela ocupa, com ânimo de domínio, por tempo bastante para usucapir. A sentença de usucapião passará a ser o título aquisitivo registrável no cartório imobiliário competente.

De um modo geral, a aquisição onerosa de imóvel depende de autorização legal e de avaliação prévia, podendo dispensar concorrência se o bem escolhido for o único que convenha à Administração; quanto aos móveis e semoventes destinados ao consumo ou ao serviço público, sua aquisição dispensa autorização especial, por já subentendida na lei orçamentária ao conceder dotação própria, mas dependerá de licitação, na modalidade adequada ao valor do contrato (*concorrência*, *tomada de preços* ou *convite*),[32] salvo se estiver na reduzida faixa de inexigibilidade ou dispensa legal desse requisito.

Toda aquisição de bens pela Administração deverá constar de processo regular no qual se especifiquem as coisas a serem adquiridas e sua destinação, a forma e as condições de aquisição e as dotações próprias para a despesa a ser feita com *prévio empenho* (Lei federal 4.320/64, art. 60), nos termos do contrato aquisitivo, precedido de licitação, quando for o caso (Lei 4.320/64, art. 70, e legislação estadual e municipal pertinentes). O desatendimento das exigências legais na aquisição de bens para o patrimônio público poderá dar causa a invalidação do contrato, até mesmo por *ação popular* (Lei 4.717/65, arts. 1º e 4º), e a responsabilização do infrator por *emprego irregular de verbas ou rendas públicas* (CP, art. 315; no caso de Prefeito Municipal, Dec.-lei 201/67, art. 1º, I e III), além do ressarcimento do dano, se houver lesão aos cofres públicos.

Os bens imóveis de *uso especial* e os *dominiais* adquiridos por qualquer forma pelo Poder Público ficam sujeitos a registro no registro imobiliário competente; os bens de *uso comum do povo* (vias e logradouros públicos) estão dispensados de registro enquanto mantiverem essa destinação. A Lei 5.972, de 11.12.73, regula o procedimento para o registro da propriedade de bens imóveis discriminados administrativamente ou possuídos pela União.

2. Terras públicas

2.1 Origens

No Brasil todas as terras foram, originariamente, públicas, por pertencentes à Nação Portuguesa, por direito de conquista. Depois, passaram ao Império e à República, sempre como domínio do Estado. A transferência das terras públicas aos particulares deu-se paulatinamente por meio de *concessões de sesmaria e de data*,[33] *compra e venda*, *doação*, *permuta* e *legitimação de posses*. Daí a regra de que toda terra sem título de propriedade particular é do domínio público.[34]

32. Sobre *licitação* e *contrato administrativo* v. o cap. V.

33. *Concessão de sesmaria* foi a forma primitiva de doação condicionada de terras públicas para cultivo e trato particular, feita pelos governadores gerais e provinciais; *concessão de data* era a doação que as Municipalidades faziam de terrenos das cidades e vilas para a edificação particular.

34. J. O. Lima Pereira, *Da Propriedade no Brasil*, São Paulo, 1932, p. 6.

A legislação sobre terras surgiu esparsa e sem sistematização[35] até a Lei Imperial 601, de 18.9.1850, que definiu as *terras devolutas* e proibiu sua aquisição a não ser por compra, salvo as limítrofes com outros países, numa faixa de dez léguas, as quais poderiam ser concedidas gratuitamente; tratou da *revalidação* das *concessões* de sesmarias e outras do Governo geral ou provincial; dispôs sobre a *legitimação de posses*; estabeleceu o *comisso*; e instituiu o *processo de discriminação* das terras públicas das particulares. Esta lei – denominada *Lei das Terras* – foi regulamentada pelo Dec. Imperial 1.318, de 30.11.1854, que criou a *Repartição Geral das Terras Públicas*; regulou a *medição das terras públicas*, a *legitimação das particulares* e a *venda das terras públicas*; instituiu as *terras reservadas* e a *faixa de fronteiras*; estabeleceu o *regime de fiscalização das terras devolutas* e regulou o *registro paroquial*.

A Constituição de 1891 atribuiu aos Estados-membros "as terras devolutas situadas nos seus respectivos territórios, cabendo à União somente a porção de território que for indispensável para a defesa das fronteiras, forti-

35. A legislação pertinente até a *Lei das Terras* – Lei 601, de 18.9.1850 – era a seguinte: Ordem de 27.12.1665, estabeleceu um foro para o concessionário, além do dízimo; Carta Régia de 7.12.1667, limitou a extensão das sesmarias; Carta Régia de 23.11.1698, declarou imprescindível a confirmação das concessões de sesmarias; Carta Régia de 3.3.1704, exigiu a demarcação judicial das terras concedidas; Decreto de 20.10.1753, proibiu a confirmação das concessões de sesmarias sem prévia medição e demarcação; Provisão de 11.3.1754, regulou a concessão de terras cortadas por rios caudalosos, reservando uma faixa para fins de utilidade pública; Carta Régia de 13.3.1797, proibiu a concessão de terras junto às costas marítimas e às margens dos rios que as banham; Alvará de 5.10.1797, consolidou as disposições até então vigentes; Alvará de 25.1.1807, proibiu se passasse carta de concessão de sesmaria sem prévia medição judicial julgada por sentença; Decreto de 2.7.1808, estabeleceu a obrigatoriedade da confirmação das concessões de sesmarias pela Mesa de Desembargo do Paço e assinatura real; Resolução de 17.7.1822, suspendeu as concessões; Provisão de 22.10.1822, manteve a suspensão anterior até que sobre o assunto se manifestasse a Constituinte.

Atualmente, a legislação federal sobre terras é esta: Dec.-lei 9.760/85, sobre bens imóveis da União; Lei 6.634/79, sobre a faixa de fronteira; Lei 4.504/64, sobre o Estatuto da Terra; Lei 4.947/66, sobre a Reforma Agrária; Ato Complementar 45/64, sobre a aquisição de propriedade rural por estrangeiro, regulamentado pelo Dec.-lei 494/69; Lei 5.079/71, regula a aquisição de imóvel rural por estrangeiro residente no país ou pessoa jurídica estrangeira autorizada a funcionar no Brasil; Dec.-lei 554/66, sobre a desapropriação de imóveis rurais por interesse social; Dec.-lei 582/69, estabelecendo medidas sobre a Reforma Agrária; Dec.-lei 1.416/75, que dispõe sobre a ratificação das concessões e alienações de terras devolutas na faixa de fronteira; Lei 6.383/76, dispondo sobre o processo discriminatório de terras devolutas da União; Dec.-lei 1.561/77, dispondo sobre a ocupação de terrenos da União; Dec.-lei 2.375/87, que dispõe sobre terras públicas; Lei 9.636/98, que dispõe sobre os bens imóveis da União.

Em princípio, as normas federais sobre administração, uso e alienação de bens públicos da União não se aplicam aos Estados e Municípios, que têm legislação própria sobre o assunto, mas as disposições sobre terras devolutas, faixa de fronteira, terrenos de marinha e Reforma Agrária são impositivas para todas as entidades estatais.

ficações, construções militares[36] e estradas de ferro federais" (art. 64). Com essa disposição, passaram para as unidades federadas não só as terras do domínio público como o poder de legislar sobre sua concessão, discriminação e legitimação de posses, salvo quanto ao processo da ação discriminatória, que é matéria reservada à União e presentemente se acha regulada pela Lei 6.383, de 7.12.76.

O Código Civil de 1916, por sua vez, declarava que: "São públicos os bens do domínio nacional pertencentes às pessoas jurídicas de Direito Público interno; todos os outros são particulares, seja qual for a pessoa a que pertencerem" (art. 65). O Código atual, com melhor redação, refere-se aos bens pertencentes às pessoas de Direito Público interno (art. 98).

O Dec. federal 19.924, de 27.4.31, reafirmou o direito dos Estados-membros sobre as terras que lhes foram transferidas pela Constituição de 1891 e reconheceu-lhes expressamente a competência para "regular a administração, concessão, exploração, uso e transmissão das terras devolutas, que lhes pertencem, excluída sempre a aquisição por usucapião" (art. 1º).

A legislação subseqüente proibiu o resgate dos aforamentos de terrenos pertencentes ao domínio da União e assegurou aos Estados-membros o domínio dos terrenos marginais acrescidos naturalmente dos rios navegáveis de seus territórios, bem como o das ilhas formadas nesses rios e nas lagoas navegáveis, em todas as zonas não alcançadas pela influência das marés (Dec. federal 21.235, de 2.4.32). Logo depois foi transferido aos Estados-membros o domínio de todos os terrenos aforados pela União (Dec. federal 22.658, de 20.4.33).

A Constituição de 1946 nada inovou a respeito, limitando-se a declarar que se incluem entre os bens da União "as ilhas fluviais e lacustres nas zonas limítrofes com outros países" e "a porção de terras devolutas indispensáveis à defesa das fronteiras, às fortificações, construções militares e estradas de ferro" (art. 34, I e II).

A CF de 1969, por sua vez, em seu art. 4º, acrescentou mais alguns bens para a União, além dos que já lhe pertenciam anteriormente: a *porção de terras devolutas indispensáveis à segurança e ao desenvolvimento nacionais*; as *ilhas oceânicas*; as *ilhas fluviais e lacustres nas zonas limítrofes com outros países*; a *plataforma continental*; e as *terras ocupadas pelos silvícolas*. A mesma Constituição manteve no domínio dos Estados-membros todas as terras devolutas não compreendidas no patrimônio da União (art. 5º).

36. Atualmente, a *faixa de fronteira* está regida pela Lei 6.634, de 2.5.79, na extensão de 150km de largura, paralela à linha divisória do território nacional. As construções militares nas *zonas fortificadas* ficam sujeitas ao Dec.-lei 3.437, de 17.7.41.

Atualmente, nos termos do art. 20 da CF de 1988, são bens da União: "I – os que atualmente lhe pertencem e os que lhe vierem a ser atribuídos; II – as terras devolutas indispensáveis à defesa das fronteiras, das fortificações e construções militares, das vias federais de comunicação e à preservação ambiental definidas em lei; III – os lagos, rios e quaisquer correntes de água em terrenos de seu domínio, ou que banhem mais de um Estado, sirvam de limites com outros países, ou se estendam a território estrangeiro ou dele provenham, bem como os terrenos marginais e as praias fluviais; IV – as ilhas fluviais e lacustres nas zonas limítrofes com outros países; as praias marítimas; as ilhas oceânicas e as costeiras, excluídas, destas, as áreas referidas no art. 26, II; V – os recursos naturais da plataforma continental e da zona econômica exclusiva; VI – o mar territorial; VII – os terrenos de marinha e seus acrescidos; VIII – os potenciais de energia hidráulica; IX – os recursos minerais, inclusive os do subsolo; X – as cavidades naturais subterrâneas e os sítios arqueológicos e pré-históricos; XI – as terras tradicionalmente ocupadas pelos índios".

As terras públicas não são suscetíveis de usucapião (CF, arts. 189, § 3º, e 191, parágrafo único) e só podem ser alienadas ou concedido seu uso em área superior a dois mil e quinhentos hectares com prévia aprovação do Congresso Federal (CF, art. 188 e §§). As alienações na *faixa de fronteira* ficam sujeitas às restrições da Lei 6.634, de 2.5.79, podendo ser ratificadas na forma da Lei 4.947, de 6.4.66, e do Dec.-lei 1.414, de 18.8.75. Relembre-se que a MP 2.220, de 4.9.2001, regula o direito à concessão de uso especial de imóvel urbano para fins de moradia, transferível por ato *inter vivos* ou *causa mortis*.

As *terras públicas* compõem-se de *terras devolutas*, *plataforma continental*, *terras ocupadas pelos silvícolas*, *terrenos de marinha*, *terrenos acrescidos*, *ilhas dos rios públicos e oceânicas*, *álveos abandonados*, além das *vias e logradouros públicos* e *áreas ocupadas com as fortificações e edifícios públicos*, como veremos adiante.

2.2 Terras devolutas

Terras devolutas são todas aquelas que, pertencentes ao domínio público de qualquer das entidades estatais, não se acham utilizadas pelo Poder Público, nem destinadas a fins administrativos específicos. São bens públicos patrimoniais ainda não utilizados pelos respectivos proprietários. Tal conceito nos foi dado pela Lei Imperial 601, de 18.9.1850, e tem sido aceito uniformemente pelos civilistas.[37] Essas terras, até a proclamação da Repú-

37. Teixeira de Freitas, *Consolidação das Leis Civis*, 1893, nota 19 ao art. 52; Clóvis Beviláqua, *Código Civil Comentado*, 1928, obs. ao art. 66; Lima Pereira, *Da Propriedade no*

blica, pertenciam à Nação; pela Constituição de 1891 foram transferidas aos Estados-membros (art. 64) e alguns destes as traspassaram, em parte, aos Municípios.[38] Constituem, todavia, domínio da União as terras devolutas dos Territórios federais e as que forem por lei declaradas indispensáveis à segurança e ao desenvolvimento nacionais, nos termos do art. 20, II, da CF. Dentre estas últimas, de acordo com o Dec.-lei 2.375, de 24.11.87, estão as terras devolutas incluídas na faixa de fronteira e as contidas nos Municípios que especifica.[39]

O deslinde das terras da União, dos Estados ou dos Municípios faz-se por meio da *ação discriminatória*, regulada pela Lei 6.383, de 7.12.76, ação, essa, que se inicia com o chamamento dos interessados para exibir seus títulos de propriedade e termina com o julgamento do domínio e subseqüente demarcação para o registro, como dispõe a Lei 5.972, de 11.12.73. No âmbito federal a discriminação de terras é promovida pelo INCRA.

A Lei 6.739, de 5.12.79, modificada pela Lei 10.267, de 28.8.2001, permite o *cancelamento da matrícula e do registro de imóvel rural* provenientes de título nulo de pleno direito ou feitos em desacordo com as normas pertinentes. Esse cancelamento é determinado pelo Corregedor-Geral da Justiça, a requerimento da pessoa jurídica de Direito Público interessada, em procedimento sumário que só admite defesa após o cumprimento do mandado, nos termos que a mesma lei estabelece.[40]

2.3 *Plataforma continental*

A Constituição Federal de 1988 considera como bens da União "os recursos naturais da plataforma continental". A *plataforma continental* compreende "o leito e o subsolo das áreas submarinas que se estendem além

Brasil, 1932, p. 10; Messias Junqueira, *O Instituto Brasileiro das Terras Devolutas*, Lael, São Paulo, 1976, pp. 73 e ss.

38. O Estado de São Paulo, por sua primeira Lei de Organização Municipal (Lei 16, de 13.11.1891), concedeu às Municipalidades, para a formação de cidades, vilas e povoados, "as terras devolutas adjacentes às povoações de mais de mil almas em raio de círculo de seis quilômetros, a partir da praça central" (art. 38, § 1º). Esse raio foi posteriormente aumentado para l2km no Município da Capital e 8km nos demais (Dec. 14.916, de 6.8.45) e assim permaneceu até a última Lei Orgânica dos Municípios (Dec.-lei Complementar 9, de 31.12.69), que integrou também no patrimônio municipal as terras devolutas localizadas num raio de 6km dos seus distritos (art. 60, parágrafo único).

39. O Dec.-lei 2.375, de 24.11.87 (aprovado pelo Dec. leg. 16/89), revogou o Dec.-lei 1.164/71, que considerava terras devolutas da União aquelas situadas na faixa de 100km de largura em cada lado do eixo das rodovias da Amazônia Legal (Lei 5.173/66), estatuindo novas regras a respeito.

40. Esta disposição se nos afigura inconstitucional, por autorizar o cancelamento do registro sem o devido processo legal.

de seu mar territorial, em toda a extensão do prolongamento natural de seu território terrestre, até o bordo exterior da margem continental, ou até uma distância de duzentas milhas marítimas das linhas de base, a partir das quais se mede a largura do mar territorial, nos casos em que o bordo exterior da margem continental não atinja essa distância" (Lei 8.617/93, art. 11). Seu limite exterior será fixado de conformidade com os critérios estabelecidos na Convenção das Nações Unidas sobre o Direito do Mar, de 1982 (art. 11, parágrafo único).

Sobre ela o Brasil exerce direitos de soberania para efeitos de exploração e aproveitamento de seus recursos naturais, referidos no parágrafo único do art. 12, além de ter "o direito exclusivo de regulamentar a investigação científica marinha, a proteção e preservação do meio marinho, construção, operação e o uso de todos os tipos de ilhas artificiais, instalações e estruturas, e perfurações, para quaisquer fins" (art. 13, §§ 1º a 3º). É reconhecido aos Estados "o direito de colocar cabos e dutos" na plataforma, mas os traçados dependerão de consentimento do Governo Brasileiro, que poderá estabelecer condições para a colocação (art. 14).

2.4 Terras tradicionalmente ocupadas pelos índios

As *terras ocupadas pelos índios*, a que se refere a Constituição da República (arts. 20, XI, e 231),[41] são as porções do território nacional necessárias à sobrevivência física e cultural das populações indígenas que as habitam (cf. art. 231, § 1º).

Realmente, este dispositivo assegura aos índios a *posse permanente* das terras por eles habitadas e o *usufruto exclusivo* das riquezas naturais e de todas as utilidades nelas existentes (art. 231, § 2º).

Constituindo bens públicos da União com destinação específica, as terras ocupadas pelos índios são inalienáveis e indisponíveis, e os direitos sobre elas, imprescritíveis (art. 231, § 4º), sendo demarcáveis administrativamente, nos termos do Dec. 1.775, de 8.1.96.

Reafirmando a sua intenção protecionista, a Carta Magna de 1988 declarou que "são nulos e extintos, não produzindo efeitos jurídicos, os

41. Consultar acórdão na Pet. 3.388 sobre o paradigmático caso da Demarcação da Terra Indígena Raposa Serra do Sol, no qual o Pleno do STF proclamou que o art. 231, ao chamar de "originários", traduz um direito mais antigo que qualquer outro, de maneira a preponderar sobre pretensos direitos adquiridos, mesmo os materializados em escrituras públicas ou títulos de legitimação de posse em favor de não-índios – atos, estes, que a própria Constituição Federal declarou como "nulos e extintos" (§ 6º do art. 231) –, e que os arts. 231 e 232 constituem um completo estatuto jurídico da causa indígena, bem como estabeleceu "salvaguardas institucionais", entre as quais a vedação de ampliação da terra indígena já demarcada, que, sem dúvida, gera segurança jurídica.

atos que tenham por objeto a ocupação, o domínio e a posse das terras a que se refere este artigo, ou a exploração das riquezas naturais do solo, dos rios e dos lagos nelas existentes, ressalvado relevante interesse público da União, segundo o que dispuser lei complementar, não gerando a nulidade e a extinção direito a indenização ou a ações contra a União, salvo, na forma da lei, quanto às benfeitorias derivadas da ocupação de boa-fé" (art. 231, § 6º).

Em face desta e de outras inovações da Constituição relacionadas com as terras indígenas, torna-se imprescindível a revisão do Estatuto do Índio (Lei 6.001, de 19.12.73), tendo o Executivo apresentado projeto de lei com essa finalidade.

2.5 *Terrenos de marinha*

Terrenos de marinha são "todos os que, banhados pelas águas do mar ou dos rios navegáveis, em sua foz, vão até a distância de 33 metros para a parte das terras, contados desde o ponto em que chega o preamar médio" (Aviso Imperial de 12.7.1833).

Tais terrenos pertencem ao domínio da União, por contidos nas reservas do art. 64 da CF de 1891, conforme têm entendido os mais autorizados juristas pátrios e também o STJ.[42]

A utilização dos terrenos de marinha, inclusive para edificações, depende de autorização federal, mas, tratando-se de áreas urbanas ou urbanizáveis, as construções e atividades civis nelas realizadas ficam sujeitas a regulamentação e a tributação municipais, como as demais realizações particulares.

A reserva dominial da União visa, unicamente, a fins de defesa nacional, sem restringir a competência estadual e municipal no ordenamento territorial e urbanístico dos terrenos de marinha, quando utilizados por particulares para fins civis.

42. Epitácio Pessoa, *Terrenos de Marinha*, Razões, 1904; Rodrigo Octávio, *Do Domínio da União e dos Estados*, 1924, cap. V; Clóvis Beviláqua, *Teoria Geral do Direito*, 1934, § 43.

Com força de recurso repetitivo (art. 543-C do CPC), o STJ decidiu que os terrenos de marinha pertencem à União, não sendo a ela oponíveis os registros de propriedade particular dos imóveis neles situados, os quais têm presunção relativa e garantem àqueles tidos como proprietários apenas o direito de seus titulares serem notificados pessoalmente para fazer parte do procedimento de demarcação da linha preamar e fixação do domínio público. Ao particular cabe comprovar que o imóvel não se situa em terreno de marinha (REsp 1.183.546, j. 8.9.2010).

2.6 *Terrenos acrescidos*

Terrenos acrescidos são todos aqueles que se formam com a terra carreada pela caudal. Tais terrenos pertencem aos proprietários das terras marginais a que aderirem, na forma que o Código Civil estabelece (art. 1.250).[43]

O Autor discordava dos que entendiam que o art. 16 do Código de Águas – Dec. federal 24.643, de 10.7.34 – havia revogado o art. 538 do antigo CC.[44] Achava que a defeituosa redação dos parágrafos dos arts. 11 a 16 do Código de Águas, reproduzindo a péssima linguagem do art. 39 da Lei Imperial 1.507, de 26.9.1867, é que havia gerado a confusão entre *domínio público* e *servidão pública*, uma vez que o legislador do Império, pouco afeito à técnica do Direito Público, confundiu *propriedade pública* com *servidão pública ou administrativa*, levando o intérprete a equivocar-se na conceituação das *terras públicas* e dos *terrenos reservados para serviços públicos*. O novo Código confirma o seu entendimento.

2.7 *Terrenos reservados ou marginais*

Terrenos reservados ou *marginais* são as faixas de terras particulares, marginais dos rios, lagos e canais públicos, na largura de quinze metros, oneradas com a servidão de trânsito, instituída pelo art. 39 da Lei Imperial 1.507, de 26.9.1867, revigorada pelos arts. 11, 12 e 14 do Dec. federal 24.643, de 10.7.34 – Código de Águas. Essa servidão, como toda servidão, é *ônus real sobre a propriedade alheia*. Tratando-se, como se trata, de uma *servidão pública* ou *administrativa*, destina-se unicamente a possibilitar a realização de obras ou serviços públicos pela Administração, no interesse da melhor utilização das águas, do aproveitamento das suas riquezas e do seu policiamento, a exemplo das servidões *de halage* e *de marchepied* do Direito Francês, onde o nosso legislador se inspirou.[45] Tal servidão, entretanto, não tem sido entendida corretamente por muitos dos nossos juristas, que a consideram como transferência da propriedade particular para o domínio público. O equívoco destes intérpretes é manifesto, pois as terras

43. Alfredo Valladão, *Direito das Águas*, 1931, p. 137.

44. Antônio de Pádua Nunes, *Código de Águas*, São Paulo, 1962, I/47.

45. Na França, desde a Ordenança de 13.8.1607 as margens dos rios públicos estão gravadas, na largura de 7,50m, com a *servitude de halage*, destinada à tirada das embarcações pelos cavalos atrelados à sirga. Para os demais rios existe a *servitude de marchepied*, na faixa marginal de 3,25m, instituída pelo Decreto de 24.6.1877, destinada aos serviços de policiamento das águas e da pesca (cf. Ducrocq, *Droit Administratif*, 1882, VI/1.624; Hauriou, *Droit Administratif*, 1914, p. 728). Idênticas são as nossas servidões, na faixa de 15m para as obras e serviços públicos gerais (Código de Águas, art. 11), e na largura de 10m para o trânsito dos agentes da Administração Pública, quando em execução de serviço (Código de Águas, art. 12). Marcos Luiz da Silva, "Dos terrenos marginais da União: conceituação a partir da Constituição Federal de 1988", *Revista Virtual da AGU*, n. 82, nov./2008.

particulares atingidas por essa servidão administrativa não passaram para o domínio público, nem ficaram impedidas de ser utilizadas por seus proprietários, desde que nelas não façam construções ou quaisquer outras obras que prejudiquem o uso normal das águas públicas ou impeçam seu policiamento pelos agentes da Administração.

Interpretar a reserva dessas faixas como transferências de domínio é desconhecer a natureza e finalidade da servidão que as onera, e que visa, única e exclusivamente, a deixar livres as margens das águas públicas para o policiamento pelos agentes da Administração. Por isso mesmo, em caso de desapropriação indenizam-se também as terras reservadas. Nem poderia a lei despojar a propriedade particular sem indenização. Se o legislador assim agisse, praticaria um confisco, vedado pela nossa Constituição.[46]

Desde que se trata de uma servidão, há de recair sobre o domínio alheio. E, se é servidão pública, só pode incidir sobre a propriedade privada, pois não se concebe que a Administração institua servidão sobre seus próprios bens. E, realmente, a instituiu sobre a propriedade particular, limitando apenas seu uso (Código de Águas, art. 11, § 2º) a benefício de futuras obras e serviços públicos que dependam das terras marginais para sua realização. Outro não pode ser o conceito de *terreno reservado* (Código de Águas, arts. 12 e 14), sob pena de se desfigurar o instituto da servidão administrativa ou pública.[47]

Outra observação que se impõe é a de que a *faixa reservada* não se destina ao trânsito ou à utilização por particulares. A reserva é feita para obras e serviços públicos e para o trânsito dos agentes da Administração no desempenho de suas funções. Servidão pública não significa "servidão para o público" mas, sim, servidão para o Poder Público. Se assim não fosse, ficariam as terras sujeitas à invasão de pescadores, garimpeiros e demais exploradores das riquezas fluviais, num perene atentado à propriedade privada. Não foi isto, entretanto, que a lei desejou ou permitiu ao instituir a servidão administrativa nas margens dos rios públicos. Tanto não foi que o particular esbulhado ou turbado em sua posse por obras ou pelo trânsito de particulares poderá defendê-la judicialmente com os interditos possessórios adequados, ou reivindicar o domínio de quem o detenha injustamente.

46. A Constituição Federal de 1988 considera como bens públicos da União "os terrenos marginais" dos rios, lagos e quaisquer correntes de água em terrenos de seu domínio, ou que banhem mais de um Estado, sirvam de limite com outros países, ou se estendam a território estrangeiro ou dele provenham (art. 20, III), motivo pelo qual são insuscetíveis de desapropriação e indenização, conforme a Súmula 479 do STF. Em 2.9.2008, no RE 331.086, o STF reiterou a aplicação da Súmula 479 em questão relativa a terras reservadas. No REsp 508.377, afirmando a impossibilidade de título legítimo de particular em relação às margens de rio que banhe mais de um Estado, o STJ negou a indenização. No REsp 89.832, de 7.2.2006, o STJ entendeu cabível a indenização em caso em que os terrenos marginais, "por algum título legítimo, pertencerem ao domínio particular".

47. Sobre *servidão administrativa* ou *pública* v. o tópico pertinente no cap. IX.

2.8 *Ilhas*

As *ilhas dos rios e lagos públicos interiores* pertencem aos Estados-membros e as *dos rios e lagos limítrofes* com Estados estrangeiros são do domínio da União. É o que se infere do disposto no art. 20, IV, da CF, que, embora não se refira às águas públicas internas, declara expressamente que se incluem entre os bens da União "as ilhas fluviais e lacustres nas zonas limítrofes com outros países". Essa reserva das ilhas das zonas limítrofes para a União importa reconhecimento de que as demais, das águas públicas interiores, permanecem no domínio dos Estados-membros, à semelhança das terras devolutas que lhes foram transferidas pelo art. 64 da CF de 1891.

Este entendimento não é pacífico entre os autores e julgados, que ora consideram tais ilhas pertencentes à União,[48] ora ao Estado-membro.[49] O Código de Águas nada esclareceu a respeito, limitando-se a dispor, sobre as ilhas ou ilhotas que se formarem no álveo de uma corrente, que pertencem ao domínio público, no caso das águas públicas, e ao domínio particular, no caso das águas comuns ou particulares (art. 23). Mas, precedentemente, o Dec. 21.235, de 2.4.32, já havia assegurado aos Estados-membros o domínio dos terrenos marginais acrescidos naturalmente dos rios navegáveis que correm em seus territórios, *bem como o das ilhas formadas nesses rios* e o das lagoas navegáveis, em todas as zonas não alcançadas pela influência das marés (art. 1º). Tal decreto, embora esparso e originário do Governo Provisório, não colide com o Código de Águas, nem afronta a Constituição, pelo quê continua em vigência. A confusão sobre o domínio das ilhas fluviais resulta da indevida sujeição ao regime das águas que as cercam. Mas ilha é terra, e, como tal, há de subordinar-se ao regime jurídico das terras.

As *ilhas marítimas* classificam-se em *costeiras* e *oceânicas*. *Ilhas costeiras* são as que resultam do relevo continental ou da plataforma submarina; *ilhas oceânicas* são as que se encontram afastadas da costa e nada têm a ver com o relevo continental ou com a plataforma submarina.[50]

As *ilhas costeiras*, por se encontrarem no mar territorial, sempre foram consideradas domínio da União, porque este mar e tudo o que nele se encontra é bem federal.

48. Themístocles Brandão Cavalcanti, "Domínio das ilhas nos rios públicos", *RDA* 5/300; Afrânio de Carvalho, "Domínio das ilhas fluviais", *RDA* 36/13; Gonçalves de Oliveira, "Domínio das ilhas fluviais", *RDA* 58/410. Nós mesmos já admitimos o domínio da União sobre as ilhas dos rios públicos interiores (in *Folha de S. Paulo* 23.6.63), mas, ponderando melhor sobre o assunto, passamos a adotar o ponto de vista contrário, que enunciamos no texto acima.

49. José Matos de Vasconcelos, *Direito Administrativo*, 1937, II/240; Antônio de Pádua Nunes, *Código de Águas*, 1962, I/78; STF, *RDA* 98/180; TJSP, *RDA* 61/217, 83/188; *RT* 291/280, 348/308.

50. Aroldo Azevedo, *Geografia do Brasil*, São Paulo, 1974, p. 76.

As *ilhas oceânicas* sujeitas à Soberania Nacional, ou sobre as quais o Brasil manifeste interesse de ocupação, foram oficialmente integradas no patrimônio da União com a Constituição de 1967 (art. 4º, II), conquanto seu domínio sobre elas jamais tenha sido contestado pelos Estados-membros.[51]

A EC 46, de 5.5.2005, transferiu ao domínio dos Municípios as ilhas oceânicas e as costeiras que contenham as suas sedes, salvo as áreas afetadas ao serviço público e a unidade ambiental federal.

2.9 *Álveos abandonados*

O *álveo abandonado* pelas águas públicas passa a pertencer aos proprietários ribeirinhos das respectivas margens, sem que tenham direito a indenização alguma os donos dos terrenos por onde a corrente abrir novo curso (Código de Águas, art. 26, e CC, art. 1.252); mas, se a mudança do primitivo leito ocorrer por obra do Poder Público, o antigo álveo passa a pertencer-lhe (Código de Águas, art. 27, que substituiu e revogou o art. 544 do antigo CC). Entende-se por álveo a faixa de terra ocupada pelas águas de um rio ou lago; é o leito das águas perenes. Enquanto coberto pelas águas, o álveo segue a condição das mesmas; abandonado, acede aos terrenos marginais, ou passa a pertencer ao Poder Público, conforme o caso.

2.10 *Faixa de fronteira*

A *faixa de fronteira*, destinada à defesa nacional pela Lei 6.634, de 2.5.79 (regulamentada pelo Dec. 85.064, de 26.8.80), é de cento e cinqüenta quilômetros de largura, paralela à linha divisória do território brasileiro (CF, art. 20, § 2º). Nessa faixa as alienações e as construções ficam sujeitas às limitações impostas pelos regulamentos militares e leis de defesa do Estado, notadamente o Dec.-lei 3.437, de 17.7.41, que dispõe sobre zonas fortificadas e atividades vedadas nessas regiões e nos arredores de fortalezas. Os terrenos das fortificações bem como as construções bélicas necessárias à defesa nacional pertencem à União desde o Alvará de 29.9.1861. Esse domínio foi estendido pela Constituição de 1891 (art. 64) e mantido pelas demais até a vigente Constituição da República (art. 20, II) à porção de terras devolutas indispensáveis à segurança e ao desenvolvimento nacionais. Dispõem, ainda, sobre alienação de terras em *faixa de fronteira* a Lei 4.947, de 6.4.66, o Dec.-lei 1.135, de 3.12.70, e o Dec.-lei 1.414, de 18.8.75, regulamentado pelo Dec. 76.694, de 18.8.75, e alterado pela Lei 6.925, de 29.6.81.

51. As nossas ilhas oceânicas são: arquipélago de Fernando de Noronha, o grupo formado pela ilha da Trindade e as três ilhas de Martin Vaz, o recife das Rocas e os penedos de São Pedro e São Paulo, aquele e estes desabitados.

2.11 *Vias e logradouros públicos*

As *terras ocupadas com as vias e logradouros públicos* pertencem às Administrações que os construíram. Tais áreas podem constituir bens de *uso comum do povo* ou bens de *uso especial*. Presentemente, as ruas e as estradas admitem discriminação de uso, contrariando a regra expressa no inc. I do art. 66 do antigo CC, que, ao seu tempo, desconhecia as limitações de trânsito e tráfego[52] modernamente estabelecidas para as vias de circulação. Estradas há que, embora de domínio público, são reservadas a determinadas utilizações ou a certos tipos de veículos, tendo em vista sua destinação ou seu revestimento; noutras o uso é pago, mediante tarifa de pedágio ou rodágio; noutras o trânsito é condicionado a horário ou a tonelagem máxima, o que as torna verdadeiros instrumentos administrativos, *de uso especial*, sem a generalidade das utilizações do passado, que as caracterizam como *bens de uso comum de todos – res communes omnium*. As mesmas observações valem para as áreas de terrenos ocupadas pelas estradas de ferro.

As *estradas de rodagem* compreendem, além da faixa de terra ocupada com o revestimento da *pista*, os *acostamentos* e as *faixas de arborização*, áreas, essas, pertencentes ao domínio público da entidade que as constrói, como elementos integrantes da via pública. Tais áreas ou são originariamente do Poder Público que as utiliza com a rodovia, ou lhe são transferidas por qualquer dos meios comuns de alienação (compra e venda, doação, permuta, desapropriação), ou são integradas no domínio público, excepcionalmente, por simples *destinação*, que as torna irreivindicáveis por seus primitivos proprietários. Esta transferência *por destinação* opera-se pelo só fato da transformação da propriedade privada em *via pública* sem oportuna oposição do particular, independentemente, para tanto, de qualquer transcrição ou formalidade administrativa. Isto, todavia, não impede que o particular despojado de suas terras obtenha a justa indenização do dano causado pelo Poder Público por essa *desapropriação indireta*.

A legislação rodoviária geralmente impõe uma *limitação administrativa* aos terrenos marginais das estradas de rodagem, consistente na proibição de construções a menos de quinze metros da rodovia, contado o recuo da divisa do domínio público com o particular. Como simples *limitação administrativa*, tal restrição não obriga a qualquer indenização[53] nem impede o

52. *Trânsito* e *tráfego* são conceitos técnicos distintos, mas mui freqüentemente confundidos pelos juristas e legisladores, que os utilizam como se fossem sinônimos. *Trânsito* é a deslocação de pessoas ou coisas (veículos e animais) para fins de circulação; *tráfego* é a deslocação com missão de transporte. Sobre trânsito e tráfego v., do Autor, *Direito Municipal Brasileiro*, 16ª ed., Malheiros Editores, 2008.

53. V., a propósito, o excelente acórdão do TFR relatado pelo Min. Carlos Velloso in *RDP* 89/268. Em excelente julgado relatado pelo Des. Demóstenes Braga decidiu-se que a área

proprietário de utilizar essa faixa para fins agrícolas ou pastoris; o que não pode é nela construir. A limitação justifica-se como medida de segurança e higiene das edificações, pois que, se levantadas muito próximas do leito carroçável, ficariam expostas aos perigos do trânsito, à poeira e à fumaça dos veículos, além de prejudicar a visibilidade e a estética, não desprezíveis nas modernas rodovias.

Autores e julgados têm confundido essa *limitação administrativa* com *servidão administrativa* e até mesmo com *desapropriação*, mas a diferença é evidente, visto que a *limitação* estabelece apenas uma restrição de uso (não utilizar em determinado fim), ao passo que a *servidão* obriga o proprietário a suportar certa utilização alheia (permitir que se utilize em determinado fim) e a *desapropriação* transfere compulsoriamente a propriedade de um titular a outro para um determinado fim público.

A confusão provém, ao que tudo indica, da indevida aplicação de princípios que regem a *servitude de voirie* do Direito Francês,[54] bem diversa da *limitação administrativa* que o Direito Brasileiro estabeleceu para os terrenos marginais das nossas rodovias.

O que convém acentuar é que essa limitação não se confunde com servidão, nem com desapropriação, pois não reserva a faixa marginal para qualquer utilização pública, nem a retira da propriedade particular; restringe, apenas, seu uso.

Tal limitação só abrange a zona rural, cessando quando a rodovia ingressa no perímetro urbano na condição de avenida ou rua (bem de uso comum do povo), porque, então, deixam de subsistir os requisitos de via expressa (bem de uso especial) que justificavam aquela limitação. Mas, se a rodovia atravessa a cidade, bloqueada de ambos os lados, ou se o perímetro urbano a envolve pela expansão da área edificável, permanece a limitação originária, porque subsistem os mesmos motivos de segurança e higiene (proteção contra acidentes, visibilidade e poeira) que exigiram tal limitação.[55]

non aedificandi em rodovia objeto de concessão deve ser liberada pelo concessionário para a realização de obras de interesse público, independentemente de pagamento pelo uso (TJSP, Ap. cível 353.902-5/5, acórdão registrado sob n. 00856325).

54. A legislação francesa unificou as medidas de proteção da circulação rodoviária e urbana com as medidas de polícia de trânsito e tráfego, só as distinguindo para a punição das infrações, que podem ser *de grande voirie* ou *de petite voirie*. Nessas medidas existem limitações, servidões e determinações policiais sujeitas a um mesmo regime administrativo, o que não ocorre entre nós, em que as infrações de trânsito e tráfego são regidas pelo Código de Trânsito Brasileiro e as medidas de proteção da circulação rodoviária ficam sujeitas às normas estabelecidas na respectiva legislação federal ou estadual a que se subordine a rodovia.

55. Este posicionamento foi acolhido pelo Plenário do STF no RE 89.920-SP, j. 26.4.79, sendo relator o Min. Cordeiro Guerra (*RTJ* 91/691).

As *estradas de ferro*, no regime administrativo brasileiro, tanto podem pertencer ao domínio público de qualquer das entidades estatais (bens de uso especial) como podem ser de propriedade particular, exploradas mediante concessão federal ou estadual. As terras ocupadas pelas vias férreas seguem, conseqüentemente, a natureza da estrada a que se destinam.

Desde a Constituição de 1891 (art. 64) ficou reservada para o domínio da União a faixa de terras devolutas indispensáveis à construção de estradas de ferro, preceito, este, reproduzido pela Constituição vigente (art. 20, II). O Dec. federal 2.089, de 28.1.63, aprovou o *Regulamento para Segurança, Tráfego e Polícia das Estradas de Ferro*, estabelecendo as condições para construção, ampliação, conservação e defesa da via permanente e sua faixa (arts. 8º a 19), além de outras prescrições concernentes ao tráfego e ao transporte ferroviário (arts. 20 a 87).

As *vias e áreas de "Metrô"* também são bens do domínio público, de uso especial, pertencentes à entidade titular do serviço metroviário e sujeitas ao regime administrativo estabelecido na Lei 6.149, de 2.12.74, inclusive quanto à sua segurança.[56]

3. *Águas públicas*

As *águas*, segundo o Direito Internacional Público, são classificadas em *externas* e *internas*. Consideram-se *externas* as que contornam o continente e *internas* as que banham exclusivamente o território nacional ou lhe servem de divisa com Estados estrangeiros. Quanto às águas internas, o domínio da Nação é completo e não sofre restrição alguma; quanto às águas externas, a jurisdição nacional fica condicionada às regras internacionais que regem o sistema aquóreo dos povos civilizados.[57]

A utilização das águas, embora seja direito de todos, sujeita-se sempre à regulamentação necessária à preservação dos mananciais e à eqüitativa distribuição de seu consumo. Essa regulamentação constitui o regime jurídico das águas de cada país, que o estabelece segundo suas conveniências e o sistema hidrográfico nacional, no legítimo exercício de sua soberania.

3.1 Águas internas

As *águas internas* (*eaux intérieures*, dos franceses – *inland waters*, dos ingleses – *eigengewesser*, dos alemães), segundo o conceito aprovado pela Primeira Conferência de Direito Internacional, reunida em Haia, em 1930,

56. Cf. estudo do Autor "Segurança metroviária", in *Justitia* (Revista do Ministério Público de São Paulo) 101/89 e ss.

57. Raul Pederneiras, *Direito Internacional Compendiado*, Rio, 1947, p. 221; D. J. Colombos, *The International Law of the Sea*, Nova York, 1957, p. 56.

abrangem os *rios*, *lagos* e *mares interiores*; os *portos*, *canais* e *ancoradouros*; as *baías*, *golfos* e *estuários* cujas aberturas não ultrapassem os limites adotados pelas Convenções Internacionais.

3.1.1 *Regime jurídico* – O *regime jurídico das águas internas*[58] sofreu radical transformação com a promulgação da Lei 9.433, de 8.1.97, que regulamentou o art. 21, XIX, da Constituição Federal, e instituiu a Política Nacional de Recursos Hídricos, criando o Sistema Nacional de Gerenciamento de Recursos Hídricos. Essa lei passa a considerar a água *um bem de domínio público, recurso natural limitado e dotado de valor econômico*. Até agora, a água era considerada uma dádiva da natureza, disponível a qualquer um. As tarifas pagas pelos usuários (indústria, comércio, serviços e residências) cobriam apenas os custos de captação, tratamento, distribuição e disposição da água que, a rigor, era gratuita. A partir dessa lei, o uso da água para qualquer fim – salvo para os aproveitamentos considerados insignificantes – fica sujeito à outorga onerosa pelo Poder Público (arts. 12 e 19). A outorga será expedida por prazo não superior a trinta e cinco anos, renovável por igual período, mas poderá ser revogada pelo não cumprimento de suas condições pelo outorgado, ou por relevante interesse público (arts. 15 e 16). A outorga deverá ser expedida pela autoridade competente, federal ou estadual, de acordo com o domínio da corrente aqüífera (art. 14). O referido diploma não esclareceu a natureza jurídica da outorga, mas a Lei 9.984, de 17.7.2000, que criou a *Agência Nacional de Águas*, definiu-a como *autorização* (v. abaixo), quando deveria ser uma *concessão* ou *permissão de uso remunerada*, conforme o caso. Ela será expedida pela autoridade competente federal, ou estadual, de acordo com o domínio da corrente aqüífera (art. 14). O aproveitamento dos recursos hídricos será objeto de planos elaborados por bacias hidrográficas, por Estados e para o País, os quais deverão estabelecer as prioridades de uso, devendo preservar, na medida do possível, o uso múltiplo. Para a gestão do aproveitamento dos recursos hídricos, é criado o respectivo Sistema Nacional de Gerenciamento, com participação dos poderes públicos e representantes da comunidade. Prevê-se, também, a implantação de um Sistema de Informações, de maneira a dar consistência aos dados sobre a situação qualitativa e quantitativa dos recursos hídricos no Brasil.

58. Sobre águas internas, no Direito pátrio, v.: Antônio de Pádua Nunes, *Código de Águas*, São Paulo, 1962, e tb. *Nascentes e Águas Comuns*, São Paulo, 1969; Cid Tomanik Pompeu, *Regime Jurídico da Polícia das Águas – 1. Polícia da Qualidade*, CETESB, São Paulo, 1976, e tb. "Regime jurídico da concessão de uso das águas públicas", *RDP* 21/160; "Os reservatórios de água e as linhas de transmissão", *Revista DAE* (São Paulo) 102/68; "Legislação brasileira sobre recursos hídricos", *Revista Recursos Hídricos*, do CNPq, Projeto 3/94. Vladimir Passos de Freitas (coord.), *Águas – Aspectos Jurídicos e Ambientais*, Juruá Editora, 2001; Cid Tomanik Pompeu, *Direito de Águas no Brasil*, Ed. RT, 2006.

A Lei 9.984, de 17.7.2000, cria a *Agência Nacional de Águas* – ANA, sob a forma de autarquia em regime especial, com autonomia administrativa e financeira, vinculada ao Ministério do Meio Ambiente, como entidade federal de implementação da Política Nacional de Recursos Hídricos e de coordenação do Sistema Nacional de Gerenciamento de Recursos Hídricos. Trata-se de mais uma *agência reguladora*, com a finalidade principal de supervisionar, controlar e avaliar as atividades decorrentes do cumprimento da legislação federal pertinente aos recursos hídricos e disciplinar, em caráter normativo, a implementação e operacionalização da política nacional sobre a matéria.

A ela caberá, também, entre outras atribuições, a outorga onerosa pelo uso de águas de domínio da União.[59] A outorga será expedida por meio de *autorização*, que é ato administrativo discricionário e precário pelo qual o Poder Público torna possível ao pretendente a realização de certa atividade ou a utilização especial de um bem público. Não obstante, a lei institui uma *nova forma de autorização*, porque ela será expedida com prazo determinado, que pode ir até trinta e cinco anos, prorrogável pela ANA de acordo com as prioridades estabelecidas nos Planos de Recursos Hídricos.

Lamentavelmente, o legislador nem sempre segue os conceitos jurídico-doutrinários. Ao criar a autorização com prazo, deixa de lado sua definição tradicional de ato administrativo precário para dar-lhe um caráter quase-contratual, como aconteceu com a *permissão*. Sem dúvida, será uma *autorização condicionada*, pois enquanto estiver cumprindo os termos da outorga, no prazo estabelecido, o autorizatário terá direito ao uso da água. É verdade que a Lei 9.433/97 permite a suspensão da autorização, total ou parcialmente, por tempo determinado ou em definitivo, por motivos de relevante interesse público (art. 15). Mas, se o autorizatário efetuou investimentos para a utilização da água em sua atividade econômica (industrial, agrária, comercial etc.), não restará dúvida sobre seu direito ao ressarcimento dos mesmos.

A mesma Lei 9.984/2000 criou também uma *autorização preventiva* de uso dos recursos hídricos. Ela se destina a reservar a vazão passível de outorga até que o interessado planeje o empreendimento que necessite daqueles recursos. O prazo de validade dessa autorização será fixado levando-se em conta a complexidade do empreendimento, mas não poderá ser superior a três anos (art. 6º).

Finalmente, a lei determina que a ANA dê publicidade a todos os pedidos de outorga, bem como aos atos administrativos que deles resultarem,

59. A Lei 10.881, de 9.6.2004, dispôs sobre os contratos de gestão entre a Agência Nacional de Águas e entidades delegatárias das funções de Agências de Águas relativas à gestão de recursos hídricos de domínio da União.

por publicação na imprensa oficial e em um jornal de grande circulação na respectiva região (art. 8º).

Quanto às *águas minerais*, sujeitam-se ao regime especial do respectivo *Código* (Dec.-lei federal 7.841, de 8.8.45), como veremos adiante.

A Constituição de 1988, limitou-se a *reservar à União a competência para legislar sobre águas e energia* (art. 22, IV); instituiu o gerenciamento dos recursos hídricos (art. 21, XIX); possibilitou a exploração dos "serviços e instalações de energia elétrica e o aproveitamento energético dos cursos de água, em articulação com os Estados onde se situam os potenciais hidroenergéticos", diretamente ou mediante concessão, permissão ou autorização (art. 21, XII, "b"); e declarou que *os potenciais de energia hidráulica constituem propriedade distinta da do solo, para efeito de exploração ou aproveitamento* (art. 176), *sujeitos ao regime de autorização ou concessão da União* (art. 176, § 1º), salvo quanto ao *aproveitamento do potencial de energia renovável de capacidade reduzida* (art. 176, § 4º), ao mesmo tempo que vedou autorizações ou concessões a *estrangeiros ou sociedades organizadas fora do País* (art. 176, § 1º).

Ao dispor sobre o domínio público, a Constituição vigente manteve entre os bens da União os *lagos e quaisquer correntes de água em terrenos de seu domínio, ou que banhem mais de um Estado, constituam limite com outros países ou se estendam em território estrangeiro ou dele provenham, bem como os terrenos marginais e as praias fluviais* (art. 20, III), permanecendo como bens dos Estados "as águas superficiais ou subterrâneas, fluentes, emergentes e em depósito, ressalvadas, neste caso, na forma da lei, as decorrentes de obras da União" (art. 26, I).[60]

3.1.2 *Rios públicos* – Os *rios públicos*, na partilha constitucional, desde 1946, ficaram repartidos entre a União e os Estados-membros, sem se atribuir qualquer domínio fluvial ou lacustre aos Municípios, o que já importava derrogação do art. 29 do Código de Águas, que os distribuía entre as três entidades estatais. Outra observação que se impõe é a de que na distribuição das águas internas foi abandonado o critério tradicional da navegabilidade ou flutuabilidade, só se levando em conta a condição territorial das correntes ou lagos. No atual sistema constitucional os rios e lagos públicos ou pertencem à União ou ao Estado-membro, conforme o território que cubram.[61]

60. Os *lagos* não se confundem com *lagoas*. Estas pertencem aos proprietários das terras que as circundam, como já demonstrado pelo Autor em parecer publicado em seu *Estudos e Pareceres de Direito Público*, IV/239.

61. Considera-se *navegável* o curso d'água no qual, *plenissimo flumine*, isto é, coberto todo o álveo, seja possível a navegação por embarcação de qualquer natureza, inclusive jangadas, num trecho não inferior à sua largura; para os mesmos efeitos, é *navegável* o lago ou lagoa que, em águas médias, permita a navegação, em iguais condições, num trecho qualquer de sua

3.1.3 *Águas minerais* – As *águas minerais* têm regulamentação especial na legislação brasileira, sendo disciplinadas pelo *Código de Águas Minerais* (Dec.-lei federal 7.841, de 8.8.45, alterado pela Lei 6.726/79), que as conceitua[62] e dispõe sobre sua pesquisa, lavra e exploração industrial, dedicando um capítulo às estâncias hidrominerais.

3.1.4 *Quedas d'água* – As *quedas d'água*, como *potenciais de energia hidráulica*, são constitucionalmente consideradas propriedade imóvel distinta da do solo para efeito de exploração ou aproveitamento industrial (art. 176). Quando localizadas em águas públicas, essas quedas pertencem à União, como propriedade inalienável e imprescritível, ainda que o rio seja estadual (Código de Águas, art. 147, e Dec.-lei 9.760, de 5.9.46, art. 1º, "l"); quando situadas em caudais comuns ou particulares, pertencem aos respectivos proprietários. Em qualquer hipótese, desde que seu potencial não seja reduzido, o aproveitamento ou exploração das quedas d'água depende de autorização ou concessão federal (CF, art. 176, §§ 1º e 4º).

Observe-se que, separando a propriedade do *potencial de energia hidráulica*, como o são as quedas d'água, da do solo, a Constituição não a retira do domínio particular, possibilita apenas sua alienação e aquisição independentemente da dos terrenos marginais e sujeita seu aproveitamento a um regime administrativo especial.

3.2 *Águas externas*

As *águas externas* compreendem o *mar territorial*, a *zona contígua*, a *zona econômica exclusiva* e o *alto-mar*. A delimitação dessas águas e sua regulamentação constituem tormentosas questões de Direito Internacional, ainda não solucionadas definitivamente pelos tratados nem assentadas pacificamente pela doutrina. O mar territorial e os recursos naturais da zona econômica exclusiva são bens da União (CF, art. 20, V e VI).

3.2.1 *Mar territorial* – O *mar territorial* compreende uma faixa de doze milhas marítimas de largura, medidas a partir da linha de baixa-mar do litoral continental e insular brasileiro, tal como indicada nas cartas náuticas de grande escala, reconhecidas oficialmente pelo Brasil (Lei 8.617/93, art.

superfície. Considera-se *flutuável* o curso em que, em águas médias, seja possível o transporte de achas de lenha, por flutuação, num trecho de comprimento igual ou superior a cinqüenta vezes a largura média do curso no trecho (Dec.-lei 2.281, de 5.6.40, art. 6º e parágrafo único).

62. Consideram-se *águas minerais* todas aquelas provenientes de fontes naturais ou artificialmente captadas que possuam composição química ou propriedades físicas ou físico-químicas distintas das águas comuns, com características que lhes confiram uma ação medicamentosa (art. 1º do Dec.-lei 7.841, de 8.8.45).

1º).[63] No *mar territorial*, inclusive seu leito, subsolo e espaço aéreo sobrejacente, o Brasil exerce sua soberania (CF, art. 20, VI; Lei 8.617/93, art. 2º).

As águas do mar territorial são públicas de uso comum (Código de Águas, art. 2º, "a"), inclusive para a *passagem inocente*, que, pela Lei 8.617/93, é a "contínua e rápida", além de não "prejudicial à paz, à boa ordem ou à segurança do Brasil" (art. 3º, § 1º). Ela poderá compreender "o parar e o fundear", mas apenas quando "constituam incidentes comuns de navegação" ou sejam impostos por "força maior ou por dificuldade grave ou tenham por fim prestar auxílio a pessoas, navios ou aeronaves em perigo ou em dificuldade grave"; mas, no *mar territorial*, os navios estrangeiros estarão sujeitos aos regulamentos nacionais (art. 3º, §§ 2º e 3º).

O direito de passagem inofensiva de navios mercantes, em tempo de paz, pelas águas territoriais é, no dizer autorizado de Gidel, "a distinção mais importante entre o estatuto das águas internas e o das águas externas litorâneas, porque, enquanto o Estado pode impedir que navios estrangeiros penetrem naquelas, não pode proibir que transitem por estas".[64]

3.2.2 *Zona contígua* – A *zona contígua* compreende uma faixa que se estende das doze às vinte e quatro milhas, contadas "a partir das linhas de base que servem para medir a largura do mar territorial" (Lei 8.617/93, art. 4º). Nessa zona, "o Brasil poderá tomar as medidas de fiscalização necessárias para: I – evitar as infrações às leis e aos regulamentos aduaneiros fiscais, de imigração ou sanitários, no seu território ou no seu mar territorial; II – reprimir as infrações às leis e aos regulamentos, no seu território ou no seu mar territorial" (art. 5º).

3.2.3 *Zona econômica exclusiva* – A *zona econômica exclusiva* compreende uma faixa que se estende das doze milhas às duzentas milhas, "contadas a partir das linhas de base que servem para medir a largura do mar territorial" (Lei 8.617/93, art. 6º). Sobre ela, "o Brasil tem direitos de soberania para fins de exploração e aproveitamento, conservação e gestão de recursos naturais, vivos ou não-vivos, das águas sobrejacentes ao leito do mar, do leito do mar e seu subsolo, e no que se refere a outras atividades com vistas à exploração e ao aproveitamento da zona para fins econômicos".[65] A mesma Lei 8.617/93, nos arts. 8º a 10, estabelece normas sobre investigação, proteção e preservação do meio marinho, construção, operação e uso de todos os tipos de ilhas artificiais, instalações e estruturas, exercícios ou manobras militares, liberdade de navegação e sobrevôo e usos do mar nessa zona.

63. Lei 8.617, de 4.1.93, "Dispõe sobre o mar territorial, a zona contígua e a zona econômica exclusiva e a plataforma continental brasileiros, e dá outras providências".

64. Gilbert Gidel, *Le Droit International Public de la Mer*, Paris, 1932, II/145.

65. Lei 8.617/93, art. 7º.

3.2.4 *Alto-mar* – O *alto-mar* é toda a extensão de águas marítimas compreendidas entre as zonas contíguas dos diversos continentes. Tais águas são *res nullius*, de uso comum de todos, sem que sobre elas qualquer Nação exerça direitos de soberania ou domínio individual. Podem ser singradas por quaisquer embarcações e utilizadas para quaisquer fins não proibidos pelos tratados e convenções internacionais.

4. *Jazidas*

4.1 Regime jurídico

O sistema minerário no Brasil[66] evoluiu do regime *regaliano* da Coroa e do Império para o regime *fundiário* da Primeira República e, finalmente, para o regime de *domínio federal* sobre os minérios, a serem explorados no sistema de *autorização* e *concessão*, com *direito de preferência* do proprietário do solo, na Constituição de 1946, substituído, na de 1967, pelo direito de *participação no resultado da lavra*, regime, este, mantido pela atual Constituição (art. 176, § 2º).

Com efeito, a Constituição vigente estabelece que:

"Art. 176. As jazidas, em lavra ou não, e demais recursos minerais e os potenciais de energia hidráulica constituem propriedade distinta da do solo, para efeito de exploração ou aproveitamento, e pertencem à União, garantida ao concessionário a propriedade do produto da lavra.

"§ 1º. A pesquisa e a lavra de recursos minerais e o aproveitamento dos potenciais a que se refere o *caput* deste artigo somente poderão ser efetuados mediante autorização ou concessão da União, no interesse nacional, por brasileiros ou empresa constituída sob as leis brasileiras e que tenha sua sede e administração no País, na forma da lei, que estabelecerá as condições específicas quando essas atividades se desenvolverem em faixa de fronteira ou terras indígenas (redação dada pela EC 6, de 15.8.95).

"§ 2º. É assegurada participação ao proprietário do solo nos resultados da lavra, na forma e no valor que dispuser a lei.

"§ 3º. A autorização de pesquisa será sempre por prazo determinado, e as autorizações e concessões previstas neste artigo não poderão ser cedidas ou transferidas, total ou parcialmente, sem prévia anuência do poder concedente.

66. Sobre o sistema minerário do Brasil v.: Pandiá Calógeras, *Minas do Brasil*, 1904; Elias Bedran, *A Mineração à Luz do Direito Brasileiro*, Alba, 1957; Alfredo de Almeida Paiva, "A evolução do Direito das Minas do Brasil e a Constituição de 1967", *RDA* 90/1; Lauro Lacerda Rocha e Carlos Alberto de Melo Lacerda, *Comentários ao Código de Mineração do Brasil*, Forense, 1983; Nélson de F. Ribeiro, "As macroperspectivas do Direito Minerário a partir da nova Constituição", *RIL* 102/69.

"§ 4º. Não dependerá de autorização ou concessão o aproveitamento do potencial de energia renovável de capacidade reduzida."

Esses dispositivos fixam os lineamentos constitucionais do sistema minerário brasileiro, completado pelas normas do *Código de Mineração* (Dec.-lei 227, de 28.2.67, alterado pelo Dec.-lei 318, de 14.3.67, e pelas Leis 6.403, de 15.12.76, 6.567, de 24.9.78, 7.085, de 21.12.82, 7.805, de 18.7.89, 7.886, de 20.11.89, 8.901, de 30.6.94, Lei 8.982, de 24.1.95, Lei 9.827, de 27.8.99, e Dec. 3.358, de 2.2.2000). Convém lembrar que a Lei 6.340, de 5.7.76, dispõe sobre a mineração em área de pesquisa e lavra de petróleo.

Para efeito do *Código de Mineração*, os "*regimes* de aproveitamento das substâncias minerais" são os seguintes: "I – *regime de concessão*,[67] quando depender de portaria de concessão do Ministro de Estado de Minas e Energia; II – *regime de autorização*, quando depender de expedição de alvará de autorização do Diretor-Geral do Departamento Nacional de Produção Mineral – DNPM; III – *regime de licenciamento*, quando depender de licença, expedida em obediência a regulamentos administrativos locais e de registro da licença no DNPM; IV – *regime de permissão* de lavra garimpeira, quando depender de portaria de permissão do Diretor-Geral do DNPM; V – *regime de monopolização*, quando, em virtude de lei especial, depender de execução direta ou indireta do Governo Federal" (art. 2º). O DNPM, pela Lei 8.876, de 2.5.94, foi transformado em autarquia, com ampliação de suas atribuições. Por sua vez, o Regulamento do Código de Mineração especifica os direitos e deveres do pesquisador e do minerador em relação à União, que é o poder autorizante e concedente da pesquisa e da lavra, e estabelece os casos de caducidade[68] da autorização e da concessão, atribuindo ao DNPM competência para os registros, fiscalização e controle de toda atividade minerária no País.[69]

67. O *regime de concessão de lavra* não se confunde com a *concessão de serviço público ou de obra pública*, porque não é um contrato, mas ato unilateral, pelo qual o Ministro de Minas e Energia outorga ao beneficiário o direito de lavra de determinada jazida ou mina. O título da concessão é a portaria do Ministro (art. 43 do Código). Esse título é um bem jurídico de valor econômico, que se integra no patrimônio de seu titular. Daí por que, toda vez que a União suprime ou restringe a concessão, fora dos casos de caducidade previstos no Código (arts. 63, III, e 65), fica obrigada a indenizar o concessionário da lavra. A *autorização*, a *licença* e a *permissão* previstas como *regimes de aproveitamento* também não se confundem com os institutos da *autorização*, da *licença* e da *permissão de serviço público*, estudados nos caps. IV, item 4.3, e VI, item 8.

68. Sobre a caducidade das autorizações, concessões e demais títulos atributivos de direitos minerários, prevista no art. 43 do ADCT, v. Lei 7.886, de 20.10.89, e parecer da AGU/RB-2/94 (*DOU* 8.9.94).

69. Sobre *prescrição no regime do Dec.-lei 227*, v. TRF-3ª R., Ap. cível 377.874, rela. Juíza Therezinha Cazerta, *BAASP* 2.211.

Esta fiscalização não exclui a competência do Estado ou do Município, conforme o caso, com relação ao meio ambiente.[70]

O minério, desde que extraído, passa a pertencer ao minerador, que poderá utilizá-lo ou comercializá-lo livremente (CF, art. 176).

Finalmente, é de se recordar que só a União tem competência para legislar sobre "jazidas, minas, outros recursos minerais e metalurgia" (CF, art. 22, XII), ficando, assim, concentrados no Governo Federal todos os poderes normativos e executivos em tema de mineração. Todavia, por lei complementar a União "poderá autorizar os Estados a legislar sobre questões específicas das matérias relacionadas neste artigo" (art. 22, parágrafo único), dentre as quais incluem-se as jazidas, minas e outros recursos minerais.

Vejamos, agora, as jazidas em regime de monopólio da União, que são as de *petróleo* e as de *minérios nucleares*.

4.2 Petróleo e gás

O *Código do Petróleo* (Dec.-lei 3.236, de 7.5.41) declarou que as jazidas de petróleo e gases naturais existentes no território nacional pertencem à União, a título de domínio privado imprescritível (art. 1º), e sujeitou, inicialmente, a pesquisa e lavra dessas jazidas às disposições gerais do Código de Mineração. Posteriormente, a Lei federal 2.004, de 3.10.53, transformou em *monopólio* da União a pesquisa, lavra, refinação, transporte marítimo e por meio de condutos do petróleo bruto e outros hidrocarburetos e gases raros (art. 1º). Pela mesma lei foi cometida a política do petróleo ao Conselho Nacional do Petróleo e sua exploração tornou-se privativa da sociedade de economia mista "Petróleo Brasileiro S/A – Petrobrás", que, assim, passou a deter com exclusividade todas as atividades de pesquisa, lavra, refinação e transporte do petróleo bruto nacional e seus derivados, só permitindo aos particulares a venda a varejo e o transporte dos produtos petrolíferos já industrializados. Essa regra monopolística foi excepcionada, abrindo-se a possibilidade de pesquisa e lavra de petróleo por empresas particulares, nacionais ou estrangeiras, mediante o denominado *contrato de risco*.

Com a alteração constitucional levada a efeito pela EC 9/95, foi promulgada a Lei Federal 9.478, de 6.8.97, dispondo sobre a política energética nacional e as atividades relativas ao monopólio do petróleo. Tal diploma criou o Conselho Nacional de Política Energética – CNPE, com a atribuição de propor ao Presidente da República políticas nacionais e medidas específicas, principalmente para a promoção do aproveitamento racional dos re-

70. TJSP, *RJTJSP* 110/186 e 128/391, e tb. o parecer do Autor in *Estudos e Pareceres de Direito Público*, VI/261.

cursos energéticos do País (art. 2º), bem como instituiu a Agência Nacional do Petróleo – ANP, em regime autárquico especial, como órgão regulador da indústria do petróleo, vinculada ao Ministério de Minas e Energia (art. 7º), a quem foram transferidos o acervo técnico-patrimonial, as obrigações, os direitos, as receitas e as atribuições do Departamento Nacional de Combustíveis – DNC (arts. 9º e 78). A referida lei estipulou que as atividades de exploração, desenvolvimento e produção de petróleo e gás natural serão exercidas mediante contratos de concessão, precedidos de licitação, na forma nela estabelecida. Regulou também as participações governamentais nos respectivos contratos de concessão, assim como o pagamento aos proprietários da terra de participação, equivalente a um percentual variável entre cinco décimos por cento e um por cento da produção de petróleo ou gás natural, a critério da ANP. Claro resulta das disposições dessa lei que qualquer empresa ou consórcio de empresas que atenda às suas exigências poderá dedicar-se ao refino, transporte, importação e exportação do petróleo e processamento de gás natural, ressalvados os direitos da *Petrobrás* sobre cada um dos campos que se encontrem em efetiva produção na data do início de vigência da lei, e nos blocos em que ela tenha realizado descobertas comerciais ou promovido investimentos na exploração. A Lei 11.909/2009 (regulamentada pelo Decreto 7.383/2010), instituiu normas para a exploração das atividades econômicas de transporte de gás natural por meio de condutos e da importação e exportação de gás natural, de que tratam os incisos III e IV do art. 177 da CF, bem como para a exploração das atividades de tratamento, processamento, estocagem, liquefação, regaseificação e comercialização de gás natural (art. 1º). Essas atividades econômicas serão reguladas e fiscalizadas pela União, na qualidade de Poder concedente, e poderão ser exercidas por empresa ou consórcio de empresas constituídos sob as leis brasileiras, com sede e administração no país (art. 1º, § 1º). É importante notar que o § 2º desse artigo dispõe que a exploração das atividades decorrentes das autorizações e concessões previstas nessa lei "correrá por conta e risco do empreendedor, *não se constituindo, em qualquer hipótese, prestação de serviço público*" (grifamos).

Sobre as áreas conhecidas como "pré-sal" e em áreas estratégicas a Lei 12.351, de 22.12.2010, dispõe sobre a exploração e a produção de petróleo, de gás natural e de outros hidrocarbonetos fluidos, sob o regime de partilha de produção nessas áreas, cria o Fundo Social/FS, dispondo sobre sua estrutura e fontes de recursos, e altera dispositivos da Lei 9.478/97.

4.3 Minérios nucleares

A descoberta da energia atômica e seu aproveitamento para fins bélicos e pacíficos levaram as nações civilizadas a estabelecer medidas de proteção às jazidas de minérios nucleares (urânio, rádio, plutônio e tório), que constituem a fonte dessa nova e extraordinária energia.

Além desses minérios há os materiais férteis em elementos nucleares e seus subprodutos (elementos transurarianos, U-133) e os materiais fósseis especiais, que assim foram considerados pelo órgão técnico competente.

Estabelecendo normas para a exploração dos minérios atômicos, o Brasil editou a Lei 4.118, de 27.9.62, pela qual traçou a Política Nacional de Energia Nuclear e criou a *Comissão Nacional de Energia Nuclear* – CNEN, autarquia que superintende, fiscaliza, promove e executa todos os trabalhos de pesquisa, lavra, beneficiamento e utilização dos minérios e materiais nucleares.

Compete ainda à CNEN estabelecer as normas de segurança relativas ao uso das radiações e dos materiais nucleares e à instalação e operação dos estabelecimentos destinados a produzir materiais nucleares ou a utilizar a energia nuclear e suas aplicações, fiscalizando seu cumprimento, na forma do Regimento baixado com o Dec. 51.726, de 19.2.63.

Por essas normas legais, constituem *monopólio* da União a pesquisa e lavra das jazidas de minérios nucleares localizados no território nacional bem como o comércio, a produção e industrialização de todos os seus produtos e subprodutos (art. 1º da Lei 4.118).

As minas e jazidas de substâncias de interesse para a produção de energia atômica constituem reservas nacionais, consideradas essenciais à segurança do País, e são mantidas no domínio da União como bens imprescritíveis e inalienáveis (art. 31). A Lei 6.189, de 16.12.74, e o Dec. 80.266, de 31.8.77, dispõem sobre essas reservas. O Dec.-lei 1.865, de 26.2.81, instituiu a ocupação provisória de imóveis para pesquisa e lavra de minérios nucleares.

A mesma lei criou o *Fundo Nacional de Energia Nuclear*, com os recursos que indica (arts. 19 a 24), e concedeu diversos privilégios administrativos à CNEN (art. 30), inclusive o da isenção de tributos de importação de materiais destinados ao seu programa de trabalho (art. 29). Tendo em vista os manifestos riscos das operações nucleares, a Lei 6.453, de 17.10.77, dispôs sobre a responsabilidade civil por seus danos e sobre a responsabilidade criminal por atos relacionados com essas atividades e o Dec.-lei 1.809, de 7.10.80, instituiu o Sistema de Proteção ao Programa Nuclear Brasileiro.[71]

Pelo Dec. Legislativo 85/75 foi aprovado o Acordo sobre a cooperação no campo dos usos pacíficos da energia nuclear entre o Brasil e a República Federal da Alemanha (*DOU* 21.10.75), que deu origem à construção da

71. V. *Legislação Nuclear*, publicação da Associação Brasileira de Direito Nuclear, Rio, 1979, sob a orientação de Ninon Machado de Faria.

Usina Atômica Angra I, que tantas polêmicas tem gerado sobre seu funcionamento e segurança.

Agora, pela Constituição de 1988, "as usinas que operem com reator nuclear deverão ter sua localização definida em lei federal, sem o quê não poderão ser instaladas" (art. 225, § 6º).

5. *Florestas*

5.1 *Regime jurídico*

Floresta é a forma de vegetação, natural ou plantada, constituída por um grande número de árvores, com o mínimo espaçamento entre si.[72]

Pela Constituição de 1988, a competência para legislar sobre florestas é *concorrente* entre a União, os Estados e o Distrito Federal (art. 24, VI), e para "preservar as florestas, a fauna e a flora" é *comum* entre a União, os Estados, o Distrito Federal e os Municípios (art. 23, VII). Observamos que a Constituição distinguiu a legislação sobre florestas (normativa) dos atos de preservação das florestas, estes cabendo, indistintamente, a todas as entidades estatais, atendida a disposição do parágrafo único do seu art. 23 (competência administrativa).

As *florestas*, como acessórios do solo, são consideradas pelo Código Civil *bens imóveis* (art. 79) e seguem a sorte das terras a que aderem, mas o Poder Público condiciona e regula seu aproveitamento e conservação, tendo em vista a utilidade da vegetação nativa ou plantada. O regime administrativo das florestas é o estabelecido pelo Código Florestal, que, as classifica e impõe condições para sua utilização, cometendo a fiscalização aos Serviços Florestais.

O *Código Florestal* (Lei 4.771, de 15.9.65) considera as florestas e as demais formas de vegetação como bens de interesse comum a todos os habitantes do País, permitindo que sobre elas se exerçam direitos de propriedade, mas com as limitações que as leis em geral, e especialmente esse Código, impuser (art. 1º). Os atos ou omissões contrários às disposições do Código Florestal caracterizam o uso nocivo da propriedade e rendem ensejo à via cominatória para impedi-los.

Esse Código, com a alteração introduzida pela Lei 6.535, de 15.6.78, e pela MP 2.166-67, de 24.8.2001, as *florestas de preservação permanente*, que correspondem às que a legislação anterior considerava *florestas prote-*

72. Sobre o regime jurídico das florestas v. "Parecer" do Autor in *Estudos e Pareceres de Direito Público*, Ed. RT, São Paulo, 1982, IV/212 e ss., e tb. Juraci Peres Magalhães, *Comentários ao Código Florestal*, s/d; *Direito Florestal* (vários autores), publicação da UFMG, Belo Horizonte, 1979.

toras, e possibilita a interdição de derrubadas em determinadas áreas ou certas árvores, impondo a obrigação de reflorestamento em algumas regiões. Em princípio, as derrubadas dependem de autorização do Serviço Florestal competente, que indicará o limite de exploração admissível e outras medidas de proteção florestal.

As *reservas florestais* podem ser constituídas por qualquer das entidades estatais, em suas próprias terras ou nas particulares, mediante desapropriação, pois que, importando interdição total do uso da propriedade para qualquer exploração econômica, exigem indenização do Poder Público.[73] Tais *reservas* ou *parques florestais* não se confundem com as simples limitações administrativas de desmatamento de determinadas áreas, como são as faixas marginais dos cursos d'água, as coberturas das encostas, o contorno das nascentes e outras que o Código Florestal já considera naturalmente de *preservação permanente* (art. 2º), além das que por *ato governamental* sejam incluídas nessa categoria (art. 3º).[74]

Em relação às áreas urbanas (perímetros urbanos, regiões metropolitanas e aglomerações urbanas), o corte de árvores pelo Poder Público só será possível se elas não se enquadrarem nas alíneas do art. 2º do Código Florestal ou se não forem declaradas imunes de corte por ato do Poder Público (federal, estadual ou municipal), na forma do art. 7º do mesmo Estatuto, ou se, por seu estado, não cumprem mais as funções de preservação, observando-se, ainda, o disposto nos respectivos planos diretores e leis de uso do solo, "respeitados os princípios e limites a que se refere" o art. 2º, acima (art. 2º, parágrafo único, do Código Florestal).

A *fiscalização florestal* compete precipuamente à União, pelo Ministério do Meio Ambiente, que poderá realizar convênios com os Estados e Municípios para a execução das medidas necessárias através do IBAMA. Essa fiscalização não exclui a ação da autoridade policial comum, por iniciativa própria, na aplicação das normas estabelecidas pelo Código Florestal (art. 23).[75]

5.2 Exploração de florestas

A exploração de florestas e de formações sucessoras fica sujeita às normas constantes do Dec. 5.975, de 30.11.2006, que institui o "Plano de Manejo Florestal Sustentável", que deve ser aprovado pelo órgão competente do Sistema Nacional do Meio Ambiente – SISNAMA. Este Plano é de gran-

73. 1º TACivSP, *RT* 431/141, acolhendo parecer do Autor nesse sentido publicado in *Estudos e Pareceres de Direito Público*, II/161; TJSP, *RJTJSP* 128/181.

74. Cf. Antônio de Pádua Nunes, *Do Terreno Reservado de 1867 à Faixa Florestal de 1965*, São Paulo, Ed. RT, 1977, pp. 39 e ss.; STF, *RTJ* 129/198.

75. STF, *RDA* 3/61; TJRS, *RDA* 6/79; *RF* 194/269; TASP, *RDA* 43/283.

de importância, porque será fundamental para a concessão da exploração das florestas, que veremos a seguir.

A Lei 11.284, de 2.3.2006, dispôs sobre a gestão de florestas públicas para produção sustentável e instituiu o Serviço Florestal Brasileiro – SFB, criando o Fundo Nacional de Desenvolvimento Florestal.

5.3 Concessão de florestas

Com o objetivo de coibir o desmatamento das reservas florestais do Brasil, principalmente na área amazônica, o Governo aprovou a Lei 11.284, de 2.3.2006, dispondo sobre a concessão de florestas públicas, para a produção sustentável. A concessão é sempre onerosa e será feita à pessoa jurídica, em consórcio ou não, que demonstre capacidade para seu desempenho, por sua conta e risco e por prazo determinado. Sua outorga depende de licitação, na modalidade de concorrência, nos termos da Lei 8.666/83, formalizada mediante contrato.

Por *manejo florestal* entende-se a administração da floresta para obtenção de benefícios econômicos, sociais e ambientais, respeitando-se os mecanismos de sustentação do ecossistema. Para efeito de fiscalização, a lei institui, na estrutura do Ministério do Meio Ambiente, o Serviço Florestal Brasileiro – SFB e cria o Fundo Nacional de Desenvolvimento Florestal – FNDF. O Dec. 5.795, de 5.6.2006, dispõe sobre a composição e o funcionamento da Comissão de Gestão de Florestas Públicas, com representantes de vários órgãos do Executivo e entidades privadas.

Temos dúvida quanto à eficácia desta lei. Mais burocracia e menos eficiência. Se já é difícil controlar o desmatamento quando se sabe que é claramente ilegal, que dizer quando pode ser "parcialmente" legal e "parcialmente" ilegal, de acordo com um contrato do qual o fiscal não tem entendimento ou sequer conhecimento?

6. Fauna

6.1 Regime jurídico

A *fauna* sujeita-se a um regime administrativo especial, visando à sua preservação, como riqueza nacional que é. Contrariando o disposto nos arts. 593, I, e 595 do antigo CC, que consideravam os animais silvestres sem dono *res nullius*, a Lei 5.197, de 3.1.67, incorporou a fauna silvestre bem como os ninhos, abrigos e criadouros naturais de seus componentes ao domínio da União (art. 1º).

A *competência para legislar sobre fauna* é *concorrente* entre a União, os Estados e o Distrito Federal (CF, art. 24, VI). A preservação da fauna cabe a todas as entidades estatais, razão pela qual os Códigos de Caça e Pesca repartem as atribuições de proteção e fiscalização entre as autoridades federais, estaduais e municipais. Assim, atualmente, a Constituição estabelece a competência *comum* da União, dos Estados, do Distrito Federal e dos Municípios para a preservação da fauna (art. 23, VII), atendido o disposto no parágrafo único do mesmo art. 23. Também a *defesa sanitária animal* enquadra-se na alçada concorrente dos três Governos interessados na preservação e debelação das epizootias que destroem certas espécies de animais silvestres e domésticos.

O vigente *Código de Caça* (Lei 5.197/67) considera *silvestres* os animais de qualquer espécie, em qualquer fase do seu desenvolvimento, que vivem naturalmente fora de cativeiro (art. 1º). A caça profissional e o comércio dos espécimes da fauna silvestre são proibidos (arts. 2º e 3º) e a amadorística, mesmo em terras do domínio privado, só é permitida nas regiões e épocas assinaladas em regulamento federal (arts. 1º e §§ e 8º, "b") para as espécies indicadas e atendida a quota máxima fixada (art. 8º, "d" e "c"). O comércio de espécimes provenientes de criadouros depende de registro (arts. 3º, § 2º, e 21) e até mesmo o simples transporte de animais silvestres de um Estado para outro ou para o Exterior só pode ser feito mediante guia de trânsito (art. 19). A lei relaciona os locais, instrumentos e métodos de caça absolutamente vedados (art. 10) e prevê o estímulo aos clubes amadorísticos de caça e aos criadouros para fins econômicos (art. 6º), bem como a criação de reservas biológicas e parques de caça, federais, estaduais ou municipais (art. 5º),[76] tendo instituído o Conselho Nacional de Proteção à Fauna, como órgão normativo e consultivo da polícia de proteção à fauna do País (art. 36).

As infrações de caça, que antes eram consideradas contravenções penais, tornaram-se crimes ambientais, de acordo com a Lei 9.605, de 12.2.98, que dispõe sobre as sanções penais e administrativas derivadas de condutas e atividades lesivas ao meio ambiente (v., adiante, neste capítulo *Infrações penais e administrativas contra o meio ambiente*).

O *Código de Pesca* (Dec.-lei 221, de 28.2.67) define a pesca, para os seus fins, como "todo ato tendente a capturar ou extrair elementos animais ou vegetais que tenham na água seu normal ou mais freqüente meio de vida" (art. 1º), classificando-a como *comercial*, *desportiva* e *científica*, conforme

76. O Código de Caça (Lei 5.197/67), embora usando impropriamente o termo "Estado", incorporou a fauna silvestre ao patrimônio federal, pois todos os seus espécimes estão sob o controle absoluto da União, mesmo quando habitem terrenos de domínio privado, como vimos no texto. Assim sendo, ao deferir aos Estados-membros e Municípios competência para criar reservas biológicas e parques de caça, não os liberou do atendimento das normas federais pertinentes aos animais silvestres. A competência estadual e municipal está, pois, circunscrita ao habitat e não aos animais em si, salvo quanto à proibição de caça nas reservas biológicas, medida que o particular também pode tomar em relação às suas terras (art. 1º, § 2º).

seu objetivo seja comércio, lazer ou pesquisa (art. 2º e §§). Depois de declarar que são do domínio público os animais e vegetais encontrados em águas dominiais (art. 3º), o Dec.-lei 221/67 estabelece a abrangência de seus efeitos sobre as águas internas e externas, sobre o alto-mar, em conformidade com os tratados e convenções internacionais ratificados pelo Brasil, e sobre a plataforma submarina (art. 4º).

No que tange às limitações administrativas à pesca em águas públicas ou particulares, o Código estabelece uma série de restrições, quer quanto aos instrumentos e métodos de pesca, quer quanto ao lançamento de resíduos líquidos ou sólidos às águas (arts. 37 e 38), e reservando ao Poder Público o direito de interditar a pesca, transitória ou definitivamente, em águas do domínio público ou privado (art. 33, § 2º), nas épocas e locais que lhe parecerem necessários (art. 35, "a"). De qualquer modo, as atividades pesqueiras não podem ser exercidas em locais em que causem embaraço à navegação nem a menos de quinhentos metros das saídas de esgotos (art. 35, "b" e "e"). A Lei 7.679, de 23.11.88, proibiu a pesca, nos cursos d'água, nos períodos em que ocorrem fenômenos migratórios para reprodução, e, em água parada ou mar territorial, nos períodos de desova, de reprodução e de defeso; de espécies que devam ser preservadas ou indivíduos com tamanhos inferiores aos permitidos; em quantidades superiores às permitidas; de aparelhos, petrechos, técnicas e métodos não permitidos; em épocas e locais interditados; sem inscrição, autorização, licença, permissão ou concessão do órgão competente; e mediante utilização de explosivos ou de substâncias que produzam efeitos semelhantes, ou de substâncias tóxicas. Estabelece, ainda, sanções pecuniárias para sua violação, acrescidas da perda do produto e dos equipamentos, bem como a suspensão da atividade, se tratar de pescador profissional.

O Código de Pesca regulamenta, ainda, em linhas gerais, as três modalidades de pesca – *profissional*, *desportiva* e *científica* –, dispõe sobre a captura e colheita de determinados espécimes submarinos, inclusive os cetáceos (arts. 41 e 45), fixa normas a serem observadas pelas embarcações pesqueiras e a organização do trabalho a bordo (arts. 5º a 17 e 22 a 25) e determina que o Poder Público estimule a criação de cooperativas de pesca e de postos e entrepostos de pesca nas principais cidades litorâneas ou ribeirinhas (art. 91).

7. *Espaço aéreo*

7.1 Regime jurídico

O *espaço aéreo* e a crosta terrestre foram considerados pelos romanos como coisa apropriável, e, por isso, reconheciam ao proprietário da superfície do solo completo domínio em toda altura e em toda profundidade – *usque ad coelum et usque ad profundum*.

Esse princípio já não tem validade em nossos dias, em que a doutrina corrente declara o espaço aéreo coisa insuscetível de domínio privado,[77] sendo, no dizer da Suprema Corte dos Estados Unidos da América do Norte, "uma estrada pública pertencente ao domínio público".[78]

Até chegar-se a esta conclusão dividiram-se, porém, os doutrinadores entre os que afirmavam a liberdade total do espaço aéreo, à semelhança das águas de alto-mar, e os que sustentavam a concepção tridimensional do território das nações, cuja soberania alcança o solo, o subsolo e o espaço aéreo em toda sua extensão acima do Estado subjacente.

O surto insuspeitado da aviação, iniciado nos primórdios do século passado, propiciou a Convenção de Paris de 1919, que consagrou o princípio da soberania do espaço aéreo, o direito de sobrevôo inofensivo e o poder de cada Estado de regulamentar os vôos sobre seu território. Esta Convenção, no dizer autorizado de Ropert, "não abriu o céu às aeronaves, mas tornou possível a circulação por ele".[79] Vinte e cinco anos depois é que se assentariam a doutrina da soberania do espaço e as normas internacionais do tráfego aéreo, rejeitando-se a teoria da *liberdade do ar*, tão insistentemente defendida por Fauchille,[80] desde as Conferências preparatórias de 1910 (Paris) e 1911 (Madri).

Realmente, os princípios delineados na Convenção de Paris de 1919 foram reafirmados e complementados na Convenção de Chicago de 1944, na qual as cinqüenta e duas Nações participantes, inclusive o Brasil, fizeram inserir a seguinte declaração: "Os contratantes reconhecem que cada Estado tem completa e exclusiva soberania sobre o espaço aéreo acima de seu território" (art. 1º). A seguir, afirmou-se o direito de utilização do espaço, sempre sujeito às limitações do Estado subjacente.

Antecipando-se a esta afirmação de Direito Internacional, o primeiro *Código Brasileiro do Ar* (Dec.-lei 483/38) declarou, coincidentemente, em seu art. 1º: "Os Estados Unidos do Brasil exercem completa e exclusiva soberania sobre o espaço situado acima de seu território e respectivas águas territoriais". O subseqüente *Código Brasileiro do Ar* (Dec.-lei 32/66) manteve essa disposição, acrescentando a jurisdição nacional sobre a plataforma continental (art. 2º).

77. Fragalli, *Diritto Aeronautico*, 1939, pp. 171 e ss.; Messineo, *Diritto Privato*, 1941, pp. 252 e ss.; Juglart, *Droit Aérien*, 1952, pp. 159 e ss.

78. Clarence Manion, *Law of the Air*, Cases, U.S. *vs.* Causby, 1946.

79. Albert Ropert, *La Convention Internationale du 13 Octobre 1919 – Son Origine, son Application, son Avenir*, 1930.

80. Paul Fauchille, *Le Domaine Aérien*, 1901.

Agora, o *Código Brasileiro de Aeronáutica* (Lei 7.565, de 19.12.86) reafirmou que: "O Brasil exerce completa e exclusiva soberania sobre o espaço aéreo acima de seu território e mar territorial" (art. 11); e tratou em onze títulos e trezentos e vinte e quatro artigos de toda a problemática do uso do espaço aéreo e de suas limitações, da infra-estrutura aeronáutica, das aeronaves, da tripulação, dos serviços aéreos, do contrato de transporte aéreo, da responsabilidade civil, das infrações e providências administrativas e dos prazos extintivos, revogando e substituindo toda a legislação pertinente anterior.[81] É, assim, o mais completo e atualizado conjunto de normas legais sobre o espaço aéreo e sua utilização pela Aeronáutica.

8. Patrimônio histórico: tombamento

O poder regulatório do Estado exerce-se não só sobre os bens de seu domínio patrimonial como, também, sobre as coisas e locais particulares, de interesse público. Nessa última categoria encontram-se as obras, monumentos, documentos e recantos naturais que, embora propriedade privada, passam a integrar o *patrimônio histórico e artístico* da Nação, como bens de interesse da coletividade, sujeitos ao domínio eminente do Estado, através do tombamento.

8.1 Patrimônio histórico[82]

O *conceito de patrimônio histórico e artístico nacional* abrange todos os bens, móveis e imóveis, existentes no País, cuja conservação seja de interesse público, por sua vinculação a fatos memoráveis da História pátria,

81. Sobre Direito Aeronáutico no Brasil v. os excelentes trabalhos de Paulo Ernesto Tolle, "Soberania e vôo no espaço", *RT* 290/33; "Direito do espaço", *RT* 295/35; "Aviação, propriedade e soberania sobre o espaço", *RT* 315/470; "Direito Interplanetário, Direito Astronáutico ou Direito Espacial", *RT* 335/7. V., ainda: Ernesto Rodrigues, "O Direito e a conquista do espaço", *RF* 194/484; Haroldo Valladão, "Do Direito Aéreo ao Direito Interplanetário", *RT* 305/991; Plínio Balmaceda Cardoso, "Conflitos interespaciais de leis de Direito Privado Aeronáutico", *RT* 315/520; Octanny Silveira da Mota, "Responsabilidade do transportador aéreo por atraso", *RT* 340/29; Oscar Martins Gomes, "Aspectos do novíssimo Direito Interplanetário", *RT* 348/19; José da Silva Pacheco, "Alguns aspectos jurídicos do transporte aéreo", *RT* 550/11.

82. A EC 48, de 11.8.2005, acrescentou o § 3º ao art. 215 da Constituição Federal, determinando: "§ 3º. A lei estabelecerá o Plano Nacional de Cultura, de duração plurianual, visando ao desenvolvimento cultural do País e à integração das ações do poder público que conduzem à: I – defesa e valorização do patrimônio cultural brasileiro; II – produção, promoção e difusão de bens culturais; III – formação de pessoal qualificado para a gestão da cultura em suas múltiplas dimensões; IV – democratização do acesso aos bens de cultura; V – valorização da diversidade étnica e regional".

O patrimônio histórico é parte do patrimônio cultural do País, motivo pelo qual deverá ser objeto do futuro Plano Nacional de Cultura.

ou por seu excepcional valor artístico, arqueológico, etnográfico, bibliográfico ou ambiental. Tais bens tanto podem ser realizações humanas como obras da Natureza; tanto podem ser preciosidades do passado como criações contemporâneas. A proteção de todos esses bens é realizada por meio do *tombamento*, ou seja, da inscrição da coisa em livros especiais – *Livros do Tombo*[83] – na repartição competente, para que sua utilização e conservação se façam de acordo com o prescrito na respectiva lei.[84]

O valor histórico, artístico, cultural, científico ou ambiental é proclamado pelo órgão administrativo incumbido dessa apreciação, mas, quando contestado pelo proprietário da coisa, para subtraí-la do tombamento, pode ser apurado em juízo, pelos meios periciais adequados.[85] Embora a valoração histórica e a artística dependam de juízos subjetivos e conceitos estéticos individuais, nem por isso fica o ato administrativo do tombamento imune à apreciação judicial, para verificar-se sua legalidade, dentro dos objetivos colimados pela legislação pertinente.

A Constituição da República de 1988, fiel à orientação histórico-cultural dos povos civilizados, estendeu o amparo do Poder Público a todos os bens que merecem ser preservados e atribuiu a todas as entidades estatais o dever de preservá-los, para recreação, estudo e conhecimento dos feitos de nossos antepassados (art. 23, III). A competência para legislar sobre a matéria é concorrente à União e aos Estados (art. 24, VII), cabendo aos Municípios a legislação de caráter local e suplementar (art. 30, I e II).

8.2 Tombamento

Tombamento é a declaração pelo Poder Público do valor histórico, artístico, paisagístico, turístico, cultural ou científico de coisas ou locais que, por essa razão, devam ser preservados, de acordo com a inscrição em livro próprio. Atualmente, sua efetivação, como forma de proteção ao patrimônio público, está expressamente prevista na CF, em seu art. 216, cujo § 1º dispõe: "O Poder Público, com a colaboração da comunidade, promoverá

83. As expressões *Livros do Tombo* e *tombamento* provêm do Direito Português, onde a palavra *tombar* significa *inventariar*, *arrolar* ou *inscrever* nos arquivos do Reino, guardados na *Torre do Tombo*. Por tradição, o legislador brasileiro conservou as expressões reinícolas na nossa "lei de tombamento". E fez bem, porque começou, assim, a preservar o nosso patrimônio lingüístico, dando o exemplo aos que vão cumprir a lei.

84. Sobre o patrimônio histórico e artístico, bem como sobre a preservação ambiental e urbanística, v. o excelente estudo do Prof. José Afonso da Silva em seu livro *Direito Ambiental Constitucional*, 8ª ed., Malheiros Editores, 2010. E também Antônio A. Queiroz Telles, *Natureza e Regime Jurídico do Tombamento*, Ed. RT, 1992; Sônia Rabello de Castro, *O Estado na Preservação dos Bens Culturais*, Renovar, 1991; Sérgio de Andréa Ferreira, "O tombamento e o devido processo legal", *RDA* 208/1.

85. Cf. STF, *RDA* II-I/124, com comentário de Víctor Nunes Leal.

e protegerá o patrimônio cultural brasileiro, por meio de inventários, registros, vigilância, tombamento, desapropriação e de outras formas de acautelamento e preservação".

Como a Constituição da República fala em "Poder Público", qualquer das entidades estatais pode dispor sobre o tombamento de bens em seu território.

No âmbito federal, essa missão está confiada ao Instituto Brasileiro do Patrimônio Histórico e Artístico Nacional-IPHAN.[86] Nas esferas estadual e municipal essa atribuição é do respectivo órgão criado para esse fim.

A norma nacional sobre tombamento é o Dec.-lei 25, de 30.11.37, complementado por disposições de outros diplomas legais, mas o tombamento em si é ato administrativo da autoridade competente, e não função abstrata da lei, que estabelece apenas as regras para sua efetivação.

O tombamento realiza-se através de um procedimento administrativo vinculado, que conduz ao ato final de inscrição do bem num dos Livros do Tombo. Nesse procedimento deve ser notificado o proprietário do bem a ser tombado, dando-se-lhe oportunidade de defesa, na forma da lei. Nulo será o tombamento efetivado sem atendimento das imposições legais e regulamentares, pois que, acarretando restrições ao exercício do direito de propriedade, há que observar o *devido processo legal para sua formalização*, e essa nulidade pode ser pronunciada pelo Judiciário, na ação cabível, em que serão apreciadas tanto a legalidade dos motivos quanto a regularidade do procedimento administrativo em exame.

O tombamento tanto pode acarretar uma restrição individual quanto uma limitação geral.[87] É restrição individual quando atinge determinado bem – uma casa, p. ex. –, reduzindo os direitos do proprietário ou impondo-lhe encargos;[88] é limitação geral quando abrange uma coletividade, obrigan-

86. O Instituto Brasileiro do Patrimônio Cultural-IBPC voltou a denominar-se Instituto do Patrimônio Histórico e Artístico Nacional-IPHAN, por força da MP 610, de 8.9.94 (art. 6º), mantendo a mesma natureza e competência jurídica. O que muda, portanto, é a denominação, valendo o que foi dito a respeito do antigo IBPC, que foi constituído pelo Dec. 99.492, de 3.9.90, como autarquia federal, mediante autorização da Lei 8.029, de 12.4.90, no bojo da reforma administrativa de 1990. Nos termos da citada Lei 8.029/90, o IBPC sucede a antiga Secretaria do Patrimônio Histórico e Artístico Nacional-SPHAN nas competências previstas no Dec.-lei 25, de 30.11.37, no Dec.-lei 3.866, de 29.11.41, na Lei 4.845, de 19.11.65, e na Lei 3.924, de 26.7.61. De igual forma, assumiu as funções da Fundação Pró-Memória, que também foi extinta pela mesma Lei 8.029/90. O IBPC vincula-se ao Ministério da Cultura.

87. Examinando o tombamento geral da cidade de Tiradentes, o STJ decidiu que nesse caso (tombamento geral) não é necessário que haja procedimento para individualizar o bem ou os bens (2ª T., REsp 1.098.640-MG, rel. Min. Humberto Martins, *DJe* 25.6.2009).

88. Interessante julgado do STJ reconhece a relatividade e a dinâmica no plano histórico e cultural, ao afirmar que a "obrigação de conservação e restauração imposta ao proprietário pelo DL n. 25/1937 parte da premissa implícita e óbvia de que o bem tombado existia em sua forma original no momento da aquisição, ainda que deteriorado ou descaracterizado em

do-a a respeitar padrões urbanísticos ou arquitetônicos, como ocorre com o tombamento de locais históricos ou paisagísticos.

No exercício da faculdade que lhe outorga o art. 216, § 1º, da CF, o Poder Público impõe as restrições necessárias à utilização e conservação do bem, mas, se estas chegarem a constituir interdição do uso da propriedade, a coisa tombada ou afetada pelo tombamento deverá ser indenizada, como veremos adiante.

Ultimamente o tombamento tem sido utilizado para proteger florestas nativas. Há equívoco nesse procedimento. O tombamento não é o instrumento adequado para a preservação da flora e da fauna.[89] As florestas são bens de interesse comum e estão sujeitas ao regime legal especial estabelecido pelo Código Florestal (Lei 4.771, de 15.9.65), que indica o modo de preservação de determinadas áreas florestadas (v. item 5 deste capítulo). O mesmo ocorre com a fauna, que é regida pelo Código de Caça (Lei 5.197, de 3.1.67) e pelo Código de Pesca (Dec.-lei 221, de 28.2.67), os quais indicam como preservar as espécies silvestres e aquáticas (v. item 6 deste capítulo). Portanto, a preservação das florestas e da fauna silvestre há de ser feita com a criação de parques nacionais, estaduais e municipais ou de reservas biológicas, como permite expressamente o Código Florestal (art. 5º).

8.2.1 *Processo* – A abertura do *processo de tombamento*, por deliberação do órgão competente, assegura a preservação do bem até a decisão final, a ser proferida dentro de sessenta dias, ficando sustada desde logo qualquer modificação ou destruição (art. 9º, item 3, do Dec.-lei 25/37). É o que se denomina *tombamento provisório*, cujos efeitos são equiparados aos do *tombamento definitivo*, salvo quanto ao registro no cartório imobiliário e ao direito de preferência reservado ao Poder Público (arts. 7º e 13). Mas esse tombamento provisório não pode ser protelado além do prazo legal, sob pena de a omissão ou retardamento transformar-se em abuso de poder, corrigível por via judicial.

Feito o tombamento definitivo, caberá recurso ao Presidente da República, para o cancelamento na forma estabelecida pelo artigo único do Dec.-lei 3.866, de 29.11.41. Esse cancelamento, aliás, pode ser determinado até mesmo de ofício, "atendendo a motivos de interesse público", como diz o mencionado artigo. Não é de se louvar o poder discricionário que se concedeu ao Presidente da República em matéria histórica e artística, sobre-

certa medida, mas sem perder sua essência", de modo que ele "não tem obrigação de recriar o passado já há muito inexistente, muito menos destruindo o atual cine-teatro que é espaço comunitário de elevado valor cultural para a comunidade e também já faz parte da história do local" (REsp n. 1.047.082, rel. Min. Francisco Falcão).

89. Cf., do Autor, "Parque florestal – Desapropriação e tombamento", in *Estudos e Pareceres de Direito Público*, VIII/227 e ss., Ed. RT.

pondo-se seu juízo individual ao do colegiado do IBPC,[90] a quem incumbe decidir originariamente o assunto. A autoridade desse órgão, especializado na matéria, não deveria ficar sumariamente anulada pelo julgamento subjetivo ou político do Chefe da Nação. A instituição desse recurso deve-se, naturalmente, à origem ditatorial do diploma que o estabeleceu, em cujo regime o Presidente da República absorvia todos os poderes e funções, ainda que estranhos à sua missão governamental.

As coisas tombadas, embora permaneçam no domínio e posse de seus proprietários, não poderão em caso algum ser demolidas, destruídas ou mutiladas e nem pintadas ou reparadas sem prévia autorização do IBPC, sob pena de multa de cinqüenta por cento do dano causado (art. 17). Do mesmo modo, os bens tombados não podem sair do País, nem ser alienados a título oneroso, sem prévia oferta à União, ao Estado ou ao Município em que se encontram, para que exerçam seu direito de preferência à aquisição, sendo nula a alienação que se fizer com preterição desse preceito legal (art. 22 e §§).

Na vizinhança dos imóveis tombados não se poderá fazer qualquer construção que lhes impeça ou reduza a visibilidade, nem colocar anúncios ou cartazes, sob pena de retirada ou destruição e multa de cinqüenta por cento do valor das obras proibidas (art. 18). O conceito de *redução de visibilidade*, para fins da lei de tombamento, é amplo, abrangendo não só a tirada da vista da coisa tombada como a modificação do ambiente ou da paisagem adjacente, a diferença de estilo arquitetônico e tudo o mais que contraste ou afronte a harmonia do conjunto, tirando o valor histórico ou a beleza original da obra ou do sítio protegido.

Os monumentos arqueológicos e pré-históricos foram também colocados sob a guarda e proteção do Poder Público pela Lei 3.924, de 20.7.61. Esta lei conceitua o que se considera monumento arqueológico ou pré-histórico (art. 2º) e sujeita as escavações para fins de pesquisa em terras públicas ou particulares à permissão do Governo Federal (art. 8º), através do IPHAN;

90. O órgão competente, no sistema do Dec.-lei 25/37, era o Conselho Consultivo do SPHAN, órgão de caráter técnico, ao qual incumbia verificar a exigência dos requisitos necessários ao tombamento. A estrutura regimental do Instituto Brasileiro do Patrimônio Cultural-IBPC (cuja denominação voltou a ser IPHAN – MP 610, de 8.9.94), aprovada pelo Dec. 99.602, de 13.10.90, não contempla nenhum órgão assemelhado ao Conselho Consultivo, limitando-se a uma Diretoria Executiva e a um Presidente. Diante disso, à Diretoria colegiada devem competir a instauração do processo de tombamento e sua decisão final, cabendo-lhe solicitar os necessários pareceres técnicos, para subsidiar suas decisões. Ao Presidente do Instituto cabe apenas tomar as providências administrativas relacionadas com o processo de tombamento, o qual, se for determinado, deverá ser homologado pelo Ministro da Cultura (art. 13, VIII). O recurso ao Presidente da República continua vigente, uma vez que o Dec.-lei 3.866/41 não foi revogado. Cumpre alertar, porém, que este recurso só é viável quando o tombamento for determinado pelo IPHAN, entidade federal, não sendo cabível quando o tombamento for de âmbito estadual ou municipal. Nestes casos, o recurso será para o Chefe do Executivo local, se essa faculdade tiver sido prevista pela legislação pertinente.

preserva as descobertas fortuitas (art. 17) e proíbe a remessa para o Exterior de objetos de interesse arqueológico, pré-histórico, numismático ou artístico sem licença expressa do órgão competente e pune os infratores por crime contra o Patrimônio Nacional (art. 4º).

Concluído o tombamento definitivo, de imóvel particular ou público, deverá ser comunicado ao registro imobiliário competente, para averbação à margem da transcrição do domínio (Dec.-lei 25/37, art. 13), a fim de produzir efeitos perante terceiros.[91]

Os bens tombados só podem ser desapropriados para manter-se o tombamento, jamais para outra finalidade. Nem mesmo as entidades estatais maiores poderão expropriar bens tombados pelas menores enquanto não for cancelado o tombamento pelo órgão competente. Se assim não fosse, de nada valeria o tombamento pelo Estado ou pelo Município se a expropriação proviesse da União.

8.2.2 *Indenização* – O tombamento, em princípio, não obriga a *indenização*,[92] salvo se as condições impostas para a conservação do bem acarretam despesas extraordinárias para o proprietário, ou resultam na interdição do uso do mesmo bem, ou prejudicam sua normal utilização,[93] suprimindo ou depreciando seu valor econômico. Se isto ocorrer é necessária a indenização, a ser efetivada amigavelmente ou mediante desapropriação pela entidade pública que realizar o tombamento, conforme o disposto no art. 5º, "k", do Dec.-lei 3.365/41, que considera dentre os casos de utilidade pública "a preservação e conservação dos monumentos históricos e artísticos", bem como "a proteção de paisagens e locais particularmente dotados pela Natureza".

Tombamento não é confisco. É preservação de bens de interesse da coletividade imposta pelo Poder Público em benefício de todos; e, assim sendo, não podem um ou alguns particulares ser sacrificados no seu direito de propriedade sem a correspondente indenização reparatória do prejuízo ocasionado pelo tombamento. Assim já nos pronunciamos,[94] em harmonia

91. Afrânio de Carvalho, "O tombamento de imóveis e o Registro", *RT* 672/73.

92. Se o tombamento apenas consolidou limitação administrativa já imposta pela lei, não gera indenização (TJSP, *RJTJSP* 136/187).

93. "Indenização por tombamento de imóvel – Prescrição qüinqüenal – Sentença que julgou prescrito o direito de ação – Aplicável à espécie a prescrição vintenária, vez que se trata de ação indenizatória pela restrição do uso do imóvel, em razão de ato administrativo (tombamento) – Recurso dos autores provido para determinar a baixa dos autos à origem para exame do mérito" (TJSP, 2ª C. de Direito Público, Ap. cível 10.469-5/6-00, Capão Bonito/SP, rel. Des. Vanderci Álvares, j. 5.2.98, v.u.).

94. Cf., do Autor, "Tombamento e indenização", *RT* 600/15 e *RDA* 161/1, e tb. o "Parecer" in *Estudos e Pareceres de Direito Público*, Ed. RT, VIII/277.

com os doutrinadores pátrios que se ocuparam do assunto.[95] Com efeito, o tombamento de uma obra de arte que permita a seu dono continuar na sua posse e no seu desfrute não exigirá indenização, mas o tombamento de uma área urbana ou rural que impeça a edificação ou sua normal exploração econômica há de ser indenizado.[96]

8.2.3 *Omissão* – Quando o Poder Executivo não toma as medidas necessárias para o tombamento de um bem que reconhecidamente deva ser protegido, em face de seu valor histórico ou paisagístico, a jurisprudência tem entendido que, mediante provocação do Ministério Público (ação civil pública) ou de cidadão (ação popular), o Judiciário pode determinar ao Executivo faça a proteção. De igual forma, a *omissão administrativa* em concluir o processo de tombamento afeta o direito de propriedade e lesa o patrimônio individual, justificando, assim, a sua anulação pelo Judiciário.[97]

9. *Patrimônio genético*[98]

9.1 *Conceito*

A diversidade biológica e a integridade do patrimônio genético do país integram o meio ambiente ecologicamente equilibrado, considerado como

95. Nesse sentido v. os pareceres de Antônio Gonçalves de Oliveira, Caio Mário da Silva Pereira, Carlos Medeiros Silva e Adroaldo Mesquita da Costa, respectivamente in *RDA* 53/345, 65/315, 67/248, 82/41 e 120/459, bem como os artigos de Reginaldo Nunes e José Cretella Jr., respectivamente in *RDA* 76/444 e 112/50.

96. Em despacho muito bem fundamentado, o ilustre Min. Celso de Mello, do egrégio STF, com base no princípio de que o esvaziamento do valor econômico da propriedade pelo tombamento impõe ao Estado o dever de indenizar, negou provimento a agravo de instrumento interposto pela Fazenda do Estado de São Paulo contra acórdão do TJSP que determinara o pagamento de indenização pelo tombamento de imóvel urbano, a chamada "Casa Modernista", uma das primeiras obras do arquiteto Warchavchik na cidade de São Paulo (*RDA* 200/158). De igual modo, a 9ª Câmara Cível do TJSP, em acórdão relatado pelo eminente Des. Aldo de Almeida Prado Magalhães, acolhendo embargos infringentes com base em voto vencido do ilustre Des. Egberto Accioly Freire, firmou o entendimento de que o "tombamento, quando, excepcionalmente, dá causa à indenização, esta deve corresponder à diferença entre o que a coisa tombada valia antes e depois do tombamento" (EInfrs 148.760-2/4-02, São Paulo, j. 30.3.95, *DJE* 3.4.95).

97. STJ, REsp 41.993-0-SP, j. 1.6.95, *DJU* 19.6.95; TJSP, *RJTJSP* 122/50, 135/44; *RT* 621/86.

98. Os dados técnicos deste tópico foram colhidos em *Bioprospecção – Coleta de Material Biológico com a Finalidade de Explorar os Recursos Genéticos*, de autoria de Cristina Maria do Amaral Azevedo, publicação da Secretaria do Meio Ambiente do Estado de São Paulo, Outono/2000.

Alertamos o leitor de que o texto desta matéria foi reformulado em virtude das modificações efetuadas pela MP 2.126-11, de março de 2001 (atual MP 2.186-16, de 23.8.2001), que acolheram, inclusive, algumas observações feitas por nós em edição anterior.

bem de uso comum do povo e essencial à sadia qualidade de vida. Daí por que cabe ao Poder Público e à coletividade defendê-los e preservá-los para as presentes e futuras gerações (CF, art. 225, § 1º, II).

Para entender a importância deste tema é preciso ter em conta que a Humanidade sempre dependeu, para sua sobrevivência, dos recursos naturais – os biológicos (plantas, animais, microorganismos) e os não-biológicos (água, ar, solo, recursos minerais). Com o correr do tempo, os recursos biológicos passaram a ser considerados mercadorias, objetos de troca e comércio, cuja importância cresceu sobremaneira nos últimos tempos com o avanço da Biotecnologia, abrindo enormes oportunidades nos setores agrícola e farmacêutico, com a manufatura de produtos de grande mercado internacional. O Brasil é, hoje, o país detentor do maior patrimônio genético do mundo, integrando a *biodiversidade brasileira*, cabendo, pois, ao Poder Público a sua proteção e a defesa dos interesses nacionais decorrentes da sua exploração.

Até a década de 90 do século passado os recursos genéticos eram considerados como patrimônio da Humanidade. Em 1992, na Conferência das Nações Unidas para o Meio Ambiente, realizada no Rio de Janeiro, foi apresentada a Convenção sobre Diversidade Biológica, que hoje já conta com a assinatura de cento e setenta países, inclusive o Brasil. Nesta Convenção afirmou-se o valor intrínseco da biodiversidade para a manutenção do equilíbrio ecológico e o direito de cada Estado de regulamentar a sua exploração, paralelamente à sua responsabilidade pela sua conservação.

A MP 2.186-16, de 23.9.2001, regula a matéria em nosso País, considerando *patrimônio genético* toda informação de origem genética contida em espécime vegetal, fúngico, microbiano ou animal, em substâncias provenientes do metabolismo destes seres vivos e de extratos obtidos destes organismos vivos ou mortos encontrados ou coletados no território nacional, na plataforma continental ou na zona econômica exclusiva (art. 7º, I). Por outro lado, exclui do âmbito de sua incidência o *patrimônio genético humano* (art. 3º).

A exploração do patrimônio genético passa por várias etapas. Primeiro há necessidade de *coleta* do material biológico e, opcionalmente, obtenção do *conhecimento tradicional associado*,[99] que é o conjunto de informações práticas relacionadas ao material colhido desenvolvidas e utilizadas pelas populações indígenas ou comunidades locais e que são extremamente úteis à *pesquisa*. Esta é a segunda etapa do processo, cuja duração varia de dez a

99. O conhecimento tradicional associado ao recurso genético (das comunidades indígenas e das comunidades locais) é tão importante, que o percentual de êxito de uma pesquisa realizada para se chegar a um produto explorável – estimado em 1%, sem ele – sobe para 50% com a sua utilização.

quinze anos e exige vultosos investimentos dos interessados. Com o êxito da pesquisa, chega-se ao *componente do patrimônio genético*, com a *identificação do produto ou produtos potencialmente exploráveis* (terceira etapa), a serem *patenteados* para comercialização mundial (quarta etapa) e obtenção de formidáveis lucros.

9.2 Regime jurídico

A regulamentação da matéria é difícil e complexa, principalmente porque da coleta do material biológico à exploração comercial do produto dele decorrente poderá mediar longo tempo. A MP 2.186-16, de 23.8.2001, dispõe que a exploração do patrimônio genético existente no País somente será feita mediante *autorização* da União, que será outorgada por um *Conselho de Gestão do Patrimônio Genético*, criado no âmbito do Ministério do Meio Ambiente (arts. 2º e 11). Teria sido preferível que o preceito condicionasse à anuência da União a *coleta do material biológico* para esta finalidade específica, e não para a exploração do patrimônio genético (terceira etapa referida acima), o que pode gerar dúvidas quanto ao momento de se obter a autorização.

Não obstante, a lei há de ser interpretada em seu conjunto, pelo qual se verifica que o consentimento da União deve ser obtido previamente, no início do processo. Quer dizer, a *autorização* é outorgada para a *coleta do material biológico* necessário à pesquisa científica, através da qual será obtido o componente genético objeto de exploração comercial ou industrial. Tanto assim que o art. 16 dispõe que o acesso a componente do patrimônio genético existente em condições *in situ* (entenda-se no território brasileiro, plataforma continental e zona econômica exclusiva) far-se-á mediante *coleta de amostra e de informação* (conhecimento tradicional associado), mediante *prévia autorização* do Conselho de Gestão.

A medida provisória autoriza a criação, no Ministério do Meio Ambiente, de unidade executora, que desempenhará a função de Secretaria Executiva do Conselho de Gestão, emitindo em seu nome a *autorização de acesso*. Alternativamente, poderá credenciar instituição pública nacional de pesquisa e desenvolvimento, ou instituição pública federal de gestão, para expedir a autorização de acesso e remessa de componente do patrimônio genético (art. 15).

A autorização para a coleta de amostra e de informação para o acesso ao patrimônio genético não constitui ato administrativo precário. É uma *autorização condicionada*, sujeita a vários fatores, como a audiência prévia do titular do material ou do conhecimento associado, ou ainda com prazo de duração, como nos casos de autorização especial a instituições de pesquisa (art. 15, IV). Além disso, sempre que houver perspectiva de uso comercial do produto resultante da utilização de componente do patrimônio genético será necessária a assinatura do *contrato de utilização do patrimônio genético e de repartição de benefícios* (art. 18, § 1º). Este contrato é de suma importância, porque prevê que os benefícios resultantes da exploração de produto ou processo desenvolvido a partir de componente do patrimônio genético serão repartidos de forma justa e eqüitativa entre as partes envolvidas, que são o proprietário da área, pública ou privada, ou o representante da comunidade indígena, ou o representante da comunidade local, de um lado, e, de outro lado, a instituição nacional autorizada a efetuar o acesso e a instituição destinatária (arts. 24 a 29). Tais benefícios não se limitam à partilha dos lucros e *royalties* resultantes da exploração econômica do produto desenvolvido, mas também podem incluir a transferência de tecnologias e a capacitação de recursos humanos, como prevê o art. 25.

O patrimônio genético é um *bem de relevante interesse público*, sujeito a um regime jurídico especial, em conseqüência do domínio eminente do Estado, que é o poder pelo qual o Estado submete à sua vontade todas as coisas de seu território (cf. item 1 deste capítulo). O mesmo ocorre com as florestas, que, sem deixarem de acompanhar a propriedade do solo, achamse subordinadas a um sistema normativo rigoroso para seu aproveitamento. O Executivo Federal, contudo, pretendeu incluir o patrimônio genético como bem da União, para esse fim enviando proposta de emenda constitucional ao Congresso, que acrescenta o inc. XII ao art. 20, nos seguintes termos: "São bens da União: (...) XII – o patrimônio genético, exceto o humano, cabendo à lei definir as formas de acesso e de exploração". Ao que parece, deu-se conta do equívoco, pois não mais se cogitou da referida emenda.

Finalmente, o Dec. 3.945, de 28.9.2001, define a composição do Conselho de Gestão e estabelece normas para seu funcionamento e o Dec. 5.459, de 7.6.2005, regulamenta o art. 30 da MP 2.186, disciplinando as sanções aplicáveis às condutas e atividades lesivas ao patrimônio genético ou ao conhecimento tradicional associado.

10. Proteção ambiental

A *proteção ambiental* visa à preservação da Natureza em todos os elementos essenciais à vida humana e à manutenção do equilíbrio ecológico, diante do ímpeto predatório das nações civilizadas, que, em nome do desenvolvimento, devastam florestas, exaurem o solo, exterminam a fauna, poluem as águas e o ar.

Essa ação destruidora da Natureza é universal e milenar, mas agravouse neste século em razão do desmedido crescimento das populações e do avanço científico e tecnológico, que propiciou à Humanidade a mais completa dominação da terra, das águas e do espaço aéreo.

Viu-se, assim, o Estado moderno na contingência de preservar o *meio ambiente*[100] para assegurar a sobrevivência das gerações futuras em condições satisfatórias de alimentação, saúde e bem-estar. Para tanto, criou-se um Direito novo – o Direito Ambiental[101] – destinado ao estudo dos princípios e regras tendentes a impedir a destruição ou a degradação dos elementos da Natureza.

Pela primeira vez em nossa história política, a Constituição de 1988 contemplou o meio ambiente em capítulo próprio, considerando-o como *bem de uso comum do povo* e essencial à qualidade de vida, impondo ao Poder Público e à coletividade o dever de preservá-lo e defendê-lo, para as gerações presentes e futuras (art. 225). Referindo-se a Poder Público, a competência abrange os três níveis de Governo, mas a Carta distinguiu a *competência executiva comum*, que cabe a todas as entidades estatais (art. 23, VI), da *competência legislativa concorrente*, que é restrita à União, aos Estados e ao Distrito Federal (art. 24, VI e VII). Aos Municípios cabe apenas *suplementar* a legislação federal e estadual "no que couber" (art. 30, II), o que significa que só podem fazê-lo nos assuntos de predominante interesse local.

No campo da legislação ordinária, a norma básica de proteção ao meio ambiente é a Lei 6.938, de 31.8.81, que instituiu a Política Nacional do Meio Ambiente e criou o respectivo Sistema Nacional de Preservação e Controle – SISNAMA, composto por órgãos da União, dos Estados e Municípios, lei, essa, que, recepcionada pela Constituição e complementada por normas posteriores, assim organizou a administração ambiental: a) órgão superior: o Conselho de Governo, que assessora o Presidente da República nas diretrizes governamentais para o meio ambiente; b) órgão consultivo e deliberativo: o Conselho Nacional de Meio Ambiente – CONAMA; c) órgão central: o Ministério do Meio Ambiente; d) órgão executor: o Instituto Brasileiro de Meio Ambiente e dos Recursos Naturais Renováveis – IBAMA; e) órgão executor: "Instituto Chico Mendes", relacionado ao controle da biodiversidade e à expedição de licenças para a sua pesquisa e aproveitamento; f) órgãos seccionais: os órgãos e entidades federais cujas atividades estejam associadas às de proteção ambiental; e os órgãos ou entidades estaduais responsáveis pela execução de programas e pelo controle dessas

100. Em Direito Ambiental, Urbanismo e Ecologia as expressões *meio ambiente* e *ambiental* correspondem no Francês a *environnement*, no Inglês a *environment* e *environmental*, no Espanhol a *entorno*.

101. V. doutrina estrangeira e nacional sobre Direito Ambiental na "Bibliografia", cuja enumeração seria arriscada, pela possibilidade de omissão.

atividades nos Estados; g) órgãos locais: os órgãos ou entidades municipais responsáveis pelo controle dessas atividades no âmbito de suas respectivas jurisdições.

Ao Ministério do Meio Ambiente incumbem o planejamento e a supervisão da Política Nacional do Meio Ambiente, enquanto ao IBAMA – autarquia federal de regime especial – cabe a execução dessa Política em todas as suas etapas, desde a preservação dos recursos naturais até sua fiscalização e controle. A Lei 11.516, de 28.8.2007, criou o "Instituto Chico Mendes de Conservação da Biodiversidade" como autarquia federal, dividindo, assim, as funções antes exercidas pelo IBAMA. A pretensão do Governo foi agilizar a outorga das licenças ambientais, tanto no que diz respeito às pesquisas relacionadas à biodiversidade, como as relacionadas à construção de obras, públicas ou privadas, que possam afetar o meio ambiente.

O objetivo fundamental da Política Nacional do Meio Ambiente é a compatibilização do desenvolvimento econômico-social com a preservação da qualidade do meio ambiente e do equilíbrio ecológico (art. 4º, I, da Lei 6.938/81), norma, essa, que deve servir de parâmetro para a interpretação das limitações administrativas de proteção ambiental. Assim, como proclamou o STF, o "meio ambiente não é incompatível com projetos de desenvolvimento econômico e social que cuidem de preservá-lo como patrimônio da humanidade. Com isso, pode-se afirmar que o meio ambiente pode ser palco para a promoção do homem todo e de todos os homens".[102]

A Lei 12.187, de 29.12.2009, instituiu a *Política Nacional sobre Mudança do Clima/PNMC*, com seus princípios, objetivos, diretrizes e instrumentos, bem como definições. Seu art. 12 dispõe que, para alcançar os objetivos da PNMC, "o país adotará, como compromisso nacional voluntário, ações de mitigação das emissões de gases de efeito estufa, com vistas em reduzir entre 36,1% e 38,9% suas emissões projetadas até 2020". E seu parágrafo único estabelece que "a projeção das emissões para 2020 assim como o detalhamento das ações para alcançar o objetivo expresso no *caput* serão dispostos por decreto, tendo por base o segundo Inventário Brasileiro de Emissões e Remoções Antrópicas de Gases de Efeito Estufa Não Controlados pelo Protocolo de Montreal, a ser concluído em 2010".

As normas ambientais incidem sob tríplice aspecto: a) *controle da poluição*; b) *preservação dos recursos naturais*; e c) *restauração dos elementos destruídos*. Merece destaque, ainda, a criação da *ação civil pública* para proteção ambiental, como veremos a seguir.

102. O acórdão na ADI/MC 3.540, relatado pelo Min. Celso de Mello, é excelente fonte de estudo na área ambiental e a chamada reserva de lei formal. Idem, quanto ao desenvolvimento sustentável, o Acórdão na ACO/MC/AgR 876, rel. Min. Menezes Direito. V. os pareceres do Autor in *Estudos e Pareceres de Direito Público*, IX/289, X/274, XI/321 e XI/335.

10.1 Controle da poluição

O *controle da poluição* enquadra-se no poder de polícia administrativa de todas as entidades estatais – União, Estados-membros, Municípios, Distrito Federal e Territórios –, competindo a cada uma delas atuar nos limites de seu território e de sua competência, e em conjunto colaborar nas providências de âmbito nacional de prevenção e repressão às atividades poluidoras definidas em norma legal.

Em sentido amplo, *poluição é toda alteração das propriedades naturais do meio ambiente, causada por agente de qualquer espécie prejudicial à saúde, à segurança ou ao bem-estar da população sujeita aos seus efeitos*.

De um modo geral, as concentrações populacionais, as indústrias, o comércio, os veículos motorizados e até a agricultura e a pecuária produzem alterações no meio ambiente.

Essas alterações, quando normais e toleráveis, não merecem contenção e repressão, só exigindo combate quando se tornam intoleráveis e prejudiciais à comunidade, caracterizando poluição reprimível. Para tanto há necessidade de prévia fixação técnica e legal dos índices de tolerabilidade, ou seja, dos padrões admissíveis de alterabilidade de cada ambiente, para cada atividade poluidora, não se compreendendo nem se legitimando as formas drásticas de interdição de indústrias e atividades lícitas por critérios pessoais da autoridade, sob o impacto de campanhas emocionais que se desenvolvem em clima de verdadeira psicose coletiva de combate à poluição.

A Constituição da República dispôs expressamente que "as condutas e atividades consideradas lesivas ao meio ambiente sujeitarão os infratores, pessoas físicas ou jurídicas, a sanções penais e administrativas, independentemente da obrigação de reparar os danos causados" (art. 225, § 3º). O principal instrumento de controle da poluição ambiental é a licença prévia,[103] exigida para a execução de obra ou o exercício de qualquer atividade efetiva ou potencialmente poluidora, a ser expedida pelo órgão estadual competente, integrante do SISNAMA, e, em caráter supletivo, pelo IBAMA. Somente no caso de atividades e obras com significativo impacto ambiental, de âmbito nacional ou regional, é que a licença deverá ser expedida diretamente pelo IBAMA (Lei 6.938/81, art. 10 e § 4º).

O *Estudo de Impacto Ambiental* passou a ser uma exigência constitucional "para instalação de obra ou atividade potencialmente causadora de

103. Daniel Roberto Fink, Hamilton Alonso Jr. e Marcelo Dawalibi, *Aspectos Jurídicos do Licenciamento Ambiental*, 2ª ed., Forense Universitária, 2002; e Vladimir Passos de Freitas, *Direito Administrativo e Meio Ambiente*, 3ª ed., Juruá, 2001.

significativa degradação do meio ambiente" (art. 225, IV).[104] Antes, fora previsto pela Lei 6.938/81 (art. 9º, III), sendo objeto da primeira resolução do CONAMA, que fixou o conceito de impacto ambiental e relacionou as atividades para as quais deveria ser exigido o Relatório de Impacto Ambiental – RIMA como elemento de instrução do pedido de licença (Resolução 1 do CONAMA, de 23.1.86, arts. 1º e 2º).

O legislador federal tem feito notável esforço para proteção ao meio ambiente e para coibir atividades poluidoras, com o objetivo de estabelecer critérios e padrões técnicos uniformes em todo o território nacional e que sirvam de diretrizes para as normas estaduais e municipais.[105]

O mais sério problema a ser resolvido é o da *pré-ocupação* de bairros ou áreas por indústrias e outras atividades poluidoras que, posteriormente, venham a ser consideradas em *uso desconforme*, diante da nova legislação para o local. Em tais casos, não pode a Administração paralisar sumariamente essas indústrias e atividades, nem reduzir-lhes a produção, porque isto ofenderia o *direito adquirido* em conformidade com as normas legais anteriores. Para a retirada desses estabelecimentos a medida legal é a *desapropriação*. Poderá, ainda, a Administração, nesses casos, impedir ampliações do que está em *uso desconforme* e exigir equipamentos e tratamentos técnicos redutores da poluição, em prazos e condições razoáveis, incentivando a voluntária mudança de local. Somente os abusos da iniciativa particular é que devem ser coibidos pelo poder de polícia do Município, protetor do bem-estar da coletividade urbana, principalmente nas *zonas estritamente residenciais*. Nas *zonas mistas* há que se tolerar os incômodos da indústria e do comércio, desde que decorram do exercício legal e normal dessas atividades e sejam produzidos unicamente no período diurno de trabalho; nas *zonas comerciais e industriais* os seus incômodos não são reprimíveis pela vizinhança enquanto se contenham nos limites da licença de funcionamento e não caracterizem abuso de direito do exercício profissional, pois que a delimitação dessas áreas e o confinamento das atividades diversas da habitação erigem tais atividades em *usos conformes para o local* e afastam qualquer possibilidade jurídica de impugnação ao seu exercício e às suas conseqüências *normais* para a zona e suas adja-

104. O STF, por votação unânime, concedeu liminar para suspender, por inconstitucionalidade, lei estadual que dispensa o Estudo de Impacto Ambiental no caso de áreas de florestamento ou reflorestamento para fins empresariais (ADI 1.086-7, *DJU* 16.9.94).

105. Na tentativa de, se não coibir, alertar para os danos causados pela poluição sonora, foi aprovada a Lei 11.291, de 26.4.2006, que obriga o fabricante ou o importador de equipamento eletroeletrônico a inserir texto de advertência, ostensivo e de fácil compreensão, de que constem informações referentes à eventualidade de ocorrerem danos ao sistema auditivo exposto a potência superior a 85 decibéis. O descumprimento dessa exigência acarretará ao infrator as sanções do Código de Defesa do Consumidor.

cências, porque os que nela se localizam ou dela se avizinham sabem de antemão a destinação, o uso e a ocupação da área e conhecem as suas conseqüências molestas.

Daí a conveniência e as vantagens do zoneamento urbano, como medida prévia do controle da poluição, que deverá basear-se e diversificar-se segundo os usos de cada zona, para adequação das exigências municipais às diferentes áreas e atividades da cidade e de seus arredores. Impõe-se, ainda, a fixação de uma política geral de controle da poluição, uniforme e realística, que leve em consideração não só a preservação ambiental como, também, as determinantes do desenvolvimento local, regional e nacional, para a correta localização das atividades poluidoras, a situação das indústrias e do comércio já instalados, os meios técnicos de contenção ou eliminação dos elementos poluentes e os estímulos do Poder Público para o combate à poluição, a fim de obter-se o equilíbrio ecológico e econômico, num amparo recíproco dos interesses coletivos e dos direitos individuais, protegendo a comunidade sem aniquilar a iniciativa privada, propulsora do desenvolvimento nacional.

10.2 Preservação dos recursos naturais

A *preservação dos recursos naturais*, assim entendidos todos os elementos da Natureza que mantêm o equilíbrio ecológico e a vida em nosso Planeta, é dever do Estado e apóia-se no domínio eminente que ele exerce sobre todas as coisas que se encontram em seu território. Mas, como *domínio eminente não é domínio patrimonial*, o Estado não tem direito de propriedade sobre todos os bens de seu território, podendo apenas *condicionar o uso da propriedade particular* para cumprimento de sua função social (CF, arts. 5º, XXIII, e 170, III) ou retirá-la compulsoriamente de seu dono, por utilidade pública ou interesse social, através de *desapropriação*, com justa e prévia indenização (art. 5º, XXIV).

Assim, a preservação dos recursos naturais faz-se por dois modos: pelas *limitações administrativas de uso*, gerais e gratuitas, sem impedir a normal utilização econômica do bem, nem retirar a propriedade do particular, ou pela *desapropriação* individual e remunerada de determinado bem, transferindo-o para o domínio público e impedindo sua destruição ou degradação. Tal o que ocorre com as reservas florestais, com as nascentes e mananciais, com as águas minerais, com os monumentos naturais e outros elementos da Natureza em que o Poder Público tem interesse na sua preservação, para manutenção da flora e da fauna, da pureza das águas e do ar, ou mesmo para conservação estética de panoramas e recantos naturais de particular beleza (CF, art. 216, § 1º).

Os *recursos naturais* – terras, águas,[106] jazidas, florestas, fauna e espaço aéreo –, principalmente quando integrantes do domínio público, têm regime especial para sua utilização, sujeitando-se a normas e limitações administrativas próprias, como já vimos nos itens precedentes deste capítulo. As *limitações administrativas*, em tese, são estudadas adiante (cap. IX, item 2.5).

Todos esses elementos componentes do meio ambiente são preserváveis pela entidade estatal competente para sua regulamentação e administração, variando apenas as formas de preservação e os meios administrativos de efetivá-la, principalmente quando pertencentes a particulares amparados pelo direito de propriedade.

No âmbito municipal essa preservação da Natureza é restrita aos elementos que interessem preponderantemente à comunidade local e em especial à vida urbana, tais como as fontes e mananciais que abastecem a cidade, os recantos naturais de lazer, as áreas com vegetação nativa próprias para parques turísticos, ou reservas da flora e da fauna em extinção e outros sítios com peculiaridades locais.

É de observar-se que não só a iniciativa dos particulares como os empreendimentos do Poder Público devem respeitar as normas de controle da poluição e de preservação dos recursos naturais, sujeitando-se às respectivas limitações administrativas das entidades estatais competentes. A propósito, Martín Mateo faz essa oportuna advertência: "Las técnicas interventoras del Derecho Administrativo clásico están pensadas para acomodar las conductas de los particulares a los intereses públicos definidos por la ley. Es la Administración, pues, la que desempeña el papel tutelar controlando y reprimiendo las actuaciones de los ciudadanos. Sucede, sin embargo, que en el campo de la defensa ambiental la Administración puede, aunque parezca paradójico, aparecer como potencialmente agresora del equilibrio ecológico. Esta curiosa situación es fruto de la constatada ampliación de competencias públicas materializadas en proyectos e iniciativas de gran envergadura, de trascendencia para el medio, y de la dispersión de responsabilidades en múltiples organismos y entes que propenden a defender celosamente sus funciones y a anteponer quizá los intereses que sectorialmente administran a los más amplios y globales que se concitan en la defensa del ambiente".[107]

106. Wallace Paiva Martins Jr., "Despoluição das águas", *RT* 729/58.

107. Ramón Martín Mateo, *Derecho Ambiental*, Madri, 1977, p. 95. Este mesmo autor informa que, nos EUA, qualquer projeto de empreendimento público que possa afetar significativamente o meio ambiente deverá ser previamente submetido à consideração da *Environmental Protection Agency* – EPA, que pode vetá-lo, ficando, então, sujeito a apreciação judicial, nos termos do já referido *Environmental Policy Act* de 1969.

Ocorrendo essa conduta do Poder Público, caberá *ação popular* para invalidar o ato ilegal e lesivo ao patrimônio ambiental, como caberiam embargo administrativo e anulação judicial do ato do particular que infringisse as mesmas limitações legais.[108]

Além das formas previstas no Código Florestal – reservas florestais e parques nacionais, estaduais e municipais[109] –, a Lei 6.902, de 27.4.81, prevê a criação de *estações ecológicas* e *áreas de proteção ambiental* – APAs. As primeiras destinam-se a preservar áreas representativas de ecossistemas brasileiros, a fim de permitir a realização de pesquisas aplicadas e desenvolver a educação conservacionista, mas só podem incidir em áreas de domínio público (arts. 1º e 2º). As segundas podem abranger áreas de propriedade particular, ficando sujeitas às limitações ambientais que forem impostas no interesse da preservação ou melhoria das condições ecológicas locais (arts. 8º e 9º). Tais limitações, contudo, devem manter as características dessa modalidade de intervenção, jamais podendo destruir ou esvaziar o conteúdo econômico do direito de propriedade (cf. cap. IX, item 2.5). A administração e o controle dessas áreas estão indicados no Dec. 99.274, de 6.6.90, que regulamentou a Lei 6.902/81 e a Lei 6.938/81.

Todas essas normas de preservação ambiental foram recepcionadas pela Constituição de 1988, que faz referência expressa sobre a obrigatoriedade de o Poder Público definir, em todas as unidades da Federação, espaços territoriais e seus componentes a serem especialmente protegidos e cuja alteração ou supressão só podem ser feitas mediante lei (art. 225, III). A Constituição vai mais além, e considera patrimônio nacional áreas específicas do território brasileiro, como a Floresta Amazônica, a Mata Atlântica, a Serra do Mar, o Pantanal Mato-Grossense e a Zona Costeira, cuja utilização deverá ser objeto de leis especiais (art. 225, § 4º).

108. STJ: quando o Estado, devendo agir para evitar o dano ambiental resultante da construção de lotes irregulares, mantém-se inerte ou age de forma deficiente, sua conduta gera sua responsabilidade solidária, podendo, todavia, em ação regressiva, buscar reparação contra o causador direto do dano (REsp 1.071.741). No mesmo sentido a condenação de Município em caso de loteamento clandestino, ainda que tenha multado os loteadores e embargado as obras, pois seu dever é regularizar os loteamentos irregulares (REsp 1.113.789).

109. As florestas e demais formas de vegetação natural de preservação permanente relacionadas no art. 2º do Código Florestal (Lei 4.771/65) assim como os pousos das aves de arribação protegidas por convênios, acordos ou tratados assinados pelo Brasil com outras nações foram transformados em reservas ou estações ecológicas pelo art. 18 da Lei 6.938/81. Estas áreas, denominadas de *reservas ecológicas* e *áreas de relevante interesse ecológico* – ARIE, foram regulamentadas pelo Dec. 89.336, de 31.1.84.

A respeito da *proteção à flora e à fauna* v., tb., itens 5 e 6 deste capítulo.

A criação de áreas especiais de interesse turístico, visando a compatibilizar a proteção aos bens da Natureza com planos e projetos de interesse turístico, foi prevista pela Lei 6.513, de 20.12.77, regulamentada pelo Dec. 86.176, de 6.7.81.

Sistematizando essas formas de preservação ambiental, foi aprovada a Lei 9.985, de 18.7.2000, que instituiu o *Sistema Nacional de Unidades de Conservação da Natureza* – SNUC, estabelecendo os critérios e normas para a criação, implantação e gestão das unidades de conservação, dividindo estas em dois grupos: *Unidades de Proteção Integral* e *Unidades de Uso Sustentável*.

As *Unidades de Proteção Integral* compreendem: Estação Ecológica, Reserva Biológica, Parque Nacional, Monumento Natural e Refúgio da Vida Silvestre. As *Unidades de Uso Sustentável* abrangem: Área de Proteção Ambiental, Área de Relevante Interesse Ecológico, Floresta Nacional, Reserva Extrativista, Reserva de Fauna, Reserva de Desenvolvimento Sustentável e Reserva Particular do Patrimônio Natural.

Como o nome dos grupos está a indicar, as restrições impostas ao primeiro são muito mais rigorosas do que as que incidem sobre o segundo. As unidades do primeiro grupo são, em geral, constituídas de terras públicas; e, havendo terras particulares, serão desapropriadas[110] caso haja incompatibilidade entre os objetivos da área e as atividades privadas. Com relação às unidades do segundo grupo, as limitações de uso procuram compatibilizar sua preservação com os interesses particulares.

O art. 22-A e seus parágrafos dessa Lei, acrescidos pela Lei 11.132, de 4.7.2005, prevêem que o Poder Público poderá decretar limitações administrativas provisórias ao exercício de atividades e empreendimentos efetiva ou potencialmente causadores de degradação ambiental, para a realização de estudos com vistas à criação de Unidades de Conservação, quando, a critério do órgão ambiental competente, houver risco de dano grave aos recursos naturais existentes. Além dessa restrição, na área submetida a limitação, não serão permitidas atividades que importem em exploração a corte raso de floresta e demais formas de vegetação nativa. Os estudos e a destinação final da área objeto da limitação deverão ser definidos no prazo improrrogável de sete meses, findo o qual fica extinta a limitação. A limitação não poderá atingir atividades agropecuárias e outras atividades econômicas em andamento e obras publicas licenciadas na forma da lei.

Pelo disposto nessa lei (art. 44), as ilhas oceânicas e costeiras destinam-se prioritariamente à proteção à Natureza e sua destinação para fins diversos deve ser precedida de autorização do órgão ambiental competente.

Por último, a lei dispõe sobre os incentivos, isenções e penalidades às infrações ambientais, alterando dispositivos da Lei 9.605, de 12.2.98, e determina ainda o levantamento nacional das terras devolutas, com o objetivo de definir áreas destinadas à conservação da Natureza.

110. "A criação de reserva extrativista prescinde de previsão orçamentária visando satisfazer indenizações" (STF, MS. 25.284).

Norma de excepcional relevância para a preservação da costa brasileira é a Lei 7.661, de 16.5.88, que instituiu o *Plano Nacional de Gerenciamento Costeiro*, cujo objetivo é prever o zoneamento de usos e atividades na zona costeira, dando prioridade à conservação e proteção dos recursos naturais, sítios ecológicos e monumentos que integrem o patrimônio natural, cultural e paisagístico. Essa lei estimula os Estados e Municípios a instituir seus respectivos planos, diretrizes e normas para o uso do solo, do subsolo e das águas, bem como limitações à utilização de imóveis, prevalecendo sempre as disposições mais restritivas (art. 5º). Estabelece, ainda, a necessidade de licenciamento especial para o parcelamento e remembramento do solo, construção, instalação, funcionamento e ampliação de atividades, desde que provoquem alteração das características naturais da Zona Costeira; para esse fim será exigido o Relatório de Impacto Ambiental – RIMA (art. 6º). Em dispositivo expresso, a lei considera as praias como bens de uso comum do povo, sendo proibida a urbanização ou qualquer outra forma de utilização do solo que impeça o livre e franco acesso às praias e ao mar, em qualquer direção e sentido (art. 10 e §§). A Lei 11.428, de 22.12.2006, sobre a utilização e proteção do Bioma Mata Atlântica, e o Decreto 6.660, de 21.11.2008, que regulamenta dispositivos dessa lei, são outros importantes instrumentos legais de preservação ambiental.

Outra norma de extraordinária importância para a preservação dos recursos naturais é a Lei 9.433, de 8.1.97, que regulamenta o art. 21, XIX, da CF, institui a Política Nacional de Recursos Hídricos e cria o Sistema Nacional de Gerenciamento de Recursos Hídricos, cuja matéria é tratada neste capítulo, item 3.1, *Águas internas*.

Outra lei de extraordinária relevância para a tutela ambiental é a Lei federal 12.305/2010, que instituiu a *Política Nacional de Resíduos Sólidos* e dispôs sobre seus princípios, objetivos e instrumentos, bem como sobre as diretrizes relativas à gestão integrada e gerenciamento de resíduos sólidos, incluídos os perigosos, definindo as responsabilidades dos geradores e do Poder Público e os instrumentos econômicos aplicáveis. Estão sujeitas à observância dessa lei as pessoas físicas ou jurídicas, de Direito Público ou Privado, responsáveis, direta ou indiretamente, pela geração de resíduos sólidos e as que desenvolvam ações relacionadas à gestão integrada ou ao gerenciamento de resíduos sólidos. Seu art. 51 dispõe que, "sem prejuízo da obrigação de, independentemente da existência de culpa, reparar os danos causados, a ação ou omissão das pessoas físicas ou jurídicas que importe inobservância" dos seus preceitos ou de seu regulamento sujeita os infratores às sanções previstas em lei, em especial às fixadas na Lei 9.605/98. As disposições da Lei 12.305/2010 não se aplicam aos rejeitos radioativos, que são regulados por legislação específica. Pelo seu art. 25, "o Poder Público, o setor empresarial e a coletividade são responsáveis pela efetividade das ações voltadas para assegurar a observância" das suas determinações e em seu regulamento. Institui "a responsabilidade compartilhada pelo ciclo de vida dos produtos, a ser implementada de forma individualizada e encadeada, abrangendo os fabricantes, importadores, distribuidores e comerciantes, os consumidores e os titulares dos serviços públicos de limpeza urbana e de manejo de resíduos sólidos, consoante as atribuições e procedimentos" nela previstos (art. 30). Essa lei foi regulamentada pelo Dec. 7.404, de 23.12.2010. V. cap. VI, item 11.

10.3 Restauração dos elementos destruídos

Em muitos casos não bastam o *controle da poluição* e a *preservação dos recursos naturais* para a completa proteção ambiental; torna-se necessária a *restauração dos elementos destruídos* ou *degradados* pelo homem ou pelos próprios fenômenos da Natureza. Impõem-se, assim, o reflorestamento das áreas desmatadas, a recomposição dos terrenos erodidos ou escavados, a recuperação das águas poluídas, a regeneração das terras exauridas, a recriação das espécies silvestres e aquáticas em vias de extinção, e tantas outras medidas de restauração do meio ambiente, para o reencontro do equilíbrio ecológico e renascimento da vida animal e vegetal, de que depende a sobrevivência da Humanidade.

Essas providências estatais para recuperação do meio ambiente destruído ou degradado são mais de incentivos ao administrado que de polícia administrativa, preventiva ou repressiva, pois o Poder Público só conseguirá seus objetivos restauradores através do beneficiamento das propriedades particulares, o que, indiretamente e de futuro, irá refletir-se no bem-estar da coletividade.

Todavia, cabe ao Poder Público editar normas impositivas de restauração do meio ambiente destruído ou degradado, para recomposição da Natureza até onde for possível essa restauração, mas é indubitável que tais normas devem vir acompanhadas de apoio técnico e financeiro do Governo, para que o particular possa atendê-las no tempo e nas condições necessárias à sua eficiência. Tais normas e providências competem preferentemente à União, dado o predominante interesse nacional, mas podem ser supridas ou complementadas por disposições e medidas regionais e locais, dos Estados-membros e Municípios particularmente interessados no assunto.

No âmbito local, notadamente na área urbana e suas adjacências, o Município pode impor, por lei, a restauração de elementos destruídos e a recomposição de áreas escavadas em atividades extrativas ou construtivas, como ocorre na exploração de areia, argila, cascalho, e na abertura de estradas com cortes e aterros, que tanto desfiguram a paisagem natural como alteram o relevo do solo, deixando abertas verdadeiras crateras no perímetro urbano e em seus arredores, com malefícios de toda ordem para a comunidade.

A recuperação de áreas degradadas é um dos princípios em que se firma a Política Nacional do Meio Ambiente, que determina ao poluidor ou predador a obrigação de recuperar e/ou indenizar os prejuízos decorrentes de sua atividade (Lei 6.938/81, arts. 2º, VIII, e 4º, VII). A exploração de recursos minerais é uma das atividades mais predatórias da Natureza, merecendo destaque especial no texto constitucional (art. 225, § 2º). Para esse fim, foi editado o Dec. 97.632, de 10.4.89, que exige, no RIMA, plano específico de recuperação da área degradada.

Não obstante as providências administrativas que possam ser tomadas, foi a criação da *ação civil pública*, com a legitimação do Ministério Público para propô-la, que veio possibilitar, em inúmeros casos, a restauração dos elementos destruídos, ou a reparação dos danos causados, como veremos em seguida.

10.4 Ação civil pública para proteção ambiental

A Lei 7.347, de 24.7.85, instituiu a *ação civil pública* para proteção ambiental, legitimando precipuamente o Ministério Público para propô-la como, também, as entidades que indica (art. 5º) e estabelecendo regras específicas para o ajuizamento e julgamento.

A Constituição Federal, entre as funções institucionais do Ministério Público, arrola a de promover o inquérito civil e a ação civil pública para a proteção ao meio ambiente (art. 129, III), de modo que sua legitimidade ativa para a ação não advém, hoje, da Lei 7.347, mas da própria Carta.

O pedido e a condenação devem basear-se em disposição de Direito Material da União, do Estado ou do Município que tipifique a infração ambiental a ser coibida e punida judicialmente. Trata-se de uma ação para proteger os *interesses difusos e coletivos* (Lei 8.078, de 11.9.90) da sociedade, e não qualquer direito individual. O processo desta ação admite suspensão liminar da conduta poluidora impugnada, impondo ao réu obrigação de fazer ou de abster-se do fato prejudicial ao meio ambiente.[111]

111. Para maiores esclarecimentos, v., do Autor, *Mandado de Segurança e Ações Constitucionais*, 32ª ed., Malheiros Editores, 2009, na parte referente à *ação civil pública*, e o artigo "Proteção ambiental e ação civil pública", *RT* 611/7. V., tb., Nélson Nery Jr., "Responsabilidade civil por dano ecológico e a ação civil pública", *Justitia* 126/168; Édis Milaré, "Tutela jurídica do meio ambiente", *Justitia* 132/98; Toshio Mukai, "Responsabilidade solidária da Administração por danos causados ao meio ambiente", *Justitia* 141/75; Édis Milaré (coord.), *Ação Civil Pública, Reminiscências e Reflexões Após Dez Anos de Aplicação*, Ed. RT, 1995, e *Ação Civil Pública – 15 Anos*, Ed. RT, 2001, e *A Ação Civil Pública após 20 anos*, Ed. RT, 2005.

Vale destacar que, em face de ações civis públicas ajuizadas pelo Ministério Público,[112] o Judiciário tem condenado o particular a pagar indenização por danos ecológicos causados por vazamento de óleo no estuário de Santos;[113] a pagar indenização destinada ao repovoamento de rio que teve seus peixes mortos por derramamento de substância poluidora;[114] ou o Município a remover lixo urbano depositado em lugar impróprio, com cominação de multa diária em caso de não atendimento.[115]

Essa mesma Lei 7.347, de 24.7.85, criou o Fundo para Reconstituição dos Bens Lesados (art. 13), que abrange não só o meio ambiente mas o consumidor e os bens e direitos de valor artístico, estético, histórico, turístico e paisagístico, tendo sido regulamentada pelo Dec. 92.302, de 16.1.86.

10.5 Infrações penais e administrativas contra o meio ambiente

A Lei 9.605, de 12.2.98, dispõe sobre as sanções penais e administrativas derivadas de condutas e atividades lesivas ao meio ambiente. Com relação aos *crimes contra o meio ambiente*, a Lei os distingue em cinco seções: crimes contra a fauna, crimes contra a flora, crimes contra o ordenamento urbano e o patrimônio cultural, crimes contra a administração ambiental e crimes contra o meio ambiente em geral, neles incluída a poluição.

Por eles responde a pessoa que praticou o ato, ou concorreu, de alguma forma, para a sua prática. Quando se tratar de pessoa jurídica, respondem os seus administradores. A própria pessoa jurídica poderá ser responsabilizada administrativa, civil e penalmente, nos casos em que a infração seja cometida por decisão de seu representante legal ou contratual, ou de seu órgão colegiado, no interesse ou benefício da sua entidade. Advirta-se, contudo, que a responsabilização da pessoa jurídica não exclui a das pessoas físicas, autoras, co-autoras ou partícipes do mesmo fato.

A sentença penal condenatória, sempre que possível, fixará o valor mínimo para a reparação dos danos causados.

Infração administrativa ambiental é toda ação ou omissão que viole as regras jurídicas de uso, gozo, promoção, proteção e recuperação do meio ambiente (cf. art. 2º do Dec. 6.514, de 22.7.2008, que dispõe "sobre as infrações e sanções administrativas ao meio ambiente e estabelece o processo administrativo federal para a apuração destas infrações", inclusive prazos prescricionais). Ela será apurada pelos funcionários dos órgãos e entidades

112. O Ministério Público tem legitimidade para ajuizar ação civil pública visando ao tratamento de esgoto a ser jogado em águas fluviais (STF, RE 254.764).

113. TJSP, Ap. cível 80.345-1, Santos, j. 7.4.87.

114. TJSP, Ap. cível 85.608-1, Novo Horizonte, j. 14.5.87.

115. TJSP, Ap. cível 137.580-1, São Bento do Sapucaí, j. 20.8.91.

integrantes do Sistema Nacional de Meio Ambiente – SISNAMA, designados para atividades de fiscalização, bem como pelos agentes das Capitanias dos Portos, do Ministério da Marinha, *mediante processo administrativo próprio*, assegurados a ampla defesa e o contraditório.

As sanções estabelecidas para os infratores são: advertência, multa, apreensão, destruição ou inutilização do produto, suspensão de venda e fabricação, ou suspensão, parcial ou total, da atividade e suas respectivas áreas, demolição de obra e aplicação de alguma medida restritiva de direitos (cf. art. 3º do Dec. 6.514/2008). Estas medidas compreendem a suspensão ou o cancelamento do registro, licença ou autorização; perda de incentivos fiscais; perda ou suspensão de participação em linhas de financiamento em estabelecimentos oficiais de crédito; e, finalmente, a proibição de contratar com a Administração, pelo prazo de até três anos.

A MP 2.163-41, de 23.8.2001, acrescentou à Lei 9.605/98 dispositivo de grande relevância para o combate à poluição, autorizando as autoridades do SISNAMA a celebrar com pessoas físicas e jurídicas, com força de título executivo extrajudicial, termo de compromisso para correção de atividades consideradas efetiva ou potencialmente poluidoras.

Capítulo IX

INTERVENÇÃO NA PROPRIEDADE E ATUAÇÃO NO DOMÍNIO ECONÔMICO

1. Considerações gerais

Os Estados sociais-liberais, como o nosso, conquanto reconheçam e assegurem a propriedade privada e a livre empresa, condicionam o uso dessa mesma propriedade e o exercício das atividades econômicas ao bem-estar social (CF, art. 170).

Para o uso e gozo dos bens e riquezas particulares o Poder Público impõe normas e limites e, quando o interesse público o exige, intervém na *propriedade privada* e na *ordem econômica*, através de atos de império tendentes a satisfazer as exigências coletivas e a reprimir a conduta anti-social da iniciativa particular. Nessa intervenção estatal o Poder Público chega a retirar a propriedade privada para dar-lhe uma destinação pública ou de interesse social, através de *desapropriação*; ou para acudir a uma situação de iminente perigo público, mediante *requisição*; em outros casos, contenta-se em ordenar socialmente o seu uso, por meio de *limitações* e *servidões administrativas*; ou em utilizar transitoriamente o bem particular, numa *ocupação temporária*. Na ordem econômica o Estado atua para coibir os excessos da iniciativa privada e evitar que desatenda às suas finalidades, ou para realizar o desenvolvimento nacional e a justiça social, fazendo-o através da *repressão ao abuso do poder econômico*, do *controle dos mercados* e do *tabelamento de preços*.

Essa intervenção, entretanto, não se faz arbitrariamente, por critérios pessoais das autoridades. É instituída pela Constituição e regulada por leis federais que disciplinam as medidas interventivas e estabelecem o modo e forma de sua execução, sempre condicionada ao atendimento do interesse público, ao respeito dos direitos individuais garantidos pela mesma Constituição.[1] Todavia, não há direito adquirido a regime jurídico de um instituto de Direito, por isso a lei nova modificadora do regime jurídico da propriedade aplica-se de imediato, respeitado o direito já adquirido sob o regime anterior (v. caps. III, item 8.2.4, e VII, item 1.3).[2]

Os fundamentos da intervenção na propriedade e atuação no domínio econômico repousam na necessidade de proteção do Estado aos interesses da comunidade. Os interesses coletivos representam o *direito do maior número* e, por isso mesmo, quando em conflito com os interesses individuais, estes cedem àqueles, em atenção ao direito da *maioria*, que é a base do regime democrático e do Direito Civil moderno.[3]

Em relação à função social da propriedade, é oportuno destacar a Lei 10.257, de 10.7.2001 (*Estatuto da Cidade*), que, regulando as disposições dos arts. 182 e 183 da CF, estabeleceu normas de ordem pública e interesse social que regulam o uso da propriedade urbana em prol do bem coletivo, da segurança e do bem-estar dos cidadãos, bem como do equilíbrio ambiental, possibilitando, após a devida notificação para utilização adequada, a tributação progressiva pelo IPTU e até mesmo a desapropriação com pagamento

1. Benjamin M. Shieber, *Abusos do Poder Econômico*, Ed. RT, 1966; Seabra Fagundes, "Da intervenção do Estado na ordem econômica em face da Constituição Federal", *RF* 201/12; Modesto Carvalhosa, *A Ordem Econômica na Constituição de 1969*, Ed. RT, 1972; Toshio Mukai, *Participação do Estado na Atividade Econômica*, Ed. RT, 1979; Alice Gonzalez Borges, *A Autonomia dos Estados Federados e a Ordem Econômica e Social*, Salvador/BA, 1983; Eros Roberto Grau, *A Ordem Econômica na Constituição de 1988*, 14ª ed., Malheiros Editores, 2010; Gilmar Ferreira Mendes, Inocêncio Mártires Coelho e Paulo Gustavo Gonet Branco, *Curso de Direito Constitucional*, 2ª ed., Saraiva, 2008 (especialmente o item 2 do cap. 6: "O Direito de propriedade na Constituição de 1988", pp. 422-456). A propriedade tem destinação social. Ela deve sucumbir ao primado do interesse público e da necessidade social. No entanto, esta submissão observa regras inscritas na Constituição (cf. REsp 36.524-SP, referido em acórdão do STF publicado na *RTJ* 168/64, sobre desapropriação).

2. STF, RE 94.020 (*RTJ* 104/269), ERE 105.137 (*RTJ* 119/782), RE 105.322 (*RTJ* 118/709) e AI 534.924 (*DJU* 27.3.2007).

3. Georges Ripert, *O Regime Democrático e o Direito Civil Moderno*, trad. J. Cortezão, 1937, pp. 210 e ss.

em títulos da dívida pública dos imóveis urbanos não edificados, subutilizados ou não utilizados.[4]

Como política de desenvolvimento urbano (art. 182 da CF), é oportuno citar a exigência de pagamento de remuneração pela chamada "parcela de solo criado", permitindo ao proprietário do imóvel construir além do coeficiente único não oneroso de seu aproveitamento, de competência do Município, e julgado constitucional pelo STF no RE 328.812.

1.1 Propriedade e domínio econômico

A nossa Constituição assegura o direito de propriedade, mesmo porque é um direito individual por excelência, do qual resulta a prosperidade dos povos livres. Mas a propriedade de há muito deixou de ser exclusivamente o *direito subjetivo do proprietário* para se transformar na *função social do detentor da riqueza*, na expressão feliz de Duguit.[5] É um direito individual, mas um direito individual condicionado ao bem-estar da comunidade. É uma projeção da personalidade humana e seu complemento necessário, mas nem por isso a propriedade privada é intocável.[6] Admite limitações ao seu uso e restrições ao seu conteúdo em benefício da comunidade. Diante dessa realidade, a Constituição da República garante a propriedade (art. 5º), mas permite a *desapropriação*, mediante prévia e justa indenização (art. 5º, XXIV), autoriza a *requisição* em caso de perigo público iminente e em tempo de guerra, com indenização *a posteriori* (arts. 5º, XXV, e 22, III), e lhe atribui *função social* (arts. 5º, XXIII, e 170, III).

No domínio econômico – conjunto de bens e riquezas a serviço de atividades lucrativas – a Constituição assegura a liberdade de iniciativa, mas, no interesse do desenvolvimento nacional e da justiça social, impõe a valori-

4. A propósito do Estatuto da Cidade, consultem-se: *Estatuto da Cidade – Comentários*, coordenação de Odete Medauar e Fernando Dias Menezes de Almeida, 2ª ed., São Paulo, Ed. RT, 2004; *Estatuto da Cidade – Comentários à Lei Federal 10.257/2001*, coordenação de Adilson Abreu Dallari e Sérgio Ferraz, 3ª ed., São Paulo, Malheiros Editores, 2010; e *Direito de Construir*, do Autor, 9ª ed.

O Conselho das Cidades tem baixado resoluções, como a de n. 34, de 1.7.2005 (*DOU* 14.7.2005, Seção 1), estabelecendo "orientações e recomendações sobre a aplicação da Lei n. 10.257/2001" (Estatuto da Cidade) e sobre a elaboração do Plano Diretor, cujo objetivo fundamental "é definir o conteúdo da função social da cidade e da propriedade urbana, de forma a garantir o acesso à terra urbanizada e regularizada, o direito à moradia, ao saneamento básico, aos serviços urbanos a todos os cidadãos, e implementar uma gestão democrática e participativa".

5. Léon Duguit, *Las Transformaciones Generales del Derecho Privado*, trad., Posada, 1931, p. 37. Na doutrina pátria, v.: A. Machado Paupério, "A concepção cristã da propriedade e sua função social", *RIL* 93/213; Luiz Édson Fachin, "Da propriedade como conceito jurídico", *RT* 621/16; Celso Antônio Bandeira de Mello, "Novos aspectos da função social da propriedade no Direito Público", *RDP* 84/39.

6. Benjamin Villegas Basavilbaso, *Derecho Administrativo*, Buenos Aires, 1956, VI/11.

zação do trabalho, a harmonia e solidariedade entre as categorias sociais de produção e a expansão das oportunidades de emprego produtivo (art. 170), admitindo que a União intervenha nesse domínio para reprimir o abuso do poder econômico.

Evidencia-se, portanto, que o nosso ordenamento jurídico-constitucional distingue as duas formas de intervenção: na propriedade e no domínio econômico. A intervenção na propriedade incide sobre os *bens*; a intervenção no domínio econômico incide sobre a *atividade lucrativa*, exercida pela *empresa*, como instrumento da iniciativa privada. Desde que o uso dos bens seja feito de maneira anti-social ou a atividade da empresa se realize com abuso do poder econômico, rendem ensejo à intervenção estatal na propriedade em si mesma, ou na atividade empresarial. Pode, ainda, o Estado conjugar essas duas modalidades de intervenção, realizando-as concomitantemente nos bens e na empresa, tal como ocorre quando intervém numa indústria controlando sua administração e requisitando seus produtos ou serviços e, subseqüentemente, desapropriando seu acervo. Em qualquer caso, porém, o fundamento da intervenção há de ser o interesse público; e seu objetivo final, o bem-estar social.

1.2 Bem-estar social

O *bem-estar social* é o bem comum, o bem do povo em geral, expresso sob todas as formas de satisfação das necessidades comunitárias. Nele se incluem as exigências materiais e espirituais dos indivíduos coletivamente considerados; são as necessidades vitais da comunidade, dos grupos, das classes que compõem a sociedade. O bem-estar social é o escopo da *justiça social* a que se refere nossa Constituição (art. 170) e só pode ser alcançado através do *desenvolvimento nacional*.

Para propiciar esse bem-estar social o Poder Público pode intervir na propriedade privada e nas atividades econômicas das empresas, nos limites da competência constitucional atribuída a cada uma das entidades estatais, através de normas legais e atos administrativos adequados aos objetivos da intervenção. O que se exige é que essa intervenção se contenha nos lindes constitucionais e legais que amparam o interesse público e garantem os direitos individuais.

Modernamente, o *Estado de Direito* aprimorou-se no *Estado de Bem-Estar* (*Welfare State*), em busca de melhoria das condições sociais da comunidade. Não é o *Estado Liberal*, que se omite ante a conduta individual, nem o *Estado Socialista*, que suprime a iniciativa particular. É o Estado orientador e incentivador da conduta individual no sentido do bem-estar social. Para atingir esse objetivo o *Estado de Bem-Estar* intervém na propriedade e no domínio econômico quando utilizados contra o bem comum da coletividade.

Discorrendo sobre essa concepção estatal, afirma Agustín Gordillo: "A nuestro juicio, la noción de *Estado de Bienestar* ha venido a operar como un correctivo para la noción clásica de *Estado de Derecho*, revitalizándola, pero en modo alguno suprimiéndola o sustituyéndola".[7]

1.3 Competência para a intervenção

A *competência para intervir na propriedade* e atuar no domínio econômico não se distribui igualmente entre as entidades estatais. A legislação sobre *direito de propriedade* e *intervenção no domínio econômico* é privativa da União (arts. 22, II e III, e 173). Aos Estados e Municípios só cabem as medidas de *polícia administrativa*, de *condicionamento do uso da propriedade* ao bem-estar social e de *ordenamento das atividades econômicas*, nos limites das normas federais. A intervenção no domínio econômico pelos Estados e Municípios só poderá ser feita por *delegação* do Governo Federal, que é o detentor de todo o poder nesse setor.

Não se confunda, porém, a legislação civil sobre o direito de propriedade e sobre os atos de intervenção no domínio econômico (privativos da União) com as normas administrativas e as medidas regulamentares de condicionamento do uso da propriedade e de ordenamento das atividades econômicas, que são da competência concorrente dos três níveis de governo. Tais normas e tais atos administrativos decorrem do poder de polícia, inerente a todas as entidades estatais, para a regulamentação das atividades que se realizam em seus territórios e sob sua fiscalização.

O Poder federal regula materialmente o direito de propriedade e dispõe sobre a intervenção no domínio econômico; os Poderes estadual e municipal apenas exercem o policiamento administrativo do *uso da propriedade* e da *atividade econômica dos particulares*, segundo as normas substantivas editadas pela União. Nem por isso fica excluída da competência do Estado e do Município a regulamentação adjetiva do uso da propriedade e das atividades econômicas que se realizam em seus territórios, afetando o bem-estar da comunidade regional ou local. Essa regulamentação é tanto mais necessária quanto maior for a implicação do uso da propriedade e do exercício da atividade econômica com a higiene e a saúde públicas, com a segurança e a ordem públicas, e especialmente com o abastecimento da população local.

7. Agustín A. Gordillo, *Introducción al Derecho Administrativo*, Buenos Aires, 1966, p. 54. No mesmo sentido, v.: William A. Robson, *The Welfare State*, Londres, 1957; Giuseppino Treves, "El Estado de Bienestar", *Revista del Trabajo*, Buenos Aires, 1959, 18/5.

1.4 Meios de intervenção e de atuação

A multiplicidade das exigências sociais e a variedade das necessidades coletivas impõem ao Poder Público à diversificação dos *meios de intervenção* na propriedade e de *atuação* no domínio econômico, variando desde o apoderamento de bens e serviços particulares através da *desapropriação* ou da *requisição* até as medidas mais atenuadas da *servidão administrativa*, da *limitação administrativa* e da *ocupação temporária*, além da *repressão ao abuso do poder econômico* e das medidas de *controle de abastecimento* e de *fixação de preços*.

Estes instrumentos de intervenção é que constituem o objeto do presente capítulo, a começar pela *desapropriação*, que examinaremos a seguir.

2. Intervenção na propriedade

Entende-se por *intervenção na propriedade* privada todo ato do Poder Público que, fundado em lei, compulsoriamente retira ou restringe direitos dominiais privados ou sujeita o uso de bens particulares a uma destinação de interesse público.

A intervenção na propriedade particular pode ter fundamento na necessidade ou na utilidade pública, ou no interesse social, mas esse fundamento há de vir expresso em lei para autorizar o ato interventivo, que tanto pode ser praticado pela União como pelos Estados-membros e Municípios. Não há confundir, portanto, a competência para elaborar a norma autorizadora da intervenção com a competência para praticar o ato de intervenção, ou a medida simplesmente condicionadora do uso da propriedade ao bem-estar social, já autorizada pelo art. 170, III, da CF. Algumas normas de intervenção na propriedade são privativas da União; os atos executivos ou regulamentares do uso da propriedade podem ser do Estado-membro ou do Município, nos limites de sua competência territorial e institucional.

Neste item examinaremos os meios específicos de intervenção na propriedade privada, a saber: a) *desapropriação*; b) *servidão administrativa*; c) *requisição*; d) *ocupação temporária*; e) *limitação administrativa*.

2.1 Desapropriação

Dentre os atos de intervenção estatal na propriedade destaca-se a *desapropriação*,[8] que é a mais drástica das formas de manifestação do *poder de império*, ou seja, da Soberania interna do Estado no exercício de seu *domínio eminente* sobre todos os bens existentes no território nacional.

8. V. na "Bibliografia" a doutrina sobre desapropriação no Direito pátrio e no Direito estrangeiro.

Mas o poder expropriatório, conquanto discricionário nas opções de utilidade pública e de interesse social, só é legitimamente exercitável nos limites traçados pela Constituição e nos casos expressos em lei, observado o devido procedimento legal.

2.1.1 *Conceito* – *Desapropriação* ou *expropriação* é a transferência compulsória da propriedade particular (ou pública de entidade de grau inferior para a superior) para o Poder Público ou seus delegados, por utilidade ou necessidade pública ou, ainda, por interesse social, mediante prévia e justa indenização em dinheiro (CF, art. 5º, XXIV), salvo as exceções constitucionais de pagamento em *títulos da dívida pública de emissão previamente aprovada pelo Senado Federal*, no caso de área urbana não edificada, subtilizada ou não utilizada (CF, art. 182, § 4º, III), e de pagamento em *títulos da dívida agrária*, no caso de Reforma Agrária, por interesse social (CF, art. 184).

Com essa conceituação, a desapropriação é o moderno e eficaz instrumento de que se vale o Estado para remover obstáculos à execução de obras e serviços públicos; para propiciar a implantação de planos de urbanização; para preservar o meio ambiente contra devastações e poluições; e para realizar a justiça social, com a distribuição de bens inadequadamente utilizados pela iniciativa privada. A desapropriação é, assim, a forma conciliadora entre a garantia da propriedade individual e a função social dessa mesma propriedade, que exige usos compatíveis com o bem-estar da coletividade.

2.1.2 *Características* – As *características* da desapropriação, no plano teórico e prático, são muitas e diversificadas, pelo quê só nos ateremos às mais relevantes para a Administração e para os administrados.

A *desapropriação é forma originária de aquisição da propriedade*, porque não provém de nenhum título anterior, e, por isso, o bem expropriado torna-se insuscetível de reivindicação e libera-se de quaisquer ônus que sobre ele incidissem precedentemente, ficando os eventuais credores sub-rogados no preço.

A *desapropriação* é um *procedimento administrativo* que se realiza em duas fases: a primeira, de natureza *declaratória*, consubstanciada na indicação da necessidade ou utilidade pública ou do interesse social; a segunda, de caráter *executório*, compreendendo a estimativa da justa indenização e a transferência do bem expropriado para o domínio do expropriante. É um procedimento administrativo (e não um ato), porque se efetiva através de uma sucessão ordenada de atos intermediários (*declaração de utilidade*, *avaliação*, *indenização*), visando à obtenção de um ato final, que é a adjudicação do bem ao Poder Público ou ao seu delegado beneficiário da expropriação.

Toda desapropriação deve ser precedida de *declaração expropriatória regular*, na qual se indique o bem a ser desapropriado e se especifique sua destinação pública ou de interesse social. Não há, nem pode haver, *desapropriação de fato*, ou *indireta*.

A *desapropriação indireta* não passa de esbulho da propriedade particular e, como tal, não encontra apoio em lei. É situação de fato que se vai generalizando em nossos dias, mas que a ela pode opor-se o proprietário até mesmo com os interditos possessórios. Consumado o apossamento dos bens e integrados no domínio público, tornam-se, daí por diante, insuscetíveis de reintegração[9] ou reivindicação (v. item 2.1.13), restando ao particular espoliado haver a indenização correspondente, da maneira mais completa possível, inclusive correção monetária, juros moratórios, compensatórios a contar do esbulho e honorários de advogado, por se tratar de ato caracteristicamente ilícito da Administração. Convém distinguir, todavia, os casos de apossamento sem declaração de utilidade pública dos regularmente decretados mas em que, por tolerância do particular, fica retardada a indenização, a despeito de utilizado o bem pelo expropriante. No primeiro caso há esbulho manifesto; no segundo não se configura ato ilícito da Administração, mas simples irregularidade no processo expropriatório, sem acarretar as conseqüências da ilicitude civil, embora devida a indenização.

Todos os bens e direitos patrimoniais prestam-se a desapropriação, inclusive o espaço aéreo e o subsolo. Excluem-se desse despojamento compulsório os direitos personalíssimos, indestacáveis do indivíduo ou irretiráveis de sua condição cívica. Também não se desapropria a moeda corrente do País, porque ela constitui o próprio meio de pagamento da indenização, mas podem ser expropriadas moedas raras, nacionais ou estrangeiras. Como se vê, as restrições à desapropriação constituem exceção à regra da liberdade expropriatória.

A *desapropriação da propriedade é a regra*, mas a *posse* legítima ou de boa-fé também é expropriável, por ter valor econômico para o possuidor, principalmente quando se trata de imóvel utilizado ou cultivado pelo posseiro. Certamente, a posse vale menos que a propriedade, mas nem por isso deixa de ser indenizável, como têm reconhecido e proclamado os nossos Tribunais.[10]

9. STJ, EDiv nos REsps 901.319 e 922.786: a desapropriação indireta pressupõe três situações: (a) "apossamento do bem pelo Estado, sem prévia observância do devido processo legal"; (b) "afetação do bem, isto é, sua destinação à utilização pública"; e (c) "impossibilidade material da outorga de tutela específica ao proprietário, isto é, irreversibilidade da situação resultante do indevido apossamento e da afetação"; 1º TACivSP, *RT* 668/103; TJSP, ApCiv 105.533-5, rel. Des. Paulo Shintate.

10. STF, *RDA* 123/283; STJ, REsp 276.708, *DJU* 6.3.2002; TJSP, *RT* 221/188; TASP, *RT* 481/154.

A *desapropriação de ações, quotas ou direitos* de qualquer sociedade vem sendo admitida de há muito pela doutrina[11] e pela jurisprudência de nossos Tribunais,[12] embora a legislação só a tenha consagrado recentemente, para condicioná-la à autorização do Presidente da República, quando o funcionamento da empresa dependa de aquiescência do Governo Federal (Dec.-lei 3.365/41, art. 2º, § 3º, acrescentado pelo Dec.-lei 856, de 11.9.69).[13] Nos demais casos a desapropriação é livre, seguindo os trâmites da legislação pertinente.

Os *bens públicos são passíveis de desapropriação* pelas entidades estatais superiores desde que haja autorização legislativa para o ato expropriatório e se observe a hierarquia política entre estas entidades. Admite-se, assim, a expropriação na ordem descendente, sendo vedada a ascendente, razão pela qual a União pode desapropriar bens de qualquer entidade estatal; os Estados-membros podem expropriar os de seus Municípios; os Municípios não podem desapropriar os de nenhuma entidade política.

Os *bens de autarquias, de fundações públicas, empresas estatais, concessionários e demais delegados do serviço público são expropriáveis*, independentemente de autorização legislativa. Mas entendemos que a desapropriação de bens vinculados a serviço público, pelo princípio da continuidade do próprio serviço, dependerá sempre de autorização da entidade superior que os instituiu e delegou, porque sem essa condição a atividade dos entes maiores seria tolhida, e até mesmo suprimida, pelos menores, por via expropriatória.[14] Bem por isso, o Dec.-lei 856, de 11.9.69, acrescentou ao art. 3º da lei geral das desapropriações (Dec.-lei 3.365/41) o § 3º, vedando a expropriação, pelas entidades menores, de *ações*, *quotas* e *direitos* de instituições ou empresas que funcionem com autorização e sob fiscalização do Governo Federal, salvo com aquiescência do Presidente da República (STJ, *RDA* 187/249). Esse diploma amplia, aliás, restrição já estabelecida pelo Dec.-lei 7.062, de 22.1.44, para os "bens e instalações" das empresas de energia elétrica, sujeitos a idêntica autorização presidencial para se tornarem passíveis de desapropriação pelos Estados-membros e Municípios (art. 2º).

11. Cf. "Pareceres" de Seabra Fagundes, in *RDA* 65/358; Washington de Barros Monteiro, in *RT* 315/615; Sylvio Marcondes, in *RT* 315/620; Miguel Reale, in *RT* 315/631; Vicente Ráo, in *RT* 315/643; Orozimbo Nonato, in *RT* 315/656; Waldemar Ferreira, in *RT* 315/674; Caio Tácito, "Problemas atuais de desapropriação", *RDA* 120/1; do Autor (parecer), "Desapropriação de ações no Direito Brasileiro", *RDA* 126/1 e 154/248; e Carlos Eduardo Thompson Flores Lenz, "A justa indenização na desapropriação de ações", *RT* 664/97.

12. STF, *RTJ* 47/688; *RDA* 57/262, 67/382, 76/211, 97/165; Súmula 476; TJSP, *RT* 315/703, 325/124.

13. STF, Súmula 157, e TFR, Súmula 62.

14. STF, *RT* 707/221; STJ, *RT* 727/148.

As *áreas de jazidas* com autorização, concessão ou licenciamento de pesquisa ou lavra não podem ser desapropriadas pelas entidades menores, para dar-lhes outra destinação, sem prévia e expressa concordância da União, porque isto importaria suprimir a atividade minerária, cuja ordenação é da exclusiva competência federal, e, por outro lado, o Código de Mineração (Dec.-lei 227/67) proíbe que se impeça por ação judicial "o prosseguimento da pesquisa ou lavra" (art. 87). Por isso sustentamos, em estudo anterior, que a desapropriação de jazida ou da área que a envolve, pelo Estado-membro, para dar-lhe outra destinação importaria impedir a exploração concedida pela União. Estaria, assim, o Governo Estadual cassando, por via oblíqua, o ato de concessão de lavra expedido pelo Governo Federal, numa inversão inaceitável da hierarquia federativa.[15]

A desapropriação de áreas de jazidas de petróleo e minérios nucleares deve ser precedida de ocupação provisória, nos termos dos Decs.-leis 1.864, de 25.2.81, e 1.865, de 26.2.81. Não havendo a autorização de lavra não cabe indenização por jazidas de minério existentes no subsolo do imóvel desapropriado, pois a lavra, em si, é um bem de domínio da União.[16]

Os *destinatários dos bens expropriados* são, em princípio, o Poder Público e seus delegados, como detentores do interesse público justificador da desapropriação. Mas casos há em que os bens desapropriados podem ser traspassados a particulares, por ter sido essa, precisamente, a finalidade expropriatória, como ocorre na *desapropriação por zona*, na *desapropriação para urbanização* e nas *desapropriações por interesse social*, em que se visa à distribuição da propriedade com o adequado condicionamento para melhor desempenho de sua função social, erigida em princípio constitucional propulsor da ordem econômica, do desenvolvimento nacional e da justiça social (CF, arts. 5º, XXIII, e 170, III).

A *desapropriação por zona* está autorizada pelo Dec.-lei 3.365/41 (art. 4º) e consiste na ampliação da expropriação às áreas que se valorizem extraordinariamente em conseqüência da realização da obra ou do serviço público. Estas áreas ou zonas excedentes e desnecessárias ao Poder Público podem ser vendidas a terceiros, para obtenção de recursos financeiros. A desapropriação por zona é um sucedâneo da contribuição de melhoria.[17] Para essa modalidade de expropriação, a declaração de utilidade pública deverá indicar expressamente qual a área necessária às obras ou serviços a realizar e qual a zona excedente a ser abrangida pela desapropriação, para futura alienação.

15. Hely Lopes Meirelles, "Jazida e concessão de lavra", *RDA* 109/283 e *RDP* 18/94; TJSP, AI 248.969, j. 23.5.2002.

16. STF, RE 222.368, *Informativo* 266.

17. Geraldo Ataliba, *Natureza Jurídica da Contribuição de Melhoria*, São Paulo, 1964, pp. 180 e ss.

A *desapropriação para urbanização ou reurbanização*, prevista no art. 5º, "i", do Dec.-lei 3.365/41, com a redação dada pela Lei 6.602/78, complementada pelo art. 44 da Lei 6.766/79, em termos amplos, que permitem ao Poder Público, especialmente ao Município, decretá-la e promovê-la para a correta implantação de novos núcleos urbanos, ou para fins de zoneamento ou renovação de bairros envelhecidos e obsoletos, que estejam a exigir remanejamento de áreas livres, remoção de indústrias, modificação do traçado viário e demais obras públicas ou edificações que dêem ao bairro a funcionalidade compatível com sua nova destinação no complexo da cidade. A desapropriação, em tais casos, tem como utilidade pública a própria urbanização ou a reurbanização e, uma vez realizada na conformidade dos planos urbanísticos correspondentes, permite a alienação das áreas e edificações excedentes das necessidades públicas e particulares, dando-se preferência aos desapropriados. Nesse sentido firmou-se a jurisprudência do TJSP,[18] diante de repetidas impugnações à reurbanização de bairros envelhecidos e inadequados para suportar a movimentação de usuários do "Metrô" paulistano. Tal possibilidade encontra-se expressa no § 5º do art. 8º da Lei 10.257/2001, que permite a alienação ou concessão de uso a terceiros, observado o devido processo licitatório.

Outra hipótese de permissibilidade de alienação de áreas desapropriadas ocorre nas expropriações para formação de *distritos industriais*, desde que a Administração expropriante planeje a área e promova a urbanização necessária à sua destinação. Nem seria viável a implantação de qualquer núcleo industrial, em área desapropriada para esse fim, se não se reconhecesse ao Poder Público a possibilidade de alienação de glebas aos empresários que satisfaçam as exigências da Administração expropriante. O que se nega é a legitimidade de desapropriações de áreas individualizadas e a subseqüente transferência a interessados certos para eventual instalação de indústrias, sem qualquer planejamento e urbanização do local para zona industrial.[19]

18. O TJSP (*RT* 459/59, 461/55 e 464/69) acolheu a tese, por nós sustentada, de que, tratando-se de *desapropriação para reurbanização*, são alienáveis as áreas e edificações que se tornam excedentes e desnecessárias à expropriante, após a execução do plano urbanístico (cf. parecer do Autor na publicação da Empresa Municipal de Urbanização – EMURB intitulada *A Reurbanização de Santana e Jabaquara*, São Paulo, 1973, pp. 27 e ss. Posteriormente, desenvolvendo a mesma tese, já agora com base nos julgados acima citados, no artigo "Desapropriação para urbanização", *RDA* 116/1). Os acórdãos do TJSP foram confirmados pelo STF nos RE 82.300, 85.869 e 87.009. Essa orientação está agora sedimentada pelo *Estatuto da Cidade*, Lei 10.257, de 10.7.2001.

19. A formação de *distrito industrial* deve ser tecnicamente planejada e aprovada por lei municipal que estabeleça as condições de urbanização da área e os requisitos para a implantação das indústrias e alienação dos lotes, como já demonstrado pelo Autor em parecer publicado na *RT* 499/37, acolhido pelo TJSP em acórdão publicado na mesma *Revista* à p. 97. Só após a aprovação do plano e promulgação da lei local é que o Município pode desapropriar a área necessária, com base no art. 5º, "i" do Dec.-lei 3.365/41, com a redação dada pela Lei 6.602/78.

A *desapropriação para observância do Plano Diretor do Município* está prevista no art. 182, § 4º, III, da atual CF como a mais drástica forma de intervenção na propriedade quando a área não for edificada, estiver sendo subtilizada ou não utilizada. Relembre-se que, nestes casos, o pagamento da desapropriação será feito em títulos da dívida pública de emissão previamente aprovada pelo Senado Federal, com prazo de resgate de até dez anos. Com a edição do *Estatuto da Cidade* (Lei federal 10.257, de 10.7.2001) ensejou-se aos Municípios, mediante lei municipal específica para área incluída no plano diretor, determinar o parcelamento, a edificação ou a utilização compulsória do solo urbano não edificado, subutilizado ou não utilizado. Nessas condições, será o proprietário notificado para, em prazos não inferiores a um ano para protocolo do projeto e dois anos a partir da aprovação dele para início das obras, adequar a utilização do imóvel às prescrições da lei, sob pena de tributação progressiva pelo IPTU pelo prazo de cinco anos consecutivos, respeitada a alíquota máxima de quinze por cento. Decorridos os cinco anos de tributação progressiva sem que o proprietário tenha cumprido a obrigação de parcelamento, edificação ou utilização, o Município poderá proceder à desapropriação do imóvel, com pagamento em títulos da dívida pública, emitidos mediante aprovação do Senado Federal, que serão resgatados no prazo de até dez anos, em prestações anuais, iguais e sucessivas, assegurados o valor real da indenização e os juros legais de seis por cento ao ano. O valor real da indenização refletirá o valor de base de cálculo do IPTU, descontado do valor de eventuais incorporações por obras realizadas pelo Poder Público após a notificação feita ao proprietário, e não computará expectativas de ganho, lucros cessantes e juros compensatórios.

Quanto às desapropriações de imóveis urbanos, cumpre notar ainda que, de acordo com a *Lei de Responsabilidade Fiscal* (LC 101/2000), art. 16, § 4º, II, constituem condição prévia de sua realização a estimativa do impacto orçamentário-financeiro e a declaração do ordenador da despesa de que o aumento tem adequação orçamentária e financeira com a lei orçamentária anual e compatibilidade com o plano plurianual e com a lei de diretrizes orçamentárias.

O STF, em dois julgados (RE 76.296, *RDA* 120/348, e RE 78.501, *RDA* 132/175), afirmou que o Município não podia desapropriar área rural para formação de núcleo industrial e negou a aplicação da letra "i" do art. 5º do Dec.-lei 3.365/41 em ambos os casos. *Data venia*, essas decisões não haviam interpretado corretamente o citado dispositivo e invocavam inadequadamente normas da Reforma Agrária inaplicáveis à espécie, como mostramos na 6ª edição deste livro (p. 552). A Lei 6.602, de 7.12.78, deu nova redação ao citado art. 5º, "i", do Dec.-lei 3.365/41, confirmando a crítica do Autor e esclarecendo expressamente que o Município pode desapropriar imóvel rural para a formação ou ampliação de distrito industrial, desde que tenha projeto regularmente aprovado e não atinja área declarada prioritária para fins de Reforma Agrária, caso em que a expropriação depende de decreto autorizativo do Presidente da República.

Conforme estipulado no art. 46 da referida lei, é nulo de pleno direito ato de desapropriação de imóvel urbano sem o pagamento prévio ou depósito judicial do valor da indenização.

A *desapropriação por interesse social* é aquela que se decreta para promover a justa distribuição da propriedade ou condicionar seu uso ao bem-estar social (Lei 4.132/62, art. 1º). A primeira hipótese é privativa da União e específica da Reforma Agrária; a segunda é permitida a todas as entidades constitucionais – União, Estados-membros, Municípios, Distrito Federal e Territórios –, que têm a incumbência de adequar o uso da propriedade em geral às exigências da coletividade. Portanto, nos limites de sua competência, cada entidade estatal *pode desapropriar por interesse social*, desde que o objeto da expropriação e sua destinação se contenham na alçada da Administração expropriante.

Interesse social não é interesse da Administração, mas sim da coletividade administrada. Daí por que os bens expropriados por interesse social, na maioria das vezes, o são para traspasse aos particulares que lhes possam dar melhor aproveitamento ou utilização em prol da comunidade.

A *desapropriação para Reforma Agrária*,[20] privativa da União, é realizada pelo Instituto Nacional de Colonização e Reforma Agrária – INCRA. A Constituição de 1988 possibilita a expropriação do "imóvel rural que não esteja cumprindo sua função social",[21] nos termos dos arts. 184 a 186. O ato expropriatório é da competência do Presidente da República ou da autoridade a quem ele delegar poderes específicos, e a fixação da indenização faz-se segundo os critérios estabelecidos na Lei 8.629, de 25.2.93 (modificada pela MP 2.183-56, de 24.8.2001), e nas Leis Complementares 76, de 6.7.93, e 88, de 23.12.96. Quanto ao pagamento dessas desapropriações, será feito em *títulos da dívida agrária*, com prazo de resgate de até vinte anos para a terra nua, e em dinheiro[22] para as benfeitorias úteis e necessárias, inclusive culturas e pastagens artificiais (CF, art. 184, § 1º, e LC 76/93, art. 14).

A *finalidade pública* ou o *interesse social* é, pois, exigência constitucional para legitimar a desapropriação. Não pode haver expropriação por

20. Sobre essa desapropriação v. Fábio de Oliveira Luchesi, "Desapropriação para fins de Reforma Agrária perante a nova Constituição Federal", *RDP* 90/161, artigo do Autor in *RT* 656/7 e Fernando Campos Scaff, "A função social dos imóveis rurais", *RT* 840/107-113.

21. O STF, Pleno, entendeu ser legítimo o estabelecimento de índices de produtividade para o cumprimento da função social do imóvel rural (*RT* 748/149). Na desapropriação para reforma agrária as propriedades rurais devem ser classificadas como pequenas, médias ou grandes a partir do tamanho de sua área aproveitável, e não de toda a extensão do imóvel (STJ, REsp 1.161.624).

22. O STF, Pleno, no RE 247.866-1-CE (rel. Min. Ilmar Galvão, j. 9.8.2000, *DJU* 24.11.2000, *RT* 786/199), considerou ofensivo ao art. 100 da CF o art. 14 da LC 76/93, que estipula o pagamento em dinheiro do valor das benfeitorias úteis e necessárias, inclusive culturas e pastagens artificiais.

interesse privado de pessoa física ou organização particular.[23] O interesse há de ser do Poder Público ou da coletividade: quando o interesse for do Poder Público, o fundamento da desapropriação será *necessidade* ou *utilidade pública*; quando for da coletividade, será *interesse social*. Daí resulta que os bens expropriados por *utilidade* ou *necessidade pública* são destinados à Administração expropriante ou a seus delegados, ao passo que os desapropriados por *interesse social* normalmente se destinam a particulares que irão explorá-los segundo as exigências da coletividade, embora em atividade da iniciativa privada, ou usá-los na solução de problemas sociais de habitação, trabalho e outros mais.

A Constituição da República de 1988 denomina "desapropriação" a tomada de glebas "onde forem localizadas culturas ilegais de plantas psicotrópicas", sem qualquer indenização ao proprietário (art. 243, *caput*). Na realidade, não se trata de *desapropriação*, mas, sim, de *confisco*, por insuscetível de pagamento, embora justificável pelos danos causados pela droga.

2.1.3 *Requisitos constitucionais* – Os *requisitos constitucionais* exigidos para a desapropriação resumem-se na ocorrência de *necessidade* ou *utilidade pública* ou de *interesse social* e no pagamento de *justa e prévia indenização em dinheiro* (CF, art. 5º, XXIV), ou em títulos especiais da *dívida pública* (no caso de desapropriação para observância do Plano Diretor do Município, art. 182, § 4º, III) ou da *dívida agrária* (no caso de desapropriação para fins de Reforma Agrária, art. 184).

No entender de Seabra Fagundes, os três fundamentos para desapropriação condensam-se no conceito unitário de *utilidade pública*, "que é em si tão amplo, que a menção apenas dessa causa bastaria a autorizar a incorporação ao patrimônio estatal da propriedade privada, tanto quando fosse *útil* fazê-lo, como quando tal se afigurasse *necessário* ou de *interesse social*".

Percebe-se, todavia, que o legislador constitucional tripartiu os motivos ensejadores da desapropriação, para indicar discriminadamente a natureza e o grau dos interesses a serem atendidos pela Administração em cada ato expropriatório.

2.1.3.1 Necessidade pública: a *necessidade pública* surge quando a Administração defronta situações de emergência, que, para serem resolvidas satisfatoriamente, exigem a transferência urgente de bens de terceiros para o seu domínio e uso imediato.

2.1.3.2 Utilidade pública: a *utilidade pública* apresenta-se quando a transferência de bens de terceiros para a Administração é conveniente,

23. STF, *RTJ* 3/784, 53/4, 57/53; *RDA* 55/195, 77/238.

embora não seja imprescindível. A lei geral das desapropriações (Dec.-lei 3.365/41) consubstanciou as duas hipóteses em *utilidade pública*, pois só emprega essa expressão em seu texto.

2.1.3.3 Interesse social: o *interesse social* ocorre quando as circunstâncias impõem a distribuição ou o condicionamento da propriedade para seu melhor aproveitamento, utilização ou produtividade em benefício da coletividade ou de categorias sociais merecedoras de amparo específico do Poder Público. Esse *interesse social* justificativo de desapropriação está indicado na *norma própria* (Lei 4.132/62) e em dispositivos esparsos de outros diplomas legais. O que convém assinalar, desde logo, é que os bens desapropriados por *interesse social* não se destinam à Administração ou a seus delegados, mas sim à coletividade ou, mesmo, a certos beneficiários que a lei credencia para recebê-los e utilizá-los convenientemente.

2.1.3.4 Justa e prévia indenização: a *justa e prévia indenização*, que é o último requisito constitucional para a desapropriação, será apreciada adiante, em tópico especial.

2.1.4 *Normas básicas* – As *normas básicas da desapropriação* achamse expressas no Dec.-lei 3.365, de 21.6.41, complementado pela legislação subseqüente.[24] Esse decreto-lei, após esclarecer que todas as entidades constitucionais – *União*, *Estados-membros*, *Municípios*, *Distrito Federal* e *Territórios Federais* – podem desapropriar em seu próprio benefício (art. 2º), permite que também o façam em favor de suas autarquias, fundações públicas, empresas estatais e concessionários de serviços públicos, os quais, depois de decretada a expropriação pelo Poder Público, podem promovê-la em seu nome, desde que estejam para isso expressamente autorizados por lei ou contrato (art. 3º). Por idêntica razão, entendemos que as entidades

24. Lei 2.786, de 8.12.60: altera a lei sobre desapropriações (Dec.-lei 3.365/41); Lei 4.132, de 10.9.62: define os casos de desapropriação por interesse social; Lei 4.504, de 30.11.64 (Estatuto da Terra), arts. 18 a 24: dispõe sobre desapropriação de imóveis rurais para fins de Reforma Agrária; Leis 4.519, de 2.12.64, e 4.593, de 29.12.64: disciplinam as desapropriações para as obras de combate às secas do Nordeste; Lei 4.686, de 21.6.65: institui a correção monetária no pagamento das desapropriações; Lei 1.075, de 22.1.70: regula a imissão de posse *initio litis* em imóveis residenciais urbanos; Lei 6.071, de 3.7.74, art. 10: adapta o art. 28, § 1º, do Dec.-lei 3.365/41 ao novo Código de Processo Civil; Lei 6.602, de 7.12.78: altera o art. 5º do Dec.-lei 3.365/41; Lei 7.647, de 19.1.88: altera dispositivos da Lei 4.504/64 (Estatuto da Terra); Dec. 95.715, de 10.2.88, LC 76, de 6.7.93, alterada pela LC 88, de 23.12.96, e Lei 8.629, de 25.2.93 (com as modificações da MP 2.183-56, de 24.8.2001): regulamentam as desapropriações para Reforma Agrária.

A convite do então Ministro da Justiça, Ibrahim Abi-Ackel, participamos da Comissão para elaborar anteprojeto de nova lei de desapropriações, presidida pelo ex-Ministro do STF Antônio Gonçalves de Oliveira, trabalho que se encontra no Ministério da Justiça desde março/82. Com base nesse anteprojeto, o dep. federal Antônio Tito Costa apresentou projeto no Congresso Nacional.

estatais maiores podem decretar a expropriação para que as menores a promovam em seu próprio nome, empregando os bens expropriados em obras e serviços de seu peculiar interesse ou dando-lhes destinação social.

Além do Dec.-lei 3.365/41, que constitui a *lei geral das desapropriações*, merecem destaque a Lei 4.132/62, que dispõe sobre *desapropriação por interesse social*; a Lei 4.505/64, as Leis Complementares 76/93 e 88/96, e a Lei 8.629/93, que disciplinam as *expropriações de imóveis rurais para fins de Reforma Agrária*; e o Dec.-lei 1.075/70, que regula a *imissão de posse "initio litis" em imóveis residenciais urbanos*. Outros diplomas federais, já indicados precedentemente (nota 24), completam a legislação regedora das desapropriações, que é privativa da União, por expressa reserva constitucional (art. 22, II).[25] Também merece destaque o *Estatuto da Cidade* (Lei 10.257/2001), que regulou a possibilidade de desapropriação da propriedade urbana não edificada, subtilizada ou não utilizada.

Assim, às entidades estatais menores só cabe *declarar* a necessidade ou a utilidade pública ou o interesse social do bem a ser expropriado e *promover*, diretamente ou por seus delegados, a respectiva desapropriação, sem expedir qualquer norma de natureza substantiva ou adjetiva sobre o instituto, os casos de expropriação ou o processo expropriatório, porque isto é da alçada exclusiva da lei federal. A Lei 11.107, de 6.4.2005, permitiu ao consórcio público promover desapropriações e instituir servidões, nos termos da declaração de utilidade ou necessidade pública, ou interesse social, realizada pelo Poder Público (art. 2º, § 1º, II).

2.1.5 *Casos de desapropriação* – Os *casos ensejadores de desapropriação* acham-se taxativamente relacionados, por lei, em dois grupos: o primeiro com fundamento em *necessidade* ou *utilidade pública*; o segundo, em *interesse social*. Todos, porém, definidos pelas leis federais que os enumeram e sem possibilidade de ampliação por norma estadual ou municipal. Inicialmente, o Código Civil de 1916 relacionou os casos de *necessidade pública* (art. 590, § 1º) e os de *utilidade pública* (art. 590, § 2º), mas essa relação foi absorvida pelo elenco mais completo do art. 5º do Dec.-lei 3.365/41, sob a denominação única e genérica de *utilidade pública*, e leis especiais posteriores aditaram outras hipóteses específicas, que podem ser assim relacionadas: *casos de utilidade pública* – art. 5º do Dec.-lei 3.365/41 (com as alterações das Leis 6.602/78 e 9.785/99); *casos de interesse social* – art. 2º da Lei 4.132/62 (com as alterações da Lei 6.513/77), Lei 4.504/64 (*Estatuto da Terra*) e art. 8º da Lei 10.257/2001 (*Estatuto da Cidade*). A desapropriação nos casos de reforma agrária só se aplica a imóveis rurais,

25. Embora não se trate propriamente de desapropriação, a Lei 8.257, de 26.11.91, regulou a "expropriação" de glebas com culturas ilegais de plantas psicotrópicas.

nos termos e para os fins do art. 184 da CF, seguindo os trâmites das LCs 76/93 e 88/96 e da Lei 8.629/93 (com as modificações da MP 2.183-56, de 24.8.2001), sendo que o ato expropriatório deve ser expedido pelo Presidente da República ou por autoridade a quem forem delegados poderes especiais para praticá-lo.

2.1.6 *Declaração expropriatória* – A *declaração expropriatória* pode ser feita por *lei* ou *decreto* em que se identifique o bem, se indique seu destino e se aponte o dispositivo legal que a autorize. Como se trata, entretanto, de ato tipicamente administrativo, consistente na especificação do bem a ser transferido compulsoriamente para o domínio da Administração, é mais próprio do Executivo, que é o Poder administrador por excelência.[26]

A atribuição de competência expropriatória ao Legislativo, concorrentemente com o Executivo, é uma anomalia de nossa legislação, porque o ato de desapropriar é caracteristicamente de administração. A lei que declara a utilidade pública de um bem não é normativa; é específica e de caráter individual. É *lei de efeito concreto* equiparável ao ato administrativo, razão pela qual pode ser atacada e invalidada pelo Judiciário desde sua promulgação e independentemente de qualquer atividade de execução, porque ela já traz em si as conseqüências administrativas do decreto expropriatório.

A *declaração de utilidade pública* ou de *interesse social* pode atingir qualquer bem necessário ou conveniente ao serviço público ou à coletividade; pode recair sobre o patrimônio material ou imaterial; pode abranger direitos e ações; pode incidir sobre a propriedade particular ou pública, com a só exigência de que, neste último caso, o poder expropriante seja de nível superior ao da Administração expropriada e esteja munido de prévia autorização legislativa para expedir o ato expropriatório. Assim, qualquer entidade estatal pode expropriar bens particulares, a União pode desapropriar os dos Estados-membros e dos Municípios e o Estado-membro só pode expropriar os dos seus Municípios, não cabendo a estes a desapropriação de bens de outros Municípios ou de entidades políticas maiores. Reafirmamos, entretanto, que qualquer das entidades políticas tem supremacia sobre os entes administrativos situados em seu território, pelo quê seus bens não vinculados aos serviços sujeitam-se a expropriação como os demais, ainda que pertencentes a autarquias ou organizações estatais instituídas pela União.[27] A autonomia político-administrativa dos Estados-membros e Municípios, sendo uma prerrogativa constitucional (arts. 25 e 30), não há de ficar restringida nem tolhida nos atos de expropriação diante dos bens de entidades

26. STF, *RDA* 39/205; 1º TASP, *RDA* 101/202; TJSP, *RT* 670/65.

27. Em sentido contrário, o STF entendeu que sociedade de economia mista federal não pode ter bem desapropriado pelo Estado (RE 172.816-7, *DJU* 13.5.94).

de categoria inferior e de natureza meramente administrativa. O privilégio administrativo das autarquias não se sobrepõe às prerrogativas políticas e ao poder de império das entidades estatais, porque estas emanam diretamente da Constituição e aquelas nascem da lei ordinária.

Os *efeitos da declaração expropriatória* não se confundem com os da *desapropriação* em si mesma. A declaração de necessidade ou utilidade pública ou de interesse social é apenas o *ato-condição* que precede a efetivação da transferência do bem para o domínio do expropriante. Só se considera *iniciada* a desapropriação com o acordo administrativo ou com a citação para a ação judicial, acompanhada da oferta do preço provisoriamente estimado para o depósito. Até então a declaração expropriatória não tem qualquer efeito sobre o direito de propriedade do expropriado, nem pode impedir a normal utilização do bem ou sua disponibilidade, lícito é ao particular explorar o bem ou nele construir mesmo após a declaração expropriatória, enquanto o expropriante não realizar concretamente a desapropriação, sendo *ilegal* a denegação de alvará de construção:[28] o impedimento do pleno uso do bem diante da simples declaração de utilidade pública importa restrição inconstitucional ao direito de propriedade, assim como o apossamento sem indenização equivale a *confisco*. Daí por que consideramos a Súmula 23 do STF contraditória e inaplicável na sua parte final, porque, se a simples declaração expropriatória não tolhe o direito de construir, não se pode deixar de indenizar a construção levantada no exercício normal desse direito.

Desde a declaração expropriatória ficam as autoridades expropriantes autorizadas a *penetrar nos prédios atingidos*, podendo recorrer, em caso de oposição, ao auxílio da força policial. Tal direito, entretanto, não significa *imissão na posse*, a qual só se dará por *ordem judicial*, após o pagamento da justa indenização ou do depósito provisório nos casos e forma admitidos em lei, como veremos adiante, no tópico próprio. Essa admissibilidade legal de *penetrar nos prédios* (art. 7º) é limitada ao trânsito pelos imóveis, necessário aos levantamentos topográficos, aos atos avaliatórios e outros de identificação dos bens, mas que não prejudiquem sua normal utilização pelos proprietários ou possuidores. Se nesse trânsito a Administração causar dano ao imóvel, responderá pelos prejuízos e seu agente poderá ser responsabilizado por ação penal.

A *caducidade da declaração expropriatória* ocorre ao fim de *cinco* ou de *dois anos*, conforme se trate, respectivamente, de manifestação de utilidade ou necessidade pública (Dec.-lei 3.365/41, art. 10) ou de interesse social (Lei 4.132/62, art. 3º), só podendo ser renovada, em qualquer das hipóteses, depois de um ano da decadência.

28. STF, RE 107.918 e MS 26.198/MC (*DJU* 30.3.2007), *RDA* 49/225, 54/130; TJSP, *RDA* 53/143, 58/236; 300/582, 323/537, 351/593, 669/89.

2.1.7 *Processo expropriatório* – A desapropriação poderá ser efetivada por *via administrativa* ou por *processo judicial*, sendo, mesmo, recomendável o acordo na órbita interna da Administração, após a declaração expropriatória.

2.1.7.1 Via administrativa: a *via administrativa* consubstancia-se no *acordo* entre as partes quanto ao preço, reduzido a *termo* para a transferência do bem expropriado, o qual, se imóvel, exige *escritura pública* para a subseqüente transcrição no registro imobiliário competente, salvo leis específicas, que autorizam o *instrumento particular*.

2.1.7.2 Processo judicial: o *processo judicial* segue o rito especial estabelecido na lei geral das desapropriações (Dec.-lei 3.365/41), admitindo, supletivamente, a aplicação dos preceitos do Código de Processo Civil. O *foro* para a ação, inclusive na desapropriação indireta, é o da situação do bem expropriado, salvo quando houver interesse da União, que torna competente a Justiça Federal com sede na Capital do Estado correspondente (CF, art. 109, I; Lei 5.010/66, art. 13, I; Dec.-lei 3.365/41, art. 11, e STF, Súmula 218).

A LC 76, de 6.7.93, alterada pela LC 88, de 23.12.96, regulou o processo de desapropriação de imóveis para fins de Reforma Agrária, que segue rito especial e sumário. A Súmula 354 do STJ estabelece que a invasão do imóvel rural é causa de suspensão do processo expropriatório para fins de reforma agrária.

No processo de desapropriação o Poder Judiciário limitar-se-á ao exame extrínseco e formal do ato expropriatório e, se conforme à lei, dará prosseguimento à ação para admitir o depósito provisório dentro dos critérios legais, conceder a imissão na posse quando for caso e, a final, fixar a justa indenização e adjudicar o bem ao expropriante. Neste processo é vedado ao juiz entrar em indagações sobre a *utilidade*, *necessidade* ou *interesse social* declarado como fundamento da expropriação (art. 9º), ou decidir questões de domínio ou posse. Nada impede, entretanto, que, por via autônoma, que a lei denomina "ação direta" (art. 20), o expropriado peça e obtenha do Judiciário o *controle de legalidade* do ato expropriatório, como veremos adiante. Mas é óbvio que, no próprio processo de desapropriação, o juiz pode e deve decidir sobre a regularidade extrínseca do ato expropriatório (competência, forma, caducidade etc.), assim como sobre as nulidades processuais.

A ação de desapropriação, como já aludimos precedentemente, deverá ser iniciada, com despacho de citação, dentro de *cinco anos*, se proveniente de utilidade ou necessidade pública, ou de *dois anos*, se resultante de interesse social, a contar da data dos respectivos atos declaratórios, sob pena de extinção do processo baseado em ato caduco.

2.1.8 *Imissão na posse* – A *imissão provisória na posse* era admitida até mesmo antes da citação do expropriado, desde que o expropriante *declarasse a urgência da medida* e efetuasse em juízo o *depósito prévio* segundo o critério legal do § 1º do art. 15 do Dec.-lei 3.365/41. Após a Constituição de 1988, contudo, o STJ passou a entender que tal dispositivo não foi recepcionado pela nova Carta, uma vez que os ínfimos depósitos realizados pelo expropriante não atendiam à prévia e justa indenização em dinheiro estabelecida como garantia individual contra a desapropriação (CF, art. 5º, XXIV). Segundo tal entendimento, a perda da posse significa, em última análise, a supressão de quase todos os poderes inerentes ao domínio e, por isso, a imissão *initio litis* só pode ser autorizada com o depósito do valor apurado em avaliação prévia, ficando derrogados os parágrafos e incisos do art. 15 do Dec.-lei 3.365/41, bem como os arts. 3º e 4º do Dec.-lei 1.075/70, que trata da imissão provisória da posse em imóveis residenciais urbanos. Essa interpretação pacificou-se naquela Corte, mas o STF (inclusive pelo seu Plenário) modificou-a, por entender que a garantia de indenização justa, prevista na Constituição atual, não difere das Constituições anteriores, prevalecendo o entendimento tradicional de que só a perda da propriedade, ao final da ação de desapropriação – e não a imissão provisória na posse do imóvel – está compreendida na garantia da justa e prévia indenização. São constitucionais, portanto, o art. 15 do Dec.-lei 3.365/41 e o Dec.-lei 1.075/70, recepcionados pela Carta atual.[29]

A MP 2.183-56, de 24.8.2001, dispõe que, no caso de imissão provisória na posse na desapropriação por necessidade ou utilidade pública e interesse social, inclusive para fins de Reforma Agrária, bem como nos casos de ação ordinária de indenização por apossamento administrativo ou desapropriação indireta, havendo divergência entre o preço ofertado em juízo e o valor da condenação incidirão juros compensatórios de até 6% ao ano sobre a diferença, a contar da imissão na posse, vedando ainda o cálculo de juros compostos. Ao mesmo tempo, estabelece que os juros compensatórios destinam-se apenas a reparar a perda de renda comprovadamente sofrida pelo proprietário. Estipula que os juros moratórios, à razão de 6% ao ano, somente serão devidos a partir de 1º de janeiro do exercício seguinte àquele em que o pagamento deveria ser feito, nos termos do art. 100 da CF. O mesmo diploma limitou a fixação dos honorários advocatícios nos percentuais de 0,5% e 5% da diferença entre o preço ofertado e a condenação, tendo o

29. STF: "Não contraria a Constituição Federal o art. 15, § 1º, do Dec.-lei 3.365/41" (Súmula 652).

STF, Pleno, na ADI 2.332-2-DF (rel. Min. Moreira Alves), excluído do texto legal a expressão "não podendo os honorários ultrapassar R$ 150.000,00".

Feito o depósito provisório, o expropriado poderá levantar oitenta por cento do seu montante, ainda que discorde do preço ofertado ou arbitrado, atendidas as exigências do art. 34 do Dec.-lei 3.365/41, ou seja, a comprovação da propriedade e da quitação de débitos fiscais incidentes sobre o bem até a data da imissão na posse, assim como a publicação dos editais para conhecimento de terceiros.

A *imissão provisória na posse de prédios residenciais urbanos* tem seu rito próprio, estabelecido no Dec.-lei 1.075, de 22.1.70, que só a admite após a intimação da oferta ao expropriado e, se este a impugnar, deverá ser arbitrada por perito avaliador do juízo, para as providências subseqüentes e depósito da metade do valor estimado, até o limite legal.[30]

A *imissão definitiva na posse*, em qualquer hipótese, só se dará após o integral pagamento do preço, conforme o fixado no acordo ou na decisão judicial final, que adjudicará o bem ao expropriante, transferindo-lhe o domínio com todos os seus consectários. Mas é de observar-se que desde a *imissão provisória na posse* o expropriante aufere todas as vantagens do bem e cessa para o expropriado sua fruição, devendo cessar também todos os encargos correspondentes, notadamente os tributos reais.

A *alegação de urgência*, para fins de imissão provisória na posse, poderá ser feita no ato expropriatório ou subseqüentemente, mas a imissão deve ser requerida dentro de cento e vinte dias da alegação, sob pena de caducidade, com impossibilidade de renovação (art. 15, § 2º). Em edições anteriores sustentamos que a urgência só poderia constar do ato expropriatório, mas evoluímos para admiti-la também por ato posterior, fundado na consideração de que, muitas vezes, surge de circunstâncias supervenientes à declaração de utilidade pública, e, em tais casos, não poderia a Administração ficar tolhida de invocá-la posteriormente. Nesse sentido é, atualmente, a jurisprudência dominante.[31]

O *direito de extensão* é o que assiste ao proprietário de exigir que na desapropriação se inclua a parte restante do bem expropriado, que se tornou inútil ou de difícil utilização. Tal direito está expressamente reconhecido no art. 12 do Dec. federal 4.956/03. A legislação posterior não se referiu a ele, mas, como tal disposição não contraria em nada o Dec.-lei 3.365/41 e leis subseqüentes, entendemos, como Eurico Sodré,[32] que o preceito está em vigência.

30. V. os seguintes acórdãos da Suprema Corte considerando constitucionais os arts. 3º e 4º do Dec.-lei 1.075/70, antes rejeitados pelo STJ: RE 167.656-6-SP, *DJU* 3.10.97; RE 170.379-2-SP, *DJU* 3.10.97; RE 182.124-8, *DJU* 10.10.97; RE 182.194-9, *DJU* 10.10.97.

31. STJ, REsp 79.604-AP, *DJU* 10.11.97.

32. Eurico Sodré, *A Desapropriação*, São Paulo, 1955, p. 209.

É de observar-se que, para fins de Reforma Agrária, a Lei 4.504/64 consignou expressamente o *direito de extensão* aos que tiverem terras parcialmente expropriadas em condições que prejudiquem substancialmente a exploração econômica do remanescente (art. 19, § 1º).

Em qualquer das hipóteses, o expropriado que desejar exercitar o *direito de extensão* deverá manifestar seu desejo no acordo administrativo ou na ação judicial que se instaurar para a fixação da indenização. Não o fazendo nessas oportunidades, entende-se que renunciou seu direito, não sendo admissível que o pleiteie após o término da desapropriação.

2.1.9 *Indenização* – A *indenização do bem desapropriado* deve ser *justa, prévia* e *em dinheiro* (CF, arts. 5º, XXIV, e 182, § 3º). Somente para os imóveis rurais sujeitos a Reforma Agrária (CF, art. 184) e para os urbanos que não atendam ao Plano Diretor (CF, art. 182, § 4º, III) é que se admite a exceção do pagamento em títulos, respectivamente, da dívida agrária e da dívida pública. Lembre-se também que não há indenização na desapropriação de glebas em que se cultivem culturas ilegais de plantas psicotrópicas (CF, art. 243, e Lei 8.629, de 25.2.93).

2.1.9.1 Indenização justa: a *indenização justa*[33] é a que cobre não só o valor real e atual dos bens expropriados, à data do pagamento, como, também, os danos emergentes e os lucros cessantes do proprietário, decorrentes do despojamento do seu patrimônio. Se o bem produzia renda, essa renda há de ser computada no preço, porque não será *justa* a indenização que deixe qualquer desfalque na economia do expropriado. Tudo que compunha seu patrimônio e integrava sua receita há de ser reposto em pecúnia no momento da indenização; se o não for, admite pedido posterior, por ação direta, para complementar-se a *justa indenização*. A justa indenização inclui, portanto, o *valor do bem*, suas *rendas*, *danos emergentes e lucros cessantes*, além dos *juros compensatórios e moratórios*, *despesas judiciais*, *honorários de advogado* e *correção monetária*.

Na *justa indenização* inclui-se também a *correção monetária*, tomando-se por base o índice oficial.[34]

Os *juros compensatórios*, na base de doze por cento ao ano, são devidos desde a ocupação do bem, não mais prevalecendo o princípio enunciado na Súmula 345, revogada pelas decisões subseqüentes.[35]

33. V. Sérgio Ferraz, *A Justa Indenização na Desapropriação*, São Paulo, Ed. RT, 1978, e Fernando Tourinho Neto, "Indenização no processo expropriatório", *RT* 838/75-86.

34. STF, *RT* 730/171.

35. Na desapropriação, direta ou indireta, a taxa de juros compensatórios é de 12% ao ano (Súmula 618 do STF). Na desapropriação indireta, não comprovada a data da ocupação, os juros compensatórios fluem a partir da citação (STF, *RT* 663/237). Já o STJ entende que,

Os *juros moratórios* são devidos desde que haja atraso no pagamento da condenação e não se confundem com os *juros compensatórios*, que correm desde a data da efetiva ocupação do bem. Por isso mesmo, esses juros são cumuláveis, porque se destinam a indenizações diferentes: os *compensatórios* cobrem lucros cessantes pela ocupação do bem; os *moratórios* destinam-se a cobrir a renda do dinheiro não pago no devido tempo.[36] Em relação aos juros moratórios, o Código Civil dispõe que, "quando não forem convencionados, ou o forem sem taxa estipulada, ou quando provierem de determinação da lei, serão fixados segundo a taxa que estiver em vigor para a mora do pagamento de impostos devidos à Fazenda Nacional" (art. 406).

Quanto às *benfeitorias*,[37] esclarece a própria lei, serão sempre indenizadas as *necessárias*, feitas após a desapropriação, e as *úteis*, se realizadas com autorização do expropriante (§ 1º do art. 26). Repita-se que só se considera efetivada a desapropriação após o acordo ou a instauração do processo judicial. A simples declaração de utilidade pública não importa ainda desapropriação e, por isso, admite a normal utilização do bem, independentemente de autorização do Poder Público. Enquanto não iniciada a desapropriação por atos de execução do decreto expropriatório, lícito é ao proprietário construir e fazer as benfeitorias que desejar, ficando o expropriante *obrigado a indenizá-las* quando efetivar, realmente, a expropriação. Diante do simples decreto declaratório de utilidade pública não poderá ser negado o alvará de edificação, nem interditada a atividade lícita que se realizar no imóvel, como já acentuamos precedentemente.

A valorização da área remanescente, em razão da desapropriação, não é compensável para reduzir o montante devido ao expropriado, visto que a *mais-valia* resultante de obra pública só pode ser objeto de *contribuição de melhoria*. Por esta razão, a jurisprudência vem repelindo a aplicação da parte final do art. 27 do Dec.-lei 3.365/41, por contrariar o mandamento constitucional da *justa indenização*, que é o valor de mercado que o bem

"na desapropriação direta, os juros compensatórios são devidos desde a antecipada imissão de posse e, na desapropriação indireta, a partir da efetiva ocupação do imóvel" (Súmula 69), calculado sobre o valor da indenização corrigida monetariamente (Súmulas 113 e 114). "Nas ações de desapropriação os juros compensatórios incidentes após a MP n. 1.577, de 11.6.97, devem ser fixados em 6% ao ano *até 13.9.2001*, e, *a partir de então*, em 12% ao ano, na forma da Súmula n. 618 do STF" (STJ, Súmula 408). Com a natureza de recurso repetitivo, para o STJ os juros compensatórios devidos em casos de desapropriação devem incidir apenas até a data da expedição do precatório (REsp 1.118.103).

36. Nesse sentido decidiu o STF no RE 90.656-8-SP, *DJU* 26.9.80, e o STJ nas *RT* 663/205, 665/179, 669/198 e 671/211; STJ, REsp 11. l60-SP, *DJU* 9.9.91. V., ainda, STJ, Súmula 102.

37. V. Eurico de Andrade Azevedo, "Desapropriação e população de baixa renda", *RDA* 216/39.

apresenta no momento da avaliação, como se tivesse que ser alienado na sua integridade e com todos os fatores valorizantes da atualidade.[38]

2.1.9.2 Indenização prévia: *indenização prévia* significa que o expropriante deverá pagar ou depositar o preço antes de entrar na posse do imóvel. Este mandamento constitucional vem sendo frustrado, pelo retardamento da Justiça no julgamento definitivo das desapropriações, mantendo o expropriado despojado do bem e do seu valor, por anos e anos, até transitar em julgado a condenação. Os depósitos provisórios geralmente são ínfimos em relação ao preço efetivo do bem, o que atenta contra o princípio da *indenização prévia*. Essa burla à Constituição só poderá ser obviada pelo maior rigor dos juízes e tribunais na exigência de depósito prévio que mais se aproxime do valor real do bem expropriado.

2.1.9.3 Indenização em dinheiro: *indenização em dinheiro* quer dizer que o expropriante há de pagar o expropriado em *moeda corrente*. Esta é a regra (CF, art. 5º, XXIV). Por exceção constitucional permite-se o pagamento em títulos especiais da dívida pública e da dívida agrária, respectivamente, para os imóveis urbanos que não atendam ao Plano Diretor Municipal e para os imóveis rurais (CF, arts. 182, § 4º, III, e 184). Por acordo pode-se estabelecer qualquer outro modo ou forma de pagamento.

2.1.9.4 Fixação da indenização: a *fixação da indenização* pode ser feita por *acordo administrativo* ou por *avaliação judicial*. De toda conveniência é que a Administração acerte amigavelmente com o expropriado o *quantum* da justa indenização, mas, se houver divergência entre a oferta do Poder Público e a pretensão do particular, a controvérsia se resolverá em juízo, mediante avaliação por perito técnico de livre escolha do juiz, conforme dispõe o art. 14 do Dec.- lei 3.365/41, com as modificações subseqüentes.

Na *avaliação de imóvel urbano* devem ser considerados todos os fatores valorizantes, especialmente as condições locais, a forma geométrica do terreno e a situação topográfica; a natureza, destinação e utilização do lote; a renda atual auferida pelo proprietário e o estado de conservação das construções; os meios de transporte de que é servido; os valores venais dos lotes circunvizinhos e o valor potencial do terreno, tendo-se em vista seu máximo aproveitamento, os gabaritos (número de pavimentos) permitidos pelo Código de Obras do Município e demais peculiaridades do bem avaliado.[39]

38. STJ, *RDA* 53/150; *RTJ* 60/222.

39. Presentemente existem normas técnicas para avaliações de imóveis urbanos e rurais, tais como as da ABNT e as do IBAPE, as quais estão transcritas no *Direito de Construir*, do Autor, 9ª ed. Nesse mesmo livro o Autor discorre sobre perícias judiciais e em especial *avaliações*, apreciando fórmulas e indicando autores que tratam especificamente do assunto.

Nos casos de desapropriação para obediência dos planos diretores dos Municípios a Lei 10.257/2001 estabelece que o valor real da indenização refletirá o valor de base de cálculo do IPTU, descontado o valor de eventuais incorporações por obras realizadas pelo Poder Público após a notificação feita ao proprietário, e não computará expectativas de ganho, lucros cessantes e juros compensatórios. Na *avaliação de imóvel rural*, além dos fatores valorizantes de ordem geral devem ser levados em consideração a destinação normal da propriedade; a classificação e utilização das terras; as áreas de matas, pastagens e culturas; as atividades agrárias, pastoris ou extrativas que se realizam na gleba; as benfeitorias; a distância das terras aos centros urbanos; os meios de comunicação e transporte que servem o imóvel; as demais utilidades e potencialidades do bem expropriado. Todos esses aspectos estão regulados pela Lei 8.629, de 25.2.93, que foi modificada pela MP 2.183-56, de 24.8.2001. A 2ª Turma do STJ, no REsp 921.211, referendou decisão monocrática do Min. Humberto Martins no sentido de que a indenização da terra-nua deve ser acrescida para reparar cobertura vegetal com potencial para exploração, mesmo que a área não seja explorada.

Os tribunais têm admitido nova avaliação quando o laudo oficial se encontra defasado.[40]

A referida medida provisória (n. 2.183-56) autorizou à União, através de órgão federal competente, ingressar no imóvel de propriedade particular para levantamento de dados e informações, mediante comunicação escrita ao proprietário, preposto ou representante ou, na ausência destes, por edital publicado por três vezes consecutivas em jornal de grande circulação da Capital do Estado de localização do imóvel, estipulando que para o citado levantamento não será considerada qualquer modificação quanto ao domínio, à dimensão e às condições de uso do imóvel introduzida ou ocorrida até seis meses após a data da comunicação para o levantamento. Estabeleceu, ainda, que os parâmetros, índices e indicadores do conceito de produtividade do imóvel serão reajustados periodicamente, acompanhando o progresso científico e tecnológico da agricultura e o desenvolvimento regional. Estipulou normas à aferição da justa indenização do imóvel.

Permitiu também à União, mediante convênio, delegar aos Estados, ao Distrito Federal e aos Municípios o cadastramento, as vistorias e avaliações das propriedades rurais situadas em seus territórios, bem como outras atribuições relativas à execução do Programa Nacional de Reforma Agrária, facultando-lhes, para realização da vistoria e avaliação, a utilização de força policial. Estipulou normas para aferição da justa indenização do imóvel, observados os aspectos de localização, aptidão agrícola, dimensão, área de

40. STF, *RT* 627/253; TJSP, ApCiv 130.554-2, j. 5.10.88; TRF-3ª R., ApCiv 89.03.08778-0-SP, *BAASP* 1.717, n. 3.

ocupação e ancianidade das posses, funcionalidade, tempo de uso e estado de conservação das benfeitorias.

O Dec. 2.250, de 11.6.97, permitiu que entidades representativas de trabalhadores rurais e agricultores indiquem áreas passíveis de desapropriação para Reforma Agrária, devendo o órgão fundiário promover, em até cento e vinte dias, sob pena de responsabilidade, a vistoria, que poderá ser acompanhada por representante técnico dessas entidades (arts. 1º e 2º). No art. 4º o decreto determina que o imóvel rural objeto de esbulho não será vistoriado enquanto não cessada a ocupação.

2.1.9.5 Indenização dos terrenos marginais dos rios públicos: os *terrenos marginais dos rios públicos*, na faixa denominada *reservada* pelo Código de Águas (art. 14), vêm sendo considerados *não indenizáveis* nas desapropriações, nos termos da Súmula 479 do STF, que os exclui do domínio do expropriado. De há muito o Autor discorda desse entender,[41] pois tal faixa, como o nome indica, é *reservada* como simples servidão administrativa, para eventuais fiscalizações do rio, sem ser retirada da propriedade particular e sem impedir sua normal utilização em culturas e pastagens, ou a extração de areia, argila e cascalhos. Como toda servidão administrativa, esta também incide sobre a propriedade particular, visto que seria rematado absurdo que o Poder Público a instituísse sobre seus próprios bens. Tanto isto é exato que quem compra e vende terras ribeirinhas, no Brasil, o faz em toda a sua extensão, até as margens do rio, ou seja, até o leito normal das águas, e com essa extensão transcreve o título aquisitivo no registro imobiliário, para os fins do art. 1.245 do CC. Como pode o Estado desconhecer e negar essa transcrição aquisitiva quando expropria o imóvel?

A tese da não indenização dessas faixas ribeirinhas, sobre ser injurídica, é contrária à realidade nacional, pois vem excluindo do pagamento grande percentagem das áreas rurais altamente produtivas e valorizadas, por serem as melhores terras, as mais rentáveis e mais procuradas para culturas e pastagens, exatamente pela proximidade das águas. E como ficarão os proprietários do Pantanal de Mato Grosso e das margens dos rios da Amazônia, onde "o ponto médio das enchentes ordinárias" se estende a quilômetros fora do leito? Por essas considerações evidencia-se o desacerto da jurisprudência atual, que, naturalmente, será reformulada, para adequar-se ao Direito e à realidade nacional.[42]

41. Cf. sua 1ª ed., 1964.

42. Não obstante o disposto no art. 20, III, da CF, que considera como bens da União "os terrenos marginais" dos rios, lagos e quaisquer correntes de água em terrenos de seu domínio, ou que banhem mais de um Estado, sirvam de limite com outros países ou se estendam a território estrangeiro ou dele provenham, o STJ entendia que os terrenos reservados são terras de propriedade particular e, portanto, indenizáveis: STJ, *RJSTJ* 68/162, 71/287; REsp 31.433-5, *DJU* 28.6.93; REsp 47.944, *DJU* 27.6.94. Mais recentemente, como era de se esperar, no jul-

2.1.10 *Pagamento da indenização* – O *pagamento da indenização expropriatória* faz-se na forma do acordo, ou nos termos do julgado em execução.[43] Nesta última hipótese, a Constituição determina que o pagamento há que ser feito na ordem de apresentação da requisição (precatório) e à conta dos créditos respectivos, proibida a designação de casos ou de pessoas nas dotações orçamentárias ou nos créditos especiais abertos para esse fim, e, se houver preterição do exeqüente, caberá *seqüestro* da quantia necessária à satisfação do débito. Estabelece, ainda, a Lei Magna que as Administrações deverão incluir nos seus orçamentos dotações bastantes para o pagamento dos débitos constantes dos precatórios apresentados até 1º de julho, abrindo-se créditos adicionais para as requisições posteriores (art. 100). Essas disposições endereçam-se, evidentemente, às pessoas públicas (entidades estatais e autárquicas), que só podem efetuar pagamentos com verbas orçamentárias ou com créditos legalmente abertos e cujos bens não se sujeitam a penhora.

Quanto ao pagamento das desapropriações promovidas por entidades de personalidade privada, ainda que estatais, a execução do julgado faz-se na forma processual comum, inclusive com *penhora* de bens do devedor que não atender ao mandado executório.

2.1.11 *Desvio de finalidade* – A *finalidade pública*, consubstanciada na *necessidade* ou *utilidade* do bem para fins administrativos ou no *interesse social* da propriedade para ser explorada ou utilizada em prol da comunidade, é o fundamento legitimador da desapropriação. Não pode haver expropriação por interesse privado de pessoa física ou de entidade particular sem utilidade pública ou interesse social. O interesse há que ser ou do Poder Público ou da coletividade beneficiada com o bem expropriado, pena de nulidade da desapropriação.[44]

Os bens expropriados por *utilidade* ou *necessidade pública* têm destinação precípua às *obras e serviços* públicos, constituindo estes, precisamente, sua *finalidade pública*, ao passo que os desapropriados por *interesse social* destinam-se, normalmente, a *particulares que irão explorá-los ou utilizá-los por exigências da coletividade*, para atendimento de interesses ou solução de casos da comunidade (e não do Poder Público), sendo estes,

gamento do REsp 89.832-PR, adotou o entendimento do STF. V. cap. VIII, item 2.7, sobre *terrenos reservados* ou marginais, e sua nota 46.

43. O Imposto sobre a Renda não incide sobre o valor da indenização e sobre os juros moratórios e compensatórios (TJSP, *RT* 726/260; STJ, REsp 118.534-RS, *DJU* 19.12.97).

44. Caio Tácito, "Desapropriação e desvio de poder", *RDA* 26/223, reproduzido na sua coletânea *Direito Administrativo*, São Paulo, 1975, pp. 128 e ss.; STF, *RTJ* 3/748, 53/43, 57/53; *RDA* 55/195, 77/238; TJGB, *RDA* 26/223, 43/212; TJPE, *RT* 129/689; TJSP, *RDA* 44/298; STJ, *Lex* 15/135, *RDA* 200/190 e REsp 36.616, *DJU* 22.8.94; TJSP, *RJTJSP* 124/89, 125/102, 126/334.

então, a sua *finalidade pública*. A desapropriação por necessidade ou utilidade pública dá atendimento a atividades administrativas; a desapropriação por interesse social visa a solucionar problemas de bem-estar social. Ambas têm *finalidade pública*, mas com objetivos e características diferentes.

Aliás, o *desvio de finalidade* está conceituado no parágrafo único, "e", do art. 2º da Lei 4.717/65 como causa de nulidade de atos lesivos ao patrimônio público, através de ação popular.

O desvio de finalidade ocorre, na desapropriação, quando o bem expropriado para um fim é empregado noutro sem utilidade pública ou interesse social. Daí o chamar-se, vulgarmente, a essa mudança de destinação, *tredestinação* (o correto seria *tresdestinação*, no sentido de desvio de destinação), para indicar o mau emprego do bem expropriado. Mas deve-se entender que a finalidade pública é sempre *genérica* e, por isso, o bem desapropriado para um fim público pode ser usado em outro fim público sem que ocorra desvio de finalidade.[45] Exemplificando: um terreno desapropriado para escola pública poderá, legitimamente, ser utilizado para construção de um pronto-socorro público sem que isto importe desvio de finalidade, mas não poderá ser alienado a uma organização privada para nele edificar uma escola ou um hospital particular, porque a estes faltaria a finalidade pública justificadora do ato expropriatório.

Por outro lado, se o Poder Público ou seus delegados não derem ao bem expropriado sua destinação legal, ficará o ato expropriatório sujeito a *anulação* e a *retrocessão*, como veremos a seguir.

De acordo com o art. 8º, § 4º, da Lei 10.257/2001, nos casos de desapropriação de imóveis urbanos por descumprimento das normas municipais de parcelamento, edificação e utilização do solo fica o Município obrigado a realizar o adequado aproveitamento do imóvel no prazo máximo de cinco anos, contados a partir da sua incorporação ao patrimônio público, incorrendo em improbidade administrativa, sem prejuízo de outras sanções, o Prefeito Municipal que deixar de proceder a esse aproveitamento.

2.1.12 *Anulação da desapropriação* – A *anulação da desapropriação*, ou, mais precisamente, do ato expropriatório, é obtida por "ação direta", nas mesmas condições em que a Justiça invalida os demais atos administrativos ilegais. O Dec.-lei 3.365/41 refere-se a "ação direta" em sentido amplo (art. 20), abrangendo as vias judiciais comuns e especiais, inclusive o *mandado de segurança*, tal seja a ofensa a direito líquido e certo do expropriado.[46]

45. A propósito: STJ, REsp 968.414, com precedentes (*Informativo* 331).

46. A propósito, decidiu o STF, em 18.10.65, por unanimidade de seu Plenário, que: "Se a desapropriação for ilegal, cabe mandado de segurança, ou com efeito restaurador, depois de iniciada a execução, ou com efeito preventivo, antes dela. Por outro lado, a 'ação direta'

A ilegalidade da desapropriação tanto pode ser formal quanto substancial, pois em certos casos resulta da incompetência da autoridade ou da forma do ato, e noutros provém do desvio de finalidade ou da ausência de utilidade pública ou de interesse social, caracterizadora do abuso de poder. Esta, aliás, é a ilegalidade mais comum nas desapropriações. Assim, se, ao invés de utilidade ou necessidade pública ou de interesse social, se deparar na desapropriação motivo de favoritismo ou de perseguição pessoal, interesse particular sobrepondo-se ao interesse da coletividade e qualquer outro desvio de finalidade ou imoralidade administrativa,[47] o ato expropriatório é nulo e deverá ser invalidado pelo Judiciário, por divorciado dos pressupostos constitucionais e legais vinculadores de sua prática. Realmente, a autoridade expropriante só é livre na valoração dos motivos de interesse público, mas fica sempre vinculada à existência e à realidade desses motivos, assim como ao atendimento dos requisitos de legitimidade condicionadores da desapropriação.

É de advertir-se, ainda, que, se a expropriação se revelar lesiva ao patrimônio público, qualquer cidadão poderá promover sua anulação por meio de *ação popular*, com a responsabilização civil dos causadores da lesão (Lei 4.717/65, arts. 1º, 2º e 6º).

A ação anulatória da desapropriação, como as demais de natureza pessoal contra a Fazenda Pública, prescreve em cinco anos, mas, se, ajuizada temporaneamente, vier a ser julgada posteriormente à incorporação do bem ao patrimônio do expropriante, resolve-se em perdas e danos, nos expressos termos do art. 35 do Dec.-lei 3.365/41.

2.1.13 *Retrocessão* – *Retrocessão* é a obrigação que se impõe ao expropriante de oferecer o bem ao expropriado, mediante a devolução do valor da indenização, quando não lhe der o destino declarado no ato expropriatório.[48] Se o expropriante não cumprir essa obrigação, o direito do expropriado resolve-se em perdas e danos, uma vez que os bens incorporados ao patrimônio público não são objeto de reivindicação (Dec.-lei 3.365/41, art. 35). Com a redação do art. 519 do CC/2002, dispondo que "caberá ao expropriado direito de preferência, pelo preço atual da coisa", alguns doutri-

a que se refere o art. 20 da Lei das Desapropriações não exclui o mandado de segurança, pois o que caracteriza este remédio processual é haver direito líquido e certo violado ou ameaçado por ato de autoridade" (*RDA* 84/165 e, no mesmo sentido, TJSP, *RJTJSP* 111/270). Não exclui também a ação cautelar (TRF-4ª R., *Lex* 15/382).

Sobre o assunto, v., do Autor, *Mandado de Segurança e Ações Constitucionais*, 33ª ed., Malheiros Editores, 2010, Primeira Parte.

47. STJ, REsp 21.923-MG, *DJU* 13.10.92.

48. Sobre *retrocessão*, consultem-se: Ebert Chamoun, *Da Retrocessão nas Desapropriações*, Rio, 1959; Hélio Moraes de Siqueira, *A Retrocessão nas Desapropriações*, São Paulo, 1964. Sobre a retrocessão de parte do imóvel, em sentido positivo: TJSP, *RT* 617/77.

nadores entendem mitigada a idéia de que o bem expropriado não pode ser objeto de reivindicação.[49]

A retrocessão é, pois, uma obrigação pessoal[50] de devolver o bem ao expropriado, e não um instituto invalidatório da desapropriação, nem um direito real inerente ao bem. Daí o conseqüente entendimento de que a retrocessão só é devida ao antigo proprietário, mas não a seus herdeiros, sucessores e cessionários (CC, art. 520).

A Lei 9.785, de 29.1.99, dando nova redação ao art. 5º do Dec.-lei 3.365/41, § 3º, dispôs que em casos de desapropriação para implantação de parcelamento popular, destinado às classes de menor renda, não se dará outra utilização, nem haverá retrocessão.

2.1.14 *Desistência da desapropriação* – A *desistência da desapropriação* é possível até a incorporação do bem ao patrimônio do expropriante, ou seja, para o móvel, até a tradição, e, para o imóvel, até o trânsito em julgado da sentença ou o registro do título resultante do acordo. Daí por diante o que pode haver é *retrocessão* do bem (CC, art. 519), e não mais desistência da desapropriação, porque seus efeitos já se exauriram com a transferência do domínio.

Opera-se a desistência da desapropriação pela revogação do ato expropriatório (decreto ou lei) e devolução do bem expropriado, o que acarreta a invalidação do acordo ou a extinção do processo, se já houver ação ajuizada. Em princípio, não caberá ao expropriado opor-se à desistência, mas poderá exigir o ressarcimento dos prejuízos suportados com a expropriação iniciada e não concluída.[51]

Observamos, todavia, que a desistência da desapropriação pressupõe a devolução do bem expropriado nas mesmas condições em que o expropriante o recebeu do proprietário. Devolver é restituir. E restituir é fazer a coisa retomar ao primitivo dono com as mesmas características de seu estado anterior. Se houve alteração no bem é inadmissível a desistência da desapropriação. Assim já decidiu a Justiça de São Paulo.[52]

49. Theotonio Negrão, José Roberto F. Gouvêa e Luís Guilherme Aidar Bondioli, *Código Civil e Legislação Civil em Vigor*, 28ª ed., São Paulo, Saraiva, p. 209, nota 519:3.

50. Não obstante, o STF entendeu que a retrocessão tem a natureza de direito real (STF, *RT* 620/221).

51. TJSP, *RJTJSP* 126/154, 128/90; STF, RE 109.881, *DJU* 13.12.91; *RDA* 187/238.

52. TJSP, *RJTJSP* 81/273, 129/107. No mesmo sentido decidiu o juiz de direito Antônio de Pádua Ferraz Nogueira em fundamentado despacho proferido na ação de desapropriação das ações da Cia. Paulista de Estradas de Ferro, pelo Governo do Estado de São Paulo, rejeitando a desistência em conformidade com pareceres de Caio Tácito (*RDA* 154/239 e *RT* 580/49) e do Autor (*RDA* 154/248 e *RT* 580/41), despacho, esse, confirmado pelo TJSP (*RT* 588/59). V., ainda, *RT* 629/128 e artigo de José Cretella Jr. in *RT* 617/7 e *RT* 753/202.

2.2 *Servidão administrativa*

2.2.1 *Conceito – Servidão administrativa* ou *pública* é ônus real de uso imposto pela Administração à propriedade particular para assegurar a realização e conservação de obras e serviços públicos ou de utilidade pública, mediante indenização dos prejuízos efetivamente suportados pelo proprietário.

Na precisa definição de Bielsa, a servidão administrativa é "un derecho público real, constituido por una entidad pública sobre un bien privado, con el objeto de que éste sirva al uso público, como una extensión o dependencia del dominio público".[53]

Quase com as mesmas palavras, Basavilbaso conceitua "la servidumbre administrativa o servidumbre de Derecho Público como un *derecho real*, constituido sobre un *inmueble privado*, con el objeto de servir al *uso público*".[54] O próprio autor grifa as três características da servidão administrativa, ou seja, um *ônus real*, incidente sobre um *bem particular*, com a finalidade de permitir uma *utilização pública*. Estas características são, exatamente, as das servidões administrativas admitidas pelo nosso Direito Público.[55]

2.2.2 *Servidão administrativa e institutos afins* – As *servidões administrativas* ou *públicas* não se confundem com as *servidões civis* de Direito Privado, nem com as *limitações administrativas* de Direito Público, nem com as *desapropriações*. Vejamos os caracteres distintivos desses institutos. A *servidão civil* é direito real de um prédio particular sobre outro, com finalidade de serventia privada *uti singuli*; a *servidão administrativa* é ônus real do Poder Público sobre a propriedade particular, com finalidade de serventia pública – *publicae utilitatis*. A *limitação administrativa* é uma restrição pessoal, geral e gratuita, imposta genericamente pelo Poder Público ao exercício de direitos individuais, em benefício da coletividade; a *servidão administrativa* é um ônus real de uso, imposto especificamente pela Administração a determinados imóveis particulares, para possibilitar a realização de obras e serviços públicos. Assim, a restrição à edificação além de certa altura é uma *limitação administrativa* ao direito de construir, ao passo que a obrigação de suportar a passagem de fios de energia elétrica sobre determinadas propriedades privadas, como serviço público, é uma *servi-*

53. Rafael Bielsa, *Restricciones y Servidumbres Administrativas*, 1923, p. 108.

54. Benjamin Villegas Basavilbaso, *Derecho Administrativo*, 1956, VI/178.

55. Evaristo Silveira Jr., "Servidões administrativas", *RT* 293/26; José Martins Rodrigues, in *RDA* 31/23; Walter T. Álvares, *Direito da Energia*, Belo Horizonte, 1974, III/701 e ss.; Luiz Augusto Seabra da Costa, "A avaliação de servidões", *RT* 494/248; Maria Sylvia Zanella Di Pietro, *Servidão Administrativa*, São Paulo, 1978; Adilson Abreu Dallari, "Servidões administrativas", *RDP* 59-60/88.

dão administrativa, porque onera diretamente os imóveis particulares com uma serventia pública. A *limitação administrativa*, em geral, impõe uma obrigação de *não fazer*, enquanto que a *servidão administrativa* impõe um ônus de *suportar que se faça*. Aquela incide sobre o *proprietário* (obrigação pessoal); esta incide sobre a *propriedade* (ônus real).

Também não se confunde a *servidão administrativa* com a *desapropriação*, porque esta retira a propriedade do particular, ao passo que aquela conserva a propriedade com o particular, mas lhe impõe o ônus de suportar um uso público. Na *desapropriação* despoja-se o proprietário do domínio e, por isso mesmo, indeniza-se a propriedade, enquanto que na *servidão administrativa* mantém-se a propriedade com o particular, mas onera-se essa propriedade com um uso público e, por esta razão, indeniza-se o prejuízo (não a propriedade) que este uso, pelo Poder Público, venha a causar ao titular do domínio privado. Se este uso público acarretar dano à propriedade serviente, indeniza-se este dano; se não acarretar, nada há que indenizar. Vê-se, portanto, que na desapropriação indeniza-se sempre; na servidão administrativa, nem sempre.[56]

A desapropriação impõe-se quando há necessidade de retirar a propriedade do particular para uma obra ou serviço público, ou para uma destinação de interesse social; a servidão justifica-se quando essas mesmas obras ou serviços públicos ou essa atividade de interesse social puderem ser feitos *sem se retirar* a propriedade *do particular*. Assim, p. ex., para instalar-se uma estação de tratamento de água em terreno particular há necessidade de desapropriação da área a ser ocupada com esse equipamento público, mas para a passagem de aqueduto subterrâneo pela mesma propriedade pode não haver necessidade de desapropriação, bastando a simples instituição da servidão administrativa, com a só indenização dos danos que a construção do aqueduto causar, momentaneamente, à mesma propriedade. Idêntica situação pode ocorrer com a passagem de fios elétricos ou telefônicos e com outros serviços públicos que não inutilizam a propriedade particular, nem impedem sua normal fruição pelo titular do domínio, o que aconselha a servidão administrativa (menos onerosa para o Poder Público) em lugar da desapropriação.

2.2.3 *Instituição* – A *instituição da servidão administrativa* ou *pública* faz-se por acordo administrativo ou por sentença judicial, precedida sempre de *ato declaratório da servidão*, à semelhança do decreto de utilidade pública para desapropriação. A própria lei geral da desapropriação – Dec.-lei 3.365/41 – admite a constituição de servidões "mediante indenização na forma desta lei" (art. 40). Claro está que só se aplica o processo expropriatório

56. TASP, *RDA* 43/264; *RT* 345/385, 297/548.

no que couber à servidão administrativa. A indenização não será da propriedade, mas sim dos danos ou prejuízos que o uso dessa propriedade pelo Poder Público efetivamente causar ao imóvel serviente. Se desse uso público não resultar prejuízo ou dano à propriedade particular, a Administração nada terá que indenizar. Só o exame específico de cada caso particular poderá indicar se haverá ou não prejuízos a compor na servidão administrativa que vier a ser instituída.

Divergimos de Walter T. Álvares[57] quando sustenta que as servidões administrativas independem de registro imobiliário, sob o fundamento de que sua eficácia resulta diretamente dos atos de instituição. Absolutamente, não. Como todo ônus real, a *servidão administrativa* só se efetiva com o registro competente, para conhecimento e validade *erga omnes*, o que é confirmado pelo art. 167, I, item 6, da Lei de Registros Públicos (Lei 6.015/73), que impõe inscrição para as "servidões em geral", abrangendo, obviamente, as *civis* e as *administrativas*, aparentes ou não.

Para as servidões administrativas de aqueduto bem como para a realização de obras hidráulicas, transporte e distribuição de energia elétrica, o *Código de Águas* (Dec. 24.643, de 10.7.34) disciplina o respectivo processo, criando uma ação especialíssima (arts. 117 a 138 e 151 a 154), e o Dec. 35.851, de 16.6.54, editou normas para sua instituição.

Para a exploração das riquezas minerais em geral e para o petróleo em especial, o *Código de Mineração* (Dec.-lei 227, de 28.2.67) e o *Código do Petróleo* (Dec.-lei 3.236, de 7.5.41, complementado pela Lei 2.004, de 3.10.53) admitem expressa ou implicitamente a servidão administrativa, paralelamente à desapropriação para exploração dessas riquezas do subsolo.

Outras servidões administrativas podem ser instituídas em benefício de quaisquer obras ou serviços públicos federais, estaduais ou municipais, bem como de suas autarquias, fundações públicas, empresas estatais e concessionários de serviços de utilidade pública, visto que a destinação desse instituto é, exatamente, propiciar a utilização da propriedade particular para uma serventia pública sem desintegrar o domínio privado.[58]

Finalmente, merece menção a servidão administrativa das faixas marginais das águas públicas internas – rios e lagos –, denominadas *terrenos reservados* (*Código de Águas*, arts. 11, 12 e 14). É uma servidão pública *ex lege*, de caráter geral e de origem histórica remota (Lei Imperial 1.507, de 26.9.1867), que se destinava à tração a sirga das embarcações fluviais do

57. Walter T. Álvares, *Direito da Energia*, Belo Horizonte, 1974, III/719 a 721.

58. Súmula 56 do STJ: "Na desapropriação para instituir servidão administrativa, são devidos juros compensatórios pela limitação do uso da propriedade".

Sobre *servidão administrativa aérea*, v. trabalho de Luiz Rodrigues Wambier in *RT* 665/47.

passado. Hoje, remanesce como simples servidão administrativa de passagem para o policiamento das águas. Essa servidão, como as demais, não retira a propriedade do particular, nem lhe tolhe a normal utilização das terras e dos produtos do subsolo nas faixas marginais reservadas; veda, apenas, as construções que possam impedir o trânsito das autoridades incumbidas da fiscalização dos rios e lagos. Em caso de a Administração precisar desses terrenos marginais para obras ou serviços públicos que impeçam sua utilização pelos proprietários particulares, impõe-se sua desapropriação, pois que a simples *servidão administrativa de trânsito* não autoriza o Poder Público ou seus delegados a impedir totalmente o uso dessas terras ribeirinhas, que são do domínio privado. Quem adquire terras banhadas por cursos d'água adquire a propriedade até o limite das águas, embora gravada com uma servidão administrativa de passagem, nas faixas marginais. Para não repetir a matéria, remetemos o leitor ao capítulo anterior, no qual, ao cuidar do domínio público, chamamos a atenção para essa exceção de uso administrativo sobre o domínio particular no tópico referente a *terrenos reservados* (cap. VIII, item 2.7, nota 46).

2.2.4 *Indenização* – A *indenização da servidão* faz-se em correspondência com o prejuízo causado ao imóvel. Não há fundamento algum para o estabelecimento de um percentual fixo sobre o valor do bem serviente, como pretendem alguns julgados. A indenização há que corresponder ao efetivo prejuízo causado ao imóvel, segundo sua normal destinação. Se a servidão não prejudica a utilização do bem, nada há que indenizar; se a prejudica, o pagamento deverá corresponder ao efetivo prejuízo, chegando, mesmo, a transformar-se em desapropriação indireta com indenização total da propriedade, se a inutilizou para sua exploração econômica normal.[59]

2.3 Requisição

Requisição é a utilização coativa de bens ou serviços particulares pelo Poder Público por ato de execução imediata e direta da autoridade requisitante e indenização ulterior, para atendimento de necessidades coletivas urgentes e transitórias. O fundamento do instituto da requisição encontra-se no art. 5º, XXV, da CF, que autoriza o *uso da propriedade particular*, na *iminência de perigo público*, pelas *autoridades competentes* (civis ou militares).

A requisição tem origens bélicas, mas se transformou em instrumento *civil*, ou, mais propriamente, *administrativo*, como meio de intervenção estatal na propriedade particular.[60] Coexistem, assim, em nossos dias, a *requi-*

59. STJ, REsp 5.741-RS, j. 8.5.91; TJSP, *RJTJSP* 130/44.

60. J. Suel, *Évolution du Droit de Réquisition*, Paris, 1947; G. Vedel, *Les Réquisitions*, Paris, 1948.

sição civil e a *requisição militar*, ambas com conceituação jurídica idêntica e com os mesmos fundamentos, mas com objetivos diversos. A *requisição civil* visa a evitar danos à vida, à saúde e aos bens da coletividade; a *requisição militar* objetiva o resguardo da segurança interna e a manutenção da Soberania Nacional. Ambas são cabíveis em tempo de paz, independentemente de qualquer regulamentação legal, desde que se apresente uma real situação de *perigo público iminente* (inundação, incêndio, sonegação de gêneros de primeira necessidade, conflito armado, comoção intestina). Em tempo de guerra, as requisições, tanto civis como militares, devem atender aos preceitos da lei federal específica (CF, art. 22, III).

A requisição não depende de intervenção prévia do Poder Judiciário para sua execução, porque, como *ato de urgência*, não se compatibiliza com o controle judicial *a priori*. É sempre um ato de império do Poder Público, discricionário quanto ao objeto e oportunidade da medida, mas condicionado à existência de perigo público iminente (CF, arts. 5º, XXV, e 22, III) e vinculado à lei quanto à competência da autoridade requisitante, à finalidade do ato e, quando for o caso, ao procedimento adequado. Esses quatro últimos aspectos são passíveis de apreciação judicial, notadamente para a fixação do justo valor da indenização.

A requisição pode abranger bens móveis, imóveis e serviços. A requisição de coisas móveis e fungíveis assemelha-se à desapropriação, mas com ela não se confunde, primeiro porque a indenização é *a posteriori*; segundo porque é executada diretamente pela Administração, independentemente de ordem judicial para imissão na posse. A requisição de imóveis tem por objetivo, em regra, sua *ocupação temporária*, que examinaremos no tópico seguinte, mas pode visar também à sua destruição, total ou parcial, para debelar o perigo, como ocorre nos casos de incêndio e inundação. Esse *uso impróprio* da propriedade particular pelo Poder Público justifica-se plenamente pelo *estado de necessidade*.

A *requisição civil* ou *administrativa*, em tempo de paz, de *serviços*, como instrumento de intervenção no domínio econômico, de competência exclusiva da União, é autorizada pela Lei Delegada 4, de 26.9.62, regulamentada pelo Dec. 51.644-A, de 26.11.62. A requisição, também em tempo de paz, de *bens* ou *serviços essenciais ao abastecimento da população* é facultada pelo Dec.-lei 2, de 14.1.66, regulamentado pelo Dec. 57.844, de 18.2.66. Em ambos os casos, a efetivação das medidas requisitórias compete ao Ministério da Fazenda (Lei 9.618, de 2.4.98).

Observe-se que, quanto à requisição de *serviços*, não existem óbices constitucionais, mas, no tocante à de *bens*, a atividade está condicionada à existência de *perigo público iminente*, como ocorre, p. ex., com a sonegação de gêneros de primeira necessidade (leite, carne etc.), que, comprometendo a subsistência da população, põe em risco a saúde e até mesmo a vida, podendo, ainda, ser a causa e a origem de sublevações e conflitos armados que afetem a segurança interna. Não havendo *perigo público iminente*, não se legitima a requisição de bens,[61] razão pela qual a Lei Delegada 4/62 apenas admite sua compra ou desapropriação quando necessários ao atendimento de seus objetivos (art. 2º, I e II).

A Lei 6.439, de 1.9.77, autoriza requisições em caso de calamidade pública, perigo público iminente ou ameaça de paralisação das atividades de interesse da população, a cargo de entidades da Previdência e Assistência Social (art. 25).

As *requisições civis e militares*, em tempo de guerra, estão reguladas pelo Dec.-lei 4.812, de 8.10.42, que indica os bens requisitáveis e disciplina o poder de requisitar, poder, este, que é próprio dos Ministros e Comandos Militares e do Ministro da Justiça, sendo extensível, por ato do Presidente da República, a outros Ministros, Interventores e Governadores de Estado.[62]

2.4 Ocupação temporária

Ocupação provisória ou *temporária* é a utilização transitória, remunerada ou gratuita, de bens particulares pelo Poder Público, para a execução de obras, serviços ou atividades públicas ou de interesse público (CF, art. 5º, XXV).

O fundamento da *ocupação temporária* é, normalmente, a necessidade de local para depósito de equipamentos e materiais destinados à realização de obras e serviços públicos nas vizinhanças da propriedade particular.

"O direito de ocupação temporária – sustenta Laubadère – é uma prerrogativa do executor de serviços públicos, que lhe permite utilizar transitoriamente um terreno pertencente ao particular, seja para depositar os instrumentos de trabalho, seja para extrair materiais necessários ao serviço".[63]

Essa prerrogativa estatal pode ser transferida a concessionários e empreiteiros, desde que autorizados pela Administração a ocupar terrenos bal-

61. Após a Constituição de 1946 nossos Tribunais passaram a considerar inconstitucionais as normas que autorizavam as requisições incondicionadas, uma vez que o seu art. 141, § 16 (como o art. 5º, XXV, da vigente CF), também exigia a iminência de perigo público para justificar a utilização coativa da propriedade particular (STF, *RDA* 54/339; *RT* 288/830; RMS 6.05l-SP; TFR, *RTFR* 7/189; AgPet em MS 13.481-SP e 16.008-SP).

62. O Dec.-lei 4.812, de 8.10.42, foi revogado pelo Dec.-lei 8.090, de 15.10.45, mas veio a ser revigorado pelo Dec.-lei 8.158, de 3.11.45. Observe-se, ainda, que o art. 12 do Dec.-lei 4.812/42 teve a redação modificada pelo Dec.-lei 5.451, de 30.4.43. Complementando a legislação sobre requisições militares, o Dec.-lei 7.315-A, de 20.2.45, estabeleceu que as ações judiciais propostas por quem alegue domínio ou posse de imóveis desapropriados ou requisitados para fins de defesa nacional deverão ser ajuizadas contra a União e, conseqüentemente, perante a Justiça Federal, organizada pela Lei 5.010, de 30.5.66.

63. André de Laubadère, *Traité de Droit Administratif*, Paris, 1957, p. 804.

dios ou propriedades inexploradas, nas proximidades das obras ou serviços públicos a realizar. A ocupação temporária não admite demolições ou alterações prejudiciais à propriedade particular utilizada; permite, apenas, seu uso momentâneo e inofensivo, compatível com a natureza e destinação do bem ocupado.

Entre nós, a ocupação temporária e coativa de terrenos não edificados está prevista, mediante remuneração, no art. 36 do Dec.-lei 3.365/41. Trata-se de um "arrendamento forçado", como dizia o Dec. 4.956/03 (art. 42), ao regulamentar a Lei 1.021, do mesmo ano, que disciplinou originariamente o instituto. Para essa ocupação deverá a Administração interessada expedir a competente ordem, fixando desde logo a justa indenização devida ao proprietário do terreno ocupado.[64]

A *ocupação provisória* foi estendida especificamente aos imóveis necessários à pesquisa e lavra de petróleo (Dec.-lei 1.864/81) e de minérios nucleares (Dec.-lei 1.865/81). Essas normas visam a obviar os inconvenientes da desapropriação inicial de áreas a serem pesquisadas e que, se infrutíferas, tornam-se ociosas no domínio do expropriante, além de agravar as indenizações e de despojar inutilmente seus antigos proprietários.

A Lei 8.666/93, alterada pela Lei 8.883/94, que é o Estatuto Jurídico das Licitações e Contratos Administrativos, ao cuidar da rescisão do contrato de obra pública, admitiu e regulou a *ocupação temporária* do local, instalações, equipamentos, material e pessoal do construtor inadimplente (art. 80, II).

2.5 Limitação administrativa

A *limitação administrativa* é uma das formas pelas quais o Estado, no uso de sua Soberania interna, intervém na propriedade e nas atividades particulares.

As limitações administrativas representam modalidades de expressão da *supremacia geral* que o Estado exerce sobre pessoas e coisas existentes no seu território, decorrendo do condicionamento da propriedade privada e das atividades individuais ao bem-estar da comunidade. Como limitações de ordem pública, são regidas pelo Direito Administrativo, diversamente das restrições civis,[65] que permanecem reguladas pelo Direito Privado (CC, arts. 1.277 e ss.).

2.5.1 *Conceito e natureza jurídica* – O *conceito* de *limitação administrativa* não tem sido convenientemente difundido pela doutrina, resultando

64. STF, *RTJ* 91/512.

65. Sobre *restrições civis ao uso da propriedade* v., do Autor, *Direito de Construir*, 9ª ed., cap. IV.

daí deploráveis indistinções na legislação e na jurisprudência pátrias, que ora a confundem com restrição de vizinhança, ora com servidão predial, ora com servidão pública e até mesmo com desapropriação. Impõe-se, por isso, que, fixado o conceito de *limitação administrativa*, se apreciem os caracteres distintivos de todos estes institutos assemelhados, mas inconfundíveis na sua natureza e efeitos jurídicos.

Limitação administrativa é toda imposição geral, gratuita, unilateral e de ordem pública condicionadora do exercício de direitos ou de atividades particulares às exigências do bem-estar social.

As limitações administrativas são preceitos de ordem pública. Derivam, comumente, do poder de polícia inerente e indissociável da Administração e se exteriorizam em imposições unilaterais e imperativas, sob a tríplice modalidade *positiva* (fazer), *negativa* (não fazer) ou *permissiva* (deixar fazer). No primeiro caso, o particular fica obrigado a realizar o que a Administração lhe impõe;[66] no segundo, deve abster-se do que lhe é vedado; no terceiro, deve permitir algo em sua propriedade.

Em qualquer hipótese, porém, as limitações administrativas hão de corresponder às justas exigências do interesse público que as motiva sem produzir um total aniquilamento da propriedade ou das atividades reguladas.[67] Essas limitações não são absolutas, nem arbitrárias. Encontram seus lindes nos direitos individuais assegurados pela Constituição e devem expressar-se em forma legal. Só são legítimas quando representam razoáveis medidas de condicionamento do uso da propriedade, em benefício do bem-estar social (CF, art. 170, III), e não impedem a utilização da coisa segundo sua destinação natural. Daí a exata observação de Bielsa de que "la restricción sólo conforma y nunca desintegra ni disminuye el derecho de propiedad, y obedece a una solidariedad de intereses: el público y el privado".[68]

Além disso, para que sejam admissíveis as limitações administrativas sem indenização, como é de sua índole, hão de ser gerais, isto é, dirigidas a

66. Alguns autores menos atualizados com o Direito Administrativo recusam-se a admitir possa o Poder Público impor obrigações de *fazer* aos particulares, só admitindo as limitações administrativas consistentes em *não fazer* e *deixar fazer*. Tal entendimento está superado. As normas administrativas tanto podem impor obrigações negativas como permissivas e positivas aos particulares. Nesse sentido, v.: Greca, *El Régimen Legal de la Construcción*, 1956, p. 35; Testa, *Manuale di Legislazione Urbanistica*, pp. 309 e ss.; Perticone, *La Proprietà e i suoi Limiti*, 1930, pp. 68, 77 e 88; D'Alessio, *Istituzioni di Diritto Amministrativo*, 1949, II/31; Vitta, *Diritto Amministrativo*, 1949, I/246; Josserand, *Droit Civil Positif Français*, 1938, I/817; Fleiner, *Droit Administratif Alemand*, 1933, pp. 239 e 245; Black, *Constitutional Law*, 1927, p. 309; Freund, *Administrative Power over Person and Property*, 1928, pp. 444 e ss.

67. "Ofende o princípio da livre concorrência lei municipal que impede a instalação de estabelecimentos comerciais do mesmo ramo em determinada área" (STF, Súmula 646).

68. Rafael Bielsa, *Restricciones y Servidumbres Administrativas*, Buenos Aires, 1923, p. 68.

propriedades indeterminadas, mas determináveis no momento de sua aplicação.[69] Para situações particulares que conflitem com o interesse público a solução será encontrada na *servidão administrativa* ou na *desapropriação*, mediante justa indenização, nunca na *limitação administrativa*, cuja característica é a gratuidade e a generalidade da medida protetora dos interesses da comunidade.

O interesse público a ser protegido pelas limitações administrativas – observa Alessi – pode consistir na necessidade de evitar um *dano* possível para a coletividade, segundo o modo de utilização da propriedade particular, como pode, ao revés, consistir na necessidade de assegurar à coletividade uma determinada *utilidade específica* que os bens particulares sejam aptos a produzir, juntamente com a utilidade genérica para o particular proprietário.[70]

Na defesa desses interesses coletivos é que atua o Poder Público, coarctando direitos individuais, condicionando o uso da propriedade privada e regulamentando atividades particulares que afetem diretamente a comunidade, vale dizer, policiando tudo quanto possa refletir no bem-estar geral. Para tanto, o Poder Público edita normas genéricas de conduta (leis) ou baixa provimentos específicos de atuação administrativa (decretos, regulamentos, provimentos de urgência etc.), visando a ordenar as atividades individuais, no sentido social em que devem ser exercidas.

Essas limitações, conquanto possam atingir quaisquer direitos ou atividades individuais, incidem preferentemente sobre a propriedade imóvel, para condicionar seu uso ao bem-estar da coletividade, o que justifica se alinhem maiores considerações sobre as restrições administrativas ao domínio particular. Com tais limitações o Estado moderno intenta transformar a *propriedade-direito* na *propriedade-função*, para o pleno atendimento de sua destinação social, através de imposições urbanísticas, sanitárias, de segurança e outras.

As limitações administrativas ao uso da propriedade particular podem ser expressas em lei ou regulamento de qualquer das três entidades estatais, por se tratar de matéria de Direito Público (e não de Direito Civil, privativo da União), da competência concorrente federal, estadual e municipal. O essencial é que cada entidade, no impor a limitação, mantenha-se no campo de suas atribuições institucionais.

Constituem matéria privativa de lei as limitações que versarem as denominadas "reservas da lei", isto é, assuntos que só por lei possam ser regidos; poderão ser impostas por regulamento (decreto) quando consistirem em especificação de matéria já constante, genericamente, de lei ou que, por sua natureza, for de alçada de regulamento autônomo.

69. Alcides Greca, *Régimen Legal de la Construcción*, Buenos Aires, 1956, p. 36.

70. Renato Alessi, *Diritto Amministrativo*, 1949, pp. 459 e ss.

Neste ponto merece repetida a justa observação de Brugi: "O regulamento é lei material e ato administrativo formal. Os juristas devem, hoje, abandonar certos preconceitos, e, conservando-se embora guardas fiéis da lei, considerar que a Administração Pública desempenha certa *atividade legislativa*, que é justamente a chamada faculdade regulamentadora. O caráter imperativo da lei apresenta-se igualmente no regulamento desde que este não exceda seus limites naturais".[71]

Para casos de perigo iminente pode, ainda, a Administração estabelecer limitações ao uso da propriedade através de provimentos de urgência, objetivando um campo mais restrito que o do regulamento, mas com idêntica normatividade. No regulamento – diz Luiggi Galateria, em obra especializada – impõe-se limitação com caráter de continuidade e permanência; no provimento de urgência a imposição é transitória, a fim de resolver determinadas situações imprevistas e transeuntes.[72] Tal ocorre quando, em face de um *evento danoso*, se tornam necessárias providências de ordem pública instantâneas, gerais ou particulares, para debelar o mal, as quais são feitas por meio de provimentos momentâneos tão operantes quanto as normas legislativas ou os decretos executivos. São estes os provimentos de urgência.

2.5.2 *As limitações administrativas como fonte de direito subjetivo* – As *limitações administrativas* ao uso da propriedade, conquanto sejam imposições de ordem pública, podem gerar *obrigações* e *direitos subjetivos* entre os vizinhos, interessados na sua fiel observância por parte de todos os proprietários sujeitos às suas exigências.

Esse aspecto tem merecido, ultimamente, acurados estudos na doutrina, mas continua a ensejar fundas divergências nos tribunais, motivadas, ao que se vê, pela errônea consideração das limitações administrativas concernentes ao direito de construir. Os julgados que negam ação ao vizinho para exigir de seu confinante o atendimento das limitações administrativas à construção o fazem por excessivo apego à distinção romanista entre normas de interesse privado e normas de interesse público, como se os departamentos do Direito constituíssem domínios estanques.

Ora, no direito de construir, por expressa determinação do Código Civil, as normas de vizinhança são *sempre complementadas* pelas limitações administrativas ordenadoras da construção e asseguradoras da funcionalidade urbana.

Essa realidade foi agudamente percebida e exposta por Bielsa ao estudar as interpenetrações do Direito Privado e do Direito Público, e em cujo

71. Biagio Brugi, *Della Proprietà*, Roma, 1918, I/165. No mesmo sentido: Meirelles Teixeira, *Estudos de Direito Administrativo*, São Paulo, 1949, I/253.

72. Luigi Galateria, *I Provvedimenti Amministrativi d'Urgenza*, Roma, 1953, p. 27.

trabalho concluiu "que el contenido legal del derecho de propiedad no puede determinarse sólo con referencia a las limitaciones que el Código Civil establece, sino también mirando a las limitaciones que impone el Derecho Administrativo".[73]

O art. 572 do antigo CC Brasileiro não se afastava dessa orientação, ao estabelecer que: "O proprietário pode levantar em seu terreno as construções que lhe aprouver, salvo o direito dos vizinhos *e os regulamentos administrativos*" – redação que é repetida no novo CC, art. 1.299.[74] Lamentavelmente, o novo Código poderia ser mais explícito nesse sentido. Nem mesmo repetiu o art. 578 do antigo repositório, que determinava que as construções incômodas ou prejudiciais à vizinhança guardassem a distância "fixada nas posturas municipais[75] e nos *regulamentos de higiene*"[76] (art. 578). Felizmente, a jurisprudência, hoje, é tranqüila a esse respeito.

Opera-se, em tais casos, autêntica delegação da lei civil às disposições administrativas para que passem a atuar *em lugar* da legislação privada, preenchendo o claro da norma civil, embora conservando o caráter de imposição de Direito Público.

A integração dessas normas administrativas na legislação civil faz surgir para os proprietários, nas suas relações de vizinhança, direitos subjetivos à observância das limitações por parte dos que constroem sob a vigência de tais imposições.

Os regulamentos edilícios, impondo, normalmente, obrigação de *não fazer*, criam um direito subjetivo a essa abstenção, como bem acentua Dabin: "Sans doute, ces obligations spéciales peuvent être génératrices de droit subjectif au profit d'une personne: se sera alors la face active de l'obligation".[77] O mesmo ponto de vista é esposado por De Martino em tra-

73. Rafael Bielsa, *Relaciones del Código Civil con el Derecho Administrativo*, Buenos Aires, 1923, p. 71. No mesmo sentido: Guido Zanobini, *Diritto Amministrativo*, Milão, 1948, IV/140.

74. A expressão *regulamentos administrativos*, usada pelo nosso CC em seu art. 1.299, é imprópria, por redundante, uma vez que todo regulamento é ato administrativo. Com ela pretendeu o legislador pátrio referir-se a *normas administrativas*, que abrangem tanto as leis administrativas como os regulamentos e os provimentos de urgência.

75. A expressão *posturas municipais* caiu em desuso, por banida da legislação moderna. Ao tempo das Ordenações do Reino era designativa de todos os atos normativos emanados das Municipalidades. O Município atual serve-se das mesmas designações utilizadas nas Administrações federal e estadual, correntes no Direito Constitucional e Administrativo. É de toda conveniência que se substitua a expressão imprecisa e obsoleta *posturas municipais* pelas designações jurídicas técnicas: lei municipal, decreto municipal, regulamento municipal etc., conforme o ato que se queira indicar.

76. A expressão *regulamentos de higiene* ressente-se de falta de técnica, pois está empregada no sentido de *normas sanitárias*, abrangentes das disposições sobre higiene e saúde públicas, expressas em lei, regulamento ou qualquer outra modalidade administrativa.

77. Jean Dabin, *Le Droit Subjectif*, Paris, 1952, p. 52.

balho especializado sobre a propriedade, onde afirma que as normas regulamentares limitativas da construção constituem fonte "di diritti soggettivi a favore di proprietari dei beni rispetto ai quali le limitazioni sono imposte e pertanto dalla loro violazione od inosservanza nascono le stesse conseguenze giuridiche, che derivano dall'inosservanza delle norme del Codice Civile".[78]

Acolhendo a boa doutrina, o TJSP modificou sua orientação anterior, para decidir que "o proprietário lesado por obra vizinha, erguida com infração de normas edilícias, tem ação contra o dono da obra e contra a entidade pública que a autorizou ilegalmente",[79] acórdão, este, confirmado integralmente pelo STF (RE 49.042-SP).

Posteriormente à Constituição de 1988 as limitações administrativas ao direito de construir não decorrem apenas das disposições do Código Civil, mas – e principalmente – da própria Constituição Federal, ao estabelecer que a propriedade urbana cumpre sua função social quando atende às exigências fundamentais de ordenação da cidade expressas no plano diretor (art. 182, § 2º). A Lei 10.257, de 10.7.2001, denominada *Estatuto da Cidade*, traçou as diretrizes gerais da política urbana, introduzindo em nosso sistema jurídico vários institutos que dão maior poder ao Município para intervir na propriedade urbana.[80]

Assentada está, assim, a tese de que as limitações administrativas ao direito de construir – e, conseqüentemente, aos demais direitos – geram direitos subjetivos aos particulares interessados na sua observância, habilitando-os a impedir obras ou atividades vedadas por lei, mas toleradas ilegalmente pela Administração.[81]

É inegável que a inobservância das limitações administrativas de proteção à funcionalidade urbana prejudica não só o conjunto da cidade ou do bairro como afeta patrimonialmente as propriedades vizinhas, desvalorizando-as com a supressão das vantagens urbanísticas que resultam das imposições de zoneamento, recuo, afastamento, altura e natureza das edificações. Essa dupla proteção ao indivíduo e à comunidade se obtém pela concessão de ação aos vizinhos e pelas medidas administrativas do Poder Público, as

78. Francesco De Martino, *Della Proprietà*, Milão, 1946, p. 220.

79. TJSP, *RT* 312/262. No mesmo sentido: TJDF, *RDA* 45/333; TJSP, *RT* 225/242, 246/168, 254/233, 267/210, 275/249.

80. Como vimos em nota anterior, objetivando a aplicação da Lei 10.257/2001, o Conselho das Cidades tem baixado resoluções, como a de n. 34/2005 (*DOU* 14.7.2005).

81. O Estatuto da Cidade inclui como objeto da lei que disciplina a ação civil pública a responsabilidade por danos causados à ordem urbanística (art. 53) e, paralelamente, considera como incurso em improbidade administrativa o Prefeito que infringir dispositivos especificados no art. 52.

Para maiores esclarecimentos, v., do Autor, *Direito de Construir*, 9ª ed.

quais, conjugadas, preservam os fins urbanísticos visados pelas normas edilícias da construção e almejados pelos particulares que procuram os bairros sujeitos a limitações dessa natureza.[82]

O mesmo dever de observância das limitações administrativas da construção cabe ao Poder Público quando realiza suas edificações em zonas ou bairros sujeitos a imposições urbanísticas, pois a Administração iguala-se aos particulares na subordinação à lei[83] e no respeito aos direitos individuais dos cidadãos. A propósito, proclamou o STF, pela palavra de um de seus mais conspícuos membros, o Min. Orozimbo Nonato, que o Poder Público não se encontra sobranceiro à contingência de respeitar a propriedade dos particulares e ao dever de não lhes causar danos, visto que "sua atividade se move dentro do mesmo encerro que a ordem jurídica traça para os administrados e, quando a ultrapassa, cabem os mesmos remédios de direito que corrigem os excessos da atividade particular".[84] Diante das imposições municipais concernentes às construções e ao ordenamento urbano cedem, até mesmo, a União e o Estado-membro, porque tais matérias são da competência preponderante do Município.[85]

Observe-se, finalmente, que as limitações administrativas podem atingir não só a propriedade imóvel e seu uso como quaisquer outros bens e atividades particulares que tenham implicações com o bem-estar social, notadamente com a ordem pública, com os bons costumes, com a segurança e a saúde da coletividade, com o sossego e a higiene da cidade e até mesmo com a estética urbana.

82. Georges-Henri Noèl, *Le Droit de l'Urbanisme*, Paris, 1956, pp. 8 e ss.; Maurice-François Rouge, *Urbanisme Expérimental*, Paris, 1951, pp. 58 e ss.; Gaston Bardet, *Mission de l'Urbanisme*, Paris, 1950, pp. 52 e ss. O Poder Público também deve observar as restrições convencionais previstas em loteamento e devidamente registradas, como decidiu o STJ em questão envolvendo ação de nunciação de obra nova cumulada com pedido de anulação de alvará de construção e ação civil pública, julgadas em conjunto, por conexão, ao manter acórdão do TJSP ordenando a demolição de prédio em construção por infringência das restrições *convencionais*, fixadas pelo loteador e devidamente registradas em cartório, entendendo que essas restrições deveriam ser observadas nas escrituras e pelos compradores subseqüentes. Assim, entendeu que, com ou sem lei municipal, toda cadeia dominial está sujeita aos termos do contrato de compra e venda consignado no registro do imóvel, sendo essa cláusula dotada de eficácia *erga omnes*, como prevêem o art. 135 do CC de 1916 e, no mesmo sentido, o art. 18 da Lei 6.766/79, já incidente à época da aquisição do terreno pela construtora recorrente (REsp 302.906).

83. Caio Tácito assinala, com muita propriedade, que: "O episódio central da história administrativa do século XIX é a subordinação do Estado ao regime da legalidade. A lei, como expressão da vontade coletiva, incide tanto sobre os indivíduos como sobre as autoridades públicas" (in *O Ensino do Direito Administrativo no Brasil*, Rio, 1957, p. 3).

84. STF, *RF* 71/484. No mesmo sentido: TJSP, *RT* 171/241.

85. A Lei federal 125, de 3.12.55, que estabelece regras sobre a construção de edifícios públicos, declara, em seu art. 1º, que: "Na construção de edifícios públicos se observarão as leis estaduais e as posturas e deliberações municipais, sobre as matérias de competência dos poderes locais, em vigor na localidade respectiva".

Muito freqüentes são também essas limitações na exploração das riquezas naturais – jazidas, florestas, fauna – e na utilização das coisas públicas ou de interesse histórico ou artístico nacional, dignas de proteção do Estado, como vimos ao cuidar do *domínio público* (cap. VIII).

2.5.3 *Limitações administrativas e institutos afins* – As *limitações administrativas*, como já dissemos de início, têm sido confundidas muitas vezes com *restrições de vizinhança*, com *servidão predial*, com *servidão pública* e até mesmo com *desapropriação*, e especialmente com a desapropriação indireta, mas são marcantes as diferenças entre estes institutos.

As *limitações administrativas* distinguem-se substancialmente das *restrições de vizinhança*, porque estas são estabelecidas nas leis civis para proteção da propriedade particular em si mesma e resguardo da segurança, do sossego e da saúde dos que a habitam (CC, arts. 1.277 e 1.283) e aquelas são editadas em normas de ordem pública – leis e regulamentos – em benefício do bem-estar social (CF, arts. 5º, XXIII, e 170, III). Ambas incidem sobre o mesmo objeto – a propriedade privada – mas com finalidades diversas: as restrições civis protegem especificamente os vizinhos – *uti singuli*; as limitações administrativas protegem genericamente a coletividade – *uti universi*.

Dessa distinção entre os objetivos das duas categorias de normas resulta que a limitação administrativa, como medida geral de ordem pública, protege e obriga indistintamente todos os indivíduos, como membros da coletividade administrada, ao passo que a restrição de vizinhança, como medida de interesse particular dos vizinhos, só alcança os proprietários e inquilinos sujeitos aos efeitos da vizinhança.

Não há confundir, também, *limitação administrativa* com *servidão predial*. Servidão predial é direito real sobre coisa alheia (CC, arts. 1.225, III, e 1.378); é ônus que grava o prédio particular em benefício de outro ou outros, mediante convenção ou usucapião, sendo o Poder Público estranho à sua constituição e desinteressado de sua utilização.[86]

Do mesmo modo, não se confunde *limitação administrativa* com *servidão administrativa* ou *pública*. Enquanto a limitação administrativa é uma restrição geral e gratuita imposta indeterminadamente às propriedades particulares em benefício da coletividade, a servidão administrativa ou pública é um ônus especial imposto a determinada propriedade, mediante indenização do Poder Público, se houver prejuízo, para propiciar a execução de algum serviço público.[87]

86. Ferrini-Pulvirenti, *Servitù Prediale*, Roma, 1908, I/82 e ss.; Giuseppe Fragola, *Limitazione al Diritto di Proprietà*, Roma, 1910, pp. 32 e ss.

87. Rafael Bielsa, *Restricciones y Servidumbres Administrativas*, Buenos Aires, 1923, pp. 103 e ss.; Cino Vitta, *Diritto Administrativo*, 1946, Milão, I/244 e ss.; Guido Zanobini, *Corso di Diritto Amministrativo*, Milão, 1954, I/219.

Assim, o recuo dos edifícios é tipicamente uma limitação administrativa, ao passo que o atravessamento de um terreno com aqueduto para abastecimento de uma cidade é caracteristicamente uma servidão administrativa.

Por fim, importa distinguir a *limitação administrativa* da *desapropriação*. Nesta há *transferência da propriedade individual* para o domínio do expropriante, com integral indenização; naquela há, apenas, *restrição ao uso da propriedade*, imposta genericamente a todos os proprietários, sem qualquer indenização.

Vê-se, pois, que a *limitação administrativa* difere tanto da *servidão administrativa* como da *desapropriação*. A *limitação administrativa*, por ser uma restrição geral e de interesse coletivo, em regra, não obriga o Poder Público a qualquer indenização;[88] a *servidão administrativa* ou *pública*, como ônus especial a uma ou algumas propriedades, exige indenização dos prejuízos que a restrição acarretar aos particulares; a *desapropriação*, por retirar do particular sua propriedade ou parte dela, impõe cabal indenização do que foi expropriado e dos conseqüentes prejuízos. Distingue-se da desapropriação indireta porque esta pressupõe o apossamento do bem, ao reverso do que ocorre na limitação.

Do exposto resulta que a *limitação administrativa* não constitui *restrição especial* nem *despojamento da propriedade*, casos em que, se o interesse público o exigir, impõe-se a *servidão administrativa* ou a *desapropriação*, conforme a amplitude do impedimento imposto ao proprietário. A propósito, preleciona Bielsa que "las restricciones no pueden llegar a desnaturalizar el derecho del propietario, sino mediante la imposición de una servidumbre o de la expropiación, en cuyo caso la reparación integral mantiene incólume el patrimonio de aquél. Una restricción que llegar al punto de negar el derecho mismo de propiedad sería inconstitucional".[89]

Limitações administrativas são, p. ex., o recuo de alguns metros das construções em terrenos urbanos e a proibição de desmatamento de parte da área florestada em cada propriedade rural.[90] Mas, se o impedimento de construção ou de desmatamento atingir a maior parte da propriedade ou a sua totalidade, deixará de ser *limitação* para ser *interdição de uso da propriedade*, e, neste caso, o Poder Público ficará obrigado a *indenizar* a restrição que aniquilou o direito dominial e suprimiu o valor econômico do bem. Pois ninguém adquire terreno urbano em que seja vedada a construção, como,

88. TJSP, *RJTJSP* 127/85 e 136/101.

89. Rafael Bielsa, *Restricciones y Servidumbres Administrativas*, 1923, p. 66. No mesmo sentido: Ernst Forsthoff, *Tratado de Derecho Administrativo*, trad. espanhola, Madri, 1968, p. 429.

90. A respeito, e só para exemplificar, o Código Florestal Brasileiro (Lei 4.771, de 15.9.65) fixa limites ao desmatamento (art. 16). A Lei 11.428, de 22.12.2006, sobre a utilização e proteção do Bioma Mata Atlântica, também fixa percentuais de uso.

também, nenhum particular adquire terras ou matas que não possam ser utilizadas economicamente, segundo sua destinação normal. Se o Poder Público retira do bem particular seu valor econômico, há de indenizar o prejuízo causado ao proprietário. Essa regra, que deflui do princípio da *solidariedade social*, segundo o qual só é legítimo o ônus suportado por *todos, em favor de todos*, não tem exceção no Direito pátrio, nem nas legislações estrangeiras.[91]

3. Atuação no domínio econômico

A Constituição de 1988 restringiu a possibilidade de interferência do Estado na ordem econômica, não mais falando de *intervenção*,[92] mas sim de *atuação*, dispondo que, "ressalvados os casos previstos nesta Constituição, a exploração direta de atividade econômica pelo Estado só será permitida quando necessária aos imperativos da segurança nacional ou a relevante interesse coletivo, conforme definidos em lei" (art. 173), acrescentando que "a lei reprimirá o abuso do poder econômico que vise à dominação dos mercados, à eliminação da concorrência e ao aumento arbitrário dos lucros" (art. 173, § 4º).

Dessa forma, mantendo a orientação da Constituição anterior, a atual assegurou à iniciativa privada a preferência para exploração da atividade econômica, atribuindo ao Estado somente as funções de "fiscalização, incentivo e planejamento, sendo este determinante para o setor público e indicativo para o setor privado" (art. 174).

91. Essa tese foi sustentada pelo Autor em parecer e acolhida pelo 1º TACivSP, *RT* 431/141, pelo STF, RE 134.297, e pelo STJ, REsp 10.630-SP, *DJU* 19.10.92. O parecer está publicado in *Estudos e Pareceres de Direito Público*, São Paulo, Ed. RT, 1977, II/161. Tal obrigação agora encontra abrigo na redação do art. 10 Dec.-lei 3.365/41 dada pelo art. 1º da MP 2.183-56, de 24.8.2001. Sobre limitação administrativa em matéria ambiental e indenização, v. STF, RE 267.817 (*RTJ* 184/322), RE 134.297 (*RTJ* 158/205) e AI 494.803 (*DJU* 25.4.2007); e o STJ, nos EDiv no REsp 901.319, decidiu que em alguns casos a limitação gera prejuízo e, assim, indenização, mas a ação para buscá-la prescreve em cinco anos (Dec. 20.910/32), porque não se trata de ação real, como ocorre na desapropriação indireta. Idem no REsp 1.103.974, com citação da ADI 2.268-1-DF.

92. Sobre a matéria v. os estudos e pareceres de: Francisco Campos, in *RDA* 72/385; Caio Tácito, in *RDA* 75/386; Oscar Barreto Filho, in *RT* 291/12; Fernando Albino de Oliveira, in *RDP* 37-38/52; Celso Antônio Bandeira de Mello, in *RDA* 143/37; Modesto Carvalhosa, *A Ordem Econômica na Constituição de 1969*, Ed. RT, 1972; Toshio Mukai, *Participação do Estado na Atividade Econômica*, São Paulo, Ed. RT, 1979; Eros Roberto Grau, *A Ordem Econômica na Constituição de 1988*, 12ª ed., Malheiros Editores, 2007; Fernando Antônio Cavanha Gaia, "Presença de iniciativa econômica estatal", *RDP* 63/236; Caio Tácito, "Ordem econômica: iniciativa privada e intervenção do Estado", *RDA* 148/1; Rosah Russomano, "Livre iniciativa e o intervencionismo estatal – O problema no Brasil", *RDC* 1/26; Carlos Ayres Britto, "Exploração da atividade econômica por Estados-membros e Municípios – Constitucionalidade", *RDP* 70/269; Fábio Konder Comparato e outros, "Ordem econômica e social", *RPGESP* 24/271, 277, 285 e 293; "Pareceres" do Autor in *Estudos e Pareceres de Direito Público*, Ed. RT, São Paulo, IV/125 e ss. e VII/213 e ss. V. tb. STJ, REsp 37.937, *DJU* 8.8.94, e 38.570, *DJU* 22.8.94.

Como se infere dos dispositivos supramencionados, só é admissível a *atuação supletiva do Estado* na atividade econômica, não mais a interventiva, que se vinha praticando com tanta freqüência e ilegalidade antes da edição da atual Carta.[93]

Atuar é interferir na iniciativa privada. Por isso mesmo, a atuação estatal só se justifica como exceção à liberdade individual, nos casos expressamente permitidos pela Constituição e na forma que a lei estabelecer. O modo de atuação pode variar segundo o objeto, o motivo e o interesse público a amparar. Tal interferência pode ir desde a repressão a abuso do poder econômico até as medidas mais atenuadas de controle do abastecimento e de tabelamento de preços, sem excluir outras formas que o Poder Público julgar adequadas em cada caso particular. O essencial é que as medidas interventivas estejam previstas em lei e sejam executadas pela União ou por seus delegados legalmente autorizados. Em didático julgamento e examinando os artigos 1º, 3º, 170 e 199, § 4º, da CF, o Pleno do STF, julgou constitucional lei estadual que garante meia-entrada em teatros, cinemas, museus, circos, estádios e congêneres aos doadores regulares de sangue e cadastrados (ADI 3.512-ES).

A intervenção estatal na economia deve ser feita também com respeito aos princípios da ordem econômica (CF, art. 170). Quando não os respeitar – fixando, por exemplo, preços ou tarifas em valores abaixo da realidade –, o dano daí advindo deve ser indenizado, com base no art. 37, § 6º, da Carta (STF, RE 422.941).

No início deste capítulo (item 1) examinamos as condições gerais da intervenção na propriedade e de atuação no domínio econômico. Neste tópico cuidaremos especificamente dos principais meios de atuação na ordem econômica, a saber: a) *monopólio*; b) *repressão ao abuso do poder econômico*; c) *controle do abastecimento*; d) *tabelamento de preços*; e) *criação de empresas estatais*.

3.1 Monopólio

Monopólio[94] é a exclusividade de domínio, exploração ou utilização de determinado bem, serviço ou atividade. Característica do monopólio é a privatividade de algum direito ou de alguma atividade para alguém. Monopólio estatal é a reserva para o Poder Público de determinado setor do domínio econômico. Se a exclusividade for sobre todo o domínio econômico, deixará de ser monopólio para ser estatização da economia privada, como ocorre nos regimes socialistas.

93. V., do Autor, "O Estado e suas empresas", *RT* 558/9 e *RDA* 147/1 e in *Estudos e Pareceres de Direito Público*, VII/1 e ss.

94. Sobre *monopólio* v. os pareceres de Carlos Medeiros Silva in *RDA* 33/453 e 137/325.

Em sentido econômico, monopólio significa *controle da produção e de preços* na sua acepção mais ampla. É o poder de atuar com exclusividade no mercado, como único vendedor. É a exclusão da concorrência e a imposição do preço pela vontade unilateral do vendedor único.[95]

Na conceituação de Gross, o monopólio estatal "é a deliberada subtração de certas atividades privadas das mãos dos particulares, para colocá-las sob a égide da Nação, por motivos de interesse público".[96]

A propósito, nossa Constituição estabelece que "constituem monopólio da União: I – a pesquisa e a lavra das jazidas de petróleo e gás natural e outros hidrocarbonetos fluidos; II – a refinação do petróleo nacional ou estrangeiro; III – a importação e exportação dos produtos e derivados básicos resultantes das atividades previstas nos incisos anteriores; IV – o transporte marítimo do petróleo bruto de origem nacional ou de derivados básicos de petróleo produzidos no País, bem assim o transporte, por meio de conduto, de petróleo bruto, seus derivados e gás natural de qualquer origem; V – a pesquisa, a lavra, o enriquecimento, o reprocessamento, a industrialização e o comércio de minérios e minerais nucleares e seus derivados" (art. 177).

Dessa forma, além das enumeradas em seu art. 177, a União ainda detém, instituído pela mesma Constituição, o monopólio das seguintes atividades: *emissão de moedas*, *serviço postal* e *correio aéreo nacional*, *serviços de telecomunicações*, *serviços de radiodifusão sonora e de sons e imagens*, *serviços e instalações de energia elétrica, navegação aérea, aeroespacial e infra-estrutura aeroportuária, serviços de transporte ferroviário e aquaviário entre portos brasileiros e fronteiras ou que transponham os limites de Estado ou Território, serviços de transporte rodoviário interestadual e internacional de passageiros*, *portos marítimos, fluviais e lacustres*, entre outros (CF, art. 21, VII, X, XI e XII, respectivamente).

Conclui-se, portanto, que só há, presentemente, monopólio das atividades expressamente previstas na Constituição.

Monopolizado pela União um bem ou uma atividade do domínio econômico, nada impede que ela confira o *privilégio* de sua exploração a autarquias, a fundações públicas, a empresas estatais, a concessionários ou a permissionários que satisfaçam as exigências do interesse público. O monopólio não se confunde com o privilégio. *Monopólio* é a detenção exclusiva

95. O economista Richard T. Ely, depois de sintetizar que: "Strictly speaking, monopoly originally means the exclusive right to sell and not to buy or produce", conceitua o monopólio nestes termos: "monopoly means that substantial unit of action on the part of one or more persons engaged in some kind of business which gives exclusive control, more particularly, although not solely, with respect to price" (*Monopolies and Trusts*, 1923, p. 21). Para Edward Hastings Chamberlain: "Monopolio significa generalmente control de la oferta y, por lo tanto, de precio" (*Teoría de la Competencia Monopolística*, trad. espanhola de 1946, p. 18).

96. Herbert Gross, *Public Monopolies*, 1943, p. 619.

do bem ou da atividade por uma só pessoa; *privilégio* é a delegação do direito de exploração do bem ou da atividade monopolizada a um ou alguns interessados. Só pode dar *privilégio* quem tem o *monopólio*. O monopólio é sempre exclusivo e excludente dos demais interessados; o privilégio pode ser exclusivo ou não.

O monopólio estatal de determinados bens, indústrias ou atividades econômicas é encontrado em muitos Estados democráticos.[97]

3.2 *Repressão ao abuso do poder econômico*

O domínio econômico, como todo domínio, gera poder para seus detentores. Esse *poder econômico* há de ser utilizado normalmente para assegurar a todos existência digna, conforme os ditames da justiça social (CF, art. 170). Quando o *uso* desborda em *abuso*, a própria Constituição impõe sua repressão (art. 173, § 4º).

O *abuso do poder econômico* pode assumir as mais variadas modalidades, visando sempre ao açambarcamento dos mercados, à eliminação da concorrência e ao aumento arbitrário dos lucros, neste caso mediante um excessivo e injustificável aumento de preços.

As formas usuais de dominação dos mercados são os *trustres* e *cartéis*. O *truste* é a imposição das grandes empresas sobre os concorrentes menores, visando a afastá-los do mercado ou obrigá-los a concordar com a política de preços do maior vendedor; o *cartel* é a composição voluntária dos rivais sobre certos aspectos do negócio comum. Mas essas duas formas básicas de abuso do poder econômico, através de uniões de empresas, podem assumir outras nuanças de grupismos, tais como as *ententes de igualização ou de preço* (formas de cartéis), o *comptoir* (cartel de venda), a *união de interesses* (garantia de dividendos ou repartição de lucros), o *konzerne* (base de racionalização técnica), o *consórcio* (união financeira simples), o *stines* (falso truste) e até mesmo a *holding* (controle de sociedades menores por uma super-sociedade)[98] e a *multinacional*, que exerce a *holding* em caráter internacional.

Diante dessa realidade e da recomendação constitucional de repressão ao abuso do poder econômico, foi promulgada a Lei 8.884, de 11.6.94 (alterada pela Lei 9.470, de 10.7.97), que indicou as quatro modalidades mais

97. Na Alemanha, Suíça e França há o monopólio do *álcool*; na Itália, o do *quinino*, do *tabaco* e dos *fósforos*; na Áustria e Polônia, o do *sal*; no Canadá, o das *bebidas alcoólicas*; na Inglaterra, o dos *cisnes reais* (!); na Suécia, o dos *seguros sociais*.

98. Richard Lewinsohn, *Trustes e Cartéis*, 1945, p. 11. Sobre o mesmo assunto, consultem-se: Rui de Souza, "Abuso do poder econômico", *RF* 195/433; Guilherme Canedo de Magalhães, *O Abuso do Poder Econômico: Apuração e Repressão*, Artenova, s/d; José Inácio Gonzaga Franceschini e outros, *Poder Econômico – Exercício e Abuso*, Ed. RT, 1985; José Alexandre Tavares Guerreiro, "Formas de abuso de poder econômico", *RDA* 169/199; Benjamin M. Shieber, *Abusos do Poder Econômico*, São Paulo, Ed. RT, 1966.

expressivas de abuso a serem combatidas, independentemente de culpa dos agentes: I – *limitar, falsear ou de qualquer forma prejudicar a livre concorrência ou a livre iniciativa*; II – *dominar mercado relevante de bens ou serviços*; III – *aumentar arbitrariamente os lucros*; IV – *exercer de forma abusiva posição dominante* (art. 20). No artigo seguinte a lei discrimina as condutas que possam configurar as hipóteses antes relacionadas, para depois cominar as penas aplicáveis, que vão desde a aplicação de multa à empresa e ao administrador até a determinação da cisão da sociedade, transferência de controle acionário, venda de ativos, cessação parcial de atividade, ou qualquer outro ato ou providência necessários à eliminação dos efeitos nocivos à ordem econômica.[99]

Para a repressão desses abusos da economia privada, ou, mais propriamente, das poderosas empresas, a mesma lei transformou o *Conselho Administrativo de Defesa Econômica* – CADE[100] em autarquia e estabeleceu o *processo administrativo* de apuração dessas infrações (arts. 30 a 53), bem como o *processo judicial* de execução das decisões do CADE, que pode determinar, inclusive, a intervenção nas empresas infratoras (arts. 60 a 78). Esta mesma lei introduziu a *ordem econômica* como categoria jurídica a ser protegida no Código do Consumidor (Lei 8.078/90), na lei da ação civil pública (Lei 7.347/85) e no Código de Processo Penal, para permitir

99. A nossa primeira *lei antitruste* (Lei 4.137, de 10.9.62) era muito assemelhada à sua congênere norte-americana (*Lei Sherman*, de 1890), que assim dispõe:

"Art 1º. Declara-se ilegal todo contrato, combinação em forma de truste ou em outra forma, ou conspiração, que limite a livre atividade ou o livre comércio entre os diversos Estados ou com nações estrangeiras.

"Art. 2º. Toda pessoa (companhia ou associação) que monopolize, ou intente monopolizar, ou se associe ou conspire com qualquer outra pessoa ou pessoas para monopolizar qualquer parte da atividade ou comércio entre os diversos Estados, ou com nações estrangeiras, será considerada culpada de delito."

Entre nós, determinadas formas de abuso do poder econômico também constituem crime contra a economia popular.

V. a Lei 7.492, de 16.6.86 ("lei do colarinho branco"), que define os crimes contra o Sistema Financeiro Nacional e dá outras providências.

100. O CADE, autarquia federal, vinculada ao Ministério da Justiça, constitui órgão judicante com jurisdição em todo o território nacional. É composto por um Presidente e seis Conselheiros, todos de notável saber jurídico ou econômico e reputação ilibada, nomeados pelo Presidente da República, após aprovação de seus nomes pelo Senado Federal, para um mandato de dois anos, permitida uma recondução. Junto ao CADE funciona uma Procuradoria, com incumbência de prestar assessoria jurídica à autarquia e defendê-la em juízo, além de um representante do Ministério Público Federal, que, nessa qualidade, deve oficiar nos processos sujeitos à apreciação do Conselho.

Embora entidade de caráter judicante, com funções *parajudiciais*, ou *quase-judiciais*, tal circunstância não impede a revisão judicial dos julgamentos do CADE, que não deixam de ser administrativos, como ensinava o Autor nas edições anteriores (16ª).

O Dec. 1.602, de 23.8.95, regulamenta os procedimentos administrativos relativos à aplicação de medidas *antidumping*.

a decretação de prisão preventiva de empresários como *garantia da ordem econômica* (art. 86).

A apuração e a propositura de medidas tendentes a corrigir as anomalias do mercado cabem à Secretaria de Direito Econômico – SDE, órgão do Ministério da Justiça, à qual compete, basicamente, acompanhar as atividades e práticas comerciais de todas as pessoas, físicas ou jurídicas, que detenham posição dominante no mercado, de forma a prevenir e reprimir as infrações de ordem econômica (Lei 8.884/94, art. 14). A Lei 10.149, de 21.12.2000, acrescentou dispositivos à lei anterior, autorizando a SDE a celebrar *acordo de leniência* com pessoas físicas ou jurídicas que forem autores de infração à ordem econômica, desde que colaborem efetivamente com as investigações e que essa colaboração resulte na identificação de co-autores e na obtenção de informações que comprovem a infração noticiada. Se isto ocorrer os acusados poderão obter a extinção da punibilidade ou a redução de um a dois-terços da penalidade aplicável. O mesmo *acordo de leniência* pode ser celebrado nos processos de apuração dos crimes contra a ordem econômica (Lei 8.137, de 2.11.90). Cumprido o acordo, extingue-se a punibilidade. Trata-se de uma nova orientação do sistema jurídico brasileiro, oriunda do Direito Americano, que permite às autoridades investigadoras obter a colaboração de algum dos envolvidos, de forma a alcançar a punição dos principais responsáveis pela infração.

3.3 Controle do abastecimento

Entende-se por *controle do abastecimento* o conjunto de medidas destinadas a manter no mercado consumidor matéria-prima, produtos ou serviços em quantidade necessária às exigências de seu consumo.

Essas providências constituem atos de *intervenção no domínio econômico* e, por isso mesmo, são da competência originária da União.

O controle de mercado pode incidir permanentemente sobre determinado setor da economia particular ou esporadicamente sobre os produtos em falta para o consumo ou em excesso no mercado interno ou internacional.

Quanto aos *produtos e serviços necessários ao consumo ou uso do povo em geral*, o controle do abastecimento está disciplinado pela *Lei Delegada 4*, de 26.9.62, alterada pelo Dec.-lei 422, de 20.1.69, cujo exercício cabe, agora, ao Ministério da Fazenda (Lei 9.618/98).

3.4 Tabelamento de preços

Preço é a retribuição pecuniária do valor do bem, do serviço ou da atividade que se compra ou que se utiliza mediante remuneração. Esse preço pode ser *privado*, *semiprivado* ou *público*.

Preço privado é todo aquele que se estabelece em livre concorrência; *preço semiprivado* é o que a Administração Pública interfere na sua formação, embora admitindo influências do mercado; *preço público* é o que a Administração fixa definitiva e unilateralmente, sem levar em consideração qualquer variação da oferta e da procura.

Os *preços privados* são próprios e característicos da livre empresa; os *semiprivados* resultam da conjugação dos interesses públicos e privados; e os *preços públicos* são as *tarifas*, fixadas exclusivamente pelo Poder Público para os bens e serviços próprios ou delegados.

A intervenção no domínio econômico incide somente sobre a livre empresa, e, portanto, o tabelamento de preços a que a legislação federal se refere (Lei Delegada 4, de 26.9.62, regulamentada pelo Dec. 51.644-A, de 26.12.62) só poderá ser o dos *preços privados*, isto é, daqueles que se formam no mercado, ante a lei da oferta e da procura, sem qualquer participação do Poder Público.

O *tabelamento de preços* é função privativa da União, por seus órgãos centralizados ou entes descentralizados a que a lei federal cometa essa atribuição. Aos Estados-membros e Municípios não remanesce qualquer parcela desse poder de intervenção na economia privada.

Ao lado do *tabelamento de preços* existe um outro controle que a União exerce, através do *Departamento de Abastecimento e Preços* (órgão da Secretaria Nacional de Economia, do Ministério da Economia, Fazenda e Planejamento), sobre todos os tipos de preços a que nos referimos acima, no interesse de uma Política Nacional de Abastecimento e Preços (Dec. 99.180, de 15.3.90, arts. 161, III, e 164).

Para o desempenho de suas atribuições relacionadas com a manutenção dos preços e tarifas no nível desejado pelo Governo Federal cumpre a esses órgãos a deliberação das regras pertinentes ao eventual controle ou, mesmo, tabelamento dos preços. Suas deliberações, entretanto, não são auto-executáveis, devendo solicitar às autoridades competentes, administrativas ou judiciárias, a execução cabível, inclusive as medidas previstas na Lei Delegada 4/62 (intervenção no domínio econômico) e na Lei 4.137/62 (repressão ao abuso do poder econômico), consoante dispõe o art. 10, II, do Dec. 63.196/68. Ver, ainda, Leis 8.158/91, 8.884/94 e 9.470/97.

3.5 Criação de empresas estatais

Outra forma de atuação do Estado no domínio econômico é a instituição de *empresas estatais* – *empresas públicas* e *sociedades de economia mista* – cuja criação deve ser autorizada por *lei específica* (CF, art. 37, XIX), quando necessárias "aos imperativos da segurança nacional ou a relevante interesse coletivo, conforme definidos em lei" (CF, art. 173). Lei federal, obviamente. Tais empresas só se justificam quando suas congêneres particulares forem insuficientes para atender à demanda do mercado em obras, produtos ou serviços, pois o Poder Público não pode nem deve competir com as atividades da indústria ou do comércio.[101]

Para não repetir a matéria, remetemos o leitor ao cap. VI, item 5, onde tratamos do objetivo das *empresas estatais*, especialmente das empresas públicas e das sociedades de economia mista.

3.6 Outras formas de atuação no domínio econômico

Além das já descritas, *outras formas* existem de *atuação do Estado no domínio econômico*. Não se pode olvidar que a saída do Poder Público da execução de atividades econômicas impõe a atuação dele no regramento delas, como ocorre, p. ex., com a *Agência Nacional do Petróleo*, reduzindo a taxa de participação especial a ser cobrada da Petrobrás na exploração de campos de petróleo de alta produtividade, para estimular investimentos no setor. Ademais, é inegável que a interferência estatal na estipulação de taxas de juros e no estabelecimento de alíquotas dos impostos de importação, exportação, produtos industrializados e sobre operações de crédito pode provocar profundas alterações no sistema econômico. Destarte, com a afirmação cada vez mais emergente do poder regulatório estatal, não se lhe pode negar todas as formas legítimas de controle do poder econômico.

A Lei 10.168, de 29.12.2000, regulamentada pelo Dec. 3.949, de 3.10.2001, instituiu a *contribuição de intervenção no domínio econômico* – CIDE, que é devida pela pessoa jurídica detentora de licença de uso ou adquirentes de conhecimentos tecnológicos, assim como pelas signatárias de contratos de transferência de tecnologia, relativos a patentes, firmados com residentes ou domiciliados no Exterior, a fim de financiar os programas de estímulo à interação universidade/empresa, para o desenvolvimento tecnológico brasileiro.

101. V., do Autor, "O Estado e suas empresas", *RT* 558/9 e *RDA* 147/1, também reproduzido em *Estudos e Pareceres de Direito Público*, VII/1 e ss.

Capítulo X

RESPONSABILIDADE CIVIL DA ADMINISTRAÇÃO

1. Considerações gerais

O estudo da *responsabilidade civil da Administração Pública*, ou, como tradicionalmente se diz, da *responsabilidade civil do Estado*,[1] pede algumas considerações de ordem geral para o perfeito entendimento da matéria no nosso Direito Administrativo.

Preliminarmente, fixa-se que *responsabilidade civil* é a que se traduz na obrigação de reparar *danos patrimoniais* e se exaure com a *indenização*. Como obrigação meramente patrimonial, a responsabilidade civil independe da criminal e da administrativa, com as quais pode coexistir sem, todavia, se confundir.

Responsabilidade civil da Administração é, pois, a que impõe à Fazenda Pública a obrigação de compor o dano causado a terceiros por agentes públicos, no desempenho de suas atribuições ou a pretexto de exercê-las. É distinta da responsabilidade contratual e da legal.

1.1 Evolução doutrinária

A doutrina da responsabilidade civil da Administração Pública evolveu do conceito de *irresponsabilidade* para o da *responsabilidade com culpa*, e

1. Preferimos a designação *responsabilidade civil da Administração Pública* ao invés da tradicional *responsabilidade civil do Estado*, porque, em regra, essa responsabilidade surge de atos da Administração, e não de atos do Estado como entidade política. Os atos políticos, em princípio, não geram responsabilidade civil, como veremos adiante. Mais próprio, portanto, é falar-se em *responsabilidade da Administração Pública* do que em *responsabilidade do Estado*, uma vez que é da atividade administrativa dos órgãos públicos, e não dos atos de governo, que emerge a obrigação de indenizar.

deste para o da *responsabilidade civilística* e desta para a fase da *responsabilidade pública*, em que nos encontramos.[2]

Sob o domínio dos Governos absolutos negou-se a responsabilidade do Estado, secularizada na regra inglesa da infalibilidade real – "The King can do no wrong" –, extensiva aos seus representantes; sob a influência do liberalismo, assemelhou-se o Estado ao indivíduo, para que pudesse ser responsabilizado pelos atos culposos de seus agentes; finalmente, em nossos dias, atribui-se à Administração Pública uma responsabilidade especial de *Direito Público*.

A doutrina da irresponsabilidade está inteiramente superada, visto que as duas últimas Nações que a sustentavam, a Inglaterra e os Estados Unidos da América do Norte, abandonaram-na, respectivamente, pelo *Crown Proceeding Act*, de 1947, e pelo *Federal Tort Claims Act*, de 1946. Caíram, assim, os últimos redutos da irresponsabilidade civil do Estado pelos atos de seus agentes.

A *doutrina civilística* ou *da culpa civil comum*, por sua vez, vem perdendo terreno a cada momento, com o predomínio das normas de Direito Público sobre as regras de Direito Privado na regência das relações entre a Administração e os administrados.

Resta, portanto, a *teoria da responsabilidade sem culpa* como a única compatível com a posição do Poder Público perante os cidadãos.

Realmente, não se pode equiparar o Estado, com seu poder e seus privilégios administrativos, ao particular, despido de autoridade e de prerrogativas públicas. Tornaram-se, por isso, inaplicáveis em sua pureza os princípios subjetivos da culpa civil para a responsabilização da Administração pelos danos causados aos administrados. Princípios de Direito Público é que devem nortear a fixação dessa responsabilidade.

A *doutrina do Direito Público* propôs-se a resolver a questão da responsabilidade civil da Administração por *princípios objetivos*, expressos na *teoria da responsabilidade sem culpa* ou fundados numa *culpa especial do serviço público* quando lesivo de terceiros.

Nessa tentativa surgiram as teses da *culpa administrativa*, do *risco administrativo* e do *risco integral*, todas elas identificadas no tronco comum da *responsabilidade objetiva da Administração Pública*, mas com variantes nos seus fundamentos e na sua aplicação, sem se falar nas submodalidades em que se repartiram essas três correntes. Vejamos, em síntese, essas teorias objetivas, para verificarmos qual a acolhida pelo Direito Administrativo Brasileiro atual.

2. José de Aguiar Dias, *Da Responsabilidade Civil*, 1954, II/564. V. tb. o acórdão do TFR, relatado pelo Min. Carlos Mário Velloso, in *RDA* 136/167.

1.1.1 *Teoria da culpa administrativa* – A *teoria da culpa administrativa* representa o primeiro estágio da transição entre a doutrina subjetiva da culpa civil e a tese objetiva do risco administrativo que a sucedeu, pois leva em conta a *falta do serviço* para dela inferir a responsabilidade da Administração. É o estabelecimento do binômio *falta do serviço/culpa da Administração*. Já aqui não se indaga da culpa subjetiva do agente administrativo, mas perquire-se a falta objetiva do serviço em si mesmo, como fato gerador da obrigação de indenizar o dano causado a terceiro. Exige-se, também, uma culpa, mas uma culpa especial da Administração, a que se convencionou chamar de *culpa administrativa*.

Esta teoria ainda pede muito da vítima, que, além da lesão sofrida injustamente, fica no dever de comprovar a *falta do serviço* para obter a indenização.

A *falta do serviço*, no ensinamento de Duez, pode apresentar-se sob três modalidades: inexistência do serviço, mau funcionamento do serviço ou retardamento do serviço.[3] Ocorrendo qualquer destas hipóteses, presume-se a *culpa administrativa* e surge a obrigação de indenizar.

1.1.2 *Teoria do risco administrativo* – A *teoria do risco administrativo* faz surgir a obrigação de indenizar o dano do só ato lesivo e injusto causado à vítima pela Administração. Não se exige qualquer falta do serviço público, nem culpa de seus agentes. Basta a lesão, sem o concurso do lesado. Na teoria da culpa administrativa exige-se a *falta do serviço*; na teoria do risco administrativo exige-se, apenas, o *fato do serviço*. Naquela, a culpa é presumida da falta administrativa; nesta, é inferida do fato lesivo da Administração.

Aqui não se cogita da culpa da Administração ou de seus agentes, bastando que a vítima demonstre o fato danoso e injusto ocasionado por ação ou omissão do Poder Público. Tal teoria, como o nome está a indicar, baseia-se no *risco* que a atividade pública gera para os administrados e na possibilidade de acarretar dano a certos membros da comunidade, impondo-lhes um ônus não suportado pelos demais. Para compensar essa desigualdade individual, criada pela própria Administração, todos os outros componentes da coletividade devem concorrer para a reparação do dano, através do erário, representado pela Fazenda Pública. O risco e a solidariedade social são, pois, os suportes desta doutrina,[4] que, por sua objetividade e partilha dos encargos, conduz à mais perfeita justiça distributiva, razão pela qual tem merecido o acolhimento dos Estados modernos, inclusive o Brasil, que a consagrou pela primeira vez no art. 194 da CF de 1946.

3. Paul Duez, *La Responsabilité de la Puissance Publique*, 1927, pp. 15 e ss.

4. Onofre Mendes Jr., *Natureza da Responsabilidade da Administração Pública*, 1961, pp. 142 e ss.

Advirta-se, contudo, que a teoria do *risco administrativo*, embora dispense a prova da culpa da Administração, permite que o Poder Público demonstre a culpa da vítima para excluir ou atenuar a indenização. Isto porque o *risco administrativo* não se confunde com o *risco integral*. O *risco administrativo* não significa que a Administração deva indenizar sempre e em qualquer caso o dano suportado pelo particular; significa, apenas e tão-somente, que a vítima fica dispensada da prova da culpa da Administração, mas esta poderá demonstrar a culpa total ou parcial do lesado no evento danoso, caso em que a Fazenda Pública se eximirá integral ou parcialmente da indenização.[5]

1.1.3 *Teoria do risco integral* – A *teoria do risco integral* é a modalidade extremada da doutrina do *risco administrativo*, abandonada na prática, por conduzir ao abuso e à iniqüidade social. Por essa fórmula radical, a Administração ficaria obrigada a indenizar todo e qualquer dano suportado por terceiros, ainda que resultante de culpa ou dolo da vítima. Daí por que foi acoimada de "brutal",[6] pelas graves conseqüências que haveria de produzir se aplicada na sua inteireza.

Essa teoria jamais foi acolhida entre nós, embora haja quem tenha sustentado sua admissibilidade no texto das Constituições da República.[7] Contestamos formalmente esse entender, que se desgarra da doutrina acolhida pelo nosso Direito e se divorcia da jurisprudência que se formou acerca do citado dispositivo constitucional, consagrador da teoria objetiva, mas sob a modalidade do *risco administrativo*, e não do *risco integral*.[8]

Feitas essas considerações sobre as teorias principais em matéria de responsabilidade civil da Administração, vejamos o sentido e o alcance do art. 43 do CC (art. 15 do antigo Código) e do art. 37, § 6º, da CF de 1988.

2. *A responsabilidade civil da Administração no Direito Brasileiro*

O Direito pátrio oscilou entre as doutrinas subjetiva e objetiva da *responsabilidade civil* da Administração. Desde o Império os nossos juristas mais avançados propugnavam pela adoção da responsabilidade sem culpa, fundada na *teoria do risco* que se iniciava na França,[9] mas encontraram

5. STF, RE 113.587-5-SP, *DJU* 3.4.92; RE 120.224-SP, *DJU* 27.8.93.

6. Jean Defroidmont, *La Science du Droit Positif*, 1933, p. 339; e STF, *RDA* 179-180/193.

7. Mário Masagão, *Curso de Direito Administrativo*, 1960, p. 323; Octávio de Barros, *Responsabilidade Pública*, 1956, p. 103.

8. STF, *RDA* 179-180/193; TFR, *RDA* 42/253; *RT* 220/502; TJMT, *RT* 273/698; TJSP, *RDA* 31/288, 40/337; *RT* 197/168, 202/163, 203/299, 269/263; TASP, *RT* 291/666.

9. Raymond Saleilles, *Étude sur la Théorie Générale de l'Obligation*, 1901; Louis Josserand, *L'Évolution de la Responsabilité Civile*, 1926; Georges Ripert, *Le Régime Démocrati-*

decidida oposição dos civilistas apegados à doutrina da culpa, dominante no Direito Privado, porém inadequada para o Direito Público, como o demonstram os nossos mais autorizados monografistas.[10]

2.1 O artigo 15 do antigo Código Civil e o artigo 43 do Código Civil de 2002

O Código Civil Brasileiro de 1916, acolhendo a doutrina subjetivista dominante em sua época, estabeleceu no art. 15 que *as pessoas jurídicas de Direito Público são civilmente responsáveis por atos de seus representantes que nessa qualidade causem dano a terceiros, procedendo de modo contrário ao direito ou faltando a dever prescrito por lei, salvo o direito regressivo contra os causadores do dano.*

Neste dispositivo ficou consagrada, embora de maneira equívoca, a teoria da culpa como fundamento da responsabilidade civil do Estado. A imprecisão do legislador, todavia, propiciou larga divergência na interpretação e aplicação do citado artigo, variando a opinião dos juristas e o entender da jurisprudência entre os que viam, nele, a exigência da demonstração da culpa civil da Administração e os que já vislumbravam admitida a moderna teoria do risco, possibilitando a responsabilidade civil sem culpa em determinados casos de atuação lesiva do Estado.[11]

Temos para nós que o questionado art. 15 nunca admitiu a responsabilidade sem culpa, exigindo sempre e em todos os casos a demonstração desse elemento subjetivo para a responsabilização do Estado. Nem é outra a observação de Alvino Lima em preciosa tese sobre a matéria, onde sustenta que: "O Código Civil Brasileiro, seguindo a tradição de nosso Direito, não se afastou da *teoria da culpa*, como princípio genérico regulador da responsabilidade extracontratual".[12]

Embora insatisfatória a orientação adotada pelo nosso legislador civil para a composição dos danos causados pela Administração Pública, permaneceu entre nós a *doutrina subjetiva* até o advento da Constituição de 1946,

que et le Droit Civil Moderne, 1926; Paul Duez, *La Responsabilité de la Puissance Publique*, 1927.

10. Amaro Cavalcanti, *Responsabilidade Civil do Estado*, 1905; Alvino Lima, *Da Culpa ao Risco*, 1936; José de Aguiar Dias, *Da Responsabilidade Civil*, 1954; Octávio de Barros, *Responsabilidade Pública*, 1956; Mário Masagão, *Curso de Direito Administrativo*, 1960; Onofre Mendes Jr., *Natureza da Responsabilidade da Administração Pública*, 1961; Caio Tácito, "Tendências atuais sobre a responsabilidade civil do Estado", *RDA* 55/262; Rui Stoco, *Tratado de Responsabilidade Civil*, 5ª ed., Ed. RT, 2001.

11. Pedro Lessa, in *RT* 63/345; Philadelpho Azevedo, in *DJU* 17.6.43; Orozimbo Nonato, in *DJU* 2.2.43; Noé Azevedo, in *RT* 50/293; Antão de Moraes, in *RD* 124/226; Aguiar Dias, *Da Responsabilidade Civil*, 1954, II/484.

12. Alvino Lima, *Da Culpa ao Risco*, 1938, p. 174.

que, com o disposto no art. 194, acolheu a *teoria objetiva do risco administrativo*, revogando em parte o art. 15 do antigo CC. Só louvores merece a diretriz constitucional, mantida na vigente Constituição (art. 37, § 6º), que harmoniza os postulados da responsabilidade civil da Administração com as exigências sociais contemporâneas, em face do complexo mecanismo do Poder Público, que cria riscos para o administrado e o amesquinha nas demandas contra a Fazenda, pela hipertrofia dos privilégios estatais.

Dessa forma, seguindo a linha da Constituição Federal de 1988, o art. 43 do novo CC (Lei 10.406, de 10.1.2002, em vigor desde 11.1.2003) estabelece que "as pessoas jurídicas de Direito Público interno são civilmente responsáveis por atos dos seus agentes que nessa qualidade causem danos a terceiros, ressalvado direito regressivo contra os causadores do dano, se houver, por parte destes, culpa ou dolo". Não se referiu, contudo, aos agentes das pessoas jurídicas de direito privado prestadoras de serviços públicos. Estas, quer sejam empresas governamentais (empresas públicas e sociedades de economia mista), quer sejam exclusivamente privadas (concessionárias ou permissionárias), respondem também objetivamente pelos danos que seus agentes causarem a terceiros, como se verá em seguida.

2.2 O § 6º do artigo 37 da Constituição da República

O § 6º do art. 37 da CF seguiu a linha traçada nas Constituições anteriores, e, abandonando a privatística *teoria subjetiva da culpa*, orientou-se pela doutrina do Direito Público e manteve a *responsabilidade civil objetiva da Administração*, sob a modalidade do risco administrativo. Não chegou, porém, aos extremos do *risco integral*. É o que se infere do texto constitucional e tem sido admitido reiteradamente pela jurisprudência,[13] com apoio na melhor doutrina,[14] como veremos a seguir.

Dispõe o § 6º do art. 37: "As pessoas jurídicas de Direito Público e as de Direito Privado prestadoras de serviços públicos responderão pelos danos que seus agentes, nessa qualidade, causarem a terceiros, assegurado o direito de regresso contra o responsável nos casos de dolo ou culpa".[15]

13. STF, RE 35.136-SP, *RTJ* 8/146; *RDA* 55/261, 97/177; TFR, *RTFR* 36/163; *RDA* 42/253, 58/319; *RT* 193/514, 220/502; TJSP, *RDA* 31/299, 40/337, 49/198, 63/168; *RT* 197/168, 202/163, 203/299, 211/189, 251/299, 255/328, 259/148, 275/319, 297/301, 330/270, 382/138, 449/104; TASP, *RT* 346/299.

14. José de Aguiar Dias, *Da Responsabilidade Civil*, 1954, pp. 552 e ss., e tb. in *RDPDF* 7/386; M. Seabra Fagundes, *O Controle dos Atos Administrativos pelo Poder Judiciário*, 1957, p. 215, n. 84; Álvaro Lazzarini, "Responsabilidade civil do Estado por atos omissivos dos seus agentes", *RJTJSP* 117/14.

15. Essa disposição foi sensivelmente melhorada, por mais incisiva e abrangente das pessoas jurídicas de Direito Privado prestadoras de serviços públicos, como já havíamos sustentado, mesmo antes da Constituição de 1988.

O exame desse dispositivo revela que o constituinte estabeleceu para todas as entidades estatais e seus desmembramentos administrativos a obrigação de indenizar o dano causado a terceiros por seus servidores, independentemente da prova de culpa no cometimento da lesão. Firmou, assim, o princípio objetivo da *responsabilidade sem culpa* pela atuação lesiva dos agentes públicos e seus delegados. Em edições anteriores, influenciados pela letra da norma constitucional, entendemos excluídas da aplicação desse princípio as *pessoas físicas* e as *pessoas jurídicas* que exerçam funções públicas delegadas, sob a forma de empresas estatais ou de empresas concessionárias ou permissionárias de serviços públicos. Todavia, evoluímos no sentido de que também estas respondem objetivamente pelos danos que seus empregados, nessa qualidade, causarem a terceiros, pois, como dissemos precedentemente (cap. VI, item 1.2), não é justo e jurídico que a só transferência da execução de uma obra ou de um serviço originariamente público a particular descaracterize sua intrínseca natureza estatal e libere o executor privado das responsabilidades que teria o Poder Público se o executasse diretamente, criando maiores ônus de prova ao lesado.[16]

A Constituição atual usou acertadamente o vocábulo *agente*, no sentido genérico de servidor público, abrangendo, para fins de responsabilidade civil, todas as pessoas incumbidas da realização de algum serviço público, em caráter permanente ou transitório.[17] O essencial é que o agente da Administração haja praticado o ato ou a omissão administrativa na qualidade de agente público. Não se exige, pois, que tenha agido no exercício de suas funções, mas simplesmente na qualidade de agente público,[18] e não

16. Quando Juiz no 1º TACivSP tivemos oportunidade de relatar recurso em que se reconheceu, por unanimidade, a responsabilidade objetiva da Cia. Docas de Santos pelos danos causados a importador em razão do perecimento das mercadorias guardadas nos armazéns daquela concessionária, independentemente da perquirição de culpa de sua parte (ApCiv 62.102). Igualmente: STF, RE 178.806, 206.711 e 262.651. A 1ª Turma do STF, por maioria de um voto, no RE 262.651-SP, entendeu que a responsabilidade civil das pessoas jurídicas de Direito Privado prestadoras de serviço público por delegação "é objetiva relativamente aos usuários do serviço, não se estendendo a pessoas outras que não ostentem a condição de usuário". Como apontamos em edições anteriores, discordamos desse entendimento, por permitir que o Estado, delegando o serviço a terceiros, venha a se furtar da responsabilidade objetiva que lhe impôs a Carta Magna. Posteriormente, revendo a questão, o STF, com repercussão geral, decidiu que a responsabilidade objetiva se aplica não só ao usuário, mas também em relação a terceiros – no caso, uma colisão de ônibus com ciclista em que não ficou provada a culpa deste (RE 591.874).

17. STF, *RDA* 13/123; TJSP, *RDA* 33/84, 45/348; *RT* 203/299, 227/203, 268/377, 334/464. No caso conhecido como "Bar Bodega", em São Paulo, agressão e prisão policial (RE 385.943).

18. STF, *RDA* 187/190, *RT* 764/147 e 769/155 (atos cartorários extrajudiciais); RE 327.904 e RE 460.881 (se a anulação de ato administrativo gera dano, salvo culpa exclusiva da vítima, esta deve ser ressarcida); AI no AgR 522.832-MS, com ampla citação de precedentes, referido na nota 38 do cap. II; RE 160.401 (dano causado por policial nessa condição, mas fora do

como pessoa comum. Para a vítima é indiferente o título pelo qual o causador direto do dano esteja vinculado à Administração; o necessário é que se encontre a serviço do Poder Público, embora atue fora ou além de sua competência administrativa. O abuso no exercício das funções por parte do servidor não exclui a responsabilidade objetiva da Administração. Antes, a agrava, porque tal abuso traz ínsita a presunção de má escolha[19] do agente público para a missão que lhe fora atribuída. Desde que a Administração defere ou possibilita ao seu servidor a realização de certa atividade administrativa, a guarda de um bem ou a condução de uma viatura, assume o risco de sua execução e responde civilmente pelos danos que esse agente venha a causar injustamente a terceiros. Nessa substituição da responsabilidade individual do servidor pela responsabilidade genérica do Poder Público, cobrindo o risco da sua ação ou omissão,[20] é que se assenta a teoria da *responsabilidade objetiva* da Administração, vale dizer, da *responsabilidade sem culpa*, pela só ocorrência da falta anônima do serviço, porque esta falta está, precisamente, na área dos riscos assumidos pela Administração para a consecução de seus fins.

Por isso, incide a responsabilidade civil objetiva quando a Administração Pública assume o compromisso de velar pela integridade física da pessoa e esta vem a sofrer um dano decorrente da omissão do agente público naquela vigilância. Assim, alunos da rede oficial de ensino, pessoas internadas em hospitais públicos ou detentos, caso sofram algum dano quando estejam sob a guarda imediata do Poder Público, têm direito à indenização, salvo se ficar comprovada a ocorrência de alguma causa excludente daquela responsabilidade estatal.[21]

serviço); STJ, REsp 721.439 (caso de não remoção de entulho que veio a atingir moradia); *RJTJSP* 124/139 (morte causada pela falta de tampa em bueiro). Em interessante julgado, com fundamento na ilegitimidade passiva, o STF deu pela carência de ação de indenização por danos morais contra agente público que, nessa qualidade, teria ofendido a honra e a imagem de subordinado, entendendo que a ação deve ser contra o Estado (RE 344.133).

19. *RJTJSP* 135/147. A intervenção estatal na economia não pode ser abusiva, mas principalmente, com respeito aos princípios da ordem econômica (CF, art. 170). Havendo abuso, p. ex., na fixação de preços ou tarifas em valores abaixo da realidade, a indenização do dano é feita com base no art. 37, § 6º, da Carta (STF, RE 422.941). Em didático e muito bem-fundamentado acórdão sobre os limites do *direito de revista íntima de presa*, para que não se converta em abuso, o STJ reconheceu a responsabilidade objetiva: REsp 856.360, rela. Min. Eliana Calmon.

20. No RE 424.584 o STF entendeu não cabível indenização por omissão legislativa relativa a aumento de servidor, por reputar razoável tal omissão. E no RE 220.099 (2ª T., m.v.) examinou e excluiu a responsabilidade civil da União em face da paralisação de transporte fluvial por parte da FRANAVE, sociedade de economia mista criada pela Lei 2.599/55.

21. STF, *RT* 733/130, RE 260.498, RE 190.615 (perda do globo ocular causada a aluno por outro no recinto da escola pública), RE 409.203 (estupro cometido por "fugitivo "contumaz" e não submetido a regime prisional adequado); no episódio conhecido como "Rebelião

A doutrina anterior fazia distinção entre *atos de império* e *atos de gestão*, para admitir a responsabilidade da Administração somente quando o dano resultasse destes últimos. Pela atual teoria da responsabilidade objetiva, não há mais fundamento para esta sibilina distinção. Todo ato ou omissão de agente administrativo, desde que lesivo e injusto, é reparável pela Fazenda Pública, sem se indagar se provém do *jus imperii* ou do *jus gestionis*, uma vez que ambos são formas da atuação administrativa.[22]

O que a Constituição distingue é o dano causado pelos *agentes da Administração* (servidores) dos danos ocasionados por *atos de terceiros* ou por *fenômenos da Natureza*. Observe-se que o art. 37, § 6º, só atribui responsabilidade objetiva à Administração *pelos danos que seus agentes, nessa qualidade, causem a terceiros*. Portanto, o legislador constituinte só cobriu o *risco administrativo* da atuação ou inação dos servidores públicos; não responsabilizou objetivamente a Administração por atos predatórios de terceiros, nem por fenômenos naturais que causem danos aos particulares. Para a indenização destes atos e fatos estranhos e não relacionados com a atividade administrativa observa-se o princípio geral da culpa civil, manifestada pela imprudência, negligência ou imperícia na realização do serviço público que causou ou ensejou o dano – culpa, essa, que pode ser genérica. Daí por que a jurisprudência, mui acertadamente, tem exigido a prova da culpa da Administração nos casos de depredação por multidões[23] e de enchentes e vendavais que, superando os serviços públicos existentes, causam danos aos particulares.[24] Nestas hipóteses, a indenização pela Fazenda Pública só é devida se se comprovar a culpa da Administração. E na exigência do elemento subjetivo *culpa* não há qualquer afronta ao princípio objetivo da responsabilidade *sem culpa*, estabelecido no art. 37, § 6º, da CF, porque o dispositivo constitucional só abrange a *atuação funcional dos servidores*

– Carandiru" reconheceu-se o dever de indenizar (AI 299.125); STJ, REsp 5.711 (detento assassinado por colega de cela).

22. TFR, *RDA* 42/253; TJSP, *RT* 202/163, 203/299, 227/273, 238/162.

23. TJSP, *RDA* 49/198, 63/168, 211/189, 255/328, 259/148, 297/301; e Sônia Sterman, *Responsabilidade do Estado*, Ed. RT, 1992.

24. Para o STF, tratando-se de ato omissivo, a responsabilidade passa a ser subjetiva (RE 179.147-1, *RT* 753/156). Idem em caso de inundação (STF, AI 460.203, rel. Min. Joaquim Barbosa, com boa fundamentação); em crime praticado por "apenado que fugira da prisão tempos antes" (*RTJ* 195/359) e em caso de morte de policial que exercia atividade policial irregular, desvinculada do serviço público (RE 341.776). Idem, no STJ, caso de "bala perdida" disparada por menor foragido, REsp 858.511. Nesse sentido, dentre outros, a opinião de Lúcia Valle Figueiredo, *Curso de Direito Administrativo*, 9ª ed., Malheiros Editores, 2008, p. 281, no caso da omissão do Estado onde tinha o dever de agir ou tendo agido de forma a revelar insuficiência da prestação do serviço. E no RE 283.989 o STF entendeu aplicável o art. 37, § 6º, da CF/88 na indenização de danos causados, por invasores, em propriedade particular quando o Estado se omite no cumprimento de ordem judicial para envio de força policial ao imóvel invadido (*Informativo* 281).

públicos, e não os atos de terceiros e os fatos da Natureza. Para situações diversas, fundamentos diversos.

Impende notar que nesses casos a falta do nexo de causalidade também acaba por excluir a responsabilidade. A *faute du service* não dispensa a prova desse requisito, e na sua aferição a teoria adotada pela ordem jurídica é a do dano direto e imediato, ou teoria da interrupção do nexo causal, que só o admite quando o dano é o efeito necessário da causa (ação ou omissão). Assim, com ensina Agostinho Alvim, os danos, "em regra, não são indenizáveis porque deixam de ser o efeito necessário pelo aparecimento de concausas. Suposto não existam estas, aqueles danos são indenizáveis."[25]

O *dano causado por obra pública* gera para a Administração a mesma responsabilidade objetiva estabelecida para os serviços públicos, porque, embora a obra seja um *fato administrativo*, deriva sempre de um *ato administrativo* de quem ordena sua execução. Mesmo que a obra pública seja confiada a empreiteiros particulares, a responsabilidade pelos danos oriundos do *só fato da obra* é sempre do Poder Público que determinou sua realização. O construtor particular de obra pública só responde por atos lesivos resultantes de sua imperícia, imprudência ou negligência na condução dos trabalhos que lhe são confiados.[26] Quanto às lesões a terceiros ocasionadas pela obra em si mesma, ou seja, por sua natureza, localização, extensão ou duração prejudicial ao particular, a Administração Pública que a planejou responde objetivamente, sem indagação de culpa de sua parte.[27] Exemplificando: se na abertura de um túnel ou de uma galeria de águas pluviais o *só fato da obra* causa danos aos particulares, por estes danos responde objetivamente a Administração que ordenou os serviços; se, porém, o dano é produzido pela imperícia, imprudência ou negligência do construtor na execução do projeto, a responsabilidade originária é da Administração, como *dona da obra*, mas pode ela haver do executor culpado tudo quanto pagou à vítima.

Todo o exposto está muito bem resumido em ensino do Min. Celso de Mello: "Os elementos que compõem a estrutura e delineiam o perfil da responsabilidade objetiva do Poder Público compreendem (a) a alteridade do dano, (b) a causalidade material entre o *eventus damni* e o comportamento positivo (ação) ou negativo (omissão) do agente público, (c) a oficialidade da atividade causal e lesiva imputável a agente do Poder Público que tenha, nessa condição funcional, incidido em conduta comissiva ou omissiva,

25. Agostinho Alvim, *Da Inexecução das Obrigações*, 5ª ed., Saraiva, 1980, n. 226, p. 370; STF, *RTJ* 143/270; RE 130.764-PR, 179.147-SP e 369.820-RS; STJ, REsp 1.040.895 (sobre incêndio durante espetáculo).

26. Sobre responsabilidade do construtor de obra pública v., do Autor, *Licitação e Contrato Administrativo*, 15ª ed., Malheiros Editores, 2010, cap. X.

27. STF, *RTJ* 140/136; TJSP, *RT* 142/612, 229/130, 233/153, 236/95.

independentemente da licitude, ou não, do comportamento funcional (*RTJ* 140/636), e (d) a ausência de causa excludente da responsabilidade estatal (*RTJ* 55/503, *RTJ* 71/99, *RTJ* 91/377, *RTJ* 99/1.155, *RTJ* 131/417)" (RE 109.615).

2.3 Responsabilidade por atos legislativos e judiciais

Para os atos administrativos, já vimos que a regra constitucional é a responsabilidade objetiva da Administração. Mas, quanto aos *atos legislativos* e *judiciais*, a Fazenda Pública só responde mediante a comprovação de culpa manifesta na sua expedição, de maneira ilegítima e lesiva. Essa distinção resulta do próprio texto constitucional, que só se refere aos *agentes administrativos* (*servidores*), sem aludir aos *agentes políticos* (*parlamentares* e *magistrados*), que não são *servidores* da Administração Pública, mas sim membros de Poderes de Estado.

O *ato legislativo típico*, que é a lei, dificilmente poderá causar prejuízo indenizável ao particular, porque, como norma abstrata e geral, atua sobre toda a coletividade, em nome da Soberania do Estado, que, internamente, se expressa no domínio eminente sobre todas as pessoas e bens existentes no território nacional. Como a reparação civil do Poder Público visa a restabelecer o equilíbrio rompido com o dano causado individualmente a um ou alguns membros da comunidade, não há falar em indenização da coletividade. Só excepcionalmente poderá uma lei inconstitucional atingir o particular *uti singuli*, causando-lhe um dano injusto e reparável. Se tal ocorrer, necessária se torna a demonstração cabal da culpa do Estado, através da atuação de seus agentes políticos, mas isto se nos afigura indemonstrável no regime democrático, em que o próprio povo escolhe seus representantes para o Legislativo. Onde, portanto, o fundamento para a responsabilização da Fazenda Pública se é a própria coletividade que investe os elaboradores da lei na função legislativa e nenhuma ação disciplinar têm os demais Poderes sobre agentes políticos? Não encontramos, assim, fundamento jurídico para a responsabilização civil da Fazenda Pública por danos eventualmente causados por lei, ainda que declarada inconstitucional. O que o STF já admitiu foi a responsabilização da Administração por ato baseado em decreto posteriormente julgado inconstitucional.[28] Mas decreto, embora com efeitos normativos, não é lei, como erroneamente está dito na ementa deste julgado.

O *ato judicial típico*, que é a sentença ou decisão, enseja responsabilidade civil da Fazenda Pública, nas hipóteses do art. 5º, LXXV, da CF/88.

28. STF, *RDA* 20/42. Respeitado o entendimento do Autor, vale notar que o STF tem decidido que, se ficar comprovado que a lei inconstitucional causou dano ao particular, a responsabilidade do Estado é cabível (*RDA* 189/305 e 191/175).

Nos demais casos, tem prevalecido no STF o entendimento de que ela não se aplica aos atos do Poder Judiciário e de que o erro judiciário não ocorre quando a decisão judicial está suficientemente fundamentada e obediente aos pressupostos que a autorizam.[29] Ficará, entretanto, o juiz individual e civilmente responsável por dolo, fraude, recusa, omissão ou retardamento injustificado de providências de seu ofício, nos expressos termos do art. 133 do CPC, cujo ressarcimento do que foi pago pelo Poder Público deverá ser cobrado em ação regressiva contra o magistrado culpado. Porém, nos casos do referido art. 5º, LXXV, a responsabilidade pelo dano é do Estado, não do juiz.[30]

Quanto aos atos administrativos praticados por órgãos do Poder Judiciário e do Poder Legislativo, equiparam-se aos demais atos da Administração e, se lesivos, empenham a responsabilidade civil objetiva da Fazenda Pública.

3. *A reparação do dano*

A *reparação do dano* causado pela Administração a terceiros obtém-se amigavelmente ou por meio da *ação de indenização*, e, uma vez indenizada a lesão da vítima, fica a entidade pública com o direito de voltar-se contra o servidor culpado para haver dele o despendido, através da *ação regressiva* autorizada pelo § 6º do art. 37 da CF.

O legislador constituinte bem separou as responsabilidades: o Estado indeniza a vítima; o agente indeniza o Estado, regressivamente.

3.1 *Ação de indenização*

Para obter a *indenização* basta que o lesado acione a Fazenda Pública e demonstre o nexo causal[31] entre o fato lesivo (comissivo ou omissivo) e o dano, bem como seu montante. Comprovados esses dois elementos, surge naturalmente a obrigação de indenizar. Para eximir-se dessa obrigação incumbirá à Fazenda Pública comprovar que a vítima concorreu com culpa ou dolo para o evento danoso. Enquanto não evidenciar a culpabilidade da víti-

29. STF, REs 111.609, 219.117, 228.977, 216.020, 429.518, rel. Min. Carlos Velloso, com vários precedentes; TJRS, Ação Popular 7005683461, *RJTJRS*, abril/2004.

30. STF, RE 228.977.

31. O STF (1ª T.) entendeu que o art. 37, § 6º, consagra dupla garantia: uma a favor do particular, possibilitando-lhe ação indenizatória contra a pessoa jurídica de Direito Público ou de Direito Privado que preste serviço público; outra em prol do servidor estatal, que somente responde administrativa e civilmente perante a pessoa jurídica a cujo quadro funcional pertencer (RE 327.904). Sobre nexo causal: STF, *RTJ* 141/305 e 143/270; TJSP, *RT* 665/72. O STJ decidiu que é faculdade da vítima promover a ação "em face do servidor, do Estado ou de ambos, no livre exercício do seu direito de ação" (REsp 731.746, m.v.).

ma, subsiste a responsabilidade objetiva da Administração. Se total a culpa da vítima, fica excluída a responsabilidade da Fazenda Pública; se parcial, reparte-se o *quantum* da indenização.

A *indenização do dano* deve abranger o que a vítima efetivamente perdeu, o que despendeu e o que deixou de ganhar em conseqüência direta e imediata do ato lesivo da Administração, ou seja, em linguagem civil, o dano emergente e os lucros cessantes, bem como honorários advocatícios, correção monetária e juros de mora, se houver atraso no pagamento. A liquidação desses prejuízos é feita de acordo com os preceitos comuns, seguindo-se a requisição do pagamento devido pela Fazenda Pública, na forma preceituada pelo art. 100 da CF e arts. 730 e 731 do CPC (v. cap. XI, item 7.3, *Execução do julgado*).

A *indenização por lesão pessoal e morte da vítima* abrangerá o tratamento, o sepultamento e a prestação alimentícia às pessoas a quem o falecido a devia, levada em conta a duração provável[32] de sua vida (CC, arts. 948 e ss.). O Código de Processo Civil trata da prestação alimentícia como indenização por ato ilícito, que pode ser fixada tomando por base o salário mínimo, prevendo a constituição de um capital cuja renda assegure o pagamento do valor mensal da pensão, o qual será inalienável e impenhorável enquanto durar a obrigação, bem como a substituição do capital pela inclusão do beneficiário em folha de pagamento de entidade de Direito Público (art. 475-Q e §§ 1º, 2º e 4º, na redação da Lei 11.232, de 22.12.2005). De acordo com o § 3º do mesmo art. 475-Q, se sobrevier modificação nas condições econômicas, poderá a parte interessada requerer redução ou aumento da prestação. Admite-se, ainda, a correção monetária, conforme entendimento dos tribunais.[33]

A *indenização por dano moral* também é cabível, mas a dificuldade se apresenta na quantificação do montante a ser pago à vítima ou a seus responsáveis.[34]

Os *juros da mora* no pagamento da condenação da Fazenda Pública fluem desde a data que a sentença fixar (Lei 4.414, de 24.9.64). Não há

32. O STJ tem fixado em 65 anos a vida provável da vítima; e em 24 anos, quando se trata de filho (REsp 392.240, *DJU* 19.8.2002).

33. STF, *RTJ* 76/623, 76/883, 76/949, 77/594, 78/297, 81/791, 82/980, 84/339. A mesma correção monetária vem sendo estendida aos ilícitos contratuais: STF, RE 90.635-5, e *RTJ* 89/189.

34. STF, *RT* 614/236, AI 455.846-4, rel Min. Celso de Mello, com excelente fundamentação; STJ, *BAASP* 1.813/393; TJSP, ApCiv 189.844-1. Consulte-se, ainda, a *Revista do Advogado* 49, dezembro/96, inteiramente dedicada ao tema, em especial os artigos do Des. José Osório, "O dano moral e sua avaliação", e da Proc. Dora Maria de Oliveira Ramos, "Responsabilidade civil do Estado por dano moral".

confundir, entretanto, *juros moratórios comuns* com *juros da mora "ex re"*; estes, quando devidos, fluem desde a data do evento lesivo (CC, art. 398).[35]

3.2 Ação regressiva

A *ação regressiva* da Administração contra o causador direto do dano está instituída pelo § 6º do art. 37 da CF como mandamento a todas as entidades públicas e particulares prestadoras de serviços públicos. Para o êxito desta ação exigem-se dois requisitos: primeiro, que a Administração já tenha sido condenada a indenizar a vítima do dano sofrido; segundo, que se comprove a culpa do funcionário no evento danoso. Enquanto para a Administração a responsabilidade *independe da culpa*, para o servidor a responsabilidade *depende da culpa*: aquela é objetiva, esta é subjetiva e se apura pelos critérios gerais do Código Civil.

Como ação civil, que é, destinada à reparação patrimonial, a *ação regressiva* (Lei 8.112/90, art. 122, § 3º) transmite-se aos herdeiros e sucessores do servidor culpado, podendo ser instaurada mesmo após a cessação do exercício no cargo ou na função, por disponibilidade, aposentadoria, exoneração ou demissão.

O *ato lesivo* do agente pode revestir ao mesmo tempo aspecto civil, administrativo e criminal, como é comum nos atropelamentos ocasionados por veículos da Administração. Em tais infrações, o servidor público responsável pelo desastre sujeita-se a ação penal e a ação civil regressiva da Administração para haver a indenização paga à vítima, nos termos, já analisados, do art. 37, § 6º, da CF, e ao processo interno da Administração, para fins disciplinares.

Havendo julgamento penal, podem ocorrer quatro hipóteses, a saber: 1ª) condenação criminal do servidor; 2ª) absolvição pela negativa da autoria ou do fato; 3ª) absolvição por ausência de culpabilidade penal; 4ª) absolvição por insuficiência de provas ou por outros motivos que veremos adiante.

Na primeira hipótese a condenação criminal produz efeito também nos processos civil e administrativo, isto é, faz coisa julgada relativamente à culpa do agente, sujeitando-o à reparação do dano e às punições administrativas (CP, art. 92, I, e CPP, arts. 63 e 64). A culpabilidade reconhecida pela Justiça Criminal não pode ser negada em qualquer outro juízo.

Na segunda hipótese a sentença criminal também produz efeito no Cível e na instância administrativa, para impedir que se responsabilize ou se

35. Chacel-Simonsen-Wald, *Correção Monetária*, Rio, 1970, pp. 137 e ss.; Arnoldo Wald, "Correção monetária das indenizações decorrentes de responsabilidade civil", *RT* 434/11; Caio Tácito, "A correção monetária no Direito Administrativo", *RDA* 97/9.

aplique punição ao funcionário apontado como causador do ato danoso, mas cuja autoria a sentença criminal haja negado (CC, art. 935, e Lei 8.112/90, art. 126).

Na terceira hipótese a absolvição criminal não produz efeito algum nos processos civil e administrativo. Embora o réu seja absolvido no processo criminal, a Administração pode mover-lhe ação regressiva de indenização e perquirir, ainda, sua culpa administrativa, para efeito de punição funcional. E a razão é esta: o ilícito penal é mais que o ilícito civil e o ilícito administrativo.[36] A sentença criminal que absolve um réu por ausência de culpabilidade criminal apenas declara que não há ilícito penal a punir. Mas tal declaração não afasta a possibilidade da existência de ilícito civil no ato do servidor, o que poderá ser apurado e declarado na ação ordinária de indenização que lhe for movida. Por igual, essa absolvição penal não impede que a Administração apure em processo interno a existência de ilícito administrativo e, em conseqüência, lhe aplique a pena disciplinar correspondente. Desde que o ilícito civil e o administrativo correspondem a um *minus* em relação ao ilícito penal, podem existir aqueles sem que exista este, mas não pode existir este (penal) sem que existam aqueles (civil e administrativo).[37]

Na quarta hipótese a absolvição criminal também não produz qualquer efeito no juízo civil ou na instância administrativa, porque a insuficiência da prova colhida na ação penal não impede que se demonstrem, por outras provas, as culpas civil e administrativa (CPP, arts. 66 e 67).

A propósito, a Exposição de Motivos do Código de Processo Penal esclarece: "Não será prejudicial da ação cível a decisão que, no juízo penal: 1) absolver o acusado sem reconhecer, *categoricamente*, a inexistência material do fato; 2) ordenar o arquivamento do inquérito ou das peças da informação, por insuficiência de prova quanto à existência do crime ou sua autoria; 3) declarar extinta a punibilidade; ou 4) declarar que o fato imputado não é definido como crime".[38]

A Lei federal 4.898, de 9.12.65, passou a regular o direito de representação e o processo de responsabilidade administrativa, civil e penal, nos casos de *abuso de autoridade*. Esse diploma legal criou, assim, um sistema especial de responsabilização dos servidores, facultando à vítima promover a ação civil antes mesmo da condenação da Fazenda Pública pelo dano causado por seu agente (art. 9º). Não se trata, pois, de ação regressiva, mas de ação direta do ofendido contra a autoridade que o lesou, por abuso de poder.

36. STF, *RDA* 35/148; TFR, *RDA* 35/146.

37. V., no cap. VII, o tópico sobre *responsabilidades dos funcionários públicos*.

38. Exposição de Motivos do Código de Processo Penal de 1941, item VI.

Capítulo XI

CONTROLE DA ADMINISTRAÇÃO

1. *Considerações gerais*

1.1 A necessidade de controle

A Administração Pública, em todas as suas manifestações, deve atuar com *legitimidade*, ou seja, segundo as normas pertinentes a cada ato e de acordo com a finalidade e o interesse coletivo na sua realização. Até mesmo nos atos discricionários a conduta de quem os pratica há de ser *legítima*, isto é, conforme as opções permitidas em lei e as exigências do bem comum. Infringindo as normas legais, ou relegando os princípios básicos da Administração, ou ultrapassando a competência, ou se desviando da finalidade institucional, o agente público vicia o ato de *ilegitimidade* e o expõe a *anulação* pela própria Administração ou pelo Judiciário, em ação adequada.

Em outros casos, o interesse público impõe a verificação da eficiência do serviço ou a utilidade do ato administrativo, exigindo sua modificação ou supressão, ainda que legítimo, mas ineficiente, inútil, inoportuno ou inconveniente à coletividade, o que é feito pela Administração – e somente por ela – através da *revogação*.

Casos há, ainda, em que a realização do ato pelo Executivo ou sua eficácia depende de autorização ou aprovação do Legislativo, num controle eminentemente político.

Assim, os Estados de Direito, como o nosso, ao organizarem sua Administração, fixam a competência de seus órgãos e agentes (cap. II) e estabelecem os tipos e formas de controle de toda a atuação administrativa, para defesa da própria Administração e dos direitos dos administrados, como veremos neste capítulo.

1.2 Conceito de controle

Controle,[1] em tema de administração pública, é a faculdade de vigilância, orientação e correção que um Poder, órgão ou autoridade exerce sobre a conduta funcional de outro.

O controle no âmbito da Administração direta ou centralizada decorre da *subordinação hierárquica*, e, no campo da Administração indireta ou descentralizada, resulta da *vinculação administrativa*, nos termos da lei instituidora das entidades que a compõem. Daí por que o *controle hierárquico* é pleno e ilimitado e o controle das autarquias e das empresas estatais em geral, sendo apenas um *controle finalístico*,[2] é sempre restrito e limitado

1. A palavra *controle* é de origem francesa (*contrôle*) e, por isso, sempre encontrou resistências entre os cultores do vernáculo. Mas, por ser intraduzível e insubstituível no seu significado vulgar ou técnico, incorporou-se definitivamente em nosso idioma, já constando dos modernos dicionários da Língua Portuguesa nas suas várias acepções. E, no Direito pátrio, o vocábulo *controle* foi introduzido e consagrado por Seabra Fagundes desde a publicação de sua insuperável monografia *O Controle dos Atos Administrativos pelo Poder Judiciário* (1ª ed., 1941). V. Manoel de Oliveira Franco Sobrinho, *O Controle da Moralidade Administrativa*, São Paulo, 1974; Marques Oliveira, *O Controle, esse Desconhecido*, São Paulo, 1983; e artigos de Lafayette Pondé, "Considerações sobre o controle administrativo", *RDA* 163/1, e Jessé Torres Pereira Jr., "O controle da Administração Pública na nova Constituição Brasileira", *RIL* 103/27. E sobre o veto como meio de controle v. Luiz Francisco Isern, *Controle de Constitucionalidade por Meio do Veto Municipal*, São Paulo, Método.

2. Sobre *controle finalístico*, autárquico e estatal, impropriamente chamado *tutela* por alguns autores pátrios e estrangeiros, v. o que escrevemos no cap. VI, itens 2.3 e 5.3. V., ainda,

aos termos da lei que o estabelece. E justifica-se essa diferença, porque os órgãos centralizados são *subordinados* aos superiores, ao passo que os entes descentralizados são administrativamente *autônomos* e simplesmente *vinculados* a um órgão da entidade estatal que os criou. Por essa razão, o órgão superior controla o inferior em todas as suas atividades, enquanto o órgão a que a autarquia ou a empresa estatal se acha vinculada só as controla nos aspectos que a lei determinar, e que normalmente se restringem ao enquadramento da conduta da entidade no plano geral do Governo e à consecução de suas finalidades estatutárias, nos termos da *supervisão ministerial* (Dec.-lei 200/67, arts. 19 a 21).

Como faculdade onímoda, o controle é exercitável em todos e por todos os Poderes de Estado, estendendo-se a *toda* a Administração e abrangendo *todas* as suas atividades e agentes. Bem por isso, diversifica-se em variados tipos e formas de atuação para atingir os seus objetivos, como veremos a seguir.

1.3 Tipos e formas de controle

Os *tipos* e *formas de controle* da atividade administrativa variam segundo o Poder, órgão ou autoridade que o exercita ou o fundamento, o modo e o momento de sua efetivação. Assim, temos a considerar com precedência sobre os demais, por sua permanência e amplitude, o controle da própria Administração sobre seus atos e agentes (*controle administrativo* ou *executivo*) e, a seguir, o do Legislativo sobre determinados atos e agentes do Executivo (*controle legislativo* ou *parlamentar*) e, finalmente, a correção dos atos ilegais de qualquer dos Poderes pelo Judiciário, quando lesivos de direito individual ou do patrimônio público (*controle judiciário* ou *judicial*), como veremos destacadamente nos itens seguintes deste capítulo (itens 3, 4 e 5).

Esses controles, conforme seu fundamento, serão *hierárquicos* ou *finalísticos*; consoante a localização do órgão que os realiza, podem ser *internos* ou *externos*; segundo o momento em que são feitos, consideram-se *prévios*, *concomitantes* ou *subseqüentes*, ou, por outras palavras, *preventivos*, *sucessivos* ou *corretivos*; e, finalmente, quanto ao aspecto controlado, podem ser de *legalidade* ou de *mérito*.

1.3.1 *Controle hierárquico* – É o que resulta automaticamente do escalonamento vertical dos órgãos do Executivo, em que os inferiores estão subordinados aos superiores. Daí decorre que os órgãos de cúpula têm sempre o controle pleno dos subalternos, independentemente de norma que o estabeleça. O *controle hierárquico* pressupõe as faculdades de supervisão,

os Decs. federais 137, de 27.5.91, e 725, de 19.1.93, que tratam do Programa de Gestão e Controle das Empresas Estatais.

coordenação, orientação, fiscalização, aprovação, revisão e avocação das atividades controladas, bem como os meios corretivos dos agentes responsáveis. Não confundir, entretanto, as *faculdades de controle hierárquico* com os *poderes de direção hierárquica*. Pelo *controle hierárquico* a autoridade controladora acompanha, orienta, revê e determina as correções necessárias pelas chefias; pela *direção hierárquica* as chefias planejam e comandam os serviços e atividades de sua competência, dão ordens, corrigem os atos inferiores e punem os subalternos. Vemos, pois, que as faculdades de controle hierárquico se detêm na faixa do *policiamento* dos *órgãos subordinados* e os poderes de chefia e direção se movem no campo mais amplo do *planejamento e do comando administrativos*, com o inerente poder corretivo (v. cap. III, item 4).

1.3.2 *Controle finalístico* – É o que a norma legal estabelece para as entidades autônomas, indicando a autoridade controladora, as faculdades a serem exercitadas e as finalidades objetivadas. Por isso mesmo, é sempre um controle limitado e externo. Não tem fundamento hierárquico, porque não há subordinação entre a entidade controlada e a autoridade ou o órgão controlador. É um controle teleológico, de verificação do enquadramento da instituição no programa geral do Governo e de seu acompanhamento dos atos de seus dirigentes no desempenho de suas funções estatutárias, para o atingimento das finalidades da entidade controlada.[3]

1.3.3 *Controle interno* – É todo aquele realizado pela entidade ou órgão responsável pela atividade controlada, no âmbito da própria Administração. Assim, qualquer controle efetivado pelo Executivo[4] sobre seus serviços ou agentes é considerado *interno*, como *interno* será também o controle do Legislativo ou do Judiciário, por seus órgãos de administração, sobre seu pessoal e os atos administrativos que pratique.

A Constituição de 1988 determina que os três Poderes de Estado mantenham sistema de controle interno de forma integrada. E, mais, que os responsáveis pelo controle interno, ao tomarem conhecimento de qualquer irregularidade, dela deverão dar ciência ao Tribunal de Contas, sob pena de responsabilidade solidária (art. 74 e § 1º).

1.3.4 *Controle externo* – É o que se realiza por um Poder ou órgão constitucional independente funcionalmente sobre a atividade administra-

3. V., a propósito, Nogueira de Sá, *Do Controle Administrativo sobre as Autarquias*, São Paulo, 1952.

4. V. Dec. 3.591, de 6.9.200, que dispõe sobre o Sistema de Controle Interno do Poder Executivo Federal e o Dec. 5.482, de 30.6.2005, sobre a divulgação, via *Internet*, pelo Portal da Transparência do Poder Executivo Federal, de dados e informações sobre a execução orçamentária e financeira da União.

tiva de outro Poder estranho à Administração responsável pelo ato controlado, como, p. ex., a apreciação das contas do Executivo e do Judiciário pelo Legislativo; a auditoria do Tribunal de Contas sobre a efetivação de determinada despesa do Executivo; a anulação de um ato do Executivo por decisão do Judiciário; a sustação de ato normativo do Executivo pelo Legislativo (CF, art. 49, V); a instauração de inquérito civil pelo Ministério Público sobre determinado ato ou contrato administrativo, ou a recomendação, por ele feita, "visando à melhoria dos serviços públicos", fixando "prazo razoável para a adoção das providências cabíveis" (art. 6º, XX, da Lei Complementar 75, de 2.5.93).

1.3.5 *Controle externo popular* – É o previsto no art. 31, § 3º, da CF, determinando que as contas do Município (Executivo e Câmara) fiquem, durante sessenta dias, anualmente, à disposição de qualquer contribuinte, para exame e apreciação, podendo questionar-lhes a legitimidade nos termos da lei. A inexistência de lei específica sobre o assunto não impede o controle, que poderá ser feito através dos meios processuais comuns, como o mandado de segurança e a ação popular.

1.3.6 *Controle prévio ou preventivo ("a priori")* – É o que antecede a conclusão ou operatividade do ato, como requisito para sua eficácia. Exemplos: a liquidação da despesa, para oportuno pagamento; a autorização do Senado Federal para a União, o Estado-membro ou o Município contrair empréstimo externo.

1.3.7 *Controle concomitante ou sucessivo* – É todo aquele que acompanha a realização do ato para verificar a regularidade de sua formação, como, p. ex., a realização de auditoria durante a execução do orçamento; o seguimento de um concurso pela corregedoria competente; a fiscalização de um contrato em andamento.

1.3.8 *Controle subseqüente ou corretivo ("a posteriori")* – É o que se efetiva após a conclusão do ato controlado, visando a corrigir-lhe eventuais defeitos, declarar sua nulidade ou dar-lhe eficácia. Exemplos: a homologação do julgamento de uma concorrência; o visto das autoridades superiores em geral. Observe-se que o controle judicial dos atos administrativos é, normalmente, subseqüente ou corretivo, salvo em mandado de segurança preventivo, em ação civil pública e em ação popular, que, em alguns casos, antecede a conclusão do ato impugnado.

1.3.9 *Controle de legalidade ou legitimidade* – É o que objetiva verificar unicamente a conformação do ato ou do procedimento administrativo com as normas legais que o regem. Mas por *legalidade* ou *legitimidade* deve-se entender não só o atendimento de normas legisladas como, também, dos preceitos da Administração pertinentes ao ato controlado. Assim, para fins deste controle, consideram-se *normas legais* desde as disposições constitucionais aplicáveis até as instruções normativas do órgão emissor do ato ou os editais compatíveis com as leis e regulamentos superiores. O *controle de legalidade ou legitimidade* tanto pode ser exercido pela Administração quanto pelo Legislativo ou pelo Judiciário, com a única diferença de que o Executivo exercita-o *de ofício* e *mediante provocação recursal* ou *representação administrativa*, ao passo que o Legislativo só o efetiva nos *casos expressos na Constituição*, e o Judiciário através de *ação adequada*. Por este controle o ato ilegal ou ilegítimo só pode ser *anulado*, e não *revogado*, como erroneamente se diz.

1.3.10 *Controle de mérito* – É todo aquele que visa à comprovação da eficiência, do resultado, da conveniência ou oportunidade do ato controlado. Daí por que esse controle compete normalmente à Administração, e, em casos excepcionais, expressos na Constituição, ao Legislativo (CF, art. 49, IX e X), mas nunca ao Judiciário. A *eficiência* é comprovada em face do desenvolvimento da atividade programada pela Administração e da produtividade de seus servidores (v. cap. II, item 3.2); o *resultado* é aferido diante do produto final do programa de trabalho, levando-se em conta o trinômio custo-tempo-benefício; a *conveniência ou oportunidade* é valorada internamente pela Administração – e unicamente por ela – para a prática, abstenção, modificação ou revogação do ato de sua competência. Vê-se, portanto, que a verificação da eficiência e do resultado é de caráter eminentemente técnico, vinculada a critérios científicos, ao passo que o juízo de conveniência ou oportunidade é fundamentalmente político-administrativo e discricionário, razão pela qual o controle daquelas condições (eficiência e resultado) pode ser exercido por órgão especializado até mesmo estranho à Administração e o desta (conveniência ou oportunidade) é privativo das Chefias do Executivo e, nos casos constitucionais, por órgãos do Legislativo em funções político-administrativas.

Permitimo-nos, ainda, observar neste preâmbulo que, para plena consecução de seus objetivos, os controles podem ser combinados e conjugados nos seus tipos e formas de atuação. Assim, um ato do Executivo, sujeito a controle externo e prévio do Legislativo, pode ser submetido posteriormente ao controle interno e concomitante da própria Administração e, a final, sujeitar-se ao controle de legalidade do Judiciário, se argüido de lesivo ao direito individual do postulante de sua anulação ou ao patrimônio público.

2. *Responsabilidade fiscal*

A Lei Complementar 101, de 4.5.2000, estabelece normas de finanças públicas voltadas para a responsabilidade na gestão fiscal, obrigatórias para a União, Estados, Distrito Federal e Municípios.[5] Tem sido chamada de *Lei de Responsabilidade Fiscal*.

Ressalvadas aquelas pertinentes às despesas com pessoal, já examinadas no cap. VII, suas normas não cuidam de Direito Administrativo, muito embora possam ter reflexos na esfera administrativa, especialmente em razão das infrações aos seus dispositivos. Seu art. 73 diz que serão punidas também segundo o Código Penal, a Lei 1.079/50, o Dec.-lei 201/67 e a Lei de Improbidade Administrativa (Lei 8.429/92).

Essa Lei Complementar 101, na redação dada pela Lei Complementar 131, de 27.5.2009, determina a transparência da gestão fiscal (arts. 48 e 48-A), merecendo destaque, para os fins desta obra, que ela é assegurada também mediante a "liberação ao pleno conhecimento e acompanhamento da sociedade, em tempo real, de informações pormenorizadas sobre a execução orçamentária e financeira, em meios eletrônicos de acesso público" (inciso II do parágrafo único do art. 48).

Para essa finalidade, os entes da Federação disponibilizarão a qualquer pessoa física ou jurídica o acesso a informações da despesa relativa a todos "os atos praticados pelas unidades gestoras no decorrer da execução da despesa, no momento de sua realização, com a disponibilização mínima dos dados referentes ao número do correspondente processo, ao bem fornecido ou ao serviço prestado, à pessoa física ou jurídica beneficiária do pagamento e, quando for o caso, ao procedimento licitatório realizado" (art. 48-A, II). Assegura ainda a qualquer cidadão, partido político, associação ou sindicato legitimidade para denunciar ao respectivo Tribunal de Contas e ao órgão competente do Ministério Público o descumprimento das prescrições estabelecidas pela referida lei complementar (art.73-A). Note-se que seu art. 73-B estabelece prazos de um a quatro anos, a contar da publicação no *DOU* de 28.5.2009, para o cumprimento das determinações constantes dos incisos II e III dos parágrafos únicos dos arts. 48 e 48-A, algumas acima descritas.

Além do controle interno a ser exercido no âmbito de cada Poder, de cada Ministério Público e cada Tribunal de Contas, a lei prevê controle externo a ser exercido pelo Poder Legislativo, diretamente ou com o auxílio do respectivo Tribunal de Contas (art. 59).

Finalizando, essa lei realçou, em boa hora, a importância dos Tribunais de Contas, atribuindo-lhes diversas obrigações, inclusive o dever de "aler-

5. V. Flávio C. de Toledo Jr. e Sérgio Ciqueira Rossi, "O processo orçamentário municipal à vista da Lei de Responsabilidade Fiscal", *RDA* 224/169.

tar" os Poderes e os órgãos independentes, acima referidos, quando constatarem: "I – a possibilidade de ocorrência das situações previstas no inciso II do art. 4º e no art. 9º; II – que o montante da despesa total com pessoal ultrapassou 90% do limite; III – que os montantes das dívidas consolidada e mobiliária, das operações de crédito e da concessão de garantia se encontram acima de 90% dos respectivos limites; IV – que os gastos com inativos e pensionistas se encontram acima do limite definido em lei; V – fatos que comprometam os custos ou os resultados dos programas ou indícios de irregularidades na gestão orçamentária" (cf. art. 59, § 1º).

Os Tribunais de Contas deverão, ainda, "verificar os cálculos dos limites de despesa total com pessoal" de cada Poder e dos órgão mencionados e acompanhar "o cumprimento de algumas operações e atividades do Banco Central do Brasil nas suas relações com ente da Federação", previstas nos § § 2º, 3º e 4º de seu art. 39.

Feitas essas considerações de ordem geral, vejamos, separadamente, cada um dos tipos de controle dos atos da Administração, a começar pelo que o Executivo exerce sobre suas próprias atividades e que, por isso mesmo, é denominado *controle administrativo.*

3. Controle administrativo

3.1 Conceito

Controle administrativo é todo aquele que o Executivo e os órgãos de administração dos demais Poderes exercem sobre suas próprias atividades, visando a mantê-las dentro da lei, segundo as necessidades do serviço e as exigências técnicas e econômicas de sua realização, pelo quê é um controle de *legalidade* e de *mérito*. Sob ambos esses aspectos pode e deve operar-se o controle administrativo para que a atividade pública em geral se realize com legitimidade e eficiência, atingindo sua finalidade plena, que é a satisfação das necessidades coletivas e atendimento dos direitos individuais dos administrados. Daí por que o STF já sumulou que: "A Administração pode anular seus próprios atos, quando eivados de vícios que os tornem ilegais, porque deles não se originam direitos; ou revogá-los, por motivo de conveniência ou oportunidade, respeitados os direitos adquiridos, e ressalvada, em todos os casos, a apreciação judicial" (Súmula 473).

O controle administrativo deriva do poder-dever de autotutela que a Administração tem sobre seus próprios atos e agentes. Esse controle é normalmente exercido pelos órgãos superiores sobre os inferiores (controle hierárquico próprio das chefias e corregedorias), com auxílio de órgãos incumbidos do julgamento de recursos (controle hierárquico impróprio) ou, ainda, de órgãos especializados em determinadas verificações (controle técnico de auditorias etc.), mas integrantes da mesma Administração, pelo quê se caracteriza como *controle interno*, pois que o *externo* é sempre atribuído a órgão estranho ao Executivo.

Através do controle administrativo a Administração pode *anular*, *revogar* ou *alterar* seus próprios atos e *punir* seus agentes com as penalidades estatutárias. A Administração só *anula* o ato *ilegal* e *revoga* ou *altera* o ato *legal* mas *ineficiente*, *inoportuno* ou *inconveniente*, se ainda passível de supressão ou modificação, como demonstramos no lugar próprio, ao qual remetemos o leitor, para não repetir a matéria (cap. IV, item 6). Quanto à punição dos agentes culpados, veja-se o que dissemos no capítulo dos servidores públicos (cap. VII, item 6.5).

No âmbito da Administração Federal, dispõe o art. 53 da Lei 9.784/99 que a Administração tem o poder-dever de anular seus próprios atos quando eivados de vício de ilegalidade e revogá-los por motivo de conveniência ou oportunidade, respeitados os direitos adquiridos. Tal direito, segundo o art. 54 da mesma lei, decai em cinco anos, contados da data em que foram praticados os atos, salvo comprovada má-fé.

3.2 Meios de controle

Os *meios de controle administrativo*, de um modo geral, bipartem-se em *fiscalização hierárquica* e *recursos administrativos*, embora a lei possa especificar outras modalidades mais adequadas para certos órgãos, entes ou atividades da Administração direta ou indireta, como é a *prestação de contas*, estudada noutro item (item 4).

Fiel a essa orientação doutrinária, o Dec.-lei 200/67, ao dispor sobre a reforma administrativa federal, depois de incluir o *controle* como um de seus princípios fundamentais (art. 6º, V), estabeleceu que deverá exercer-se em todos os níveis e órgãos, compreendendo, particularmente, o das chefias competentes (controle hierárquico próprio), o dos órgãos especializadas de cada sistema (controle técnico) e o da aplicação e guarda dos dinheiros e bens públicos pelos órgãos próprios do sistema de contabilidade e auditoria (fiscalização financeira) (art. 13, "a" , "b" e "c"), e rematou com a determinação prática de supressão de controles que se evidenciarem puramente formais ou cujo custo seja evidentemente superior ao risco (art. 14).

Essas regras de controle, embora dirigidas à União, são aplicáveis nas Administrações estaduais e municipais, pela universalidade de seus preceitos. Além disso, no que concerne à fiscalização da administração financeira e orçamentária, essas mesmas regras constam da Constituição da República (arts. 70 e 71) e já eram impositivas para os três níveis de Governo pela Lei 4.320, de 17.3.64, que estatui os preceitos gerais de Direito Financeiro para elaboração e controle dos orçamentos e balanços da União, dos Estados-membros, Municípios e Distrito Federal.

Ainda, com a mesma natureza de universalidade, várias normas (não todas) da Lei 9.784, de 29.1.99, são aplicáveis às Administrações dos Estados, Distrito Federal e Municípios[6] (v. cap. II, item 2.3).

3.2.1 *Fiscalização hierárquica* – A *fiscalização hierárquica* é exercida pelos órgãos superiores sobre os inferiores da mesma Administração, visando a ordenar, coordenar, orientar e corrigir suas atividades e agentes. É inerente ao poder hierárquico, em que se baseia a organização administrativa, e, por isso mesmo, há de estar presente em todos os órgãos do Executivo.[7] São características da fiscalização hierárquica a *permanência* e a *automaticidade*, visto que se exercita perenemente, sem descontinuidade e independentemente de ordem ou de solicitação especial. É um poder-dever de chefia, e, como tal, o chefe que não a exerce comete inexação funcional.

Para o pleno desempenho da fiscalização hierárquica o superior deve velar pelo cumprimento da lei e das normas internas, acompanhar a execução das atribuições de todo subalterno, verificar os atos e o rendimento do trabalho dos agentes e avaliar os resultados, para adotar ou propor as medidas convenientes ao aprimoramento do serviço, no âmbito de cada órgão e nos limites de competência de cada chefia (v. cap. III, item 4, sobre *poder hierárquico*).

Ainda na fiscalização hierárquica encontra-se o sistema de *correição* existente em cada Poder e nos órgãos autônomos e independentes, como os Tribunais de Contas e o Ministério Público. Os Decs. 3.591, de 6.9.2000, e 5.480, de 30.6.2005, dispõem sobre o Sistema de Correição do Executivo Federal. A correição é atividade ordinária ou extraordinária voltada para a prevenção ou apuração de irregularidades administrativas ou funcionais, por meio de procedimentos correicionais, como a investigação preliminar, a inspeção, a sindicância e outros.

3.2.2 *Supervisão ministerial* – A *supervisão ministerial* é um meio atenuado de controle administrativo geralmente aplicável nas entidades da Administração indireta vinculadas a um Ministério (Dec.-lei 200/67, arts. 19 e ss.). Supervisão não é subordinação, pois que esta decorre do poder hierárquico e aquela resulta do sistema legal imposto às autarquias e empresas estatais, sujeitas, apenas, ao controle finalístico da Administração que as instituiu. A subordinação admite o controle pleno do órgão superior sobre

6. O STJ tem entendido que essa lei aplica-se "no âmbito dos Estados e Municípios que não têm lei própria" (Ag./AgR 815.532, *DJU* 15.3.2007).

7. Léon Duguit, *Traité du Droit Constitutionnel*, Paris, 1923, III/250.

o inferior; a supervisão é limitada aos aspectos que a lei indica, para não suprimir a autonomia administrativa e financeira das entidades vinculadas à Administração central.

3.2.3 *Recursos administrativos* – *Recursos administrativos*, em acepção ampla, são todos os meios hábeis a propiciar o reexame de decisão interna pela própria Administração, por razões de legalidade e de mérito administrativo. No exercício de sua jurisdição a Administração aprecia e decide as pretensões dos administrados e de seus servidores, aplicando o Direito que entenda cabível, segundo a interpretação de seus órgãos técnicos e jurídicos. Pratica, assim, atividade jurisdicional típica, de caráter *parajudicial* quando provém de seus tribunais ou comissões de julgamento. Essas decisões geralmente escalonam-se em *instâncias*, subindo da inferior para a superior através do respectivo *recurso administrativo* previsto em lei ou regulamento.

Os recursos administrativos são um corolário do Estado de Direito e uma prerrogativa de todo administrado ou servidor atingido por qualquer ato da Administração.[8] Inconcebível é a decisão administrativa única e irrecorrível, porque isto contraria a índole democrática de todo julgamento que possa ferir direitos individuais e afronta o princípio constitucional da ampla defesa, que pressupõe mais de um grau de jurisdição. Decisão única e irrecorrível é a consagração do arbítrio, não tolerado pelo nosso Direito. A Lei 9.784/99 consagrou esse entendimento ao estatuir, no capítulo dos "Recursos", que das "decisões administrativas cabe recurso, em face de razões de legalidade e de mérito" (art. 56).

Os recursos em geral são interpostos voluntariamente pelo particular interessado (recurso provocado) e os hierárquicos o são também pela autoridade que proferiu a decisão inferior (recurso de ofício), desde que a lei ou o regulamento assim o determine expressamente.

Os *recursos provocados* ou *voluntários* devem ser fundamentados, com a exposição dos fatos e indicação da ilegalidade impugnada, consistente em violação flagrante ou dissimulada de algum princípio ou norma constitucional, legal, regulamentar ou contratual, incluindo-se dentre estas os editais e convites de licitação, os cadernos de encargos ou de obrigações e demais instruções administrativas pertinentes. Por sua vez, a decisão do recurso há de ser também fundamentada, com motivação própria do jul-

8. Agustín A. Gordillo, *Procedimiento y Recursos Administrativos*, Buenos Aires, 1971, pp. 159 e ss.; Miguel S. Marienhoff, *Tratado de Derecho Administrativo*, Buenos Aires, 1966, I/598 e ss.; Juan Carlos Cassagne, *Derecho Administrativo*, Buenos Aires, 1982, II/471 e ss.; Odete Medauar, "Recursos administrativos", *RT* 583/9.

Em matéria de licitação e contrato administrativo os recursos administrativos estão regidos pela Lei 8.666/93, art. 109.

gador ou aceitação expressa das razões do recorrente, ou das informações do recorrido, ou de pareceres emitidos no processo. O que não se admite é o acolhimento ou a rejeição imotivada do recurso, porque isto invalida a decisão omissa (STF, *RDA* 80/147; *RTJ* 73/732, 102/510). A Lei 9.784/99 obriga a motivação para os atos administrativos que decidam recursos (art. 50, V), além de permitir que a autoridade, que proferiu a decisão recorrida, a *reconsidere* no prazo de cinco dias (§ 1º do art. 56). A possibilidade de *reconsideração* atende ao princípio da eficiência, pois, além de assegurar a observância da legalidade administrativa, propicia economia processual, evitando a tramitação desnecessária do recurso.

Note-se que se o recorrente alegar violação de súmula vinculante, a autoridade prolatora da decisão impugnada deverá, se não a reconsiderar, expor as razões da aplicabilidade ou não da súmula, cabendo ao órgão competente para apreciar o recurso o mesmo dever (cf. § 3º do art. 56, e art. 64-A, da Lei 9.784).

Em qualquer modalidade de recurso a autoridade ou o tribunal administrativo tem ampla liberdade de revisão do ato recorrido, podendo modificá-lo ou invalidá-lo por motivo de legalidade, conveniência, oportunidade ou, mesmo, por razões de ordem técnica que comprometam a eficiência do serviço público ou a utilidade do negócio em exame. A Lei 9.784/99 prevê que "o órgão competente para decidir o recurso poderá confirmar, modificar,[9] anular ou revogar, total ou parcialmente, a decisão recorrida" (art. 64). Todavia, em face da Constituição Federal, em especial do seu art. 5º, LV, caso haja a possibilidade de *reformatio in pejus,* a autoridade deve cientificar o recorrente dessa hipótese, com os motivos que levariam ao gravame, para que ele tenha oportunidade de formular suas "razões antes da decisão" (parágrafo único do art. 64) e assim exercer o contraditório. Entretanto, em face do art. 69 da Lei 9.784, é possível lei específica para determinado processo administrativo prever em sentido diverso, vedando a *reformatio in pejus*.

O recurso interposto fora do prazo não deve ser conhecido. Ressalve-se, todavia, a anulação de atos ilegais, que independe de recurso e, por isso mesmo, pode ser declarada a qualquer tempo e em qualquer processo que a denuncie, mesmo quando se tratar de recurso fora do prazo. Nesse sentido o § 2º do art. 62 da Lei 9.784/99 – que, todavia, na sua parte final, ressalva que esse reexame de ofício do ato é cabível "desde que não ocorrida preclusão administrativa". Vale dizer, ocorrida a chamada *preclusão administrativa*, nem mesmo a ilegalidade poderá ser declarada administrativamente, salvo se prejudicial ao administrado ou servidor.

9. Não admitindo a *reformatio in pejus*: TJSP, Órgão Esp., MS 27.858-0, j. 27.12.95, v.u., com citação de julgado do STJ no RMS 3.252.

O *julgamento do recurso administrativo* torna vinculante para a Administração seu pronunciamento decisório e atribui definitividade ao ato apreciado em última instância. Daí por diante, é imodificável pela própria Administração e só o Judiciário poderá reapreciá-lo e dizer de sua legitimidade. E assim é porque, embora inexista entre nós a *coisa julgada administrativa*, no sentido processual de sentença definitiva oponível *erga omnes* (coisa julgada formal e material), existe, todavia, o ato administrativo inimpugnável e imodificável pela Administração, por exauridos os recursos próprios e as oportunidades internas de autocorreção da atividade administrativa, como exporemos adiante, neste mesmo capítulo.

Entretanto, é cabível a chamada "revisão" da decisão final punitiva, em face do "surgimento de fatos novos ou circunstâncias relevantes suscetíveis de justificar a inadequação da sanção aplicada", cabível a qualquer tempo, a pedido ou de ofício (cf. Lei 9.784/99, art. 65 e seu parágrafo único). Como veremos adiante, essa "revisão" não se equipara ao recurso, na medida em que pressupõe processo já encerrado, com a imposição de sanção, bem como o surgimento de fatos novos ou circunstâncias relevantes que possam indicar a inadequação daquela sanção.

Os *efeitos do recurso administrativo* são, normalmente, o *devolutivo* e, por exceção, o *suspensivo*.[10] Daí por que, quando o legislador ou o administrador quer dar efeito suspensivo ao recurso, deve declarar na norma ou no despacho de recebimento, pois não se presume a exceção, mas sim a regra. No silêncio da lei ou do regulamento, o efeito presumível é o *devolutivo*, mas nada impede que, nessa omissão, diante do caso concreto, a autoridade receba expressamente o recurso com efeito *suspensivo* para evitar possíveis lesões ao direito do recorrente ou salvaguardar interesses superiores da Administração. O art. 61 e seu parágrafo único da Lei 9.784/99 consagram essas colocações.

O *recurso administrativo sem efeito suspensivo* não tolhe a fluência da prescrição, nem impede o uso das vias judiciárias na pendência da decisão interna da Administração. E assim é porque o ato impugnado continua a operar seus efeitos, com a possibilidade sempre presente de lesar direitos individuais, o que justifica o amparo da Justiça antes mesmo do pronunciamento administrativo final.

O *recurso administrativo com efeito suspensivo* produz de imediato, a nosso ver, duas conseqüências fundamentais: o impedimento da fluência do prazo prescricional e a impossibilidade jurídica de utilização das vias judiciárias para ataque ao ato pendente de decisão administrativa. A primeira decorre da consideração de que, durante a tramitação do recurso interno (com efeito suspensivo), o ato recorrido é inexeqüível, não rendendo ensejo

10. TASP, *RT* 351/570; TJSP, *RT* 318/241; *RDP* 11/231.

a qualquer ação judicial, e, não havendo ação, não pode haver prescrição; a segunda resulta do fato de que o ato pendente de recurso administrativo (com efeito suspensivo) é inoperante e instável, e, portanto, insuscetível de correção judicial, pela impossibilidade de fixação do objeto da demanda. Somente após o pronunciamento final da Administração, tornando o ato exeqüível e estável, é que há lugar para o controle judicial da legalidade da decisão administrativa definitiva. Poderá, entretanto, a parte interessada na apreciação judicial abrir mão do recurso hierárquico para obter a operatividade do ato administrativo a ser submetido à decisão da Justiça Comum. O que se nos afigura juridicamente inconciliável é a concomitância do recurso administrativo com efeito suspensivo e do procedimento judicial objetivando o mesmo pronunciamento de invalidade do ato recorrido. Esse entendimento deflui da exata interpretação do art. 5º, XXXV, da CF quando impede se exclua da apreciação do Poder Judiciário qualquer lesão de direito individual. Ora, se o ato pendente de decisão administrativa é inoperante, não pode causar lesão ou ameaça de lesão a ninguém, e, se não é lesivo, não legitima o apelo ao Judiciário. A operatividade do ato administrativo, com a conseqüente possibilidade de ferir direitos individuais, é que justifica a utilização das vias judiciárias, como meios preventivos ou corretivos de ilegalidades da Administração.

A *intervenção de terceiros nos recursos administrativos* afigura-se-nos cabível desde que a decisão interna da Administração possa atingir direitos do interveniente. O necessário é que o terceiro demonstre, liminarmente, um interesse direto e efetivo na solução do recurso em que pretende intervir. Comprovado esse interesse legítimo, deve a Administração intimar o terceiro interessado para apresentar, querendo, alegações – inclusive, para obviar novo recurso ou futuras demandas judiciais, que podem ser evitados pela apreciação oportuna da pretensão do interveniente. A Lei 9.784/99 determina tal intimação (art. 62) e no art. 9º diz quais são os “interessados” no processo administrativo.

A Lei 9.784/99, ao dispor sobre o não conhecimento do recurso, diz que, quando interposto perante órgão incompetente, este, ao não o conhecer, deverá indicar ao recorrente a autoridade competente, devolvendo-lhe o prazo (art. 60, § 1º). O dispositivo busca atender ao contraditório. Todavia, a reabertura do prazo poderá ensejar a interposição deliberada de recurso para autoridade incompetente, com intuito protelatório. Daí, a cautela que se deve tomar nesse caso. Melhor seria a previsão de que, nessa hipótese, o processo simplesmente deveria ser encaminhado à autoridade competente. Desta forma, não se atentaria contra o princípio do contraditório e atender-se-ia ao da eficiência, além de tolher condutas de má-fé. Registre-se, embora evidente, que os Estados, o Distrito Federal e os Municípios não estão obrigados a seguir a norma em exame.

A possibilidade de exigir a exaustão dos recursos administrativos para o ingresso em juízo contra a Administração foi abolida na Constituição – salvo a hipótese prevista no seu art. 217, § 1º, relativamente à Justiça Desportiva.[11]

Já vimos precedentemente que recurso administrativo é todo meio hábil a propiciar o reexame da atividade da Administração por seus próprios órgãos. Esses meios, em sentido amplo, compreendem a *representação*, a *reclamação* e o *pedido de reconsideração*, e, em acepção restrita, abrangem unicamente os *recursos hierárquicos próprios* e os *recursos hierárquicos impróprios*. Vejamos separadamente cada uma dessas modalidades.

3.2.3.1 Representação: *representação administrativa* é a denúncia formal e assinada de irregularidades internas ou de abuso de poder na prática de atos da Administração, feita por quem quer que seja à autoridade competente para conhecer e coibir a ilegalidade apontada. O *direito de representar* tem assento constitucional e é incondicionado, imprescritível e independe do pagamento de taxas (CF, art. 5º, XXXIV, "a"). Pode ser exercitado por qualquer pessoa, a qualquer tempo e em quaisquer circunstâncias: vale como informação de ilegalidades a serem conhecidas e corrigidas pelos meios que a Administração reputar convenientes. Como não se exige qualquer interesse do representante para exercitar o direito público de representação, não se vincula o signatário da denúncia ao procedimento a que der causa, mas poderá ser responsabilizado civil e criminalmente por quem for lesado pela falsidade da imputação.

Sobre a delação anônima, deve-se interpretar o art. 5º, IV, da CF de forma a não obstar ao controle de legalidade e ao próprio interesse público. O anonimato, enquanto fonte única de informação, não pode legitimar a instauração do controle. Todavia, como, de forma magistral, proclamou o Min. Celso de Mello, "para não comprometer a apuração de comportamentos ilícitos e, ao mesmo tempo, para resguardar a exigência constitucional de publicidade", essa norma há de ser interpretada de modo a permitir "que o Poder Público, provocado por delação anônima ('disque-denúncia', p. ex.), adote medidas informais destinadas a apurar, previamente, em averiguação sumária, 'com prudência e discrição', a possível ocorrência de eventual situação de ilicitude" e, em caso positivo, aí, sim, com os elementos então obtidos, instaurar o controle de legalidade, com uma "completa

11. A exigência de prévia exaustão dos recursos administrativos para que o interessado na invalidação do ato possa ingressar em juízo era, entre nós, aplicação das doutrinas norte-americanas da *exhaustion of administrative remedies* e da *primary jurisdiction*, atualmente consubstanciadas no *Administrative Procedure Act* de 1946, que passou a exigir que as questões federais sejam apreciadas pelos órgãos da Administração (*agencies*), antes de o serem pelo Judiciário (*courts*).

desvinculação desse procedimento estatal em relação às peças apócrifas".[12] Embora exarado em questão criminal, a nosso ver, esse entendimento é inteiramente pertinente à finalidade do controle de legalidade da Administração e, assim, a ele aplicável, inclusive nas apurações por parte dos Tribunais de Contas ou do Ministério Público.[13]

3.2.3.2 Reclamação: *reclamação administrativa* é a oposição expressa a atos da Administração que afetem direitos ou interesses legítimos do administrado. O direito de reclamar é amplo e se estende a toda pessoa física ou jurídica que se sentir lesada ou ameaçada de lesão pessoal ou patrimonial por atos ou fatos administrativos. Tal direito, se não tiver outro prazo fixado em lei, extingue-se em um ano, a contar da data do ato ou fato lesivo que rende ensejo à reclamação (Dec. 20.910, de 6.1.32, art. 6º).

O prazo fixado para a reclamação administrativa é fatal e peremptório para o administrado, o que autoriza a Administração a não tomar conhecimento do pedido se formulado extemporaneamente. Mas nada impede que a Administração conheça e acolha a pretensão do reclamante ainda que manifestada fora de prazo, desde que se convença da procedência da reclamação e não haja ocorrido a prescrição da ação judicial cabível. Essa atitude administrativa é plenamente justificada pelo interesse recíproco do Poder Público e do particular em obviar um pleito judicial que conduziria ao mesmo resultado da decisão interna da Administração. Além disso, se a reclamação aponta uma ilegalidade ou um erro na conduta administrativa, é dever do administrador público corrigi-lo o quanto antes, através de anulação ou revogação do ato ilegítimo ou inconveniente. Daí por que a doutrina tem aconselhado o conhecimento e provimento da reclamação extemporânea quando é manifesto o direito reclamado.[14]

A reclamação administrativa suspende a prescrição[15] enquanto pendente de decisão, desde que apresentada no prazo próprio e seu objeto seja a

12. HC/MC/RO 100.042, *DJe* 8.10.2009, com precedentes, inclusive do STJ, nos HCs 44.649-SP e 93.421-RO, e citações doutrinárias.

13. A competência complementar em matéria correcional, disciplinar e administrativa desses Conselhos só ocorre com base no princípio da subsidiariedade. Assim, como requisito, ocorre somente em situações excepcionais ou anômalas, como, por exemplo, "(a) a inércia dos tribunais na adoção de medidas de índole administrativo-disciplinar, (b) a simulação investigatória, (c) a indevida procrastinação na prática dos atos de fiscalização e controle ou (d) a incapacidade de promover, com independência, procedimentos administrativos destinados a tornar efetiva a responsabilidade funcional dos magistrados" (STF, decisão liminar no MS 28.801, rel. Min. Celso de Mello).

14. Carlos Medeiros Silva, in *RDA* 15/300 e 37/454; A. Gonçalves de Oliveira, in *RDA* 18/297; Caio Tácito, in *RDA* 38/379.

15. Não se confunda *suspensão* com *interrupção* da prescrição. A reclamação administrativa *suspende* (não *interrompe*) a prescrição, isto é, faz paralisar a fluência do prazo prescricional pelo tempo em que o pedido estiver em estudo, até a decisão da Administração.

apuração de dívida da Fazenda Pública para com o particular (Dec. 20.910, de 6.1.32, art. 4º), Nos demais casos, não suspende a prescrição.[16]

3.2.3.3 Pedido de reconsideração: *pedido de reconsideração* é a solicitação da parte dirigida à mesma autoridade que expediu o ato, para que o invalide ou o modifique nos termos da pretensão do requerente. Deferido ou indeferido, total ou parcialmente, não admite novo pedido, nem possibilita nova modificação pela autoridade que já reapreciou o ato. Se outro prazo não estiver fixado em lei, extingue-se o direito de pedir reconsideração ao término de um ano da data da decisão administrativa da última instância e sua apresentação não suspende a prescrição, nem interrompe os prazos para os *recursos hierárquicos*, como, também, não impede a cobrança da dívida fiscal (Dec. 20.848, de 23.12.31). A respeito da reconsideração, merece exame o disposto no § 1º do art. 56 da Lei 9.784/99, que prevê a possibilidade de a autoridade prolatora da decisão *reconsiderar* a decisão recorrida.

3.2.3.4 Recursos hierárquicos: *recursos hierárquicos* são todos aqueles pedidos que as *partes* dirigem à instância superior da própria Administração, propiciando o *reexame do ato inferior sob todos os seus aspectos*. Podem ter efeito devolutivo e suspensivo, ou simplesmente devolutivo, que é a regra; o efeito excepcional suspensivo há de ser concedido expressamente em lei ou regulamento ou no despacho de recebimento do recurso.

Para a interposição de tais recursos há prazos fatais e peremptórios, os quais, como vimos, uma vez transcorridos, impedem o recebimento do apelo voluntário, operando-se, daí por diante, a preclusão administrativa da impugnabilidade do ato, conforme dispõe o § 2º do art. 63 da Lei 9.784/99. Quanto à tramitação e formalidades para o julgamento dos recursos hierárquicos, são as estabelecidas pelas normas que os instituírem, uma vez que não há regras uniformes para o exercício da jurisdição administrativa no Brasil, razão pela qual cada ramo da Administração pode ter regulamentação peculiar aos seus recursos. Na ausência de disposições específicas aplicam-se, no que couber, os princípios gerais do processo civil ou penal pertinentes.

Como regra geral, a interposição de recurso independe de caução, mas a lei, em sentido formal, poderá exigi-la (v. art. 56, § 2º, da Lei 9.784/99).

Julgada a reclamação, recomeça a correr o prazo da prescrição, deduzindo-se o período já transcorrido do tempo total estabelecido em lei, diversamente do que ocorre com a interrupção, em que o prazo prescricional recomeça a fluir pela metade, a contar da data da causa interruptiva, nos expressos termos do art. 9º do já citado Dec. federal 20.910, de 6.1.32. O STF entendeu que, se a reparação por dano foi reclamada à autoridade administrativa, o prazo prescricional começa a fluir a partir da resposta dada, a teor do disposto no art. 4º do Dec. 20.910/32 (2ª T., RE 101.212-9-RJ). V., a propósito, o excelente parecer do Prof. Mário Masagão in *RT* 140/55.

16. TFR, *RDA* 39/256; TJSP, *RT* 139/205, 202/153.

Comumente, a legislação fiscal exige caução, depósito ou fiança para o conhecimento do recurso hierárquico interposto de decisões sobre matéria tributária. São exigências acauteladoras dos interesses da Fazenda Pública, que tornam perempta a instância administrativa quando não atendidas temporaneamente pelos recorrentes. Essas exigências têm reflexos até mesmo para a apreciação judicial do ato, uma vez que a lei de mandado de segurança não admite seu ajuizamento contra decisão "de que caiba recurso administrativo com efeito suspensivo, independente de caução" (Lei 12.016/09, art. 5º, I). Embora a norma reguladora do mandado de segurança só mencione a *caução*, entende-se que o vocábulo está empregado em acepção comum e ampla, abrangente de todas as modalidades de garantia exigidas para o processamento de recursos administrativos. Essa interpretação é abonada pelo fato facilmente verificável de que as nossas leis tributárias ou administrativas empregam as expressões "depósito" ou "garantia da instância" como sinônimos de "caução", para indicar a obrigatoriedade do oferecimento de dinheiro, bens, títulos, valores ou fiança bancária equivalentes ao montante do débito objeto de recurso.[17]

Os recursos hierárquicos, segundo o órgão julgador, classificam-se em *próprios* e *impróprios*.

Recurso hierárquico próprio é o que a *parte* dirige à autoridade ou instância superior do mesmo órgão administrativo, pleiteando revisão do ato recorrido.[18] Este recurso é consectário da hierarquia e da gradação de jurisdição que se estabelece normalmente entre autoridades e entre uma instância administrativa e sua imediata; por isso mesmo, pode ser interposto ainda que nenhuma norma o institua expressamente, porque, como já se disse, nosso ordenamento jurídico-constitucional não admite decisões únicas e irrecorríveis. Além disso, o *recurso hierárquico próprio* compatibiliza-se com o princípio do *controle hierárquico*, hoje consagrado como um dos cânones da reforma administrativa federal (Dec.-lei 200/67, arts. 6º, V, e 13).

Como já salientado, neste recurso a Administração tem ampla liberdade decisória, podendo reformar o ato recorrido além do pedido ou, mesmo, agravar a situação do recorrente (*reformatio in pejus*). Esse poder deflui dos próprios caracteres da hierarquia e de sua finalidade corretiva dos atos inferiores ilegítimos ou inconvenientes, que cheguem por qualquer via ao conhecimento da autoridade superior antes de se tornarem definitivos e imo-

17. Reformulando entendimento, o STF julgou inconstitucional a exigência de depósito prévio ou de arrolamento de bens como condição de admissibilidade de recurso administrativo (ADI 1.976 e RE 388.359, 28.3.2007).

18. "O recurso administrativo hierárquico, independentemente da denominação conferida pelo administrado, deve ser submetido à autoridade hierarquicamente superior, caso o agente ou órgão prolator da decisão ou ato não o reconsidere" (STJ, MS 10.254).

dificáveis segundo as regras pertinentes do Direito Público,[19] ou seja, antes da preclusão administrativa. No entretanto, em face dos princípios da ampla defesa, do contraditório e do devido processo legal (cf. art. 5º, LV, da CF), como já destacado, antes de decisão eventualmente mais gravosa, deve a autoridade apontar os seus motivos e dar ao recorrente oportunidade para apresentar alegações, como, por sinal, prevê o parágrafo único do art. 64 da Lei 9.784/99.

Recurso hierárquico impróprio é o que a *parte* dirige a autoridade ou órgão estranho à repartição que expediu o ato recorrido, mas com competência julgadora expressa, como ocorre com os *tribunais administrativos* e com os *chefes do Executivo* federal, estadual e municipal.[20] Esse recurso só é admissível quando estabelecido por norma legal que indique as condições de sua utilização, a autoridade ou órgão incumbido do julgamento e os casos em que tem cabimento. Isto porque, como salienta Zanobini, "il ricorso gerarchico improprio è di applicazione eccezionale e può farsi solo nei casi in cui una norma expressamente lo ammette".[21] Embora se trate de pessoa ou tribunal estranho à repartição de onde emanou o ato recorrido, a apreciação deste recurso continua a cargo da Administração, o que lhe assegura a mesma liberdade e amplitude decisória de que dispõe no recurso hierárquico próprio, visto que, em ambos os casos, os pronunciamentos são atos jurisdicionais administrativos de agentes do Executivo.

Vão se tornando comuns esses recursos na instância final das autarquias e empresas estatais, em que a autoridade julgadora é o titular do Ministério ou da Secretaria de Estado a que a entidade se acha vinculada (não subordinada).[22] Tais recursos são perfeitamente admissíveis, desde que estabelecidos em lei ou no regulamento da instituição, uma vez que tramitam sempre no âmbito do Executivo que cria e controla essas entidades. O que não se permite é o recurso de um Poder a outro, porque isto confundiria as

19. A respeito v. STJ, MS 3252-RS, in *RDA*, abril/junho de 1995, p. 167, e TJSP, MS 27.858-0-2, Órgão Esp., v.u., j. 27.12.95.

20. O Presidente da República tem competência expressa para "avocar e decidir qualquer assunto na esfera da Administração Federal" (art. 170 do Dec.-lei 200/67). Embora a lei não se refira a *recurso*, é óbvio que a parte interessada pode representar ao Chefe do Executivo pedindo a avocação do processo para seu exame e decisão. Tal disposição legal não abrange os Governadores e Prefeitos, mas, pelo princípio do *controle hierárquico*, essas autoridades podem avocar e decidir quaisquer assuntos de suas respectivas administrações.

21. Guido Zanobini, *Corso di Diritto Amministrativo*, Roma, 1949, II/61.

22. Os Ministros de Estado também podem conhecer de recursos provindos de órgãos subordinados ou de entidades vinculadas ao seu Ministério, com base na hierarquia ou na supervisão ministerial (art. 19 do Dec.-lei 200/67), e assim já opinou a Consultoria-Geral da República em parecer que se tornou normativo para a Administração Federal pela aprovação do Presidente da República (Parecer N-9, de 20.8.79, publ. *DOU* 23.8.79, p. 12.062, e tb. *RDA* 137/319). No mesmo sentido é o parecer de Caio Tácito in *RDA* 137/332.

funções e comprometeria a independência que a Constituição da República quer preservar (art. 2º).

3.2.3.5 Revisão do processo: como visto, *revisão do processo* é o meio previsto para o reexame da punição imposta ao servidor ou ao administrado, a pedido ou de ofício, quando se aduzir fato novo ou circunstância suscetível de justificar sua inocência ou a inadequação da penalidade aplicada, não podendo resultar agravamento da sanção (cf. art. 65 e seu parágrafo único da Lei 9.784/99). Ela tem caráter de recurso.[23]

Merece ainda ser tratada neste item, por conexa com os recursos, a impropriamente chamada *coisa julgada administrativa.*

3.2.3.6 Coisa julgada administrativa: a denominada *coisa julgada administrativa*, que, na verdade, é apenas uma *preclusão de efeitos internos*, não tem o alcance da *coisa julgada judicial*, porque o ato jurisdicional da Administração não deixa de ser um simples ato administrativo decisório, sem a força conclusiva do ato jurisdicional do Poder Judiciário.[24] Falta ao *ato jurisdicional administrativo* aquilo que os publicistas norte-americanos chamam *the final enforcing power*[25] e que se traduz livremente como o *poder conclusivo da Justiça Comum*. Esse poder, nos sistemas constitucionais que não adotam o *contencioso administrativo*, é privativo das decisões judiciais. Sobre esse tema, observou, com justeza, Araújo Falcão que: "Mesmo aqueles que sustentam a teoria da chamada *coisa julgada administrativa* reconhecem que, efetivamente, não se trata, quer pela sua natureza, quer pela intensidade de seus efeitos, de *res judicata* propriamente dita, senão de um efeito semelhante ao da preclusão, e que se conceituaria, quando ocorresse, sob o nome de *irretratabilidade*".[26]

Realmente, o que ocorre nas decisões administrativas finais é, apenas, preclusão administrativa, ou a *irretratabilidade* do ato perante a própria Administração. É sua imodificabilidade na via administrativa, para estabilidade das relações entre as partes. Por isso, não atinge nem afeta situações ou direitos de terceiros, mas permanece imodificável entre a Administração e o administrado destinatário da decisão interna do Poder Público. A Lei 9.784/99,

23. V. Lei 8.112/90, art. 174, e STF, *RTJ* 128/931.

24. Não se confunda *ato jurisdicional* com *ato judicial*. Jurisdição é atividade de *dizer o direito*, de *decidir* na sua esfera de competência. E tanto decide o Judiciário como o Executivo e até o Legislativo, quando interpretam e aplicam a lei. Portanto, todos os Poderes e órgãos exercem jurisdição, mas somente o Poder Judiciário tem o monopólio da *jurisdição judicial*, isto é, de decidir com força de coisa julgada, definitiva e irreformável por via recursal ou por lei subseqüente (CF, art. 5º, XXXVI). Há, portanto, coisa julgada administrativa e coisa julgada judicial, inconfundíveis entre si, porque resultam de jurisdições diferentes.

25. Ernst Freund, *Administrative Power*, 1928, p. 170.

26. Amílcar de Araújo Falcão, *Introdução ao Direito Administrativo*, 1960, p. 90.

como já acentuado, determina que se respeitem os efeitos da preclusão administrativa, quando trata da revisão de ofício do ato ilegal (art. 63, § 2º). Essa imodificabilidade não é efeito da *coisa julgada administrativa*, mas é conseqüência da *preclusão* das vias de impugnação interna (recursos administrativos) dos atos decisórios da própria Administração. Exauridos os meios de impugnação administrativa, torna-se irretratável, administrativamente, a última decisão, mas nem por isso deixa de ser atacável por via judicial.

"A assim chamada *coisa julgada administrativa* – disse-o o Des. Adriano Marrey, em voto lapidar –, resultante da definitividade da decisão tomada pela Administração, limita-se ao caso apreciado e extingue-se com o encerramento deste, pelo exaurimento de seus efeitos, respeitadas as situações jurídicas subjetivas, que se constituíram",[27] salvo novo processo administrativo, com nova instrução e ampla defesa.[28]

Finalmente, ainda sob a epígrafe dos recursos, cuidaremos de outro instituto com eles relacionado, que é o da *prescrição administrativa.*

3.2.3.7 Prescrição administrativa: a *prescrição*, como instituto jurídico, pressupõe a existência de uma *ação judicial* apta à defesa de um direito, porque ela significa a perda da respectiva ação, por inércia de seu titular. Mas impropriamente se fala em *prescrição administrativa* para indicar o escoamento dos prazos para interposição de recurso no âmbito da Administração, ou para a manifestação da própria Administração sobre a conduta de seus servidores ou sobre direitos e obrigações dos particulares perante o Poder Público.

A *prescrição administrativa* opera a preclusão da oportunidade de atuação do Poder Público sobre a matéria sujeita à sua apreciação. Não se confunde com a prescrição civil, nem estende seus efeitos às ações judiciais (v. adiante, item 7), pois é restrita à atividade *interna* da Administração, acarretando a perda do direito de anular ato ou contrato administrativo, e se efetiva no prazo que a norma legal estabelecer. Mas, mesmo na falta de lei fixadora do prazo prescricional, não pode o servidor público ou o particular ficar perpetuamente sujeito a sanção administrativa por ato ou fato praticado há muito tempo.

A esse propósito, o STF já decidiu que "a regra é a prescritibilidade".[29] Entendemos que, quando a lei não fixa o prazo da prescrição administrativa, esta deve ocorrer em cinco anos, à semelhança da prescrição das ações

27. Adriano Marrey, voto no Rec. 141.907 contra ato do Conselho Superior da Magistratura do TJSP. No mesmo sentido v. o voto do Min. Bilac Pinto in *RTJ* 88/134.

28. Rubens Gomes de Souza, in *RDA* 5/48; O. A. Bandeira de Mello, *Princípios Gerais...*, cit., II/495; TJSP, *Justitia* 138/138; STF, RE 120.570-9-BA, *DJU* 8.11.91.

29. STF, *RDA* 135/78. V. CF, art. 37, § 5º.

pessoais contra a Fazenda Pública (Dec. 20.910/32), das punições dos profissionais liberais (Lei 6.838/80) e para cobrança do crédito tributário (CTN, art. 174).[30] Para os servidores federais a prescrição é de cinco anos, dois anos e cento e oitenta dias, conforme a gravidade da pena (Lei 8.112/90, art. 142).

A Lei 9.784/99 consagrou, na esfera federal, o prazo de cinco anos, ao dispor que "o direito da Administração de anular os atos administrativos de que decorram efeitos favoráveis para os destinatários decai em cinco anos, contados da data em que foram praticados, salvo comprovada má-fé" (art. 54).[31] E, no caso "de efeitos patrimoniais contínuos, o prazo de decadência contar-se-á da percepção do primeiro pagamento" (art. 54, § 1º). Esta última norma encerra observação relevante a respeito da terminologia jurídica, ao falar em "decadência" e não em prescrição. No nosso entender com inteira razão, porque trata-se da *perda do direito* de anular, e o termo *prescrição*, como destacamos, supõe a existência de uma *ação* judicial.

Ainda no âmbito federal, de acordo com a Lei 9.873, de 23.11.99, prescreve em cinco anos a ação punitiva da Administração Pública, direta e indireta, decorrente do poder de polícia, objetivando apurar infrações, como vimos ao estudar o *poder de polícia* (cap. III, item 7). O Decreto 6.514, de 22.7.2008, também trata da aplicação desse prazo prescricional na esfera do poder de polícia ambiental.

O instituto da *prescrição administrativa* encontra justificativa na necessidade de estabilização das relações entre o administrado e a Administração e entre esta e seus servidores, em obediência ao *princípio da segurança jurídica*, examinado no cap. II, item 2.3.7.[32]

30. Nesse sentido: sobre prescrição de sanção pecuniária, v. STJ, o REsp 1.073.094 (com natureza de recursos repetitivos): "Não se aplica o artigo 185-A do Código Tributário Nacional nas execuções fiscais que têm por objeto débitos de natureza não tributária"; e o REsp 1.105.442, rel. Min. Hamilton Carvalhido: "É de cinco anos o prazo prescricional para execução fiscal de cobrança de multa de natureza administrativa, contado do momento em que se tornou exigível o crédito (art. 1º do Dec. n. 20.910/32)". Esse julgado, embora trate da prescrição judicial, contém precedentes que se aplicam à preclusão administrativa. Ver ainda: Ag./AgR 1.049.451, com precedentes, e REsp 751.832; TJSP, EInfrs 49.391-5, j. 20.3.2001, e ApCivs 91.468-5, 67.188-5 e 50.119-5. V. ainda o acórdão no RE 560.626, que deu causa à Súmula Vinculante n. 8: "São inconstitucionais os parágrafo único do artigo 5º do Decreto-lei 1569/77 e os artigos 45 e 46 da Lei 8.212/91, que tratam da prescrição e decadência do crédito tributário".

31. Nesse sentido a lição do STJ (6ª T., REsp 219.883-SP, rel. Min. Hamilton Carvalhido, *DJU* 4.8.2003; 5ª T., REsp/AgR 595.627-RS, rel. Min. Gilson Dipp, *DJU* 19.4.2004; MS 6.566-DF, rel. Min. Francisco Peçanha Martins, *DJU* 15.5.2000; REsp 628.524-RS, rela. Min. Laurita Paz, j. 23.4.2004).

32. José Cretella Jr., "Prescrição da falta administrativa", *RF* 275/60 e *RT* 544/11; Parecer AGU/LS 4/93, *DOU* 1.11.93; e Rui Stoco, "Revisão dos atos administrativos após o decurso do prazo de cinco anos (a questão da preclusão temporal)", *RT* 886/41.

Transcorrido o prazo prescricional, fica a Administração, o administrado ou o servidor impedido de praticar o ato prescrito, sendo inoperante o extemporâneo. Mas não se confunda o prazo de prescrição com o de tramitação do expediente na repartição: aquele é extintivo do poder de praticar o ato; este é meramente regulatório da atividade interna da Administração e, por isso mesmo, não invalida o ato praticado pela autoridade fora do seu prazo para o despacho.

Há, portanto, duas espécies de *prescrição administrativa*: uma que ocasiona o perecimento do direito do administrado ou do servidor, que poderia pleiteá-lo administrativamente; outra que extingue o poder de punir da Administração. Aquela pode ser suspensa, interrompida e até relevada pela Administração; esta, constituindo uma garantia do servidor ou do administrado de que não será mais punido, pela ocorrência da prescrição, é fatal e irrefreável na sua fluência e nos seus efeitos extintivos da punição.

3.3 *Processo administrativo*

A Administração Pública, para registro de seus atos, controle da conduta de seus agentes e solução de controvérsias dos administrados, utiliza-se de diversificados *procedimentos*, que recebem a denominação comum de *processo administrativo*. Impõe-se, por isso, distinguir e esclarecer, inicialmente, esses dois conceitos para, após, apreciarmos o processo administrativo, suas espécies, seus princípios, suas fases e modalidades, com especial destaque para o processo disciplinar e o processo tributário ou fiscal.

3.3.1 *Processo e procedimento – Processo* é o conjunto de atos coordenados para a obtenção de decisão sobre uma controvérsia no âmbito judicial ou administrativo; *procedimento* é o modo de realização do processo, ou seja, o rito processual.

O processo, portanto, pode realizar-se por diferentes procedimentos, consoante a natureza da questão a decidir e os objetivos da decisão. Observamos, ainda, que não há processo sem procedimento, mas há procedimentos administrativos que não constituem processo, como, p. ex., os de licitações e concursos. O que caracteriza o *processo* é o ordenamento de atos para a solução de uma *controvérsia*; o que tipifica o *procedimento de um processo* é o modo específico do ordenamento desses atos.[33]

33. Afaste-se a errônea idéia de que *decisão jurisdicional* ou *ato de jurisdição* é privativo do Judiciário. Não é assim. Todos os órgãos e Poderes têm e exercem *jurisdição*, nos limites de sua competência institucional, quando aplicam o Direito e decidem controvérsia sujeita à sua apreciação. Privativa do Judiciário é somente a *decisão judicial*, que faz coisa julgada em sentido formal e material, *erga omnes*. Mas a *decisão judicial é espécie do gênero jurisdicional*, que

Entretanto, como, na prática administrativa, toda autuação interna recebe a denominação de "processo", tenha ou não natureza jurisdicional, impõe-se distinguir os *processos administrativos propriamente ditos*, ou seja, aqueles que encerram um litígio entre a Administração e o administrado ou o servidor, dos *impropriamente ditos*, isto é, dos simples *expedientes* que tramitam pelos órgãos administrativos, sem qualquer controvérsia entre os interessados. A litigância é que distingue o processo do procedimento. Sobre a noção de *litigância*,[34] ver cap. II, item 2.3.9, relativo ao *princípio da ampla defesa*. Com esta ressalva, e para evitar divergência terminológica entre a teoria e a prática, continuaremos a chamar de *processo administrativo* o que, no rigor da doutrina, seria *procedimento administrativo*.

Todavia, a distinção é relevante, pois no processo administrativo deve-se assegurar a garantia e a observância de princípios constitucionais (p. ex., devido processo legal, ampla defesa e contraditório). Igualmente no exame da tipicidade penal, em especial a do crime de falso testemunho ou falsa perícia, previsto pelo art. 342 do CP, na redação dada pela Lei 10.268/2001. Por isso, no nosso entender, a testemunha, o perito, o tradutor ou o intérprete que atuar no processo administrativo deve ser advertido a respeito, por quem o presidir, por escrito ou verbalmente, conforme o caso.

A Lei federal 9.784/99, tantas vezes citada, contém diversas normas sobre o processo administrativo na esfera federal, das quais destacamos e resumimos as seguintes:

a) suas regras aplicam-se às três esferas de administração – Executivo, Legislativo e Judiciário (cf. § 1º do art. 1º) – e, obviamente, também ao Ministério Público e aos Tribunais de Contas;

b) exigência da indicação dos pressupostos de fato e de direito da decisão; observância das formalidades essenciais à garantia dos direitos dos administrados; adoção de formas simples, suficientes para propiciar adequado grau de certeza, segurança e respeito aos direitos dos administrados; garantia dos direitos à comunicação, à apresentação de alegações finais, à produção de provas e à interposição de recursos, nos processos de que possam resultar sanções e nas situações de litígio; proibição de cobrança de despesas processuais, ressalvadas as previstas em lei; e impulsão, de ofício, do processo, sem prejuízo da atuação dos interessados (art. 2º, parágrafo único, VII, VIII, IX, X, XI e XII);

c) enumeração dos direitos e dos deveres dos administrados perante a Administração (arts. 3º e 4º);

abrange toda decisão de controvérsia no âmbito judiciário ou administrativo (cf., nesse sentido, Franco Sobrinho, *Introdução ao Direito Processual Administrativo*, São Paulo, 1971, p. 163; Villar e Romero, *Derecho Procesal Administrativo*, Madri, 1948, pp. 5 e ss.).

34. Sobre a noção de *litígio*, v., ainda, estudo de Ada Pellegrini Grinover in *RDA* 183/9.

d) indicação das regras sobre o início do processo, que ocorrer de ofício ou a pedido do interessado, bem como a previsão de vedação de recusa imotivada de documento, com o dever de o servidor orientar quanto ao suprimento de eventuais falhas, além da obrigatoriedade de se elaborarem "modelos ou formulários padronizados para assuntos que importem pretensões equivalentes" (arts. 5º a 8º). Estas regras buscam facilitar a vida do administrado e aumentar a eficiência do serviço;

e) conceituação, para fins do processo administrativo, de quem é legitimado como "interessado" e de quem é "capaz" – no caso, os maiores de dezoito anos, salvo norma especial a respeito (arts. 9º e 10);

f) normas sobre a competência e as hipóteses de impedimento e suspeição (arts. 11 a 19);

g) regras sobre a forma, o tempo, o lugar e a comunicação dos atos do processo (arts. 22 a 28);

h) normas sobre a instrução do processo, os prazos, o "dever de decidir" e os recursos (arts. 29 a 49 e 56 a 67);[35]

i) normas sobre prioridade na tramitação, em qualquer órgão ou instância, dos procedimentos administrativos em que figure como parte ou interessado pessoa com idade igual ou superior a sessenta anos; portadora de deficiência, física ou mental; portadora de tuberculose ativa, esclerose múltipla, neoplasia maligna, hanseníase, paralisia irreversível e incapacitante, cardiopatia grave, doença de Parkinson, espondiloartrose anquilosante, nefropatia grave, hepatopatia grave, estados avançados da doença de Paget (osteíte deformante), contaminação por radiação, síndrome de imunodeficiência adquirida ou outra doença grave, com base em conclusão da Medicina especializada, mesmo que a doença tenha sido contraída após o início do processo, devendo a pessoa interessada juntar prova de sua condição e requerer o benefício; e, uma vez deferido, os autos receberão identificação própria que o evidencie (art. 68-A e seus §§ 1º e 2º);

j) enumeração das hipóteses de desistência e de extinção do processo (arts. 51 e 52); e

k) a ressalva de que os processos administrativos específicos continuarão a reger-se por lei própria, aplicando-se-lhes, subsidiariamente, os preceitos dessa lei.

A Lei 11.417, de 19.12.2006, que regulou a aplicação da súmula vinculante do STF, introduziu modificações na Lei 9.784/99, para adaptar as decisões proferidas nos processos administrativos ao seus preceitos.

35. Em caso de omissão, é possível buscar no Judiciário a fixação de um prazo para a decisão (STJ, REsp 980.271).

Como veremos adiante, diversas dessas normas representam o que chamamos de "princípios do processo administrativo", pelo quê, na realidade, devem ser aplicadas em qualquer processo e não apenas em nível federal.

3.3.2 *O processo administrativo e suas espécies* – O *processo administrativo* é o gênero, que se reparte em várias *espécies*, dentre as quais as mais freqüentes apresentam-se no *processo disciplinar,* no *processo tributário* ou *fiscal* e no *processo ambiental*. Entretanto, vem-se escrevendo e legislando sobre essas espécies como se elas constituíssem categorias autônomas, desvinculadas dos princípios gerais que regem todo o gênero administrativo. Essa visão isolada do *processo disciplinar*, do *tributário* e do *ambiental* não pode, todavia, gerar distorções em seus procedimentos que venham indevidamente afastar a incidência dos princípios do processo administrativo, que, como regras superiores, devem nortear toda e qualquer conduta jurisdicional da Administração para segurança de seus julgamentos e garantia dos direitos dos administrados.

Na esteira dos reclamos do autor – constantes neste item em edições anteriores – sobre a falta de estudos teóricos do processo administrativo, necessários à sua compreensão doutrinária e à sua sistematização metodológica, os quais, naturalmente, informariam a legislação e aprimorariam os julgamentos internos da Administração –, deve-se reconhecer que a referida Lei 9.784/99 supriu lacuna legislativa e propiciou o surgimento de vários estudos a respeito do processo administrativo. É certo que o processo administrativo não pode ser unificado pela legislação federal para todas as entidades estatais, em respeito à autonomia de seus serviços. Mas, como exposto no cap. II, item 2.3, é inegável que a Lei 9.784/99 contém várias normas que expressam enunciados da Carta Magna – e, assim, aplicáveis a todas as entidades estatais, e, como é natural, ao Direito (cf. parte final do item 3.2, *retro*). Assim, essa lei trouxe real vantagem para a jurisdição administrativa e para os jurisdicionados.

Os processos administrativos sujeitam-se a *princípios* universais e consagrados pela Lei 9.784/99, desenvolvem-se por *fases* autônomas e diversificam-se em *modalidades* adequadas à consecução de seus objetivos, como tudo veremos no decorrer desta exposição, tendo presente, sempre, o teor dessa lei.

Feitas essas considerações introdutórias, tentaremos formular a *teoria geral do processo administrativo* para, ao final, apreciarmos as duas de suas espécies mais praticadas, ou seja, o *processo disciplinar* e o *processo tributário* ou *fiscal*, no Direito pátrio.

3.3.3 *Princípios do processo administrativo* – O processo administrativo, nos Estados de Direito, está sujeito a cinco *princípios* de observância constante, a saber: o da *legalidade objetiva*, o da *oficialidade*, o do *informalismo*, o da *verdade material* e o da *garantia de defesa*.[36]

3.3.3.1 Legalidade objetiva: o *princípio da legalidade objetiva* exige que o processo administrativo seja instaurado com base e para preservação da lei. Daí sustentar Giannini que o processo, como o recurso administrativo, ao mesmo tempo em que ampara o particular, serve também ao interesse público na defesa da norma jurídica objetiva, visando a manter o império da legalidade e da justiça no funcionamento da Administração.[37] Todo processo administrativo há que embasar-se, portanto, numa norma legal específica para apresentar-se com *legalidade objetiva*, sob pena de invalidade. Os incs. I e II do parágrafo único do art. 2º da Lei 9.784/99 impõem a observância deste princípio.

3.3.3.2 Oficialidade ou impulsão: o *princípio da oficialidade ou da impulsão* atribui sempre a movimentação do processo administrativo à Administração, ainda que instaurado por provocação do particular; uma vez iniciado, passa a pertencer ao Poder Público, a quem compete seu impulsionamento, até a decisão final. Se a Administração o retarda, ou dele se desinteressa, infringe o *princípio da oficialidade* e seus agentes podem ser responsabilizados pela omissão. Outra conseqüência deste princípio é a de que a instância não perime, nem o processo se extingue pelo decurso do tempo, senão quando a lei expressamente o estabelece.

Sobre este princípio é altamente elucidativa a seguinte lição de Gordillo: "El principio de la oficialidad, derivada del principio de la legalidad objetiva, tiene como primera hipótesis la impulsión de oficio del procedimiento. En efecto, si bien el procedimiento puede ser iniciado de oficio o a petición de parte, la impulsión de éste corresponde en todos los casos a la Administración. Ello es así porque en la actuación de los órganos administrativos no debe satisfacerse simplemente un interés individual sino también un interés colectivo, y el propio interés administrativo: de allí que la inacción del administrado no pueda determinar en ningún caso la paralización del procedimiento. Por ello nos parece desaconsejable proyectar la creación legislativa de un tal caducidad o perención de instancia, pues es muy difícil que la paralización de un procedimiento pueda ser debida a actos del particular ya que, normalmente, su continuación no depende de la voluntad del particular. Y, por supuesto, es errado pretender aplicar por analogía,

36. Cármen Lúcia Antunes Rocha, "Princípios constitucionais do processo administrativo no Direito Brasileiro", *RDA* 209/189, com ampla citação doutrinária e de julgados.

37. Massimo Severo Giannini, *La Giustizia Amministrativa*, Roma, 1966, pp. 48 e ss. V., entre nós, Régis Fernandes de Oliveira, *Infrações e Sanções Administrativas*, 2ª ed., Ed. RT, 2005.

en ausencia de normas expresas, la institución procesal de la perención de instancia; si la ley expresamente no lo determina, la institución procesal mencionada es inaplicable, pues, como decimos, el principio imperante en el procedimiento administrativo no es la impulsión de las partes, sino la impulsión de oficio, principio éste a nuestro juicio incompatible con el de perención o caducidad de instancia".[38]

Todavia, mister ter presente que não se admite prova obtida por meios ilícitos, não cabendo, assim, a invocação desse princípio para tal admissão. Neste sentido, a Lei 9.784/99 dispõe que são "inadmissíveis no processo administrativo as provas obtidas por meios ilícitos" (art. 30) e, segundo o art. 157 e seu parágrafo único, do Código de Processo Penal, na redação dada pela Lei 11.690/2008, são inadmissíveis as provas ilícitas, "assim entendidas as obtidas em violação a normas constitucionais ou legais", e "as provas derivadas das ilícitas".

3.3.3.3 Informalismo: o *princípio do informalismo* dispensa ritos sacramentais e formas rígidas para o processo administrativo, principalmente para os atos a cargo do particular. Bastam as formalidades estritamente necessárias à obtenção da certeza jurídica e à segurança procedimental. Garrido Falla lembra, com oportunidade, que este princípio é de ser aplicado com espírito de benignidade e sempre em benefício do administrado, para que por defeito de forma não se rejeitem atos de defesa e recursos malqualificados.[39]

Realmente, o processo administrativo deve ser simples, despido de exigências formais excessivas, tanto mais que, a defesa pode ficar a cargo do próprio administrado, nem sempre familiarizado com os meandros processuais. Todavia, quando a lei impõe uma forma ou uma formalidade, esta deverá ser atendida, sob pena de nulidade do procedimento, mormente se da inobservância resulta prejuízo para as partes, mesmo porque, segundo o princípio da instrumentalidade das formas, não há nulidade sem prejuízo (*pas de nullité sans grief*).[40] Quanto ao *processo administrativo disciplinar*, v. o item 3.3.6, abaixo.

3.3.3.4 Verdade material: o *princípio da verdade material*, também denominado da *liberdade na prova*, autoriza a Administração a valer-se de

38. Agustín A. Gordillo, *Procedimiento y Recursos Administrativos*, Buenos Aires, 1971, pp. 59 e 60.

39. Fernando Garrido Falla, *Régimen de Impugnación de los Actos Administrativos*, Madri, 1956, pp. 256 e ss.

40. Nesse sentido, no STF: MS 22.050 (*RDA* 203/145); no STJ: MS 1.113 e RMS 3.920; e no TJSP: MS 134841-0/0-00 (órgão especial, rel. Des. Nelson Calandra, *Lex* 322/3.488) e ApCiv 272.029-5/0, rel. Des. Urbano Ruiz.

qualquer prova lícita[41] de que a autoridade processante ou julgadora tenha conhecimento, desde que a faça trasladar para o processo. É a busca da *verdade material* em contraste com a *verdade formal*. Enquanto nos processos judiciais o juiz deve cingir-se às provas indicadas no devido tempo pelas partes, no processo administrativo a autoridade processante ou julgadora pode, até o julgamento final, conhecer de novas provas, ainda que produzidas em outro processo ou decorrentes de fatos supervenientes que comprovem as alegações em tela.

3.3.3.5 Garantia de defesa: como vimos no cap. II, item 2.3.9, o *princípio da garantia de defesa*, entre nós, está assegurado no inc. LV do art. 5º da CF, juntamente com a obrigatoriedade do *contraditório*, como decorrência do *devido processo legal* (CF, art. 5º, LIV), que tem origem no *due process of law* do Direito Anglo-Norte-Americano.[42]

Por *garantia de defesa* deve-se entender não só a observância do rito adequado como a cientificação do processo ao interessado, a oportunidade para contestar a acusação, produzir prova de seu direito, acompanhar os atos da instrução e utilizar-se dos recursos cabíveis. A cientificação deve ser pessoal, por ciência no processo, por via postal com AR, por telegrama ou outro meio que assegure a certeza da ciência ao interessado, sendo admitida a efetuada por meio de publicação oficial no caso de interessados indeterminados, desconhecidos ou com domicílio indefinido (§§ 3º e 4º do art. 26 da Lei 9.784/99), sob pena de lesão ao contraditório e à ampla defesa.[43]

41. Interpretando o art. 5º, XII, da CF, o STF deu como válido o "uso processual dos resultados documentais da interceptação" e de "escutas ambientais" autorizadas judicialmente como meio de prova no processo administrativo destinado a apurar "outras conseqüências jurídicas do mesmo ato ilícito" criminal que deu causa à autorização, "considerado noutro plano normativo", inclusive o da sanção administrativa (QO em Inq. 2424-4-RJ). Qualquer prova que tenha sido obtida com autorização judicial só pode ser utilizada em processo administrativo com expressa autorização do juízo responsável pela preservação do sigilo (STJ, RMS 16.429).

42. O *due process of law* é criação do Direito anglo-norte-americano (cap. 29 da Magna Carta e Emenda V da Constituição norte-americana), principalmente para conter os excessos da Administração, estando regulamentado nos Estados Unidos pelo *Federal Administrative Procedure Act* de 1946, que rege todos os processos administrativos e a revisão desses processos pelos órgãos judiciais (cf. Jorge Tristan Bosch, *El Procedimiento Administrativo en los Estados Unidos de América*, Montevidéu, 1953, pp. 39 e ss., e tb. Edward S. Corwin, *A Constituição Norte-Americana e seu Significado Atual*, trad. de Leda Boechat Rodrigues, Rio, 1959, p. 263).

43. STF, Pleno, RE 157.905-6, *RT* 759/151; Ag. 306.626 (*Informativo* 253), Ag. 315.538 (*DJU* 4.5.2005) e MS 26.358 (este, relatado pelo Min. Celso de Mello, trata de prova pericial no TCU e tem vários precedentes). STJ, MS 8.545, *DJU* 21.11.2005. A Súmula n. 429 do STJ – "A citação postal, quando autorizada por lei, exige o aviso de recebimento" – também se aplica, por analogia, ao processo administrativo, pois seu teor busca a mesma finalidade: a real cientificação.

Daí a justa observação de Gordillo de que: "El principio constitucional de la defensa en juicio, en el debido proceso, es por supuesto aplicable en el procedimiento administrativo, y con criterio amplio, no restrictivo".[44] O que coincide com esta advertência de Frederico Marques: "Se o poder administrativo, no exercício de suas atividades, vai criar limitações patrimoniais imediatas ao administrado, inadmissível seria que assim atuasse fora das fronteiras do *due process of law*. Se o contrário fosse permitido, ter-se-ia de concluir que será lícito atingir alguém em sua fazenda ou bens, sem o devido processo legal". E remata o mesmo jurista: "Isto posto, evidente se torna que a Administração Pública, ainda que exercendo seus poderes de autotutela, não tem o direito de impor aos administrados gravames e sanções que atinjam, direta ou indiretamente, seu patrimônio sem ouvi-los adequadamente, preservando-lhes o direito de defesa".[45]

Processo administrativo sem oportunidade de defesa ou com defesa cerceada é nulo, conforme têm decidido reiteradamente nossos Tribunais judiciais, confirmando a aplicabilidade do princípio constitucional do *devido processo legal*, ou, mais especificamente, da *garantia de defesa*.[46]

Nesse sentido, o STF editou a Súmula Vinculante n. 21: "É inconstitucional a exigência de depósito ou arrolamento prévios de dinheiro ou bens para admissibilidade de recurso administrativo" (ADI 1.976-7-DF, RE 389.383 e RE 390.513).

3.3.4 *Fases do processo administrativo* – As *fases* comuns ao processo administrativo propriamente dito, ou seja, a todo aquele destinado a propiciar uma decisão vinculante sobre atos, fatos, situações e direitos controvertidos perante o órgão competente, são cinco e se desenvolvem nesta ordem: *instauração*, *instrução*, *defesa*, *relatório* e *julgamento*.

3.3.4.1 Instauração: a *instauração* é a apresentação escrita dos fatos e indicação do direito que ensejam o processo. Quando provém da Administração deve consubstanciar-se em *portaria*, *auto de infração*, *representação* ou *despacho inicial da autoridade competente*; quando provocada pelo administrado ou pelo servidor deve formalizar-se por *requerimento* ou

44. Agustín A. Gordillo, "La garantía de defensa como principio de eficacia en el procedimiento administrativo", *RDP* 10/16 e tb. na ob. cit. anteriormente, p. 72.

45. José Frederico Marques, "A garantia do *due process of law* no Direito Tributário", *RDP* 5/28. No mesmo sentido, v.: Sérgio de Andréa Ferreira, "A garantia da ampla defesa no Direito Administrativo Processual Disciplinar", *RDP* 19/60; Manoel de Oliveira Franco Sobrinho, *Introdução ao Direito Processual Administrativo*, São Paulo, Ed. RT, 1971, p. 328; Ada Pellegrini Grinover, "O princípio da ampla defesa", *RDPG* 19/9.

46. STF, *RDA* 73/136, 97/110, 114/142, 118/99; TFR, *RTFR* 34/140; *RDA* 38/254; TJMG, *RDP* 20/245; TJSP, *RDA* 45/123, 54/364; *RT* 261/365, 321/260; MS 72.789-0 (Pleno), *BAASP* 2250; 1º TASP, *RT* 257/483, 260/563, 270/632, 345/352.

petição. Em qualquer hipótese, a peça instauradora recebe autuação para o processamento regular pela autoridade ou comissão processante. O essencial é que a peça inicial descreva os fatos com suficiente especificidade, de modo a delimitar o objeto da controvérsia e a permitir a plenitude da defesa. Processo com instauração imprecisa quanto à qualificação do fato e sua ocorrência no tempo e no espaço é nulo.

3.3.4.2 Instrução: a *instrução* é a fase de elucidação dos fatos, com a produção de provas da acusação no processo punitivo, ou de complementação das iniciais no processo de controle e de outorga, provas, essas, que vão desde o depoimento da parte, as inquirições de testemunhas, as inspeções pessoais, as perícias técnicas, até a juntada de documentos pertinentes. Nos processos punitivos as providências instrutórias competem à autoridade ou comissão processante e nos demais cabem aos próprios interessados na decisão de seu objeto, mediante apresentação direta das provas ou solicitação de sua produção na forma regulamentar. Os defeitos da instrução, tal seja sua influência na apuração da verdade, podem conduzir à invalidação do processo ou do julgamento.

3.3.4.3 Defesa: a *defesa*, como já vimos, é garantia constitucional de todo acusado, em processo judicial ou administrativo (art. 5º, LV), e compreende a ciência da acusação, a vista dos autos[47] na repartição, a oportunidade para oferecimento de contestação e provas, a inquirição e reperguntas de testemunhas e a observância do devido processo legal (*due process of law*). Como visto no cap. II, item 2.3.9, é um princípio universal nos Estados de Direito, que não admite postergação nem restrições na sua aplicação. Processo administrativo sem oportunidade de *ampla defesa* ou com *defesa cerceada* é nulo. Claro está que a autoridade que presidir o processo poderá indeferir provas impertinentes ou indicadas com intuito protelatório ou tumultuário, mas, para tanto, deverá justificar objetivamente sua rejeição.

3.3.4.4 Relatório: o *relatório* é a síntese do apurado no processo, feita por quem o presidiu individualmente ou pela comissão processante, com apreciação das provas, dos fatos apurados, do direito debatido e proposta conclusiva para decisão da autoridade julgadora competente. É peça informativa e opinativa, sem efeito vinculante para a Administração ou para os

47. Nesse sentido, em relação ao advogado, o teor da Súmula Vinculante n. 14: "É direito do defensor, no interesse do representado, ter acesso aos elementos de prova que, já documentados em procedimento investigatório realizado por órgão com competência de polícia judiciária, digam respeito ao exercício do direito de defesa"; e STJ, RMS 28.091, j. 18.5.2009, com precedentes. Esse entendimento, *mutatis mutandis*, no nosso entender, por força do art. 5º, LV, da CF, também se aplica ao acusado em processo administrativo.

interessados no processo. Daí por que pode a autoridade julgadora divergir das conclusões e sugestões do relatório, sem qualquer ofensa ao interesse público ou ao direito das partes, desde que fundamente sua decisão em elementos existentes no processo ou na insuficiência de provas para uma decisão punitiva ou, mesmo, deferitória ou indeferitória da pretensão postulada.

3.3.4.5 Julgamento: o *julgamento* é a decisão proferida pela autoridade ou órgão competente sobre o objeto do processo. Essa decisão normalmente baseia-se nas conclusões do relatório, mas pode desprezá-las ou contrariá-las, por interpretação diversa das normas legais aplicáveis ao caso, ou por chegar o julgador a conclusões fáticas diferentes das da comissão processante ou de quem individualmente realizou o processo.

O essencial é que a decisão seja motivada com base na acusação, na defesa e na prova, não sendo lícito à autoridade julgadora argumentar com fatos estranhos ao processo ou silenciar sobre as razões do acusado, porque isto equivale a cerceamento de defesa e conduzirá à nulidade do julgamento, que não é discricionário, mas vinculado ao *devido procedimento legal*. Realmente, se o julgamento de processo administrativo fosse *discricionário*, não haveria necessidade de procedimento, justificando-se a decisão como ato isolado de conveniência e oportunidade administrativa, alheio à prova e refratário a qualquer defesa do interessado.

O que se reconhece à autoridade julgadora é liberdade na produção de prova e na escolha e graduação das sanções aplicáveis quando a norma legal consigna as penalidades sem indicar os ilícitos a que se destinam, ou lhe faculta instaurar ou não o processo punitivo. Porém, jamais se admitiu a qualquer autoridade punir o impunível, ou negar direito individual comprovado em processo administrativo regular, ou desconstituir sumariamente situação jurídica definitiva e subjetiva do administrado.

O processo administrativo, embora adstrito a certos atos, não tem os rigores rituais dos procedimentos judiciais, bastando que, dentro do princípio do informalismo, atenda às normas pertinentes do órgão processante e assegure defesa ao acusado. Sua tramitação é oficial e pública, como a dos demais atos administrativos, só se justificando o sigilo nos casos que comprometam a segurança nacional. Daí o dever constitucional de serem fornecidas as certidões de suas peças, pareceres ou documentos, para defesa de direitos ou esclarecimento de situações de interesse pessoal (CF, art. 5º, XXXIV, "b").

As fases acima enunciadas, de um modo geral, devem ser atendidas em todos os *processos administrativos próprios*, ou seja, naqueles que visam à solução de litígio entre a Administração e o administrado, sendo aplicáveis a todas as suas modalidades, como veremos a seguir.

3.3.5 *Modalidades de processo administrativo* – Feitas as considerações gerais acima, permitimo-nos dividir os *processos administrativos* em quatro modalidades, para melhor estudarmos suas peculiaridades e conseqüências, nesta ordem: *processo de expediente, processo de outorga, processo de controle* e *processo punitivo.*

3.3.5.1 Processo de expediente: *processo administrativo de expediente* é denominação imprópria que se dá a toda autuação que tramita pelas repartições públicas por provocação do interessado ou por determinação interna da Administração, para receber a solução conveniente. Não tem procedimento próprio nem rito sacramental, seguindo pelos canais rotineiros para informações, pareceres, despacho final da chefia competente e subseqüente arquivamento. Esses expedientes, que a rotina chama indevidamente de "processo", não geram, nem alteram, nem suprimem direitos dos administrados, da Administração ou de seus servidores, apenas encerram papéis, registram situações administrativas, recebem pareceres e despachos de tramitação ou meramente enunciativos de situações preexistentes, tal como nos pedidos de certidões, nas apresentações de documentos para certos registros internos e outros da rotina burocrática. A tramitação desses "processos" é informal e irrelevante para a solução final, pelo quê as omissões ou desvios de rotina não invalidam as providências objetivadas e as decisões neles proferidas não têm efeito vinculante para o interessado ou para a Administração, e, por isso mesmo, em geral, são irrecorríveis e não geram preclusão, pelo quê admitem sempre a renovação do pedido e a modificação do despacho.

3.3.5.2 Processo de outorga: *processo administrativo de outorga* é todo aquele em que se pleiteia algum direito ou situação individual perante a Administração. Normalmente, tem rito especial, mas não contraditório, salvo quando há oposição de terceiros ou impugnação da própria Administração. Em tais casos deve-se dar oportunidade de defesa ao interessado, sob pena de nulidade da decisão final. São exemplos desse tipo os processos de licenciamento de edificação, de registro de marcas e patentes, de pesquisa e lavra de jazida, de concessão e permissão, de isenção condicionada de tributo e outros que consubstanciam pretensões de natureza negocial entre o particular e a Administração ou abranjam atividades sujeitas a fiscalização do Poder Público.

As decisões finais proferidas nesses processos tornam-se vinculantes e irretratáveis pela Administração porque, normalmente, geram direito subjetivo para o beneficiário, salvo quanto aos atos precários, que, por natureza, admitam modificação ou supressão sumária a qualquer tempo. Nos demais casos a decisão é definitiva e só modificável quando eivada de nulidade originária, ou por infringência das normas legais no decorrer da execução ou, ainda, por interesse público superveniente que justifique a revogação da outorga com a devida indenização, que pode chegar ao caso de prévia desapropriação. Em qualquer dessas hipóteses, porém, é necessário oportunidade de defesa ao interessado antes da anulação, cassação, alteração ou revogação da decisão anterior.

3.3.5.3 Processo de controle: *processo administrativo de controle* é todo aquele em que a Administração realiza verificações e declara situação, direito ou conduta do administrado ou de servidor, com caráter vinculante para as partes. Tais processos, normalmente, têm rito próprio e, quando neles se deparam irregularidades puníveis, exigem oportunidade de defesa ao interessado, antes de seu encerramento, sob pena de invalidade do resultado da apuração. O processo de controle – também chamado *de determinação* ou *de declaração* – não se confunde com o processo punitivo, porque, enquanto neste se apura a falta e se aplica a penalidade cabível, naquele apenas se verifica a situação ou a conduta do agente e se proclama o resultado para efeitos futuros. São exemplos de processos administrativos de controle os de prestação de contas perante órgãos públicos, os de verificação de atividades sujeitas a fiscalização, o de lançamento tributário e o de consulta fiscal.

Nesses processos a decisão final é vinculante para a Administração e para o interessado, embora nem sempre seja auto-executável, pois dependerá da instauração de outro processo administrativo, de caráter punitivo ou disciplinar, ou, mesmo, de ação civil ou criminal, ou, ainda, do pronunciamento executório de outro Poder, como no caso do julgamento de contas pelo Legislativo, após a manifestação prévia do Tribunal de Contas competente, no respectivo processo administrativo de controle.

3.3.5.4 Processo punitivo: *processo administrativo punitivo* é todo aquele promovido pela Administração para a imposição de penalidade por infração[48] de lei, regulamento ou contrato. Esses processos devem ser necessariamente contraditórios, com oportunidade de defesa, que deve ser prévia,[49] e estrita observância do devido processo legal (*due process of law*), sob pena de nulidade da sanção imposta. A sua instauração há que basear-se em *auto de infração*, *representação* ou *peça equivalente*, iniciando-se com a exposição minuciosa dos atos ou fatos ilegais ou administrativamente ilícitos atribuídos ao indiciado e indicação da norma ou convenção infringida.

48. A "seqüência de diversos ilícitos da mesma natureza, apurados em uma única ação fiscal é considerada infração continuada" (STJ, REsp 1.041.310, e REsp 1.066.088, ambos com precedentes).

49. STF, ADI/MC 2.120-6, rel. Min. Celso de Mello, com excelente fundamentação.

O processo punitivo poderá ser realizado por um só representante da Administração ou por comissão. O essencial é que se desenvolva com regularidade formal em todas as suas fases, para legitimar a sanção imposta a final. Nesses procedimentos são adotáveis, subsidiariamente, os preceitos do processo penal comum, quando não conflitantes com as normas administrativas pertinentes. Embora a graduação das sanções administrativas – demissão, multa, embargo de obra, destruição de coisas, interdição de atividade e outras – seja discricionária, não é arbitrária e, por isso, deve guardar correspondência e proporcionalidade com a infração apurada no respectivo processo, além de estar expressamente prevista em norma administrativa, pois não é dado à Administração aplicar penalidade não estabelecida em lei, decreto ou contrato, como não o é sem o devido processo legal, que se erige em garantia individual de nível constitucional (art. 5º, LV).

Nesta modalidade incluem-se todos os procedimentos que visem à imposição de alguma sanção ao administrado, ao servidor ou a quem eventualmente esteja vinculado à Administração por uma relação especial de hierarquia, como são os militares, os estudantes e os demais freqüentadores de estabelecimentos públicos sujeitos circunstancialmente à sua disciplina.

Concluída a apreciação dos *princípios*, das *fases* e das *modalidades do processo administrativo*, numa tentativa de sistematização da teoria geral aplicável a todos os procedimentos jurisdicionais da Administração, tendentes à solução de controvérsias com o administrado ou com seus servidores, no âmbito interno de suas repartições, vejamos, agora, em rápidas pinceladas, o *processo disciplinar* e o *processo tributário* ou *fiscal*, os quais, embora com peculiaridades da espécie, pertencem ao mesmo gênero administrativo, como vimos acentuando desde o início deste estudo.

3.3.6 *Processo administrativo disciplinar* – *Processo administrativo disciplinar*, também chamado impropriamente *inquérito administrativo*, é o meio de apuração e punição de faltas graves dos servidores públicos e demais pessoas sujeitas ao regime funcional de determinados estabelecimentos da Administração.[50] Tal processo baseia-se na supremacia especial que o Estado mantém sobre todos aqueles que se vinculam a seus serviços ou atividades, definitiva ou transitoriamente, submetendo-se à sua disciplina. É um processo punitivo, mas com tais peculiaridades e tanta freqüência na prática administrativa que merece destaque dentre seus congêneres, mesmo

50. Sobre *processo disciplinar* v. Alberto Bomfim, *O Processo Administrativo*, Rio, 1956; Manoel de Oliveira Franco Sobrinho, *Introdução ao Direito Processual Administrativo*, São Paulo, 1971; Carlos S. de Barros Jr., *Do Poder Disciplinar na Administração Pública*, São Paulo, 1972; Egberto Maia Luz, *Direito Administrativo Disciplinar*, São Paulo, 1977; Rui Stoco, *Procedimento Administrativo Disciplinar no Poder Judiciário*, São Paulo, 1995.

porque os estatutos dos servidores públicos geralmente regulamentam a sua tramitação para cada órgão ou entidade estatal interessada.[51]

O processo disciplinar é sempre necessário para a imposição de pena de *demissão*[52] ao funcionário *estável* (CF, art. 41, § 1º), tendo a jurisprudência entendido que também o é para o *efetivo*, ainda que em estágio probatório.[53] Para os demais servidores o ato demissório dependerá das exigências constantes do estatuto ou das normas especiais pertinentes, podendo a apuração da falta ser feita por *meios sumários*, desde que assegurada a defesa. Em qualquer caso, conforme estabelecido pela Súmula Vinculante n. 5, do STF, a falta de defesa técnica por advogado no processo administrativo disciplinar não ofende a Constituição.

O processo disciplinar deve ser instaurado por portaria da autoridade competente na qual se descrevam os atos ou fatos a apurar e se indiquem as infrações a serem punidas,[54] designando-se desde logo a comissão processante,[55] a ser presidida pelo integrante mais categorizado. A comissão – especial ou permanente – há que ser constituída por funcionário efetivo, de categoria igual ou superior à do acusado (STF, *RTJ* 195/36), para que não se quebre o princípio hierárquico, que é o sustentáculo dessa espécie de processo administrativo.

Na instrução do processo a comissão processante tem plena liberdade na colheita das provas, podendo socorrer-se de assessores técnicos e peritos especializados, bem assim examinar quaisquer documentos relacionados com o objeto da investigação, ouvir testemunhas e fazer inspeções *in loco*. Pode ainda ampliar a imputação "se durante o processo adminis-

51. O processo disciplinar dos servidores da União está regulado pelo respectivo Estatuto (Lei 8.112/90, arts. 143 a 152) e nos Estados e Municípios rege-se pela legislação própria de cada entidade estatal. O processo disciplinar de aluno de estabelecimento de ensino público ou particular rege-se por um rito especial e sumário, mas com defesa.

52. *Demissão* e *exoneração* têm sentido diverso em Direito Administrativo, mas, lamentavelmente, tais expressões vêm sendo utilizadas indistintamente, como se expressassem o mesmo conceito. Demissão é pena; exoneração não o é. Enquanto a demissão é a dispensa do funcionário a título de punição, a exoneração é a dispensa a pedido, ou por não interessarem mais os serviços do funcionário exonerável. Erro é também dizer-se que certos servidores são *demissíveis "ad nutum"*, quando, na verdade, são *exoneráveis "ad nutum"*. Nenhum servidor é demissível sumariamente, porque, sendo a demissão uma penalidade, deverá ser comprovada, sempre, a falta que a enseja. Se a dispensa do funcionário não se baseia em infração, ou esta é omitida no ato que o desliga da Administração, não há falar em *demissão*, mas sim em *exoneração*. V., a propósito, o excelente parecer de Bilac Pinto in *Estudos de Direito Público*, 1953, pp. 297 e ss.

53. STF, *RDA* 54/198; TFR, *RDA* 23/89, 31/154; TJSP, *RDA* 51/155, 54/199, 59/156; TASP, *RDA* 58/92, 63/108, 293/427, 302/589, 309/748, 320/360.

54. Mas a "capitulação do ilícito administrativo não pode ser aberta a aponto de impossibilitar o direito de defesa" (*RTJ* 195/171, rel. Min. Eros Grau).

55. O STJ anulou pena disciplinar porque membro da sindicância participou da comissão processante, com o quê teria perdido a imparcialidade (AMS 14.135).

trativo forem apurados fatos novos que constituam infração disciplinar", observando-se rigorosamente o contraditório e a ampla defesa.[56] Desde a citação acusatória deverá ser facultado ao indiciado ou ao seu advogado o exame dos autos na repartição, para apresentação da defesa e indicação de suas provas no prazo regulamentar, possibilitando-lhe o acompanhamento de toda a instrução. O advogado tem direito ao acesso mesmo em caso de sigilo, salvo as informações relativas à decretação e execução de diligências atinentes às interceptações telefônicas (cf. Lei 9.296/96 e STF, HC 90.232). O conhecimento da acusação, com oportunidade de contestação, apresentação de contraprovas e presença nos atos instrutórios, consubstanciam a *ampla defesa* assegurada pela Constituição (art. 5º, LV) e sem a qual é nulo o julgamento condenatório. Essa garantia constitucional estende-se a todo e qualquer procedimento acusatório – judicial ou administrativo – e se consubstancia no *devido processo legal* (*due process of law*), de prática universal nos Estados de Direito. É a moderna tendência da *jurisdicionalização do poder disciplinar*, que impõe condutas formais e obrigatórias para garantia dos acusados contra arbítrios da Administração, assegurando-lhes não só a oportunidade de defesa como a observância do rito legalmente estabelecido para o processo.

O STJ editou a Súmula 343: "É obrigatória a presença de advogado em todas as fases do processo administrativo disciplinar"; mas, logo depois, o STF aprovou a Súmula Vinculante n. 5: "A falta de defesa técnica por advogado no processo administrativo disciplinar não ofende a Constituição". Assim, o fato de a defesa não ser feita por advogado (defesa técnica) não causa a nulidade do processo disciplinar.

Concluída a instrução, a comissão processante deverá relatar o apurado e opinar pela absolvição ou punição do acusado, indicando, neste caso, os dispositivos infringidos, podendo divergir da acusação inicial, sugerir a instauração de outros processos e apontar providências complementares de interesse da Administração, desde que o faça motivadamente.

No julgamento a autoridade competente deverá sempre fundamentar sua decisão, com motivação própria ou adoção dos fundamentos do relatório, tanto para a condenação quanto para a absolvição. O julgamento fora do prazo não acarreta nulidade do processo disciplinar (STF, *RTJ* 195/36). Permitido lhe é discordar do parecer da comissão para impor pena não pedida, minorar, agravar ou excluir a responsabilidade do acusado. O que não se admite é julgamento sem fundamentação, ainda que sucinta. Punição sem justificativa nos elementos do processo é nula, porque deixa de ser ato disciplinar legítimo para se converter em ato arbitrário – ilegal, portanto. Além

56. STF, RMS 24.526.

disso, a aplicação de penalidade administrativa *sem motivação* subtrairia a possibilidade do *controle de legalidade* da punição pelo Judiciário, frustrando, assim, o preceito constitucional de proteção aos direitos individuais, mas a autoridade competente pode adotar capitulação legal diversa da referida na portaria, desde que não se fundamente em fato nela não contido.[57]

Permitido é ao Poder Judiciário examinar o processo administrativo disciplinar para verificar se a sanção imposta é legítima à luz do devido processo legal material, e se a apuração da infração atendeu ao devido procedimento legal. Essa verificação importa conhecer os motivos da punição e saber se foram atendidas as formalidades procedimentais essenciais, notadamente a oportunidade de defesa ao acusado e a contenção da comissão processante e da autoridade julgadora nos limites de sua competência funcional, isto sem tolher o discricionarismo da Administração quanto à escolha da pena aplicável dentre as consignadas na lei ou regulamento do serviço, à graduação quantitativa da sanção e à conveniência ou oportunidade de sua imposição. O Poder Judiciário pode, se provocado, examinar os motivos e o conteúdo do ato de demissão, para julgar se ele é, ou não, legítimo frente à lei e aos princípios, em especial aos da proporcionalidade e razoabilidade.[58] Em suma, o que se nega ao Judiciário é o poder de substituir ou modificar penalidade disciplinar a pretexto de fazer justiça, pois, ou a punição é legal, e deve ser confirmada, ou é ilegal, e há que ser anulada; inadmissível é a substituição da discricionariedade legítima do administrador por arbítrio ilegítimo do juiz.[59]

3.3.7 *Meios sumários* – Além do processo administrativo, pode a Administração utilizar-se de *meios sumários* para a elucidação preliminar de determinados fatos ou aplicação de penalidades disciplinares menores ou comprovadas na sua flagrância, e tais são a *sindicância*, a *verdade sabida* e o *termo de declarações do infrator*.

3.3.7.1 Sindicância: *sindicância administrativa* é o meio sumário de apuração ou elucidação de irregularidades no serviço para subseqüente instauração de processo e punição ao infrator. Pode ser iniciada com ou sem

57. STF, *RTJ* 105/66, RMS 24.536 (*DJU* 5.3.2004) e RMS 24.6990DF, *Informativo STF* 372, de 8.12.2004.

58. Sobre a proporcionalidade, v., no STJ, v. excelentes acórdãos no MS 11.124, Rel. Min. Nilson Naves, e no MS 12.957. Este, ao anular o processo disciplinar, acentuou que, em observância ao princípio da proporcionalidade, a autoridade deve pôr em confronto: a gravidade da falta, o dano causado ao serviço público, o grau de responsabilidade do servidor e seus antecedentes funcionais para, sopesando tudo", aplicar a sanção (rel. Min. Napoleão Nunes Maia Filho).

59. STF, *RT* 683/208 e *RTJ* 194/590.

sindicado, bastando que haja indicação da falta a apurar. Não tem procedimento formal, nem exigência de comissão sindicante, podendo realizar-se por um ou mais funcionários designados pela autoridade competente.[60] Dispensa defesa do sindicado e publicidade no seu procedimento, por se tratar de simples expediente de apuração ou verificação de irregularidade, e não de base para punição equiparável ao inquérito policial em relação à ação penal. É o verdadeiro *inquérito administrativo* que precede o *processo administrativo disciplinar*. Entretanto, a *sindicância* tem sido desvirtuada e promovida como instrumento de punição de pequenas faltas de servidores, caso em que deverá haver oportunidade de defesa para validade da sanção aplicada.

3.3.7.2 Sindicância patrimonial: com o Dec. 5.483, de 30.6.2005, no âmbito do Executivo federal, surgiu a chamada *sindicância patrimonial*, como procedimento sigiloso e meramente investigatório, sem caráter punitivo, instaurado para apurar fundada notícia ou indícios de enriquecimento ilícito, inclusive evolução patrimonial incompatível com os recursos e disponibilidades do agente público, nos termos do art. 9º, da Lei 8.429, encerrado por relatório propondo seu arquivamento ou sua conversão em processo administrativo disciplinar, dando-se imediato conhecimento do fato ao Ministério Público Federal, Tribunal de Contas da União e órgãos de controle citados no art. 10 da mesma lei. É dever dos agentes públicos que tomarem conhecimento das informações manter sigilo sobre elas, podendo o desrespeito caracterizar improbidade administrativa. Esta *sindicância patrimonial* é meio de controle altamente salutar e relevante para o combate da corrupção, devendo ser adotada por outros Poderes e entes federados.

3.3.7.3 Verdade sabida: *verdade sabida* é o conhecimento pessoal da infração pela própria autoridade competente para punir o infrator. Tal ocorre, p. ex., quando o subordinado desautora o superior no ato do recebimento de uma ordem ou quando em sua presença comete falta punível por ele próprio. Em tais casos, a autoridade competente, que presenciou a infração, aplica a pena pela *verdade sabida*, consignando no ato punitivo as circunstâncias em que foi cometida e presenciada a falta. Esse meio sumário só é admissível para as penalidades cuja imposição não exija processo administrativo disciplinar. Tem-se considerado, também, como *verdade sabida* a infração pública e notória, estampada na imprensa ou divulgada por outros meios de comunicação de massa. O essencial para se enquadrar a falta na *verdade sabida* é seu conhecimento direto pela autoridade competente para

60. O STJ anulou pena disciplinar porque membro sindicante também participou do processo administrativo (AMS 14.135).

puni-la, ou sua notoriedade irretorquível. Não obstante, embora sem rigor formal, deve-se assegurar a possibilidade de defesa e contraditório.

3.3.7.4 Termo de declarações: *termo de declarações* é forma sumária de comprovação de faltas menores de servidores, através da tomada de seu depoimento, que, em si, já é defesa, sobre irregularidade que lhe é atribuída, e, se confessada, servirá de base para a punição cabível. Para plena validade das declarações é de toda conveniência que sejam tomadas em presença de, pelo menos, duas testemunhas, que também subscreverão o termo. Esse meio sumário evita demoradas sindicâncias e processos sobre pequenos deslizes funcionais que devam ficar documentalmente comprovados para imediata punição ou para atestar futuras reincidências do servidor. Se o inquirido negar a falta, haverá necessidade de processo administrativo disciplinar para comprová-la e legitimar a punição (v. notas 49 e 50).

3.3.8 *Processo administrativo tributário – Processo administrativo tributário* ou *fiscal*, propriamente dito, é todo aquele que se destina à determinação, exigência ou dispensa do crédito fiscal, bem como à fixação do alcance de normas de tributação em casos concretos, pelos órgãos competentes tributantes, ou à imposição de penalidade ao contribuinte. Nesse conceito amplo e genérico estão compreendidos todos os procedimentos fiscais próprios, sob as modalidades de *controle* (processos de lançamento e de consulta), de *outorga* (processos de isenção) e de *punição* (processos por infração fiscal), sem se falar nos processos impróprios, que são as simples *autuações de expediente* que tramitam pelos órgãos tributantes e repartições arrecadadoras para notificação do contribuinte, cadastramento e outros atos complementares de interesse do fisco.

Oportuno lembrar que o Dec. 3.724/2001, com base na Lei Complementar 105/2001, instituiu procedimento administrativo próprio para quebra de sigilo bancário pelas autoridades e agentes tributários da União.[61]

Com essas considerações tentamos formular a *teoria geral do processo administrativo brasileiro* e demonstrar que todas as suas espécies, notadamente a do *processo disciplinar* e a do *processo tributário* ou *fiscal*, de prática diuturna na Administração, devem subordinar-se aos *princípios gerais*, atender às *fases comuns* do gênero a que pertencem e enquadrar-se nas *modalidades adequadas* às suas diversificadas finalidades, o que não tem ocorrido, lamentavelmente, pela omissão da nossa doutrina publicística e pela deficiência de nossa legislação administrativa.

61. O STF, Pleno, julgou constitucional dispositivo da Lei Complementar 105/2001 que permite à Receita Federal requisitar informações de instituições financeiras sem ordem judicial, na forma do § 2º do art. 11 da Lei 9.311/96, sob o fundamento de que aí não se tem propriamente quebra de sigilo bancário (Ação Cautelar 33).

4. *Controle administrativo do Poder Judiciário e do Ministério Público*

4.1 *Conselho Nacional de Justiça e Conselho Nacional do Ministério Público*

Tendo a EC 45/2004 criado o *Conselho Nacional de Justiça* (art. 103-B) e o *Conselho Nacional do Ministério Público* (art. 130-A), convém que se analise em item específico o controle previsto para esses dois órgãos públicos colegiados. Desde logo, vale destacar que não se trata de um controle externo,[62] posto que não é exercido por outro Poder ou por órgão que não seja integrante da mesma instituição, tanto que seu exercício não prejudica a competência dos Tribunais de Contas, os quais exercem o controle externo. Assim, é exercido no âmbito do próprio Poder Judiciário ou da própria instituição do Ministério Público, embora por órgãos públicos de natureza nacional.

No âmbito de atuação de cada um, compete[63] a esses Conselhos o "controle da atuação administrativa e financeira" e "do cumprimento dos deveres funcionais" dos juízes ou dos membros do Ministério Público (cf. § 4º do art. 103-B e § 2º do art. 130-A), quer sejam aqueles e estes federais ou estaduais, cabendo-lhes, em síntese, zelar pelo cumprimento da CF e das leis relativas ao Judiciário ou ao Ministério Público. Para tanto, podem (i) expedir atos regulamentares e recomendar providências; (ii) zelar pela observância do art. 37 da CF e apreciar, de ofício ou mediante provocação, a legalidade dos atos administrativos, não a discricionariedade administrativa, podendo desconstituí-los, revê-los ou fixar prazo para que adotem as providências necessárias para o exato cumprimento da lei; (iii) julgar reclamações contra os membros do Judiciário ou do Ministério Público, inclusive sobre os serviços auxiliares de cada um, bem como das serventias e órgãos prestadores de serviços notariais e de registro que atuem por delegação do Poder Público ou oficializados, podendo, nas duas hipóteses, avocar processos disciplinares e determinar a remoção, disponibilidade ou a aposentadoria com subsídios ou proventos proporcionais ao tempo de serviço e aplicar outras sanções administrativas – assegurados, obviamente, a ampla defesa e o devido processo legal; (iv) rever, de ofício ou mediante provocação, os processos disciplinares de juízes e membros de tribunais ou membros do Ministério Público julgados há menos de um ano; (v) elaborar relatórios e propor as providências que julgarem necessárias sobre a situação do Judiciário ou do Ministério Público no país.

62. O STF acolheu a tese de controle interno na ADI 3.367-1 (rel. Min. Cézar Peluso).

63. Mas não têm competência para intervir em decisões de conteúdo jurisdicional (MS 27.148, MS 28.598/MC e MS 28.611/MC).

É importante notar que esse controle – assim, como o do item abaixo – não compreende os atos jurisdicionais ou judiciais propriamente ditos, mas apenas os atos administrativos e a atividade administrativa do Judiciário e do Ministério Público.

4.2 *Ouvidorias*

A referida EC 45/2004 também prevê a criação, por lei da União, das *Ouvidorias*, com o objetivo de provocar a atuação do Conselho Nacional de Justiça ou do Conselho Nacional do Ministério Público (§ 7º do art. 103-B e § 5º do art. 130-A), com competência para receber reclamações e denúncias de quaisquer interessados contra membros do Poder Judiciário ou do Ministério Público, ou contra os órgãos e serviços auxiliares de um ou de outro, representando diretamente àqueles Conselhos, para as providências cabíveis.

5. *Controle legislativo*

5.1 *Conceito*

Controle legislativo ou *parlamentar* é o exercido pelos órgãos legislativos (Congresso Nacional, Assembléias Legislativas e Câmaras de Vereadores) ou por comissões parlamentares sobre determinados atos do Executivo na dupla linha da legalidade e da conveniência pública, pelo quê caracteriza-se como um controle eminentemente *político*, indiferente aos direitos individuais dos administrados, mas objetivando os superiores interesses do Estado e da comunidade.

Ampliando seus poderes de controle, a Constituição de 1988 deu ao Congresso Nacional competência para "sustar os atos normativos do Poder Executivo que exorbitem do poder regulamentar ou dos limites de delegação legislativa" (art. 49, V). Essa sustação, no âmbito federal, pode ser feita de ofício, pelo Congresso Nacional, ou mediante representação do interessado; no âmbito estadual e municipal dependerá do que constar da respectiva Constituição Estadual e da lei orgânica local.

No regime constitucional de separação de funções, como o nosso, os Poderes do Estado não se confundem nem se subordinam, mas se harmonizam, cada qual realizando sua atribuição precípua e desempenhando restritamente outras que a Constituição lhes outorga para uma recíproca cooperação institucional.

Dentro dessa técnica de precipuidade de funções e de harmonia e independência dos Poderes, cabe ao Executivo a realização das atividades administrativas, mas em algumas delas depende da cooperação do Legislativo, dadas a relevância do ato e suas extensas repercussões políticas internas ou externas, que só o Parlamento está em condições de bem valorar e decidir sobre sua legitimidade e conveniência. Noutros casos é o equilíbrio entre os Poderes que impõe o controle do ato de um pelo outro, como ocorre na aprovação do orçamento e na fiscalização de sua execução como, também, na apreciação prévia ou subseqüente de certas proposições administrativas de maior interesse nacional. Diante dessa realidade, a Constituição indica os atos sujeitos ao *controle legislativo* e delimita o campo das *investigações parlamentares*, vinculando, assim, no conteúdo e forma, a atuação fiscalizadora desse Poder.[64]

Esse controle deve limitar-se ao que prevê a Constituição Federal, para evitar a interferência inconstitucional de um Poder sobre outro (nesse sentido: STF, *RTJ* 143/510).

Daí a justa observação de Caio Tácito de que: "O controle do Legislativo sobre a Administração Pública, especialmente nos governos presidencialistas, é caracteristicamente de efeito indireto. Não pode o Congresso anular atos administrativos ilegais, nem exercer sobre as autoridades executivas poderes de hierarquia ou de tutela".[65] Realmente, nosso sistema presidencialista não concede ao Legislativo faculdades ilimitadas de controle sobre os demais Poderes, mas permite a apuração de irregularidades de qualquer natureza através de *Comissão Parlamentar de Inquérito*.[66] Pode, ainda, atuar em juízo, em nome e em determinadas situações, especialmente em defesa de sua autonomia e independência, por meio de Procuradoria Judicial própria.[67] Cremos que poderá, mesmo, instituir o *representante parlamentar* para acompanhar os julgamentos do Judiciário e as atividades mais relevantes do Executivo, a fim de apontar suas falhas para oportuna correção legal, à semelhança do *Ombudsman* nórdico, atualmente adotado nos países mais civilizados.[68] Além disso, a Constituição da República já atribuiu a ambas

64. STF: sobre os limites da CPI e seus poderes, v. excelente despacho do Min. Celso de Mello no HC 71.421, bem como o MS 24.847-5, e a MC nos MS 25.847-6 e 25.717-2; sobre instalação de CPI, MS/MC 26.441; e, sobre direitos do advogado na CPI, MS/MC 25.617-6. A CPI não tem poder sobre decisão do Judiciário, como a de "segredo de justiça" (MS 27.483). O mesmo STF entendeu que a CPI estadual pode requerer quebra de sigilo bancário, com base no art. 58, § 3º, da CF.

65. Caio Tácito, *O Abuso do Poder Administrativo no Brasil*, Rio, 1959, p. 39.

66. As conclusões da CPI não têm caráter sancionatório.

67. STF, ADI 1.557-5, *DJU* 2.8.2004.

68. O *Ombudsman* teve sua origem na Suécia, em 1713, instituído pelo Rei Charles XII, como seu representante, com poderes absolutos para verificar qualquer atividade do Reino e informar o Soberano. A Constituição de 1809 institucionalizou-o como representante do Parlamento. Em 1919 foi adotado na Finlândia; em 1952 na Noruega; em 1953 na Dinamarca; em 1956 na República Federal da Alemanha; em 1962 na Nova Zelândia; em 1967 na Inglaterra, sob a denominação de *Parlamentary Commissioner for Administration* (cf. Charles Debbasch, *Science Administrative*, Paris, 1970, pp. 607 e ss., e tb. H. W. R. Wade, *Administrative Law*,

as Casas do Congresso Nacional a *fiscalização dos atos da Administração*, em especial da *administração financeira e orçamentária*, e incumbiu-as de outros controles específicos, como veremos a seguir.

5.2 Fiscalização dos atos da Administração

A Constituição da República de 1988 ampliou sensivelmente as atribuições do Legislativo para a fiscalização e controle dos atos da Administração em geral (direta e indireta), nos termos do inc. X do art. 49. Para essa fiscalização fora editada a Lei 7.295, de 19.12.84, dispondo sobre o processo de controle, pela Câmara dos Deputados e pelo Senado Federal, dos atos do Poder Executivo e os da Administração indireta, sendo que para a fiscalização desta já havia a Lei 6.223, de 14.7.75, alterada pela Lei 6.525, de 11.4.78, embora em termos ainda insatisfatórios, num incompreensível desprezo dessa função de controle político-representativo da atuação do Executivo, função, essa, que, no dizer de Andreozzi, "não é uma faculdade inferior ou adjacente à de editar leis; pelo contrário, é fundamental e necessária à própria elaboração das leis, a fim de que o Legislativo conheça como funcionam os outros órgãos, sobretudo do Executivo, em relação ao qual exerce amplo controle". E remata: "Não se pode dizer que essas funções essenciais, que são conseqüência da natureza mesma das Câmaras Legislativas, sejam faculdades incidentais e acessórias. A nosso juízo, são faculdades fundamentais, transcendentais, de amplíssima projeção".[69]

Nesse mesmo sentido, sustenta Beckert que, nos regimes democráticos, o povo delega poderes, não só de legislação mas, e sobretudo, de fiscalização, a seus mandatários nas Câmaras, para que assegurem um governo probo e eficiente,[70] que coincide com a assertiva de Galloway quando afirma, conclusivamente, que "o controle do Executivo pelo Legislativo se desenvolve com três finalidades: ajudar a legislação, supervisionar a Administração e informar a opinião pública sobre o cumprimento da lei".[71]

Entre nós, além da função geral de fiscalização dos atos da Administração direta e indireta que a Constituição atribui ao Legislativo (art. 49, X), outras missões de controle político são deferidas ao Congresso Nacional, tais como: a de aprovação de tratados e convenções internacionais (art. 49, I); autorização ao Presidente da República para declarar guerra e fazer a paz

Oxford, 1967, trad. italiana de C. Geraci sob o título *Diritto Amministrativo Inglese*, Milão, 1969, p. 23).

69. Manuel Andreozzi, *Facultades Implícitas de Investigación Legislativa y Privilegios Parlamentarios*, Buenos Aires, 1943, p. 12.

70. Carl L. Beckert, *Democracia Moderna*, Madri, 1941, pp. 71 e ss.

71. George B. Galloway, *The Investigate Fonction*, Nova York, 1927, p. 70.

(art. 49, II); aprovação ou suspensão de intervenção federal ou de estado de sítio (art. 49, IV); julgamento das contas do Presidente da República (art. 49, IX) e fiscalização financeira e orçamentária da União (art. 70), nessa parte auxiliado pelo TCU (arts. 70 e 71). Observe-se que a atual Constituição atribui competência exclusiva ao Congresso Nacional para determinadas aprovações (art. 49) e *conjunta com o Presidente da República* para outras (art. 48).

Há, ainda, funções de controle legislativo privativas do Senado Federal, dentre as quais a de aprovar a escolha de Magistrados, Ministros do TCU, Governador de Território, Presidente e Diretores do Banco Central, Procurador-Geral da República e titulares de outros cargos que a lei determinar (art. 52, III), bem como dos Chefes de Missão Diplomática de caráter permanente (art. 52, IV); autorizar operações externas de natureza financeira de interesse da União, dos Estados, do Distrito Federal, dos Territórios e dos Municípios (art. 52, V) e outras restrições de caráter financeiro relativas a endividamentos internos e externos das entidades estatais, autárquicas e paraestatais (art. 52, VI, VII, VIII e IX).

Compete à Câmara dos Deputados tomar as contas do Presidente da República quando não apresentadas no prazo constitucional ao Congresso Nacional (art. 51, II).

Afora essas funções de controle dos órgãos legislativos permanentes, a Câmara dos Deputados e o Senado Federal, em conjunto ou separadamente, poderão constituir Comissão Parlamentar de Inquérito – CPI por prazo certo e para apuração de fato determinado (art. 58, § 3º),[72] pedir informações ao Executivo sobre fatos sujeitos à sua fiscalização (art. 49, X) e processar o Presidente da República e Ministros por crime de responsabilidade (arts. 51, I, e 52, I e II).[73] Ressalte-se que a atual Constituição deu "poderes de investigação próprios das autoridades judiciais" à CPI (§ 3º do art. 58), o que lhes permite convocar e obrigar testemunhas a comparecerem para depor, podendo ser conduzidas por autoridade policial, ordenar a quebra de sigilo bancário, fiscal e telefônico, sempre com a devida fundamentação do ato deliberativo.[74] De acordo com a Lei 10.001, de 4.9.2000, na área federal, o relatório da CPI, com suas conclusões, e a resolução legislativa que o aprovar serão encaminhados aos Chefes do Ministério Público da União ou dos Estados, ou, ainda, às autoridades administrativas

72. O funcionamento das *Comissões Parlamentares de Inquérito* – CPI está regulamentado pela Lei 1.579, de 18.3.52.

73. Os crimes de responsabilidade e seu processo estão definidos e regulados pela Lei 1.079, de 10.4.50, para as autoridades federais e estaduais sujeitas a esses delitos. Para os Prefeitos e Vereadores os crimes e respectivo processo constam do Dec.-lei 201, de 27.2.67.

74. STF, MS 23.452-1, rel. Min. Celso de Mello, e MS/MC 24.960. A CPI Estadual pode quebrar sigilo bancário (ACO 730).

ou judiciais com poder de decisão, conforme o caso, para a prática de atos de sua competência, as quais informarão ao remetente, "no prazo de trinta dias, as providências adotadas ou a justificativa pela omissão". Instaurado "processo ou procedimento, administrativo ou judicial", a autoridade que o presidir "comunicará, semestralmente", ao Legislativo "a fase em que se encontra, até a sua conclusão". A lei determina ainda que o processo judicial tenha prioridade sobre qualquer outro, exceto sobre "*habeas corpus*, *habeas data* e mandado de segurança". Por fim, seu art. 4º prevê que o "descumprimento" das normas acima "sujeita a autoridade a sanções administrativas, civis e penais".

5.2.1 *Fiscalização financeira e orçamentária* – A *fiscalização financeira e orçamentária* é conferida em termos amplos ao Congresso Nacional, mas se refere fundamentalmente à prestação de contas de todo aquele que administra bens, valores ou dinheiros públicos. É decorrência natural da *administração* como atividade exercida em relação a interesses alheios. Não é, pois, a natureza do órgão ou da pessoa que a obriga a prestar contas; é a origem pública do bem administrado ou do dinheiro gerido que acarreta para o gestor o dever de comprovar seu zelo e bom emprego.

Toda administração pública – já o dissemos – fica sujeita a fiscalização hierárquica, mas, certamente por sua repercussão imediata no erário, a *administração financeira e orçamentária* submete-se a maiores rigores de acompanhamento, tendo a Constituição da República determinado o *controle interno pelo Executivo* e o *controle externo pelo Congresso Nacional auxiliado pelo TCU* (arts. 70 a 75). Além dessas normas constitucionais, a Lei 4.320, de 17.3.64, dispõe sobre a elaboração e controle dos orçamentos e balanços da União, dos Estados, dos Municípios e do Distrito Federal.

O *controle interno* objetiva a criação de condições indispensáveis à eficácia do controle externo e visa a assegurar a regularidade da realização da receita e da despesa, possibilitando o acompanhamento da execução do orçamento, dos programas de trabalho e a avaliação dos respectivos resultados, inclusive à luz dos princípios da eficiência e economicidade, ou "o emprego racional dos recursos públicos".[75] É, na sua plenitude, um controle de *legalidade*, *conveniência*, *oportunidade* e *eficiência*.

O *controle externo* visa a comprovar a probidade da Administração e a regularidade da guarda e do emprego dos bens, valores e dinheiros públicos, assim como a fiel execução do orçamento. É, por excelência, um *controle político de legalidade contábil e financeira*, o primeiro aspecto a cargo do Legislativo; o segundo, do Tribunal de Contas.

75. Márcia Filomena de Oliveira Mata, "Atuação do Tribunal de Contas da União – Relacionamento dos controles externo e interno", *Revista do Tribunal de Contas da União* 66, pp. 21-22.

5.2.1.1 Atribuições dos Tribunais de Contas: no controle externo da administração financeira, orçamentária e agora da gestão fiscal, como vimos, é que se inserem as principais atribuições dos nossos *Tribunais de Contas*, como órgãos independentes mas auxiliares dos Legislativos e colaboradores dos Executivos. O texto constitucional vigente ampliou as atribuições do TCU,[76] destacando-se as seguintes: a) parecer prévio sobre as contas prestadas anualmente pelo Presidente da República; b) julgamento das contas dos administradores e demais responsáveis por dinheiros, bens e valores públicos da Administração direta (Poder Legislativo e Poder Judiciário) e indireta (autarquias, empresas públicas, sociedades de economia mista e fundações instituídas e mantidas pelo Poder Público) e, ainda, das de todo aquele que der causa a perda, extravio ou outra irregularidade de que resulte prejuízo ao erário; c) aplicações das sanções previstas em lei aos responsáveis pelas ilegalidades apuradas; d) fixar prazo para que o órgão ou entidade adote as providências necessárias ao exato cumprimento da lei, bem como sustar, se não atendido, a execução do ato impugnado, comunicando a decisão ao Legislativo (art. 71). Registre-se, contudo, que, tratando-se de contrato, o ato de sustação será adotado diretamente pelo Legislativo (art. 71, § 1º), mas podem expedir provimentos cautelares.[77] Suas decisões podem imputar débito ao agente, a título de ressarcimento, ou multa, a título de sanção, mas o Tribunal de Contas não tem poder para promover a execução judicial de suas decisões. Tal legitimidade é da pessoa jurídica à qual pertence o agente.[78] Também não pode quebrar sigilo bancário.[79]

Segundo a Súmula Vinculante n. 3: "Nos processos perante o Tribunal de Contas da União asseguram-se o contraditório e a ampla defesa quando da decisão puder resultar anulação ou revogação de ato administrativo que beneficie o interessado, excetuada a apreciação da legalidade do ato de concessão inicial de aposentadoria, reforma e pensão".

76. STF, ADI 205-5-PB, *DJU* 3.8.90. Mas, como proclamou o Min. Celso de Mello em excelente e didática decisão, o TCU não dispõe, constitucionalmente, de poder para rever decisão judicial transitada em julgado (*RTJ* 193/556-557), nem para determinar a suspensão de benefícios garantidos por sentença revestida da autoridade da coisa julgada (*RTJ* 194/594), ainda que o direito reconhecido pelo Poder Judiciário não tenha o beneplácito da jurisprudência prevalecente no âmbito do STF, destacando que "os postulados da segurança jurídica, da boa-fé objetiva e da proteção da confiança, enquanto expressões do Estado Democrático de Direito, mostram-se impregnados de elevado conteúdo ético, social e jurídico, projetando-se sobre as relações jurídicas, mesmo as de Direito Público (*RTJ* 191/922), em ordem a viabilizar a incidência desses mesmos princípios sobre comportamentos de qualquer dos Poderes ou órgãos do Estado (os Tribunais de Contas, inclusive), para que se preservem, desse modo, situações administrativas já consolidadas no passado" (MS/MC 27.962-DF).

77. STF, decisão monocrática, com ampla fundamentação, no MS/MC 26.547.

78. STF, RE 223.037, RE 268.368, *DJU* 6.10.2004, e AI 529.226 (*DJU* 23.3.2007).

79. Cf. MS 22.801, do STF.

Verifica-se que a atuação do Tribunal de Contas não se confunde com a exercida pelo controle interno realizada pela própria Administração que praticou o ato, como, aliás, deixa patente o art. 70 da CF (STF, Pet. 3.606/AgR, *Informativo STF* 441).

Salvo no tocante ao controle da gestão fiscal e na forma da Lei Complementar 101/2000, a atuação dos Tribunais de Contas deve ser *a posteriori*, não tendo apoio constitucional qualquer controle prévio sobre atos ou contratos da Administração direta ou indireta, nem sobre a conduta de particulares que tenham gestão de bens ou valores públicos, salvo as inspeções e auditorias *in loco*, que podem ser realizadas a qualquer tempo, tendo, ainda, competência para expedir medidas cautelares, quando destinadas a conferir real efetividade às suas deliberações finais.[80]

As atividades dos Tribunais de Contas do Brasil expressam-se fundamentalmente em *funções técnicas opinativas*, *verificadoras*, *assessoradoras* e *jurisdicionais administrativas*,[81] desempenhadas simetricamente tanto pelo TCU quanto pelos dos Estados-membros, do Distrito Federal e dos Municípios que os tiverem (presentemente, só o Município de São Paulo e o do Rio de Janeiro os têm).

Quanto aos Municípios, suas contas são *julgadas* pelas próprias Câmaras de Vereadores, "com o auxílio dos Tribunais de Contas dos Estados ou do Município ou dos Conselhos ou Tribunais de Contas dos Municípios, onde houver"[82] (art. 31, § 1º), deixando de prevalecer o *parecer prévio*, emitido pelo órgão competente, por decisão de dois terços dos membros da Câmara Municipal (art. 31, § 2º).

Criou-se, assim, para as contas municipais, um sistema misto em que o *parecer prévio* do Tribunal de Contas ou do órgão equivalente é *vinculante* para a Câmara de Vereadores até que a votação contra esse mesmo parecer atinja dois terços de seus membros, passando, daí por diante, a ser meramente opinativo e rejeitável pela maioria qualificada do Plenário. Portanto, o *parecer* do Tribunal ou órgão de contas vale como *decisão* enquanto a Câmara não o substituir por seu *julgamento* qualificado pelo *quorum* constitucional.

80. V., do Autor, "Parecer", *RT* 532/34, e A. J. Ferreira Custódio, "Eficácia das decisões dos Tribunais de Contas", *RDA* 185/63. Sobre a tutela cautelar: STF, MS 26.547, *DJU* 29.5.2007, e RE 547.063, *DJe* 12.12.2008, dando pela ilegalidade de exigência regulamentar do Tribunal de Contas de prévia remessa de cópia de edital de licitação antes de sua realização.

81. No RE 129.392 (*RTJ* 149/227) o STF decidiu que na hipótese do art. 71, II, da CF o julgamento do Tribunal de Contas *não é submetido* à apreciação do Legislativo, sendo, assim, definitivo, administrativamente. E, nos MS 25.426 e 25.508, que, se o acórdão do Tribunal de Contas tem caráter impositivo, a *autoridade que o cumpre* não é autoridade coatora para fins de mandado de segurança.

82. Pela Constituição de 1988 "é vedada a criação de Tribunais, Conselhos ou órgãos de Contas Municipais" (art. 31, § 4º).

Mesmo no controle legislativo, havendo litígio, deve-se observar a garantia da defesa e do contraditório. Por isso, a Casa Legislativa, para aprovar a rejeição de contas, deve, antes da aprovação do parecer pela rejeição, assegurar aquela garantia.[83]

Finalmente, é de se observar que desde a Constituição de 1967 vigora no Brasil uma orientação no controle orçamentário e financeiro visando a substituir as meras verificações formais de comprovação da despesa pelo acompanhamento efetivo da conduta contábil e financeira da Administração, quer na execução do orçamento, quer no desenvolvimento dos programas de trabalho. Suprimiram-se os registros da despesa e dos contratos que tanto emperravam a atuação do Executivo, aliviou-se o Tribunal do julgamento de pequenos atos que em nada contribuíam para a probidade administrativa, atribuindo-se-lhe funções de maior relevância e de participação na dinâmica governamental (v., ainda, Cap. XII, item 7.1).

6. Controle judiciário

6.1 Conceito

Controle judiciário ou *judicial*[84] é o exercido privativamente pelos órgãos do Poder Judiciário sobre os atos administrativos do Executivo,[85] do Legislativo e do próprio Judiciário quando realiza atividade administrativa. É um controle *a posteriori*, unicamente de *legalidade*, por restrito à verificação da conformidade do ato com a norma legal que o rege. Mas é sobretudo um meio de preservação de direitos individuais, porque visa a impor a observância da lei em cada caso concreto, quando reclamada por seus beneficiários. Esses direitos podem ser públicos ou privados – não importa –, mas sempre subjetivos e próprios de quem pede a correção judicial do ato administrativo, salvo na ação popular e na ação civil pública, em que o autor defende o patrimônio da comunidade lesado pela Administração.

A Lei 11.417, de 19.12.2006, que regulamentou o art. 103-A da CF, disciplinando a edição da *súmula vinculante*, torna mais eficiente e rigoroso esse controle judicial.

83. STF, RE 261.885; RE 235.593-1, rel. Min. Celso de Mello, com excelente fundamentação, inclusive sobre controle legislativo.

84. Caio Tácito, "O controle judicial da Administração Pública na nova Constituição", *RDA* 173/25; Cretella Jr., *Controle Jurisdicional do Ato Administrativo*, 3ª ed., Rio, Forense, 1993; Ivan Lira de Carvalho, "O descumprimento de ordem judicial por funcionário público", *RTJE* 130/35.

85. Relembre-se que os atos normativos expedidos pelo Poder Executivo podem ser *sustados* pelo Congresso Nacional desde "que exorbitem do poder regulamentar ou dos limites de delegação legislativa" (CF, art. 49, V). Assim, os atos do Executivo que expressem direito em tese não ficam apenas sujeitos ao controle do Judiciário, mas também do Legislativo.

6.2 *Atos sujeitos a controle comum*

Os atos sujeitos a *controle judicial comum* são os administrativos em geral. No nosso sistema de *jurisdição judicial única*, consagrado pelo preceito constitucional de que não se pode excluir da apreciação do Poder Judiciário qualquer lesão ou ameaça a direito, individual ou coletivo (art. 5º, XXXV), a Justiça Ordinária tem a faculdade de julgar todo ato de administração praticado por agente de qualquer dos órgãos ou Poderes de Estado. Sua limitação é apenas quanto ao objeto do controle, que há de ser unicamente a *legalidade*, sendo-lhe vedado pronunciar-se sobre conveniência, oportunidade ou eficiência do ato em exame, ou seja, sobre o *mérito administrativo*.

Registre-se que também a conduta omissiva da Administração pode ser objeto de controle judicial quando importar descumprimento de encargos político-jurídicos ou de comandos constitucionais ou decorrentes de lei em sentido estrito. Mas tal controle não pode invadir o mérito da atuação administrativa, como a forma de execução da própria pólita pública prevista pela norma ou a fixação de parâmetros ou valores, valendo notar que os destinatários da norma podem pleitear a indenização correspondente causada pela omissão.[86]

A legalidade do ato administrativo é a condição primeira para sua validade e eficácia. Nos Estados de Direito, como o nosso, não há lugar para o arbítrio, a prepotência, o abuso de poder. A Administração Pública está tão sujeita ao império da lei como qualquer particular, porque o Direito é a medida-padrão pela qual se aferem os poderes do Estado e os direitos do cidadão.

Todo ato administrativo, de qualquer autoridade ou Poder, para ser legítimo e operante, há que ser praticado em conformidade com a norma legal pertinente (princípio da legalidade), com a moral da instituição (princípio da moralidade), com a destinação pública própria (princípio da finalidade), com a divulgação oficial necessária (princípio da publicidade) e com presteza e rendimento funcional (princípio da eficiência). Faltando, contrariando ou desviando-se desses princípios básicos, a Administração Pública vicia o ato, expondo-o a *anulação* por ela mesma ou pelo Poder Judiciário, se requerida pelo interessado.

Essa orientação doutrinária e jurisprudencial já passou para nosso Direito legislado, como se vê do art. 5º, LXIX, da CF e da lei de mandado de segurança (Lei 12.016/2009, art. 1º), que o admitem para coibir *ilegalidade ou abuso do poder* de qualquer autoridade, como, também, está na lei de

86. A respeito, com excelente fundamentação: STF, RE 410.715 (rel. Min. Min. Celso de Mello, com precedentes), e STJ, REsps 813.408 e 793.013.

ação popular, que enumera os *vícios de legitimidade* nulificadores dos atos lesivos ao patrimônio público (Lei 4.717/65, arts. 2º, 3º e 4º), e, ainda, na lei de ação civil pública, que reprime ou impede danos ao meio ambiente, ao consumidor, a bens e direitos de valor artístico, estético, histórico, turístico e paisagístico (Lei 7.347/85, art. 1º) e a qualquer outro interesse difuso, neste incluído o patrimônio público, por força, inclusive, do art. 12, III, da CF (Lei 7.347/85, art. 1º, com a redação dada pelo Código de Defesa do Consumidor).

Além desses remédios específicos, o particular lesado em seus direitos por ato ilegal da Administração poderá utilizar-se das vias judiciais comuns para obter não só a anulação do ato como, também, a reparação dos danos causados pela conduta ilegal do Poder Público.

Nem mesmo os *atos discricionários* refogem do controle judicial, porque, quanto à *competência*, constituem matéria de *legalidade*, tão sujeita ao confronto da Justiça como qualquer outro elemento do *ato vinculado*. Já acentuamos que a discricionariedade não se confunde com a arbitrariedade: o ato discricionário, quando permitido e emitido nos limites legais, é lícito e válido; o ato arbitrário é sempre ilícito e inválido. Daí por que o Judiciário terá que examinar o ato argüido de discricionário, primeiro, para verificar se realmente o é; segundo, para apurar se a discrição não desbordou para o arbítrio.

O que o Judiciário não pode é ir além do exame de *legalidade*, para emitir um juízo de *mérito* sobre os atos da Administração (v. cap. III, itens 2 e 3, sobre *poder vinculado* e *poder discricionário*, e cap. IV, item 6.1.4, sobre *Anulação pelo Poder Judiciário*).

A *competência do Judiciário* para a revisão de atos administrativos restringe-se ao controle da *legalidade* e da *legitimidade* do ato impugnado. Por *legalidade* entende-se a conformidade do ato com a norma que o rege; por *legitimidade* entende-se a conformidade com os princípios básicos da Administração Pública, em especial os do interesse público, da moralidade, da finalidade e da razoabilidade, indissociáveis de toda atividade pública. Tanto é ilegal o ato que desatende à lei formalmente, como ilegítimo o ato que violenta a moral da instituição ou se desvia do interesse público, para servir a interesses privados de pessoas, grupos ou partidos favoritos da Administração.

Ao Poder Judiciário é permitido perquirir todos os aspectos de legalidade e legitimidade para descobrir e pronunciar a nulidade do ato administrativo onde ela se encontre, e seja qual for o artifício que a encubra. O que não se permite ao Judiciário é pronunciar-se sobre o *mérito administrativo*, ou seja, sobre a conveniência, oportunidade, eficiência ou justiça do ato, porque, se assim agisse, estaria emitindo pronunciamento de administração, e não de jurisdição judicial. O *mérito administrativo*, relacionando-se com conveniências do Governo ou com elementos técnicos, refoge do âmbito do Poder Judiciário, cuja missão é a de aferir a conformação do ato com a lei escrita, ou, na sua falta, com os princípios gerais do Direito.[87]

Não há confundir, entretanto, o *mérito administrativo* do ato, infenso a revisão judicial, com o exame de seus *motivos determinantes*, sempre passíveis de verificação em juízo. Exemplificando: o Judiciário não poderá dizer da conveniência, oportunidade e justiça da aplicação de uma penalidade administrativa, mas poderá e deverá sempre examinar seu cabimento e a regularidade formal de sua imposição. Nesse sentido, já decidiu o TJSP, com inteira razão: "Para que o Judiciário bem possa verificar se houve exata aplicação da lei, força é que examine o mérito da sindicância ou processo administrativo, que encerra o fundamento legal do ato".[88]

Idêntica é a orientação do STF, deixando julgado que "a legalidade do ato administrativo, cujo controle cabe ao Poder Judiciário, compreende não só a competência para a prática do ato e de suas formalidades extrínsecas, como também os seus requisitos substanciais, os seus motivos, os seus pressupostos de direito e de fato, desde que tais elementos sejam definidos em lei como vinculadores do ato administrativo".[89]

Se tal critério é exato para os atos vinculados ou regrados, não é menos aplicável aos atos discricionários da Administração, em relação aos quais há apenas maior liberdade no modo e momento de sua prática, sem que se reconheça ao Poder Público direito de agir arbitrariamente, ou além de sua competência, ou contrariamente à moralidade e à finalidade administrativas, ou sem a publicidade necessária.

Todo ato administrativo praticado por agente incompetente ou além de sua competência incorre no vício de *excesso de poder* (*excès de pouvoir*), assim como qualquer ato que desatenda à moralidade e aos fins administrativos invalida-se pelo *desvio do poder* (*détournement de pouvoir*), que o Conselho de Estado Francês converteu em fecunda doutrina, hoje dominante em todos os Estados de Direto, como já vimos precedentemente (cap. II, item 4).

6.3 Atos sujeitos a controle especial

Enquanto os atos administrativos em geral expõem-se à revisão comum da Justiça, outros existem que, por sua origem, fundamento, natureza

87. Seabra Fagundes, *O Controle dos Atos Administrativos pelo Poder Judiciário*, Rio, 1967, pp. 148 e ss., e tb. o artigo "Conceito de mérito no Direito Administrativo", *RDA* 23/12; Cretella Jr., *Controle Jurisdicional do Ato Administrativo*, Rio, Forense, 1984; Caio Tácito, "A Administração e o controle da legalidade", *RDA* 37/1.

88. TJSP, *RDA* 27/214.

89. STF, *RDA* 42/227.

ou objeto, ficam sujeitos a um *controle especial* do Poder Judiciário, e tais são os chamados *atos políticos*, os *atos legislativos* e os *"interna corporis"*. Essa peculiaridade tem conduzido a maioria dos autores a considerá-los "insuscetíveis de apreciação judicial" – e nós mesmos já incidimos nesse equívoco em edições anteriores –, o que não é exato, porque, na realidade, a Justiça os aprecia, apenas com maiores restrições quanto aos motivos ou à via processual adequada, como veremos a seguir.

6.3.1 *Atos políticos* – *Atos políticos* são os que, praticados por agentes do Governo, no uso de competência constitucional, se fundam na ampla liberdade de apreciação da conveniência ou oportunidade de sua realização, sem se aterem a critérios jurídicos preestabelecidos. São atos governamentais por excelência, e não apenas de administração. São atos de condução dos negócios públicos, e não simplesmente de execução de serviços públicos. Daí seu maior discricionarismo e, conseqüentemente, as maiores restrições para o controle judicial. Mas nem por isso afastam a apreciação da Justiça quando argüidos de lesivos a direito individual ou ao patrimônio público.

A conceituação dos chamados *atos políticos* tem desafiado a argúcia dos publicistas, sem chegarem a uma definição coincidente e satisfatória. A dificuldade está em que, a nosso ver, não há uma categoria de atos políticos, como entidade ontológica autônoma na escala dos atos estatais, nem há um órgão ou Poder que os pratique com privatividade. Todos os Poderes de Estado são autorizados constitucionalmente a praticar determinados atos, em determinadas circunstâncias, com *fundamento político*. Nesse sentido, pratica *ato político* o Executivo quando veta projeto de lei, quando nomeia Ministro de Estado, quando concede indulto; pratica-o o Legislativo quando rejeita veto, quando aprova contas, quando cassa mandato; pratica-o o Judiciário quando propõe a criação de tribunais inferiores, quando escolhe advogado e membro do Ministério Público parar compor o quinto constitucional. Em todos esses exemplos são as conveniências do Estado que comandam o ato e infundem-lhe caráter *político* que o torna insuscetível de controle judicial quanto à valoração de seus motivos.

Mas, como ninguém pode contrariar a Constituição e essa mesma Constituição veda se exclua da apreciação do Poder Judiciário qualquer lesão ou ameaça a direito, individual ou coletivo (art. 5º, XXXV), segue-se que nenhum ato do Poder Público deixará de ser examinado pela Justiça quando argüido de inconstitucional ou de lesivo de direito subjetivo de alguém. Não basta a simples alegação de que se trata de *ato político* para tolher o controle judicial, pois será sempre necessário que a própria Justiça verifique a natureza do ato e suas conseqüências perante o direito individual do postulante. O que se nega ao Poder Judiciário é, depois de ter verificado a natureza e os fundamentos políticos do ato, adentrar seu conteúdo e valorar seus motivos.

Já o dissera Ruy, sob a égide da primeira Constituição da República, que, "indubitavelmente, a Justiça não pode conhecer de casos que forem exclusiva e absolutamente políticos, mas a autoridade competente para definir quais os casos políticos e os não políticos é justamente essa Justiça suprema".[90]

No mesmo sentido, Araújo Castro, escudado também na autoridade de Ruy, sustenta: "Uma questão pode ser distintamente política, altamente política, puramente política, fora dos limites da Justiça, e, contudo, em revestindo a forma de um pleito, estar na competência dos tribunais, desde que o ato, executivo ou legislativo, contra o qual se demande, fira a Constituição, lesando ou negando um direito nela consagrado. Questões exclusivamente políticas devem entender-se aquelas que se referem ao exercício de poderes discricionários, isto é, ao exercício de poderes que a Constituição confia à inteira discrição do Legislativo e do Executivo".[91]

Pelo só fato de ser discricionário o ato político não se exime do controle judiciário, porque, como esclarece Castro Nunes, "a discrição cessa onde começa o direito individual, posto em equação legal. As medidas políticas são discricionárias apenas no sentido de que pertencem à discrição do Congresso ou do Governo os aspectos de sua conveniência ou oportunidade, a apreciação das circunstâncias que possam autorizá-las, a escolha dos meios etc. Na verdade – remata o mesmo jurista –, os tribunais não se envolvem, não examinam, não podem sentenciar nem apreciar, na fundamentação de suas decisões, as medidas de caráter legislativo ou executivo, políticas ou não, de caráter administrativo ou policial, sob aspecto outro que não seja o da legitimidade do ato, no seu assento constitucional ou legal. Mas, nessa esfera restrita, o poder dos tribunais não comporta, em regra, restrição fundada na natureza da medida".[92]

A só invocação da natureza política do ato não é o suficiente para retirá-lo da apreciação judiciária. Necessário é que, sendo um ato com fundamento político, não se tenha excedido dos limites discricionários demarcados ao órgão ou autoridade que o praticou.

6.3.2 *Atos legislativos* – Os *atos legislativos*, ou seja, as leis propriamente ditas (normas em sentido formal e material), não ficam sujeitos a anulação judicial pelos meios processuais comuns, mas sim pela via especial da

90. Ruy Barbosa, *O Calote do Governo, as Decisões do Poder Judiciário e as Intervenções Federais*, Rio, 1915.

91. Araújo Castro, *A Constituição de 1937*, 2ª ed., Rio, p. 220.

92. Castro Nunes, *Teoria e Prática do Poder Judiciário*, 1ª ed., Rio, pp. 606 e ss.

ação direta de inconstitucionalidade e, agora, também pela *ação declaratória de constitucionalidade*, tanto para a *lei em tese* como para os demais *atos normativos*. E assim é porque a lei em tese e os atos normativos, enquanto regras gerais e abstratas, não atingem os direitos individuais e permanecem inatacáveis por ações ordinárias ou, mesmo, por mandado de segurança. Somente pela via constitucional da representação de inconstitucionalidade (art. 102, I, "a") e através do processo especial estabelecido na Lei 9.868, de 10.11.99 (v. item 6.4.8), promovido pelas pessoas e órgãos indicados (art. 103), é que o STF pode declarar a inconstitucionalidade da *lei em tese* ou de qualquer outro *ato normativo*, conforme exporemos adiante, ao cuidarmos dos meios de controle judiciário.

Se assim é para as leis em tese e demais atos normativos federais e estaduais, em face da Constituição Federal, também o será para seus congêneres municipais, em face da Constituição Estadual, cabendo a legitimidade ativa e a declaração de inconstitucionalidade ao agente e ao tribunal que a Constituição do Estado e as normas de organização judiciária indicarem.

As *leis e decretos de efeitos concretos*, entretanto, podem ser invalidados em procedimentos comuns, em mandado de segurança ou em ação popular, porque já trazem em si os resultados administrativos objetivados. Não são atos normativos gerais, mas, sim, deliberações individualizadas revestindo a forma anômala de lei ou decreto. Tais são, p. ex., as leis que criam Município, as que extinguem vantagens dos servidores públicos, as que concedem anistia fiscal e outras semelhantes. Assim também os decretos de desapropriação, de nomeação, de autorização etc.

Os *decretos legislativos* e as *resoluções das Mesas*, embora sejam atos provindos do Legislativo, sujeitam-se ao controle judicial comum porque são materialmente administrativos, sempre vinculados ao regimento para sua emissão e capazes de lesar direitos individuais de terceiros nos seus efeitos internos e externos.

O *processo legislativo*, tendo, atualmente, contorno constitucional de observância obrigatória em todas as Câmaras (arts. 59 a 69) e normas regimentais próprias de cada corporação, tornou-se passível de controle judicial para resguardo da legalidade de sua tramitação e legitimidade da elaboração da lei.[93] Claro está que o Judiciário não pode adentrar o *mérito* das deliberações da Mesa, das Comissões ou do Plenário, nem deve perquirir as opções políticas que conduziram à aprovação ou rejeição dos projetos, proposições ou vetos, mas pode e deve – quando se argúi lesão de direito individual – verificar se o processo legislativo foi atendido em sua plenitude, inclusive na tramitação regimental. Deparando infringência à Constituição, à lei ou ao

93. V., a respeito, excelente despacho do Min. Celso de Mello no MS 21.747-2, *DJU* 20.9.93.

regimento, compete ao Judiciário *anular* a deliberação ilegal do Legislativo, para que outra se produza em forma legal.

O *processo de cassação de mandato* pelas Câmaras Legislativas, estando vinculado pelas respectivas leis quanto aos motivos e à tramitação procedimental, tornou-se passível de controle de legalidade pela Justiça Comum sob esses dois aspectos, ou seja, quanto à *existência dos motivos* e à *regularidade formal do processo*. Nesse sentido é reiterada e pacífica a jurisprudência em mandados de segurança impetrados contra a cassação de mandato de Prefeitos e Vereadores, pelas Câmaras Municipais, com base no Dec.-lei 201, de 25.2.67.

6.3.3 *"Interna corporis"* – Os *interna corporis* das Câmaras também são vedados à revisto judicial comum, mas é preciso que se entenda em seu exato conceito, e nos seus justos limites, o significado de tais atos. Em sentido técnico-jurídico, *interna corporis* não é tudo que provém do seio da Câmara ou de suas deliberações internas.

Interna corporis são só aquelas questões ou assuntos que entendem direta e imediatamente com a economia interna da corporação legislativa, com seus privilégios e com a formação ideológica da lei, que, por sua própria natureza, são reservados à exclusiva apreciação e deliberação do Plenário da Câmara. Tais são os atos de escolha da Mesa (eleições internas), os de verificação de poderes e incompatibilidades de seus membros (cassação de mandatos, concessão de licenças etc.) e os de utilização de suas prerrogativas institucionais (modo de funcionamento da Câmara, elaboração de regimento, constituição de comissões, organização de serviços auxiliares etc.) e a valoração das votações.

Daí não se conclua que tais assuntos afastam, por si sós, a revisão judicial. Não é assim. O que a Justiça não pode é substituir a deliberação da Câmara por um pronunciamento judicial sobre o que é da exclusiva competência discricionária do Plenário, da Mesa ou da Presidência. Mas pode confrontar sempre o ato praticado com as prescrições constitucionais, legais ou regimentais que estabeleçam condições, forma ou rito para seu cometimento.

Tal é a doutrina que prevalece para todas as corporações legislativas, como bem informa Francisco Campos ao cuidar dos *interna corporis* do Congresso Nacional, em erudito parecer: "Contesto, com efeito, assim ao Poder Judiciário, como a qualquer outro Poder, a faculdade de entrar na indagação do processo *interna corporis* de formação da lei. Esta faculdade não se confunde com a outra, desde sempre pacífica no Direito americano, que cabe ao Poder Judiciário, de, contrasteando os atos do Congresso com as disposições constitucionais, verificar se tais atos se encontram na esfera de competência traçada pela Constituição aos Poderes por ela instituídos e no próprio ato da instituição definidos e limitados".[94]

"Esta faculdade – prossegue o saudoso publicista – reconhecida ao Poder Judiciário decorre, inquestionavelmente, da natureza do nosso Governo, que é um Governo de poderes limitados; cada um dos Poderes, de que se compõe o Governo, tem a sua competência demarcada no instrumento constitucional e, assim, os seus atos só se terão por válidos se compreendidos na esfera demarcada pela Constituição. São duas questões distintas, como se vê: uma que se refere à competência do órgão, isto é, à legitimidade dos seus poderes; outra que, liquidada a questão da competência, se refere à observância das formalidades, ritos ou processos prescritos ao órgão no exercício de suas funções".

Nesta ordem de idéias, conclui-se que é lícito ao Judiciário perquirir da competência das Câmaras e verificar se há inconstitucionalidades, ilegalidades e infringências regimentais nos seus alegados *interna corporis*, detendo-se, entretanto, no vestíbulo das formalidades, sem adentrar o conteúdo de tais atos, em relação aos quais a corporação legislativa é, ao mesmo tempo, destinatária e juiz supremo de sua prática.

Nem se compreenderia que o órgão incumbido de elaborar a lei dispusesse do privilégio de desrespeitá-la impunemente, desde que o fizesse no recesso da corporação. Os *interna corporis* só são da exclusiva apreciação das Câmaras naquilo que entendem com as regras ou disposições de seu funcionamento e de suas prerrogativas institucionais, atribuídas por lei.

Assim, se, numa eleição de Mesa, o Plenário violar o regimento, a lei ou a Constituição, o ato ficará sujeito a invalidação judicial, para que a Câmara o renove em forma legal; mas o Judiciário nada poderá dizer se, atendidas todas as prescrições constitucionais, legais e regimentais, a votação não satisfizer os partidos, ou não consultar o interesse dos cidadãos ou a pretensão da minoria. O controle judiciário não poderá estender-se aos atos de opção e deliberação da Câmara nos assuntos de sua economia interna, porque estes é que constituem propriamente os seus *interna corporis*.

Por analogia com os Legislativos têm-se reconhecido como *interna corporis* dos tribunais judiciais aquelas questões afetas à sua organização interna, que o Plenário, o Conselho Superior da Magistratura ou a Presidência podem solucionar soberanamente, tais como a eleição de seus dirigentes, a distribuição de seus membros em Câmaras ou Turmas e as disposições sobre seu funcionamento, normalmente consignadas no regimento. Nem por isso, entretanto, escapam do controle judicial as decisões administrativas (atos individualizados) ou as deliberações normativas (resoluções gerais com força de lei) do próprio Judiciário que eventualmente lesem qualquer

94. Francisco Campos, *Pareceres*, Rio, 1937, 1ª série, pp. 19 e ss.

direito individual, de seus membros, de seus servidores ou de terceiros, ou que afrontem a Constituição.

6.4 Meios de controle judiciário

Os *meios de controle judiciário*[95] ou *judicial* dos atos administrativos de qualquer dos Poderes são as vias processuais de procedimento *ordinário*, *sumário* ou *especial* de que dispõe o titular do direito lesado ou ameaçado de lesão para obter a anulação do ato ilegal em ação contra a Administração Pública. Essa regra está excepcionada pela *ação popular* e pela *ação civil pública*, em que o autor não defende direito próprio mas, sim, interesses da coletividade ou interesses difusos, e pela *ação direta de inconstitucionalidade* e pela *declaratória de constitucionalidade*.

6.4.1 *Juizados Especiais* – A Lei 10.259/2001 instituiu, no âmbito da Justiça Federal, em caso de autores pessoas físicas, microempresas e empresas de pequeno porte, os *Juizados Especiais Cíveis e Criminais*, com competência para processar, conciliar e julgar causas até o valor de sessenta salários mínimos, bem como executar as suas sentenças. Nesses Juizados podem ser rés a União, autarquias, fundações e empresas públicas federais. Algumas causas – como ações de mandados de segurança, desapropriação, populares, sobre imóveis etc. – estão excluídas da competência do *Juizado Especial Federal Cível*, conforme estipulado no seu art. 3º, § 1º. No nosso entender, e pelo princípio da simetria e da igualdade, nesse Juizado também cabe o deferimento de quaisquer providências cautelares e antecipatórias no curso do processo, previsto no art. 3º, da Lei 12.153, examinada abaixo.

Com disposições semelhantes, a Lei 12.153/2009 prevê a criação de *Juizados Especiais da Fazenda Pública* para processar, conciliar e julgar causas cíveis de interesse dos Estados, do Distrito Federal, dos Territórios e dos Municípios até o valor de sessenta salários mínimos (art. 2º). Não se incluem na sua competência: I – as ações de mandado de segurança, de desapropriação, de divisão e demarcação, populares, por improbidade administrativa, execuções fiscais e as demandas sobre direitos ou interesses difusos e coletivos; II – as causas sobre bens imóveis dos Estados, Distrito Federal, Territórios e Municípios, autarquias e fundações públicas a eles vinculadas; III – as causas que tenham como objeto a impugnação da pena de demissão imposta a servidores públicos civis ou sanções disciplinares aplicadas a militares. Se a pretensão for de obrigações vincendas, a soma de doze parcelas vincendas e de eventuais parcelas vencidas não poderá exceder o valor

95. V., do Autor e outros, *Mandado de Segurança e Ações Constitucionais*, 33ª ed., Malheiros Editores, 2010, e Gilmar Ferreira Mendes, Inocêncio Mártires Coelho e Paulo Gustavo Gonet Branco, *Curso de Direito Constitucional*, 2ª ed., Saraiva, 2008.

acima referido. No foro onde estiver instalado esse Juizado Especial, sua competência é absoluta (art. 2º, §§ 1º, 2º e 4º). Podem ser partes, como autores, as pessoas físicas e as microempresas e empresas de pequeno porte, assim definidas na Lei Complementar 123/2006; e, como réus, os Estados, o Distrito Federal, os Territórios e os Municípios, bem como suas autarquias, fundações e empresas públicas (art. 5º). O art. 3º permite ao juiz, de ofício ou a requerimento das partes, deferir quaisquer providências cautelares e antecipatórias no curso do processo, para evitar dano de difícil ou de incerta reparação. A obrigação de quantia certa será paga após o trânsito em julgado da decisão, no prazo máximo de sessenta dias, contado da entrega da requisição do juiz à autoridade citada para a causa, independentemente de precatório, na hipótese do § 3º do art. 100 da CF; ou mediante precatório, caso o montante da condenação exceda o valor definido como obrigação de pequeno valor. Desatendida a requisição judicial, o juiz, imediatamente, determinará o seqüestro do numerário suficiente ao cumprimento da decisão, dispensada a audiência da Fazenda Pública. E as obrigações definidas como de pequeno valor a serem pagas independentemente de precatório terão como limite o que for estabelecido na lei do respectivo ente da Federação (art. 13, §§ 1º e 2º). Aplica-se subsidiariamente o disposto no Código de Processo Civil e na Lei 10.259/2001 (art. 27). A lei prevê a designação, na forma da legislação dos Estados e do Distrito Federal, de conciliadores e juízes leigos, considerados como auxiliares da Justiça.

Dessa forma, em princípio, cabem contra a Fazenda Pública todos os procedimentos judiciais contenciosos aptos a impedir ou reprimir a ilegalidade da Administração, a invalidar o ato ilegal ou abusivo e a propiciar a reparação do dano patrimonial causado ao administrado. Mas há ações especiais, adequadas para coibir determinadas ilegalidades ou abusos de autoridade e, até mesmo, invalidar a lei em tese quando inconstitucional, as quais veremos sucintamente a seguir.

6.4.2 *Mandado de segurança individual* – *Mandado de segurança individual* é o meio constitucional (art. 5º, LXIX) posto à disposição de toda pessoa física ou jurídica, órgão com capacidade processual ou universalidade reconhecida por lei para proteger direito individual,[96] próprio, líquido e certo, não amparado por *habeas corpus*,[97] lesado ou ameaçado de lesão por ato de qualquer autoridade, seja de que categoria for e sejam quais forem as funções que exerça. Está regulado pela Lei 12.016, de 7.8.2009.

96. O TJSP reconheceu ao particular legitimidade ativa para impetrar mandado de segurança contra licença de construção contrária à lei e que acarretava notória perda de valor ao seu patrimônio e à sua privacidade: *RJTJSP* 116/186.

97. O *habeas corpus* não é via adequada para o trancamento de processo administrativo: STF, HC 100.664.

O mandado de segurança é ação civil de rito sumário especial, sujeito a normas procedimentais próprias, pelo quê as normas específicas do Código de Processo civil só lhe são aplicáveis quando referidas pela Lei 12.016, mas suas disposições gerais podem ser aplicadas supletivamente. Destina-se a coibir atos ilegais de autoridade lesivos a direito subjetivo, líquido e certo, do impetrante. Por ato de autoridade, suscetível de mandado de segurança, entende-se toda ação ou omissão do Poder Público ou de seus delegados, no desempenho de suas funções ou a pretexto de exercê-las, seja de que categoria for a autoridade e sejam quais forem as funções que exerça.

Autoridade coatora é a que praticou o ato impugnado ou da qual emane a ordem para sua prática, ou que se omite na prática do ato ou, ainda, aquela que esteja na iminência de praticá-lo. Equiparam-se à autoridade o representante ou chefe de órgão de partido político e o administrador de entidade autárquica, bem como o dirigente de pessoas jurídicas ou a pessoa natural no exercício de atribuições do Poder Público, somente no que disser respeito a essas atribuições, ou seja, atribuições públicas. Por isso, não cabe mandado de segurança contra os atos de gestão comercial[98] praticados pelos administradores de empresas públicas, de sociedades de economia mista e de concessionárias de serviço público. Se as conseqüências de ordem patrimonial do ato objeto da impetração houverem de ser suportadas pela União ou entidade por ela controlada, a autoridade será considerada federal (art. 1º e §§ 1º e 2º e art. 2º da Lei 12.016). Ao despachar a inicial o juiz ordenará que se dê ciência do feito ao órgão de representação judicial da pessoa jurídica interessada, enviando-lhe cópia da inicial sem documentos, para que, querendo, ingresse no feito (art. 7º, II).[99]

Direito líquido e certo é o que se apresenta manifesto na sua existência, delimitado na sua extensão e apto a ser exercitado no momento da impetração – ou seja, pressupõe fatos incontroversos, demonstrados de plano por prova pré-constituída, por não admitir dilação probatória. O prazo para impetração é de cento e vinte dias do conhecimento oficial do ato a ser impugnado. Esse remédio heróico admite suspensão liminar do ato impugnado, e, quando concedida, a ordem tem efeito mandamental e imediato, não podendo ser impedida sua execução, salvo pelo presidente do tribunal competente para apreciação da decisão inferior (art. 15) ou por decisão em agravo de instrumento tirado contra ela (§ 1º do art. 7º).[100]

98. V. REsp 107.342, com excelente fundamentação.

99. Aqui, por similitude, cabe aplicar entendimento do STJ, na vigência da Lei 1.533/51, no sentido de que sem a intimação do representante legal da pessoa jurídica a que está vinculada a autoridade coatora não há trânsito em julgado (EREsp 785.230, EREsp 649.029, RMS 15.298, REsp 615.696 e REsp 704.713).

100. Conforme as Súmulas 269 e 271 do STF, o mandado de segurança não é substitutivo de ação de cobrança e não produz efeitos patrimoniais em relação a período pretérito, os quais

As autoridades administrativas, no prazo de quarenta e oito horas da notificação da medida liminar concedida no mandado de segurança, remeterão ao Ministério ou órgão a que se acham subordinadas e ao Advogado-Geral da União, ou a quem tiver a representação judicial da União, do Estado, do Município ou da entidade apontada como coatora, cópia autenticada do mandado notificatório, assim como indicações e elementos outros necessários às providências a serem tomadas para a eventual suspensão da medida e defesa do ato apontado como ilegal ou abusivo de poder (art. 9º).

É importante considerar que a Lei 12.016 determina que, *ex officio* ou a requerimento do Ministério Público, seja decretada a perempção ou caducidade da medida liminar quando, após sua obtenção, o impetrante criar obstáculo ao normal andamento do processo ou deixar de promover, por mais de três dias úteis, os atos e as diligências que lhe cumprirem (art. 8º). Note-se que essa norma impôs ao Ministério Público o dever de fiscalizar a conduta do impetrante e o dever de requerer a perempção ou caducidade da medida liminar.

6.4.3 *Mandado de segurança coletivo* – *Mandado de segurança coletivo*, inovação da atual Carta (art. 5º, LXX), também regulado pela Lei 12.016, de 7.8.2009, é remédio posto à disposição de partido político com representação no Congresso Nacional, na defesa de seus interesses legítimos relativos a seus integrantes ou à finalidade partidária, ou de organização sindical, entidade de classe ou associação legalmente constituída e em funcionamento há pelo menos um ano, em defesa de direitos líquidos e certos da totalidade, ou de parte, dos seus membros ou associados, na forma dos seus estatutos e desde que pertinentes às suas finalidades, dispensada, para tanto, autorização especial.[101] Para efeitos da Lei 12.016, os direitos protegidos pelo mandado de segurança coletivo podem ser (a) *coletivos*, assim entendidos os transindividuais, de natureza indivisível, de que seja ti-

devem ser reclamados administrativamente ou pela via judicial. Mas, se o mandado de segurança é para sanar omissão, não se cogita de ação de cobrança (STF, RMS 24.953 e MS 12.397). Também não substitui a ação popular (STF, Súmula 101) e não substitui a ação civil pública (STJ, MS 267-DF). No STJ é pacífico o entendimento no sentido de que, se a autoridade hierarquicamente superior, nas informações, defende o ato impugnado, ela encampa tal ato e, assim, torna-se legitimada para figurar no pólo passivo (ROMS/AgR 14.686-MG). Sobre mandado de segurança para preservar a garantia da inafastabilidade da jurisdição (CF, art. 5º, XXXV) em face de ato não mais impugnável mediante qualquer recurso, v. RMS 25.293 (*Informativo STF* 418). A Súmula 405 do STF reza que, denegado o mandado de segurança, fica sem efeito a liminar, "retroagindo os efeitos da decisão contrária". A ausência de disponibilidade orçamentária não impede a concessão de mandado de segurança desde que se comprove haver previsão orçamentária específica e transcurso do prazo legal sem que haja a realização da reparação econômica (STJ, 1ª Seção, MS 15.238).

101. "A impetração de mandado se segurança coletivo não depende da autorização dos associados" (STF, Súmula 629).

tular grupo ou categoria de pessoas ligadas entre si ou com a parte contrária por uma relação jurídica básica; e (b) *individuais homogêneos*, assim entendidos os decorrentes de origem comum e da atividade ou situação específica da totalidade ou de parte dos associados ou membros do impetrante (art. 21 e seu parágrafo único). Nele, a sentença fará coisa julgada limitadamente aos membros do grupo ou categoria substituídos pelo impetrante, mas não induz litispendência para as ações individuais; só que os efeitos da coisa julgada não beneficiarão o impetrante a título individual se este não requerer a desistência de seu mandado de segurança no prazo de trinta dias a contar da ciência comprovada da impetração da segurança coletiva (art. 22 e § 1º). Já a concessão da liminar só poderá ocorrer após a audiência do representante judicial da pessoa jurídica de Direito Público, que deverá se pronunciar no prazo de setenta e duas horas (art. 22, § 2º).

6.4.4 *Ação popular* – *Ação popular* é a via constitucional (art. 5º, LXXIII) posta à disposição de qualquer cidadão (eleitor) para obter a anulação de atos ou contratos administrativos – ou a eles equiparados – lesivos ao patrimônio público ou de entidade de que o Estado participe, à moralidade administrativa e ao meio ambiente natural ou cultural.[102] Está regulada pela Lei 4.717, de 29.6.65.

A *ação popular* é um instrumento de defesa dos interesses da coletividade, utilizável por qualquer de seus membros, no gozo de seus direitos cívicos e políticos. Por ela não se amparam direitos próprios mas, sim, interesses da comunidade. O beneficiário direto e imediato da ação não é o autor popular; é o povo, titular do direito subjetivo ao Governo honesto. Tem fins preventivos e repressivos da atividade administrativa lesiva do patrimônio público, assim entendidos os bens e direitos de valor econômico, artístico, estético ou histórico. A própria lei regulamentadora indica os sujeitos passivos da ação e aponta casos em que a ilegalidade do ato já faz presumir a lesividade ao patrimônio público, além daqueles em que a prova fica a cargo do autor popular. O processo, a intervenção do Ministério Público, os recursos e a execução da sentença acham-se estabelecidos na própria Lei 4.717/65. A norma constitucional isenta o autor popular, salvo comprovada má-fé, de custas e de sucumbência.

6.4.5 *Ação civil pública* – *Ação civil pública*, disciplinada pela Lei 7.347, de 24.7.85, é o instrumento processual adequado para reprimir ou impedir danos ao *meio ambiente*, ao *consumidor*, à *ordem urbanística*, a

102. O STF admitiu ação popular na hipótese de dano ao patrimônio moral do Estado (*RT* 769/146 e RE 170.768-2-SP); não a admitiu contra ato de conteúdo jurisdicional (AO 672-4, rel. Min. Celso de Mello, *DJU* 16.3.2000); e em ação popular extinguiu o processo sem julgamento do mérito diante da ausência, nos autos, de documento comprobatório do ato que se impugnava como lesivo (AO 1.041-1, *DJU* 15.12.2005).

bens e direitos de valor artístico, estético, histórico, turístico e paisagístico e a qualquer outro *interesse difuso ou coletivo, por infração da ordem econômica e da economia popular* (art. 1º). Não se presta a amparar direitos individuais, nem se destina à reparação de prejuízos causados a particulares pela conduta comissiva ou omissiva do réu. E não pode substituir a ação direta de inconstitucionalidade, situação que ocorre quando a controvérsia qualifica-se como objeto único da demanda.[103]

A Constituição Federal (art. 129, III) atribui ao Ministério Público, como função institucional, a promoção de inquérito civil e de ação civil pública para a proteção do patrimônio público e social, do meio ambiente e de outros interesses difusos e coletivos.[104] Essa legitimação não impede a de terceiros, na forma do § 1º do art. 129 da CF/88. A Lei 7.347 prevê como legitimados, além do Ministério Público, a Defensoria Pública (Lei 11.448/2007 e art. 4º, VII, da Lei Complementar 80/94, na redação dada pela Lei Complementar 132/2009), a União, os Estados, o Distrito Federal e os Municípios, suas autarquias, empresas públicas, fundações e sociedades de economia mista, bem como associações, atendidos os requisitos por ela estabelecidos (cf. art. 5º). O STF entendeu que o Ministério Público não tem legitimação ativa para propor ação civil pública que verse sobre tributos.[105] Esse entendimento foi consagrado pela MP 2.180-35, de 24.8.2001, que estendeu a ilegitimidade do Ministério Público para veicular pretensões relativas a contribuições previdenciárias, FGTS e outros fundos de natureza institucional cujo beneficiários possam ser individualmente determinados. Merece elogio, porque busca a finalidade da lei, entendimento do STJ reconhecendo ao Município e à União legitimidade para ação civil pública contra agente público objetivando o ressarcimento de valores referentes a convênio e prevendo medidas de cooperação entre aqueles entes federados (REsp 1.070.067).

A *liminar*, na ação civil pública, depende de audiência da pessoa jurídica de Direito Público (Lei 8.437, de 1.7.92).

103. RE 411.156-SP, rel. Min. Celso de Mello.

104. Sobre a história da ação civil pública na Constituição Federal, v. José Emmanuel Burle Filho e Walter Paulo Sabella, "Ação civil pública: os caminhos da constitucionalização", na obra *A Ação Civil Pública Após 25 Anos*, coord. de Edis Milaré, São Paulo, Ed. RT, 2010, pp. 411-424.

105. V., do Autor e outros, *Mandado de Segurança e Ações Constitucionais*, 33ª ed., Malheiros Editores, 2010. Mas, reconhecendo a legitimidade do Ministério Público para a ação civil pública, v.: a) sobre tarifa – STF, REs 228.177, 379.495 e 576.155; b) em defesa do patrimônio público – Súmula n. 329 do STJ; c) visando ao tratamento de esgoto a ser jogado em águas fluviais – RE 254.764; d) contra entidade filantrópica, como uma associação educacional – REsp 1.101.808-SP, citando precedentes dos RE 576.155 e REsps 1.120.376 e 776.549, REsps 610.235 e 417.804; e) para anulação de sentença (ato judicial) por vício "trans-rescisório" – REsp 445.664 e os precedentes citados no REsp 1.015.133; REsp 622.405; REsp 1.162.074; REsp 12.586; REsp 194.029; e REsp 1.009.246.

6.4.5.1 Termo de Compromisso de Ajustamento de Conduta: o *Termo de Compromisso de Ajustamento de Conduta* é previsto no art. 5º, § 6º, da Lei 7.347/85; é celebrado entre os órgãos públicos legitimados para a ação civil pública e o interessado em resolver uma pendência, ajustando-se às exigências legais, mediante cominações. Tem natureza jurídica de título executivo extrajudicial. Dessa forma, quando celebrado com a Administração Pública acaba sendo um meio de controle, mas não judicial. Esse termo também tem sido denominado de TAC – *Termo de Ajustamento de Conduta*.

6.4.6 *Mandado de injunção* – *Mandado de injunção* é o meio constitucional posto à disposição de quem se considerar prejudicado pela falta de norma regulamentadora que torne inviável o exercício dos direitos e liberdades constitucionais e das prerrogativas inerentes à nacionalidade, à soberania e à cidadania (CF, art. 5º, LXXI). Se a Constituição conferiu mera faculdade ao legislador, não cabe o mandado de injunção.

Se a norma existe, não cabe o *mandado de injunção*, mas, sim, o exame de sua inconstitucionalidade ou ilegalidade.[106] Só tem legitimidade para a impetração o titular de um *direito instituído e definido* em norma da Constituição cujo exercício esteja obstado por omissão legislativa.[107]

O STF tem entendido que, não obstante o caráter mandamental do instituto, é possível a cominação de prazo para o órgão competente editar a norma demandada, suprindo, assim, a mora legislativa, sob pena de, vencido esse prazo, assegurar, concretamente, apenas em relação ao impetrante o exercício do direito inviabilizado pela falta da norma. E no caso do direito de greve dos servidores determinou a aplicação da Lei 7.783/89, no que couber.[108]

6.4.7 *"Habeas data"* – *Habeas data* é o meio constitucional posto à disposição de pessoa física ou jurídica para lhe assegurar o conhecimento de registros concernentes ao postulante e constantes de repartições públicas ou particulares acessíveis ao público, ou para retificação de seus dados pessoais (CF, art. 5º, LXXII, "a" e "b").

Não cabe o *habeas data* com fundamento na letra "a" se não houve recusa de informações por parte da autoridade administrativa (STJ, Súmula 2).

106. STF, Pleno, MI 44-1-DF, *DJU* 23.3.90.

107. STF, Pleno, MI 373-4-DF, *DJU* 5.11.91.

108. STF, Pleno, MI 232-1-RJ, *DJU* 16.8.91, fixando o prazo de seis meses para a edição da lei e, permanecendo a omissão, o direito do impetrante à isenção prevista no art. 195, § 7º, da CF. No mesmo sentido, em relação ao art. 8º, § 3º, do ADCT: STF, Pleno, MI 283-5-DF, *DJU* 14.11.91. No caso da Lei 7.783/89: MIs 670, 708 e 712.

6.4.8 *Ação direta de inconstitucionalidade* – A *ação direta de inconstitucionalidade* de lei ou ato normativo federal ou estadual está prevista na Constituição da República (art. 102, I, "a") como competência originária do STF. A Lei 9.868, de 10.11.99, dispõe sobre o seu processo e julgamento, sendo complementada pelo RISTF (arts. 169 a 178). Por essa ação, que pode ser ajuizada a qualquer tempo (STF, Súmula 360) pelo Procurador-Geral da República ou por qualquer das autoridades, das entidades ou dos órgãos que a própria Constituição enumera (art. 103), ataca-se a *lei em tese* (STF, ADI 3.709-9, *DJU* 15.5.2006), ou qualquer outro *ato normativo*, antes mesmo de produzir efeitos concretos, e a decisão declaratória da inconstitucionalidade, inclusive a interpretação conforme a Constituição, "tem eficácia contra todos e efeitos vinculantes em relação aos órgãos do Poder Judiciário e à Administração Pública".[109] Esse efeito vinculante alcança os fundamentos determinantes da decisão. Mas, fundado em razões de segurança jurídica ou de excepcional interesse social, o STF, por maioria de dois terços de seus membros, poderá modular ou restringir os efeitos da declaração, ou dispor que ela só tenha eficácia a partir do trânsito em julgado ou de outro momento que venha a ser fixado[110] (arts. 27 e 28, parágrafo único, da Lei 9.868/99).[111] A Lei 11.417, de 19.12.2006, regulou a súmula vinculante.

Logo, perante o STF o controle direto de constitucionalidade não alcança leis ou atos normativos municipais, que só ficam sujeitos ao sistema difuso, com eficácia *inter partes*.

Quanto às leis e atos normativos estaduais e municipais que ofendam a Constituição Estadual, caberá ao Tribunal de Justiça decidir sobre essa inconstitucionalidade (CF, art. 125, § 2º). Com essa *ação direta de inconstitucionalidade*, as leis em tese e atos normativos violadores das Constituições sujeitam-se ao controle judicial preventivo antes mesmo que gerem ou propiciem qualquer atividade concreta e específica de administração.[112]

Observamos, finalmente, que as leis e atos inconstitucionais podem deixar de ser cumpridos pelas autoridades responsáveis por sua execução (não por agentes subalternos, nem por particulares) que assim os conside-

109. Por isso, no sistema da Lei 9.869/99 é admitida a figura do *amicus curiae* (STF, ADI 2.130, *Informativo STF* 215, 7.2.2001).

110. STF, Pleno, RE 197.917.

111. Em interessante caso de modulação dos efeitos da declaração de inconstitucionalidade o STF determinou que o acórdão tivesse eficácia a partir da data de sua publicação, para impedir a nulidade de atos administrativos punitivos praticados com base na lei inconstitucional (ADI 3.601).

112. Sobre a ação direta de inconstitucionalidade e o princípio da segurança jurídica em face do ato praticado com base na norma inconstitucional, v. STF, RE/AgR 217.141 e RE 442.683.

rem, devendo, em tal caso, ajuizar a ação ou solicitar o seu ajuizamento. Essa conduta administrativa já está reconhecida e validada pelos nossos Tribunais.[113]

6.4.9 *Medida cautelar* – A Lei 9.868, de 10.11.99, prevê a concessão de medida cautelar, dotada de eficácia contra todos, com efeito, em regra, *ex nunc*, como já vinha decidindo a nossa mais alta Corte (STF, Pleno, ADI 596-1-RJ, *DJU* 22.1.91). Nesse caso, a liminar "suspende a execução da lei, mas não o que se aperfeiçoou durante a sua vigência".[114] Todavia, o Supremo Tribunal Federal pode conceder-lhe eficácia retroativa. Tal concessão torna aplicável a legislação anterior acaso existente, salvo expressa manifestação do Supremo Tribunal Federal em sentido contrário (art. 11, §§ 1º e 2º); mas a suspensão definitiva cabe ao Senado Federal, nos expressos termos do art. 52, X, da Constituição Federal, até que a norma seja revogada pelo Legislativo que a votou – pois o Judiciário não anula nem revoga *normas legislativas* (só anula *atos administrativos ilegais*), reconhecendo e declarando, apenas, sua ineficácia quando contrárias à Constituição.

Essa *medida cautelar* exige os mesmos pressupostos das cautelares comuns – *periculum in mora* e *fumus boni juris*.

6.4.10 *Ação de inconstitucionalidade por omissão* – A *ação de inconstitucionalidade por omissão*, prevista no art. 103, § 2º, da CF, segue as regras da Lei 9.868/99, na redação dada pela Lei 12.063/2009, que dispõe sobre seu processo e julgamento. Os legitimados são os mesmos da ação direta de inconstitucionalidade e da ação declaratória de constitucionalidade. Nos termos do art. 12-F dessa lei, é possível a concessão de medida cautelar, a qual "poderá consistir na suspensão da aplicação da lei ou do ato normativo questionado, no caso de omissão parcial, bem como na suspensão de processos judiciais ou de procedimentos administrativos, ou ainda em outra providência a ser fixada pelo Tribunal" (§ 1º do art. 12-F). Declarada a inconstitucionalidade por omissão, será dada ciência ao Poder competente para a adoção das providências necessárias determinadas pela Suprema Corte; e, se a omissão for imputável a órgão administrativo, este deverá adotá-las no prazo de trinta dias ou em prazo razoável a ser estipulado excepcionalmente pelo Tribunal, tendo em vista as circunstâncias específicas do caso e o interesse público envolvido (art. 12-H e seu § 1º).[115]

113. STF, *RTJ* 2/386, 3/760; *RDA* 42/230, 59/338, 76/51, 97/116; STJ, REsp 23.121-GO; TJSP, *RT* 354/139, 354/153, 358/130.

114. STF, Pleno, Repr. 1.431-2, *DJU* 24.6.88.

115. A Lei 12.063/2009 adotou posicionamentos do STF, Pleno, como, p. ex., *RT* 645/184, *Lex* 175/90 e ADI 3.682 (*DJU* 6.7.2007).

6.4.11 *Ação declaratória de constitucionalidade* – A *ação declaratória de constitucionalidade* de lei ou ato normativo federal, também prevista no art. 102, I, "a", da CF, foi introduzida em nosso sistema jurídico pela EC 3, de 17.3.93, e será apreciada pelo STF. Têm legitimidade para propô-la o Presidente da República,[116] a Mesa do Senado, a Mesa da Câmara e o Procurador-Geral da República. A referida Lei 9.868/99 dispõe sobre o seu processo e julgamento. Os efeitos da declaração de constitucionalidade são os mesmos da ação direta de inconstitucionalidade, acima apontados, por força do parágrafo único do art. 28 dessa lei. Esta lei também prevê *medida cautelar* na ação declaratória, "consistente na determinação de que os juízes suspendam o julgamento dos processos que envolvam a aplicação da lei ou ato normativo objeto da ação até seu julgamento definitivo" (art. 21).

6.4.12 *Argüição de descumprimento de preceito fundamental* – Este instrumento, previsto no § 1º do art. 102 da Constituição Federal, é ação destinada a argüir o descumprimento de preceito fundamental, quando for relevante o fundamento da controvérsia constitucional sobre lei ou ato normativo federal, estadual ou municipal, inclusive os anteriores à Constituição, como prevê a Lei 9.882, de 3.12.99, que dispõe sobre o processo e julgamento dessa argüição. A argüição será proposta perante o STF e pode ter por objeto evitar ou reparar lesão a preceito fundamental resultante de ato do Poder Público (art. 1º). Ainda de acordo com essa lei, podem propor a argüição os legitimados para a ação direta de inconstitucionalidade (art. 2º, I).

Diz a lei que, julgada procedente "a ação, far-se-á comunicação às autoridades ou órgãos responsáveis pela prática dos atos questionados, fixando-se as condições e o modo de interpretação e aplicação do preceito fundamental", com "eficácia contra todos e efeito vinculante relativamente aos demais órgãos do Poder Público" (art. 10 e seu § 1º). Se declarar a inconstitucionalidade no julgamento da argüição, o STF, a exemplo da ação direta de inconstitucionalidade, por maioria de dois terços de seus membros, poderá restringir os efeitos da declaração, ou dispor que ela só tenha eficácia a partir do trânsito em julgado ou de outro momento que venha a ser fixado, por razões de segurança jurídica ou de excepcional interesse social.

É relevante observar que, na lição de José Afonso da Silva, "'preceitos fundamentais' não é expressão sinônima de 'princípios fundamentais'. É mais ampla, abrange estes e todas as prescrições que dão o sentido básico do regime constitucional, (...) especialmente as designativas de *direitos e garantias fundamentais* (tít. II)". Por isso, "será um instrumento de for-

116. A primeira ação declaratória de constitucionalidade foi proposta pelo Presidente da República com o propósito de ver reconhecida a constitucionalidade da Contribuição para Fins Sociais – COFINS, tendo o STF julgado procedente a ação por unanimidade, em 1.12.93.

talecimento da missão que a Constituição reservou ao Supremo Tribunal Federal".[117]

A *medida liminar* poderá consistir na determinação de que juízes e tribunais suspendam o andamento de processo ou os efeitos de decisões judiciais, ou de qualquer outra medida que apresente relação com a matéria objeto da argüição, salvo se decorrentes de coisa julgada (cf. § 3º do art. 5º da Lei 9.882/99).

6.4.13 *Outras ações – Outras ações especiais* ou *ordinárias* podem ser adequadamente utilizadas pelo particular contra a Administração, tais como as *ações possessórias* (CPC, arts. 920 a 933), a *ação de nunciação de obra nova* (CPC, arts. 943 a 940), a *ação de consignação em pagamento* (CPC, arts. 890 a 900), a ação monitória (STJ, REsp 434.571-SP, *DJU* 23.3.2006, e Súmula 339). Quanto à *ação declaratória*, embora conste do Código de Processo Civil com essa designação (CPC, art. 4º, parágrafo único), não está incluída entre as ações especiais nominadas, pelo quê é de se considerar admitido o pedido declaratório com procedimento ordinário, ou no curso de outro processo, em declaração incidental (CPC, arts. 5º e 34). Em ambos os casos é cabível a denominada *ação declaratória* contra o Poder Público para tornar certa a existência ou inexistência de relação jurídica decorrente de ato administrativo, bem como a autenticidade ou falsidade de documento público.

A *ação cominatória* foi suprimida como procedimento especial, mas permanece a possibilidade de o titular de direito à prestação ou abstenção de ato ou fato pela Administração obtê-la sob *cominação pecuniária* pedida na inicial para o caso de descumprimento da sentença (CPC, arts. 287, 644 e 645). Foi infeliz o redator do Código de Processo Civil neste passo – como, de resto, em muitas outras inovações inúteis e tumultuárias do processo –, por retirar disposições específicas e aclaradoras de uma via judicial que tinha tramitação própria e contornos bem definidos na lei processual anterior, o que lhe imprimia especificidade e celeridade no amparo dos direitos do administrado contra os abusos comissivos ou omissivos da Administração, e desta contra igual conduta do particular. Atualmente, o procedimento cominatório está diluído nos pedidos comuns de ações ordinárias, sem qualquer indicação legal dos casos de seu cabimento, o que dificulta sua utilização e confunde o julgador na sua apreciação. O essencial é que o particular tenha efetivamente direito subjetivo a uma prestação *uti singuli* para exigir a prática do ato ou fato ou sua abstenção, sob cominação pecuniária para o caso de descumprimento do preceito.

117. *Curso de Direito Constitucional Positivo*, 33ª ed., Malheiros Editores, 2010, pp. 562-563.

Ações ordinárias são as de processo comum, com procedimento *ordinário* ou *sumário*, consoante o valor e a natureza da causa, prestando-se para quaisquer pedidos, simples ou cumulados, constitutivos ou declaratórios, indenizatórios, anulatórios, cominatórios, possessórios ou dominiais. Estas ações tanto podem ser usadas pelo administrado contra a Administração como pela Administração contra o administrado nos casos em que não seja cabível ou conveniente a autotutela ou a auto-executoriedade do ato administrativo.

Sobre *medidas liminares* nessas ações, inclusive nas cautelares, a Lei 8.437, de 30.6.92, com as alterações da MP 2.180-35, de 24.8.2001, estipula que elas não são cabíveis toda vez que providência semelhante não puder ser concedida em ações de mandado de segurança em virtude de vedação legal, assim como para deferimento de compensação de créditos tributários ou previdenciários. A *tutela antecipada* contra a Fazenda é disciplinada pela Lei 9.494/1997 e, como proclamou o douto Min. Celso de Mello, o Judiciário somente não pode deferi-la nas hipóteses que "importem em (a) reclassificação ou equiparação de servidores públicos, (b) concessão de aumento ou extensão de vantagens pecuniárias, (c) outorga ou acréscimo de vencimentos ou (e) esgotamento, total ou parcial, do objeto da ação, desde que tal ação diga respeito, exclusivamente, a qualquer das matérias acima referidas" e, assim, não impede a restauração de pagamento que já vinha sendo efetuado ao servidor, pois não se trata de verba nova.[118]

O necessário para qualquer controle judicial é que o Judiciário seja solicitado a pronunciar-se através da via processual adequada e por quem tenha interesse e legitimidade para obter a prestação jurisdicional devida.

Com essas considerações de ordem geral sobre as ações utilizáveis pelo particular contra a Administração findamos o item referente ao controle dos atos administrativos pelo Poder Judiciário, mas remetemos o leitor para o cap. IV, itens 6.1.2 a 6.1.4, onde cuidamos especificamente da anulação desses atos por via judicial e administrativa.

7. *A Administração em juízo*

A *Administração Pública*, quando ingressa em juízo por qualquer de suas entidades estatais, por suas autarquias, por suas fundações públicas ou por seus órgãos que tenham capacidade processual, recebe a designação tradicional de *Fazenda Pública*, porque seu erário é que suporta os encargos patrimoniais da demanda.

A *Fazenda Pública federal, estadual ou municipal*, em regra, tem foro próprio e juízo privativo indicados na Constituição da República (art. 109,

118. STF, Recl. 1.858-0, 1.578, 3.482, 4.509, 5.086, 4.019 e 2.977.

I), na Lei de Organização da Justiça Federal (Lei 5.010, de 30.5.66) e nas normas de organização da Justiça Estadual de cada unidade da Federação.

A *União*, *suas autarquias* e *empresas públicas* demandam em primeira instância perante a Justiça Federal, ressalvadas as exceções abertas pela própria Constituição (art. 109, I, e seus §§); em segunda, perante os Tribunais Regionais Federais – TRFs, aos quais se encaminham todos os recursos ordinários (art. 108, II). Os *litígios decorrentes das relações de trabalho* dos servidores da União, suas autarquias, fundações e entidades da Administração indireta, conforme a causa de pedir e o pedido, processam-se perante a Justiça do Trabalho ou a Justiça Federal (v. nota 133 do cap. VII).

Os *Estados-membros*, nas causas da competência de sua Justiça, demandam na respectiva Capital, em juízo ou vara privativa ou comum, salvo nas ações reais e nos mandados de segurança, em que o foro é o da situação da coisa ou o da sede da autoridade coatora.

Os *Municípios* litigam na comarca da sede, com ou sem privatividade de juízo ou vara, conforme a organização judiciária do Estado-membro, e têm todos os privilégios da Fazenda Pública.[119]

As *autarquias*, sendo desmembramentos do próprio Poder Público, têm o mesmo foro e juízo da entidade estatal a que pertencem e gozam das mesmas prerrogativas processuais da Fazenda Pública quanto a prazos, custas e prescrição de suas ações.

As *fundações públicas de Direito Público* – como entes assemelhados às autarquias – também têm o mesmo foro e juízo da entidade estatal a que pertencem e passam a gozar das mesmas prerrogativas processuais da Fazenda Pública.

As *empresas estatais* (empresas públicas, sociedades de economia mista, serviços sociais autônomos e entes de cooperação em geral) não têm qualquer prerrogativa processual da Fazenda Pública, só auferindo os privilégios que a lei especial lhes conceder nos limites da competência de cada entidade estatal.

7.1 Representação em juízo

A *representação da Fazenda Pública em juízo* é feita por seus procuradores judiciais ou advogados constituídos para determinados feitos, e os Municípios também por seu Prefeito (CPC, art. 12, I e II) – obviamente, se for advogado legalmente habilitado. Nas execuções fiscais da União propostas nas comarcas do Interior a Fazenda Federal era representada pelos

119. A pessoa jurídica com capacidade processual ativa e passiva é o Município, e não a Prefeitura, mas o STF já decidiu que: "Para efeitos de legitimidade *ad causam*, as expressões Município e Prefeitura se equivalem" (*RTJ* 96/759).

promotores de justiça do Estado, o que já não ocorre, com a promulgação da Lei Complementar 73, de 10.12.93 (v. cap. XII, *Organização Administrativa Brasileira*, item 7.2, *Advocacia-Geral da União*).

Os procuradores judiciais da Fazenda Pública não necessitam de procuração *ad judicia*, por se presumir conhecido o mandato pelo seu título de nomeação para o cargo.[120]

Os advogados contratados para causas esparsas devem juntar procuração aos autos para serem admitidos no processo. Uns e outros dependerão sempre de autorização especial para confessar, transigir ou desistir, porque tais atos excedem dos poderes normais de administração, importando renúncia de direitos públicos, dependente de lei especial ou de poderes expressos para seu exercício.[121]

Os poderes para receber intimação, fazer levantamentos e pagamentos nos autos estão implícitos na lei que institui os cargos de procuradores da Fazenda Pública, por inerentes à função que desempenham. Quanto à citação inicial para a ação ou execução, só pode ser feita na pessoa do Procurador-Geral ou daqueles que a lei administrativa expressamente indicar.

Os procuradores judiciais defendem a Fazenda Pública, não o Chefe do Executivo ou outros agentes políticos ou servidores, em relação a ato pessoal ou fato anterior ou concomitante ao exercício do cargo. Excepcionalmente, tal defesa é possível, até mesmo mediante a contratação de advogado, em ação ou medida judicial pertinente às suas prerrogativas ou decorrente do exercício do cargo, na forma prevista em lei formal e material.[122]

7.2 Atuação processual

A Fazenda Pública, como autora ou ré, assistente ou opoente, litiga em situação idêntica à do particular, salvo quanto aos prazos para contestar, que os terá em quádruplo, e para interpor recurso, que os terá em dobro (CPC, art. 188), a não ser para informações em mandado de segurança, que, como

120. TJSP, *RDA* 47-48/163.

121. V. a Lei 9.469, de 10.7.97, que disciplina a transação nas causas de interesse da União, suas autarquias, fundações e empresas e revogou a Lei 8.197, de 27.6.91, e Parecer AGU-GQ-03, *DOU* 30.8.93. No STF, ver acórdão no AI 52.181 (*RTJ* 68/382) concluindo pela legalidade do Juízo Arbitral, bem como o RE 253.885 (rel. Min. Ellen Gracie) mantendo transação judicial uma vez que "a solução adotada" é a que melhor atende o interesse público.

122. Nesse sentido: STJ, no REsp 703.953 (rel. Min. Luiz Fux), dando como ilegal e imoral a contratação de advogado pelo Município para a "defesa de um ato pessoal do agente político" acionado em ação civil pública, mas admitiu como válida a defesa pelo advogado "do Estado, ou contratado às suas custas", quando os agentes políticos "agem como tal"; TJSP, Ap-Civ 169.212-1, v.u. A respeito, v. o art. 6º da Lei 9.003/95 e seu regulamento (Decs. 2.752/98 e 1.908/96).

ação de rito especial e sumário, não admite dilatação de prazos além dos estabelecidos nas leis que o regulam.

As *citações* para início de ação ou execução contra a Fazenda Pública, bem assim as *notificações* para a prática ou abstenção de atos, ou a formalização de protestos, só podem ser feitas na pessoa do procurador que tenha poderes especiais para recebê-las, mas as *intimações* relativas ao andamento do feito são sempre feitas na pessoa do advogado que estiver funcionando no processo, seja ele o próprio procurador da Fazenda ou o advogado constituído nos autos.

A *instrução das ações* em que a Fazenda Pública seja parte é feita com os meios de prova comuns, previstos na lei civil e processual civil, sendo permitido, ainda, ao juiz do feito requisitar o *processo administrativo* que tiver relação com a causa. O atendimento dessa requisição não pode ser negado pela Administração, salvo se tratar de atos amparados pelo sigilo administrativo estabelecido por lei.

Nos mandados de segurança, se os documentos ou livros indispensáveis à prova do alegado se acharem em repartição ou estabelecimento público ou em poder de autoridade ou funcionário que se recuse a fornecê-los por certidão, o juiz ordenará sua exibição em juízo dentro de cinco dias, a fim de que o escrivão do feito extraia as cópias necessárias e as junte aos autos, devolvendo, a seguir, o original (Lei 12.016, de 7.8.2009).

A *intervenção do Ministério Público* é obrigatória nas causas em que haja interesse da Fazenda, evidenciado pela natureza da lide ou pela qualidade da parte (CPC, art. 82, III). Esse dispositivo tem dado ensejo a dúvidas, mas se nos afigura que somente o interesse patrimonial direto da Fazenda litigante ou interveniente justifica tal intervenção, como ocorre nas ações reivindicatórias e demais procedimentos ordinários que visem à obtenção de bens ou valores públicos. Em tais processos o Ministério Público deve ser ouvido desde a primeira instância. Nas ações de rito especial, não regidas pelo Código de Processo Civil, dependerá do que a própria lei dispuser a respeito.

O *recurso de ofício*, atualmente denominado *reexame obrigatório*, para sujeitar a sentença ao duplo grau de jurisdição, é imposto nas decisões proferidas contra a União, o Estado-membro, o Distrito Federal, o Município e as respectivas autarquias e fundações de direito público e nas que julguem procedente, no todo ou em parte, os embargos à execução de dívida ativa da Fazenda Pública (CPC, art. 475, I e II).[123] Os parágrafos desse art. 475 excluem o reexame necessário nas hipóteses ali previstas.

É de se assinalar que o recurso de ofício tem efeito suspensivo, salvo em mandado de segurança, pela própria índole deste remédio heróico e por

123. Ainda que tenha havido só o reexame necessário, a Fazenda Pública pode interpor recurso especial (STJ, Corte Especial, EREsp 1.119.666, j. 1.9.2010).

haver medida específica para a suspensão da liminar e da sentença concessiva da ordem. O reexame obrigatório não admite a *reformatio in pejus*.[124]

Registre-se que, nos termos do parágrafo único do art. 741 do CPC, o título judicial considera-se *inexigível* se fundado em lei ou ato normativo declarados inconstitucionais pelo STF, ou fundado em aplicação ou interpretação da lei ou ato normativo tidas pelo mesmo STF como incompatíveis com a Constituição. Quanto à ação rescisória, o STF entende que sua Súmula 343 não se aplica "quando a interpretação for de texto constitucional" (RE/AgR 328.812, RE 89.108 e RE 103.880).

Ressalte-se ainda que a Lei 9.469, de 10.7.97, regulamentando o disposto no inciso VI do art. 4º da Lei Complementar 73/93, disciplinou a intervenção da União em causas de seu interesse, dispondo sobre limites para acordos e transações, concordância de pedidos de desistência de ação, dispensa de propositura de ações e recursos pela Advocacia-Geral da União. Trata, ainda, na redação dada pela Lei 11.941/2009, da dispensa de inscrição de crédito, da autorização de não-ajuizamento de ações e da não-interposição de recursos, assim como da extinção das ações em curso ou da desistência dos respectivos recursos judiciais para cobrança de créditos da União e das autarquias e fundações públicas federais, exceto quanto à Dívida Ativa da União e aos processos em que a União seja autora, ré, assistente ou opoente cuja representação judicial seja atribuída à Procuradoria-Geral da Fazenda Nacional. E o representante judicial da União, das autarquias e das fundações públicas federais não efetivará a inscrição em Dívida Ativa dos créditos, não procederá ao ajuizamento, não recorrerá e desistirá dos recursos já interpostos, uma vez verificada a prescrição do crédito. Tais normas aplicam-se concorrentemente àquelas específicas existentes na legislação em vigor em relação às autarquias, às fundações e às empresas públicas federais não-dependentes.

7.3 *Execução do julgado*[125]

Na *execução do julgado*, por quantia certa, contra a Fazenda Pública, seus bens não se sujeitam a penhora nem a arresto, mas pode haver *seqüestro* da importância devida se não for atendida a *requisição* do Poder Judiciário competente na ordem dos precatórios expedidos (CF, art. 100 e seus §§[126] e arts. 86 e 87 do ADCT, na redação dada pelas ECs 30/2000,

124. STF, *RTJ* 108/1.216, e STJ, REsp 13.554-SP, *DJU* 11.11.91, e Súmula 45.

125. STJ, Súmula 279: "É cabível execução por título extrajudicial contra a Fazenda Pública".

126. STF, Súmula Vinculante n. 32, com o seguinte teor: "Durante o período previsto no § 1º do art. 100 da Constituição, não incidem juros de mora sobre os precatórios que nele sejam pagos" (esse § 1º é na redação anterior à EC 62/2009). Também não incidem juros moratórios

37/2002 e 62/2009, e CPC, arts. 730 e 731). Para tanto, a Constituição determina que as entidades públicas incluam nos seus orçamentos verba necessária ao pagamento de seus débitos constantes de precatórios judiciários apresentados até 1º de julho de cada ano,[127] fazendo-se o pagamento até o final do exercício seguinte, quando terão seus valores atualizados monetariamente. Se o pagamento do precatório for feito de forma incompleta, cabe ao juízo da execução a expedição de novo precatório complementar, para ser processado no exercício seguinte, e não a requisição do saldo devedor ao Chefe do Executivo, para pagamento.[128] Na redação da EC 62/2009, o § 1º do art. 100 diz que os "débitos de natureza alimentícia compreendem aqueles decorrentes de salários, vencimentos, proventos, pensões e suas complementações, benefícios previdenciários e indenizações por morte ou por invalidez, fundadas em responsabilidade civil, em virtude de sentença judicial transitada em julgado, e serão pagos com preferência sobre todos os demais débitos, exceto sobre aqueles referidos no § 2º" do mesmo art. 100. Esse § 2º estipula que "os débitos de natureza alimentícia cujos titulares tenham 60 (sessenta) anos de idade ou mais na data de expedição do precatório, ou sejam portadores de doença grave, definidos na forma da lei, serão pagos com preferência sobre todos os demais débitos, até o valor equivalente ao triplo do fixado em lei para os fins do disposto no § 3º deste artigo, admitido o fracionamento para essa finalidade, sendo que o restante será pago na ordem cronológica de apresentação do precatório".

Se a dotação orçamentária for insuficiente, deverá ser suplementada com crédito adicional, todos consignados diretamente ao Poder Judiciário para o pagamento das requisições em rigorosa ordem cronológica. O art. 10 da Lei de Responsabilidade Fiscal (Lei Complementar 101/2000) determina que, "para fins de observância" dessa ordem, a "execução orçamentária e financeira identificará os beneficiários de pagamento de sentenças judiciais, por meio de sistema de contabilidade e administração financeira". Desaten-

e compensatórios sobre as frações resultantes do parcelamento de precatório, previsto no art. 78 do ADCT, introduzido pela EC 30/2000 (RE 590.751, com repercussão geral, *Informativo STF* 612).

127. O precatório deve expressar quantia certa em moeda nacional, não em títulos, embora possa indicar junto com esse valor o correspondente a determinado índice de atualização (STF, *RT* 652/179 e 215, 654/233). "É cabível a expedição de precatório referente a parcela incontroversa, em sede de execução ajuizada em face da Fazenda Pública" (AGU, Enunciado 31). A nota de empenho emitida por agente público constitui título executivo extrajudicial, permitindo a execução contra a Fazenda Pública (REsp 289.421-SP e REsp 171.228-SP). A exceção prevista no art. 100, *caput*, da CF em favor dos créditos de natureza alimentícia não dispensa a expedição de precatório, limitando-se a isentá-los da observância da ordem cronológica dos precatórios decorrentes de condenações de outra natureza (STF, Súmula 655). É incabível o fracionamento do valor de precatório em execução de sentença contra a Fazenda Pública com o objetivo de se efetuar o pagamento de custas processuais por meio de requisição de pequeno valor (RE 592.619).

128. STF, IF (Intervenção Federal) 298, 402 e 353-1, *DJU* 14.3.2004.

didas as requisições ou alterada a ordem de pagamento, ensejará, conforme o caso, a *intervenção*[129] federal no Estado-membro ou a intervenção deste no Município faltoso, ou o *seqüestro*[130] da quantia do credor preterido (CF, arts. 34, VI, 35, IV, 36, § 3º, e 100).[131]

A atividade desenvolvida pelo presidente do tribunal no processamento do precatório não é de natureza jurisdicional, mas administrativa.[132] Por essa razão, o presidente do tribunal que, por ato comissivo ou omissivo, retardar ou tentar frustrar a liquidação regular de precatórios incorrerá em crime de responsabilidade e responderá, também, perante o CNJ (§ 7º do art. 100 – EC 62/2009). Nessa liquidação regular estão as obrigações dos §§ 10 e 9º, dispondo que antes da expedição dos precatórios o tribunal solicitará à Fazenda Pública, "para resposta em até 30 (trinta) dias, sob pena de perda do direito de abatimento, informação sobre os débitos que preencham as condições estabelecidas no § 9º, para os fins nele previstos", e que, no "momento da expedição dos precatórios, independentemente de regulamentação, deles deverá ser abatido, a título de compensação, valor correspondente aos débitos líquidos e certos, inscritos ou não em Dívida Ativa e constituídos contra o credor original pela Fazenda Pública devedora, incluídas parcelas vincendas de parcelamentos, ressalvados aqueles cuja execução esteja suspensa em virtude de contestação administrativa ou judicial".

A EC 62 ainda traz importantes novidades, assim resumidas: (a) faculta "ao credor, conforme lei da entidade federativa devedora, a entrega de créditos em precatórios para compra de imóveis públicos do respectivo ente federado" (§ 11); (b) permite a cessão total ou parcial do crédito em precatório a terceiros, independentemente da concordância do devedor; nesse caso não se aplica "ao cessionário o disposto nos §§ 2º e 3º" (do art. 100), mas essa cessão somente "produzirá efeitos após comunicação protocolizada, ao tribunal de origem e à entidade devedora" (cf. §§ 13 e 14); e (c) permite à União, a seu critério exclusivo e na forma de lei, "assumir débitos, oriundos de precatórios, de Estados, Distrito Federal e Municípios, refinanciando-os diretamente" (§ 16).

129. Para o STF a intervenção só é cabível se configurada atuação dolosa, com a finalidade de não pagar o precatório (Plenário, IF 2.915, IF 2.953, IF 4.622 e IF 2.343).

130. Somente se legitima o seqüestro para pagamento de precatório quando se verificar preterição do direito de preferência, de sorte que o vencimento do prazo para pagamento não enseja seqüestro, porque não equiparado à preterição de ordem (STF, ADI 1.662-SP; TJSP, Pleno, *RT* 568/28).

131. A respeito, v. a EC 30/2000, que acrescentou o art. 78 no ADCT, sobre a liquidação de precatórios pendentes na data de sua promulgação e os que decorram de ações ajuizadas até 31.12.99, observando-se que o STF suspendeu, por inconstitucionalidade, a expressão "os precatórios pendentes na data da promulgação desta Emenda", constante do art. 78 da ADCT na redação da EC 30/2000 (MC nas ADIs 2.356 e 2.362).

132. STF, ADI 1.098 e RE 388.453; STJ, Súmula 311.

A EC 62 prevê que, sem prejuízo do disposto no art. 100, por meio de lei complementar à Constituição Federal, seja estabelecido regime especial para pagamento de crédito de precatórios de Estados, Distrito Federal e Municípios, dispondo sobre vinculações à receita corrente líquida e forma e prazo de liquidação (§ 15).

A obrigação de pagamento de quantia certa, apurada nos Juizados Especiais criados pela Lei 10.259, de 12.7.2001, será efetuada no prazo de sessenta dias, independentemente de precatório, não se aplicando o *caput* do art. 100 da CF, conforme seu § 3º, mas, para fins de enquadramento de parcela do total, é "vedada a expedição de precatórios complementares ou suplementares de valor pago, bem como o fracionamento, repartição ou quebra do valor da execução" (§ 8º).

Os tribunais têm entendido que a execução de obrigação de fazer obedece aos arts. 632 a 638 do CPC.[133]

O § 12 do art. 100 dispõe que, a partir da promulgação da EC 62/2009, "a atualização de valores de requisitórios, após sua expedição, até o efetivo pagamento, independentemente de sua natureza, será feita pelo índice oficial de remuneração básica da caderneta de poupança, e, para fins de compensação da mora, incidirão juros simples no mesmo percentual de juros incidentes sobre a caderneta de poupança, ficando excluída a incidência de juros compensatórios" – redação quase igual à do art. 1º-F da Lei 9.494, de 10.9.97, na redação dada pela Lei 11.960, de 29.7.2009. Sobre a *correção monetária*, parece-nos que continua aplicável a Súmula 67 do STJ quando o índice oficial não espelhar a inflação real, pois caso contrário a indenização não será justa, como impõe a Carta nos arts. 5º, XXIV, e 182, § 3º.[134] Os *juros compensatórios* (12%), segundo a jurisprudência dominante, quando devidos, o são desde a data do ato impeditivo da renda a ser compensada e, no caso de desapropriação, desde a ocupação do bem (STF, Súmula 164, e STJ, Súmulas 69, 113 e 114).[135]

A MP 2.180-35/2001 incluiu o art. 2º-B na Lei 9.494/97 (sobre tutela antecipada contra a Fazenda Pública), com o seguinte teor: "A sentença que tenha por objeto a liberação de recurso, inclusão em folha de pagamento, reclassificação, equiparação, concessão de aumento ou extensão de vantagens a servidores da União, dos Estados, do Distrito Federal e dos Municípios,

133. TJSP, *RT* 509/94.

134. TJSP, AI 168.754-2, de São Paulo, *BAASP* 1.689, de 8.5.91.

135. A Súmula 345 do STF (contagem de juros compensatórios a partir da perícia), foi revogada no RE 74.803. Daí por diante o STF passou a contar tais juros do momento da efetiva ocupação do bem e na base de 12% ao ano (RE 69.798, 85.209 e 88.229; *RDA* 126/27). V. o cap. IX. O STF, Pleno, entende que entre a expedição do precatório e o término do exercício subseqüente não há mora e, assim, não incidem juros de mora (RE 298.616).

inclusive de suas autarquias e fundações, somente poderá ser executada após seu trânsito em julgado".

O art. 2º da EC 62 ainda acrescentou o art. 97 e seus §§ ao ADCT, instituindo regime especial para os Estados, o Distrito Federal e os Municípios que na data da sua publicação estejam em mora na quitação de precatórios vencidos, inclusive os emitidos durante o período de vigência do regime especial, ou seja, até que seja editada a lei complementar prevista no § 15 do art. 100 da CF. O ingresso no regime especial é mediante opção do Poder Executivo, que ainda optará, de acordo com o § 1º: "I – pelo depósito em conta especial do valor referido pelo § 2º" ou "II – pela adoção do regime especial pelo prazo de até 15 (quinze) anos, caso em que o valor a ser depositado na conta especial" será calculado na forma e pelos percentuais dos itens I e II do mesmo § 2º". A sistemática, a administração, os leilões, o seqüestro de valores e a preferência para os titulares originais de precatórios que tenham completado sessenta anos de idade até a data da promulgação da Emenda são regidos pelos §§ 3º a 18. A implantação desse regime especial deverá ocorrer no prazo de até noventa dias, a contar da publicação da Emenda (art. 3º). Segundo o art. 4º, a entidade federativa voltará a observar somente o disposto no art. 100 da CF, no caso de opção pelo sistema previsto no inciso I do § 1º do art. 97, "quando o valor dos precatórios devidos for inferior ao dos recursos destinados ao seu pagamento" e no caso de opção pelo sistema do inciso II desse § 1º, ao final do prazo. Os arts. 5º e 6º da Emenda convalidam todas as cessões de precatórios efetuadas antes da sua promulgação, independentemente da concordância da entidade devedora, e todas as compensações de precatórios com tributos da entidade devedora vencidos até 31.10.2009, efetuadas na forma do disposto no § 2º do art. 78 do ADCT, realizadas antes da promulgação da EC 62.

7.4 Execução fiscal[136]

A *execução judicial da dívida ativa* das Fazendas Públicas e de suas autarquias passou a ser regida pela Lei 6.830, de 22.9.80, que revogou o Dec.-lei 960/38 e as disposições pertinentes do Código de Processo Civil, embora as disposições processuais gerais deste devam ser aplicadas subsidiariamente nos executivos fiscais.[137] A lei tem, assim, natureza substantiva e adjetiva, dispondo, materialmente, sobre o crédito tributário, sua constituição e inscrição, e, processualmente, sobre o procedimento da cobrança

136. Cf. Humberto Theodoro Jr., "A execução fiscal segundo a Lei 6.830/80", *RT* 551/11.

137. V. as esclarecedoras notas de Theotonio Negrão no seu *Código de Processo Civil e Legislação Processual em Vigor*, 40ª ed., pp. 1.439 e ss.

em juízo.[138] Tratando-se de matéria processual, deixamos de abordá-la nesta obra, como vínhamos fazendo.

7.5 Despesas judiciais

As *despesas judiciais* devidas pela Fazenda Pública em geral são pagas a final pelo vencido (CPC, art. 27), ficando, inclusive, dispensada de *preparo* dos seus recursos e da multa prevista nos arts. 511 e 557, § 2º, do CPC.[139] A expressão genérica *despesas judiciais* abrange as *custas*, *emolumentos* e *salários de peritos*. *Custas* são preços (não taxas) devidos à entidade estatal a que pertence o organismo judiciário pelo serviço prestado no processo; *emolumentos* são preços (não taxas) devidos aos auxiliares da Justiça por certos atos que realizam para o andamento do processo; *salários de perito* são remunerações devidas pelas partes aos louvados pelos laudos periciais que apresentarem no processo. Além dessas despesas judiciais em sentido amplo, são devidos, em todo processo judicial, pelo vencido, *honorários* ao advogado do vencedor (CPC, art. 20), mesmo que a sucumbência seja da Fazenda, caso em que o Código não estabelece os limites percentuais da honorária, mas recomenda sua fixação "consoante apreciação eqüitativa do juiz" (art. 20, § 4º). A MP 2.183-56, para os casos de desapropriação e apossamento administrativo, fixou os honorários advocatícios entre os limites de 0,5 e 5%, calculados sobre o valor da diferença entre a oferta e a condenação.

Observe-se que a Constituição de 1988 tornou imunes de despesas judiciais e de honorários advocatícios as ações de *habeas corpus* e *habeas data* (art. 5º, LXXVII) e isentou de custas judiciais e do ônus da sucumbência o autor da ação popular e da ação civil pública, salvo se comprovada má-fé (art. 5º, LXXIII).

7.6 Prescrição

Prescrição[140] é a perda da ação pelo transcurso do prazo para seu ajuizamento ou pelo abandono da causa durante o processo. Não se confunde com *decadência* ou *caducidade*, que é o perecimento do direito pelo não exercício no prazo fixado em lei. A prescrição admite suspensão e interrupção pelo tempo e forma legais; a decadência ou caducidade não

138. A Lei 6.830/80 deve ser interpretada e aplicada em conjugação com as Leis 4.320/64 e 6.822/80, que dispõem sobre a cobrança executiva dos débitos fixados em acórdãos do TCU. Todas essas normas, entretanto, devem obediência aos preceitos do Código Tributário Nacional, que tem a hierarquia de lei complementar.

139. STJ, EREsp 808.525, *Informativo* 332.

140. V. Odete Medauar, "Prescrição e Administração Pública", *RT* 642/80.

permite qualquer paralisação da fluência de seu prazo, uma vez iniciado. A prescrição das ações a favor ou contra a Fazenda Pública rege-se pelos princípios do Código Civil, salvo as peculiaridades estabelecidas em leis especiais.

Como vimos no cap. VII, item 6.4, a ação de ressarcimento do dano ao erário causado por atos ilícitos é imprescritível, conforme o art. 37, § 5º, da CF.[141]

A *prescrição das ações pessoais contra a Fazenda Pública e suas autarquias* é de cinco anos, conforme estabelece o Dec. ditatorial (com força de lei) 20.910, de 6.1.32, complementado pelo Dec.-lei 4.597, de 19.8.42. Essa prescrição qüinqüenal constitui a regra em favor de todas as Fazendas, autarquias, fundações públicas e empresas estatais.[142]

A *prescrição das ações reais contra a Fazenda Pública* tem sido considerada pelos tribunais como sendo a comum, de dez ou quinze anos no regime do Código Civil anterior, hoje dez anos (CC de 2002, art. 205), e não a qüinqüenal do Dec. 20.910/32. E sobejam razões para essa orientação jurisprudencial, uma vez que não se pode admitir pretendesse o legislador alterar o instituto da propriedade, ao abreviar a prescrição em favor da Fazenda Pública.[143] Na verdade, como acentuam os julgados de todas as instâncias que perfilham essa interpretação, admitir-se a prescrição qüinqüenal nas ações reais equivaleria a estabelecer um usucapião de cinco anos em favor da União, dos Estados-membros e dos Municípios, o que seria um novo meio de adquirir, não admitido por lei.[144]

A *prescrição qüinqüenal* das ações contra a Fazenda Pública somente pode ser interrompida uma vez, recomeçando a correr, pela metade do prazo, da data do ato que a interrompeu ou do último do processo para a interromper; consumar-se-á no curso da lide sempre que, a partir do último ato ou termo da mesma, inclusive da sentença nela proferida, embora passada

141. STF: MS 26.210 (Pleno); STJ: REsps 1.187.297, com vários precedentes, 801.846 e 710.599; *Revista AGU* 98, de 2010.

142. No STJ há divergência, como aponta o acórdão no REsp 1.137.354, entendendo que o prazo prescricional relativo à prestação de reparação civil é de três anos, previsto no art. 206, § 3º, V, do CC/2002, que prevalece sobre o Dec. 20.910/32.

143. Contrariando esse entendimento do STJ (Súmula 119) e ampliando os casos de prescrição qüinqüenal a favor da Fazenda Pública, a MP 2.183-56, de 24.8.2001, art. 1º, acrescentou parágrafo único ao art. 10 do Dec.-lei 3.365/41, estabelecendo que "extingue-se em cinco anos o direito de propor ação que vise a indenização por restrições decorrentes de atos do Poder Público". A indenização por prejuízos decorrentes de tombamento ou imposições de limitações administrativas, por se tratar de direito pessoal e não real, prescreve em cinco anos, conforme o Dec. 20.910/32 (no STJ, REsp 1.103.974, a Relatora, Min. Denise Arruda, cita como precedente a ADI 2.268-1-DF). Sobre prescrição intercorrente, v. o excelente acórdão do TJSP na ApCiv 302.980-5-1, relatado pelo Des. Guerrieri Rezende.

144. STF, *RF* 91/401, 99/338; *RT* 116/792; *AJ* 52/155; TFR, *RDA* 24/248, 28/255.

em julgado, decorrer o prazo de dois anos e meio (Dec.-lei 4.597/42, art. 3º). Entretanto, a jurisprudência atenuou o rigorismo da lei, já estando sumulado pelo STF que: "A prescrição em favor da Fazenda Pública recomeça a correr, por dois anos e meio, a partir do ato interruptivo, mas não fica reduzida aquém de cinco anos, embora o titular do direito a interrompa durante a primeira metade do prazo" (STF, Súmula 383).

Observamos, neste ponto, que, se a interrupção da prescrição se der pelo ajuizamento de ação ou mandado de segurança, susta-se a fluência do prazo desde a citação ou a notificação e só é restabelecido no final da demanda, qualquer que seja a decisão.[145]

Quanto aos meios de suspensão e interrupção da prescrição, são os comuns e mais a *reclamação administrativa*,[146] o *pedido de reconsideração*[147] e os *recursos hierárquicos específicos*.

Finalmente, é de se ponderar que, tratando-se de prestações periódicas devidas pela Fazenda, como são os vencimentos e vantagens de seus servidores, a prescrição vai incidindo sucessivamente sobre as parcelas em atraso qüinqüenal e respectivos juros,[148] mas não sobre o direito.[149]

A Lei 9.636, de 15.5.98, dispõe que prescrevem em cinco anos os *créditos da Fazenda Nacional decorrentes de receitas patrimoniais* (art. 47).

A *prescrição das ações da Fazenda Pública* contra o particular é a comum da lei civil ou comercial, conforme a natureza do ato ou contrato a ser ajuizado. Entretanto, para a cobrança do crédito tributário, qualquer que seja a origem ou espécie, a prescrição é de cinco anos, consoante estabelece o Código Tributário Nacional (art. 174), e em igual prazo ocorre a decadência do direito de constituir esse crédito (art. 173). Como este Código passou à categoria de *lei complementar* pelo art. 18, § 1º, da EC 1/69, suas disposições não podem ser alteradas ou contrariadas por lei ordinária. Assim sendo, o prazo de prescrição ou de decadência de qualquer dívida tributária

145. Arnoldo Wald, "Prescrição contra as pessoas jurídicas de Direito Público", *RDA* 100/541.

146. STF, *RDA* 25/234, 116/322. STJ, Resp 1.112.114 (com natureza de recurso repetitivo – art. 543 do CPC): ".O ato administrativo que reconhece a existência de dívida interrompe a contagem do prazo prescricional, recomeçando este a fluir apenas a partir do último ato do processo que causou a interrupção". Enquanto pender, sem resposta, requerimento dirigido à Administração não se inicia o fluxo prescricional em favor desta (STJ, EREsp 6.283 e REsp 1.107.339).

147. STF, *RDA* 69/158.

148. STF, *RTJ* 8/162; *RT* 194/789; TJSP, *RT* 168/303; *RDA* 111/168; STJ, REsp 11.241-SP, *DJU* 11.11.91. Assim é porque o termo inicial rege-se pelo princípio da *actio nata*: o prazo conta-se a partir da data em que o credor pode propor a ação; e se a dívida é parcelada o prazo prescricional é a partir da data do vencimento de cada parcela não paga ou de diferenças não pagas (STJ, REsp 752.822).

149. STF, *RTJ* 112/1.260, 117/122, 129/431; STJ, Súmulas 85 e 443.

é o qüinqüenal. Os prazos de decadência e prescrição das contribuições previdenciárias eram fixados em dez anos pelos arts. 45 e 46 da Lei 8.212/91. Entretanto, o STF editou a Súmula Vinculante n. 8: "São inconstitucionais o parágrafo único do art. 5º do Decreto-lei n. 1.569/77 e os arts. 45 e 46 da Lei n. 8.212/91, que tratam de prescrição e decadência de crédito tributário". Posteriormente, a Lei Complementar 128/2008 revogou referidos artigos, sendo hoje a decadência e a prescrição das contribuições previdenciárias reguladas pelos arts. 173 e 174 do CTN, respectivamente.

7.7 *Seqüestro e perdimento de bens*

O *seqüestro* e o *perdimento de bens* em favor da Fazenda Pública são admitidos pela Constituição da República (art. 5º, XLV e XLVI) para aqueles que causarem dano ao erário ou se enriquecerem ilicitamente no exercício de cargo, função ou emprego na Administração direta ou indireta. Essa matéria está regulada pela Lei 8.429, de 2.6.92, já abordada no cap. VII.

Capítulo XII

ORGANIZAÇÃO ADMINISTRATIVA BRASILEIRA

1. Considerações gerais. 2. A Administração Federal. 3. Administração direta e indireta. 4. Os princípios fundamentais da Administração Pública Federal: 4.1 Planejamento – 4.2 Coordenação – 4.3 Descentralização – 4.4 Delegação de competência – 4.5 Controle. 5. Os órgãos dirigentes da Administração Federal: 5.1 Presidência da República – 5.2 Ministérios: 5.2.1 Ministério da Agricultura, Pecuária e Abastecimento; 5.2.2 Ministério do Desenvolvimento Social e Combate à Fome; 5.2.3 Ministério das Cidades; 5.2.4 Ministério da Ciência e Tecnologia; 5.2.5 Ministério das Comunicações; 5.2.6 Ministério da Cultura; 5.2.7 Ministério da Defesa; 5.2.8 Ministério do Desenvolvimento Agrário; 5.2.9 Ministério do Desenvolvimento, Indústria e Comércio Exterior; 5.2.10 Ministério da Educação; 5.2.11 Ministério do Esporte; 5.2.12 Ministério da Fazenda; 5.2.13 Ministério da Integração Nacional; 5.2.14 Ministério da Justiça; 5.2.15 Ministério do Meio Ambiente; 5.2.16 Ministério de Minas e Energia; 5.2.17 Ministério do Planejamento, Orçamento e Gestão; 5.2.18 Ministério da Previdência Social; 5.2.19 Ministério das Relações Exteriores; 5.2.20 Ministério da Saúde; 5.2.21 Ministério do Trabalho e Emprego; 5.2.22 Ministério dos Transportes; 5.2.23 Ministério do Turismo; 5.2.24 Ministério da Pesca e Aqüicultura. 6. Órgãos de assessoramento: 6.1 Órgãos de assessoramento do Presidente da República – 6.2 Órgãos de assessoramento dos Ministros de Estado. 7. Outros órgãos da Administração Federal: 7.1 Tribunais Administrativos – 7.2 Advocacia-Geral da União – 7.3 Órgãos Autônomos. 8. Entes de Cooperação. 9. Sistemas de atividades auxiliares. 10. Administração dos Estados, Municípios, Distrito Federal e Territórios: 10.1 Administração estadual – 10.2 Administração municipal: 10.2.1 Regiões Metropolitanas – 10.3 Administração do Distrito Federal – 10.4 Administração dos Territórios. 11. Programa Nacional de Desestatização.

1. Considerações gerais

A *organização administrativa*[1] mantém estreita correlação com a estrutura do Estado e a forma de governo adotadas em cada país. Sendo o Brasil uma *Federação*, formada pela união indissolúvel dos Estados e Municípios e do Distrito Federal, constituindo-se em *Estado Democrático de*

1. A *organização administrativa* é, modernamente, objeto de estudos do denominado *Direito Administrativo Organizatório*, que cuida do ordenamento estrutural dos órgãos da Administração, como já o demonstramos no cap. II, item 1.

Direito (CF, art. 1º), em que se assegura autonomia político-administrativa aos Estados-membros, Distrito Federal e Municípios[2] (arts. 18, 25 e 29), sua administração há de corresponder, estruturalmente, a esses postulados constitucionais.

Daí a partilha de atribuições entre a União, os Estados-membros, Distrito Federal e os Municípios, numa descentralização territorial em três níveis de governo – *federal*, *estadual* e *municipal* –, cabendo, em cada um deles, o comando da administração ao respectivo Chefe do Executivo – *Presidente da República*, *Governador* e *Prefeito*. Todavia, dados a vastidão de nosso território, os sempre crescentes índices de aumento populacional e a complexidade dos problemas administrativos decorrentes desses dois primeiros fatores, além da *descentralização territorial* político-administrativa, opera-se, ainda, no Brasil a *descentralização institucional*, meramente administrativa, com distribuição de funções públicas e de interesse coletivo a entes autárquicos e estatais.[3]

A União, o Estado, o Distrito Federal e o Município exercitam os poderes que lhes são conferidos explícita ou implicitamente pela Constituição da República dentro das respectivas áreas de atuação – o território nacional, o estadual e o municipal –, mediante aparelhamento próprio, que deve ser convenientemente estruturado para o perfeito atendimento das necessidades do serviço público. A organização das administrações estadual e municipal segue, em linhas gerais, a da federal, por força de mandamento constitucional (arts. 18, 25 e 29).

2. Sobre o Município Brasileiro o Autor já teve oportunidade de dizer, em exposição ao V Congresso Hispano-Luso-Filipino-Americano de Municípios, realizado em Santiago (Chile), em novembro/69, que "é entidade estatal integrante da Federação", esclarecendo: "Essa integração é uma peculiaridade nacional. Em nenhum outro país se encontra o Município constitucionalmente reconhecido como peça do regime federativo. Dessa posição singular do Município Brasileiro é que resulta a sua ampla autonomia político-administrativa, diversamente do que ocorre nas demais Federações em que o Município é circunscrição territorial meramente administrativa" (cf. Hely Lopes Meirelles, "O regime municipal brasileiro", in *Estudos e Pareceres de Direito Público*, São Paulo, Ed. RT, 1971, I/197 e ss.; e tb. no *Direito Municipal Brasileiro*, 16ª ed., Malheiros Editores, 2008, cap. IV, item I). Hoje, a Constituição Federal consagra, expressamente, essa lição (arts. 1º e 18).

3. Nas edições anteriores deste *Manual* consideramos também a *descentralização por serviço*, que conceituamos como a distribuição de atribuições entre vários órgãos de uma mesma Administração. Todavia, reexaminando o assunto, concluímos, com a melhor doutrina, que somente existe descentralização, no seu sentido técnico, quando a atribuição estatal é transferida a pessoa distinta da do Estado outorgante, como ocorre com as autarquias, empresas estatais e concessionários de serviços públicos (cf. Agustín A. Gordillo, *Derecho Administrativo de la Economía*, Buenos Aires, 1967, p. 92). Assim, no caso da chamada *descentralização por serviço*, também conhecida por *descentralização orgânica, hierárquica e burocrática* (cf. Carlos S. de Barros Jr., *Compêndio de Direito Administrativo*, São Paulo, 1969, II/15 e ss.), o que existe é *desconcentração administrativa*, como veremos adiante (item 4.3).

2. *A administração federal*

Até o advento do Dec.-lei 200, de 25.2.67, a organização administrativa federal pecava pela excessiva concentração de atribuições nos órgãos de cúpula, agravada pela falta de racionalização dos trabalhos de coordenação dos serviços, ineficientes e morosos, em decorrência de uma burocracia inútil e custosa, que alongava a tramitação dos processos e retardava as decisões governamentais, pela subordinação das *atividades-fins* às *atividades-meios*.[4] José de Nazaré Teixeira Dias, um dos autores da Reforma Administrativa de 1967, critica essa anomalia em nove pontos, dos quais destacamos os dois seguintes, que condensam a caótica situação acima descrita, demonstrando a necessidade da providencial alteração realizada pelo Governo Revolucionário: "*Quarto*: os meios têm gradativamente se sobreposto aos fins, o acessório ao principal, o burocratismo à ação. *Quinto*: a excessiva centralização administrativa decorre da falta de planejamento, de diretrizes, de organização competente do centro de direção administrativa, fatores que levam os dirigentes superiores a ficarem entulhados de casos – com a predominância do *processo*, dos *canais competentes*, do *burocratismo* –, diluindo-se a responsabilidade dos agentes, tornando-se morosas as operações e encarecendo-se os custos. Os órgãos da periferia – que estão mais próximos da coletividade ou dos problemas – têm sua ação tolhida, entorpecida".[5]

Como se vê, o ilustre Técnico em Administração, como vinham fazendo os estudiosos do assunto e como o fizemos desde a 1ª edição deste *Manual*, em 1964, propugnava, na realidade, por uma ampla *desconcentração administrativa*, de modo a distinguir as atividades de direção das de execução, as atividades-fins das atividades-meios. A descentralização propriamente dita já era prática entre nós, nas suas duas modalidades – *territorial* e *institucional*. A *desconcentração* também o era, embora, tal como ocorria com a *descentralização institucional*, se caracterizasse pelo acanhamento, decorrente de um injustificável conservadorismo jurídico-administrativo, a tolher e limitar a ação dos renovadores. Felizmente, foi aquela a diretriz adotada, determinando a lei que os níveis de *direção* sejam claramente distintos dos de execução e que os serviços que compõem a estrutura central de direção devem permanecer liberados das rotinas de execução e das tarefas de mera formalização de atos administrativos, para que possam concentrar-

4. . O Dec.-lei 200 foi alterado pelos Decs.-leis 900, de 29.9.69, 991, de 21.10.69, e 1.093, de 17.3.70, e pela Lei 6.036, de 1.5.74. V. o Dec. 6.944/2009, que estabelece medidas organizacionais para o aprimoramento da Administração Pública Federal direta, autárquica e fundacional, dispõe sobre normas gerais relativas a concursos públicos, organiza sob a forma de sistema as atividades de organização e inovação institucional do Governo Federal.

5. José de Nazaré Teixeira Dias, *A Reforma Administrativa de 1967*, Rio, 1969, p. 47.

se nas atividades de *planejamento*, *supervisão*, *coordenação* e *controle* (Dec.-lei 200/67, art. 10, §§ 1º, "a", e 2º).

O referido Dec.-lei 200/67 não é propriamente uma lei orgânica, pois não estabelece a *estrutura* da Administração. O seu objetivo principal e imediato é a fixação de diretrizes e princípios que propiciem funcionalidade e dinamicidade à Administração Federal, devendo sua estruturação ser realizada por etapas, em conformidade com esses princípios e diretrizes, através de decretos do Poder Executivo, reorganizando-a, reestruturando-a, definindo competências, revendo o funcionamento de determinados órgãos e estabelecendo outras providências necessárias à efetiva implantação da reforma delineada (arts. 145 e 146). Por essa razão, após classificá-la em *direta* e *indireta*, limita-se o Dec.-lei 200/67 a estabelecer a *estrutura básica da Administração direta* em alguns poucos dispositivos, reservando os demais para a grande remodelação em profundidade do serviço público federal, à qual vimos assistindo desde a sua expedição.

Sob o aspecto formal, a norma em exame deixa muito a desejar, principalmente no tocante à sistemática, pouco lógica, e à conceituação, muitas vezes imprecisa e juridicamente incorreta. Todavia, seu conteúdo, pela modernidade das diretrizes e princípios adotados, em consonância com as novas técnicas do serviço público recomendadas pela doutrina contemporânea,[6] poderá conduzir à racionalização, simplificação e aperfeiçoamento da Administração, desde que o Governo atue com a imprescindível energia para superar os muitos obstáculos opostos pelo tradicionalismo burocrático que ainda domina e emperra nossa máquina administrativa. Perseguindo esse objetivo, foi editado o Dec. 99.179, de 15.3.90, que instituiu o Programa Federal de Desregulamentação, "com a finalidade de fortalecer a iniciativa privada, em todos os seus campos de atuação, reduzir a interferência do Estado na vida e nas atividades dos indivíduos, contribuir para a maior eficiência e o menor custo dos serviços prestados pela Administração Pública Federal e sejam satisfatoriamente atendidos os usuários desses serviços" (art. 1º).

6. W. F. Willoughby, *Principles of Public Administration*, 1957; Meriam e Schmeckbier, *Reorganization of the National Government*, 1939; Tarras Sallfors, "O & M na Administração sueca", 1954, in *Cadernos de Administração Pública da EBAP*, n. 20; Gustavo Lessa, "A departamentalização no nível ministerial", 1945, in *Cadernos de Administração Pública da EBAP*, n. 10; Pedro Muñoz Amato, *Introdução à Administração Pública*, FGV, Rio, 1958; F. W. Riggs, *A Ecologia da Administração Pública*, USAID, Rio, 1964; Dwight Waldo, *The Administrative State*, Nova York, 1948; Luther Gulick, *Notes on the Theory of Organization, Papers on the Science of Administration*, Nova York, 1937; L. Urwick, *The Elements of Administration*, Nova York, 1943; Albert Lepawsky, *Administration – The Art and Science of Organization and Management*, Nova York, 1949; Rafael Bielsa, *Ciencia de la Administración*, Buenos Aires, 1955; Charles Debbasch, *Science Administrative*, Paris 1971.

A Lei 10.683, de 28.5.2003, com suas alterações, regula a organização da Presidência da República e dos Ministérios, como veremos adiante.

Nos tópicos seguintes, ainda que em linhas gerais, veremos a Administração Federal.

3. *Administração direta e indireta*

O Estatuto da Reforma Administrativa (Dec.-lei 200/67) classificou a Administração Federal em *direta* e *indireta*,[7] constituindo a primeira "dos serviços integrados na estrutura administrativa da Presidência da República e dos Ministérios" (art. 4º, I), o que está ratificado, em outros termos, pelos arts. 15 e 29 da Lei 8.490/92. Quanto à *indireta*, apenas indica as categorias de entidades nela compreendidas, esclarecendo que são dotadas de personalidade jurídica própria e vinculadas ao Ministério em cuja área de competência se enquadrar sua principal atividade, gozando, entretanto, de autonomia administrativa e financeira (arts. 4º, II, e § 1º, e 5º, I a III, do Dec.-lei 200/67 e 29 da Lei 8.490/92, que, neste artigo e no art. 15, faz expressa referência àquele decreto-lei). Daí podermos dizer que, nos termos do Dec.-lei 200/67, a *Administração indireta* é a constituída dos serviços atribuídos a *pessoas jurídicas diversas da União*, *públicas* (autarquias) ou *privadas* (empresas públicas e sociedades de economia mista), vinculadas a um Ministério, mas administrativa e financeiramente autônomas. Convém ter presente que a Lei 11.107, de 6.4.2005, que instituiu os consórcios públicos constituídos como associações públicas e, assim, como pessoas de direito público, ou como pessoas de direito privado, diz, textualmente, que o primeiro integra a administração indireta de cada um dos entes da Federação consorciados para a realização de objetivos de interesse comum (art. 6º, § 1º).

Observamos que a Administração Pública não é propriamente constituída de serviços, mas, sim, de *órgãos a serviço do Estado*, na *gestão de bens e interesses qualificados da comunidade*, o que nos permite concluir, com mais precisão, que, no âmbito federal, a *Administração direta é o conjunto dos órgãos integrados na estrutura administrativa da União* e a *Administração indireta é o conjunto dos entes (personalizados) que, vinculados*

7. Sempre nos batemos contra o uso dos termos *direta* e *indireta* para distinguir a Administração *centralizada* da *descentralizada*, pois entendemos que a Administração, centralizada ou descentralizada, é exercida *diretamente*. A execução de obras e serviços públicos é que pode ser *direta*, quando realizada pela própria Administração, centralizada ou descentralizada, ou *indireta*, quando confiada a particulares. Ao tempo da elaboração do Dec.-lei 200/67 a Constituição ainda vacilava quanto à terminologia (arts. 48 e 65), mas a que se lhe seguiu firmou definitivamente a expressão "administração indireta", a que se contrapõe, naturalmente, "administração direta". Por essa razão, e sendo do nosso interesse evitar confusões no espírito do leitor, seguiremos, daqui por diante e com a ressalva de nossa posição doutrinária, a terminologia consagrada na Constituição de 1969 e na atual de 1988 e no Dec.-lei 200/67.

a um Ministério, prestam serviços públicos ou de interesse público. Sob o aspecto funcional ou operacional, *Administração Pública direta* é a efetivada imediatamente pela União, através de seus órgãos próprios, e *indireta* é a realizada mediatamente, por meio dos entes a ela vinculados.[8]

As pessoas jurídicas que integram a Administração indireta da União – autarquias, fundações públicas, empresas públicas e sociedades de economia mista – apresentam três pontos em comum: *criação por lei específica, personalidade jurídica* e *patrimônio próprio.* A *autarquia*, pessoa jurídica de Direito Público, realiza um *serviço* destacado da Administração direta, exercendo, assim, atividades típicas da Administração Pública; a *fundação pública*, também pessoa jurídica de Direito Público, realiza atividades apenas de interesse público; a *empresa pública*, pessoa jurídica de Direito Privado, revestindo qualquer das formas admitidas em Direito, com capital exclusivo da União,[9] tem por finalidade a exploração de atividade econômica por força de contingência ou de conveniência administrativa; a *sociedade de economia mista*, pessoa jurídica de Direito Privado, constituída sob a forma de sociedade anônima e sob o controle majoritário da União ou de outra entidade da Administração indireta, tem também por objetivo a exploração de atividade econômica, independentemente das circunstâncias que justificam a criação de empresa pública (Dec.-lei 200, art. 5º).

Destarte, na conceituação *legal*, que não coincide inteiramente com a *doutrinária*, a autarquia distingue-se dos demais entes da Administração indireta quanto à sua natureza jurídica, por ser pessoa de *Direito Público*, e quanto ao seu objeto, por exercitar atividades *típicas* da Administração Pública, enquanto esses últimos são de *Direito Privado* e desempenham atividades *atípicas*; a empresa pública diferencia-se da sociedade de economia mista por poder *constituir-se sob qualquer modalidade de sociedade comercial* e por *pertencer seu capital, em princípio, exclusivamente à União*, que, de qualquer modo, sempre detém a maioria do capital votante, ao passo que a sociedade de economia mista é *sempre sociedade anônima e admite a participação minoritária de outras pessoas, físicas ou jurídicas, de Direito*

8. Esses mesmos conceitos são extensivos aos Estados-membros, Municípios, Distrito Federal e Territórios.

Mais uma vez lembramos ao leitor que, quando escrevemos *Administração Pública*, com maiúsculas, estamos nos referindo a pessoas e órgãos administrativos; quando grafamos *administração pública*, com minúsculas, estamos aludindo à atividade administrativa em si mesma.

9. Embora o inc. II do art. 5º do Dec.-lei 200/67, mesmo após a alteração operada pelo Dec.-lei 900/69, diga que a empresa pública é constituída com "capital exclusivo da União", o art. 5º desse último decreto-lei (n. 900/69) admite a participação de outras pessoas jurídicas de Direito Público Interno, bem como de entidades da Administração indireta da União, dos Estados, do Distrito Federal e dos Municípios, desde que a maioria do capital votante permaneça de propriedade da União.

Público ou Privado, no seu capital, bem como o controle majoritário de outro ente da Administração indireta, salvo quando exerça atividade em regime de monopólio estatal (v. cap. VI, itens II e V).

O legislador procurou garantir a autonomia dessas entidades através de normas impeditivas de sua burocratização,[10] de modo a lhes conceder ampla liberdade de ação na consecução de seus fins. Assim é que as considera *vinculadas*, e não *subordinadas*, aos respectivos Ministérios, ao mesmo tempo que opõe limites à supervisão ministerial, que não poderá ferir mas *deverá assegurar* sua autonomia administrativa, operacional e financeira (arts. 4º, § 1º, e 26, IV).

Quanto às *empresas públicas, sociedades de economia mista e respectivas subsidiárias que explorem atividade econômica de produção ou comercialização de bens ou prestação de serviços*, a redação dada ao § 1º do art. 173 da CF pela EC 19/98 determina que a lei estabelecerá o estatuto jurídico dessas entidades, dispondo sobre a função social e formas da fiscalização delas pelo Estado e pela sociedade; a sujeição ao regime jurídico próprio das empresas privadas, inclusive quanto aos direitos e obrigações civis, comerciais, trabalhistas e tributários; licitação e contratação de obras, serviços, compras e alienações, observados os princípios da administração pública; constituição e funcionamento dos conselhos de administração e fiscal, com a participação de acionistas minoritários; os mandatos, a avaliação de desempenho e a responsabilidade dos administradores.

A vinculação das entidades da Administração indireta aos Ministérios traduz-se pela *supervisão ministerial*, que tem por objetivos principais a verificação dos resultados, a harmonização de suas atividades com a política e a programação do Governo, a eficiência de sua gestão e a manutenção de sua autonomia administrativa, operacional e financeira, através dos meios de controle enumerados na lei (art. 26, parágrafo único, do Dec.-lei 200/67 e art. 29 da Lei 8.490/92), sem prejuízo, porém, da autoridade dos órgãos de direção e fiscalização estabelecidos na legislação a elas pertinente. Esses *meios* pelos quais se exerce a *supervisão ministerial* (v., mais adiante, item 5.2, *Ministérios*) sujeitam os entes descentralizados a um controle que, por ser prévio em alguns aspectos, como no caso da nomeação de dirigentes (exoneráveis *ad nutum*), fixação de despesas e aprovação do orçamento-programa e da programação financeira, caracteriza *verdadeira*

10. Observa José de Nazaré Teixeira Dias: "Os vícios e hábitos administrativos podem, irrefletidamente, querer arrastar as entidades da Administração indireta para o casuísmo de orientação a que se acostumou a Administração Federal". E aconselha: "Cumpre opor tenaz reação a essa tendência que viria invalidar os propósitos da Reforma Administrativa de favorecer a plena realização dos objetivos dessas entidades e dar margem a que realizem suas experiências de administração, de modo a se poder, adiante, colher os frutos das diversas experiências" (cf. *A Reforma Administrativo de 1967*, 1969, p. 79, nota 74).

subordinação, contrária à índole das empresas estatais (v. art. 49 da Lei 10.683/2003).

Atualmente, como já tivemos oportunidade de estudar nos capítulos anteriores, a Constituição da República deu às fundações públicas um tratamento muito assemelhado ao das autarquias, o que nos leva a admiti-las, agora, como *entes de Direito Público*, integrantes da Administração Pública indireta (v. caps. II e VI). Assim, toda fundação instituída, mantida ou subvencionada pelo Poder Público é *fundação pública*.

4. *Os princípios fundamentais da Administração Pública Federal*

A Reforma Administrativa de 1967 (Dec.-lei 200/67, art. 6º) estabeleceu os *princípios fundamentais*, com a preocupação maior de diminuir o tamanho da máquina estatal, simplificar os procedimentos administrativos e, conseqüentemente, reduzir as despesas causadoras do déficit público. Para a obtenção desse fim foram editados decretos e leis, visando à extinção e privatização de órgãos e de entidades da Administração Federal, instituindo nova sistemática monetária e tributária e reorganizando a Presidência da República e os Ministérios.

Estudaremos sucintamente cada um dos princípios que continuam orientando a Administração Pública Federal, a saber: *planejamento*, *coordenação*, *descentralização*, *delegação de competência* e *controle*.

4.1 Planejamento

A finalidade precípua da Administração é a promoção do *bem-estar social*, que a Constituição traduz na elaboração e execução de "planos nacionais e regionais de ordenação do território e de desenvolvimento econômico e social" (art. 21, IX).

Bem-estar social é o bem comum da coletividade, expresso na satisfação de suas necessidades fundamentais.

Desenvolvimento é prosperidade. Prosperidade econômica e social; prosperidade material e espiritual; prosperidade individual e coletiva; prosperidade do Estado e de seus membros; prosperidade global, enfim. Diante dessa realidade, podemos conceituar o *desenvolvimento nacional* como o permanente aprimoramento dos meios essenciais à sobrevivência dos indivíduos e do Estado, visando ao bem-estar de todos e ao conforto de cada um na comunidade em que vivemos. Assim, o *desenvolvimento nacional* é obtido pelo aperfeiçoamento ininterrupto da ordem social, econômica e jurídica; pela melhoria da educação; pelo aumento da riqueza pública e particular; pela preservação dos direitos e garantias individuais; pelo aprimoramento das instituições; pela manutenção da ordem interna; e pela afirmação da Soberania Nacional. Todavia, esses objetivos não podem ser deixados ao acaso e, para sua consecução, necessitam da tranqüilidade que advém da segurança interna e externa.

Planejamento é o estudo e estabelecimento das diretrizes e metas que deverão orientar a ação governamental, através de um *plano geral de governo*, de *programas globais*, *setoriais* e *regionais de duração plurianual*, do *orçamento-programa anual* e da *programação financeira de desembolso*, que são seus instrumentos básicos. Na elaboração do *plano geral*, bem como na coordenação, revisão e consolidação dos programas setoriais e regionais, de competência dos Ministros de Estado nas respectivas áreas de atuação, o Presidente da República é assessorado pelo Conselho de Governo. Toda a atividade da Administração Federal deve ajustar-se à programação aprovada pelo Presidente da República e ao orçamento-programa, vedando-se a assunção de compromissos financeiros em discordância com a programação financeira de desembolso.

Segurança nacional, atualmente denominada *defesa nacional* pela Constituição de 1988 (art. 21, III), é a situação de garantia individual, social e institucional que o Estado assegura a toda a Nação para a perene tranqüilidade de seu povo, pleno exercício dos direitos e realização dos objetivos nacionais, dentro da ordem jurídica vigente.[11]

Os assuntos relacionados com a *defesa nacional* competem aos Conselhos da República e de Defesa Nacional (CF, arts. 89 a 91).[12]

4.2 Coordenação

O princípio da *coordenação* visa a entrosar as atividades da Administração, de modo a evitar a duplicidade de atuação, a dispersão de recursos, a divergência de soluções e outros males característicos da *burocracia*. *Coordenar* é, portanto, *harmonizar todas as atividades da Administração*, submetendo-as ao que foi planejado e poupando-a de desperdícios, em qualquer de suas modalidades.

11. Cf., do Autor, "Poder de polícia, desenvolvimento e segurança nacionais", conferência proferida na Escola Superior de Guerra em julho/75, *RDA* 125/1; "Legislação de segurança nacional", conferência proferida na Escola Superior de Guerra em setembro/76, *Justitia* (revista do Ministério Público de São Paulo) 94/151; "O poder nacional", *O Estado de S. Paulo*, 13.8.78. V. tb. o conceito de segurança nacional no *Manual Básico da Escola Superior de Guerra*, 1975, pp. 231 e ss.

12. Sobre segurança nacional e desenvolvimento v.: José Afonso da Silva, *Curso de Direito Constitucional Positivo*, 33ª ed., Malheiros Editores, 2010; Manoel Gonçalves Ferreira Filho, *Comentários à Constituição Brasileira*, São Paulo, Saraiva, 1991; Mário Pessoa, *O Direito da Segurança Nacional*, São Paulo, 1971, pp. 119 e ss.; José Alfredo Amaral Gurgel, *Segurança e Democracia*, São Paulo, 1975, pp. 53 e ss.; Danton de Andrade Figueira, "Desenvolvimento e instituições políticas", in *Segurança e Desenvolvimento* 138/111 e ss.

De aplicação permanente, a coordenação impõe-se a todos os níveis da Administração, através das chefias individuais, de reuniões de que participem as chefias subordinadas e de comissões de coordenação em cada nível administrativo. Na Administração superior a coordenação é, agora, da competência da Casa Civil da Presidência da República (art. 2º da Lei 10.683/2003). A assistência direta e imediata ao Presidente da República, especialmente na coordenação política e na condução do relacionamento do Governo com o Congresso Nacional e com os partidos políticos, assim como na interlocução com os Estados, o Distrito Federal e os Municípios, passou a ser exercida pela Secretaria de Coordenação Política e Assuntos Institucionais, conforme as alterações introduzidas na Lei 10.683/2003 pelas Leis 10.869/2004 e 11.204/2005.

Como corolário do *princípio da coordenação*, nenhum assunto poderá ser submetido à decisão presidencial ou de qualquer outra autoridade administrativa competente sem ter sido previamente coordenado, isto é, sem ter passado pelo crivo de todos os setores nele interessados, através de consultas e entendimentos que propiciem soluções integrais e em sincronia com a política geral e setorial do Governo.

A fim de evitar a duplicação de esforços e de investimentos na mesma área geográfica, admite-se a coordenação até mesmo com órgãos das Administrações estadual e municipal que exerçam atividades idênticas às dos federais, desde que seja inviável a delegação de atribuições àqueles órgãos. Com isso, além de economizar recursos materiais e humanos, faculta-se aos Estados e Municípios a integração nos planos governamentais, deles haurindo benefícios de interesse local.

Em outras disposições do Estatuto da Reforma prevêem-se medidas especiais de coordenação nos campos da Ciência e da Tecnologia, da Política Nacional de Saúde, do Abastecimento Nacional, dos Transportes e das Comunicações, abrangendo as atividades de todos os interessados nesses setores, inclusive particulares.

4.3 Descentralização

Descentralizar, em sentido comum, é *afastar do centro*; *descentralizar*, em sentido jurídico-administrativo, é *atribuir a outrem poderes da Administração*. O detentor dos poderes da Administração é o Estado, pessoa única, embora constituída dos vários órgãos que integram sua estrutura. Despersonalizados, esses órgãos não agem em nome próprio, mas no do Estado, de que são instrumentos indispensáveis ao exercício de suas funções e atividades típicas. A *descentralização administrativa* pressupõe, portanto, a existência de uma pessoa, distinta da do Estado, a qual, investida dos necessários poderes de administração, exercita atividade pública ou de utilidade pública. O ente descentralizado age por outorga do serviço ou atividade, ou por delegação de sua execução, mas sempre em nome próprio.

Diversa da *descentralização* é a *desconcentração administrativa*, que significa *repartição de funções entre os vários órgãos* (despersonalizados) *de uma mesma Administração, sem quebra de hierarquia*. Na *descentralização* a execução de atividades ou a prestação de serviços pelo Estado é *indireta* e *mediata*; na *desconcentração* é *direta* e *imediata*.

Ao lado da *descentralização* e da *desconcentração* ocorrem também, como técnicas de descongestionamento administrativo, a *delegação* (de execução de serviço ou de competência) e a *execução indireta*, as quais, conforme suas características, ora se aproximam da descentralização, ora da desconcentração. Todavia, delas diferem principalmente porque são efetivadas através de atos administrativos, mediante previsão legal, enquanto a *descentralização* e a *desconcentração* realizam-se, normalmente, por lei.[13]

Feitas essas considerações, verifica-se que o legislador da Reforma Administrativa, após enquadrar na Administração indireta alguns *entes descentralizados*, deixando de lado, porém, os concessionários de serviços públicos e as empresas estatais conhecidas por fundações governamentais e serviços sociais autônomos, propõe, sob o nome genérico de *descentralização*, tomado o termo na sua acepção vulgar, um amplo descongestionamento da Administração Federal, através da *desconcentração administrativa*, da *delegação de execução de serviço* e da *execução indireta* (cf. art. 10 e § 7º do Dec.-lei 200/67).[14]

A *desconcentração administrativa* opera desde logo pela distinção entre os níveis de *direção* e *execução*. No nível de direção situam-se os serviços que, em cada órgão da Administração, integram sua *estrutura central* de direção, competindo-lhe primordialmente as atividades relacionadas com o planejamento, a supervisão, a coordenação e o controle, bem como o estabelecimento de normas, critérios, programas e princípios a serem observados pelos órgãos enquadrados no nível de execução. A esses últimos cabem as

13. No nosso ordenamento jurídico-administrativo a desconcentração pode ser realizada pelo Chefe do Poder Executivo, em face do art. 84, VI, da CF, que atribui ao Presidente competência para "dispor sobre a organização e funcionamento da administração federal, na forma da lei".

14. Como aponta excelente estudo, na esfera privada essa descentralização foi batizada de "terceirização", e agora, com o Dec. 2.271/97, estaríamos ingressando numa "quarteirização", que, buscando soluções para problemas que surgem na gestão pública atinente à execução de contratos, prevê a contratação, mediante licitação, de empresa *gerenciadora* do objeto de *outro* contrato administrativo na sua execução e logística, pronunciando-se o TCU de forma favorável no Processo TC-032.202/2008-1 (Jessé Torres Pereira Jr. e Marines Retelatto Dotti, "Manutenção da frota e fornecimento de combustíveis por rede credenciada, gerida por empresa contratada: prenúncio da 'quarteirização' na gestão pública?", *Revista AGU* 102, de 2010).

tarefas de mera rotina, inclusive as de formalização de atos administrativos e, em regra, de decisão de casos individuais, principalmente quando localizados na periferia da Administração, e em maior contato com os fatos e com os administrados. Como bem observa Nazaré Teixeira Dias, a desconcentração administrativa traduz "a orientação geral da Reforma no sentido de prestigiar a ação dos órgãos de periferia, facilitar seu funcionamento e repor a estrutura central de direção superior no plano que lhe cabe, liberando-a da massa de papéis, impeditiva de sua atividade de cúpula".[15]

A *delegação da prestação de serviço público* ou *de utilidade pública* pode ser feita a particular – pessoa física ou jurídica – que tenha condições para bem realizá-lo, sempre através de licitação, sob regime de concessão ou permissão (CF, art. 175). Esses serviços também podem ser executados por pessoa administrativa, mediante convênio ou consórcio (CF, art. 23, parágrafo único). Os signatários dos convênios ficam sujeitos ao poder normativo, fiscalizador e controlador dos órgãos federais competentes, dependendo a liberação dos recursos do fiel cumprimento dos programas e das cláusulas do ajuste.

A *execução indireta* das obras e serviços da Administração, *mediante contratos com particulares*, pessoas físicas ou jurídicas, tem por finalidade aliviá-la das tarefas executivas, garantindo, assim, a melhor realização das suas atividades específicas (planejamento, coordenação, supervisão e controle), bem como evitar o desmesurado crescimento da máquina administrativa. É estimulada e aconselhada sempre que, na área de atuação do órgão interessado, a iniciativa privada esteja suficientemente desenvolvida e capacitada para executar o objeto do contrato, precedido de licitação, salvo nos casos de dispensa previstos em lei ou inexigibilidade por impossibilidade de competição entre contratantes (Lei 8.666/93, arts. 24 a 26).

4.4 Delegação de competência

A *delegação de competência*[16] que o Dec.-lei 200/67 (arts. 11 e 12) considera princípio autônomo, melhor se situaria como forma de aplicação do "princípio da descentralização", pois é também simples técnica de descongestionamento da Administração, como se viu acima.

15. Cf. José de Nazaré Teixeira Dias, *A Reforma Administrativa de 1967*, 1969, p. 83.
Observamos que os chamados *órgãos de execução* em doutrina são os órgãos subalternos (v. cap. II, item 1).

16. Mílton Nogueira Brando, "Delegação de competência" , *RPGE* 8/157; Rubem de Oliveira Lima, "Delegação de competência", *RTCU* 15/215; Guido Mondin, "Delegação administrativa", *RTCU* 26/369; Firmino Ferreira Paz, "Delegação de competência", *RDA* 91/420; Arnoldo Wald, "Delegação de atribuições", *RDA* 108/461; Lafayette Pondé, "Delegação administrativa", *RDA* 140/1; Régis Fernandes de Oliveira, *Delegação Administrativa*, Ed. RT, 1987.

O art. 11 da Lei 9.784, de 29.1.99, estabelece que a competência é irrenunciável e se exerce pelos órgãos administrativos a que foi atribuída como própria, salvo os casos de delegação e avocação legalmente admitidos.

Pela *delegação de competência* o Presidente da República, os Ministros de Estado e, em geral, as autoridades da Administração transferem atribuições decisórias a seus subordinados, mediante ato próprio que indique com a necessária clareza e conveniente precisão a *autoridade delegante*, a *delegada* e o *objeto da delegação*. O princípio visa a assegurar maior rapidez e objetividade às decisões, situando-as na proximidade dos fatos, pessoas ou problemas a atender.

Considerando que os agentes públicos devem exercer pessoalmente suas atribuições, a *delegação de competência* depende de norma que a autorize, expressa ou implicitamente. As atribuições constitucionais do Presidente da República, p. ex., só podem ser delegadas nos casos expressamente previstos na Constituição (art. 84, parágrafo único).

A *delegação de competência* tem caráter facultativo e transitório, apoiando-se em razões de oportunidade e conveniência e na capacidade do delegado de exercer a contento as atribuições conferidas, de modo que o delegante pode sempre retomar a competência e atribuí-la a outrem ou exercê-la pessoalmente.

Observamos, finalmente, que só é delegável a competência para a prática de atos e decisões administrativas, não o sendo para o exercício de atos de natureza política como são a proposta orçamentária, a sanção e o veto. Também não se transfere por delegação o poder de tributar. Ver, a respeito, o item 4 do cap. III. Nesse sentido, o art. 13 da citada Lei 9.784/99 estatui que não podem ser objeto de delegação a edição de atos de caráter normativo, a decisão de recursos administrativos e as matérias de competência exclusiva do órgão ou autoridade.

4.5 Controle

O *controle* das atividades administrativas no âmbito interno da Administração é, ao lado do *comando*, da *coordenação* e da *correção*, um dos meios pelos quais se exercita o *poder hierárquico*. Assim, o órgão superior *controla* o inferior, fiscalizando o cumprimento da lei e das instruções e a execução de suas atribuições, bem como os atos e o rendimento de cada servidor. Todavia, o *princípio do controle* estabelecido na lei da Reforma Administrativa tem significado mais amplo, uma vez que se constitui num dos três instrumentos da *supervisão ministerial*, a que estão sujeitos todos os órgãos da Administração Federal, inclusive os entes descentralizados, normalmente não submetidos ao *poder hierárquico* das autoridades da Administração direta. Esse *controle*, que, quanto às entidades da Administração indireta, visa, em especial, à consecução de seus objetivos e à eficiência de sua gestão, é exercido de vários modos, como adiante se verá (item 5.2, *Ministérios*), podendo chegar até a intervenção, ou seja, ao *controle total*.

No âmbito da Administração direta prevêem-se, especificamente, os controles de *execução e observância de normas específicas*, de *observância de normas genéricas* e de *aplicação dos dinheiros públicos e guarda de bens da União*.

Em cada órgão, o *controle da execução dos programas que lhe concernem* e o da *observância das normas que disciplinam suas atividades específicas* são feitos pela Chefia competente. Já, o *controle do atendimento das normas gerais reguladoras do exercício das atividades auxiliares*, organizadas sob a forma de sistemas (pessoal, orçamento, estatística, administração financeira, contabilidade e auditoria e serviços gerais, além de outros, comuns a todos os órgãos da Administração, que, a juízo do Poder Executivo, necessitem de coordenação central), é realizado pelos órgãos próprios de cada sistema. Finalmente, o *controle da aplicação dos dinheiros públicos e da guarda dos bens da União* compete ao órgão próprio do sistema de contabilidade e auditoria de cada Ministério.

Estabelecidas as formas de controle das atividades administrativas, devem ser suprimidos todos os controles *meramente formais*, como determina, acertadamente, o Dec.-lei 200/67, que prevê também a supressão daqueles *cujo custo seja evidentemente superior ao risco decorrente da inexistência de controle específico*.

A Administração Federal é constituída na forma de uma pirâmide, cujos componentes são mantidos no devido lugar pelo *poder hierárquico* e em cujo ápice coloca-se o Presidente da República, ficando logo abaixo os Ministros de Estado, seus auxiliares diretos. Assim, o Presidente da República é o chefe supremo, exercendo o poder hierárquico em toda sua plenitude, por isso que o Estatuto da Reforma lhe confere expressamente o poder de, por motivo de relevante interesse público, *avocar e decidir qualquer assunto na esfera da Administração Federal*, o que faz dele o *controlador máximo* das atividades administrativas.[17]

17. Cf. art. 170 do Dec.-lei 200/67. A faculdade de avocação é inerente ao *poder hierárquico*, mas sujeita a limites legais. Assim, não fosse a exceção do art. 170, o Presidente não poderia avocar assuntos de competência de órgãos colegiados ou das entidades descentralizadas. Como exceção, o disposto nesse artigo não se estende aos Ministros de Estado, às autoridades inferiores, nem aos Chefes dos Executivos estadual e municipal, salvo se expressamente consignado em lei pertinente. A Lei 9.784/99, art. 15, dispõe que a avocação temporária de competência atribuída a órgão hierarquicamente inferior será permitida em caráter excepcional e por motivos relevantes devidamente justificados.

Os Ministros de Estado detêm o *poder-dever de supervisão* sobre os órgãos da Administração direta ou indireta enquadrados em suas respectivas áreas de competência. Consoante dispõe o art. 17 da Lei 10.683/2003, com as alterações da Lei 11.204/2005, compete à Controladoria-Geral da União assistir direta e imediatamente ao Presidente da República, no desempenho de suas atribuições, quanto aos assuntos e providências que, no âmbito de Poder Executivo, sejam atinentes à defesa do patrimônio público, ao controle interno, à auditoria pública, à correção, à prevenção e ao combate à corrupção, às atividades de ouvidoria e ao incremento da transparência da gestão no âmbito da Administração Pública Federal.

5. *Os órgãos dirigentes da Administração Federal*

A Administração Federal é dirigida por um órgão independente, supremo e unipessoal, que é a *Presidência da República*, e por órgãos autônomos também unipessoais, que são os *Ministérios*, aos quais se subordinam ou se vinculam os demais órgãos e entidades descentralizadas.

No sistema presidencialista adotado pela nossa Constituição o Presidente da República exerce o Poder Executivo da União auxiliado pelos Ministros de Estado (art. 76), cabendo àquele a direção suprema da Administração Federal (art. 84, II) e a estes a orientação, coordenação e supervisão dos órgãos e entes descentralizados na área de sua competência (art. 87, parágrafo único, I), todos secundados por órgãos de assessoramento e de execução, além de Tribunais Administrativos, Procuradorias e outros desdobramentos da Administração direta e indireta da União, como tudo veremos no decorrer deste capítulo, seguindo as Reformas Administrativas a partir de 1967.

5.1 *Presidência da República*

A Presidência da República, sob imediata direção do Chefe da Nação, é o órgão supremo e independente representante do Poder Executivo da União, enfeixando todas as atividades administrativas superiores de âmbito federal, de política, planejamento, coordenação e controle do desenvolvimento socioeconômico do País e da segurança nacional. De acordo com a Lei 10.683/2003, ela é constituída, essencialmente, pela Casa Civil, pela Secretaria-Geral, pela Secretaria de Relações Institucionais, pela Secretaria de Comunicação Social, pelo Gabinete Pessoal, pelo Gabinete de Segurança Institucional, pela Secretaria de Assuntos Estratégicos da Presidência da República, pela Secretaria de Políticas para as Mulheres, pela Secretaria de Direitos Humanos, pela Secretaria de Políticas de Promoção da Igualdade Racial e pela Secretaria de Portos.

Aos órgãos que constituem a Presidência da República compete, especialmente, assistir ao Presidente da República: a) à *Casa Civil*, na coordenação e na integração da ação do Governo, na verificação prévia da constitucionalidade e legalidade dos atos presidenciais, na análise do mérito, da oportunidade e da compatibilidade das propostas, inclusive das matérias em tramitação no Congresso Nacional, com as diretrizes governamentais, bem assim na avaliação e monitoramento da ação governamental e da gestão dos órgãos e entidades da Administração Pública Federal, bem como promover a publicação e preservação dos atos oficiais e supervisionar e executar as atividades administrativas da Presidência da República e supletivamente da Vice-Presidência da República; b) à *Secretaria-Geral da Presidência da República*, no relacionamento e articulação com as entidades da sociedade civil e na criação e implementação de instrumentos de consulta e participação popular de interesse do Poder Executivo, na elaboração da agenda futura do Presidente da República; na preparação e formulação de subsídios para os pronunciamentos do Presidente da República, na promoção de análises de políticas públicas e temas de interesse do Presidente da República, na realização de estudos de natureza político-institucional, na formulação, supervisão, coordenação, integração e articulação de políticas públicas para a juventude e na articulação, promoção e execução de programas de cooperação com organismos nacionais e internacionais, públicos e privados, voltados à implementação de políticas de juventude e outras atribuições que lhe forem designadas pelo Presidente da República; c) à *Secretaria de Relações Institucionais da Presidência de República*, no desempenho de suas atribuições e, em especial, na coordenação política do Governo, na condução do relacionamento do Governo com o Congresso Nacional e os Partidos Políticos, na interlocução com os Estados, o Distrito Federal e os Municípios; coordenar e secretariar o funcionamento do Conselho de Desenvolvimento Econômico e Social, visando à articulação da sociedade civil organizada para a consecução de modelo de desenvolvimento configurador de novo e amplo contrato social; d) à *Secretaria de Comunicação Social da Presidência da República*, na formulação e implementação da política de comunicação e divulgação social do Governo; na implantação de programas informativos; na organização e desenvolvimento de sistemas de informação e pesquisa de opinião pública; na coordenação da comunicação interministerial e das ações de informação e difusão das políticas de governo; na coordenação, normatização, supervisão e controle da publicidade e de patrocínios dos órgãos e entidades da administração pública federal, direta e indireta, e de sociedades sob controle da União; na convocação das redes de rádio e televisão; na coordenação e consolidação da implantação do sistema brasileiro de televisão pública além da comunicação com a sociedade, por intermédio da divulgação dos atos do Presidente da República e sobre os temas que lhe forem determinados, falando em seu nome e promovendo o esclarecimento dos programas e políticas de governo, conforme preconizado no § 1º, do artigo 2-B, da Lei 10.683/2003 na redação dada pela Lei 11.497/2007; e) ao *Gabinete Pessoal*, nas atividades de coordenação de agenda, de secretaria particular, de cerimonial, de ajudância de ordens e de organização do acervo documental privado do Presidente da República; f) ao *Gabinete de Segurança Institucional*, na prevenção de ocorrência e articulação do gerenciamento de crises, em caso de grave e iminente ameaça à estabilidade institucional, realizar o assessoramento pessoal em assuntos militares e de segurança, coordenar as atividades de inteligência federal e de segurança da informação, zelar, assegurado o exercício do poder de polícia, pela segurança pessoal do Chefe de Estado, do Vice-Presidente da República, e respectivos familiares, dos titulares dos órgãos essenciais da Presidência da República, e de outras autoridades ou personalidades quando determinado pelo Presidente da República, bem assim pela segurança dos palácios presidenciais e das residências do Presidente e Vice-Presidente da República; g) à *Secretaria de Assuntos Estratégicos* da Presidência da República, no desempenho de suas atribuições, especialmente no planejamento e na elaboração de subsídios para formulação de políticas públicas de longo prazo voltadas ao desenvolvimento nacional; h) à *Secretaria de Políticas para as Mulheres da Presidência da República*, na formulação, coordenação e articulação de políticas para as mulheres, bem como elaborar e implementar campanhas educativas e antidiscriminatórias de caráter nacional, elaborar o planejamento de gênero que contribua na ação do Governo Federal e demais esferas de governo, com vistas à promoção da igualdade, articular, promover e executar programas de cooperação com organismos nacionais e internacionais, públicos e privados, voltados à implementação de políticas para as mulheres, promover o acompanhamento da implementação de legislação de ação afirmativa e definição de ações públicas que visem ao cumprimento dos acordos, convenções e planos de ação assinados pelo Brasil, nos aspectos relativos à igualdade entre mulheres e homens e de combate à discriminação; i) à *Secretaria de Direitos Humanos da Presidência da República*, na formulação de políticas e diretrizes voltadas à promoção dos direitos da cidadania, da criança, do adolescente, do idoso e das minorias e à defesa dos direitos das pessoas com deficiência e promoção da sua integração à vida comunitária, bem como coordenar a política nacional de direitos humanos, em conformidade com as diretrizes do Programa Nacional de Direitos Humanos/PNDH, articular iniciativas e apoiar projetos voltados para a proteção e promoção dos direitos humanos em âmbito nacional, tanto por organismos governamentais, incluindo os Poderes Executivo, Legislativo e Judiciário, quanto por organizações da sociedade, e exercer as funções de ouvidoria nacional de direitos humanos, da criança, do adolescente, do idoso e das minorias, bem como, sem prejuízo das atribuições dos órgãos integrantes do Sistema Nacional de Políticas Públicas sobre Drogas/SISNAD, atuar em favor da ressocialização e proteção dos dependentes químicos; j) à *Secretaria de Políticas de Promoção da Igualdade Racial da Presidência da República*, na formulação, coordenação e articulação de políticas e diretrizes para a promoção da igualdade racial, na formulação, coordenação e avaliação das políticas públicas afirmativas de promoção da igualdade e da proteção dos direitos de indivíduos e grupos raciais e étnicos, com ênfase na população negra, afetados por discriminação racial e demais formas de intolerância, na articulação, promoção e acompanhamento da execução dos programas de cooperação com organismos nacionais e internacionais, públicos e privados, voltados à implementação da promoção da igualdade racial, na formulação, coordenação e acompanhamento das políticas transversais de Governo para a promoção da igualdade racial, no planejamento, coordenação da execução e avaliação do Programa Nacional de Ações Afirmativas e na promoção do acompanhamento da implementação de legislação de ação afirmativa e definição de ações públicas que visem ao cumprimento dos acordos, convenções e outros instrumentos congêneres assinados pelo Brasil, nos aspectos relativos à promoção da igualdade e de combate à discriminação racial ou étnica; e k) à *Secretaria dos Portos*, na formulação de políticas e diretrizes para o desenvolvimento e o fomento do setor de portos e terminais portuários marítimos e, especialmente, promover a execução e a avaliação de medidas, programas e projetos de apoio ao desenvolvimento da infra-estrutura e da superestrutura dos portos e terminais portuários marítimos, bem como dos outorgados às companhias docas.

Integram a estrutura básica desses órgãos: a) da *Casa Civil*, o Conselho Deliberativo do Sistema de Proteção da Amazônia, o Conselho Superior do Cinema, o Arquivo Nacional, a Imprensa Nacional, o Gabinete, três Secretarias, sendo uma Executiva, um órgão de Controle Interno e até três Subchefias; b) da *Secretaria-Geral*, o Conselho Nacional de Juventude, o Gabinete, a Secretaria-Executiva, a Secretaria Nacional de Juventude e até quatro Secretarias; c) do *Gabinete de Segurança Institucional*, o Conselho Nacional de Políticas sobre Drogas, a Agência Brasileira de Inteligência – ABIN, a Secretaria Nacional de Políticas sobre Drogas, o Gabinete, uma Secretaria-Executiva e até duas Secretarias; d) da *Secretaria de Relações Institucionais*, uma Subchefia-Executiva, até duas Subchefias e a Secretaria do Conselho de Desenvolvimento Econômico e Social; e) da *Secretaria de Assuntos Estratégicos*, o Gabinete, a Secretaria-Executiva e até duas Subsecretarias; f) da *Secretaria de Comunicação Social*, a Secretaria-Executiva e até três Secretarias; g) da *Secretaria de Relações Institucionais*, o Gabinete, uma Secretaria-Executiva, até duas Subchefias e a Secretaria do Conselho de Desenvolvimento Econômico e Social; h) da *Secretaria de Política para Mulheres*, o Conselho Nacional dos Direitos da Mulher, o Gabinete, a Secretaria-Executiva e até três Secretarias; i) da *Secretaria de Direitos Humanos*, o Conselho de Defesa dos Direitos da Pessoa Humana, o Conselho Nacional de Combate à Discriminação, o Conselho Nacional dos Direitos da Criança e do Adolescente, o Conselho Nacional dos Direitos da Pessoa com Deficiência, o Conselho Nacional dos Direitos do Idoso, o Gabinete, a Secretaria-Executiva, o Departamento de Ouvidoria Nacional e até quatro Secretarias; j) da *Secretaria de Políticas de Promoção e Igualdade Racial*, o Conselho Nacional de Promoção da Igualdade Racial/CNPIR, o Gabinete, a Secretária-Executiva e até três Secretarias; k) da *Secretaria dos Portos*, o Gabinete, o Instituto Nacional de Pesquisas Hidroviárias/INPH, a Secretaria-Executiva e até duas Secretarias.

O *Presidente da República*, como agente político, chefe supremo e unipessoal do Poder Executivo federal, no ápice da pirâmide administrativa, dirige, supervisiona, coordena e controla todas as atividades executivas da União, podendo, por motivo de relevante interesse público, *avocar* e *decidir* qualquer assunto na esfera da Administração Federal (Dec.-lei 200/67, art. 170), ainda que originariamente previsto como da competência de outro órgão ou entidade descentralizada, salvo aquelas matérias que a Constituição previu como privativas de outro órgão.

As atribuições e prerrogativas constitucionais do Presidente da República devem ser exercidas pessoalmente e com privatividade (art. 84), ressalvadas as que admitem outorga ou delegação a seus Ministros e a outras autoridades (art. 84, parágrafo único) que o auxiliam no desempenho de suas funções governamentais e administrativas. De sua administração presta contas anuais ao Congresso Nacional através do TCU, que emite parecer prévio (arts. 71, I, e 49, IX).

Como Chefe do Poder Executivo, o Presidente da República responde, constitucionalmente, por crime de responsabilidade perante o Senado Federal (art. 52, I) e nos crimes comuns perante o STF (art. 102, I, "b"), sempre depois de afastado do cargo através do *impeachment*,[18] ou seja, depois de recebida a acusação pela Câmara dos Deputados (art. 51, I), na forma estabelecida nas Leis 1.079, de 10.4.50, e 7.106, de 28.6.83. Nos *"habeas corpus"*, *mandados de segurança*, *"habeas data"* e *mandados de injunção* em que for argüido de autoridade coatora, responde também originariamente perante o STF (art. 102, I, "d" e "q"); nas ações cíveis comuns não tem prer-

18. Sobre o *impeachment* na doutrina pátria, v.: Paulo Brossard de Souza Pinto, *O "Impeachment"*, Porto Alegre, 1964; Raul Chaves, *Crimes de Responsabilidade*, Rio, 1960; Jurandir Coelho, "O *impeachment* e sua conceituação", *RF* 125/604; Galdino de Siqueira, "O *impeachment* no regime constitucional brasileiro", *Revista Direito* 27/247. V. tb. cap. II, item 1.5.3.1.

rogativa de foro ou qualquer outro privilégio processual, salvo para depor em juízo (CPC, art. 411, I).

5.2 *Ministérios*

Os *Ministérios* são órgãos autônomos da cúpula da Administração Federal, situados logo abaixo da *Presidência da República*. Neles integram-se os serviços da Administração direta e a eles se vinculam as entidades da Administração indireta cujas atividades se enquadrem nas respectivas áreas de competência, ressalvadas, obviamente, as que a própria lei integra na Presidência da República ou a ela vincula. Cada Ministério é chefiado por um *Ministro de Estado*, cujas múltiplas funções foram resumidas pelo Estatuto da Reforma de 1967 na expressão *supervisão ministerial*. Os assuntos que constituem as áreas de competência de cada Ministério estão especificados no art. 27 da Lei 10.683/2003.

Os Ministros de Estado são, por força de mandamento constitucional, os auxiliares imediatos do Presidente da República, cabendo-lhes, entre outras atribuições estabelecidas na Constituição e nas leis, a *orientação, coordenação e supervisão dos órgãos e entidades da Administração Federal compreendidos nas áreas de competência de seus Ministérios*; a *referenda dos atos e decretos presidenciais*; a *expedição de instruções para a execução de leis, decretos e regulamentos*; a *elaboração de relatório anual sobre as atividades de suas pastas*; a *prática dos atos pertinentes às atribuições outorgadas ou delegadas pelo Chefe do Governo* (CF, art. 87).

Os Ministros têm responsabilidade pessoal pelos atos que praticarem individualmente, por ordem do Presidente ou por iniciativa própria, e conexa pelos que referendarem, incidindo nos mesmos crimes funcionais. No primeiro caso, bem como nos crimes comuns, agora também nas ações por improbidade administrativa (Lei 10.628/2002), são julgados pelo STF (art. 102, I, "b") e, no segundo, pelo Senado Federal (art. 52, I), sempre depois de recebida a acusação pela Câmara dos Deputados (art. 51, I), na forma estabelecida pela Lei 1.079, de 10.4.50, e Lei 7.106, de 28.6.83, que define os crimes de responsabilidade e dispõe sobre o *impeachment* dos agentes políticos que indica, inclusive Ministros de Estado. Nos *mandados de segurança* e *"habeas data"* respondem perante o STJ (CF, art. 105, I, "b"), a quem compete o julgamento dos *"habeas corpus"* quando o coator for Ministro de Estado, e dos *mandados de injunção*, quando a elaboração da norma regulamentadora for atribuição de órgão, entidade ou autoridade federal (CF, art. 105, I, "c" e "h", respectivamente).

No plano administrativo, os Ministros de Estado são responsáveis, perante o Presidente da República, pela *supervisão dos órgãos da Administração direta e dos entes da Administração indireta enquadrados em suas áreas de competência.* A *supervisão ministerial* exercita-se através da *orien-tação*, da *coordenação* e do *controle* dos órgãos subordinados e das entidades vinculadas ao Ministério.

Dentre os principais objetivos da supervisão ministerial figuram: a observância da legislação federal pertinente e dos princípios fundamentais da Administração, estabelecidos na Reforma; a execução dos programas governamentais; a coordenação dos órgãos supervisionados, de modo a harmonizar sua atuação entre si e com a dos demais Ministérios; a avaliação de sua gestão administrativa, cuidando que seus dirigentes sejam devidamente capacitados; a fiscalização da aplicação e utilização de dinheiros, valores e bens públicos; a economicidade na prestação de serviços, mediante acompanhamento dos custos globais dos programas setoriais; o fornecimento ao Ministério da Fazenda dos elementos necessários à prestação de contas do exercício financeiro; o fornecimento ao Tribunal de Contas de informações relativas à gestão financeira e patrimonial.

Quanto à Administração indireta, a *supervisão ministerial* visa precipuamente a assegurar: a realização dos objetivos estabelecidos nos atos de constituição da entidade; a harmonização de sua atuação com a política e a programação governamentais; a eficiência de sua gestão; sua autonomia administrativa, operacional e financeira. Para tanto, dispõe o Ministro dos seguintes meios, dentre outros: indicação ou, quando possível, nomeação dos dirigentes da entidade; designação dos representantes do Governo nas suas Assembléias-Gerais e órgãos de administração e controle; recebimento sistemático de relatórios, boletins, balancetes, balanços e informações destinados a propiciar o acompanhamento de suas atividades e, tratando-se de autarquia, da execução do orçamento-programa e da programação financeira aprovados anualmente pelo Governo; aprovação das contas, relatórios e balanços, diretamente ou através dos representantes ministeriais nos órgãos pertinentes da entidade; fixação das despesas de pessoal e de administração em níveis compatíveis com os critérios de operação econômica; fixação de critérios para gastos de publicidade, divulgação e relações públicas; realização de auditoria e avaliação periódica de rendimento e produtividade; intervenção, quando o exigir o interesse público. Como já consignamos linhas atrás (item 3), embora o Dec.-lei 200/67 diga que os entes da Administração indireta são apenas *vinculados* aos respectivos Ministérios, o modo pelo qual se exercita a *supervisão ministerial* sujeita-os a um controle que, sob certos aspectos, caracteriza verdadeira *subordinação*, contrária à índole das empresas estatais.

O Dec. 1.361, de 1.1.95, dispõe sobre a vinculação das entidades integrantes da Administração Pública Federal indireta aos órgãos da Presidência da República e aos Ministérios.

Integram a estrutura básica de cada Ministério: a) *Secretaria-Executiva*, exceto nos Ministérios da Defesa e das Relações Exteriores; b) *Gabinete do Ministro*; c) *Consultoria Jurídica*, exceto no Ministério da Fazenda. No Ministério da Fazenda as funções de consultoria jurídica serão exercidas pela Procuradoria-Geral da Fazenda (art. 28 da Lei 10.683/2003). São Ministros de Estado os titulares dos Ministérios, o Chefe da Casa Civil da Presidência da República, o Chefe do Gabinete de Segurança Institucional da Presidência da República, o Chefe da Secretaria-Geral da Presidência da República, o Chefe da Secretaria de Relações Institucionais da Presidência da República, o Chefe da Secretaria de Comunicação Social da Presidência da República, o Chefe da Secretaria de Assuntos Estratégicos da Presidência da República, o Chefe da Secretaria de Direitos Humanos da Presidência da República, o Chefe da Secretaria de Políticas de Promoção da Igualdade Racial da Presidência da República, o Chefe da Secretaria de Políticas para as Mulheres da Presidência da República, o Chefe da Secretaria de Portos da Presidência da República, o Advogado-Geral da União, o Ministro de Estado Chefe da Controladoria-Geral da União e o Presidente do Banco Central do Brasil.

Pela Lei 11.204/2005 foi criado o Cargo de Natureza Especial de *Chefe do Núcleo de Assuntos Estratégicos da Presidência da República*.

A seguir daremos a competência de cada Ministério, relacionando-os na ordem constante da Lei 10.683/2003, com suas modificações.

5.2.1 *Ministério da Agricultura, Pecuária e Abastecimento* – a) política agrícola, abrangendo produção, comercialização, abastecimento, armazenagem e garantia de preços mínimos; b) produção e fomento agropecuário, inclusive das atividades da heveicultura; c) mercado, comercialização e abastecimento agropecuário, inclusive estoques reguladores e estratégicos; d) informação agrícola; e) defesa sanitária animal e vegetal; f) fiscalização dos insumos utilizados nas atividades agropecuárias e da prestação de serviços no setor; g) classificação e inspeção de produtos e derivados animais e vegetais, inclusive em ações de apoio às atividades exercidas pelo Ministério da Fazenda, relativamente ao comércio exterior; h) proteção, conservação e manejo do solo, voltados ao processo produtivo agrícola e pecuário; i) pesquisa tecnológica em agricultura e pecuária; j) meteorologia e climatologia; l) cooperativismo e associativismo rural; m) energização rural, agroenergia, inclusive eletrificação rural; n) assistência técnica e extensão rural; o) política relativa ao café, açúcar e álcool; p) planejamento e exercício da ação governamental nas atividades do setor agroindustrial canavieiro.

5.2.2 *Ministério do Desenvolvimento Social e Combate à Fome* – a) política nacional de desenvolvimento social; b) política nacional de segurança alimentar e nutricional; c) política nacional de assistência social; d) política nacional de renda e cidadania; e) articulação com os Governos Federal, Estaduais, do Distrito Federal e Municipais e a sociedade civil no estabelecimento de diretrizes para as políticas nacionais de desenvolvimento social, de segurança alimentar e nutricional, de renda de cidadania e de assistência social; f) articulação entre as políticas e programas dos Governos Federal, Estaduais, do Distrito Federal e Municipais e as ações da sociedade civil ligadas ao desenvolvimento social, à produção alimentar, alimentação e nutrição, à renda de cidadania e à assistência social; g) orientação, acompanhamento, avaliação e supervisão de planos, programas e projetos relativos às áreas de desenvolvimento social, segurança alimentar e nutricional, de renda de cidadania e assistência social; h) normatização, orientação, supervisão e avaliação da execução das políticas de desenvolvimento social, segurança alimentar e nutricional, de renda de cidadania e de assistência social; i) gestão do Fundo Nacional de Assistência Social; j) coordenação, supervisão, controle e avaliação da operacionalização de programas de transferência de renda; l) aprovação dos orçamentos gerais do Serviço Social da Indústria – SESI, do Serviço Social do Comércio – SESC e do Serviço Social do Transporte – SEST.

5.2.3 *Ministério das Cidades* – a) política de desenvolvimento urbano; b) políticas setoriais de habitação, saneamento ambiental, transporte urbano e trânsito; c) promoção, em articulação com as diversas esferas de governo, com o setor privado e organizações não-governamentais, de ações e programas de urbanização, de habitação, de saneamento básico e ambiental, transporte urbano, trânsito e desenvolvimento urbano; d) política de subsídio à habitação popular, saneamento e transporte urbano; e) planejamento, regulação, normatização e gestão de aplicação de recursos em políticas de desenvolvimento urbano, urbanização, habitação, saneamento básico e ambiental, transporte urbano e trânsito;[19] f) participação na formulação das diretrizes gerais para conservação dos sistemas urbanos de água, bem assim para adoção de bacias hidrográficas como unidades básicas do planejamento e gestão do saneamento.

5.2.4 *Ministério da Ciência e Tecnologia* – a) política nacional de pesquisa científica e tecnológica; b) planejamento, coordenação, supervisão e controle das atividades da ciência e tecnologia; c) política de desenvolvimento de informática e automação; d) política nacional de biossegurança; e) política espacial; f) política nuclear; g) controle da exportação de bens e serviços sensíveis.

19. V. Lei 11.124, de 16.7.2005, que dispõe sobre o Sistema Nacional de Habitação de Interesse Social-SNHIS, cria o Fundo Nacional de Habitação de Interesse Social-FNHIS e institui o Conselho Gestor do FNHIS.

5.2.5 *Ministério das Comunicações* – a) política nacional de telecomunicações; b) política nacional de radiodifusão; c) serviços postais, telecomunicações e radiodifusão.

5.2.6 *Ministério da Cultura* – a) política nacional de cultura; b) proteção do patrimônio histórico e cultural; c) delimitação das terras dos remanescentes das comunidades dos quilombos, bem como determinação de suas demarcações, que serão homologadas mediante decreto.

5.2.7 *Ministério da Defesa* – a) política de defesa nacional, estratégia nacional de defesa e elaboração do Livro Branco de Defesa Nacional; b) políticas e estratégias setoriais de defesa e militares; c) doutrina, planejamento, organização, preparo e emprego conjunto e singular das Forças Armadas; d) projetos especiais de interesse da defesa nacional; e) inteligência estratégica e operacional no interesse da defesa; f) operações militares das Forças Armadas; g) relacionamento internacional de defesa; h) orçamento de defesa; i) legislação de defesa e militar; j) política de mobilização nacional; k) política de ensino de defesa; l) política de ciência, tecnologia e inovação de defesa; m) política de comunicação social de defesa; n) política de remuneração dos militares e pensionistas; o) política nacional de exportação de produtos de defesa, bem como fomento às atividades de pesquisa e desenvolvimento, produção e exportação em áreas de interesse da defesa e controle da exportação de produtos de defesa, de indústria e de inteligência de defesa; p) atuação das Forças Armadas, quando couber, na garantia da lei e da ordem, visando à preservação da ordem pública e da incolumidade das pessoas e do patrimônio, na garantia da votação e apuração eleitoral, bem como sua cooperação com o desenvolvimento nacional e a defesa civil, e no combate a delitos transfronteiriços e ambientais; q) logística de defesa; r) serviço militar; s) assistência à saúde, social e religiosa das Forças Armadas; t) constituição, organização, efetivos, adestramento e aprestamento das forças navais, terrestres e aéreas; u) política marítima nacional; v) segurança da navegação aérea e do tráfego aquaviário e salvaguarda da vida humana no mar; w) patrimônio imobiliário administrado pelas Forças Armadas, sem prejuízo das competências atribuídas ao Ministério do Planejamento, Orçamento e Gestão; x) política militar aeronáutica nacional e atuação na política aeroespacial nacional; z) infra-estrutura aeroespacial, aeronáutica e aeroportuária.

5.2.8 *Ministério do Desenvolvimento Agrário* – a) reforma agrária; b) promoção do desenvolvimento sustentável do segmento rural constituído pelos agricultores familiares.

5.2.9 *Ministério do Desenvolvimento, Indústria e Comércio Exterior* – a) política de desenvolvimento da indústria, do comércio e dos serviços;

b) propriedade intelectual e transferência de tecnologia; c) metrologia, normalização e qualidade industrial; d) políticas de comércio exterior; e) regulamentação e execução dos programas e atividades relativas ao comércio exterior; f) aplicação dos mecanismos de defesa comercial; g) participação em negociações internacionais relativas ao comércio exterior; h) formulação da política de apoio à microempresa, empresa de pequeno porte e artesanato; i) execução das atividades de registro do comércio.

5.2.10 *Ministério da Educação* – a) política nacional de educação; b) educação infantil; c) educação em geral, compreendendo ensino fundamental, ensino médio, ensino superior, educação de jovens e adultos, educação profissional, educação especial e educação à distância, exceto ensino militar; d) avaliação, informação e pesquisa educacional; e) pesquisa e extensão universitária; f) magistério; g) assistência financeira a famílias carentes para a escolarização de seus filhos ou dependentes.

5.2.11 *Ministério do Esporte* – a) política nacional de desenvolvimento da prática dos esportes; b) intercâmbio com organismos públicos e privados, nacionais, internacionais e estrangeiros, voltados à promoção do esporte; c) estímulo às iniciativas públicas e privadas de incentivo às atividades esportivas; d) planejamento, coordenação, supervisão e avaliação dos planos e programas de incentivo aos esportes e de ações de democratização da prática esportiva e inclusão social por intermédio do esporte.

5.2.12 *Ministério da Fazenda* – a) moeda, crédito, instituições financeiras, capitalização, poupança popular, seguros privados e previdência privada aberta; b) política, administração, fiscalização e arrecadação tributária e aduaneira; c) administração financeira, controle interno, auditoria e contabilidade públicas; d) administração das dívidas públicas interna e externa; e) negociações econômicas e financeiras com governos, organismos multilaterais e agências governamentais; f) preços em geral e tarifas públicas e administradas; g) fiscalização e controle do comércio exterior; h) realização de estudos e pesquisas para acompanhamento da conjuntura econômica; i) autorização, ressalvadas as competências do Conselho Monetário Nacional: 1) da distribuição gratuita de prêmios a título de propaganda quando efetuada mediante sorteio, vale-brinde, concurso ou operação assemelhada; 2) das operações de consórcio, fundo mútuo e outras formas associativas assemelhadas, que objetivem a aquisição de bens de qualquer natureza; 3) da venda ou promessa de venda de mercadorias a varejo, mediante oferta pública e com recebimento antecipado, parcial ou total, do respectivo preço; 4) da venda ou promessa de venda de direitos, inclusive cotas de propriedade de entidades civis, tais como hospital, motel, clube, hotel, centro de recreação ou alojamento e organização de serviços de qualquer natureza com ou sem rateio de despesas de manutenção, mediante oferta pública e com pagamento antecipado do preço; 5) da venda ou promessa de venda de terrenos loteados a prestações mediante sorteio; 6) de qualquer outra modalidade de captação antecipada de poupança popular, mediante promessa de contraprestação em bens, direitos ou serviços de qualquer natureza; 7) da exploração de loterias, inclusive *Sweepstakes* e outras modalidades de loterias realizadas por entidades promotoras de corridas de cavalos.

5.2.13 *Ministério da Integração Nacional* – a) formulação e condução da política de desenvolvimento nacional integrada; b) formulação dos planos e programas regionais de desenvolvimento; c) estabelecimento de estratégias de integração das economias regionais; d) estabelecimento das diretrizes e prioridades na aplicação dos recursos dos programas de financiamento de que trata a alínea "c" do inc. I do art. 159 da Constituição Federal; e) estabelecimento de diretrizes e prioridades na aplicação dos recursos do Fundo de Desenvolvimento da Amazônia e do Fundo de Desenvolvimento do Nordeste; f) estabelecimento de normas para cumprimento dos programas de financiamento dos fundos constitucionais e das programações orçamentárias dos fundos de investimentos regionais; g) acompanhamento e avaliação dos programas integrados de desenvolvimento nacional; h) defesa civil; i) obras contra as secas e de infra-estrutura hídrica; j) formulação e condução da política nacional de irrigação; l) ordenação territorial; m) obras públicas em faixas de fronteiras.

5.2.14 *Ministério da Justiça* – a) defesa da ordem jurídica, dos direitos políticos e das garantias constitucionais; b) política judiciária; c) direitos dos índios; d) entorpecentes, segurança pública, Polícias Federal, Rodoviária e Ferroviária Federal e do Distrito Federal; e) defesa da ordem econômica nacional e dos direitos do consumidor; f) planejamento, coordenação e administração da política penitenciária nacional; g) nacionalidade, imigração e estrangeiros; h) ouvidoria-geral dos índios e do consumidor; i) ouvidoria das Polícias Federais; j) assistência jurídica, judicial e extrajudicial, integral e gratuita, aos necessitados, assim considerados em lei; l) defesa dos bens e dos próprios da União e das entidades integrantes da Administração Pública Federal indireta; m) articulação, integração e proposição das ações do Governo nos aspectos relacionados com as atividades de repressão ao uso indevido ou tráfico ilícito e da produção não autorizada de substâncias entorpecentes e drogas que causem dependência física ou psíquica.

5.2.15 *Ministério do Meio Ambiente* – a) política nacional do meio ambiente e dos recursos hídricos; b) política de preservação, conservação e utilização sustentável de ecossistemas, e biodiversidade e florestas; c) proposição de estratégias, mecanismos e instrumentos econômicos e sociais para a melhoria da qualidade ambiental e do uso sustentável dos recursos naturais; d) políticas para integração do meio ambiente e produção; e) políticas e programas ambientais para a Amazônia Legal; f) zoneamento ecológico-econômico.

5.2.16 *Ministério de Minas e Energia* – a) geologia, recursos minerais e energéticos; b) aproveitamento da energia hidráulica; c) mineração e metalurgia; d) petróleo, combustível e energia elétrica, inclusive nuclear.

5.2.17 *Ministério do Planejamento, Orçamento e Gestão* – a) participação na formulação do planejamento estratégico nacional; b) avaliação dos impactos sócio-econômicos das políticas e programas do Governo Federal e elaboração de estudos especiais para a reformulação de políticas; c) realização de estudos e pesquisas para acompanhamento da conjuntura sócio-econômica e gestão dos sistemas cartográficos e estatísticos nacionais; d) elaboração, acompanhamento e avaliação do plano plurianual de investimentos e dos orçamentos anuais; e) viabilização de novas fontes de recursos para os planos de governo; f) formulação de diretrizes, coordenação das negociações, acompanhamento e avaliação dos financiamentos externos de projetos públicos com organismos multilaterais e agências governamentais; g) coordenação e gestão dos sistemas de planejamento e orçamento federal, de pessoal civil, de organização e modernização administrativa, de administração de recursos da informação e informática e de serviços gerais; h) formulação de diretrizes, coordenação e definição de critérios e governança corporativa das empresas estatais federais; i) administração patrimonial; j) política e diretrizes para modernização do Estado.

5.2.18 *Ministério da Previdência Social* – a) previdência social; b) previdência complementar.

5.2.19 *Ministério das Relações Exteriores* – a) política internacional; b) relações diplomáticas e serviços consulares; c) participação nas negociações comerciais, econômicas, técnicas e culturais com governos e entidades estrangeiras; d) programas de cooperação internacional; e) apoio a delegações, comitivas e representações brasileiras em agências e organismos internacionais e multilaterais.

5.2.20 *Ministério da Saúde* – a) política nacional de saúde; b) coordenação e fiscalização do Sistema Único de Saúde; c) saúde ambiental e ações de promoção, proteção e recuperação da saúde individual e coletiva, inclusive a dos trabalhadores e dos índios; d) informações de saúde; e) insumos críticos para a saúde; f) ação preventiva em geral, vigilância e controle sanitário de fronteiras e de portos marítimos, fluviais e aéreos; g) vigilância de saúde, especialmente drogas, medicamentos e alimentos; h) pesquisa científica e tecnologia na área de saúde.

5.2.21 *Ministério do Trabalho e Emprego* – a) política e diretrizes para a geração de emprego e renda e de apoio ao trabalhador; b) política e diretrizes para a modernização das relações de trabalho; c) fiscalização do trabalho, inclusive do trabalho portuário, bem como aplicação das sanções previstas em normas legais ou coletivas; d) política salarial; e) formação e desenvolvimento profissional; f) segurança e saúde no trabalho; g) política de imigração; h) cooperativismo e associativismo urbanos.

5.2.22 *Ministério dos Transportes* – a) política nacional de transportes ferroviário, rodoviário e aquaviário; b) marinha mercante, vias navegáveis e portos fluviais e lacustres, excetuados os outorgados às companhias docas; c) participação na coordenação dos transportes aeroviários e serviços portuários.

5.2.23 *Ministério do Turismo* – a) política nacional de desenvolvimento do turismo; b) promoção e divulgação do turismo nacional, no País e no Exterior; c) estímulo às iniciativas públicas e privadas de incentivo às atividades turísticas; d) planejamento, coordenação, supervisão e avaliação dos planos e programas de incentivo ao turismo; e) gestão do Fundo Geral de Turismo; f) desenvolvimento do Sistema Brasileiro de Certificação e Classificação das atividades, empreendimentos e equipamentos dos prestadores de serviços turísticos.

5.2.24 *Ministério da Pesca e Aqüicultura* – a) política nacional pesqueira e aquícola, abrangendo produção, transporte, beneficiamento, transformação, comercialização, abastecimento e armazenagem; b) fomento da produção pesqueira e aquícola; c) implantação de infra-estrutura de apoio à produção, ao beneficiamento e à comercialização do pescado e de fomento à pesca e aqüicultura; d) organização e manutenção do Registro Geral da Pesca; e) sanidade pesqueira e aquícola; f) normatização das atividades de aquicultura e pesca; g) fiscalização das atividades de aquicultura e pesca no âmbito de suas atribuições e competências; h) concessão de licenças, permissões e autorizações para o exercício da aqüicultura e das seguintes modalidades de pesca no território nacional, compreendendo as águas continentais e interiores e o mar territorial da Plataforma Continental, da Zona Econômica Exclusiva, áreas adjacentes e águas internacionais, excluídas as Unidades de Conservação federais e sem prejuízo das licenças ambientais previstas na legislação vigente: 1) pesca comercial, compreendendo as categorias industrial e artesanal; 2) pesca de espécimes ornamentais; 3) pesca de subsistência; 4) pesca amadora ou desportiva; i) autorização do arrendamento de embarcações estrangeiras de pesca e de sua operação, observados os limites de sustentabilidade estabelecidos em conjunto com o Ministério do Meio Ambiente; j) operacionalização da concessão da subvenção econômica ao preço do óleo diesel instituída pela Lei 9.445, de 14.3.1997; l) pesquisa pesqueira e aquícola e m) fornecimento ao Ministério do Meio Ambiente dos dados do Registro Geral da Pesca relativos às licenças, permissões e autorizações concedidas para pesca e aqüicultura, para fins de registro automático dos beneficiários no Cadastro Técnico Federal de Atividades Potencialmente Poluidoras e Utilizadoras de Recursos Ambientais.

Em casos de calamidade pública ou de necessidade de especial atendimento à população, o Presidente da República poderá dispor sobre a colaboração dos Ministérios com os diferentes níveis da Administração Pública (§ 1º do art. 27 da Lei 10.683/2003).

O art. 29 da Lei 10.683/2003, com suas alterações, especifica os órgãos que, além dos órgãos comuns, integram a estrutura básica de cada Ministério.

6. Órgãos de assessoramento

A Reforma Administrativa, muito acertadamente, enfatizou a necessidade da assessoria técnica e jurídica aos órgãos de cúpula da Administração Federal, dando especial relevo aos de assessoramento, que são *órgãos consultivos* do Presidente da República e dos Ministros de Estado. Suas funções são essencialmente opinativas, expressas em *pareceres* ou *deliberações* que, quando aceitos pela autoridade competente, passam a vincular a Administração ao seu enunciado. Além disso, casos há em que a própria lei condiciona a solução administrativa ao *parecer favorável* de determinado órgão técnico, erigindo o pronunciamento consultivo em *pressuposto de legalidade* do ato final. Já, então, o *parecer* ou a *deliberação* favorável apresenta-se como *ato-condição* do negócio administrativo a ser realizado.

Observe-se, finalmente, que as atribuições dos órgãos de assessoramento não se exaurem com a função consultiva, porquanto, ao lado dessa, em muitos casos são-lhes deferidas outras, até mesmo de caráter executivo, como veremos a seguir.

6.1 Órgãos de assessoramento do Presidente da República

Além dos órgãos que compõem, essencialmente, a Presidência da República, ela é integrada pelos seguintes órgãos: I – de *assessoramento imediato*: o Conselho de Governo, o Conselho de Desenvolvimento Econômico e Social, o Conselho Nacional de Segurança Alimentar e Nutricional, o Conselho Nacional de Política Energética, o Conselho Nacional de Integração de Política de Transporte, o Advogado-Geral da União, a Assessoria Especial do Presidente da República, a Secretaria de Imprensa e Porta-Voz da Presidência da República, e a Secretaria Especial de Políticas de Promoção da Igualdade Racial; II – de *consulta*: o Conselho da República e o Conselho de Defesa Nacional.

Integram ainda, a Presidência da República: a Controladoria-Geral da União, a Secretaria Especial de Políticas para Mulheres, a Secretaria Especial dos Direitos Humanos, a Secretaria Especial de Políticas de Promoção da Igualdade Racial, e a Secretaria Especial de Portos (Lei 11.518, de 5.9.2007).

As atribuições, organização e funcionamento desses órgãos estão regulados pelos arts. 89 a 91 e 131 da CF, Lei 8.041, de 5.6.90 (Conselho da República), Lei 8.183, de 11.4.91 (Conselho de Defesa Nacional), Lei Complementar 73, de 10.2.93, art. 2º da Lei 10.678, de 23.5.2003, e arts. 7º a 24 da Lei 10.683/2003 e suas modificações.

6.2 Órgãos de assessoramento dos Ministros de Estado

As funções de *assessoramento aos Ministros de Estado*, caracterizadas pelo alto nível de especificidade, complexidade e responsabilidade, devem ser exercidas por pessoas de comprovada idoneidade, cujas qualificações, capacidade e experiência específicas sejam examinadas, aferidas e certificadas por órgão próprio, contratadas por instrumento de locação de serviços, em que se exigirá delas tempo integral e dedicação exclusiva. Pela prestação desses serviços os assessores serão remunerados segundo critério fixado em regulamento, tendo em vista a avaliação de cada função em face das respectivas especificações e as condições vigentes do mercado de trabalho.

Enquanto os integrantes da Assessoria Superior da Administração assessoram diretamente o Ministro, o *Consultor Jurídico* o faz através de *pareceres em processo*, numa fase que antecede imediatamente o despacho do titular da pasta. O *Consultor Jurídico* cuida unicamente dos aspectos jurídicos dos assuntos submetidos à apreciação ministerial, sendo auxiliado por um corpo de Assistentes Jurídicos que, com ele, integram a Consultoria Jurídica do Ministério.

7. Outros órgãos da Administração Federal

7.1 Tribunais Administrativos

Os *Tribunais Administrativos* são órgãos do Poder Executivo com competência jurisdicional específica para assuntos indicados em lei, a serem decididos nos recursos próprios. Não integram o Poder Judiciário, nem proferem decisões conclusivas para a Justiça Comum (CF, art. 5º, XXXV). Atuam e decidem no âmbito restrito da Administração ativa, vinculando-a aos seus julgamentos, comumente sujeitos a revisão do Ministro de Estado, que, em tais casos, representa a última instância administrativa. Esses Tribunais são, pois, órgãos auxiliares dos respectivos Ministérios, ao lado dos quais exercem funções jurisdicionais administrativas *parajudiciais* ou *quase-judiciais*, destinadas à solução de questões internas da Administração ou de pendências suscitadas pelos administradores. Dentre eles merecem destaque os *Conselhos de Contribuintes*, o *Conselho Superior de Tarifa*, o *Tribunal Marítimo*, o *Conselho de Terras da União*, o *Conselho de Águas e Energia Elétrica*.

O *Tribunal de Contas da União* tem uma posição singular na Administração brasileira, pois está instituído constitucionalmente como órgão auxiliar do Poder Legislativo (art. 71), mas desempenha atribuições *jurisdicionais administrativas*, relacionadas com a fiscalização da execução orçamentária, com a aplicação dos dinheiros públicos, com a legalidade dos contratos, aposentadorias e pensões.

Já tivemos a oportunidade de expender algumas considerações sobre as atuais atribuições do Tribunal de Contas, que ora relembramos.

No controle externo da administração financeira e orçamentária é que se inserem as atuais atribuições do Tribunal de Contas, consubstanciadas: a) na emissão de *parecer prévio* sobre as contas prestadas anualmente pelo Chefe do Executivo; b) na *auditoria financeira e orçamentária* sobre as contas das unidades administrativas dos três Poderes; c) na *representação* ao Executivo e ao Legislativo sobre irregularidades e abusos verificados nas contas examinadas; d) na *assinação de prazo* para que a Administração adote as providências necessárias à regularização das contas; e) na *sustação do ato impugnado*, se excedido o prazo assinado sem regularização, exceto em relação a contrato; f) na *solicitação ao Congresso Nacional* para que suspenda a execução de contrato irregular ou adote outras providências necessárias à sua legalização; g) no *julgamento da regularidade das contas* dos administradores e demais responsáveis por bens e valores públicos; h) no *julgamento da legalidade* das concessões iniciais de aposentadorias e reformas e pensões;[20] i) no *julgamento das contas* dos dirigentes de empresas estatais. Como se vê dessa enumeração, haurida no texto constitucional vigente (CF, art. 71), o Tribunal de Contas no Brasil tem atribuições *opinativas* ("a"), *verificadoras* ("b"), *assessoradoras* ("c", "d", "f") e *jurisdicio-*

20. O STF, Pleno, entendeu que a deliberação do Tribunal de Contas, em matéria de aposentadoria, não é vinculante para o órgão que a concedeu. Este pode, assim, recusar-se a alterar o ato de concessão da aposentadoria (MS 21.462, *DJU* 29.4.94).

nais administrativas ("g", "h", "i"),[21] atribuições, essas, exercidas, simetricamente, tanto pelo TCU quanto pelos Tribunais de Contas dos Estados e Municípios (v. cap. XI, item 5.2.1.1).

Não exercendo funções legislativas nem judiciais, o Tribunal de Contas só pode ser classificado como órgão administrativo independente,[22] de cooperação com o Poder Legislativo na fiscalização financeira e orçamentária, consoante suas atribuições constitucionais. Seus Ministros são nomeados pelo Presidente da República, depois de aprovada a escolha pelo Senado Federal, dentre brasileiros maiores de trinta e cinco anos, de idoneidade moral e notórios conhecimentos jurídicos, econômicos, financeiros ou de administração pública, com os mesmos direitos, garantias, prerrogativas, vencimentos e impedimentos dos Ministros do STJ. Todavia, tais privilégios bem como o fato de o Tribunal de Contas exercer a mesma competência que a Constituição da República, por seu art. 96, confere aos tribunais não convertem o Conselheiro em membro do Poder Judiciário.[23]

7.2 Advocacia-Geral da União

A *Advocacia-Geral da União* tem sede constitucional.[24] Pelo art. 131 da CF, ela é a instituição que, diretamente ou através de órgão vinculado, re-

21. Não se confunda *jurisdicional* com *judicial*. Jurisdição é atividade de *dizer o direito*, e tanto diz o direito o Poder Judiciário como o Executivo e até mesmo o Legislativo, quando interpretam e aplicam a lei. Todos os Poderes e órgãos exercem *jurisdição*, mas somente o Poder Judiciário tem o monopólio da jurisdição *judicial*, isto é, de dizer o direito com força de coisa julgada. É por isso que a jurisdição do Tribunal de Contas é meramente *administrativa*, estando suas decisões sujeitas a correção pelo Poder Judiciário quando lesivas de direito individual, como já foi sumulado pelo STF (Súmula 6) e reiteradamente decidido pela nossa Justiça (cf. STF, *RTJ* 32/115; *RDA* 47/182, 59/311; TJSP, *RDA* 38/299, 48/307; *RT* 224/341, 235/330, 253/331, 293/160, 357/466; TASP, *RDA* 63/215; *RT* 297/602).

22. Como proclamou o Min. Celso de Mello em excelente decisão, com precedentes, os Tribunais de Contas não se acham "subordinados, por qualquer vínculo de ordem hierárquica, ao Poder Legislativo" e dele "não são órgãos delegatários nem organismos de mero assessoramento técnico" (ADI/MC 4.190). Esse julgado também examinou a natureza jurídica do cargo de conselheiro de Tribunal de Contas, citando precedentes, inclusive para fins de responsabilidade.

23. Sobre o TCU v. tb. a Lei 8.443, de 16.7.92, que dispõe sobre sua organização, e o art. 75 e seu parágrafo único do Dec.-lei 200/67. V., ainda, J. Cretella Jr., "Natureza das decisões do Tribunal de Contas", *RT* 631/14, e Antônio Joaquim Ferreira Custódio, "Eficácia das decisões dos Tribunais de Contas", *RPGE* 36/129.

24. O Ministério Público não pode exercer as funções da AGU, porque o art. 129, IX, da CF veda-lhe "a representação judicial e a consultoria jurídica de entidades públicas". Essa regra, combinada com as inseridas nos arts. 127 a 129 da Carta Federal, deixa patente que o Ministério Público não mais integra a Administração Federal, sendo, hoje, órgão constitucional, funcionalmente independente, que atua junto a todas as Justiças em que se debatem interesses da sociedade (cf. art. 127, *caput*).

presenta a União, judicial e extrajudicialmente, cabendo-lhe, nos termos da lei complementar ali prevista, as atividades de consultoria e assessoramento jurídico do Poder Executivo. Tem por chefe o Advogado-Geral da União, de livre nomeação pelo Presidente da República dentre cidadãos maiores de trinta e cinco anos, de notável saber e reputação ilibada. Segundo a Lei Complementar 73, de 10.2.93, que a instituiu, ela compreende: a) como órgãos de direção superior: o Advogado-Geral da União, a Procuradoria-Geral da União e a da Fazenda Nacional, a Consultoria-Geral da União, o Conselho Superior da Advocacia-Geral da União e a Corregedoria-Geral da Advocacia da União; b) como órgãos de execução: b1) as Procuradorias Regionais da União e as da Fazenda Nacional, as Procuradorias da União e as da Fazenda Nacional nos Estados, e no Distrito Federal as Procuradorias Seccionais destas; b2) a Consultoria da União, as Consultorias Jurídicas dos Ministérios, da Secretaria-Geral e das demais Secretarias da Presidência da República e do Estado-Maior das Forças Armadas (art. 2º) (v. art. 9º da Lei 10.480/2002 e art. 12 da Lei 10.683/2003).

As atribuições do Advogado-Geral da União estão previstas no art. 4º dessa lei, destacando-se as de representar a União junto ao STF e junto a qualquer tribunal ou juízo (sobre a Fazenda Pública em juízo v. o cap. XI, item 7); de defender, nas ações de inconstitucionalidade, o ato ou texto impugnado (cf. art. 103, § 3º, da CF), de desistir, transigir, acordar e firmar compromisso nas ações de interesse da União, nos termos da legislação vigente, assessorar o Presidente em assuntos de natureza jurídica, de assistir o Presidente no controle interno da Administração Pública, de fixar a interpretação da Constituição e demais atos normativos, a ser uniformemente seguida pelos órgãos e entidades da Administração Federal, de unificar a jurisprudência administrativa, de garantir a correta aplicação das leis, de prevenir e dirimir as controvérsias entre órgãos jurídicos da Administração Federal e a de exercer orientação normativa e supervisão técnica quanto aos órgãos jurídicos das autarquias e das fundações públicas, previstos no art. 17 da mesma lei, como órgãos vinculados. Assim, o Ato Regimental 2, da AGU, de 25.6.97, publicado no *DOU* de 27.6.97, prevê a edição de "Súmulas Administrativas" da AGU, que representam a consolidação da jurisprudência iterativa dos Tribunais, e têm caráter obrigatório aos órgãos jurídicos federais (v., ainda, o Dec. 2.346, de 10.10.97, que, regulamentando os arts. 131, da Lei 8.213/91, e 1º a 4º, da Lei 9.469/97, consolidam normas e procedimentos a serem observados no âmbito federal em razão de decisões judiciais).[25]

25. "Nos termos do art. 131, *caput*, da CF/88, é competência da AGU, diretamente ou através de órgão vinculado, representar judicial e extrajudicialmente a União, de sorte que o acordo por ela firmado obriga toda a Administração Pública Federal – Agravo regimental improvido" (STJ, REsp/AgR 200700983704, rel. Min. Humberto Martins, j. 16.12.2008).

À Procuradoria-Geral da União, subordinada direta e imediatamente ao Advogado-Geral da União, incumbe representá-la judicialmente, nos termos e limites da Lei Complementar 73/93.

À Consultoria-Geral da União, subordinada direta e imediatamente ao Advogado-Geral da União, compete, principalmente, colaborar com este em seu assessoramento jurídico ao Presidente da República, produzindo pareceres, informações e demais trabalhos jurídicos. É composta pelo Consultor-Geral da União e pela Consultoria da União (art. 10 e seu parágrafo único da Lei Complementar 73/93). As Consultorias Jurídicas são órgãos administrativamente subordinados aos Ministros de Estado, ao Secretário e aos demais titulares das Secretarias da Presidência da República e ao Chefe do EMFA, competindo-lhes as atribuições relacionadas no art. 11 da Lei Complementar 73.

A Procuradoria-Geral da Fazenda Nacional é órgão administrativamente subordinado ao Ministro da Fazenda, competindo-lhe as "atividades de consultoria e assessoramento jurídico no âmbito do Ministério da Fazenda e seus órgãos autônomos e entes tutelados" (arts. 12 e 13 da Lei Complementar 73/93).

Ainda no âmbito da Advocacia-Geral da União, o Ato Regimental 5/2007 prevê que "compete à Câmara de Conciliação e Arbitragem da Administração Federal – CCAF: I – identificar as controvérsias jurídicas entre órgãos e entidades da Administração Federal, bem como entre esses e os Estados ou Distrito Federal, e promover a conciliação entre eles; II – manifestar-se quanto ao cabimento e à possibilidade de conciliação; III – sugerir ao Consultor-Geral da União, se for o caso, a arbitragem das controvérsias não solucionadas por conciliação; e IV – supervisionar as atividades conciliatórias no âmbito de outros órgãos da Advocacia-Geral da União". E a Portaria 1.281/2007 dispõe sobre o deslinde, em sede administrativa, de controvérsias de natureza jurídica entre órgãos e entidades da Administração Federal no âmbito da AGU.

7.3 Órgãos Autônomos

Os *Órgãos Autônomos*, na sistemática do Dec.-lei 200/67, são desmembramentos da Administração direta que não chegam a se erigir em pessoa jurídica mas gozam de certa autonomia administrativa e financeira para o desempenho de suas atribuições específicas, sujeitos sempre a supervisão ministerial. A concessão desta autonomia faz-se por decreto do Presidente da República relativamente aos serviços, institutos e estabelecimentos incumbidos de atividades de pesquisa, ensino ou de caráter industrial, comercial ou agrícola que, por suas peculiaridades de organização e funcionamento, exijam tratamento diverso do aplicável aos demais órgãos da Administração direta (Dec.-lei 200/67, art. 172, com a redação dada pelo Dec.-lei 900/69). Fixando a autonomia no grau conveniente aos interesses e necessidades do órgão autônomo, o Presidente da República poderá instituir-lhe fundos especiais de natureza contábil, a cujo crédito se levarão todos os recursos vinculados às suas atividades, orçamentários e extra-orçamentários, inclusive a receita própria.

Com base na redação original do art. 172 do Dec.-lei 200/67, que era mais ampla, autorizando a concessão de autonomia desde que a natureza especial da atividade de qualquer serviço, instituto ou estabelecimento assim o exigisse, foram instituídos diversos Órgãos Autônomos da Administração direta federal. Só no Ministério da Justiça contam-se o *Arquivo Nacional*, o *Conselho Administrativo de Defesa Econômica*, o *Departamento de Imprensa Nacional*, o *Departamento Federal de Polícia*.

Observe-se que, embora, por força do novo texto do mencionado dispositivo da lei da Reforma, o Presidente da República somente possa conceder, agora, autonomia por ato próprio *aos serviços, institutos e estabelecimentos de pesquisa, ensino ou de caráter industrial*, nada impede que *por lei* sejam alçados à categoria de *autônomos* outros órgãos cujas peculiaridades de organização e funcionamento aconselhem esse posicionamento perante a Administração direta.

Os *Órgãos Autônomos*, que se apresentam com as mais variadas estruturas, finalidades e denominações, constituem um meio-termo entre o serviço estatal (centralizado) e o serviço autárquico (descentralizado), pois continuam integrando a Administração direta, como peças de seu mecanismo governamental, isoladas mas conjugadas com a ação do Ministério a que ficam vinculados, mas não subordinados.

A EC 19/98 acrescentou o § 8º ao art. 37, estabelecendo que a autonomia gerencial, orçamentária e financeira dos órgãos da Administração direta poderá ser ampliada mediante contrato a ser firmado entre seus administradores e o Poder Público (*contrato de gestão*), de forma a fixar as metas de desempenho, os critérios de sua avaliação e a responsabilidade dos respectivos dirigentes, elementos que deverão ser estabelecidos em lei a ser expedida sobre a matéria. Não obstante, ao estudarmos o *contrato de gestão* (cap. V), consideramos ser de difícil aplicação qualquer ajuste contratual entre o Poder Público e órgão da Administração direta. O órgão não tem personalidade jurídica e nem vontade própria, constituindo-se em centro de competência para o desempenho de funções estatais, através de seus agentes, cuja atuação é imputada à pessoa jurídica a que pertencem (v. cap. II). De igual modo, não parece viável também a contratação dos *administradores* do órgão, visto que tais agentes já são servidores públicos e estão submetidos ao respectivo regime de trabalho. Por outro lado – conforme ressaltado nos parágrafos anteriores –, nada impede que *por lei* venha a ser ampliada a autonomia do órgão, mediante a existência de um contrato de gestão como fórmula jurídica de um *acordo operacional*, pelo qual a Administração superior estabelece, com os dirigentes do órgão, o programa de trabalho, fixando objetivos e prazos de execução, assim como os critérios de avaliação de desempenho, de forma a conferir maior eficácia à atividade administrativa. O *contrato de gestão* passa a constituir, assim, o *fato jurídico* que possibilita o alargamento da autonomia do órgão.

8. Entes de Cooperação

Os *Entes de Cooperação* são pessoas de Direito Privado, criados ou autorizados por lei, geridos em conformidade com seus estatutos, geralmente aprovados por decreto, podendo ser subvencionados pela União ou arrecadar em seu favor contribuições parafiscais para prestar serviço de interesse social ou de utilidade pública, sem, entretanto, figurarem entre os órgãos da Administração direta ou entre as entidades da indireta.[26] Realmente, os *Entes de Cooperação*, na sistemática da lei da Reforma, não se enquadram entre os órgãos integrados na Administração direta nem entre as entidades compreendidas na Administração indireta (autarquias, empresas públicas e sociedades de economia mista, exclusivamente). Todavia, existem, e em grande número, na Administração Federal, *cooperando* com o Governo na realização de atividades técnicas, científicas, educacionais, assistenciais e outras que refogem dos misteres burocráticos das repartições estatais centralizadas. Daí por que preferimos agrupá-los sob a denominação genérica de *Entes de Cooperação*.

Exemplo típico de *Entes de Cooperação* encontramos nos Serviços Sociais Autônomos (*Serviço Social da Indústria* – SESI; *Serviço Social do Comércio* – SESC; *Serviço Nacional de Aprendizagem Industrial* – SENAI; *Serviço Nacional de Aprendizagem Comercial* – SENAC) e nas entidades disciplinadoras das profissões liberais (Ordens e Conselhos Profissionais), a que se refere o Dec.-lei 968, de 13.10.69. E entendemos que os *Entes de*

26. Sobre essas entidades, preleciona Themístocles Brandão Cavalcanti: "Algumas entidades existem que escapam à estrutura geral dos órgãos administrativos. São organizações privadas, mas criadas por lei e que gozam de certas prerrogativas e a que se atribuem finalidades mais próximas dos serviços públicos, do que mesmo privados e lucrativos. Não se confundem com o serviço público quanto à sua estrutura e subordinação aos órgãos hierarquizados da administração, mas deles se aproximam quanto aos objetivos e finalidades... Vivem, essas entidades, dentro da zona cinzenta que sofre a influência do Direito Administrativo, embora privadas, por natureza, origem e estrutura jurídica" (cf. *Curso de Direito Administrativo*, Rio, 1958, p. 347). Idêntica é a lição de Tito Prates da Fonseca ao discorrer sobre a colaboração particular na Administração Pública (cf. *Autarquias Administrativas*, São Paulo, 1935, pp. 135 e ss.).

Cooperação devam ligar-se de algum modo a um órgão administrativo, de preferência o Ministério em cuja área se enquadrar sua principal atividade, uma vez que se submetem a fiscalização federal, nos termos da legislação pertinente a cada um deles (Dec.-lei 200/67, art. 183; Dec.-lei 968/69, art. 1º, parágrafo único), e, utilizando "dinheiros públicos", como o são as contribuições parafiscais, devem "justificar seu bom e regular emprego na conformidade das leis, regulamentos e normas emanadas das autoridades administrativas competentes" (Dec.-lei 200/67, art. 93). Mas essa *vinculação* há de ser sempre mais tênue do que aquela que, nos termos do Dec.-lei 200/67, sujeita os entes da Administração indireta a supervisão dos respectivos Ministros de Estado.[27]

Outro exemplo de *Entes de Cooperação* temos agora com as *Organizações Sociais*, que são pessoas jurídicas de Direito Privado, sem fins lucrativos, cujas atividades estatutárias sejam dirigidas ao ensino, à pesquisa científica, ao desenvolvimento tecnológico, à proteção e preservação do meio ambiente, à cultura e à saúde, às quais a Administração confere aquela qualificação atendidos os requisitos previstos na Lei federal 9.637, de 18.5.98. Trata-se de uma nova forma de *parceria* entre o setor público e a iniciativa privada, com a valorização do chamado *terceiro setor*, ou seja, serviços de interesse público, mas que não necessitam ser prestados pelos órgãos e entidades governamentais. No cap. VI tratamos detalhadamente dessa nova figura vinculada ao Direito Administrativo.

9. *Sistemas de atividades auxiliares*

A finalidade precípua do Estado é a prestação de serviços à coletividade, visando a promover o *bem-estar geral*. Mas, para atingi-la, necessita de meios adequados, materiais e humanos, que, em seu conjunto, constituem a *máquina administrativa*, cujo funcionamento demanda uma certa parcela, às vezes muito grande, desses meios a ela exclusivamente dedi-

27. Embora somente os órgãos da Administração direta e as entidades da indireta estejam sujeitos a supervisão ministerial, segundo o art. 19 do Dec.-lei 200/67, o Poder Executivo federal, talvez por analogia com o disposto no art. 3º do Dec.-lei 900/69, relativamente às fundações governamentais, vem vinculando Entes de Cooperação a Ministérios *para aquele fim*, como fez com as entidades normativas e fiscalizadoras do exercício das profissões liberais e com o SESI, SESC, SENAI e SENAC, através do Dec. 74.000/74, cujo art. 1º, II, foi revogado pelo Dec. 74.296/74. Este decreto, que dispõe sobre a estrutura básica do Ministério do Trabalho, estabeleceu também que a *vinculação* dos Entes de Cooperação é para os fins do Dec.-lei 968/69 (entidades fiscalizadoras do exercício profissional liberal) e do art. 183 do Dec.-lei 200/67 (SENAI, SENAC, SESI e SESC). A vinculação dessas entidades por decreto há de ser sempre para os fins dos arts. 93 e 183 do Dec.-lei 200/67, jamais para o do art. 26, porque somente o legislador que, deliberadamente, excluiu determinadas entidades paraestatais da Administração indireta poderá reintegrá-las ou submetê-las à supervisão ministerial determinada pelo Dec.-lei 200/67.

cada. Daí se vê que o Estado, ou, melhor, a Administração, exercita duas espécies de atividades: as *atividades-fins* e as *atividades-meios*, aquelas empregadas na consecução do seu objetivo específico, e estas, na organização, acionamento e manutenção da infra-estrutura administrativa, sem a qual as primeiras não podem ser realizadas. É óbvio que as atividades-fins, constituindo a razão de ser do Estado, são as mais importantes, não podendo ser subordinadas às atividades-meios. Mas era isso o que ocorria em nossa Administração, conforme comentamos no item 2, assinalando como um dos maiores méritos da Reforma Administrativa a distinção entre as *atividades-fins* e as *atividades-meios* e o estabelecimento de princípios e fixação de normas propiciatórios do rápido e correto atendimento dos objetivos da Administração, sem os costumeiros entraves causados pelos serviços de infra-estrutura.

As atividades-meios, que o Estatuto da Reforma preferiu denominar *atividades auxiliares*, segundo a lição de eminentes estudiosos da matéria,[28] são aquelas *comuns a toda a Administração*, como as relacionadas com o pessoal e a execução orçamentária, ao passo que as atividades-fins são específicas de um determinado órgão, individualizando-o no conjunto dos demais órgãos administrativos. Foi exatamente esse o conceito de *atividade auxiliar* adotado pelo legislador da Reforma, como se infere do art. 30 do Dec.-lei 200/67.

As *atividades auxiliares*, de acordo com a nova orientação administrativa, serão organizadas sob a forma de *sistema*, por ato do Poder Executivo, desde que, a seu critério, necessitem de coordenação central. Os serviços que integram determinado sistema ficam sujeitos a orientação normativa, a supervisão técnica e a fiscalização do respectivo *órgão central*,[29] sem prejuízo de sua subordinação hierárquica ao órgão maior a cuja estrutura pertencerem. O Chefe do órgão central de cada sistema é o responsável pelo fiel cumprimento das leis e regulamentos a ele pertinentes e por seu funcionamento eficiente e coordenado. Aos responsáveis pelos demais órgãos

28. Cf., dentre outros, Leonard D. White, *Introduction to the Study of Public Administration*, p. 42.

29. O Dec.-lei 200/67 usa a expressão *órgãos centrais* para denominar tanto os órgãos que, integrados na estrutura de cada Ministério como *órgãos de apoio* do Ministro de Estado (art. 21), o assessoram diretamente (órgãos centrais de planejamento, coordenação e controle financeiro – Secretaria-Geral e Inspetoria-Geral de Finanças – arts. 22, I, e 23) e administram as atividades específicas e as auxiliares da Pasta (órgãos centrais de direção superior – arts. 22, II, e 24) como os que se situam na cúpula dos *sistemas de atividades auxiliares*. Essa dubiedade é a todas as luzes injustificável e indesejável, dando ensejo a confusões, mesmo porque o órgão central de um Ministério pode ser mero *órgão setorial* de um sistema, como ocorre com a Secretaria-Geral e com a Inspetoria-Geral, integradas nos *sistemas de planejamento e orçamento* e de *administração financeira, contabilidade e auditoria*, respectivamente (art. 23, §§ 1º e 2º).

do sistema (setoriais e regionais), sujeitos à ação normativa, orientadora e fiscalizadora do órgão central, incumbe atuar de modo a obter o máximo rendimento e a reduzir os custos operacionais da Administração.

Com essas diretrizes, a Reforma não só possibilita a disciplina e harmonização das atividades auxiliares em toda a Administração, através da efetiva e especializada atuação de um órgão de cúpula em cada sistema, como alivia o Presidente da República e os Ministros de Estado de tarefas até certo ponto estranhas às suas funções específicas, voltadas ao desenvolvimento econômico-social do País e à segurança nacional (cf. item 4). Não quer isso dizer que os *sistemas de serviços auxiliares* escapam ao controle do Presidente e dos Ministros, para atuar autônoma e arbitrariamente na consecução de seus objetivos sob a chefia do órgão central. Absolutamente, não. O *órgão central*, assim como os demais órgãos do sistema, está integrado na estrutura da Administração direta, subordinado, portanto, à supervisão ministerial (ou presidencial, se for o caso), na forma do art. 25 do Dec.-lei 200/67, mesmo porque a área de competência de cada sistema constitui parte da área de competência de um Ministério ou de órgão subordinado diretamente à Presidência da República (a administração financeira, contabilidade e auditoria e os serviços gerais, p. ex., são da competência do Ministério da Fazenda; o planejamento e orçamento, do Ministério do Planejamento e Orçamento). Por outro lado, as diretrizes expedidas pelo órgão central no uso de sua função normativa devem conformar-se às leis e regulamentos decretados pelos Poderes competentes, bem como às portarias e instruções baixadas pelo Ministro de Estado a que se subordina, no exercício de suas atribuições constitucionais e legais, o que limita a discricionariedade e evita a arbitrariedade do órgão superior do sistema. Finalmente, visando a evitar que esse órgão se isole no exercício de suas funções, deixando de considerar contribuições de outros órgãos integrantes do sistema e de atender a peculiaridades imprescindíveis, prevê o Estatuto da Reforma a criação de uma *Comissão de Coordenação* junto a cada sistema, com atribuições e composição definidas em decreto.

A par de regra geral contida no art. 30, o Dec.-lei 200/67 instituiu, no mesmo dispositivo, os sistemas de *pessoal*, de *estatística*, de *administração financeira*, *contabilidade e auditoria* e de *serviços gerais*, e, por força dos §§ 1º e 3º do art. 23, o de *planejamento e orçamento*, cujas estruturas e subordinação dos respectivos órgãos centrais deverão ser estabelecidas em decreto. Quanto ao *sistema de administração financeira, contabilidade e auditoria*, dispõe que o seu órgão central é a *Inspetoria-Geral de Finanças do Ministério da Fazenda*, integrando-o, como órgãos setoriais, as Inspetorias-Gerais dos demais Ministérios. O *sistema de planejamento e orçamento*, integrado pelas Secretarias-Gerais, subordina-se ao *Planejamento*.

10. Administração dos Estados, Municípios, Distrito Federal e Territórios

10.1 Administração estadual

A *administração estadual* acha-se estruturada em simetria com a *administração federal*, atenta ao mandamento constitucional de observância, pelos Estados federados, dos princípios estabelecidos na Constituição da República (arts. 25 a 28) e às normas da Lei Complementar 20, de 1.7.74, relativamente ao atendimento dos princípios fundamentais adotados pela Reforma Administrativa (preâmbulo e art. 1º). Daí por que em todos os Estados-membros que integram a *República Federativa do Brasil* a organização administrativa é idêntica em suas linhas mestras, variando apenas em minúcias de adequação às peculiaridades regionais. Para essa uniformidade concorrem decisivamente as reservas da União, que legisla, *privativamente*, para todo o território nacional, sobre *Direito Civil, Comercial, Penal, Processual, Eleitoral, Agrário, Marítimo, Aeronáutico, Espacial* e *do Trabalho* e outros assuntos previstos nos incs. II a XXIX do art. 22 da CF.

Em todos os Estados-membros (26, atualmente)[30] o Poder Executivo é exercido, unipessoalmente, pelo *Governador*, auxiliado por *Secretários de Estado*. Variam as *Secretarias* em número, denominação e atribuições, mas todas elas constituem *órgãos dirigentes da administração estadual*, cabendo aos respectivos Secretários funções de supervisão, através de orientação, coordenação e controle das atividades dos órgãos inferiores, como ocorre com os Ministros de Estado.

Os demais órgãos assemelham-se também aos da organização federal e desempenham funções equivalentes, na órbita estadual. Além dos serviços de competência exclusiva do Estado-membro, algumas atividades federais são realizadas pelo funcionalismo estadual, por delegação ou em convênio com a União. O Estado-membro decreta, arrecada e aplica os tributos de sua competência e participa da arrecadação de certos impostos da competência da União. Organiza sua Justiça nos moldes do Poder Judiciário federal e compõe sua Assembléia Legislativa dentro dos princípios parlamentares adotados pela União, salvo quanto à bicameralidade, que é incompatível com a estrutura unitária do território estadual.

30. Os Estados da Guanabara e Rio de Janeiro foram fundidos pela Lei Complementar 20, de 1.7.74, sob a denominação de *Estado do Rio de Janeiro*. Os mais recentes Estados são o de *Mato Grosso do Sul*, desmembrado do Estado do Mato Grosso pela Lei Complementar 31, de 11.10.77, e o *Estado de Rondônia*, resultante da transformação do *Território* do mesmo nome pela Lei Complementar 41, de 22.12.81. Pela Constituição de 1988, foi criado o *Estado de Tocantins* (art. 13 do ADCT) e transformados em Estados os Territórios Federais de *Roraima* e do *Amapá* (art. 14 do ADCT).

Sobre a matéria v. Oswaldo Trigueiro, *Direito Constitucional Estadual*, Forense, Rio, 1980.

A maior parte das administrações estaduais ainda não se reestruturou em consonância com as diretrizes da Reforma, sendo passível da mesma crítica dirigida à antiga administração federal: falta de racionalização e métodos que lhe dêem eficiência e presteza na execução dos serviços públicos.

10.2 Administração municipal

O *Município brasileiro* é entidade estatal integrante da Federação. Essa integração é uma peculiaridade nossa, pois em nenhum outro Estado Soberano se encontra o Município como peça do regime federativo constitucionalmente reconhecida. Dessa posição singular do nosso Município é que resulta sua autonomia *político-administrativa*, diversamente do que ocorre nas demais Federações, em que os Municípios são circunscrições territoriais *meramente administrativas*.[31]

A autonomia do Município brasileiro está assegurada na Constituição da República para todos os assuntos de seu interesse local (art. 30) e se expressa sob o tríplice aspecto *político* (composição eletiva do governo e edição das normas locais), *administrativo* (organização e execução dos serviços públicos locais) e *financeiro* (decretação, arrecadação e aplicação dos tributos municipais).

Dentro desse esquema é que se realiza a administração municipal, através da *Prefeitura*, como órgão *executivo*, e da *Câmara de Vereadores*, como órgão *legislativo*. Essa composição é uniforme para todos os Municípios, variando apenas o número de Vereadores. O Prefeito, o Vice-Prefeito e os Vereadores são agentes políticos, eleitos conjuntamente, por sufrágio universal, direto e secreto, para uma legislatura de quatro anos.

Aos Estados-membros compete a criação de seus Municípios[32] mediante consulta plebiscitária às populações diretamente interessadas (CF, art. 18, § 4º). A organização político-administrativa é feita pelo próprio Município, por Lei Orgânica local, com "força e autoridade equivalentes a um verdadeiro estatuto constitucional, podendo ser equiparada às Constituições promulgadas pelos Estados-Membros", votada na forma do art. 29 da CF, impondo-se "a iniciativa exclusiva do Chefe do Poder Executivo" do art. 61, § 1º, II, da CF (STF, ADI 980).

A administração municipal é dirigida pelo Prefeito, que, unipessoalmente, como Chefe do Executivo local, comanda, supervisiona e coordena

31. Cf., do Autor, *Direito Municipal Brasileiro*, 16ª ed., Malheiros Editores, 2008.

32. A criação, incorporação e desmembramento de Municípios far-se-ão por lei estadual, dentro do período determinado por lei complementar federal, e dependerão de consulta prévia, mediante plebiscito, às populações dos Municípios envolvidos, após divulgação dos *Estudos de Viabilidade Municipal*, apresentados e publicados na forma da lei (CF, art. 18, § 4º, com a redação dada pela EC 15/96).

os serviços de *peculiar interesse* do Município, auxiliado por Secretários Municipais ou Diretores de Departamento, conforme a organização da Prefeitura e a maior ou menor desconcentração de suas atividades, sendo permitida, ainda, a criação das autarquias e empresas estatais, visando à descentralização administrativa.

O Prefeito responde, agora, por *crime comum*, perante o Tribunal de Justiça (CF, art. 29, VIII) e, por *infrações político-administrativas*, perante a Câmara de Vereadores, na forma estabelecida pelas leis orgânicas municipais.[33]

Para fins de administração local, o Município pode dividir seu território em bairros e outras circunscrições, dotando-os de subprefeituras, administrações circunscricionais e outras repartições que facilitem a execução dos serviços públicos, mas sempre integrados na Prefeitura e subordinados ao Prefeito, que é o Chefe supremo de toda a administração municipal, a ser exercida segundo os preceitos constitucionais e legais superiores e as normas locais próprias do Município.

As leis locais são votadas pela Câmara de Vereadores, órgão colegiado, com *função legislativa precípua* para todos os assuntos de peculiar interesse do Município e funções complementares de *fiscalização e controle da conduta político-administrativa do Prefeito* (julgamento de suas contas, cassação de mandato etc.), de *assessoramento governamental* (indicações ao Executivo) e de *administração de seus serviços auxiliares* (organização interna da Câmara).

Consoante o disposto no art. 29, V e VI, da CF, os subsídios do Prefeito, do Vice-Prefeito, dos Secretários Municipais e dos Vereadores, observados os limites constitucionais, serão fixados por lei de iniciativa da Câmara Municipal, assegurada a revisão geral anual, atendido o disposto nos arts. 37, X e XI, 39, § 4º, 150, II, e 153, III, e § 2º, I, da Carta Magna.

Os mesmos defeitos apontados na administração federal e na estadual são encontrados no âmbito municipal: ausência de racionalização dos serviços, agravada pela falta de planejamento e de pessoal técnico para a execução dos empreendimentos públicos reclamados pela comunidade. Urge uma reformulação de profundidade na administração municipal brasileira para a modernização dos métodos, sistemas e técnicas vigentes nas Prefeituras, uma vez que as reformas até agora empreendidas são de superfície e dirigidas quase sempre à reestruturação do quadro de servidores, com melhoria de vencimentos, sem atingir e aperfeiçoar a prestação dos serviços.[34]

33. V. nota 33 do cap. II; v. Pinto Ferreira, "O Município e sua Lei Orgânica", in *Cadernos de Direito Constitucional e Ciência Política*, v. 10/51.

34. Pelo art. 29, X, da CF, no planejamento municipal deve haver cooperação das associações representativas. V. José Afonso da Silva, "Inovações municipais na Constituição de 1988", *RT* 669/12.

10.2.1 *Regiões Metropolitanas* – A atual Constituição dispõe que "os Estados poderão, mediante lei complementar, instituir *regiões metropolitanas*, *aglomerações urbanas* e *microrregiões*, constituídas por agrupamentos de Municípios limítrofes, para integrar a organização, o planejamento e a execução de funções públicas de interesse comum" (art. 25, § 3º).

Antes da edição da nova Carta, a Lei Complementar federal 14, de 8.6.73, alterada pela Lei Complementar 27, de 3.11.73, estabeleceu oito Regiões Metropolitanas (São Paulo-SP, Belo Horizonte-MG, Porto Alegre-RS, Recife-PE, Salvador-BA, Curitiba-PR, Belém-PA e Fortaleza-CE) e a Lei Complementar 20, de 1.7.74, estabeleceu a Região Metropolitana do Rio de Janeiro-RJ. Ressalte-se que essas Regiões Metropolitanas foram criadas por leis complementares federais e, agora, a competência é por lei complementar estadual. Assim, valem as normas anteriores no que não conflitarem com a legislação estadual futura.[35]

10.3 Administração do Distrito Federal

O *Distrito Federal*, localizado no Planalto Central do País, é a *Capital da República*. Nele foi construída a cidade de Brasília,[36] concebida, planejada e executada especialmente para a sede política e administrativa do Governo da União, como previam as Constituições anteriores e ficou assentado na de 1946 (art. 4º de seu ADCT). A nova Capital foi instalada em 21.4.60, com a organização administrativa que lhe dera a Lei federal 3.751, de 13 do mesmo mês e ano. A Lei 4.545/64 reestruturou sua administração.

O Distrito Federal, com a atual organização político-administrativa, é um Estado-membro anômalo, *entidade estatal* portanto, e não apenas *autarquia territorial*, como o são os Territórios Federais. A sua condição de pessoa estatal emana da própria Constituição da República (art. 18), que lhe permite o uso de símbolos próprios[37] (art. 13, § 2º). Sobre sua organização político-administrativa, a mesma Constituição diz que "o Distrito Federal, vedada sua divisão em Municípios, reger-se-á por lei orgânica, votada em dois turnos com interstício mínimo de dez dias, e aprovada por dois terços da Câmara Legislativa, que a promulgará, atendidos os princípios estabelecidos nesta Constituição". "Ao Distrito Federal são atribuídas as compe-

35. Para maiores esclarecimentos sobre *Regiões Metropolitanas* consulte-se, do Autor, *Direito Municipal Brasileiro*, 16ª ed., 2008.

36. Brasília foi planejada pelo urbanista Lúcio Costa e construída pela Cia. Urbanizadora da Nova Capital do Brasil – NOVACAP, sob a supervisão do arquiteto Oscar Niemeyer, no Governo do Presidente Juscelino Kubitscheck (1956-1960).

37. Para o eminente publicista Otto Connenwein o uso de símbolos próprios constitui sinal de autonomia política (cf. *Derecho Municipal Alemán*, trad. espanhola de Sáenz Sagaseta, Madri, 1967, pp. 123 e ss.).

tências legislativas reservadas aos Estados e Municípios." "A eleição do Governador e do Vice-Governador, observadas as regras do art. 77, e dos Deputados Distritais coincidirá com a dos Governadores e Deputados Estaduais, para mandato de igual duração." "Aos Deputados Distritais e à Câmara Legislativa aplica-se o disposto no art. 27." "Lei federal disporá sobre a utilização, pelo Governo do Distrito Federal, das polícias civil e militar e do corpo de bombeiros militar" (art. 32 e §§).

Entretanto, o *Distrito Federal* não é Estado nem Município, constituindo uma *entidade estatal anômala*, ainda que, pelas novas disposições constitucionais, se assemelhe mais ao Estado, pois tem Poderes Legislativo, Judiciário e Executivo próprios. Pode, ainda, organizar seu sistema de ensino (art. 211), instituir o regime jurídico e planos de carreira de seus servidores (art. 39), arrecadar seus tributos (art. 155) e realizar os serviços públicos de sua competência.

Ao *Governador* incumbem as atribuições previstas nos incs. II a XIII do art. 20 da Lei Orgânica do Distrito Federal e outras pertinentes aos órgãos executivos. Sua gestão é fiscalizada pelo Senado Federal, com o auxílio do Tribunal de Contas local na parte financeira (CF, art. 52, V, VI, VII e IX).

O *Poder Judiciário do Distrito Federal* está organizado pela Lei federal 3.754, de 14.4.60, dispondo de um *Tribunal de Justiça*, de *Juízes de Direito* e de *Juízes Substitutos*, perante os quais atua o *Ministério Público da Justiça do Distrito Federal*, chefiado por um *Procurador-Geral* de livre nomeação do Presidente da República.

O Distrito Federal não possui Municípios, constituindo a cidade de Brasília uma das oito regiões em que foi dividido para fins administrativos, sem personalidade jurídica.

10.4 Administração dos Territórios

Os *Territórios Federais* são *porções do território nacional* destacadas, por lei complementar, de um ou mais Estados-membros ou de território e erigidas em *pessoas jurídicas de Direito Público Interno*, para fins de desenvolvimento ou de segurança nacional. Se bem que referidos na Constituição da República como integrantes da União (art. 18, § 2º), os Territórios Federais não são *entidades estatais* mas, sim, *autarquias territoriais da União*,[38] por que não possuem autonomia política, administrativa e judiciária.

38. É por essa razão que o Dec.-lei 200/67 inclui na área de competência do Ministério do Interior a administração dos Territórios Federais, que o Dec.-lei 411/69 denomina impropriamente "unidades descentralizadas da Administração Federal", equiparando-os, para os efeitos da supervisão ministerial, aos órgãos da Administração indireta (arts. 3º e 4º). V. tb. a Lei 6.669, de 4.7.79, que alterou o art. 21 do Dec.-lei 411/69.

Concordam com o entendimento Celso Antônio Bandeira de Mello (cf. *Natureza e Regime Jurídico das Autarquias*, São Paulo, 1968, pp. 399 e ss.) e Cretella Jr. (cf. *Dicionário de*

Ao cuidar dos Territórios a nova Carta determina que sua criação, transformação em Estado ou reintegração ao Estado de origem serão reguladas por lei complementar (art. 18, § 2º). Acrescenta, mais, que a lei disporá sobre sua organização administrativa e judiciária, lei, essa, de iniciativa privativa do Presidente da República (arts. 33, *caput*, e 61, § 1º, II, "b").[39]

Os Territórios poderão ser divididos em Municípios, os quais receberão, no que couber, o mesmo tratamento dos Municípios dos Estados-membros (art. 33, § 1º). O *Governador* de Território será aprovado previamente, após argüição pública, pelo Senado Federal (art. 52, III, "c"), e, como agente executivo da União, resta-lhe cumprir e fazer cumprir as leis e regulamentos federais pertinentes.

11. Programa Nacional de Desestatização

Há mais de uma década que os estudiosos da matéria vêm apontando para a necessidade de se rever o crescimento do Estado nas suas relações com a sociedade. O crescimento desmesurado da máquina administrativa, com a criação excessiva de empresas públicas, sociedades de economia mista e fundações, além da assunção de atividades privadas que nada tinham a ver com os interesses da coletividade, tornaram o Estado praticamente ingovernável, sem possibilidade de efetivo controle interno finalístico.

Ao mesmo tempo, com as modificações ocorridas no campo econômico, foi o Estado perdendo progressivamente a sua capacidade de investimento na infra-estrutura, comprometendo a qualidade dos serviços públicos e, conseqüentemente, atrasando o desenvolvimento do País. Daí por que alguns autores já vinham preconizando a "reengenharia" do Estado,[40] de

Direito Administrativo, São Paulo, 1972, p. 324). Em sentido contrário, isto é, conceituando os *Territórios Federais* como meras desconcentrações da Administração Federal ou simplesmente lhes negando personalidade jurídica, v. Océlio Medeiros, *Territórios Federais*, 1944, p. 102; Carlos Medeiros Silva, "Parecer", *RDA* 12/400; Leopoldo T. da Cunha Melo, "Parecer", *RDA* 12/398; Washington de Barros Monteiro, *Curso de Direito Civil – Parte Geral*, 1968, p. 109; Miguel Maria de Serpa Lopes, *Curso de Direito Civil*, 1957, I/338 a 342; Luiz Rafael Mayer, "A natureza jurídica dos Territórios Federais", *RDA* 125/15.

39. O antigo *Território do Acre* passou a constituir o *Estado do Acre* (Lei federal 4.070, de 15.6.62). O primitivo *Território do Guaporé* teve sua denominação mudada para *Território de Rondônia*, agora transformado no *Estado de Rondônia* (Lei Complementar 41, de 22.12.81); e o *Território do Rio Branco* passou a denominar-se *Território de Roraima*. Os de *Iguaçu* e *Ponta Porã* foram extintos pelo art. 8º do ADCT da CF de 1946, volvendo suas áreas aos Estados de onde foram desmembradas. Com a edição da Constituição de 1988, não há Território Federal, pois os dois últimos (Roraima e Amapá) já foram transformados em Estados Federais (art. 14 do ADCT). A área do Território de Fernando de Noronha foi reincorporada ao Estado de Pernambuco, Estado a que pertencia originariamente (art. 15 do ADCT).

40. David Osborne e Ted Gaebler, *Reinventando o Governo*, 1994; Paulo Rabello de Castro, *A Reengenharia do Estado Brasileiro*, São Paulo, Ed. RT, 1994.

forma a reduzir o seu papel e obter maior eficiência no exercício das suas atividades básicas.

Com essa finalidade, foi promulgada a Lei 8.031/90, instituindo o Plano Nacional de Desestatização, reformulado pela Lei 9.491/97, que revogou a Lei 8.031 e tem várias alterações, com os seguintes objetivos fundamentais: a) reordenar a posição estratégica do Estado na economia, transferindo à iniciativa privada atividades indevidamente exploradas pelo setor público; b) contribuir para a reestruturação econômica do setor público; c) permitir a retomada de investimentos nas empresas e atividades que vierem a ser transferidas à iniciativa privada; d) contribuir para a reestruturação econômica do setor privado, especialmente para a modernização da infra-estrutura e do parque industrial do País; e) permitir que a Administração Pública concentre seus esforços nas atividades em que a presença do Estado seja fundamental para a consecução das prioridades nacionais; f) contribuir para o fortalecimento do mercado de capitais, através do acréscimo da oferta de valores mobiliários e da democratização da propriedade do capital das empresas que integrarem o projeto.

Para alcançar esses objetivos, a Lei 9.491/97 considera *desestatização* a alienação, pela União, de direitos que lhe assegurem o controle da sociedade e a transferência, para a iniciativa privada, da execução de serviços públicos explorados pela União, diretamente, ou através de entidades por ela controladas, bem como daqueles de sua responsabilidade. O Conselho Nacional de Desestatização tem grande relevância nesse processo, com ampla competência.

Esta transferência da prestação dos serviços públicos para o setor privado será feita mediante concessão, permissão ou autorização, mas sempre mediante *licitação*, com a modalidade *leilão* ganhando relevância e passando a ter outra dimensão jurídica em nosso sistema administrativo.[41]

Outras normas também já foram aprovadas, visando à desestatização dos setores elétrico e de comunicações, além da lei básica das concessões, Lei 8.987, de 13.2.95, já tratada no capítulo próprio.

Com base nessas normas, a União já transferiu ao setor privado várias empresas estatais. Com o mesmo propósito, alguns Estados da Federação, no uso de sua autonomia e com fundamento em legislação própria e nas normas gerais nacionais, também procuram seguir o mesmo processo, na tentativa de evoluir do *Estado-gestor* (e onipotente) para o *Estado-regulador* e parceiro da sociedade.

41. Cf. no cap. V, item 9.5, nossos comentários sobre *leilão*, como modalidade de licitação.

BIBLIOGRAFIA

ADAMOVICH, Ludwig. *Manual de Direito Administrativo Austríaco*. 1954.

AGUIAR, Joaquim Castro. *O Servidor Municipal*. Rio de Janeiro, 1970.

AGUIAR DIAS, José de. *Da Responsabilidade Civil*. vol. II. 1954.

ALENCAR, Maria Lúcia Mazzei de, e AZEVEDO, Eurico de Andrade. "Agências reguladoras". *RDA* 213/141.

__________. *Concessão de Serviços Públicos*. São Paulo, Malheiros Editores, 1998.

__________. "Desapropriação e população de baixa renda". *RDA* 216/39.

ALESSI, Renato. *Diritto Amministrativo*. Milão, 1949.

__________. *Sistema Istituzionale del Diritto Italiano*. Milão, 1960.

ALMEIDA PRADO, Francisco Octavio de. *Improbidade Administrativa*. São Paulo, Malheiros Editores, 2001.

ALMIRO, Afonso. *Controle Financeiro das Autarquias*. Rio de Janeiro, 1953.

ALONSO JR., Hamílton, DAWALIBI, Marcelo, e FINK, Daniel Roberto. *Aspectos Jurídicos do Licenciamento Ambiental*. 2ª ed. Rio de Janeiro, Forense Universitária, 2002.

ALTAMIRA, Pedro Guillermo. *Curso de Derecho Administrativo*. Buenos Aires, 1971.

ÁLVARES, Walter T. *Direito da Energia*. vol. III. Belo Horizonte, 1974.

ÁLVAREZ-GENDIN, Sabino. *Los Contratos Públicos*. Madri, 1934.

__________. *Manual de Derecho Administrativo*. 1954.

AMARAL, Diogo Freitas do. *A Utilização do Domínio Público pelos Particulares*. Lisboa, 1956.

AMARAL GURGEL, José Alfredo. *Segurança e Democracia*. São Paulo, 1975.

AMATO, Pedro Muñoz. *Introdução à Administração Pública*. Rio de Janeiro, FGV, 1958.

ANDRADE, Almir de. *Repertório Enciclopédico do Direito Brasileiro*. vol. 4.

ANDRADE, Góes de. "Regulamentação dos serviços de utilidade pública". *RDPDF* I/370.

ANDRADE, Odilon C. de. *Serviços Públicos e de Utilidade Pública*. São Paulo, 1937.

ANDREOZZI, Manuel. *Facultades Implícitas de Investigación Legislativa y Privilegios Parlamentarios*. Buenos Aires, 1943.

ANHAIA MELLO, Luiz de. *O Problema Econômico dos Serviços de Utilidade Pública*. São Paulo, 1934 e 1940.

ANTONIOLLI, Walter. *Direito Administrativo Geral*. 1955.

ANTUNES, Paulo de Bessa. *Curso de Direito Ambiental*. Rio de Janeiro, Renovar, 1990.

ARAGÃO, Alexandre Santos. *Agências Reguladoras, a Evolução do Direito Administrativo Econômico*. 2ª ed. Rio de Janeiro, Forense, 2009.

ARAÚJO, Edmir Netto de. *Contrato Administrativo*. São Paulo, Ed. RT, 1987.

ARAÚJO CASTRO. *A Constituição de 1937*. 2ª ed. Rio de Janeiro.

ARAÚJO LIMA, Paulo Barros de. "Do exercício do poder disciplinar e seu controle". *RDA* 70/12.

ARÍAS, J. *La Sociedad de Economía Mixta*. Madri, 1950.

ASCARELLI, Tullio. *Problemas das Sociedades Anônimas e Direito Comparado*. São Paulo, 1946.

ATALIBA, Geraldo. "Decreto regulamentar no sistema brasileiro". *RDA* 97/21.

__________. "Fundação pública". *RT* 478/43.

__________. "Reformulação da legislação sobre concorrência pública". *RT* 375/25.

__________. *Natureza Jurídica da Contribuição de Melhoria*. São Paulo, 1964.

AUBY e ADER. *Droit Administratif*. 1967.

__________. "La notion actuelle de service public". *Grands Services Publics*. Paris, 1969.

ÁVILA, José María. *El Seguro de Caución en las Obras Públicas*. Buenos Aires, 1964.

AZEVEDO, Aroldo. *Geografia do Brasil*. São Paulo, 1974.

AZEVEDO, Cristina Maria do Amaral. *Bioprospecção – Coleta de Material Biológico com a Finalidade de Explorar Recursos Genéticos*. São Paulo, Secretaria do Meio Ambiente do Estado de São Paulo, outono/2000.

AZEVEDO, Eurico de Andrade, e ALENCAR, Maria Lúcia Mazzei de. "Agências reguladoras". *RDA* 213/141.

__________. *Concessão de Serviços Públicos*. São Paulo, Malheiros Editores, 1998.

__________. "Desapropriação e população de baixa renda". *RDA* 216/39.

AZÓCAR, Patricio Aylwin. *Manual de Derecho Administrativo*. 1952.

BADAOUI, Saraoit. *Le Fait du Prince dans les Contrats Administratifs*. Paris, 1955.

BANDEIRA DE MELLO, Celso Antônio. "Apontamentos sobre o poder de polícia". *RDP* 9/55.

__________. *Apontamentos sobre os Agentes e Órgãos Públicos*. São Paulo, 1972.

__________. *Curso de Direito Administrativo*. 27ª ed., São Paulo, Malheiros Editores, 2010.

__________. *Discricionariedade e Controle Jurisdicional*. 2ª ed., 10ª tir. São Paulo, Malheiros Editores, 2010.

__________. *Grandes Temas de Direito Administrativo*. 1ª ed., 2ª tir. São Paulo, Malheiros Editores, 2010.

__________. "Licitação". *RDP* 8/92.

__________. *Licitação*. São Paulo, 1980.

__________. *Natureza e Regime Jurídico das Autarquias*. São Paulo, 1968.

__________. "Novos aspectos da função social da propriedade no Direito Público". *RDP* 84/39.

__________. "O controle judicial dos atos administrativos". *RDA* 152/1.

__________. "Personalidade de Direito Público". *RDP* I/115.

__________. *Prestação de Serviços Públicos e Administração Indireta*. São Paulo, Ed. RT, 1973 e 1979 (2ª ed.).

__________. *Regime dos Servidores da Administração Direta e Indireta*. 3ª ed. São Paulo, Malheiros Editores, 1995.

__________. "Teoria dos servidores públicos". *RDP* I/40.

__________ (coord.). *Estudos de Direito Administrativo e Constitucional em Homenagem a Geraldo Ataliba*. São Paulo, Malheiros Editores, 1997.

__________, (org.), e outros. *Direito Administrativo na Constituição de 1988*. 1991.

BANDEIRA DE MELLO, Oswaldo Aranha. *A Contribuição de Melhoria e a Autonomia Municipal*. São Paulo, 1952.

__________. *Da Licitação*. São Paulo, 1978.

__________. "Do serviço público". *RDA* 21/1.

__________. "Natureza jurídica da concessão de serviço público". *Revista da Faculdade de Direito* I. Porto Alegre, 1951.

__________. *Princípios Gerais de Direito Administrativo*. vols. I e II. Rio de Janeiro, 1969 e 1974; 3ª ed., 2ª tir., v. I. São Paulo, Malheiros Editores, 2007.

__________. *Relação Jurídica entre o Estado e seus Servidores*. São Paulo, 1945.

BARBOSA, Ruy. *Comentários à Constituição Federal Brasileira*. vol. IV. 1933.

__________. *O Calote do Governo, as Decisões do Poder Judiciário e as Intervenções Federais*. Rio de Janeiro, 1915.

BARDET, Gaston. *Mission de l'Urbanisme*. Paris, 1950.

BARRETO FILHO, Oscar. "A forma jurídica das empresas públicas do Estado e do Município". *RPGESP* 2/193.

BARROS JR., Carlos S. de. "A codificação do Direito Administrativo". *RDA* 18/1.

__________. *Compêndio de Direito Administrativo*. vols. I e II. São Paulo, 1963 e 1969.

__________. *Concorrência Pública*. São Paulo, 1969.

__________. "Concorrências públicas". *RDA* 80/395.

__________. *Contrato Administrativo*. São Paulo, Saraiva, 1986.

__________. *Contribuição ao Estudo do Dever de Obediência no Emprego Público*. São Paulo, 1960.

__________. "Das concorrências". *RDA* 95/10.

__________. *Do Poder Disciplinar da Administração Pública*. São Paulo, 1972.

__________. "Fontes do Direito Administrativo". *RDA* 28/1.

__________. *Introdução ao Direito Administrativo*. 1954.

__________. "O silêncio como manifestação da vontade da Administração". *RPGE* 2/93.

BARROS LEÃES, Luiz Gastão Paes de. "O conceito jurídico de sociedade de economia mista". *RDA* 79/1.

BARROS MONTEIRO, Washington de. *Curso de Direito Civil – Parte Geral*. 1968.

BASAVILBASO, Benjamin Villegas. *Derecho Administrativo*. vols. I, II, IV e VI. Buenos Aires, 1948, 1950, 1952 e 1956.

__________. *Tratado de Derecho Administrativo*. 1951.

BASSAS, Juan José Perulles. *La Empresa Pública y su Normativa*. Barcelona, 1970.

BATBIE. *Précis de Droit Public et Administratif*. 1860.

__________. *Traité Théorique et Pratique du Droit Public et Administratif*. vol. III. 1893.

BAUDRY, G. *L'Éxpropriation pour Cause d'Utilité Publique*. Paris, 1953.

BAUER, John. *Effective Regulation of the Public Utilities*. Nova York, 1925.

__________. *Transforming Public Utility Regulation*. Nova York, 1950.

BAZILLI, Roberto Ribeiro. *Contratos Administrativos*. São Paulo, Malheiros Editores, 1996.

BECKERT, Carl L. *Democracia Moderna*. Madri, 1941.

BECU, Carlos Mouchet-Zorraquin. *Introducción al Derecho*. Buenos Aires, 1959.

BEDRAN, Elias. *A Mineração à Luz do Direito Brasileiro*. Alba, 1957.

BENJAMIN, Antônio Herman. *Dano Ambiental: Prevenção, Reparação e Repressão*. São Paulo, Ed. RT, 1993.

__________, e MILARÉ, Édis. *Estudo Prévio de Impacto Ambiental*. São Paulo, Ed. RT, 1993.

BÉNOÎT, Francis-Paul. *Le Droit Administratif Français*. 1968.

BERÇAITZ, Miguel Angel. *Teoría General de los Contratos Administrativos*. Buenos Aires, 1952.

BERTHÉLEMY, Henri. *Droit Administratif*. Paris, 1933.

__________. *Traité Élémentaire de Droit Administratif*. 1889 e 1923.

BERTI, Giorgio. *La Pubblica Amministrazione come Organizzazione*. Pádua, 1968.

BESSONE, Darci. "Poder de polícia". *RT* 210/49.

BEVILÁQUA, Clóvis. *Código Civil Comentado*. vols. I (1928 e 1936) e III (1938). São Paulo.

__________. *Teoria Geral do Direito*. 1934.

BEZNOS, Clóvis. *Poder de Polícia*. São Paulo, 1979.

BIELSA, Rafael. *Ciencia de la Administración*. Buenos Aires, 1955.

__________. *Compendio de Derecho Público*. vol. II. Buenos Aires, 1952.

__________. *Derecho Administrativo*. vol. I. Buenos Aires, 1938.

__________. *Derecho Administrativo y Ciencia de la Administración*. 1929.

__________. *Principios de Derecho Administrativo*. 1947.

__________. *Relaciones del Código Civil con el Derecho Administrativo*. Buenos Aires, 1923.

__________. *Restricciones y Servidumbres Administrativas*. Buenos Aires, 1923.

BILAC PINTO. *Estudos de Direito Público*. Rio de Janeiro, 1953.

__________. "O declínio das sociedades de economia mista e o advento das modernas empresas públicas". *RDA* 32/1.

__________. *Regulamentação Efetiva dos Serviços de Utilidade Pública*. Rio de Janeiro, 1941.

BISCARETTI DI RUFFIA, Paolo. *Derecho Constitucional*. Trad. Verdú. Madri, 1965.

BITTENCOURT, Lúcio. "Direito disciplinar, princípio da legalidade". *RDA* 2/794.

BLACK. *Constitutional Law*. 1927.

BLAKSTONE. *Commentaries on the Law*. 1822.

BOMFIM, Alberto. *O Processo Administrativo*. Rio de Janeiro, 1956.

BONNARD, Roger. *Droit Administratif*. 13ª ed. Paris, 1943.

__________. *Le Contrôle Jurisdictionnel de l'Administration*. 1934.

__________. *Précis de Droit Administratif*. Paris, 1935 e 1940.

BORGES, Alice Gonzalez. *A Autonomia dos Estados Federados e a Ordem Econômica e Social*. Salvador/BA, 1983.

BOSCH, Jorge Tristan. *El Procedimiento Administrativo en los Estados Unidos de América*. Montevidéu, 1953.

BRAGA, Leopoldo. "Sociedades de economia mista". *RDPG* 12/81.

BRANCO, Paulo Gustavo Gonet, e outros. *Curso de Direito Constitucional*. 2ª ed. Saraiva, 2008.

BRANCO, Plínio A. *Diretrizes Modernas para a Concessão de Serviços de Utilidade Pública*. Prefeitura da Capital de São Paulo, 1949.

BRANDÃO, António José. "Moralidade administrativa". *RDA* 25.

BRANDO, Mílton Nogueira. "Delegação de competência". *RPGE* 8/157.

BREWER CARÍAS, Allan R. *Derecho Administrativo*. 1975.

BRITTO, Carlos Ayres. "Exploração da atividade econômica por Estados-membros e Municípios – Constitucionalidade". *RDP* 70/269.

BROCCOLI. *La Codificazione del Diritto Amministrativo*. 1933.

BRUGI, Biagio. *Della Proprietà*. vol. I. Roma, 1918.

BRUNA, Sérgio Varella. *Agências Reguladoras*. São Paulo, Ed. RT, 2003.

BRUNO, Reinaldo Moreira. *Lei de Responsabilidade Fiscal & Orçamento Público Municipal*. 1ª ed. Curitiba, Juruá Editora, 2003.

BUECHELE, Paulo Armínio Tavares. *O Princípio da Proporcionalidade e a Interpretação da Constituição*. Rio de Janeiro, Renovar, 1999.

BULLRICH, Rodolfo. *Nociones de Derecho Administrativo*. 1925.

BURLE FILHO, José Emmanuel. "Ação Civil Pública e a Tutela da Probidade Administrativa", in *Ação Civil Pública Após 20 Anos: Efetividade e Desafios*. São Paulo, Ed. RT, 2005.

__________, e SABELLA, Walter Paulo. "Ação civil pública: os caminhos da constitucionalização". In: MILARÉ, Edis (coord.). *A Ação Civil Pública Após 25 Anos*. São Paulo, Ed. RT, 2010 (pp. 411-424).

BURLLRICH, Eduardo J. *Derecho Administrativo*. Buenos Aires, 1942.

BUTTGENBACH, André. *Manuel de Droit Administratif*. 1954.

CAETANO, Marcello. *Do Poder Disciplinar*. Lisboa, 1932.

__________. *Manual de Direito Administrativo*. Lisboa, 1936, 1947 e 1965.

__________. *Tratado Elementar de Direito Administrativo*. 1944.

CAHALI, Yussef Sahid. *Responsabilidade Civil do Estado*. 2ª ed., 2ª tir. São Paulo, Malheiros Editores, 1996.

CÁMARA, Héctor. *Sociedad de Economía Mixta*. Buenos Aires, 1954.

CAMBIER, Cyr. *Droit Administratif*. 1968.

CAMMEO, Cesare. *I Contratti della Pubblica Amministrazione*. Florença, 1954.

__________. *Sanità Pubblica*. 1925.

CAMPOS, Francisco. *Direito Administrativo* (pareceres). Rio de Janeiro, 1943 e 1958.

__________. "Lei e regulamento – Direitos individuais". *RDA* 80/373.

__________. *Pareceres*. 1ª Série. Rio de Janeiro, 1937.

CANASI, José. *Derecho Administrativo*. 1972.

__________. *Tratado Teórico-Práctico de la Expropiación Pública*. Buenos Aires, 1967.

CAPART, Maurice. *Droit Administratif*. 1924.

CARDOSO, Plínio Balmaceda. "Conflitos interespaciais de leis de Direito Privado Aeronáutico". *RT* 315/520.

CARNEIRO, Alaim de Almeida. *Estudos Brasileiros de Direito e Administração*. Rio de Janeiro, 1957.

CARRÉ DE MALBERG. *Contribution à la Théorie Générale de l'État*. Paris, 1922.

CARUGNO, Pasquale. *L'Expropriazioni per Pubblica Utilità*. Milão, 1950.

CARVALHO, Afrânio de. "Domínio das ilhas fluviais". *RDA* 36/13.

__________. "O tombamento de imóveis e o Registro". *RT* 672/73.

CARVALHO, Guido Ivan de. *Administração Federal, Organização e Reforma*. São Paulo, 1973.

CARVALHO, Ivan Lira de. "O descumprimento de ordem judicial por funcionário público". *RTJE* 130/35.

CARVALHO FILHO, José dos Santos. *Manual de Direito Administrativo*. 17ª ed. Rio de Janeiro, Lumen Juris, 2007.

CARVALHO SIMAS, Henrique de. *Manual Elementar de Direito Administrativo*. Rio de Janeiro, 1974.

CARVALHOSA, Modesto. *A Ordem Econômica na Constituição de 1969*. São Paulo, Ed. RT, 1972.

CASSAGNE, Juan Carlos. *Derecho Administrativo*. 1972 (1ª ed.), 1977 e 1982.

CASTRO, Paulo Rabello de. *A Reengenharia do Estado Brasileiro*. São Paulo, Ed. RT, 1994.

CASTRO, Sônia Rabello de. *O Estado na Preservação dos Bens Culturais*. Rio de Janeiro, Renovar, 1991.

CASTRO NETO, Luiz de. *Elementos de Direito Administrativo*. São Paulo, 1973.

__________. *Fontes do Direito Administrativo*. São Paulo, 1977.

CASTRO NUNES. *Teoria e Prática do Poder Judiciário*. 1ª ed. Rio de Janeiro.

CAVALCANTI, Amaro. *Responsabilidade Civil do Estado*. Rio de Janeiro, 1904 e 1905.

CAVALCANTI, Themístocles Brandão. "A empresa pública no Direito Brasileiro". *RDA* 91/1.

__________. *Curso de Direito Administrativo*. Rio de Janeiro, 1958.

__________. "Do poder discricionário". *RDA* 101/1.

__________. "Domínio das ilhas nos rios públicos". *RDA* 5/300.

__________. *Princípios Gerais de Direito Administrativo*. Rio de Janeiro, 1945.

__________. "Sociedade de economia mista – Sua natureza – Seus problemas". *RDA* 103/1.

__________. *Teoria dos Atos Administrativos*. São Paulo, 1973.

__________. *Tratado de Direito Administrativo*. 6 vols. Rio de Janeiro, 1942 a 1948 (vol. I, 1955; vol. IV, 1949; vol. V, 1950 e 1959).

CENEVIVA, Walter. *Direito Constitucional Brasileiro*. São Paulo, Saraiva, 1989.

CHACEL, SIMONSEN e WALD. *Correção Monetária*. Rio de Janeiro, 1970.

CHAMBERLIN, Edward Hastings. *Teoría de la Competencia Monopolística*. Trad. espanhola. 1946.

CHAMOUN, Ebert. *Da Retrocessão nas Desapropriações*. Rio de Janeiro, 1959.

CHARDOT, Mars. *La Collaboration Financière des Administrations Publiques et des Entreprises Privées*. 1954.

CHAVES, Raul. *Crimes de Responsabilidade*. Rio de Janeiro, 1960.

CIANFLONE, Antonio. *L'Appalto di Opere Pubbliche*. Milão, 1950.

CINTRA, Antônio Carlos de Araújo. *Motivo e Motivação do Ato Administrativo*. São Paulo, 1978 e 1979.

CINTRA DO AMARAL, Antônio Carlos. *Ato Administrativo, Licitações e Contratos Administrativos*. 1ª ed., 2ª tir. São Paulo, Malheiros Editores, 1996.

__________. *Concessão de Serviço Público*. 2ª ed. São Paulo, Malheiros Editores, 2002.

__________. *Extinção do Ato Administrativo*. São Paulo, 1978.

__________. *Licitação para Concessão de Serviço Público*. São Paulo, Malheiros Editores, 1995.

__________. *Licitações nas Empresas Estatais*. São Paulo, McGrawHill do Brasil, 1979.

CIQUEIRA ROSSI, Sérgio, e TOLEDO JR., Flávio C. de. "O processo orçamentário municipal à vista da Lei de Responsabilidade Fiscal". *RDA* 224/169.

CIRNE LIMA, Ruy. "Contratos administrativos e atos de comércio". *RDA* 32/16.

__________. *Princípios de Direito Administrativo*. Porto Alegre, 1937 e 1954; 7ª ed., revista e reelaborada por Paulo Alberto Pasqualini. São Paulo, Malheiros Editores, 2007.

CLOUGH, Richard H. *Construction Contracting*. Nova York, 1975.

COELHO, Inocêncio Mártires (e outros). *Curso de Direito Constitucional*. 2ª ed. São Paulo, Saraiva, 2008.

COELHO, Jurandir. "O *impeachment* e sua conceituação". *RF* 125/604.

COLAÇO, Magalhães. *Concessões de Serviços Públicos*. Lisboa, 1928.

COLMEIRO, Manuel. *Derecho Administrativo Español*. 1858.

COLOMBOS, D. J. *The International Law of the Sea*. Nova York, 1957.

COMPARATO, Fábio Konder, e outros. "Ordem econômica e social". *RPGESP* 24/271, 277, 285 e 293.

CONNENWEIN, Otto. *Derecho Municipal Alemán*. Trad. espanhola de Saenz Sagaseta. Madri, 1967.

COOLEY. *Constitutional Limitation*. Nova York, 1903.

CORSO. *La Funzione Consultiva*. 1942.

CORWIN, Edward S. *A Constituição Norte-Americana e seu Significado Atual*. Trad. de Leda Boechat Rodrigues. Rio de Janeiro, 1959.

COSTA, Judith Martins. *A Boa-Fé no Direito Privado*. 1ª ed., 2ª tir. São Paulo, Ed. RT.

COSTA, Luiz Augusto Seabra da. "A avaliação de servidões". *RT* 494/248.

COTRIM NETO, A. B. *Direito Administrativo da Autarquia*. Rio de Janeiro, 1960.

COUTO E SILVA, Almiro do. "O poder discricionário no Direito Administrativo Brasileiro". *RDA* 179-180/51.

CRETELLA JR., José. *Comentários às Leis de Desapropriação*. São Paulo, 1972.

__________. *Controle Jurisdicional do Ato Administrativo*. Rio de Janeiro, Forense, 1984 e 1993 (3ª ed.).

__________. *Curso de Direito Administrativo*. 1977.

__________. *Da Codificação do Direito Administrativo*. São Paulo, 1951.

__________. "Definição da autorização legislativa". *RT* 813/753. São Paulo, Ed. RT.

__________. *Dicionário de Direito Administrativo*. São Paulo, 1972.

__________. *Direito Administrativo do Brasil*. 5 vols. São Paulo, 1956 e 1962 (vol. III, 1961).

__________. *Do Ato Administrativo*. São Paulo, 1972.

__________. *Do Desvio de Poder*. São Paulo, 1964.

__________. "Natureza das decisões do Tribunal de Contas". *RT* 631/14.

__________. *Natureza Jurídica da Função Pública*. São Paulo, 1953.

__________. *Prática do Processo Administrativo*. 1988.

__________. "Prescrição da falta administrativa". *RF* 275/60 e *RT* 544/11.

__________. "Regime jurídico das empresas públicas". *RDA* 106/62.

__________. "Serviços comerciais e industriais do Estado". *RPGE* 11/81.

__________. "Sociedade de economia mista do Brasil". *RDA* 80/33.

__________. "Teoria do fato do príncipe". *RDA* 75/23.

CRUZ, Alcides. *Direito Administrativo Brasileiro*. 1914.

__________. *Noções de Direito Administrativo Brasileiro*. Porto Alegre, 1910.

CUNHA FERRAZ, Ana Cândida da. "O regime especial das autarquias educacionais". *RDPG* 17/201.

CUSTÓDIO, Antônio Joaquim Ferreira. "Eficácia das decisões dos Tribunais de Contas". *RDA* 185/63 e *RPGE* 36/129.

D'ALESSIO, Francesco. *Diritto Amministrativo*. vol. I. Turim, 1932.

__________. *Istituzioni di Diritto Amministrativo Italiano*. vols. I e II. Turim, 1939 e 1949.

DABIN, Jean. *Le Droit Subjectif*. Paris, 1952.

DALLARI, Adílson Abreu. *Aspectos Jurídicos da Licitação*. São Paulo, 1973 e 1991.

__________. *Desapropriação para Fins Urbanísticos*. Rio de Janeiro, 1981.

__________. "Fundação privada". *RDP* 98/8l.

__________. *Regime Constitucional dos Servidores Públicos*. 2ª ed. São Paulo, Ed. RT, 1990.

__________. "Servidões administrativas". *RDP* 59-60/88.

DALLARI, Adilson Abreu, e FERRAZ, Sérgio (coords.). *Estatuto da Cidade – Comentários à Lei Federal 10.257/2001*. 3ª ed. São Paulo, Malheiros Editores, 2010.

DAVIS, Kenneth Culp. *Treatise on Administrative Law*. 4 vols. 1959.

DAWALIBI, Marcelo, ALONSO JR., Hamílton, e FINK, Daniel Roberto. *Aspectos Jurídicos do Licenciamento Ambiental*. 2ª ed. Rio de Janeiro, Forense Universitária, 2002.

DAYRELL, Carlos Leopoldo. *Das Licitações na Administração Pública*. Rio de Janeiro, 1973.

DE LA ROQUE, Pierre Montané. *L'Inértie des Pouvoirs Publics*. Paris, 1950.

DE LOS RÍOS, Morales. *Teoria e Filosofia da Arquitetura*. vol. I. 1955.

DE MARTINO, Francesco. *Della Proprietà*. Milão, 1946.

DE VALLES, Arnaldo. *Elementi dI Diritto Amministrativo*. 1951.

__________. "I servici pubblici", in *Trattato*, de Orlando. VI/614.

DEBBASCH, Charles. *Droit Administratif*. 1968 e 1969.
__________. *Science Administrative*. Paris, 1970 e 1971.
DEBEYRE, W. Guy. *Le Droit Public des Français*. Paris, 1956.
__________, e DUEZ, Paul. *Traité de Droit Administratif*. 1952.
DEFROIDMONT, Jean. *La Science du Droit Positif*. 1933.
DELGADO, José Augusto. "A jurisprudência e a licitação". *RT* 671/17.
DELGADO, Luiz. *Compêndio Elementar de Direito Administrativo*. Recife, 1970.
DI PIETRO, Maria Sylvia Zanella. *Direito Administrativo*. São Paulo, Atlas, 1990 e 1996.
__________. *Discricionariedade Administrativa na Constituição de 1988*. São Paulo, Atlas, 1991.
__________. *Do Direito Privado na Administração Pública*. São Paulo, Atlas, 1989.
__________. "Fundações públicas". *BDA* 11/674. 1988.
__________. *Parcerias na Administração Pública*. São Paulo, 1996.
__________. *Servidão Administrativa*. São Paulo, 1978.
__________, e outras. *Temas Polêmicos sobre Licitações e Contratos*. 5ª ed. 3ª tir. São Paulo, Malheiros Editores, 2006.
DI PUAL, Lino. *La Compétence Liée*. Paris, 1964.
DI RENZO, Francesco. *I Contratti della Pubblica Amministrazione*. Milão, 1969.
DIAS, Eduardo Rocha. "Proposta de menor preço e tutela da livre concorrência nas licitações". *RDA* 208/139.
DICEY. *Introduction to the Study of Law of the Constitution*. 1885.
__________. *The Law of the Constitution*. 3ª ed.
DIEZ, Manoel María. *Derecho Administrativo*. 1963.
__________. *El Acto Administrativo*. Buenos Aires, 1956.
DILLON. *Commentaries on History of England*. 1895.
__________. *Commentaries on the Law of Municipal Corporation*. 1904.
DINAMARCO, Júlia Raquela de Quiroz. "Arbitragem e Administração Pública". *Revista do Advogado* (tema dedicado à *Arbitragem*). Outubro/97.
DOMENICO, Rubino. *L'Appalto*. Turim, 1946.
DOTTI, Marines Retelatto, e PEREIRA JR., Jessé Torres. "Manutenção da frota e fornecimento de combustíveis por rede credenciada, gerida por empresa contratada: prenúncio da 'quarteirização' na gestão pública?". *Revista AGU* 102. 2010.
DUARTE, Clenício da Silva. "Os regulamentos independentes". *RDP* 16/89.
DUARTE, José. "O poder disciplinar". *RDA* 50/1.
DUCROCQ. *Cours du Droit Administratif*. 1861.
__________. *Cours de Droit Administratif et de Législation Française des Finances*. 1881.
__________. *Droit Administratif*. vol. VI. 1882.
DUEZ, Paul. *La Responsabilité de la Puissance Publique*. 1927.
__________, e DEBEYRE, Guy. *Traité de Droit Administratif*. 1952.
DUGUIT, Léon. *Las Transformaciones Generales del Derecho Privado*. Trad. Madri, Posada, 1931.
__________. *Manuel de Droit Constitutionnel*. Paris, 1923.
__________. *Traité du Droit Constitutionnel*. vol. III. Paris, 1923.
DUVAL, Hermano. "A proteção dos caracteres tipográficos". *RT* 412/47.

ELY, Richard T. *Monopolies and Trusts*. 1923.
ESCOLA, Héctor Jorge. *Tratado Integral de los Contratos Administrativos*. Buenos Aires, 1977.

FACHIN, Luiz Édson. "Da propriedade como conceito jurídico". *RT* 621/16.

FAGUNDES, Maria Aparecida. "Pontos polêmicos da legislação sobre concessões e permissões de prestação de serviços públicos". *RDA* 205/72-73.

FAIRLIE, John A. *The National Administration of the United States*. 1905.

FALCÃO, Alcino Pinto. "A cláusula de reversão na concessão de serviço público". *RDP* 15/127.

FALCÃO, Amílcar de Araújo. *Introdução ao Direito Administrativo*. Rio de Janeiro, 1960.

FARIA, Ninon Machado de (orient.). *Legislação Nuclear*. Rio de Janeiro, Associação Brasileira de Direito Nuclear, 1979.

FAUCHILLE, Paul. *Le Domaine Aérien*. 1901.

FAYOL, Henri. *Administration Industrielle et Générale*. Paris, 1916.

FERNANDES, Jorge Ulisses Jacoby, MACRUZ, João Carlos, QUINTIERE, Marcelo de Miranda Ribeiro, e RIBEIRO, Renato Jorge Brown. *Responsabilidade Fiscal*. 1ª ed. América Jurídica, 2002.

FERNÁNDEZ, Tomás-Ramón, e GARCÍA DE ENTERRÍA, Eduardo. *Curso de Derecho Administrativo*.

FERRARA, Francesco. *Interpretação e Aplicação das Leis*. 1940.

FERRAZ, Sérgio. *A Justa Indenização na Desapropriação*. São Paulo, Ed. RT, 1978.

__________. *Desapropriação – Indicação de Doutrina e de Jurisprudência*. Rio de Janeiro, 1970.

__________, e DALLARI, Adilson Abreu (coords.). *Estatuto da Cidade – Comentários à Lei Federal 10.257/2001*. 3ª ed. São Paulo, Malheiros Editores, 2010.

__________, e FIGUEIREDO, Lucia Valle. *Dispensa e Inexigibilidade de Licitação*. 3ª ed. São Paulo, Malheiros Editores, 1994.

FERRAZ NOGUEIRA, Antônio de Pádua. *Desapropriação e Urbanismo*. São Paulo, 1981.

FERREIRA, Giovana Andréa Gomes. "O Poder Normativo das Agências Reguladoras e o Princípio da Legalidade". *Revista Virtual da AGU* 80. Set./2008.

FERREIRA, Sérgio de Andréa. "A garantia da ampla defesa no Direito Administrativo Processual Disciplinar". *RDP* 19/60.

__________. *As Fundações de Direito Privado Instituídas pelo Poder Público no Brasil*. Rio de Janeiro, 1970.

__________. *Direito Administrativo Didático*. Rio de Janeiro, 1981.

__________. "O tombamento e o devido processo legal". *RDA* 208/1.

FERREIRA, Waldemar. *A Sociedade de Economia Mista*. São Paulo, 1956.

__________. *Instituições de Direito Comercial*. vol. II. São Paulo, 1944.

FERREIRA FILHO, Manoel Gonçalves. *Comentários à Constituição Brasileira*. São Paulo, Saraiva, 1991.

FERREIRA NETTO, Carlos Teles. "Arbitragem: uma solução jurídica". Artigo inédito.

FERRINI-PULVIRENTI. *Servitù Prediale*. vol. I. Roma, 1908.

FIGUEIRA, Danton de Andrade. "Desenvolvimento e instituições políticas". *Segurança e Desenvolvimento* 138/111.

FIGUEIREDO, Lúcia Valle. *Controle da Administração Pública*. 1991.

__________. *Curso de Direito Administrativo*. 9ª ed. São Paulo, Malheiros Editores, 2008.

__________. *Direitos dos Licitantes*. 4ª ed. São Paulo, Malheiros Editores, 1993.

__________. *Disciplina Urbanística da Propriedade*. 2ª ed. São Paulo, Malheiros Editores, 2005.

__________. *Empresas Públicas e Sociedades de Economia Mista*. São Paulo, 1978.

__________. *Mandado de Segurança*. 6ª ed. São Paulo, Malheiros Editores, 2009.

__________, e FERRAZ, Sérgio. *Dispensa e Inexigibilidade de Licitação*. 3ª ed. São Paulo, Malheiros Editores, 1994.

FIGUEIREDO, Marcelo. *Probidade Administrativa*. 6ª ed. São Paulo, Malheiros Editores, 2009.

FINK, Daniel Roberto, ALONSO JR., Hamílton, e DAWALIBI, Marcelo. *Aspectos Jurídicos do Licenciamento Ambiental*. 2ª ed. Rio de Janeiro, Forense Universitária, 2002.

FIORINI, Bartolomé A. *La Discrecionalidad en la Administración Pública*. Buenos Aires, 1948.

__________. *Licitación Pública*. Buenos Aires, 1972.

__________. *Manual de Derecho Administrativo*. 1968.

__________. *Teoría de la Justicia Administrativa*. Buenos Aires, 1944.

__________. *Teoría Jurídica del Acto Administrativo*. Buenos Aires, 1969.

FLAMME, André. *Les Marchés de l'Administration*. Paris, 1965.

FLEINER, Fritz. *Droit Administratif Alemand*. 1933.

__________. *Instituciones de Derecho Administrativo*. 1ª ed. Madri.

__________. *Instituições de Direito Administrativo*. 1911.

FOIGNET. *Manuel Élémentaire de Droit Administratif*. 1901.

FONSECA, Arnoldo Medeiros da. *Caso Fortuito e Teoria da Imprevisão*. 1943.

FONSECA, Tito Prates da. *Autarquias Administrativas*. São Paulo, 1935 e 1938.

__________. *Direito Administrativo*. São Paulo, 1939.

__________. *Lições de Direito Administrativo*. São Paulo, 1943.

FORSTHOFF, Ernst. *Tratado de Derecho Administrativo*. Trad. espanhola. Madri, 1958 e 1968.

__________. *Tratado de Direito Administrativo – Parte Geral*. 1958.

FORTUNA, Alfonse. *Le Fait du Prince*. Paris, 1924.

FRAGA, Gabino. *Derecho Administrativo*. México, 1947 e 1948.

FRAGALLI. *Diritto Aeronautico*. 1939.

FRAGOLA, Giuseppe. *Limitazione al Diritto di Proprietà*. Roma, 1910.

FRAGOLA, Umberto. *Diritto Amministrativo*. Roma, 1949.

__________. *Gli Atti Amministrativi*. Turim, 1952.

FRANCESCHINI, José Inácio Gonzaga, e outros. *Poder Econômico – Exercício e Abuso*. São Paulo, Ed. RT, 1985.

FRANCHINI. *Il Parere nel Diritto Amministrativo*. 1944.

FRANCO SOBRINHO, Manoel de Oliveira. *A Prova Administrativa*. São Paulo, 1973.

__________. *Desapropriação*. São Paulo, 1973.

__________. *Fundações e Empresas Públicas*. São Paulo, 1972.

__________. "Introdução à teoria do órgão no Direito Administrativo". *RDA* 98/17.

__________. *Introdução ao Direito Processual Administrativo*. São Paulo, Ed. RT, 1971.

__________. "Noção jurídica de autarquia". *RT* 131/3.

__________. "O contrato administrativo". *RT* 133/416.

__________. *O Controle da Moralidade Administrativa*. São Paulo, 1974.

__________. "Organização administrativa das empresas públicas". *RDP* 15/24.

FRANKE, Walmor. "Contratos administrativos". *RSP* 107/53. DASP.

FREITAS, Juarez. *Estudos de Direito Administrativo*. 2ª ed. São Paulo, Malheiros Editores, 1997.

__________. *O Controle dos Atos Administrativos e os Princípios Fundamentais*. 3ª ed. 2004.

FREUND. *Administrative Power over Person and Property*. 1928.

__________. *Historical Survey in the Growth of American Administrative Law*. 1924.

GABBA, Francesco. *Teoria della Retroattività delle Leggi*. 3ª ed., vol. I. Roma, 1891.

GAEBLER, Ted, e OSBORNE, David. *Reinventando o Governo*. 1994.

GAIA, Fernando Antônio Cavanha. "Presença de iniciativa econômica estatal". *RDP* 63/236.
GALATERIA, Luigi. *Gli Organi Collegiali Amministrativi*. Milão, 1959.
__________. *I Provvedimenti Amministrativi d'Urgenza*. Roma, 1953.
GALLOWAY, George B. *The Investigate Fonction*. Nova York, 1927.
GARCÍA DE ENTERRÍA, Eduardo, e FERNÁNDEZ, Tomás-R. *Curso de Derecho Administrativo*.
GARCÍA OVIEDO, Carlos. *Derecho Administrativo*. 1927.
GARCÍA-TREVIJANO FOS, José Antonio. *Tratado de Derecho Administrativo*. vol. II-I. Madri, 1970 e 1971.
GARGIULO, Ugo. *I Collegi Amministrativi*. Nápoles, 1962.
GARRIDO FALLA, Fernando. "La crisis de la noción de servicio público". *Las Transformaciones del Régimen Administrativo*. Madri, 1962.
__________. *Régimen de Impugnación de los Actos Administrativos*. Madri, 1956.
__________. *Tratado de Derecho Administrativo*. vol. II. Madri, 1956, 1966 e 1970.
GASCON e MARIN. *Tratado de Derecho Administrativo*. 1950.
GASPARI, Pietro. *Corso di Diritto Amministrativo*. 1956.
GASPARINI, Diógenes. *Direito Administrativo*. São Paulo, 1989.
__________. *Poder Regulamentar*. São Paulo, 1978.
GIANNINI, Massimo Severo. *Corso di Diritto Amministrativo*. 1970.
__________. *La Giustizia Amministrativa*. Roma, 1966.
GIANQUINTO, Gioannis. *Corso di Diritto Pubblico Amministrativo*. vol. I. 1877.
GIDEL, Gilbert. *Le Droit International Public de la Mer*. vol. II. Paris, 1932.
GIERKE, Otto. *Die Genossenschaftstheorie in die deutsche Rechtsprechnung*. Berlim, 1887.
GIESE, Friedrich. *Algemeines Verwaltungsrecht*. 1952.
__________. *Direito Administrativo Geral*. 1952.
GIROLD, M. *Droit de la Protection de la Nature et de l'Environnement*. Paris, 1973.
GLAESER, Martin. *Outlines of Public Utility Economics*. 1931.
GNEIST. *English Constitutional History*. vol. I. 1884.
__________. *Self-Government in England*. 1901.
GOLDSCHIMIDT, James. *Derecho Procesal Civil*. Madri, 1936.
GOMES, Oscar Martins. "Aspectos do novíssimo Direito Interplanetário". *RT* 348/19.
GONÇALVES DE OLIVEIRA, A. "Domínio das ilhas fluviais". *RDA* 58/410.
__________. "Pena disciplinar". *RDA* 46/478.
__________. "Poder regulamentar". *RDA* 42/470.
GONDO, Nisske, e NASCIMENTO FRANCO, J. *Concorrência Pública*. São Paulo, 1969.
GONZÁLEZ PÉREZ, J. *L'Expropiación Forzosa por Razón de Urbanismo*. Madri, 1965.
GOODNOW, Frank J. *Comparative Administrative Law*. 1893.
__________. *Derecho Administrativo Comparado*. vol. I. Trad. espanhola. S/d.
__________. *Principles of Administrative Law of the United States*. 1905.
GORDILLO, Agustín A. *Derecho Administrativo de la Economía*. Buenos Aires, 1967.
__________. *El Acto Administrativo*. Buenos Aires, 1969.
__________. *Empresas del Estado*. Buenos Aires, 1966.
__________. *Introducción al Derecho Administrativo*. Buenos Aires, 1966.
__________. "La garantía de defensa como principio de eficacia en el procedimiento administrativo". *RDP* 10/16.
__________. *Procedimiento y Recursos Administrativos*. Buenos Aires, 1971.
__________. "Reestructuración del concepto y régimen jurídico de los servicios públicos". *Estudios de Derecho Administrativo*. Buenos Aires, 1963.

__________. *Tratado de Derecho Administrativo*. vols. I-VII. Buenos Aires, 1974.

GRAU, Eros Roberto. *A Ordem Econômica na Constituição de 1988*. 14ª ed. São Paulo, Malheiros Editores, 2010.

__________. *Ensaio e Discurso sobre a Interpretação/Aplicação do Direito*. 5ª ed. São Paulo, Malheiros Editores, 2009.

__________. "Fundações privadas". *RDP* 98/75.

__________. *Licitação e Contrato Administrativo*. São Paulo, Malheiros Editores, 1995.

__________. *O Direito Posto e o Direito Pressuposto*. 7ª ed. São Paulo, Malheiros Editores, 2008.

GRECA, Alcides. *El Sistema de Economía Mixta en la Realización de los Servicios Públicos*. Santa Fé, 1941.

__________. "Polícia sanitária". *RDA* 3/454.

__________. *Régimen Legal de la Construcción*. Buenos Aires, 1956.

GREFFITH e STREET. *Principles of Administrative Law*. 1957.

GRINOVER, Ada Pellegrini. "O princípio da ampla defesa". *RDPG* 19/9.

GRISEL, André. *Droit Administratif Suisse*. 1970.

GROSS, Herbert. *Public Monopolies*. 1943.

GUAITA, Aurélio. *Derecho Administrativo Especial*. 1966.

GUERREIRO, José Alexandre Tavares. "Formas de abuso de poder econômico". *RDA* 169/199.

GUIMARÃES, João Lopes. *A Reforma Administrativa*. São Paulo, Associação Paulista do Ministério Público, 1998.

GUIMARÃES MENEGALE, J. *Direito Administrativo e Ciência da Administração*. 3 vols. Rio de Janeiro, 1938 e 1950.

GULICK, Luther. *Notes on the Theory of Organization, Papers on the Science of Administration*. Nova York, 1937.

HANSON, A. H. *Public Enterprise and Economic Development*. Londres, 1954.

HAURIOU, Maurice. *Droit Administratif*. Paris, 1914 e 1926.

__________. *Précis de Droit Administratif*. 1892.

__________. *Précis Élémentaires de Droit Administratif*. Paris, 1926.

HEREDÍA, Horacio. *Control Administrativo sobre los Entes Autárquicos*. Buenos Aires, 1942.

HESKETH, Tito de Oliveira. "Da cláusula *rebus sic stantibus* – Seu desempenho na esfera das obrigações civis". *RT* 302/2.

ISERN, Luiz Francisco. *Controle de Constitucionalidade por Meio do Veto Municipal*. São Paulo, Método, 2002.

IZAGA, Luís. *Elementos de Derecho Político*. vol. I. 1952.

JACQUES, Paulino. *Da Igualdade perante a Lei*. 1957.

JARDIM, Torquato. "A concessão de obra pública no sistema constitucional". *RTDP* 1/224.

JELLINEK, Georg. *L'État Moderne et son Droit*. Paris, 1913.

JELLINEK, Walter. *Direito Administrativo*. 1931.

JENKS, Wilson. *Administration Public Works*. Nova York, 1971.

JÈZE, Gaston. *Contrats de l'Administration*. vol. I. Paris, 1934.

__________. *Derecho Administrativo*. vols. I, III, IV e VI. Trad. Buenos Aires, Depalma, 1914, 1949 e 1950.

__________. *Droit Administratif*. vol. III. 1926.

__________. *Les Contrats Administratifs*. Paris, 1925 e 1927.

__________. *Les Principes Généraux du Droit Administratif.* Paris, 1904 e 1926 (vol. III).

__________. *Tratado de Derecho Administrativo.* vol. IV. Buenos Aires, 1950.

JEZLER, Haroldo. *As Concorrências.* São Paulo, 1969.

JONES e BIGHAM. *Principles of Public Utilities.* Nova York, 1937.

JOSSERAND, Louis. *Droit Civil Positif Français.* vol. I. 1938.

__________. *L'Évolution de la Responsabilité Civile.* 1926.

JUGLART. *Droit Aérien.* 1952.

JUNQUEIRA, Messias. *O Instituto Brasileiro das Terras Devolutas.* São Paulo, Lael, 1976.

JURAN, J. M. *Quality Control Handbook.* Nova York, 1951.

JUSTEN FILHO, Marçal. *Comentários à Lei de Licitação e Contratos Administrativos.* Rio de Janeiro, Aide, 1993.

__________. *Comentários à Lei de Licitações e Contratos Administrativos.* 13ª ed. São Paulo, Dialética, 2009.

__________. *Concessões de Serviços Públicos.* São Paulo, 1997.

__________. *Pregão.* São Paulo, Dialética, 2001.

LABAND, Paul. *Direito Público do Império Alemão.* 1876.

LACHARRIÈRE. *Le Contrôle Hiérarchique de l'Administration dans la Forme Jurisdictionnel.* Paris, 1938.

LAFERRIÈRE, M. F. *Cours Théorique et Pratique de Droit Public et Administratif.* 1847 e 1854.

LANDIS, James M. *The Administrative Process.* 1941.

LAUBADÈRE, André de. *Contrats Administratifs.* vols. I, II e III. Paris, 1956.

__________. "Do poder da Administração para impor unilateralmente alterações nas cláusulas dos contratos administrativos". *RDA* 37/45.

__________. *Droit Administratif.* 1953.

__________. *Manuel de Droit Administratif.* Paris, 1976.

__________. *Traité de Droit Administratif.* vol. II. Paris, 1957 e 1963.

__________. *Traité Élémentaire de Droit Administratif.* Paris, 1953 e 1957.

__________. *Traité Théorique et Pratique des Contrats Administratifs.* vol. I. Paris, 1956.

LAZZARINI, Álvaro. "As guardas municipais na Constituição Federal de 1988". *Revista de Informação Legislativa* 113/229.

__________. "Direito Administrativo e prevenção de incêndios". *RDA* 186/114.

__________. "Do poder disciplinar na Administração Pública". *RJTJSP* 66/13.

__________. *Estudos de Direito Administrativo.* São Paulo, Ed. RT, 1995 e 1999.

__________. "Limites do poder de polícia". *Justitia* 170/73, 1995.

__________. "Responsabilidade civil do Estado por atos omissivos dos seus agentes". *RJTJSP* 117/14.

LEAL, Víctor Nunes. "Lei e regulamento". *Problemas de Direito Público.* Rio de Janeiro, 1960.

__________. "Os atos administrativos perante o Judiciário". *RDA* 3/70.

__________. "Poder discricionário e ação arbitrária da Administração". *RDA* 14/53.

__________. *Problemas de Direito Público.* Rio de Janeiro, 1960.

LEITE, Luciano Ferreira. *Discricionariedade Administrativa e Controle Judicial.* São Paulo, Ed. RT, 1981.

__________. *O Regulamento no Direito Brasileiro.* São Paulo, Ed. RT, 1986.

LEITE, Solidônio. *Desapropriação por Utilidade Pública.* Rio de Janeiro, 1921.

LENTINI, Arturo. *Istituzioni di Diritto Amministrativo.* Milão, 1939.

LENZ, Carlos Eduardo Thompson Flores. "A justa indenização na desapropriação de ações". *RT* 664/97.

LEPAWSKY, Albert. *Administration – The Art and Science of Organization and Management*. Nova York, 1949.

LESPÈS, Jules. "A codificação dos princípios gerais do Direito Administrativo". *RDA* 22/24.

LESSA, Gustavo. "A departamentalização no nível ministerial". *Cadernos de Administração Pública da EBAP* 10, 1945.

LESSA, Pedro. *Do Poder Judiciário*. 1915.

LESSONA. *Trattato di Diritto Sanitario*. 1º vol. 1921.

LEVY, Arthur. *Normalização Nacional*. São Paulo, 1968.

LEWINSOHN, Richard. *Trustes e Cartéis*. 1945.

LIMA, Alvino. *Da Culpa ao Risco*. 1936 e 1938.

LIMA, Cláudio Vianna de. "A Lei da Arbitragem e o art. 23, XV, da Lei de Concessões". *RDA* 209/91.

LIMA, Flávia Danielle Santiago. "Da Celebração de Convênios Administrativos: uma Análise a Partir das Decisões do Tribunal de Contas da União". *Revista Virtual da AGU* 77. Jun./2008.

LIMA, Rubem de Oliveira. "Delegação de competência". *RTCU* 15/215.

LIMA PEREIRA, J. O. *Da Propriedade no Brasil*. São Paulo, 1932.

LIMA VIEIRA, Antônio Cláudio de. "A concorrência pública e os limites do poder discricionário da Administração". *RDA* 61/389.

LIRA, Ricardo Pereira. "Concessão do direito real de uso". *RDA* 163/1.

LIRA FILHO, Tavares de. *Contratos Administrativos*. Rio de Janeiro, 1940 e 1941.

LOPES DA COSTA. *Direito Processual Civil*. vol. I. Rio de Janeiro, 1941.

LUCHESI, Fábio de Oliveira. "Desapropriação para fins de Reforma Agrária perante a nova Constituição Federal". *RDP* 90/161.

LUZ, Egberto Maia. *Direito Administrativo Disciplinar*. São Paulo, 1977.

MACAREL. *Cours d'Administration et de Droit Administratif*. 1842.

MACDIARMID, John. *Government Corporation and Federal Funds*. Nova York, 1938.

MACHADO, João de Melo. *Teoria Jurídica do Contrato Administrativo*. Coimbra, 1936.

MACHADO, Paulo Affonso Leme. *Direito Ambiental Brasileiro*. 19ª ed. São Paulo, Malheiros Editores, 2011.

MACHADO DE BARROS, Otávio Augusto. *Responsabilidade Pública*. São Paulo, 1956.

MACHADO GUIMARÃES. *Comentários ao Código de Processo Civil*. vol. IV. 1942.

MACHADO PAUPÉRIO, A. "A concepção cristã da propriedade e sua função social". *RIL* 93/213.

MACRUZ, João Carlos, FERNANDES, Jorge Ulisses Jacoby, QUINTIERE, Marcelo de Miranda Ribeiro, e RIBEIRO, Renato Jorge Brown. *Responsabilidade Fiscal*. 1ª ed. América Jurídica, 2002.

MAGALHÃES, Guilherme Canedo de. *O Abuso do Poder Econômico: Apuração e Repressão*. Artenova, s/d.

MAGALHÃES, Juraci Peres. *Comentários ao Código Florestal*. S/d.

MANION, Clarence. *Law of the Air*. Cases, U.S. *vs*. Causby, 1946.

MARIENHOFF, Miguel S. *Domínio Público*. Buenos Aires, 1955.

__________. *Tratado de Derecho Administrativo*. vols. I, II e III. Buenos Aires, 1965, 1966 e 1970.

MAROTTA RANGEL, Vicente. "A plataforma continental na nova Convenção sobre Direito do Mar: o conceito de prolongamento natural". *O Direito na Década de 80*. São Paulo, Ed. RT, 1985.

MARQUES, José Frederico. "A garantia do *due process of law* no Direito Tributário". *RDP* 5/28.

__________. "Da revogação dos atos administrativos". *RT* 237/3.

MARQUES NETO, Floriano Peixoto de Azevedo. *Regulação Estatal e Interesses Públicos*. São Paulo, Malheiros Editores, 2002.

MARTINS JR., Wallace Paiva. "Despoluição das águas". *RT* 729/58.

__________. "Praças e praias públicas". *Justitia* 168/70.

__________. "Publicidade oficial: moralidade e impessoalidade". *RT* 705/82.

__________. *Probidade Administrativa*. São Paulo, Saraiva, 2001.

__________. *Remuneração dos Agentes Públicos*. São Paulo, Saraiva, 2009.

MASAGÃO, Mário. *Conceito de Direito Administrativo*. 1926.

__________. *Curso de Direito Administrativo*. 2 vols. São Paulo, 1959 e 1960.

__________. *Natureza Jurídica da Concessão de Serviço Público*. São Paulo, 1933.

MASPÉTIOL e LAROQUE. *La Tutelle Administrative*. Paris, 1936.

MAST, André. *Précis de Droit Administratif Belge*. 1966.

MASTROPASQUA, F. P. *Efficacia dell'Atto Amministrativo*. 1950.

MATEO, Ramón Martín. *Derecho Ambiental*. Madri, 1970 e 1977.

__________. *Manual de Derecho Administrativo*. 1970.

MATOS, Mauro Roberto Gomes de. "Contrato administrativo e a Lei da Arbitragem". *RDA* 223/115.

MAXIMILIANO, Carlos. *Hermenêutica e Aplicação do Direito*. 6ª ed. São Paulo, Freitas Bastos, 1925 e 1957.

MAYER, Luiz Rafael. "A natureza jurídica dos Territórios Federais". *RDA* 125/15.

MAYER, Otto. *Derecho Administrativo Alemán*. vols. II e III. Trad. Buenos Aires, Depalma, 1950 e 1951.

MCNIGHT, MARSTRAND e SINCLAIR. *Environmental Pollution Control*. Londres, 1974.

MEDAUAR, Odete. *Controle Administrativo das Autarquias*. São Paulo, 1976.

__________. "Prescrição e Administração Pública". *RT* 642/80.

__________. "Recursos administrativos". *RT* 583/9.

__________. "Serviço público". *RDA* 189/100.

__________, e MENEZES DE ALMEIDA, Fernando Dias (coords.). *Estatuto da Cidade – Comentários*. 2ª ed. São Paulo, Ed. RT, 2004.

MEDEIROS, Océlio. *Territórios Federais*. 1944.

MEIRELLES, Hely Lopes. "Contrato de gerenciamento – Novo sistema para realização de obras públicas". *RDA* 135/1 e *RT* 533/11.

__________. "Desapropriação de ações no Direito Brasileiro". *RDA* 126/1 e 154/248.

__________. "Desapropriação para urbanização". *RDA* 116/1.

__________. *Direito de Construir*. 9ª ed. São Paulo, Malheiros Editores, 2005.

__________. *Direito Municipal Brasileiro*. 16ª ed. São Paulo, Malheiros Editores, 2008 e 2009.

__________. *Estudos e Pareceres de Direito Público*. vols. I-XI. São Paulo, Ed. RT.

__________. "Formação, efeitos e extinção dos atos administrativos negociais". *RT* 592/12 e *RDA* 158/15.

__________. "Formação de distrito industrial". *RT* 499/37.

__________. "Jazida e concessão de lavra". *RDA* 109/283 e *RDP* 18/94.

__________. "Legislação de segurança nacional". *Justitia* 94/151 (conferência proferida na Escola Superior de Guerra em setembro/76).

__________. *Licitação e Contrato Administrativo*. 15ª ed. Atualização de José Emmanuel Burle Filho, Carla Rosado Burle e Luís Fernando Pereira Franchini. São Paulo, Malheiros Editores, 2010.

__________. *Mandado de Segurança e Ações Constitucionais*. 33ª ed. Atualização de Arnoldo Wald e Gilmar Ferreira Mendes. São Paulo, Malheiros Editores, 2010.

__________. "O Estado e suas empresas". *RDA* 147/1 e *RT* 558/9.

__________. "O Município na Federação Brasileira". *RT* 315/205.

__________. "O poder nacional". *O Estado de S. Paulo* 13.8.78.

__________. "O regime municipal brasileiro". *Estudos e Pareceres de Direito Público*. vol. I. São Paulo, Ed. RT, 1971.

__________. "Parque florestal – Desapropriação e tombamento". *Estudos e Pareceres de Direito Público*. vol. VIII. São Paulo, Ed. RT.

__________. "Poder de polícia, desenvolvimento e segurança nacionais". *RDA* 125/1 (conferência proferida na Escola Superior de Guerra em julho/75).

__________. "Poder de polícia e segurança nacional". *RT* 445/287.

__________. "Poder de polícia no Município". *RDPG* 4/55.

__________. "Reajustamento e recomposição de preços em contrato administrativo". *RDA* 139/11 e *RT* 540/11.

__________. "Segurança metroviária". *Justitia* 101/89. Revista do Ministério Público de São Paulo.

__________. "Tombamento e indenização". *RT* 600/15 e *RDA* 161/1.

MEIRELLES TEIXEIRA, J. H. *A Competência Municipal na Regulamentação dos Serviços Públicos Concedidos*. São Paulo, 1948.

__________. "Concorrência pública". *RDA* 101/323.

__________. *Estudos de Direito Administrativo*. vol. I. São Paulo, 1949.

__________. *Os Serviços Públicos de Eletricidade e a Autonomia Local*. São Paulo, 1950.

MENDES, Gilmar Ferreira Mendes (e outros). *Curso de Direito Constitucional*. 2ª ed. São Paulo, Saraiva, 2008.

MENDES, Raul Armando. *Comentários ao Estatuto das Licitações e Contratos Administrativos*. 2ª ed. São Paulo, Saraiva, 1991.

MÉNDEZ, Aparicio. *La Jerarquía*. Montevidéu, 1973.

__________. *La Teoría del Órgano*. Montevidéu, 1949.

MENDES DE ALMEIDA, Fernando Henrique. "Concorrência pública". *RDA* 62/340.

__________. *Contribuição ao Estudo da Função de Fato*. São Paulo, 1957.

__________. *Noções de Direito Administrativo*. São Paulo, 1956.

__________. "Vinculação e discrição na teoria dos atos administrativos". *RT* 367/17.

MENDES JR., Onofre. *Manual de Direito Administrativo*. Belo Horizonte, 1955.

__________. *Natureza da Responsabilidade da Administração Pública*. Belo Horizonte, 1951 e 1961.

MENDONÇA, José Vicente de. "A responsabilidade pessoal do parecerista público em quatro *standards*". *Revista AGU* 100. 2010.

MENDONÇA LIMA, Naili Russomano, e RUSSOMANO, Rosah. *Lições de Direito Administrativo*. Rio de Janeiro, 1990.

MENEZES, Djacir. *Direito Administrativo Moderno*. Rio de Janeiro, 1943.

MENEZES DE ALMEIDA, Fernando Dias, e MEDAUAR, Odete (coords.). *Estatuto da Cidade – Comentários*. 2ª ed. São Paulo, Ed. RT, 2004.

MERIAM e SCHMECKBIER. *Reorganization of the National Government*. 1939.

MERIKOSKI, Veli. *Le Pouvoir Discrétionnaire de l'Administration*. Bruxelas, 1958.

MERKEL, Adolf. *Teoria Geral do Direito Administrativo*. 1935.

MESSINEO. *Diritto Privato*. 1941.

MEUCCI, Lorenzo. *Istituzioni di Diritto Amministrativo*. 1892.

MEYER, Otto. *Direito Administrativo Alemão*. 1895.

MEYER, Paul. *Administrative Organization*. Nova York, 1957.

MICHOUD, Léon. *Théorie de la Personnalité Morale*. vol. II. Paris, 1932 e 1960.

MILARÉ, Édis. *A Ação Civil Pública Após 20 Anos*. São Paulo, Ed. RT, 2005.

__________. *Ação Civil Pública – 15 Anos*. São Paulo, Ed. RT, 2001.

__________. *Direito do Ambiente*. São Paulo, Ed. RT, 2001.

__________. "Tutela jurídica do meio ambiente". *Justitia* 132/98.

__________, e BENJAMIN, Antônio Herman. *Estudo Prévio de Impacto Ambiental*. São Paulo, Ed. RT, 1993.

__________. (coord.). *A Ação Civil Pública Após 25 Anos*. São Paulo, Ed. RT, 2010.

__________. *Ação Civil Pública. Reminiscências e Reflexões após Dez Anos de Aplicação*. São Paulo, Ed. RT, 1995.

MILHOMENS, Jônatas. "Da intangibilidade dos bens públicos". *RDPDF* 2/71.

MINHOTO JR., Alcebíades da Silva. *Da Desapropriação Imobiliária*. São Paulo, 1978.

MITCHELL, J. D. B. *The Contracts of Public Authorities*. Londres, 1954.

MÓ, Fernando F. *La Licitación de Obras Públicas*. San Juan, 1963.

__________. *Régimen Legal de las Obras Públicas*. Buenos Aires, 1966.

MOHL. *Tratado de Direito Público de Wurtemberg*. 1863.

MONDIN, Guido. "Delegação administrativa". *RTCU* 26/369.

MONTEIRO, Clóvis Zobaran, e SENA, Homero. *Fundações no Direito e na Administração*. Rio de Janeiro, 1970.

MORAES, Antão de. "Autarquia". *RDA* 59/497.

MORAES, Luíza Rangel de, WALD, Arnoldo, e WALD, Alexandre. *O Direito de Parceria e a Nova Lei de Concessões*. São Paulo, 1966.

MORAES SALLES, José Carlos de. *A Desapropriação à Luz da Doutrina e da Jurisprudência*. São Paulo, 1980.

MORAIS, Dalton Santos. "A eficiência como princípio do direito administrativo brasileiro". *Revista AGU* 33.

__________. "Os custos da atividade administrativa e o princípio da eficiência". *RT* 837/ 79-105. São Paulo, Ed. RT.

MOREIRA, Egon Bockmann. *Processo Administrativo*. 4ª ed. São Paulo, Malheiros Editores, 2010.

MOREIRA NETO, Diogo de Figueiredo. "Arbitragem nos contratos administrativos". *RDA* 209/81.

__________. *Curso de Direito Administrativo*. Rio de Janeiro, Forense, 1974, 1989 (7ª ed.) e 1990 (9ª ed.).

__________. *Mutações do Direito Administrativo*. Rio de Janeiro, Renovar, 2000.

MORIN. *De l'Alignement*. Paris, 1926.

MOTA, Octanny Silveira da. "Responsabilidade do transportador aéreo por atraso". *RT* 340/29.

MOTTA, Carlos Pinto Coelho. *Pregão – Teoria e Prática*. São Paulo, NDJ, 2001.

__________. "Servidor na Constituição Federal". *RDP* 94/67.

MOTTA, Fabrício. *Função normativa da Administração Pública*. Belo Horizonte, Fórum, 2007.

MUKAI, Toshio. *A Nova Lei de Licitações*. São Paulo, Saraiva, 1993.

__________. *Administração Pública na Constituição de 1988*. São Paulo, Saraiva, 1988 e 1989.

__________. *Concessões e Permissões de Serviços Públicos*. São Paulo, 1996.

__________. *Direito Administrativo e Empresas do Estado*. Rio de Janeiro, Forense, 1984.

__________. *Direito Administrativo Sistematizado*. São Paulo, Saraiva, 1999.

__________. *Direito Ambiental Sistematizado*. Rio de Janeiro, Forense Universitária, 1992.

__________. *Estatutos Jurídicos de Licitações e Contratos Administrativos*. 2ª e 3ª eds. São Paulo, Saraiva, 1990 e 1992.

__________. *Participação do Estado na Atividade Econômica*. São Paulo, Ed. RT, 1979.

__________. "Registro de preços: inconstitucionalidade do art. 8º do Decreto federal n. 3.931/2001 e do art. 15-A, § 3º, do Decreto estadual n. 51.809/2007 (figura do carona). Possibilidade de cometimento do crime previsto no art. 89 da Lei 8.666/93". *Revista do TCEMG* 1/2008 (disponível em *http://200.198.41.151:8081/tribunal_contas/2008/01/-relink?folder=2&grupo=2, acesso em 16.9.2009*).

__________. "Responsabilidade solidária da Administração por danos causados ao meio ambiente". *Justitia* 141/75.

NABANTINO RAMOS, José. "Empresas públicas". *RDA* 107/14 e *RDP* 17/99.

NASCIMENTO FRANCO, J., e GONDO, Nisske. *Concorrência Pública*. São Paulo, 1969.

NEGRÃO, Theotonio. *Código de Processo Civil e Legislação Processual em Vigor*. 25ª ed. São Paulo, Malheiros Editores, 1994.

NERY JR., Nélson. "Responsabilidade civil por dano ecológico e a ação civil pública". *Justitia* 126/168.

NÖEL, Georges-Henri. *Le Droit de l'Urbanisme*. Paris, 1956.

NOGUEIRA, Érico Ferrari. "A arbitragem e sua utilização na Administração Pública". *Revista AGU* 91. Agosto/2009 (disponível em *http://www.agu.gov.br*).

NOGUEIRA DE SÁ, A. *Do Controle Administrativo sobre as Autarquias*. São Paulo, 1952.

NOVELLI, Flávio Bauer. *A Eficácia do Ato Administrativo*. Rio de Janeiro, 1960.

__________. "Apontamentos sobre o conceito jurídico de taxa". *RDA* 189/1.

NUNES, Antônio de Pádua. *Código de Águas* (comentários). vol. I. São Paulo, Ed. RT, 1962.

__________. *Do Terreno Reservado de 1867 à Faixa Florestal de 1965*. São Paulo, Ed. RT, 1977.

__________. *Nascentes e Águas Comuns*. São Paulo, Ed. RT, 1969.

OCTÁVIO, Rodrigo. *Do Domínio da União e dos Estados*. 1924.

ODA, Yorodzu. *Principes de Droit Administratif du Japon*. 1928.

OLIVEIRA, José Carlos Ferreira de. "A teoria da imprevisão e os contratos administrativos". *RT* 320/21.

OLIVEIRA, Oscar de. *Sinopse de Direito Administrativo*. São Paulo, 1971.

OLIVEIRA, Régis Fernandes de. *Ato Administrativo*. São Paulo, 1978.

__________. "Avocação". *RT* 663/21.

__________. "Construções à margem de rodovias". *RT* 670/228.

__________. *Delegação Administrativa*. São Paulo, Ed. RT, 1987.

__________. "Executoriedade dos atos administrativos". *RT* 684/44.

__________. *Infrações e Sanções Administrativas*. São Paulo, Ed. RT, 1985.

__________. *Licitação*. São Paulo, 1981.

OLIVEIRA, Rubino de. *Epítome do Direito Administrativo Pátrio*. São Paulo, 1884.

OLIVEIRA CRUZ. *Da Desapropriação*. Rio de Janeiro, 1943.

OLIVEIRA MATA, Márcia Filomena de. "Atuação do Tribunal de Contas da União – Relacionamento dos Controles Externo e Interno". *Revista do Tribunal de Contas da União* 66/21-22.

OLIVEIRA SANTOS. *Direito Administrativo e Ciência da Administração*. Rio de Janeiro, 1919.

OLIVER, José María Boquera. *La Selección de Contratistas*. Madri, 1963.

ORLANDO, Vittorio Emanuele. *Primo Trattato Completo di Diritto Amministrativo Italiano*. 1900.

OSBORNE, David, e GAEBLER, Ted. *Reinventando o Governo*. 1994.

OSÓRIO, Fábio Medina. *Direito Administrativo Sancionador*. 2ª ed. São Paulo, Ed. RT, 2005.

PACHECO, José da Silva. "Alguns aspectos jurídicos do transporte aéreo". *RT* 550/11.

PAIVA, Alfredo de Almeida. "A evolução do Direito das Minas do Brasil e a Constituição de 1967". *RDA* 90/1.

__________. "As sociedades de economia mista e as empresas públicas como instrumentos jurídicos a serviço do Estado". *RDA* 60/1 e *RT* 311/39.

PALGRAVE. *King's Council*. 1912.

PANDIÁ CALÓGERAS. *Minas do Brasil*. 1904.

PASSERON, Serge. *L'Autonomie de Géstion des Établissements Publics Nationaux*. Paris, 1968.

PASSOS DE FREITAS, Vladimir. *Direito Administrativo e Meio Ambiente*. Curitiba, Juruá, 1995; 3ª ed. 2001.

__________, e PASSOS DE FREITAS, Gilberto. *Abuso de Autoridade*. 3ª ed. São Paulo, Ed. RT, 1991.

PAZ, Firmino Ferreira. "Delegação de competência". *RDA* 91/420.

PAZZAGLINI FILHO, Marino, e outro. *Improbidade Administrativa*. 2ª ed. São Paulo, Atlas, 1996; 4ª ed. 1998.

PEDERNEIRAS, Raul. *Direito Internacional Compendiado*. Rio de Janeiro, 1947.

PEDROSO, A. Palhano. *O Papel da Normalização no Desenvolvimento Brasileiro*. Rio de Janeiro, 1970.

PELUSO, Antônio Cézar. "Prescrição qüinqüenal e funcionalismo público". *RT* 664/22.

PÉQUIGNOT, Georges. *Théorie Générale du Contrat Administratif*. Paris, 1945.

PEREIRA, Cláudia Fernanda de Oliveira. *Reforma Administrativa, o Estado, o Serviço Público e os Servidores*. 2ª ed. Brasília Jurídica, 1998 (com "Prefácio" do Min. Carlos Mário da Silva Velloso).

PEREIRA, Sílvio. *O Poder de Desapropriar*. Rio de Janeiro, 1948.

PEREIRA DO REGO, Vicente. *Elementos de Direito Administrativo Brasileiro*.

PEREIRA JR., Jessé Torres. *Comentários à Nova Lei de Licitações Públicas*. Rio de Janeiro, Renovar, 1993.

__________. *Licitações de Informática*. Rio de Janeiro, Renovar, 2000.

__________. "O controle da Administração Pública na nova Constituição Brasileira". *RIL* 103/27.

__________, e DOTTI, Marines Retelatto. "Manutenção da frota e fornecimento de combustíveis por rede credenciada, gerida por empresa contratada: prenúncio da 'quarteirização' na gestão pública?". *Revista AGU* 102. 2010.

PERTICONE. *La Proprietà e i suoi Limiti*. 1930.

PESSOA, Epitácio. *Terrenos de Marinha*. Razões, 1904.

PESSOA, Mário. *O Direito da Segurança Nacional*. São Paulo, 1971.

PETERS, Hans. *Tratado da Administração Pública*. 1949.

PIMENTA, Eurípedes Carvalho. "Autarquias de regime especial – Limites de tutela". *RDPG* 16/475.

PINTO, Roger. "A empresa pública autônoma de caráter econômico, em Direito Comparado". *RDA* 47/483.

PINTO FERREIRA. "O Município e sua Lei Orgânica". *Cadernos de Direito Constitucional e Ciência Política* 10/51.

POLANCO, A. Tomás. *Derecho Administrativo Especial*. 1959.

POMPEU, Cid Tomanik. *Autorização Administrativa*. 2ª ed. São Paulo, Ed. RT, 2007.

__________. *Direito de Águas no Brasil*. São Paulo, Ed. RT, 2006.

__________. "Legislação brasileira sobre recursos hídricos". *Revista Recursos Hídricos*. CNPq, Projeto 3/94.

__________. "Natureza jurídica da autorização". *RDA* 142/11.

__________. "O exercício do poder de polícia pelas empresas públicas". *RF* 258/438.

__________. "Os reservatórios de água e as linhas de transmissão". *Revista DAE* 102/68. São Paulo.

__________. "Regime jurídico da concessão de uso das águas públicas". *RDP* 21/160.

__________. *Regime Jurídico da Polícia das Águas – 1. Polícia da Qualidade*. São Paulo, CETESB, 1976.

PONDÉ, Lafayete. "A vontade privada na formação ou na eficácia do ato administrativo". *RDA* 63/16.

__________. "Considerações sobre o controle administrativo". *RDA* 163/1.

__________. "Delegação administrativa". *RDA* 140/1.

__________. "Peculiaridades do órgão colegiado". *Revista do Tribunal de Contas do Estado de São Paulo* 32/122.

PONTES, Valmir. "O controle jurisdicional dos atos administrativos". *RPGE* 18/23.

__________. *Programa de Direito Administrativo*. São Paulo, 1968.

PORTO CARREIRO. *Lições de Direito Administrativo*. Rio de Janeiro, 1916.

PORTO NETO, Benedicto Pereira. *Concessão de Serviço Público no Regime da Lei n. 8.987/95 – Conceitos e Princípios*. São Paulo, Malheiros Editores, 1998.

POSADA, Adolfo. *Tratado de Derecho Administrativo*. 1885.

PRADO, Lucas Navarro, e RIBEIRO, Maurício Portugal. *Comentários à Lei de PPP – Parceria Público-Privada*. 1ª ed., 2ª tir. São Paulo, Malheiros Editores, 2010.

PRADO, Luís Régis. *Direito Penal Ambiental*. São Paulo, Ed. RT, 1992.

PRESUTTI, Enrico. *Istituzioni di Diritto Amministrativo Italiano*. 1904.

QUEIRÓ, Afonso Rodrigues. "Limites do poder discricionário das autoridades administrativas". *RDA* 97/1.

QUEIROZ TELLES, Antônio A. *Bens Insuscetíveis de Licitação no Direito Brasileiro*. São Paulo, Ed. RT, 1985.

__________. *Introdução ao Direito Administrativo*. São Paulo, 1995.

__________. *Natureza e Regime Jurídico do Tombamento*. São Paulo, Ed. RT, 1992.

QUESADA, A. Revilla. *Derecho Administrativo Boliviano*. 1954.

QUINTIERE, Marcelo de Miranda Ribeiro, FERNANDES, Jorge Ulisses Jacoby, MACRUZ, João Carlos, e RIBEIRO, Renato Jorge Brown. *Responsabilidade Fiscal*. 1ª ed. América Jurídica, 2002.

RABASA, Oscar. *El Derecho Angloamericano*. Ed. Porrúa. 1982.

RACINE, Raymond. *Au Service des Nationalisations – L'Entreprise Privée*. Paris, 1935.

RAGGI. *Diritto Amministrativo*. vol. I. 1936.

RAINAUD, Jean-Marie. *La Distinction de l'Acte Réglementaire et de l'Acte Individuel*. Paris, 1966.

RAMÓN, Fernando López. *La Conservación de la Naturaleza: los Espacios Naturales Protegidos*. Bolonha, Publicaciones del Real Colegio de España, 1980.

RANELLETTI, Oreste. *Le Guarentizie della Giustizia nella Pubblica Amministrazione*. Milão, 1934.

__________. *Principii di Diritto Amministrativo*. 1912.

RANKE, Felix von. *Manual de Normalização em Nível de Empresa ou Repartição Pública*. Rio de Janeiro, 1968.

REALE, Miguel. "Da recorribilidade dos atos dos administradores das autarquias". *RDA* 23/4.

__________. *Direito Administrativo*. Rio de Janeiro, Forense, 1969.

__________. *Nos Quadrantes do Direito Positivo*. São Paulo, 1960.

RÉGNIER, João Roberto S. *Discricionariedade Administrativa*. São Paulo, Malheiros Editores, 1997.

REIS, Aarão. *Direito Administrativo Brasileiro*. Rio de Janeiro, 1923.

RESTA, Raffaele. *La Revoca degli Atti Amministrativi*. Milão, 1935.

RIBAS, A. J. *Direito Administrativo Brasileiro*. Rio de Janeiro, 1866.

RIBEIRO, Manoel. *Direito Administrativo*. Bahia, 1964.

__________. "Invalidez dos atos administrativos". *RDA* 73/18.

RIBEIRO, Maurício Portugal, e PRADO, Lucas Navarro. *Comentários à Lei de PPP – Parceria Público-Privada*. 1ª ed., 2ª tir. São Paulo, Malheiros Editores, 2010.

RIBEIRO, Nélson de F. "As macroperspectivas do Direito Minerário a partir da nova Constituição". *RIL* 102/69.

RIBEIRO, Renato Jorge Brown, MACRUZ, João Carlos, FERNANDES, Jorge Ulisses Jacoby, e QUINTIERE, Marcelo de Miranda Ribeiro. *Responsabilidade Fiscal*. 1ª ed. América Jurídica, 2002.

RIGGS, F. W. *A Ecologia da Administração Pública*. Rio de Janeiro, USAID, 1964.

RIGOLIN, Ivan Barbosa. *Manual Prático de Licitações*. 1991.

__________. *O Servidor Público na Constituição de 1988*. São Paulo, Saraiva, 1988 e 1989.

RIPERT, Georges. *La Règle Morale dans les Obligations Civiles*. Paris, 1937.

__________. *Le Régime Démocratique et le Droit Civil Moderne*. 1926.

__________. *O Regime Democrático e o Direito Civil Moderno*. Trad. de J. Cortezão, São Paulo, Saraiva, 1937.

RIVERO, Jean. *Droit Administratif*. Paris, 1960, 1962, 1968 e 1975.

__________. "O regime das empresas nacionalizadas e a evolução do Direito Administrativo". *RDA* 49/44.

ROBSON, William A. *The Welfare State*. Londres, 1957.

ROCHA, Cármen Lúcia Antunes. *Princípios Constitucionais da Administração Pública*. Belo Horizonte, Del Rey, 1994.

ROCHA, Lauro Lacerda, e LACERDA, Carlos Alberto de Melo. *Comentários ao Código de Mineração do Brasil*. Rio de Janeiro, Forense, 1983.

RODÓ, L. Lopes. "O poder discricionário da Administração". *RDA* 35/40.

RODRIGUES, Carlos Roberto Martins. "A crise e a evolução do conceito de serviço público". *RDP* 57-58/130.

RODRIGUES, Ernesto. "O Direito e a conquista do espaço". *RF* 194/484.

RODRIGUES, José Martins. "Autarquia". *RDA* 33/500.

ROMAGNOSI, Gino Domenico. *Principi Fondamentali di Diritto Amministrativo*. 1866.

RONCHEY, Alberto. *Le Autonomie Regionali e la Costituzione*. Roma, 1952.

ROPERT, Albert. *La Convention Internationale du 13 Octobre 1919 – Son Origine, son Application, son Avenir*. 1930.

ROSADA, C. Gonzales. *Tratado de Derecho Político*. vol. I. 1916.

ROSAS, Roberto. *Do Abuso de Poder*. Rio de Janeiro, 1968.

ROUGE, Maurice-François. *Urbanisme Expérimental*. Paris, 1951.

ROUVIÈRE, Jean. *Les Contrats Administratifs*. Paris, 1930.

RUGGLES, C. O. *Problems in Public Utility Economics and Management*. 1958.

RUSSOMANO, Rosah. "Livre iniciativa e o intervencionismo estatal – O problema no Brasil". *RDC* 1/26.

__________, e MENDONÇA LIMA, Naili Russomano. *Lições de Direito Administrativo*. Rio de Janeiro, 1990.

SABELLA, Walter Paulo, e BURLE FILHO, José Emmanuel. "Ação civil pública: os caminhos da constitucionalização". In: MILARÉ, Edis (coord.). *A Ação Civil Pública Após 25 Anos*. São Paulo, Ed. RT, 2010 (pp. 411-424).

SABINO JR., Vicente. *Da Desapropriação*. São Paulo, 1972.

SALEILLES, Raymond. *Étude sur la Théorie Générale de l'Obligation*. 1901.

SALLES, José Carlos de Moraes. *A Desapropriação à Luz da Doutrina e da Jurisprudência*. São Paulo, 1981.

SALLFORS, Tarras. "O & M na Administração sueca". *Cadernos de Administração Pública da EBAP* 20. 1954.

SAMPAIO DÓRIA, Antônio de. *Curso de Direito Constitucional*. vol. I. São Paulo, 1946.

SANDULLI, Aldo M. *Il Procedimento Amministrativo*. 1959.

__________. *Manuale di Diritto Amministrativo*. 1953.

SANTI ROMANO. *Corso di Diritto Amministrativo*. 1937.

__________. *Diritto Amministrativo*. 1928.

__________. *Diritto Costituzionale Generale*. Milão, 1946.

__________. "I poteri disciplinari delle publiche amministrazioni". *Scritti Minori*. vol. II.

SANTOS, Homero. "Licitação – Instrumento de moralidade administrativa". *RDA* 186/372.

SARAIVA, Oscar. "Novas formas de delegação administrativa do Estado". *RF* 100/233.

SARRÍA, Estorgio. *Derecho Administrativo*. 1957.

SAYAGUÉS LASO, Enrique. *La Licitación Pública*. Montevidéu, 1945.

__________. *Tratado de Derecho Administrativo*. Montevidéu, 1953 a 1959 (vol. I, 1953).

SCARPINELLA, Vera. *Licitação na Modalidade de Pregão*. São Paulo, Malheiros Editores, 2010.

SCATIMBURGO, Júlio. *Elementos de Direito Administrativo*. São Paulo, 1971.

SCHIESARI, Nélson. *Direito Administrativo*. São Paulo, 1975.

SCHWARTZ, Bernard. *An Introduction to American Administrative Law*. 1958.

SCOANE, Antonio Mozo. *La Discrecionalidad de la Administración Pública en España*. Madri, 1985.

SEABRA FAGUNDES, Miguel. "Conceito de mérito no Direito Administrativo". *RDA* 23/1-16.

__________. "Concorrência pública". *RT* 236/429.

__________. "Da contribuição do Código Civil para o Direito Administrativo". *RDA* 78/1.

__________. *Da Desapropriação no Direito Brasileiro*. Rio de Janeiro, 1942 e 1949.

__________. "Da intervenção do Estado na ordem econômica em face da Constituição Federal". *RF* 201/12.

__________. *O Controle dos Atos Administrativos pelo Poder Judiciário*. Rio de Janeiro, 1941, 1950, 1957, 1967 e 1979 (5ª ed.).

__________. "Responsabilidade do Estado – Indenização por retardada decisão administrativa". *RDP* 57-58/7.

__________. "Revogação e anulamento do ato administrativo". *RDA* 2/487.

SECONDAT, Charles-Louis de (Baron de Montesquieu). *De l'Esprit des Lois*. Paris, 1748.

SÉGUIN, Elida. *O Direito Ambiental: nossa Casa Planetária*. Rio de Janeiro, Forense, 2000.

SENA, Homero, e MONTEIRO, Clóvis Zobaran. *Fundações no Direito e na Administração*. Rio de Janeiro, 1970.

SERPA LOPES, Miguel Maria de. *Curso de Direito Civil*. vol. I. 1957.

SERRA ROJAS, André. *Derecho Administrativo*. 1965.

SERVÍDIO, Américo. *Dispensa de Licitação Pública*. São Paulo, 1979.

SHIEBER, Benjamin M. *Abusos do Poder Econômico*. São Paulo, Ed. RT, 1966.

SILVA, Antônio Marcello da. *Contratações Administrativas*. São Paulo, Ed. RT, 1971.

__________. "Contrato de obra pública". *Boletim do Interior* 63/3. São Paulo, CEPAM.

__________. "O princípio e os princípios da licitação". *RDA* 136/35 e *RT* 532/26.

__________. "Qualificação dos licitantes na concorrência" (tese aprovada por unanimidade no I Congresso Estadual do Ministério Público, realizado em São Paulo, em dezembro/71). *RT* 435/25.

SILVA, Benedito. *Taylor e Fayol*. Rio de Janeiro, 1960.

SILVA, Carlos Medeiros. "Concorrência pública". *RDA* 79/465, 101/317 e 104/361.

__________. "O poder regulamentar e sua extensão". *RDA* 20/1.

__________. "Sociedade de economia mista – Natureza jurídica". *RDA* 79/465.

SILVA, Ildefonso Mascarenhas da. *Desapropriação por Necessidade e Utilidade Públicas*. Rio de Janeiro, 1947.

SILVA, José Afonso da. *Curso de Direito Constitucional Positivo*. 33ª ed. São Paulo, Malheiros Editores, 2010.

__________. *Direito Ambiental Constitucional*. 8ª ed. São Paulo, Malheiros Editores, 2010.

__________. *Direito Urbanístico Brasileiro*. 6ª ed. São Paulo, Malheiros Editores, 2010.

__________. "Inovações municipais na Constituição de 1988". *RT* 669/10.

__________. "Licitações". *RDP* 7/53.

__________. "Poder de polícia – Atribuição a entidade paraestatal". *RDA* 132/241.

__________. "Urbanismo e Plano Urbanístico". *RT* 669/11.

SILVA, Luiz Antônio Miranda Amorim. "O efeito 'carona' no Sistema de Registros de Preços". *Revista da AGU* 89. Junho/2009.

SILVA, Marcos Luiz da. "Dos Terrenos Marginais da União: Conceituação a partir da Constituição Federal de 1988". *Revista Virtual da AGU* 82. Nov./2008.

SILVA, Martins da. *Direito Público Municipal e Administração dos Municípios*. 1952.

SILVEIRA, Olavo Tabajara. *O Funcionário Público*. São Paulo, 1960.

SILVEIRA JR., Evaristo. "Servidões administrativas". *RT* 293/26.

SIMAS, Henrique de Carvalho. *Manual Elementar de Direito Administrativo*. Rio de Janeiro, 1974.

SIQUEIRA, Galdino de. "O *impeachment* no regime constitucional brasileiro". *Revista Direito* 27/247.

SIQUEIRA, Hélio Moraes de. *A Retrocessão nas Desapropriações*. São Paulo, 1960 e 1964.

SISTO, Agostinho. *Istituzioni di Diritto Pubblico*. Roma, 1948.

SODRÉ, Eurico. *A Desapropriação*. São Paulo, 1928 e 1955.

SOUTY, Pierre. *Recueil de Jurisprudence en Matière Administrative*. 1946.

SOUZA, Rodrigo Pagani de. "As empresas estatais, o concurso público e os cargos em comissão". *RDA* 243/29. São Paulo, Atlas, 2006.

SOUZA, Rui de. "Abuso do poder econômico". *RF* 195/433.

__________. "Serviços do Estado e seu regime jurídico". *RDA* 28/10.

SOUZA PINTO, Paulo Brossard de. *O "Impeachment"*. Porto Alegre, 1964.

SPOSITO, Carlo. *Organo, Uffici e Soggetività del'Ufficio*. Pádua, 1932.

STAINOF, P. *Le Fonctionnaire*. Paris, 1933.

STANCANELLI, Giuseppe. *I Consorzi nel Diritto Amministrativo*. Milão, 1963.

STASSINOPOULOS, Michel. *Traité des Actes Administratifs*. Paris, 1954 e 1973 (5ª ed.).

STERMAN, Sônia. *Responsabilidade do Estado*. São Paulo, Ed. RT, 1992.

SUEL, J. *Évolution du Droit de Réquisition*. Paris, 1947.

STOCO, Rui. "Revisão dos atos administrativos após o decurso do prazo de cinco anos (a questão da preclusão temporal)". *RT* 886/41. São Paulo, Ed. RT.

__________. *Tratado de Responsabilidade Civil*. 5ª ed. São Paulo, Ed. RT, 2001.

SUNDFELD, Carlos Ari. "As empresas estatais, o concurso público e os cargos em comissão". *RDA* 243/29. São Paulo, Atlas, 2006.

__________. *Desapropriação*. São Paulo, Ed. RT, 1990.

__________. *Direito Administrativo Ordenador*. 1ª ed., 3ª tir. São Paulo, Malheiros Editores, 2003.

__________. "Fundações governamentais". *RDP* 97/86.

__________. *Licitação e Contrato Administrativo*. 2ª ed. São Paulo, Malheiros Editores, 1995.

__________. (coord.). *Parcerias Público-Privadas*. 1ª ed., 2ª tir. São Paulo, Malheiros Editores, 2007.

__________, e MUÑOZ, Guilhermo Andrés (coords.) *As Leis de Processo Administrativo*. 1ª ed., 2ª tir. São Paulo, Malheiros Editores, 2006.

SURBIGUET, Marcel. *Les Sociétés d'Économie Mixte dans les Pays en Voie de Développement*. Paris, 1970.

SZKLAROWSKY, Leon Frejda. "Arbitragem e os contratos administrativos". *RDA* 209/105.

__________. "Convênios administrativos". *RT* 669/39.

TÁCITO, Caio. "A Administração e o controle da legalidade". *RDA* 37/1.

__________. "A correção monetária no Direito Administrativo". *RDA* 97/9.

__________. "A inexistência dos motivos nos atos administrativos". *RDA* 36/78.

__________. "Administração e poder de polícia". *RDA* 39/258.

__________. "Arbitragem nos litígios administrativos". *RDA* 210/111.

__________. *As Empreitadas de Obras Públicas no Direito Brasileiro*. Rio de Janeiro, 1958.

__________. "As empresas públicas no Brasil". *RDA* 84/432.

__________. "Conceito de autarquia". *RDP* 4/24.

__________. "Concessão real de uso de terras públicas". *RDA* 150/209.

__________. "Desapropriação e desvio de poder". *RDA* 26/223.

__________. *Desvio de Poder em Matéria Administrativa*. Rio de Janeiro, 1951.

__________. *Direito Administrativo*. Rio de Janeiro/São Paulo, 1975 (estudos).

__________. *Ensino Superior Oficial*. Parecer dado ao Conselho Federal de Educação em 3.6.81 e publicado pela UFRJ, Rio de Janeiro, 1981.

__________. "Fato do príncipe e teoria da imprevisão". *Pareceres do Consultor Jurídico do DASP*. 1957.

__________. *O Abuso de Poder Administrativo no Brasil*. Rio de Janeiro, ed. DASP, 1959.

__________. "O abuso do poder administrativo no Brasil". *RDA* 56/1.

__________. *O Contrato Administrativo*. São Paulo, Cedro, 1971.

__________. "O controle judicial da Administração Pública na nova Constituição". *RDA* 173/25.

__________. "O desvio de poder no controle dos atos administrativos, legislativos e jurisdicionais". *RDA* 188/1.

__________. *O Ensino do Direito Administrativo no Brasil*. Rio de Janeiro, 1957.

__________. *O Equilíbrio Financeiro na Concessão de Serviço Público*. Rio de Janeiro, 1960.

__________. "O mandado de segurança e o poder normativo da Administração". *RDA* 46/246.

__________. "O poder de polícia e seus limites". *RDA* 27/1.

__________. "O primeiro livro sobre Direito Administrativo na América Latina". *RDA* 27/428.
__________. "Ordem econômica: iniciativa privada e intervenção do Estado". *RDA* 148/1.
__________. "Poder disciplinar e direito de defesa". *RDA* 37/345.
__________. "Poder vinculado e poder discricionário". *RDPG* 19/1.
__________. *Problemas Atuais da Desapropriação*. Curitiba, 1975.
__________. "Problemas atuais de desapropriação". *RDA* 120/1.
__________. "Regime jurídico das empresas estatais". *RDA* 195/1.
__________. "Tendências atuais sobre a responsabilidade civil do Estado". *RDA* 55/262.
TAINE. *Filosofia del Arte*. Buenos Aires, 1945.
TAYLOR, Frederick Winslow. *The Principles of Scientific Management*. Nova York, 1911.
TEIXEIRA DE FREITAS. *Consolidação das Leis Civis*. 1893.
TEIXEIRA DIAS, José de Nazaré. *A Reforma Administrativa de 1967*. Rio de Janeiro, 1969.
TESTA. *Manuale di Legislazione Urbanistica*.
TEZNER. *Administrativverfahrens*. 1896.
THEODORO JR., Humberto. "A execução fiscal segundo a Lei 6.830/80". *RT* 551/11.
TIBÚRCIO, Dalton Roberto. "Interpretação dos atos normativos das agências reguladoras". *Revista AGU* 100. 2010.
TITO COSTA, Antônio. *Da Licitação*. SENAM, 1970.
TODD. *Parliamentary Government in England*. 1901.
TOLEDO JR., Flávio C. de, e CIQUEIRA ROSSI, Sérgio. "O processo orçamentário municipal à vista da Lei de Responsabilidade Fiscal". *RDA* 224/169.
TOLLE, Paulo Ernesto. "Aviação, propriedade e soberania sobre o espaço". *RT* 315/470.
__________. "Direito do espaço". *RT* 295/35.
__________. "Direito Interplanetário, Direito Astronáutico ou Direito Espacial". *RT* 335/7.
__________. "Soberania e vôo no espaço". *RT* 290/33.
TOMELIN, Giorghio Alessandro. "Silêncio-inadimplemento no processo administrativo". *RDA* 226/281.
TREVES, Giuseppino. "El Estado de Bienestar". *Revista del Trabajo* 18. Buenos Aires, 1959.
__________. *L'Organizzazione Amministrativa*. Turim, 1967.
TRIGUEIRO, Oswaldo. *Direito Constitucional Estadual*. Rio de Janeiro, Forense, 1980.
TROTABAS, Louis. *De l'Utilisation du Domaine Public par les Particulières*. Paris, 1924.
__________. *Droit Public et Administratif*. 1957.
__________. *Manuel de Droit Public et Administratif*. Paris, 1957 e 1975.

URRUTÍA, José Luís González-Berenguer. *La Contratación Administrativa*. Madri, 1966.
URWICK, L. *The Elements of Administration*. Nova York, 1943.

VALENTINI, Stelio. *La Collegialità nella Teoria dell'Organizzazione*. Milão, 1968.
VALENZUELA, Raul Bernardo Garrido. *Las Empresas Estatales*. Chile, 1966.
VALLADÃO, Alfredo. *Direito das Águas*. 1931.
VALLADÃO, Haroldo. "Do Direito Aéreo ao Direito Interplanetário". *RT* 305/991.
VALLES, Arnaldo de. *Elementi di Diritto Amministrativo*. Pádua, 1956.
__________. In: *Trattato*, de Orlando. vol. VI/614, Parte I.
VANONI, Ezio. *Natura ed Interpretazione delle Leggi Tributarie*. 1932.
VARELA, Manoel. "Os ensaios não destrutivos". *Revista Engenheiro Moderno* IV, n. 10. São Paulo, julho/68.
VÁRIOS AUTORES. *Ação Civil Pública*. São Paulo, Ed. RT, 1995.
__________. *Cadernos de Administração Pública*. Rio de Janeiro, FGV, 1954 a 1959.

__________. *Direito Administrativo da Ordem Pública*. Rio de Janeiro, Forense, 1986.

__________. *Direito Florestal*. Belo Horizonte, UFMG, 1979.

__________. *Estudos sobre a Lei Paulista 10.395*. São Paulo, Cedro, 1970.

VASCONCELOS, José Matos de. *Direito Administrativo*. vols. I e II. Rio de Janeiro, 1936 e 1937.

VEDEL, Georges. *Droit Administratif*. Paris, 1959 (vol. II) e 1961.

__________. *Les Réquisitions*. Paris, 1948.

VEIGA CABRAL. *Direito Administrativo Brasileiro*. Rio de Janeiro, 1859.

VEIGA FILHO. *Manual de Ciências das Finanças*. 1923.

VELASCO, Recaredo Fernández de. *Los Contratos Administrativos*. Madri, 1927.

VENEZIA, Jean-Claude. *Le Pouvoir Discrétionnaire*. Paris, 1959.

VIDAL, Roger. *L'Évolution de Détournement de Pouvoir*. Paris, 1952.

VIDAL PERDOMO, Jaime. *Derecho Administrativo General*. 1966.

VIGNY, Pierre. *Principes Généraux du Droit Administratif Belge*. 1946.

VILLANOVA, Antonio Royo. *Elementos de Derecho Administrativo*. 1934.

VILLAR e ROMERO. *Derecho Procesal Administrativo*. Madri, 1948.

VILLEGAS, Walter. *Régimen Jurídico de la Expropiación*. Buenos Aires, 1973.

VISCONDE DE OURO PRETO. *Reforma Administrativa e Municipal*. 1928.

VISCONDE DO URUGUAI. *Ensaio sobre o Direito Administrativo Brasileiro*. 2 vols. Rio de Janeiro, 1862.

VISSCHER, Paul. *Les Nouvelles Tendances de la Démocratie Anglaise*. Paris, 1947.

VITO, Francesco. "Controle da empresa pública". *RDA* 60/14.

VITA, Cino. *Diritto Amministrativo*. vol. I. Turim, 1937, 1946, 1948 e 1949.

__________. *Sanità Pubblica e Singoli Objetti dell'Amministrazione Sanitaria*. 1933.

VIVEIROS DE CASTRO. *Tratado de Ciência da Administração e Direito Administrativo*. Rio de Janeiro, 1906.

VOTHIER, Maurice. *Précis de Droit Administratif de la Belgique*. 1928.

WADE, H. W. R. *Administrative Law*. Oxford, 1967 e 1974 (trad. italiana de C. Geraci sob o título *Diritto Amministrativo Inglese*, Milão, 1969).

WAINER, Jacobo. *Contratos Administrativos*. Buenos Aires, 1939.

WALD, Alexandre, MORAES, Luíza Rangel de, e WALD, Arnoldo. *O Direito de Parceria e a Nova Lei de Concessões*. São Paulo, 1996.

WALD, Arnoldo. *Aspectos Econômicos e Financeiros da Contratação Administrativa*. São Paulo, Cedro, 1971.

__________. "Aspectos peculiares do Direito Bancário – O regime jurídico dos atos bifaces". *RDM* 48/5.

__________. "Correção monetária das indenizações decorrentes de responsabilidade civil". *RT* 434/11.

__________. "Delegação de atribuições". *RDA* 108/461.

__________. "Do direito adquirido à equação financeira nos contratos administrativos". *RT* 727/43.

__________. "Do direito da contratada à recomposição do equilíbrio econômico-financeiro do contrato administrativo, em virtude da superveniência de fatos imprevisíveis à época da contratação". *RT* 824/99.

__________. "Prescrição contra as pessoas jurídicas de Direito Público". *RDA* 100/541.

__________, MORAES, Luíza Rangel de, e WALD, Alexandre. *O Direito de Parceria e a Nova Lei de Concessões*. São Paulo, 1996.

WALDO, Dwight. *The Administrative State*. Nova York, 1948.

WALINE, Marcel. *Droit Administratif*. 8ª ed. 1958.

__________. *Manuel Élémentaire de Droit Administratif*. 1946.

__________. *Traité de Droit Administratif*. Paris, 1963.

WELTER, Henri. *Le Contrôle Jurisdictionnel de la Moralité Administrative*. Paris, 1929.

WHITAKER, F. *Desapropriação*. São Paulo, 1941.

WHITE, Leonard D. *Introduction to the Study of Public Administration*. 1929.

WILKIN, Robert. *L'Éxpropriation pour Cause d'Utilité Publique*. Bruxelas, 1953.

WILLOUGHBY, William Franklin. *Principles of Public Administration*. 1957.

__________. *The Government of Modern States*. 1936.

WODON, Louis. *Considérations sur la Séparation et la Délégation des Pouvoirs*. Bruxelas, 1942.

WOLFF, Hans J. *Direito Administrativo*. 1956.

ZANCANER, Weida. *Da Convalidação e da Invalidação dos Atos Administrativos*. 3ª ed. São Paulo, Malheiros Editores, 2008.

ZANOBINI, Guido. *Corso di Diritto Amministrativo*. vols. I (1936 a 1959), II (1949) e V (1951). Milão.

__________. *Curso de Derecho Administrativo*. Trad. espanhola Arayú. 1954.

__________. *Diritto Amministrativo*. vol. IV. Milão, 1948.

__________. *Le Sanzione Amministrative*. 1ª ed.

ZWAHLEN, Henry. *Des Sociétés Commerciales avec Participation de l'État*. Paris, 1954.

ÍNDICE ALFABÉTICO-REMISSIVO

(O número romano refere-se ao capítulo; o número arábico refere-se ao item dentro do capítulo.)

B

C

D

F

G

H

I

M

N

O

P

S

T

U

V

* * *

PAULUS Gráfica, 2011
Via Raposo Tavares, km 18,5
05576-200 São Paulo, SP